भारत एवं विश्व का भूगोल

Class 6-12 (Old+New)

भारत एवं विश्व का भूगोल

Class 6-12 (Old+New)

लेखक

संजीव कुमार, रविशंकर सिन्हा
राजेश कुमार सिंह

संपादक

डॉ. राजेश राजन

अरिहन्त पब्लिकेशन्स (इण्डिया) लिमिटेड

卐 **रजि. कार्यालय**

'रामछाया' 4577/15, अग्रवाल रोड, दरिया गंज, नई दिल्ली- 110002

फोन: 011-47630600, 43518550

卐 **मुख्य कार्यालय**

कालिन्दी, टी०पी० नगर, मेरठ (यूपी)– 250002

फोन: 0121-7156203, 7156204

卐 **शाखा कार्यालय**

आगरा, अहमदाबाद, बरेली, बंगलुरु, चेन्नई, दिल्ली, गुवाहाटी, हैदराबाद, जयपुर, झाँसी, कोलकाता, लखनऊ, नागपुर तथा पुणे

卐 **मूल्य** ₹ 235.00

PO No : TXT-59-T069790-3-26

PUBLISHED BY ARIHANT PUBLICATIONS (INDIA) LTD.

'अरिहन्त' की पुस्तकों के बारे में अधिक जानकारी के लिए हमारी वेबसाइट **www.arihantbooks.com** पर लॉग इन करें या **info@arihantbooks.com** पर सम्पर्क करें।

Follow us on...

पूरा करना है अगर IAS का सपना
तो जरूरी है NCERTs को समझना...

सिविल सेवा परीक्षा भारत की सर्वाधिक प्रतिष्ठित, कठिन एवं चुनौतीपूर्ण परीक्षा है।

भारत में सिविल सेवा की परीक्षा इसलिए भी कठिन और चुनौतीपूर्ण हो जाती है कि इसमें "कितना पढ़ना है" से ज्यादा महत्त्वपूर्ण होता है "क्या पढ़ना है"

सफल अभ्यर्थियों के अनुभवों तथा विगत् वर्षों के प्रश्न-पत्रों के विश्लेषण से यह सिद्ध हुआ है कि इस परीक्षा में **NCERT की पुस्तकों** का विशेष महत्त्व है, क्योंकि इन्हीं पुस्तकों को आधार बनाकर सामान्य अध्ययन के प्रश्नों को परीक्षा में पूछा जाता है। **NCERT के तथ्यों** से प्रत्येक वर्ष सीधे प्रश्न पूछे जा रहे हैं।

NCERT पुस्तकों के अध्ययन को आसान तथा उद्देश्यपूर्ण बनाने हेतु 'अरिहन्त पब्लिकेशन्स' द्वारा **'NCERT MCQs'** सीरीज तैयार की गई है। इस सीरीज में कक्षा 6 से 12 तक की पुरानी व नई **NCERT का कवरेज वस्तुनिष्ठ प्रश्नों** के रूप में किया गया है।

2nd संस्करण की प्रमुख विशेषताएँ

- प्रश्नों का स्तर सिविल सेवा एवं विभिन्न लोक सेवा आयोगों की प्रारम्भिक परीक्षाओं के अनुरूप
- पुस्तक में **प्रश्नों को अध्यायवार रूप** में रखा गया है, जिससे अभ्यर्थी को NCERT पुस्तक से सम्बन्धित विषय के सम्पूर्ण अध्ययन का ज्ञान प्राप्त हो
- 100% त्रुटि रहित एवं विस्तृत व्याख्या
- तमिलनाडु बोर्ड एवं NIOS की पुस्तकों से अतिरिक्त प्रश्नों का संकलन
- विषय से संबंधित सम्पूर्ण अभ्यास के लिए तीन प्रैक्टिस सेट्स

इस सीरीज को पूरा करने में विशेषज्ञों की एक टीम ने उत्साह के साथ कार्य किया है। इस पुस्तक के संकलन में विशेषज्ञों के साथ-साथ प्रोजेक्ट मैनेजमेण्ट टीम का भी विशेष योगदान रहा, जिसमें मोना यादव (प्रोजेक्ट मैनेजर), दिव्या गुसाईं (प्रोजेक्ट कॉर्डिनेटर), प्रीति रंधावा, मीनाक्षी, सुशील (प्रूफ रीडर्स), विनय शर्मा, कमल किशोर (डीटीपी ऑपरेटर) और शानू एवं मजहर (कवर एवं इनर डिजाइनर) प्रमुख हैं।

आशा है कि सिविल सेवा तथा अन्य प्रतियोगी परीक्षाओं के अभ्यर्थी इस पुस्तक का अध्ययन कर अपने लक्ष्य को निश्चित ही प्राप्त करेंगे। आपके उपयोगी सुझाव सदैव हमें बेहतर संस्करण बनाने में सहायक सिद्ध हुए हैं। इसलिए आप हमें अपने सुझाव अवश्य भेजें, जिनके आधार पर हम पुस्तक के आगामी संस्करण को और भी बेहतर बना सकें।

लेखक

विषय-सूची

विश्व का भूगोल

भारत का भूगोल

पर्यावरण एवं पारिस्थितिकी

भूगोल : एक विषय के रूप में

भूगोल : एक विषय के रूप में

भूगोल की परिभाषा

- रिचर्ड के अनुसार, 'पृथ्वी की सतह के विभिन्न भागों का विवरण तथा स्पष्टीकरण भूगोल के अंतर्गत आता है।'
- अल्फ्रेड के अनुसार, 'भूगोल के अंतर्गत पृथ्वी के विभिन्न भागों में घटित घटनाओं की भिन्नता का अध्ययन किया जाता है।'
- इरेटोस्थनीज द्वारा 276-194 ई.पू. में 'भूगोल' शब्द प्रयोग किया गया
- ग्रीक भाषा से लिया गया शब्द है, जिसका अर्थ है- 'पृथ्वी का विवरण' प्रकृति तथा मानव के अंतर्संबंधों का अध्ययन।

मानव पर्यावरण संबंध के रूप में भूगोल

- 20वीं शताब्दी के प्रारंभ में भूगोल, मानव और पर्यावरण के पारस्परिक संबंधों के रूप में विकसित हुआ।

संभावनावाद

- इसके अनुसार मानव अपने पर्यावरण में परिवर्तन करने में समर्थ होते हैं, इस विचारधारा के समर्थक वाइडल-डि-ला ब्लाश और फैब्रे थे।

नियतिवाद

- इसके अनुसार मानव के सभी कार्य पर्यावरण द्वारा निर्धारित होते हैं, इस विचारधारा के समर्थक रेटजेल तथा ई. हंटिंग्टन थे।

मानव-पर्यावरण संबंध से संबंधित अन्य अवधारणाएँ

- पर्यावरणीय निश्चयवाद
- संभववाद
- नव निश्चयवाद

भूगोल की शाखाएँ

प्रादेशिक उपागम

- **क्षेत्रीय दृष्टिकोण** हंबोल्ट के समकालीन भूगोलवेत्ता कार्ल रिटर द्वारा विकसित संकल्पना
- विश्व को विभिन्न श्रेणीबद्ध स्तर में विभाजित करने का दृष्टिकोण
  - क्षेत्रीय/क्षेत्र अध्ययन (माइक्रो, मैको तथा क्षेत्रीय अध्ययन को शामिल किया जाता है।)
  - क्षेत्रीय विकास (भूगोल संबंधित कल्याणकारी तथा इसके विकास से संबंधित)
  - क्षेत्रीय विश्लेषण (विधियों का समावेश और तकनीकी)
  - क्षेत्रीय योजना (ग्रामीण तथा क्षेत्रीय शामिल)
- **व्यवस्थित दृष्टिकोण** अलेक्जेंडर वॉन हंबोल्ट द्वारा विकसित, इसमें किसी घटना का संपूर्ण विश्व परिप्रेक्ष्य में अध्ययन किया जाता है
- प्रथम चरण के रूप में विश्व स्तर पर अध्ययन शामिल
- इसके 3 प्रमुख विभाग हैं

क्रमबद्ध उपागम

- जैव भूगोल
  - **पादप भूगोल** प्राकृतिक प्रजातियों का स्थानिक प्रारूप में अध्ययन
  - **प्राणी भूगोल** जानवरों के स्थानिक प्रारूप के आधार पर विशेषताओं का अध्ययन करता है
  - **पर्यावरणीय भूगोल** मानव तथा प्राकृतिक विश्व के मध्य अंतर्संबंधों का स्थानिक प्रारूप के आधार पर अध्ययन
- भौतिक भूगोल
  - **भू-आकृति विज्ञान** विभिन्न भू-आकृतियों का विकास तथा इनसे संबंधित प्रक्रियाओं का अध्ययन
  - **जलवायु विज्ञान** वायुमंडल, जलवायु, मौसम के विभिन्न कारकों आदि के प्रकार तथा इनके क्षेत्रीय वितरण का अध्ययन
  - **जल विज्ञान** जल के विभिन्न स्रोतों; जैसे- महासागर, सागर, नदियों, झीलों आदि का अध्ययन तथा इसके जीवन पर पड़ने वाले प्रभाव का अध्ययन
  - मृदा का वितरण तथा स्थलीय परिदृश्य पर परिवर्तनशील कारकों का अध्ययन
- मानव भूगोल
  - **सांस्कृतिक सामाजिक भूगोल** समाज और इसकी स्थानिक गतिशीलता के साथ-साथ सांस्कृतिक तत्त्वों का अध्ययन
  - जनसंख्या एवं बस्ती जनसंख्या वृद्धि, लिंगानुपात, घनत्व, प्रवासन आदि का अध्ययन
  - **आर्थिक भूगोल** लोगों के आर्थिक क्रियाकलापों का कृषि, उद्योग आदि का अध्ययन
  - **राजनैतिक भूगोल** राजनैतिक सीमाओं, पड़ोसी राज नैतिक इकाइयों के मध्य, अंतरिक्ष संबंधों आदि का अध्ययन

SOURCE New NCERT Class XI, Old NCERT Class XI भूगोल एक विषय के रूप में, New NCERT Class XII मानव भूगोल की प्रकृति एवं विषय क्षेत्र, NIOS Module-1 Chap 1 (विषय के रूप में भूगोल का स्वरूप)

भूगोल

1 दिए गए निम्न कथनों पर विचार कीजिए तथा इनमें से असत्य कथन की पहचान कीजिए *(Chap 1, Class-XI, New NCERT)*

(a) भूगोल शब्द का सर्वप्रथम प्रयोग अरस्तू नामक विद्वान ने किया था
(b) भूगोल का विषय के रूप में विधिवत् अध्ययन 19वीं सदी से प्रारंभ हुआ
(c) भूगोल विषय के अध्ययन में जर्मन भूगोलवेत्ता ए. वी. हंबोल्ट तथा कार्ल रिटर ने पथ-प्रदर्शक का काम किया
(d) 20वीं शताब्दी के प्रारंभ में भूगोल मानव तथा पर्यावरण के पारस्परिक संबंधों के रूप में विकसित हुआ

उत्तर (a)

व्याख्या दिए गए कथनों में से कथन (a) असत्य है, क्योंकि भूगोल शब्द का प्रयोग सर्वप्रथम अरस्तू ने नहीं वरन् 'इरेटोस्थेनीज' ने किया था। भूगोल का विषय के रूप में विधिवत् अध्ययन 19वीं सदी में आरंभ हुआ था। इस विषय के अध्ययन में जर्मन भूगोलवेत्ता ए.वी. हंबोल्ट तथा कार्ल रिटर ने पथ-प्रदर्शक की भूमिका निभाई। 20वीं शताब्दी के प्रारंभ में भूगोल मानव तथा पर्यावरण के पारस्परिक संबंधो के रूप में विकसित हुआ।

2 प्रसिद्ध भूगोलवेत्ताओं द्वारा परिभाषित मानव भूगोल की कुछ परिभाषाएँ और संबद्ध प्रसिद्ध भूगोलवेत्ताओं के नाम नीचे दिए गए हैं। सही मिलान वाले उस जोड़े/उन जोड़ों की पहचान कीजिए *(Chap 1, Class-XII, New NCERT)* *(HPSC Pre 2023)*

1. मानव भूगोल, मानव समाज और पृथ्वी की सतह के बीच संबंधों का कृत्रिम अध्ययन है—फ्रेडरिक रेटजेल
2. मानव भूगोल अशांत मनुष्य और अस्थिर पृथ्वी के बीच बदलते संबंधों का अध्ययन है—सेंपल
3. मानव भूगोल पृथ्वी और मानव के बीच अंतर्संबंधों की एक नई अवधारणा प्रस्तुत करता है— एल्सवर्थ हंटिंगटन
4. मानव भूगोल को भौगोलिक पर्यावरण और मानवीय गतिविधियाँ एवं गुणों के बीच संबंधों की प्रकृति और वितरण के अध्ययन के रूप में परिभाषित किया जा सकता है—पॉल-विडाल-डी-ला ब्लाश

कूट
(a) 2 और 4 (b) 3 और 4 (c) 1 और 2 (d) 1 और 4

उत्तर (b)

व्याख्या दिए गए युग्मों में से युग्म (3) और (4) सही सुमेलित हैं। अमेरिकी भूगोलवेत्ता एल्सवर्थ हंटिंगटन के अनुसार, 'मानव भूगोल पृथ्वी और मानव के मध्य अंतर्संबंधों की एक नई अवधारणा प्रस्तुत करता है।'

पॉल विडाल-डी-ला-ब्लाश के अनुसार, 'मानव भूगोल को भौगोलिक पर्यावरण और मानवीय गतिविधियों एवं गुणों के बीच संबंधों की प्रकृति और वितरण के अध्ययन के रूप में परिभाषित किया जाता है।' ये फ्रांसीसी भूगोलवेत्ता थे, इन्होंने संभववाद की संकल्पना दी थी।

युग्म (1) और (2) सही नहीं हैं, क्योंकि मानव भूगोल, मानव समाज और पृथ्वी की सतह के बीच संबंधों का कृत्रिम अध्ययन है। यह कथन एलेन सेंपल का है, जबकि मानव भूगोल अशांत मनुष्य और अस्थिर पृथ्वी के बीच बदलते संबंधों का अध्ययन है, यह कथन रेटजेल ने दिया है।

3 मानव पर्यावरण के पारस्परिक संबंधों के अध्ययन से उत्पन्न प्रमुख संकल्पनाएँ तथा उनके समर्थकों से संबंधित दिए गए युग्मों में से कौन सही सुमेलित है? *(Chap 1, Class-XII, New NCERT)*

1. संभववाद — वाइडल -डी-ला-ब्लाश 2. नियतिवाद — ई हंटिंगटन
3. नव-निश्चयवाद — ग्रिफिथ टेलर

कूट
(a) केवल 1 (b) 2 और 3
(c) 1 और 2 (d) 1, 2 और 3

उत्तर (d)

व्याख्या प्रश्नानुसार, दिए गए तीनों युग्म सही सुमेलित हैं।
संभववाद (Possibilism) के प्रणेता वाइडल-डी-ला-ब्लाश थे। मानव तथा प्रकृति की अन्योन्यक्रिया को संभववाद कहा जाता है।

नियतिवाद (Determinism) के प्रणेता ई. हंटिंगटन थे। ज्ञान प्रौद्योगिकी से पूर्व मानव तथा प्रकृति पर्यावरणीय निश्चयवाद से जुड़े थे, इसे नियतिवाद की संज्ञा दी जाती है।

नव-निश्चयवाद (Neo-Determinism) के प्रणेता ग्रिफिथ टेलर थे। संभववाद तथा पर्यावरणीय निश्चयवाद के बीच मध्य मार्ग के रूप में नव-निश्चयवाद सिद्धांत की संकल्पना हुई।

4 भूगोल विषय के अध्ययन उपागम संबंधी कथनों पर विचार कीजिए *(Chap 1, Class-XI, New NCERT)*

1. विषय-वस्तुगत भूगोल के उपागम को अलेक्जेंडर वॉन हंबोल्ट द्वारा प्रवर्तित किया गया।
2. प्रादेशिक भूगोल का विकास जर्मन भूगोलवेत्ता कार्ल रिटर द्वारा किया गया।

उपर्युक्त में से कौन-सा/से कथन सही है/हैं?
(a) केवल 1 (b) केवल 2
(c) 1 और 2 दोनों (d) न तो 1 और न ही 2

उत्तर (c)

व्याख्या भूगोल विषय के अध्ययन उपागम के संबंध में दिए गए दोनों कथन सही हैं। विषय-वस्तुगत भूगोल के उपागम को अलेक्जेंडर वॉन हंबोल्ट द्वारा प्रवर्तित किया गया। इन्होंने प्रसिद्ध ग्रंथ 'कॉस्मॉस' की रचना की थी और कॉस्मोलॉजी के विकास में इनका महत्त्वपूर्ण योगदान है।
प्रादेशिक भूगोल का विकास जर्मन भूगोलवेत्ता कार्ल रिटर द्वारा किया गया था। रिटर मानव भूगोल को ही वास्तविक भूगोल मानते थे। इन्होंने मानव भूगोल के लिए प्रादेशिक अध्ययन को उपयुक्त बताया।

5 भूगोल में नव-नियतिवाद के सिद्धांत का प्रतिपादन किसने किया था? *(Chap 1, Class-XII, New NCERT)*

(a) सेंपल ने (b) ग्रिफिथ टेलर ने
(c) रैटजेल ने (d) हंटिंगटन ने

उत्तर (b)

व्याख्या भूगोलवेत्ता ग्रिफिथ टेलर ने पर्यावरणीय निश्चयवाद तथा संभववाद के बीच एक मध्यमार्ग के रूप में 'नव-नियतिवाद' (नव-निश्चयवाद) के सिद्धांत का प्रतिपादन किया था।
इसे 'रुको और जाओ निश्चयवाद' भी कहा जाता है। नव-नियतिवाद का प्रकृति के साथ संबंध न तो नितांत स्वतंत्रता का है और न ही नितांत आवश्यकता का। इसका तात्पर्य यह है कि प्राकृतिक नियमों का अनुपालन कर हम प्रकृति पर विजय प्राप्त कर सकते हैं।

6 मानव पर्यावरण से संबंधित कथनों पर विचार कीजिए *(Chap 1, Class-XI, New NCERT)*

1. संभावनावाद के अनुसार, मानव अपने पर्यावरण में परिवर्तन करने में समर्थ होते हैं।
2. नियतिवाद के अनुसार, मानव के सभी कार्य पर्यावरण द्वारा निर्धारित होते हैं।
3. संभववाद के अनुसार, मानव समयानुसार पर्यावरण तथा प्राकृतिक बलों को समझने में नाकाम रहा।

उपर्युक्त में से कितने कथन असत्य है/हैं?

(a) केवल एक (b) केवल दो
(c) केवल तीन (d) इनमें से कोई नहीं

उत्तर (a)

व्याख्या मानव पर्यावरण से संबंधित उपरोक्त कथनों में से केवल एक कथन (कथन 3) असत्य है, क्योंकि संभववाद के अनुसार, मानव पर्यावरण तथा प्राकृतिक बलों को समझने में सफल हुआ है तथा इसने सामाजिक और सांस्कृतिक वातावरण का विकास भी किया।

संभववाद की संकल्पना विडाल-डी-ला-ब्लाश द्वारा दी गई है। संभववाद के अनुसार प्रकृति मानव को अनेक संभावनाएँ प्रदान करती है तथा मानव इन संभावनाओं का स्वामी होने के नाते इनके उपयोग का निर्णयकर्ता होता है।

7 किस भूगोलवेत्ता का मत था कि ''भूगोल की विशेषता इसके दृष्टिकोण में है, न कि सुस्पष्ट रूप से परिभाषित तथ्यात्मक जानकारी में?'' *(Chap 1, Class-XI, Old NCERT)*

(a) एच जे मैकिंडर (b) ई हंटिंगटन
(c) पी हैगेट (d) आर जे शोरले

उत्तर (a)

व्याख्या एच जे मैकिंडर का मत था कि ''भूगोल की विशेषता उसके दृष्टिकोण में है, न कि परिभाषित तथ्यात्मक जानकारी में।'' इन्होंने भौतिक तथा मानवीय तथ्यों का संश्लेषण करके एक प्रादेशिक विवरण तैयार करने पर बल दिया। इनके अनुसार भौतिक भूगोल के बिना मानव भूगोल का स्वतंत्र अस्तित्व संभव नहीं है।

8 सूची I और सूची II को सुमेलित कीजिए तथा कूट की सहायता से सही उत्तर की पहचान कीजिए *(Chap 1, Class-XI, Old NCERT)*

सूची I (भूगोलवेत्ता)		सूची II (संबंधित कार्य/ योगदान)	
A.	एच जे मैकिंडर	1.	प्रादेशिक विवरण
B.	पी हैगेट	2.	मात्रात्मक विधियों का उपयोग
C.	क्रिस्टेलर	3.	बस्ती अनुक्रम के प्रारूप
D.	डब्लू एम डेविस	4.	अपरदन चक्र

कूट

	A	B	C	D		A	B	C	D
(a)	1	2	3	4	(b)	2	1	4	3
(c)	3	1	4	2	(d)	4	3	1	2

उत्तर (a)

व्याख्या सही सुमेलन A-1, B-2, C-3, D-4 है।

एच जे मैकिंडर ने प्रादेशिक विवरण से संबंधित कार्यों को संपादित करने का कार्य किया। प्रादेशिक विवरण के आधार पर भूगोल के ऐसे तंत्र का अध्ययन संभव है, जिसमें संसाधनों के प्रबंधन तथा प्रादेशिक नियोजन का अध्ययन किया जाता है।

पी हैगेट ने भूगोल में **मात्रात्मक विधियों** का उपयोग किया था। इन विधियों के उपयोग द्वारा भौगोलिक अध्ययन को स्थानिक रूप में विश्लेषित किया जाता है। यह सांख्यिकीय तकनीक से किया गया अध्ययन है, जिसमें किसी विशेष क्षेत्र के क्रियाकलाप तथा क्षेत्रों के बीच अंतर्संबंध को समझा जाता है।

जर्मन भूगोलवेत्ता क्रिस्टेलर ने बस्ती अनुक्रम के प्रारूप का प्रतिपादन किया था। बस्ती अनुक्रम के प्रारूप का संबंध बस्ती की जनसंख्या के आकार, उसके भौगोलिक क्षेत्रफल तथा उसकी स्थिति से है। इसमें कस्बे से लेकर मेगा सिटी को परिभाषित किया जाता है।

अमेरिकी भूगोलवेत्ता **डब्लू एम डेविस** ने **अपरदन चक्र** सिद्धांत का प्रतिपादन किया था। अपरदन चक्र भौगोलिक चक्र अपरदन की वह अवधि है, जिसके अंतर्गत उत्थित भूखंड अपरदन के प्रक्रम द्वारा प्रभावित होकर एक आकृति विहीन समतल मैदान में बदल जाता है। **डेविस** के अनुसार, स्थलरूप संरचना प्रक्रम तथा समय का प्रतिफल है।

9 निम्नलिखित कथनों पर विचार कीजिए तथा नीचे दिए गए कूट का प्रयोग करते हुए सही उत्तर का चयन कीजिए *(Chap 1, Module-1, NIOS)*

1. भौतिक भूगोल में प्राकृतिक परिघटनाओं का उल्लेख होता है।
2. मानव भूगोल भूतल और मानव समाज के संबंधों का वर्णन करता है।
3. भूगोल एक अंतरा-अनुशासिक विषय है।

कूट

(a) 1 और 2 (b) 2 और 3
(c) केवल 2 (d) ये सभी

उत्तर (d)

व्याख्या दिए गए सभी कथन सही हैं।

भौतिक भूगोल में प्राकृतिक घटनाओं; जैसे-वर्षा, बाढ़, भूकंप, भूस्खलन, झंझावत आदि का उल्लेख होता है। मानव भूगोल भूतल और मानव समाज के संबंधों का वर्णन करता है।

भूगोल राजनीतिक, आर्थिक, सामाजिक, सांस्कृतिक तथा जनांकिकीय प्रक्रियाओं से संबंधित होने के साथ ही संसाधनों के विविध प्रयोगों से भी संबंधित है। भूगोल एक अंतरा—अनुशासनिक विषय है। यह विभिन्न क्षेत्रों से संबंध रखता है। यह क्षेत्र मुख्यत: उन स्थानिक संरचनाओं का प्रतिनिधित्व करता है, जिनमें आर्थिक और सामाजिक कार्यकलाप संचालित किए जाते हैं।

10 मानव भूगोल की विचारधाराओं के संबंध में दिए गए युग्मों में कौन-सा युग्म सही सुमेलित है? *(Chap 1, Class-XII, New NCERT)*

1. कल्याणपरक विचारधारा — समाज के विभिन्न पक्षों का समावेश
2. रेडिकल विचारधारा — मार्क्स के सिद्धांत का उपयोग
3. व्यवहारवादी विचारधारा — सामाजिक संवर्गों के दिक्काल बोध पर बल

कूट

(a) केवल 1
(b) 1 और 2
(c) 2 और 3
(d) 1, 2 और 3

उत्तर (d)

व्याख्या मानव भूगोल की विचारधाराओं के संबंध में दिए गए तीनों युग्म सही सुमेलित हैं।

कल्याणपरक विचारधारा का मुख्य बिंदु कौन, कहाँ, क्या और कैसे है। इस विचारधारा में प्रादेशिक असमानताएँ, निर्धनता, अभाव जैसे विषय तथा नगरीय स्लम, मलिन बस्ती इत्यादि को शामिल किया जाता है। समाज के विभिन्न पक्षों के समावेशन से संबंधित विचारधारा कल्याणपरक विचारधारा कहलाती है।

रेडिकल विचारधारा मानव भूगोल की नवीनतम शाखा है। इसमें माना गया है कि भूगोल के क्रांतिकारी परिवर्तन संपूर्णता में वास्तविकता की अंतर्निहित विकास अवस्था है। भूगोल में प्रयोग किए गए मार्क्स के सिद्धांत का उपयोग रेडिकल विचारधारा कहलाती है।

व्यावहारिक विचारधारा मानव भूगोल में मानवीय व्यवहार, निर्णय क्षमता तथा उसके भौगोलिक प्रभावों का अध्ययन करती है। सामाजिक संवर्गों के दिक्काल बोध पर बल देने वाली विचारधारा **व्यवहारवादी विचारधारा** कहलाती है।

अध्याय 02

ब्रह्मांड

ब्रह्मांड

ब्रह्मांड की उत्पत्ति

बिग बैंग सिद्धांत
- ब्रह्मांड की उत्पत्ति का प्रमुख सिद्धांत, इसे ब्रह्मांड विस्तार परिकल्पना सिद्धांत भी कहा जाता है
- जॉर्ज एडवर्ड लैमैंतेयर द्वारा प्रतिपादित सभी पदार्थ जिनसे ब्रह्मांड बना है, आरंभ में अति छोटे गोलक के रूप में होते हैं; जिसका आयतन अत्यधिक सूक्ष्म तथा घनत्व अनंत होता है
- अति संकेंद्रण के कारण महा विस्फोट हुआ
- ऊर्जा पदार्थ में परिवर्तित, विस्तार धीमा हो गया, धीरे-धीरे तापमान में गिरावट, जिसमें परमाणु पदार्थों का विकास हुआ

साम्यावस्था परिकल्पना
- बिग बैंग थ्योरी का वैकल्पिक सिद्धांत
- ब्रह्मांड व्यावहारिक रूप से किसी भी समय

दोलन सिद्धांत
- बिग बैंग थ्योरी का एक रूप
- एलेन सैंडेज द्वारा प्रतिपादित
- इस सिद्धांत के अनुसार ब्रह्मांड बिग बैंग तथा बिग एक्वीज (संकुचन) के बीच अंतहीन रूप से सम्पादित होता है

खगोलीय पिंड, आकाशगंगा एवं तारे

खगोलीय पिंड
- सूर्य, चंद्रमा और वे सभी जो रात्रि में आकाश में चमकते हैं
- इन्हें आकाशीय पिंड भी कहा जाता है
- ये मुख्यतः दो प्रकार के होते हैं पहले, जो स्वयं की ऊर्जा तथा प्रकाश द्वारा प्रकाशित; जैसे- तारे। दूसरे, वे पिंड जिनकी स्वयं की ऊष्मा या प्रकाश नहीं होते, किंतु दूसरे के प्रकाश से प्रकाशित होते हैं; जैसे- ग्रह

आकाशगंगा
- पारस्परिक गुरुत्वाकर्षण बल से बँधे हुए तारों की एक प्रणाली
- इसमें बड़ी संख्या में गैस से गुम्फित बादल शामिल हैं, जिनमें कुछ अत्यधिक बड़े हैं।
- आकाशगंगा तीन प्रकार की है
  - अंडाकार आकाशगंगा
  - सर्पिल आकाशगंगा
  - अनियमित आकाशगंगा

तारे
- गैसों के चमकते हुए विशाल पिंड जिनकी अपनी ऊष्मा तथा प्रकाश होते हैं; इसकी दूरी नापने के लिए प्रकाशवर्ष पैमाने का प्रयोग किया जाता है
- इनका तापमान इनके रंग से निर्धारित किया जाता है
- कम तापमान वाले तारे लाल रंग के तथा अधिक, तापमान वाले तारे पीले रंग के होते हैं

नक्षत्र
- रात्रि के समय आकाश में तारों के समूहों द्वारा निर्धारित विभिन्न आकृतियाँ नक्षत्र कहलाती हैं; अर्सा मेजर या बिग बीयर सबसे आसानी से पहचाने जाने वाले नक्षत्रों में एक 'सप्त ऋषि' है

सौरमंडल

सौरमंडल
- सूर्य, आठ ग्रह, उपग्रह तथा कुछ अन्य खगोलीय पिंड; जैसे- क्षुद्रग्रह (ग्रहों के टुकड़े), धूमकेतु, उल्कापिंड एवं वृहत मात्रा में गैस एवं धूलकण मिलकर सौरमंडल का निर्माण करते हैं अर्थात् सूर्य के परिवार को सौरमंडल कहा जाता है।

ग्रह
- **बुध** सूर्य के सबसे निकट व सबसे छोटा पहला ग्रह
- **शुक्र** पृथ्वी के सबसे निकट, सबसे चमकीला तथा सबसे गर्म ग्रह
- **पृथ्वी** नीला ग्रह, जल की उपलब्धता (71% भाग पर) मानव जीवन विद्यमान
- **बृहस्पति** सौरमंडल का सबसे बड़ा ग्रह, सर्वाधिक गुरुत्वाकर्षण बल वाला ग्रह
- **शनि** सौरमंडल का दूसरा सबसे बड़ा ग्रह; चारों ओर वलयों की उपलब्धता
- **अरुण** मीथेन की अधिकता के कारण हरा रंग वाला ग्रह
- **वरुण** सौरमंडल का सबसे ठंडा ग्रह

SOURCE New & Old NCERT Class VI पृथ्वी की उत्पत्ति एवं विकास, New & Old NCERT Class XI पृथ्वी की उत्पत्ति एवं विकास

1 निम्न कथनों पर विचार कीजिए और इनमें असत्य कथनों की पहचान कीजिए *(Chap 2, Class-XI, New NCERT)*

(a) आधुनिक समय में ब्रह्मांड की उत्पत्ति के संबंध में सर्वमान्य सिद्धांत 'बिग बैंग सिद्धांत' है
(b) ब्रह्मांड का विस्तार संबंधी प्रमाण एडविन हबल ने दिया
(c) हॉयल ने ब्रह्मांड की संकुचन संबंधी अवधारणा को प्रस्तुत किया
(d) उपर्युक्त सभी

उत्तर (c)

व्याख्या दिए गए कथनों में कथन (c) असत्य है, क्योंकि हॉयल ने ब्रह्मांड की उत्पत्ति के संबंध में स्थिर अवस्था संकल्पना (Steady State Theory) को प्रस्तुत किया, जिसमें इन्होंने बताया कि ब्रह्मांड का विस्तार नहीं हो रहा है, बल्कि ब्रह्मांड हर समय एक जैसा ही रहा है।

इसकी उत्पत्ति आज से 12 अरब वर्ष पूर्व हुई। इसमें हाइड्रोजन तथा हीलियम गैसों की सर्वाधिक मात्रा विद्यमान है।

2 'खगोलीय पिंडों' के संबंध में कौन-सा कथन सही नहीं है? *(Chap 1, Class-VI, New NCERT)*

1. अंतरिक्ष में सप्तऋषि मंडल की सहायता से ध्रुव तारे की स्थिति को देखा जा सकता है।
2. ध्रुव तारा एक गतिशील तारा होता है, जो अंतरिक्ष में भ्रमण करता रहता है।

कूट

(a) केवल 1 (b) केवल 2
(c) 1 और 2 दोनों (d) न तो 1 और न ही 2

उत्तर (b)

व्याख्या 'खगोलीय पिंडों' के संबंध में कथन (2) सही नहीं है, क्योंकि ध्रुव तारा एक स्थिर व स्थायी तारा होता है, जो उत्तर दिशा को दर्शाता है। इसकी सहायता से रात्रि में लोगों को दिशा के निर्धारण में सहायता मिलती है। इसके निकट सप्तऋषि और सोप्रिया तारामंडल अवस्थित हैं। ध्रुव तारे को 'अल्फा ऊर्सा माइनारिस' (Alpha Ursa Minoris) के नाम से भी जाना जाता है।

3 नीचे दो वक्तव्य दिए गए हैं, एक कथन (A) तथा दूसरा कारण (R) है *(Chap 2, Class-XI, New NCERT)*

कथन (A) सर्पाकार आकाशगंगा समतल डिस्क के समान विस्तृत होती है।

कारण (R) इसकी सर्पाकार भुजाएँ उन तरंगों को घेरती हैं, जो नए तारों के निर्माण के लिए उत्तरदायी हैं।

(a) A और R दोनों सही हैं तथा R, A की सही व्याख्या करता है
(b) A और R दोनों सही हैं, परंतु R, A की सही व्याख्या नहीं करता है
(c) A सही है, किंतु R गलत है
(d) A गलत है, किंतु R सही है

उत्तर (a)

व्याख्या A और R दोनों सही हैं तथा R, A की सही व्याख्या करता है। अत: विकल्प (a) सही है।

सर्पाकार आकाशगंगा समतल डिस्क के समान विस्तृत है, जिसकी सर्पाकार भुजाएँ उन तरंगों को घेरती हैं, जो नए तारों के निर्माण के लिए उत्तरदायी होती हैं। यह आकाशगंगा सबसे सुन्दर दृश्य प्रस्तुत करती है। दुग्धमेखला या आकाशगंगा (Milkyway) आकाशगंगा, जिसमें सौरमंडल स्थित है, यह एक सर्पाकार आकाशगंगा है।

आकाशगंगा करोड़ों तारों, बादलों तथा गैस की एक प्रणाली होती है। एक आकाशगंगा असंख्य तारों का समूह होता है तथा लाखों आकाशगंगाएँ मिलकर ब्रह्माण्ड का निर्माण करती हैं।

4 सौरमंडल से सम्बन्धित कथनों पर विचार कीजिए *(Chap 2, Class-XI, New NCERT)*

1. निहारिका को सौरमंडल का जनक माना जाता है।
2. सूर्य व क्षुद्र ग्रहों की पट्टी के बीच स्थित ग्रहों को भीतरी ग्रह कहा जाता है।
3. बृहस्पति ग्रह, सौरमंडल में क्षुद्र ग्रह की पट्टी के अंदर अवस्थित है।

उपर्युक्त में से कितने कथन सही हैं?

(a) केवल एक (b) केवल दो
(c) सभी तीन (d) इनमें से कोई नहीं

उत्तर (b)

व्याख्या सौरमंडल के संबंध में केवल दो कथन अर्थात् (1) और (2) सही हैं। अत: विकल्प (b) सही है। निहारिका (Nebula) को सौरमंडल तथा तारों का जनक माना जाता है, जो विशाल गैसों का पुंज होता है। इसके क्रोड का निर्माण लगभग 5 से 5.6 अरब वर्ष पूर्व हुआ था। सूर्य व क्षुद्र ग्रहों की पट्टी के बीच अवस्थित बुध, शुक्र, पृथ्वी तथा मंगल ग्रहों को भीतरी ग्रह (Inner or Terrestrial Planet) कहा जाता है, जो अधिक घनत्व वाले तथा शैलों व धातुओं से बने होते हैं।

कथन (3) सही नहीं है, क्योंकि बृहस्पति क्षुद्र ग्रह की पट्टी के बाहर अवस्थित है तथा आकार में सौरमंडल का सबसे बड़ा ग्रह है।

5 निम्नलिखित में से कौन-सा कथन ग्रहों के संबंध में सही नहीं है? *(Chap 2, Class-XI, Old NCERT)*

(a) जोवियन ग्रह की उत्पत्ति जनक तारे से बहुत दूर हुई
(b) बाहरी ग्रहों का गुरुत्वाकर्षण बल आंतरिक ग्रहों से कम होता है
(c) पार्थिव ग्रह (आंतरिक ग्रह) का निर्माण शैलों तथा धातुओं से हुआ है
(d) 'b' और 'c' दोनों

उत्तर (b)

व्याख्या ग्रहों के संबंध में कथन (b) सही नहीं है, क्योंकि सौरमंडल के बाहरी ग्रहों का गुरुत्वाकर्षण बल आंतरिक ग्रहों से अधिक होता है। इनका आकार बड़ा होता है और इनमें हाइड्रोजन तथा हीलियम गैस के विशाल व सघन वायुमंडल हैं। बाहरी ग्रहों में बृहस्पति, शनि, यूरेनस तथा नेप्च्यून प्रमुख हैं, जिनकी उत्पत्ति 4.6 अरब वर्ष पूर्व हुई थी।

6 निम्नलिखित कथनों पर विचार कीजिए *(Chap 2, Class-XI, New NCERT)*

1. आधुनिक समय में ब्रह्मांड की उत्पत्ति संबंधी सर्वमान्य सिद्धांत 'बिग-बैंग सिद्धांत' है।
2. वर्ष 1920 में एडविन हब्बल ने प्रमाण दिया कि ब्रह्मांड का विस्तार हो रहा है।
3. प्रकाश वर्ष दूरी का मापक है।

उपर्युक्त में से कितने कथन सत्य हैं?

(a) केवल एक (b) केवल दो
(c) सभी तीन (d) इनमें से कोई नहीं

उत्तर (c)

व्याख्या दिए गए सभी तीन कथन सत्य हैं।

आधुनिक समय में ब्रह्माण्ड की उत्पत्ति से संबंधी सर्वमान्य सिद्धांत 'बिग-बैंग सिद्धांत' है। इसे विस्तारित ब्रह्मांड परिकल्पना भी कहा जाता है। इस सिद्धांत के अनुसार 13.7 अरब वर्ष पूर्व ब्रह्मांड सिमटा हुआ था तथा इसका आयतन अत्यधिक सूक्ष्म और ताप तथा घनत्व अनंत था। बिग-बैंग की प्रक्रिया में उसके अंदर महाविस्फोट हुआ तथा ब्रह्मांड की उत्पत्ति हुई। वर्ष 1920 में एडविन हब्बल ने प्रमाण दिया कि ब्रह्मांड का विस्तार हो रहा है। इसको उन्होंने आकाशगंगाओं के बीच बढ़ रही दूरी के अनुसार सिद्ध किया था।

प्रकाश वर्ष दूरी का मापक है। एक वर्ष में प्रकाश 1 लाख, 86 हजार मील/सेकेंड के वेग से निर्वात में जितनी दूरी तय करता है, वह एक प्रकाश वर्ष कहलाता है।

7 निम्नलिखित में से कितने कथन सौरमंडल के संबंध में सही नहीं हैं?
(Chap 1, Class-VI, Old NCERT)

1. सौरमंडल का निर्माण सूर्य और क्षुद्रग्रह मिलकर करते हैं।
2. सूर्य का खिंचाव बल सौरमंडल को बाँधे रखता है।
3. सूर्य, सौरमंडल के लिए प्रकाश एवं ऊष्मा का मुख्य स्रोत है।

कूट

(a) केवल एक (b) केवल दो
(c) सभी तीन (d) इनमें से कोई नहीं

उत्तर *(a)*

व्याख्या सौरमंडल के संबंध में केवल एक अर्थात् कथन (1) सही नहीं है, क्योंकि सौरमंडल का निर्माण सूर्य, ग्रहों, उपग्रहों, क्षुद्रग्रहों (Asteroid), पुच्छल तारों (Comet) आदि से होता है। वर्तमान में सौरमंडल में 8 ग्रह हैं, जिन्हें सूर्य से प्रकाश व ऊर्जा प्राप्त होती है। सूर्य मध्यम आयु का तारा है, जिसके केंद्र में हीलियम और हाइड्रोजन गैसों के नाभिकीय संलयन से उत्पन्न प्रकाश, ऊष्मा व ऊर्जा के विशाल भंडार हैं।

8 निम्नलिखित पर विचार कीजिए
(Unit 2, Class-XI, Tamil Nadu Board)

कथन (A) **बुध, शुक्र व मंगल ग्रह को 'पार्थिव** (Terrestrial) **ग्रह' कहा जाता है।**

कारण (R) **बुध, शुक्र व मंगल ग्रह गैसों से बने हैं।**

कूट

(a) A और R दोनों सही हैं तथा R, A की सही व्याख्या करता है
(b) A और R दोनों सही हैं, परंतु R, A की सही व्याख्या नहीं करता है
(c) A सही है, किंतु R गलत है
(d) A गलत है, किंतु R सही है

उत्तर *(c)*

व्याख्या A सही है, किंतु R गलत है।बुद्ध, शुक्र व मंगल ग्रह को पार्थिव (Terrestrial) ग्रह कहा जाता है। पार्थिव ग्रह या चट्टानी ग्रह एक ऐसा ग्रह है, जो मुख्यत: सिलिकेट चट्टानों या धातुओं का बना होता है। ये ठोस सतहों से बने होते हैं। सूर्य के सबसे निकट वाले ग्रह 'पार्थिव ग्रह' कहलाते हैं। बुद्ध, शुक्र व मंगल ग्रह गैसों से नहीं, बल्कि ठोस सतहों से बने होते हैं। गैसीय ग्रह गैसीय सतहों से बने होते हैं।

9 अंतरिक्ष से संबंधित 'अर्सा मेजर' या 'बिग बीयर' का संबंध किससे पाया जाता है?
(Chap 1, Class-VI, New NCERT)

(a) सौरमंडल (b) नक्षत्रमंडल
(c) क्षुद्रग्रह समूह (d) इनमें से कोई नहीं

उत्तर *(b)*

व्याख्या अंतरिक्ष में 'अर्सा मेजर' (तारामंडल) या 'बिग बीयर' का संबंध नक्षत्रमंडल से पाया जाता है। सप्तऋषि (सात तारों का समूह) नक्षत्रमंडल अर्सा मेजर का भाग है। नक्षत्रमंडल तारों के विभिन्न समूहों द्वारा विविध आकृतियों में पाए जाते हैं। इन आकृतियों के आधार पर इनका नामकरण होता है; जैसे-ओरिऑन, सिग्नस स्वान, हाइड्रा तथा हरक्यूलस आदि।

10 निम्न में से कौन-सा कथन 'ग्रहों' के संबंध में सही है?
(Chap 1, Class-VI, New NCERT)

(a) ग्रह आकार में बड़े होते हैं
(b) इनके पास अपनी ऊष्मा तथा प्रकाश होता है
(c) यह तारों के प्रकाश से प्रकाशित होते हैं
(d) इनका अपना गुरुत्वाकर्षण बल होता है

उत्तर *(c)*

व्याख्या 'ग्रहों' के संबंध में कथन (c) सही है। ग्रह, वह आकाशीय पिंड होते हैं, जो तारों के प्रकाश से प्रकाशित होते हैं। यह अपने कक्ष पर घूमते हुए सूर्य की परिक्रमा करते हैं। ग्रह पर क्रियाशील अभिकेंद्रीय बल की दिशा सूर्य की ओर होती है, जिसके माध्यम से ये एक निश्चित पथ पर घूमते हैं। अत: गुरुत्वाकर्षण बल व क्षेत्रफल नियम के प्रभाव से सूर्य से दूर स्थित ग्रह की चाल न्यूनतम तथा समीप स्थित ग्रह की चाल अधिकतम होती है।

11 सूर्य से बढ़ती दूरी के क्रम में कौन-से दो ग्रह मंगल और यूरेनस के बीच हैं?
(Chap 1, Class-VI, Old NCERT)

(a) पृथ्वी और बृहस्पति (b) बृहस्पति और शनि
(c) शनि और पृथ्वी (d) शनि और वरुण

उत्तर *(b)*

व्याख्या सूर्य से बढ़ती दूरी के क्रम में मंगल और यूरेनस के बीच अवस्थित ग्रह बृहस्पति और शनि हैं। बृहस्पति और शनि दोनों गैसीय पिंड हैं अर्थात् इनका निर्माण गैसों के संघटन से हुआ है। सूर्य से बढ़ती दूरी के अनुसार ग्रहों का क्रम बुध, शुक्र, पृथ्वी, मंगल, बृहस्पति, शनि, अरुण और वरुण है। सौरमण्डल का 99.86% से अधिक द्रव्यमान सूर्य में है और शेष द्रव्यमान का लगभग 90% बृहस्पति और शनि में है।

12 निम्नलिखित ग्रहों को आकार के अनुसार घटते हुए क्रम में लगाइए तथा कूट से सही उत्तर दीजिए *(Chap 1, Class-VI, New NCERT)*

1. बृहस्पति 2. वरुण 3. पृथ्वी 4. शनि

कूट

(a) 1 4 3 2 (b) 3 4 2 1
(c) 1 4 2 3 (d) 4 1 3 2

उत्तर *(c)*

व्याख्या आकार के अनुसार ग्रहों का घटता हुआ क्रम बृहस्पति, शनि, वरुण और पृथ्वी हैं।

आकार के अनुसार सभी ग्रहों का क्रम बृहस्पति, शनि, अरुण, वरुण, पृथ्वी, शुक्र, मंगल एवं बुध है। सौरमंडल में सबसे बड़ा ग्रह बृहस्पति व सबसे छोटा ग्रह बुध है। ग्रह अपनी निश्चित कक्षा में सूर्य की परिक्रमा करते हैं और इनका एक निश्चित द्रव्यमान होता है। सौर मंडल का 99.86% से अधिक दव्यमान सूर्य मे है और शेष द्रव्यमान का लगभग 90% बृहस्पति और शनि में है।

13 निम्न कथनों पर विचार कीजिए *(Chap 2, Class-XI, New NCERT)*

1. शुक्र ग्रह का सूर्य के चारों ओर परिक्रमण काल मंगल ग्रह के परिक्रमण काल से अधिक है।
2. मंगल और बृहस्पति ग्रहों के बीच क्षुद्रग्रह की पट्टी पाई जाती है।
3. बुध, शुक्र तथा शनि ग्रह अधिक घनत्व वाले ग्रह हैं।

उपर्युक्त में से कौन-सा/से कथन सही नहीं है/हैं?

(a) 1 और 2 (b) 2 और 3 (c) 1 और 3 (d) केवल 3

उत्तर *(c)*

व्याख्या दिए गए कथनों में कथन (1) और (3) सही नहीं हैं, क्योंकि शुक्र ग्रह पृथ्वी के सर्वाधिक निकट है। यह सूर्य के चारों ओर एक परिक्रमा 255 दिन में पूर्ण करता है, जबकि मंगल ग्रह का परिक्रमण काल 687 दिन है। ये दोनों ग्रह सौरमंडल के आंतरिक ग्रह हैं।

बुध और शुक्र अधिक घनत्व वाले ग्रह हैं, जबकि शनि कम घनत्व वाला ग्रह है। बुध एवं शुक्र का घनत्व क्रमश: 5.5 ग्राम/घन सेमी एवं 5.24 ग्राम/घन सेमी है। शनि का घनत्व 0.69 ग्राम/घन सेमी है, जो सभी ग्रहों से कम है।

14 सौरमंडल के वे दो ग्रह कौन-से हैं, जिनका परिक्रमण अन्य ग्रहों की तुलना में विपरीत दिशा में पाया जाता है?
(Chap 1, Class-VI, Old NCERT)

(a) बुध और बृहस्पति (b) शुक्र और शनि
(c) बृहस्पति और नेप्च्यून (d) शुक्र और यूरेनस

उत्तर *(d)*

व्याख्या सौरमंडल में शुक्र तथा यूरेनस दो ग्रह ऐसे हैं, जिनका परिक्रमण अन्य ग्रहों की तुलना में विपरीत दिशा में अर्थात् पूरब से पश्चिम या घड़ी की सुई की दिशा के अनुकूल पाया जाता है। शुक्र ग्रह सूर्य की परिक्रमा 35 किमी प्रति सेकेण्ड की गति से 225 दिनों में पूर्ण करता है और यह ग्रह अपने अक्ष पर 243 दिनों में एक घूर्णन (Rotation) पूरा करता है। यूरेनस (अरुण) ग्रह सूर्य की एक परिक्रमा 84 वर्ष में पूरी करता है।

15 सौरमंडल से संबंधित निम्नलिखित कथनों पर विचार कीजिए

(Chap 1, Class-VI, New NCERT)

1. सौरमंडल के ग्रह वृत्ताकार आकार के पथ का अनुसरण करते हुए सूर्य की परिक्रमा करते हैं।
2. सौरमंडल में सबसे दूर यूरेनस (अरुण) ग्रह अवस्थित है।
3. सौरमंडल का सबसे बड़ा तथा सबसे छोटा ग्रह क्रमश: शनि एवं शुक्र है।

उपर्युक्त में से कितने कथन असत्य हैं?

(a) केवल एक (b) केवल दो
(c) सभी तीन (d) इनमें से कोई नहीं

उत्तर (c)

व्याख्या सौरमंडल से संबंधित सभी तीनों कथन असत्य हैं क्योंकि सौरमंडल के ग्रह दीर्घवृत्ताकार आकार के पथ का अनुसरण करते हुए सूर्य की परिक्रमा करते हैं।

ग्रहों में सर्वाधिक तापमान शुक्र पर 475°C तथा सबसे कम यूरेनस (अरुण) पर (– 278°C) पाया जाता है। सौरमंडल में सबसे दूर नेप्च्यून (वरुण) ग्रह अवस्थित है। यह आकार में चौथा सबसे बड़ा ग्रह है।

सौरमंडल का सबसे बड़ा ग्रह बृहस्पति तथा सबसे छोटा ग्रह बुध है। इसके अतिरिक्त बृहस्पति सबसे तेज गति से घूर्णन करने वाला ग्रह भी है तथा बुध सर्वाधिक कक्षीय गति वाला ग्रह है।

16 'पृथ्वी ग्रह' के संबंध में कौन-सा कथन सही नहीं है?

(Chap 1, Class-VI, Old NCERT)

1. अंतरिक्ष से देखने पर पृथ्वी का रंग नीला, यहाँ विद्यमान वनों की अधिकता से दिखाई पड़ता है।
2. पृथ्वी का घनत्व, मंगल ग्रह से कम पाया जाता है।

कूट

(a) केवल 1 (b) केवल 2
(c) 1 और 2 दोनों (d) न तो 1 और न ही 2

उत्तर (d)

व्याख्या 'पृथ्वी ग्रह' के संबध में कथन (1) और (2) दोनों सही नहीं हैं, क्योंकि अंतरिक्ष से देखने पर पृथ्वी का रंग नीला, यहाँ जलीय क्षेत्र की अधिकता के कारण दिखाई देता है। इसलिए पृथ्वी को 'नीला ग्रह' कहा जाता है।

पृथ्वी का घनत्व 5.5 ग्राम/घन सेमी तथा मंगल का घनत्व 3.94 ग्राम/घन सेमी पाया जाता है, अत: पृथ्वी का घनत्व, मंगल से अधिक है।

17 निम्न में से कौन-सा कथन सही नहीं है?

(Chap 1, Class-VI, New NCERT)

1. उपग्रह, ग्रहों की परिक्रमा के साथ-साथ सूर्य की परिक्रमा करते हैं।
2. पृथ्वी के उपग्रह चंद्रमा का व्यास पृथ्वी के व्यास का आधा है।

कूट

(a) केवल 1
(b) केवल 2
(c) 1 और 2 दोनों
(d) न तो 1 और न ही 2

उत्तर (b)

व्याख्या दिए गए कथनों में से कथन (2) सही नहीं है, क्योंकि पृथ्वी के उपग्रह चंद्रमा का व्यास पृथ्वी के व्यास का एक-चौथाई है। चंद्रमा को 'जीवाश्म ग्रह' (Fossil Planet) कहते हैं, जो पृथ्वी से 3.84 लाख किमी दूर है।

इसकी भू-पर्पटी पर ऑक्सीजन तथा सिलिकेट प्रचुर मात्रा में पाया जाता है तथा यहाँ 'शांत सागर' अवस्थित है। यहाँ वायुमंडल का अभाव पाया जाता है तथा चंद्रमा का भार पृथ्वी के 1/81 (81वाँ भाग) होने के कारण इसके पलायन वेग का मान कम है।

18 निम्नलिखित में से कौन-सा कथन सही नहीं है?

(Chap 1, Class-VI, New NCERT)

(a) सौरमंडल में सबसे अधिक प्राकृतिक उपग्रह (चंद्रमा) शनि ग्रह के पास हैं
(b) बुध और शुक्र ऐसे दो ग्रह हैं, जिनके पास कोई चंद्रमा नहीं है
(c) यूरेनस ग्रह के उपग्रहों की संख्या केवल 5 है
(d) मंगल ग्रह के प्राकृतिक उपग्रहों की संख्या 2 है

उत्तर (c)

व्याख्या दिए गए कथनों में से कथन (c) सही नहीं है, क्योंकि यूरेनस के उपग्रहों की संख्या 27 है। यह आकार में तीसरा सबसे बड़ा ग्रह है तथा इसका द्रव्यमान पृथ्वी से 14.54 गुना अधिक है। इसका व्यास 51800 किमी तथा औसत घनत्व 1.3 ग्राम प्रति घन सेमी है। इसका पलायन वेग 22 किमी प्रति सेकंड है। यूरेनस का सबसे बड़ा उपग्रह टाटेनिया (Titania) है। शेष सभी कथन सत्य हैं।

19 कथन (A) और कारण (R) को पढ़िए तथा नीचे दिए गए कूट की सहायता से सही उत्तर का चयन कीजिए

(Chap 1, Class-VI, Old NCERT)

कथन (A) पृथ्वी द्वारा सूर्य की परिक्रमा की समयावधि की तुलना में मंगल ग्रह द्वारा सूर्य की परिक्रमा की समयावधि कम है।

कारण (R) मंगल ग्रह का व्यास पृथ्वी के व्यास की तुलना में कम है।

कूट

(a) A और R दोनों सही हैं तथा R, A की सही व्याख्या है
(b) A और R दोनों सही हैं, परंतु R, A की सही व्याख्या नहीं है
(c) A सही है, किंतु R गलत है
(d) A गलत है, किंतु R सही है

उत्तर (d)

व्याख्या A गलत है, किन्तु R सही है। पृथ्वी द्वारा सूर्य की परिक्रमा की समयावधि की तुलना में मंगल ग्रह द्वारा सूर्य की परिक्रमा में अधिक समय लगता है, क्योंकि मंगल पृथ्वी की अपेक्षा सूर्य से दूर है।

मंगल का व्यास पृथ्वी के व्यास की तुलना में कम है। मंगल का व्यास 6792 किमी है, जबकि पृथ्वी का व्यास 12756.28 किमी है। मंगल ग्रह को 'लाल ग्रह' (Red Planet) कहा जाता है, इसका रंग लाल आयरन ऑक्साइड के कारण है।

20 निम्नलिखित में से भीतरी ग्रह कौन-से हैं?

(Chap 2, Class-XI, New NCERT)

(a) पृथ्वी तथा सूर्य के बीच पाए जाने वाले ग्रह
(b) सूर्य तथा क्षुद्रग्रहों की पट्टी के बीच पाए जाने वाले ग्रह
(c) वे ग्रह जो गैसीय हैं
(d) बिना उपग्रह वाले ग्रह

उत्तर (b)

व्याख्या सौरमंडल के 8 ग्रहों में बुध, शुक्र, पृथ्वी तथा मंगल भीतरी ग्रह (Inner Planets) कहलाते हैं, क्योंकि ये सूर्य तथा क्षुद्रग्रहों की पट्टी के बीच स्थित हैं।

भीतरी ग्रहों को पार्थिव ग्रह भी कहते हैं। ये ग्रह पृथ्वी की भाँति शैलों और धातुओं से बने हैं। अन्य चार ग्रह बाहरी ग्रह (Outer Planets) कहलाते हैं।

21 निम्नलिखित में से कौन-से ग्रह के सर्वाधिक प्राकृतिक उपग्रह या चंद्र हैं?

(Chap 2, Class-XI, New NCERT)

(a) बृहस्पति (b) मंगल (c) शनि (d) शुक्र

उत्तर (c)

व्याख्या शनि के सर्वाधिक प्राकृतिक उपग्रह या चंद्र हैं। वर्तमान में शनि के कुल ज्ञात उपग्रहों की संख्या 146 है। वर्ष 2019 में खगोलविदों ने शनि के उन नए उपग्रहों की खोज की, जो शनि ग्रह का चक्कर लगा रहे थे। प्राकृतिक उपग्रहों की संख्या के आधार पर बृहस्पति दूसरे नंबर पर है। इसके प्राकृतिक उपग्रहों की संख्या 95 है।

22 नीचे दिए गए कथन एवं कारण पर विचार कीजिए

कथन (A) पृथ्वी से हमें चंद्रमा का केवल एक ही भाग दिखाई देता है।

कारण (R) चंद्रमा के द्वारा पृथ्वी का एक चक्कर पूरा करने में लगने वाला समय अपने अक्ष पर एक चक्कर पूरा करने में लगने वाले समय से अधिक है।

कूट *(Chap 1, Class-VI, New NCERT)*

(a) A और R दोनों सही हैं तथा R, A की सही व्याख्या है
(b) A और R दोनों सही हैं, परंतु R, A की सही व्याख्या नहीं है
(c) A सही है, किंतु R गलत है
(d) A गलत है, किंतु R सही है

उत्तर (c)

व्याख्या A सही है, किंतु R गलत है।

पृथ्वी से हमें चंद्रमा का केवल एक ही भाग (57%) दिखाई देता है। इसका प्रमुख कारण यह है कि चंद्रमा को पृथ्वी का एक चक्कर लगाने में लगभग 27 दिनों का समय लगता है और इतने समय में ही चंद्रमा अपने अक्ष पर एक चक्कर भी पूरा करता है। अतः चंद्रमा द्वारा पृथ्वी का एक चक्कर पूरा करने तथा उसका अपने अक्ष पर एक चक्कर पूरा करने का समय लगभग समान होता है, इसलिए पृथ्वी से हमें चंद्रमा का केवल एक भाग दिखाई पड़ता है। चन्द्रमा का व्यास 3,480 किमी तथा द्रव्यमान पृथ्वी के द्रव्यमान का लगभग $\frac{1}{81}$ है।

23 निम्नलिखित युग्मों पर विचार कीजिए

(Chap 2, Class-XI, New NCERT) (UPPSC Pre 2023)

	अंतरिक्ष में पिण्ड		वर्णन
1.	सेफीड	—	अंतरिक्ष के धूल और गैस के विशाल बादल
2.	निहारिकाएँ	—	तारे, जो आवर्ती रूप से जलते-बुझते हैं
3.	पल्सर	—	न्यूट्रॉन तारे, जो तब बनते हैं, जब विशाल तारों का ईंधन समाप्त हो जाता है और उनका निपात हो जाता है।

सही कूट का चयन करें

(a) केवल 1
(b) केवल 2
(c) केवल 3
(d) उपर्युक्त में से कोई नहीं

उत्तर (c)

व्याख्या दिए गए युग्मों में से केवल युग्म (3) सही सुमेलित है, क्योंकि पल्सर को 'न्यूट्रॉन तारा' कहते हैं। न्यूट्रॉन तारे तब बनते हैं, जब विशाल तारों का ईंधन समाप्त हो जाता है और उनका निपात हो जाता है।

युग्म (1) और (2) सही सुमेलित नहीं हैं, क्योंकि सेफीड्स, अंतरिक्ष में धूल एवं गैस के विशाल बादल नहीं बल्कि तारे होते हैं, जो समय-समय पर चमकते और मंद होते हैं, जबकि निहारिका अंतर तारकीय बादल होता है, जिसमें धूल, हाइड्रोजन गैस, हीलियम गैस और अन्य ऑयनीकृत प्लाज्मा गैसें होती हैं।

24 वैज्ञानिक निम्नलिखित में से किस/किन परिघटना/परिघटनाओं को ब्रह्माण्ड के निरन्तर विस्तार के साक्ष्य के रूप में उद्धृत करते हैं?

(Unit 2, Class-XI, Tamil Nadu Board) (IAS Pre 2012)

1. अन्तरिक्ष में सूक्ष्म तरंगों की उपस्थिति का पता चलना
2. अन्तरिक्ष में रेडशिफ्ट परिघटना का अवलोकन
3. अन्तरिक्ष में क्षुद्रग्रहों की गति
4. अन्तरिक्ष में सुपरनोवा विस्फोटों का होना

कूट

(a) 1 और 2 (b) केवल 2
(c) 1, 3 और 4 (d) इनमें से कोई नहीं

उत्तर (b)

व्याख्या दिए गए कथनों में से कथन (2) सही है।

वैज्ञानिक अन्तरिक्ष में रेडशिफ्ट परिघटना का अवलोकन, ब्रह्माण्ड के निरन्तर विस्तार के साक्ष्य के रूप में उद्धृत करते हैं।

यह परिघटना आकाशगंगाओं तथा आकाशीय पिण्डों से प्रकाश के लम्बे रेडियों तरंग की ओर विस्थापन से सम्बद्ध होती है। खगोलविद् ब्रह्माण्ड के विस्तार तथा इसके सबसे दूर अथवा सबसे पुरानी पिण्डों की दूरी को मापने के लिए रेडशिफ्ट परिघटना का उपयोग करते हैं।

कथन (1), (3) और (4) सही नहीं हैं, क्योंकि अन्तरिक्ष में सूक्ष्म तरंगों की उपस्थिति, क्षुद्रग्रहों की गति एवं सुपरनोवा में विस्फोटों का होना ब्रह्माण्ड में विस्तारण के साक्ष्य को प्रस्तुत नहीं करता है। दी गई परिघटना का सम्बन्ध ब्रह्माण्ड के निरन्तर विस्तार से नहीं है, बल्कि ब्रह्माण्ड में होने वाली सतत परिघटनाओं से है।

अध्याय 03

पृथ्वी की जानकारी

पृथ्वी की जानकारी

अक्षांश

परिचय
- भूमध्य रेखा से किसी दिए गए बिंदु की कोणीय दूरी का माप भूमध्य रेखा से दोनों ध्रुवों की ओर डिग्री में मापा जाता है
- 1 सेकण्ड अक्षांश की कोणीय दूरी 31 मी
- 1° अक्षांश की पृथ्वी की धरातल पर दूरी 111.13 किमी
- 30° अक्षांश का सह अक्षांश 60° अक्षांश

पृथ्वी के महत्त्वपूर्ण अक्षांश
- **भूमध्य रेखा** (0° अक्षांश)
  - एक काल्पनिक गोलाकार रेखा जो पृथ्वी को उत्तरी और दक्षिणी गोलार्द्ध में दो बराबर भागों में विभाजित करती है
  - 90° उत्तरी गोलार्द्ध में उत्तरी गोलार्द्ध में उत्तरी ध्रुव और दक्षिणी गोलार्द्ध में दक्षिणी ध्रुव है
- **कर्क रेखा**
  - उत्तरी गोलार्द्ध में अक्षांश के समानांतर 23°30 N है
- **मकर रेखा**
  - दक्षिणी गोलार्द्ध में अक्षांश के समानांतर 23°30 S है
- **आर्कटिक वृत्त**
  - विषुवत् रेखा के उत्तर 66°30 N में है
- **अंटार्कटिक वृत्त**
  - विषुवत् रेखा के दक्षिणी 66°30 S है।

पृथ्वी का गर्मी/ऊष्मा क्षेत्र
- **उष्णकटिबंधीय क्षेत्र** (23°30'N - 23°30'S) मध्याह्न का सूर्य वर्ष में कम-से-कम एक बार सभी अक्षांशों पर सिर के ऊपर चमकता है
  - इस क्षेत्र में सर्वाधिक गर्मी पड़ती है
- **शीतोष्ण क्षेत्र** (23°30'N - 66°30' N) और 23°30'S- 6°30' S) तक
  - मध्याह्न का सूर्य सिर के ऊपर नहीं चमकता है और ध्रुवों की ओर सूर्य की किरणें तिरछी पड़ती हैं

देशांतर

परिचय
- प्रधान मध्याह्न रेखा से किसी बिंदु की कोणीय दूरी है
- सभी मध्याह्न रेखाएँ अक्षांश से भिन्न समान दूरी पर होती हैं
- कुल देशांतर रेखाओं की संख्या 30
- शून्य डिग्री अक्षांश तथा देशान्तर अटलांटिक महासागर में अवस्थित

पृथ्वी के महत्त्वपूर्ण देशांतर रेखाएँ
- **प्राइम मेरिडियन**
  - 0° देशांतर पर ग्रीनविच रेखा गुजरती है, जो पृथ्वी को पूर्वी व पश्चिमी गोलार्द्धं में विभाजित करती है
- **मानक समय**
  - देश का स्थानीय समय निर्धारित करती है जैसे भारत का स्थानीय मानक समय 82° 30° पूर्व में है।
  - पृथ्वी को एक घंटे के 24 समय क्षेत्रों में विभाजित किया गया है
- **अंतर्राष्ट्रीय तिथि रेखा**
  - वह स्थान जहाँ प्रत्येक दिन की शुरुआत आधिकारिक रूप से होती है।
  - यह तिथि रेखा पश्चिम में पूर्व भाग से एक दिन आगे हैं

देशांतर और समय
- जब ग्रीनविच प्राइम मेरिडियन में सूर्य आकाश के उच्चतम बिंदु पर होता है, तो इस मेरिडियन के सभी स्थानों पर दोपहर का अनुभव होता है
- पृथ्वी पूर्व से पश्चिम की ओर घूमती है। मेरिडियन के पूर्व में समय आगे होता है तथा पश्चिम में पीछे होता है।

पृथ्वी की गति

घूर्णन
- पृथ्वी अपनी ध्रुरी पर गति करती है
- पृथ्वी 24 घंटे में एक चक्कर पूरा करती है, जिसे पृथ्वी दिवस के रूप में जाना जाता है।
- पृथ्वी की ध्रुरी अपने कक्षीय तल पर 23°30' पर झुकी है, जिसे पृथ्वी का झुकाव कहते हैं।

उद्भव/विकास
- पृथ्वी एक चक्कर 365 दिन और 6 घंटे में पूरा करती है। प्रत्येक वर्ष 6 घंटे जुड़ने के फलस्वरूप 4 वर्ष में एक अतिरिक्त दिन जुड़ जाता है, जिसे 'लीप वर्ष' कहा जाता है।
- एक ही दिशा में लगातार झुकाव और परिक्रमण के कारण पृथ्वी पर विभिन्न ऋतुओं का अनुभव होता है।

ग्रीष्म संक्रांति
- 21 जून को उत्तरी गोलार्द्ध सूर्य की ओर झुका होता है, किरणें सीधे कर्क रेखा पर पड़ती है।
- इस दिन सबसे लंबा दिन और सबसे छोटी रात होती है

शीतकालीन संक्रांति
- 22 दिसंबर को दक्षिणी गोलार्द्ध में सूर्य और उसकी किरणें सीधे मकर रेखा की ओर झुकी हुई रहती हैं।

विषुव
- 21 मार्च और 23 सितंबर को सूर्य की किरणें भूमध्य रेखा पर सीधी पड़ती हैं
- इस बिंदु पर कोई भी ध्रुव व सूर्य की ओर झुका नहीं है, इसलिए पृथ्वी पर दिन और रात समान होते हैं

ग्रहण
- एक खगोलीय पिंड से प्रकाश का पूर्ण या आंशिक अंधकार जब वह दूसरे खगोलीय पिंड की छाया से गुजरता है

SOURCE New & Old NCERT Class VI पृथ्वी की गतियाँ, ग्लोब, अक्षांश एवं देशांतर, New NCERT Class XI पृथ्वी की उत्पत्ति एवं विकास, NIOS Class XII, भूगर्भ और उसके पदार्थ, Tamil Nadu Board Class XII, सौर प्रणाली और पृथ्वी

1 पृथ्वी की उत्पत्ति के संबंध में कौन-सा कथन सही नहीं है?

(Chap 2, Class-XI, New NCERT)

(a) पृथ्वी की उत्पत्ति के संबंध में एक प्रारंभिक मत जर्मन दार्शनिक इमैनुअल कांट ने दिया
(b) चेंबरलेन तथा मोल्टन ने पृथ्वी की उत्पत्ति के संबंध में निहारिका परिकल्पना को प्रस्तुत किया
(c) सर हेरोल्ड जैफरी के अनुसार, पृथ्वी की उत्पत्ति धीमी गति से घूमते हुए पदार्थों के बादल से हुई
(d) उपर्युक्त सभी

उत्तर *(b)*

व्याख्या पृथ्वी की उत्पत्ति के संबंध में कथन (b) सही नहीं है, क्योंकि पृथ्वी की उत्पत्ति के संबंध में लाप्लास ने निहारिका परिकल्पना (Nebular Hypothesis) को प्रस्तुत किया था। जबकि इस संबंध में चेंबरलेन तथा मोल्टन ने वर्ष 1900 में बताया है कि ब्रह्मांड में एक अन्य भ्रमणशील तारा सूर्य के निकट से गुजरा।

इसके परिणामस्वरूप तारे के गुरुत्वाकर्षण से सूर्य की सतह से कुछ पदार्थ निकलकर बाहर हो गया। यह पदार्थ बाद में सूर्य के चारों ओर चक्कर लगाता हुआ संघनित हुआ तथा अंततः पृथ्वी ग्रह के रूप में परिवर्तित हो गया।

2 निम्न में से किस विद्वान् ने यह माना कि पृथ्वी की उत्पत्ति सूर्य तथा एक अन्य भ्रमणशील तारे से हुई? *(Chap 2, Class-XI, New NCERT)*

(a) सर जेम्स जींस
(b) ऑटो श्मिट
(c) कार्ल वाइजास्कर
(d) उपर्युक्त सभी

उत्तर *(d)*

व्याख्या पृथ्वी की उत्पत्ति के संबंध में सर जेम्स जींस, ऑटो श्मिट तथा कार्ल वाइजास्कर ने माना कि सूर्य तथा एक भ्रमणशील तारे की सहायता से पृथ्वी की उत्पत्ति हुई। यही परिकल्पना बाद में 'द्वैतारक सिद्धांत' (Two Factor Theory) बनी। इसमें उल्लेख है कि सूर्य तथा निहारिका से घिरे हाइड्रोजन, हीलियम गैस तथा धूलकणों के घर्षण से एक चपटी तश्तरी के बादल का और अभिवृद्धि प्रक्रम (Growth process) द्वारा ग्रहों का निर्माण हुआ।

3 पृथ्वी पर जीवन की उत्पत्ति के संदर्भ में सही कथन का चयन कीजिए

(Chap 2, Class-XI, New NCERT)

(a) मध्यजीवी महाकल्प के जुरैसिक कल्प में डायनासोर का विकास हुआ
(b) रीढ़ की हड्डी वाले जीव तथा रेंगने वाले जीव का विकास क्रिटेशियस कल्प में हुआ
(c) स्थल व जल पर रहने वाले जीव का विकास परमियन कल्प में हुआ
(d) उपर्युक्त सभी

उत्तर *(a)*

व्याख्या पृथ्वी पर जीवन की उत्पत्ति के संदर्भ में कथन (a) सही है। पृथ्वी के इतिहास में मध्यजीवी महाकल्प के जुरैसिक कल्प में 14.4 से 20.8 करोड़ वर्ष पूर्व डायनासोर का विकास हुआ।

कथन (b) और (c) सही नहीं हैं, क्योंकि रीढ़ की हड्डी वाले जीव तथा रेंगने वाले जीव का विकास कार्बोनिफेरस कल्प में 28.6 से 36 करोड़ वर्ष पूर्व हुआ। वहीं स्थल व जल पर रहने वाले जीवों का विकास आज से 36 से 40.8 करोड़ वर्ष पूर्व डेवोनियन कल्प में हुआ।

4 उत्तरी गोलार्द्ध में, वर्ष का सबसे लंबा दिन आमतौर पर कब होता है? *(Chap 2, Class-XI, New NCERT) (IAS Pre 2022)*

(a) जून महीने का पहला पखवाड़ा
(b) जून महीने का दूसरा पखवाड़ा
(c) जुलाई महीने का पहला पखवाड़ा
(d) जुलाई महीने का दूसरा पखवाड़ा

उत्तर *(b)*

व्याख्या उत्तरी गोलार्द्ध में, वर्ष का सबसे लंबा दिन जून महीने के दूसरे पखवाड़े में आता है।

पृथ्वी के उत्तरी गोलार्द्ध में 21 जून को सबसे लंबा दिन तथा सबसे छोटी रात होती है। इसे **ग्रीष्म विषुव** (कर्क संक्रांति) कहते हैं। यह परिघटना तब घटित होती है, जब सूर्य कर्क रेखा $\left(23\frac{1}{2}°\right.$ अक्षांश$\left.\right)$ के ऊपर होता है, जिसके कारण उत्तरी गोलार्द्ध सूर्य के समीप आता है। दक्षिणी गोलार्द्ध में यह परिघटना 22 दिसंबर को होती है।

5 पृथ्वी के आंतरिक भाग के संबंध में निम्नलिखित कथनों पर विचार कीजिए

(Chap 2, Module-2, NIOS)

1. पृथ्वी के आंतरिक भाग को प्रत्यक्ष रूप से देखना संभव नहीं है।
2. पृथ्वी के अंदर वेधन कार्यक्रम कुछ गहराइयों तक ही हो सकता है।

कूट

(a) केवल 1
(b) केवल 2
(c) 1 और 2 दोनों
(d) इनमें से कोई नहीं

उत्तर *(c)*

व्याख्या पृथ्वी के आंतरिक भाग के सम्बन्ध में दिए गए दोनों कथन सही हैं। पृथ्वी के आंतरिक भाग को प्रत्यक्ष रूप से देखना संभव नहीं है, क्योंकि यह बहुत बड़ा गोला है और इसके भूगर्भीय पदार्थों की बनावट गहराई बढ़ने के साथ बदल जाती है। मनुष्य द्वारा खनन एवं वेधन से कुछ ही किमी तक के आंतरिक भाग को प्रत्यक्ष रूप से देखना संभव हो पाया है। गहराइयों के साथ तापमान में वृद्धि होती जाती है, जिस कारण अधिक गहराई में वेधन कार्य करना संभव नहीं है। भूगर्भ के अंदर अधिक तापमान होने से वेधन में प्रयोग किए जाने वाले यंत्र भी पिघल जाते हैं।

पृथ्वी के विशाल आकार और गहराई के साथ बढ़ते तापमान ने भूगर्भ की प्रत्यक्ष जानकारी की सीमाओं को निश्चित कर दिया है।

6 निम्न कथन (A) व कारण (R) को पढ़िए और नीचे दिए गए कूट की सहायता से सही उत्तर चुनिए। *(Chap 2, Module-2, NIOS)*

कथन (A) पृथ्वी की सबसे अधिक गहराई वाली परत को कोर कहते हैं।
कारण (R) यह लोहा तथा सिलिका से बनी हुई होती है।

(a) A और R दोनों सही हैं तथा R, A की सही व्याख्या है
(b) A और R दोनों सही हैं, परन्तु R, A की सही व्याख्या नहीं है
(c) A सही है, किंतु R गलत है
(d) A गलत है, किंतु R सही है

उत्तर *(c)*

व्याख्या A सही है, किंतु R गलत है।

पृथ्वी की सबसे अधिक गहराई वाली परत को कोर (केंद्रीय भाग) कहते हैं। यह सर्वाधिक घनत्व वाली परत है। इसका घनत्व 11.0 से भी अधिक होता है। यह निकिल (Nl) तथा लोहे (Fe) से बनी होती है। भू-पर्पटी के निचले भाग से कोर के ऊपरी भाग तर्क के विस्तृत क्षेत्र को मेंटल कहा जाता है।

यह परत मुख्यतः सिलिका और मैग्नीशियम की बनी होती है। इसको सीमा (सिलिका + मैग्नीशियम) भी कहा जाता है। इसका घनत्व 3.1–5.1 तक होता है। मेंटल पृथ्वी की सबसे ऊपरी परत से घिरा हुआ है, इसे ही स्थलमंडल कहते हैं। इसका घनत्व 2.75 से बढ़कर 2.90 होता है।

7 निम्नलिखित दिए गए कथनों पर विचार कीजिए

(Chap 3, Class-VI, NCERT)

1. पृथ्वी का अपने अक्ष पर घूमना 'घूर्णन' कहलाता है।
2. पृथ्वी की सूर्य के चारों ओर एक स्थिर कक्षा में गति को 'परिक्रमण' कहते हैं।

उपर्युक्त में से कौन-सा/से कथन सत्य है/हैं?

(a) केवल 1
(b) केवल 2
(c) 1 और 2 दोनों
(d) न तो 1 और न ही 2

उत्तर (c)

व्याख्या दिए गए दोनों कथन सत्य हैं। पृथ्वी अपने अक्ष पर पश्चिम से पूर्व की ओर निरंतर घूमती रहती है। पृथ्वी सूर्य के सापेक्ष लगभग 24 घंटे में एक बार घूमती है, इसे ही पृथ्वी का घूर्णन कहा जाता है। जब पृथ्वी सूर्य के चारों ओर एक स्थिर कक्षा में चक्कर लगाती है, तो इसे पृथ्वी का परिक्रमण कहा जाता है। यह एक निश्चित पथ या कक्षा में सूर्य के चारों ओर एक चक्कर लगाने में पृथ्वी को $\frac{365}{4}$ दिन का समय लगता है। सूर्य के चारों ओर पृथ्वी की स्थिति में परिवर्तन के कारण ऋतुओं में परिवर्तन होता है।

8 निम्न कथन (A) व कारण (R) को पढ़िए और नीचे दिए गए कूट की सहायता से सही उत्तर का चयन कीजिए *(Chap 1, Class-VI, Old NCERT)*

कथन (A) **पृथ्वी के आकार को भू-आभ** (Geoid) **कहा जाता है।**

कारण (R) **पृथ्वी ध्रुवों के निकट गोलाकार है।**

कूट

(a) A और R दोनों सही हैं तथा R, A की सही व्याख्या है
(b) A और R दोनों सही हैं, परंतु R, A की सही व्याख्या नहीं है
(c) A सही है, किंतु R गलत है
(d) A गलत है, किंतु R सही है

उत्तर (c)

व्याख्या A सही है, किंतु R गलत है।

पृथ्वी के आकार को भू-आभ कहा जाता है। भू-आभ का अर्थ होता है- पृथ्वी का समान आकार। पृथ्वी ध्रुवों के निकट थोड़ी चपटी है अर्थात् यह संतरे के आकार की है, इसलिए इसे भू-आभ कहते हैं।

9 निम्न घटनाओं को पृथ्वी पर उसके उत्पन्न होने के कालक्रमानुसार व्यवस्थित कीजिए तथा नीचे दिए गए कूटों में से सही उत्तर का चयन कीजिए *(Chap 2, Class-XI, New NCERT) (UPPSC Pre 2018)*

1. पहला सरीसृप
2. पहला कीट
3. कवच वाले जीव
4. पहला स्तनधारी

कूट

(a) 2, 1, 3, 4 (b) 2, 3, 1, 4 (c) 3, 2, 1, 4 (d) 2, 4, 1, 3

उत्तर (c)

व्याख्या दिए गए कीटों का सही क्रम 3, 2, 1, 4 है। पृथ्वी की उत्पत्ति 4.6 अरब वर्ष पूर्व मानी जाती है। पृथ्वी की उत्पत्ति के बाद सबसे पहले कवच वाले जीव (520 मिलियन वर्ष पूर्व) अस्तित्व में आए। इसके बाद कीट (360 मिलियन वर्ष पूर्व), सरीसृप (245 मिलियन वर्ष पूर्व) तथा स्तनधारी (240 मिलियन वर्ष पूर्व) अस्तित्व में आए।

10 नीचे दिए गए कथनों पर विचार कीजिए तथा उनमें सही कथनों की पहचान कीजिए *(Chap 4, Class-VI, Old NCERT)*

1. पृथ्वी की घूर्णन गति के कारण दिन और रात होते हैं।
2. पृथ्वी की सूर्य के चारों ओर एक स्थिर कक्षा में गति 'परिक्रमण' कहलाती है।
3. पृथ्वी अपने अक्ष पर घूमती हुई लगभग 1 लाख किमी प्रति घंटा की गति से सूर्य की परिक्रमा करती है।

कूट

(a) केवल 1 (b) 1 और 2 (c) 2 और 3 (d) 1, 2 और 3

उत्तर (d)

व्याख्या प्रश्न में दिए गए सभी कथन सही हैं।

पृथ्वी का अपने अक्ष पर निरंतर घूमना, घूर्णन कहलाता है। पृथ्वी 24 घंटे में एक चक्कर पूरा करती है, जिसके कारण दिन और रात होते हैं।

सूर्य के चारों ओर एक स्थिर कक्षा में पृथ्वी की गति को परिक्रमण कहा जाता है। इस परिक्रमा को पूरा करने में पृथ्वी को 365 दिन, 6 घंटे लगते हैं। पृथ्वी अपने अक्ष पर घूमती हुई 1 लाख किमी प्रति घंटा की गति से सूर्य की परिक्रमा करती है, जिससे वर्ष में ऋतुएँ बदलती रहती हैं।

11 नीचे दो कथन दिए गए हैं एक को अभिकथन (A) **और दूसरे को कारण** (R) **का नाम दिया गया है** *(Chap 2, Class-XI, New NCERT) (HPSC Pre 2023)*

अभिकथन (A) **जब कोई कृत्रिम उपग्रह पृथ्वी के चारों ओर वृत्तीय कक्षा में नियत गति से चक्कर लगाता है, तो उसका वेग स्थिर नहीं होता, क्योंकि उपग्रह की गति की दिशा लगातार बदल रही है।**

कारण (R) **पृथ्वी का गुरुत्वाकर्षण बल उपग्रह को अपने चारों ओर वृत्तीय कक्षा में रखता है।**

कूट

(a) A और R दोनों सही है तथा R, A की सही व्याख्या है
(b) A और R दोनों सही हैं, परन्तु R, A की सही व्याख्या नहीं है
(c) A सही है, किन्तु R गलत है
(d) A गलत है, किन्तु R सही है
(e) अनुत्तरित प्रश्न

उत्तर (a)

व्याख्या A और R दोनों सही हैं तथा R, A की सही व्याख्या है। हम जानते हैं कि जब कोई कृत्रिम उपग्रह पृथ्वी के चारों ओर वृत्तीय कक्षा में नियत गति से चक्कर लगाता है, तो उसका वेग स्थिर नहीं होता है, क्योंकि उपग्रह की गति की दिशा लगातार बदलती रहती है एवं वेग एक सदिश राशि है, जिसमें दिशा व परिणाम दोनों होते हैं। पृथ्वी का गुरुत्वाकर्षण बल उपग्रह को अपने चारों ओर वृत्तीय कक्षा में रखता है।

12 उत्तर अयनांत के संबंध में दिए गए कथनों में कौन सही है? *(Chap 3, Class-VI, New NCERT)*

1. उत्तर अयनांत के समय सूर्य की किरणें कर्क रेखा पर लंबवत् होती हैं।
2. विषुवत् वृत्त के उत्तरी भाग में ठंड का मौसम होता है।

कूट

(a) केवल 1
(b) केवल 2
(c) 1 और 2
(d) न तो 1 और न ही 2

उत्तर (a)

व्याख्या उत्तर अयनांत के संबंध में कथन (1) सही है। उत्तर अयनांत (21 जून) के समय सूर्य की किरणों का बड़ा भाग उत्तरी गोलार्द्ध को प्राप्त होता है, क्योंकि इस समय सूर्य की किरणें कर्क रेखा पर लंबवत् पड़ती हैं। फलत: 21 जून से इन क्षेत्रों में सबसे लंबा दिन तथा सबसे छोटी रातें होती हैं। कथन (2) सही नहीं है, क्योंकि उत्तरी अयनांत के समय विषुवत् वृत्त के उत्तरी भाग में गर्मी का मौसम होता है।

13 दक्षिण अयनांत के संबंध में कौन-सा कथन सही नहीं है? *(Chap 3, Class-VI, New NCERT)*

(a) इस समय सूर्य की किरणें मकर रेखा पर लंबवत् होती हैं
(b) दक्षिणी गोलार्द्ध में छोटे दिन एवं लंबी रातों वाली ऋतुएँ होती हैं
(c) दक्षिणी ध्रुव सूर्य की ओर झुका होता है
(d) दक्षिण अयनांत की स्थिति प्रतिवर्ष 22 दिसंबर को होती है

उत्तर (b)

व्याख्या दक्षिण अयनांत के संबंध में कथन (b) सही नहीं है, क्योंकि दक्षिण अयनांत के समय दक्षिणी गोलार्द्ध में लंबे दिन तथा छोटी रातों वाली ग्रीष्म ऋतुएँ होती हैं। इस समय दक्षिणी गोलार्द्ध के बड़े भाग पर सूर्य का प्रकाश प्राप्त होता है।

14 **दक्षिण अयनांत के संदर्भ में नीचे दिए गए कथनों पर विचार कीजिए** *(Chap 3, Class-VI, NCERT)*

1. दक्षिणी ध्रुव सूर्य की ओर झुका होता है।
2. सूर्य की किरणें मकर रेखा पर सीधी पड़ती हैं।
3. दक्षिणी गोलार्द्ध पर छोटे दिन एवं लंबी रातों वाली ऋतुएँ होती हैं।

उपर्युक्त में से कितने कथन सत्य हैं?

(a) केवल एक (b) केवल दो
(c) सभी तीन (d) इनमें से कोई नहीं

उत्तर (b)

व्याख्या दक्षिण अयनांत के संदर्भ में केवल दो कथन (1 और 2) सत्य हैं। 22 दिसंबर को दक्षिणी ध्रुव को सूर्य की ओर झुके होने के कारण मकर रेखा पर सूर्य की किरणें सीधी पड़ती हैं। मकर रेखा पर सूर्य की किरणें लंबवत् पड़ने के कारण दक्षिणी गोलार्द्ध का बहुत बड़ा भाग प्रकाशित होता है।

कथन (3) सत्य नहीं है, क्योंकि दक्षिणी गोलार्द्ध में लंबे दिन तथा छोटी रातों वाली ग्रीष्म ऋतुएँ होती हैं। पृथ्वी की इस अवस्था को 'दक्षिणी अयनांत' कहा जाता है।

15 **विषुव के संदर्भ में नीचे दिए गए कथनों में से कौन-से कथन सही हैं?** *(Chap 3, Class-VI, NCERT)*

1. इस अवस्था में सूर्य की किरणें विषुवत् वृत्त पर सीधी पड़ती हैं।
2. पूरी पृथ्वी पर दिन और रात बराबर होते हैं।
3. कोई भी ध्रुव सूर्य की ओर झुका नहीं होता है।

कूट

(a) 1 और 2 (b) 1 और 3 (c) 2 और 3 (d) ये सभी

उत्तर (d)

व्याख्या विषुव के संदर्भ में दिए गए सभी कथन सही हैं। विषुवत् की अवस्था में सूर्य की किरणें विषुवत् वृत्त पर सीधी पड़ती हैं। विषुवत् शब्द संस्कृत से लिया गया है, इसका शाब्दिक अर्थ दिन और रात्रि का बराबर होना है। पृथ्वी अपनी धुरी पर $23\frac{1}{2}^{\circ}$ झुकी हुई है। वर्ष में एक बार पृथ्वी सूर्य की ओर झुकी रहती है तथा एक बार सूर्य से दूसरी ओर झुकी होती है। वर्ष में दो बार ऐसी स्थिति तब आती है, जब पृथ्वी का झुकाव न सूर्य की ओर होता है और न ही दूसरी ओर अर्थात् यह बीच में होता है, इसी स्थिति को विषुवत् या इक्विनाक्स कहा जाता है। 21 मार्च एवं 23 सितंबर को यह स्थिति बनती है। इस अवस्था में कोई भी ध्रुव सूर्य की ओर झुका नहीं होता है।

16 **विषुव के संबंध में दिए गए कथनों पर विचार कीजिए** *(Chap 4, Class-VI, Old NCERT)*

1. इस स्थिति में पृथ्वी पर दिन और रात दोनों बराबर होते हैं।
2. इस अवस्था में सूर्य की किरणें विषुवत् वृत्त पर लंबवत् होती हैं।
3. इसमें ध्रुव का झुकाव सूर्य की ओर होता है।

उपर्युक्त में से कौन-सा/से कथन सही है/हैं?

(a) केवल 1 (b) 2 और 3 (c) 1 और 2 (d) 1, 2 और 3

उत्तर (c)

व्याख्या विषुव के संबंध में कथन (1) और (2) सही हैं। 21 मार्च एवं 23 सितंबर को सूर्य की किरणें विषुवत् वृत्त पर लंबवत् पड़ती हैं, इस अवस्था को विषुव कहा जाता है। इस स्थिति में पूरी पृथ्वी पर दिन और रात दोनों बराबर होते हैं।

कथन (3) सही नहीं है, क्योंकि विषुव के समय ध्रुव का झुकाव सूर्य की ओर नहीं होता है। फलतः 23 सितंबर को उत्तरी गोलार्द्ध में शरद ऋतु, जबकि दक्षिणी गोलार्द्ध में बसंत ऋतु होती है, वहीं 21 मार्च को उत्तरी गोलार्द्ध में बसंत ऋतु तथा दक्षिणी गोलार्द्ध में शरद ऋतु होती है।

17 **निम्न कथनों पर विचार कीजिए** *(Chap 3, Class-VI, Old NCERT)*

1. विषुवत् वृत्त से ध्रुवों तक खींचे गए समानांतर वृत्तों को अक्षांश वृत्त कहा जाता है।
2. ग्लोब की सभी अक्षांश रेखाओं का आकार एकसमान होता है।

उपर्युक्त में से कौन-सा/से कथन सही है/हैं?

(a) केवल 1 (b) केवल 2
(c) 1 और 2 (d) न तो 1 और न ही 2

उत्तर (a)

व्याख्या दिए गए कथनों में से कथन (1) सही है। विषुवत् वृत्त से ध्रुवों तक खींची गई रेखा को समानांतर वृत्तों का अक्षांश कहते हैं, जो विषुवत् वृत्त से उत्तर या दक्षिण की कोणीय दूरी की माप होती है। इसे विषुवत् वृत्त से ध्रुवों की ओर अंशों में मापा जाता है। विषुवत् वृत्त सबसे बड़ा अक्षांश होता है, जिसका मान 0° अक्षांश होता है।

कथन (2) सही नहीं है, क्योंकि ग्लोब की सभी अक्षांश रेखाओं का आकार एक समान नहीं होता है। विषुवत् वृत्त से ध्रुवों पर जाने पर इनका आकार घटता जाता है, जो ध्रुव पर एक बिंदु के समान हो जाता है। दो अक्षांशों के बीच की दूरी 111.13 किमी पाई जाती है।

18 **नीचे दी गई सूची I तथा सूची II को सुमेलित कीजिए** *(Chap 3, Class-VI, Old NCERT)*

	सूची I		सूची II
A.	कर्क रेखा	1.	$66\frac{1}{2}^{\circ}$ दक्षिण
B.	मकर रेखा	2.	$66\frac{1}{2}^{\circ}$ उत्तर
C.	आर्कटिक वृत्त	3.	$23\frac{1}{2}^{\circ}$ उत्तर
D.	दक्षिण ध्रुव वृत्त	4.	$23\frac{1}{2}^{\circ}$ दक्षिण

कूट

	A	B	C	D		A	B	C	D
(a)	3	4	2	1	(b)	4	3	1	2
(c)	4	1	2	3	(d)	3	1	2	4

उत्तर (a)

व्याख्या सही सुमेलन A-3, B-4, C-2, D-1 है।

$23\frac{1}{2}^{\circ}$ उत्तरी अक्षांश को कर्क रेखा कहा जाता है, जो क्रमशः मैक्सिको, मिस्र, नाइजर, अल्जीरिया, ताइवान, चीन, म्यांमार, भारत, ओमान, सऊदी अरब आदि देशों से होकर गुजरती है।

$23\frac{1}{2}^{\circ}$ दक्षिणी अक्षांश को मकर रेखा कहा जाता है, जो क्रमशः चिली, अर्जेंटीना, ब्राजील, नामीबिया, बोत्सवाना, दक्षिणी अफ्रीका, मोजांबिक तथा मेडागास्कर आदि देशों से होकर गुजरती है।

$66\frac{1}{2}^{\circ}$ उत्तरी अक्षांशीय वृत्त को आर्कटिक वृत्त या उत्तर ध्रुव वृत्त कहते हैं। यह नॉर्वे, स्वीडन, फिनलैंड, रूस, यू. एस. ए. आदि देशों से गुजरता है।

$66\frac{1}{2}^{\circ}$ दक्षिणी अक्षांशीय वृत्त को दक्षिण ध्रुव वृत्त (अंटार्कटिक वृत्त) कहा जाता है। यहाँ स्थल की अपेक्षा जलीय व हिम क्षेत्रों का विस्तार पाया जाता है।

19 निम्न कथनों पर विचार कीजिए तथा इनमें सत्य कथनों की पहचान कीजिए *(Chap 2, Class-VI, New NCERT)*

(a) कर्क और मकर रेखा के बीच का क्षेत्र उष्णकटिबंध कहलाता है
(b) शीत कटिबंध केवल उत्तरी गोलार्द्ध में पाए जाते हैं
(c) दक्षिण ध्रुव वृत्त तथा दक्षिणी ध्रुव के बीच का क्षेत्र शीतोष्ण कटिबंध कहलाता है
(d) 'b' और 'c'

उत्तर (a)

व्याख्या दिए गए कथनों में से कथन (a) सत्य है। कर्क एवं मकर रेखा के बीच के क्षेत्र को उष्णकटिबंध अथवा ताप कटिबंध कहा जाता है। इस क्षेत्र में वर्ष में दो बार सूर्य की किरणें लंबवत् पड़ती हैं, जिस कारण इसे सबसे गर्म क्षेत्र माना जाता है।

कथन (b) और (c) असत्य हैं, क्योंकि शीत कटिबंध दोनों गोलार्द्धों में पाए जाते हैं। उत्तरी गोलार्द्ध में उत्तरी ध्रुव तथा उत्तरी ध्रुव वृत्त के बीच शीत कटिबंध पाए जाते हैं। वहीं दक्षिणी ध्रुव तथा दक्षिणी ध्रुव वृत्त के बीच शीत कटिबंध की अवस्थिति होती है।

20 निम्न में से कौन-सा कथन असत्य है? *(Chap 2, Class-VI, New NCERT)*

(a) 180° याम्योत्तर तथा प्रमुख याम्योत्तर मिलकर पृथ्वी को उत्तरी तथा दक्षिणी गोलार्द्ध में विभक्त करते हैं
(b) 0° देशांतर रेखा को 'अंतर्राष्ट्रीय तिथि रेखा' कहते हैं
(c) 180° पूर्व एवं 180° पश्चिम याम्योत्तर एक ही रेखा पर अवस्थित है
(d) 'a' और 'b' दोनों

उत्तर (d)

व्याख्या दिए गए कथनों में से कथन (a) और (b) असत्य हैं, क्योंकि 180° याम्योत्तर तथा प्रमुख याम्योत्तर मिलकर पृथ्वी को दो समान भाग, पूर्वी गोलार्द्ध एवं पश्चिमी गोलार्द्ध में विभक्त करते हैं। इसलिए किसी स्थान की देशांतरीय स्थिति के संदर्भ में पूर्व एवं पश्चिम लिखा जाता है।

180° देशांतर रेखा को अंतर्राष्ट्रीय तिथि रेखा (International Date Line) कहा जाता है। इसके पूर्व व पश्चिम में एक दिन का अंतर पाया जाता है। अत: इसे पार करते समय एक दिन घटाया अथवा बढ़ाया जाता है।

21 निम्न में से कौन-सा कथन सही है? *(Chap 3, Class-VI, Old NCERT)*

(a) पृथ्वी को अपने अक्ष पर 1° घूमने में 4 मिनट का समय लगता है
(b) पृथ्वी की घूर्णन गति 15° देशांतर प्रति घंटा पाई जाती है
(c) 0° देशांतर रेखा को प्रधान मध्याह्न रेखा के नाम से भी जानते हैं
(d) उपर्युक्त सभी

उत्तर (d)

व्याख्या दिए गए सभी कथन सही हैं। पृथ्वी पर समय का निर्धारण पृथ्वी के घूर्णन तथा परिक्रमण के आधार पर किया जाता है। पृथ्वी अपने अक्ष पर एक घूर्णन 24 घंटे में पूरा करती है तथा पृथ्वी कुल 360° देशांतर रेखाओं में बँटी हुई है। अत: पृथ्वी को 1° घूमने में 4 मिनट का समय लगता है अर्थात् पृथ्वी की घूर्णन गति 15° देशांतर प्रति घंटा पाई जाती है।

0° देशांतर रेखा को प्रधान मध्याह्न रेखा कहते हैं तथा 180° देशांतर को अर्द्ध रात्रि देशांतर भी कहा जाता है।

22 निम्न कथन (A) व कारण (R) को पढ़िए और नीचे दिए गए कूट की सहायता से सही उत्तर का चयन कीजिए *(Chap 2, Class-VI, New NCERT)*

कथन (A) ग्रीनविच से पूर्व के स्थानों का समय ग्रीनविच समय से आगे होता है और पश्चिम के स्थानों का समय पीछे होता है।

कारण (R) तिथि निर्धारक रेखा 180° देशांतर पर स्थित है।

कूट

(a) A और R दोनों सही हैं तथा R, A की सही व्याख्या है
(b) A और R दोनों सही हैं, परंतु R, A की सही व्याख्या नहीं है
(c) A सही है, किंतु R गलत है
(d) A गलत है, किंतु R सही है

उत्तर (a)

व्याख्या A और R दोनों सही हैं तथा R, A की सही व्याख्या है। ग्रीनविच (ब्रिटेन) से गुजरने वाली 0° देशांतर या मध्य देशांतर को ग्रीनविच देशांतर के नाम से जाना जाता है।

इसके पूर्व के स्थानों का समय ग्रीनविच समय से आगे तथा पश्चिम के स्थानों का समय पीछे होता है। तिथि निर्धारक रेखा (अंतर्राष्ट्रीय तिथि रेखा) 180° देशांतर पर स्थित है, जो ग्रीनविच से 12 घंटे के अंतर पर है।

23 निम्न में से कौन-सा कथन 'स्थानीय समय' के संबंध में सही है? *(Chap 3, Class-VI, Old NCERT)*

1. स्थानीय समय की गणना सूर्य की छाया से की जाती है।
2. एक ही देशांतर पर अवस्थित स्थानों का स्थानीय समय अलग-अलग होता है।

कूट

(a) केवल 1 (b) केवल 2
(c) 1 और 2 दोनों (d) न तो 1 और न ही 2

उत्तर (a)

व्याख्या 'स्थानीय समय' के संबंध में कथन (1) सही है। स्थानीय समय की गणना सूर्य की छाया से की जा सकती है। यह छाया दोपहर में सबसे छोटी तथा सूर्यास्त व सूर्योदय के समय सबसे लंबी होती है। यह मध्याह्न सूर्य की सहायता से निश्चित किया गया समय होता है।

कथन (2) सही नहीं है, क्योंकि प्रत्येक स्थान का स्थानीय समय अलग-अलग होता है, किंतु एक ही देशांतर पर स्थित स्थानों का स्थानीय समय एक ही होता है और सूर्योदय, सूर्यास्त तथा मध्याह्न एक ही समय होता है।

24 दिए गए कथनों पर विचार कीजिए तथा इनमें असत्य कथनों की पहचान कीजिए *(Chap 3, Class-VI, Old NCERT)*

1. देश की केंद्रीय देशांतर रेखा के स्थानीय समय को मानक समय माना जाता है।
2. भारत का मानक समय ग्रीनविच के मानक समय से 4 घंटा 30 मिनट पीछे है।
3. ग्रीनविच से 30° पूर्व में अवस्थित स्थान का मानक और ग्रीनविच के समय में 1.30 घंटे का अंतर पाया जाता है।

कूट

(a) केवल 2 (b) 1 और 2
(c) 2 और 3 (d) 1, 2 और 3

उत्तर (c)

व्याख्या दिए गए कथनों में से कथन (2) और (3) असत्य हैं, क्योंकि भारत का मानक समय $82\frac{1^\circ}{2}$ पूर्वी देशांतर है, जो उत्तर प्रदेश के मिर्जापुर से होकर गुजरता है। यह ग्रीनविच के मानक समय से 5 घंटा 30 मिनट आगे है। भारत के गुजरात के द्वारका तथा असम के डिब्रूगढ़ के स्थानीय समय में लगभग 1 घंटा 45 मिनट का अंतर पाया जाता है।

ग्रीनविच से 30° पूर्व में अवस्थित स्थान का मानक समय 30×4 मिनट = 120 मिनट या 2 घंटे आगे होगा अर्थात् दिए गए स्थान तथा ग्रीनविच के मानक समय के बीच 2 घंटे का अंतर होगा।

कथन (1) सत्य है। देश की केंद्रीय देशांतर रेखा (80°32′) को स्थानीय समय रेखा माना गया है, जो इलाहाबाद क नैनी से होकर गुजरती है।

अध्याय 04

भू-आकृति विज्ञान

भू-आकृति विज्ञान

भू-आकृतियों का विकास

महाद्वीपीय विस्थापन का सिद्धांत

- वर्ष1912 में अल्फ्रेड वैगनर द्वारा प्रतिपादित
- पृथ्वी के स्वरूप में परिवर्तन महाद्वीपों के विस्थापन के कारण होता है
- प्रारंभ में एक बड़ा महाद्वीप पैंजिया था, जो बड़े महासागर पेंथालासा से घिरा हुआ था

सागर नितल प्रसरण सिद्धांत

हैरी हेस द्वारा प्रतिपादित

- समुद्र तल पर चट्टानों की आयु की अवधारणा के आधार पर, समुद्र तल समान नहीं है
- नई पर्पटी (क्रस्ट) समुद्र के मध्य भाग में बनती है और किनारों की ओर फैलती है
- सबसे युवा चट्टानें समुद्र के मध्य भाग में पाई जाती हैं, जहाँ पुरानी चट्टानें समुद्र के किनारे पाई जाती हैं

प्लेट विवर्तनिक सिद्धांत

- पृथ्वी अर्द्ध पिघले हुए एस्थेनोस्फीयर पर तैरती हुई कई बड़ी तथा छोटी प्लेटों में विभाजित है
- ये 7 बड़ी और अन्य छोटी प्लेटें हैं
- इसमें प्रमुख हैं
- यूरेशियन, अंटार्कटिक, उत्तरी अमेरिकी, दक्षिण अमेरिकी, प्रशांत, अफ्रीकी और इंडो ऑस्ट्रेलियाई प्लेट, जिसमें प्रशांत सबसे बड़ी प्लेट है

भूकंप और सुनामी

भूकंप

- पृथ्वी का हिलना ऊर्जा करने वाली भूकंपीय तरंगों के निकलने के कारण होता है, जो सभी दिशाओं में यात्रा करती हैं। इन तरंगों के अध्ययन से पृथ्वी की आंतरिक संरचना को समझने में सहायता मिलती है।

भूकंपीय तरंगें

- भूकंप तरंगों को रिकॉर्ड करने के लिए सीस्मोग्राफ का प्रयोग किया जाता है।
- जब तरंगें अलग-अलग घनत्व वाले माध्यमों से गुजरती हैं, तो परावर्तन या अपवर्तन के कारण उनकी दिशा बदल जाती है

P, S एवं L तरंगें

- **P-तरंगें** (अनुदैर्ध्य) प्राथमिक तरंगें भी कहलाती हैं, ये उच्च आवृत्ति की छोटी तरंगें होती हैं
- **S-तरंगें** (अनुप्रस्थ) द्वितीयक तरंगें, गति P से अधिक L से कम तथा केवल ठोस माध्यम
- L-तरंगें (लव वेव) में गमन करती हैं। गति सबसे कम,तीव्रता सर्वाधिक, सबसे अधिक विनाशकारी होती हैं।

सुनामी

- भूकंप से नहीं, बल्कि भूकंप के झटकों से उत्पन्न होने वाली सुनामी लहर, इस लहर का प्रभाव तभी होगा, जब भूकंप का केंद्र समुद्री जल के नीचे हो

पृथ्वी की संरचना

क्रस्ट (भूपर्पटी)

- पृथ्वी का सबसे बाहरी ठोस भाग
- दो भागों में विभाजित - महाद्वीपीय भूपर्पटी और महासागरीय भूपर्पटी
- **महाद्वीपीय भूपर्पटी** महासागरीय भूपर्पटी से अधिक मोटी, प्रमुख पर्वतीय प्रणाली के क्षेत्रों में अधिक मोटी, हिमालय क्षेत्र में 70 किमी; यह सिलिकॉन और एल्युमीनियम (SiAl) से बनी है।
- **महासागरीय भूपर्पटी** महाद्वीपीय भूपर्पटी की तुलना में सघन और पतली (SiMa) सिलिकॉन और मैग्नीशियम) सीमा से बनी है।

क्रस्ट और मेंटल का सबसे ऊपरी हिस्सा, जो लगभग 100 किमी मोटा है, स्थलमंडल का निर्माण करता है। यह कई प्लेटों में टूट जाता है

- जिसे स्थलमंडलीय प्लेट (लिपोस्फेरिक प्लेट) कहा जाता है।

मेंटल

- क्रस्ट से परे यह आंतरिक भाग है, जिसे पाइरोस्फीयर भी कहते हैं
- मोहो असंबद्धता से मेंटल की मोटाई लगभग 2900 किमी है।

क्रोड

- इसे बैरीस्फीयर के नाम से जाना जाता है, यह 2900 से 6400 किमी की गहराई पर स्थित है।
- यह पृथ्वी के आयतन का लगभग 16% है।

भू-आकृतिक प्रक्रिया तथा पृथ्वी की गतियाँ

भू-आकृतिक प्रक्रिया

- अंतर्जात तथा बहिर्जात बल पृथ्वी के भौतिक तथा रासायनिक परिवर्तन के लिए उत्तरदायी होते हैं।
- साथ ही यह बल पृथ्वी के संयोजन में भी परिवर्तन के लिए उत्तरदायी होते हैं
- गुरुत्वाकर्षण, ढाल के सहारे सभी गतिशील पदार्थों को सक्रिय बनाने वाला दिशात्मक बल होने के साथ-साथ धरातल के पदार्थों पर दबाव डालता है।

पृथ्वी की गति

- स्थलीय प्लेटों में गति के कारण पृथ्वी की सतह में परिवर्तन होता है।
- पृथ्वी की गति के लिए दो बल उत्तरदायी हैं
- अंतर्जात बल तथा बहिर्जात बल
- **अंतर्जात गतिविधियाँ**
  - अंतर्जात शक्तियों का परिणाम भूमि,
  - धँसाव, भूमि वलन, भ्रंशन तथा ज्वालामुखी विस्फोट
- **बहिर्जात गतिविधियाँ**
  - ये अपनी ऊर्जा सूर्य की ऊर्जा और कार्यरत् विवर्तनिक बलों, जैसे कि कतरनी तनाव, गुरुत्वाकर्षण बल आदि द्वारा निर्वाचित वातावरण से प्राप्त करते हैं।

SOURCE New NCERT Class-VI पृथ्वी के प्रमुख स्थलरूप, New NCERT Class-VII हमारी पृथ्वी के अंदर, हमारी बदलती पृथ्वी, Old NCERT Class-VIII पृथ्वी का आंतरिक स्वरूप, स्थल का बदलता स्वरूप, भू-दृश्यों की शिल्पकारी, भौम जल, पवन, हिमानी तथा समुद्री तरंगों द्वारा निर्मित भू-स्थलाकृतियाँ, New & Old NCERT Class-IX धरती का स्वरूप, पृथ्वी की आंतरिक संरचना, हमारा पर्यावरण : अंग और प्रक्रियाएँ, New & Old NCERT Class-XI भूगर्भ : पृथ्वी का आंतरिक भाग, खनिज एवं शैल, महासागरों और महाद्वीपों का वितरण, भू-आकृतियाँ तथा उनका विकास, भूसंरचना, ज्वालामुखी तथा भूकंप, भूसंरचना, ज्वालामुखी तथा भूकंप, भूपर्पटी निर्माण करने वाले पदार्थ, भू-आकृति प्रक्रियाएँ, भूमिगत जल, प्रवणता संतुलन की प्रक्रियाएँ, स्थलाकृतियाँ और उनका महत्त्व, Tamil Nadu Board Class-XI स्थलमंडल-बहिर्जात प्रक्रियाएँ, जलमंडल, NIOS Module-2 भूगर्भ और उसके पदार्थ

वी की आंतरिक संरचना

1 निम्नलिखित में से पृथ्वी की आंतरिक संरचना की जानकारी प्राप्त करने के अप्रत्यक्ष स्रोत कौन-से हैं? *(Chap 3, Class-XI, New NCERT)*

1. भूकंप
2. चुंबकीय क्षेत्र
3. उल्का पिंड
4. गुरुत्वाकर्षण

कूट

(a) 1 और 2 (b) 2 और 3 (c) 1 और 4 (d) ये सभी

उत्तर (c)

व्याख्या भूकंप एवं गुरुत्वाकर्षण शक्ति पृथ्वी की आंतरिक संरचना की जानकारी प्राप्त करने के अप्रत्यक्ष स्रोत माने जाते हैं।

भूकंपीय तरंगों एवं उनकी गति के माध्यम से पृथ्वी की आंतरिक संरचना के बारे में व्यापक जानकारी प्राप्त की जा सकती है।

पृथ्वी के विभिन्न अक्षांशीय भागों में गुरुत्वाकर्षण शक्ति में विभिन्नता पाई जाती है। विषुवत् क्षेत्रों में यह शक्ति कम होती है, जबकि ध्रुवीय क्षेत्रों में अधिक होती है। अत: इसके आधार पर भी पृथ्वी की आंतरिक संरचना के बारे में व्यापक जानकारी प्राप्त की जा सकती है।

2 निम्न कथन (A) व कारण (R) को पढ़िए और नीचे दिए गए कूट की सहायता से सही उत्तर का चुनाव कीजिए *(Chap 3, Class-XI, New NCERT)*

कथन (A) गुरुत्वाकर्षण बल का मान ध्रुवों पर अधिक एवं भूमध्यरेखा पर कम होता है।

कारण (R) पृथ्वी के अंदर गहराई बढ़ने के साथ-साथ तापमान, दाब तथा घनत्व में वृद्धि होती है।

कूट

(a) A और R दोनों सही हैं तथा R, A की सही व्याख्या है
(b) A और R दोनों सही हैं, परंतु R, A की सही व्याख्या नहीं है
(c) A सही है, किंतु R गलत है
(d) A गलत है, किंतु R सही है

उत्तर (b)

व्याख्या A और R दोनों सही हैं, परंतु R, A की सही व्याख्या नहीं है। गुरुत्वाकर्षण बल का मान ध्रुवों पर अधिक एवं भूमध्यरेखा पर कम होता है। यहीं कारण है कि ध्रुवीय क्षेत्रों में किसी वस्तु का भार अधिक एवं विषुवतीय क्षेत्रों में कम होता है।

पृथ्वी के अंदर गहराई बढ़ने के साथ-साथ तापमान, दाब तथा घनत्व में वृद्धि होती है। तापमान, दाब तथा घनत्व में वृद्धि होने के कारण ही पृथ्वी की आंतरिक संरचना में विभिन्नता पाई जाती है। चट्टानों की संरचना में इनकी महत्त्वपूर्ण भूमिका होती है।

3 नीचे दिए गए कथनों में कौन-सा कथन असत्य है? *(Chap 3, Class-XI, New NCERT)*

(a) महाद्वीपीय पर्पटी का निर्माण सिलिका एवं एलुमिना जैसे खनिजों से हुआ है
(b) महासागरीय पर्पटी सिलिका एवं आयरन से मिलकर बनी है
(c) भूपर्पटी एवं मेंटल का ऊपरी भाग मिलकर स्थलमंडल कहलाता है
(d) पर्वतीय श्रृंखलाओं के क्षेत्र में भूपर्पटी की मोटाई अधिक पाई जाती है

उत्तर (b)

व्याख्या दिए गए कथनों में से कथन (b) असत्य है, क्योंकि महासागरीय पर्पटी में सिलिका एवं आयरन के अतिरिक्त बेसाल्ट की परत पाई जाती है। कथन (a), (c) और (d) सही हैं। महाद्वीपीय पर्पटी का निर्माण कम घनत्व वाले सिलिका एवं एलुमिना (Silica Aliumina, SIAL) तथा अधिक घनत्व वाले सिलिका और मैग्नीशियम (Silica Magnesium, SIMA) से हुआ है। भूपर्पटी एवं मेंटल का ऊपरी भाग मिलकर स्थलमंडल (Lithosphere) कहलाता है, जिसकी गहराई लगभग 200 किमी तक है। पर्वतीय श्रृंखलाओं वाले क्षेत्रों में भूपर्पटी की मोटाई अधिक पाई जाती है।

4 निम्नलिखित कथनों पर विचार कीजिए *(Chap 3, Class-XI, New NCERT)*

1. भूगर्भ में पर्पटी के नीचे के भाग को मेंटल कहा जाता है।
2. ज्वालामुखी उद्गार के दौरान, जो लावा धरातल पर आता है, उसका स्रोत भूगर्भ का कोर होता है।
3. मेंटल का विस्तार, दुर्बलतामंडल तक पाया जाता है।

उपर्युक्त में से कितने कथन पृथ्वी के भूगर्भ के संबंध में असत्य हैं?

(a) केवल एक (b) केवल दो
(c) सभी तीनों (d) इनमें से कोई नहीं

उत्तर (c)

व्याख्या पृथ्वी के भूगर्भ के संबंध में केवल दो कथन (2 और 3) असत्य हैं, क्योंकि ज्वालामुखी उद्गार के दौरान, जो लावा धरातल पर आता है, उसका स्रोत मेंटल के ऊपरी भाग में स्थित दुर्बलतामंडल (Asthenosphere) को माना जाता है। यह 400 किमी गहराई तक पाया जाता है। दुर्बलतामंडल आंशिक रूप से पिघला हुआ भाग है।

कथन (1) सत्य है। भूगर्भ में पर्पटी के नीचे के भाग को मेंटल कहा जाता है, जिसका विस्तार 200 से 2900 किमी तक है। यह पृथ्वी के कुल आयतन का 83% भाग घेरे हुए है।

5 पृथ्वी के कोर के संबंध में दिए गए कथनों पर विचार कीजिए तथा इनमें सत्य कथनों की पहचान कीजिए *(Chap 2, Class-VIII, Old NCERT)*

1. पृथ्वी का बाह्य क्रोड तरल अवस्था में तथा आंतरिक क्रोड ठोस अवस्था में होता है।
2. पृथ्वी के कुल आयतन में सबसे अधिक हिस्सा क्रोड का पाया जाता है।

कूट

(a) केवल 1 (b) केवल 2
(c) 1 और 2 (d) न तो 1 और न ही 2

उत्तर (c)

व्याख्या पृथ्वी के क्रोड के संबंध में दिए गए दोनों कथन सत्य हैं। पृथ्वी की आंतरिक संरचना जटिल होती है। भूकंपीय तरंगों की गति से यह ज्ञात होता है कि पृथ्वी का बाह्य क्रोड तरल अवस्था में तथा आंतरिक क्रोड ठोस अवस्था में होता है।

पृथ्वी के कुल आयतन में सबसे अधिक भाग क्रोड का पाया जाता है। यह भाग उच्च घनत्व वाले खनिज पदार्थों से निर्मित है। यह मुख्यत: निकिल एवं लोहे से निर्मित है, इसलिए इसे निफे के नाम से जाना जाता है।

6 पृथ्वी के आंतरिक स्वरूप के संदर्भ में कौन-सा कथन सही नहीं है? *(Chap 2, Class-VIII, Old NCERT)*

(a) महासागरीय भूपर्पटी का निर्माण अवसादी व कायांतरित शैलों से हुआ है।
(b) मोहो असांतत्य (Moho-discontinuity) भूपर्पटी को मेंटल से अलग करती है।
(c) पृथ्वी के अंदर गहराई के साथ तापमान तथा दाब बढ़ता है।
(d) धरातल से क्रोड की ओर जाने पर शैलों का घनत्व बढ़ता जाता है।

उत्तर (a)

व्याख्या पृथ्वी के आंतरिक स्वरूप के संदर्भ में कथन (a) सही नहीं है, क्योंकि महासागरीय भूपर्पटी (क्रस्ट) का निर्माण अवसादी व कायांतरित शैलों से नहीं, बल्कि संघन बेसाल्ट शैलों से हुआ है। महासागरीय भाग में भूपर्पटी की मोटाई 5 किमी तक ही है, जबकि महाद्वीपीय भागों में इसकी मोटाई 40-50 किमी तक पाई जाती है।

भूकंप

7 भूकंप के संबंध में कितने कथन सही नहीं हैं?

(Chap 3, Class-XI, New NCERT)

1. पृथ्वी का वह भाग (स्थान) जहाँ से भूकंप की उत्पत्ति होती है, उसे अधिकेंद्र कहते हैं।
2. भूकंपीय तरंगों को सबसे पहले उद्गम स्थान पर महसूस किया जाता है।
3. भूकंपीय तीव्रता की माप रिक्टर स्केल द्वारा की जाती है।

कूट

(a) केवल एक (b) केवल दो
(c) सभी तीन (d) इनमें से कोई नहीं

उत्तर *(b)*

व्याख्या भूकंप के संबंध में केवल दो कथन अर्थात् (1) और (2) सही नहीं हैं, क्योंकि पृथ्वी का वह भाग जहाँ से भूकंप की उत्पत्ति होती है, उसे फोकस या उद्गम केंद्र या अवकेंद्र (Hypocentre) कहा जाता है। भूकंपीय तरंगों को सबसे पहले अधिकेंद्र (Epicentre) पर महसूस किया जाता है।
कथन (3) सही है, भूकंपीय तीव्रता की माप रिक्टर स्केल द्वारा की जाती है।

8 निम्नलिखित कथनों पर विचार कीजिए

(Chap 3, Class-XI, New NCERT)

1. चट्टानों का रेडियोधर्मी क्षय आंतरिक क्रोड में होता है।
2. आंतरिक कोर के अंदर 'P' पी तरंगों का वेग बढ़ जाता है।
3. ऊपरी चट्टानों की परतों के कारण आंतरिक क्रोड के अंदर दबाव बढ़ जाता है।
4. आंतरिक क्रोड आग्नेय चट्टानें हैं।

उपर्युक्त में से कौन-सा कथन पृथ्वी के अभूतपूर्व तापमान और घनत्व के लिए सबसे उपयुक्त स्पष्टीकरण है, जो क्रोड में सबसे अधिक है, फिर भी यह ठोस स्थिति में है?

(a) 1 और 3 (b) 2 और 4
(c) केवल 3 (d) केवल 4

उत्तर *(c)*

व्याख्या दिए गए कथनों में से कथन (3) उपर्युक्त घटना के लिए सबसे उपयुक्त स्पष्टीकरण है अर्थात् ऊपरी चट्टान की परतों के कारण आंतरिक क्रोड के अंदर दबाव बढ़ जाता है। पृथ्वी के कोर में अत्यधिक दबाव ऊपरी चट्टान के भार से उत्पन्न उच्च तापमान और घनत्व आंतरिक कोर को द्रव अवस्था में जाने से रोकता है।
रेडियोधर्मी क्षय एक ऐसी प्रक्रिया है, जो ऊर्जा निर्मुक्त करती है। रेडियोधर्मी क्षय चट्टानों के आंतरिक क्रोड में होता है।
आंतरिक क्रोड के अंदर 'P' तरंगों का वेग बढ़ जाता है। वेग में वृद्धि दबाव में परिवर्तन के कारण होती है।
आंतरिक क्रोड मुख्य रूप से लोहे और निकिल से बना होता है और वह अत्यधिक उच्च तापमान के बावजूद ठोस रहता है।

9 भूकंपीय तरंगों के संबंध में दिए गए कथनों में कौन-सा कथन सत्य है?

(Chap 3, Class-XI, New NCERT)

(a) प्राथमिक भूकंपीय तरंगें (P) ठोस, तरल व गैस तीनों माध्यमों से गुजर सकती हैं।
(b) द्वितीयक तरंगें (S) केवल ठोस पदार्थों के माध्यम से चलती हैं।
(c) प्राथमिक तरंगें (P), द्वितीयक तरंगों (S) से अधिक विनाशकारी होती हैं।
(d) 'a' और 'b' दोनों

उत्तर *(d)*

व्याख्या भूकंपीय तरंगों के संबंध में कथन (a) और (b) सत्य हैं। प्राथमि भूकंपीय तरंगें (P) ठोस, द्रव एवं गैस तीनों माध्यमों से गुजर सकती हैं, ठोर इनकी गति अधिक होती है।
द्वितीयक या गौण तरंगें (S) केवल ठोस माध्यम से होकर गुजरती हैं, क्योंकि बाह्य क्रोड में विलुप्त हो जाती हैं, जिसके बारे में कहा जाता है कि यह आंशि रूप से पिघला हुआ भाग है। प्राथमिक तरंगें, द्वितीयक तरंगों से अधि विनाशकारी नहीं हैं।

10 'भूकंपीय तरंगों के संचरण' के संबंध में दिए गए कथनों पर विचार कीजिए

(Chap 3, Class-XI, New NCER

1. 'P' तरंगों में कंपन की दिशा तरंग के संचरण की दिशा के समानां होती है।
2. 'S' तरंगें, जिस पदार्थ से होकर गुजरती हैं, उसमें उभार व गर्तों निर्माण करती हैं।

उपर्युक्त में से कौन-सा/से कथन सही है/हैं?

(a) केवल 1
(b) केवल 2
(c) 1 और 2
(d) न तो 1 और न ही 2

उत्तर *(c)*

व्याख्या 'भूकंपीय तरंगों के संचरण' के संबंध में कथन सही हैं। तरंगों कंपन की दिशा तरंग के संचरण की दिशा के समानांतर होती है। यह संचर गति की दिशा में ही दबाव डालता है। 'S' तरंगें जिस पदार्थ से होकर गुजरती उसमें उभार एवं गर्तों का निर्माण करती हैं। S तरंगें ऊर्ध्वाधर तल में, तरंगों व दिशा के समकोण पर कंपन पैदा करती हैं।

11 निम्नलिखित कथनों पर विचार कीजिए

(Chap 3, Class-XI, NCERT) (IAS Pre 2023

1. भूकंप-लेखी (सिस्मोग्राफ) में S तरंगों से पूर्व P तरंगें अभिलिखित क जाती हैं।
2. P तरंगों मे अलग-अलग कण तरंग प्रसार की दिशा में आगे-पीछ कंपन करते हैं, जबकि S तरंगों में कण तरंग प्रसार की दिशा वे समकोणीय ऊपर-नीचे कंपन करते हैं।

उपर्युक्त कथनों में से कौन-सा/से कथन सही है/हैं?

(a) केवल 1
(b) केवल 2
(c) 1 और 2 दोनों
(d) न तो 1 और न ही 2

उत्तर *(c)*

व्याख्या दिए गए दोनों कथन सही हैं।
भूकंप के दौरान उत्पन्न लहरों को भूकंपीय लहरें या तरंगें कहा जाता है, जो क्रमश: P तरंगें, S तरंगें तथा L तरंगें होती हैं। भूकंपीय तरंगों की तीव्रता को **सीस्मोग्राफ यंत्र** से मापा जाता है।
P तरंगें सर्वाधिक वेग वाली होती हैं, जिन्हें **प्राथमिक तरंगें** कहा जाता है। ये भूकंप-लेखी (सीस्मोग्राफ) में S तरंगों से पहले अभिलेखित की जाती हैं। ये ठोस, द्रव तथा गैस तीनों माध्यमों में संचरण में सक्षम होती हैं।
वहीं S तरंगें अपेक्षाकृत कम वेग वाली होती हैं। P तरंगों में अलग-अलग कण प्रसार की दिशा में आगे-पीछे कंपन (ध्वनि/अनुदैर्ध्य) करती हैं, जबकि S तरंगों में कण तरंग प्रसार की दिशा के समकोणीय ऊपर-नीचे कंपन (अनुप्रस्थ तरंगें) करती हैं।
धरातलीय (L) तरंगें अधिकेंद्र पर सबसे बाद में पहुँचती हैं। ये सर्वाधिक विनाशकारी होती हैं। इनका वेग सबसे कम होता है। इनका प्रभाव जल और थल दोनों पर होता है।

12 निम्न कथनों पर विचार कीजिए तथा इनमें सही कथनों की पहचान कीजिए *(Chap 3, Class-XI, New NCERT)*

1. भूकंपीय तरंगें अभिलेखित होने वाले क्षेत्र को भूकंपीय छाया क्षेत्र कहा जाता है।
2. 'P' भूकंपीय तरंगों का छाया क्षेत्र 'S' भूकंपीय छाया क्षेत्र से अधिक विस्तृत होता है।

कूट

(a) केवल 1
(b) केवल 2
(c) 1 और 2
(d) न तो 1 और न ही 2

उत्तर (d)

व्याख्या दिए गए दोनों कथन सही नहीं हैं।
भूकंपीय तरंगें अभिलेखित न होने वाले क्षेत्र को भूकंपीय छाया क्षेत्र कहा जाता है। S तरंग का छाया क्षेत्र P भूकंपीय तरंग के छाया क्षेत्र से अधिक विस्तृत होता है। यह पृथ्वी के 40% भाग से भी अधिक होता है। भूकंपीय छाया क्षेत्र के माध्यम से अधिकेंद्र को आसानी से ज्ञात किया जा सकता है।

13 पी तरंगों के संबंध में निम्न कथनों पर विचार कीजिए *(Chap 2, Class-VIII, New NCERT)*

1. पी तरंगें सिस्मोग्राफ से टकराने वाली पहली तरंगें हैं।
2. ये तरंगें चट्टानों को भयंकर रूप से कंपित करती हैं।
3. ये तरंगें केवल द्रव तथा गैस माध्यमों में ही गमन कर सकती हैं।

उपर्युक्त कथनों में से कितने कथन सही हैं?

(a) केवल एक
(b) केवल दो
(c) सभी तीनों
(d) इनमें से कोई नहीं

उत्तर (b)

व्याख्या पी तरंगों के सम्बन्ध में केवल दो कथन अर्थात् (1) और (2) सही हैं।
पी तरंगों को प्राथमिक या संपीडन तरंगों के रूप में भी जाना जाता है। ये भूकंप या किसी भूकंपीय घटना के दौरान भूकंपमापी द्वारा पता लगाई जाने वाली प्राथमिक तरंगें होती हैं। इनकी संपीडन तरंगें चट्टानों को प्रबल रूप से कंपित करती हैं।
कथन (3) सही नहीं है, क्योंकि पी तरंगें ठोस, द्रव तथा गैस तीनों माध्यमों में संचलन करने में सक्षम होती हैं, न की केवल द्रव एवं गैसीय माध्यम में।

14 भूकंप के बारे मे निम्नलिखित कथनों पर विचार कीजिए *(Chap 4, Module-2, NIOS)*

1. पृथ्वी के अंदर का वह बिंदु जहाँ भूकंप की ऊर्जा निकलती है, अधिकेंद्र (एपिसेंटर) कहलाता है।
2. पृथ्वी की सतह पर वह बिंदु जहाँ भूकंपीय तरंगों का सबसे पहले अनुभव किया जाता है, अधिकेंद्र कहलाता हैं।
3. भौतिक तरंगें पृथ्वी की सतह को सबसे अधिक नुकसान पहुँचाती है।

उपर्युक्त में से कितने कथन सही हैं?

(a) केवल एक
(b) केवल दो
(c) सभी तीनों
(d) इनमें से कोई नहीं

उत्तर (a)

व्याख्या भूकंप के बारे में केवल एक अर्थात् कथन (2) सही है।
पृथ्वी की सतह पर भूकंप मूल के ठीक ऊपर स्थित बिंदु को अधिकेंद्र या उपरि केंद्र कहा जाता है, यहीं पर भूकंपीय तरंगों का सर्वप्रथम अनुभव किया जाता है।
कथन (1) और (3) सही नहीं हैं, क्योंकि पृथ्वी के अंदर का वह बिंदु जहाँ से भूकंपीय ऊर्जा निकलती है, भूकंप मूल कहलाता है।
पृथ्वी की सतह को सबसे अधिक नुकसान भौतिक तरंगें नहीं, बल्कि सतही तरंगें पहुँचाती हैं, क्योंकि ये तरंगें रोलिंग गति उत्पन्न करती हैं, जो इमारतों एवं अन्य संरचनाओं को क्षति पहुँचाती हैं। ये ठोस, तरल तथा गैस तीनों माध्यम से गुजर सकती हैं। भौतिक तरंगें ऐसी भूकंपीय तरंगे हैं, जो पृथ्वी के आंतरिक भाग से होकर गुजरती हैं।

15 धरातल पर उत्पन्न विभिन्न प्रकार के भूकंप तथा उनके उत्पन्न होने के कारण से संबंधित दिए गए युग्मों पर विचार कीजिए। *(Chap 3, Class-XI, New NCERT)*

1. विवर्तनिकी भूकंप — भ्रंशतल के किनारे चट्टानों का खिसकना
2. विस्फोट भूकंप — खनन क्षेत्रों में अधिक खनन
3. नियात भूकंप — परमाणु व रासायनिक विस्फोट

उपर्युक्त में से कौन-सा/से युग्म सही सुमेलित है/हैं?

(a) केवल 1
(b) केवल 3
(c) 1 और 2
(d) 1, 2 और 3

उत्तर (a)

व्याख्या दिए गए युग्मों में से युग्म (1) सही सुमेलित है। भ्रंशतल के किनारे चट्टानों का खिसकना विवर्तनिकी भूकंप (Tectonic Earthquake) का परिलक्षण है।
युग्म (2) और (3) सही सुमेलित नहीं हैं, क्योंकि खनन क्षेत्रों में कभी-कभी अत्यधिक खनन के कारण भूमिगत खानों की छतें ढहने के कारण आया भूकंप 'नियात भूकंप' कहलाता है। परमाणु या रासायनिक विस्फोट से होने वाले कंपन को 'विस्फोट भूकंप' कहा जाता है।

16 निम्न कथनों पर विचार कीजिए *(Chap 5, Class-XI, Old NCERT)*

1. लगभग 68% भूकंप प्रशांत महासागर के उस क्षेत्र में आते हैं, जिसे रिंग ऑफ फायर (अग्निवलय) कहा जाता है।
2. विश्व के लगभग 21% भूकंप पृथ्वी के मध्य पर्वतीय पट्टी में आते हैं। यह पट्टी मैक्सिको से हिमालय पर्वत तक फैली है।
3. अफ्रीकी झीलों, लाल सागर तथा मृत सागर वाली पट्टी में भूकंप अक्सर नहीं आते हैं।
4. भारत में अधिकांश भूकंप हिमालय पर्वतीय तथा पर्वतपदीय क्षेत्रों में आते हैं।

उपर्युक्त में से कौन-सा/से कथन सही है/हैं?

(a) केवल 1
(b) 1, 2 और 4
(c) 1 और 4
(d) 1, 2, 3 और 4

उत्तर (d)

व्याख्या प्रश्न में दिए गए सभी कथन सही हैं।
विश्व के 68% भूकंप प्रशांत परिमेखला में आते हैं, जो अपने ज्वालामुखी उद्गार क्षेत्र के कारण जाना जाते हैं। यहाँ पर भूकंप प्रशांत महासागर के चारों ओर के समुद्रतटीय क्षेत्र में आते हैं; जैसे-चिली, कैलिफोर्निया, अलास्का, जापान, फिलीपींस आदि। इस क्षेत्र में भूकंप मुख्यत: स्तर-भ्रंश एवं संतुलन की क्रिया के कारण आते हैं।
विश्व के 21% भूकंप पृथ्वी की मध्यवर्ती पर्वतीय पट्टी में आते हैं, जो विषुवत् रेखा के समानांतर स्थित है।
अफ्रीकी झीलों, लाल सागर तथा मृत सागर के क्षेत्र में अक्सर भूकंप नहीं आते हैं। भारत में भूकंप मुख्य रूप से हिमालय के पर्वतीय क्षेत्र में या पर्वतपदीय क्षेत्र में सीमित हैं।

17 **भारत में आने वाले भूकंपों के संबंध में कौन-सा कथन सही नहीं है?**
(Chap 5, Class-XI, Old NCERT)

(a) लातूर का भूकंप वर्ष 1993 में आया था। यह क्षेत्र प्राय: भूकंप मुक्त है।
(b) लातूर के भूकंप का कारण जलाशय जनित चट्टानी दरार थी।
(c) कोयना बाँध क्षेत्र के भूकंप का कारण भारतीय प्लेट का खिसकना था।
(d) 'b' और 'c'

उत्तर *(d)*

व्याख्या भारत में आने वाले भूकंपों के संबंध में कथन (b) और (c) सही नहीं हैं, क्योंकि लातूर (महाराष्ट्र) में वर्ष 1993 में भूकंप आया था, जिसने वैज्ञानिकों को आश्चर्य में डाल दिया था, क्योंकि यह क्षेत्र प्राय: भूकंप मुक्त माना जाता है। लातूर के भूकंप का कारण जलाशय जनित नहीं, बल्कि भारतीय प्लेट का खिसकना व भ्रंशन पर पड़ने वाला दबाव था।

कोयना बाँध क्षेत्र में वर्ष 1967 में आए भूकंप का मुख्य कारण जलाशय जनित था। भ्रंश क्षेत्र में जलाशय के निर्माण के कारण दबाव से असंतुलन की स्थिति उत्पन्न हो गई, जिसके कारण इस क्षेत्र में भूकंप आने की संभावना बनी रहती है।

18 **निम्न में से कौन भूकंप से उत्पन्न प्रमुख प्रभाव को अभिलेखित करता है?**
(Chap 3, Class-XI, New NCERT)

1. सुनामी
2. भूस्खलन
3. धरातलीय विसंगति
4. धरातलीय विस्थापन

कूट

(a) 1 और 2
(b) 3 और 4
(c) 1, 2 और 4
(d) ये सभी

उत्तर *(d)*

व्याख्या सुनामी, भूस्खलन, धरातलीय विसंगति एवं धरातलीय विस्थापन भूकंप के प्रभाव के कारण उत्पन्न होने वाली परिघटनाएँ हैं। इसके अतिरिक्त भूकंपीय आपदा से होनी वाली परिघटनाएँ हैं; जैसे—मृदा द्रवण, हिमस्खलन, धरातल का एक तरफ झुकना, बाँध व तटबंध टूटने से बाढ़ आना आदि।

19 **भूकंप के संबंध में निम्नलिखित कथनों पर विचार कीजिए**
(Chap 3, Class-XI, New NCERT) (IAS Pre 2001)

1. भूकंप की तीव्रता को मरकेली स्केल पर मापा जाता है।
2. भूकंप का मैग्नीट्यूड विमुक्त ऊर्जा की माप है।
3. भूकंप के मैग्नीट्यूड भूकंपीय तरंगों के सीधे मापनों पर आधारित हैं।
4. रिक्टर स्केल में, प्रत्येक पूर्णांक विमुक्त ऊर्जा के परिणाम में सौगुनी वृद्धि का निदर्शन करता है।

उपर्युक्त में से कौन-सा/से कथन सही है/हैं?

(a) 1, 2 और 3 (b) 2, 3 और 4 (c) 1 और 4 (d) 1 और 3

उत्तर *(a)*

व्याख्या भूकंप के संबंध में कथन (1), (2) और (3) सही हैं।

मरकेली स्केल के द्वारा भूकंप की आवृत्ति तथा तीव्रता को मापा जाता है। यह पैमाना मनुष्य की ज्ञानेन्द्रियों द्वारा प्राप्त अनुभव, विनाशकारी प्रभाव इत्यादि पर निर्भर करता है। यह भूकंप के झटकों से हुई प्रत्यक्ष हानि के आधार पर तीव्रता को स्पष्ट करता है। भूकंप का परिणाम उस द्वारा मुक्त की गई ऊर्जा की माप है तथा यह भूकंमीपय तरंगों के सीधे मापनों पर आधारित हैं। मरकेली स्केल की गहनता 1 से 12 के बीच होती है।

रिक्टर स्केल के अनुसार भूकंप की तीव्रता 0-10 गुना तक होती है। यह एक गणितीय मापक है और इसका प्रत्येक बिंदु दूसरे बिंदु की तीव्रता की 10 गुना अधिक तीव्रता रखता है। भूकंपीय तीव्रता भूकंप के दौरान ऊर्जा मुक्त होने से संबंधित है।

ज्वालामुखी

20 **'रिंग ऑफ फायर' शब्द निम्न में से किससे संबद्ध है?**
(Chap 5, Class-XI, Old NCERT) (UPPSC Pre 20

1. भूकंप से
2. ज्वालामुखी से
3. प्रशांत महासागर से
4. जंगल की आग से

कूट

(a) 1, 2 और 3
(b) 2 और 3
(c) 2 और 4
(d) 1, 2, 3 और 4

उत्तर *(a)*

व्याख्या 'रिंग ऑफ फायर' भूकंप, ज्वालामुखी तथा प्रशांत महासागर संबद्ध है। प्रशांत परिमेखला में सबसे अधिक सक्रिय ज्वालामुखी हैं, जो एशि तथा अमेरिका के तटों पर स्थित हैं। इसे 'अग्नि वलय' (रिंग ऑफ फायर) कहते हैं। प्रशांत महासागर में स्थित रिंग ऑफ फायर भूकंपीय परिघटनाओं लिए भी जाना जाता है। विश्व के लगभग दो-तिहाई ज्वालामुखी प्रश महासागर के वृत्त में पाए जाते हैं। इसके खोजकर्ता एच. बेनिआफ (1940) हैं

21 **दक्कन ट्रैप के शैल समूह किस प्रकार के ज्वालामुखी उद्गार का परिणाम है?**
(Chap 3, Class-XI, New NCER

(a) शील्ड ज्वालामुखी
(b) मिश्रित ज्वालामुखी
(c) मध्य महासागरीय कटक ज्वालामुखी
(d) बेसाल्ट प्रवाह क्षेत्र ज्वालामु

उत्तर *(d)*

व्याख्या दक्कन ट्रैप (दक्कन का पठार) के शैल समूह का निर्माण बेसा प्रवाह क्षेत्र ज्वालामुखी से हुआ है। बेसाल्ट प्रवाह ज्वालामुखी अत्यधिक ला उगलते हैं तथा दूर तक प्रवाहित होते हैं। यह प्रवाह 50 मी से अधिक मोटे सकते हैं। भारत में प्रायद्वीपीय पठार बेसाल्ट लावा प्रवाह क्षेत्र हैं।

22 **ज्वालामुखी प्रक्रिया के संबंध में दिए गए कथनों में कितने कथन सही है?**
(Chap 3, Class-XI, New NCER

1. ज्वालामुखी प्रक्रिया के दौरान तरल चट्टानी पदार्थ भूगर्भ के दुर्बलतामंडल से निकलकर बाहर धरातल पर आता है।
2. तरल चट्टानी पदार्थ, जो दुर्बलतामंडल से निकलकर धरातल प पहुँचता है, उसे 'लावा' कहा जाता है।
3. ज्वालामुखी प्रक्रिया में केवल सल्फर के यौगिक बाहर निकलते हैं।

कूट

(a) केवल एक
(b) केवल दो
(c) सभी तीन
(d) इनमें से कोई नहीं

उत्तर *(b)*

व्याख्या ज्वालामुखी प्रक्रिया के संबंध में केवल दो अर्थात् कथन (1 और 2 सही हैं। ज्वालामुखी प्रक्रिया के दौरान तरल चट्टानी पदार्थ भूगर्भ के दुर्बलतामंडल से निकलकर बाह्य धरातल पर आता है। दुर्बलतामंडल मेंटल के ऊपरी भाग में (200 किमी की गहराई में) पाया जाता है।

दुर्बलतामंडल से निकलकर धरातल पर आने वाले तरल चट्टानी पदार्थ क 'लावा' कहा जाता है।

कथन (3) सही नहीं है, क्योंकि ज्वालामुखी प्रक्रिया में सल्फर के अतिरिक्त CO_2, CH_4, SO_2, जलवाष्प, NH_3 भी निकलते हैं।

23 **'शील्ड ज्वालामुखी' के संबंध में निम्न में से कौन-सा कथन असत्य है?**
(Chap 3, Class-XI, New NCERT

(a) यह ज्वालामुखी बेसाल्ट से निर्मित होते हैं।
(b) हवाई द्वीप के ज्वालामुखी इसके सबसे अच्छे उदाहरण हैं।
(c) यह ज्वालामुखी अधिक विस्फोटक होते हैं।
(d) इस ज्वालामुखी के निकास पर सिंडर शंकु (Cinder cone) का निर्माण होता है।

उत्तर *(c)*

व्याख्या 'शील्ड ज्वालामुखी' के संबंध में कथन (c) असत्य है, क्योंकि शील्ड ज्वालामुखी में लावा अधिक तरल होता है, ये मुख्यत: बेसाल्ट निर्मित होते हैं। अधिक तरल लावा के कारण ज्वालामुखियों का तीव्र ढाल नहीं बन पाता है। ऐसे ज्वालामुखियों में उद्गार के समय विस्फोट नहीं होते हैं। हवाई द्वीप के ज्वालामुखी इसके अच्छे उदाहरण हैं। इसके निकास पर सिंडर शंकु का निर्माण होता है। शील्ड ज्वालामुखी के उदाहरण ब्रिटिश कोलंबियां, कनाडा में इल्याचुज रेंज हैं।

24 निम्नलिखित में से कौन-सा कथन सही है? *(Chap 3, Class-XI, New NCERT)*

1. ज्वालामुखी उद्गार के दौरान निकलने वाले लावा के ठंडा होने से बेसाल्ट शैल का निर्माण होता है।
2. जब लावा धरातल के नीचे ठंडा होकर जम जाता है, तो उससे पातालीय शैल का निर्माण होता है।

कूट

(a) केवल 1 (b) केवल 2 (c) 1 और 2 (d) न तो 1 और न ही 2

उत्तर (b)

व्याख्या दिए गए कथनों में से कथन (2) सही है। जब लावा धरातल के नीचे ठंडा होकर जम जाता है, तो इसे पातालीय शैल या प्लूटोनिक शैल कहा जाता है। लावा के धरातल के निचले भाग में ठंडा होने के कारण अनेक अंतर्वेदी आकृतियों का निर्माण होता है। बैथोलिथ (Batholith), पातालीय आकृति का उदाहरण माना जाता है।

कथन (1) सही नहीं है, क्योंकि ज्वालामुखी उद्गार के दौरान मैग्मा के धरातल पर आकर ठंडे होने से जो चट्टानें बनती हैं, वे बेसाल्ट चट्टानें कहलाती हैं।

25 ज्वालामुखी से निर्मित अंतर्वेदी आकृतियों के संबंध में दिए गए युग्मों पर विचार कीजिए *(Chap 3, Class-XI, New NCERT)*

1. फैकोलिथ—लावा की क्षैतिज दिशा में तश्तरी के रूप में निर्मित आकृति।
2. सिल—अंतर्वेदी आग्नेय चट्टानों का क्षैतिज तल में चादर के रूप में जमाव।
3. डाइक—लावा प्रवाह की दरारों में लंबवत् दीवार की भाँति संरचना।

उपर्युक्त में से कितने युग्म सुमेलित हैं?

(a) केवल एक (b) केवल दो
(c) सभी तीन (d) इनमें से कोई नहीं

उत्तर (b)

व्याख्या ज्वालामुखी से निर्मित अंतर्वेदी आकृतियों के संबंध में दिए गए युग्मों में केवल दो युग्म अर्थात् (2) और (3) सही सुमेलित हैं। अंतर्वेदी आग्नेय चट्टानों का क्षैतिज तल में चादर के रूप में जमाव से निर्मित स्थलाकृति को 'सिल' कहते हैं। यदि यही स्थलाकृति पतली हो, तो इसे शीट कहते हैं।

लावा प्रवाह की दरारों में लबवत् दीवार की भाँति संरचना को 'डाइक' कहते हैं। कभी-कभी लगातार अपरदन के कारण ये धरातलीय भाग पर भी प्रकट हो जाते हैं, जबकि जब लावा का जमाव अपनति एवं समनति के रूप में हो, तो इस आकृति को 'फैकोलिथ' कहते हैं।

26 ज्वालामुखी के संबंध में कौन-सा कथन सही नहीं है? *(Chap 5, Class-XI, Old NCERT)*

(a) बेसाल्ट लावा में जब सिलिका की मात्रा कम होती है, तब कम ढाल वाला ज्वालामुखी बनता है
(b) प्रसुप्त ज्वालामुखी से हमेशा उद्गार जारी रहता है
(c) ज्वालामुखी गीजर, गर्म जल के झरने तथा विवर झीलों के रूप में सुंदर प्राकृतिक दृश्यों का निर्माण करते हैं
(d) प्रशांत महासागर की मेखला अग्निवलय में सर्वाधिक सक्रिय ज्वालामुखी अवस्थित हैं

उत्तर (b)

व्याख्या ज्वालामुखी के संबंध में कथन (b) सही नहीं है, क्योंकि प्रसुप्त ज्वालामुखी से हमेशा उद्गार नहीं होता है, बल्कि सक्रिय ज्वालामुखी से समय-समय पर लावा का उद्गार होता रहता है। प्रसुप्त या सुषुप्त ज्वालामुखी (Dormant Volcano) से तात्पर्य उस ज्वालामुखी से है, जिससे मानव इतिहास काल में कम-से-कम एक बार प्रस्फोट या उद्गार हुआ हो। प्रसुप्त ज्वालामुखी लंबे समय तक सक्रिय नहीं होते हैं। उदाहरण स्वरूप विसुवियस (भूमध्यसागर), क्राकाटोवा (सुंडा जलमरूमध्य) आदि।

चट्टानें

27 निम्नलिखित में से कौन-सी विशेषता आग्नेय चट्टानों के संदर्भ में सही नहीं है? *(Chap 4, Class-XI, Old NCERT)*

(a) आग्नेय चट्टानें स्थूल, पर्वतरहित, कठोर, सघन तथा जीवाश्मरहित होती हैं
(b) सिलिका की मात्रा कम होने पर आग्नेय चट्टान का रंग गहरा तथा अधिक होने पर हल्का होता है
(c) कम सिलिका की मात्रा वाली आग्नेय चट्टानें अम्लीय होती हैं
(d) यह चट्टानें प्राय: रवेदार होती हैं

उत्तर (c)

व्याख्या दिए गए कथनों में से कथन (c) आग्नेय चट्टानों की विशेषता के सन्दर्भ में सही नहीं है, क्योंकि कम सिलिका की मात्रा वाली आग्नेय चट्टानें क्षारीय होती हैं। जिन चट्टानों में सिलिका की मात्रा अधिक होती है, वे अम्लीय कहलाती हैं।

सिलिका की मात्रा कम होने पर चट्टानों का रंग गहरा और अधिक होने पर हल्का होता है। आग्नेय चट्टानें प्राय: रवेदार होती हैं।

28 अवसादी शैलों के संदर्भ में दिए गए कथनों का अध्ययन कीजिए तथा इनमें से असत्य कथनों की पहचान कीजिए *(Chap 2, Class-VII, New NCERT)*

1. अवसादी शैलों का निर्माण विभिन्न प्रकार के शैल अवसादों के निक्षेपण से होता है।
2. ये शैल अत्यधिक कठोर होती हैं।
3. पृथ्वी पर अवसादी शैल का विस्तार कम पाया जाता है।

कूट

(a) केवल 1 (b) 2 और 3 (c) 1 और 2 (d) 1, 2 और 3

उत्तर (b)

व्याख्या अवसादी शैलों के सदर्भ में कथन (2) और (3) असत्य हैं, क्योंकि अवसादी शैल नरम एवं मुलायम होती हैं, जिन्हें आसानी से विखंडित किया जा सकता है, ऐसी शैलों का अपरदन तेजी से हो जाता है। पृथ्वी पर अवसादी शैल का विस्तार सबसे अधिक (85% भू-भाग पर) पाया जाता है।

कथन (1) सत्य है। अवसादी शैलों का निर्माण विभिन्न प्रकार के शैल अवसादों के निक्षेपण से होता है। इनके कण संगठित होते हैं।

29 निम्नलिखित में से कौन-सा कथन सही है? *(Chap 5, Class-XI, New NCERT)*

(a) कोयला कार्बनिक रूप से अवसादी शैल है
(b) खनिज तेल की प्राप्ति अवसादी शैलों से संबद्ध है
(c) अवसादी शैलों का निर्माण शैलों की पुनर्क्रिस्टलीकरण प्रक्रिया से होता है
(d) 'a' और 'b' दोनों

उत्तर (d)

व्याख्या दिए गए कथनों में से कथन (a) और (b) दोनों सही हैं। कोयला कार्बनिक रूप से अवसादी शैल है। वनस्पतियों के भूगर्भिक भाग में दबने एवं तापीय रूपांतरण के कारण कोयले का निर्माण हुआ। खनिज तेलों के भंडार अवसादी चट्टानों में पाए जाते हैं। कथन (c) सही नहीं है, क्योंकि अवसादी या परतदारीय शैलों का निर्माण अवसादों के जमाव से होता है।

30 **निर्माण पद्धति के आधार पर दिए गए अवसादी शैलों के वर्गीकृत युग्म में कौन सही सुमेलित है?** *(Chap 5, Class-XI, New NCERT)*

1. यांत्रिक रूप से निर्मित — बालुकाश्म व पिंडशिला
2. कार्बनिक रूप से निर्मित — गीजराइट व खड़िया
3. रासायनिक रूप से निर्मित — चूना पत्थर व कोयला

कूट

(a) केवल 1 (b) 1 और 2
(c) 2 और 3 (d) 1, 2 और 3

उत्तर *(b)*

व्याख्या दिए गए युग्मों में से युग्म (1) और (2) सही सुमेलित हैं। बालुकाश्म व पिंडशिला का निर्माण यांत्रिक रूप से होता है, जबकि गीजराइट एवं खड़िया का निर्माण कार्बनिक रूपों से होता है अर्थात् जीवों के अवशोषित भाग से इसका निर्माण होता है।

युग्म (3) सही सुमेलित नहीं है, क्योंकि चूना पत्थर व कोयले का निर्माण वनस्पतियों के भूगभिक भाग में दबने व तापीय रूपांतरण द्वारा हुआ, इसमें रासायनिक क्रियाकलापों की भूमिका नहीं होती है।

31 **निम्नलिखित कथनों पर विचार करें**
(Chap 5, Class-XI, New NCERT) (HPSC Pre 2023)

1. आर्कियन शैल प्रणाली भारत की सबसे पुरानी शैल प्रणाली है।
2. सबसे आम आर्कियन शैल नीस है।
3. धारवाड़ शैल प्रणाली आर्कियन शैल प्रणाली का बाद वाला हिस्सा है।

नीचे दिए गए विकल्पों में से सही उत्तर चुनें

(a) 1 और 2 (b) 1 और 3
(c) ये सभी (d) केवल 1

उत्तर *(b)*

व्याख्या दिए गए कथनों में से कथन (1) और (3) सही हैं। आर्कियन शैल भारत की सबसे पुरानी शैल प्रणाली मानी जाती है। जब पृथ्वी सबसे पहले ठंडी हुई तब इन चट्टानों का निर्माण हुआ। ये प्राचीनतम अर्थात् मूलभूत चट्टानें मानव जीवन से भी अधिक पुरानी हैं।

आर्कियन चट्टानें रवेदार होती हैं, जिनमें जीवाश्मों का अभाव पाया जाता है। ये नीस, ग्रेनाइट एवं शिष्ट प्रकार की चट्टानें हैं। धारवाड़ शैल प्रणाली आर्कियन शैल प्रणाली के बाद वाला हिस्सा है, क्योंकि यह आर्कियन क्रम की चट्टानों के अपरदन व निक्षेपण से बनी परतदार चट्टानें हैं।

कथन (2) सही नहीं है, क्योंकि सबसे आम आर्कियन शैल ग्रेनाइट है। यह एक आग्नेय शैल है, जिसका अपरदन आसानी से नहीं होता है।

32 **निम्नलिखित युग्मों पर विचार कीजिए**
(Chap 2, Class-VII, New NCERT)

	शैल		मूल चट्टान
1.	अंतर्भेदी आग्नेय शैल	—	स्लेट
2.	बहिर्भेदी आग्नेय शैल	—	बेसाल्ट
3.	अवसादी शैल	—	ग्रेनाइट
4.	कायांतरित शैल	—	चूना पत्थर

उपर्युक्त दिए गए युग्मों में से कितने युग्म सही सुमेलित हैं?

(a) केवल एक
(b) केवल दो
(c) सभी तीन
(d) उपर्युक्त में से कोई नहीं

उत्तर *(a)*

व्याख्या दिए गए युग्मों में केवल एक युग्म (युग्म 2) सही सुमेलित बेसाल्ट एक बहिर्भेदी आग्नेय शैल है। इसका निर्माण लावा के बाह्य भाग ठंडा होने से होता है। बेसाल्ट में लोहे की मात्रा अधिक होती है। काली मिट का निर्माण बेसाल्ट चट्टानों से हुआ है।

जबकि युग्म (1), (3) तथा (4) सही सुमेलित नहीं हैं, क्योंकि ग्रेनाइट व अंतर्भेदी आग्नेय शैल कहा जाता है। इसका निर्माण लावा के पृथ्वी के अंदर ठं होने से होता है।

चूना पत्थर अवसादी चट्टान है, जो कैल्शियम कार्बोनेट से बना है। चूना पत्थ को कार्बनिक रूप में निर्मित किया जाता है। स्लेट एक प्रकार की कायांतरि शैल है।

33 **निम्न में से कौन-सा परिवर्तित या रूपांतरित होने वाली चट्टानों क युग्म सही सुमेलित है?** *(Chap 4, Class-XI, New NCERT)*

मूल चट्टान		रूपांतरित चट्टान
1. ग्रेनाइट	—	नीस
2. बलुआ पत्थर	—	क्वाट्र्जाइट
3. मिट्टी व शैल	—	स्लेट

कूट

(a) केवल 1 (b) 1 और 2 (c) 2 और 3 (d) 1, 2 और 3

उत्तर *(d)*

व्याख्या दिए गए सभी युग्म सही सुमेलित हैं।
ग्रेनाइट का रूपांतरण नीस/नाइस के रूप में, बलुआ पत्थर का रूपांतरण क्वार्ट्जाइट एवं मिट्टी तथा शैल का रूपांतरण स्लेट के रूप में हो जाता है इनमें ग्रेनाइट व नीस को कठोर शैल माना जाता है।

स्थलरूपों के विकास संबंधी सिद्धांत

34 **महाद्वीपीय विस्थापन सिद्धांत के संबंध में दिए गए कथनों पर विचार कीजिए तथा इनमें असत्य कथनों की पहचान कीजिए।** *(Chap 4, Class-XI, New NCERT)*

(a) यह सिद्धांत जर्मन मौसमविद् अल्फ्रैड वेगनर द्वारा वर्ष 1912 में प्रस्तुत किया गया।
(b) सिद्धांत के अनुसार वर्तमान के सभी महाद्वीप गोंडवाना लैंड के भाग थे।
(c) इसमें विशाल महासागर के भाग को पैंथालासा कहा गया है।
(d) यह सिद्धांत महाद्वीप व महासागरों के वितरण से संबंधित है।

उत्तर *(b)*

व्याख्या महाद्वीपीय विस्थापन सिद्धांत (Continental Drift Theory) के संबंध में कथन (b) असत्य है, क्योंकि वेगनर के सिद्धांत के अनुसार, वर्तमान के सभी महाद्वीप पैंजिया के रूप में संगठित थे।

लगभग 20 करोड़ वर्ष पूर्व इसमें विखंडन हो गया, इसका उत्तरी भाग लारेसिया व दक्षिणी भाग गोंडवाना लैंड कहलाया। वर्ष 1912 में जर्मनी के मौसमविद् वेगनर ने इस सिद्धांत को प्रस्तुत किया था। पैंजिया के समीपवर्ती सागरीय भाग को पैंथालासा के नाम से जाना जाता है।

35 **निम्न में से कौन महाद्वीपीय विस्थापन के पक्ष में प्रमाणों को प्रस्तुत करता है?** *(Chap 4, Class-XI, New NCERT)*

1. महाद्वीपों की तटरेखा की साम्यता
2. प्लेसर निक्षेप
3. महासागरों के पार चट्टानों की आयु में समानता
4. जीवाश्मों का वितरण

कूट

(a) 1 और 2 (b) 2, 3 और 4 (c) 1, 2 और 3 (d) ये सभी

उत्तर *(d)*

व्याख्या प्रश्नानुसार, दिए गए सभी विकल्प महाद्वीपीय विस्थापन के पक्ष में प्रमाणों को प्रस्तुत करते हैं। महाद्वीपीय विस्थापन सिद्धांत से यह प्रमाणित होता है कि महाद्वीपों की तटरेखा में साम्यता पाई जाती है।

तटीय भागों में प्लेसर निक्षेप, महासागरों के पार चट्टानों की आयु में समानता एवं जीवाश्मों के वितरण से यह सिद्ध होता है कि कॉर्बोनिफेरस युग से पूर्व सभी स्थलीय खंड आपस में एक-दूसरे से जुड़े हुए थे।

36 पुरातन जलवायु और महाद्वीपों के विस्थापन के संदर्भ में महत्त्वपूर्ण भूमिका निभाने वाले 'टिलाइट' के संबंध में कौन-सा कथन सही नहीं है? *(Chap 4, Class-XI, New NCERT)*

1. ये पवनों के निक्षेप से निर्मित रूपांतरित चट्टानें हैं।
2. ये अफ्रीका, फॉकलैंड द्वीप, मेडागास्कर, ऑस्ट्रेलिया में मिलती हैं।

कूट

(a) केवल 1 (b) केवल 2
(c) 1 और 2 (d) न तो 1 और न ही 2

उत्तर (a)

व्याख्या पुरातन जलवायु और महाद्वीपों के विस्थापन के संदर्भ में महत्त्वपूर्ण भूमिका निभाने वाले 'टिलाइट' के संबंध में कथन (1) सही नहीं है, क्योंकि टिलाइट पवनों के निक्षेप से निर्मित रूपांतरित चट्टानें नहीं हैं, बल्कि ये अवसादी चट्टानें हैं, जो हिमानी निक्षेपण से निर्मित होती हैं, इनका जमाव विस्तृत व लंबे समय तक हिमावरण व हिमाच्छादन की ओर इंगित करता है। इसका निक्षेपण मुख्य रूप से अफ्रीका, फॉकलैंड द्वीप, मेडागास्कर, ऑस्ट्रेलिया में मिलता है।

37 महाद्वीपीय विस्थापन के लिए वेगनर ने किस बल को उत्तरदायी माना? *(Chap 4, Class-XI, New NCERT)*

1. गुरुत्वाकर्षण बल
2. ज्वारीय बल
3. पोलर या ध्रुवीय फ्लीइंग बल
4. घर्षण बल

कूट

(a) 1 और 2 (b) 2 और 3
(c) 2, 3 और 4 (d) ये सभी

उत्तर (b)

व्याख्या महाद्वीपीय विस्थापन के लिए वेगनर ने ज्वारीय बल एवं पोलर या फ्लीइंग बल (ध्रुवीय खिसकाव बल) को उत्तरदायी माना है। पूरब से पश्चिम एवं पश्चिम से पूरब की ओर विस्थापन के लिए वेगनर ने ज्वारीय बल को तथा उत्तर से दक्षिण एवं दक्षिण से उत्तर की ओर विस्थापन के लिए ध्रुवीय फ्लीइंग (पलायन) बल को उत्तरदायी माना। गुरुत्वाकर्षण व घर्षण बल की विस्थापन में कोई भूमिका नहीं थी।

38 महाद्वीपों के विस्थापन के संबंध में आर्थर होम्स द्वारा प्रस्तुत 'संवहन धारा सिद्धांत' के संबंध में कौन-सा कथन सही है? *(Chap 4, Class-XI, New NCERT)*

1. इस सिद्धांत के अनुसार पृथ्वी के मेंटल में संवहन धाराओं का तंत्र पाया जाता है।
2. इस सिद्धांत के अनुसार संवहन धाराएँ चुंबकीय तत्त्वों से प्रभावित होकर उत्पन्न होती हैं।

कूट

(a) केवल 1
(b) केवल 2
(c) 1 और 2
(d) न तो 1 और न ही 2

उत्तर (a)

व्याख्या महाद्वीपों के विस्थापन के संबंध में आर्थर होम्स द्वारा प्रस्तुत संवहन धारा सिद्धांत (Convection Current Theory) के संबंध में कथन (1) सही है। इस सिद्धांत के अनुसार पृथ्वी के मेंटल में संवहन धाराओं का तंत्र पाया जाता है। ये संवहन धाराएँ ऊर्जा युक्त खनिजों (यूरेनियम) के विखंडन के परिणामस्वरूप उत्पन्न होती हैं।

39 नीचे दिए गए युग्मों में कौन-सा/से युग्म सही सुमेलित हैं? *(Chap 4, Class-XI, New NCERT)*

1. महाद्वीपीय सीमा—महाद्वीपीय किनारों तथा गहरे समुद्री बेसिन के बीच का भाग।
2. वितलीय मैदान—महाद्वीपीय तटों तथा मध्य महासागरीय कटकों के बीच का मैदान।
3. मध्य महासागरीय कटक—महासागरीय जल के ऊपरी भाग में पर्वत श्रृंखला।

कूट

(a) केवल 1 (b) 1 और 2 (c) 2 और 3 (d) 1, 2 और 3

उत्तर (b)

व्याख्या दिए गए युग्मों में से युग्म (1) और (2) सही सुमेलित हैं।

महाद्वीपीय किनारों तथा गहरे समुद्री बेसिन के बीच का भाग महाद्वीपीय सीमा कहलाता है। यह ऐसा क्षेत्र होता है, जो उथले समुद्रों और खाड़ियों से घिरा होता है, जिसकी औसत प्रवणता व गहराई 150-200 मी होती है। महाद्वीपीय तटों तथा मध्य महासागरीय कटकों के बीच का मैदानी भाग वितलीय मैदान कहलाता है। इसकी गहराई 3000 से 6000 मी तक होती है और इसका सर्वाधिक विस्तार प्रशांत महासागर में पाया जाता है।

युग्म (3) सही सुमेलित है। महासागरीय जल के तलीय भाग पर विशेष उभरे भाग को मध्य महासागरीय कटक के नाम से जाना जाता है। अटलांटिक तथा हिंद महासागर में इन कटकों का विस्तार सर्वाधिक है।

40 'प्लेट विवर्तनिकी' के संबंध में निम्न में से कितने कथन सही नहीं हैं? *(Chap 4, Class-XI, New NCERT)*

1. मैकेंजी, पार्कर और मॉर्गन ने प्लेट विवर्तनिकी की अवधारणा को प्रस्तुत किया।
2. विवर्तनिकी प्लेट महाद्वीपीय व महासागरीय स्थल खंडों से मिलकर बनी हुई है।
3. प्लेट विवर्तनिकी सिद्धांत के अनुसार पृथ्वी का स्थलमंडल 6 मुख्य प्लेटों से निर्मित है।
4. नजका प्लेट एशिया महाद्वीप और प्रशांत महासागरीय प्लेट के बीच स्थित है।

कूट

(a) केवल एक (b) केवल दो (c) केवल तीन (d) सभी चार

उत्तर (b)

व्याख्या प्लेट विवर्तनिकी (Plate tectonics) के संबंध में केवल दो कथन अर्थात् (3 और 4) सही नहीं हैं, क्योंकि प्लेट विवर्तनिकी सिद्धांत के अनुसार पृथ्वी का स्थलमंडल 7 मुख्य प्लेटों में विभाजित है। इनमें अंटार्कटिक प्लेट, उत्तरी अमेरिकी, दक्षिण अमेरिकी प्लेट, प्रशांत महासागरीय प्लेट, इंडो-ऑस्ट्रेलिया और न्यूजीलैंड प्लेट, यूरेशियाई प्लेट, अफ्रीकी प्लेट इत्यादि प्रमुख हैं।

नजका प्लेट एशिया महाद्वीप और प्रशांत महासागरीय प्लेट के मध्य नहीं, बल्कि पेरू के पश्चिमी भाग में दक्षिण अमेरिका एवं प्रशांत महासागर के मध्य स्थित है।

कथन (1) और (2) सही हैं। मैकेंजी, पार्कर और मॉर्गन ने प्लेट विवर्तनिकी की अवधारणा को प्रस्तुत किया। विवर्तनिकी प्लेट महाद्वीपीय एवं महासागरीय स्थल खंडों से मिलकर बनी है।

41 **प्लेट विवर्तनिकी सिद्धांत के अनुसार स्थलमंडल को 7 मुख्य प्लेटों व कुछ छोटी प्लेटों में विभक्त किया गया है। निम्नलिखित में से कौन छोटी प्लेटों के उदाहरण हैं? उनकी पहचान कीजिए**

(Chap 4, Class-XI, New NCERT)

1. अफ्रीकी प्लेट
2. कोकोस प्लेट
3. फिलिपीन प्लेट
4. कैरोलिन प्लेट
5. फ्यूजी प्लेट

कूट

(a) 1 और 4 (b) 2, 3 और 4
(c) 2, 3, 4 और 5 (d) 1, 3, 4 और 5

उत्तर *(c)*

व्याख्या कोकोस, फिलिपीन, कैरोलिन, फ्यूजी, नजाका छोटी प्लेटों के उदाहरण हैं। प्लेट विवर्तनिकी सिद्धांत के अनुसार, स्थलमंडल को 7 मुख्य प्लेटों में विभाजित किया जाता है। इसके अतिरिक्त कुछ छोटी प्लेटों में विभक्त किया गया है। जबकि अफ्रीकी प्लेट वृहद् प्लेटों की श्रेणी के अंतर्गत आती है। ये सभी प्लेटें स्वतंत्र रूप से गतिशील होती हैं।

42 **प्लेट संचलन के फलस्वरूप बनने वाली प्लेट सीमाओं के संबंध में दिए गए कथनों में कौन-सा कथन असत्य है?**

(Chap 4, Class-XI, New NCERT)

(a) अपसारी सीमा पर नई पर्पटी का निर्माण होता है
(b) रूपांतर सीमा में निर्मित रूपांतर भ्रंश दो प्लेटों को जोड़ते हैं
(c) अभिसरण सीमा पर एक प्लेट दूसरी प्लेट के नीचे धँसती है
(d) अपसारी सीमा के अंतर्गत प्लेटें एक-दूसरे से अलग हटती हैं

उत्तर *(b)*

व्याख्या प्लेट संचलन के फलस्वरूप बनने वाली प्लेट सीमाओं के संबंध में कथन (b) असत्य है, क्योंकि रूपांतरण सीमा में निर्मित रूपांतरण भ्रंश दो प्लेटों को आपस में जोड़ते नहीं हैं, बल्कि रूपांतरण सीमा के सहारे दो प्लेटें समानांतर खिसकती हैं।

43 **भारतीय प्लेट की सीमा के संबंध में कौन-सा कथन सही है?**

(Chap 4, Class-XI, New NCERT)

1. भारतीय प्लेट में प्रायद्वीपीय भारत और ऑस्ट्रेलिया महाद्वीपीय भाग शामिल हैं।
2. भारतीय प्लेट की सीमा महाद्वीपीय-महाद्वीपीय अभिसरण के रूप में है।
3. पैंजिया के विभाजन के बाद भारत के पूर्व की ओर खिसकने से हिमालय का उत्थान हुआ।

कूट

(a) केवल 1
(b) 2 और 3
(c) 1 और 2
(d) 1, 2 और 3

उत्तर *(c)*

व्याख्या भारतीय प्लेट की सीमा के संबंध में कथन (1) और (2) सही हैं। भारतीय प्लेट में प्रायद्वीपीय भारत और ऑस्ट्रेलिया महाद्वीपीय भाग को शामिल किया जाता है। भारतीय प्लेट की सीमा महाद्वीपीय-महाद्वीपीय अभिसरण के रूप में है, इसी सीमा के मध्यवर्ती भाग में हिमालय पर्वत श्रेणी का निर्माण हुआ।

कथन (3) सही नहीं है, क्योंकि पैंजिया के विभाजन के बाद भारत उत्तर की ओर खिसकने लगा, जिसके परिणामस्वरूप हिमालय का उत्थान हुआ।

भूसंचलन/भू-आकृतिक प्रक्रियाएँ

44 **भूसंचलन से होने वाली क्रिया व उसके प्रभावों से होने वाले विभिन्न घटकों व निर्मित स्वरूपों को सुमेलित कीजिए**

(Chap 5, Class-XI, Old NCER

सूची-I	सूची-II
A. भ्रंशन	1. ऊपर उठे हुए वलन
B. विभंजन	2. चट्टानों का सामान्य रूप से टूटना
C. अपनति	3. तनाव के कारण चट्टानों का टूटना
D. सममित वलन	4. वलन के दोनों बाजुओं का झुकाव समान

कूट

	A	B	C	D		A	B	C	D
(a)	3	2	1	4	(b)	2	3	4	1
(c)	1	4	3	2	(d)	1	2	3	4

उत्तर *(a)*

व्याख्या सही सुमेलन A-3, B-2, C-1, D-4 है।

तनाव बल अधिक तीव्र होने पर शैल संस्तरों (परतों) में दरार पड़ती है या टूट जाते हैं। जब दो दरारों के बीच के शैल ऊपर अथवा नीचे की ओ विस्थापित हो जाते हैं, तो उसे 'भ्रंशन' कहते हैं। भ्रंशन की प्रक्रिया के कार दरार घाटियों तथा खंड पर्वतों का निर्माण होता है।

चट्टानों के सामान्य रूप से टूटने की प्रक्रिया को विभंजन कहते हैं। संपीड बल के कारण वलन की प्रक्रिया में शैलों के मुड़ने के कारण वलित पर्वतों क निर्माण हुआ है।

वलन की प्रक्रिया में ऊपर की ओर उठे हुए मोड़ को अपनति तथा नीचे की ओ वलन को अभिनति कहते हैं।

समान रूप से भ्रंश के दोनों ओर के झुकाव को सममित वलन कहा जाता है ब्लॉक पर्वतों के निर्माण में इसकी महत्त्वपूर्ण भूमिका होती है।

45 **निम्नलिखित में से कौन-सा कथन भू-आकृतिक प्रक्रियाओं को सही तरीके से परिभाषित करता है?** *(Chap 6, Class-XI, New NCERT)*

(a) धरातल पर पदार्थों का गुरुत्वीय बल द्वारा संचालन
(b) अंतर्जनित तथा बहिर्जनित बलों द्वारा भौतिक एवं रासायनिक क्रियाओं के कारण भूतल में परिवर्तन
(c) जल के प्रवाह द्वारा पदार्थों का परिवहन
(d) धरातलीय उच्चावच की भिन्नता को बराबर करना

उत्तर *(b)*

व्याख्या दिए गए कथनों में से कथन (b) भू-आकृतिक प्रक्रियाओं को सही तरीके से परिभाषित करता है। भू-आकृतिक प्रक्रियाएँ अंतर्जनित तथा बहिर्जनित बलों द्वारा भौतिक एवं रासायनिक क्रियाओं के कारण भूतल में होने वाला परिवर्तन है। इस परिवर्तन के कारण विभिन्न स्थलाकृतियों का निर्माण होता है। इन बलों की उत्पत्ति भूगर्भिक हलचलों के कारण होती है।

46 **निम्नलिखित में से कौन-सी प्रक्रिया/प्रक्रियाएँ पटल विरूपण बल में सम्मिलित होती है/हैं?** *(Chap 6, Class-XI, New NCERT)*

1. धरातल के बड़े भाग का उत्थापन।
2. तीक्ष्ण वलन के माध्यम से पर्वत निर्माण।
3. स्थानीय संचलन के कारण उत्पन्न भूकंप।

कूट

(a) केवल 1 (b) 1 और 2 (c) 2 और 3 (d) 1, 2 और 3

उत्तर *(d)*

व्याख्या पटल विरूपण बल के संदर्भ में तीनों कथन सही हैं। पटल विरूपण बल में निम्न प्रक्रियाएँ सम्मिलित होती हैं

- धरातल के बड़े भाग के उत्थान या विकृति में संलग्न महाद्वीपीय रचना संबंधी प्रक्रियाएँ
- तीक्ष्ण वलन के माध्यम से पर्वत निर्माण तथा भूपर्पटी की लंबी एवं संकीर्ण पट्टियों को प्रभावित करने वाली पर्वत निर्माणकारी प्रवृत्तियाँ
- अपेक्षाकृत छोटे स्थानीय संचलन के कारण उत्पन्न भूकंपीय प्रक्रियाएँ तथा पर्पटी प्लेट के क्षैतिज संचलन में प्लेट विवर्तनिकी की भूमिका।

47 बहिर्जनित प्रक्रियाओं के संबंध में कौन-सा कथन सही नहीं है?

(Chap 6, Class-XI, New NCERT)

(a) बहिर्जनित प्रक्रियाएँ अपनी ऊर्जा केवल सूर्य से प्राप्त करती हैं।
(b) विभिन्न जलवायु प्रदेशों में बहिर्जनित भू-आकृतिक प्रक्रियाएँ भिन्न-भिन्न होती हैं।
(c) ठोस पदार्थ में प्रतिबल, धक्का व खिंचाव से उत्पन्न होता है।
(d) 'अनाच्छादन' में अपक्षय, अपरदन, वृहद् क्षरण, संचलन आदि सभी शामिल होते हैं।

उत्तर (a)

व्याख्या बहिर्जनित प्रक्रियाओं (Exogenic Processes) के संबंध में कथन (a) सही नहीं है, क्योंकि बहिर्जनित प्रक्रियाएँ अपनी ऊर्जा केवल सूर्य से प्राप्त नहीं करती हैं, बल्कि इनमें जल एवं हवा को भी शामिल किया जाता है।

कथन (b), (c) और (d) सही हैं। विभिन्न जलवायु प्रदेशों में बहिर्जनित भू-आकृतिक प्रक्रियाएँ भिन्न-भिन्न होती हैं। ठोस पदार्थ में प्रतिबल, धक्का एवं खिंचाव से उत्पन्न होता है। अनाच्छादन (Denudation) में अपक्षय, अपरदन, वृहद् क्षरण, संचलन आदि को शामिल किया जाता है।

48 अपक्षय के बारे में निम्नलिखित कथनों पर विचार करें

(Unit 4 Class-XI, Tamil Nadu Board)

1. अपक्षय चट्टानों का पूर्व स्थिति में छोटे-छोटे टुकड़ों में टूटना है।
2. यह पहाड़ी ढलान से चट्टानों का परिवहन है।
3. यह दबाव, तापमान और अन्य प्रभावों के कारण चट्टानों का यथास्थान विघटन है।
4. यह दबाव के तहत चट्टानों की संरचना में परिवर्तन है।

उपर्युक्त में से कितने कथन सही हैं?

(a) केवल एक (b) केवल दो
(c) सभी चारों (d) इनमें से कोई नहीं

उत्तर (a)

व्याख्या अपक्षय के बारे में केवल एक अर्थात् कथन (3) सही है।

अपक्षय दबाव, तापमान और अन्य प्रभावों के कारण चट्टानों का यथास्थान विघटन है। पानी, बर्फ, अम्ल, लवण, पौधों, जानवरों और तापमान परिवर्तन जैसे कारकों द्वारा पृथ्वी की सतह पर चट्टानों का टूटना या घुलना अपक्षय है। अपक्षय अपरदन से भिन्न है, जो पानी, हवा या अन्य बलों द्वारा अपक्षयित सामग्रियों का परिवहन है।

कथन (1), (2) और (4) सही नहीं हैं, क्योंकि अपक्षय चट्टानों का इन-सीटू (स्थान पर) टूटना है न कि एक्स-सीटू (स्थान से बाहर)।

अपक्षय चट्टानों का परिवहन नहीं, बल्कि चट्टानों का टूटना है। चट्टानों का परिवहन अपरदन का हिस्सा है, अपक्षय का नहीं।

अपक्षय में दबाव के तहत चट्टानों की रासायनिक संरचना मे परिवर्तन हो सकता है, किंतु यह केवल एक प्रकार का अपक्षय है, जिसे रासायनिक अपक्षय कहते हैं। अपक्षय अन्य प्रकार के भी होते हैं, जिसमें रासायनिक परिवर्तन शामिल नहीं होते हैं; जैसे-यांत्रिक अपक्षय।

49 भौतिक अपक्षय के बारे में निम्नलिखित कथनों पर विचार कीजिए

(Chap 2, Module-2, NIOS)

1. भौतिक अपक्षय केवल वायु एवं जल अपरदन के कारण होता है।
2. दिन और रात के तापमान में दैनिक उतार-चढ़ाव चट्टानों के टूटने में योगदान दे सकता है।
3. चट्टान की दरारों के भीतर पानी का जमना और पिघलना उन्हें तोड़ सकता है।
4. चट्टानों के अंदर कार्बोनिक एसिड का उत्पादन मुख्य रूप से भौतिक अपक्षय के लिए जिम्मेदार है।

उपर्युक्त में से कौन-सा/से कथन सही है/हैं?

(a) 1 और 2
(b) 2 और 3
(c) 3 और 4
(d) उपर्युक्त सभी

उत्तर (b)

व्याख्या भौतिक अपक्षय के संबंध में कथन (2) और (3) सही हैं।

भौतिक अपक्षय में मुख्य रूप से तापमान परिवर्तन के कारण विस्तार और संकुचन, जैसी प्रक्रियाओं के माध्यम से चट्टानों का छोटे-छोटे टुकड़ों मे टूटना शामिल होता है। दिन और रात के तापमान में दैनिक उतार-चढ़ाव चट्टानों के टूटने में योगदान कर सकता है, क्योंकि थर्मल तनाव के कारण चट्टानें फैलती और सिकुड़ती हैं। चट्टान की दरारों के भीतर पानी का जमना और पिघलना उन्हें तोड़ सकता है, क्योंकि थर्मल पर पानी फैलता है और आस-पास की चट्टानों पर दबाव डालता है।

कथन (1) और (4) सही नहीं हैं, क्योंकि भौतिक अपक्षय न केवल हवा और पानी के कारण होता है, बल्कि अन्य कारकों; जैसे—बर्फ की कटाई, पौधों की जड़ों तथा नमक क्रिस्टक की वृद्धि के कारण भी होता है।

चट्टानों के अंदर एसिड का उत्पादन मुख्य रूप से भौतिक अपक्षय के लिए जिम्मेदार नहीं है, बल्कि यह रासायनिक अपक्षय के लिए जिम्मेदार है, क्योंकि यह चट्टानों मे खनिजों को घोलता है और उसकी रासायनिक संरचना को बदल देता है।

50 निम्नलिखित कथनों पर विचार कीजिए

(Chap 6, Class-XI, New NCERT)

1. रासायनिक अपक्षय में चट्टानों में विखंडन की जगह अपघटन की क्रिया होती है।
2. ऑक्सीकरण की प्रक्रिया से शैलों का विखंडन होता है।
3. चट्टानों का न्यूनीकरण केवल धरातलीय जल एवं मृदा जल की प्रक्रिया से ही संभव होता है।

उपर्युक्त में से कौन-सा/से कथन सही है/हैं?

(a) केवल 1 (b) 1 और 2 (c) 2 और 3 (d) 1, 2 और 3

उत्तर (b)

व्याख्या दिए गए कथनों में से कथन (1) और (2) सही हैं।

रासायनिक अपक्षय (Chemical weathering) में चट्टानों में विखंडन की जगह अपघटन की क्रिया होती है। ऑक्सीकरण की क्रिया के परिणामस्वरूप शैलों का विखंडन तेजी से होता है। इस प्रक्रिया में शैलों में लौह अयस्क की उपस्थिति के कारण जंग लग जाता है, जिसके परिणामस्वरूप शैलों का स्वत: ही विखंडन हो जाता है।

कथन (3) सही नहीं है, क्योंकि चट्टानों का न्यूनीकरण केवल धरातलीय जल एवं मृदा जल की प्रक्रिया से ही संभव नहीं है, बल्कि इसमें आर्द्रता तापमान एवं पवन की भी भूमिका महत्त्वपूर्ण होती है।

51 **रासायनिक अपक्षय की प्रक्रिया 'जलयोजन' के संबंध में कौन-सा कथन सही है?** *(Chap 6, Class-XI, New NCERT)*

(a) जलयोजन, शैलों के विघटन में सहायक होता है।
(b) यह प्रक्रिया (जलयोजन) भौतिक अपक्षय में सहायता प्रदान करती है।
(c) यह प्रक्रिया बहुत ही कम समय के लिए होती है।
(d) 'a' और 'b' दोनों

उत्तर (d)

व्याख्या रासायनिक अपक्षय की प्रक्रिया जलयोजन (Hydration) के संबंध में कथन (a) और (b) सही हैं। शैलों के विघटन में जलयोजन महत्त्वपूर्ण भूमिका निभाता है। यह प्रक्रिया भौतिक अपक्षय में सहायता प्रदान करती है। यह कथन (c) सही नहीं है, क्योंकि रासायनिक अपक्षय की प्रक्रिया बहुत ही कम समय के लिए नहीं, बल्कि दीर्घकालिक होती है।

52 **अपशल्कन गुंबद का निर्माण यांत्रिक अपक्षय की किस प्रक्रिया के कारण होता है?** *(Chap 6, Class-XI, New NCERT)*

(a) तापक्रम में परिवर्तन एवं विस्तारण
(b) हिमकरण एवं तुषार वेजिंग
(c) लवण अपक्षय
(d) भारविहीनता एवं विस्तारण

उत्तर (a)

व्याख्या अपशल्कन गुंबद का निर्माण यांत्रिक अपक्षय के तापक्रम में परिवर्तन एवं विस्तारण के कारण होता है। अपशल्कन कोई प्रक्रिया नहीं है, बल्कि यह एक परिणाम है। शुष्क जलवायु एवं अधिक ऊँचे क्षेत्रों में जहाँ दैनिक तापांतर बहुत अधिक होता है, ऐसी प्रक्रियाएँ अधिक होती हैं।

53 **निम्न कथनों पर विचार कीजिए** *(Chap 6, Class-XI, New NCERT)*

1. लवण अपक्षय की प्रक्रिया तापीय क्रिया, जलयोजन तथा क्रिस्टलीकरण के कारण संभव होती है।
2. अपक्षयण की प्रक्रिया खनिजों के समृद्धीकरण में तो सहायक होती है, किंतु उसके संकेंद्रण में नहीं।

उपर्युक्त में से कौन-सा/से कथन सही है/हैं?

(a) केवल 1 (b) केवल 2
(c) 1 और 2 (d) न तो 1 और न ही 2

उत्तर (a)

व्याख्या दिए गए कथनों में से कथन (1) सही है। लवण अपक्षय की प्रक्रिया तापीय क्रिया, जलयोजन तथा क्रिस्टलीकरण के कारण संभव होती है। शुष्क व आर्द्रयुक्त क्षेत्रों में यह क्रिया आसानी से संपन्न होती है। यह क्रिया भौतिक अपक्षय प्रक्रियाओं में अधिकांश तापीय विस्तारण एवं दबाव के निर्मुक्त होने के कारण होती है।

54 **वृहद् संचलन के संबंध में दिए गए कथनों पर विचार कीजिए तथा इनमें से असत्य कथनों की पहचान कीजिए** *(Chap 4, Class-VIII, Old NCERT)*

1. इसमें शैलों का वृहद् मलवा गुरुत्वाकर्षण बल के कारण स्थानांतरित होता है।
2. वृहद् संचलन को अपक्षय की प्रक्रिया बढ़ावा देती है।
3. वृहद् संचलन की सक्रियता के कारकों में केवल ढालों की प्रवणता एवं ऊँचाई में वृद्धि महत्त्वपूर्ण होती है।

कूट

(a) केवल 1 (b) केवल 3
(c) 1 और 2 (d) 2 और 3

उत्तर (b)

व्याख्या वृहद् संचलन के संबंध में कथन (3) असत्य है, क्योंकि वृहद् संचलन की सक्रियता के कारकों में केवल ढालों की प्रवणता एवं ऊँचाई में वृद्धि ही महत्त्वपूर्ण नहीं होती है, बल्कि इसमें पदार्थों के प्राकृतिक व कृत्रिम भराव, अत्यधिक वर्षा, संतृप्ति एवं ढाल के पदार्थों के स्नेहन द्वारा उत्पन्न अतिभार, भूकंप, जल का निष्कासन इत्यादि को भी शामिल किया जाता है, यह अपक्षय को बढ़ावा देती है। अपरदन के अंतर्गत शैलों के मलबे की प्राप्ति एवं उनके परिवहन को सम्मिलित किया जाता है।

55 **निम्न कथन (A) व कारण (R) को पढ़िए और नीचे दिए गए कूट की सहायता से सही उत्तर का चुनाव कीजिए**

कथन (A) हिमालय पर्वत श्रृंखला में प्रायः मलवा अवधाव एवं भूस्खलन की घटनाएँ घटित होती रहती हैं। *(Chap 6, Class-IX, New NCERT)*

कारण (R) हिमालय विवर्तनिकी दृष्टिकोण से अधिक स्थायी है तथा यह संघटित पदार्थों से बना हुआ है।

कूट

(a) A और R दोनों सही हैं तथा R, A की सही व्याख्या है
(b) A और R दोनों सही हैं, परंतु R, A की सही व्याख्या नहीं है
(c) A सही है, किंतु R गलत है
(d) A गलत है, किंतु R सही है

उत्तर (c)

व्याख्या A सही है, किंतु R गलत है। हिमालय पर्वत श्रृंखला में प्रायः मलवा अवधाव एवं भू-स्खलन की घटनाएँ घटित होती रहती हैं। शिवालिक रेंज में इस प्रकार की घटनाएँ नियमित रूप से घटित होती हैं। वर्षा काल में मृदा द्वारा जल अवशोषण करने के कारण इसके कण असंगठित हो जाते हैं। परिणामस्वरूप गुरुत्वाकर्षण बल के कारण मलवा, भारहीनता के कारण तीव्र ढाल के सहारे, नीचे की ओर खिसकने लगता है।

हिमालय विवर्तनिकी रूप से सक्रिय है। वे ज्यादातर तलछटी चट्टानों और अर्ध-संपीडित निक्षेपों से निर्मित होते हैं तथा ढाल तीव्र होती है। वनों को कटाई, खनन आदि जैसे मानवजनित कारण भी भूस्खलन का कारण बनते है।

56 **अपरदन एवं निक्षेपण के संबंध में कौन-सा कथन सही नहीं है?** *(Chap 6, Class-VI, New NCERT)*

(a) अपरदन में शैलों के मलवों का परिवहन शामिल होता है
(b) अपरदन के कारण उच्चावच का निम्नीकरण होता है
(c) निक्षेपण, अपरदन का एक प्रमुख कारण होता है
(d) अपरदन के कारक लहरें एवं धाराओं तथा भूमिगत जल के कार्यों का नियंत्रण जलवायु द्वारा नहीं होता है

उत्तर (c)

व्याख्या अपरदन एवं निक्षेपण के संबंध में कथन (c) सही नहीं है, क्योंकि अपरदन तथा निक्षेपण पृथ्वी के बहिर्जात बल से संबंधित दो प्रक्रियाएँ हैं, जिनसे पृथ्वी पर भू आकृतियों का निर्माण होता है।

अपरदन में हवा, जल जैसे कारकों के कारण भू-आकृतियों का क्षय होता है और नई भू-आकृतियों का निर्माण होता है। निक्षेपण की प्रक्रिया में अपरदित कण एकत्रित होकर भू-आकृति का निर्माण करते हैं। इसमें रासायनिक तत्त्वों का भी योगदान होता है। निक्षेपण की प्रक्रिया अपरदन के लिए उत्तरदायी होती है।

विभिन्न स्थलरूप

57 **निम्न कथनों पर विचार कीजिए** *(Chap 6, Class-VI, New NCERT)*

1. पर्वतों के एक रेखा क्रम से व्यवस्थित होने को पर्वत श्रृंखला कहा जाता है।
2. वलित पर्वत वे होते हैं, जिनकी सतह ऊबड़-खाबड़ तथा शिखर शंक्वाकार होता है।
3. विश्व की सबसे पुरानी वलित पर्वत श्रृंखला अरावली पर्वत है।

उपर्युक्त में से कौन-सा/से कथन सही है/हैं?

(a) केवल 1 (b) 1 और 2 (c) 2 और 3 (d) 1, 2 और 3

उत्तर (d)

व्याख्या प्रश्नानुसार दिए गए सभी कथन सही हैं। पर्वतों के एक रेखा क्रम में व्यवस्थित होने को पर्वत श्रृंखला कहा जाता है। ऊबड़-खाबड़ व शंक्वाकार शिखर वाले भाग को वलित पर्वत कहते हैं, इसमें अपनति एवं समनति का विकास होता है। अरावली को विश्व की सबसे पुरानी वलित पर्वत श्रृंखला माना जाता है, जबकि हिमालय पर्वत श्रेणी को नवीनतम वलित पर्वत श्रेणी माना जाता है।

58 'मॉनाकी पर्वत' जिसकी ऊँचाई एवरेस्ट शिखर से भी अधिक है, वह किस महासागर में अवस्थित है? *(Chap 6, Class-VI, New NCERT)*

(a) प्रशांत महासागर (b) अटलांटिक महासागर
(c) हिंद महासागर (d) दक्षिण सागर

उत्तर (a)

व्याख्या माउंट एवरेस्ट से ऊँचा 'मॉनाकी पर्वत' प्रशांत महासागर में स्थित है। मॉनाकी पर्वत (हवाई द्वीप) सागर की सतह के नीचे स्थित है। इसकी ऊँचाई 10,205 मीटर है, जो माउंट एवरेस्ट से अधिक है।

59 सूची I को सूची II से सुमेलित कीजिए
(Chap 6, Class-XI, Old NCERT) (UPPSC Pre 2013)

सूची I (पर्वत श्रेणी)	सूची II (पर्वत प्रकार)
A. आल्पस	1. भ्रंशोत्थ पर्वत
B. वॉस्जेज	2. ज्वालामुखी पर्वत
C. विन्ध्य	3. वलित पर्वत
D. फ्यूजीयामा	4. अवशिष्ट पर्वत

कूट

	A	B	C	D
(a)	2	4	1	3
(b)	3	1	4	2
(c)	1	3	2	4
(d)	1	4	3	2

उत्तर (b)

व्याख्या सही सुमेलन A-3, B-1, C-4, D-2 है।

आल्पस, मध्य यूरोप की सबसे बड़ी वलित पर्वत श्रृंखला है। इसकी कुल लंबाई 1200 किमी है। आल्पस पर्वत श्रृंखला यूरोप के आठ देशों फ्रांस, मोनाको, इटली, ऑस्ट्रिया और जर्मनी में विस्तृत है। इसकी सबसे ऊँची चोटी 'माउंट ब्लैक' है, यह फ्रांस में स्थित है।

वॉस्जेज जर्मनी में स्थित भ्रंशोत्थ पर्वत है। यह पर्वत श्रृंखला जर्मनी तथा फ्रांस की सीमा निर्धारित करती है। इस पर्वत श्रृंखला का सबसे ऊँचा शिखर ग्रैंड बैलोन (1424 मीटर) है। यह एक ब्लॉक पर्वतों का उदाहरण है।

विंध्य मध्य भारत में स्थित पर्वत श्रृंखला है। यह अवशिष्ट पर्वत का उदाहरण है, इसे 'विन्ध्याचल' भी कहते हैं। दमोह (मध्य प्रदेश) में स्थित 'सद्भावना शिखर' (752 मीटर) विन्ध्य पर्वत श्रृंखला की सबसे ऊँची चोटी है।

फ्यूजीयामा जापान में स्थित ज्वालामुखी पर्वत है। यह अम्लीय लावा से निर्मित ज्वालामुखी शंकु का श्रेष्ठ उदाहरण है।

60 सूची I को सूची II से सुमेलित कीजिए
(Chap 6, Class-XI, Old NCERT)

सूची I (पठार के प्रकार)	सूची II (प्रमुख पठार)
A. अंतरपर्वतीय पठार	1. बोलिविया का पठार
B. महाद्वीपीय पठार	2. आयरलैंड का एंट्रिम पठार
C. संचयित पठार	3. पैटागोनिया का पठार
D. पर्वतपदीय पठार	4. शिलांग का पठार

कूट

	A	B	C	D
(a)	1	2	3	4
(b)	2	3	4	1
(c)	4	3	2	1
(d)	1	4	2	3

उत्तर (d)

व्याख्या सही सुमेलन A-1, B-4, C-2, D-3 है।

अंतरपर्वतीय पठार चारों ओर से पर्वतों से घिरे होते हैं एवं इस प्रकार के पठार में भूपटल के सर्वोच्च, सर्वाधिक विस्तृत और अत्यधिक जटिल पठार आते हैं; जैसे-बोलीविया का पठार एवं तिब्बत का पठार।

महाद्वीपीय पठारों का निर्माण 'पटलविरूपणी बलों' द्वारा धरातल के किसी विस्तृत भू-भाग के ऊपर उठ जाने से होता है; जैसे-शिलांग का पठार।

संचयित पठारों का निर्माण हिमनद द्वारा लाए गए अवसादों के जमाव के कारण होता है; जैसे-आयरलैंड का एंट्रिम पठार।

पर्वतों के आधार या तलहटी में स्थित पठार पर्वतपदीय पठार के वर्ग में आते हैं। इस प्रकार के पठारों के एक ओर ऊँचे पर्वत एवं दूसरी ओर मैदान या सागर स्थित होते हैं; जैसे-पैटागोनिया पठार।

61 निम्न में से कौन-सा कथन सही है? *(Chap 6, Class-VI, New NCERT)*

1. विश्व का सबसे ऊँचा पठार, तिब्बत का पठार है।
2. भारत का दक्कन का पठार विश्व के पुराने पठारों में से एक है।

कूट

(a) केवल 1
(b) केवल 2
(c) 1 और 2
(d) न तो 1 और न ही 2

उत्तर (c)

व्याख्या दिए गए कथनों में से कथन (1) और (2) दोनों सही हैं। तिब्बत का पठार विश्व का सबसे ऊँचा पठार है। समुद्र तल से इसकी ऊँचाई 5000 मीटर तक है। भारत का दक्कन का पठार विश्व के पुराने पठारों में से एक है। यहाँ आर्कियन युगीन आग्नेय एवं रूपांतरित शैलें विस्तृत क्षेत्रों में फैली हुई हैं। दक्कन का पठार विंध्याचल पर्वत श्रेणी तथा प्रायद्वीप के दक्षिणी छोर के मध्य विस्तृत है। इसकी आकृति त्रिभुजाकार है। इसकी सबसे अधिक लम्बाई उत्तर में है।

62 मैदान के संबंध में दिए गए कथनों में सही कथनों का चुनाव कीजिए *(Chap 6, Class-VI, New NCERT)*

(a) मैदान सामान्यतः समुद्र तल से 200 मीटर ऊँचे होते हैं।
(b) मैदानों का निर्माण नदियों तथा उनकी सहायक नदियों द्वारा होता है।
(c) मैदानी भागों में पठारी क्षेत्रों की तुलना में कम जनसंख्या पाई जाती है।
(d) 'a' और 'b'

उत्तर (d)

व्याख्या मैदान के संबंध में कथन (a) और (b) हैं। समुद्र तल से 200 मीटर वाले उच्च भू-भाग को मैदान कहा जाता है। मैदानी भागों का निर्माण नदियों द्वारा लाए गए अवसादों के जमाव से हुआ है। पठारी क्षेत्रों की तुलना में जनसंख्या वितरण व घनत्व दोनों अधिक मिलते हैं।

63 सूची I को सूची II को सुमेलित कीजिए
(Chap 6, Class-XI, Old NCERT)

सूची-I (मैदान के प्रकार)	सूची-II (प्रमुख मैदान)
A. संरचनात्मक मैदान	1. सुंदरवन का मैदान
B. अपरदन जनित मैदान	2. ऑस्ट्रेलिया की मध्यवर्ती निम्न भूमि
C. निक्षेपण जनित मैदान	3. पश्चिमी साइबेरिया का मैदान
D. डेल्टाई मैदान	4. उत्तरी-पश्चिमी यूरेशिया का मैदान

कूट

	A	B	C	D		A	B	C	D
(a)	1	2	3	4	(b)	2	3	4	1
(c)	3	1	4	2	(d)	3	1	2	4

उत्तर (b)

व्याख्या सही सुमेलन A-2, B-3, C-4, D-1 है।

ऑस्ट्रेलिया की मध्यवर्ती निम्न भूमि का मैदान संरचनात्मक मैदान की श्रेणी में आता है।

रूस में स्थित पश्चिम साइबेरिया का मैदान हिमनदों द्वारा अपरदन जनित मैदान है।

उत्तर-पश्चिम यूरेशिया का मैदान निक्षेपण जनित मैदान है, पोल्डर इसका मुख्य उदाहरण है।

यह सुंदरवन डेल्टा क्षेत्र का मैदान नदियों द्वारा लाए गए अवसादों के जमाव से निर्मित हुआ है। सुंदरबन का डेल्टा गंगा-ब्रह्मपुत्र नदियों द्वारा निर्मित है। यह मैंग्रोव वनों के लिए जाना जाता है।

स्थलाकृतियों का विकास

64 नदी के कार्य के संबंध में कौन-सा कथन सही नहीं है?

(Chap 4, Class-VIII, Old NCERT)

(a) नदी प्रवाह के क्रम में अपरदन, परिवहन तथा निक्षेपण का कार्य करती है

(b) नदी गुरुत्वाकर्षण शक्ति के कारण घाटी में ढाल के अनुरूप नीचे की ओर बहती है

(c) नदियाँ प्रायः मैदानी भागों में महाखड्डों का निर्माण करती हैं

(d) उपर्युक्त सभी

उत्तर (c)

व्याख्या नदी के कार्य के संबंध में कथन (c) सही नहीं है, क्योंकि नदियाँ महाखड्डों का निर्माण मैदानी भागों में नहीं, बल्कि पर्वतीय भागों में करती हैं। यह गंभीर अपरदनात्मक स्थलाकृति (Erosional landform) है। अपरदन, परिवहन व निक्षेपण नदी प्रवाह क्रम के कार्य हैं। गुरुत्वाकर्षण (Gravitational force) शक्ति के कारण नदियाँ घाटी में ढाल के अनुरूप प्रवाहित होती हैं।

65 प्रवाहित जल से निर्मित विभिन्न अवस्था के स्थल रूपों में कौन-सा युग्म सही सुमेलित है? *(Chap 7, Class-XI, New NCERT)*

1. युवावस्था — 'V' आकार की घाटी का निर्माण
2. प्रौढ़ावस्था — प्राकृतिक तटबंध
3. वृद्धावस्था — गोखुर झील

कूट

(a) केवल 3 (b) 2 और 3 (c) 1 और 2 (d) 1, 2 और 3

उत्तर (c)

व्याख्या दिए गए युग्मों में से युग्म (1) और (2) सही सुमेलित हैं। नदियाँ पर्वतीय ढाल के सहारे नीचे उतरती हुई अपनी युवावस्था में V आकार की घाटी का निर्माण करती हैं। प्राकृतिक तटबंध का निर्माण नदियाँ प्रौढ़ावस्था में करती हैं।

युग्म (3) सही सुमेलित नहीं है, क्योंकि नदियाँ मध्यवर्ती मैदानी भागों में गोखुर/चापाकार झील का निर्माण करती हैं, नदी की प्रौढ़ावस्था के बाद प्रवाह गति में कमी आने के कारण ऐसी स्थलाकृतियों का निर्माण होता है।

66 निम्न में से किन स्थलाकृतियों का निर्माण नदियों के अपरदन कार्य के फलस्वरूप होता है? *(Chap 7, Class-XI, New NCERT)*

1. गार्ज
2. कैनियन
3. अवनमित कुंड
4. नदी वेदिकाएँ

कूट

(a) 1 और 2 (b) 1 और 4 (c) 1, 2 और 3 (d) ये सभी

उत्तर (d)

व्याख्या गॉर्ज, नदी वेदिका, कैनियन और अवनमित कुंड का निर्माण नदियों के अपरदन कार्य द्वारा होता है, इन सभी स्थलाकृतियों का निर्माण नदियाँ युवावस्था में करती हैं। जहाँ घाटी को गहरा करने की प्रक्रिया तेज होती है वहाँ गॉर्ज या कैनियन का निर्माण होता है।

अवनमित कुंड/प्रपात कुंड का निर्माण नदियाँ तलीय भागों में चक्रीय अपरदन क्रिया द्वारा करती हैं। नदी के तटीय किनारे पर अलग-अलग अवस्था में अपरदन क्रिया द्वारा नदी वेदिका का निर्माण होता है।

67 निम्नलिखित में से कौन-सा कथन जलगर्तिका को परिभाषित करता है? *(Chap 7, Class-XI, New NCERT)*

(a) जलप्रपातों के तल में विशाल व गहरे कुंड का बनना

(b) चट्टानी टुकड़ों का गर्तों में फँसकर घूमना

(c) नदियों द्वारा कठोर चट्टानों की गहराई से कटाई करना

(d) नदियों का अपने मार्ग को बदलते हुए चलना

उत्तर (b)

व्याख्या चट्टानी टुकड़ों का गर्तों में फँसकर घूमना जलगर्तिका (Water potholes) कहलाता है। चट्टानी टुकड़े नदी के तलीय भाग की आसानी से गहराई के साथ कटाई कर देते हैं, इससे जलगर्तिका या जलकुंड का निर्माण होता है।

तीव्र धारा एवं नदियों के मध्य मार्ग में इसका निर्माण होता है। तीव्र ढलान वाले भागों में, जहाँ नदियाँ अपने साथ अधिक मात्रा में चट्टानी टुकड़े लाती हैं, वहाँ जलगर्तिका का निर्माण अधिक होता है।

68 निम्नलिखित में से कौन-सा कथन सही नहीं है?

(Chap 7, Class-XI, New NCERT)

1. समप्राय मैदान अथवा पेनीप्लेन का निर्माण नदियाँ अपरदनात्मक कार्य के फलस्वरूप करती हैं।
2. नदी वेदिकाएँ, जलोढ़पंख, बाढ़ के मैदान आदि नदियों द्वारा निर्मित निक्षेपित स्थल रूप हैं।

कूट

(a) केवल 1 (b) केवल 2

(c) 1 और 2 (d) न तो 1, न ही 2

उत्तर (b)

व्याख्या दिए गए कथनों में से कथन (2) सही नहीं है, क्योंकि नदी वेदिकाएँ, नदी अपरदित स्थलाकृति हैं, जबकि जलोढ़पंख एवं बाढ़ के मैदान नदियों द्वारा लाए गए अवसादों के जमाव से बने हैं। कथन (1) सही है। समप्राय मैदान तथा पेनीप्लेन का निर्माण नदियाँ अपरदनात्मक कार्य के फलस्वरूप करती हैं। यह नदी अपरदनात्मक स्थलाकृति का अंतिम प्रतिरूप माना जाता है।

69 नदी के स्थलरूपों के संबंध में कौन-सा कथन सही नहीं है?

(Chap 7, Class-XI, New NCERT)

(a) जलोढ़ पंख का निक्षेप डेल्टा के विपरीत व्यवस्थित क्रम में होता है

(b) नदी रोधिकाएँ बड़े नदी विसर्पों के अवतलन ढालों पर बनती हैं

(c) बाढ़ एवं डेल्टाई मैदानों पर लूप जैसे चैनलों का निर्माण होता है

(d) उपर्युक्त सभी

उत्तर (a)

व्याख्या नदी के स्थलरूपों के संबंध में कथन (a) सही नहीं है, क्योंकि जलोढ़ पंख का निक्षेप डेल्टा के विपरीत व्यवस्थित क्रम में नहीं होता है। जलोढ़ पंख मूल रूप से पर्वतपदीय भागों में पाए जाते हैं, इन्हें अलग-अलग भागों में अलग-अलग नामों से जाना जाता है; जैसे-भाबर, तराई इत्यादि।

भूमिगत जल

70 **'कार्स्ट स्थलाकृतियों' के संबंध में दिए गए कथनों पर विचार कीजिए तथा इनमें सही कथनों की पहचान कीजिए**
(Chap 7, Class-XI, New NCERT)

(a) यह हिमानी द्वारा लाए गए निक्षेपों के एकत्रण से बनता है
(b) यह नदी जल अपरदन कार्य के फलस्वरूप निर्मित होती है
(c) इस आकृति का निर्माण चूना पत्थर एवं डोलोमाइट चट्टानी क्षेत्रों में होता है
(d) उपर्युक्त सभी

उत्तर *(c)*

व्याख्या 'कार्स्ट स्थलाकृतियों' के संबंध में कथन (c) सही है। कार्स्ट स्थलाकृतियों का निर्माण चूना पत्थर एवं डोलोमाइट चट्टानी क्षेत्रों में होता है। भूमिगत अपरदन द्वारा इन स्थलाकृतियों का निर्माण होता है। इसका नामकरण यूगोस्लाविया के कार्स्ट प्रदेश के आधार पर हुआ है, जहाँ ये स्थल बहुताय में पाए जाते हैं। भारत में ऐसी स्थलाकृतियाँ रीवा के पठार, राँची पठार और चित्रकूट के पास पाई जाती हैं।

71 **निम्न में से कौन-सा वक्तव्य 'लेपीज़' शब्द को परिभाषित करता है?** *(Chap 7, Class-XI, New NCERT)*

(a) छोटे से मध्यम आकार के उथले गर्त
(b) ऐसे स्थल रूप जिनके ऊपरी मुख वृत्ताकार तथा नीचे से कीप के आकार के होते हैं
(c) ऐसे स्थल जो धरातल से जल टपकने के लिए बनते हैं
(d) अनियमित धरातल जिनके तीखे कटक व खाँच हों

उत्तर *(d)*

व्याख्या 'लेपीज' (Lapies) शब्द को वक्तव्य (d) परिभाषित करता है, क्योंकि लेपीज अंतर्भौमिक स्थलाकृति है। किसी कंदरा से भूमिगत नदी के निकलने से धीरे-धीरे चूनायुक्त चट्टानों के अधिकतर हिस्से गर्तों तथा खाइयों में मिल जाते हैं और पूरे क्षेत्र में अत्यधिक अनियंत्रित, पतले तथा नुकीले कटक इत्यादि रह जाते हैं। इसी स्थलाकृति को 'लेपीज' कहा जाता है।

72 **निम्नलिखित में से कौन भौम जल अथवा भूमिगत जल द्वारा निर्मित अपरदित स्थल रूप हैं?** *(Chap 7, Class-XI, New NCERT)*

1. डोलाइन
2. युवाला
3. लैपीज
4. कंदरा

कूट

(a) 1 और 4 (b) 2 और 3
(c) 1, 2 और 4 (d) 1, 2, 3 और 4

उत्तर *(d)*

व्याख्या डोलाइन, युवाला, लैपीज, कंदरा, आदि भौम जल अथवा भूमिगत जल द्वारा निर्मित स्थलाकृति हैं। ये सभी चूना पत्थर युक्त भूमिगत जल द्वारा निर्मित अपरदित स्थलाकृतियाँ हैं। ऐसे प्रदेश जहाँ शैल, बालू, पत्थर तथा क्वाट्र्जाइट के परत मौजूद होते हैं, वहाँ प्राय: भूमिगत जल द्वारा कंदरा का निर्माण होता है।

73 **दिए गए कथनों पर विचार कीजिए तथा इनमें से सत्य कथनों की पहचान कीजिए** *(Chap 7, Class-XI, New NCERT)*

1. स्टैलेक्टाइट, भूमिगत जल द्वारा निर्मित निक्षेपणात्मक स्थल रूप है।
2. चूना पत्थर युक्त क्षेत्रों में स्टैलेग्माइट का निर्माण एक चपटे तश्तरीनुमा आकार के रूप में होता है।
3. कंदरा स्तंभ का निर्माण भूमिगत जल की घुलन क्रिया के पश्चात् अपरदन कार्य के फलस्वरूप होता है।

कूट

(a) केवल 1 (b) 1 और 2
(c) 2 और 3 (d) 1, 2 और 3

उत्तर *(b)*

व्याख्या दिए गए कथनों में से कथन (1) और (2) दोनों सत्य हैं। स्टैलेक्टाइट, भूमिगत जल द्वारा निर्मित निक्षेपणात्मक स्थल रूप है। चूना पत्थर युक्त क्षेत्रों में स्टैलेग्माइट का निर्माण एक चपटे तश्तरीनुमा आकार के रूप में होता है। कथन (3) असत्य है, क्योंकि कंदरा स्तंभ का निर्माण भूमिगत जल की घुलन क्रिया के पश्चात् निक्षेपणात्मक क्रिया के फलस्वरूप होता है।

हिमनद

74 **हिमनद के संबंध में दिए गए कथनों में कौन-सा कथन असत्य है?**
(Chap 9, Class-XI, Old NCERT)

(a) विषुवत् वृत्त से दूर जाने पर हिमरेखा की ऊँचाई क्रमश: बढ़ती जाती है
(b) वृहद् समतल क्षेत्र पर फैले हुए हिम परत को महाद्वीपीय हिमनद या गिरिपद हिमनद कहते हैं
(c) हिमछत्रक ऊँची पर्वत चोटियों को ढँके रहते हैं
(d) हिम के फटने से जो दरारें पड़ जाती हैं, उन्हें 'हिमविदर' कहा जाता है

उत्तर *(a)*

व्याख्या हिमनद के संबंध में कथन (a) असत्य है, क्योंकि विषुवत् वृत्त से दूर जाने पर हिमरेखा की ऊँचाई घटती-बढ़ती रहती है।

विषुवतीय वृत्त के समीप भी हिमरेखा ऊँचाई द्वारा निर्धारित होती है। वृहद् समतल क्षेत्र पर फैले हुए हिम परत को महाद्वीपीय हिमनद या गिरिपद हिमनद कहते हैं। हिमनदी या हिमनद द्वारा लटकती घाटी, सर्क, एटीट, हॉर्न एवं नुनाटक आदि आकृतियों का निर्माण होता है।

75 **हिमनद के द्वारा अपरदन से निर्मित स्थल रूपों के संबंध में कौन-सा कथन सही नहीं है?** *(Chap 7, Class-XI, New NCERT)*

1. अधिकतर सर्क हिमनद घाटियों के आधार में पाए जाते हैं।
2. सर्क के दोनों ओर कँघी या आरी के समान निर्मित कटक को 'अरेटी' या 'तीक्ष्ण कटक' कहते हैं।
3. आल्पस पर्वत पर सबसे ऊँची चोटी मैटरहॉर्न तथा हिमालय की सबसे ऊँची चोटी एवरेस्ट एक गिरिशृंग है।

कूट

(a) केवल 1 (b) केवल 2 (c) 1 और 2 (d) 1, 2 और 3

उत्तर *(a)*

व्याख्या हिमनद के द्वारा अपरदन से निर्मित स्थल रूपों के संबंध में कथन (1) सही नहीं है, क्योंकि अधिकतर सर्क हिमनद के ढलान वाले क्षेत्रों में पाए जाते हैं। इनका आकार आरामदेह कुर्सी के समान होता है।

कथन (2) और (3) सही हैं। सर्क का निर्माण हिमनद अपरदन द्वारा होता है। सर्क के दोनों ओर कँघी या आरी के समान निर्मित कटक को अरेटी या 'तीक्ष्ण कटक' कहते हैं। आल्पस पर्वत पर सबसे ऊँची चोटी मैटरहॉर्न तथा हिमालय की सबसे ऊँची चोटी एवरेस्ट एक गिरिशृंग के समान हैं।

76 **निम्न कथनों पर विचार कीजिए** *(Chap 2, Class-IX, Old NCERT)*

1. पर्वतीय प्रदेशों में अपक्षयण की क्रिया से आरामदेह कुर्सी के समान हिमगाह्वर स्थल रूप का निर्माण होता है।
2. हिमानीकृत घाटियाँ अंग्रेजी के U अक्षर जैसी होती हैं।

उपर्युक्त में से कौन-सा/से कथन सही है/हैं?

(a) केवल 2 (b) केवल 1
(c) 1 और 2 दोनों (d) न तो 1 और न ही 2

उत्तर *(c)*

व्याख्या दिए गए दोनों कथन सही हैं। पर्वतीय प्रदेशों में अपक्षयण की क्रिया से आरामदेह कुर्सी के समान हिमगह्वर स्थल रूप का निर्माण हिमनदीय अपरदन द्वारा होता है। इसमें प्राय हिम भरे रहते हैं।

हिमानीकृत घाटियाँ अंग्रेजी के U अक्षर जैसी होती हैं। हिमगह्वर को सर्क के नाम से भी जाना जाता है। पर्वतीय क्षेत्रों में इसका निर्माण, पर्वतीय ढलान के सहारे, पर्वत के चारों ओर हो सकता है।

77 निम्नलिखित में से कौन हिमनदों के निक्षेप से निर्मित निक्षेपित स्थलरूप हैं? *(Chap 7, Class-XI, New NCERT)*

1. हिमोढ़
2. एस्कर
3. हिमानी धौत मैदान
4. हिमनद गर्त

कूट

(a) 1 और 2 (b) 2 और 4
(c) 1, 2 और 3 (d) ये सभी

उत्तर (c)

व्याख्या हिमनदों के निक्षेप से निर्मित निक्षेपित स्थलरूपों में हिमोढ़, एस्कर एवं हिमानी धौत मैदानी प्रदेश को शामिल किया जाता है। जबकि हिमनद गर्त का निर्माण हिमनद अपरदन द्वारा होता है। हिमनद के पिघलने के पश्चात् हिमनद द्वारा लाए गए अवसादों के जमाव से निक्षेपित स्थलरूपों का निर्माण होता है।

78 निम्नलिखित में से किस हिमनद स्थलरूप का विकास हिमनद दरारों में भारी चट्टानी मलवे के भरने व उसके बर्फ के नीचे रहने से होता है? *(Chap 7, Class-XI, New NCERT)*

(a) भेड़ शिला (b) ड्रमलिन
(c) एस्कर (d) हिमगह्वर

उत्तर (b)

व्याख्या ड्रमलिन हिमनद स्थलरूप का निर्माण हिमनद दरारों में भारी चट्टानी मलवे के भरने व उसके बर्फ के नीचे रहने से होता है। ड्रमलिन का आकार कटे हुए अंडे की टोकरी के समान या उल्टी नाव समान होता है, यह एक निक्षेपित स्थलरूप है। जबकि भेड़ शिला एवं हिमगह्वर का निर्माण अपरदन क्रिया द्वारा होता है तथा एस्कर भी हिमनद का एक निक्षेपित स्थलरूप है।

पवन

79 निम्नलिखित में से अपरदनात्मक स्थल रूप उथली जल की झीलें 'प्लाया' किस क्षेत्र में पाई जाने वाली स्थलाकृतियाँ हैं? *(Chap 7, Class-XI, New NCERT)*

(a) हिमनद प्रदेश (b) समुद्रतटीय क्षेत्र
(c) मरुस्थलीय क्षेत्र (d) बाढ़ के मैदानी क्षेत्र

उत्तर (c)

व्याख्या अपरदनात्मक स्थल रूप उथली जल की झीलें 'प्लाया' मरुस्थलीय क्षेत्र में पाई जाती हैं। प्लाया एक प्रकार की अस्थायी झील है, जिसका निर्माण मरुस्थलीय क्षेत्रों में उच्चवर्ती भू-भाग से घिरी घाटियों में होता है। वर्षा जल के जमाव से इस झील का निर्माण होता है, इसका जल नमकीन होता है।

80 निम्नलिखित कथनों पर विचार कीजिए *(Chap 7, Class-XI, New NCERT)*

1. पर्वतों के पाद पर मलवे रहित अथवा मंद ढाल वाले चट्टानी तल को पेडीमेंट कहा जाता है।
2. मरुस्थलीय प्रदेशों में एक उच्च धरातल के आकृति विहीन रूप में परिवर्तित मैदान को पेडीप्लेन या पदस्थली कहते हैं।
3. पवनों के निक्षेपणात्मक कार्य से अपवाहन गर्त तथा गुहा का निर्माण होता है।

उपर्युक्त में से कौन पवन के कार्य व उनसे निर्मित स्थलरूपों के संबंध में सही नहीं है?

(a) केवल 3 (b) 2 और 3 (c) 1 और 2 (d) 1, 2 और 3

उत्तर (a)

व्याख्या पवन के कार्य व उनसे निर्मित स्थलरूपों के संबंध में कथन (3) सही नहीं है, क्योंकि पवनों के अपरदनात्मक कार्य से अपवाहन गर्त तथा गुहा का निर्माण होता है, ऐसे स्थल रूप सामान्यतः मरुस्थलीय क्षेत्रों में पाए जाते हैं।

कथन (1) और (2) सही हैं। पर्वतों के पाद पर मलवे रहित अथवा मंद ढाल वाले चट्टानी तल को पेडीमेंट कहा जाता है। मरुस्थलीय प्रदेशों में एक उच्च धरातल के आकृति विहीन रूप से परिवर्तित मैदान को पेडीप्लेन या पदस्थली कहते हैं।

81 निम्नलिखित में से कौन-सा बाह्य कारक लोएस या लोएस निक्षेप के विस्तार के लिए उत्तरदायी होता है? *(Chap 3, Class-VII, New NCERT)*

(a) हिमानी (b) बहते जल (c) पवन (d) समुद्री तरंगे

उत्तर (c)

व्याख्या लोएस या लोएस निक्षेप के विस्तार के लिए बाह्य कारक पवन मुख्य रूप से उत्तरदायी है। लोएस निक्षेप (स्थल रूप) चीन के पूर्व मध्यवर्ती भाग में विस्तृत है। लोएस महीन बालू के कण हैं। मरुस्थलीय क्षेत्र (गोबी मरुस्थल) की ओर से आने वाली पवनों के द्वारा लाए गए महीन बालू के कण के निक्षेपण से इस प्रकार के स्थलखंड का निर्माण होता है।

82 पवनों के द्वारा निर्मित स्थल रूपों के संबंध में कौन-सा कथन सही नहीं है? *(Chap 7, Class-XI, New NCERT)*

(a) बालू से निर्मित टीले कटक और छोटी पहाड़ियों के रूप में होते हैं
(b) बरखान एक बालू का टीला होता है, जो गोलाकार स्वरूप का होता है
(c) रेतीले धरातल पर परवलयिक बालूका टिब्बे पाए जाते हैं। यहाँ आंशिक रूप में वनस्पति पाई जाती है
(d) अनुदैर्ध्य टीले पवन की समानांतर दिशा में दूर तक फैले रहते हैं

उत्तर (b)

व्याख्या पवनों के द्वारा निर्मित स्थल रूपों के संबंध में कथन (b) सही नहीं है, क्योंकि मरुस्थलीय क्षेत्र में पाए जाने वाला बरखान बालू का एक टीला होता है, जिसका स्वरूप अर्द्धचंद्राकार का होता है।

कथन (a), (c) और (d) सही हैं। बालू से निर्मित टीले कटक और छोटी पहाड़ियों के रूप में होते हैं। रेतीले धरातल पर परवलयिक बालू के टिब्बे पाए जाते हैं, जहाँ आंशिक रूप से वनस्पति पाई जाती है। अनुदैर्ध्य टीले पवन की समानांतर दिशा में दूर-दूर तक फैले रहते हैं।

83 निम्नलिखित में से कौन-सी तटीय स्थलाकृतियों का निर्माण समुद्री तरंगों द्वारा किया जाता है? *(Chap 9, Class-XI, Old NCERT)*

1. समुद्री कंदराएँ
2. स्टैक
3. तटीय मेहराब
4. समुद्री भृगु

कूट

(a) केवल 2 (b) 1 और 3 (c) 1, 2 और 4 (d) ये सभी

उत्तर (d)

व्याख्या समुद्री कंदराएँ, समुद्री स्टैक, तटीय मेहराब, समुद्री भृगु आदि तटीय स्थलाकृतियों का निर्माण समुद्री तरंगों की अपरदनात्मक क्रिया द्वारा होता है। तटीय भाग पर जहाँ उच्चावच स्थलखंड पाया जाता है या जो तटीय क्षेत्र पर्वतीय क्षेत्र वाले होते हैं, उन्हीं क्षेत्रों में इस प्रकार की स्थलाकृतियों का निर्माण होता है। सागरीय तरंगें अपने साथ लाए अवसादों के माध्यम से तीव्र गति से अपरदन करने में सक्षम होती हैं। मुलायम चट्टानों का तीव्र अपरदन कर ऐसी स्थलाकृतियों का निर्माण होता है।

84 **निम्नलिखित में से कौन-सा कथन सही नहीं है?**

(Chap 7, Class-XI, New NCERT)

(a) समुद्री तट पर बनने वाली मुख्य स्थलाकृतियाँ पुलिन, भूजिह्वा तथा रोधिकाएँ हैं
(b) पुलिन एक स्थायी निक्षेपित स्थल रूप है
(c) अवसादों से बने बाँध या कटक सदृश आकृति भूजिह्वा कहलाती है
(d) उपर्युक्त सभी

उत्तर *(b)*

व्याख्या दिए गए कथनों में से कथन (b) सही नहीं है, क्योंकि पुलिन एक अस्थायी निक्षेपित स्थल रूप है। यह स्थल रूप कभी सागरीय भाग में निमज्जित हो जाता है, तो कभी निर्गमित हो जाता है। पुलिन, भूजिह्वा एवं रोधिकाएँ सागरीय तरंगों से निक्षेपित स्थल रूप हैं। अवसादों से बने बाँध या कटक सदृश आकृति भूजिह्वा कहलाती है।

85 **निम्न में से कौन समुद्री तरंगों से निर्मित निक्षेपित स्थल स्वरूप हैं?**

(Chap 7, Class-XI, New NCERT)

1. समुद्री भृगु 2. रोधिका 3. स्पिट 4. समुद्री कंदराएँ

कूट

(a) केवल 1 (b) 2 और 3 (c) 1 और 3 (d) 1, 2 और 3

उत्तर *(b)*

व्याख्या रोधिकाएँ एवं स्पिट समुद्री तरंगों से निर्मित निक्षेपित स्थल रूप हैं। सागरीय तरंगों द्वारा लाए गए अवसादों के निक्षेप से इन स्थल रूपों का निर्माण होता है। पुलिन, तटीय भाग का समीपवर्ती हिस्सा होता है, जो कभी-कभी सागरीय भाग में निमज्जित होता है। स्पिट का निर्माण भी सागरीय तरंगों द्वारा लाए गए अवसादों के जमाव से होता है।

इसका एक भाग सागरीय भाग की ओर निकला होता है और दूसरा भाग मुख्य भूमि से जुड़ा रहता है। कभी-कभी इसका आकार घुमावदार, तो कभी लंबवत् भी हो सकता है।

86 **निम्नलिखित युग्मों पर विचार कीजिए**

(Chap 9, Class-XI, New NCERT)

स्थलाकृतियाँ		कारक
1. कैनियन	–	पवन
2. स्टैलेक्टाइट	–	हिमानी (हिमनद)
3. गिरिशृंग	–	नदी
4. छत्रक शिला	–	भूमिगत जल

उपर्युक्त युग्मों में से कितने युग्म सही सुमेलित है?

(a) केवल एक
(b) केवल दो
(c) केवल चार
(d) उपर्युक्त में से कोई नहीं

उत्तर *(d)*

व्याख्या दिए गए युग्मों में से कोई भी युग्म सही सुमेलित नहीं है। कैनियन स्थलाकृति का निर्माण प्रायः पर्वतीय क्षेत्रों में प्रवाहित होने वाली नदियों द्वारा होने वाले तीव्र अपरदन के कारण होता है, गहरे कैनियन को गॉर्ज भी कहा जाता है।

स्टैलेक्टाइट स्थलाकृति का निर्माण भूमिगत जल द्वारा प्राकृतिक गुफा के आंतरिक भाग में होता है, यह एक निक्षेपणात्मक स्थलाकृति है।

गिरिशृंग स्थलाकृति का निर्माण हिमानी (हिमनद) द्वारा अपरदनात्मक क्रिया के माध्यम से होता है। इसमें मुलायम शैलों का तीव्र अपरदन हो जाता है, जबकि शेष कठोर शैल गिरिशृंग स्थलाकृति के रूप में विद्यमान रहती हैं। गिरिशृंग हमेशा हिमानी रहित रहता है।

छत्रक शिला स्थलाकृति का निर्माण मरुस्थलीय क्षेत्रों में पवन द्वारा अपरदनात्मक क्रिया के द्वारा होता है।

अध्याय 05

जलवायु विज्ञान

जलवायु विज्ञान

वायुमंडल एवं वायुराशि

वायुमंडल

- गैसों, जलवाष्प और धूल के कणों से युक्त वायु का आवरण, जो पृथ्वी को घेरे हुए है, सभी जीवों के अस्तित्व के लिए आवश्यक है।

वायुमंडल की गैसें

- **नाइट्रोजन** पौधों के अस्तित्व के लिए सबसे प्रचुर गैस है। हालाँकि, पौधों द्वारा इसका सीधे उपभोग नहीं किया जा सकता, इसलिए यह मिट्टी में बैक्टीरिया द्वारा स्थिर हो जाती है।
- **ऑक्सीजन** दूसरी सबसे प्रचुर गैस, जो मनुष्यों और जानवरों के सांस लेने और जीवित रहने के लिए आवश्यक है। प्रकाश संश्लेषण का एक घटक भी है
- **कार्बन डाइऑक्साइड** हरे पौधों द्वारा अपना भोजन बनाने के लिए उपयोग की जाती है। यह ग्रीनहाउस गैस है।
- **ओजोन** गैस एक फिल्टर के रूप में कार्य करती है, जो सूर्य से आने वाली पराबैंगनी किरणों को अवशोषित करती है और उन्हें पृथ्वी की सतह तक पहुँचने से रोकती है।
- **जलवाष्प** वायुमंडल में एक परिवर्तनशील गैस, सूर्यातप के कुछ हिस्सों को अवशोषित करती है और संक्षेपण और वर्षा का तत्काल कारण बनती है।

वायुराशि

- जब हवा एक समरूप क्षेत्र पर अत्यधिक लंबे समय तक रहती है, तो वहाँ की विशेषताएँ प्राप्त कर लेती है।
- स्रोत क्षेत्रों के अनुसार पाँच श्रेणियों में वर्गीकृत किया गया है
  - समुद्री उष्णकटिबंधीय
  - महाद्वीपीय उष्णकटिबंधीय
  - समुद्री ध्रुवीय
  - महाद्वीपीय ध्रुवीय
  - महाद्वीपीय आर्कटिक

सूर्यातप और तापमान

सूर्यातप

- पृथ्वी को जो सौर ऊर्जा प्राप्त होती है, वह आने वाली सौर विकिरण है, जो लघु तरंग विकिरण के रूप में होती है

सूर्यातप को प्रभावित करने वाले कारक

- पृथ्वी का घूर्णन
- दिन की अवधि
- वायुमंडल की पारदर्शिता

तापमान

- गर्मी और सर्दी की डिग्री मापने की मानक इकाई डिग्री सेल्सियस है
- **क्षैतिज वितरण** सामान्यतः अक्षांशों के समानांतर इजोटेर्म की सहायता से दर्शाया जाता है। समतापी रेखाओं के बीच का अंतर तापमान प्रवणता को दर्शाता है।
- **ऊर्ध्वाधर वितरण** तापमान वितरण अंतर्निहित सतह की प्रकृति से प्रभावित होता है। इसमें ऊँचाई बढ़ने के साथ तापमान में गिरावट भी शामिल है।
- **क्षेत्रीय वितरण** अर्थात् तीन ताप क्षेत्र हैं।
  - **उष्णकटिबंधीय क्षेत्र** पूरे वर्ष सूर्य की किरणें इस क्षेत्र में लगभग लम्बवत् होती हैं, इसलिए यह क्षेत्र अधिकतम सूर्यातप प्राप्त करता है और बहुत गर्म होता है।
  - **तापमान क्षेत्र** कर्क रेखा और आर्कटिक वृत्त तथा मकर रेखा और अंटार्कटिक वृत्त के बीच का क्षेत्र।
  - यह न तो अधिक गर्म होता है और न ही अधिक ठंडा।
  - **शीत कटिबंध** ये क्षेत्र अत्यधिक ठंडे होते हैं। यहाँ गर्मियों के दौरान सूर्य की रोशनी की अवधि 20 घंटे से अधिक हो सकती है, लेकिन तापमान फिर भी बहुत कम होता है।

वायुमंडलीय दाब, पवन एवं मेघ

वायुमंडलीय दाब

- वायुदाब या वायुमंडलीय दाब को मापने की इकाई मिलीबार है।
- समुद्रतल पर औसत वायुमंडलीय दाब 1013.2 मिलीबार होता है।
- वायुमंडल को मापने के लिए पारद वायुदाब मापी अथवा निर्द्रव बैरोमीटर का प्रयोग किया जाता है।

पवन

- पृथ्वी के धरातल पर क्षैतिज रूप में गतिशील वायु को पवन कहा जाता है। वायुमंडलीय दाब में भिन्नता के कारण वायु गतिमान होती है।
- पवनें उच्च वायुदाब क्षेत्र से निम्न वायुदाब क्षेत्र की ओर चलती हैं।
- यह वायुदाब की विषमताओं को संतुलित करने की दिशा में प्रकृति का प्रयास है।
- पवनों का सीधा संबंध वायुदाब के अंतर से पाया जाता है।

पवनों के प्रकार

- सामान्यतः तीन प्रकारों में विभाजित किया गया है

स्थायी हवाएँ

- इनमें व्यापारिक हवाएँ, पश्चिमी हवाएँ और पूर्वी हवाएँ शामिल हैं

मानसूनी हवाएँ

- मानसूनी हवाओं के पूर्व अधिकतम ताप, दबाव और पवन पेटियों के क्षेत्रों में बदलाव के कारण, विभिन्न मौसमों में उनकी दिशा बदल जाती है।

स्थानीय हवाएँ

- किसी छोटे क्षेत्र में दिन या वर्ष की किसी विशेष अवधि के दौरान
  - भूमि और समुद्री हवाएँ
  - पर्वतीय और घाटी की हवाएँ

बादल या मेघ

- पर्याप्त ऊँचाई पर मुक्त हवा में जलवाष्प के संघनन से बनने वाली पानी की सूक्ष्म बूँदों या बर्फ के छोटे-छोटे क्रिस्टलों का समूह

बादलों के प्रकार

- पक्षाभ मेघ ऊँचाई अर्थात् 8000-12000 मी पर बनाता है।
- कपासी मेघ रूई की तरह दिखता है, सामान्यतः 4000-7000 मी की ऊँचाई पर बनता है।
- वर्षा मेघ काले या हरे गहरे रंग के बादल, अत्यधिक घने और सूर्य की किरणों के प्रति अपारदर्शी
- स्तरी मेघ आकाश के बड़े भाग को कवर करने वाले परतदार बादल, विशेष रूप से गर्मी के नुकसान या वायुराशियों के मिश्रण के कारण बनते हैं।

SOURCE New NCERT Class-VII वायु, Old NCERT Class-VII वायुमंडल और उसका तापमान, गतिशील वायु/स्थानीय मौसम तथा आकाश, वायु में जल, Old NCERT Class-IX पृथ्वी का आवरण वायुमंडल, New NCERT Class-XI, Old NCERT Class-XI वायुमंडल का संघटन तथा संरचना, New NCERT Class-XI वायुमंडलीय परिसंचरण तथा मौसम प्रणालियाँ, सौर विकिरण, ऊष्मा संतुलन एवं तापमान, वायुमंडल में जल, विश्व की जलवायु एवं जलवायु परिवर्तन, Old NCERT Class-XI सूर्यातप तथा तापमान, वायुमंडलीय दाब, पवन और वायुराशियाँ, वायुमंडल की आर्द्रता, जलवायु का वर्गीकरण, NIOS Module 4 Chap-4 वायुमंडल : संघटन और संरचना, NIOS Module 4 Chap-11 वायुमंडलीय दाब और पवनें, Tamil Nadu Board Class XII वायुमंडल

युमंडल की संरचना तथा संघटन

1 **वायुमंडल पृथ्वी से विकरित होने वाली किस प्रकार की तरंगों को बाहर जाने से रोकता है?** *(Chap 8, Class-XI, Old NCERT)* *(BPSC Pre 2023)*

(a) सूक्ष्म तरंगों को (b) लंबी (दीर्घ) तरंगों को
(c) मध्यम तरंगों को (d) अति सूक्ष्म तरंगों को

उत्तर (b)

व्याख्या वायुमंडल, धरातल से विकरित होने वाली लंबी (दीर्घ) तरंगों को बाहर जाने से रोकता है, किंतु लघु तरंग सौर विकिरण को पृथ्वी के धरातल तक आने देता है। इससे धरातल पर 35° सेल्सियस का औसत तापमान बना रहता है। इस प्रकार वायुमंडल लघु तरंगों के लिए पारदर्शी तथा दीर्घ तरंगों के लिए अपारदर्शी होता है।

2 **नीचे दिए गए कथनों को ध्यानपूर्वक पढ़िए** *(Unit 6, Class-XI, Tamil Nadu Board)*

1. इस संस्तर में धूलकण तथा जलवाष्प मौजूद होते हैं।
2. इस संस्तर में मौसम में परिवर्तन होता है।
3. जैविक क्रिया के लिए यह संस्तर सबसे महत्त्वपूर्ण है।

उपर्युक्त कथन संबंधित हैं

(a) क्षोभमंडल से (b) समतापमंडल से
(c) मध्यमंडल से (d) आयनमंडल से

उत्तर (a)

व्याख्या उपर्युक्त कथन क्षोभमंडल (Troposhere) से संबंधित हैं। यह वायुमंडल का सबसे निचला हिस्सा है। भूमध्य रेखा पर इसकी ऊँचाई 18 किमी तथा ध्रुवों पर 3 किमी होती है। इस मंडल में आर्द्रता, जलकण, धूलकण वायुधुंध तथा सभी प्रकार की मौसमी घटनाएँ होती हैं। यह पृथ्वी पर वायु का सर्वाधिक घना भाग है तथा संपूर्ण वायुमंडल के द्रव्यमान का 80% हिस्सा इसमें मौजूद है। जैविक क्रिया के लिए यह संस्तर सबसे महत्त्वपूर्ण माना जाता है।

3 **वातावरण मुख्य रूप से किसके द्वारा गर्म होता है?** *(Chap 8 Class-XI, Old NCERT) (BPSC Pre 2023)*

(a) दीर्घ तरंग स्थलीय विकिरण
(b) लघु तरंग और विकिरण
(c) परावर्तित सौर विकिरण
(d) इनमें से एक से अधिक

उत्तर (a)

व्याख्या वातावरण मुख्य रूप से दीर्घ तरंग स्थलीय विकिरण के द्वारा गर्म होता है। सूर्य से पृथ्वी तक पहुँचने वाली सौर विकिरण ऊर्जा को सूर्यातप कहते हैं। पृथ्वी इस सौर विकिरण ऊर्जा को दीर्घ तरंगों के रूप में वायुमंडल में परावर्तित करती है, जिससे वायुमंडल नीचे से गर्म होता है।

सौर ऊर्जा लघु तरंगदैर्ध्य के रूप में सूर्य से पृथ्वी तक पहुँचती है। दोपहर 12 बजे के समय पृथ्वी सर्वाधिक सूर्यातप प्राप्त करती है, किंतु दिन का अधिकतम ताप 2 से 4 बजे के बीच होता है, क्योंकि ताप को ऊर्जा में परिवर्तित होने में समय लगता है।

4 **वायुमंडल में विद्यमान जलवाष्प के संबंध में कितने कथन सही हैं?** *(Chap 8, Class-XI, New NCERT)*

1. गर्म तथा आर्द्र उष्णकटिबंधीय हवा के आयतन का 4% जलवाष्प होता है।
2. विषुवत् वृत्त से ध्रुव की ओर जाने पर जलवाष्प की मात्रा कम होती जाती है।
3. जलवाष्प वायु को अस्थिर एवं असंतुलित बनाए रखता है।

कूट

(a) केवल एक (b) केवल दो
(c) सभी तीन (d) इनमें से कोई नहीं

उत्तर (c)

व्याख्या वायुमंडल में विद्यमान जलवाष्प के संबंध में सभी तीन कथन सही हैं। वायुमंडल में जलवाष्प की मात्रा 0 से 4% तक होती है। यह गर्म तथा आर्द्र उष्णकटिबंधीय वायु में 4% तथा शुष्क प्रदेशों की हवा में 1% से भी कम होती है।

जलवाष्प, कार्बन डाइऑक्साइड की भाँति ग्रीन हाउस प्रभाव उत्पन्न करती है। इसकी मात्रा विषुवत् वृत्त से ध्रुवों की ओर कम होती है। जलवाष्प वायु को स्थिर तथा अस्थिर (दोनों) बनाने में योगदान देता है अर्थात् हवा में संतुलन तथा असंतुलन की दशा इसकी (जलवाष्प) क्रियाशीलता पर निर्भर करती है।

5 **वायुमंडल में पाई जाने वाली गैसों का प्रतिशत के आधार पर सही अवरोही क्रम कौन-सा है?** *(Chap 4, Class-VII, New NCERT)*

(a) ऑक्सीजन > हीलियम > नाइट्रोजन > कार्बन डाइऑक्साइड
(b) नाइट्रोजन > ऑक्सीजन > ऑर्गन > कार्बन डाइऑक्साइड
(c) ऑर्गन > हीलियम > कार्बन डाइऑक्साइड > ऑक्सीजन
(d) नाइट्रोजन > ऑक्सीजन > कार्बन डाइऑक्साइड > ऑर्गन

उत्तर (b)

व्याख्या वायुमंडल में पाई जाने वाली गैसों का प्रतिशत के आधार पर सही अवरोही क्रम (घटता क्रम) नाइट्रोजन > ऑक्सीजन > ऑर्गन > कार्बन डाइऑक्साइड है।

गैसें	मात्रा (प्रतिशत)
नाइट्रोजन (N)	78.08
ऑक्सीजन (O)	20.95
ऑर्गन (Ar)	0.93
कार्बन डाइऑक्साइड (CO_2)	0.03
हीलियम (He)	0.0005
हाइड्रोजन (H)	0.00005

इन गैसों में नाइट्रोजन, ऑक्सीजन, ऑर्गन तथा कार्बन डाइऑक्साइड को भारी गैसों तथा अन्य को हल्की गैसों के रूप में जाना जाता है।

6 **वायुमंडल के संघटन में महत्त्वपूर्ण भूमिका निभाने वाले धूलकणों के संबंध में कितने कथन सही हैं?** *(Chap 10, Class-XI, Old NCERT)*

1. धूलकणों का सबसे अधिक जमाव उपोष्ण और शीतोष्ण प्रदेशों में सूखी हवा के कारण होता है।
2. धूलकण वायुमंडल में आर्द्रताग्राही केंद्र के रूप में कार्य करते हैं।
3. धूलकण मुख्य रूप से वायुमंडल के ऊपरी भाग में मौजूद होते हैं।
4. वर्षा, कुहरा, धुंध, बादल आदि का निर्माण धूलकणों के प्रतिफल से हुआ है।

कूट

(a) केवल एक (b) केवल दो (c) केवल तीन (d) ये सभी

उत्तर (c)

व्याख्या वायुमंडल के संघटन में महत्त्वपूर्ण भूमिका निभाने वाले धूलकणों के संबंध में केवल तीन कथन [(1), (2) और (4)] सही हैं।

वायुमंडल में विद्यमान धूलकण समुद्री नमक, महीन मिट्टी, धुएँ की कालिमा, राख, पराग, धूल तथा उल्काओं के टूटे हुए कणों से निकलते हैं, जिनका जमाव उपोष्ण तथा शीतोष्ण प्रदेशों में अधिक होता है।

धूल और नमक के कण आर्द्रताग्राही केंद्र (Hygroscopic nuclei) की तरह कार्य करते हैं, जिससे जलवाष्प संघनित होकर मेघों का निर्माण करती है। वर्षा, कुहरा, धुंध, बादल आदि का निर्माण धूलकण के प्रतिफल से होता है तथा इनके प्रकीर्णन (Scattering) से आकाश का रंग नीला तथा सूर्योदय तथा सूर्यास्त के समय लाल दिखाई पड़ता है।

कथन (3) सही नहीं है, क्योंकि धूलकण प्राय: वायुमंडल के निचले भाग में विद्यमान होते हैं, किंतु संवहनीय वायु प्रवाह इन्हें काफी ऊँचाई तक ले जाता है।

7 निम्नलिखित कथनों पर विचार करें *(Chap 9, Module-4, NIOS)*

1. बादल तथा अन्य मौसमी घटनाएँ नहीं होने के कारण समतापमंडल को जेट विमानों की उड़ानों के लिए आदर्श माना जाता है।
2. क्षोभमंडल की मोटाई विषुवत् वृत्त पर सबसे अधिक होती है।
3. ओजोन परत को पृथ्वी का सुरक्षा कवच कहा जाता है।
4. वायुमंडल की मध्यमंडल से पृथ्वी के द्वारा भेजी गई रेडियो तरंगें, वापस पृथ्वी पर लौट आती हैं।

उपर्युक्त में से कितने कथन असत्य हैं?

(a) केवल एक
(b) केवल दो
(c) केवल तीन
(d) ये सभी

उत्तर (a)

व्याख्या दिए गए कथनों में से केवल एक कथन (कथन 4) असत्य है, क्योंकि वायुमंडल के मध्य मंडल से नहीं, बल्कि आयनमंडल से पृथ्वी के द्वारा भेजी गई रेडियो तरंगें, वापस पृथ्वी पर लौट आती हैं। वायुमंडल को पाँच संस्तरों- क्षोभमंडल, समतापमंडल, मध्यमंडल, बाह्यमंडल (आयनमंडल) तथा बहिर्मंडल। पृथ्वी से लगभग 80 किमी के बाद का संपूर्ण वायुमंडल आयनमंडल कहलाता है। आयतन में आयनमंडल अपनी निचली हवा से कई गुना अधिक होता है, परंतु इस विशाल क्षेत्र की रेखा की कुल मात्रा वायुमंडल की हवा की मात्रा के 200वें भाग से अधिक होती है। इसमें आयनीकरण के साथ-साथ आयनीकरण की विपरीत प्रक्रिया भी लगातार होती रहती है, इन्हीं कारणों से वायुमंडल की आयनमंडल से पृथ्वी के द्वारा भेजी गई रेडियो तरंगें, वापस पृथ्वी पर लौट आती हैं।

8 निम्न कथन (A) व कारण (R) को पढ़िए और नीचे दिए गए कूट की सहायता से सही उत्तर का चयन कीजिए *(Chap 8, Class-XI, New NCERT)*

कथन (A) क्षोभमंडल की सर्वाधिक मोटाई ध्रुवों की अपेक्षा विषुवत् रेखा पर पाई जाती है।

कारण (R) विषुवत् रेखा पर तेज वायु प्रवाह के कारण ताप का अधिक ऊँचाई तक संवहन किया जाता है।

कूट

(a) A और R दोनों सही हैं तथा R, A की सही व्याख्या है
(b) A और R दोनों सही हैं, परंतु R, A की सही व्याख्या नहीं है
(c) A सही है, किंतु R गलत है
(d) A गलत है, किंतु R सही है

उत्तर (a)

व्याख्या A और R दोनों सही हैं तथा R, A की सही व्याख्या है। क्षोभमंडल की सर्वाधिक मोटाई (लगभग 18 किमी) विषुवतीय वृत्त पर होती है, जबकि ध्रुवीय क्षेत्रों में इसकी मोटाई कम (औसत 8 किमी) हो जाती है।

क्षोभमंडल में तेज वायु प्रवाह के कारण ताप का अधिक ऊँचाई तक संवहन किया जाता है, जिससे विषुवत् वृत्त पर मोटाई बढ़ जाती है। यहाँ गर्म व शीतल होने का कार्य विकिरण, संचालन तथा संवहन द्वारा होता है। संवहनीय तरंगों तथा विक्षुब्ध संवहन के कारण इसे संवहनीय मंडल भी कहा जाता है।

9 वायुमंडल की संरचना में शामिल समतापमंडल के संबंध में कौन-सा कथन सही नहीं है? *(Chap 10, Class-XI, Old NCERT)*

(a) क्षोभमंडल और समतापमंडल को अलग करने वाले भाग को क्षोभसीमा कहते हैं
(b) यह मंडल बादलों एवं मौसम संबंधी घटनाओं से मुक्त होता है
(c) इस मंडल में वायु की गति ऊर्ध्वाधर होती है
(d) यह मंडल या परत कभी-कभी विषुवत् रेखा के ऊपर लुप्त हो जाती है

उत्तर (c)

व्याख्या वायुमंडल की संरचना में शामिल समतापमंडल (Stratosphere) के संबंध में कथन (c) सही नहीं है, क्योंकि समतापमंडल में वायु की गति क्षैतिज होती है तथा मौसमी घटनाओं का अभाव होता है। फलत: यहाँ वायुयान उड़ाने चालन के लिए आदर्श दशाएँ पाई जाती हैं। इस मंडल की ऊँचाई 50 किमी तक पाई जाती है, जिसमें 20 किमी के ऊपर जाने पर तापमान में वृद्धि होती है।

10 पृथ्वी के वायुमंडल के सन्दर्भ में निम्नलिखित कथनों में से कौन-सा एक सही है? *(Chap 4, Class-VII, New NCERT) (IAS Pre 2023)*

(a) भूमध्यरेखा पर प्राप्त होने वाले सूर्यताप की कुल मात्रा, ध्रुवों पर प्राप्त होने वाले सूर्यताप की कुल मात्रा की लगभग 10 गुना है
(b) अवरक्त किरणें सूर्यताप के लगभग दो-तिहाई भाग है
(c) अवरक्त तरंगें निचले वायुमंडल में संकेंद्रित जलवाष्प द्वारा वृहद् रूप से अवशोषित होती हैं
(d) अवरक्त तरंगें सौर विकिरण की विद्युत चुंबकीय तरंगों के दृश्यमान स्पेक्ट्रम के भाग हैं

उत्तर (c)

व्याख्या पृथ्वी के वायुमंडल के संदर्भ में कथन (c) सही है। पृथ्वी के वायुमंडल में अवरक्त किरणें निचले वायुमंडल में संकेंद्रित जलवाष्प के द्वारा वृहत रूप से अवशोषित होती हैं। वायुमंडल की समस्त जलवाष्प की 90% मात्रा वायुमंडल की निचली सतहों में ही पाई जाती है। पृथ्वी की सतह लघु तरंगदैर्ध्य के रूप में सूर्यातप को प्राप्त करती है।

वातावरण में लघु तरंग सौर विकिरण के लिए पारदर्शी होती है। पृथ्वी के वायुमंडल की निचली परत क्षोभमंडल है, जिसकी ऊँचाई 8 से 18 किमी तक पाई जाती है। यहाँ विद्यमान जलवाष्प अवरक्त सौर विकिरण को अवशोषित करती है। वहीं समतापमंडल सूर्य की पराबैंगनी किरणों से रक्षा कर मानव जीवन की सुरक्षा करती है।

11 निम्न में से कौन-सा कथन 'आयनमंडल' के संबंध में सही नहीं है? *(Chap 10, Class-XI, Old NCERT)*

1. पृथ्वी द्वारा भेजी गई रेडियो तरंगें इस संस्तर के द्वारा पृथ्वी पर परावर्तित होकर पुन: वापस लौट आती हैं।
2. इस मंडल में ऊँचाई के साथ-साथ तापमान में कमी आने लगती है, जिससे कुछ रेडियो तरंगें परावर्तित होती हैं।

कूट

(a) केवल 1
(b) केवल 2
(c) 1 और 2 दोनों
(d) न तो 1 और न ही 2

उत्तर (b)

व्याख्या 'आयनमंडल' (Ionosphere) के संबंध में कथन (2) सही नहीं है, क्योंकि आयनमंडल में ऊँचाई के साथ तापमान में वृद्धि होती है। इसकी ऊँचाई धरातल से 80 से 640 किमी तक होती है। इसमें विद्युत आवेशित कण पाए जाते हैं, जिससे विद्युतीय एवं चुंबकीय घटनाएँ घटित होती हैं।

12 **बाह्य/बहिर्मंडल के संबंध में दिए गए कथनों में कौन सही है?** *(Chap 4, Class-VII, New NCERT)*

(a) वायुमंडल की सबसे ऊपरी परत को बहिर्मंडल या बाह्यमंडल के नाम से जाना जाता है
(b) बाह्यमंडल में वायु की अधिक सघनता पाई जाती है, जिससे इसकी मोटी परत देखी जाती है
(c) यहाँ भारी गैसें विद्यमान हैं, जो यहीं से अंतरिक्ष में तैरती हैं
(d) उपर्युक्त सभी

उत्तर *(a)*

व्याख्या 'बहिर्मंडल' के संबंध में कथन (a) सही है। वायुमंडल की सबसे ऊपरी परत को बाह्य अथवा बहिर्मंडल (Exosphere) कहा जाता है। कथन (b) और (c) सही नहीं हैं, क्योंकि बहिर्मंडल में वायु की सघनता अत्यंत कम होती है। 1000 किमी की ऊँचाई के बाद वायु विरल होती है, जो 10000 किमी के पश्चात् अंतरिक्ष में विलीन हो जाती है। यहाँ वायु की पतली परत विद्यमान होती है तथा हाइड्रोजन एवं हीलियम जैसी हल्की गैसें अंतरिक्ष में तैरती रहती हैं।

सौर विकिरण एवं सूर्यातप

13 **निम्न में से कौन-सा कथन सौर विकिरण तथा वायुमंडल के गर्म होने के संबंध में सही नहीं है?** *(Chap 1, Class-VII, New NCERT)*

(a) सौर विकिरण धरातल पर लघु तरंगों के रूप में असमान रूप से पहुँचता है
(b) धरातल सूर्य की विकरित ऊर्जा को दो कैलोरी प्रति वर्ग सेमी प्रति मिनट की दर से प्राप्त करता है
(c) धरातल पर पहुँचने वाली सौर विकिरण की मात्रा वायुमंडल की पारगम्यता पर निर्भर करती है
(d) वायुमंडल सौर विकिरण से ऊपर से नीचे की ओर गर्म होता है

उत्तर *(d)*

व्याख्या सौर विकिरण तथा वायुमंडल के गर्म होने के संबंध में कथन (d) सही नहीं है, क्योंकि वायुमंडल सौर विकिरण से नीचे से ऊपर की ओर गर्म होता है। धरातल सौर विकिरण को दीर्घ तरंग के रूप में परावर्तित करता है, जिससे वायुमंडल की सबसे निचली परत सबसे पहले गर्म होती है। पृथ्वी औसत रूप से वायुमंडल की ऊपरी सतह पर 1.94 कैलोरी प्रति वर्ग सेमी ऊर्जा प्रति मिनट प्राप्त करती है।

14 **निम्नलिखित कथनों पर विचार कीजिए** *(Chap 12, Module-4, NIOS) (UPPSC Pre 2022)*

1. उच्च मेघ मुख्यतः सौर विकिरण को परावर्तित कर भू-पृष्ठ को ठण्डा करते हैं।
2. भू-पृष्ठ से उत्सर्जित होने वाली अवरक्त विकिरणों का निम्न मेघ में उच्च अवशोषण होता है और इससे तापन प्रभाव होता है।

उपर्युक्त कथनों में से कौन-सा/से कथन सही है/हैं?

(a) केवल 1 (b) केवल 2
(c) 1 और 2 (d) न तो 1 और न ही 2

उत्तर *(d)*

व्याख्या दिए गए दोनों कथन सही नहीं हैं, क्योंकि उच्च संघ मेघ सामान्यतः 6 से 12 किमी की ऊँचाई तक पाए जाते हैं, जिसमें पक्षाभ मेघ, पक्षाभ स्तरी मेघ तथा पक्षाभ-कपासी मेघ को देखा जा सकता है।

इसमें पक्षाभ मेघ सबसे ऊँचाई पर होते हैं, जिनकी रचना हिमकणों की होती है। इनसे स्वच्छ मौसम तथा चक्रवात के आगमन की सूचना मिलती है। वहीं पक्षाभ स्तरीय मेघ भविष्य में चक्रवात की सूचना देते हैं तथा पक्षाभ कपासी मेघ छोटे समूहों में व छायाहीन होते हैं। ये मेघ मुख्य रूप से सौर विकिरण को परिवर्तित कर भू-पृष्ठ को ठंडा करने में विशेष भूमिका नहीं निभाते हैं।

निम्न मेघ की औसत ऊँचाई 2 किमी तक पाई जाती है। इसमें स्तरी कपासी मेघ, स्तरी मेघ तथा वर्षा स्तरी मेघ को देखा जा सकता है। ये वर्षा के लिए महत्त्वपूर्ण होते हैं। इनका निर्माण कोहरे की निचली परतों के विसरण तथा उनके उत्थान के कारण भी होता है। भू-पृष्ठ से उत्सर्जित होने वाली अवरक्त विकिरणों का निम्न मेघ में उच्च अवशोषण नहीं होता है तथा इससे तापन प्रभाव भी अधिक नहीं होता।

15 **निम्न में से कौन धरातल पर सूर्यातप में होने वाली विभिन्नता के कारक हैं?** *(Chap 11, Class-XI, New NCERT)*

1. पृथ्वी का अपने अक्ष पर घूमना
2. सूर्य की किरणों का नति कोण
3. दिन की अवधि
4. वायुमंडल की पारदर्शिता
5. स्थल विन्यास

कूट

(a) 1, 2 और 3 (b) 1, 3 और 5
(c) 4 और 5 (d) ये सभी

उत्तर *(d)*

व्याख्या धरातल पर होने वाले सूर्यातप में विभिन्नता के कारक क्रमशः पृथ्वी का अपने अक्ष पर घूमना, सूर्य की किरणों का नति कोण, दिन की अवधि, वायुमंडल की पारदर्शिता तथा स्थल विन्यास प्रमुख हैं। इसके कारण ही पृथ्वी की सतह पर सूर्यातप की तीव्रता में प्रतिदिन, प्रत्येक मौसम तथा प्रतिवर्ष परिवर्तन होता रहता है।

16 **निम्न कथनों पर विचार कीजिए** *(Chap 9, Class-XI, New NCERT)*

1. उपसौर की स्थिति में पृथ्वी को अपसौर की अपेक्षा अधिक सूर्यातप प्राप्त होता है।
2. अपसौर तथा उपसौर की स्थिति के कारण पृथ्वी के दैनिक मौसम पर व्यापक प्रभाव पड़ता है।

उपर्युक्त में से कौन-सा/से कथन सही है/हैं?

(a) केवल 1 (b) केवल 2
(c) 1 और 2 दोनों (d) न तो 1 और न ही 2

उत्तर *(a)*

व्याख्या दिए गए कथनों में से कथन (1) सही है। सूर्य के चारों ओर परिक्रमा के दौरान पृथ्वी 4 जुलाई को सूर्य से सबसे दूर (15 करोड़ 20 लाख किमी) होती है, जिसे अपसौर (Aphelion) कहा जाता है।

3 जनवरी को पृथ्वी सूर्य के सबसे निकट (14 करोड़ 70 लाख किमी) होती है, जिसे उपसौर (Perihelion) कहा जाता है। अतः पृथ्वी द्वारा प्राप्त वार्षिक सूर्यातप 3 जनवरी को 4 जुलाई की अपेक्षा 7% अधिक होता है।

कथन (2) सही नहीं है, क्योंकि पृथ्वी के दैनिक मौसम पर उसकी घूर्णन गति का व्यापक प्रभाव पड़ता है तथा परिक्रमण गति से ऋतु परिवर्तन होता है।

17 **सूर्यातप का 'पृथ्वी' की सतह पर स्थानिक वितरण के संबंध में कौन-सा कथन सही नहीं है?** *(Chap 9, Class-XI, New NCERT)*

(a) उष्णकटिबंध की अपेक्षा विषुवत् वृत्त पर कम मात्रा में सूर्यातप प्राप्त होता है
(b) समान अक्षांश पर स्थित होने के बावजूद महाद्वीपीय भाग महासागरीय भाग की अपेक्षा अधिक सूर्यातप प्राप्त करते हैं
(c) शीत ऋतु में मध्य एवं उच्च अक्षांशों पर ग्रीष्म ऋतु की अपेक्षा अधिक मात्रा में सूर्यातप प्राप्त होता है
(d) सर्वाधिक उपोष्ण कटिबंधीय मरुस्थलों पर प्राप्त होता है

उत्तर *(c)*

व्याख्या सूर्यातप का 'पृथ्वी' की सतह पर स्थानिक वितरण के संबंध में कथन (c) सही नहीं है, क्योंकि शीत ऋतु में मध्य एवं उच्च अक्षांशों पर ग्रीष्म ऋतु की अपेक्षा कम मात्रा में सूर्यातप प्राप्त होता है। धरातल पर प्राप्त सूर्यातप की मात्रा में उष्णकटिबंध में 320 वाट प्रति वर्ग मीटर से लेकर ध्रुवों पर 70 वाट प्रति वर्ग मीटर तक भिन्नता पाई जाती है। उपोष्ण कटिबंधीय मरुस्थलों पर मेघाच्छादन बहुत कम होने के कारण सर्वाधिक सूर्यातप पाया जाता है।

18 वायुमंडल में ऊष्मा संचलन के संबंध में दी गई सूचियों में कौन-सा युग्म सही सुमेलित है? *(Chap 9, Class-XI, New NCERT)*

1. चालन — संपर्क वायु का गर्म होना
2. संवहन — लंबवत् तापन की प्रक्रिया
3. अभिवहन — वायु का क्षैतिज संचलन व ताप स्थानांतरण

कूट

(a) केवल 1 (b) केवल 2 (c) 1 और 3 (d) 1, 2 और 3

उत्तर *(d)*

व्याख्या वायुमंडल में ऊष्मा संचलन के संबंध में दिए गए तीनों युग्म सही सुमेलित हैं। संपर्क वायु का गर्म होना, चालन (Conduction) कहलाता है अर्थात् चालन की प्रक्रिया से दो असमान तापमान वाले पिंड संपर्क में आने पर गर्म हो जाते हैं। वायुमंडल की निचली परतों का गर्म होना इसका प्रमुख उदाहरण है।

वायुमंडल के लंबवत् तापन की प्रक्रिया संवहन (Convection) कहलाती है। इससे ऊर्जा का स्थानांतरण केवल क्षोभमंडल तक होता है।

वायु के क्षैतिज संचलन से होने वाले ताप का स्थानांतरण अभिवहन (Advection) कहलाता है। मध्य अक्षांशों के दैनिक मौसम में परिवर्तन अभिवहन के कारण होता है। उत्तरी भारत में गर्मियों में चलने वाली स्थानीय पवन 'लू' इसी अभिवहन के कारण होती है।

19 निम्नलिखित में कौन-सा 'एल्बिडो' से संबंधित है? *(Chap 11, Class-XI, Old NCERT) (UPPSC Pre 2019)*

(a) संचार शक्ति (b) अवशोषित शक्ति
(c) उत्सर्जक शक्ति (d) वापसी की शक्ति

उत्तर *(d)*

व्याख्या 'एल्बिडो' (Albedo) का संबंध वापसी की शक्ति से है। धरातल की किसी सतह से सौर विकिरण की परावर्तित मात्रा को एल्बिडो अथवा धवलता कहा जाता है।

पृथ्वी की सतह का औसत एल्बिडो 29% से 34% के बीच होता है। हिमक्षेत्र, हरी घास क्षेत्र तथा उष्णकटिबंधीय वन क्षेत्र का एल्बिडो क्रमश: 70-90%, 8% से 27% तथा 21% होता है। यह स्थल रूप की प्रकृति, सूर्य की किरणों के आपतन कोण, आकाश की स्वच्छता व मेघाच्छादन पर निर्भर करता है।

20 धरातल के किसी स्थान पर वायु का तापमान किन कारकों द्वारा प्रभावित होता है? *(Chap 11, Class-XI, New NCERT)*

1. स्थान की अक्षांश रेखा 2. समुद्र से दूरी
3. महासागरीय धाराओं की उपस्थिति 4. स्थानीय कारक

कूट

(a) केवल 1 (b) 2 और 3
(c) 1, 3 और 4 (d) ये सभी

उत्तर *(d)*

व्याख्या धरातल के किसी स्थान पर वायु का तापमान, दिए गए सभी कारकों द्वारा प्रभावित होता है। धरातल पर वायु का तापमान क्रमश: उस स्थान की अक्षांश रेखा, समुद्र तल से उस स्थान की उत्तुंगता (ऊँचाई) (Altitude), समुद्र से दूरी, वायु संहति का परिसंचरण, कोष्ण तथा ठंडी महासागरीय धाराएँ तथा स्थानीय कारक से प्रभावित होता है।

इसमें तापमान के वितरण में सर्वाधिक प्रभाव अक्षांश रेखा पर पड़ता है तथा उत्तुंगता बढ़ने के साथ तापमान घटता है, जिसे सामान्य ह्रास दर (Normal lapse rate) कहा जाता है, जिसका मान प्रति 1000 मी की ऊँचाई पर 6.5° सेल्सियस होता है।

21 निम्न कथन (A) व कारण (R) को पढ़िए और नीचे दिए गए कूट की सहायता से सही उत्तर का चयन कीजिए। *(Chap 11, Class-XI, Old NCERT)*

कथन (A) **सूर्य की ओर झुकी ढाल, विपरीत दिशा में झुकी ढाल की अपेक्षा अधिक सूर्यातप ग्रहण करती है।**

कारण (R) **ढाल की तीव्रता (कोणीय झुकाव) और सूर्य की स्थिति के संदर्भ में उसकी दिशा स्थानीय सूर्यातप की मात्रा को नियंत्रित करती है।**

कूट

(a) A और R दोनों सही है तथा R, A की सही व्याख्या है
(b) A और R दोनों सही हैं, परंतु R, A की सही व्याख्या नहीं है
(c) A सही है, किंतु R गलत है
(d) A गलत है, किंतु R सही है

उत्तर *(a)*

व्याख्या A और R दोनों सही हैं तथा R, A की सही व्याख्या है। सूर्य की ओर झुकी ढाल, विपरीत ढाल की अपेक्षा अधिक सूर्यातप ग्रहण करती है। ढाल की तीव्रता (कोणीय झुकाव) और सूर्य की स्थिति के संदर्भ में उसकी दिशा स्थानीय सूर्यातप की मात्रा को नियंत्रित करती है। इसके प्रभाव स्वरूप ही उत्तरी गोलार्द्ध में कर्क रेखा से उत्तर में स्थित अनेक पर्वतीय ढालों पर मानव बस्तियाँ तथा कृषि कार्य केंद्रित हैं, जबकि उत्तरी ढालों पर वन पाए जाते हैं।

22 सूची I तथा सूची II को सुमेलित कीजिए *(Chap 8, Class-XI, New NCERT)*

सूची I (प्रक्रम)	सूची II (प्रक्रम की व्याख्या)
A. सूर्यातप	1. सबसे कोष्ण और सबसे शीत महीनों के मध्य तापमान का अंतर
B. एल्बिडो	2. समान ताप वाले स्थानों को जोड़ने वाली रेखा
C. समताप रेखा	3. पृथ्वी पर आने वाला सौर विकिरण
D. वार्षिक तापांतर	4. किसी वस्तु के द्वारा परावर्तित दृश्य प्रकाश का प्रतिशत

कूट

	A	B	C	D		A	B	C	D
(a)	3	4	2	1	(b)	3	4	1	2
(c)	1	2	4	3	(d)	1	2	3	4

उत्तर *(a)*

व्याख्या सही सुमेलन A-3, B-4, C-2, D-1 है।

पृथ्वी पर आने वाले सौर विकिरण को सूर्यातप कहते हैं। सूर्य की किरणें लघुतरंगों के माध्यम से पृथ्वी पर आती हैं और पृथ्वी से विकरित किरणों को ही पार्थिव विकिरण (Terrestrial radiation) कहते हैं।

किसी वस्तु के द्वारा परावर्तित दृश्य प्रकाश का प्रतिशत एल्बिडो कहलाता है। खगोल विज्ञान में 'एल्बिडो' द्वारा किसी पिंड के सूर्य विकिरण की मात्रा ज्ञात की जाती है।

समान ताप वाले स्थानों को जोड़ने वाली रेखा, समताप रेखा कहलाती है। समताप रेखा द्वारा भूमंडल पर ताप के क्षेत्रीय वितरण को प्रदर्शित किया जाता है। सबसे कोष्ण तथा शीत महीनों के मध्य पाए जाने वाले तापमान के अंतर को वार्षिक तापांतर कहते हैं। पृथ्वी पर अधिकांश स्थानों पर जनवरी तथा जुलाई का तापांतर सर्वाधिक होता है।

23 **समताप रेखाओं का दक्षिणी गोलार्द्ध की अपेक्षा उत्तरी गोलार्द्ध में अधिक विचलन होता है। इसका प्रमुख कारण है** *(Chap 11, Class-XI, Old NCERT)*

(a) उत्तरी गोलार्द्ध में दक्षिणी गोलार्द्ध की अपेक्षा स्थलीय भाग अधिक है
(b) उत्तरी गोलार्द्ध में वनों का प्रतिशत दक्षिणी गोलार्द्ध की अपेक्षा अधिक है
(c) दक्षिणी गोलार्द्ध का तापमान उत्तरी गोलार्द्ध की अपेक्षा अधिक पाया जाता है
(d) उपर्युक्त सभी

उत्तर *(a)*

व्याख्या समताप रेखाओं का दक्षिणी गोलार्द्ध की अपेक्षा उत्तरी गोलार्द्ध में विचलन अधिक इसलिए होता है, क्योंकि उत्तरी गोलार्द्ध में दक्षिणी गोलार्द्ध की अपेक्षा स्थलीय भाग की अधिकता है। समताप रेखा, समान तापमान वाले स्थानों को मिलाने वाली काल्पनिक रेखा होती है। यह रेखा तापांतर वाले स्थानों पर अर्थात् महासागर से महाद्वीप पर या महाद्वीप से महासागर पर आते समय कुछ मुड़ जाती है।

24 **निम्न में से कौन-सा कथन समताप रेखाओं के संबंध में सही नहीं है?** *(Chap 11, Class-XI, Old NCERT)*

1. जब समताप रेखाएँ समीप-समीप होती हैं, तो उनके बीच की कम दूरी तापांतर की ऊँची दर (तीव्रता) का संकेत देती है।
2. उत्तरी गोलार्द्ध में स्थल खंडों के अधिक विस्तार के कारण समताप रेखाएँ दूर-दूर होती हैं।
3. दक्षिणी गोलार्द्ध में समताप रेखाएँ अपेक्षाकृत अधिक नियमित और पास-पास होती हैं।

कूट

(a) केवल 1 (b) 2 और 3
(c) 2 और 3 (d) 1, 2 और 3

उत्तर *(c)*

व्याख्या समताप रेखाओं के संबंध में कथन (2) और (3) सही नहीं हैं, क्योंकि समताप रेखाओं की परस्पर दूरी अक्षांशीय ताप प्रवणता (Temperature Gradient) बताती है, जिसका अर्थ होता है—तापांतर दर की तीव्रता। स्थलीय भाग, जलीय भाग की अपेक्षा अधिक सूर्यातप प्राप्त करते हैं। अतः उत्तरी गोलार्द्ध में स्थल विस्तार अधिक होने के कारण समताप रेखाएँ अनियमित और पास-पास होती हैं, वहीं दक्षिणी गोलार्द्ध में समताप रेखाएँ अधिक नियमित और दूर-दूर होती हैं।

25 **निम्नलिखित कथनों पर विचार कीजिए** *(Chap 9, Class-XI, New NCERT) (IAS Pre 2007)*

1. अटलांटिक महासागर की तुलना में प्रशांत महासागर में तापमान का वार्षिक परिसर अधिक है।
2. दक्षिणी गोलार्द्ध की तुलना में उत्तरी गोलार्द्ध में तापमान का वार्षिक परिसर अधिक है।

उपर्युक्त में से कौन-सा/से कथन सही है/हैं?

(a) केवल 1 (b) केवल 2
(c) 1 और 2 (d) न तो 1 और न ही 2

उत्तर *(c)*

व्याख्या दिए गए दोनों कथन सही हैं। अटलांटिक महासागर के तापमान पर कोष्ण महासागरीय धाराओं-गल्फ स्ट्रीम तथा उत्तरी अटलांटिक महासागरीय ड्रिफ्ट की उपस्थिति के कारण अधिक है, किंतु तापमान का वार्षिक परिसर प्रशांत महासागर की तुलना में कम है। दक्षिणी गोलार्द्ध की तुलना में उत्तरी गोलार्द्ध में तापमान का वार्षिक परिसर अधिक है, क्योंकि दक्षिणी गोलार्द्ध की अपेक्षा उत्तरी गोलार्द्ध में स्थलीय भाग अधिक है।

26 **तापमान के व्युत्क्रमण या प्रतिलोमन अथवा ऊँचाई के साथ तापमान में होने वाली वृद्धि की विशेष स्थिति के संबंध में कौन-सा कथन सही नहीं है?** *(Chap 9, Class-XI, New NCERT)*

1. पहाड़ी और पर्वतीय क्षेत्रों में वायु अपवाह के कारण तापीय व्युत्क्रमण की उत्पत्ति होती है।
2. भूमध्य रेखीय क्षेत्रों में वर्षभर तापमान व्युत्क्रमण का होना सामान्य घटना है।
3. इसके लिए सर्दियों की मेघ विहीन लंबी रातें, आदर्श दशाएँ होती हैं।
4. संपर्कीय व्युत्क्रमण, प्रतिलोमन के प्रकार हैं, जो शीतोष्ण वाताग्र क्षेत्रों में पाए जाते हैं।

कूट

(a) 1 और 2 (b) 1, 3 और 4
(c) केवल 2 (d) ये सभी

उत्तर *(c)*

व्याख्या तापमान के व्युत्क्रमण या प्रतिलोमन (Inversion of temperature) अथवा ऊँचाई के साथ तापमान में होने वाली वृद्धि की विशेष स्थिति के संबंध में कथन (2) सही नहीं है, क्योंकि भूमध्य रेखीय क्षेत्रों में तापमान व्युत्क्रमण का अभाव होता है, जबकि ध्रुवीय क्षेत्रों में इस घटना का होना सामान्य है।

कथन (1), (3) और (4) सही हैं।

तापीय प्रतिलोमन ध्रुवीय प्रदेशों, मध्य अक्षांशों के हिमाच्छादित भागों तथा घाटियों में अधिक होता है। पहाड़ी एवं पर्वतीय क्षेत्रों में इसकी उत्पत्ति वायु अपवाह के कारण होती है।

तापीय व्युत्क्रमण के लिए सर्दियों की मेघ विहीन लंबी रातें तथा शांत वायु स्वच्छ व साफ आकाश आदर्श दशाएँ होती हैं।

प्रतिलोमन सामान्य रूप से तीन प्रकार के होते हैं, जो क्रमशः धरातलीय व्युत्क्रमण, संपर्कीय व्युत्क्रमण तथा उच्च धरातलीय व्युत्क्रमण हैं। इसमें संपर्कीय व्युत्क्रमण की उत्पत्ति वाताग्र क्षेत्रों में होती है।

27 **निम्नलिखित कथनों पर विचार कीजिए :** *Chap 9, Class-XI, NCERT)*

1. वायुमंडल में कार्बन डाइऑक्साइड, ऑक्सीजन की अपेक्षा अधिक ऊँचाई पर पाई जाती है।
2. कार्बन डाइऑक्साइड सौर विकिरण के लिए पारदर्शी एवं पार्थिव विकिरण के लिए अपारदर्शी है।

उपर्युक्त में से कौन-सा/से कथन सत्य है/हैं?

(a) केवल 1
(b) केवल 2
(c) 1 और 2 दोनों
(d) न तो 1 और न ही 2

उत्तर *(b)*

व्याख्या दिए गए कथनों में से कथन (2) सत्य हैं। कार्बन डाइऑक्साइड सौर विकिरण के लिए पारदर्शी एवं पार्थिव विकिरण के लिए अपारदर्शी है। यह सौर विकिरण के एक अंश को सोख लेती है एवं इसके कुछ भाग को पृथ्वी की सतह की ओर परावर्तित कर देती है।

कथन (1) असत्य है, क्योंकि वायुमंडल में कार्बन डाइऑक्साइड पृथ्वी की सतह से 90 किमी की ऊँचाई तक पाई जाती है, किंतु ऑक्सीजन वायुमंडल में पृथ्वी की सतह से 120 किमी की ऊँचाई तक पाई जाती है। अतः स्पष्ट है कि वायुमंडल में कार्बन डाइऑक्साइड की अपेक्षा ऑक्सीजन अधिक ऊँचाई पर पाई जाती है।

वायुदाब तथा पवनों का संचरण

28 **पृथ्वी पर वायुदाब के वितरण के संबंध में निम्न में से कौन-सा कथन सही नहीं है?** *(Chap 4, Class-VII, Old NCERT)*

(a) विषुवत् वृत्त के आस-पास के क्षेत्र को विषुवतीय निम्न अवदाब क्षेत्र के नाम से जाना जाता है
(b) 30° उत्तरी व 30° दक्षिणी अक्षांश को उपोष्ण निम्न वायुदाब क्षेत्र कहा जाता है
(c) ध्रुवीय क्षेत्रों के निकट वायुदाब अधिक पाया जाता है
(d) समुद्र तल पर सबसे अधिक वायुदाब पाया जाता है

उत्तर (b)

व्याख्या पृथ्वी पर वायुदाब के वितरण के संबंध में कथन (b) सही नहीं है, क्योंकि 30° उत्तरी व 30° दक्षिणी अक्षांश को उपोष्ण उच्च वायुदाब क्षेत्र के नाम से जाना जाता है।

इस पेटी का उच्च दाब तापमान से संबंधित न होकर पृथ्वी की दैनिक गति तथा वायु के अवतलन से होता है। ध्रुवों की ओर 60° उत्तरी व 60° दक्षिणी अक्षांशों पर अधोध्रुवीय निम्न दाब पेटियाँ पाई जाती हैं।

वायुदाब पेटियाँ स्थायी नहीं होती हैं, यह सौर किरणों के विस्थापन के साथ विस्थापित होती रहती हैं।

29 **ऊँचाई के साथ हवा का दाब हमेशा घटता जाता है, लेकिन इसके घटने की दर हमेशा एकसमान नहीं होती है। यह निम्न में से किन घटकों पर निर्भर करती है?** *(Chap 12, Class-XI, Old NCERT)*

1. हवा के घनत्व
2. जलवाष्प की मात्रा
3. गुरुत्वाकर्षण शक्ति
4. समुद्र तल से दूरी

कूट

(a) 1 और 4
(b) 2, 3 और 4
(c) 1, 2 और 3
(d) 1, 2, 3 और 4

उत्तर (c)

व्याख्या धरातल से ऊँचाई बढ़ने पर वायुदाब घटता है, जो हवा के घनत्व, तापमान, जलवाष्प की मात्रा तथा गुरुत्वाकर्षण शक्ति पर निर्भर करता है। सामान्यत: क्षोभमंडल में वायुदाब घटने की औसत दर प्रति 300 मी की ऊँचाई पर लगभग 34 मिलीबार पाई जाती है। वायुदाब में भिन्नता के कारण ही पवनें उच्च वायुदाब से निम्न वायुदाब क्षेत्र की ओर चलती हैं।

30 **धरातल पर क्षैतिज रूप से गतिशील वायु को पवन कहा जाता है, जो निम्न में से किसके संयुक्त प्रभावों का परिणाम होती है?** *(Chap 10, Class-XI, New NCERT)*

1. दाब प्रवणता बल
2. घर्षण बल
3. कोरिऑलिस बल

कूट

(a) केवल 1 (b) केवल 3 (c) 1 और 2 (d) 1, 2 और 3

उत्तर (d)

व्याख्या धरातल पर गतिशील क्षैतिज पवनें क्रमश: दाब प्रवणता बल, घर्षण बल तथा कोरिऑलिस बल के संयुक्त प्रभावों का परिणाम होती हैं। इसके अतिरिक्त गुरुत्वाकर्षण बल पवनों को नीचे प्रवाहित करता है।

दाब प्रवणता बल, दाब परिवर्तन की दर को, घर्षण बल, पवनों की गति को तथा कोरिऑलिस बल, पवनों की दिशा को प्रभावित करते हैं। इस बल का मान विषुवत् वृत्त पर शून्य होता है।

31 **भूमंडलीय पवनों का प्रारूप निर्भर करता है** *(Chap 10, Class-XI, NCERT)*

1. वायुमंडलीय ताप में अक्षांशीय भिन्नता
2. वायुदाब पट्टियों का सौर किरणों के साथ विस्थापन
3. महासागरों व महाद्वीपों का वितरण
4. पृथ्वी का घूर्णन

कूट

(a) 1 और 2
(b) 2, 3 और 4
(c) 3 और 4
(d) उपर्युक्त सभी

उत्तर (d)

व्याख्या भूमंडलीय पवनों के प्रारूप के संबंध में उपर्युक्त सभी कथन सत्य हैं। यह प्रारूप वायुमंडलीय ताप में अक्षांशीय भिन्नता, वायुदाब पट्टियों की उपस्थिति, वायुदाब पट्टियों का सौर किरणों के साथ विस्थापन, महासागरों व महाद्वीपों का वितरण तथा पृथ्वी के घूर्णन पर निर्भर करता है। वायुमंडलीय पवनों के प्रवाह प्रारूप को 'वायुमंडलीय-सामान्य परिसंचरण' भी कहा जाता है। यह वायुमंडलीय परिसंचरण महासागरीय जल को भी गतिमान करता है, जो पृथ्वी की जलवायु को प्रभावित करता है।

32 **निम्न में से कौन-सा कथन वायुदाब एवं पवनों के संबंध में सही नहीं है?** *(Chap 10, Class-XI, New NCERT)*

(a) पृथ्वी की सतह से 2-3 किमी की ऊँचाई पर ऊपरी वायुमंडल में पवनें धरातलीय घर्षण से मुक्त होती हैं
(b) जब पवनें समदाब रेखाओं के समानांतर बहती हैं, तो ऐसी पवनें भू-विक्षेपी पवनें कहलाती हैं
(c) उच्च वायुदाब क्षेत्र के चारों ओर पवनों का परिक्रमण चक्रवाती परिसंचरण कहलाता है
(d) पवनों की दिशा और गति अभिकेंद्रीय त्वरण जैसे कारकों द्वारा प्रभावित होती हैं

उत्तर (c)

व्याख्या वायुदाब एवं पवनों के संबंध में कथन (c) सही नहीं है, क्योंकि निम्न वायुदाब क्षेत्र के चारों ओर पवनों का परिक्रमण चक्रवाती परिसंचरण कहलाता है। वहीं उच्च वायुदाब के चारों ओर पवनों का परिक्रमण प्रतिचक्रवाती परिसंचरण कहलाता है। इसमें पवनों की दिशा दोनों गोलार्द्धों में भिन्न-भिन्न होती है। निम्न वायुदाब क्षेत्रों में वायु का अभिसरण (Convergence) होता है तथा उच्च दाब वाले क्षेत्रों में वायु का अवतलन होता है।

33 **उष्णकटिबंधीय अक्षांशों में दक्षिणी अटलांटिक तथा दक्षिण-पूर्वी प्रशांत क्षेत्रों में चक्रवात उत्पन्न नहीं होता। इसका कारण क्या है?** *(Chap 12, Class-XI, New NCERT) (IAS Pre 2015)*

(a) समुद्री पृष्ठों के ताप निम्न होते हैं
(b) अंत: उष्णकटिबंधीय अभिसारी क्षेत्र (ITCZ) विरल होते हैं
(c) कोरिऑलिस बल अत्यंत दुर्बल होता है
(d) उन क्षेत्रों में भूमि मौजूद नहीं होती

उत्तर (c)

व्याख्या कोरिऑलिस बल की शून्यता के कारण ही दक्षिणी अटलांटिक तथा दक्षिण-पूर्वी प्रशांत महासागर में चक्रवात उत्पन्न नहीं होते हैं। कोरिऑलिस बल दाब प्रवणता के समकोण पर कार्य करता है।

दाब प्रवणता बल समदाब रेखाओं के समकोण पर होता है। दाब प्रवणता अधिक होने पर पवनों का वेग अधिक होता है। विषुवत् वृत्त के निकट कोरिऑलिस बल शून्य होता है तथा पवनों की गति निम्न होती है।

34 **कोरिऑलिस बल किसके कारण उत्पन्न होता है?**
(Chap 10, Class-XI, New NCERT)

(a) वायुदाब के अंतर से
(b) पृथ्वी के घूर्णन से
(c) ताप के अंतर से
(d) उच्चावचीय अवरोध से

उत्तर (b)
व्याख्या कोरिऑलिस बल की उत्पत्ति पृथ्वी के घूर्णन से होती है। कोरिऑलिस बल के प्रभाव के कारण पवनें उत्तरी गोलार्द्ध में दाहिनी ओर दक्षिणी गोलार्द्ध में बाईं ओर मुड़ जाती हैं। इस तरह से ये पवनें उत्तरी गोलार्द्ध में उत्तर-पूर्व दिशा में और दक्षिणी गोलार्द्ध में दक्षिणी-पूर्वी दिशा में प्रवाहित होती हैं। इन पवनों को 'पुरवा पवनें' भी कहा जाता है।

35 **उष्णकटिबंधीय चक्रवात के संबंध में दिए गए कथनों पर विचार कीजिए तथा इनमें असत्य कथनों की पहचान कीजिए**
(Chap 10, Class-XI, New NCERT)

(a) उष्णकटिबंधीय चक्रवात की उत्पत्ति गर्म सागरों के ऊपर होती है
(b) विषुवत् वृत्त पर कोरिऑलिस बल शून्य होने के कारण इसकी उत्पत्ति नहीं हो पाती है
(c) उष्णकटिबंधीय चक्रवातों में वाताग्रों के कारण तापमान में विभिन्नता देखी जाती है
(d) यह चक्रवात उपोष्ण कटिबंध में प्रविष्ट होते ही समाप्त होने लगता है

उत्तर (c)
व्याख्या उष्णकटिबंधीय चक्रवात (Tropical cyclone) के संबंध में कथन (c) असत्य है, क्योंकि उष्णकटिबंधीय चक्रवातों में वाताग्रों का अभाव पाया जाता है, जिससे तापमान संबंधी विभिन्नताएँ नहीं पाई जाती हैं।

यह मुख्य रूप से 5° से 15° अक्षांशों के मध्य दोनों गोलार्द्धों में सागरों के ऊपर निर्मित होते हैं तथा महाद्वीपों के तटीय भाग को प्रभावित करने के बाद समाप्त हो जाते हैं।

36 **शीतोष्ण कटिबंधीय चक्रवात के संबंध में दिए गए कथनों पर विचार कीजिए तथा इनमें सत्य कथनों की पहचान कीजिए**
(Chap 10, Class-XI, New NCERT)

(a) शीतोष्ण कटिबंधीय चक्रवात की उत्पत्ति जलीय और स्थलीय दोनों क्षेत्रों में संभव होती है
(b) इस चक्रवात की दिशा प्रायः पूर्व से पश्चिम होती है
(c) उत्तरी गोलार्द्ध में इस चक्रवात की संचार प्रणाली घड़ी की सुई की दिशा के अनुकूल तथा दक्षिणी गोलार्द्ध में घड़ी की सुई की दिशा के प्रतिकूल होती है
(d) इस चक्रवात का विस्तार क्षेत्र उष्णकटिबंधीय चक्रवात के विस्तार क्षेत्र की अपेक्षा कम होता है

उत्तर (a)
व्याख्या शीतोष्ण कटिबंधीय चक्रवात (Temperature cyclone) के संबंध में कथन (a) सत्य है। शीतोष्ण कटिबंधीय चक्रवात की उत्पत्ति वाताग्रों (मध्य एवं उच्च अक्षांशों में) से (शीतोष्ण कटिबंधीय क्षेत्रों में) होती है, जिससे इनका विकास जलीय व स्थलीय दोनों क्षेत्रों में संभव होता है। उत्तरी गोलार्द्ध में उत्तरी अमेरिका के उत्तर-पूर्व तटीय भाग एवं एशिया के उत्तर-पूर्व तथा पूर्वी तटीय भाग इसके दो प्रमुख उत्पत्ति केंद्र हैं।

कथन (b), (c) और (d) असत्य हैं, क्योंकि ये चक्रवात प्रायः पश्चिम से पूर्व दिशा में भ्रमण करते हैं। उत्तरी गोलार्द्ध में इसकी संचार प्रणाली घड़ी की सुई की दिशा के प्रतिकूल तथा दक्षिणी गोलार्द्ध में घड़ी की सुई की दिशा के अनुकूल होती है। इसका विस्तार क्षेत्र उष्णकटिबंधीय चक्रवात के विस्तार क्षेत्र से अधिक होता है।

37 **निम्न कथनों को पढ़कर सही विकल्प चुनें**
(Chap 10, Class-XI, New NCERT) (CGPSC Pre 2023)

1. समुद्र से दूरी बढ़ने पर उष्णकटिबंधीय चक्रवात का बल कम हो जाता है।
2. उष्णकटिबंधीय चक्रवात की ऊर्जा समुद्र सतह से प्राप्त जलवाष्प को संघनन क्रिया में छोड़ी गई गुप्त ऊष्मा से मिलती है, जोकि समुद्र सतह से दूर जाने पर कम हो जाती है।

कूट
(a) कथन 1 और कथन 2 दोनों सही हैं तथा कथन 2, 1 का सही कारण है
(b) कथन 1 और कथन 2 दोनों सही हैं परन्तु कथन 2, 1 का सही कारण नहीं है
(c) कथन 1 सही है, किन्तु कथन 2 गलत है
(d) कथन 1 और कथन 2 दोनों गलत हैं

उत्तर (a)
व्याख्या कथन 1 और कथन 2 दोनों सही हैं तथा कथन 2, कथन 1 का सही कारण है। उष्णकटिबंधीय चक्रवात की ऊर्जा समुद्र सतह से प्राप्त जलवाष्प की संघनन क्रिया में छोड़ी गई गुप्त ऊष्मा से मिलती है, जोकि समुद्र सतह से दूर जाने पर कम हो जाती है तथा समुद्र से दूरी बढ़ने पर उष्णकटिबंधीय चक्रवात का बल कम हो जाता है।

38 **निम्न कथनों पर विचार कीजिए** *(Chap 10, Class-XI, New NCERT)*

1. तड़ितझंझा अल्प समय के लिए कम क्षेत्रफल पर आक्रामक रूप में उत्पन्न होते हैं।
2. आर्द्रता के कम होने पर तड़ितझंझा धूलभरी आँधियाँ लाते हैं।

उपर्युक्त में से कौन-सा/से कथन सही है/हैं?

(a) केवल 1
(b) केवल 2
(c) 1 और 2 दोनों
(d) न तो 1 और न ही 2

उत्तर (c)
व्याख्या दिए गए दोनों कथन सही हैं। तड़ितझंझा (Thunderstorm) एक पूर्ण विकसित कपासी वर्षा मेघ होते हैं, जो गरज व बिजली उत्पन्न करते हैं। यह उष्ण आर्द्र दिनों में प्रबल संवहन के कारण, अल्प समय के लिए सीमित क्षेत्रफल में आक्रामक रूप में उत्पन्न होते हैं।

तड़ितझंझा में उष्ण वायु का प्रबल ऊर्ध्वप्रवाह होता है, जिसके कारण बादलों का आकार बढ़ता है और ऊँचाई तक पहुँचते हैं, जिससे वर्षण होता है तथा आर्द्रता कम होने पर यह धूलभरी आँधियाँ लाते हैं।

39 **चक्रवातों के आकार की दृष्टि से छोटे किंतु स्वभाव से प्रलयकारी 'टोरनेडो' के संबंध में दिए गए कथनों में कितने कथन सही नहीं हैं?**
(Chap 10, Class-XI, New NCERT)

1. टोरनेडो की उत्पत्ति मुख्य रूप से विषुवतीय क्षेत्रों में होती है।
2. टोरनेडो शीतोष्ण कटिबंधीय चक्रवात का एक रूप होता है।
3. इसका आकार एक कीप या छलनी के समान होता है, जिसका पतला भाग धरातल से जुड़ा होता है।

कूट
(a) केवल एक (b) केवल दो (c) सभी तीन (d) इनमें से कोई नहीं

उत्तर (b)
व्याख्या टोरनेडो के संबंध में केवल दो अर्थात् कथन (1 और 2) सही नहीं हैं, क्योंकि टोरनेडो की उत्पत्ति मुख्य रूप से मध्य अक्षांशीय क्षेत्रों में, ऑस्ट्रेलिया तथा यू. एस. ए. में होती है। समुद्र पर इसे जलस्तंभ (Water spout) कहा जाता है। यह भयानक तड़ितझंझा का एक रूप होता है, जो चक्रवातों के आकार की दृष्टि से लघुतम, किंतु प्रभाव की दृष्टि से अत्यंत प्रलयकारी तथा प्रचंड होता है।

40 **सूची I और सूची II को सुमेलित कीजिए तथा सूचियों के नीचे दिए गए कूट से सही उत्तर दीजिए**

(Chap 10, Class-XI, New NCERT) (UPPSC Pre 2014)

सूची I (चक्रवात)	सूची II (क्षेत्र)
A. विली-विली	1. संयुक्त राज्य अमेरिका
B. हरिकेन	2. ऑस्ट्रेलिया
C. टाइफून	3. फिलीपींस
D. बागियो	4. चीन

कूट

	A	B	C	D
(a)	1	2	3	4
(b)	2	1	4	3
(c)	2	1	4	3
(d)	2	1	3	4

उत्तर *(b)*

व्याख्या सही सुमेलन A-2, B-1, C-4, D-3 है।

पश्चिमी ऑस्ट्रेलिया में आने वाले उष्णकटिबंधीय चक्रवात को विली-विली कहा जाता है।

संयुक्त राज्य अमेरिका में आने वाले उष्णकटिबंधीय चक्रवात को 'हरिकेन' कहा जाता है। अटलांटिक बेसिन में प्रतिवर्ष 12 हरिकेनों का विकास होता है।

चीन में आने वाले उष्णकटिबंधीय चक्रवात को टाइफून कहा जाता है। इसकी उत्पत्ति चीन सागर में होती है। इसका व्यास 150 से 650 किमी होता है।

फिलीपींस में आने वाले चक्रवात को बागियो कहा जाता है। यह नाम फिलीपींस के शहर 'बागियो सिटी' पर आधारित है। 'बागियो सिटी' फिलीपींस की ग्रीष्मकालीन राजधानी भी है।

41 **प्रतिचक्रवात के संबंध में कौन-सा कथन सही है?**

(Chap 12, Class-XI, Old NCERT)

1. प्रतिचक्रवात के केंद्र में उच्च वायुदाब होता है।
2. प्रतिचक्रवात, चक्रवातों की अपेक्षा आकार में छोटा होता है।

कूट

(a) केवल 1 (b) केवल 2
(c) 1 और 2 दोनों (d) न तो 1 और न ही 2

उत्तर *(a)*

व्याख्या प्रतिचक्रवात (Anticyclone) के संबंध में कथन (1) सही है। प्रतिचक्रवात वृत्ताकार समदाब रेखाओं से घिरा हुआ एक क्रम होता है, जिसके केंद्र में उच्चतम वायुदाब होता है। ये उपोष्ण कटिबंधीय उच्च दाब क्षेत्रों में अधिक उत्पन्न होते हैं।

कथन (2) सही नहीं है, क्योंकि आकार में प्रतिचक्रवात, चक्रवात की अपेक्षा अधिक विस्तृत होता है। इनका व्यास चक्रवातों की अपेक्षा 75% अधिक होता है। इसके केंद्र का मौसम साफ होता है।

42 **निम्न में से किस पर भूमंडलीय पवनों का प्रारूप निर्भर करता है?**

(Chap 10, Class-XI, New NCERT)

1. वायुमंडलीय ताप में अक्षांशीय भिन्नता
2. वायुदाब पट्टियों का सौर किरणों के साथ विस्थापन
3. पृथ्वी का आकार
4. वायुदाब पट्टियों की अनुपस्थिति

कूट

(a) केवल 2 (b) 1 और 2
(c) 3 और 4 (d) ये सभी

उत्तर *(b)*

व्याख्या दिए गए कथनों में से कथन (1) और (2) सही हैं। हवाओं की दिशा में वर्षभर चलने वाली पवनों को भूमंडलीय पवन या प्रचलित पवन अथवा स्थायी पवन कहा जाता है। सन्मार्गी पवनें, पछुआ पवनें तथा ध्रुवीय पवनें प्रमुख भूमंडलीय पवनें हैं, जिसका प्रारूप निम्न कारकों पर निर्भर करता है

- वायुमंडलीय ताप में अक्षांशीय भिन्नता
- वायुदाब पट्टियों की उपस्थिति
- वायुदाब पट्टियों का सौर किरणों के साथ विस्थापन
- महासागरों व महाद्वीपों का वितरण
- पृथ्वी का घूर्णन

43 **अंतर-उष्णकटिबंधीय अभिसरण क्षेत्र (ICTZ) सामान्यत: कहाँ पर पाया जाता है, जो एक अभिसरण क्षेत्र होता है?**

(Chap 10, Class-XI, New NCERT)

(a) कर्क रेखा के निकट (b) मकर रेखा के निकट
(c) विषुवत् रेखा के निकट (d) ध्रुवीय क्षेत्र के निकट

उत्तर *(c)*

व्याख्या अंतर-उष्णकटिबंधीय अभिसरण क्षेत्र (Intertropical Convergence Zone, ICTZ) विषुवत् रेखा के निकट पाया जाता है, जो एक वृत्ताकार क्षेत्र होता है, जहाँ उत्तरी एवं दक्षिणी गोलार्द्धों की व्यापारिक हवाएँ एक जगह आकर मिलती हैं। इन व्यापारिक हवाओं के अभिसरण के कारण यह ऊपर की ओर उठने लगता है, जिससे यहाँ भारी वर्षा होती है।

44 **निम्न में से कौन-सा कथन 'पछुआ पवन' के संबंध में सही है?**

(Chap 12, Class-XI, Old NCERT)

(a) यह पवन उपोष्ण उच्च दाब कटिबंध से अधोध्रुवीय निम्न दाब कटिबंध की ओर चलती है
(b) पछुआ पवनों का सर्वश्रेष्ठ विकास 30° से 45° दक्षिणी अक्षांशों के मध्य होता है
(c) ध्रुवों की ओर पछुआ पवनों की सीमा बहुत ही स्थिर होती है
(d) उपर्युक्त सभी

उत्तर *(a)*

व्याख्या 'पछुआ पवन' के संबंध में कथन (a) सही है। पछुआ पवनें उपोष्ण उच्च दाब कटिबंध से अधोध्रुवीय निम्न वायुदाब कटिबंध की ओर चलती हैं। पृथ्वी की परिभ्रमण गति के कारण उत्तरी गोलार्द्ध में इसकी दिशा दक्षिण-पश्चिम से उत्तर-पूर्व तथा दक्षिणी गोलार्द्ध में उत्तर-पश्चिम से दक्षिण-पूर्व होती हैं।

कथन (b) और (c) सही नहीं हैं, क्योंकि पछुआ पवनों का सर्वश्रेष्ठ विकास 40° से 60° दक्षिणी अक्षांशों के मध्य होता है। इसके अतिरिक्त ध्रुवों की ओर पछुआ पवनों की सीमा अस्थिर होती है अर्थात् मौसम की परिवर्तनशीलता इनकी प्रमुख विशेषता है।

45 **ध्रुवीय पवन के संबंध में दिए गए कथनों में असत्य कथन की पहचान कीजिए**

(Chap 2, Class-VII, Old NCERT)

(a) यह पवन अत्यंत ठंडी और भारी होती है
(b) यह उत्तरी गोलार्द्ध में उत्तर-पूर्व से दक्षिण-पश्चिम की ओर बहती है
(c) उष्णकटिबंधीय चक्रवातों की उत्पत्ति में इस पवन की महत्त्वपूर्ण भूमिका पाई जाती है
(d) इस पवन में जलवाष्प धारण करने की क्षमता भी कम होती है

उत्तर *(c)*

व्याख्या ध्रुवीय पवन के संबंध में कथन (c) असत्य है, क्योंकि ध्रुवीय पवन उष्णकटिबंधीय चक्रवातों की उत्पत्ति में नहीं, बल्कि शीतोष्ण कटिबंधीय चक्रवातों की उत्पत्ति में महत्त्वपूर्ण भूमिका निभाती है। यह पवन उत्तरी गोलार्द्ध में उत्तर-पूर्व से दक्षिण-पश्चिम तथा दक्षिणी गोलार्द्ध में दक्षिण-पूर्व से उत्तर-पश्चिम की ओर चलती है।

46 **पृथ्वी की सतह पर विभिन्न कोष्ठ (Cell) तथा इसमें प्रवाहित होने वाली पवनों के संबंध में कौन-सा युग्म सही सुमेलित है?**
(Chap 10, Class-XI, New NCERT)

कोष्ठ		पवन
1. हेडली कोष्ठ	—	पछुआ पवन
2. फैरल कोष्ठ	—	पूर्वी व्यापारिक पवन
3. ध्रुवीय कोष्ठ	—	ध्रुवीय पूर्वी पवन

कूट
(a) केवल 3 (b) 1 और 2
(c) 2 और 3 (d) 1, 2 और 3

उत्तर (a)

व्याख्या दिए गए युग्मों में से युग्म (3) सही सुमेलित है। उच्च दाब कोष्ठ को ही ध्रुवीय कोष्ठ कहते हैं, जिसमें ध्रुवीय पवनें प्रवाहित होती हैं। पृथ्वी की सतह से ऊपर की दिशा में होने वाले परिसंचरण और इसके विपरीत दिशा में होने वाले परिसंचरण को कोष्ठ कहा जाता है। युग्म (1) और (2) सही सुमेलित नहीं है, क्योंकि उष्णकटिबंधीय क्षेत्र के कोष्ठ को हेडली कोष्ठ कहा जाता है, जिसमें पूर्वी व्यापारिक पवनें प्रवाहित होती हैं।

उपोष्ण उच्च दाब कटिबंधीय क्षेत्र को फेरल कोष्ठ कहा जाता है, जिसमें पछुआ पवनें प्रवाहित होती हैं।

47 **मौसम के अनुसार अपनी दिशा को बदलने वाली मानसूनी पवन के संबंध में कौन-सा कथन असत्य है?**
(Chap 2, Class-VII, Old NCERT)

1. यह पवन मुख्य रूप से भारत और उत्तरी ऑस्ट्रेलिया के क्षेत्रों में बहती है।
2. शीतकालीन मानसून में वायु का तीव्र बहाव होता है, जिसमें पवन दक्षिण-पश्चिम दिशा में चलती है।

कूट
(a) केवल 1 (b) केवल 2
(c) 1 और 2 (d) न तो 1 और न ही 2

उत्तर (c)

व्याख्या मौसम के अनुसार अपनी दिशा को बदलने वाली मानसूनी पवन के संबंध में दोनों कथन असत्य हैं।

मानसूनी पवनें भारत, पाकिस्तान, बांग्लादेश, म्यांमार, श्रीलंका, अरब सागर, बंगाल की खाड़ी, दक्षिण-पूर्वी एशिया, उत्तरी ऑस्ट्रेलिया, चीन और जापान में बहती हैं। शीतकालीन मानसून वायु का मंद बहाव होता है, जिसमें पवनें सामान्यतः उत्तर-पूर्व दिशा में चलती हैं। दक्षिण-पश्चिम दिशा में यह पवनें ग्रीष्मकाल में चलती हैं।

48 **विश्व के विभिन्न भागों में चलने वाली स्थानीय पवनों तथा क्षेत्र विशेष की दी गई युग्मों में से कितने सही हैं?**
(Chap 12, Class-XI, Old NCERT)

स्थानीय पवन		क्षेत्र/स्थान
1. फोन (फॉन)	—	आल्पस पर्वत
2. मिस्ट्रल	—	फ्रांस एवं राइन घाटी
3. शिनूक (चिनूक)	—	यू एस ए और कनाडा
4. हरमट्टन	—	अफ्रीका

कूट
(a) केवल एक (b) केवल दो
(c) केवल तीन (d) ये सभी

उत्तर (d)

व्याख्या दिए गए सभी चार युग्म सही सुमेलित हैं।

फोन (फॉन), आल्पस पर्वतीय क्षेत्र में बहने वाली एक गर्म पवन है, जिसका विकास पवन विमुख ढालों पर होता है।

मिस्ट्रल, फ्रांस एवं राइन नदी घाटी में बहती है, जो ठंडी, शुष्क तथा तीव्र गति से प्रवाहित होती है।

शिनूक (चिनूक), यू.एस.ए. और कनाडा की गर्म स्थानीय पवन है। यह पशुपालकों के लिए लाभकारी होती है।

अफ्रीका की सहारा मरुभूमि में बहने वाली गर्म, शुष्क और तेज रफ्तार वाली आँधी को हरमट्टन के नाम से जाना जाता है।

49 **निम्न में से कौन-सी क्षोभमंडल की ऊपरी संस्तरों में चलने वाली जेट वायुधारा की प्रमुख विशेषता है?**
(Chap 12, Class-XI, Old NCERT)

(a) यह जेटधारा क्षोभसीमा के समीप बड़ी तेजी से पश्चिम से पूर्व की ओर निरंतर बहती रहती है।
(b) इसकी चौड़ाई 40 से 80 किमी तक पाई जाती है।
(c) इसकी गति 70-80 किमी प्रति घंटा से भी कम होती है।
(d) इसके क्रोड में वायु की गति अत्यधिक धीमी होती है।

उत्तर (a)

व्याख्या क्षोभमंडल की ऊपरी संस्तरों में चलने वाली जेट वायुधारा की प्रमुख विशेषता है कि यह क्षोभसीमा के समीप बड़ी तेजी से पश्चिम से पूर्व की ओर निरंतर बहती रहती है।

ये जेट वायुधाराएँ संकरी, सर्पीली तथा अत्यधिक तेज रफ्तार वाली वायु पट्टी होती हैं, जिसकी चौड़ाई 40 से 160 किमी तक मोटाई 2 से 3 किमी तक होती हैं। इसकी गति 120 किमी प्रति घंटा से भी अधिक होती है तथा इसके क्रोड में वायु की गति बहुत तेज होती है।

50 **निम्न में से कौन-सी विशेषता ध्रुवीय वाताग्री जेट वायुधारा के संबंध में सही नहीं है?** *(Chap 12, Class-XI, Old NCERT)*

(a) मध्य अक्षांशीय या ध्रुवीय वाताग्री जेट वायुधारा वायुदाब में अंतर के कारण उत्पन्न होती है
(b) जेट वायुधाराओं का मौसमी दशाओं पर महत्त्वपूर्ण व व्यापक प्रभाव पड़ता है
(c) वायुयानचालक भी जेट वायुधाराओं का उपयोग वायुयान के अनुकूल दिशा में उड़ान भरने के लिए करते हैं
(d) उपर्युक्त सभी

उत्तर (a)

व्याख्या ध्रुवीय वाताग्री जेट वायुधारा के संबंध में कथन (a) सही नहीं है, क्योंकि ध्रुवीय वाताग्री अथवा मध्य अक्षांशीय जेट वायुधारा की उत्पत्ति तापांतर के कारण होती है, जिसकी स्थिति उपोष्ण वायु जेटधारा की अपेक्षा अधिक परिवर्तनशील होती है। ग्रीष्मकाल में यह ध्रुवों की ओर तथा शीत ऋतु में विषुवत् रेखा की ओर परिवर्तित हो जाती है।

वायुमंडल में आर्द्रता एवं संघनन

51 **वायुमंडल में मौजूद अदृश्य जलवाष्प की मात्रा तथा आर्द्रता से संबंधित दिए गए कथनों में कौन-सा कथन सही है?**
(Chap 13, Class-XI, Old NCERT)

1. किसी निश्चित तापमान पर वायु में उपस्थित जलवाष्प की मात्रा एवं जल ग्रहण करने की क्षमता के अनुपात को सापेक्षिक आर्द्रता कहा जाता है।
2. वायु के प्रति इकाई आयतन में विद्यमान जलवाष्प की मात्रा को निरपेक्ष आर्द्रता कहा जाता है।

कूट

(a) केवल 1 (b) केवल 2
(c) 1 और 2 (d) न तो 1 और न ही 2

उत्तर (c)

व्याख्या वायुमंडल में मौजूद अदृश्य जलवाष्प की मात्रा तथा आर्द्रता से संबंधित दिए गए दोनों कथन सही हैं।

सापेक्षिक आर्द्रता (Relative Humidity)

$$= \frac{\text{जलवाष्प की मात्रा}}{\text{उसी ताप पर वायु की जलवाष्प धारण करने की क्षमता}} \times 100$$

निरपेक्ष आर्द्रता (Absolute Humidity)

$$= \frac{\text{वायु में जलवाष्प की मात्रा (ग्राम)}}{\text{वायु का आयतन (मी}^3\text{)}}$$

निरपेक्ष आर्द्रता को ग्राम प्रति घन मीटर में मापा जाता है।

52 वायुमंडल, महासागरों तथा महाद्वीपों के बीच जल का लगातार आदान-प्रदान निम्न में से किस प्रक्रिया द्वारा होता है?

(Chap 3, Class-VII, Old NCERT)

1. वाष्पीकरण
2. संघनन
3. ओसांक

कूट

(a) केवल 1 (b) 1 और 2 (c) 2 और 3 (d) 1, 2 और 3

उत्तर (b)

व्याख्या वायुमंडल, महासागरों तथा महाद्वीपों पर जल का लगातार आदान-प्रदान क्रमशः वाष्पीकरण, वाष्पोत्सर्जन, संघनन तथा वर्षण के द्वारा होता रहता है। इसमें जलीय चक्र क्रियाविधि की महत्त्वपूर्ण भूमिका पाई जाती है। वायुमंडल में विद्यमान जलवाष्प के लिए मुख्य रूप से संघनन व वाष्पीकरण महत्त्वपूर्ण होता है।

53 निम्न कथनों पर विचार कीजिए *(Chap 11, Class-XI, New NCERT)*

1. जिस तापमान पर जल वाष्पीकृत होना शुरू होता है, उसे वाष्पीकरण की गुप्त ऊष्मा कहा जाता है।
2. वायु के तापमान में वृद्धि के साथ जल को अवशोषित करने की क्षमता घटती है।
3. वायु की गति जितनी अधिक होती है, वाष्पीकरण की दर भी उतनी ही कम होती है।

उपर्युक्त में से कितने कथन वाष्पीकरण के संबंध में सही हैं?

(a) केवल एक (b) केवल दो
(c) केवल तीन (d) इनमें से कोई नहीं

उत्तर (a)

व्याख्या दिए गए कथनों में से केवल एक कथन (कथन 1) वाष्पीकरण के संबंध में सही है।

वाष्पीकरण वह क्रिया है, जिसके द्वारा जल द्रव से गैसीय अवस्था में परिवर्तित होता है। वाष्पीकरण की गुप्त ऊष्मा, संघनन (Condensation) की प्रक्रिया में निर्मुक्त होकर प्रचंड मौसम का निर्माण करती है।

कथन (2) और (3) सही नहीं हैं, क्योंकि वायु के तापमान में वृद्धि के साथ जल को अवशोषित करने की क्षमता में वृद्धि होती है।

वायु की गति जितनी अधिक होती है, वाष्पीकरण की दर उतनी ही अधिक होती है। वायु की गति संतृप्त वायु की परत को असंतृप्त परत के द्वारा हटा देती है।

54 वायुमंडल में संघनन की प्रक्रिया निम्न में से किन परिस्थितियों में संभव होती है? *(Chap 13, Class-XI, Old NCERT)*

(a) जब हवा का तापमान घटकर ओसांक तक पहुँच जाए, किंतु उसका आयतन स्थिर रहे
(b) जब हवा का आयतन ऊष्मा की मात्रा बढ़ाए बिना ही बढ़ जाए
(c) जब वाष्पीकरण द्वारा हवा में आर्द्रता की अतिरिक्त मात्रा न मिला दी जाए
(d) 'a' और 'b'

उत्तर (d)

व्याख्या वायुमंडल में संघनन की प्रक्रिया जलवाष्प को छोटे-छोटे जलकणों या हिमकणों में बदलने की प्रक्रिया होती है, जो निम्न परिस्थितियों में संभव होती है

- जब हवा का तापमान घटकर ओसांक (Dew) तक पहुँच जाए, किंतु आयतन स्थिर हो।
- जब हवा का आयतन ऊष्मा की मात्रा बढ़ाए बिना ही बढ़ जाए।
- जब हवा की आर्द्रता धारण क्षमता, तापमान और आयतन के संयुक्त रूप से घटने के कारण आर्द्रता से कम हो जाए।
- जब वाष्पीकरण द्वारा आर्द्रता की अतिरिक्त मात्रा हवा में मिला दी जाए।

55 निम्न कथन (A) व कारण (R) को पढ़िए और नीचे दिए गए कूट की सहायता से सही उत्तर का चयन कीजिए

(Chap 13, Class-XI, Old NCERT)

कथन (A) रुद्धोष्म ताप परिवर्तन का संबंध हवा के फैलाव और ऊपर उठने से होता है।

कारण (R) हवा का क्षैतिज विस्थापन रुद्धोष्म तथा अवरोही ताप परिवर्तन का मुख्य कारण होता है।

कूट

(a) A और R दोनों सही हैं तथा R, A की सही व्याख्या है
(b) A और R दोनों सही हैं, परंतु R, A की सही व्याख्या नहीं है
(c) A सही है, किंतु R गलत है
(d) A गलत है, किंतु R सही है

उत्तर (c)

व्याख्या A सही है, किंतु R गलत है। रुद्धोष्म (एडियाबेटिक) ताप परिवर्तन का संबंध हवा के फैलाव और ऊपर उठने से होता है। हवा का ऊर्ध्वाधर विस्थापन इस रुद्धोष्म ताप परिवर्तन तथा अवरोही ताप परिवर्तन का मुख्य कारण होता है। धरातल के समीप ऐसे ताप परिवर्तन का अभाव होता है, क्योंकि क्षैतिज वायु संचरण के कारण भिन्न हवाएँ आपस में मिलकर इनकी विशिष्टताओं में बदलाव कर देती हैं।

56 संघनन के विभिन्न रूप के संबंध में दिए गए कथनों में कौन-सा कथन सही नहीं है? *(Chap 11, Class-XI, New NCERT)*

1. जब तापमान ओसांक तक गिर जाता है, तो संघनन होने लगता है, जिससे ओस, पाला, कुहरा तथा कुहासा का निर्माण होता है।
2. ओस के निर्माण के लिए उच्च सापेक्ष आर्द्रता के साथ तापमान का हिमांक से नीचे होना आवश्यक होता है।
3. तुषार या पाले के निर्माण के लिए तापमान का हिमांक से ऊपर होना आवश्यक होता है।

कूट

(a) केवल 1 (b) 1 और 2
(c) 2 और 3 (d) 1, 2 और 3

उत्तर (c)

व्याख्या संघनन के विभिन्न रूप के संबंध में कथन (2) और (3) सही नहीं हैं, क्योंकि ओस के निर्माण के लिए साफ आकाश, शांत वातावरण या हल्की समीर, उच्च सापेक्ष आर्द्रता एवं ठंडी तथा लंबी रातों के अतिरिक्त तापमान का हिमांक से ऊपर होना आवश्यक होता है।

तुषार या पाले के निर्माण के लिए तापमान का हिमांक पर अथवा हिमांक से नीचे होना आवश्यक होता है। इसके अतिरिक्त अन्य परिस्थितियाँ ओस के समान होती हैं। कथन (1) सही है। जब तापमान ओसांक तक गिर जाता है, तो संघनन होने लगता है, जिससे ओस, पाला, कुहरा तथा कुहासा का निर्माण होता है।

57 कुहरा तथा कुहासा (धुंध) के संबंध में दिए गए कथनों पर विचार कीजिए *(Chap 11, Class-XI, New NCERT)*

1. भौमिक विकिरण द्वारा धरातल तथा उसके समीप बने कुहरे को विकिरण कुहरा कहा जाता है।
2. विकिरण कुहरे के विपरीत अभिवहन कुहरा पतला होता है।
3. नगरीय और औद्योगिक केंद्र के निकट कुहरे का निर्माण होता है, किंतु कुहासा का नहीं।
4. कुहासे एवं कुहरे में केवल इतना अंतर होता है कि कुहासे में कुहरे की अपेक्षा नमी अधिक होती है।

उपर्युक्त में से कितने कथन सही नहीं हैं?

(a) केवल एक (b) केवल दो
(c) केवल तीन (d) ये सभी

उत्तर (b)

व्याख्या कुहरा तथा कुहासा (धुंध) के संबंध में केवल दो कथन [कथन (2) और (3)] सही नहीं हैं, क्योंकि विकिरण कोहरा के विपरीत अभिवहन कुहरा अधिक मोटा होता है। इसकी मोटाई 300 से 600 मी तक होती है तथा इसका निर्माण हवा के क्षैतिज संचरण के समय तापमान गिरने से होता है।

नगरीय तथा औद्योगिक केंद्रों के निकट कुहरे और कुहासे दोनों का निर्माण होता है।

58 पाले के मौसम के बारे में निम्न कथनों पर विचार करें *(Chap 12, Module-4, NIOS)*

1. पाले का प्रकोप मुख्यत: ठंडी जलवायु वाले क्षेत्रों, विशेषकर ऊँचाई वाले स्थानों पर होता है।
2. रेगिस्तानी क्षेत्र पाले के मौसम के लिए प्राथमिक स्थान है।
3. चट्टानों के ऊपर जानवरों की गतिविधियाँ पाले के मौसम में महत्त्वपूर्ण योगदान देती हैं।
4. कार्बोनेशन की प्रक्रिया किसी क्षेत्र में पाले के मौसम के प्रभाव को बढ़ा सकती है।

उपर्युक्त में से कितने कथन सही हैं?

(a) केवल एक (b) केवल दो
(c) केवल तीन (d) ये सभी

उत्तर (b)

व्याख्या पाले के मौसम के बारे में केवल दो कथन (1 और 4) सही हैं। पाले का मौसम मुख्य रूप से ठंडी जलवायु वाले क्षेत्रों में होता है, विशेष रूप से ऊँचाई वाले स्थानों पर जहाँ पानी बार-बार जम और पिघल सकता है।

कार्बोनेशन की प्रक्रिया किसी क्षेत्र में ठंड के मौसम के प्रभाव को बढ़ा सकती है, क्योंकि इसमें पानी में कार्बन डाइऑक्साइड का विघटन शामिल है, जो PH को कम करता है और पानी को चट्टानों के लिए अधिक संक्षारक बनाता है। कार्बोनेशन चट्टानों में पारे और छिद्र भी बना सकता है, जिससे पानी के घुसपैठ और बर्फ के निर्माण के लिए सतह का क्षेत्र बढ़ जाता है।

कथन (2) और (3) असत्य हैं, क्योंकि रेगिस्तानी क्षेत्र पाले के मौसम के लिए प्राथमिक स्थान नहीं है, उनमें वर्षा और आर्द्रता कम होती है, जो जमने के लिए पानी की उपलब्धता को सीमित करती है। चट्टानों के ऊपर जानवरों की गतिविधियाँ ठंड के मौसम में महत्त्वपूर्ण योगदान नहीं देती हैं, क्योंकि ये चट्टानों के भीतर बर्फ के निर्माण से संबंधित नहीं हैं। जानवरों की गतिविधियों से घर्षण या बायोटर्बेशन द्वारा शारीरिक अपक्षय हो सकता है, लेकिन पाला अपक्षय नहीं।

वायुमंडलीय परिसंचरण तथा मौसम प्रणालियाँ

59 हवा की रुद्धोष्म प्रक्रिया के द्वारा ठंडे होने पर उसके तापमान के ओसांक से नीचे गिरने पर निर्मित बादलों में कौन-सा बादल आकाश में सबसे ऊँचा बादल है? *(Chap 11, Class-XI, New NCERT)*

(a) पक्षाभ मेघ (b) कपासी मेघ
(c) स्तरी मेघ (d) वर्षा मेघ

उत्तर (a)

व्याख्या पक्षाभ मेघ (Cirrus clouds) आकाश में सबसे ऊँचा बादल है। इसका निर्माण जलकणों या हिमकणों से होता है। यह अत्यधिक कोमल तथा सफेद रेशम के समान होता है। यह 8000-12000 मी की ऊँचाई पर बनते हैं, जो पंख के समान प्रतीत होते हैं। जब ये आकाश में अनियमित क्रम में फैले होते हैं, तो इनसे स्वच्छ मौसम की पूर्व सूचना मिलती है।

60 बादलों के संबंध में निम्न में से कौन-सा कथन सही नहीं है? *(Chap 13, Class-XI, Old NCERT)*

(a) स्तरी मेघ परतदार बादल होते हैं, जो आकाश के बड़े भाग पर फैले होते हैं।
(b) वर्षा मेघ, सूर्य की किरणों के लिए पारदर्शी होते हैं।
(c) स्तरी मेघ का निर्माण कुहरे की निचली परतों में होता है।
(d) स्तरी मेघ से जल वृष्टि अथवा हिम वृष्टि होती है।

उत्तर (b)

व्याख्या बादलों के संबंध में कथन (b) सही नहीं है, क्योंकि बादलों को चार रूपों में वर्गीकृत किया जाता है। जिनमें-कपासी मेघ, पक्षाभ मेघ, स्तरी मेघ तथा वर्षा मेघ शामिल हैं। वर्षा मेघ (Nimbus clouds) सूर्य की किरणों के लिए अपारदर्शी होते हैं। ये बादल काले व गहरे स्लेटी रंग के होते हैं। इनका निर्माण मध्य स्तरों अथवा पृथ्वी की सतह के निकट होता है। कभी-कभी यह सतह को छूते हुए प्रतीत होते हैं। ये मोटे जलवाष्प विहीन संघनित रूप में होते हैं।

61 बादलों की ऊँचाई, विस्तार, घनत्व तथा पारदर्शिता या अपारदर्शिता के आधार पर वर्गीकृत बादलों में कौन शामिल है? *(Chap 11, Class-XI, New NCERT)*

1. कपासी मेघ
2. स्तरी मेघ
3. स्तरी कपासी मेघ
4. पक्षाभ कपासी मेघ

कूट

(a) केवल 3 (b) 3 और 4
(c) 1 और 2 (d) 1, 2, 3 और 4

उत्तर (c)

व्याख्या बादलों की ऊँचाई, विस्तार, घनत्व तथा पारदर्शिता या अपारदर्शिता के आधार पर वर्गीकृत बादलों में कपासी मेघ तथा स्तरी मेघ शामिल हैं।

कपासी मेघ (Cummulus clouds) प्राय: 4000 से 7000 मी की ऊँचाई पर बनते हैं, जो रूई के समान दिखाई पड़ते हैं। ये चपटे आधार वाले होते हैं, जिनका शीर्ष भाग फूलगोभी के समान होता है।

स्तरी मेघ (Stratus clouds) का निर्माण कुहरे की निचली परतों में विसरण अथवा उत्थान के कारण होता है। यह कम वर्षा वाले होते हैं तथा कुहरे की भाँति आकाश को ढक लेते हैं। इनके खंडित होने से आकाश नीला दिखाई पड़ता है।

62 संवहनीय वर्षा के संबंध में दिए गए कथनों पर विचार कीजिए और उनमें सत्य कथनों की पहचान कीजिए *(Chap 3, Class-VII, Old NCERT)*

(a) यह वर्षा प्राय: विषुवतीय क्षेत्र में विशेषकर उत्तरी गोलार्द्ध के महाद्वीपों के भीतरी भागों में होती है।
(b) इसमें मूसलाधार वर्षा होती है, जो कम समय के लिए होती है।
(c) यह वर्षा कपासी मेघों के द्वारा होती है।
(d) उपर्युक्त सभी

उत्तर *(d)*

व्याख्या संवहनीय वर्षा के संबंध में दिए गए सभी कथन सत्य हैं।
जब वायु गर्म होकर संवहनीय धाराओं के रूप में ऊपर उठती है, तब संघनन की क्रिया के पश्चात् होने वाली वर्षा को संवहनीय वर्षा कहते हैं। यह वर्षा मुख्य रूप से विषुवतीय क्षेत्रों में विशेषकर उत्तरी गोलार्द्ध में महाद्वीपों के भीतरी भागों व समशीतोष्ण प्रदेशों में वर्षभर दोपहर पश्चात् होती है। यह वर्षा कपासी मेघों के द्वारा कम समय के लिए बिजली की गर्जन के साथ मूसलाधार होती है।

63 वर्षण के संदर्भ में 'वृष्टिछाया क्षेत्र' का संबंध किस प्रकार की वर्षा से पाया जाता है? *(Chap 11, Class-XI, New NCERT)*

(a) संवहनीय वर्षा
(b) पर्वतीय वर्षा
(c) चक्रवातीय वर्षा
(d) सहिम वर्षा

उत्तर *(b)*

व्याख्या वर्षण के संदर्भ में 'वृष्टिछाया क्षेत्र' का संबंध पर्वतीय वर्षा से पाया जाता है। उष्ण तथा आर्द्र पवनों के मार्ग में जब कोई पठार, पर्वत अथवा ऊँची पहाड़ियाँ आती हैं, तो वायु ऊपर उठने के साथ ठंडी होती है। इसके बाद संघनन की क्रिया होती है, तत्पश्चात् वर्षा होती है, इसे ही पर्वतीय वर्षा कहते हैं तथा इसे मानसूनी वर्षा भी कहा जाता है।
पर्वतों के पवनाभिमुखी ढालों पर अधिक वर्षा होती है तथा प्रति-पवन (Anti-wind) ढाल या पवन विमुखी ढाल वर्षा से अछूती रह जाती है। यह वर्षा विहीन भाग (क्षेत्र) ही वृष्टिछाया क्षेत्र कहलाता है।

64 चक्रवातीय वर्षा के संबंध में दिए गए कथनों पर विचार कीजिए *(Chap 13, Class-XI, Old NCERT)*

1. यह वर्षा प्राय: निम्न एवं उच्च अक्षांशों में होती है।
2. इसमें गर्म तथा ठंडी वायुराशि टकराती है, जिससे भीषण तूफानी दशाएँ उत्पन्न होती हैं।

उपर्युक्त में से कौन-सा/से कथन सही है/हैं?

(a) केवल 1
(b) केवल 2
(c) 1 और 2
(d) न तो 1 और न ही 2

उत्तर *(b)*

व्याख्या चक्रवातीय वर्षा के संबंध में कथन (2) सही है।
चक्रवातीय वर्षा, चक्रवात के आंतरिक भागों में गर्म तथा ठंडी वायु राशि के मिलने व ऊपर उठने तथा ठंडी होने से होती है। इसमें भीषण तूफानी दशाएँ उत्पन्न होती हैं।
कथन (1) सही नहीं है, क्योंकि यह वर्षा विशेषकर मध्य अक्षांशीय शीतोष्ण कटिबंधीय क्षेत्रों में होती है। इसमें वर्षा लगातार मूसलाधार व लंबे समय तक होती है।

65 संसार में वर्षा वितरण के संबंध में दिए गए कथनों पर विचार कीजिए *(Chap 4, Class-IX, Old NCERT)*

1. विषुवत् वृत्त से ध्रुव की ओर जाने पर वर्षा की मात्रा में धीरे-धीरे कमी होती जाती है।
2. स्थलीय भागों की अपेक्षा महासागरों के ऊपर वर्षा अधिक होती है।
3. विषुवत् वृत्त से 35° से 40° उत्तरी एवं दक्षिणी अक्षांशों के मध्य पू तटों पर बहुत कम वर्षा होती है।

उपर्युक्त में से कौन-सा/से कथन सही नहीं है/हैं?

(a) केवल 3
(b) 2 और 3
(c) 1 और 3
(d) 1, 2 और 3

उत्तर *(a)*

व्याख्या संसार में वर्षा के वितरण के संबंध में कथन (3) सही नहीं है, क्योंि विषुवत् वृत्त से 35° से 40° उत्तरी एवं दक्षिणी अक्षांशों के मध्य पूर्वी तटों प बहुत अधिक वर्षा होती है तथा पश्चिम की ओर घटती जाती है।
45° तथा 65° उत्तरी तथा दक्षिणी अक्षांशों के मध्य पछुआ पवनों वे कारण महाद्वीपों के पश्चिमी किनारों पर वर्षा होती है, जो पूर्व की ओर घटत जाती है।

66 निम्न कथनों पर विचार कीजिए *(Chap 10, Class-XI, New NCERT)*

1. जब दो भिन्न प्रकार की वायुराशियाँ मिलती हैं, तो उनके मध्य के सीम क्षेत्र को 'वाताग्र' कहते हैं।
2. वाताग्र मुख्य रूप से निम्न अक्षांशों में ही निर्मित होते हैं।

उपर्युक्त में से कौन-सा/से कथन सही है/हैं?

(a) केवल 1
(b) केवल 2
(c) 1 और 2
(d) न तो 1 और न ही 2

उत्तर *(a)*

व्याख्या दिए गए कथनों में से कथन (1) सही है।
तापमान तथा आर्द्रता संबंधी विशिष्ट गुणों वाली वृहद् वायु, वायुराशि कहलाती है। जब दो भिन्न गुणों वाली वायुराशियाँ मिलती हैं, तो उनके मध्य निर्मित सीमा क्षेत्र वाताग्र तथा वाताग्रों के बनने की प्रक्रिया 'वाताग्र जनन' कहलाती है।
कथन (2) सही नहीं है, क्योंकि वाताग्र मुख्य रूप से मध्य अक्षांशों में निर्मित होते हैं और तीव्र वायुदाब व तापमान प्रवणता इनकी प्रमुख विशेषताएँ हैं।

विश्व के जलवायु प्रदेश

67 निम्न में से कौन किसी क्षेत्र की जलवायु को प्रभावित व नियंत्रित करने वाले प्रमुख कारक हैं? *(Chap 4, Class-IX, Old NCERT)*

1. अक्षांश
2. उच्चावच
3. महासागरीय धाराएँ
4. स्थल एवं जल की विषमता

कूट

(a) 1 और 2
(b) 3 और 4
(c) 1, 2 और 3
(d) 1, 2, 3 और 4

उत्तर *(d)*

व्याख्या किसी क्षेत्र की जलवायु को प्रभावित करने वाले मुख्य कारक तापमान, वर्षा, वायुदाब, अक्षांश, उच्चावच, महासागरीय धाराएँ तथा स्थल एवं जल की विषमता आदि हैं। इनके प्रभाव स्वरूप ही विश्व के विभिन्न भागों में जलवायु दशाएँ भिन्न होती हैं तथा प्रादेशिक विभिन्नताओं के साथ-साथ ऋतु संबंधी विभिन्नताएँ पाई जाती हैं।

68 कोपेन द्वारा विकसित जलवायु के वर्गीकरण में किस पद्धति का सबसे व्यापक उपयोग किया गया है? *(Chap 14, Class-XI, Old NCERT)*

(a) व्यवस्थित
(b) आनुभाविक
(c) अनुप्रयुक्त
(d) जननिक

उत्तर *(b)*

व्याख्या कोपेन द्वारा विकसित जलवायु के वर्गीकरण में आनुभाविक पद्धति का उपयोग किया गया है। इन्होंने तापमान तथा वर्षण के कुछ निश्चित मानों का चयन कर उनका वनस्पति वितरण से संबंध स्थापित किया तथा इन मानों की सहायता से जलवायु का वर्गीकरण किया। इस प्रकार यह पद्धति वर्षा एवं तापमान के मध्यमान वार्षिक एवं मध्यमान मासिक आँकड़ों पर आधारित है।

69 कोपेन के अनुसार वर्गीकृत जलवायु के प्रकार में कूट अक्षर 'Am' का प्रयोग किस जलवायु के संदर्भ में किया जाता है? *(Chap 12, Class-XI, New NCERT)*

(a) उष्णकटिबंधीय आर्द्र (b) उष्णकटिबंधीय आर्द्र एवं शुष्क
(c) उष्णकटिबंधीय मानसून (d) उपोष्ण कटिबंधीय मरुस्थल

उत्तर (c)
व्याख्या कोपेन के द्वारा वर्गीकृत जलवायु के प्रकार में कूट अक्षर 'Am' का प्रयोग उष्णकटिबंधीय मानसून जलवायु के संदर्भ में किया जाता है। यह उष्णकटिबंधीय आर्द्र जलवायु का प्रकार है, जहाँ वर्षा ग्रीष्म ऋतु में होती है तथा शीत ऋतु शुष्क व छोटी होती है।

70 उष्णकटिबंधीय आर्द्र जलवायु प्रदेश के संबंध में दिए गए कथनों पर विचार कीजिए *(Chap 14, Class-XI, Old NCERT)*

1. यह जलवायु प्रदेश विषुवत् वृत्त के निकट पाया जाता है।
2. इस जलवायु प्रदेश में वर्ष के प्रत्येक माह में दोपहर पश्चात् तीव्र वर्षा होती है।
3. जलवायु प्रदेश में विरल जैव-विविधता का प्रसार पाया जाता है।

उपर्युक्त में से कितने कथन सही हैं?

(a) केवल एक (b) केवल दो
(c) सभी तीन (d) इनमें से कोई नहीं

उत्तर (b)
व्याख्या उष्णकटिबंधीय आर्द्र जलवायु प्रदेश के संबंध में केवल दो कथन [कथन (1) और (2)] सही हैं।

उष्णकटिबंधीय आर्द्र जलवायु प्रदेश विषुवत् वृत्त के निकट पाया जाता है। इनके प्रमुख क्षेत्र क्रमशः दक्षिण अमेरिका का अमेजन बेसिन, पश्चिमी विषुवतीय अफ्रीका तथा दक्षिण-पूर्वी एशिया के द्वीप हैं। इस प्रदेश में वर्ष के प्रत्येक माह में दोपहर बाद गरज एवं बौछारों के साथ मूसलाधार वर्षा होती है, किंतु कम समय के लिए होती है।

कथन (3) सही नहीं है, क्योंकि इस जलवायु प्रदेश में सघन तथा व्यापक जैव-विविधता वाले उष्णकटिबंधीय सदाहरित वन पाए जाते हैं।

71 अफ्रीका के सूडान और वेल्ड पठार, ब्राजील के कंपोस में किस प्रकार की जलवायु पाई जाती है? *(Chap 12, Class-XI, New NCERT)*

(a) सवाना (b) भूमध्य सागरीय
(c) आर्द्र महाद्वीपीय (d) उपोष्ण कटिबंधीय

उत्तर (a)
व्याख्या सवाना जलवायु या सूडान तुल्य जलवायु प्रदेश का अफ्रीका के सूडान, वेल्ड पठार एवं ब्राजील के कंपोस, दक्षिण अमेरिका में वेनेजुएला, कोलंबिया, गुयाना, दक्षिणी मध्य ब्राजील, पराग्वे व उत्तरी ऑस्ट्रेलिया आदि में विस्तार पाया जाता है। यह भूमध्य रेखा के दोनों ओर 10° से 20° अक्षांश तक फैला हुआ है। यहाँ 25 से 100 सेमी तक वर्षा होती है और यहाँ घास के बड़े क्षेत्र विद्यमान हैं।

72 भूमध्य सागरीय जलवायु के संबंध में नीचे दिए गए कथनों पर विचार कीजिए *(Chap 14, Class-XI, Old NCERT)*

1. यह जलवायु महाद्वीपों के पश्चिमी समुद्र तटीय प्रदेशों में 45° से 60° अक्षांशों के मध्य पाई जाती है।
2. इस जलवायु प्रदेश में ग्रीष्म ऋतु गर्म एवं शुष्क होती है।
3. इस जलवायु प्रदेश में सर्वाधिक वर्षा शीतकाल में होती है।

उपर्युक्त में से कौन-सा/से कथन सही है/हैं?

(a) केवल 1 (b) 1 और 2
(c) 2 और 3 (d) 1, 2 और 3

उत्तर (c)
व्याख्या भूमध्य सागरीय जलवायु के संबंध में कथन (2) और (3) सही हैं। भूमध्य सागरीय जलवायु या सम सागरीय जलवायु प्रदेश की ग्रीष्म ऋतु गर्म तथा शुष्क होती है। यहाँ वर्ष भर धूप की प्राप्ति होती है।

शीतकाल में सर्वाधिक वर्षा होती है। यहाँ औसत वर्षा 40 से 80 सेमी के बीच होती है। यह प्रदेश स्वास्थ्यवर्द्धक एवं आनंददायी शीतकाल के लिए प्रसिद्ध है।

कथन (1) सही नहीं है, क्योंकि यह जलवायु प्रदेश भूमध्य रेखा के दोनों ओर 30°-40° अक्षांशों के मध्य महाद्वीपों के पश्चिमी भागों में पाया जाता है। यह जलवायु प्रदेश नींबू, संतरा, जैतून जैसे रसीले फलों के लिए विश्व में प्रसिद्ध है।

73 निम्न कथन (A) व कारण (R) को पढ़िए और नीचे दिए गए कूट की सहायता से सही उत्तर का चयन कीजिए। *(Chap 12, Class-XI, NCERT) (UPPSC Pre 2022)*

अभिकथन (A) भूमध्य सागरीय जलवायु के क्षेत्रों में वर्षा शीत ऋतु में होती है।

कारण (R) गर्मियों में ये क्षेत्र शुष्क स्थलीय हवाओं के प्रभाव में रहते हैं।

कूट

(a) A और R दोनों सही हैं तथा R, A की सही व्याख्या है
(b) A और R दोनों सही हैं, परंतु R, A की सही व्याख्या नहीं है
(c) A सही है, किंतु R गलत है
(d) A गलत है, किंतु R सही है

उत्तर (b)
व्याख्या A और R दोनों सही हैं, परंतु R, A की सही व्याख्या नहीं है। भूमध्य सागरीय जलवायु क्षेत्रों में वर्षा शीत ऋतु में होती है, क्योंकि शीत ऋतु में यह क्षेत्र पश्चिमी हवा के प्रभाव में होता है। चूँकि ये हवाएँ सागरीय भाग के ऊपर से होकर आती हैं।

इसके अतिरिक्त ये हवाएँ अपने साथ आर्द्रता लाती हैं और स्थलीय भाग पर तीव्र वर्षा करवाती हैं, परंतु गर्मियों के दिनों में भूमध्य सागर का स्थलीय भाग शुष्क स्थलीय हवाओं के प्रभाव में रहता है, जिससे मौसम शुष्क रहता है।

74 'चीन प्रकार की जलवायु' के संबंध में दिए गए कथनों में कौन-सा कथन सही है? *(Chap 14, Class-XI, Old NCERT)*

1. यह जलवायु महाद्वीपों के पूर्वी भागों में 50° से 60° अक्षांशों के मध्य पाई जाती है।
2. इस जलवायु प्रदेश में ग्रीष्म ऋतु गर्म और आर्द्र होती है तथा शीत ऋतु में हल्की ठंड पड़ती है।

कूट

(a) केवल 1 (b) केवल 2
(c) 1 और 2 (d) न तो 1 और न ही 2

उत्तर (b)
व्याख्या 'चीन प्रकार की जलवायु' के संबंध में कथन (2) सही है।

चीन प्रकार के जलवायु प्रदेश में ग्रीष्म ऋतु गर्म तथा आर्द्र होती है। शीत ऋतु में हल्की ठंड पड़ती है और वर्षभर वर्षा होती है। इसके तटीय भाग से गर्म सागरीय धाराएँ चलती हैं।

कथन (1) सही नहीं है, क्योंकि इस जलवायु प्रदेश का विस्तार विषुवत् रेखा के दोनों ओर 30° से 45° के मध्य, महाद्वीपों के पूर्वी भागों में पाया जाता है।

75 **निम्न में से कौन-सा कथन मानसूनी जलवायु की विशेषता को अभिव्यक्त करता है?** *(Chap 14, Class-XI, Old NCERT)*

(a) यह जलवायु दक्षिण-पूर्वी एशिया व उत्तरी ऑस्ट्रेलिया, कोलंबिया के प्रशांत समुद्रतटीय क्षेत्र में पाई जाती है

(b) इस जलवायु प्रदेश में ग्रीष्म ऋतु में आर्द्र असंतुलित पवनें स्थल से समुद्र की ओर चलती हैं

(c) इस जलवायु प्रदेश में पवन की दिशा स्थायी होती है

(d) वर्षभर एवं लगातार वर्षा का होना इस जलवायु की प्रमुख विशेषता है

उत्तर (a)

व्याख्या कथन (a) मानसूनी जलवायु की विशेषता को अभिव्यक्त करता है। मानसूनी जलवायु प्रदेश का विस्तार भूमध्य रेखा के दोनों ओर 10° से 30° अक्षांशों के मध्य भारत, दक्षिण-पूर्वी एशिया, उत्तरी ऑस्ट्रेलिया, कोलंबिया के प्रशांत समुद्रतटीय क्षेत्र तक पाया जाता है। मौसम में परिवर्तन के साथ पवन की दिशा में परिवर्तन तथा शुष्क और वर्षा काल का बार-बार आना इस जलवायु की प्रमुख विशेषताएँ है। इसमें आर्द्र पवनें समुद्र से स्थल की ओर चलती हैं।

76 **निम्नलिखित में से कौन-सी एक उष्णकटिबंधीय सवाना प्रदेश की जलवायु की मुख्य विशेषता है?** *(Chap 12, Class-XI, New NCERT) (IAS Pre 2012)*

(a) वर्ष भर वर्षा

(b) केवल शीतकालीन वर्षा

(c) अत्यंत अल्पकालिक शुष्क ऋतु

(d) निश्चित शुष्क तथा आर्द्र ऋतु

उत्तर (d)

व्याख्या उष्णकटिबंधीय सवाना प्रदेश की जलवायु की विशेषता निश्चित शुष्क तथा आर्द्र ऋतु है। अंतर-उष्णकटिबंधीय अभिसरण क्षेत्र की उपस्थिति के कारण यहाँ जलवायु उष्ण तथा आर्द्र बनी रहती है। वार्षिक तापांतर कम होता है तथा वर्षा भी अधिक होती है, किंतु शीत ऋतु शुष्क होती है।

77 **निम्न में से कौन-से जलवायु प्रदेश मध्य अक्षांशीय अर्द्ध मरुस्थल, उत्तरी अमेरिका और यूरेशिया में सर्वाधिक विस्तृत पाए जाते हैं?** *(Chap 14, Class-XI, Old NCERT)*

(a) मरुस्थलीय जलवायु
(b) स्टेपी जलवायु
(c) भूमध्य सागरीय जलवायु
(d) चीन प्रकार की जलवायु

उत्तर (b)

व्याख्या स्टेपी जलवायु प्रदेश का मध्य अक्षांशीय अर्द्ध मरुस्थल उत्तरी अमेरिका तथा यूरेशिया में सर्वाधिक विस्तार पाया जाता है, जो उत्तरी व दक्षिणी गोलार्द्धों में 45° से 60° अक्षांशों के मध्य महाद्वीपों के बीच में फैला हुआ है। यहाँ ग्रीष्मकाल छोटा तथा शीतकाल लंबा व ठंडा तथा औसत वार्षिक वर्षा 1[illegible] से 25 सेमी तक होती है।

78 **निम्न में से कौन-सा कथन टैगा जलवायु प्रदेश के संबंध में सही नहीं है?** *(Chap 14, Class-XI, Old NCERT)*

1. यह जलवायु प्रदेश महाद्वीपीय ध्रुवीय वायुराशियों से प्रभावित होता है।
2. इस जलवायु प्रदेश में कठोर लकड़ी वाले कोणधारी वृक्षों की अधिकता पाई जाती है।

कूट

(a) केवल 1
(b) केवल 2
(c) 1 और 2
(d) न तो 1 और न ही 2

उत्तर (b)

व्याख्या टैगा जलवायु प्रदेश के संबंध में कथन (2) सही नहीं है, क्योंकि टैगा जलवायु प्रदेश उत्तरी अमेरिका में अलास्का से न्यू फाउंडलैंड तक तथा यूरेशिया में नॉर्वे से कमचटका प्रायद्वीप तक फैला हुआ है। यहाँ कोमल लकड़ी वाले कोणधारी वृक्षों की अधिकता पाई जाती है। यहाँ ग्रीष्म ऋतु की अवधि छोटी तथा शीत ऋतु की अवधि लंबी होती है।

79 **काई, लाइकेन तथा चट्टानों पर उगने वाली वनस्पतियाँ किस प्रकार की जलवायु वाले प्रदेश में पाई जाती हैं?** *(Chap 14, Class-XI, Old NCERT)*

(a) पर्वतीय जलवायु

(b) हिमटोप जलवायु

(c) टुंड्रा जलवायु

(d) भूमध्य सागरीय जलवायु

उत्तर (c)

व्याख्या टुंड्रा जलवायु प्रदेश केवल उत्तरी गोलार्द्ध में पाया जाता है, जहाँ काई, लाइकेन तथा चट्टानों पर उगने वाली वनस्पतियाँ पाई जाती हैं। यह एक स्थायी तुषार प्रदेश है, जिसमें भूमि का अधिकांश भाग बर्फ से ढका होता है। यहाँ शीत ऋतु कठोर होती है तथा वार्षिक तापांतर अधिक पाया जाता है।

अध्याय 06

समुद्री विज्ञान

समुद्री विज्ञान

महासागर

जल
- यह एक चक्रीय संसाधन है। जिसका पुनः उपयोग किया जा सकता है
- जल चक्र, पृथ्वी के जलमंडल के भीतर अलग-अलग रूपों (ठोस, तरल तथा गैस) में संचालित होने वाला संचलन है

जल का वितरण
- ग्रहीय जल का लगभग 71% भाग महासागरों में पाया जाता है
- शेष भाग ग्लेशियरों और हिमखंडों में मीठे जल स्रोतों के रूप में पाया जाता है।
- भूमि पर वर्षा द्वारा गिरने वाले संपूर्ण जल का लगभग 69% जल वाष्पोत्सर्जन द्वारा पुनः वायुमंडल में चला जाता है

महासागर और इसकी रूपरेखा
- विश्व में प्रमुख महासागर प्रशांत महासागर, अटलांटिक महासागर, हिंद महासागर, आर्कटिक महासागर, दक्षिण महासागर।
- महासागरीय सतह, महाद्वीपीय सतह से तुलनात्मक रूप सघन और भारी है।

महासागरीय जल का तापमान
- **महासागर का औसत तापमान** इसका विश्लेषण जनवरी से मार्च तक महासागरीय ताप का मापन कर किया जाता है
- **तापमान का क्षैतिज वितरण** भूमध्य रेखा से ध्रुवों की ओर तापमान धीरे-धीरे कम होता है दक्षिणी गोलार्द्ध के महासागरों की तुलना में उत्तरी गोलार्द्ध के महासागर का तापमान अधिक होता है

महासागरीय लवणता
- लवणता का अर्थ समुद्र या महासागर में घुले हुए लवणों की कुल सामाग्री (मात्रा) से है।
- 1000 ग्राम समुद्री जल में लवण की मात्रा मापन में प्रयोग किया जाता है।

महासागर की धाराएँ

महासागरीय धाराएँ
- विशाल जल राशि की एक निश्चित दिशा में होने वाली सामान्य गति।
- यह दो प्रकार की होती है-गर्म जलधारा तथा ठंडी।

प्रशांत महासागर की धाराएँ
- **कुरोशियो धारा** एक गर्म जल धारा
- **अलास्का धारा** ब्रिटिश कोलंबिया के तट पर वामावर्त दिशा में बहती है
- **कैलिफोर्निया धारा** एक ठंडी जल धारा है और संयुक्त राज्य अमेरिका के पश्चिमी तट के साथ बहती है
- ओयाशिवो की ठंडी जल धारा, कुरोशियो धारा में समाहित हो जाती है।
- मत्स्यन क्षेत्र।

अटलांटिक महासागर की धाराएँ
- दक्षिण भूमध्य रेखीय धारा, दक्षिण अटलांटिक महासागर में बहती है।
- एंटिलीज धारा
- फ्लोरिडा धारा
- गल्फ स्ट्रीम, गर्म जल धारा
- उत्तर अटलांटिक प्रवाह
- लैब्रोडोर धारा, ठण्डी जल धारा
- ब्राजील धारा, गर्म जल धारा

हिंद महासागर की धाराएँ
- दक्षिण विषुवतीय धारा, हिंद महासागर के उत्तर में बहती है
- मानसून धारा (उत्तर पूर्वी तथा दक्षिण पश्चिम)
- मोजांबिक धारा, गर्म जल धारा
- अगुलहास धारा, गर्म जल धारा
- पश्चिम ऑस्ट्रेलिया जल धारा

सागरीय संसाधन व महासागरीय निक्षेप

खाद्य संसाधन
- महासागर, खाद्य पदार्थ तथा अन्य मूल्यवान उत्पाद प्रदान करने वाले प्रमुख स्रोत हैं।
- मानव, मछली, मोलस्क, क्रस्टेशियन तथा अन्य जीवों का भक्षण करता है।
- कुछ समुद्री पौधों तथा जंतुओं का उपयोग दवाइयों को बनाने में भी किया जाता है।

खनिज संसाधन
- महासागरों में अनेक उपयोगी धात्विक तथा अधात्विक खनिज बड़ी मात्रा में पाए जाते हैं।
- समुद्री खारे जल में घुले लवणों में नमक, मैग्नीशियम तथा ब्रोमीन पाए जाते हैं।
- महासागरों में पाए जाने वाले सभी खनिजों में खनिज तेल और प्राकृतिक गैसें सबसे महत्त्वपूर्ण हैं।

ऊर्जा संसाधन
- **ज्वारीय ऊर्जा** महासागरों में ज्वारीय ऊर्जा के मुख्य स्रोत हैं; जैसे-
- ज्वार भाटे के कारण जलस्तर के ऊपर उठने और नीचे गिरने से उत्पन्न ऊर्जा।
- ज्वारीय शक्ति अथवा ज्वारीय ऊर्जा का प्रयोग विद्युत उत्पादन के लिए किया जाता है।

महासागरीय निक्षेप
- सभी निक्षेपों में सबसे अधिक सुस्पष्ट और समुद्र तल का लगभग 75% भाग कवर करता है
- ये स्थलीय निक्षेपों से भिन्न होते हैं, क्योंकि ये कैल्शियम कार्बोनेट के होते हैं

अकार्बनिक पदार्थ, लाल मृदा के रूप में होते हैं, जो ज्वालामुखी क्रिया से निर्मित होते हैं।

जो रीफ के समानांतर होते हैं तथा तट और लैंगून द्वारा अलग होते हैं

- ऐंटाल एक बड़े केंद्रीय लैगून के चारों ओर एक गोलाकार समुद्री चट्टान प्रणाली है, जो गहरे समुद्री प्लेटफार्मों से अत्यधिक दूरी पर स्थित है

SOURCE New NCERT Class-VII जल, Old NCERT Class-IX जल-परिमंडल, New NCERT Class-XI महासागरीय जल, महासागर जल संचलन, Old NCERT Class-XI महासागर बेसिन की रूपरेखा, महासागरीय जल और उसका परिसंचरण, महासागरीय जीवन और निक्षेप, मनुष्य और महासागर, NIOS Module-3 Chap 8 महासागर अतःसमुद्री उच्चावच तथा महासागरीय जल का परिसंचरण, Tamil Nadu Board Class XI Unit 6

महासागरीय नितल/बेसिन

1 महासागरीय नितल के संबंध में कौन-सा कथन सही नहीं है?

(Chap 3, Class-IX, Old NCERT)

(a) महासागरों के तल विभिन्न खाइयों, गर्तों, कटकों तथा मैदानों आदि से युक्त हैं

(b) ध्वनि तरंगों की सहायता से महासागरीय नितल की गहराई की जानकारी संभव हुई है

(c) विवर्तनिक, ज्वालामुखी, अपरदन व निक्षेपणकारी क्रियाओं के कारण महासागरीय तल पर उच्चावच पाए जाते हैं

(d) महाद्वीपीय मग्नतट, समुद्र तट से समुद्र की ओर तीव्र ढाल वाला स्थलखंड होता है

उत्तर (d)

व्याख्या महासागरीय नितल (Oceanic basin) के संबंध में कथन (d) सही नहीं है, क्योंकि समुद्र तट से, समुद्र की ओर तीव्र ढाल वाला स्थलखंड महाद्वीपीय मग्नतट नहीं, बल्कि महाद्वीपीय ढाल कहलाता है।

2 निम्नलिखित कथनों पर विचार कीजिए

(Chap 15, Class-XI, Old NCERT) (IAS Pre 2023)

1. ग्रीष्म ऋतु में महाद्वीपों और महासागरों के बीच तापमान विपर्यास शीत ऋतु की अपेक्षा अधिक होता है।
2. जल की विशिष्ट ऊष्मा, भू-पृष्ठ की विशिष्ट ऊष्मा की अपेक्षा अधिक होती है।

कूट

(a) कथन 1 और कथन 2 दोनों सही हैं तथा कथन 2 कथन 1 की सही व्याख्या है

(b) कथन 1 और कथन 2 दोनों सही हैं, परंतु कथन 2, कथन 1 की सही व्याख्या नहीं है

(c) कथन 1 सही है, किन्तु कथन 2 गलत है

(d) कथन 1 गलत है, किन्तु कथन 2 सही है

उत्तर (a)

व्याख्या कथन 1 और कथन 2 दोनों सही हैं तथा कथन 2, कथन 1 की सही व्याख्या है।

ग्रीष्म ऋतु में महाद्वीपों और महासागरों के बीच तापमान विपर्यास (तापमान में अंतर) शीत ऋतु की अपेक्षा अधिक होता है। यह गर्मियों में अधिक गर्मी तथा तेज समुद्री हवाओं के परिणामस्वरूप होता है।

जल की विशिष्ट ऊष्मा, भू-पृष्ठ की विशिष्ट ऊष्मा की अपेक्षा अधिक होती है, क्योंकि जल का अपेक्षिक घनत्व भूमि की सतह की तुलना में अधिक तेजी से ठंडी होती है तथा समुद्र का तापमान अपेक्षाकृत गर्म होता है।

3 महासागरीय ढाल के संबंध में कौन-सा कथन सही है?

(Chap 13, Class-XI, New NCERT)

1. महाद्वीपीय ढाल, महासागरीय बेसिनों और महाद्वीपीय शेल्फ को जोड़ता है।
2. महासागरीय गर्त भूकंप एवं ज्वालामुखी की दृष्टि से शांत क्षेत्र होते हैं।

कूट

(a) केवल 1
(b) केवल 2
(c) 1 और 2 दोनों
(d) न तो 1 और न ही 2

उत्तर (a)

व्याख्या महासागरीय ढाल (Continental Slope) के संबंध में केवल कथन (1) सही है। महाद्वीपीय ढाल महासागरीय बेसिनों और महाद्वीपीय शेल्फ को आपस में जोड़ता है। इसकी शुरुआत वहाँ से प्रारंभ होती है, जहाँ महाद्वीपीय शेल्फ की तली तीव्र ढाल में परिवर्तित हो जाती है। ढाल वाले क्षेत्र की प्रवणता 2 से 5 डिग्री के मध्य होती है तथा इसकी गहर 200 से 3000 मी के मध्य होती है।

कथन (2) सही नहीं है, क्योंकि महासागरीय गर्त प्राय: भूकंप एवं ज्वालामु की दृष्टि से अस्थिर अथवा अशांत क्षेत्र होते हैं। यही कारण है कि ये प्लेटों संचलन के अध्ययन में अत्यंत महत्त्वपूर्ण भूमिका निभाते हैं।

4 महासागरों के तल में कुछ लघु आकृतियाँ पाई जाती हैं। इनमें कौन-सा युग्म सही सुमेलित है? *(Chap 13, Class-XI, New NCERT)*

1. जलमग्न कैनियन — महाद्वीपीय शेल्फ एवं महाद्वीपीय ढाल के मध्य
2. समुद्री टीला — दो पर्वतों के बीच का सागरीय क्षेत्र
3. निमग्न द्वीप — चपटे शिखर वाले समुद्री टीले

कूट

(a) केवल 1
(b) 2 और 3
(c) 1 और 3
(d) 1, 2 और 3

उत्तर (c)

व्याख्या दिए गए युग्मों में युग्म (1) और (3) सही सुमेलित हैं। महासागरों की तली में कुछ लघु आकृतियाँ पाई जाती हैं, जिनमें जलमग्न कैनियन, समुद्री टीला, निमग्न द्वीप, प्रवाल द्वीप प्रमुख हैं। महाद्वीपीय शेल्फ एवं महाद्वीपीय मग्नढाल के मध्य जलमग्न कैनियन मिलते हैं। इस प्रकार के कैनियन का निर्माण अपरदनात्मक क्रियाओं द्वारा होता है। हडसन कैनियन, विश्व का सबसे बड़ा जलमग्न कैनियन है। महासागरों के नितलीय भाग पर पाए जाने वाले चपटे शिखर वाले भाग को निमग्न द्वीप कहते हैं। गहरे समुद्र तल में कम से कम 1000 मी ऊपर उठने वाले पर्वत को समुद्री टीला कहते हैं।

5 निम्नलिखित युग्मों पर विचार कीजिए *(Chap 8, Module-3, NIOS)*

	प्रकार		विशेषताएँ
1.	जलमग्न खाई	–	महासागरीय नितल पर उभरी हुई लंबी एवं पतली श्रृंखला
2.	गाईऑट	–	महासागरीय नितल का अपेक्षाकृत छोटा स्थलरूप
3.	मग्नतट	–	महासागरीय नितल पर लंबी, पतली तथा तीव्र ढालों वाली खाई
4.	जलमग्न कटक	–	समतल शीर्ष वाला समुद्री पर्वत

उपर्युक्त दिए गए युग्मों में से कितने युग्म सही सुमेलित हैं?

(a) केवल एक
(b) केवल दो
(c) केवल तीन
(d) इनमें से कोई नहीं

उत्तर (d)

व्याख्या दिए गए युग्मों में कोई भी युग्म सही सुमेलित नहीं है।

महासागरीय नितल पर स्थित तीव्र ढाल वाले लंबे, पतले तथा गहरे अवनमन को जलमग्न खाई या गर्त कहा जाता है।

जलमग्न पर्वत, जिसका शिखर नितल से 1000 मी से अधिक ऊपर उठा हो, समुद्री पर्वत कहलाता है। सपाट शीर्ष वाले समुद्री पर्वतों को 'गाईऑट' कहते हैं।

मग्नतट समुद्र तट से समुद्र की ओर मंद ढालयुक्त धरातल है। यह महासागरीय नितल का अपेक्षाकृत छोटा स्थल स्वरूप है।

जलमग्न कटक महासागरीय नितलों पर कुछ सौ किमी चौड़ी तथा सैंकड़ों या हजारों किमी लंबी पर्वत श्रेणी होती है।

6 समुद्र तल के फैलाव के बाद समुद्री तल के बारे में निम्न कथनों पर विचार करें

(Chap 4, Class-XI, New NCERT)

1. मध्य महासागरीय कटकों पर नई समुद्री परत बनती है और पुरानी परत को दूर धकेल देती है।
2. जब नई परत बनती है, तो समुद्री प्लेटें आकार में सिकुड़ जाती हैं।

3. महासागरीय गर्त नवगठित समुद्री परत को लगातार निगलती रहती है।
4. समुद्रतल के फैलाव के परिणामस्वरुप निरंतर नए महासागरों का निर्माण होता रहता है।

उपर्युक्त में से कौन-सा/से कथन सही है/हैं?

(a) 1 और 2 (b) 1 और 3 (c) 2 और 4 (d) केवल 4

उत्तर (b)

व्याख्या समुद्र तल के फैलाव के बाद समुद्री तल के संदर्भ में कथन (1) और (3) सही हैं। मध्य महासागरीय कटकों पर नई समुद्री परत बनती है, जो पुरानी परत को धकेल देती है, क्योंकि प्लेटें विपरीत दिशाओं में गमन करती हैं। महासागरीय गर्त लगातार नवनिर्मित समुद्री परत को निगलती रहती हैं, क्योंकि प्लेटें आपस में मिलती हैं और एक प्लेट दूसरी प्लेट के नीचे दब जाती है, जिससे परत को मेंटल में पुनर्चक्रित किया जाता है।

कथन (2) और (4) गलत हैं, क्योंकि जब नई परत बनती है, तो समुद्री प्लेटें आकार में सिकुड़ती नहीं, बल्कि फैल जाती हैं तथा वे अपने किनारों पर अधिक सामग्री जोड़ती हैं। समुद्र तल के फैलाव के परिणामस्वरुप नए सागरों का निर्माण नहीं होता है, बल्कि मौजूदा महासागरों के विस्तार का संकुचन होता है, जो फैलाव और संकुचन दर के बीच संतुलन पर निर्भर करता है।

समुद्र तल का फैलाव एक भूगर्भिक प्रक्रिया है, जिसमें टेक्टॉनिक प्लेटें एक-दूसरे से अलग हो जाती हैं और मध्य महासागरीय कटकों पर नई परत बनाती हैं, जो अलग-अलग प्लेट सीमाएँ होती हैं। समुद्र तल का फैलाव समुद्र के स्तर महाद्वीपीय बहाव और समुद्र तल की आयु और चुंबकीय गुणों को प्रभावित करती हैं।

7 सूची I को सूची II से सुमेलित कीजिए और सूचियों के नीचे दिए गए कूट का प्रयोग कर सही उत्तर चुनिए

(Chap 15, Class-XI, Old NCERT) (UPPSC Pre 2022)

सूची I (महासागर)	सूची II (अधिकतम गहरा बिंदु)
A. प्रशांत	1. सुंडा गर्त
B. आर्कटिक	2. प्यूटोरिको गर्त
C. हिंद	3. मेरियाना गर्त
D. अंध (अटलांटिक)	4. मोलॉय गर्त

कूट

	A	B	C	D
(a)	3	4	1	2
(b)	3	2	1	4
(c)	1	2	3	4
(d)	4	3	2	1

उत्तर (a)

व्याख्या सही सुमेलन A-3, B-4, C-1, D-2 है।

मेरियना गर्त, प्रशांत महासागर का सबसे गहराई वाला क्षेत्र माना जाता है। यह फिलीपींस के पूर्वी भाग में स्थित 11022 मी गहरा है। मोलॉय गर्त, आर्कटिक महासागर के समीप स्थित है, यह आर्कटिक (उत्तरी ध्रुव सागर) महासागर का सबसे गहरा (5500 मी) भाग है। यह पूर्वी ग्रीनलैंड के समीप स्थित है।

- सुंडा गर्त, हिंद महासागर का सबसे गहरा गर्त है, जो सुंडा जलसंधि (सुमात्रा-जावा) के समीप स्थित है। इसकी गहराई 7450 मी है।
- प्यूटोरिको गर्त (कैरीबियन सागर के समीप) अटलांटिका महासागर का सबसे गहरा (8385 मी) भाग है।

महासागर

8 निम्न कथनों पर विचार कीजिए *(Chap 15, Class-XI, Old NCERT)*

1. प्रशांत महासागर की आकृति त्रिभुजाकार है, जिसका शीर्ष उत्तर में बेरिंग मुहाने पर है।
2. प्रशांत महासागर का उत्तरी भाग सबसे अधिक गहरा है, जिसकी औसत गहराई 5000 से 6000 मी तक पाई जाती है।
3. बरमूडा सदृश प्रवाल द्वीप, अर्सेनन एवं सेंट हेलेना जैसे द्वीप प्रशांत महासागर में अवस्थित हैं।

उपर्युक्त में से कौन-सा/से कथन सही नहीं है/हैं?

(a) केवल 3 (b) 2 और 3
(c) 1 और 2 (d) 1, 2 और 3

उत्तर (a)

व्याख्या दिए गए कथनों में कथन (3) सही नहीं है, क्योंकि बरमूडा सदृश प्रवाल द्वीप, अर्सेनन एवं सेंट हेलेना द्वीप, प्रशांत महासागर में नहीं, बल्कि अटलांटिक महासागर में स्थित हैं। प्रशांत महासागर को क्षेत्रफल की दृष्टि से सबसे बड़ा महासागर माना जाता है। इसकी आकृति त्रिभुजाकार है, जिसकी उत्तरी सीमा बेरिंग जलसंधि से लगती है।

इस महासागर का उत्तरी भाग अधिक गहरा है, जिसकी औसत गहराई 5000 से 6000 मी तक है। प्रशांत महासागर में द्वीपों की संख्या भी सर्वाधिक पाई जाती है। मुख्य रूप से इसके पश्चिमी भाग में द्वीपों की संख्या अधिक पाई जाती है।

9 दिए गए कथनों में कौन हिंद महासागर के संबंध में सही है?

(Chap 15, Class-XI, Old NCERT)

(a) इस महासागर में सुंडा गर्त, जावा द्वीप के दक्षिण में समानांतर रूप में अवस्थित है
(b) इसके मध्य में कटक अवस्थित है, जो अटलांटिक महासागर के कटक से चौड़ा है
(c) हिंद महासागर का पूर्वी क्षेत्र द्वीपों से लगभग खाली है
(d) उपर्युक्त सभी

उत्तर (d)

व्याख्या हिंद महासागर के संबंध में दिए गए सभी कथन सही हैं।

हिंद महासागर में जावा द्वीप के दक्षिणी तट के समानांतर, सुंडा गर्त अवस्थित है। यह हिंद महासागर का एकमात्र रैखिक गर्त है। इस महासागर में रैखिक गर्त का अभाव मिलता है। हिंद महासागर के मध्य भाग में अटलांटिक महासागर के समान ही श्रेणीबद्ध कटक अवस्थित हैं। इन कटकों की चौड़ाई अटलांटिक महासागर के कटक से भी अधिक है। मुख्य रूप से दक्षिणी भाग में इसकी चौड़ाई अधिक है। हिंद महासागर के अधिकांश द्वीप महाद्वीपीय खंडों से टूटकर अलग हुए भाग हैं। मॉरीशस व रियूनियन ज्वालामुखी निर्मित द्वीप हैं। हिंद महासागर के पूर्वी भाग में द्वीपों की संख्या कम है। मेडागास्कर व श्रीलंका इस महासागर के दो प्रमुख द्वीप हैं।

महासागरीय तापमान/लवणता

10 कथन (A) और कारण (R) को पढ़िए तथा नीचे दिए गए कूट की सहायता से सही उत्तर का चयन कीजिए

(Chap 16, Class-XI, Old NCERT)

कथन (A) महासागरों में गहराई बढ़ने के साथ-साथ तापमान में कमी होती जाती है।

कारण (R) विषुवत् वृत्त के समीप महासागरीय जल सबसे अधिक गर्म रहता है और इसका तापमान ध्रुवों की ओर जाने पर क्रमशः घटता जाता है।

कूट

(a) A और R दोनों सही हैं तथा R, A की सही व्याख्या है
(b) A और R दोनों सही हैं, परंतु R, A की सही व्याख्या नहीं है
(c) A सही है, किंतु R गलत है
(d) A गलत है, किंतु R सही है

उत्तर (b)

व्याख्या A और R सही हैं, परंतु R, A की सही व्याख्या नहीं है।
महासागरों में गहराई बढ़ने के साथ-साथ तापमान में निरंतर कमी होती जाती है, क्योंकि महासागरीय जल की ऊपरी परत सबसे पहले गर्म होती है, जो लगभग 500 मी मोटी होती है।

महासागरीय जल की दूसरी परत को ताप प्रवणता कहते हैं। इस परत में तापमान में अचानक कमी आती है। इसके पश्चात् तापमान में निरंतर गिरावट आती है। तीसरी परत में तापमान बहुत कम हो जाता है।

महासागरों का औसत तापमान 27°C (सतही भाग का) है और यह विषुवतीय वृत्त से ध्रुवों की ओर क्रमिक ढंग से कम होता जाता है। तापमान के घटने की यह दर सामान्यतः प्रति अक्षांश 0.5°C होती है।

11 निम्न में से कौन-सा/से कारक महासागरीय तल के तापमान के वितरण को प्रभावित करता है/हैं? *(Chap 13, Class-XI, New NCERT)*

1. महासागरीय धाराएँ
2. देशांतर
3. सनातन पवनें
4. स्थल एवं जल का असमान वितरण

कूट

(a) 1 और 2 (b) 3 और 4
(c) 1, 3 और 4 (d) ये सभी

उत्तर (c)

व्याख्या महासागरीय तल के तापमान के वितरण को कारक (1), (3) और (4) प्रभावित करते हैं। महासागरीय तल के तापमान के वितरण को महासागरीय धाराएँ, सनातन पवनें, स्थल एवं जल का असमान वितरण प्रभावित करता है। कारक (2) सही नहीं है, क्योंकि इसका उपयोग केवल मानक समय निर्धारित करने में किया जाता है।

गर्म जलधाराएँ एक ओर जहाँ महासागर के सतही भाग का तापमान बढ़ा देती हैं, वहीं दूसरी ओर ठंडी जलधाराएँ तापमान घटा देती हैं। सनातन पवनें भी महासागर के सतही भाग के तापमान को परिवर्तित करती रहती हैं।

12 महासागरीय जल के तापमान वितरण से संबंधित ताप प्रवणता (थर्मोक्लाइन) के संबंध में दिया गया कौन-सा कथन सही है? *(Chap 13, Class-XI, New NCERT)*

(a) यह तापमान वृद्धि की सीमा को अभिव्यक्त करता है
(b) यह एक सीमा क्षेत्र है, जहाँ तापमान में तीव्र गिरावट आती है
(c) यह तापमान के वितरण को प्रदर्शित करता है
(d) यह सागरीय जल में समान तापमान वाले स्थानों को मिलाता है

उत्तर (b)

व्याख्या महासागरीय जल के तापमान से संबंधित ताप प्रवणता के संबंध में कथन (b) सही है। महासागरीय जल के तापमान वितरण से संबंधित ताप प्रवणता (Thermocline) वह सीमा क्षेत्र है, जहाँ तापमान में तीव्र गिरावट दर्ज की जाती है। इसे महासागरीय सतह जल की दूसरी परत कहा जाता है। इस परत की मोटाई 500 से 1000 मी तक होती है। ताप प्रवणता में तापमान में तेजी से गिरावट आती है। इस परत में महासागरीय जल का तापमान पहली (ऊपरी) परत से कम, परंतु तीसरी (निचली) परत से अधिक होता है।

13 महासागरीय जल की लवणता के संबंध में कौन-सा कथन सही नहीं है? *(Chap 13, Class-XI, New NCERT)*

1. समुद्री जल की औसत लवणता लगभग 35 भाग प्रति हजार ग्राम होती है।
2. टर्की की वॉन झील (330‰), मृतसागर (238‰) तथा ग्रेट सॉल्ट झील (220‰) सर्वाधिक लवणता वाली झीलें हैं।
3. समुद्री जल में पाए जाने वाले लवणों की कुल मात्रा में सर्वाधिक म मैग्नीशियम क्लोराइड की पाई जाती है।

कूट

(a) केवल 3 (b) 1 और 2 (c) 2 और 3 (d) 1, 2 और 3

उत्तर (a)

व्याख्या महासागरीय जल की लवणता के संबंध में कथन (3) सही नही क्योंकि समुद्री जल में पाए जाने वाले लवणों की कुल मात्रा में सर्वाधिक म सोडियम क्लोराइड की पाई जाती है।

प्रति 1000 ग्राम समुद्री जल में घुली हुई लवणता की मात्रा को सागरीय लव कहा जाता है। समुद्री जल की औसत लवणता लगभग 35‰ होती है। टर्की वॉन झील सर्वाधिक खारे जल की झील है। इसकी लवणता 330‰ है, सागर की लवणता 238‰ एवं ग्रेट सॉल्ट झील की लवणता 220‰ है।

14 महासागरीय जल की लवणता के वितरण के संबंध में दिए गए कथनों पर विचार कीजिए *(Chap 13, Class-XI, New NCER*

1. महासागरीय जल के तापमान अथवा घनत्व में परिवर्तन लवणता क प्रभावित करता है।
2. महासागरीय जल की लवणता वाष्पीकरण, वर्षण, पवनें तथा महासागरी धाराओं आदि से प्रभावित होती है।
3. बंगाल की खाड़ी की लवणता अरब सागर की लवणता से अधिक प जाती है।
4. ऊँचे अक्षांशों में गहराई के साथ लवणता में कमी आती है।

उपर्युक्त में से कौन-सा/से कथन सही नहीं है/हैं?

(a) 1 और 2 (b) 3 और 4 (c) 2, 3 और 4 (d) ये सभी

उत्तर (b)

व्याख्या महासागरीय जल की लवणता के वितरण के संबंध में कथन (3 और (4) सही नहीं हैं, क्योंकि बंगाल की खाड़ी की लवणता, अरब सागर क लवणता से कम पाई जाती है। अरब सागर की औसत लवणता 36‰ है, वह बंगाल की खाड़ी में औसत लवणता 34‰ है। उच्च अक्षांशों में गहराई के सा लवणता की मात्रा में कमी नहीं आती है। बर्फ पिघलने के कारण उच्च अक्षांशी क्षेत्रों में लवणता कम पाई जाती है, परंतु गहराई बढ़ने के साथ-साथ स्वच्छ जल की मात्रा कम हो जाती है एवं लवणता की मात्रा बढ़ने लगती है। महासागरों के सतह पर सर्वाधिक लवणता अयनवर्ती अक्षांशों पर (कर्क एवं मकर रेखाओं के समीप) अधिक पाई जाती है।

महासागरीय निक्षेप

15 सूची I को सूची II से सुमेलित कीजिए और सूचियों के नीचे दिए गए कूट का प्रयोग कर सही उत्तर चुनिए *(Chap 17, Class-XI, Old NCERT)*

सूची I (महासागरीय निक्षेप)	सूची II (पदार्थ/अवयव)
A. पैलाजनिक निक्षेप	1. क्वार्ट्ज तथा लावा
B. ज्वालामुखी निक्षेप	2. पौधों तथा जंतुओं के अवशेष
C. जैविक निक्षेप	3. सिलिकन तथा एल्युमीनियम ऑक्साइड
D. सिंधुपंक निक्षेप	4. कैल्शियम कार्बोनेट

कूट

	A	B	C	D
(a)	2	1	4	3
(b)	1	2	3	4
(c)	3	2	1	4
(d)	4	3	2	1

उत्तर (a)

व्याख्या सही सुमेलन A-2, B-1, C-4, D-3 है।

वनस्पतियों तथा जंतुओं के अवशेष संबंधित महासागरीय निक्षेप को पैलाजनिक निक्षेप कहते हैं।

क्वार्ट्ज तथा लावा निक्षेपयुक्त महासागरीय निक्षेप को ज्वालामुखी निक्षेप कहते हैं। ज्वालामुखी उद्गार के समय इनका निक्षेपण होता है।

कैल्शियम कार्बोनेट जनित महासागरीय निक्षेप को जैविक निक्षेप कहते हैं।

सिलिकन तथा एल्युमीनियम ऑक्साइड युक्त महासागरीय निक्षेप को सिंधुपंक निक्षेप कहा जाता है।

हासागरीय तरंगें एवं धाराएँ

16 महासागरों में उत्पन्न प्रलयकारी तरंगों (सुनामी) के संबंध में दिए गए कथनों पर विचार कीजिए *(Chap 5, Class-VII, New NCERT)*

1. सुनामी एक अरबी भाषा का शब्द है, जिसका अर्थ होता है—पोताश्रय तरंगें।
2. ये तरंगें भूकंप, ज्वालामुखी या भूस्खलन से महासागरों में उत्पन्न होती हैं।
3. यह तरंगें समुद्र तटीय क्षेत्रों के लिए विनाशकारी होती हैं।

उपर्युक्त में से कितने कथन सही नहीं है/हैं?

(a) केवल एक (b) केवल दो
(c) सभी तीन (d) इनमें से कोई नहीं

उत्तर (a)

व्याख्या महासागरों में उत्पन्न प्रलयकारी तरंगों, (सुनामी) के संबंध में केवल एक कथन (1) सही नहीं है, क्योंकि सुनामी एक जापानी शब्द है, जिसका तात्पर्य होता है—पोताश्रय तरंगें अर्थात् खुला बंदरगाह। ये तरंगें सुनामी, भूकंप, ज्वालामुखी या भूस्खलन से महासागरों में उत्पन्न होती हैं। सुनामी तरंगें सागर तटीय क्षेत्रों के लिए विनाशकारी होती हैं। इससे भारी तबाही होती है। सागरीय नितल भाग में अप्रत्याशित परिवर्तन के कारण ऐसा होता है।

17 निम्न में से कौन-सा कथन सही नहीं है? *(Chap 14, Class-XI, New NCERT)*

(a) समुद्री तरंगों का तरंग काल दो लगातार तरंग शिखरों या गर्तों के बीच का समय अंतराल होता है
(b) तरंग आयाम, तरंग की ऊँचाई का आधा होता है
(c) तरंगों की गति की दर को मीटर प्रति सेकंड में मापा जाता है
(d) तरंगों के उच्चतम एवं निम्नतम बिंदु क्रमशः शिखर एवं गर्त कहलाते हैं

उत्तर (c)

व्याख्या प्रश्नानुसार दिए गए कथनों में से कथन (c) सही नहीं है, क्योंकि तरंगों की गति की दर को मीटर प्रति सेकंड में नहीं, बल्कि नॉट में मापा जाता है। समुद्री तरंगों का तरंग काल लगातार, तरंग शिखरों या गर्तों के बीच का समय अंतराल होता है।

तरंग आयाम, तरंग की ऊँचाई का आधा होता है। तरंग के क्रमशः उच्चतम एवं निम्नतम बिंदु को शिखर एवं गर्त कहते हैं। दो लगातार शिखरों या गर्तों के बीच की क्षैतिज दूरी तरंग दैर्ध्य कहलाती है।

18 महासागरीय धाराओं के संबंध में दिए गए कथनों पर विचार कीजिए *(Chap 14, Class-XI, New NCERT)*

1. महासागरीय धाराएँ गुरुत्वाकर्षण बल, वायु तथा सौर ऊर्जा से जल का गर्म होना जैसे प्राथमिक बलों से गति को प्रारंभ करती हैं।
2. द्वितीयक बल महासागरीय धाराओं के प्रवाह को नियंत्रित करता है।
3. यह कोरिऑलिस बल के कारण उत्तरी गोलार्द्ध में जल की गति की दिशा के बाईं ओर तथा दक्षिणी गोलार्द्ध में दाहिने ओर प्रवाहित होती हैं।

उपर्युक्त में से कौन-सा/से कथन असत्य है/हैं?

(a) केवल 1
(b) केवल 3
(c) 1 और 2
(d) 1, 2 और 3

उत्तर (b)

व्याख्या महासागरीय धाराओं के संबंध में दिए गए कथनों में से कथन (3) असत्य है, क्योंकि कोरिऑलिस बल के कारण महासागरीय धाराएँ उत्तरी गोलार्द्ध में जल की गति की दिशा के दाईं ओर, जबकि दक्षिणी गोलार्द्ध में बाईं ओर प्रवाहित होती हैं। महासागरीय धाराएँ गुरुत्वाकर्षण बल, वायु तथा सौर ऊर्जा से जल का गर्म होना जैसे प्राथमिक बलों से गति प्रारंभ करती हैं। द्वितीयक बल महासागरीय धाराओं के प्रवाह को नियंत्रित करते हैं।

19 निम्नलिखित कारकों पर विचार कीजिए *(Chap 16, Class-XI, Old NCERT) (IAS Pre 2012)*

1. पृथ्वी का आवर्तन
2. वायुदाब और हवा
3. महासागरीय जल का घनत्व
4. पृथ्वी का परिक्रमण

उपर्युक्त में से कौन-से कारक महासागरीय धाराओं को प्रभावित करते हैं?

(a) 1 और 2 (b) 1, 2 और 3
(c) 1 और 4 (d) 2, 3 और 4

उत्तर (b)

व्याख्या महासागरीय धाराओं को कारक (1), (2) और (3) प्रभावित करते हैं। महासागरीय धाराओं की उत्पत्ति तथा उनकी गति को प्रभावित करने वाले निम्न चार प्रकार के कारक होते हैं

- पृथ्वी का आवर्तन (घूर्णन) गुरुत्वाकर्षण बल तथा विक्षेपक बल से संबंधित कारक
- महासागरों से हटकर उत्पन्न होने वाले कारक; जैसे—वायुदाब, पवन (हवा), वृष्टि, वाष्पीकरण तथा सूर्यातप
- महासागरीय दाब प्रवणता, तापांतर, लवणता, घनत्व तथा बर्फ पिघलना
- तट की दिशा और आकार, मौसम में परिवर्तन तथा नितल की स्थलाकृति पृथ्वी का परिक्रमण महासागरीय धाराओं को प्रभावित नहीं करता है।

20 निम्न में से कौन-सा कथन महासागरीय धाराओं की सही विशेषता नहीं है? *(Chap 14, Class-XI, New NCERT)*

(a) महासागरीय धाराओं की पहचान उनके प्रवाह से होती है
(b) धारा की शक्ति का संबंध उसकी गति से होता है
(c) सामान्यतः धाराएँ सतह के निकट कमजोर तथा गहराई में अधिक शक्तिशाली होती हैं
(d) उपर्युक्त सभी

उत्तर (c)

व्याख्या महासागरीय धाराओं की विशेषताओं के संबंध में कथन (c) सही नहीं है, क्योंकि धाराएँ सतह के निकट अधिक शक्तिशाली तथा गहराई में कमजोर हो जाती हैं। सागर तल की विशाल जलराशि की एक निश्चित दिशा में होने वाली सामान्य गति को महासागरीय धारा कहते हैं। महासागरीय धाराओं को संमार्गी पवनों का प्रवाह, जल के ताप और घनत्व में अंतर, वर्षा की मात्रा और पृथ्वी की गतिशीलता आदि कारक जन्म देते हैं।

21 निम्नलिखित में से कौन-सा कथन सही नहीं है? *(Chap 16, Class-XI, Old NCERT)*

1. निम्न अक्षांशों में उष्ण कटिबंधों से उच्च अक्षांशीय समशीतोष्ण और उपध्रुवीय कटिबंधों की ओर बहने वाली धाराओं को गर्म जलधारा कहते हैं।

2. ठंडी जलधाराएँ उत्तरी गोलार्द्ध के उच्च अक्षांशीय क्षेत्रों में महाद्वीपों के पश्चिमी तटों पर बहती है।
3. गर्म जलधाराएँ उत्तरी गोलार्द्ध के उच्च अक्षांशीय क्षेत्रों में महाद्वीपों के पूर्वी तट पर बहती हैं।

कूट

(a) केवल 1 (b) 2 और 3 (c) 1 और 2 (d) 1, 2 और 3

उत्तर *(b)*

व्याख्या प्रश्न में दिए गए कथनों में से कथन (2) और (3) सही नहीं हैं, क्योंकि ठंडी जलधाराएँ उत्तरी गोलार्द्ध के उच्च अक्षांशीय क्षेत्रों में महाद्वीपों के पूर्वी तट के सहारे प्रवाहित होती हैं। गर्म जलधाराएँ उत्तरी गोलार्द्ध के उच्च अक्षांशीय क्षेत्रों में महाद्वीपों के पश्चिमी तट के सहारे प्रवाहित होती हैं।

निम्न अक्षांशों में उष्ण कटिबंधों से उच्च अक्षांशीय समशीतोष्ण और उपध्रुवीय कटिबंधों की ओर प्रवाहित होने वाली (उत्तरी गोलार्द्ध के संदर्भ में) धाराओं का स्वरूप गर्म ही होता है।

22 **निम्नलिखित युग्मों पर विचार कीजिए**

(Chap 14, Class-XI, New NCERT)

महासागरीय जलधाराएँ		अवस्था
1. केनारी धारा	–	ठंडी
2. गल्फ स्ट्रीम	–	गर्म
3. हंबोल्ट धारा (पेरु)	–	ठंडी
4. अगुलहास धारा	–	गर्म

उपर्युक्त युग्मों में से कितने युग्म सही सुमेलित हैं?

(a) केवल एक (b) केवल दो
(c) केवल तीन (d) ये सभी

उत्तर *(d)*

व्याख्या दिए गए सभी युग्म सही सुमेलित हैं।

केनारी धारा एक ठंडी जलधारा है, जो उत्तरी अफ्रीका के पश्चिम तट के सहारे मडेरिया तथा केपवर्डे के बीच प्रवाहित होने वाली धारा है।

गल्फ स्ट्रीम एक गर्म जलधारा है, जो उत्तरी अमेरिका के दक्षिण-पूर्वी तट के समीप प्रवाहित होती है।

हंबोल्ट धारा (पेरु) ठंडी जलधारा है, जो चिली-पेरु तट के समानांतर प्रवाहित होती है।

अगुलहास धारा हिंद महासागर के दक्षिण-पश्चिम में प्रवाहित होने वाली गर्म जलधारा है। यह मालागासी व मोजांबिक जलधाराओं का संयुक्त रूप है। ये दोनों ही जलधाराएँ मालागासी द्वीप के दक्षिणी भाग में मिलकर अगुलहास धारा का निर्माण करती हैं।

23 **निम्नलिखित में से कौन-सी ठंडी जलधाराएँ हैं?**

(Chap 16, Class-XI, Old NCERT)

1. आयोशिवो धारा
2. लेब्राडोर धारा
3. बेंगुएला धारा
4. फॉकलैंड धारा

कूट

(a) 1 और 2 (b) 2 और 3
(c) 1, 3 और 4 (d) ये सभी

उत्तर *(d)*

व्याख्या प्रश्न में दी गई सभी जलधाराएँ, ठंडी जलधाराएँ हैं। आयोशिवो धारा (पूर्वी जापान के सहारे), लेब्राडोर धारा (न्यूफाउंडलैंड के पूर्वी तट के सहारे), बेंगुएला धारा (अंगोला के पश्चिमी तट के सहारे) एवं फॉकलैंड धारा (पूर्वी-अर्जेंटीना तट के सहारे) ये सभी ठंडी जलधाराएँ हैं।

24 **निम्नलिखित युग्मों पर विचार कीजिए**

(Chap 16, Class-XI, Old NCER

गर्म जलधारा		महासागर
1. ब्राजील धारा	–	दक्षिण अटलांटिक महासागर
2. कैलिफोर्निया धारा	–	उत्तरी प्रशांत महासागर
3. फ्लोरिडा धारा	–	उत्तरी अटलांटिक महासागर
4. मोजांबिक धारा	–	हिंद महासागर

उपर्युक्त युग्मों में से कितने युग्म सही सुमेलित हैं?

(a) केवल एक
(b) केवल दो
(c) केवल तीन
(d) उपरोक्त सभी

उत्तर *(d)*

व्याख्या दिए गए सभी चार युग्म सही सुमेलित हैं।

ब्राजील धारा दक्षिण अटलांटिक महासागर में प्रवाहित होती है।

कैलिफोर्निया धारा, उत्तरी प्रशांत महासागर में पश्चिमी तट के सहारे प्रवाहि होती है।

फ्लोरिडा धारा फ्लोरिडा तट के सहारे उत्तरी अटलांटिक महासागर में प्रवाहि होती है।

मोजांबिक धारा मोजांबिक तट के सहारे हिंद महासागर में प्रवाहित होती है।

25 **कथन (A) और कारण (R) को पढ़िए तथा नीचे दिए गए कूट की सहायता से सही उत्तर का चयन कीजिए**

(Chap 5, Class-VII, New NCERT

कथन (A) उपोष्ण कटिबंध के प्रति चक्रवातीय क्षेत्रों के पश्चिमी किनारे पर संसार के प्रमुख मत्स्यन क्षेत्र पाए जाते हैं।

कारण (R) इन क्षेत्रों में गर्म तथा ठंडी जलधाराएँ एक जगह आकर मिलती हैं।

कूट

(a) A और R दोनों सही हैं तथा R, A की सही व्याख्या है
(b) A और R दोनों सही हैं, परंतु R, A की सही व्याख्या नहीं है
(c) A सही है, किंतु R गलत है
(d) A गलत है, किंतु R सही है

उत्तर *(a)*

व्याख्या A और R दोनों सही हैं तथा R, A की सही व्याख्या है।

उपोष्ण कटिबंध के प्रति चक्रवातीय क्षेत्रों के पश्चिमी किनारों पर संसार के प्रमुख मत्स्यन क्षेत्र पाए जाते हैं, क्योंकि इन क्षेत्रों में गर्म तथा ठंडी जलधाराएँ एक जगह आकर मिलती हैं। जिन स्थानों पर दो विपरीत स्वभाव वाली जलधाराएँ मिलती हैं, ऐसे क्षेत्र मत्स्यपालन के लिए महत्त्वपूर्ण होते हैं।

ऐसे स्थानों पर महासागरीय जल का तापमान संतुलित रहता है। साथ ही ऐसे स्थानों पर प्लैंक्टिन नामक सागरीय वनस्पति का विकास तेजी से होता है, जिसे मछलियों का विशेष आहार माना जाता है। यही कारण है कि ऐसे स्थानों पर मत्स्यन अधिक विकसित अवस्था में है।

ज्वार-भाटा

26 **महासागरों और समुद्रों में ज्वार-भाटा किसके/किनके कारण होता है?**

(Chap 14, Class-XI, New NCERT) (IAS Pre 2015)

1. सूर्य का गुरुत्वीय बल
2. चंद्रमा का गुरुत्वीय बल
3. पृथ्वी का अपकेंद्रीय बल

कूट

(a) केवल 1 (b) 2 और 3
(c) 1 और 3 (d) 1, 2 और 3

उत्तर (d)

व्याख्या प्रश्न में दिए गए सभी कारणों से महासागरों और समुद्रों में ज्वार-भाटा की उत्पत्ति होती है। चंद्रमा के गुरुत्वाकर्षण (गुरुत्वीय बल) के कारण तथा कुछ हद तक सूर्य के गुरुत्वीय बल द्वारा ज्वार-भाटा की उत्पत्ति होती है।

ज्वार-भाटा की उत्पत्ति का दूसरा कारक पृथ्वी का अपकेंद्रीय बल है, जो कि गुरुत्वाकर्षण (गुरुत्वीय) बल को संतुलित करता है। गुरुत्वाकर्षण बल तथा अपकेंद्रीय बल दोनों मिलकर पृथ्वी पर ज्वार-भाटाओं को उत्पन्न करने के लिए उत्तरदायी हैं। एक दिन में प्रत्येक स्थान पर सामान्यत: दो बार ज्वार एवं दो बार भाटा पृथ्वी के चक्कर के कारण उत्पन्न होता है।

27 निम्न में से कौन-सा कथन सही है?

(Chap 14, Class-XI, New NCERT)

1. विश्व का सबसे ऊँचा ज्वार-भाटा कनाडा के फंडी की खाड़ी में आता है।
2. जब ज्वार-भाटा द्वीपों के बीच से खाड़ियों तथा ज्वारनदमुखों में से गुजरता है, तो उन्हें ज्वारीय धारा कहते हैं।

कूट

(a) केवल 1 (b) केवल 2
(c) 1 और 2 दोनों (d) न तो 1 और न ही 2

उत्तर (c)

व्याख्या प्रश्न में दिए गए कथन (1) और (2) दोनों सही हैं। विश्व का सबसे ऊँचा ज्वार-भाटा कनाडा के नोवा स्कॉशिया में स्थित फंडी की खाड़ी में आता है।

यहाँ ज्वारीय उभार की ऊँचाई 15-16 मी तक होती है। फंडी की खाड़ी में प्रतिदिन दो बार उच्च ज्वार एवं दो बार निम्न ज्वार आते हैं। जब ज्वार-भाटा द्वीपों के बीच से खाड़ियों तथा ज्वारनदमुखों से होकर गुजरता है, तो उन्हें ज्वारीय धारा कहते हैं।

28 निम्नलिखित युग्मों पर विचार कीजिए

(Chap 11, Class-XI, Old NCERT)

ज्वार-भाटा के प्रकार	स्थिति
1. दैनिक ज्वार	– एक उच्च एवं एक निम्न ज्वार
2. मिश्रित ज्वार	– सूर्य एवं चंद्रमा की समकोण स्थिति
3. वृहत ज्वार	– ज्वार-भाटा की ऊँचाइयों में भिन्नता
4. निम्न ज्वार	– सूर्य, चंद्रमा व पृथ्वी का सीधी रेखा में होना

उपर्युक्त युग्मों में से कितने युग्म सही सुमेलित हैं?

(a) केवल एक (b) केवल दो
(c) केवल तीन (d) इनमें से कोई नहीं

उत्तर (c)

व्याख्या दिए गए युग्मों में से केवल तीन युग्म अर्थात् (2), (3) और (4) सही सुमेलित नहीं है।

मिश्रित ज्वार में ज्वार-भाटा की ऊँचाइयों में अंतर होता है। उत्तरी अमेरिका के पश्चिमी तट पर अधिकतर ऐसे ज्वार-भाटा आते हैं।

वृहत ज्वार की अनुभूति तब होती है, जब सूर्य, चंद्रमा एवं पृथ्वी तीनों एक सीधी रेखा में होते हैं। वृहत् ज्वार महीने में दो बार होता है-पूर्णिमा के समय एवं अमावस्या के समय।

निम्न ज्वार उस समय आते हैं, जब सूर्य, चंद्रमा और पृथ्वी तीनों समकोणिक स्थिति में होते हैं। ऐसी स्थिति में दोनों का आकर्षण बल एक-दूसरे के विपरीत कार्य करता है। इसलिए निम्न ज्वार की अनुभूति होती है।

29 वृहत ज्वार और लघु ज्वार के संबंध में निम्नलिखित कथनों पर विचार कीजिए

(Chap 8, Class-XI, NCERT)

1. जब सूर्य और चंद्रमा केंद्र में पृथ्वी के साथ एक-दूसरे के समकोण पर होते हैं, तब वृहत ज्वार आता है।
2. वृहत ज्वार और लघु ज्वार के बीच सात दिन का अंतराल होता है।
3. जब सूर्य, चंद्रमा और पृथ्वी एक सीधी रेखा में होते हैं, तो लघु ज्वार आता है।
4. वृहत ज्वार महीने में केवल एक बार पूर्णिमा में होता है।

उपर्युक्त में से कौन-सा/ से कथन सत्य हैं/है?

(a) केवल 1 (b) केवल 2
(c) 1, 2 और 3 (d) ये सभी

उत्तर (b)

व्याख्या वृहत ज्वार और लघु ज्वार के संबंध में उपर्युक्त में से केवल कथन (2) सत्य है। वृहत ज्वार और लघु ज्वार के बीच सात दिन का अंतराल होता है। सूर्य, पृथ्वी और चंद्रमा के सापेक्ष स्थान के आधार पर दो प्रकार के ज्वार होते हैं- वृहत् ज्वार तथा लघु ज्वार।

कथन (1), (3) और (4) असत्य हैं, क्योंकि जब सूर्य, चंद्रमा और पृथ्वी समकोण पर नहीं, बल्कि एक सीधी रेखा में होते हैं, तो ज्वार की ऊँचाई अधिक होती है, इसे वृहत ज्वार कहा जाता है। यह महीने में दो बार पूर्णिमा और अमावस्या को आता है। लघु ज्वार की स्थिति में सूर्य एवं चंद्रमा एक-दूसरे के समकोण पर होते हैं एवं चन्द्रमा की शक्तियाँ एक-दूसरे का विरोध करती हैं।

30 निम्नलिखित कथनों पर विचार कीजिए

(Chap 5, Class-VII, New NCERT)

1. नौसंचालन में ज्वार-भाटा का महत्त्वपूर्ण योगदान पाया जाता है।
2. ज्वार-भाटा तलछटों के डीसिल्टेशन में सहायता करता है।
3. ज्वारीय तरंगों से विद्युत उत्पादन भी किया जाता है।

उपर्युक्त में से कौन-सा/से कथन सही है/हैं?

(a) केवल 1 (b) 2 और 3
(c) 1 और 2 (d) 1, 2 और 3

उत्तर (d)

व्याख्या प्रश्न में दिए गए सभी कथन सही हैं। ज्वार-भाटा एक प्राकृतिक परिघटना है। इसे मानवीय हितों के लिए भी लाभदायक माना जाता है। यह नौसंचालकों एवं मछुआरों को उनके कार्य संबंधित योजनाओं में सहायता करता है। नौ संचालन में ज्वारीय प्रवाह का अधिक महत्त्व है।

ज्वार-भाटा तलछटों के डीसिल्टेशन में भी सहायता करता है तथा ज्वारनदमुख से प्रदूषित जल को बाहर निकालने में भी सहायक है।

ज्वारीय तरंगों का प्रयोग विद्युत उत्पादन में भी किया जाता है। विकसित देशों में इसका उपयोग अधिक किया जाता है। यह गैर-परंपरागत ऊर्जा का एक महत्त्वपूर्ण स्रोत है।

प्रवाल एवं प्रवाल भित्तियाँ

31 निम्नलिखित में से कौन-सा कथन 'प्रवाल' के संबंध में सही नहीं है?

(Chap 17, Class-XI, Old NCERT)

(a) प्रवाल एक प्रकार की कैलकेरियम चट्टान होती है
(b) यह पॉलिप नामक छोटे समुद्री जीव के अस्थि-पंजर से बनती है
(c) प्रवालों के विकास के लिए सूर्य की पर्याप्त रोशनी आवश्यक होती है
(d) यह साधारणत: 10° उत्तरी अक्षांश तथा 10° दक्षिणी अक्षांश के मध्य पाए जाते हैं

उत्तर (d)

व्याख्या प्रवाल (Coral) के संबंध में कथन (d) सही नहीं है, क्योंकि यह साधारणतः 30° उत्तरी अक्षांश तथा 30° दक्षिणी अक्षांश के मध्य पाए जाते हैं। प्रवाल न ही अधिक उच्च तापमान पर और न ही अधिक न्यून तापमान पर जीवित रह सकता है। यही कारण है कि निम्न एवं उच्च अक्षांशीय क्षेत्रों के समीप यह नहीं पाया जाता है।

प्रवाल एक प्रकार की कैलकेरियम चट्टान होती है, जो मूलतः कैल्शियम से बनी होती है। प्रवाल, पॉलिप नामक छोटे समुद्री जीव के अस्थि पंजर से बनता है। इसके विकास के लिए सूर्य की पर्याप्त रोशनी आवश्यक होती है। इसलिए प्रवाल 250 से 300 फैदम तक की गहराई में अधिक विकसित होते हैं। अधिक गहराई में प्रवाल जीवित नहीं रह सकते हैं।

32 प्रवाल निर्मित स्थलाकृतियाँ/प्रकार के संदर्भ में दिए गए कितने युग्म सुमेलित हैं?
(Chap 17, Class-XI, Old NCERT)

1. तटीय प्रवाल भित्ति — न्यू हेब्रिड एवं सोसायटी द्वीप समूह
2. प्रवाल रोधिका — ग्रेट बेरियर रीफ
3. प्रवाल वलय — फिजी व फुनाफुटी द्वीप

कूट

(a) केवल एक (b) केवल दो
(c) सभी तीन (d) उपर्युक्त में से कोई नहीं

उत्तर (c)

व्याख्या प्रवाल निर्मित स्थलाकृतियों के संबंध में सभी तीन युग्म सही सुमेलित हैं। तटीय प्रवाल भित्ति, न्यू हेब्रिड एवं सोसायटी द्वीप समूह तट पर पाई जाती हैं। ऑस्ट्रेलिया के उत्तर-पूर्वी तट के सहारे ग्रेट बेरियर रीफ प्रवाल रोधिका का उदाहरण है। ग्रेट बेरियर रीफ को विश्व की सबसे बड़ी प्रवाल भित्ति माना जाता है। प्रवाल वलय मुद्रिका (अंगूठी सदृश्य) प्रवाल संरचना होती है, जो एक छिछले लैगून को घेरे रहती है। फिजी तथा फुनाफुटी द्वीप प्रवाल वलय का उदाहरण हैं।

सागरीय संसाधन

33 सागरीय संसाधन के संबंध में कौन-सा कथन सही है?
(Chap 18, Class-XI, Old NCERT)

1. महासागर जैविक, अजैविक तथा खाद्य आदि संसाधनों के मुख्य स्रोत हैं।
2. पश्चिमी यूरोप का सागर जल एकमात्र मत्स्य आखेट हेतु मुख्य व्यावसायिक क्षेत्र है।

कूट

(a) केवल 1
(b) केवल 2
(c) 1 और 2 दोनों
(d) न तो 1 और न ही 2

उत्तर (c)

व्याख्या सागरीय संसाधन के संबंध में कथन (1) और (2) दोनों सही महासागर जैविक-अजैविक तथा खाद्य संसाधनों आदि के मुख्य स्रोत महाद्वीपीय मग्नतटों के छिछले जल में तथा उत्तरी गोलार्द्ध के जलमग्न तटों संसार के महत्त्वपूर्ण मत्स्य आखेट क्षेत्र केंद्रित हैं। ये क्षेत्र मत्स्यों के आहार लिए उद्भिज प्लवकों की आपूर्ति पर्याप्त मात्रा में करते हैं।

पश्चिमी यूरोप का सागर जल मत्स्य आखेट का एकमात्र मुख्य व्यावसायिक क्षे है। डॉगर बैंक क्षेत्र यूरोप के पश्चिमी भाग में ही स्थित है, जो मत्स्यन के लि विश्व प्रसिद्ध है।

34 निम्न कथनों पर विचार कीजिए *(Chap 18, Class-XI, Old NCER*

1. मूल्य की दृष्टि से 90% से अधिक खनिज तेल और गैस, महासागरों उपलब्ध होते हैं।
2. महासागरों में भू-तापीय ऊर्जा का संबंध विभंग क्षेत्रों तथा सक्रि ज्वालामुखी क्षेत्र से पाया जाता है।
3. महासागरों के नितल (मैदानी क्षेत्रों) में खनिज तेल मुख्य रूप से पा जाता है।

उपर्युक्त में से कौन-सा/से कथन असत्य है/हैं?

(a) केवल 3 (b) 1 और 2
(c) 2 और 3 (d) 1, 2 और 3

उत्तर (a)

व्याख्या प्रश्न में दिए गए कथनों में से कथन (3) असत्य है, क्योंकि महासागरों के मग्नतट एवं मग्नढाल क्षेत्रों में मुख्यतः खनिज तेल पाया जाता है कुछ भू-वैज्ञानिकों का मानना है कि कुल खनिज तेल भंडार का लगभग 20% भाग सागरीय नितल में संरक्षित है।

मूल्य की दृष्टि से 90% से अधिक खनिज तेल और गैस, महासागरों से उपलब्ध होते हैं। इसके साथ ही महासागरों में भू-तापीय ऊर्जा का संबंध विभंग क्षेत्रों तथा सक्रिय ज्वालामुखी क्षेत्र में पाया जाता है।

अध्याय 07

प्राकृतिक वनस्पति एवं मृदा

प्राकृतिक वनस्पति एवं मृदा

प्राकृतिक वनस्पति

वन वनस्पति
- जलवायु, तापमान तथा क्षेत्र के आधार पर विश्व की वनस्पतियों का वर्गीकरण

भूमध्यरेखीय वनस्पति
- उच्च तापमान और प्रचुर वर्षा द्वारा समर्थित उष्णकटिबंधीय वर्षावन को सेल्वा के नाम से जाना जाता है।
- इस पर समुद्री उष्णकटिबंधीय वायु द्रव्यमान का प्रभाव रहता है।
- इसके सबसे बड़े क्षेत्र अमेजन, कांगो तथा मलेशिया हैं।
- भूमध्यसागरीय प्रदेश को फलों की कृषि के कारण 'विश्व का फलोधान' कहा जाता है।

पर्णपाती वनस्पति
- शीतोष्ण और उष्णकटिबंधीय वनों के रूप में इसे वर्गीकृत किया गया है। शीतोष्ण वनों में चौड़ी पत्ती वाले पर्णपाती वृक्ष पाए जाते हैं, जो ठंड के मौसम में अपने पत्ते गिरा देते हैं।
- इसे 'मानसून वनों' के रूप में जाना जाता है।
- प्रमुख वृक्ष - साल, सागवान, नीम तथा शीशम।

टुंड्रा वनस्पति
- आर्कटिक महासागरीय तटों के साथ वह क्षेत्र जहाँ वर्षभर भूमि जमी रहती है। यहाँ का वार्षिक औसत तापमान बहुत कम होता है।
- काई, लाइकेन तथा अन्य निम्न स्तर के वृक्ष यहाँ पाए जाते हैं।
- ये मुख्य रूप से उत्तरी गोलार्द्ध में आर्कटिक क्षेत्र के उत्तर तथा एशिया, कनाड़ा और यूरोप के उत्तर में पाए जाते हैं

टैगा वन/शंकुधारी वन
- इसे उप-आर्कटिक जलवायु के रूप में जाना जाता है। यह सबसे कम वार्षिक औसत तापमान के लिए जिम्मेदार है।
- यहाँ मुख्य रूप से सदाबहार शंकु वन पाए जाते हैं
- यह उत्तरी गोलार्द्ध के उच्च अक्षांशों (50°-70°) में पाया जाता है।

मैंग्रोव वनस्पति
- यह चौड़े पत्तों वाले पेड़ों का एक समूह है, जो भूमि और समुद्र के बीच एक संक्रमण क्षेत्र में पाया जाता है। यह केवल उष्णकटिबंधीय और उपोष्णकटिबंधीय जल तक ही सीमित है

मरुस्थलीय वनस्पति
- इस क्षेत्र में उच्च शीतोष्ण वर्षा होती है। यहाँ की वनस्पति जेरोफाइटिक तथा सूखा प्रतिरोधी पहाड़ियाँ होती है।
- प्रमुख गर्म रेगिस्तान महाद्वीपों के पश्चिमी तटों पर स्थित हैं; जैसे-सहारा रेगिस्तान तथा ऑस्ट्रेलियाई रेगिस्तान

चारागाह वनस्पति
- धारा प्रधान क्षेत्र, पृथ्वी की सतह के लगभग 20% भाग पर इसका विस्तार; यह उष्णकटिबंधीय तथा समशीतोष्ण दोनों क्षेत्रों में पाए जाते हैं।
- यहाँ पेड़ों की वृद्धि नहीं होने का कारण वर्षा की मात्रा में कमी है

उष्णकटिबंधीय घास भूमि
- आमतौर पर इसे 'सवाना' कहा जाता है। यह बिखरे हुए मध्यम आकार के पेड़ों वाला एक जटिल पारिस्थितिकी तंत्र है।
- अफ्रीकी सवाना बड़े चरने वाले स्तनधारियों शेर, सियार आदि की विविधता के लिए जाना जाता है
- उष्णकटिबंधीय घास के मैदान-पूर्वी अफ्रीका का सवाना, ब्राजील के कंपोज तथा वेनेजुएला के लानोस।

शीतोष्ण घास का मैदान
- यहाँ लकड़ियों का विकास नहीं होता है।
- भौगोलिक अलगाव के कारण कुछ प्रजातियों में भिन्नता पाई जाती है।
- लंबी घासों से बने मैदान को यहाँ प्रेयरी कहा जाता है, जो मैदान कवर करता है।

मृदा

मृदा
- ठोस, तरल और गैसीय पदार्थों का मिश्रण
- पृथ्वी के भू-पर्पटी के शीर्ष भाग में खनिजों के साथ-साथ कार्बनिक पदार्थ भी पाए जाते हैं।
- मिट्टी का संरक्षण टैटिस-फार्मिंग अंतर फसल, मल्चिंग-समोच्च अवरोध, रॉक-बाँध तथा आश्रय बेल्ट की प्रक्रिया द्वारा किया जा सकता है

मृदा का वर्गीकरण

पेडल्फर मृदा
- **आंचलिक मिट्टी** यह नवीनतम तथा अपरिपक्व मिट्टी है।
- **अंतक्षेत्रीय मिट्टी** यह निश्चित जलवायु क्षेत्र के अंद-निर्मित होती हैं, जो किसी स्थानीय कारक की प्रबलता के कारण सामान्य से अधिक होते हैं।

पेडोकल मृदा
- इस मृदा में कैल्शियम की मात्रा अधिक होती है।
- यह मृदा शुष्क एवं अर्द्ध शुष्क देशों में पाई जाती है
- इस मृदा को निम्न प्रकारों में बाँटा गया है
- **प्रेयरी मृदा** मुख्यतः अमेरिका में चेरनोजेम एवं धूसर भूरी पोडजॉलिक मृदा के बीच के क्षेत्रों में पाई जाती है।
- **गहरी भूरी या चेस्टनट मृदा** यह मृदा मध्यवर्ती अक्षांशों में स्थित महाद्वीपीय जलवायु के अर्द्ध शुष्क भागों में पाई जाती है।
- **धूसर (भूरी) पोडजॉलिक मृदा** यह मृदा मध्य एवं पश्चिमी यूरोप, उत्तर-पूर्वी संयुक्त राज्य अमेरिका एवं उत्तर-पूर्वी चीन में पाई जाती है।
- **धूसर मरुभूमि मृदा** यह मृदा मध्यवर्ती अक्षांशों के मरुस्थलीय क्षेत्रों में पाई जाती है, इसमें ह्यूमस की मात्रा कम होती है।

SOURCE New NCERT Class-VII प्राकृतिक वनस्पति एवं वन्य जीवन, New NCERT Class-VIII भूमि, मृदा, जल प्राकृतिक वनस्पति और वन्य जीवन संरक्षण, Old NCERT Class-XI भू आकृति प्रक्रियाएँ, Old NCERT Class-XI मृदा, Tamil Nadu Board Class X Unit 3, Tamil Nadu Board Class XII Unit 7, NIOS Module-5 Chap-15 जीवोम

प्राकृतिक वनस्पति

1 उष्णकटिबंधीय सदाबहार वनों के संदर्भ में दिए गए कथनों पर विचार कीजिए *(Chap 6, Class-VII, New NCERT)*

1. यह वन उष्णकटिबंध तथा भूमध्य रेखा के पास पाए जाते हैं।
2. ब्राजील के उष्णकटिबंधीय सदाबहार वन पृथ्वी के फेफड़े की तरह प्रतीत होते हैं।
3. विश्व का सबसे बड़ा साँप ऐनाकोण्डा उष्णकटिबंधीय वर्षा वन में पाया जाता है।
4. यहाँ के पेड़ों की पत्तियाँ वर्ष में एक बार पूरी तरह झड़ जाती हैं।

उपर्युक्त में से कितने कथन सही हैं?

(a) केवल एक (b) केवल दो (c) केवल तीन (d) ये सभी

उत्तर *(c)*

व्याख्या उष्णकटिबंधीय सदाबहार वनों के संदर्भ में केवल तीन अर्थात् कथन (1), (2) और (3) सही हैं। उष्णकटिबंधीय सदाबहार वन दोनों गोलार्द्धों में 0° से 10° अक्षांशों के मध्य, उष्णकटिबंधीय तथा भूमध्य रेखा के समीप पाए जाते हैं। ब्राजील के उष्णकटिबंधीय सदाबहार वन पृथ्वी के फेफड़े की तरह प्रतीत होते हैं। इसे विश्व का सर्वाधिक घना वन क्षेत्र माना जाता है। इस क्षेत्र में अधिक तापमान व वर्षा होती है। विश्व का सबसे बड़ा साँप ऐनाकोण्डा इन्हीं वनों में पाया जाता है।

कथन (4) सही नहीं है, क्योंकि इन वनों के वृक्षों की पत्तियाँ वर्षभर बनी रहती हैं।

2 उष्णकटिबंधीय पर्णपाती वन के संबंध में दिए गए कौन-सा/से कथन सही है/हैं? *(Chap 6, Class-VII, New NCERT)*

1. ये वन भारत, उत्तरी ऑस्ट्रेलिया एवं मध्य अमेरिका के बड़े हिस्सों में पाए जाते हैं।
2. इन वनों के वृक्ष जल संचय करते हैं तथा अपनी पत्तियाँ कभी नहीं गिराते हैं।

कूट

(a) केवल 1 (b) केवल 2
(c) 1 और 2 (d) न तो 1 और न ही 2

उत्तर *(a)*

व्याख्या उष्णकटिबंधीय पर्णपाती वन के संबंध में कथन (1) सही है। उष्णकटिबंधीय पर्णपाती वन मानसूनी होते हैं, जो भारत, उत्तरी ऑस्ट्रेलिया एवं मध्य अमेरिका के कुछ हिस्सों में पाए जाते हैं।

कथन (2) सही नहीं है, क्योंकि इस जलवायु क्षेत्र में मौसम परिवर्तन के कारण पेड़ों की पत्तियाँ प्राय: ग्रीष्म काल से पहले गिर जाती हैं, ताकि शुष्क मौसम में अपनी आर्द्रता को बचाए रखें। साल, सागवान, नीम, पीपल, शीशम, आम आदि इस वन क्षेत्र में पाए जाने वाले प्रमुख वृक्ष हैं।

3 शीतोष्ण पर्णपाती वनों के संदर्भ में नीचे दिए गए कथनों में से कितने कथन सत्य है/हैं? *(Chap 6, Class VII, NCERT)*

1. उच्च अक्षांशों की ओर बढ़ने पर अधिक शीतोष्ण पर्णपाती वन मिलते हैं।
2. इस प्रकार के वन अधिकांशत: उत्तर-पूर्वी अमेरिका एवं पश्चिमी यूरोप के तटीय भागों में पाए जाते हैं।
3. इस प्रकार के वनों के वृक्ष अपनी पत्तियाँ शुष्क मौसम में गिरा देते हैं।

कूट

(a) केवल एक (b) केवल दो
(c) सभी तीन (d) इनमें से कोई नहीं

उत्तर *(c)*

व्याख्या शीतोष्ण पर्णपाती वनों के संदर्भ में सभी तीन कथन सत्य हैं। उ अक्षांशों की ओर बढ़ने पर अधिक शीतोष्ण पर्णपाती वन मिलते हैं। ये उत्तर-पूर्वी अमेरिका, चीन, चिली, न्यूजीलैंड एवं पश्चिमी-यूरोप के तटीय भा में पाए जाते हैं। इन वनों में आक, ऐश, बीच आदि के वृक्ष पाए जाते हैं। प्रकार के वनों के वृक्ष अपनी पत्तियां शुष्क मौसम में गिरा देते हैं। इन वनों फीजेंट तथा मोनाल पक्षी पाए जाते हैं।

4 निम्नलिखित विशेषताएँ किस वन प्रदेश से संबंधित हैं? *(Chap 6, Class-VII, New NCER*

1. गर्म शुष्क ग्रीष्म एवं वर्षा वाली मृदु शीत ऋतु।
2. वृक्षों की मोटी छाल एवं पत्तियों का वाष्पोत्सर्जन को रोकना।
3. विश्व के फलोद्यान के नाम से प्रसिद्ध प्रदेश।
4. अंगूर एवं जैतून जैसे फलों का उत्पादन।

कूट

(a) भूमध्यसागरीय वनस्पति (b) शीतोष्ण पर्णपाती वन
(c) मानसूनी वन प्रदेश (d) शीतोष्ण सदाबहार वन

उत्तर *(a)*

व्याख्या प्रश्न में उल्लेखित सभी विशेषताएँ भूमध्यसागरीय वन क्षेत्र र संबंधित हैं। भूमध्यसागरीय वन क्षेत्र में ग्रीष्म काल में गर्म व शुष्क वर्षा वाल मृदु शीत ऋतु होती है। इस क्षेत्र में मिलने वाले वृक्षों की छालें मोटी होती है ताकि ग्रीष्म काल में वाष्पोत्सर्जन को रोका जा सके।

भूमध्यसागरीय वन क्षेत्र को फलों का उद्यान कहा जाता है। यहाँ अंगूर औ जैतून का उत्पादन विशेष रूप से किया जाता है। महाद्वीप के दक्षिण पश्चिम ए पश्चिमी भाग में भूमध्यसागरीय वनस्पतियाँ मिलती हैं। यहाँ वन्य जीवन कम है यूरोप, अफ्रीका एवं एशिया के भूमध्यसागरीय क्षेत्र के समीप इस प्रकार क वनस्पतियाँ विस्तृत क्षेत्र में पाई जाती हैं।

5 निम्नलिखित युग्मों में से कितने युग्म सही सुमेलित हैं? *(Chap 6, Class-VII, New NCERT)*

	वन		वृक्ष
1.	मानसूनी वन	–	साल एवं सागवान
2.	विषुवतरेखीय वन	–	रोजवुड एवं महोगनी
3.	भूमध्यसागरीय वन	–	आलू बुखारा एवं जैतून
4.	कोणधारी वन	–	चीड़ तथा फर

कूट

(a) केवल एक (b) केवल दो
(c) केवल तीन (d) ये सभी

उत्तर *(d)*

व्याख्या दिए गए सभी चार युग्म सही सुमेलित हैं।

साल एवं सागवान उष्णकटिबंधीय पर्णपाती मानसूनी वन के वृक्ष हैं। नमी को बनाए रखने के लिए ग्रीष्मकाल प्रारंभ होने से पूर्व, इन वनों के वृक्षों की पत्तियाँ ग्रीष्म काल के प्रारंभ में झड़ जाती हैं।

रोजवुड एवं महोगनी विषुवतरेखीय वन के वृक्ष हैं।

आलू बुखारा एवं जैतून भूमध्यसागरीय वन में पाए जाने वाले वृक्ष हैं। इस प्रकार के वन मध्य अक्षांशीय क्षेत्र के तटीय भाग में पाए जाते हैं।

चीड़ तथा फर के वृक्ष कोणधारी (शंकुधारी) वन में पाए जाते हैं।

6 निम्नलिखित में से कौन-सा कथन 'टुंड्रा प्रकार की वनस्पति' के संबंध में सही है? *(Chap 2, Class-VIII, New NCERT)*

1. शीत ध्रुवीय प्रदेशों की टुंड्रा वनस्पति में मॉस तथा लाइकेन नामक घास पाई जाती है।
2. यहाँ के जानवरों के शरीर पर पतला फर तथा पतली चमड़ी होती है।

कूट

(a) केवल 1
(b) केवल 2
(c) 1 और 2 दोनों
(d) न तो 1 और न ही 2

उत्तर (a)

व्याख्या 'टुंड्रा प्रकार की वनस्पति' के संबंध में कथन (1) सही है। शीत ध्रुवीय प्रदेशों की टुंड्रा वनस्पति में मॉस तथा लाइकेन नामक घास पाई जाती है। कथन (2) सही नहीं है, क्योंकि यहाँ के जानवरों के शरीर पर मोटा फर एवं मोटी चमड़ी होती है, जो उन्हें ठंडी जलवायु में सुरक्षित रखती है। सील, वालरस, पोलर बियर, पोलर फॉक्स यहाँ पाए जाने वाले कुछ प्रमुख जानवर हैं। ग्रीष्म काल अल्पकालिक होने के कारण यहाँ वनस्पतियों का विकास कम हुआ है। यह मुख्य रूप से कनाडा, रूस एवं अलास्का के उत्तरी भाग तथा ग्रीनलैण्ड के तटीय भागों में पाई जाती है।

बायोम

7 निम्नलिखित कथनों पर विचार कीजिए
(Chap 20, Module-7, NIOS) (IAS Pre 2023)

कथन I. उष्णकटिबंधीय वर्षा वनों की मृदा पोषक तत्त्वों से भरपूर होती है।

कथन II. उष्णकटिबंधीय वर्षा वनों के उच्च ताप और आर्द्रता के कारण मृदा में विद्यमान मृत जैव पदार्थ का द्रुत अपघटन होता है।

उपर्युक्त में से कौन-सा/से कथन सही है/हैं?

(a) कथन I और कथन II दोनों सही हैं तथा कथन II, कथन I की सही व्याख्या है
(b) कथन I और कथन II दोनों सही हैं, परंतु कथन II, कथन I की सही व्याख्या नहीं है
(c) कथन I सही है, किंतु कथन II गलत है
(d) कथन I गलत है, किंतु कथन II सही है

उत्तर (d)

व्याख्या कथन I गलत है, किंतु कथन II सही है।

उष्णकटिबंधीय वर्षा वनों में उच्च ताप एवं आर्द्रता के कारण मृदा में विद्यमान मृत जैव पदार्थ का तीव्रगति से अपघटन होता है, जिससे कार्बनिक पदार्थों का शीघ्र ही अपघटन हो जाता है। वर्षा के कारण पोषक तत्त्वों का क्षय होता है। इसके बावजूद कुशल पोषक चक्रण प्रक्रियाओं के कारण ऑक्सीसोल में पोषक तत्त्वों की विद्यमानता रहती है।

इसके अतिरिक्त उष्णकटिबंधीय वर्षा वनों की मृदा में पोषक तत्त्वों की कमी पाई जाती है। यहाँ पौधें बहुत तेजी से बढ़ते हैं तथा मिट्टी के पोषक तत्त्वों को शीघ्र खा लेते हैं। यहाँ वर्षा की अधिकता से भी मृदा का क्षय होता है तथा मृदा बंजर तक हो जाती है। उष्णकटिबंधीय वर्षा वन की मिट्टी को ऑक्सीसोल या अल्टीसोल के रूप में वर्गीकृत किया जाता है।

8 निम्नलिखित युग्मों में से कितने युग्म सही सुमेलित हैं?
(Chap 15, Class-XI, New NCERT)

	बायोम के प्रकार		प्रदेश/क्षेत्र
1.	शीतोष्ण कटिबंधीय वन बायोम	–	पश्चिमी व मध्य यूरोप
2.	बोरियल बायोम	–	कनाडा व स्कैंडिनेवियन देश
3.	गर्म व उष्ण मरुस्थलीय बायोम	–	कालाहारी मरुस्थल
4.	उष्णकटिबंधीय घास भूमि बायोम	–	दक्षिण अमेरिका व भारत

कूट

(a) केवल एक (b) केवल दो (c) केवल तीन (d) ये सभी

उत्तर (d)

व्याख्या दिए गए सभी चार युग्म सही सुमेलित हैं।

शीतोष्ण कटिबंधीय वन बायोम का विस्तार पश्चिमी एवं मध्य यूरोप में पाया जाता है।

बोरियल बायोम का विस्तार कनाडा एवं स्कैंडिनेवियन देशों (नॉर्वे-स्वीडन) के उच्चवर्ती प्रदेशों में मिलता है, जहाँ तापमान वर्ष भर कम रहता है। ऐसे वनों में पाइन, फर, स्प्रूस जैसे सदाबहार कोणधारी वृक्ष मिलते हैं।

गर्म एवं उष्ण मरुस्थलीय बायोम का विस्तार अफ्रीका के दक्षिणी भाग में स्थित कालाहारी मरुस्थलीय क्षेत्रों तक है। ऐसे वनों में वनस्पतियों का पूर्णत: अभाव होता है। वृक्ष स्वयं को बचाए रखने के लिए, काँटेदार हो जाते हैं। यहाँ की मृदा में पोषक तत्त्वों का पूर्णत: अभाव पाया जाता है।

उष्ण कटिबंधीय घास भूमि बायोम (लानोस एवं कैंपोस) का विस्तार दक्षिण अमेरिका (वेनेजुएला व ब्राजील) तथा भारत के दक्षिणी भागों में पाया जाता है।

9 निम्न कथनों पर विचार कीजिए *(Chap 15, Class-XI, New NCERT)*

1. जलीय बायोम के प्रदेशों में प्रवाल भित्ति, लैगून व ज्वारनदमुख प्रमुख हैं।
2. पर्वतीय बायोम की वनस्पति में पर्णपाती से टुंड्रा प्रकार तक की वनस्पतियाँ पाई जाती हैं।

उपर्युक्त में से कौन-सा/से कथन सही है/हैं?

(a) केवल 1 (b) केवल 2
(c) 1 और 2 दोनों (d) न तो 1 और न ही 2

उत्तर (c)

व्याख्या दिए गए दोनों कथन सही हैं।

जलीय बायोम के प्रदेशों में प्रवाल भित्ति, लैगून व ज्वारनदमुख प्रमुख हैं। जलीय बायोम को मीठे व खारे पानी के आधार पर दो भागों में विभाजित किया जा सकता है। झीलें, नदियाँ, सरिताएँ व अन्य आर्द्र भूमि मीठे पानी बायोम के अंतर्गत आते हैं।

जलीय बायोम में तापमान विविधता अधिक देखने को मिलती है। साथ ही वायुदाब व आर्द्रता अधिक होती है।

पर्वतीय बायोम की वनस्पति (बोरियल) में पर्णपाती से टुंड्रा प्रकार तक की वनस्पतियाँ पाई जाती हैं। विभिन्न अक्षांशीय विस्तार के कारण तापमान एवं वर्षा में भिन्नता देखने को मिलती है।

प्राकृतिक प्रदेशों में जीवन

10 निम्नलिखित में से कौन-सी विशेषता अमेजन नदी बेसिन (वर्षा वन प्रदेश) में पाई जाती है? *(Chap 8, Class-VII, New NCERT)*

1. भूमध्यरेखीय प्रदेश में नदी बेसिन का विस्तार
2. वर्ष भर गर्म एवं नम जलवायु
3. प्रतिदिन वर्षा
4. शरीर में चिपचिपाहट होना

कूट

(a) 1 और 3 (b) 1, 2 और 4
(c) 2, 3 और 4 (d) ये सभी

उत्तर (d)

व्याख्या प्रश्न में दी गई सभी विशेषताएँ अमेजन नदी बेसिन (वर्षा वन क्षेत्र) में पाई जाती हैं। अमेजन विश्व की सबसे बड़ी नदी है। इस क्षेत्र में पाए जाने वाले वर्षा वनों को सेल्वास के नाम से जाना जाता है। इसका विस्तार भूमध्यरेखीय प्रदेश के समीपवर्ती बेसिन क्षेत्र में हुआ है।

इस क्षेत्र में सूर्य की किरणें वर्ष भर लंबवत् चमकती हैं, इस कारण यहाँ वर्ष भर उच्च तापमान एवं उच्च आर्द्रता की स्थिति पाई जाती है। दोपहर बाद प्रतिदिन इस क्षेत्र में संवहनीय वर्षा होती है। अधिक तापमान एवं उच्च आर्द्रता के कारण इस बेसिन क्षेत्र में चिपचिपाहट (Muggy) वाली गर्मी पड़ती है।

11 निम्नलिखित में से कौन-सा कथन सही है?

(Chap 2, Class-VI, Old NCERT)

1. दक्षिण अमेरिका के उष्णकटिबंधीय वर्षा वनों में विश्व की सबसे हल्की लकड़ी 'वाल्सा' पाई जाती है।
2. ब्राजील में पाए जाने वाले ताड़ जाति के वृक्ष कार्नोबा से मोम प्राप्त किया जाता है।
3. रबड़ के वृक्षों का मूल स्थान अफ्रीका महाद्वीप की अमेजन नदी द्रोणी है।

कूट

(a) 1 और 2 (b) 2 और 3 (c) 1 और 3 (d) ये सभी

उत्तर (a)

व्याख्या दिए गए कथनों में से कथन (1) और (2) सही हैं। दक्षिण अमेरिका के उष्णकटिबंधीय वर्षा वनों में विश्व की सबसे हल्की लकड़ी 'वाल्सा' पाई जाती है। दक्षिण अमेरिका विभिन्न प्रकार के प्राकृतिक संसाधनों से संपन्न है। यहाँ के विस्तृत वनों में विभिन्न प्रकार के वन्यजीव पाए जाते हैं। अमेजन नदी द्रोणी के अधिकतम वन उष्णकटिबंधीय वर्षा वन हैं।

ब्राजील में पाए जाने वाले ताड़ जाति के वृक्ष 'कार्नोबा' से मोम प्राप्त किया जाता है। इस मोम का उपयोग जूतों की पॉलिश, मोमबत्ती बनाने तथा फर्नीचर की पॉलिश करने में किया जाता है।

कथन (3) सही नहीं है, क्योंकि रबड़ के वृक्षों का मूल स्थान अमेजन नदी द्रोणी हैं, जोकि दक्षिण अमेरिका महाद्वीप में स्थित है।

12 गंगा-ब्रह्मपुत्र बेसिन क्षेत्र में पाई जाने वाली वनस्पतियों व क्षेत्रों के संबंध में दिए गए युग्मों में कौन-सा युग्म सुमेलित है?

(Chap 8, Class-VII, New NCERT)

1. उष्णकटिबंधीय पर्णपाती वृक्ष — सागवान व पीपल
2. शंकुधारी वृक्ष — चीड़ व देवदार
3. मैंग्रोव वनस्पति — सुंदरी

कूट

(a) केवल 1 (b) 1 और 2 (c) 2 और 3 (d) 1, 2 और 3

उत्तर (d)

व्याख्या गंगा-ब्रह्मपुत्र बेसिन क्षेत्र में पाई जाने वाली वनस्पतियों एवं क्षेत्रों के संबंध में दिए गए सभी युग्म सही सुमेलित हैं।

उष्णकटिबंधीय पर्णपाती वृक्ष में मुख्य रूप से सागवान व पीपल के वृक्ष पाए जाते हैं। यहाँ पर मूसलाधार एवं संवहनीय वर्षा होती है और यह जलवायु प्रदेश 0° से 10° उत्तरी-दक्षिणी अक्षांश पेटियों में विस्तृत है।

शंकुधारी वृक्ष का विस्तार 50° से 65° उत्तरी अक्षांशों के मध्य है और इसमें चीड़ व देवदार के वृक्ष पाए जाते हैं। यहाँ सर्वाधिक वार्षिक तापांतर पाया जाता है।

मैंग्रोव वनस्पति में सुंदरी नामक वृक्षों का विकास होता है। डेल्टाई क्षेत्रों में सुंदरी वृक्षों के अधिक पाए जाने के कारण इसे सुंदरबन डेल्टा क्षेत्र कहा जाता है।

घास के मैदान

13 उष्णकटिबंधीय घास स्थल के संबंध में कौन-सा कथन सही है?

(Chap 6, Class-VII, New NCERT)

1. यह भूमध्यरेखा के दोनों ओर उष्णकटिबंधीय क्षेत्रों में पाया जाता है।
2. यहाँ बहुत कम ऊँचाई की घास पाई जाती है, जो 1 से 2 मी तक ऊँची होती है।

कूट

(a) केवल 1 (b) केवल 2
(c) 1 और 2 (d) न तो 1 और न ही 2

उत्तर (a)

व्याख्या उष्णकटिबंधीय घास स्थल के संबंध में कथन (1) सही है। यह भूमध्यरेखा के दोनों ओर उष्णकटिबंधीय क्षेत्रों में पाया जाता है। इसे सवाना तुल्य या सूडान तुल्य घास का मैदान कहा जाता है। विषुवतीय जलवायु प्रदेश एवं उष्णकटिबंधीय मरुस्थलीय क्षेत्र के मध्य (अफ्रीकी महाद्वीप में) इस क्षेत्र का विस्तार पाया जाता है। यहाँ निम्न से मध्य वर्षा होती है।

कथन (2) सही नहीं है, क्योंकि यहाँ वनस्पतियों के नाम पर घास की अधिकता देखने को मिलती है, जिसकी ऊँचाई लगभग 3 से 4 मीटर तक होती है।

14 शीतोष्ण घास स्थल के संबंध में कौन-सा कथन सही नहीं है?

(Chap 3, Class-XI, Old NCERT)

(a) ये घास स्थल उच्च अक्षांशीय क्षेत्रों एवं महाद्वीपों के किनारे पाए जाते हैं।
(b) इन क्षेत्रों में वार्षिक वर्षा 25 से 75 सेमी होती है।
(c) यहाँ सामान्यत: जंगली भैंस, बाइसन, एंटीलोप पाए जाते हैं।
(d) 'a' और 'b' दोनों

उत्तर (a)

व्याख्या शीतोष्ण घास स्थल के संबंध में कथन (a) सही नहीं है, क्योंकि ये घास स्थल मध्य अक्षांशीय क्षेत्रों एवं महाद्वीप के आंतरिक भाग में पाए जाते हैं। यहाँ की घास सामान्यत: छोटी एवं पौष्टिक होती है।

कथन (b) और (c) सही हैं। इन घास स्थलीय प्रदेशों में वार्षिक वर्षा 25 सेमी से 75 सेमी तक होती है। यहाँ सामान्यत: जंगली भैंस, बाइसन, एंटीलोप पाए जाते हैं। गेहूँ उत्पादन के लिए ये मैदान महत्त्वपूर्ण माने जाते हैं। स्टेपी (रूस) को मध्य एशिया के 'बॉस्केट ऑफ ब्रेड' के नाम से जाना जाता है। इस शीतोष्ण युक्त घास के मैदानी भाग महाद्वीप के दक्षिण-पूर्वी भाग में विस्तृत हैं।

15 सूची I तथा सूची II को सुमेलित कीजिए

(Chap 6, Class-VII, New NCERT) (UPPSC Pre 2016)

सूची-I (शीतोष्ण घास स्थल)	सूची-II (देश/क्षेत्र)
A. लानोस	1. उत्तरी अमेरिका
B. स्टैपी	2. अफ्रीका
C. प्रेयरीज	3. यूरोप
D. वेल्ड	4. दक्षिणी अमेरिका

कूट

	A	B	C	D		A	B	C	D
(a)	4	3	1	2	(b)	2	3	4	1
(c)	4	3	2	1	(d)	4	1	3	2

उत्तर (a)

व्याख्या सही सुमेलन A-4, B-3, C-1, D-2 है।

लानोस घास का मैदान वेनेजुएला (दक्षिणी अमेरिका) में स्थित है। यह उष्णकटिबंधीय घास का मैदान है। यह दक्षिण अमेरिकी महाद्वीप के उत्तरी हिस्से में विस्तृत है। यहाँ प्रवाहित प्रमुख नदी 'ओरिनिको' है।

स्टैपी, यूरोप में स्थित घास के मैदान हैं। ये मैदान यूक्रेन से मध्य एशिया तक विस्तृत हैं।

प्रेयरीज, उत्तरी अमेरिका के घास के मैदान हैं।

वेल्ड घास के मैदान दक्षिण अफ्रीका में पाए जाते हैं।

मृदा

16 'मृदा निर्माण की प्रक्रिया' के संबंध में दिए गए कथनों पर विचार कीजिए

(Chap 7, Class-X, Old NCERT)

(Unit 3, Class-X, Tamil Nadu Board)

1. मृदा निर्माण एक गत्यात्मक प्रक्रिया है, जिसमें रासायनिक, भौतिक एवं जैविक क्रियाएँ चलती रहती हैं।

2. मृदा का निर्माण चट्टानों से प्राप्त खनिजों एवं जैव पदार्थों से होता है।
3. मृदा निर्माण या मृदा जनन केवल अपरदन कार्य पर निर्भर करता है।

उपर्युक्त में से कौन-सा/से कथन सही नहीं है/हैं?

(a) केवल 1 (b) 1 और 2 (c) केवल 3 (d) 1, 2 और 3

उत्तर *(c)*

व्याख्या 'मृदा निर्माण की प्रक्रिया' के संबंध में कथन (3) सही नहीं है, क्योंकि मृदा निर्माण या मृदा जनन केवल अपरदन कार्य पर निर्भर नहीं करता है, बल्कि अपक्षय, जैविक गतिविधि, ह्यूमस निर्माण, खनिजकरण और लीचिंग, मिट्टी प्रोफाइल विकास और समय तथा पर्यावरणीय कारण भी निर्भर करता है। मृदा का निर्माण जनन शैलों द्वारा ही होता है, परंतु इसमें सभी क्रियाओं की भूमिका महत्त्वपूर्ण होती है।

कथन (1) और (2) सही हैं। मृदा निर्माण एक गत्यात्मक प्रणाली/प्रक्रिया है, जिसमें रासायनिक, भौतिक तथा जैविक क्रियाएँ साथ-साथ चलती रहती हैं। मृदा में जो खनिजों की मात्रा विद्यमान होती है, वह चट्टानों में उपलब्ध जैव पदार्थों, खनिजों के कारण होती है।

17 मृदा निर्माण की जैविक क्रियाओं के संबंध में कौन-सा कथन सही नहीं है? *(Chap 6, Class-XI, New NCERT)*

1. आर्द्र, उष्ण एवं भूमध्यरेखीय जलवायु में बैक्टीरियल वृद्धि एवं क्रियाएँ सघन होती हैं, जिससे मृदा में ह्यूमस की मात्रा कम पाई जाती है।
2. बैक्टीरियल कार्य की गहनता ठंडी एवं गर्म जलवायु की मिट्टियों में अंतर को नहीं दर्शाती है।

कूट

(a) केवल 1 (b) केवल 2
(c) 1 और 2 (d) न तो 1 और न ही 2

उत्तर *(b)*

व्याख्या मृदा निर्माण की जैविक क्रियाओं के संबंध में कथन (2) सही नहीं है, क्योंकि बैक्टीरियल कार्य की गहनता ठंडी एवं गर्म जलवायु की मिट्टियों में अंतर को दर्शाती है। ठंडी जलवायु में ह्यूमस की मात्रा अधिक होती, क्योंकि बैक्टीरियल की वृद्धि धीमी गति से होती है।

आर्द्र, उष्ण एवं भूमध्यरेखीय जलवायु में बैक्टीरियल वृद्धि एवं क्रियाएँ सघन होती हैं तथा मृत वनस्पति शीघ्रता से ऑक्सीकृत हो जाती है, जिससे मृदा में ह्यूमस की मात्रा कम रह जाती है।

18 'मृदा परिच्छेदिका' से संबंधित कथनों पर विचार कीजिए *(Chap 7, Class-XI, Old NCERT)*

1. मृदा परिच्छेदिका में वास्तविक मृदा सबसे ऊपर, उसके नीचे उपमृदा तथा सबसे नीचे आधारी चट्टानें पाई जाती हैं।
2. उपमृदा मुख्य रूप से बालू, गाद, क्ले से मुक्त होती है।
3. भौतिक तथा रासायनिक संघटन एवं जैविक अंश के आधार पर मृदा का प्रत्येक संस्तर दूसरों से भिन्न होता है।

उपर्युक्त में से कितने कथन सही नहीं हैं?

(a) केवल एक (b) केवल दो
(c) सभी तीन (d) इनमें से कोई नहीं

उत्तर *(a)*

व्याख्या 'मृदा परिच्छेदिका' (Soil profile) के संदर्भ में केवल एक अर्थात् कथन (2) सही नहीं है, क्योंकि उपमृदा बालू, गाद, क्ले से मुक्त नहीं होती है, बल्कि यह इन्हीं पदार्थों से बनी होती है। इसके ऊपरी भाग में ह्यूमस और वनस्पति के साथ ऊपरी मृदा होती है।

कथन (1) और (3) सही हैं। मृदा परिच्छेदिका में वास्तविक मृदा सबसे ऊपर, उसके नीचे उपमृदा तथा सबसे नीचे आधारी चट्टानें पाई जाती हैं। साथ ही यह कथन भी सही है कि भौतिक व रासायनिक संघटन एवं जैविक अंश के आधार पर मृदा का संस्तर दूसरों से भिन्न होता है।

19 मृदा के संबंध में निम्नलिखित कथनों में से कौन-सा/से असत्य है/हैं? *(Unit 3, Class-X, Tamil Nadu Board) (HPSC Pre 2023)*

1. उपजाऊ मृदा के अंदर की पादप जड़ें पौधों को पोषक तत्त्व प्रदान करके जल के संग्राहक एवं आधार के रूप में कार्य करके पौधों की वृद्धि में सहायता करती हैं।
2. वनस्पति, वृक्ष आच्छादन और वन मृदा अपक्षरण एवं मरुस्थलीकरण को रोककर मृदा के स्थिरीकरण के साथ-साथ जल एवं पोषकों के चक्रण को बनाए रखती हैं।
3. चरागाह पर पाई जाने वाली घास मिट्टी को मृदा अपक्षरण से नहीं बचा सकती है और न ही जैविक गतिविधियों को रोकती है।

कूट

(a) 1 और 3 (b) 2 और 3 (c) केवल 2 (d) केवल 3
(e) अनुत्तरित प्रश्न

उत्तर *(d)*

व्याख्या मृदा के संबंध में कथन (3) असत्य है, क्योंकि चरागाह पर पाई जाने वाली घास मृदा को अपक्षरण से बचा सकती है एवं जैविक गतिविधियों को भी रोकती है।

कथन (1) और (2) सत्य हैं। उपजाऊ मृदा के अंदर की पादप जड़ें पौधों को पोषक तत्त्व प्रदान करके जल के संग्राहक एवं आधार के रूप में कार्य करके पौधों की वृद्धि में सहायता करती हैं, साथ ही वनस्पतियाँ मृदा अपक्षरण व मरुस्थलीकरण को रोककर मृदा के स्थिरीकरण के साथ-साथ जल व पोषकों के चक्रण को बनाए रखती हैं।

20 मृदा के गठन व कणों के आकार के संबंध में कौन-सा/से युग्म सही सुमेलित है/हैं? *(Chap 7, Class-XI, Old NCERT)*

1. बलुई मृदा — बालू के कणों का अनुपात अधिक
2. चिकनी मृदा — मृत्तिका और बालू के कण का समान अनुपात
3. दोमट मृदा — बालू, गाद तथा मृत्तिका का समान अनुपात

कूट

(a) केवल 1 (b) 1 और 3 (c) 2 और 3 (d) 1, 2 और 3

उत्तर *(b)*

व्याख्या मृदा के गठन व कणों के आकार के संबंध में युग्म (1) और (3) सही सुमेलित हैं।

बलुई मृदा में बालू कणों की मात्रा अधिक होती है, इसलिए इसे बलुई मृदा भी कहते हैं। इसमें जल सोखने की क्षमता अधिक होती है।

दोमट मृदा में बालू, गाद तथा मृत्तिका का समान अनुपात होता है। यह उपजाऊ मृदा होती है। इसमें जलधारण करने की क्षमता अधिक होती है। कृषि क्रियाकलापों के लिए यह अधिक उपयुक्त मृदा मानी जाती है।

युग्म (2) सही सुमेलित नहीं है, क्योंकि चिकनी मृदा मे मृत्तिका और बालू के कण का अनुपात समान नहीं होता है, बल्कि इसमें मृत्तिका की मात्रा अधिक एवं बालू के कण कम पाए जाते हैं।

21 निम्नलिखित कथनों में से लैटेराइट मिट्टी के विषय में कौन-सा कथन सही है? *(Chap 3, Class-X, Tamil Nadu Board), (UPPSC Pre 2023)*

1. यह मिट्टी उच्च तापमान एवं भारी वर्षा वाले क्षेत्रों में विकसित होती है।
2. इस मिट्टी में लौह-ऑक्साइड एवं एल्युमीनियम की कमी पाई जाती है।

कूट

(a) केवल 1 (b) केवल 2
(c) 1 और 2 दोनों (d) न तो 1 और न ही 2

उत्तर *(a)*

व्याख्या लैटेराइट मिट्टी के विषय में कथन (1) सही है।

लैटेराइट मिट्टी (Laterite Soil) का निर्माण मानसूनी जलवायु की आर्द्रता एवं शुष्कता के क्रमिक परिवर्तन के परिणामस्वरूप उच्च तापमान एवं भारी वर्षा वाले क्षेत्रों में होता है। इसमें आयरन एवं सिलिका की बहुलता होती है।

कथन (2) सही नहीं है, क्योंकि लैटेराइट मिट्टी में लौह-ऑक्साइड तथा पोटाश की बहुलता होती है। इससे मिट्टी की उर्वरता कम होती है। लौह-ऑक्साइड के कारण मृदा का रंग लाल होता है।

22 निम्नलिखित कथनों पर विचार कीजिए

(Chap 7, Class-XI, Old NCERT)

1. ह्यूमस युक्त मिट्टी का रंग काला या गाढ़ा भूरा होता है।
2. जिस मिट्टी में चूने की मात्रा कम होती है, उसे क्षारीय तथा जिसमें अधिक होती है, उसे अम्लीय मिट्टी कहते हैं।

उपर्युक्त में से कौन-सा/से कथन असत्य है/हैं?

(a) केवल 1
(b) केवल 2
(c) 1 और 2
(d) न तो 1 और न ही 2

उत्तर *(b)*

व्याख्या दिए गए कथनों में से कथन (2) असत्य है, क्योंकि जिस मिट्टी में चूने की मात्रा कम होती है, उसे अम्लीय तथा जिसमें चूने की मात्रा अधिक होती है, उसे क्षारीय मृदा कहते हैं।

23 निम्न कथन (A) व कारण (R) को पढ़िए और नीचे दिए गए कूट की सहायता से सही उत्तर का चुनाव कीजिए

(Chap 7, Class-XI, Old NCERT)

कथन (A) मरुभूमियों की मिट्टी समशीतोष्ण क्षेत्रों में धूसर रंग की तथा उष्ण क्षेत्रों में लाल रंग की होती है।

कारण (R) यह क्षेत्र सबसे कम तापमान तथा सबसे कम वाष्पीकरण वाले होते हैं तथा ह्यूमस से परिपूर्ण होते हैं।

कूट

(a) A और R दोनों सही हैं तथा R, A की सही व्याख्या है।
(b) A और R दोनों सही हैं, परंतु R, A की सही व्याख्या नहीं है।
(c) A सही है, किंतु R गलत है।
(d) A गलत है, किंतु R सही है।

उत्तर *(c)*

व्याख्या A सही है, किंतु R गलत है।

मरुभूमियों की मिट्टी समशीतोष्ण क्षेत्रों में धूसर रंग की तथा उष्ण क्षेत्रों में लाल रंग की होती है। ये क्षेत्र कम वर्षा, उच्च तापमान और अधिक वाष्पीकरण वाले होते हैं, किंतु इन क्षेत्रों की मृदा में वनस्पति की कमी के कारण ह्यूमस का अभाव होता है।

अत: इन क्षेत्रों में खनिज तत्त्वों का नीचे बिल्कुल रिसाव नहीं होता है। अत: ये क्षारीय होते हैं। इस मिट्टी में संस्तर स्थिति उचित तरीके से विकसित नहीं हो पाती है।

24 'पेडलफर मिट्टी' के संबंध में कौन-सा कथन सही है?

(Chap 7, Class-XI, Old NCERT)

1. यह मिट्टी अम्लीय, अनुपजाऊ और कृषि के लिए कम उपजाऊ होती है।
2. डेरी उद्योग तथा मिश्रित कृषि के लिए यह मृदा उपयोगी होती है।
3. ऊँचे अक्षांशों में तापमान आर्द्र तथा मौसमी दशा वाले क्षेत्रों में काले रंग की पेडलफर मिट्टी मिलती है।

कूट

(a) केवल 1 (b) 1 और 2
(c) 2 और 3 (d) 1, 2 और 3

उत्तर *(b)*

व्याख्या 'पेडलफर मिट्टी' के संबंध में कथन (1) और (2) सही हैं। जीवाणुओं की कम क्रियाशीलता के कारण यह मिट्टी अम्लीय, अनुपजाऊ और कृषि के लिए कम उपयोगी होती है, किंतु यह पश्चिमी यूरोप और उत्तर-पूर्वी संयुक्त राज्य अमेरिका के मध्य अक्षांशीय पतझड़ वाले वनों की पट्टी में पाई जाती है। इस प्रकार के मृदा क्षेत्र में डेरी उद्योग तथा मिश्रित कृषि अधिक विकसित अवस्था में है।

कथन (3) सही नहीं है, क्योंकि निचले अक्षांशों में ऊँचे तापमान और आर्द्र मौसमी दशा वाले क्षेत्रों में लाल और पीले रंग की उष्णकटिबंधीय पेडलफर मिट्टी मिलती हैं। इसमें लौहांश की मात्रा अधिक होती है।

25 निम्न में से कौन-सा कथन 'पेडोकल मिट्टी' के संबंध में सही है?

(Chap 7, Class-XI, Old NCERT)
(Unit 3, Class-X, Tamil Nadu Board)

(a) विश्व के शुष्क, अर्द्धशुष्क तथा उपार्द्र क्षेत्रों में पेडोकल श्रेणी की मिट्टी पाई जाती है
(b) इसमें कैल्शियम तथा खनिज लवणों की मात्रा अधिक होती है
(c) अधिक वाष्पीकरण के कारण इस मिट्टी के घुलनशील खनिज जल के साथ नीचे से ऊपर आते हैं
(d) उपर्युक्त सभी

उत्तर *(d)*

व्याख्या 'पेडोकल मिट्टी' के संबंध में दिए गए सभी कथन सही हैं। विश्व के शुष्क, अर्द्धशुष्क तथा उपार्द्र क्षेत्रों में पेडोकल श्रेणी की मिट्टी पाई जाती है। इस मिट्टी में कैल्शियम एवं लवण की मात्रा अधिक पाई जाती है। अधिक वाष्पीकरण के कारण इस मिट्टी के घुलनशील खनिज जल के साथ नीचे से ऊपर आते हैं। स्टैपी एवं प्रेयरी क्षेत्रों में इस प्रकार की मृदा का विस्तार अधिक पाया जाता है। शरनोजम (चेरनोजम) इस श्रेणी की सबसे उपयुक्त मिट्टी मानी जाती है। यह मिट्टी उपजाऊ होती है तथा वर्षों तक प्रयोग करने के बावजूद भी इसकी उर्वरता कम नहीं होती है।

26 निम्न कथनों पर विचार कीजिए तथा इनमें असत्य कथनों की पहचान कीजिए

(Chap 2, Class-VIII, New NCERT)

1. मृदा अपरदन और क्षीणता मृदा के लिए खतरे हैं।
2. मृदा के निम्नीकरण के सहायक कारक मुख्य रूप से बाढ़ एवं भूस्खलन हैं।
3. चट्टान बाँध मृदा क्षति को रोकने में सहायक होते हैं।

कूट

(a) केवल 2
(b) केवल 1
(c) 1 और 2
(d) 1, 2 और 3

उत्तर *(a)*

व्याख्या दिए गए कथनों में से कथन (2) असत्य है, क्योंकि बाढ़ एवं भूस्खलन मृदा निम्नीकरण में सहायक भूमिका नहीं निभाते हैं, बल्कि निम्नीकरण में सक्रिय भूमिका निभाते हैं।

कथन (1) और (3) सही हैं। मृदा अपरदन एवं क्षीणता मृदा के लिए खतरे हैं, क्योंकि इससे मृदा की गुणात्मकता पर नकारात्मक प्रभाव पड़ता है। मानवीय व प्राकृतिक दोनों ही कारकों से मृदाओं का निम्नीकरण हो सकता है। चट्टान बाँध जल के प्रवाह को कम करने हेतु बनाए जाते हैं। ये नालियों की रक्षा करते हैं और मृदा क्षति को रोकते हैं।

27 निम्नलिखित कथनों पर विचार कीजिए

कथन I. उष्णकटिबंधीय वर्षा वनों की मृदा पोषक तत्त्वों से भरपूर होती है। *(Chap 6, Class-VII, New NCERT) (IAS Pre 2023)*

कथन II. उष्णकटिबंधीय वर्षा वनों के उच्च ताप और आर्द्रता के कारण मृदा में विद्यमान मृत जैव पदार्थ का द्रुत अपघटन होता है।

कूट

(a) कथन I और कथन II दोनों सही हैं तथा कथन II, कथन I की सही व्याख्या है।
(b) कथन I और कथन II दोनों सही हैं, परंतु कथन II, कथन I की सही व्याख्या नहीं है।
(c) कथन I सही है, किंतु कथन II गलत है।
(d) कथन I गलत है, किंतु कथन II सही है।

उत्तर *(d)*

व्याख्या कथन I गलत है, किंतु कथन II सही है।

उष्णकटिबंधीय वर्षा वनों में उच्चताप एवं आर्द्रता के कारण मृदा में विद्यमान मृत जैव पदार्थ का तीव्रगति से अपघटन होता है, जिससे कार्बनिक पदार्थों का शीघ्र ही अपघटन हो जाता है।

वर्षा के कारण पोषक तत्त्वों का क्षय होता है। इसके पश्चात् भी कुशल पोषक चक्रण प्रक्रियाओं के कारण ऑक्सीसोल में पोषक तत्त्वों की विद्यमान रहती है।

इसके अतिरिक्त उष्णकटिबंधीय वर्षा वनों की मृदा में पोषक तत्त्वों की कमी पाई जाती है। यहाँ पौधे बहुत तेजी से बढ़ते हैं तथा मिट्टी के पोषक तत्त्वों को शीघ्र समाप्त कर देते हैं। यहाँ वर्षा की अधिकता से भी मृदा का क्षय होता है तथा मृदा बंजर तक हो जाती है। उष्णकटिबंधीय वर्षा वन की मिट्टी को ऑक्सीसोल या अल्टीसोल के रूप में वर्गीकृत किया जाता है।

28 निम्नलिखित में से कौन मृदा संरक्षण की महत्त्वपूर्ण विधियाँ हैं? *(Chap 2, Class-VIII, New NCERT)*

1. मल्च बनाना
2. वेदिका फार्म
3. समुच्चरेखीय जुताई
4. समोच्चरेखीय रोधिकाएँ
5. रक्षक मेखलाएँ

कूट

(a) 1 और 4
(b) 2, 4 और 5
(c) 1, 2 और 3
(d) ये सभी

उत्तर *(d)*

व्याख्या मल्च बनाना, वेदिका फार्म का निर्माण करना, समुच्चरेखीय जुताई करना, समोच्चरेखीय रोधिका का निर्माण करना एवं रक्षक मेखला का निर्माण करना मृदा संरक्षण की तकनीकी क्रियाविधियाँ मानी जाती हैं। इन क्रियाओं के माध्यम से न केवल मृदा का संरक्षण होता है, बल्कि मृदा निम्नीकरण को रोकने में भी सहायता मिलती है, साथ ही इसकी, उर्वरता को भी बनाए रखने में सहायता मिलती है।

29 निम्न कथन (A) व कारण (R) को पढ़िए और नीचे दिए गए कूट की सहायता से सही उत्तर का चयन कीजिए

कथन (A) केंचुए खेती के लिए अच्छे नहीं हैं।

कारण (R) केंचुए मिट्टी को महीन कणों में परिवर्तित कर इसे नरम बना देते हैं। *(Chap 6, Class-XI, New NCERT)*

कूट

(a) A और R दोनों सही हैं तथा R, A की सही व्याख्या है।
(b) A और R दोनों सही हैं, परंतु R, A की सही व्याख्या नहीं है।
(c) A सही है, किंतु R गलत है।
(d) A गलत है, किंतु R सही है।

उत्तर *(d)*

व्याख्या A गलत है, R सही है। केंचुए खेती के लिए अच्छे होते हैं। ये मिट्टी खाते हैं और पुन: शरीर से बाहर छोड़ते हैं। इस प्रक्रिया में मिट्टी नरम तथा पतली हो जाती है। केंचुओं के शरीर से निकलने वाली मिट्टी का गठन तथा रसायन परिवर्तित हो जाता है, जो कृषि उत्पादकता को बढ़ा देता है।

अध्याय 08

कृषि, पशुपालन एवं मत्स्यपालन

कृषि, पशुपालन एवं मत्स्यपालन

कृषि

परिचय

- कृषि शब्द अंग्रेजी भाषा के 'एग्रीकल्चर' से लिया गया है। एग्रीकल्चर शब्द की उत्पत्ति लैटिन शब्दों 'एगर' या 'एग्री' से हुई, जिसका अर्थ मृदा और कल्चर है अर्थात् कृषि है।
- कृषि एक प्राथमिक क्रिया है। इसमें फसलों, फलों, सब्जियों, फूलों को उगाना और पशुपालन आदि शामिल होते हैं।
- विश्व में 50% लोग कृषि से संबंधित क्रियाओं में संलग्न हैं। भारत की दो-तिहाई जनसंख्या कृषि पर निर्भर है।

कृषि के प्रकार/प्रणाली

- **निर्वाह कृषि** निर्वाह कृषि में स्थानीय उत्पादों का उपयोग किया जाता है। यह कृषि परिवार की आवश्यकताओं को पूरा करने के लिए की जाती है।
- **आदिमकालीन निर्वाह कृषि** आदिमकालीन निर्वाह कृषि में स्थानांतरी कृषि के साथ-साथ चलवासी पशुचारण सम्मिलित होता है।
- **गहन निर्वाह कृषि** गहन निर्वाह कृषि मुख्य रूप से मानसून से प्रभावी एशिया के घने बसे देशों में की जाती है,
- **वाणिज्यिक कृषि** वाणिज्यिक कृषि में फसल उत्पादन तथा पशुपालन बाजार में विक्रय के लिए किया जाता है, इस प्रकार की कृषि में अत्यधिक कृषीय क्षेत्र तथा अधिक पूँजी लगती है।
- **वाणिज्य अनाज कृषि** वाणिज्य अनाज कृषि मुख्य रूप से वाणिज्यिक उद्देश्य से की जाती है। यह कृषि मध्य अक्षांशों के आंतरिक अर्द्ध शुष्क प्रदेशों में की जाती है।
- **मिश्रित कृषि** मिश्रित कृषि में फसल उत्पादन के साथ-साथ पशुपालन भी किया जाता है। फसल एवं पशुपालन में एक संयोजन का होना, इस कृषि की प्रमुख विशेषता है।
- **रोपण कृषि/बागानी कृषि** रोपण कृषि वाणिज्यिक कृषि का एक प्रकार है, जहाँ चाय, कहवा, काजू, रबड़, केला, कपास आदि एकल फसलों की खेती की जाती है।

पशुपालन

परिचय

- पशुओं को व्यवस्थित तरीके से चराने और पालने का व्यवसाय उनसे दूध, मांस, ऊन एवं खालें आदि प्राप्त करने के लिए किया जाता है, जिसे पशुपालन कहते हैं।
- विश्व की विभिन्न जलवायुविक दशाओं में रहने वाले लोगों ने उन क्षेत्रों में पाए जाने वाले पशुओं का चयन करके पशुपालन किया।

पशुपालन के प्रकार

- **चलवासी पशुचारण** एक प्राचीन जीवन निर्वाह व्यवसाय रहा है, जिसमें पशुचारक अपने भोजन, वस्त्र, आवास, औजार एवं यातायात के लिए पशुओं पर ही निर्भर रहता था।
- उष्णकटिबंधीय अफ्रीका में गाय-बैल प्रमुख पशु हैं, जबकि सहारा एवं एशिया के मरुस्थलों में भेड़, बकरी एवं ऊँट पाले जाते हैं।
- तिब्बत एवं एंडीज के पर्वतीय भाग में याक व लामा एवं आर्कटिक और उप उत्तरी ध्रुवीय क्षेत्रों में रेंडियर पाले जाते हैं।
- नए चरागाहों की खोज में ये पशुचारक समतल भागों एवं पर्वतीय क्षेत्रों में लंबी दूरियाँ तय करते हैं।
- भारत में हिमालय के पर्वतीय क्षेत्रों में गुज्जर, बकरवाल, गद्दी एवं भूटिया लोगों के समूह ग्रीष्म काल में मैदानी क्षेत्रों से पर्वतीय क्षेत्रों में चले जाते हैं एवं शीतकाल में पर्वतीय क्षेत्रों से मैदानी क्षेत्र में आ जाते हैं।

वाणिज्य पशुधन पालन

- चलवासी पशुचारण की अपेक्षा वाणिज्य पशुधन पालन अधिक व्यवस्थित एवं पूँजी प्रधान है।
- इसमें फार्म विशाल क्षेत्र पर फैले होते हैं एवं संपूर्ण क्षेत्र को छोटी-छोटी इकाइयों में विभाजित कर दिया जाता है।
- यह एक विशिष्ट गतिविधि है, जिसमें केवल एक ही प्रकार के पशु पाले जाते हैं। प्रमुख पशुओं में भेड़, बकरी, गाय-बैल एवं घोड़े हैं।
- पशुफार्म में पशुधन पालन वैज्ञानिक आधार पर व्यवस्थित किया जाता है।
- विश्व में न्यूजीलैंड, ऑस्ट्रेलिया, अर्जेंटीना, उरुग्वे एवं संयुक्त राज्य अमेरिका में वाणिज्य पशुधन पालन किया जाता है।
- विश्व के पश्चिमी यूरोप, भूमध्य सागरीय क्षेत्र, ऑस्ट्रेलिया तथा न्यूजीलैंड में भेड़ पालन अधिक महत्त्वपूर्ण हैं।

मत्स्यपालन

परिचय

- मत्स्यन मनुष्य की प्राचीन आर्थिक क्रिया है। तटवर्ती प्रदेशों में यह एक महत्त्वपूर्ण उद्योग है। मछलियों को मुख्यतः भोजन के रूप में प्रयोग किया जाता है।
- मछलियाँ विषुवत् रेखा से लेकर ध्रुवीय प्रदेशों एवं नदियों तथा हिमानियों से निकलने वाले ठंडे पानी तक में पाई जाती हैं, इस प्रकार इनमें अनुकूलन की क्षमता होती है।

मछलियों का वर्गीकरण

मछलियों का वर्गीकरण दो प्रकार से किया जाता है

- **जल की प्रकृति के आधार पर** मछलियाँ दो प्रकार की होती हैं-ताजे जल की मछलियाँ तथा खारे जल की मछलियाँ। नदियों, तालाबों, झीलों तथा जलाशयों से पकड़ी जाने वाली मछलियाँ, ताजे जल की मछलियाँ कहलाती हैं, वहीं समुद्रों एवं सागरों से पकड़ी जाने वाली मछलियाँ खारे जल की मछलियाँ कहलाती हैं।
- **सामुद्रिक मछलियों की स्थिति के आधार** पर भी दो प्रकार की मछलियाँ पाई जाती हैं-तट तथा तट के निकट पकड़ी जाने वाली मछलियाँ तथा खुले समुद्र से पकड़ी जाने वाली मछलियाँ। खुले समुद्र में मछलियाँ दो क्षेत्रों से पकड़ी जाती हैं। कुछ मछलियाँ अधिक प्रकाश प्रिय होती हैं। अतः इनके झुंड सतह के निकट ही घूमते रहते हैं। ये समुद्र सतह पर पाई जाने वाली मछलियाँ होती हैं। इन्हें वेलापवर्ती मछलियाँ कहते हैं; 'उदाहरणस्वरूप ट्यूना, सामन, पिल्कार्ड, सारडाइन, मैकरले तथा हेरिंग मछलियाँ। कुछ मछलियाँ समुद्र के नितल में रहती हैं। यहाँ पानी ठंडा तथा प्रकाश कम होता है। ये झुंड बनाकर नहीं रहती हैं, ऐसी मछलियाँ तलमज्जी मछलियाँ कहलाती हैं; जैसे- कॉड, हैलीबुट, हेडकॉक तथा फ्लाउंडर्स आदि।

SOURCE New & Old NCERT Class-VI पृथ्वी की उत्पत्ति एवं विकास, New & Old NCERT Class-XI पृथ्वी की उत्पत्ति एवं विकास

कृषि

1 आदिम निर्वाह कृषि के संबंध में दिए गए कथनों में असत्य कथनों की पहचान कीजिए *(Chap 4, Class-VIII, New NCERT)*

1. इस कृषि में स्थानांतरित कृषि और चलवासी पशुचारण शामिल होता है।
2. यह कृषि समशीतोष्ण कटिबंधीय क्षेत्रों में की जाती है।
3. स्थानांतरणशील कृषि को कर्तन एवं दहन कृषि के नाम से जाना जाता है।

कूट

(a) केवल 2 (b) 2 और 3 (c) 1 और 2 (d) 1, 2 और 3

उत्तर (a)

व्याख्या आदिम निर्वाह कृषि के संबंध में कथन (2) असत्य है, क्योंकि आदिम निर्वाह कृषि समशीतोष्ण कटिबंध क्षेत्रों में नहीं, बल्कि यह उष्ण कटिबंधीय वन क्षेत्रों में अधिक प्रचलित है। इस प्रकार की कृषि प्रणाली में स्थानांतरित कृषि एवं चलवासी पशुचारण भी शामिल है। स्थानांतरित कृषि के अंतर्गत वनों की कटाई एवं छँटाई कर तत्पश्चात उसे जलाकर, कृषि योग्य भूमि का निर्माण करते हैं। इसलिए इसे 'कर्तन एवं दहन' के नाम से जाना जाता है। गहन निर्वाह कृषि के संबंध में शेष कथन 1 और 4 सत्य है।

2 स्थानांतरित कृषि को विभिन्न क्षेत्रों में अलग-अलग नामों से जाना जाता है। इस आधार पर दिए गए युग्म में से कितने सही सुमेलित हैं?

स्थानांतरी कृषि		देश *(Chap 5, Class-XII, New NCERT)*
1. झूमिंग	—	उत्तर-पूर्वी भारत
2. मिल्पा	—	मध्य अमेरिका एवं मैक्सिको
3. लादांग	—	इंडोनेशिया व मलेशिया
4. रोका	—	ब्राजील

कूट

(a) केवल एक (b) केवल दो (c) केवल तीन (d) ये सभी

उत्तर (c)

व्याख्या दिए गए सभी चार युग्म सही सुमेलित हैं।

स्थानांतरित कृषि, खेती की एक प्रणाली है, जिसमें भूमि के भूखंड पर अस्थायी रूप से खेती की जाती है। स्थानांतरित कृषि को विभिन्न देशों में अलग-अलग नामों से जाना जाता है। उत्तर-पूर्वी भारत में स्थानांतरित कृषि को झूमिंग, मध्य अमेरिका एवं मैक्सिको में मिल्पा, इंडोनेशिया व मलेशिया में लादांग तथा ब्राजील में रोका के नाम से जाना जाता है।

3 'गहन निर्वाह कृषि' के संबंध में दिए गए कथनों पर विचार कीजिए *(Chap 2, Class-XI, Old NCERT)*

1. यह कृषि दक्षिणी, दक्षिण पूर्वी और पूर्वी एशिया के सघन जनसंख्या वाले मानसूनी प्रदेशों में की जाती है।
2. इस कृषि में प्रति इकाई उत्पादन कम, किंतु प्रति कृषक उत्पादन अधिक होता है।
3. चावल रहित गहन निर्वाह कृषि में केवल गेहूँ का मुख्य रूप में उत्पादन होता है।
4. चावल प्रधान तथा चावल रहित गहन कृषि में केवल सिंचाई कार्य को लेकर अंतर पाया जाता है।

उपर्युक्त में से कितने कथन सही नहीं हैं?

(a) केवल एक (b) केवल दो (c) केवल तीन (d) ये सभी

उत्तर (b)

व्याख्या 'गहन निर्वाह कृषि' के संबंध में केवल दो अर्थात् कथन (2) और (3) सही नहीं हैं, क्योंकि गहन निर्वाह कृषि में प्रति इकाई उत्पादन अधिक, किंतु प्रति कृषक उत्पादन कम होता है। चावल रहित गहन निर्वाह कृषि क्षेत्र में चावल के साथ-साथ अन्य फसलों को भी प्राथमिकता दी जाती है।

4 कृषि की प्रमुख प्रणालियों के संदर्भ में निम्न कथनों पर विचार कीजिए *(Chap 4, Class-X, New NCERT)* *(Chap 5, Class-XII, New NCERT)*

1. निर्वाह कृषि में, कृषि क्षेत्र में रहने वाले लोग पूर्णतः कृषि से होने वाली आय पर निर्भर रहते हैं।
2. आदिकालीन निर्वाह कृषि शीतोष्ण कटिबंधीय क्षेत्रों में की जाती है।
3. लदांग, मलेशिया व इंडोनेशिया की आदिकालीन निर्वाह कृषि है।

उपर्युक्त में से कितने कथन असत्य है/हैं?

(a) केवल एक (b) केवल दो
(c) सभी तीन (d) इनमें से कोई नहीं

उत्तर (b)

व्याख्या दिए गए कथनों में केवल दो अर्थात् कथन (1) और (2) असत्य हैं, क्योंकि निर्वाह कृषि में कृषि क्षेत्र में रहने वाले लोग पूर्णतः कृषि से होने वाली आय पर निर्भर नहीं रहते हैं, बल्कि वे स्थानीय उत्पादों का भी संपूर्ण उपभोग करते हैं।

आदिकालीन निर्वाह कृषि शीतोष्ण नहीं, बल्कि उष्णकटिबंधीय क्षेत्रों में की जाती है। यहाँ आदिम जाति के लोग यह कृषि करते हैं। इसका क्षेत्र अफ्रीका, दक्षिण एवं मध्य अमेरिका का उष्णकटिबंधीय क्षेत्र तथा दक्षिण-पूर्वी एशिया हैं। उष्णकटिबंधीय क्षेत्रों में इसे अलग-अलग नामों से जाना जाता है; जैसे—भारत में इसे 'झूमिंग कृषि' तथा मध्य अमेरिका एवं मैक्सिको में इसे 'मिल्पा' के नाम से जाना जाता है।

कथन (3) सत्य है, क्योंकि मलेशिया एवं इंडोनेशिया में आदिकालीन निर्वाह कृषि को 'लदांग' के नाम से जाना जाता है।

5 'विस्तृत वाणिज्य अनाज कृषि' के संदर्भ में दिया गया कौन-सा कथन सही है? *(Chap 7, Class-XI, Old NCERT)*

1. यह कृषि मध्य अक्षांशों के आंतरिक अर्द्ध शुष्क प्रदेशों में की जाती है।
2. इस कृषि में प्रति एकड़ उत्पादन कम, किंतु प्रतिव्यक्ति उत्पादन अधिक होता है।

कूट

(a) केवल 1 (b) केवल 2
(c) 1 और 2 दोनों (d) न तो 1 और न ही 2

उत्तर (c)

व्याख्या 'विस्तृत वाणिज्य अनाज कृषि' के संदर्भ में कथन (1) और (2) सही हैं।

विस्तृत वाणिज्य अनाज कृषि मध्य अक्षांशों के आंतरिक अर्द्ध शुष्क प्रदेशों में की जाती है। विश्व के सभी शीतोष्ण घास के मैदानी क्षेत्र, जो गेहूँ उत्पादन के लिए प्रसिद्ध हैं, इसी अक्षांशीय भाग में स्थित हैं अर्थात् अनाज उत्पादन के लिए यह क्षेत्र (प्रेयरी, स्टेपी) अत्यंत महत्त्वपूर्ण है, परंतु विस्तृत कृषि प्रणाली के कारण यहाँ प्रति एकड़ उत्पादन कम, परंतु प्रतिव्यक्ति अनाज का उत्पादन अधिक होता है। कम जनसंख्या घनत्व के कारण प्रति व्यक्ति अधिक उत्पादन करता है।

6 रोपण कृषि से संबंधित कथनों पर विचार कीजिए तथा इनमें असत्य कथनों की पहचान कीजिए *(Chap 4, Class-VIII, New NCERT)*

(a) यह एक फसली कृषि होती है, जिसमें किसी एक फसल का उत्पादन व्यापक स्तर पर किया जाता है
(b) यह कृषि मुख्य रूप से शीतोष्ण कटिबंधीय क्षेत्रों में की जाती है
(c) इस कृषि में अधिक पूँजी निवेश, उच्च प्रबंधन एवं तकनीकी वैज्ञानिक विधियों की आवश्यकता होती है
(d) यह कृषि वृहद् स्तरीय लाभोन्मुख उत्पादन प्रणाली मानी जाती है

उत्तर (b)

व्याख्या रोपण कृषि से संबंधित कथनों में से कथन (b) असत्य है, क्योंकि रोपण कृषि उष्ण कटिबंधीय क्षेत्र में विशेष प्रकार से की जाती है; जैसे—चाय, रबड़, कहवा, काजू, केला, कपास आदि। रोपण कृषि एक फसली कृषि प्रणाली है। किसी एक फसल के उत्पादन को ही विशेष प्राथमिकता दी जाती है। इसमें अधिक पूँजी निवेश, उच्च प्रबंधन एवं तकनीकी तथा वैज्ञानिक विधियों की आवश्यकता होती है। इसमें लाभ को विशेष प्राथमिकता दी जाती है।

7 निम्न कथनों पर विचार करें *(Chap 5, Class-XII, New NCERT)* *(Unit 4, Class-X, Tamil Nadu Board)*

1. चारे की फसलें मिश्रित कृषि के मुख्य घटक हैं।
2. मिश्रित कृषि विश्व के अल्प विकसित भागों में की जाती है।
3. विस्तृत वाणिज्यिक अनाज कृषि के मुख्य क्षेत्र यूरेशिया के स्टेपीज, उत्तरी अमेरिका के प्रेयरीज तथा अर्जेंटीना के पंपास क्षेत्र हैं।

उपर्युक्त में से कौन-सा/से कथन सत्य है/हैं?

(a) 1 और 2 (b) केवल 2 (c) 1 और 3 (d) ये सभी

उत्तर (c)

व्याख्या दिए गए कथनों में कथन (1) और (3) सत्य हैं, क्योंकि चारे की फसलें मिश्रित कृषि के मुख्य घटक हैं। इसमें फसल उत्पादन एवं पशुपालन दोनों को समान महत्त्व दिया जाता है। फसलों के साथ पशुधन; जैसे—मवेशी, भेड़, सुअर एवं कुक्कुट आदि आय के प्रमुख स्रोत हैं।

विस्तृत वाणिज्य अनाज कृषि यूरेशिया के स्टेपीज, उत्तरी अमेरिका के प्रेयरीज, अर्जेंटीना के पंपास, दक्षिण अफ्रीका के वेल्ड, ऑस्ट्रेलिया के डाउंस एवं न्यूजीलैंड के कैंटरबरी मैदान में विस्तृत हैं।

कथन (2) असत्य है, क्योंकि मिश्रित कृषि विश्व के अल्पविकसित नहीं, बल्कि विकसित भागों में की जाती है। इस कृषि का विस्तार उत्तर-पश्चिमी यूरोप, उत्तरी-अमेरिका के पूर्वी भाग, यूरेशिया के कुछ भागों एवं दक्षिणी महाद्वीप के समशीतोष्ण अक्षांश वाले भागों में मिलता है।

8 निम्न कथन (A) और कारण (R) को पढ़िए तथा नीचे दिए गए कूट की सहायता से सही उत्तर का चुनाव कीजिए

(Chap 5, Class-XII, New NCERT) (UPPSC Mains 2005)

कथन (A) यूरोप के भूमध्यसागरीय क्षेत्र में व्यापारिक अंगूर की खेती विशिष्ट है।

कारण (R) इसका अधिकांश भाग मदिरा उत्पादन के प्रयोग में लाया जाता है।

कूट

(a) A और R दोनों सही हैं तथा R, A की सही व्याख्या है
(b) A और R दोनों सही हैं, परंतु R, A की सही व्याख्या नहीं है
(c) A सही है, किंतु R गलत है
(d) A गलत है, किंतु R सही है

उत्तर (a)

व्याख्या A और R दोनों सही हैं तथा R, A की सही व्याख्या है।

भूमध्यसागरीय जलवायु कोपेन वर्गीकरण का प्रमुख प्रकार है। यह भूमध्य रेखा के उत्तर और दक्षिण में लगभग 30° व 45° अक्षांश तथा महाद्वीप के पश्चिमी किनारों के मध्य स्थित है।

भूमध्यसागरीय कृषि के अंतर्गत खट्टे एवं रसदार फलों की खेती की जाती है। यूरोप में अच्छे किस्म के अंगूरों की खेती की जाती है। इनकी गुणवत्ता के कारण इनका अधिकांश भाग मदिरा उत्पादन में प्रयुक्त होता है।

9 'वाणिज्य डेरी कृषि' के संबंध में कौन-सा कथन सही है? *(Chap 7, Class-XI, Old NCERT)*

1. इस कृषि के प्रमुख क्षेत्र क्रमशः पश्चिमी यूरोप, कनाडा, न्यूजीलैंड, दक्षिण-पूर्वी ऑस्ट्रेलिया एवं तस्मानिया हैं।
2. यह कृषि नगरीय एवं औद्योगिक केंद्रों के निकट की जाती है।

कूट

(a) केवल 1 (b) केवल 2
(c) 1 और 2 (d) न तो 1 और न ही 2

उत्तर (c)

व्याख्या 'वाणिज्य डेरी कृषि' के संबंध में दोनों कथन (1) और (2) सही हैं। विश्व में इस प्रकार की कृषि पश्चिमी यूरोप, कनाडा, न्यूजीलैंड तथा दक्षिण-पूर्वी ऑस्ट्रेलिया एवं तस्मानिया में विस्तृत है। यह कृषि नगरीय एवं औद्योगिक केंद्र के समीप की जाती है, ताकि उत्पादन के साथ-साथ इसकी खपत भी आसानी से की जा सके, क्योंकि ऐसी वस्तुएँ अतिशीघ्र खराब हो जाती हैं। डेनमार्क, ऑस्ट्रेलिया एवं न्यूजीलैंड में वाणिज्य डेयरी कृषि अधिक विकसित अवस्था में है।

10 निम्न कथनों पर विचार कीजिए *(Chap 7, Class-XI, Old NCERT)*

1. ट्रक कृषि (ट्रक फार्मिंग) बाजार के लिए सब्जी खेती एवं उद्यान कृषि के अंतर्गत आती है।
2. पश्चिमी यूरोप एवं उत्तरी अमेरिका के औद्योगिक क्षेत्रों में उद्यान कृषि के अतिरिक्त कारखाना कृषि की जाती है।

उपर्युक्त में से कौन-सा/से कथन सही है/हैं?

(a) केवल 1 (b) केवल 2
(c) 1 और 2 दोनों (d) न तो 1 और न ही 2

उत्तर (c)

व्याख्या प्रश्न में दिए गए कथन (1) और (2) दोनों सही हैं। ट्रक कृषि या फार्मिंग के अंतर्गत बाजार हेतु सब्जी संबंधी खेती एवं उद्यान कृषि को प्रोत्साहित किया जाता है। पश्चिमी यूरोप एवं उत्तरी अमेरिका के औद्योगिक क्षेत्रों में उद्यान कृषि के अतिरिक्त कारखाना कृषि की जाती है।

विकसित देशों में ट्रक फार्मिंग को एक बड़े वाणिज्यिक स्तर पर संचालित किया जाता है, ताकि शहरी क्षेत्रों में उत्पादित वस्तुओं को आसानी से खपत के लिए भेजा जा सके। अमेरिका एवं यूरोपीय देशों में ट्रक फार्मिंग को व्यापक स्तर पर अपनाया गया है।

11 सहकारी कृषि के संबंध में दिए गए कथनों पर विचार कीजिए तथा इसमें असत्य कथनों की पहचान कीजिए

(Chap 5, Class-XII, New NCERT)

(a) इस कृषि में उत्पादन के कारकों पर स्वामित्व सामूहिक रूप में होता है
(b) इसमें प्रत्येक किसान का अपना एक निजी फॉर्म होता है, जिस पर वे कृषि कार्य करते हैं
(c) इस कृषि को सबसे अधिक सफलता इटली में मिली, जहाँ प्रत्येक कृषक इसका सदस्य है
(d) 'b' और 'c'

उत्तर (d)

व्याख्या सामूहिक कृषि प्रणाली, जिसे सहकारी कृषि भी कहते हैं, के संबंध में कथन (b) और (c) असत्य हैं, क्योंकि सहकारी कृषि के अंतर्गत सभी किसान सामूहिक रूप से कृषि कार्य करते थे। इस व्यवस्था के अंतर्गत किसान अपनी इच्छा से जमीन को सहकारी-संघ को देने के लिए तैयार हो जाता है। इस कृषि में उत्पादन के कारकों पर स्वामित्व सामूहिक रूप में होता है। इस प्रकार की खेती में शामिल प्रत्येक सदस्य अपने श्रम इनपुट और खेती के लिए योगदान की गई भूमि के आधार पर लाभ का हिस्सा कमाता है। इस कृषि को सबसे अधिक सफलता डेनमार्क में मिली, जहाँ प्रत्येक कृषक इसका सदस्य है।

12 'कॉलखोज कृषि' का संबंध किस प्रकार की कृषि से है, जिसका सैद्धांतिक आधार साम्यवादी कृषि प्रबंधन होता है?

(Chap 7, Class-XI, Old NCERT)

(a) खेतिहर कृषि (b) सरकारी कृषि
(c) सामूहिक कृषि (d) मिश्रित कृषि

उत्तर (c)

व्याख्या 'कॉलखोज कृषि' का संबंध सामूहिक कृषि से है, जिसका सैद्धांतिक आधार साम्यवादी कृषि प्रबंधन होता है। कॉलखोज कृषि प्रणाली को पूर्व सोवियत संघ (रूस) द्वारा प्रारंभ किया गया था। साम्यवादी सरकार ने इसे सामूहिक हितों को ध्यान में रखते हुए प्रारंभ किया था। इसमें कृषि संबंधित समस्त सुविधाएँ राज्य सरकार द्वारा उपलब्ध करवाई जाती हैं।

13 निम्नलिखित युग्मों पर विचार कीजिए *(Chap 4, Class-VIII, New NCERT)*

	कृषि		कार्य
1.	सेरीकल्चर	–	रेशम के कीटों का वाणिज्यिक पालन
2.	पिसीकल्चर	–	तालाबों और पोखरों में मत्स्यपालन करना
3.	विटीकल्चर (द्राक्षा कृषि)	–	अंगूर की खेती
4.	हॉर्टीकल्चर	–	फल-फूल एवं सब्जियों को उगाना

उपर्युक्त युग्मों में से कितने युग्म सही हैं?

(a) केवल एक (b) केवल दो (c) केवल तीन (d) ये सभी

उत्तर *(c)*

व्याख्या दिए गए सभी चार युग्म सही सुमेलित हैं।
रेशम के कीटों का वाणिज्यिक पालन सेरीकल्चर कहलाता है। रेशम उत्पादन में भारत, चीन के बाद विश्व में दूसरे स्थान पर है।
मत्स्यपालन का अध्ययन पिसीकल्चर के अंतर्गत किया जाता है। इसके अंतर्गत तालाबों और पोखरों में मत्स्यन को प्रोत्साहित किया जाता है।
अंगूर उत्पादन से संबंधित क्रियाकलापों का अध्ययन विटीकल्चर कहलाता है। भारत में महाराष्ट्र अंगूर उत्पादन में शीर्ष स्थान पर है।
फल-फूल एवं सब्जियों को उगाने से संबंधित अध्ययन हॉर्टीकल्चर (बागवानी) कहलाता है।

14 नीचे दी गई भौगोलिक दशाएँ किस फसल की खेती के लिए उपयुक्त होती हैं? *(Chap 8, Class-XI, Old NCERT)*

1. गर्म एवं आर्द्र जलवायु
2. 100 सेमी से अधिक वर्षा
3. चीका युक्त दोमट मिट्टी
4. वर्द्धन काल में तापक्रम 27° से 30° सेल्सियस तक

कूट

(a) गेहूँ (b) चावल (c) मक्का (d) कपास

उत्तर *(b)*

व्याख्या प्रश्न में दी गई भौगोलिक दशाएँ चावल की खेती के लिए उपयुक्त हैं। चावल उत्पादन के लिए गर्म एवं आर्द्र जलवायु, 100 सेमी. से अधिक वर्षा, चीका युक्त दोमट मिट्टी एवं वर्द्धन काल के दौरान तापमान 27°-30° सेल्सियस होना आवश्यक है।

15 निम्नलिखित में से कौन-सा कथन गेहूँ की खेती के संदर्भ में सही है? *(Chap 8, Class-XI, Old NCERT)*

(a) गेहूँ की खेती शीत ऋतु एवं बसंत ऋतु में की जाती है
(b) गेहूँ की खेती के लिए 40 से 75 सेमी वर्षा की आवश्यकता होती है
(c) यूक्रेन तथा संयुक्त राज्य अमेरिका के प्रेयरी मैदान की चैरनोजम (शेरनोजम) मृदा में गेहूँ की अच्छी खेती होती है
(d) उपर्युक्त सभी

उत्तर *(d)*

व्याख्या गेहूँ की खेती के संदर्भ में सभी कथन सही हैं।
गेहूँ की खेती शीत ऋतु एवं बसंत ऋतु दोनों में की जाती है। बसंत कालीन गेहूँ की खेती अत्यंत महत्त्वपूर्ण मानी जाती है। इसकी खेती के लिए 40-75 सेमी वर्षा की आवश्यकता होती है (बोते समय से लेकर तैयार होने तक)। शीतोष्ण प्रदेश में इसका उत्पादन अधिक किया जाता है। यूक्रेन तथा संयुक्त राज्य अमेरिका (क्रमशः स्टेपी व प्रेयरी) के मैदान में निक्षेपित चैरनोजम (शेरनोजम) मृदा गेहूँ उत्पादन के लिए महत्त्वपूर्ण मानी जाती है। यहाँ प्रति हेक्टेयर उत्पादन यद्यपि कम होता है, परंतु प्रतिव्यक्ति उत्पादन अधिक होता है।

16 निम्न कथनों पर विचार कीजिए *(Chap 8, Class-XI, Old NCERT)*

1. सरसों एवं तोरिया की कृषि उष्ण एवं उपोष्ण कटिबंधों में की जाती है।
2. अलसी की खेती बीज एवं सन दोनों के लिए की जाती है।
3. तिल अधिक वर्षा के क्षेत्रों की फसल है।
4. सूर्यमुखी की खेती के लिए केवल काली मिट्टी उपयुक्त होती है।

उपर्युक्त में से कितने कथन सही नहीं हैं?

(a) केवल एक (b) केवल दो
(c) केवल तीन (d) इनमें से कोई नहीं

उत्तर *(b)*

व्याख्या दिए गए कथनों में से केवल दो अर्थात् कथन (3) और (4) सही नहीं हैं, क्योंकि तिल का उत्पादन कम वर्षा वाले क्षेत्रों में किया जाता है। सूर्यमुखी की खेती बलुई-दोमट मिट्टी में की जाती है। कपास, गन्ना एवं ज्वार काली मिट्टी की प्रमुख फसलें हैं।

17 निम्न में से कौन-सी भौगोलिक दशाएँ चाय की खेती के लिए अनुकूल हैं? *(Chap 7, Class-XI, Old NCERT)*

1. पर्वतीय ढाल वाली भूमि 2. अम्लीय मिट्टी
3. सुवितरित वर्षा 4. गर्म एवं आर्द्र जलवायु

कूट

(a) 2 और 3 (b) 1, 3 और 4
(c) 1, 2 और 4 (d) ये सभी

उत्तर *(d)*

व्याख्या प्रश्न में दी गईं सभी भौगोलिक अवस्थाएँ चाय की खेती के लिए अनुकूल मानी जाती हैं और इसके लिए पर्वतीय ढाल भूमि होना आवश्यक है, ताकि जड़ के समीप जल का जमाव न हो। अम्लीय मिट्टी चाय के लिए अनुकूल मानी जाती है। यह एक उष्णकटिबंधीय बागानी फसल है और इसकी खेती के लिए पर्याप्त वर्षा एवं गर्म तथा आर्द्र जलवायु अनुकूल मानी जाती है।

18 निम्न में से कौन-सा युग्म सही सुमेलित नहीं है? *(Chap 8, Class-XI, Old NCERT)*

फसलें		शीर्ष उत्पादक देश
(a) चावल	–	चीन
(b) मक्का	–	संयुक्त राज्य अमेरिका
(c) गन्ना	–	ब्राजील
(d) चुकंदर	–	रूस

उत्तर *(d)*

व्याख्या दिए गए युग्मों में युग्म (d) सही सुमेलित नहीं है, क्योंकि चुकंदर एक शीतोष्ण कटिबंध की फसल है और इसका उत्पादन विश्व में सबसे अधिक यूक्रेन में किया जाता है न कि रूस में। शेष युग्म सही सुमेलित हैं।

19 निम्न में से 'कपास की खेती' के संदर्भ में कौन-सा कथन सही नहीं है? *(Chap 4, Class-VIII, New NCERT)*

(a) कपास मुख्यत: शुष्क क्षेत्रों की फसल है
(b) लावा युक्त काली मिट्टी एवं जलोढ़ मिट्टी इसकी खेती के लिए अनुकूल होती है
(c) ब्राजील का साओ पोलो प्रांत मुख्य कपास उत्पादक क्षेत्र है
(d) संयुक्त राज्य अमेरिका कपास का शीर्ष उत्पादक देश है

उत्तर *(d)*

व्याख्या 'कपास की खेती' के संदर्भ में कथन (d) सही नहीं है, क्योंकि विश्व में कपास का सबसे अधिक उत्पादन चीन में किया जाता है। संयुक्त राज्य अमेरिका का स्थान दूसरा है। भारत कपास उत्पादन के मामले में तीसरे स्थान पर है।

20 निम्न में से कौन चाय के प्रमुख आयातक देश हैं?
(Chap 5, Class-XI, Old NCERT)

1. यूनाइटेड किंगडम
2. मिस्र
3. कीनिया
4. श्रीलंका

कूट

(a) 1 और 2 (b) 1, 2 और 3 (c) 2, 3 और 4 (d) ये सभी

उत्तर (a)

व्याख्या यूनाइटेड किंगडम एवं मिस्र विश्व के प्रमुख चाय आयातक देश हैं, जबकि कीनिया एवं श्रीलंका प्रमुख निर्यातक देश हैं। यूनाइटेड किंगडम एवं अमेरिका विश्व के सबसे बड़े चाय आयातक देश हैं तथा चाय का सर्वाधिक उत्पादन व निर्यात चीन द्वारा किया जाता है।

21 निम्न में से कौन-सा/से देश गन्ने से बनी चीनी के प्रमुख निर्यातक देश हैं?
(Chap 8, Class-XI, Old NCERT)

1. क्यूबा
2. भारत
3. ऑस्ट्रेलिया
4. मॉरीशस

कूट

(a) 1 और 4
(b) 2 और 3
(c) 1, 2 और 3
(d) ये सभी

उत्तर (d)

व्याख्या क्यूबा, भारत, ऑस्ट्रेलिया एवं मॉरीशस गन्ने से बनी चीनी के प्रमुख निर्यातक देश हैं। इनमें क्यूबा एवं भारत का स्थान प्रमुख है। ऑस्ट्रेलिया के उत्तर-पूर्वी भाग के क्वींसलैंड प्रांत में गन्ने का सर्वाधिक उत्पादन किया जाता है।

22 दी गई प्रमुख फसलें एवं उसके उत्पादक क्षेत्रों में कौन-सा युग्म सही सुमेलित है?
(Chap 8, Class-XI, Old NCERT)

1. चावल — सीक्यांग बेसिन
2. कपास — मिसीसिपी बेसिन
3. चुकंदर — कैंडी बेसिन

कूट

(a) केवल 1 (b) 1 और 2 (c) 2 और 3 (d) 1, 2 और 3

उत्तर (b)

व्याख्या प्रमुख फसलों एवं उसके उत्पादक क्षेत्रों के युग्मों में से, युग्म (1) और (2) सही सुमेलित हैं।

सीक्यांग बेसिन चीन के दक्षिण-पूर्वी भाग में स्थित चावल उत्पादक क्षेत्र है। मिसीसिपी बेसिन, कपास उत्पादन के लिए तथा चुकंदर के उत्पादन के लिए उत्तरी यूरोपीय मैदान प्रमुख क्षेत्र है।

युग्म (3) सही सुमेलित नहीं है, क्योंकि श्रीलंका का कैंडी बेसिन, चाय उत्पादन के लिए प्रसिद्ध है।

पशुचारण (पशुपालन)

23 चलवासी पशुचारण के संबंध में कौन-सा कथन सही नहीं है?
(Chap 5, Class-XII, New NCERT)

(a) चलवासी पशुचारण प्राचीन जीवन निर्वाह व्यवसाय है, जो विश्व के केवल यूरोप तथा एशिया के टुंड्रा प्रदेश में प्रचलित है

(b) इस पशुचारण के अंतर्गत उष्ण कटिबंधीय अफ्रीका में गाय-बैल, सहारा एवं एशिया के मरुस्थलों में भेड़, बकरी, ऊँट तथा तिब्बत एवं एंडीज के पर्वतीय भागों में याक एवं लामा तथा ध्रुवीय क्षेत्रों में रेंडियर पाला जाता है

(c) चलवासी पशुचारण क्षेत्रों में कमी के प्रमुख कारण क्रमशः राजनीतिक सीमाओं का अधिरोपण तथा देशों द्वारा नई बस्तियों की योजना बनाना है

(d) उपर्युक्त सभी

उत्तर (a)

व्याख्या चलवासी पशुचारण के संबंध में कथन (a) सही नहीं है, क्योंकि चलवासी पशुचारण प्राचीन जीवन निर्वाह व्यवसाय है, जो उष्ण कटिबंधीय क्षेत्रों एवं पर्वतीय भागों में विशेष रूप से प्रचलित है। यह व्यवसाय केवल यूरोप तथा एशिया के टुंड्रा प्रदेश तक ही प्रचलित नहीं है, बल्कि यह एशिया के मरुस्थलीय क्षेत्रों (तिब्बत पठार) तथा लैटिन अमेरिका के एंडीज पर्वतीय क्षेत्रों में भी विशेष रूप से प्रचलित है।

24 पशुचारण के संबंध में निम्न कथनों में से कौन-सा/से कथन सत्य है/हैं? *(Chap 5, Class-XII, New NCERT) (Chap 22, Module-8, NIOS)*

1. चलवासी पशुचारण के अंतर्गत पशुचारक ऋतु प्रवास करते हैं।
2. वाणिज्यिक पशुधन पालन के अंतर्गत केवल एक ही प्रकार के पशु पाले जाते हैं।
3. चलवासी पशुचारण, वाणिज्यिक पशुधन पालन की अपेक्षा अधिक व्यवस्थित एवं पूँजी प्रधान है।

कूट

(a) 1 और 2
(b) 2 और 3
(c) केवल 3
(d) ये सभी

उत्तर (a)

व्याख्या पशुचारण के संबंध में कथन (1) और (2) सत्य हैं, क्योंकि चलवासी पशुचारण के अंतर्गत पशुचारक ऋतु प्रवास करते हैं। ये अपने भोजन, वस्त्र, स्थान, औजार एवं यातायात हेतु पशुओं पर निर्भर रहते हैं। वे अपने पालतू पशुओं के साथ पानी एवं चारागाह की उपलब्धता एवं गुणवत्ता के आधार पर एक स्थान से दूसरे स्थान पर गमन करते रहते हैं।

वाणिज्यिक पशुधन पालन एक विशेष प्रकार की गतिविधि है, जिसमें केवल एक ही प्रकार के पशु पाले जाते हैं, जिसमें— गाय, बैल, भेड़, बकरी एवं घोड़े प्रमुख हैं।

कथन (3) असत्य है, क्योंकि वाणिज्यिक पशुधन पालन चलवासी पशुचारण की अपेक्षा अधिक व्यवस्थित एवं पूँजी प्रधान है। ये पशुधन पालन पश्चिमी संस्कृति से प्रभावित है एवं इसके फार्म भी स्थायी होते हैं।

25 वाणिज्यिक पशुधन पालन के संबंध में दिए गए कथनों में कौन-सा कथन सही है?
(Chap 8, Class-IX, Old NCERT)

1. वाणिज्यिक पशुधन पालन अथवा व्यापारिक पशुपालन वैज्ञानिक आधार पर व्यवस्थित एवं पूँजी प्रधान पशुपालन होता है।
2. यह पशुपालन मुख्य रूप से पश्चिम कनाडा, पश्चिमी संयुक्त राज्य अमेरिका एवं मध्य मैक्सिको के उत्तर से दक्षिण की ओर विस्तृत प्रेयरी क्षेत्र तक सीमित है।
3. संयुक्त राज्य अमेरिका तथा अर्जेंटीना में पशुओं का पालन बड़े फॉर्म (रैंच) में मांस के लिए तथा ऑस्ट्रेलिया एवं न्यूजीलैंड में भेड़ों का पालन ऊन तथा मांस के लिए किया जाता है।

कूट

(a) केवल 1 (b) 1 और 3 (c) 2 और 3 (d) 1, 2 और 3

उत्तर (b)

व्याख्या वाणिज्यिक पशुधन पालन के संबंध में कथन (1) और (3) सही हैं। वाणिज्यिक पशुधन पालन अथवा व्यापारिक पशुपालन वैज्ञानिक आधार पर व्यवस्थित एवं पूँजी प्रधान पशुपालन होता है। संयुक्त राज्य अमेरिका तथा अर्जेंटीना में पशुओं का पालन तकनीकी रूप से बड़े-बड़े फार्मों (रैंच) में किया जाता है।

यहाँ पशुओं का पालन मांस उत्पादन के लिए किया जाता है। ऑस्ट्रेलिया व न्यूजीलैंड में भेड़ का पालन ऊन एवं मांस दोनों के उत्पादन के लिए किया जाता है। पश्चिमी यूरोप के विभिन्न देशों में भी वाणिज्यिक पशुधन पालन प्रचलित है।

कथन (2) सही नहीं है, क्योकि वाणिज्यिक कृषि उत्तरी अमेरिकी महाद्वीप में पूर्वी कनाडा, मध्य एवं पूर्वी अमेरिका में विस्तृत प्रेयरी के मैदानी क्षेत्र में की जाती है।

26 निम्न कथन (A) और कारण (R) को पढ़िए तथा नीचे दिए गए कूट की सहायता से सही उत्तर का चुनाव कीजिए

(Chap 3, Class-XI, Old NCERT)

कथन (A) **न्यूजीलैंड के उत्तरी द्वीप के टैरानाकी क्षेत्र में संसार के सभी क्षेत्रों की तुलना में दुधारू गायों का घनत्व अधिक पाया जाता है।**

कारण (R) **सरकार दुग्ध उत्पादों की गुणवत्ता का नियंत्रण करती है तथा गुणों की गारंटी प्रदान करती है।**

कूट

(a) A और R दोनों सही हैं तथा R, A की सही व्याख्या है
(b) A और R दोनों सही हैं, परंतु R, A की सही व्याख्या नहीं है
(c) A सही है, किंतु R गलत है
(d) A गलत है, किंतु R सही है

उत्तर (b)

व्याख्या A और R दोनों सही हैं, परंतु कारण R, A की सही व्याख्या नहीं है। न्यूजीलैंड के उत्तरी द्वीप के टैरानाकी क्षेत्र में संसार के सभी क्षेत्रों की अपेक्षा दुधारू गायों का घनत्व अधिक पाया जाता है, क्योंकि यहाँ की समशीतोष्ण जलवायु दुधारू गायों को पालने के लिए अनुकूल वातावरण प्रदान करती है।

न्यूजीलैंड की सरकार दुग्ध उत्पादों की गुणवत्ता का नियंत्रण करने हेतु अनेक प्रयास कर रही है। दुग्ध से बनी वस्तुएँ न्यूजीलैंड की अर्थव्यवस्था का मुख्य आधार हैं। इसलिए सरकार का यह प्रयास है कि व्यावसायिक स्तर पर न्यूजीलैंड में दुधारू गायों को पालने हेतु प्रोत्साहित किया जाए। न्यूजीलैंड विश्व का 3% दूध उत्पादन करता है, और वह विश्व का सातवाँ सबसे बड़ा दूध उत्पादक देश है।

मत्स्यन (मत्स्यपालन)

27 निम्न में से कौन-सा कथन 'मत्स्य संसाधन' के संबंध में सही है?

(Chap 2, Class-XI, Old NCERT)

1. समुद्र की सतह पर पाई जाने वाली मछलियाँ सारडाइन, मैकरेल आदि हैं।
2. समुद्र के नितल में पाई जाने वाली मछलियाँ कॉड, हैलीबुत तथा फ्लाउंडर्स आदि हैं।

कूट

(a) केवल 1 (b) केवल 2
(c) 1 और 2 दोनों (d) न तो 1 और न ही 2

उत्तर (c)

व्याख्या 'मत्स्य संसाधन' के संबंध में कथन (1) और (2) दोनों सही हैं। समुद्र की सतह पर पाई जाने वाली मछलियों के उदाहरण सारडाइन, मैकरेल इत्यादि हैं, जो कम गहराई पर पाई जाती हैं, जबकि कॉड, हैलीबुत, फ्लाउंडर्स ऐसी मछलियाँ हैं, जो अधिक गहराई में मिलती हैं। मत्स्यपालन के लिए शीतोष्ण कटिबंध क्षेत्र सबसे उपयुक्त माना जाता है।

28 मत्स्यन क्षेत्र तथा मत्स्य उत्पादन के संदर्भ में निम्नलिखित कथनों पर विचार कीजिए

(Chap 2, Class-XI, Old NCERT)

1. जापान में मत्स्य पकड़ने का उद्योग अत्यधिक विकसित है।
2. कनाडा में नोवा स्कोशिया तथा न्यू फाउंडलैंड जैसे प्रांतों में मत्स्यन प्रसिद्ध है।
3. नॉर्वे अपनी भौगोलिक अवस्थिति के कारण प्रसिद्ध मत्स्यन क्षेत्र है।

उपर्युक्त में से कौन-सा/से कथन सही है/हैं?

(a) केवल 1 (b) 1 और 2 (c) केवल 3 (d) 1, 2 और 3

उत्तर (d)

व्याख्या मत्स्यन क्षेत्र तथा मत्स्य उत्पादन के संदर्भ में दिए गए सभी कथन सही हैं। जापान का मत्स्यन उद्योग अत्यधिक विकसित है। यह प्रशांत महासागर के उत्तर-पश्चिमी हिस्से में स्थित है। कटा-छटा क्षेत्र होने के कारण मत्स्यन के लिए यह क्षेत्र अधिक महत्त्वपूर्ण है।

नोवा स्कोशिया तथा न्यू फाउंडलैंड के अटलांटिक महासागर का उत्तर पश्चिम क्षेत्र तटीय क्षेत्र के अंतर्गत आते हैं। दो विपरीत जलधाराओं के मिलने वाले इस क्षेत्र में ग्रांड बैंक व जॉर्ज बैंक के सहारे मत्स्यन पालन व्यापक पैमाने पर होता है।

अटलांटिक महासागर का उत्तर पूर्वी क्षेत्र, नॉर्वे के पश्चिम एवं उत्तर-पश्चिम तट के सहारे स्थित है। इस भाग में कॉड मछली का उत्पादन सबसे अधिक किया जाता है।

प्रशांत महासागर का उत्तर-पूर्वी मत्स्य उत्पादन क्षेत्र, कनाडा एवं अमेरिका के पश्चिमी तट के सहारे स्थित है। इस भाग में फ्लाउंडर्स मछली का उत्पादन होता है।

29 कथन (A) और कारण (R) को पढ़िए तथा नीचे दिए गए कूट की सहायता से सही उत्तर का चयन कीजिए

(Chap 2, Class-XI, Old NCERT)

कथन (A) **संसार के प्रमुख मत्स्य क्षेत्र 40° और 50° उत्तरी अक्षांशों के बीच, महाद्वीपों के तटों के समीप पाए जाते हैं।**

कारण (R) **महाद्वीपों के तटों के समीप मछलियों को कम-दिखाई देता है तथा वे कमजोर होती हैं, जिससे उसे पकड़ना आसान होता है।**

कूट

(a) A और R दोनों सही हैं तथा R, A की सही व्याख्या है
(b) A और R दोनों सही हैं, परंतु R, A की सही व्याख्या नहीं है
(c) A सही है, किंतु R गलत है
(d) A गलत है, किंतु R सही है

उत्तर (c)

व्याख्या A सही है, किंतु R गलत है।

विश्व के प्रमुख मत्स्य क्षेत्र 40° से 50° उत्तरी अक्षांशों के बीच (शीतोष्ण प्रदेश) महाद्वीप के तटों के समीप पाए जाते हैं। इस क्षेत्र में मत्स्यपालन हेतु अनेक भौगोलिक परिस्थितियाँ विद्यमान हैं; जैसे गर्म व ठंडी धाराओं का मिलना, प्लैंक्टेन वनस्पतियों का विकास, छिछला सागरीय भाग (डॉगर बैंक, जॉर्जेज बैंक, ग्रांड बैंक) इत्यादि।

महाद्वीपों के तटों के समीप, मछलियों की संख्या अधिक मिलती है, ऐसी मछलियाँ कमजोर नहीं होती हैं। मछलियों को पकड़ने के लिए वर्तमान समय में वैज्ञानिक तकनीक का उपयोग किया जाता है। इसलिए यहाँ मछलियों को पकड़ना अधिक आसान हो गया है।

अध्याय 09

खनिज संसाधन

खनिज संसाधन

खनिज

- एक प्राकृतिक रूप से पाया जाने वाला कार्बनिक और अकार्बनिक पदार्थ जिसमें एक निश्चित रासायनिक संरचना और भौतिक गुण होते हैं, जो दो-या-दो से अधिक तत्त्वों से बना होता है, लेकिन एकल तत्त्व भी पाए जा सकते हैं

प्रमुख खनिज संसाधन

- **लौह अयस्क**
  - धातु खनिज प्रकृति में शुद्ध रूप से नहीं पाया जाता है।
  - लौह अयस्क के विभिन्न प्रकार हेमेटाइट, मैग्नेटाइट, लिमोनाइट और सिडेराइट है। यह विश्व में सबसे अधिक उपयोग होने वाली धातु है। प्रमुख उत्पादक देश चीन, ऑस्ट्रेलिया, ब्राजील आदि हैं।
- **ताँबा**
  - इसकी विद्युत चालकता की गुणवत्ता के कारण विद्युत उद्योग में बड़े पैमाने पर उपयोग किया जाता है। यह संक्षारक प्रतिरोधी के साथ लचीला होता है। प्रमुख उत्पादक देश चिली, पेरू, चीन आदि हैं
- **बॉक्साइट**
  - इससे एल्युमीनियम धातु प्राप्त की जाती है, जोकि हल्की एवं बहुआयामी धातु है। बड़े पैमाने पर हवाई जहाज उद्योग, मशीन टूल्स, परिवहन उद्योग आदि में प्रयोग होती है। प्रमुख उत्पादक देश चीन, भारत, रूस आदि हैं
- **मैंगनीज**
  - लौह अयस्क को गलाने एवं लौह मिश्र धातु के निर्माण के लिए एक महत्त्वपूर्ण कच्चा माल, इसका जमाव लगभग सभी प्रकार के भू-भाग पर देखा जा सकता है, हालाँकि धारवाड़ प्रणाली में मुख्य रूप से देखा जा सकता है
- **क्रोमियम**
  - उच्च गुणवत्ता वाले मिश्र धातु इस्पात बनाने के लिए उपयोगी
  - प्रमुख उत्पादक देश दक्षिण अफ्रीका और रूस
- **जिंक**
  - सीसे के साथ मिश्रित रूप में पाया जाता है। इसलिए दोनों का खनन साथ में ही किया जाता है
  - प्रमुख उत्पादक देश-चीन, ऑस्ट्रेलिया, पेरू आदि
- **माइका अभ्रक**
  - भंगुर एवं चमकीला खनिज
  - ताप एवं विद्युत का कुचालक
  - भारत सबसे बड़ा उत्पादक
- **टिन**
  - मिश्र धातु बनाने के लिए उपयोग की जाने वाली सबसे महत्त्वपूर्ण धातुओं में एक है
  - इसका विश्वव्यापी वितरण बहुत कम है और प्लेसर निक्षेप में पाया जाता है
  - प्रमुख उत्पादक देश चीन, इंडोनेशिया, म्यांमार आदि हैं
- **सोना**
  - जलोढ़ प्लेसर में पट्टियों के रूप में पाया जाता है
  - आभूषण, इलेक्ट्रॉनिक्स एवं दवाओं में उपयोग किया जाता है
  - मुख्य उत्पादक देश-चीन, ऑस्ट्रेलिया, रूस आदि हैं
- **चाँदी**
  - यह शुद्ध अवस्था के साथ-साथ सोना, सीसे और ताँबे के संयोजन में भी होता है
  - सिक्के, आभूषण, शिल्प आदि बनाने के लिए उपयोगी
  - प्रमुख उत्पादक देश मैक्सिको, पेरू, चीन आदि हैं
- **हीरा**
  - कार्बन का शुद्ध रूप, सबसे कठोर पदार्थ, काँच काटने, चट्टान काटने, आभूषण बनाने आदि के लिए उपयोग किया जाता है
  - प्रमुख उत्पादक कांगो गणराज्य है
- **प्लेटिनम**
  - दुर्लभ खनिज, जिसे सफेद सोना भी कहा जाता है
  - आभूषण, प्रयोगशाला उपकरण आदि बनाने के लिए उपयोग किया जाता है
  - प्रमुख उत्पादक देश कनाडा और दक्षिण अफ्रीका हैं
- **कोबाल्ट**
  - कठोर तत्त्व, प्रायः नीले रंग का होता है।
  - विश्व का 51% कोबाल्ट जैरे अफ्रीका के कटंगा क्षेत्र से प्राप्त होता है।

SOURCE New NCERT Class-VIII खनिज और शक्ति संसाधन, Old NCERT Class-IX हमारे संसाधन, New NCERT Class-XI खनिज एवं शैल, Old NCERT Class-XI नवीकरणीय अयोग्य संसाधन (खनिज), ऊर्जा के संसाधन, NIOS Module-7 Chap-19 हमारे संसाधन, Tamil Nadu Board Class-XI Unit 6, Tamil Nadu Board Class XII Unit 3

खनिज संसाधन

1 **निम्नलिखित कथनों पर विचार कीजिए** *(Chap 5, Class-XI, New NCERT)*

1. भू-पर्पटी पर पाए जाने वाले तत्त्व प्राय: स्वतंत्र रूप से नहीं मिलते हैं।
2. पृथ्वी पर पाए जाने वाले सभी खनिजों का मूल स्रोत मैग्मा है।

उपरोक्त में से कौन-सा/से कथन सत्य है/हैं?

(a) केवल 1
(b) केवल 2
(c) 1 और 2 दोनों
(d) न तो 1 और न ही 2

उत्तर (c)

व्याख्या दिए गए दोनों कथन सत्य हैं।
भू-पर्पटी पर पाए जाने वाले तत्त्व प्राय: स्वतंत्र रूप से नहीं मिलते, बल्कि ये दूसरे अन्य तत्त्वों के साथ मिलकर विभिन्न पदार्थों का निर्माण करते हैं। इन पदार्थों को खनिज के नाम से जाना जाता है।
पृथ्वी पर पाए जाने वाले सभी खनिजों का मूल स्रोत मैग्मा होता है। मैग्मा के ठंडा होने पर खनिजों के क्रिस्टल बनने लगते हैं। मैग्मा के ठंडा होकर शैल बनने तक खनिजों की क्रमबद्ध शृंखला बनने लगती है।

2 **पृथ्वी की बाहरी परत पर पाए जाने वाले खनिजों में विद्यमान तत्त्वों का (अवरोही क्रम में) सही अनुक्रम कौन-सा है?** *(Chap 5, Class-XI, New NCERT)*

(a) ऑक्सीजन > सिलिकॉन > एल्युमीनियम > लोहा
(b) सिलिकॉन > ऑक्सीजन > लोहा > एल्युमीनियम
(c) एल्युमीनियम > ऑक्सीजन > सिलिकॉन > लोहा
(d) सिलिकॉन > लोहा > ऑक्सीजन > एल्युमीनियम

उत्तर (a)

व्याख्या पृथ्वी की बाहरी परत पर पाए जाने वाले खनिजों में विद्यमान तत्त्वों का सही अवरोही क्रम ऑक्सीजन > सिलिकॉन > एल्युमीनियम > लोहा है।
पृथ्वी की संपूर्ण पर्पटी का लगभग 98% भाग आठ तत्त्वों (ऑक्सीजन, सिलिकॉन, एल्युमीनियम, लोहा, कैल्शियम, सोडियम, पोटैशियम तथा मैग्नीशियम) से मिलकर बना है।

3 **खनिजों एवं उनकी विशेषताओं के संबंध में नीचे दिए गए कथनों पर विचार कीजिए** *(Chap 5, Class-XI, New NCERT)*

1. सिलिकॉन तथा ऑक्सीजन सभी फेल्डस्परों में उपस्थित हैं।
2. पृथ्वी की पर्पटी का आधा भाग फेल्डस्पर से बना है।
3. पाइरॉक्सीन खनिज सामान्यत: उल्का पिंड में पाया जाता है।

उपर्युक्त में से कितने कथन सत्य हैं?

(a) केवल एक
(b) केवल दो
(c) सभी तीनों
(d) इनमें से कोई नहीं

उत्तर (c)

व्याख्या खनिजों एवं उनकी विशेषताओं के संबंध में सभी कथन सत्य हैं।
सिलिकॉन तथा ऑक्सीजन सभी फेल्डस्परों में उपस्थित होता है। पृथ्वी की पर्पटी का लगभग आधा भाग फेल्डस्पर से बना है।
पाइरॉक्सीन खनिज सामान्यत: उल्का पिंड में पाया जाता है। ज्ञातव्य है कि पृथ्वी पर पाए जाने वाले लगभग सभी पदार्थ 6 प्रमुख खनिजों-फेल्डस्पर, क्वार्ट्ज, पाइरॉक्सिन, एम्फीबोल, माइका और आलिवीन से मिलकर बने होते हैं।

4 **निम्न कथनों पर विचार कीजिए तथा इनमें से असत्य कथनों की पहचान कीजिए** *(Chap 9, Class-IX, Old NCERT)*

(a) धात्विक खनिज जैसे-सीसा व जस्ता आदि अवसादी शैल समूह से प्राप्त किए जाते हैं
(b) लोहा और एल्युमीनियम अधिकतर शैलों से ही प्राप्त किए जाते हैं
(c) टिन, सोना, हीरा जैसे खनिज नदी की तली में जमे रेत से मिलते हैं
(d) उपर्युक्त सभी

उत्तर (a)

व्याख्या दिए गए कथनों में से कथन (a) असत्य है, क्योंकि सीसा एवं जस्ता अधात्विक खनिजों की श्रेणी में आते हैं। जबकि लोहा, एल्युमीनियम, कॉपर, सोना, चाँदी आदि धात्विक खनिजों की श्रेणी में आते हैं। धात्विक खनिज आग्नेय चट्टानों से प्राप्त होते हैं, जबकि अधात्विक खनिज अवसादी चट्टानों से प्राप्त होते हैं।

5 **निम्नलिखित में से कौन-से खनिज आग्नेय तथा कायांतरित चट्टानों में पाए जाते हैं?** *(Chap 5, Class-X, New NCERT)*

1. जस्ता 2. कोयला 3. ताँबा 4. शीशा

कूट

(a) 1 और 2 (b) 3 और 4 (c) 1, 3 और 4 (d) ये सभी

उत्तर (c)

व्याख्या जस्ता, ताँबा, शीशा आदि खनिज आग्नेय तथा कायांतरित चट्टानों में पाए जाते हैं। आग्नेय तथा कायांतरित चट्टानों में खनिज दरारों, जोड़ों एवं भ्रंशों ये मिलते हैं। ये छोटे जमाव शिराओं के रूप में तथा बड़े जमाव परतों के रूप में पाए जाते हैं। कोयला एक अधात्विक खनिज है, जो अवसादी चट्टानों में पाया जाता है।

6 **दिए गए खनिज सूची में कौन-सी सूची अलौह धातुओं को दर्शाती है?** *(Chap 3, Class-VIII, New NCERT)*

(a) सोना, मैंगनीज, क्रोमाइट, जस्ता
(b) सोना, चाँदी, ताँबा, एल्युमीनियम
(c) टिन, क्रोमाइट, मैंगनीज, चाँदी
(d) एल्युमीनियम, ताँबा, क्रोमाइट, जस्ता

उत्तर (b)

व्याख्या दी गई खनिज सूची में से सोना, चाँदी, ताँबा, एल्युमीनियम अलौह धातु को दर्शाते हैं। इनमें लौहांश की मात्रा विद्यमान नहीं होती, परंतु ये विद्युत के अधिक सुचालक माने जाते हैं। ये सभी लचीली धातुएँ होती हैं। सोना-चाँदी को बहुमूल्य धातु भी कहा जाता है। इनका उपयोग आभूषण तैयार करने में किया जाता है।

7 **निम्नलिखित में से कौन-सी खनिजों की भौतिक विशेषताएँ हैं, जो खनिजों के अध्ययन एवं पहचान में सहायक होती हैं?** *(Chap 5, Class-XI, New NCERT)*

1. क्रिस्टल का बाहरी रूप 2. विदलन
3. विभंजन 4. कठोरता

कूट

(a) 1 और 2 (b) 2, 3 और 4 (c) 1, 2 और 5 (d) ये सभी

उत्तर (d)

व्याख्या खनिजों की भौतिक विशेषताओं में खनिजों के क्रिस्टल का बाहरी रूप, विदलन, विभंजन एवं कठोरता इत्यादि को शामिल किया जाता है। क्रिस्टल का बाह्य रूप अणुओं की आंतरिक व्यवस्था से निर्धारित होता है। (जैसे—घनाकार, अष्टभुजाकार, षट्भुजाकार इत्यादि) विदलन का तात्पर्य, खनिज के एक निश्चित दिशा में टूटने से है। विभंजन का तात्पर्य, अणुओं की आंतरिक व्यवस्था की जटिलता से है।

अणुओं का कोई तल नहीं होता है। खनिज का अनियमित होकर टूटना ही विभंजन कहलाता है। किसी भी खनिज के अणु जितने पास-पास होंगे वह उतना कठोर होगा, जैसे हीरा इत्यादि।

8 अभ्रक के संबंध में निम्न कथनों पर विचार करें

(Chap 5, Class-XI, New NCERT)

1. अभ्रक प्लेटों अथवा पत्रण (Plates or Leaves) क्रम में पाया जाता है।
2. यह एक धात्विक खनिज है।
3. इसका उपयोग इलेक्ट्रॉनिक उद्योग में किया जाता है।

उपर्युक्त कथनों में से कितने कथन असत्य हैं?

(a) केवल एक (b) केवल दो
(c) सभी तीन (d) इनमें से कोई नहीं

उत्तर (a)

व्याख्या दिए गए कथनों में से केवल एक कथन अर्थात् (2) असत्य है, क्योंकि अभ्रक धात्विक नहीं, बल्कि एक अधात्विक खनिज है। यह एक जटिल सिलिकेट यौगिक है। इसमें सोडियम पोटैशियम और लिथियम जैसे क्षारीय पदार्थ भी मिले होते हैं। यह प्राय: आग्नेय एवं कायांतरित चट्टानों में पाया जाता है।

9 निम्न में से कौन-से खनिज अधात्विक खनिज हैं, जिसमें धातु के अंश विद्यमान नहीं पाए जाते हैं? *(Chap 3, Class-VIII, New NCERT)*

1. अभ्रक 2. जिप्सम 3. गंधक 4. फॉस्फेट

कूट

(a) 1 और 2 (b) 3 और 4 (c) 1, 2 और 3 (d) ये सभी

उत्तर (d)

व्याख्या अभ्रक, जिप्सम, गंधक एवं फॉस्फेट ऐसे अधात्विक खनिज हैं, जिसमें धातु के अंश नहीं पाए जाते हैं। इसमें पोटेशियम, सोडियम और लिथियम जैसे क्षारीय पदार्थ भी शामिल रहते हैं। ऐसे अधात्विक खनिज विद्युत के कुचालक होते हैं। विद्युत संबंधित उपक्रमों के निर्माण में ऐसे अधात्विक खनिजों का उपयोग अधिक किया जाता है, ऐसे खनिज मुलायम होते हैं।

10 सूची I को सूची II से सुमेलित कीजिए तथा कूट की सहायता से सही उत्तर की पहचान कीजिए *(Chap 4, Class-XI, Old NCERT)*

(UPPSC Mains 2010)

सूची I (लौह-अयस्क क्षेत्र)	सूची II (देश)
A. लॉरेन	1. स्वीडन
B. मिडलैंड	2. कजाकस्तान
C. किरुना	3. यू.के.
D. कोस्ताने	4. फ्रांस

कूट

	A	B	C	D
(a)	4	2	3	1
(b)	3	4	2	1
(c)	4	3	1	2
(d)	1	2	3	4

उत्तर (c)

व्याख्या सही सुमेलन A-4, B-3, C-1, D-2 है।

फ्रांस का लॉरेन क्षेत्र कोयला व लौह-अयस्क उत्पादन के लिए प्रसिद्ध है। लॉरेन लौह उत्पादक क्षेत्र का विस्तार 2500 वर्ग किमी क्षेत्र में पाया जाता है।

यू.के. (ब्रिटेन) में मिडलैंड तथा स्कॉटलैंड प्रमुख लौह-अयस्क उत्पादक क्षेत्र हैं।

किरुना, स्वीडन के उत्तरी भाग में स्थित लौह-अयस्क के लिए प्रसिद्ध क्षेत्र है।

कोस्ताने, कजाकस्तान का लौह उत्पादक क्षेत्र है।

11 कथन (A) व कारण (R) को पढ़िए और नीचे दिए गए कूट की सहायता से सही उत्तर का चयन कीजिए।

कथन (A) विश्व में अभी भी चिली ताँबे का महत्त्वपूर्ण उत्पादक है।

कारण (R) चिली विश्व के विशालतम पोर्फिरी ताम्र निक्षेपों से संपन्न है।

(Chap 3, Class-VIII, New NCERT)

(UPPSC Pre 1999, 2005, 2022)

(a) A और R दोनों सही हैं तथा R, A की सही व्याख्या है
(b) A और R दोनों सही हैं, परंतु R, A की सही व्याख्या नहीं है
(c) A सही है, किंतु R गलत है
(d) A गलत है, किंतु R सही है

उत्तर (a)

व्याख्या A और R दोनों सही हैं तथा R, A की सही व्याख्या है। विश्व में अभी भी चिली ताँबे का महत्त्वपूर्ण उत्पादक है। चिली में पोर्फिरी ताम्र चट्टानों का भंडार है। चिली के ज्यादातर ताँबे के भंडार उत्तरी चिली की मरुभूमि में एंडीज पर्वत के पश्चिमी ढाल पर (पोर्फिरी निक्षेपों में) पाए जाते हैं। यहाँ की पोर्फिरी चट्टानों में ताँबे की मात्रा सर्वाधिक होती है, इसलिए यहाँ की चट्टानों के निष्कर्षण से अधिक मात्रा में ताँबा निकलता है। इसी कारण चिली दक्षिण अमेरिका में ही नहीं, बल्कि विश्व में ताँबे का सर्वाधिक उत्पादन करने वाला देश है।

12 निम्नलिखित कथनों पर विचार कीजिए

(Chap 5, Class-X, New NCERT)

कथन I. भारत, अपने पास यूरेनियम निक्षेप (डिपॉजिट) होने के बावजूद, अपने अधिकांश विद्युत उत्पादन के लिए कोयले पर निर्भर करता है।

कथन II. विद्युत उत्पादन के लिए कम-से-कम 60% तक समृद्ध (एनरिच्ड) यूरेनियम का होना आवश्यक है।

उपर्युक्त कथनों के बारे में निम्नलिखित में से कौन-सा एक सही है?

(a) कथन I और कथन II दोनों सही हैं तथा कथन II, कथन I की सही व्याख्या है
(b) कथन I और कथन II दोनों सही हैं तथा कथन II, कथन I की सही व्याख्या नहीं है
(c) कथन I सही है, किंतु कथन II गलत है
(d) कथन I गलत है, किंतु कथन II सही है

उत्तर (c)

व्याख्या कथन 1 सही है, किंतु कथन II गलत है।

भारत अपने पास यूरेनियम निक्षेप (डिपॉजिट) होने के बावजूद, अपने अधिकांश विद्युत उत्पादन के लिए कोयले पर निर्भर करता है। कोयला, भारत में एक महत्त्वपूर्ण जीवाश्म ईंधन है, जो देश की कुल विद्युत जरूरतों की लगभग 60% पूर्ति करता है। भारत में प्रमुख कोयला भण्डार वाले राज्य झारखण्ड, ओडिशा, छत्तीसगढ़ तथा पश्चिम बंगाल हैं, जबकि उत्पादन में छत्तीसगढ़ राज्य शीर्ष पर है। कोयला भण्डार की प्रचुरता के कारण इसका विद्युत उत्पादन में अधिक मात्रा में उपयोग किया जाता है।

बिजली उत्पादन के लिए सामान्यत: 60% समृद्ध यूरेनियम की आवश्यकता नहीं होती है, बल्कि परमाणु ऊर्जा संयंत्रों में विद्युत उत्पादन के लिए आवश्यक संवर्द्धन स्तर बहुत कम है। अधिकांश वाणिज्यिक परमाणु रिएक्टर आइसोटोप यूरेनियम 235 (U-235) के लगभग 3-5% तक समृद्ध यूरेनियम का उपयोग करते हैं, जबकि शेष यूरेनियम में ज्यादातर गैर-विखण्डनीय आइसोटोप यूरेनियम-238 (U-238) होते हैं। संवर्द्धन का यह स्तर परमाणु विखण्डन प्रतिक्रियाओं के लिए पर्याप्त है, जो ऊर्जा को गर्मी के रूप में जारी करता है, जिसका उपयोग बिजली उत्पन्न करने के लिए किया जाता है।

13 **निम्न में से कौन-सा युग्म ताँबे के उत्पादन क्षेत्र व देश के संबंध में सही सुमेलित है?** *(Chap 4, Class-XI, Old NCERT)*

1. पोटेरीलाय तथा बैड्यू	—	चिली
2. ओंटारियो	—	कनाडा
3. एरीजोना	—	यूक्रेन

कूट

(a) केवल 1
(b) 1 और 2
(c) 2 और 3
(d) 1, 2 और 3

उत्तर (b)

व्याख्या ताँबे के उत्पादन क्षेत्र व देश के संबंध में दिए गये युग्मों में से युग्म (1) और (2) सही सुमेलित हैं।

ताँबा उत्पादन क्षेत्र पोटेरीलाय तथा बैड्यू, चिली में, जबकि ओंटारियो कनाडा में स्थित है। ताँबे का उपयोग विद्युतीय उद्योगों तथा बर्तन बनाने में अधिकांशतः होता है।

इसके अतिरिक्त इंजीनियरी, कैलिको प्रिंटिंग तथा रंगाई में भी इसका प्रयोग होता है। युग्म (3) सही सुमेलित नहीं है, क्योंकि एरीजोना, संयुक्त राज्य अमेरिका के पश्चिमी भाग में स्थित है। अमेरिका में सर्वाधिक ताँबे का उत्पादन इसी प्रांत में होता है।

14 **भारत के सन्दर्भ में, निम्नलिखित कथनों पर विचार कीजिए** *(Chap 5, Class-X, New NCERT) (IAS Pre 2022)*

1. मोनोजाइट दुर्लभ मृदाओं का स्रोत है।
2. मोनोजाइट में थोरियम होता है।
3. भारत की समस्त तटवर्ती बालुकाओं में मोनोजाइट प्राकृतिक रूप में होता है।
4. भारत में केवल सरकारी निकाय ही मोनोजाइट संसाधित या निर्यात कर सकते हैं।

उपर्युक्त कथनों में से कौन-से कथन सही हैं?

(a) 1, 2 और 3
(b) 1, 2 और 4
(c) 3 और 4
(d) ये सभी

उत्तर (b)

व्याख्या दिए गए कथनों में से कथन (1), (2) और (4) सही हैं। मोनोजाइट दुर्लभ मृदाओं का स्रोत है, जो पृथ्वी के प्रमुख तत्त्वों थोरियम, लैंथेनम और सेरियम का एक महत्त्वपूर्ण अयस्क है अर्थात् मोनोजाइट से थोरियम प्राप्त होता है। यह केरल के बालू व रेत में पाया जाता है।

वर्ष 2016 से पहले के एक संशोधन ने निजी कंपनियों को समुद्र तट की रेत के खनन से रोक दिया था, जिसमें 0.75% से अधिक मोनोजाइट थी। अतः निजी फर्मों को मोनोजाइट के प्रसंस्करण या निर्यात से प्रतिबंधित किया गया है। केवल सरकारी निकाय ही मोनोजाइट संसाधित या निर्यात कर सकते हैं।

कथन (3) सही नहीं है, क्योंकि मोनोजाइट पूरे भारतीय तट पर नहीं पाया जाता है, बल्कि यह प्रायद्वीपीय भारत के केरल जैसे कुछ राज्यों के तटवर्ती बालुकाओं में प्राकृतिक रूप में पाया जाता है।

15 **निम्नलिखित युग्मों पर विचार कीजिए** *(Chap 3, Class-VIII, New NCERT)*

खनिज/धातु		उत्पादक देश
1. यूरेनियम	–	चिली
2. ताँबा	–	कनाडा
3. टिन व सीसा	–	दक्षिण अफ्रीका
4. प्लेटिनम	—	चीन

उपर्युक्त युग्मों में से कितने युग्म सही हैं?

(a) केवल एक
(b) केवल दो
(c) केवल तीन
(d) इनमें से कोई नहीं

उत्तर (d)

व्याख्या कोई भी युग्म सुमेलित नहीं है।

विश्व में यूरेनियम का सर्वाधिक उत्पादक देश कजाकस्तान है, जबकि अन्य अग्रणी देशों में कनाडा व ऑस्ट्रेलिया शामिल हैं।

ताँबा का शीर्ष उत्पादक देश चिली है। चिली का चुक्विकामाता क्षेत्र प्रमुख ताँबा उत्पादक है।

टिन एवं सीसे का सर्वाधिक उत्पादन चीन में किया जाता है। इसके अतिरिक्त मलेशिया व इंडोनेशिया में भी टिन का उत्पादन व्यापक पैमाने पर किया जाता है।

प्लेटिनम उत्पादन के मामले में दक्षिण अफ्रीका अग्रणी देश है। इसके अन्य अग्रणी देशों में रूस व जिम्बाब्वे शामिल हैं।

16 **निम्नलिखित युग्मों पर विचार कीजिए** *(Chap 3, Class-VIII, New NCERT)*

खनिजों के निक्षेप		क्षेत्र
1. लौह निक्षेप	–	उत्तरी स्वीडन
2. मैंगनीज निक्षेप	–	जॉर्जिया और यूक्रेन
3. फॉस्फेट निक्षेप	–	अल्जीरिया
4. सोना व चाँदी निक्षेप	–	पश्चिमी कॉर्डीलेरा (यूएसए)

उपर्युक्त युग्मों में से कितने युग्म सही हैं?

(a) केवल एक
(b) केवल दो
(c) केवल तीन
(d) ये सभी

उत्तर (d)

व्याख्या दिए गए सभी चार युग्म ही सुमेलित हैं।

लौह निक्षेप के लिए उत्तरी स्वीडन प्रसिद्ध है, यहाँ के किरुना व गैलीबरा क्षेत्र में लौह-अयस्क निक्षेप पाया जाता है।

मैंगनीज निक्षेप के भंडार जॉर्जिया और यूक्रेन में वृहत् पैमाने पर पाए जाते हैं और यहाँ का निकोपोल (यूक्रेन) प्रसिद्ध मैंगनीज उत्पादक क्षेत्र हैं।

फॉस्फेट निक्षेप का भंडार अल्जीरिया में पाया जाता है, यहाँ पर विश्व का सर्वाधिक भंडार है।

सोने व चाँदी का निक्षेप संयुक्त राज्य अमेरिका के पश्चिमी भाग में स्थित कॉर्डीलेरा में स्थित है। यहाँ से अमेरिका का सर्वाधिक सोना व चाँदी का उत्पादन होता है।

17 **भारत के कतिपय तटीय क्षेत्रों में, प्रचुर मात्रा में उपलब्ध इल्मेनाइट और रूटाइल निम्नलिखित में से किसके समृद्ध स्रोत हैं?** *(Chap 5, Class-XI, New NCERT) (IAS Pre 2023)*

(a) एल्युमीनियम
(b) ताम्र
(c) लौह
(d) टाइटेनियम

उत्तर (d)

व्याख्या भारत के कतिपय तटीय क्षेत्रों में प्रचुर मात्रा में उपलब्ध इल्मेनाइट और रूटाइल, टाइटेनियम के समृद्ध स्रोत हैं। वाणिज्यिक दृष्टि से, इल्मेनाइट टाइटेनियम का सबसे महत्त्वपूर्ण अयस्क है। दक्षिण भारत में तटीय बालू के लगभग 100 किमी लंबे भू-खण्ड पर उत्तर में नंदीकारिया से कन्याकुमारी तक तथा पूर्वी तट पर तिरुनेलवेल्ली जिले में लिपरूम तक इल्मेनाइट तक खनिज अधिक मात्रा में पाया जाता है। इल्मेनाइट बालू के साहचर्य में रूटाइल, जिरकॉन, सिलीमेनाइट, तथा मोनोजाइट आदि खनिज के रूप में पाए जाते हैं। इल्मेनाइट उत्पादन की दृष्टि से भारत का विश्व में दूसरा स्थान है।

अध्याय 10

ऊर्जा संसाधन

ऊर्जा संसाधन

गैर-नवीकरणीय ऊर्जा स्रोत

कोयला
- सबसे अधिक मात्रा में पाया जाने वाला जीवाश्म ईंधन है, जिसका उपयोग घरेलू ईंधन के साथ-साथ उद्योगों में भी किया जाता है।
- यह अवसादी चट्टानों की परतों में पाया जाता है।
- यह चार प्रकार का होता है अर्थात्
- **एंथ्रेसाइट** बहुत कठोर, चमकदार और अशुद्धियों से मुक्त, इसमें कार्बन 90% होता है। जलने के बाद कार्बन और थोड़ी-सी राख बचती है
- **बिटुमिनस** में 70-90% कार्बन होता है। यह काला चमकीला होता है और धुएँ जैसी लौ देता है।
- **लिग्नाइट** इसमें 45-70% कार्बन होता है और यह तेज धुएँ वाली लपटों के साथ जलता है। यह हाल ही में उत्पन्न हुआ है और इसमें वनस्पति पदार्थ का अनुपात अधिक होता है
- **पीट** वनस्पति से कोयले के निर्माण का पहला चरण, उच्च आर्द्रता के साथ हल्के भूरे रंग का होता है।
- **खनिज तेल (पेट्रोलियम)** चट्टानों की परतों के मध्य पाया जाता है और अपतटीय और तटीय क्षेत्रों में स्थित तेल क्षेत्रों से निकाला जाता है।
- निकाले गए तेल को प्रसंस्करण के लिए रिफाइनरियों में भेजा जाता है, उन्हें काले सोने के रूप में लेबल किया जाता है।

प्राकृतिक गैस
- पेट्रोलियम भंडार के साथ पाई जाती है और यह तब निकाली जाती है, जब कच्चा तेल सतह पर लाया जाता है, तो घरेलू एवं औद्योगिक ईंधन के रूप में उपयोग की जा सकती है। यह ऊर्जा का स्रोत होने के साथ-साथ *पेट्रोकेमिकल* उद्योग के लिए कच्चा माल भी है और पर्यावरण अनुकूल ईंधन माना जाता है।
- कोयला, पेट्रोलियम और प्राकृतिक गैस का उपयोग करके उत्पन्न, थर्मल पावर, यानी बिजली के उत्पादन के लिए गैर-नवीकरणीय जीवाश्म ईंधन का उपयोग

जल विद्युत
- वर्षा जल या बाँधों में संग्रहित जल को टरबाइन ब्लेडों पर ऊँचाई से गिराया जाता है।
- जो फिर चलते हैं और जल विद्युत उत्पन्न करते हैं।
- यह सबसे स्वच्छ माध्यम है, क्योंकि यह पर्यावरण को प्रदूषित नहीं करता है

नवीकरणीय ऊर्जा स्रोत

सौर ऊर्जा
- ऊर्जा का सबसे व्यापक रूप से उपलब्ध और कभी न खत्म होने वाला स्रोत।
- पीवी (फोटोवोल्टेक सेल) सेलों की सहायता से सौर ऊर्जा को सीधे बिजली में परिवर्तित किया जा सकता हैं

पवन ऊर्जा
- ऊर्जा का एक असीमित स्रोत जहाँ पवन चक्कियों का उपयोग प्राचीन काल से अनाज पीसने और पानी उठाने के लिए किया जाता रहा है; वर्तमान में इनका उपयोग बिजली उत्पन्न करने के लिए किया जाता है।

बायो गैस
- मृत पौधे, जानवर, अपशिष्ट, रसोई के कचरे जैसे जैविक कचरे को बायो गैस में बदला जा सकता है; यह खाना पकाने, रोशनी के लिए उत्कृष्ट ईंधन है और प्रत्येक वर्ष भारी मात्रा में जैविक खाद उत्पन्न करती है; यह ईंधन की लकड़ी जलाने से होने वाली घास और खाद के नुकसान को रोकती है।

भूतापीय ऊर्जा
- कोयला, पेट्रोलियम और प्राकृतिक गैस के उपयोग से उत्पन्न होती है अर्थात् बिजली के उत्पादन के लिए गैर-नवीकरणीय जीवाश्म ईंधन का उपयोग

ज्वारीय ऊर्जा
- ज्वार से उत्पन्न ऊर्जा का उपयोग समुद्र के संकीर्ण खुले स्थानों पर बाँध बनाकर किया जा सकता है।

परमाणु ऊर्जा
- यूरेनियम या थोरियम जैसे प्राकृतिक रूप से पाए जाने वाले रेडियोधर्मी तत्त्वों के परमाणु के नाभिक में संग्रहित ऊर्जा से प्राप्त की जाती है; ये ईंधन परमाणु रिएक्टरों में परमाणु विखंडन से गुजरते हैं और ऊर्जा उत्सर्जित करते हैं।

SOURCE Tamil Nadu Board Class-XII संसाधन, Old NCERT Class-IX Chap 9, New NCERT Class-VIII खनिज और शक्ति संसाधन

1 निम्नलिखित में से कौन-सा/से ऊर्जा के परंपरागत स्रोत है/हैं?
(Chap 3, Class-VIII, New NCERT)

1. पेट्रोलियम
2. जल विद्युत
3. बायोगैस
4. प्राकृतिक गैस

कूट

(a) केवल 1
(b) 1 और 3
(c) 1, 2 और 4
(d) 1, 3 और 4

उत्तर *(b)*

व्याख्या पेट्रोलियम, जलविद्युत तथा प्राकृतिक गैस आदि ऊर्जा के परंपरागत स्रोत हैं। इसके अतिरिक्त लकड़ी, उपले, कोयला और ताप विद्युत भी ऊर्जा के परंपरागत स्रोतों में शामिल हैं, जबकि बायोगैस, सौर ऊर्जा, पवन ऊर्जा, ज्वारीय ऊर्जा, भू-तापीय ऊर्जा तथा परमाणु ऊर्जा आदि गैर-परंपरागत ऊर्जा के स्रोत हैं।

2 कोयला संसाधन के संदर्भ में दिए गए कथनों पर विचार कीजिए
(Chap 5, Class-XI, Old NCERT)

1. एंथ्रासाइट कोयले को सर्वोत्तम कोयला माना जाता है।
2. बिटुमिनस कोयले का रंग गहरा चमकीला व काला होता है।
3. लिग्नाइट कोयले में कार्बन की मात्रा पीट कोयले से कम पाई जाती है।

उपर्युक्त में से कितने कथन सही है/हैं?

(a) केवल एक
(b) केवल दो
(c) सभी तीन
(d) इनमें से कोई नहीं

उत्तर *(b)*

व्याख्या कोयला संसाधन के संदर्भ में केवल दो कथन अर्थात् (1 और (2) सही हैं। एंथ्रासाइट कोयले को सर्वोत्तम कोयला माना जाता है। इसमें कार्बन का अंश 80-90% तक रहता है तथा जल की मात्रा नगण्य होती है। बिटुमिनस द्वितीय स्तर का कोयला माना जाता है। इसका रंग गहरा चमकीला व काला होता है। विश्व में सबसे अधिक इसी प्रकार का कोयला पाया जाता है।

कथन (3) सही नहीं है, क्योंकि लिग्नाइट कोयले में कार्बन की मात्रा पीट कोयले से अधिक पाई जाती है।

3 निम्नलिखित युग्मों पर विचार कीजिए
(Chap 5, Class-XI, Old NCERT)

	कोयला उत्पादक क्षेत्र		देश
1.	न्यू साउथ वेल्स	–	ऑस्ट्रेलिया
2.	पश्चिमी वर्जीनिया	–	संयुक्त राज्य अमेरिका
3.	येनझांऊ	–	चीन
4.	कुजनेटस्क	–	यूक्रेन

उपर्युक्त युग्मों में से कितने युग्म सही हैं?

(a) केवल एक
(b) केवल दो
(c) केवल तीन
(d) ये सभी

उत्तर *(d)*

व्याख्या दिए गए सभी चार युग्म सुमेलित हैं।

कोयला जीवाश्मी ईंधन है। पृथ्वी की परतों में दबने से इसका निर्माण होता है। विश्व के अग्रणी कोयला उत्पादक देशों में चीन, यूएसए, रूस, जर्मनी तथा ऑस्ट्रेलिया हैं।

न्यू साउथ वेल्स कोयला क्षेत्र दक्षिण-पूर्व ऑस्ट्रेलिया में स्थित है।

पश्चिमी वर्जीनिया क्षेत्र (अप्लेशियन क्षेत्र) के अंतर्गत संयुक्त राज्य अमेरिका में कोयला क्षेत्र विद्यमान है।

येनझांऊ कोयला क्षेत्र चीन में तथा कुजनेटस्क कोयला क्षेत्र यूक्रेन में स्थित है।

4 'पेट्रोलियम' के संदर्भ में दिए गए कथनों पर विचार कीजिए तथा सही कथनों की पहचान कीजिए *(Chap 9, Class-IX, Old NCERT)*

1. पेट्रोलियम अवसादी व परतदार शैलों के रंध्रों से प्राप्त होता है।
2. पेट्रोलियम तथा इससे बने उत्पादों को काला सोना के नाम से जाना जाता है।
3. पेट्रोलियम का विश्व में शीर्ष उत्पादक देश वेनेजुएला है।

कूट

(a) केवल 3 (b) 1 और 2 (c) 2 और 3 (d) 1, 2 और 3

उत्तर *(b)*

व्याख्या 'पेट्रोलियम' के संदर्भ में कथन (1) और (2) सही हैं।

पेट्रोलियम टर्शियरी युग की अवसादी व परतदार शैलों के रंध्रों में पाया जाता है। पेट्रोलियम तथा इससे बने उत्पादों को काला सोना कहते हैं। पेट्रोलियम हाइड्रो-कार्बन यौगिकों का मिश्रण है और इससे पेट्रोल, डीजल, ईथर, गैसोलीन, मिट्टी का तेल, चिकनाई तेल, मोम आदि प्राप्त होते हैं।

कथन (3) सही नहीं है, क्योंकि पेट्रोलियम का विश्व में शीर्ष उत्पादक देश अमेरिका है।

5 निम्नलिखित युग्मों पर विचार कीजिए
(Chap 5, Class-XI, Old NCERT)

	खनिज तेल के उत्पादक क्षेत्र		देश
1.	वोल्गा बेसिन	–	रूस
2.	इरावदी एवं चिंदविन घाटी	–	म्यांमार
3.	होकैंडो द्वीप	–	जापान
4.	मस्जिदे-सुलेमान	–	ईरान

उपर्युक्त युग्मों में से कितने युग्म सही हैं?

(a) केवल एक
(b) केवल दो
(c) केवल तीन
(d) ये सभी

उत्तर *(d)*

व्याख्या दिए गए सभी चार युग्म सुमेलित हैं।

रूस का वोल्गा बेसिन, म्यांमार की इरावदी व चिंदविन घाटी, जापान का होकैडो द्वीप व ईरान का मस्जिदे-सुलेमान क्षेत्र खनिज तेल उत्पादक क्षेत्र हैं। ईरान के मस्जिदे-सुलेमान में वर्ष 1909 में खनिज तेल का उत्खनन आरंभ हुआ। यह पश्चिम एशिया का पहला खनिज क्षेत्र था, जिसका उत्खनन किया गया।

6 निम्न में से कौन-सा कथन खनिज तेल के संदर्भ में सही नहीं है?
(Chap 9, Class-IX, Old NCERT)

1. तटीय प्रदेशों तथा अपतटीय प्रदेशों जैसे—(महाद्वीपीय निमग्नतट) से खनिज तेल को प्राप्त किया जाता है।
2. संसार के कुल तेल भंडारों का खनिज एक-चौथाई भाग दक्षिण पश्चिम एशिया में फारस की खाड़ी के आस-पास केंद्रित है।

कूट

(a) केवल 1
(b) केवल 2
(c) 1 और 2 दोनों
(d) न तो 1 और न ही 2

उत्तर *(b)*

व्याख्या खनिज तेल के संदर्भ में कथन (2) सही नहीं है, क्योंकि विश्व के कुल तेल भंडारों का तीन-चौथाई भाग दक्षिण-पश्चिम एशिया में फारस की खाड़ी के आस-पास केंद्रित है।

कथन (1) सही है तटीय प्रदेशों तथा अपतटीय प्रदेशों; जैसे—महाद्वीपीय निमग्न तट के खनिज तेल को प्राप्त किया जाता है।

7 निम्नलिखित में से कौन-से गैर-परंपरागत ऊर्जा के स्रोत हैं?

(Chap 3, Class-VIII, New NCERT)

1. परमाणु ऊर्जा
2. भू-तापीय ऊर्जा
3. पवन ऊर्जा
4. बायोगैस

कूट

(a) 1 और 2
(b) 1, 2 और 3
(c) 3 और 4
(d) ये सभी

उत्तर *(d)*

व्याख्या परमाणु ऊर्जा, भू-तापीय ऊर्जा, पवन ऊर्जा व बायोगैस ये सभी गैर-परंपरागत ऊर्जा के प्रमुख स्रोत हैं। इन्हें नवीकरणीय ऊर्जा स्रोत भी कहा जाता है।

विश्व में परमाणु ऊर्जा के प्रमुख उत्पादक देशों में अमेरिका, चीन व रूस क्रमश: प्रथम, दूसरे व तीसरे स्थान पर हैं। भू-तापीय ऊर्जा उत्पादन में क्रमश: अमेरिका, इंडोनेशिया, फिलीपींस एवं टर्की प्रमुख हैं।

पवन ऊर्जा उत्पादन में क्रमश: चीन, अमेरिका, जर्मनी और भारत प्रमुख उत्पादक देश हैं। बायोगैस ऊर्जा उत्पादन में अमेरिका, थाईलैंड, भारत क्रमश: प्रथम, द्वितीय व तृतीय स्थान पर हैं।

8 बायोगैस के संदर्भ में नीचे दिए गए कथनों पर विचार कीजिए

(Chap 3, Class-VIII, New NCERT)

1. बायोगैस संयंत्र में जैविक अपशिष्ट का बैक्टीरिया के द्वारा अपघटन होता है।
2. बायोगैस, मीथेन और ऑक्सीजन गैस का मिश्रण है।

उपर्युक्त में से कौन-सा/से कथन सत्य है/हैं?

(a) केवल 1
(b) केवल 2
(c) 1 और 2 दोनों
(d) न तो 1 और न ही 2

उत्तर *(a)*

व्याख्या बायो गैस के संदर्भ कथन (1) सत्य है।

बायोगैस संयंत्र में जैविक अपशिष्ट का बैक्टीरिया के द्वारा अपघटन होता है। बायोगैस एक जैव-रासायनिक प्रक्रिया के माध्यम से उत्पन्न होती है, जिसमें कुछ प्रकार के बैक्टीरिया जैविक कचरे को उपयोगी बायोगैस में परिवर्तित करते हैं। यह गैस एक जैविक प्रक्रिया से उत्पन्न होती है, इसलिए इसे बायोगैस कहते हैं।

कथन (2) असत्य है, क्योंकि बायोगैस, मीथेन और ऑक्सीजन का नहीं, बल्कि मीथेन और कार्बन डाई-ऑक्साइड गैस का मिश्रण होती है।

9 निम्नलिखित कथनों पर विचार कीजिए

(Chap 3, Class-VIII, New NCERT)

1. विश्व का प्रथम सौर और पवन चालित बस अड्डा स्कॉटलैंड में है।
2. विश्व का पहला ज्वारीय ऊर्जा स्टेशन जर्मनी में बनाया गया था।

उपर्युक्त में से कौन-सा/से कथन सही नहीं है/हैं?

(a) केवल 1
(b) केवल 2
(c) 1 और 2
(d) न तो 1 और न ही 2

उत्तर *(b)*

व्याख्या दिए गए कथनों में से कथन (2) सही नहीं है, क्योंकि विश्व का पहला ज्वारीय ऊर्जा स्टेशन जर्मनी में नहीं, बल्कि फ्रांस में बनाया गया था। ज्वारीय ऊर्जा को गैर-परंपरागत ऊर्जा स्रोत का महत्त्वपूर्ण साधन माना जाता है।

10 निम्न कथनों पर विचार कीजिए *(Chap 3, Class-VIII, New NCERT)*

1. विश्व का पहला ज्वारीय ऊर्जा स्टेशन अमेरिका में बनाया गया था।
2. विश्व का पहला जल विद्युत उत्पन्न करने वाला देश फ्रांस था।

उपर्युक्त कथनों में से कौन-सा/से कथन असत्य है/हैं?

(a) केवल 1
(b) केवल 2
(c) 1 और 2 दोनों
(d) इनमें से कोई नहीं

उत्तर *(c)*

व्याख्या दिए गए दोनों कथन असत्य हैं, क्योंकि विश्व का पहला ज्वारीय ऊर्जा स्टेशन अमेरिका में नहीं अपितु फ्रांस में बनाया गया था।

ज्वार से उत्पन्न ऊर्जा को ज्वारीय ऊर्जा कहा जाता है। इस ऊर्जा का विदोहन सँकरे मुहाने में बाँध बनाकर किया जाता है।

विश्व का पहला जलविद्युत उत्पन्न करने वाला देश फ्रांस नहीं बल्कि नॉर्वे था।

अध्याय 11

उद्योग

उद्योग

वर्गीकरण

परिचय

- वस्तुओं के उत्पादन, खनिजों के निष्कर्षण और सेवाओं के प्रावधान से संबंधित एक आर्थिक गतिविधि

विनिर्माण

- हस्तशिल्प से लेकर लोहे और स्टील की ढलाई और प्लास्टिक के खिलौने पर मोहर लगाने से लेकर नाजुक कंप्यूटर पार्ट्स को असेंबल करने तक के उत्पादन का पूरा दायरा।

विनिर्माण उद्योगों का वर्गीकरण

- **आकार के आधार पर**
  - **कुटीर उद्योग** सबसे छोटी विनिर्माण इकाई, स्थानीय कच्चे माल और सरल उपकरण का उपयोग रोजमर्रा की वस्तुओं का उत्पादन करने के लिए किया जाता है, पूँजी और परिवहन का अधिक प्रभाव नहीं पड़ता है
  - **लघु उद्योग** स्थानीय कच्चा माल, सरल बिजली चालित मशीनों और अर्द्ध कुशल श्रमिकों का उपयोग करता है, यह रोजगार प्रदान करता है और स्थानीय क्रय शक्ति बढ़ाता है
  - **बड़े पैमाने का उद्योग** इसमें बड़े पैमाने पर कच्चे माल, विशाल ऊर्जा विशेषज्ञ श्रमिक आदि शामिल होते हैं
- **कच्चे माल पर आधारित**
  - **कृषि आधारित** इसमें खेत से तैयार उत्पाद जैसे फलों के रस, मसाले, चाय, कॉफी आदि तक कच्चे माल का प्रसंस्करण शामिल है
  - **खनिज आधारित** लौह और इस्पात उद्योग जैसे कच्चे माल के रूप में खनिजों का उपयोग करता है
  - **रसायन आधारित** प्राकृतिक रासायनिक खनिजों जैसे खनिज तेल, नमक, गंधक एवं पोटाश आदि का उपयोग करता है।
  - **वन आधारित** वनों से प्राप्त प्रमुख और छोटे उत्पादों का उपयोग कच्चे माल के रूप में करता है; जैसे-लकड़ी, कागज, लाख आदि।
  - **पशु आधारित** चमड़ा उद्योग के लिए चमड़ा और ऊनी वस्त्रों के लिए ऊन इसके कुछ उदाहरण हैं
- **उत्पाद के आधार पर**
  - जिनके उत्पादों को कच्चे माल के रूप में उपयोग करके अन्य सामान बनाने के लिए उपयोग किया जाता हैं; जैसे-लौह और इस्पात उद्योग के उत्पादों का उपयोग मशीन उपकरण बनाने के लिए किया जाता है

औद्योगिक क्षेत्र

परिचय

- जब कई उद्योग एक-दूसरे के समीप स्थित हों और अपनी निकटता के लाभों को साझा करते हैं वह औद्योगिक क्षेत्र कहलाता है।
- प्रमुख औद्योगिक क्षेत्र समशीतोष्ण क्षेत्रों में, समुद्री बंदरगाहों और विशेष रूप से कोयला क्षेत्रों के पास स्थित होते हैं

वैश्विक औद्योगिक क्षेत्र

- **उत्तरी अमेरिका** संयुक्त राज्य अमेरिका के उत्तर-पूर्वी चतुर्थांश में संकेंद्रित है
- **मिड-राइन बेल्ट** पश्चिमी यूरोप में दूसरा सबसे महत्त्वपूर्ण औद्योगिक क्षेत्र और यूरोप के सबसे महत्त्वपूर्ण उपभोक्ता बाजार के केंद्र में स्थित है
- **यूरोप** उत्तर-दक्षिण रैखिक पैटर्न में विनिर्माण के स्थान होने आदि के कारण प्रमुख औद्योगिक क्षेत्र के रूप में विकसित हुआ हैं; जैसे-राइन नदी मुख्य जलमार्ग
- **उत्तरी इटली क्षेत्र** उत्तरी इटली के पो नदी बेसिन में स्थित है। पूर्वी यूरोप और रूस प्रमुख विनिर्माण केन्द्र यहाँ स्थित है।

उद्योगों के प्रमुख प्रकार

- **लौह एवं इस्पात उद्योग** अन्य सभी उद्योगों का आधार बनाता है, इसे बुनियादी उद्योग भी कहा जाता है।
- बड़े पैमाने पर कच्चे माल के स्रोत के निकट स्थापित होने वाले, कच्चे माल की कनेक्टिविटी और पहुँच में सुधार के साथ ऐसे उद्योगों की स्थापना की प्रवृत्ति भी बदल रही है।
- इसे भारी उद्योग भी कहा जाता है, क्योंकि इसमें बड़ी मात्रा में भारी कच्चे माल का उपयोग होता है और भारी उत्पाद तैयार होते हैं
- **सूती कपड़ा उद्योग** इसके तीन उप-क्षेत्र हैं,
- हथकरघा, पावारलूम और मिलें, अधिक श्रम गहन से शुरू होकर कम श्रम गहन तक।
- हालाँकि, सूती कपड़ा मिल क्षेत्र अत्यधिक पूँजी गहन है और थोक में माल का उत्पादन करता है।
- उद्योग को कच्चे माल के रूप में अच्छी गुणवत्ता वाले कपास की आवश्यकता होती है।
- **ऊनी कपड़ा उद्योग** सूती कपड़ा उद्योग से भी पुराना और स्थानीय एवं कुटीर उद्योग स्तर पर विकसित किया गया है।
- अधिकांश उच्च उत्पादक ऊनी उद्योग बाजार के निकट विकसित होते हैं।
- **सूचना प्रौद्योगिकी** सूचना के भंडारण, प्रसंस्करण और वितरण से संबंधित है।

स्वामित्व के आधार पर

- सार्वजनिक क्षेत्र स्वामित्व और प्रबंधन सरकारों द्वारा किया जाता है
- **निजी क्षेत्र** व्यक्तिगत निवेशकों द्वारा स्वामित्व और निजी संगठनों द्वारा प्रबंधित
- **संयुक्त क्षेत्र** संयुक्त स्टॉक कंपनियों द्वारा प्रबंधित सहकारी क्षेत्र कच्चे माल के उत्पादक या आपूर्तिकर्ताओं द्वारा स्वामित्व और संचालित
- **परिवहन उपकरण उद्योग** जहाज निर्माण, ऑटोमोबाइल, विमान और रेलवे उपकरण बनाने वाले उद्योग शामिल होते हैं
- **उर्वरक उद्योग** नाइट्रोजन, फॉस्फेट और पोटाश प्रमुख उर्वरक उद्योग हैं
- नाइट्रोजन की प्रमुखता के कारण,
- ये उर्वरक विश्व भर में हरित क्रांति की सफलता के लिए महत्त्वपूर्ण रहे हैं

SOURCE New NCERT Class-VIII उद्योग, Old NCERT Class-XI निर्माण उद्योग, उद्योग की अवस्थिति एवं संसार के मुख्य उद्योग, New NCERT Class-XII द्वितीयक क्रियाएँ, Tamil Nadu Board Class-XII संसाधन आर्थिक गतिविधियाँ और भू-सूचना, NIOS Module-2 Chap-2 भूगर्भ और उसके पदार्थ, NIOS Module-24 Chap-24 (औद्योगिक विकास)

अवस्थिति एवं प्रभावित करने वाले कारक

1 निम्नलिखित कथनों पर विचार कीजिए

(Chap 6, Class-XII, New NCERT)

1. उद्योग एक निर्माण इकाई होती है, जिसकी भौगोलिक स्थिति अलग होती है एवं प्रबंध तंत्र के अंतर्गत लेखा-बही एवं रिकॉर्ड का रख-रखाव रखा जाता है।
2. उद्योग एवं विनिर्माण समानार्थी नहीं हैं।
3. यंत्रीकरण से तात्पर्य किसी कार्य का पूर्ण करने के लिए मशीनों का प्रयोग करना है।
4. अत्यधिक विशिष्टीकरण एवं श्रम विभाजन के द्वारा कम प्रयास एवं अधिक लागत से अधिक माल का उत्पादन करना आधुनिक निर्माण की प्रमुख विशेषता है।

उपर्युक्त में से कौन-सा/से कथन असत्य है/हैं?

(a) 1 और 3 (b) 2 और 4 (c) केवल 3 (d) 2 और 3

उत्तर (b)

व्याख्या दिए गए कथनों में से कथन (2) और (4) असत्य हैं, क्योंकि उद्योग एवं विनिर्माण समानार्थी हैं। उद्योग एक व्यापक शब्द है, इसे विनिर्माण के समानार्थी के रूप में जाना जाता है।

अत्यधिक विशिष्टीकरण एवं श्रम विभाजन के द्वारा कम प्रयास एवं अल्प लागत से अधिक माल का उत्पादन करना आधुनिक निर्माण की विशेषता है।

2 आधुनिक बड़े पैमाने पर कार्य करने वाले उद्योगों (विनिर्माण इकाई) की निम्न में से कौन-सी विशेषताएँ पाई जाती हैं?

(Chap 6, Class-XII, New NCERT)

1. कौशल का विशिष्टीकरण
2. यंत्रीकरण
3. प्रौद्योगिकीय नवाचार
4. संगठनात्मक ढाँचा एवं स्तरीकरण

कूट

(a) 1 और 2
(b) 1, 3 और 4
(c) 2, 3 और 4
(d) ये सभी

उत्तर (d)

व्याख्या कौशल का विशिष्टीकरण, यंत्रीकरण, प्रौद्योगिकीय नवाचार एवं संगठनात्मक ढाँचा एवं स्तरीकरण आदि आधुनिक बड़े पैमाने पर कार्य करने वाले उद्योगों (विनिर्माण इकाई) की विशेषताएँ पाई जाती हैं।

3 विनिर्माण उद्योग के संदर्भ में निम्न कथनों पर विचार कीजिए

(Chap 6, Class-XII, New NCERT)

1. विनिर्माण का आशय वस्तुओं के वितरण तथा हस्तांतरण से होता है।
2. विनिर्माण का कार्य आधुनिक शक्ति के साधनों के विपरीत पुराने साधनों द्वारा ही किया जाता है।
3. तृतीय विश्व के अधिकांश देशों में विनिर्माण कार्यों के अंतर्गत उन पर अधिक बल दिया जाता है, जिनमें उत्पादन के कम जटिल तंत्र का उपयोग होता है।

उपर्युक्त में से कितने कथन सही नहीं हैं?

(a) केवल एक
(b) केवल दो
(c) सभी तीन
(d) इनमें से कोई नहीं

उत्तर (b)

व्याख्या विनिर्माण उद्योग के संदर्भ में केवल दो अर्थात् कथन (1) और (2) सही नहीं हैं, क्योंकि विनिर्माण का आशय वस्तुओं के निर्माण से होता है न कि वितरण तथा हस्तांतरण से। विनिर्माण का कार्य आधुनिक शक्ति के साधनों तथा जटिलताओं के द्वारा ही किया जाता है, इसमें पुराने साधनों का उपयोग नहीं होता है। विनिर्माण उद्योग के सन्दर्भ में कथन (3) सत्य है।

4 निम्न कथनों पर विचार कीजिए *(Chap 6, Class-XII, New NCERT)*

1. उद्योगों की भौगोलिक स्थिति एक-दूसरे से भिन्न होती है तथा इनमें प्रबंध-तंत्र लेखा-बही एवं रिकॉर्ड का रख-रखाव किया जाता है।
2. आधुनिक विनिर्माण इकाइयों में श्रम विभाजन के द्वारा कम प्रयास एवं अधिक लागत से अधिक उत्पादन किया जाता है।
3. उद्योगों की स्थिति लोगों की क्रय क्षमता के केवल सीमित क्षेत्रों को प्रभावित करती है।
4. उद्योगों का विस्तार सरकार की नीतिगत पहलों से अप्रभावित होता है।

उपर्युक्त में से कितने कथन सही नहीं हैं?

(a) केवल एक
(b) केवल दो
(c) केवल तीन
(d) सभी चार

उत्तर (b)

व्याख्या दिए गए कथनों में से केवल दो अर्थात् कथन (3) और (4) सही नहीं हैं, क्योंकि उद्योगों की स्थिति लोगों की क्रय शक्ति क्षमता (Purchasing Power Parity, PPP) के व्यापक क्षेत्रों को प्रभावित करती है, क्योंकि उद्योग की स्थापना से उस क्षेत्र का आर्थिक विकास के साथ-साथ आधारिक विकास भी होता है। उद्योगों का विस्तार सरकार की नीतिगत पहलों से प्रभावित होता है। संतुलित आर्थिक विकास के लिए सरकार नीतियों का निर्माण करती है।

उद्योगों का वर्गीकरण

5 आकार के आधार पर वर्गीकृत उद्योगों के संबंध में दिए गए कथनों पर विचार कीजिए

(Chap 5, Class-VIII, New NCERT)

1. कुटीर उद्योग को परिवहन तथा पूँजी अधिक प्रभावित करती है।
2. छोटे पैमाने के उद्योग भारत, चीन, ब्राजील जैसे देशों के लिए महत्त्वपूर्ण माने जाते हैं।

उपर्युक्त में से कौन-सा/से कथन सही है/हैं?

(a) केवल 1
(b) केवल 2
(c) 1 और 2 दोनों
(d) न तो 1 और न ही 2

उत्तर (b)

व्याख्या आकार के आधार पर वर्गीकृत उद्योगों के संबंध में कथन (2) सही है। छोटे पैमाने के उद्योग कुटीर उद्योग से उत्पादन की तकनीक एवं निर्माण स्थल से भिन्न हैं। ये उद्योग भारत, चीन, इंडोनेशिया एवं ब्राजील जैसे देशों को रोजगार उपलब्ध करवाने के लिए महत्त्वपूर्ण माने जाते हैं। रोजगार के अवसर इन उद्योगों में अधिक होते हैं, जिनसे स्थानीय निवासियों की क्रय-शक्ति बढ़ती है।

कथन (1) सही नहीं है, क्योंकि कुटीर उद्योग को पूँजी एवं परिवहन अधिक प्रभावित नहीं करते, क्योंकि इनके द्वारा निर्मित वस्तुओं का व्यापारिक महत्त्व कम होता है और अधिकतम उपकरण स्थानीय लोगों द्वारा निर्मित होते हैं।

6 स्वच्छंद उद्योगों के संदर्भ में निम्नलिखित कथनों पर विचार कीजिए

(Chap 6, Class-XII, New NCERT)

1. स्वच्छंद उद्योग विशिष्ट कच्चे माल पर निर्भर करते हैं।
2. ये उद्योग संघटक पुर्जों पर निर्भर रहते हैं।
3. इनमें उत्पादन अत्यधिक मात्रा में होता है।
4. ये उद्योग प्रदूषण नहीं फैलाते हैं।

उपर्युक्त में से कितने कथन सही हैं?

(a) केवल एक
(b) केवल दो
(c) केवल तीन
(d) सभी चार

उत्तर (b)

व्याख्या स्वच्छंद उद्योग (Foot loos Industry) के संदर्भ में केवल दो अर्थात् कथन (2) और (4) सही हैं। स्वच्छंद उद्योग संघटक पुर्जों पर निर्भर रहते हैं, जो कहीं से भी प्राप्त किए जा सकते हैं। इसके अतिरिक्त ये उद्योग प्रदूषण नहीं फैलाते हैं।

कथन (1) और (3) सही नहीं हैं, क्योंकि स्वच्छंद उद्योग किसी विशिष्ट कच्चे माल पर निर्भर नहीं रहते हैं। इन उद्योगों में उत्पादन अधिक नहीं, बल्कि कम मात्रा में होता है, इसके साथ ही कम श्रमिकों की भी आवश्यकता होती है।

7 निम्नलिखित युग्मों पर विचार कीजिए *(Chap 6, Class-XII, New NCERT)*

	कच्चे माल पर आधारित		प्रमुख उद्योग
1.	कृषि आधारित	—	सीमेंट उद्योग
2.	खनिज आधारित	—	रबड़ उद्योग
3.	वनों पर आधारित	—	ऊनी वस्त्र उद्योग
4.	पशु आधारित	—	लाख उद्योग

उपर्युक्त में से कितने युग्म सही सुमेलित नहीं है?

(a) केवल एक (b) केवल दो
(c) केवल तीन (d) सभी चार

उत्तर (d)

व्याख्या दिए गए सभी युग्म सुमेलित नहीं हैं।

कृषि आधारित उद्योग में रबड़ उद्योग को सम्मिलित किया जाता है। रबड़ के पौधे से प्राप्त लैटेक्स को प्राकृतिक रूप से वाष्पित कर वस्तुओं का निर्माण किया जाता है।

सीमेंट उद्योग खनिज आधारित उद्योग हैं, क्योंकि सीमेंट के निर्माण के लिए भारी मात्रा में कच्चे माल का प्रयोग किया जाता है, जिसमें चूना पत्थर, जिप्सम तथा कोयला प्रमुख हैं।

लाख उद्योग, वनों पर आधारित उद्योग हैं। इन उद्योग को कुटीर उद्योग में भी शामिल किया जाता है। लाख को कुसुम, पलास व बेर के वृक्ष से प्राप्त किया जाता है।

ऊनी वस्त्र उद्योग, पशु आधारित उद्योग हैं और इनके लिए कच्चे माल की प्राप्ति भेड़ों, बकरी आदि से की जाती है।

8 स्वामित्व पर आधारित उद्योगों के संदर्भ में दिए गए कथनों पर विचार कीजिए *(Chap 6, Class-XII, New NCERT)*

1. समाजवादी देशों में सार्वजनिक क्षेत्र के उद्यमों पर सरकार का स्वामित्व होता है।
2. निजी क्षेत्र के उद्योगों का स्वामित्व व्यक्तिगत निवेशकों के पास होता है।
3. संयुक्त क्षेत्र के उद्योग का संचालन व प्रबंधन किसी एक व्यक्ति के स्वामित्व में होता है।

उपर्युक्त में से कितने कथन सही हैं?

(a) केवल एक (b) केवल दो
(c) सभी तीन (d) इनमें से कोई नहीं

उत्तर (b)

व्याख्या स्वामित्व पर आधारित उद्योगों के संदर्भ में केवल दो अर्थात् कथन (1) और (2) सही हैं। समाजवादी देशों में सार्वजनिक क्षेत्र (Public sector) के उद्यमों पर सरकार का स्वामित्व होता है, साथ ही निजी क्षेत्र के उद्योगों का स्वामित्व व्यक्तिगत निवेशकों के पास रहता है तथा ये निजी संगठनों द्वारा संचालित होते हैं।

कथन (3) सही नहीं है, क्योंकि संयुक्त क्षेत्र के उद्योगों का संचालन एवं प्रबंधन संयुक्त कंपनी के द्वारा या किसी निजी एवं सार्वजनिक क्षेत्र की कंपनी के संयुक्त प्रयासों द्वारा किया जाता है।

9 नीचे दिए गए कथनों को ध्यानपूर्वक पढ़िए *(Chap 6, Class-XI, New NCERT)*

1. संयुक्त क्षेत्रों के उद्योगों का स्वामित्व और संचालन राज्यों और व्यक्तियों के समूह द्वारा होता है।
2. सहकारी क्षेत्रों के उद्योगों का स्वामित्व और संचालन सरकार द्वारा होता है।

उपर्युक्त में से कौन-सा/से कथन असत्य है/हैं?

(a) केवल 1 (b) केवल 2
(c) 1 और 2 दोनों (d) न तो 1 और न ही 2

उत्तर (b)

व्याख्या दिए गए कथनों में से कथन (2) असत्य है, क्योंकि सहकारी क्षेत्र के उद्योगों का स्वामित्व और संचालन सरकार द्वारा नहीं, बल्कि कच्चे माल के उत्पादकों या पूर्तिकारों, कामगारों अथवा दोनों के द्वारा होता है।

10 आधुनिक समय में प्रचलित 'सनराइज उद्योग' में निम्न में से किससे संबंधित उद्योग शामिल होते हैं? *(Chap 5, Class-VIII, New NCERT)*

1. स्वास्थ्य लाभ 2. सत्कार तथा ज्ञान
3. सूचना प्रौद्योगिकी 4. ऑटोमोबाइल

कूट

(a) 1 और 4 (b) 1, 2 और 3
(c) 2, 3 और 4 (d) ये सभी

उत्तर (b)

व्याख्या 'सनराइज उद्योगों' के अंतर्गत स्वास्थ्य लाभ, सत्कार (Hospitality) तथा ज्ञान और सूचना प्रौद्योगिकी को शामिल किया जाता है। वर्तमान समय में इनकी लोकप्रियता तेजी से बढ़ रही है। इनमें रोजगार के अवसरों की संभावना भी अधिक है।

11 नीचे दिए गए उद्योगों से संबंधित युग्मों पर विचार कीजिए। *(Chap 6, Class-XII, New NCERT)*

1.	उत्पाद आधारित उद्योग	—	लौह-इस्पात
2.	गैर आधारभूत उद्योग	—	टेलीविजन उद्योग
3.	उपभोग वस्तु निर्माण उद्योग	—	जहाज व पोत निर्माण

उपर्युक्त में से कितने युग्म सही हैं?

(a) केवल एक (b) केवल दो
(c) सभी तीन (d) इनमें से कोई नहीं

उत्तर (b)

व्याख्या उद्योगों से संबंधित केवल दो अर्थात् युग्म (1) और (2) सही सुमेलित हैं। लौह-इस्पात उद्योगों को उत्पाद आधारित उद्योग तथा टेलीविजन उद्योग को गैर आधारभूत उद्योग के रूप में इंगित किया जाता है।

युग्म (3) सही सुमेलित नहीं है, क्योंकि जहाज व पोत निर्माण को विनिर्माण उद्योग के अंतर्गत रखा जाता है। जबकि खाद्य प्रसंस्करण उद्योगों को उपभोग वस्तु निर्माण उद्योग के अंतर्गत शामिल किया जाता है।

12 'स्वच्छंद उद्योग' के संदर्भ में कौन-सा कथन सही है? *(Chap 6, Class-XII, New NCERT)*

1. यह किसी विशिष्ट कच्चे माल जिनके भार में कमी हो रही है अथवा नहीं, पर निर्भर करता है।
2. चीनी, सूती वस्त्र तथा वनस्पति तेल उद्योग स्वच्छंद उद्योग हैं।

कूट

(a) केवल 1 (b) केवल 2
(c) 1 और 2 (d) न तो 1 और न ही 2

उत्तर (d)

व्याख्या 'स्वच्छंद उद्योग' के संदर्भ में दोनों कथन सही नहीं हैं। स्वच्छंद उद्योग व्यापक विविधता वाले स्थानों पर स्थापित किए जाते हैं। ये विशिष्ट कच्चे माल जिनके भार में कमी हो रही है, अथवा नहीं, पर निर्भर नहीं रहते हैं। ये उद्योग संघटक पुर्जों पर निर्भर करते हैं जो कहीं से भी प्राप्त किए जा सकते हैं। चीनी, सूती वस्त्र तथा वनस्पति तेल उद्योग स्वच्छंद उद्योग नहीं हैं।

13 निम्नलिखित भारी उद्योगों पर विचार कीजिए

(Chap 6, Class-XI, New NCERT)

1. उर्वरक संयन्त्र 2. तेल शोधक कारखाने 3. इस्पात संयन्त्र

उपर्युक्त में से कितने उद्योगों के विकार्बन में हरित हाइड्रोजन की महत्त्वपूर्ण भूमिका होने की अपेक्षा है?

(a) केवल तीन (b) केवल दो (c) सभी तीन (d) इनमें से कोई नहीं

उत्तर (c)

व्याख्या दिए गए तीनों उद्योगों; जैसे—उर्वरक संयन्त्र, तेल शोधक कारखाने इस्पात संयन्त्र के विकार्बन में हरित हाइड्रोजन की महत्त्वपूर्ण भूमिका होने की अपेक्षा है अर्थात् इन उद्योगों को ग्रीन हाइड्रोजन की सहायता से डीकार्बोनाइज किया जा सकता है। केवल नवीकरणीय ऊर्जा का उपयोग करके एक इलेक्ट्रोलाइजर में पानी को तोड़कर ग्रीन हाइड्रोजन का उत्पादन किया जाता है, जिसके परिणामस्वरूप कोई कार्बन उत्सर्जन नहीं होता है।

विश्व के प्रमुख औद्योगिक प्रदेश एवं उद्योग

14 लौह-इस्पात उद्योग के संबंध में निम्नलिखित कथनों पर विचार कीजिए

(Chap 6, Class-XII, New NCERT)

1. परंपरागत रूप से बड़े इस्पात उद्योगों की स्थिति कच्चे माल के स्रोत से दूर रही है।
2. लौह-इस्पात का उत्पादन करने वाला क्षेत्र पिट्सबर्ग वर्तमान में 'जंग का कटोरा' नाम से जाना जाता है।

उपर्युक्त में से कौन-सा/से कथन सही है/हैं?

(a) केवल 1 (b) केवल 2
(c) 1 और 2 दोनों (d) न तो 1 और न ही 2

उत्तर (b)

व्याख्या लौह-इस्पात उद्योग के संबंध में कथन (2) सही है। लौह-इस्पात का उत्पादन करने वाला क्षेत्र पिट्सबर्ग वर्तमान में 'जंग का कटोरा' नाम से जाना जाता है। पिट्सबर्ग, संयुक्त राज्य अमेरिका का लौह-इस्पात का उत्पादन करने वाला प्रमुख क्षेत्र है। इसके अतिरिक्त शिकागो, गैरी, क्लीवलैंड, लीरेन, बफैलो, डुलुथ, अलबामा आदि संयुक्त राज्य अमेरिका में लौह-इस्पात के प्रमुख केंद्र है। कथन (1) सही नहीं है, क्योंकि परंपरागत रूप से बड़े इस्पात उद्योगों की स्थिति कच्चे माल के स्रोत से दूर नहीं, अपितु समीप रही है, जहाँ लोहा, कोयला, मैंगनीज एवं चूना पत्थर आसानी से उपलब्ध हो जाते हैं या यह ऐसे स्थान पर भी अवस्थित हो सकता है, जहाँ कच्चा माल सुगमतापूर्वक पहुँचाया जा सके।

15 नीचे दिए गए युग्मों में से कितने युग्म सुमेलित नहीं हैं?

(Chap 5, Class-VIII, New NCERT)

	लौह-इस्पात उद्योग केंद्र		देश
1.	क्रिवीरी	—	यूक्रेन
2.	बर्मिंघम	—	रूस
3.	मॉस्को	—	जापान
4.	नागासाकी	—	ब्रिटेन

कूट

(a) केवल एक (b) केवल तीन
(c) सभी चार (d) इनमें से कोई नहीं

उत्तर (b)

व्याख्या दिए गए युग्मों में से केवल तीन अर्थात् युग्म (2), (3) और सुमेलित नहीं हैं।

बर्मिंघम ब्रिटेन का लौह-इस्पात उद्योग केंद्र है, यह सबसे पुराना लौह-इस्‌ उत्पादन केंद्र है।

मॉस्को लौह-इस्पात उद्योग रूस में है, मॉस्को रूस का सबसे बड़ा शहर अ राजधानी है।

नागासाकी लौह-इस्पात उत्पादन केंद्र जापान में स्थित है, यह नगर जापान क्यूशू द्वीप पर स्थित है।

16 लौह-इस्पात उद्योग के संदर्भ में दिए गए कथनों पर विचार कीजि

(Chap 6, Class-XII, New NCER

1. सामान्य रूप से बड़े इस्पात उद्योगों की अवस्थिति कच्चे माल के स्रो से दूर पाई जाती है।
2. लौह-इस्पात उद्योग का केंद्रीकरण मुख्य रूप से उत्तरी अमेरिका, यूरो एवं एशिया के विकसित देशों में पाया जाता है।
3. लौह-इस्पात का उत्पादन करने वाले क्षेत्र 'पिट्सबर्ग' को वर्तमान सम में 'जंग का कटोरा' के नाम से जाना जाता है।

उपर्युक्त में से कितने कथन सही हैं?

(a) केवल एक
(b) केवल दो
(c) केवल तीन
(d) उपर्युक्त में से कोई नहीं

उत्तर (b)

व्याख्या लौह-इस्पात उद्योग के संदर्भ में केवल दो कथन अर्थात् (2 और 3 सही हैं। लौह-इस्पात उद्योग का केंद्रीकरण मुख्य रूप से उत्तरी अमेरिका, यूरो एवं एशिया के विकसित देशों में पाया जाता है, क्योंकि यहाँ की आधारभू संरचना अधिक विकसित है, साथ ही कच्चे माल की प्राप्ति आसानी से हो जाती है।

लौह-इस्पात उद्योग के रूप में विख्यात पिट्सबर्ग (अमेरिका) को वर्तमान मे 'जंग का कटोरा' कहा जाता है, क्योंकि कच्चे माल के अभाव में इस क्षेत्र के सभी इस्पात केंद्र बंद होने के कगार पर हैं। ऐसे उद्योगों की स्थापना कच्चे माल के समीपवर्ती क्षेत्रों में की जाती है।

17 निम्न कथन (A) व कारण (R) को पढ़िए और नीचे दिए गए कूट की सहायता से सही उत्तर का चयन कीजिए

(Chap 5, Class-VIII, New NCERT)

कथन (A) **लौह-इस्पात उद्योग को भारी उद्योग के साथ-साथ आधारभूत उद्योग की संज्ञा भी दी जाती है।**

कारण (R) **लोहा निकालने के लिए लौह अयस्क का झोंका भट्टियों में कार्बन (कोक) एवं चूना पत्थर के साथ प्रगलन किया जाता है।**

कूट

(a) A और R दोनों सही हैं तथा R, A की सही व्याख्या है
(b) A और R दोनों सही हैं, परंतु R, A की सही व्याख्या नहीं है
(c) A सही है, किंतु R गलत है
(d) A गलत है, किंतु R सही है

उत्तर (b)

व्याख्या A और R दोनों सही है, परंतु R, A की सही व्याख्या नहीं है।
लौह-इस्पात उद्योग को भारी उद्योग के साथ-साथ आधारभूत उद्योग की संज्ञा भी दी जाती है, क्योंकि ऐसे उद्योगों के उत्पाद से अन्य उद्योगों का पोषण होता है। लोहा निकालने के लिए लौह अयस्क का झोंका भट्टियों में कार्बन (कोक) एवं चूना पत्थर के साथ प्रगलन किया जाता है। इससे लौह अयस्क में विद्यमान अशुद्धता दूर हो जाती है।

18 निम्नलिखित युग्मों पर विचार कीजिए *(Chap 9, Class-XI, Old NCERT)*

	औद्योगिक प्रदेश/संकुल		देश
1.	दक्षिणी अप्लेशियन प्रदेश	—	जापान
2.	मिडलैंड प्रदेश	—	रूस
3.	यूराल प्रदेश	—	यूनाइटेड किंगडम
4.	किंकी मैदान	—	संयुक्त राज्य अमेरिका

उपर्युक्त में से कितने युग्म सही सुमेलित नहीं हैं?

(a) केवल एक (b) केवल दो (c) सभी चार (d) इनमें से कोई नहीं

उत्तर (c)

व्याख्या दिए गए सभी युग्म सुमेलित नहीं हैं।

दक्षिणी अप्लेशियन प्रदेश, संयुक्त राज्य अमेरिका में स्थित है। इस प्रदेश में स्थित नगरों में अशरविले ईरी, चार्लेस्टन इत्यादि हैं, जो विभिन्न उद्योगों के लिए प्रसिद्ध हैं। यह क्षेत्र लौह-इस्पात औद्योगिक इकाइयों के लिए प्रसिद्ध है।

मिडलैंड औद्योगिक प्रदेश, यूनाइटेड किंगडम में स्थित है।

यूराल औद्योगिक प्रदेश रूस के दक्षिण-पूर्वी क्षेत्र में स्थित है, जहाँ ऊफा, चेलियानविंश्क, ऑरेनबर्ग जैसे औद्योगिक नगर अवस्थित हैं।

किंकी मैदान जापान के होंशू द्वीप में स्थित है। नागोया यहाँ का प्रमुख औद्योगिक केंद्र है।

19 दिए गए युग्मों में से कितने युग्म सही सुमेलित हैं? *(Chap 9, Class-XI, Old NCERT)*

	औद्योगिक केंद्र		उद्योग
1.	किंकी	—	जापान
2.	कैंटन	—	चीन
3.	लॉरेन	—	ब्राजील
4.	बेलो हौरीजांटले	—	फ्रांस

कूट

(a) केवल एक (b) केवल दो (c) केवल तीन (d) सभी चार

उत्तर (b)

व्याख्या दिए गए युग्मों में से केवल दो अर्थात् युग्म (1) और (2) सही सुमेलित हैं।

किंकी, जापान का औद्योगिक क्षेत्र है। यह जापान के मुख्य द्वीप होन्शू के दक्षिण में स्थित है। इस क्षेत्र में ओसाका तथा क्योटो जैसे शहर स्थित हैं।

कैंटन, चीन में स्थित औद्योगिक रूप से विस्तृत क्षेत्र है।

लॉरेन, फ्रांस में स्थित लौह-इस्पात का क्षेत्र है तथा बेलो हौरीजांटले, ब्राजील का औद्योगिक क्षेत्र है।

20 परंपरागत बड़े पैमाने वाले औद्योगिक प्रदेश के संदर्भ में दिए गए कथनों पर विचार कीजिए *(Chap 6, Class-XII, New NCERT)*

1. ये औद्योगिक प्रदेश मुख्य रूप से भारी उद्योग के क्षेत्र होते हैं।
2. इस प्रदेश के उद्योगों में रोजगार का अनुपात निम्न पाया जाता है।
3. इस प्रदेश का वातावरण आकर्षक एवं प्रदूषण रहित होता है।
4. यहाँ परिव्यक्त भूमि (Expressed land) का क्षेत्र भी विद्यमान होता है।

उपर्युक्त में से कितने कथन सही हैं?

(a) केवल एक (b) केवल दो (c) केवल तीन (d) सभी चार

उत्तर (b)

व्याख्या परंपरागत बड़े पैमाने वाले औद्योगिक प्रदेश के संदर्भ में केवल दो अर्थात् कथन (1) और (4) सही हैं। ये औद्योगिक प्रदेश प्रमुख रूप से भारी उद्योग के क्षेत्र होते हैं। यहाँ परिव्यक्त भूमि का क्षेत्र भी विद्यमान होता है। ऐसे प्रदेशों में रोजगार का अनुपात अधिक पाया जाता है और इनमें पर्यावरण अधिक प्रदूषित होता है।

21 निम्नलिखित कथनों पर विचार कीजिए *(Chap 6, Class-XII, New NCERT)*

1. परंपरागत बड़े पैमाने के उद्योग मुख्यत: विकसित देशों में हैं।
2. खनिज आधारित उद्योगों में प्राकृतिक रूप से पाए जाने वाले रासायनिक खनिजों का उपयोग होता है।
3. संयुक्त क्षेत्र के उद्योगों का स्वामित्व व्यक्तिगत निवेशकों के पास होता है।

उपर्युक्त में से कितने कथन असत्य हैं?

(a) केवल एक (b) केवल दो
(c) केवल तीन (d) इनमें से कोई नहीं

उत्तर (b)

व्याख्या दिए गए कथनों में से केवल दो अर्थात् कथन (2) और (3) असत्य हैं, क्योंकि रासायनिक खनिजों का उपयोग खनिज अधारित उद्योगों में नहीं, वरन् रसायन आधारित उद्योगों में किया जाता है।

संयुक्त क्षेत्र के उद्योगों का स्वामित्व व्यक्तिगत निवेशकों के पास नहीं, वरन् संयुक्त कंपनी के द्वारा या किसी निजी एवं सार्वजानिक क्षेत्र की कंपनी के संयुक्त प्रयासों द्वारा किया जाता है।

22 चीन के औद्योगिक प्रदेश के संदर्भ में दिए गए युग्मों में कौन-सा युग्म सुमेलित है? *(Chap 9, Class-XI, Old NCERT)*

1.	दक्षिणी मंचूरिया	—	लौह-इस्पात केंद्र
2.	शंघाई	—	जलपोत तथा इंजीनियरिंग
3.	चुमकिंग नगर	—	सूती तथा रेशमी वस्त्र उद्योग

कूट

(a) केवल 1 (b) 1 और 2 (c) 2 और 3 (d) 1, 2 और 3

उत्तर (d)

व्याख्या चीन के औद्योगिक प्रदेश के संदर्भ में दिए गए सभी युग्म सुमेलित हैं। दक्षिण मंचूरिया लौह-इस्पात केंद्र के लिए, शंघाई जलपोत तथा इंजीनियरिंग उद्योग के लिए तथा चुमकिंग नगर सूती तथा रेशमी वस्त्र उद्योग के लिए विख्यात हैं।

23 संयुक्त राज्य अमेरिका के ग्रेट-लेक क्षेत्र में कौन-सा उद्योग मुख्य रूप से अवस्थित है? *(Chap 10, Class-XI, Old NCERT)*

(a) सूती वस्त्र उद्योग (b) रेल उद्योग
(c) लौह-इस्पात उद्योग (d) वायुयान निर्माण उद्योग

उत्तर (c)

व्याख्या संयुक्त राज्य अमेरिका के 'ग्रेट लेक' क्षेत्र में लौह-इस्पात उद्योग मुख्य रूप से अवस्थित है। इनमें हवीलिंग मंग्सटाउन, डुलुथ, शिकागो, मिलबाउकी, गैरी, पिट्सबर्ग, स्प्रिंगफिल्ड प्रमुख हैं। यहाँ स्थानीय रूप से लौह अयस्क पर्याप्त मात्रा में विद्यमान है, इसलिए इस क्षेत्र में लौह-इस्पात उद्योग का विकास तेजी से हुआ है।

24 सूची I को सूची II के साथ सुमेलित कीजिए तथा नीचे दिए गए कूट की सहायता से सही उत्तर का चयन कीजिए *(Chap 9, Class-XI, New NCERT)*

	औद्योगिक केंद्र		उद्योग
1.	लॉस एंजिल्स	—	वायुयान निर्माण
2.	चानचुंग	—	रसायन उद्योग
3.	दुशाम्बे	—	सूती वस्त्र उद्योग
4.	नागोया	—	रेशमी वस्त्र उद्योग

उपर्युक्त में से कितने युग्म सुमेलित हैं?

(a) केवल एक (b) केवल दो (c) केवल तीन (d) सभी चार

उत्तर (d)

व्याख्या दिए गए सभी युग्म सुमेलित हैं।

अमेरिका के पश्चिम भाग में स्थित लॉस एंजिल्स वायुयान निर्माण के लिए प्रसिद्ध केंद्र है। यह यूएसए के कैलिफोर्निया प्रांत में स्थित है तथा यह हॉलीवुड के कारण भी लोकप्रिय है।

चीन का औद्योगिक नगर चानचुंग रसायन उद्योग के लिए, दुशाम्बे सूती वस्त्र उद्योग के लिए एवं नागोया रेशमी वस्त्र उद्योग के लिए प्रसिद्ध है। नागोया को जापान का डेट्रॉयट कहा जाता है।

25 निम्नलिखित युग्मों पर विचार कीजिए

(Chap 6, Class-XI, New NCERT)

केंद्र		उद्योग
1. ओसाका	—	सिगार
2. डेट्रॉयट	—	पोत निर्माण
3. क्यूबा	—	सूती वस्त्र
4. सेण्ट पीट्स	—	मोटर वाहन

उपर्युक्त में से कितने युग्म सुमेलित नहीं हैं?

(a) केवल एक (b) केवल दो (c) केवल तीन (d) सभी चार

उत्तर *(d)*

व्याख्या दिए गए सभी युग्म सुमेलित नहीं हैं।

ओसाका, जापान का एक प्रसिद्ध औद्योगिक नगर है, जो सूती वस्त्र के लिए प्रसिद्ध है।

डेट्रॉयट, संयुक्त राज्य अमेरिका में स्थित मोटर वाहन उद्योग का प्रसिद्ध केन्द्र है।

क्यूबा, सिगार उद्योग का प्रसिद्ध केन्द्र है। यह कैरीबियन सागर में अवस्थित है।

रूस में स्थित प्रमुख औद्योगिक नगर सेण्ट पीट्स पोत निर्माण हेतु प्रसिद्ध है।

26 कृत्रिम रेशे से बने वस्त्र उद्योग के संबंध में कितने कथन असत्य है?

(Chap 10, Class-XI, Old NCERT)

1. संश्लिष्ट अथवा नॉन सेल्युलोज रेशे, पेट्रोलियम गैस या कोयले से पॉलीमेराइजेशन विधि द्वारा प्राप्त किए जाते हैं।
2. कृत्रिम रेशे के उद्योग का संकेंद्रण जापान के दक्षिण होंशु, क्यूशू तथा शिकोक्यू द्वीपों पर पाया जाता है।
3. विश्व में सर्वाधिक कृत्रिम रेशे का उत्पादन करने वाला अग्रणी दे यूनाइटेड किंगडम है।

कूट

(a) केवल एक
(b) केवल दो
(c) सभी तीन
(d) उपर्युक्त में से कोई नहीं

उत्तर *(a)*

व्याख्या कृत्रिम रेशों से बने वस्त्र उद्योग के संबंध में केवल एक अर्थात् कथ (3) असत्य है, क्योंकि विश्व में सर्वाधिक कृत्रिम रेशे का उत्पादन करने वा अग्रणी देश अमेरिका व जापान हैं। जापान के दक्षिणी होंशू, क्यूशू एवं शिकोक द्वीप पर कृत्रिम रेशम का उत्पादन किया जाता है।

27 निम्न में से कितने कथन उच्च प्रौद्योगिकी उद्योग के संबंध में असत्य है?

(Chap 6, Class-XII, New NCERT)

1. इसमें संपूर्ण श्रमिक शक्ति का अधिकतर भाग सफेद कॉलर श्रमिकों क होता है।
2. इस उद्योग में यंत्र मानव, कंप्यूटर आधारित डिजाइन एवं रासायनिक व औषधीय उत्पाद महत्त्वपूर्ण होते हैं।
3. सेन फ्रांसिस्को के समीप अवस्थित सिलिकन घाटी ही एकमात्र प्रौद्योगिक ध्रुव है।

कूट

(a) केवल एक
(b) केवल दो
(c) सभी तीन
(d) उपर्युक्त में से कोई नहीं

उत्तर *(a)*

व्याख्या उच्च प्रौद्योगिकी उद्योग के संबंध में केवल एक अर्थात् कथन (3) असत्य है, क्योंकि उच्च प्रौद्योगिकी उद्योग अमेरिका के सेन फ्रांसिस्को के समीप स्थित सिलिकन घाटी में ही नहीं, बल्कि सिएटल के समीप सिलिकन वन में भी स्थित हैं। इसके अतिरिक्त पेरिस, न्यूयॉर्क, लंदन, बेंगलुरु, हैदराबाद में भी उच्च प्रौद्योगिकी उद्योग स्थापित किए गए हैं।

अध्याय 12

परिवहन एवं संचार

परिवहन एवं संचार

स्थल परिवहन एवं पाइपलाइन

परिचय

- वस्तुओं और सेवाओं की अधिकांश आवाजाही भूमि के माध्यम से रेल, सड़क आदि के द्वारा होती है
- **सड़क मार्ग** रेलवे की तुलना में छोटी दूरी के लिए सबसे किफायती घर-घर (जगह-जगह) सेवाएँ प्रदान करता है, यातायात की माँगों को पूरा करने में सड़कों की अक्षमता के कारण अक्सर सड़कों पर यातायात की भीड़ का सामना करना पड़ता है
- **रेलवे** लंबी दूरी तक भारी सामान और यात्रियों के लिए भूमि परिवहन का एक साधन
- यूरोप में विश्व का सबसे सघन रेल नेटवर्क है, जिसमें लंदन, ब्रुसेल्स, पेरिस, मिलान आदि जैसे महत्त्वपूर्ण रेलमार्ग हैं
- उत्तरी अमेरिका का सबसे सघन रेलवे नेटवर्क पूर्वी-मध्य अमेरिका के अत्यधिक औद्योगिक और शहरीकृत क्षेत्र में पाया जाता है
- दक्षिण अमेरिका के दो क्षेत्रों, अर्जेंटीना के पंपास और ब्राजील के कॉफी उत्पादक क्षेत्र में रेल नेटवर्क सघन है
- एशिया में चीन, जापान, भारत आदि घनी आबादी वाले क्षेत्रों में यह सबसे अधिक सघन है।
  - **ट्रांस-साइबेरियन रेलवे** रूस में प्रशांत तट को पश्चिम में सेंट पीटर्सबर्ग से जोड़ता है
  - **ट्रांस-कैनेडियन रेलवे** क्यूबेक माण्ट्रियल औद्योगिक क्षेत्र को प्रेयरी क्षेत्र के गेहूँ बेल्ट से जोड़ता है
  - **ट्रांस-एशियाई रेलवे** लगभग 28 एशियाई देशों को जोड़ता है
- **पाइपलाइन** पानी, पेट्रोलियम, प्राकृतिक गैस जैसे तरल पदार्थ और गैसों के परिवहन के लिए उपयोग किया जाता है; पाइपलाइन नेटवर्क के जरिए रसोई गैस, तरल पेट्रोलियम को विश्व के कई भागों में पहुँचाया जाता है
- **महत्त्वपूर्ण पाइपलाइन**
  - **ट्रांस-अफगानिस्तान** पाइपलाइन को TAPI पाइपलाइन भी कहा जाता है। यानी तुर्कमेनिस्तान-अफगानिस्तान-पाकिस्तान-भारत पाइपलाइन
  - टेक्सास को संयुक्त राज्य अमेरिका में न्यू जर्सी से जोड़ने वाली बिग इंच पाइपलाइन

जल परिवहन

जल परिवहन

- मार्ग निर्माण की आवश्यकता नहीं है, लेकिन दो छोर पर बंदरगाह सुविधाओं की आवश्यकता है
- समुद्री मार्गों और अंतर्देशीय जलमार्गों में विभाजित

समुद्री मार्ग

- लंबी दूरी तक भारी सामग्री के परिवहन के लिए भूमि और वायु परिवहन की तुलना में समुद्री परिवहन बहुत सस्ता है

अंतर्देशीय जलमार्ग

- अंतर्देशीय जलमार्गों का विकास मार्ग (चैनल) की नौगम्य गहराई और चौड़ाई पर निर्भर करता है
- कुछ अंतर्देशीय जलमार्ग डेन्यूब जलमार्ग, राइन जलमार्ग, वोल्गा जलमार्ग आदि हैं

बंदरगाह

- अंतर्राष्ट्रीय व्यापार की दुनिया के मुख्य प्रवेश द्वार बंदरगाह और हार्बर है, जो सुविधाएँ प्रदान करते हैं। कुछ प्रकार के बंदरगाह है
  - **कार्गो संचालन के आधार पर** औद्योगिक बंदरगाह, वाणिज्यिक बंदरगाह और व्यापक बंदरगाह
  - **स्थान के आधार पर** अंतर्देशीय बंदरगाह और बाह्य बंदरगाह
  - **विशिष्ट कार्यों के आधार पर** तेल बंदरगाह, गोदाम बंदरगाह और नौसेना बंदरगाह

वायु परिवहन एवं संचार

वायु परिवहन

- परिवहन का सबसे तेज साधन और दुर्गम क्षेत्रों तक पहुँचने का एकमात्र साधन।
- लंबी दूरी के व्यापार के साथ-साथ मूल्यवान वस्तुओं की आवाजाही के लिए अनुकूल हवाही परिवहन द्वारा क्रियांवित की जाने वाली सेवाएँ हैं-
  - **अंतर-महाद्वीपीय वायु मार्ग** जैसे-न्यूयॉर्क-लंदन-पेरिस-रोम-काहिरा-दिल्ली-कोलकाता-हांगकांग-टोक्यो आदि
  - **महाद्वीपीय वायु मार्ग** जैसे-न्यूयॉर्क-शिकागो-मॉंट्रियल मार्ग आदि
  - **राष्ट्रीय हवाई मार्ग** लाइव दिल्ली-मुंबई-चेन्नई आदि

संचार

- टेलीफोन, टेलीग्राफ आदि के माध्यम से दूसरों तक संदेश पहुँचाने की प्रक्रिया
- उपग्रह संचार एक नए क्षेत्र के रूप में उभरा है। जहाँ दूरस्थ क्षेत्रों को भी जोड़ने के लिए उपग्रहों को पृथ्वी की कक्षा में में तैनात किया गया है
- साइबर स्पेस और इंटरनेट भी संचार के क्षेत्र में एक नया उभरता हुआ क्षेत्र है जो कंप्यूटर नेटवर्क पर सूचनाओं को जोड़ने और उन तक पहुँचने के लिए इलेक्ट्रॉनिक डिजिटल दुनिया है
- ग्लोबल पोजिशनिंग सिस्टम (जीपीएस) एक अंतरिक्ष-आधारित उपग्रह नेविगेशन प्रणाली है जो सभी मौसम स्थितियों में पृथ्वी के बारे में स्थान और समय की जानकारी प्रदान करती है

SOURCE New NCERT Class-VII मानवीय पर्यावरण : बस्तियाँ, परिवहन एवं संचार, Old NCERT Class-XI परिवहन एवं संचार, New NCERT Class-XII परिवहन एवं संचार

सड़क परिवहन

1 विश्व परिवहन के संदर्भ में निम्न कथनों पर विचार कीजिए *(Chap 8, Class-XII, New NCERT)*

1. महामार्गों का उच्च घनत्व संयुक्त राज्य अमेरिका में है।
2. अमेरिका तथा कनाडा पैन-अमेरिकन महामार्ग से जुड़े हुए हैं।

उपर्युक्त में से कौन-सा/से कथन सही है/हैं?

(a) केवल 1
(b) केवल 2
(c) 1 और 2 दोनों
(d) न तो 1 और न ही 2

उत्तर *(c)*

व्याख्या विश्व परिवहन के संदर्भ में दोनों कथन सही हैं।

महामार्गों के उच्च घनत्व की दृष्टि से संयुक्त राज्य अमेरिका विश्व में शीर्ष स्थान पर है। पैन-अमेरिकन महामार्ग के द्वारा अमेरिका तथा कनाडा के शहर आपस में जुड़े हुए हैं। यह मार्ग पूरे अमेरिका में विस्तृत सड़कों का एक नेटवर्क है।

2 विश्व सड़क जाल के संदर्भ में कौन-सा कथन सही है? *(Chap 8, Class-XII, New NCERT)*

(a) विश्व की कुल सड़कों की लंबाई का लगभग 33% भाग उत्तरी अमेरिका में पाया जाता है
(b) रूस में महामार्ग 'क्रिस-क्रॉस' का निर्माण करते हैं
(c) सड़कों का सर्वाधिक घनत्व पश्चिमी यूरोप में पाया जाता है
(d) उपर्युक्त सभी

उत्तर *(a)*

व्याख्या विश्व सड़क जाल के संदर्भ में कथन (a) सही है। विश्व की कुल सड़कों की लंबाई का लगभग 33% भाग उत्तरी अमेरिका में पाया जाता है। संयुक्त राज्य अमेरिका के पूर्वी भाग में सड़कों का नेटवर्क अधिक विस्तृत है।

कथन (b) और (c) सही नहीं हैं, क्योंकि महामार्गों के 'क्रिस क्रॉस' का निर्माण रूस में नहीं, बल्कि चीन में है। इसके अतिरिक्त सड़कों का सर्वाधिक घनत्व पश्चिम यूरोप की अपेक्षा उत्तरी अमेरिका के पूर्वी भाग में पाया जाता है।

3 नीचे विश्व के महाद्वीपों के महामार्गों तथा उनके द्वारा जोड़े जाने वाले दो स्थानों का युग्म दिया गया है। इनमें सही युग्म की पहचान कीजिए *(Chap 8, Class-XII, New NCERT)*

1. राष्ट्रीय महामार्ग संख्या-44 — श्रीनगर-कन्याकुमारी
2. स्टुअर्ट महामार्ग — बिरुदुम-ऊदनादत्त
3. अफ्रीकन महामार्ग — अल्जियर्स-कोनार्की

कूट

(a) केवल 1
(b) 1 और 3
(c) 1 और 2
(d) 1, 2 और 3

उत्तर *(d)*

व्याख्या विश्व के महाद्वीपों के महामार्गों तथा उनके द्वारा जोड़े जाने वाले स्थानों से संबंधित दिए गए सभी युग्म सही सुमेलित हैं।

भारत में राष्ट्रीय महामार्ग संख्या-44 श्रीनगर को कन्याकुमारी से जोड़ता है। यह भारत का सबसे लंबा राष्ट्रीय महामार्ग है।

स्टुअर्ट महामार्ग, ऑस्ट्रेलिया के दो शहर बिरुदुम एवं ऊदनादत्त के मध्य निर्मित किया गया है।

अफ्रीकन महामार्ग अफ्रीकी महाद्वीप में स्थित अल्जियर्स-कोनार्की के मध्य स्थापित किया गया है। यह महामार्ग सहारा रेगिस्तान से होकर जाता है।

4 निम्न कथनों पर विचार कीजिए *(Chap 11, Class-XI, Old NCE*

1. रूस में यूराल के पश्चिम में स्थित औद्योगिक प्रदेश में महामार्गों सघन जाल का विकास हुआ है।
2. मास्को-ब्लाडीवोस्तक महामार्ग रूस के पश्चिम में सेवा प्रदान करता
3. रूस में मास्को सड़क जाल का एशियाई भूमि की ओर 'केंद्र-बिंदु' है
4. रूस में सड़क मार्गों का इतना महत्त्व नहीं है, जितना अन्य साधनों विशेषकर रेलमार्गों का।

उपर्युक्त में से कितने कथन असत्य हैं?

(a) केवल एक (b) केवल दो (c) केवल तीन (d) सभी चार

उत्तर *(b)*

व्याख्या दिए गए कथनों में से केवल दो अर्थात् कथन (2) और (3) अ हैं, क्योंकि मास्को-ब्लाडीवोस्तक महामार्ग रूस के पूर्व में स्थित है। एशि भूमि की ओर इरकुटस्क सड़क नेटवर्क का 'केंद्र-बिंदु' है। अत्यधिक वि भौगोलिक क्षेत्रफल होने के कारण रूस में महामार्गों की अपेक्षा रेल अत्यधिक महत्त्वपूर्ण है।

रेल परिवहन

5 निम्नलिखित कथनों पर विचार कीजिए *(Chap 8, Class-XII, NCER*

1. प्रथम सार्वजनिक रेलमार्ग 1850 ई. में शुरू हुआ।
2. प्रथम सार्वजनिक रेलमार्ग उत्तरी इंग्लैंड के स्टॉकरन और डार्लिंग स्थानों के मध्य प्रारंभ हुआ।
3. विभिन्न स्थानों को परस्पर मार्गों की श्रेणियों द्वारा जोड़े जाने से जि प्रारूप का निर्माण होता है, परिवहन जाल कहलाता है।

उपर्युक्त में से कितने कथन सही हैं?

(a) केवल एक
(b) केवल दो
(c) केवल तीन
(d) इनमें से कोई नहीं

उत्तर *(b)*

व्याख्या दिए गए कथनों में से केवल दो अर्थात् कथन (2) और (3) सही हैं। प्रथम सार्वजनिक रेलमार्ग उत्तरी इंग्लैंड के स्टॉकरन और डार्लिंगटन स्थानों मध्य प्रारंभ हुआ था तथा इसके बाद से ही रेलमार्ग 19वीं शताब्दी में परिवह का सर्वाधिक लोकप्रिय और तीव्रतम साधन बन गया। विभिन्न स्थानों को परस मार्गों की श्रेणियों द्वारा जोड़े जाने से जिस प्रारूप का निर्माण होता है, उ परिवहन जाल कहा जाता है।

कथन (1) सही नहीं है, क्योंकि प्रथम सार्वजनिक रेलमार्ग की शुरुआ 1850 ई. में नहीं, बल्कि 1825 ई. में हुई थी।

6 रेल नेटवर्क के संदर्भ में दिए गए कथनों पर विचार कीजिए तथा इनमें असत्य कथनों की पहचान कीजिए *(Chap 8, Class-XII, New NCERT*

(a) विश्व में सर्वाधिक रेल घनत्व बेल्जियम में पाया जाता है
(b) विश्व का सबसे बड़ा रेलवे नेटवर्क वाला देश संयुक्त राज्य अमेरिका है
(c) विश्व में सबसे सघनतम रेलवे तंत्र एशिया में पाया जाता है
(d) लंदन, पेरिस, ब्रुसेल्स, मिलान तथा बर्लिन यूरोप के महत्त्वपूर्ण रेल केंद्र है

उत्तर *(c)*

व्याख्या रेल नेटवर्क के संदर्भ में कथन (c) असत्य है, क्योंकि विश्व में सबसे सघनतम रेलवे तंत्र एशिया में नहीं, बल्कि यूरोप में है। विश्व में रेल घनत्व सर्वाधिक यूरोपीय देश बेल्जियम में पाया जाता है, यहाँ प्रत्येक 6.5 वर्ग किमी क्षेत्र में 1 किमी रेल लाइन है। विश्व का सबसे बड़ा रेलवे नेटवर्क वाला देश संयुक्त राज्य अमेरिका है। लंदन, पेरिस, ब्रुसेल्स, मिलॉन तथा बर्लिन यूरोप के महत्त्वपूर्ण रेल केंद्र हैं।

अफ्रीका महाद्वीप के रेलमार्ग से संबंधित दिए गए युग्म में से कितने सही सुमेलित है? *(Chap 8, Class-XII, New NCERT)*

1. बेंगुएला रेलमार्ग — अंगोला से कटंगा
2. तंजानिया रेलमार्ग — जांबिया से दार-ए-सलाम
3. ब्लू ट्रेन — केपटाउन से प्रिटोरिया

कूट

(a) केवल एक (b) केवल दो
(c) सभी तीन (d) इनमें से कोई नहीं

उत्तर *(c)*

व्याख्या अफ्रीका महाद्वीप के रेलमार्ग के संबंध में सभी युग्म अर्थात् (1), (2) और (3) सही सुमेलित हैं। बेंगुएला रेलमार्ग द्वारा अंगोला से कटंगा क्षेत्र को जोड़ा जाता है। तंजानिया रेलमार्ग जांबिया से दार-ए-सलाम को जोड़ता है तथा ब्लू ट्रेन रेलमार्ग केपटाउन से प्रिटोरिया को जोड़ता है। ये सभी अफ्रीका महाद्वीप के अति व्यस्ततम रेलमार्ग हैं।

8 निम्न कथनों पर विचार कीजिए *(Chap 7, Class-VII, New NCERT)*

1. ट्रांस साइबेरियन रेलमार्ग विश्व का सर्वाधिक लंबा रेलमार्ग है, जो मास्को से ख़बरोवस्क तक जाता है।
2. जायनिंग से ल्हासा के बीच चलने वाली रेलगाड़ी समुद्र तल से 4000 मीटर की ऊँचाई पर चलती है।

उपर्युक्त में से कौन-सा/से कथन सही नहीं है/हैं?

(a) केवल 1 (b) केवल 2
(c) 1 और 2 (d) इनमें से कोई नहीं

उत्तर *(a)*

व्याख्या दिए गए कथनों में से कथन (1) सही नहीं है, क्योंकि ट्रांस साइबेरियन रेलमार्ग विश्व का सर्वाधिक लंबा रेलमार्ग है और यह पश्चिम में स्थित सेंट पिट्सबर्ग को पूर्व में स्थित ब्लाडीवोस्तक से जोड़ता है। वाणिज्यिक दृष्टिकोण से इसे एक महत्त्वपूर्ण रेलमार्ग माना जाता है। इन दोनों शहरों के बीच की दूरी को पूर्ण करने में 9 दिन का समय लगता है।

9 नीचे दिए युग्मों में से कितने युग्म सुमेलित नहीं हैं? *(Chap 8, Class-XII, New NCERT) (BPSC Pre 2005)*

	रेल/रेलमार्ग		कहाँ से कहाँ तक
1.	यूरोपीय पारमहाद्वीपीय रेल	—	पेरिस से इस्तांबुल
2.	पार एंडीज रेल	—	लेनिनग्राद से ब्लाडीवोस्तक
3.	पार-साइबेरिया	—	ब्यूनस आयर्स से वालपरैजो
4.	ओरिएंट एक्सप्रेस	—	पेरिस से वारसा

कूट

(a) केवल एक (b) केवल दो
(c) सभी तीन (d) सभी चार

उत्तर *(d)*

व्याख्या दिए गए सभी युग्म सुमेलित नहीं हैं।

यूरोपीय पारमहाद्वीपीय रेलवे मार्ग, पेरिस से वारसा तक संचालित होता है। इसकी कुल लंबाई 862 किमी है।

पार-एंडीज रेल मार्ग, ब्यूनस आयर्स (ब्राजील) से वालपरैजो (चिली) तक जाता है। इसकी कुल लंबाई 1455 किमी है।

पार-साइबेरिया रेलमार्ग, लेनिनग्राद (सेंट पिट्सबर्ग) से ब्लाडीवोस्तक के बीच फैला है। इसकी कुल लंबाई 9829 किमी है।

ओरिएंट एक्सप्रेस रेलमार्ग पेरिस (फ्रांस) से इस्तांबुल (तुर्की) तक निर्मित है। इसकी लंबाई 2740 किमी है।

जल परिवहन

10 निम्न में से कौन-सा विश्व का सबसे व्यस्ततम व्यापारिक जलमार्ग है? *(Chap 11, Class-XI, Old NCERT) (UPPSC Pre 2014)*

(a) हिंद महासागर
(b) उत्तरी अटलांटिक महासागर
(c) दक्षिणी अटलांटिक महासागर
(d) प्रशांत महासागर

उत्तर *(b)*

व्याख्या विश्व का सबसे व्यस्ततम व्यापारिक जलमार्ग उत्तरी अटलांटिक महासागर जलमार्ग है। यह जलमार्ग संयुक्त राज्य अमेरिका के पूर्वी बंदरगाहों को पश्चिमी यूरोप के देशों से जोड़ता है। विश्व में सर्वाधिक व्यापार इसी जलमार्ग के माध्यम से किया जाता है। इसी जलमार्ग पर विश्व के बड़े-बड़े बंदरगाह स्थित हैं, साथ ही यह जलमार्ग विकसित देशों को आपस में जोड़ता है। इसलिए इसे विश्व का सबसे व्यस्ततम जलमार्ग कहा जाता है। विश्व का एक चौथाई विदेशी व्यापार इसी मार्ग से चलता है।

11 निम्न कथन (A) व कारण (R) को पढ़िए और नीचे दिए गए कूट की सहायता से सही उत्तर का चुनाव कीजिए

कथन (A) संसार में उत्तरी अटलांटिक नौ-परिवहन मार्ग सबसे अधिक व्यस्त समुद्री मार्ग है।

कारण (R) वह संसार के दो प्रमुख औद्योगिक क्षेत्रों को जोड़ता है। *(Chap 8, Class-XII, New NCERT) (UPPSC Pre 2003)*

कूट

(a) A और R दोनों सही हैं तथा R, A की सही व्याख्या है
(b) A और R दोनों सही हैं, परंतु R, A की सही व्याख्या नहीं है
(c) A सही है, किंतु R गलत है
(d) A गलत है, किंतु R सही है

उत्तर *(a)*

व्याख्या A और R दोनों सही हैं तथा R, A की सही व्याख्या है।

उत्तरी अटलांटिक नौ-परिवहन मार्ग औद्योगिक दृष्टि से विकसित विश्व के दो औद्योगिक क्षेत्रों - उत्तर-पूर्वी संयुक्त राज्य अमेरिका तथा पश्चिमी यूरोप को आपस में जोड़ता है। विश्व का एक-चौथाई विदेशी व्यापार इस मार्ग द्वारा होता है, इसलिए यह विश्व का व्यस्ततम व्यापारिक जलमार्ग है।

12 निम्न समुद्री मार्गों के संबंध में कौन-सा कथन सही है? *(Chap 8, Class-XII, New NCERT)*

1. उत्तमाशा अंतरीप समुद्री मार्ग पश्चिम यूरोपीय प्रदेश को पश्चिम अफ्रीका, दक्षिण-पूर्वी एशिया, ऑस्ट्रेलिया तथा न्यूजीलैंड से जोड़ता है।
2. दक्षिणी अटलांटिक समुद्री मार्ग केवल ब्राजील, अर्जेंटीना तथा उरुग्वे को जोड़ता है।

कूट

(a) केवल 1 (b) केवल 2
(c) 1 और 2 (d) न तो 1 और न ही 2

उत्तर *(a)*

व्याख्या समुद्री मार्गों के संबंध में कथन (1) सही है। उत्तमाशा अंतरीप समुद्री मार्ग, पश्चिम यूरोपीय प्रदेश को पश्चिम अफ्रीका, दक्षिण-पूर्वी एशिया, ऑस्ट्रेलिया, न्यूजीलैंड से जोड़ता है।

कथन (2) सही नहीं है, क्योंकि दक्षिण अटलांटिक समुद्री मार्ग के माध्यम से दक्षिण अमेरिका एवं अफ्रीकी महाद्वीपों के देशों के मध्य व्यापार होता है। यह जलमार्ग उत्तरी अटलांटिक जलमार्ग से कम प्रासंगिक है।

13 समुद्री जलमार्ग प्राय: पत्तनों से जुड़े होते हैं। विश्व के कुछ महत्त्वपूर्ण पत्तनों में से कितने सही सुमेलित है?

(Chap 7, Class-VII, New NCERT)

1. रियो-डि-जेनेरियो — ब्राजील
2. डरबन — दक्षिण अफ्रीका
3. मनीला — इंडोनेशिया

कूट

(a) केवल एक (b) केवल दो (c) सभी तीन (d) इनमें से कोई नहीं

उत्तर *(b)*

व्याख्या विश्व के महत्त्वपूर्ण पत्तनों से संबंधित केवल दो अर्थात् युग्म (1) और (2) सही सुमेलित हैं। रियो-डि-जेनेरियो ब्राजील का सबसे बड़ा बंदरगाह है। डरबन दक्षिण अफ्रीका का प्रमुख व्यापारिक बंदरगाह है।

युग्म (3) सही सुमेलित नहीं है, क्योंकि मनीला इंडोनेशिया का नहीं, बल्कि फिलीपींस की राजधानी तथा प्रमुख बंदरगाह है।

14 नीचे दिए गए समुद्री मार्ग तथा उस पर अवस्थित पत्तनों के संदर्भ में कितने युग्म सुमेलित हैं?

(Chap 8, Class-XII, New NCERT)

1. भूमध्यसागरीय-हिंद महासागरीय समुद्री मार्ग—पोर्ट सईद व अदन
2. उत्तरी प्रशांत समुद्री मार्ग — याकोहामा व सिंगापुर
3. दक्षिणी प्रशांत समुद्री मार्ग — होनोलूलू

कूट

(a) केवल 1 (b) 1 और 2 (c) 2 और 3 (d) 1, 2 और 3

उत्तर *(d)*

व्याख्या समुद्री मार्ग तथा उस पर अवस्थित पत्तनों के संदर्भ में सभी युग्म अर्थात् (1), (2) और (3) सही सुमेलित हैं।

पोर्ट सईद एवं अदन पत्तन भूमध्यसागरीय-हिंद महासागरीय समुद्री मार्ग पर, याकोहामा एवं सिंगापुर उत्तरी प्रशांत समुद्री मार्ग पर तथा हवाई द्वीप पर स्थित है, जबकि होनोलूलू बंदरगाह दक्षिणी प्रशांत समुद्री मार्ग पर अवस्थित है।

15 भूमध्यसागर - हिंद महासागरीय समुद्री मार्ग के संबंध में निम्नलिखित कथनों पर विचार कीजिए *(Chap 8, Class-XII, NCERT)*

1. यह अन्य समुद्री मार्गों की अपेक्षा अधिक देशों को सेवाएँ प्रदान करता है।
2. पोर्ट सईद, मुंबई एवं सिंगापुर पत्तन इस मार्ग से संबंध हैं।
3. यह औद्योगिक पश्चिमी यूरोपीय प्रदेश को पश्चिमी अफ्रीका, दक्षिण अफ्रीका, दक्षिण-पूर्वी एशिया, ऑस्ट्रेलिया और न्यूजीलैंड की वाणिज्यिक तथा पशुपालन आधारित अर्थव्यवस्थाओं से जोड़ता है।

उपर्युक्त में से कितने कथन सही हैं?

(a) केवल एक (b) केवल दो (c) सभी तीन (d) इनमें से कोई नहीं

उत्तर *(c)*

व्याख्या भूमध्यसागर-हिंद महासागरीय समुद्री मार्ग के संबंध में सभी तीनों अर्थात् कथन (1), (2) और (3) सही हैं। भूमध्यसागर-हिंद महासागरीय समुद्री मार्ग प्राचीन विश्व के हृदय स्थल कहे जाने वाले क्षेत्रों से होकर गुजरता है तथा अन्य किसी मार्ग की अपेक्षा अधिक देशों और लोगों को सेवाएँ प्रदान करता है। यह संसार का सबसे लम्बा व्यापारिक मार्ग है। पोर्ट सईद, अदन, मुंबई, कोलंबो एवं सिंगापुर इस मार्ग के महत्त्वपूर्ण पत्तन हैं। भूमध्यसागर-हिंद महासागरीय व्यापारिक मार्ग अत्यधिक औद्योगिक पश्चिम यूरोपीय प्रदेश को पश्चिमी अफ्रीका, दक्षिणी अफ्रीका, दक्षिण-पूर्वी एशिया, ऑस्ट्रेलिया और न्यूजीलैंड की वाणिज्यिक कृषि तथा पशुपालन आधारित अर्थव्यवस्थाओं से जोड़ता है। स्वेज नहर के निर्माण से पहले यह मार्ग लिवरपूल और कोलंबो को जोड़ता था, जो स्वेज नहर मार्ग से 6400 किमी लंबा था।

16 'स्वेज नहर' के संबंध में दिए गए कथनों पर विचार कीजिए तथा इनमें असत्य कथनों की पहचान कीजिए

(Chap 11, Class-XI, Old NCE

(a) यह लाल सागर को भूमध्यसागर से जोड़ती है।
(b) इस नहर के उत्तर में पोर्ट सईद एवं दक्षिण में पोर्ट स्वेज पत्तन स्थित
(c) यह लगभग 160 किमी लंबी तथा 11 से 15 मीटर गहरी है।
(d) यह लिवरपूल एवं कोलंबो की प्रत्यक्ष समुद्री दूरी को उत्तमाशा अंतर मार्ग की तुलना में बढ़ाती है।

उत्तर *(d)*

व्याख्या 'स्वेज नहर' के संबंध में कथन (d) असत्य है, क्योंकि 'स्वेज न लिवरपूल (ब्रिटेन) एवं कोलंबो (श्रीलंका) की प्रत्यक्ष समुद्री दूरी को उत्तम अंतरीप मार्ग की तुलना में घटाती है। स्वेज नहर लाल सागर को भूमध्य साग जोड़ती है। इस नहर की लम्बाई, लगभग 160 किमी है जोकि पनामा नहर दुगनी है।

17 'पनामा नहर' के संबंध में दिए गए कथनों पर विचार कीजिए

(Chap 8, Class-XII, New NCER

1. इस नहर का निर्माण पनामा जलडमरूमध्य के आर-पार पनामा न एवं कोलोन के बीच यूएसए द्वारा किया गया।
2. यह नहर लगभग 50 किमी लंबी है, जिसमें जलबंधक तंत्र व्यवस्था है।
3. इस नहर के द्वारा न्यूयॉर्क तथा सेन फ्रांसिस्को के मध्य लगभग 50 किमी की दूरी कम हुई है।

उपर्युक्त में से कितने कथन सही नहीं हैं?

(a) केवल एक (b) केवल दो (c) सभी तीन (d) इनमें से कोई न

उत्तर *(b)*

व्याख्या 'पनामा नहर' के संबंध में केवल दो अर्थात् कथन (2) और (3) स नहीं हैं।

पनामा नहर लगभग 72 किमी लंबी है, जिसमें कुल छ: जलबंधक तंत्र हैं। इ नहर के द्वारा न्यूयॉर्क तथा सेन फ्रांसिस्को के मध्य लगभग 13000 किमी दूरी कम हुई है।

कथन (1) सही है। इस नहर का निर्माण पनामा जलडमरूमध्य के आर-प पनामा नगर एवं कोलोन के बीच यूएसए द्वारा किया गया।

18 निम्नलिखित युग्मों पर विचार कीजिए

(Chap 8, Class-XII, New NCERT

नदी जलमार्ग		देश/क्षेत्र
1. राइन जलमार्ग	—	संयुक्त राज्य अमेरिका
2. डेन्यूब जलमार्ग	—	रूस
3. वोल्गा जलमार्ग	—	पूर्वी यूरोप
4. मिसीसिपी जलमार्ग	—	जर्मनी व नीदरलैंड

उपर्युक्त युग्मों में से कितने युग्म सुमेलित हैं?

(a) केवल एक (b) केवल दो (c) केवल तीन (d) इनमें से कोई नहीं

उत्तर *(d)*

व्याख्या कोई भी युग्म सुमेलित नहीं है। राइन जलमार्ग जर्मनी व नीदरलैंड में स्थित है। यह जलमार्ग एक संपन्न कोयला क्षेत्र से होकर प्रवाहित होता है। इसके अतिरिक्त विश्व का सबसे व्यस्ततम नदीय जलमार्ग है। राइन जलमार्ग जर्मनी फ्रांस, बेल्जियम तथा नीदरलैंड के औद्योगिक नगरों को उत्तरी अटलांटिक महासागर से जोड़ता है। इसकी कुल लंबाई 1233 किमी है।

डेंयूब जलमार्ग पूर्वी यूरोपीय भाग में परिवहन सेवाएँ प्रदान करता है। यह पूर्वी यूरोप के 10 देशों में प्रवाहित होती हैं। इस मार्ग से गेहूँ, मक्का, इमारती लकड़ियाँ तथा मशीनरी का निर्यात किया जाता है। इसकी कुल लंबाई 2872 किमी है।

वोल्गा जलमार्ग रूस में विकसित जलमार्ग है, जिसमें कई महत्त्वपूर्ण नदियों का संयोजन है। इसकी कुल लंबाई 11,200 किमी है। वोल्गा-मॉस्को नहर इस जलमार्ग को मॉस्को प्रदेश से जोड़ती है।

मिसीसिपी जलमार्ग संयुक्त राज्य अमेरिका के आंतरिक भागों में परिवहन के लिए जाना जाता है। यह अमेरिका के आंतरिक भागों को मैक्सिको की खाड़ी से जोड़ता है। इसमें लंबे स्टीमर प्रवाहित होते हैं। इस जलमार्ग की कुल लंबाई 3979 किमी है।

19 सेंट लॉरेंस समुद्री मार्ग में अवस्थित मुख्य पत्तन निम्न में से कौन-सा है? *(Chap 8, Class-XII, New NCERT)*

1. ह्यूरान 2. डुलुथ 3. ओंटोरियो 4. बुफैलो

कूट

(a) 2 और 4 (b) 2 और 3 (c) 1, 2 और 4 (d) 1, 3 और 4

उत्तर (a)

व्याख्या सेंट लॉरेंस समुद्री मार्ग में अवस्थित मुख्य पत्तनों में डुलुथ और बुफैलो शामिल हैं। डुलुथ पत्तन सुपीरियर झील के दक्षिण-पश्चिम भाग में तथा बुफैलो ईरी झील के तट पर स्थित हैं। सेंट लॉरेंस नदी की एश्च्यूरी वृहद् झीलों के साथ उत्तरी भाग में विशिष्ट वाणिज्यिक जलमार्ग का निर्माण करती है, सेंट लॉरेंस समुद्री मार्ग को विश्व का सर्वाधिक व्यस्ततम जलमार्ग माना जाता है।

20 निम्न आंतरिक जलमार्गों के संदर्भ में कौन-सा कथन सही नहीं है? *(Chap 11, Class-XI, Old NCERT)*

1. अमेजन का जलमार्ग तथा पराना-परागवे जलमार्ग दक्षिण अमेरिका के आंतरिक जलमार्ग हैं, जिसने आर्थिक विकास को बढ़ावा दिया है।
2. चीन के आंतरिक जलमार्ग के अंतर्गत केवल हुआंग तथा क्सी नदियाँ प्रमुख हैं, जिसमें नौकायन संभव है।

कूट

(a) केवल 1 (b) केवल 2 (c) 1 और 2 (d) न तो 1 और न ही 2

उत्तर (b)

व्याख्या आंतरिक जलमार्ग के संदर्भ में कथन (2) सही नहीं है, क्योंकि चीन के आंतरिक जलमार्ग के अंतर्गत केवल हुआंग तथा क्सी नदियाँ प्रमुख नहीं हैं, जिसमें नौकायन संभव है, बल्कि सिक्यांग, ह्वांग्हो एवं यांग्टी-सिक्यांग नदियों के आंतरिक जलमार्ग भी महत्त्वपूर्ण हैं, जिसमें नौकायन संभव है। उल्लेखनीय है कि आंतरिक जलमार्ग उन स्थानों पर परिवहन का प्रमुख साधन है जहाँ नदी चौड़ी, गहरी एवं गाद से मुक्त हैं।

21 विभिन्न जलमार्गों के संबंध में निम्नलिखित कथनों पर कीजिए *(Chap-8, Class-XII, NCERT)*

1. डेंयूब जलमार्ग पश्चिमी यूरोपीय भाग को जलमार्ग सेवाएँ प्रदान करता है।
2. वोल्गा-मॉस्को नहर वोल्गा जलमार्ग को काला सागर से जोड़ती है।

उपर्युक्त में से कौन-सा/से कथन सही है/हैं?

(a) केवल 1 (b) केवल 2
(c) 1 और 2 दोनों (d) न तो 1 और न ही 2

उत्तर (d)

व्याख्या जलमार्गों के संबंध में दिए गए दोनों कथन सही नहीं हैं। डेंयूब जलमार्ग पश्चिमी यूरोपीय भाग को नहीं, बल्कि पूर्वी यूरोपीय भाग को अपनी जलमार्ग सेवाएँ प्रदान करता है। इस नदी से निर्यात किए जाने वाले पदार्थ—गेहूँ, मक्का, इमारती लकड़ी एवं मशीनरी हैं। डेन्यूब राइन-मेन-डेन्यूब नहर के माध्यम से उत्तरी सागर से जुड़ा हुआ है, जो केल्हेम में डेन्यूब को बामबर्ग में मुख्य नदी से जोड़ता है।

वोल्गा मॉस्को नहर वोल्गा जलमार्ग को काला सागर से नहीं, बल्कि मॉस्को प्रदेश से जोड़ती है। वोल्गा रूस का सर्वाधिक महत्त्वपूर्ण जलमार्ग है। यह 11,200 किमी तक नौकायन की सुविधा प्रदान करता है।

वायु परिवहन

22 निम्न में से कौन-सा वायुमार्ग नोडीय बिंदु के अंतर्गत आता है, जहाँ से वायुमार्ग सभी महाद्वीपों की ओर विकरित होते हैं? *(Chap 8, Class-XII, New NCERT)*

(a) लंदन (b) पेरिस (c) शिकागो (d) ये सभी

उत्तर (d)

व्याख्या नोडीय बिंदु के अंतर्गत लंदन, पेरिस एवं शिकागो वायुमार्ग को शामिल किया जाता है, जहाँ से वायुमार्ग सभी महाद्वीपों की ओर विकरित होते हैं। एमस्टर्डम और मुंबई भी इसी श्रेणी के अंतर्गत आते हैं। न्यूयॉर्क को विश्व का सबसे व्यस्ततम एयरपोर्ट माना जाता है।

23 दिए गए हवाई मार्गों में से कौन-सा अनुक्रम पश्चिम से पूर्व की दिशा में सही क्रम में है? *(Chap 8, Class-XII, New NCERT)*

(a) बैंकॉक-जकार्ता-शंघाई-ओसाका (b) जकार्ता-बैंकॉक-शंघाई-ओसाका
(c) शंघाई-बैंकॉक-ओसाका-जकार्ता (d) बैंकॉक-शंघाई-जकार्ता-ओसाका

उत्तर (a)

व्याख्या दिए गए हवाई मार्गों में से पश्चिम से पूर्व दिशा की ओर सही क्रम बैंकॉक-जकार्ता-शंघाई-ओसाका है।

बैंकॉक सबसे पश्चिमी भाग में स्थित है। उसके बाद जकार्ता (इंडोनेशिया की राजधानी) तत्पश्चात् शंघाई आता है, जो चीन के पूर्वी भाग में स्थित है। शंघाई के बाद ओसाका (जापान) हवाई मार्ग आता है, जो हवाई मार्ग का अंतिम वायु पत्तन है, जो सबसे पूर्वी भाग में स्थित है।

पाइपलाइन

24 पाइपलाइन से संबंधित दिए गए कथनों पर विचार कीजिए *(Chap 11, Class-XI, Old NCERT)*

1. 'कोमकान' पाइपलाइन से रूस के वोल्गा तथा यूराल क्षेत्र के तेल के कुओं से पूर्वी यूरोप के राष्ट्रों में तेल पहुँचाया जाता है।
2. न्यूजीलैंड में फार्मों से फैक्टरियों तक दूध पाइपलाइनों से भेजा जाता है।

उपर्युक्त में से कौन-सा/से कथन सही है/हैं?

(a) केवल 1 (b) 1 और 2
(c) केवल 2 (d) न तो 1 और न ही 2

उत्तर (b)

व्याख्या पाइपलाइन से संबंधित दोनों कथन सही हैं।

'कोमकान' पाइपलाइन से रूस के वोल्गा तथा यूराल क्षेत्र के तेल के कुओं से पूर्वी यूरोप के राष्ट्रों में तेल पहुँचाया जाता है। पाइपलाइनों का प्रयोग तरलीकृत कोयले के परिवहन के लिए भी किया जाता है।

न्यूजीलैंड में डेयरी फार्मों से दूध पाइपलाइन के माध्यम से फैक्टरियों तक पहुँचाया जाता है। संयुक्त राज्य अमेरिका में उत्पादक क्षेत्रों और उपभोग क्षेत्रों के बीच तेल पाइपलाइनों का सघन जाल पाया जाता है।

25 'बिग इंच' पाइपलाइन द्वारा प्रवाहित किया जाता है *(Chap 8, Class-XII, New NCERT)*

(a) दूध (b) जल
(c) तरल प्राकृतिक गैस (d) पेट्रोलियम

उत्तर (d)

व्याख्या 'बिग इंच' पाइपलाइन द्वारा पेट्रोलियम प्रवाहित किया जाता है। संयुक्त राज्य अमेरिका में पेट्रोलियम को उत्पादक क्षेत्रों से लाने के लिए पाइपलाइनों का जाल बिछा है। ऐसे पाइपलाइन 'बिग इंच' कहलाते हैं। अधिकांश 'बिग इंच' मैक्सिको की खाड़ी के तटीय कुओं से तेल उत्तर-पूर्वी भाग को पहुँचाती हैं।

संचार

26 संचार के संबंध में कितने कथन सही नहीं है?

(Chap 8, Class-XII, New NCERT)

1. विकासशील देशों में उपग्रहों द्वारा संभव बनाया गया सेलफोन ग्रामीण संपर्क के लिए महत्त्वपूर्ण है।
2. कृत्रिम उपग्रहों के प्रेक्षण से ग्लोब के दूरस्थ भागों को जोड़ना संभव हुआ है।
3. साइबर स्पेस सूचनाओं के प्रेषण और प्राप्ति की काल्पनिक अंकीय दुनिया है, जिसकी विद्यमानता केवल विषुवतीय क्षेत्र में पाई जाती है।

कूट

(a) केवल एक (b) केवल दो
(c) सभी तीन (d) इनमें से कोई नहीं

उत्तर *(a)*

व्याख्या संचार के संबंध में केवल एक अर्थात् कथन (3) सही नहीं है, क्योंकि साइबर स्पेस सूचनाओं के प्रेषण और प्राप्ति की काल्पनिक अंकीय दुनिया है, जिसकी विद्यमानता केवल विषुवतीय क्षेत्र में ही नहीं, बल्कि सभी क्षेत्रों में इसका प्रभाव दिखाई देता है।

27 दिए गए देशों का इंटरनेट प्रयोक्ता की संख्या के आधार पर (अवरोही क्रम में) कौन-सा क्रम सही है?

(Chap 8, Class-XII, New NCERT)

1. चीन
2. भारत
3. संयुक्त राज्य अमेरिका
4. इंडोनेशिया

कूट

(a) 2, 1, 3, 4 (b) 3, 1, 2, 4
(c) 1, 2, 3, 4 (d) 1, 3, 4, 2

उत्तर *(c)*

व्याख्या दिए गए देशों के इंटरनेट प्रयोक्ता की संख्या के आधार पर सही अवरोही क्रम 1, 2, 3, 4 है।

इंटरनेट प्रयोक्ताओं की सर्वाधिक संख्या चीन में है, तत्पश्चात् भारत, संयुक्त राज्य अमेरिका एवं इंडोनेशिया का स्थान आता है।

अंतर्राष्ट्रीय दूरसंचार संघ (International Telecommunicat Union, ITU) के आँकड़ों के अनुसार वर्ष 2021 में शीर्ष इंटरनेट उप कर्ता देशों की सूची निम्न हैं

क्रम	देश	जनसंख्या (करोड़ में)
1.	चीन	98.89
2.	भारत	83.37
3.	यूएसए	31.23
4.	इंडोनेशिया	21.2
5.	ब्राजील	16.0

28 निम्नलिखित कथनों पर विचार करें

(Chap 8, Class-XII, New NCERT) (UPPSc Pre 200

1. कोलकाता बंदरगाह भारत का एकमात्र नदीय मुख्य बंदरगाह है।
2. कोचीन का बंदरगाह वेलिंगटन द्वीप पर अवस्थित है।
3. महाराष्ट्र में तीन मुख्य बंदरगाह हैं।
4. मुंद्रा बंदरगाह भारत का निजी क्षेत्र का मुख्य बंदरगाह है।

उपर्युक्त कथनों में से कौन-से कथन सही हैं?

(a) 1 और 2 (b) 3 और 4 (c) 2, 3 और 4 (d) 1, 2 और 4

उत्तर *(d)*

व्याख्या दिए गए कथनों में से कथन (1), (2) और (4) सही हैं।

कोलकाता बंदरगाह, भारत का एकमात्र नदीय मुख्य बंदरगाह है। यह सागर त से लगभग 25 किमी अंदर स्थित है। इस बंदरगाह का निर्माण हुगली नदी के त पर किया गया है। हल्दिया एवं डायमण्ड हार्बर बंदरगाह का निर्माण कोलका पोर्ट के सहायक बंदरगाह के रूप में किया गया है।

वेलिंगटन द्वीप, भारत के सबसे बड़े कृत्रिम मानव निर्मित द्वीपों में से एक है जहाँ केरल का प्रमुख शहर कोच्चि में अवस्थित है। यह सुंदर द्वीप केरल के पश्चजल (Backwater) से घिरा हुआ है।

यह कोच्चि बंदरगाह और भारतीय नौसेना के कोच्चि नौसेना बेस और मत्स्य प्रौद्योगिकी के लिए केंद्रीय संस्थान हेतु आवास के रूप में जाना जाता है। मुंद्रा बंदरगाह, भारत के निजी क्षेत्र का मुख्य बंदरगाह है। यह गुजरात में कच्छ की खाड़ी के उत्तरी तट पर स्थित है।

कथन (3) सही नहीं है, क्योंकि महाराष्ट्र में प्रमुख बंदरगाह मुम्बई है, इसके अतिरिक्त लगभग 53 छोटे बंदरगाह हैं। मुम्बई, भारत का सबसे बड़ा बंदरगाह है।

अध्याय 13

विश्व जनसंख्या एवं अधिवास

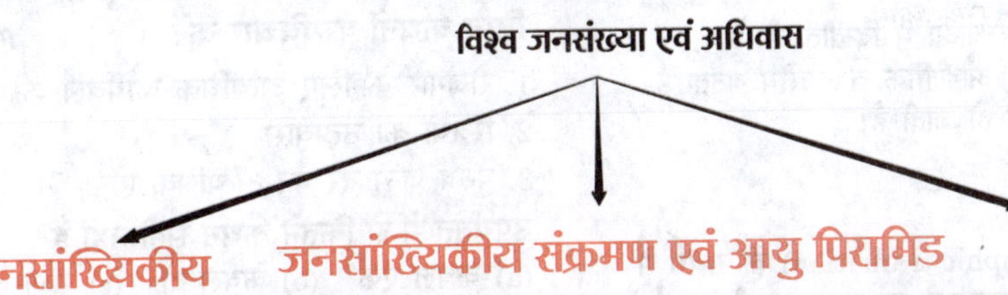

जनसांख्यिकीय

परिचय

- किसी देश के निवासी ही उसके वास्तविक संसाधन होते हैं, जो देश के अन्य संसाधनों का उपयोग करते हैं और उसकी नीतियाँ निर्धारित करते हैं। किसी देश की जनसंख्या को उस देश का 'मानव संसाधन' कहते हैं।

जनसंख्या वितरण को प्रभावित करने वाले कारक

- **भौगोलिक कारक**
  - **जलवायु** अति उष्ण तथा ठंडे मरुस्थलों की विषम जलवायु मानव बसाव के लिए असुविधाजनक होती है।
  - **मृदा की उर्वरता** जितनी अधिक उर्वरता होगी, उतना अधिक जनसंख्या घनत्व होगा।
  - **जल की उपलब्धता** व्यक्ति उन क्षेत्रों में बसने को प्राथमिकता देते हैं, जहाँ जल सरलता से उपलब्ध होता है।
  - **भू-आकृतियाँ** व्यक्ति रहने के लिए समतल मैदान और हल्की ढलान पसंद करते हैं
- **सामाजिक-सांस्कृतिक और आर्थिक कारक**
  - **सामाजिक कारक** कुछ स्थान अपने सांस्कृतिक या धार्मिक महत्त्व के कारण पर्यटकों को आकर्षित करते हैं
  - **शहरीकरण** शहर परिवहन के उन्नत साधनों के साथ बेहतर रोजगार के अवसर, शैक्षिक और चिकित्सा सुविधाएँ प्रदान करते हैं
  - **औद्योगीकरण** नौकरियाँ उत्पन्न करता है और बड़ी संख्या में लोगों को आकर्षित करता है

प्रवास

- घर बदलने के रूप में संदर्भित। यह दो प्रकार का हो सकता है, उत्प्रवासन (देश से बाहर जाना) और आप्रवासन (किसी देश में आना)।
- **प्रवास के प्रकार**
  - ग्रामीण से ग्रामीण प्रवास
  - शहरी से ग्रामीण प्रवास
  - ग्रामीण से शहरी प्रवास
  - शहरी से शहरी प्रवास

जनसांख्यिकीय संक्रमण एवं आयु पिरामिड

परिचय

- उस परिवर्तन को संदर्भित करता है, जो जनसंख्या जन्म और मृत्यु की उच्च दर से लेकर जन्म और मृत्यु की निम्न दर तक से गुजरती है।

जनसांख्यिकीय संक्रमण की अवस्था

- **प्रथम अवस्था** उच्च जन्म दर और अत्यधिक उतार-चढ़ाव वाली मृत्यु दर
- **द्वितीय अवस्था** जन्म दर ऊँची बनी रहती है और मृत्यु दर घटने लगती है
- **तृतीय अवस्था** जन्म दर घटने लगती है, जनसंख्या वृद्धि दर कम हो जाती है
- **चतुर्थ अवस्था** कम जन्म दर और कम मृत्यु दर जनसंख्या वृद्धि नगण्य होती है

आयु पिरामिड

- जनसंख्या की आयु संरचना का विश्लेषण करने के लिए उपयोगी। यह तीन प्रकार का होता है।
- **विस्तार** चौड़े आधार के साथ त्रिकोणीय आकार, उच्च जन्म दर दर्शाता है
- **स्थिर** घंटी के आकार का और ऊपर की ओर पतला, जन्म दर और मृत्यु दर लगभग समान होती है
- **गिरावट** संकीर्ण आधार और पतला शीर्ष, कम जन्म दर और मृत्यु दर दर्शाता है।

लिंग संरचना

- किसी जनसंख्या में महिलाओं और पुरुषों की संख्या के अनुपात को लिंगानुपात कहा जाता है।
- यह किसी देश में महिलाओं की स्थिति के बारे में एक महत्त्वपूर्ण जानकारी है।

मानव अधिवास एवं जनजाति

बस्ती/बसावट

- किसी भी क्षेत्र में बसावट का स्वरूप पर्यावरण के साथ मनुष्य के संबंध को दर्शाता है। बसावट न केवल पर्यावरण के प्रति मनुष्य की प्रतिक्रिया को दर्शाता है, बल्कि उसकी धार्मिक और पारंपरिक मान्यताओं को भी दर्शाता है

बस्तियों का वर्गीकरण

- **संहत बस्ती** बिखरे हुए घरों के बड़े सदस्य एक क्षेत्र में फैले हुए होते हैं
- **प्रकीर्ण बस्ती** खेत और घर एक-दूसरे के समीप बने होते हैं
- **नियोजित बस्ती** शहरों से दूर लंबी दूरी पर क्षेत्र जहाँ सुविधाओं के साथ-साथ अवसरों की भी कमी है

जनजातियाँ

लोगों का ऐसा समूह, जो रूढ़िवादी चरित्र के साथ और उत्पत्ति के समय से ही अपने आदिम स्वरूप में जीता रहा है, उन्हें जनजाति कहा जाता है।

विश्व की प्रमुख जनजातियों का क्षेत्रीय वितरण

जनजातियाँ	क्षेत्र
एस्किमो	कनाडा, ग्रीनलैंड के टुंड्रा
हौसा	नाइजीरियाई
सिगोटाड्स	एशियाई टुंड्रा
औका	इक्वेडोर
एलेट्स	अलास्का
माउचो	उरुग्वे एवं अर्जेंटीना
पापुअन	न्यूगिनी
खिरगीज	मध्य एशिया के स्टेपी क्षेत्र
सेमांग	मलेशिया
हैमाइट्रस	उत्तर-पश्चिमी अफ्रीका
यूनान	बोर्निया
पिग्मी	जायरे बेसिन

SOURCE New NCERT Class VIII मानव संसाधन, Old NCERT Class IX हमारी बढ़ती जनसंख्या, Old NCERT Class XI जनसंख्या, New NCERT Class XII विश्व जनसंख्या वितरण घनत्व एवं वृद्धि, जनसंख्या संघटन, मानव विकास Old NCERT Class-IX मानव व्यवसाय, Old NCERT Class-XI नवीकरण योग्य संसाधन (वन एवं मत्स्य), बस्तियाँ, घास के मैदान तथा पशुचारण, New NCERT Class-XII मानव बस्ती, Tamil Nadu Board Class-XII Unit 1, 2

जनसंख्या : लिंगानुपात, घनत्व, वृद्धि दर

1 'जनांकिकीय संक्रमण' के संबंध में दिए गए कथनों पर विचार कीजिए तथा इनमें असत्य कथनों की पहचान कीजिए *(Chap 2, Class-XII, New NCERT)*

(a) यह सिद्धांत किसी क्षेत्र की जनसंख्या तथा भविष्य की जनसंख्या के पूर्वानुमान में सहायता करता है।
(b) यह जनसंख्या परिवर्तन को विभिन्न अवस्थाओं में दिखाता है।
(c) यह बताता है कि जब समाज ग्रामीण से औद्योगिक व नगरीय बनता है, तो जनसंख्या की जन्मदर निम्न से उच्च हो जाती है।
(d) उपर्युक्त सभी

उत्तर *(c)*

व्याख्या 'जनांकिकीय संक्रमण' (Demographic transition) के संबंध में कथन (c) असत्य है, क्योंकि इस सिद्धांत के माध्यम से यह ज्ञात होता है कि जब समाज ग्रामीण से औद्योगिक व नगरीय बनता है, तो जनसंख्या की जन्मदर उच्च से निम्न हो जाती है, न कि निम्न से उच्च होती है। यह सिद्धांत किसी क्षेत्र की जनसंख्या तथा भविष्य की जनसंख्या के पूर्वानुमान में सहायक होता है।
इसके माध्यम से जनसंख्या परिवर्तन संबंधित विभिन्न अवस्थाओं को समझा जा सकता है। इस सिद्धांत के प्रतिपादक डब्ल्यू.एम. थोम्पसन और फ्रेक. डब्ल्यू नोएस्टीन हैं। इन्होंने यूरोप, ऑस्ट्रेलिया और अमेरिका में प्रजनन और मृत्यु दर की प्रवृत्ति के अनुभवों के आधार पर यह सिद्धांत दिया।

2 जनांकिकीय संक्रमण की विभिन्न अवस्थाओं के संदर्भ में दिए गए कथनों पर विचार कीजिए *(Chap 13, Class-XI, Old NCERT)*

1. प्रथम अवस्था में उच्च प्रजनन दर तथा निम्न मृत्यु दर पाई जाती है।
2. द्वितीय अवस्था में प्रजननशीलता हमेशा ऊँची बनी रहती है।
3. तीसरी (अंतिम) अवस्था में प्रजनन दर एवं मृत्यु दर दोनों ही निम्न होती हैं।

उपर्युक्त में से कितने कथन सही नहीं हैं?

(a) केवल एक (b) केवल दो
(c) सभी तीन (d) इनमें से कोई नहीं

उत्तर *(b)*

व्याख्या जनांकिकीय संक्रमण की विभिन्न अवस्थाओं के संदर्भ में केवल दो अर्थात् कथन (1) और (2) सही नहीं हैं, क्योंकि जनांकिकीय संक्रमण की प्रथम अवस्था में उच्च प्रजनन दर तथा उच्च मृत्यु दर पाई जाती है, इसलिए जनसंख्या वृद्धि दर धीमी होती है।
द्वितीय अवस्था में प्रजननशीलता हमेशा ऊँची नहीं बनी रहती है, बल्कि इसके अंतिम चरण में जनसंख्या वृद्धि दर में कमी आने लगती है, जैसा कि चीन एवं भारत की जनसंख्या वृद्धि दर में कमी आना। यह अवस्था घटी हुई मृत्यु दर के साथ आती है।

3 जनांकिकीय संक्रमण के संबंध मे निम्नलिखित कथनों पर विचार कीजिए *(Chap 2, Class-XII, NCERT)*

1. किसी क्षेत्र की जनसंख्या के वर्णन तथा भविष्य की जनसंख्या के पुर्वानुमान के लिए जनांकिकीय संक्रमण सिद्धांत का उपयोग किया जाता है।
2. नगरीय, औद्योगिक और साक्षर बनने के साथ ही किसी प्रदेश की जनसंख्या निम्न जन्म दर और निम्न मृत्यु दर से उच्च जन्म दर व उच्च मृत्यु दर में परिवर्तित होती है।

उपर्युक्त में से कौन-सा/से कथन सत्य नहीं है/हैं?

(a) केवल 1 (b) केवल 2
(c) 1 और 2 दोनों (d) न तो 1 और न ही 2

उत्तर *(b)*

व्याख्या जनांकिकीय संक्रमग सिद्धांत के संबंध में कथन (2) सत्य नह क्योंकि नगरीय, औद्योगिक और साक्षर बनने के साथ ही किसी प्रदेश जनसंख्या निम्न जन्म दर और निम्न मृत्यु दर से उच्च जन्म दर और उच्च दर में नहीं, बल्कि उच्च जन्म दर और उच्च मृत्यु दर से निम्न जन्म दर व मृत्यु दर में परिवर्तित होती है।

4 संयुक्त अरब अमीरात में लिंगानुपात के निम्न होने के संबंध में निम्न कथनों पर विचार करें *(Chap 3, Class-XII, NCE*

1. रोजगार के लिए अत्यधिक कार्यबल का आप्रवास
2. स्त्रियों का उत्प्रवास
3. पुरुष जन्म दर का अत्यधिक होना

उपर्युक्त में से कितने कथन सही नहीं हैं?

(a) केवल एक (b) केवल दो (c) सभी तीन (d) इनमें से कोई न

उत्तर *(b)*

व्याख्या संयुक्त अरब अमीरात में लिंगानुपात निम्न होने के संदर्भ में के दो अर्थात् कथन (2) और (3) सही नहीं हैं, क्योंकि यहाँ स्त्रियों का उत्प्र नहीं के बराबर होता है, साथ ही पुरुषों की जन्म दर भी अधिक नहीं होती

5 निम्नलिखित कथनों पर विचार कीजिए *(Chap 2, Class-XII, NCER*

1. दो समय अंतरालों के बीच जनसंख्या का कम हो जाना 'जनसंख्या ऋणात्मक वृद्धि' कहलाती है।
2. जब दो समय अंतरालों के बीच जन्म दर, मृत्यु दर से कम हो, तो जनसंख्या की धनात्मक वृद्धि कहलाती हैं।
3. किसी क्षेत्र विशेष में दो समय अंतरालों में जन्म और मृत्यु के अंतर बढ़ने वाली जनसंख्या को उस क्षेत्र की 'प्राकृतिक वृद्धि' कहते हैं।

उपर्युक्त में से कितने कथन सही नहीं हैं?

(a) केवल एक (b) केवल दो
(c) केवल तीन (d) इनमें से कोई नहीं

उत्तर *(a)*

व्याख्या दिए गए कथनों में से केवल एक अर्थात् कथन (2) सही नहीं क्योंकि जब दो समय अंतरालों के बीच जन्म दर, मृत्यु दर से अधिक हो या ज अन्य देशों से लोग स्थायी रूप से उस देश में प्रवास कर जाएँ, तब उ जनसंख्या की धनात्मक वृद्धि कहते हैं।

6 'लैंगिक संघटन' के संदर्भ में दिए गए कथनों पर विचार कीजिए

1. जिन प्रदेशों में लिंग भेद अनियंत्रित होता है, वहाँ लिंगानुपात स्त्रियों प्रतिकूल पाया जाता है। *(Chap 3, Class-XII, New NCERT*
2. जनसंख्या में स्त्रियों की संख्या का अधिक होना उनकी बेहतर स्थि को दिखाता है।
3. रूस सहित यूरोप के अनेक देशों में पुरुषों की कमी पाई जाती है।

उपर्युक्त में से कितने कथन सही हैं?

(a) केवल एक (b) केवल दो (c) सभी तीनों (d) इनमें से कोई नह

उत्तर *(b)*

व्याख्या 'लैंगिक संघटन' (Gender composition) के संदर्भ में केवल द अर्थात् कथन (1) और (3) सही हैं। जिन प्रदेशों में लिंगभेद अनियंत्रित होता है वहाँ लिंगानुपात स्त्रियों के प्रतिकूल पाया जाता है। ऐसे प्रदेशों में महिलाओं के प्रति सम्मान नहीं होता है और ऐसे क्षेत्रों में भ्रूण हत्या, स्त्री-शिशु हत्या ए घरेलू हिंसा होने की संभावना बनी रहती है। सामाजिक व आर्थिक स्तर प महिलाओं की स्थिति में गिरावट आ सकती है।
रूस सहित यूरोप के अनेक देशों में पुरुषों की जनसंख्या में कमी पाई जाती है जिसका मुख्य कारण निम्न जन्मदर व निम्न मृत्युदर होना है, साथ ह मनोवैज्ञानिक स्थितियाँ भी इसके लिए जिम्मेदार हैं।

कथन (2) सही नहीं है, क्योंकि जनसंख्या में अधिक स्त्रियों के होने का अर्थ यह नहीं है कि उनका स्तर बेहतर है। यह भी हो सकता है कि पुरुष रोजगार के लिए अन्य क्षेत्रों में प्रवास कर गए हों।

7 'आयु-लिंग पिरामिड' से संबंधित जनसंख्या वाले देशों के युग्मों में कितने युग्म सही सुमेलित है? *(Chap 6, Class-VIII, New NCERT)*

1. विस्तारित होती जनसंख्या का पिरामिड — नाइजीरिया
2. स्थिर जनसंख्या का पिरामिड — ऑस्ट्रेलिया
3. ह्रासमान जनसंख्या का पिरामिड — जापान

कूट

(a) केवल एक (b) केवल दो
(c) सभी तीन (d) इनमें से कोई नहीं

उत्तर (c)

व्याख्या 'आयु-लिंग पिरामिड' (Age-sex pyramid से संबंधित जनसंख्या वाले देशों के संबंध में सभी अर्थात् युग्म (1), (2) और (3) सही सुमेलित हैं।

नाइजीरिया का आयु-लिंग पिरामिड विस्तारित होती जनसंख्या को इंगित करता है। इस पिरामिड में उच्च जन्मदर के कारण निम्न आयु वर्गों में विशाल जनसंख्या पाई जाती है।

ऑस्ट्रेलिया का आयु-लिंग पिरामिड घंटी के आकार के समान होता है। इससे यह सिद्ध होता है कि जन्मदर एवं मृत्युदर दोनों लगभग एक समान होती हैं तथा इसके परिणामस्वरूप जनसंख्या स्थिर हो जाती है।

ह्रासमान जनसंख्या का पिरामिड, जापान को इंगित करता है। इस पिरामिड में आकार संकीर्ण व शीर्ष शुंडाकार होता है, जो निम्न जन्मदर व मृत्युदर को दर्शाता है। इन देशों में जनसंख्या वृद्धि शून्य अथवा ऋणात्मक होती है।

8 निम्न कथन (A) व कारण (R) को पढ़िए और नीचे दिए गए कूट की सहायता से सही उत्तर का चयन कीजिए *(Chap 6, Class-VIII, New NCERT)*

कथन (A) विश्व के अधिकांश विकसित देशों में उच्च आयु वर्गों की जनसंख्या अधिक है।

कारण (R) बढ़ती हुई जीवन प्रत्याशा के कारण लोगों की मृत्युदर में कमी से उच्च आयु वर्गों की जनसंख्या बढ़ी है।

कूट

(a) A और R दोनों सही हैं तथा R, A की सही व्याख्या है
(b) A और R दोनों सही हैं, परंतु R, A की सही व्याख्या नहीं है
(c) A सही है, किंतु R गलत है
(d) A गलत है, किंतु R सही है

उत्तर (a)

व्याख्या A और R दोनों सहीं हैं तथा R, A की सही व्याख्या है।

निम्न जन्मदर एवं निम्न मृत्युदर के कारण विश्व के अधिकांश विकसित देशों में उच्च आयु वर्ग की जनसंख्या अधिक पाई जाती है। विश्व के अधिकांश विकसित देशों में लोगों की मृत्युदर में कमी के कारण व जीवन प्रत्याशा बढ़ने के कारण जनसंख्या बढ़ी है।

9 निम्न कथनों पर विचार कीजिए *(Chap 3, Class-XII, New NCERT)*

1. एशिया के नगरीय क्षेत्रों में पुरुष प्रधान प्रवास के कारण लिंग अनुपात पुरुषों के अनुकूल पाया जाता है।
2. पश्चिमी देशों में ग्रामीण क्षेत्रों में स्त्रियों की अपेक्षा पुरुषों की संख्या अधिक पाई जाती है।
3. यूरोप, कनाडा एवं संयुक्त राज्य अमेरिका के नगरों में महिलाओं की अधिकता पाई जाती है।

उपर्युक्त में से कितने कथन सही हैं?

(a) केवल एक (b) केवल दो
(c) सभी तीन (d) इनमें से कोई नहीं

उत्तर (c)

व्याख्या दिए गए सभी अर्थात् कथन (1), (2) और (3) सही हैं।
एशिया के नगरीय क्षेत्रों में पुरुष प्रधान प्रवास के कारण लिंगानुपात पुरुष के अनुकूल पाया जाता है। आर्थिक कारणों से पुरुषों का प्रवास अधिक होता है, इस कारण एशियाई नगरीय क्षेत्रों में ऐसी स्थिति पाई जाती है। पश्चिमी देशों में ग्रामीण क्षेत्रों में स्त्रियों की अपेक्षा पुरुषों की संख्या अधिक पाई जाती है। जबकि नगरीय क्षेत्रों में स्त्रियों की संख्या पुरुषों की अपेक्षा अधिक है। यूरोप, कनाडा एवं संयुक्त राज्य अमेरिका के नगरों में महिलाओं की अधिकता पाई जाती है, क्योंकि नगरीय क्षेत्रों में रोजगार के अवसरों की अधिक संभावना के कारण ग्रामीण क्षेत्रों से महिलाओं का प्रवास होता है।

10 जनसंख्या घनत्व के संदर्भ में दिए गए कथनों पर विचार कीजिए *(Chap 2, Class-XII, New NCERT)*

1. एशिया महाद्वीप में प्रतिवर्ग किमी में रहने वाले व्यक्तियों की संख्या सर्वाधिक पाई जाती है।
2. यूरोप का जनघनत्व उत्तरी अमेरिका से कम किंतु अफ्रीका से अधिक पाया जाता है।
3. लैटिन अमेरिका एवं कैरेबियन क्षेत्र जनघनत्व के मामले में एशिया के बाद दूसरे स्थान पर हैं।

उपर्युक्त में से कितने कथन सही हैं?

(a) केवल एक (b) केवल दो (c) सभी तीन (d) इनमें से कोई नहीं

उत्तर (a)

व्याख्या जनसंख्या घनत्व के संदर्भ में केवल एक अर्थात् कथन (1) सही है। एशिया महाद्वीप में प्रतिवर्ग किमी में रहने वाले व्यक्तियों की संख्या (146 व्यक्ति प्रतिवर्ग किमी) सर्वाधिक पाई जाती है।

कथन (2) और (3) सही नहीं हैं, क्योंकि यूरोप का जनसंख्या घनत्व 33 है, जो उत्तरी अमेरिका से अधिक (20), है किंतु अफ्रीका (43) से कम है। लैटिन अमेरिका व कैरेबियन क्षेत्र जनघनत्व के मामले में एशिया के बाद चौथे स्थान पर हैं।

11 विश्व जनघनत्व के प्रदेश एवं उसमें शामिल देशों के युग्मों में से कितने युग्म सही सुमेलित हैं? *(Chap 7, Class-IX, Old NCERT)*

जनघनत्व प्रदेश	देश/क्षेत्र
1. अधिकतम जनघनत्व वाले प्रदेश	— जापान
2. मध्यम जनघनत्व वाले प्रदेश	— अर्जेंटीना
3. निम्न जनघनत्व वाले प्रदेश	— ग्रीनलैंड

कूट

(a) केवल एक (b) केवल दो
(c) सभी तीन (d) इनमें से कोई नहीं

उत्तर (c)

व्याख्या दिए गए सभी युग्म अर्थात् (1), (2) और (3) सही सुमेलित हैं।
जापान में अधिकतम जनसंख्या घनत्व पाया जाता है। इसके होंशू द्वीप के पूर्वी भाग में जनघनत्व अधिक मिलता है।
अर्जेंटीना में मध्यम जनसंख्या घनत्व पाया जाता है। इसके पंपास के मैदानी भाग, ग्रानचाको प्रदेश एवं पेटागोनिया मरुस्थलीय भाग में मध्यम आकार वाले जनघनत्व मिलता है।
ग्रीनलैंड में जनसंख्या घनत्व सबसे कम पाया जाता है। वर्ष भर यह क्षेत्र बर्फ से घिरा रहता है, इसलिए यहाँ मानव निवास की संभावना अधिक नहीं है।

12 **निम्नलिखित युग्मों पर विचार कीजिए**

(Chap 2, Class XII, New NCERT) (UPPSC Pre 2023)

जनसंख्या के सिद्धांत		सिद्धान्तों के प्रतिपादक
1. उपयुक्त जनसंख्या सिद्धांत	—	थॉम्पसन
2. सामाजिक अपसमायोजन सिद्धांत	—	माल्थस
3. जनसंख्या संक्रमण सिद्धांत	—	एडविन कैनन
4. जनसंख्या खाद्यान्न आपूर्ति सिद्धांत	—	हेनरी जॉर्ज

उपर्युक्त युग्मों में से कितने युग्म सही सुमेलित हैं?

(a) केवल एक (b) केवल दो
(c) सभी चार (d) इनमें से कोई नहीं

उत्तर *(d)*

व्याख्या दिए गए कोई भी युग्म सुमेलित नहीं हैं।
उपयुक्त जनसंख्या सिद्धांत (अनुकूलतम जनसंख्या का सिद्धांत) एडविन कैनन ने वर्ष 1924 में प्रतिपादित किया था। इनके अनुसार आदर्श जनसंख्या वह होती है, जो देश में उपलब्ध संसाधनों के साथ मिलकर अधिकतम प्रतिफल प्राप्त करती है।

सामाजिक अपसमायोजन के सिद्धांत को हेनरी जॉर्ज ने प्रतिपादित किया। जनसंख्या संक्रमण सिद्धांत के प्रतिपादक थॉम्पसन थे। इन्होंने इस सिद्धांत को मूल रूप में वर्ष 1929 में प्रतिपादित किया।

जनसंख्या खाद्यान्न आपूर्ति सिद्धांत को माल्थस द्वारा प्रतिपादित किया गया था। इसके अनुसार किसी भी क्षेत्र में जनसंख्या की वृद्धि गुणोत्तर श्रेणी (Geometrical Progression) अर्थात् अधिक तीव्र गति से होती है, जबकि जीविकोपार्जन के साधन में वृद्धि समान्तर श्रेणी (Arithmetical progression) से होती है।

13 **जनसंख्या वृद्धि अथवा परिवर्तन के संदर्भ में कौन-सा कथन सही नहीं है?**

(Chap 6, Class-VIII, New NCERT)

(a) जनसंख्या की प्राकृतिक वृद्धि में जन्म और मृत्यु के अंतर से जनसंख्या बढ़ती है
(b) किसी क्षेत्र की जनसंख्या में हमेशा धनात्मक वृद्धि होती है
(c) मृत्यु दर किसी क्षेत्र की जनांकिकी संरचना, सामाजिक उन्नति और आर्थिक विकास के स्तर द्वारा प्रभावित होती है
(d) जनसंख्या परिवर्तन के मुख्य घटक क्रमशः जन्म, मृत्यु तथा प्रवास पाए जाते हैं

उत्तर *(b)*

व्याख्या जनसंख्या वृद्धि अथवा परिवर्तन के संदर्भ में कथन (b) सही नहीं है, क्योंकि किसी क्षेत्र की जनसंख्या में हमेशा धनात्मक वृद्धि ही नहीं, बल्कि ऋणात्मक वृद्धि भी होती है। जनसंख्या में ऋणात्मक वृद्धि का अर्थ है कि कार्यशील जनसंख्या के अनुपात में कमी होगी और आश्रित लोगों की जनसंख्या में वृद्धि होगी।

14 **निम्न कथनों पर विचार करें** *(Chap 2, Class-XII, New NCERT)*

1. विश्व की जनसंख्या लगभग 8 अरब है तथा विश्व की जनसंख्या वृद्धि दर 1.2% पाई जाती है।
2. जब निम्न जनसंख्या वार्षिक वृद्धि दर बड़ी जनसंख्या पर लागू होती है, तो इससे जनसंख्या में विशाल परिवर्तन होता है।
3. विकासशील देश विकसित देशों की तुलना में जनसंख्या वृद्धि में कम समय लेते हैं।

उपर्युक्त में से कितने कथन सही नहीं हैं?

(a) केवल एक (b) केवल दो
(c) केवल तीन (d) सभी चार

उत्तर *(a)*

व्याख्या दिए गए कथनों में से केवल एक अर्थात् कथन (1) सही नहीं क्योंकि विश्व की जनसंख्या लगभग 7.5 अरब है, साथ ही विश्व की जनसं वृद्धि दर 1.4% पाई जाती है। इसके अतिरिक्त जब निम्न जनसंख्या वा वृद्धि दर बड़ी जनसंख्या पर लागू होती है, तो इससे जनसंख्या में व्या परिवर्तन होता है। भारत की वर्तमान स्थिति ऐसी ही है। इससे जनसंख्या के आकार को नियंत्रित किया जा सकता है।

विकासशील देश विकसित देशों की तुलना में जनसंख्या वृद्धि में व समय लेते हैं। यही कारण है कि विकासशील देशों में जनसंख्या का आव अधिक है। एशिया व अफ्रीकी महाद्वीप के अधिकतर देश इसी श्रेणी के अंत आते हैं।

15 **विश्व के सर्वाधिक जनसंख्या वाले देशों का कौन-सा अनुक्रम (अवरोही क्रम में) सही है?** *(Chap 2, Class-XII, New NCER*

(a) बांग्लादेश > नाइजीरिया > रूस > मैक्सिको
(b) रूस > बांग्लादेश > मैक्सिको > नाइजीरिया
(c) मैक्सिको > रूस > नाइजीरिया > बांग्लादेश
(d) नाइजीरिया > बांग्लादेश > रूस > मैक्सिको

उत्तर *(d)*

व्याख्या प्रश्नानुसार विश्व के सर्वाधिक जनसंख्या वाले देशों का सही अनुक्र (अवरोही क्रम) नाइजीरिया, बांग्लादेश, रूस, मैक्सिको है।
वर्ष 2020 के अनुसार, नाइजीरिया में 20 करोड़, बांग्लादेश में 16 करोड़, रू में 14 करोड़ तथा मैक्सिको में 12 करोड़ जनसंख्या है।

16 **विश्व जनसंख्या वितरण को प्रभावित करने वाले कारक निम्नलिखित में से कौन-सा/से है/हैं?**

(Chap 6, Class-VIII, New NCERT

1. मृदाएँ 2. खनिज
3. नगरीकरण 4. औद्योगीकरण

कूट

(a) 1 और 4 (b) 2 और 3
(c) 2, 3 और 4 (d) ये सभी

उत्तर *(d)*

व्याख्या विश्व के जनसंख्या वितरण को प्रभावित करने वाले कारकों में मृदा खनिज, नगरीकरण एवं औद्योगीकरण आदि सभी को शामिल किया जाता है उपजाऊ मृदा क्षेत्र, खनिज युक्त क्षेत्र, साथ ही आर्थिक कारणों से नगरी जनसंख्या में वृद्धि एवं रोजगार प्राप्त करने हेतु औद्योगिक इकाइयों की ओर प्रवास, इन सभी गतिविधियों से किसी क्षेत्र में जनसंख्या वृद्धि होती है, जो जनसंख्या वितरण को प्रभावित करती हैं।

जनसंख्या का प्रवसन एवं नियंत्रण

17 **प्रवास के संबंध में दिए गए कथनों पर विचार कीजिए**

(Chap 6, Class-VIII, New NCERT)

1. प्रवास हमेशा अस्थायी होता है, जो नगर से गाँवों की ओर होता है।
2. प्रवसन में एक व्यक्ति उत्प्रवासी होता है, किंतु अप्रवासी नहीं।
3. प्रवास में उद्गम स्थान जनसंख्या में कमी तथा गंतव्य स्थान जनसंख्या वृद्धि को दर्शाता है।
4. प्रवास को मनुष्य और संसाधन के बीच बेहतर संतुलन प्राप्त करने की दिशा में एक स्वतः स्फूर्त प्रयास के रूप में देखा जा सकता है।

उपर्युक्त में से कतने कथन सही नहीं है/हैं?

(a) केवल एक (b) केवल दो
(c) केवल तीन (d) सभी चार

उत्तर *(b)*

व्याख्या प्रवास (Migration) के संबंध में केवल दो अर्थात् कथन (1) और (2) सही नहीं हैं, क्योंकि प्रवास स्थायी, अस्थायी अथवा मौसमी हो सकता है। यह गाँव से गाँव, गाँव से नगर, नगर से नगर तथा नगर से गाँव की ओर हो सकता है।

प्रवास का आशय एक स्थान को छोड़कर किसी दूसरे स्थान पर बसने से है। मानव जीवन के प्रारंभ से ही प्रवास करता है।

प्रवास में व्यक्ति उत्प्रवासी होता है, किंतु अप्रवासी नहीं।

मानव विकास

18 निम्नलिखित में से कौन-सा 'विकास' का सर्वोत्तम वर्णन करता है?

(Chap 4, Class-XII, New NCERT)

(a) आकार में वृद्धि
(b) गुण में धनात्मक परिवर्तन
(c) आकार में स्थिरता
(d) गुण में साधारण परिवर्तन

उत्तर (b)

व्याख्या गुण में धनात्मक परिवर्तन 'विकास' का सर्वोत्तम वर्णन करता है। 'विकास' का अर्थ गुणात्मक परिवर्तन से है, जो मूल्य सापेक्ष होता है। इसका तात्पर्य यह है कि विकास तब तक नहीं हो सकता, जब तक वर्तमान दशाओं में वृद्धि न हो। विकास उस समय होता है, जब सकारात्मक वृद्धि होती है तथापि सकारात्मक वृद्धि से सदैव विकास नहीं होता, बल्कि विकास उस समय होता है, जब गुणवत्ता में सकारात्मक परिवर्तन होता है।

19 मानव विकास के संदर्भ में दिए गए कथनों पर विचार कीजिए

(Chap 4, Class-XII, New NCERT)

1. मानव विकास की अवधारणा का प्रतिपादन डॉ. महबूब-उल-हक द्वारा किया गया था।
2. मानव विकास का मूल उद्देश्य ऐसी दशाओं को उत्पन्न करना होता है, जिनसे लोगों का जीवन सार्थक हो।

उपर्युक्त में से कौन-सा/से कथन सही है/हैं?

(a) केवल 1
(b) केवल 2
(c) 1 और 2
(d) न तो 1 और न ही 2

उत्तर (c)

व्याख्या मानव विकास के संदर्भ में दोनों कथन सही हैं।
वर्ष 1990 में मानव विकास की अवधारणा का प्रतिपादन
डॉ. महबूब-उल-हक द्वारा किया गया था। मानव विकास सूचकांक का मूल उद्देश्य ऐसी दशाओं को उत्पन्न करना है, जिससे लोगों का जीवन सार्थक हो सके।

मानव विकास सूचकांक संयुक्त राष्ट्र विकास कार्यक्रम (United Nations Development Programme, UNDP) द्वारा प्रतिवर्ष जारी किया जाता है। इसके अनुसार तीन महत्त्वपूर्ण मापदंडों को शामिल किया जाता है–प्रतिव्यक्ति आय, जीवन प्रत्याशा एवं साक्षरता दर। इन्हीं मापदंडों के आधार पर मानव विकास सूचकांक जारी किया जाता है, ताकि किसी देश की आर्थिक व सामाजिक स्थिति के बारे में जानकारी प्राप्त की जा सके।

20 निम्न कथनों पर विचार कीजिए तथा इनमें से असत्य कथनों की पहचान कीजिए

(Chap 4, Class-XII, New NCERT)

1. नोबेल पुरस्कार विजेता अमर्त्य सेन ने विकास का मुख्य ध्येय लोगों के विकल्पों में वृद्धि को माना।
2. विकास का अर्थ गुणात्मक परिवर्तन होता है, जो मूल्य सापेक्ष होता है।
3. विकास उस समय होता है, जब सकारात्मक वृद्धि होती है।

कूट

(a) केवल 1
(b) 1 और 2
(c) 2 और 3
(d) 1, 2 और 3

उत्तर (a)

व्याख्या दिए गए कथनों में से केवल कथन (1) असत्य है, क्योंकि डॉ. महबूब-उल-हक के अनुसार, विकास का संबंध लोगों के विकल्पों में बढ़ोतरी से है, ताकि वे आत्मसम्मान के साथ दीर्घ और स्वस्थ जीवन व्यतीत कर सकें। जबकि नोबेल पुरस्कार विजेता अमर्त्य सेन ने विकास का मुख्य ध्येय स्वतंत्रता में वृद्धि (अथवा परतंत्रता में कमी) के रूप में देखा।

21 निम्न कथन (A) व कारण (R) को पढ़िए और नीचे दिए गए कूट की सहायता से सही उत्तर का चयन कीजिए

(Chap 4, Class-XII, New NCERT)

कथन (A) निर्वहन का अर्थ है-अवसरों की उपलब्धता में निरंतरता।

कारण (R) सतत् पोषणीय मानव विकास के लिए प्रत्येक पीढ़ी को समान अवसर प्रदान करने की आवश्यकता है।

कूट

(a) A और R दोनों सही हैं तथा R, A की सही व्याख्या है
(b) A और R दोनों सही हैं, परंतु R, A की सही व्याख्या नहीं है
(c) A सही है, किंतु R गलत है
(d) A गलत है, किंतु R सही है

उत्तर (b)

व्याख्या A और R दोनों सही हैं, परन्तु R, A की सही व्याख्या नहीं है। वस्तुत: निर्वहन से तात्पर्य उस परिस्थिति से है, जब लोगों के पास अवसरों की उपलब्धता और उसकी निरंतर विद्यमानता का होना आवश्यक है। मनुष्य के सतत् पोषणीय विकास के लिए आवश्यक है कि प्रत्येक पीढ़ी को समान अवसर मिले।

समस्त पर्यावरणीय वित्तीय एवं मानव संसाधनों का उपयोग भविष्य को ध्यान में रखकर करना चाहिए। इन संसाधनों में से किसी एक का दुरुपयोग भावी पीढ़ियों के लिए अवसरों को कम करेगा।

22 मानव विकास की समस्या को देखने के लिए कुछ उपागमों को महत्त्वपूर्ण माना गया है। इस उपागम में निम्न में से कौन शामिल है?

(Chap 4, Class-XII, New NCERT)

1. आय उपागम
2. कल्याण उपागम
3. क्षमता उपागम
4. आधारभूत आवश्यकता उपागम

कूट

(a) केवल 4
(b) 1 और 2
(c) 1, 2 और 3
(d) ये सभी

उत्तर (d)

व्याख्या मानव विकास की समस्या को देखते हुए जिन उपागमों को महत्त्वपूर्ण माना गया है, उनमें प्रमुख हैं—आय उपागम, कल्याण उपागम, क्षमता उपागम व आधारभूत/न्यूनतम आवश्यकता उपागम।

आय उपागम का स्तर किसी व्यक्ति द्वारा भोगी जा रही स्वतंत्रता के स्तर को परिलक्षित करता है। आय का स्तर ऊँचा होने पर मानव विकास का स्तर भी ऊँचा होगा।

कल्याण उपागम को शिक्षा, स्वास्थ्य, सामाजिक सुरक्षा तथा सुख-साधनों पर उच्च सरकारी व्यय के रूप में देखा जाता है।

क्षमता उपागम 'संसाधनों तक पहुँच', मानव विकास का सबसे महत्वपूर्ण आयाम है। मानव क्षमता का निर्माण मानव विकास की कुंजी है।

आधारभूत उपागम में मूलभूत आवश्यकताओं की व्यवस्था पर बल दिया गया है। इसमें स्वास्थ्य, शिक्षा, भोजन, जलापूर्ति, स्वच्छता तथा आवास जैसी न्यूनतम तथा अनिवार्य मानवीय आवश्यकताओं को स्थान दिया जाता है।

23 **मानव विकास मापन के संदर्भ में दिए गए कथनों पर विचार कीजिए** *(Chap 4, Class-XII, New NCERT)*

1. मानव विकास सूचकांक में तीन मुख्य आयामों क्रमशः स्वास्थ्य, शिक्षा तथा संसाधनों तक पहुँच को शामिल किया जाता है।
2. मानव विकास सूचकांक का मान 0 से 100 के बीच के स्कोर पर आधारित होता है।
3. इस सूचकांक में प्रत्येक आयाम का भार एक-तिहाई (1/3) होता है।

उपर्युक्त में से कौन-सा/से कथन सही है/हैं?

(a) केवल 3 (b) 1 और 2 (c) 1 और 3 (d) 1, 2 और 3

उत्तर (c)

व्याख्या मानव विकास मापन के संदर्भ में कथन (1) और (3) सही हैं। मानव विकास सूचकांक के तीन मुख्य आयामों में स्वास्थ्य, शिक्षा व संसाधनों तक पहुँच को शामिल किया जाता है। इस सूचकांक में प्रत्येक आयाम का भार एक-तिहाई (1/3) होता है।

कथन (2) सही नहीं है, क्योंकि मानव विकास सूचकांक का मान 0 से 100 के बीच न होकर 0 से 1 के मध्य होता है। जिस देश का स्कोर 1 के जितना निकट होता है, वहाँ मानव विकास का स्तर उतना ही अधिक होता है।

24 **विश्व का कौन-सा देश है, जिसने सकल राष्ट्रीय प्रसन्नता को देश की प्रगति का आधिकारिक माप घोषित किया है?** *(Chap 4, Class-XII, New NCERT)*

(a) भूटान (b) चीन
(c) फ्रांस (d) फिनलैंड

उत्तर (a)

व्याख्या भूटान विश्व का एकमात्र ऐसा देश है, जिसने सकल राष्ट्रीय प्रसन्नता (Gross National Happiness, GNH) को देश की प्रगति का आधिकारिक माप घोषित किया है। 'सकल राष्ट्रीय खुशी' पद का पहली बार प्रयोग भूटान के चौथे राजा जिग्में सिंगये वांगचुक द्वारा वर्ष 1972 में किया गया था। जब उन्होंने घोषणा की थी कि ''सकल घरेलू उत्पाद की तुलना में सकल राष्ट्रीय खुशी अधिक महत्त्वपूर्ण है।''

भूटानवासियों ने अपने पर्यावरण या संस्कृति अथवा आध्यात्मिक जीवन के अन्य पहलुओं को भौतिक प्रगति और प्रौद्योगिकी विकास से होने वाली संभावित हानि को सतर्कतापूर्वक अथवा ध्यान में रखकर अपनाया है। इसका तात्पर्य है कि प्रसन्नता की कीमत पर भौतिक प्रगति नहीं की जा सकती।

25 **निम्न कथनों पर विचार कीजिए** *(Chap 4, Class-XII, New NCERT)*

1. उच्च मानव विकास वाले देश सामाजिक तथा सुशासन में अधिक निवेश करते हैं।
2. मध्यम मानव विकास वाले देशों में सामाजिक एवं सांस्कृतिक एकता पाई जाती है।
3. निम्न मानव विकास वाले देश सामाजिक सेक्टरों पर अधिक व्यय करते हैं।

उपर्युक्त में से कौन-सा/से कथन सही नहीं है/हैं?

(a) केवल 2 (b) 1 और 2
(c) 2 और 3 (d) 1, 2 और 3

उत्तर (c)

व्याख्या दिए गए कथनों में से कथन (2) और (3) सही नहीं हैं, क्योंकि मध्यम मानव विकास वाले देशों में सामाजिक व सांस्कृतिक एकता नहीं, बल्कि असमानता एवं असमन्वयता का प्रभाव दिखाई देता है। निम्न मानव विकास वाले देश सामाजिक, आर्थिक, सांस्कृतिक, राजनीतिक स्तर पर अधिक कमजोर दिखाई देते हैं, ऐसे देशों में सामाजिक व मानवीय मूल्यों का स्तर निम्न होता है। मानव विकास के निम्न स्तरों वाले देश सामाजिक सेक्टरों की बजाय प्रतिरक्षा पर अधिक व्यय करते हैं।

26 **निम्नलिखित प्रश्नों पर विचार कीजिए** *(Chap 4, Class-XII, NCERT)*

1. प्रदेश के आकार और प्रतिव्यक्ति आय का मानव विकास से प्रत्यक्ष संबंध है।
2. 700 से 799 के बीच का स्कोर रखने वाले देशों को मध्य मानव विकास सूचकांक के अंतर्गत रखा जाता हैं।

उपर्युक्त में से कौन-सा/से कथन सही है/हैं?

(a) केवल 1
(b) केवल 2
(c) 1 और 2 दोनों
(d) न तो 1 और न ही 2

उत्तर (d)

व्याख्या दिए गए दोनों कथन सही नहीं हैं, क्योंकि प्रदेश के आकार और प्रतिव्यक्ति आय का मानव विकास से प्रत्यक्ष संबंध नहीं है। मानव विकास में प्रायः बड़े देशों की अपेक्षा छोटे देशों का कार्य अधिक उचित रहा है।
0.700 से 0.799 के बीच का स्कोर रखने वाले देशों को मध्य नहीं, बल्कि उच्च मानव विकास सूचकांक के अंतर्गत रखा जाता हैं। मध्यम मानव विकास सूचकांक का स्तर 0.550 से 0.699 के बीच होता है। 0.800 से ऊपर मानव विकास सूचकांक का स्तर अति उच्च तथा 0.550 से नीचे सूचकांक वाले स्तर को निम्न मानव विकास का स्तर माना जाता है।

मानव अधिवास एवं जनजातियाँ/ ग्रामीण एवं नगरीय बस्तियाँ

27 **बस्तियों के प्रकार के संदर्भ में दिए गए कथनों पर विचार कीजिए** *(Chap 10, Class-XII, New NCERT)*

1. संहत बस्तियों का विकास नदी घाटियों के सहारे या उपजाऊ मैदानी भागों में होता है।
2. प्रकीर्ण बस्तियों में मकान एक-दूसरे से सटे हुए एवं सघन होते हैं।
3. प्रकीर्ण बस्तियाँ पठारी भूमि पर पाई जाती हैं।

उपर्युक्त में से कौन-सा/से कथन सही है/हैं?

(a) केवल 2 (b) 1 और 3
(c) 2 और 3 (d) 1, 2 और 3

उत्तर (b)

व्याख्या बस्तियों के प्रकार के संदर्भ में कथन (1) और (3) सही हैं। कृषि कार्य से संबंधित गतिविधियों के कारण नदी घाटी के सहारे या उपजाऊ मैदानी भागों में संहत या सघन बस्तियाँ मिलती हैं, वहीं पठारी क्षेत्रों में असमतल भू-भाग के कारण प्रकीर्ण बस्तियाँ पाई जाती हैं।

कथन (2) सही नहीं है, क्योंकि प्रकीर्ण बस्तियों में मकान एक-दूसरे से सटे नहीं होते हैं, बल्कि दूर-दूर होते हैं, ऐसी बस्तियाँ सघन नहीं होती हैं।

28 **निम्नलिखित कथनों पर विचार कीजिए** *(Chap 1, Class-XII, NCERT)*

1. नगरीय बस्तियाँ द्वितीयक और तृतीयक क्रियाकलापों में विशेषीकृत नहीं होती हैं।
2. गाँव में विरल रूप से अवस्थित बड़ी बस्तियाँ होती हैं।
3. ग्रामीण बस्तियाँ, कच्चे माल के प्रक्रमण (Processing) और तैयार माल के विनिर्माण तथा विभिन्न प्रकार की सेवाओं पर निर्भर करती हैं।
4. नगरीय क्षेत्रों में सामाजिक संबंध अधिक अनौपचारिक होते हैं।

उपर्युक्त में से कौन-से कथन सही नहीं हैं?

(a) 1, 2 और 4 (b) 2 और 4
(c) 2, 3 और 4 (d) 1, 2, 3 और 4

उत्तर (d)

व्याख्या दिए गए सभी कथन सही नहीं हैं, क्योंकि नगरीय बस्तियाँ द्वितीयक और तृतीयक क्रियाकलापों मे विशेषीकृत होती हैं। गाँव में विरल रूप से अवस्थित छोटी बस्तियाँ होती हैं। ग्रामीण बस्तियाँ अपने जीवन का पोषण अथवा आधारभूत आवश्यकताओं की पूर्ति कृषि आधारित प्राथमिक आर्थिक क्रियाओं द्वारा करती हैं। नगरीय क्षेत्रों में जीवन का तरीका जटिल एवं तीव्र होता है तथा यहाँ सामाजिक संबंध औपचारिक होते हैं। ग्रामीण लोगों की गतिशीलता कम होने के कारण उनमें सामाजिक संबंध घनिष्ठ होते हैं।

29 मानव बस्तियों के संबंध में नीचे दिए गए कथनों पर विचार कीजिए *(Chap 7, Class-VII, NCERT)*

1. वे स्थान जहाँ भवन अथवा बस्तियाँ विकसित होती हैं, उन्हें 'बसाव स्थान' कहते हैं।
2. घने जंगलों, गर्म एवं ठंडे रेगिस्तानों तथा पर्वतों के निवासी स्थायी बस्तियों में रहते हैं।

उपर्युक्त में से कौन-सा/से कथन सही है/हैं?

(a) केवल 1 (b) केवल 2 (c) 1 और 2 दोनों (d) न तो 1 और न ही 2

उत्तर (a)

व्याख्या मानव बस्तियों के संबंध मे कथन (1) सही है। वे स्थान जहाँ भवन अथवा बस्तियाँ विकसित होती हैं, उन्हें 'बसाव स्थान' कहते हैं। आदर्श बसाव के लिए प्राकृतिक दशाएँ, अनुकूल जलवायु, जल की उपलब्धता, उपयुक्त भूमि, उपजाऊ मिट्टी इत्यादि की आवश्यकता होती है।

कथन (2) असत्य है, क्योंकि घने जंगलों, गर्म एवं ठंडे रेगिस्तानों तथा पर्वतों के निवासी अस्थायी बस्तियों में रहते हैं, न कि स्थायी बस्ती में अथात् जो बस्तियाँ कुछ समय के लिए बनाई जाती हैं, उन्हें अस्थायी बस्तियाँ कहते हैं।

30 निम्नलिखित में से कौन-से ग्राम को विन्यास के आधार पर वर्गीकृत ग्रामों के अंतर्गत शामिल नहीं किया गया है? *(Chap 10, Class-XII, New NCERT)*

(a) पठारी ग्राम (b) वन ग्राम (c) कृषि ग्राम (d) तटीय ग्राम

उत्तर (c)

व्याख्या विन्यास के आधार पर ग्राम को मैदानी ग्राम, पठारी ग्राम, तटीय ग्राम, वन ग्राम एवं मरुस्थलीय ग्राम में विभाजित किया जाता है। जबकि ग्राम को कृषि ग्राम के प्रतिरूप में वर्गीकृत नहीं किया गया है। मैदानी ग्राम उपजाऊ मैदानी भागों में, पठारी ग्राम पठारी क्षेत्रों में, तटीय ग्राम तटीय क्षेत्रों में, वन ग्राम वन भूमि क्षेत्रों में एवं मरुस्थलीय ग्राम मरुस्थलीय क्षेत्रों में स्थापित किए जाते हैं। कृषि ग्राम मछुवारों के ग्राम, लकड़हारों के ग्राम, पशुपालक ग्राम आदि कार्य के आधार पर वर्गीकरण के अंतर्गत आता है।

31 निम्न कथनों पर विचार कीजिए *(Chap 10, Class-XII, New NCERT)*

1. विकासशील देशों में ग्रामीण बस्तियाँ अधिक, किंतु आधारभूत ढाँचा विकसित देशों की तुलना में अविकसित पाया जाता है।
2. टी आकार, वाई आकार तथा क्रॉस आकार की बस्तियों का निर्माण सड़क के चौराहे पर होता है।
3. दोहरे ग्राम का विस्तार पर्वतों के ढाल पर पाया जाता है।

उपर्युक्त में से कौन-सा/से कथन सही नहीं है/हैं?

(a) केवल 2 (b) 1 और 3 (c) 2 और 3 (d) 1, 2 और 3

उत्तर (c)

व्याख्या दिए गए कथनों में से कथन (2) और (3) सही नहीं हैं, क्योंकि टी आकार की बस्तियाँ सड़क के तिराहे पर विकसित होती हैं जबकि वाई आकार की बस्तियाँ उन क्षेत्रों में पाई जाती हैं, जहाँ पर दो मार्ग आकर तीसरे मार्ग से मिलते हैं और क्रॉस आकार की बस्तियाँ चौराहों पर प्रारंभ होती हैं जहाँ चौराहे से चारों दिशा में बसाव आरंभ हो जाता है। इसके अतिरिक्त दोहरे ग्राम का विस्तार नदी, पुल या फेरी के दोनों ओर विस्तृत होता है।

32 नगरीय बस्तियों के प्रकार के संबंध में दिए गए कथनों पर विचार कीजिए *(Chap 10, Class-XII, New NCERT)*

1. बड़े शहरों के समीप उपनगर विकसित होते हैं, जहाँ लोग कार्य करने के लिए आते हैं।
2. एक स्वस्थ शहर की संकल्पना विश्व स्वास्थ्य संगठन द्वारा की गई है।
3. ग्रेटर लंदन, शिकागो तथा टोक्यो प्रमुख सन्नगर हैं।

उपर्युक्त में से कितने कथन सही है/हैं?

(a) केवल एक (b) केवल दो (c) सभी तीन (d) इनमें से कोई नहीं

उत्तर (c)

व्याख्या नगरीय बस्तियों के प्रकार के संबंध में सभी तीन कथन सही हैं। बड़े शहरों के समीप उपनगर विकसित होते हैं, जहाँ लोग कार्य करने आते हैं। ऐसे नगर को 'सैटेलाइट नगर' कहते हैं। ये बड़े नगरों में बढ़ती जनसंख्या को नियंत्रित करने का कार्य करते हैं। एक स्वस्थ शहर की संकल्पना विश्व स्वास्थ्य संगठन द्वारा की गई है। इस संगठन का मुख्यालय जेनेवा में स्थित है। 'सन्नगर' कई नगरों के जुड़ने से बनते हैं। ग्रेटर लंदन, शिकागो तथा टोक्यो प्रमुख सन्नगर हैं।

33 निम्नलिखित में से कौन-सा कथन सही नहीं है? *(Chap 10, Class-XII, New NCERT)*

(a) विश्व के 548 शहरों (वर्ष 2018) में कम-से-कम 1 मिलियन लोग निवास करते हैं

(b) मेगालोपोलिस ग्रीक शब्द है, जिसका अर्थ है-विशाल नगर। इसका प्रयोग वर्ष 1957 में जीन गोटमेन ने किया

(c) मेगा सिटी की जनसंख्या नगर एवं उपनगरों की जनसंख्या को मिलाकर 50 लाख तक होती है

(d) विगत 50 वर्षों में मेगा सिटी की संख्या विकासशील देशों में बढ़ी है

उत्तर (c)

व्याख्या दिए गए कथनों में से कथन (c) सही नहीं है, क्योंकि मेगा सिटी की जनसंख्या नगर एवं उपनगरों की जनसंख्या को मिलाकर 1 करोड़ तक होती है। विश्व की पहली मेगा सिटी न्यूयॉर्क (वर्ष 1950 में) बनी। वर्तमान में विश्व में 25 मेगा सिटी हैं। विगत 50 वर्षों में विकसित देशों की अपेक्षा विकासशील देशों में मेगा सिटी की संख्या बढ़ी है।

34 निम्नलिखित में कौन-सा/से युग्म सही सुमेलित है/हैं? *(Chap 10, Class-XII, New NCERT)*

(a) सननगर	पैट्रिक गिडिज
(b) मेगालोपोलिस	जीन गोटमेन
(c) कैनबरा की नगर योजना	वी. बी. ग्रिफिन

(d) ये सभी

उत्तर (d)

व्याख्या दिए गए सभी युग्म सही सुमेलित हैं। सननगर शब्द का सर्वप्रथम प्रयोग वर्ष 1915 में पैट्रिक गिडिज ने किया था। सननगर वृहत नगरीय क्षेत्र होते हैं। मेगालोपोलिस शब्द का प्रयोग सबसे पहले जीन गोटमेन ने वर्ष 1957 में किया था। ऑस्ट्रेलिया के शहर कैनबरा की नगर योजना का डिजाइन वी. बी. ग्रिफिन ने तैयार किया था।

35 निम्नलिखित युग्मों पर विचार कीजिए *(Chap 14, Class-XI, Old NCERT)*

	ग्रामीण बस्तियों के प्रतिरूप		बस्तियाँ
1.	रैखिक प्रतिरूप	—	तटबंधों पर निर्मित बस्तियाँ
2.	आयताकार प्रतिरूप	—	समकोण बनाने वाली सड़कों पर निर्मित बस्तियाँ
3.	वृत्ताकार प्रतिरूप	—	तालाबों के किनारे की बस्तियाँ
4.	तारे के आकार का प्रतिरूप	—	कई मार्गों के मिलन स्थल पर निर्मित बस्तियाँ

उपर्युक्त युग्मों में कितने युग्म सही सुमेलित हैं?

(a) केवल एक (b) केवल दो (c) केवल तीन (d) सभी चार

उत्तर (d)

व्याख्या दिए गए सभी चार युग्म सही सुमेलित हैं। ग्रामीण बस्तियों का रैखिक प्रतिरूप तटबंधों व नदी घाटियों के किनारे देखने को मिलता है।

ग्रामीण बस्तियों का आयताकार प्रतिरूप ऐसे स्थानों पर देखने को मिलता है, जहाँ समकोण बनाने वाली सड़कें आपस में मिलती हैं, जो एक-दूसरे को समकोण पर काटती हैं।

ग्रामीण बस्तियों का वृत्ताकार प्रतिरूप झीलों एवं तालाबों के किनारे देखने को मिलता है। कभी-कभी ग्राम को इस योजना से बसाया जाता है कि उसका मध्य भाग खुला रहे, जिसमें पशुओं को रखा जाएद्ध ताकि वे जंगली जानवरों से सुरक्षित रहें। जहाँ अनेक मार्ग आपस में मिलते हैं, वहाँ तारानुमा ग्रामीण बस्तियों का निर्माण होता है।

36 निम्न में से कौन विश्व के शीर्ष चार मेगा सिटी का जनसंख्या के क्रम में (अवरोही क्रम) सही अनुक्रम है?

(Chap 10, Class-XII, New NCERT)

1. टोक्यो (जापान)
2. दिल्ली (भारत)
3. शंघाई (चीन)
4. साओ-पौलो (ब्राजील)

कूट

(a) 1 2 3 4 (b) 3 1 2 4 (c) 2 3 4 1 (d) 3 4 1 2

उत्तर (a)

व्याख्या प्रश्नानुसार, विश्व के शीर्ष चार प्रमुख मेगा सिटी का जनसंख्या के क्रम में (अवरोही क्रम) सही अनुक्रम, टोक्यो, दिल्ली, शंघाई, साओ-पौलो है। जापान की राजधानी टोक्यो विश्व की सबसे बड़ी मेगा सिटी है, जिसकी जनसंख्या 3.81 करोड़ से अधिक है। भारत की राजधानी दिल्ली की जनसंख्या 2.64 करोड़ (सन्नगर सहित) है, जबकि चीन का प्रमुख औद्योगिक शहर शंघाई की जनसंख्या 2.44 करोड़ तथा ब्राजील का प्रमुख शहर साओ-पौलो सन्नगर की कुल जनसंख्या 2.12 करोड़ है।

मानव प्रजातियाँ

37 चलवासी पशुपालक के रूप में अपना जीवनयापन करने वाली 'मसाई' जनजाति कहाँ की निवासी है?

(Chap 3, Class-XI, Old NCERT)

(a) कनाडा (b) संयुक्त राज्य अमेरिका
(c) पूर्वी अफ्रीका (d) ऑस्ट्रेलिया

उत्तर (c)

व्याख्या चलवासी पशुपालक के रूप में अपना जीवनयापन करने वाली 'मसाई' जनजाति मुख्य रूप से पूर्वी अफ्रीकी देश केन्या, तंजानिया में निवास करती है। वर्तमान समय में मसाई जनजाति के लोग स्थायी रूप से कृषि कार्य में संलग्न होने लगे हैं। ये स्वाहिली भाषा का उपयोग करते हैं। मसाई अपने पशुओं से अत्यधिक स्नेह करते हैं तथा मरने के बाद पशुओं का खून पीते हैं। आधुनिक जीवन-शैली में परिवर्तन के साथ उनकी जीवन-शैली में भी बदलाव हो रहे हैं। ये अपने पारंपरिक व्यवसाय के साथ-साथ गैर पारंपरिक कार्यों को भी महत्त्व दे रहे हैं।

38 उष्णकटिबंधीय क्षेत्रों में पाए जाने वाले जनजातीय समाज से संबंधित कौन-सा युग्म सुमेलित है, जिसने अपनी जीवन पद्धति में बदलाव किया है?

(Chap 8, Class-IX, Old NCERT)

1. पिग्मी — अफ्रीका
2. सेमांग — मलेशिया
3. इनुइट और लैप्स — ध्रुवीय प्रदेश

कूट

(a) केवल 2 (b) 1 और 3
(c) 2 और 3 (d) 1, 2 और 3

उत्तर (d)

व्याख्या उष्णकटिबंधीय क्षेत्रों में पाए जाने वाले जनजातीय समाज से संबंधित दिए गए सभी युग्म सही सुमेलित हैं। मध्य अफ्रीकी महाद्वीप के कांगो बेसिन क्षेत्र में 'पिग्मी' निग्रोइड प्रजाति निवास करती है। इनका कद काफी छोटा होता है। इनका व्यवसाय आखेट व संग्रहण करना है। 'सेमांग', मलेशिया में निवास करने वाला जनजातीय समुदाय है।

सेमांग जनजाति निग्रोयाड प्रजाति के लोग हैं। ये स्थानांतरित कृषि करते हैं, जिसे मलेशिया में लांग के नाम से जाना जाता है।

'इनुइट और लैप्स' ध्रुवीय क्षेत्रों में निवास करने वाली जनजातियाँ हैं, जो क्रमशः कनाडा एवं रूस के ध्रुवीय क्षेत्रों में निवास करती हैं। शिकार करना व संग्रहण इनका मुख्य व्यवसाय है। ये मंगोलॉयड प्रजाति समूह से संबंधित हैं।

39 निम्नलिखित में से टुंड्रा क्षेत्र की खानाबदोश जनजातियाँ कौन-सी हैं?

(Unit 5, Class-XII, Tamil Nadu Board)

1. सैमोइड 2. लैप्स 3. याकूत 4. चुकची

नीचे दिए गए कूट का प्रयोग कर सही उत्तर चुनिए।

(a) 1 और 2 (b) 2, 3 और 4
(c) 1, 3 और 4 (d) 1, 2, 3 और 4

उत्तर (d)

व्याख्या उपर्युक्त दी गई सभी जनजातियाँ टुंड्रा क्षेत्र की खानाबदोश जनजातियाँ हैं। सैमोइड जनजाति साइबेरिया में यूराल पर्वत से येनिसे बेसिन तक पाई जाती है।

लैप्स जनजाति उत्तरी फिनलैंड में पाई जाती है।

याकूत जनजाति पूर्वी रूस के लेना बेसिन में पाई जाती है। चुकची साइबेरिया के उत्तर-पूर्वी भाग में पाई जाती है। आर्कटिक क्षेत्र में कुछ महीने के लिए बर्फ से मुक्त रहने वाली निचली भूमि को टुंड्रा क्षेत्र कहा जाता है। इस क्षेत्र में परिस्थितियाँ गंभीर और संसाधन स्वरूप होने के कारण अधिकतर जनजातियाँ यायावर होती हैं।

40 मधेशी लोगों के संदर्भ में निम्नलिखित कथनों पर विचार कीजिए-

(Unit 5, Class-XII, Tamil Nadu Board)

1. वे नेपाल के दक्षिणी क्षेत्र के निवासी हैं।
2. उन्हें थारू भी कहा जाता हैं
3. उनका ऐतिहासिक उद्भव बिहार के मिथिला क्षेत्र से संबद्ध किया जा सकता हैं।

उपर्युक्त कथनों में से कितने कथन सही हैं?

(a) केवल एक (b) केवल दो
(c) सभी तीनों (d) इनमें से कोई नहीं

उत्तर (b)

व्याख्या मधेशी लोगों के संदर्भ में केवल दो अर्थात् कथन (1) और (3) सही हैं। मधेशी लोग नेपाल के मधेश नामक क्षेत्र में निवास करते हैं। ये नेपाल के दक्षिणी मैदानी क्षेत्र के निवासी हैं। मधेशियों का ऐतिहासिक उद्भव बिहार के मिथिला क्षेत्र से रहा है। मधेशी लोगों में विभिन्न सांस्कृतिक समूह शामिल हैं; जैसे-हिंदू जाति समूह, मुस्लिम, मारवाडी, ब्राह्मण और दलित। नेपाल के द्वारा नए संविधान को अंगीकार किए जाने के बाद मधेशियों ने सरकार के विरुद्ध प्रदर्शन करना शुरू कर दिया। इनकी माँगों में मधेशियों को सत्ता में भागीदारी बनाना शामिल था।

कथन (2) सही नहीं है, क्योंकि थारू मधेश क्षेत्र के मूल निवासी हैं और ये मधेशियों से भिन्न होते हैं।

अध्याय 14

महाद्वीप

महाद्वीप

एशिया एवं अफ्रीका

एशिया

- विश्व का सबसे बड़ा महाद्वीप, 2021 तक विश्व की 59% जनसंख्या निवास करती है
  - तीन ओर से महासागरों से घिरा और इसे विविधताओं का महाद्वीप भी कहा जाता है
- **जलवायु** बड़े क्षेत्र के कारण जलवायु की व्यापक सीमा है,
- इसमें न केवल सर्दी बल्कि गर्मी, मानसून आदि का भी अनुभव होता है
- **फसलें** चावल इस महाद्वीप में उगाई जाने वाली मुख्य फसल है,
- इसके साथ ही गेहूँ उपोष्णकटिबंधीय क्षेत्रों में भी उगाया जाता है
- **वनस्पति और वन** जलवायु से निकटता से संबंधित, टुंड्रा, टैगा, स्टेप्स, मानसून वन आदि यहाँ पाए जाते हैं।
- इसमें मुख्य तीन प्रकार के वन हैं अर्थात् शंकुधारी वन, मानसून वन और भूमध्यरेखीय वन

अफ्रीका

- आकार और जनसंख्या दोनों में दूसरा सबसे बड़ा महाद्वीप
- आकार और बड़ा महाद्वीप
- पृथ्वी पर सबसे गर्म महाद्वीप और इसकी तट रेखा सबसे छोटी है।
- **जल निकासी प्रणाली** विक्टोरिया झील (सबसे बड़ी झील और कुछ नदियाँ; जैसे- जायर, कांगो, जॉम्बेजी, नाइजर आदि भी पाई जाती हैं)
- **जलवायु और वनस्पति** महाद्वीप न केवल भूमध्यरेखीय जलवायु का सामना करता है, बल्कि सूडान प्रकार, रेगिस्तान प्रकार, भूमध्यसागरीय प्रकार आदि का भी सामना करता है।

उत्तर एवं दक्षिण अमेरिका

उत्तर एवं दक्षिण अमेरिका

- उत्तर अमेरिका (North America) एशिया और अफ्रीका के पश्चात् तीसरा सबसे बड़ा महाद्वीप है। यह 7° से 85° उत्तरी अक्षांश एवं 35° से 170° पश्चिमी देशांतर के मध्य स्थित है।
- इसका कुल क्षेत्रफल 2 करोड़ 40 लाख से कुछ अधिक है
- **जलवायु** उत्तर अमेरिका उष्ण तथा शीत दोनों कटिबंधों में स्थित है। अतः यहाँ विविध प्रकार की जलवायु पाई जाती है। उत्तरी भाग को छोड़कर ग्रीष्म ऋतु गर्म रहती है
- **प्राकृतिक वनस्पति** महाद्वीप के सबसे उत्तरी भागों में जलवायु बहुत ही ठंडी और कठोर है। यहाँ शीत ऋतु लंबी होती है।
- **कृषि** उत्तरी अमेरिका में विस्तृत खेती की जाती है। यहाँ खेतों का आकार बहुत बड़ा है तथा किसान वैज्ञानिक तरीके से खेती करते हैं।
- **खनिज और ऊर्जा संसाधन** यह महाद्वीप पेट्रोलियम, प्राकृतिक गैस, निकेल, जस्ता, एस्बेस्टस, सोना, चाँदी, ताँबा, लौह-अयस्क आदि का उत्पादक है

दक्षिण अमेरिका

- यह महाद्वीप 12° उत्तरी से 55° दक्षिणी अक्षांश तथा 35° से 82° पश्चिमी देशांतरों के मध्य स्थित है; इसका कुल क्षेत्रफल लगभग 17,840,000 वर्ग किमी है
- **जलवायु एवं प्राकृतिक वनस्पति** दक्षिण अमेरिका का अधिकांश भाग उष्णकटिबंध क्षेत्र के अंतर्गत है
- **कृषि** यहाँ कुल क्षेत्रफल का 10% भाग कृषि योग्य है। अधिकांश कृषि योग्य भूमि अर्जेंटीना और उरुग्वे में पाई जाती है।

यूरोप, ऑस्ट्रेलिया एवं अंटार्कटिका

यूरोप

- यूरोप का विस्तार 36° से 71°30° उत्तर अक्षांशों के मध्य है; पश्चिमी यूरोप तुल्य जलवायु क्षेत्र यूरोप में पाई जाती है
- यहाँ पछुआ पवनों तथा समुद्र से निकटता के कारण ग्रीष्म ऋतु गर्म तथा शीत ऋतु शीतल होती है।
- **प्राकृतिक वनस्पति** आर्कटिक वृत्त के उत्तरी भागों में टुंड्रा वनस्पति पाई जाती है, जिसमें लाइकेन, काई तथा बौने पेड़ उगते हैं।
- टुंड्रा प्रदेश के दक्षिण में टैगा वनों का विस्तार है
- **मृदा** यूरोप के टैगा के कोणधारी वनों में पॉडजोल मिट्टी पाई जाती है, इस क्षेत्र का विस्तार स्कैंडिनेविया तथा रूस के उत्तरी भागों में है
- **कृषि** यूरोप के अनेक भागों में एक ही फार्म पर कृषि एवं पशुपालन किया जाता है, जिसे मिश्रित कृषि कहते हैं।
- यहाँ की प्रमुख फसल गेहूँ है

ऑस्ट्रेलिया

- ऑस्ट्रेलिया सबसे छोटा महाद्वीप और एकमात्र देश, जो पूरे महाद्वीप को कवर करता है।
- **भौतिक विशेषताएँ** तीन प्रमुख भौतिक प्रभागों में विभाजित किया जा सकता है अर्थात् पश्चिमी पठार, मध्य तराई क्षेत्र और पूर्वी उच्च भूमि।
- **जलवायु** महाद्वीप का अधिकांश भाग शुष्क है। पूर्वी, पूर्वोत्तर और दक्षिण-पश्चिम भाग पवनों के मार्ग में आते हैं और जिस कारण भारी वर्षा होती है। महाद्वीप के मध्य एवं पश्चिमी भाग के बहुत बड़े भाग में बिल्कुल भी वर्षा नहीं होती है, अतः गर्म रेगिस्तानी प्रकार की जलवायु पाई जाती है।

अंटार्कटिका

- संसार का अकेला महाद्वीप है, जो सदैव बर्फ से ढका रहता है, इसलिए इसे श्वेत महाद्वीप कहते हैं। यह पूर्णतः दक्षिणी गोलार्द्ध में स्थित है। यह आकार में पाँचवाँ सबसे बड़ा महाद्वीप है।

SOURCE Old NCERT Class-VI अफ्रीका, दक्षिण अमेरिका, ऑस्ट्रेलिया, अंटार्कटिका, उत्तर अमेरिका, Old NCERT Class-VII यूरोप, एशिया, Tamil Nadu Board Class-VIII Unit 7

एशिया

1 **एशिया महाद्वीप के संदर्भ में निम्नलिखित में से कौन-सा कथन सही है?** *(Chap 6, Class-VIII, Old NCERT)*

(a) विश्व के कुल भू-भाग का दो-तिहाई एशिया में है।
(b) एशिया का अक्षांशीय विस्तार 20° दक्षिण अक्षांश से 60° उत्तरी अक्षांश के मध्य है।
(c) एशिया महाद्वीप के पूर्वी देशों में जापान एवं दक्षिण कोरिया स्थित हैं।
(d) एशिया महाद्वीप का अधिकतर भाग पश्चिमी गोलार्द्ध में स्थित है।

उत्तर *(c)*

व्याख्या एशिया महाद्वीप के संदर्भ में कथन (c) सही है।
एशिया महाद्वीप के पूर्वी भाग में जापान एवं दक्षिण कोरिया स्थित हैं, एशिया सबसे बड़ा महाद्वीप है।
कथन (a), (b) और (d) सही नहीं हैं, क्योंकि एशिया महाद्वीप विश्व के कुल भू-भाग के एक-तिहाई क्षेत्रफल में फैला हुआ है। एशिया महाद्वीप का अक्षांशीय विस्तार 10° दक्षिण अक्षांश से 80° उत्तरी अक्षांश तक विस्तृत है।
एशिया महाद्वीप पूर्व-पश्चिम में 25° पूर्वी देशांतर 170° पश्चिमी देशांतर के मध्य स्थित है। इस प्रकार इसका सर्वाधिक विस्तार पूर्वी देशांतर में (पूर्वी गोलार्द्ध) हुआ है, तथापि इसका कुछ भाग पश्चिमी गोलार्द्ध में भी स्थित है।

2 **एशिया महाद्वीप के ऐसे कौन-से दो देश हैं, जिनकी अवस्थिति यूरोप महाद्वीप में भी है?** *(Chap 6, Class-VIII, Old NCERT)*

(a) अजरबैजान व ताजिकिस्तान (b) रूस व तुर्की
(c) तुर्की व अजरबैजान (d) रूस व अर्मीनिया

उत्तर *(b)*

व्याख्या रूस और तुर्की एशिया महाद्वीप के दो ऐसे देश हैं, जो एशिया एवं यूरोप दोनों महाद्वीपों में फैले हुए हैं। यूराल पर्वत श्रेणी रूस को एशिया और यूरोप से पृथक् करती है। तुर्की का इस्तांबुल क्षेत्र यूरोपीय भाग में आता है। यह मुख्य भूमि से मरमरा सागर द्वारा पृथक् होता है, जिसकी अवस्थिति यूरोप एवं एशिया दोनों महाद्वीपों में है।

3 **निम्नलिखित देशों पर विचार कीजिए** *(Chap 1, Class-VIII, Old NCERT) (IAS Pre 2022)*

1. अजरबैजान 2. किर्गिस्तान 3. तजाकिस्तान
4. तुर्कमेनिस्तान 5. उज्बेकिस्तान

उपर्युक्त में से किनकी सीमाएँ अफगानिस्तान के साथ लगती हैं?

(a) 1, 2, 5 (b) 1, 2, 3, 4 (c) 3, 4, 5 (d) 1, 2, 3, 4, 5

उत्तर *(c)*

व्याख्या तजाकिस्तान, तुर्कमेनिस्तान और उज्बेकिस्तान की सीमाएँ अफगानिस्तान के साथ लगती हैं।
अफगानिस्तान पूर्व तथा दक्षिण में पाकिस्तान और भारत की सीमा को स्पर्श करता है। इसके पश्चिम में ईरान तथा उत्तर में तुर्कमेनिस्तान, उज्बेकिस्तान और तजाकिस्तान हैं। पूर्व में इसकी सीमा चीन की सीमा को भी स्पर्श करती है। अफगानिस्तान एक भू-आबद्ध (Land Locked) देश है। भू-आबद्ध देश ऐसे देश होते हैं, जिनकी सीमा किसी समुद्री भाग को स्पर्श नहीं करती हैं।

4 **निम्नलिखित में से कौन-सा नगर इराक में सुन्नी त्रिकोण का भाग नहीं हैं?** *(Chap 1, Class-VIII, Old NCERT) (UPPSC Pre 2022)*

(a) बगदाद (b) रमादी (c) बसरा (d) टिकरित

उत्तर *(c)*

व्याख्या बसरा नगर इराक में सुन्नी त्रिकोण का भाग नहीं हैं। सुन्नी त्रिकोण बगदाद के उत्तर और पश्चिम में इराक का एक घनी आबादी वाला क्षेत्र है, जिसमें अधिकांश सुन्नी मुस्लिम रहते हैं। सामान्यत: इस त्रिकोण नगर में बगदाद, रमादी और टिकरित शामिल हैं।

5 **निम्नलिखित सागरों में से कौन-सा 'गाजा स्ट्रिप' के पास स्थित है?** *(Chap 1, Class-VIII Old NCERT) (MPPSC Pre 2023)*

(a) भूमध्य सागर (b) लाल सागर (c) काला सागर (d) कैस्पियन सागर

उत्तर *(c)*

व्याख्या काला सागर 'गाजा स्ट्रिप' के पास स्थित है। गाजा स्ट्रिप अथवा पट्टी पूर्वी भूमध्यसागरीय बेसिन में स्थित है, जो दक्षिण-पश्चिम में मिस्र और उत्तर व पूर्व में इजरायल के साथ सीमा साझा करती है। पश्चिम में यह भूमध्यसागर से घिरा हुआ है।

6 **निम्नलिखित कथनों पर विचार करें** *(Chap 6, Class-VIII, Old NCERT)*

1. एशिया महाद्वीप का दक्षिणी-मध्य भाग एक विस्तृत निम्न भूमि है।
2. एशिया के उत्तरी निम्न मैदान में ओब, येनीसी और लीना नदियाँ प्रवाहित होती हैं।
3. संसार की सबसे गहरी झील साइबेरिया में स्थित है।

उपर्युक्त में से कितने कथन सही हैं?

(a) केवल एक (b) केवल दो
(c) सभी तीनों (d) इनमें से कोई नहीं

उत्तर *(b)*

व्याख्या दिए गए कथनों में से केवल दो अर्थात् कथन (2) और (3) सही हैं। एशिया महाद्वीप की उत्तरी निम्न भूमि का मैदान ओब, येनीसी, और लीना नदियों द्वारा बनाया गया है। ये तीनों नदियाँ इसी निम्न भू-भाग में प्रवाहित होती हैं। इसे साइबेरिया का मैदान कहते हैं। इसका आधा भाग अवसादी शैलों से निर्मित है।
विश्व की सबसे गहरी झील बैकाल साइबेरिया में स्थित है। वैज्ञानिकों के अनुमान के अनुसार विश्व की झीलों के मीठे पानी का 20% भाग अकेले बैकाल झील में है।
कथन (1) सही नहीं है, क्योंकि एशिया महाद्वीप का दक्षिण-मध्य भाग उच्च पर्वतीय भू-भाग है, जिसमें हिमालय तथा काराकोरम स्थित हैं।

7 **निम्नलिखित पर्वत श्रृंखलाओं में से कौन-सा पर्वत एशिया महाद्वीप में स्थित है?** *(Chap 6, Class-VIII, Old NCERT)*

1. क्युनलुनशान पर्वत 2. जाग्रोस पर्वत
3. एल्ब्रूस पर्वत 4. तिएनशान पर्वत

कूट

(a) 1 और 2 (b) 2 और 3 (c) 1, 2 और 4 (d) ये सभी

उत्तर *(d)*

व्याख्या दिए गए पर्वत श्रृंखलाओं में क्युनलुनशान, जाग्रोस, एल्ब्रूस एवं तिएनशॉन पर्वत आदि सभी एशिया महाद्वीप में स्थित हैं।
क्युनलुनशान पर्वत, तिब्बत पठार के उत्तरी भाग एवं चीन के दक्षिण पश्चिम भाग में स्थित है।
क्युनलुनशान एवं **तिएनशान** पर्वत श्रेणियाँ पामीर पठार से निकली हुई हैं। **एल्ब्रूस पर्वत** उत्तरी ईरान में एवं जाग्रोस पर्वत दक्षिण पश्चिम ईरान में विस्तृत है।
एल्ब्रूस कैस्पियन सागर के दक्षिण में स्थित है। ये सभी नवीनतम मोड़दार पर्वत श्रेणियाँ हैं, जो हिमालय के समकालिक हैं। क्युनलुनशान एवं तिएनशान श्रेणी के मध्य तिब्बत का पठार स्थित है।

8 **निम्नलिखित में से कौन-सा युग्म सही सुमेलित है?** *(Chap 6, Class-VIII, Old NCERT)*

	पठार	अवस्थिति
1.	ईरान का पठार	— एल्ब्रूस एवं जाग्रोस पर्वत के मध्य
2.	अनातोलिया का पठार	— पोंटिक एवं टॉरस पर्वत के मध्य
3.	तिब्बत का पठार	— क्युनलुनशान एवं तिएनशान पर्वत के मध्य

कूट

(a) 1 और 2 (b) 2 और 3
(c) 1 और 3 (d) ये सभी

उत्तर (d)

व्याख्या दिए गए सभी युग्म सही सुमेलित हैं।
ईरान का पठार एल्ब्रूस एवं जाग्रोस पर्वत श्रेणी के मध्य, अनातोलिया का पठार मध्य तुर्की में, टॉरस एवं पेंटिक पर्वत श्रेणियों के मध्यवर्ती भाग में स्थित है। यह प्राचीन शैलों से निर्मित है। तिब्बत का पठार क्युनलुनशान एवं तिएनशान श्रेणी के मध्य स्थित है। ये तीनों पठार अंतरपर्वतीय पठार के उदाहरण हैं। ऐसे पठार जो दोनों ओर से पर्वतों से घिरे होते हैं, अंतरपर्वतीय पठार कहलाते हैं। ये सभी पठार प्राचीन शैलों से निर्मित हैं।

9 निम्नलिखित कथनों पर विचार कीजिए
(Chap 1, Class-VIII, Old NCERT)

1. माउंट एवरेस्ट एवं K-2 दोनों हिमालय पर्वत की चोटियाँ हैं।
2. अनातोलिया का पठार प्राचीन शैलों से निर्मित है।

उपर्युक्त में से कौन-सा/से कथन सही है/हैं?

(a) केवल 1 (b) केवल 2
(c) 1 और 2 दोनों (d) न तो 1 और न ही 2

उत्तर (b)

व्याख्या दिए गए कथनों में से कथन (2) सही है। तुर्की में स्थित अनातोलिया का पठार प्राचीन शैलों से निर्मित है। यह पठार उत्तर में पोंटिक पर्वत एवं दक्षिण में टॉरस पर्वत से घिरा हुआ है।
कथन (1) सही नहीं है, क्योंकि माउंट एवरेस्ट (8848.86 मी) वृहद् या सर्वोच्च हिमालय की चोटी है, किंतु K-2 बाह्य हिमालय (ट्रांस हिमालय) में स्थित काराकोरम श्रेणी की चोटी है, जिसे मुख्य हिमालय से पृथक् माना जाता है।

10 निम्नलिखित में से कौन-सी नदियाँ एशिया महाद्वीप में अवस्थित हैं?
(Chap 6, Class-VIII, Old NCERT)

1. फरात नदी 2. इरावदी नदी 3. मेकांग नदी 4. सिक्यांग नदी

कूट

(a) 1 और 2 (b) 2 और 4 (c) 1, 3 और 4 (d) ये सभी

उत्तर (d)

व्याख्या फरात, इरावदी, मेकांग एवं सिक्यांग ये नदियाँ एशिया महाद्वीप में अवस्थित हैं। **फरात,** इराक के मध्यवर्ती भाग में प्रवाहित होती है। **इरावदी,** म्यांमार में प्रवाहित होने वाली प्रमुख नदी है।
मेकांग-इंडो-चीन प्रायद्वीपीय क्षेत्र में प्रवाहित होने वाली प्रमुख नदी है। दक्षिणी वियतनाम में यह डेल्टा का निर्माण करती है।
सिक्यांग चीन के दक्षिण-पूर्वी भाग में प्रवाहित होने वाली प्रमुख नदी है। ये सभी नदी घाटियाँ विश्व के सर्वाधिक सघन बसे क्षेत्रों में से हैं।

11 निम्नलिखित कथनों पर विचार कीजिए
(Chap 6, Class-VIII, Old NCERT)

1. इंडोनेशिया, फिलीपींस तथा जापान एशिया के प्रमुख द्वीप समूह हैं।
2. इन द्वीपों का मध्यवर्ती भाग पर्वतीय है।
3. कुछ द्वीपों पर सक्रिय ज्वालामुखी अवस्थित हैं।
4. सभी द्वीप समूह एशिया के दक्षिण-पूर्व तथा पूर्वी हिस्सों में हैं।

उपर्युक्त में से कौन-सा/से कथन सही है/हैं?

(a) 1, 2 और 3 (b) 1 और 2 (c) 2, 3 और 4 (d) ये सभी

उत्तर (d)

व्याख्या दिए गए सभी कथन सही हैं। एशिया में तीन प्रमुख द्वीप समूह-इंडोनेशिया, फिलीपींस तथा जापान हैं। इन द्वीप समूहों का आंतरिक तथा मध्यवर्ती भाग पर्वतीय है। इनका निर्माण ज्वालामुखीय उद्भेदन से हुआ है। कुछ द्वीपों पर सक्रिय ज्वालामुखी आज भी सक्रिय हैं। ये सभी द्वीप समूह एशिया के दक्षिण-पूर्व एवं पूर्वी हिस्सों में स्थित हैं।

12 एशिया महाद्वीप की जलवायु के संबंध में दिए गए कथनों पर विचार कीजिए तथा इनमें असत्य कथनों की पहचान कीजिए
(Chap 6, Class-VIII, Old NCERT)

(a) एशिया की जलवायु को पूर्व से पश्चिम में फैले पर्वतीय अवरोध तथा यूरोप के साथ खुली सीमा मुख्य रूप से प्रभावित करती है।
(b) शीत ऋतु में एशिया के आंतरिक भाग सामान्य रूप से ठंडे हो जाते हैं।
(c) उत्तर-पूर्व साइबेरिया में वर्खोयांस्क उत्तरी गोलार्द्ध का सबसे ठंडा स्थान है।
(d) विश्व का सर्वाधिक वर्षा वाला स्थान मॉसिनराम एशिया में है।

उत्तर (b)

व्याख्या एशिया महाद्वीप की जलवायु के संबंध में दिए गए कथनों में से कथन (b) असत्य है, क्योंकि शीत ऋतु में एशिया के आंतरिक भाग असामान्य रूप से अधिक ठंडे हो जाते हैं और कहीं-कहीं तापमान 'शून्य' डिग्री सेंटीग्रेट (0°C) से नीचे आ जाता है। ऐसा सागरीय प्रभाव से अधिक दूरी होने के कारण होता है।
एशिया की जलवायु को पूर्व से पश्चिम में फैले पर्वतीय अवरोध तथा यूरोप के साथ खुली सीमा मुख्य रूप से प्रभावित करते हैं। साइबेरिया के उत्तर-पूर्वी भाग में स्थित वर्खोयांस्क उत्तरी गोलार्द्ध का सबसे ठंडा स्थान है, यहाँ पर जनवरी का औसत तापमान –45°C तक हो जाता है। विश्व का सर्वाधिक वर्षा वाला स्थान मॉसिनराम भारत के मेघालय राज्य में स्थित है।

13 दक्षिण-पूर्व एशिया में स्थित बोर्नियो द्वीप के संदर्भ में निम्नलिखित में से कौन-सा/से कथन सही है/हैं?
(Chap 1, Class-VIII, Old NCERT) (IAS Pre 2022)

1. यह तीन देशों में विभाजित है।
2. बोर्नियो मूल रूप से पूरी तरह से ज्वालामुखी नहीं है। इसकी उत्पत्ति आग्नेय चट्टान एवं ज्वालामुखी निक्षेप के द्वारा हुई है।

कूट

(a) केवल 1 (b) 1 और 2 दोनों
(c) केवल 2 (d) न तो 1 और न ही 2

उत्तर (a)

व्याख्या दक्षिण-पूर्व एशिया में स्थित बोर्नियो द्वीप के संदर्भ में कथन (1) सही है।
बोर्नियो विश्व का तीसरा और एशिया का सबसे बड़ा द्वीप है। यह इंडोनेशिया, मलेशिया एवं ब्रुनेई देशों में विभाजित है। भौगोलिक रूप से यह जावा से उत्तर में, सुलावेसी से पश्चिम में और सुमात्रा से पूर्व में स्थित है। बोर्नियो का लगभग 73% क्षेत्रफल इंडोनेशिया में आता है।
कथन (2) सही नहीं है, क्योंकि बोर्नियो की उत्पत्ति ज्वालामुखी निक्षेप के कारण नहीं हुई है। यह एक पर्वतीय द्वीप है। बोर्नियो विश्व के सबसे पुराने द्वीपों में से एक है।

14 निम्नलिखित कथनों में कौन-सा एक कभी-कभी समाचारों में उल्लिखित सेनकाकू द्वीप विवाद को सर्वोत्तम रूप में प्रतिबिंबित करता है?
(Chap 1, Class-VIII, Old NCERT) (IAS Pre 2022)

(a) सामान्यत: यह माना जाता है कि वे दक्षिणी चीन सागर के आस-पास किसी देश द्वारा निर्मित कृत्रिम द्वीप हैं।
(b) चीन और जापान के बीच पूर्वी चीन सागर में इन द्वीपों के विषय में समुद्री विवाद होता रहता है।
(c) वहाँ ताइवान को अपनी रक्षा क्षमताओं को बढ़ाने में मदद करने के लिए एक स्थायी अमेरिकी सैन्य अड्डा स्थापित किया गया है।
(d) यद्यपि अंतर्राष्ट्रीय न्यायालय ने उन्हें अस्वामिक भूमि घोषित किया है, तथापि कुछ दक्षिण-पूर्वी एशियाई देश उन पर दावा करते हैं।

उत्तर (b)

व्याख्या समाचारों में उल्लिखित सेनकाकू द्वीप विवाद को कथन (b) सर्वोत्तम रूप से प्रतिबिंबित करता है।

चीन और जापान के बीच पूर्वी चीन सागर में सेनकाकू द्वीप के विषय में समुद्री विवाद होता रहता है। यह पूर्वी चीन सागर में निर्जन द्वीपों का एक समूह है, जो जापान के द्वारा प्रशासित है।

इस द्वीप पर जापान एवं चीन दोनों दावा करते हैं। चीन इसे अपना व ताइवान का क्षेत्र मानता है। जापान का कहना है, कि यह नानसेई शोटो द्वीप का हिस्सा है और इसलिए इस पर जापान का दावा है। यह क्षेत्र सामरिक रूप से महत्त्वपूर्ण है तथा यहाँ तेल के विशाल भंडार विद्यमान हैं।

15 एशिया महाद्वीप में पाई जाने वाली वनस्पतियों का निम्न में से कौन-सा क्रम उत्तर से दक्षिण की दिशा में सही है?

(Chap 6, Class-VIII, Old NCERT)

1. टैगा वनस्पति
2. टुंड्रा वनस्पति
3. स्टेपीज घास
4. मरुस्थलीय वनस्पति

कूट

(a) 1, 2, 3 और 4
(b) 2, 1, 3 और 4
(c) 3, 1, 4 और 2
(d) 1, 3, 2 और 4

उत्तर (b)

व्याख्या एशिया महाद्वीप में पाई जाने वाली वनस्पतियों का उत्तर से दक्षिण की दिशा में सही क्रम–टुंड्रा वनस्पति, टैगा वनस्पति, स्टेपीज घास वनस्पति एवं मरुस्थलीय वनस्पति है।

एशिया के उत्तरी तट पर **टुंड्रा वनस्पति** की पेटी है। यह क्षेत्र वर्षभर हिम से ढका रहता है। यहाँ पर वार्षिक वर्षा 30 सेमी तक हिम के रूप में होती है। लिचेन यहाँ की प्रमुख वनस्पति है।

टुंड्रा प्रदेश के दक्षिणी भाग में शंकुधारी वनों की विस्तृत पेटी मिलती है, जिसे **टैगा** कहते हैं। चीड़, फर, स्प्रूस जैसी मुलायम व इमारती लकड़ियों के वृक्ष यहाँ मिलते हैं।

टैगा के दक्षिण में शीतोष्ण घास के मैदान हैं, जिसे स्टेपीज के नाम से जाना जाता है। यहाँ वार्षिक वर्षा 20-40 सेमी के मध्य होती है, यहाँ वृक्षों का अभाव है।

स्टेपीज के दक्षिण पश्चिम भाग में मध्य एशिया में **मरुस्थलीय वनस्पतियों** का विस्तार है। कम वर्षा के कारण इस भाग में छोटी-छोटी कंटीली झाड़ियाँ मिलती हैं।

16 निम्न कथनों पर विचार कीजिए *(Chap 6, Class-VIII, Old NCERT)*

1. दक्षिणी, दक्षिण-पूर्वी तथा पूर्वी एशिया में मानसूनी वन पाए जाते हैं।
2. एशिया के सुदूर दक्षिणी भागों में विषुवतीय वर्षा वन मिलते हैं।
3. रूस और जापान में शीतोष्ण कटिबंधीय वन पाए जाते हैं।

उपर्युक्त में से कौन-सा/से कथन सही है/हैं?

(a) केवल 2
(b) 1 और 3
(c) 2 और 3
(d) 1, 2 और 3

उत्तर (d)

व्याख्या दिए गए तीनों कथन सही हैं। धरातलीय विविधता एवं विभिन्न प्रकार के जलवायु प्रदेश पाए जाने के कारण एशिया महाद्वीप में सभी प्रकार की वनस्पतियाँ पाई जाती हैं। इस महाद्वीप के दक्षिणी, दक्षिण-पूर्वी एवं पूर्वी भाग में मानसूनी वन पाए जाते हैं। जिन प्रदेशों में वर्षा 200 सेमी तक होती है, वहाँ उष्णकटिबंधीय मानसूनी वन पाए जाते हैं।

एशिया सुदूर दक्षिणी भागों में विषुवतीय क्षेत्र के समीप जहाँ वर्षा 200 सेमी से अधिक होती है, वहाँ सदाबहार विषुवतीय वन मिलते हैं। रूस एवं जापान के अधिकतर प्रदेश शीतोष्ण कटिबंध के अंतर्गत आते हैं, इसलिए यहाँ शीतोष्ण किस्म के वृक्ष मिलते हैं। यहाँ अपेक्षाकृत अधिक ठंडी जलवायु मिलने के कारण शीतोष्ण वन पाए जाते हैं।

17 निम्न कथनों पर विचार कीजिए *(Chap 7, Class-VIII, Old NCERT)*

1. दक्षिण, पश्चिम, मध्य तथा दक्षिण एशिया के देशों में खनिज तेल और प्राकृतिक गैस के भंडार पाए जाते हैं।
2. मलेशिया में टिन के सर्वाधिक भंडार पाए जाते हैं।

उपर्युक्त में से कौन-सा/से कथन सही है/हैं?

(a) केवल 1
(b) केवल 2
(c) 1 और 2
(d) न तो 1 और न ही 2

उत्तर (c)

व्याख्या दिए गए दोनों कथन सही हैं। दक्षिण पश्चिम, मध्य तथा दक्षिण एशिया के देशों में खनिज तेल और प्राकृतिक गैस के भंडार पाए जाते हैं। पश्चिम एशिया में सऊदी अरब, इराक, ईरान, कुवैत, बहरीन, यू. ए. ई. में पर्याप्त तेल के भंडार हैं। वहीं मध्य एशिया में कजाकिस्तान उज्बेकिस्तान, तुर्कमेनिस्तान में प्राकृतिक गैस के भंडार उपलब्ध हैं।

दक्षिण एशिया में गंगा बेसिन हिमालय तलीय भाग एवं कृष्णा गोदावरी बेसिन क्षेत्र में प्राकृतिक गैस के विशाल भंडार होने का अनुमान है। भारत के पूर्वोत्तर राज्यों, बॉम्बे हाई, एवं गुजरात राज्य में खनिज तेल का उत्पादन किया जाता है।

18 उत्तर से दक्षिण की ओर जाते हुए दिए गए पाकिस्तानी नगरों का सही अनुक्रम कौन-सा है?

(Chap 8, Class-VIII, Old NCERT) (IAS Pre 2005)

(a) इस्लामाबाद-गुजरांवाला-पेशावर-मुल्तान
(b) पेशावर-गुजरांवाला-मुल्तान-इस्लामाबाद
(c) पेशावर-इस्लामाबाद-गुजरांवाला-मुल्तान
(d) इस्लामाबाद-मुल्तान-गुजरांवाला-पेशावर

उत्तर (c)

व्याख्या उत्तर से दक्षिण की ओर जाते हुए पाकिस्तानी नगरों का सही अनुक्रम–पेशावर-इस्लामाबाद-गुजरांवाला-मुल्तान है।

पेशावर पाकिस्तान के उत्तर-पश्चिमी प्रांत में स्थित है।

19 निम्न में से कौन-सी नदियाँ भूटान में प्रवाहित होती हैं?

(Chap 8, Class-VIII, Old NCERT)

1. बॉगचिन
2. टोंग्सा
3. मानस
4. सालविन

कूट

(a) 1 और 2
(b) 2 और 3
(c) 1, 2 और 3
(d) ये सभी

उत्तर (c)

व्याख्या बॉगचिन, टोंग्सा, मानस नदियाँ भूटान में प्रवाहित होती हैं जबकि सालविन पूर्वी म्यांमार में प्रवाहित होने वाली प्रमुख नदी है। भूटान की ये तीनों नदियाँ वृहत् हिमालय से निकलती हैं। ये नदी घाटियाँ उत्तर से दक्षिण की ओर विस्तृत हैं।

20 म्यांमार (बर्मा) में निम्न में से कौन-सी भू-आकृतियाँ विद्यमान हैं?

(Chap 9, Class-VIII, Old NCERT)

1. अराकान योमा पर्वत
2. चिन पर्वत
3. शान पठार
4. कायिन्नी पठार

कूट

(a) 1 और 2
(b) 3 और 4
(c) 1, 3 और 4
(d) ये सभी

उत्तर (d)

व्याख्या म्यांमार (बर्मा) में सभी भू-आकृतियाँ—अराकान योमा पर्वत, चिन पर्वत, शान का पठार, एवं कायिन्नी का पठार विद्यमान हैं।

अराकान योमा वलित पर्वत है, जो म्यांमार के दक्षिण-पश्चिमी भाग में स्थित है। हिमालय पर्वत पश्चिम भाग में स्थित है। यह हिमालय पर्वत श्रेणी का दक्षिणतम भाग है। **चिन की पहाड़ी** म्यांमार के पश्चिमी भाग में स्थित है।

शान का पठार म्यांमार के पूर्वी भाग में स्थित है। **कायिन्नी का पठार** म्यांमार के शान के पठार के उत्तरी भाग में स्थित है।

21 बांग्लादेश के परिवहन तंत्रों के संबंध में दिए गए युग्मों में कौन-सा युग्म सुमेलित है? *(Chap 8, Class-VIII, Old NCERT)*

1. अंतर्देशीय पत्तन — चाँदपुर
2. समुद्री पत्तन — चटगाँव
3. अंतर्राष्ट्रीय वायुपत्तन — सिलहट

कूट

(a) केवल 1 (b) 2 और 3 (c) 1 और 2 (d) 1, 2 और 3

उत्तर *(d)*

व्याख्या बांग्लादेश के परिवहन तंत्रों के संबंध में दिए गए सभी युग्म सही सुमेलित हैं। चाँदपुर, बांग्लादेश का अंतर्देशीय पत्तन है।

इसके अतिरिक्त ढाका, बरीसाल एवं खुलना भी इसी प्रकार के पत्तन हैं। **चटगाँव एवं मौंगा** बांग्लादेश के समुद्री पत्तन हैं।

ढाका, सिलहट एवं चटगाँव में अंतर्राष्ट्रीय वायु पत्तन अवस्थित हैं।

22 निम्न विवरण सर्वाधिक किस देश के लिए उपयुक्त है? *(Chap 10, Class-VIII, Old NCERT)*

"एशिया की मुख्य भूमि के दक्षिण-पूर्वी सिरे और ऑस्ट्रेलिया के बीच स्थित भू-भाग में 13,000 से अधिक विभिन्न आकार के द्वीप सम्मिलित हैं, इनमें से केवल 6,000 द्वीपों पर लोग रहते हैं और विषुवत् वृत्त के साथ पूर्व से पश्चिम तक लगभग 5,000 किमी की लंबाई में फैला है।"

(a) फिलीपींस (b) इंडोनेशिया (c) मलेशिया (d) न्यूजीलैंड

उत्तर *(b)*

व्याख्या प्रश्नानुसार, विवरण इंडोनेशिया के लिए उपयुक्त है। इंडोनेशिया में 13,000 से अधिक द्वीप हैं, जिसमें 6,000 से अधिक द्वीपों पर जनसंख्या निवास करती है, जबकि 7,000 से अधिक द्वीप निर्जन हैं। विषुवत् रेखा इंडोनेशिया के समानांतर गुजरती है। इंडोनेशिया की कुल लंबाई पश्चिम से पूर्व तक 5,000 किमी है।

23 निम्नलिखित कथनों में से कौन-सा कथन सही नहीं है? *(Chap 10, Class-VIII, Old NCERT)*

(a) मलेशिया विषुवत् वृत्त के उत्तर में 1° से 7° उत्तरी अक्षांश के मध्य अवस्थित है।
(b) मलेशिया के मुख्यतः दो भाग हैं—मलाया प्रायद्वीप और बोर्नियो द्वीप का उत्तरी भाग।
(c) सुंडा जलसंधि मलेशिया और हिंदेशिया (इंडोनेशिया) को अलग करती है।
(d) मलेशिया संसार के सबसे पुराने और व्यस्ततम समुद्री मार्ग पर स्थित है।

उत्तर *(c)*

व्याख्या दिए गए कथनों में से कथन (c) सही नहीं है, क्योंकि सुंडा जलसंधि जावा को सुमात्रा से अलग करती है, जबकि मलेशिया एवं हिंदेशिया (इंडोनेशिया) को मलक्का जलडमरूमध्य अलग करता है।

कथन (a), (b) और (d) सही हैं। मलेशिया विषुवत् वृत्त के उत्तर में 1° से 7° उत्तरी अक्षांश के मध्य स्थित है। मलेशिया में मलाया प्रायद्वीप एवं उत्तरी बोर्नियो द्वीप को शामिल किया जाता है।

एशिया की मुख्य भूमि के दक्षिण-पूर्वी सिरे पर होने के कारण प्रायद्वीपीय मलेशिया संसार के सबसे पुराने और अति व्यस्ततम समुद्री मार्गों में से एक पर स्थित है।

24 निम्न कथनों पर विचार कीजिए *(Chap 10, Class-VIII, Old NCERT)*

1. मलाया प्रायद्वीप का मध्यवर्ती भाग पर्वतीय है तथा यह तंग तटीय मैदान से घिरा हुआ है।
2. ग्रेट किनाबलू पर्वत शिखर, पूर्वी मलेशिया में स्थित सबसे ऊँचा पर्वत शिखर है।

उपर्युक्त में से कौन-सा/से कथन सही है/हैं?

(a) केवल 1 (b) केवल 2
(c) 1 और 2 (d) न तो 1 और न ही 2

उत्तर *(c)*

व्याख्या दिए गए दोनों कथन सही हैं। मलाया प्रायद्वीप का मध्यवर्ती भाग पर्वतीय है तथा यह तंग तटीय मैदान से घिरा हुआ है। इन पर्वत श्रेणियों की ऊँचाई 1200 से 2100 मी तक है।

ग्रेट किनाबलू पर्वत शिखर (4101 मी) पूर्वी मलेशिया (सारावाक एवं साबाह) में स्थित सबसे ऊँचा पर्वत शिखर है। सारावाक का पश्चिमी भाग अधिक चौड़ा है।

25 निम्नलिखित में से कौन-सा कथन चीन के संबंध में सही नहीं है? *(Chap 11, Class-VIII, Old NCERT)*

(a) चीन से विश्व की 14 देशों की स्थलीय सीमाएँ मिलती हैं।
(b) संसार का सबसे बड़ा पठार तिब्बत का पठार, कैलाश तथा क्युनलुनशान पर्वत श्रेणियों के मध्य स्थित है।
(c) तकला मकान का ठंडा और सुनसान रेगिस्तान तारिम बेसिन में स्थित है।
(d) चीन के पूर्वी भाग में मैदानी क्षेत्र व नदी घाटियों का अभाव पाया जाता है।

उत्तर *(d)*

व्याख्या चीन के संबंध में दिए गए कथनों में कथन (d) सही नहीं है, क्योंकि चीन के पूर्वी भाग में मैदानी क्षेत्र का विस्तार पाया जाता है। यहाँ ह्वांगहो एवं यांग्टीसिक्यांग नदियों द्वारा लाए गए अवसादों के जमाव से समतल भू-भाग का निर्माण हुआ।

कथन (a), (b) और (c) सही हैं। चीन के साथ विश्व की 14 देशों की सीमाएँ मिलती हैं।

रूस के साथ लगने वाली सीमा रेखा सबसे लंबी है।

तिब्बत का पठार कैलाश व क्युनलुनशान पर्वत श्रेणियों के मध्य स्थित है। तकला मकान (तारिम बेसिन में) एक ठंडा एवं निर्जन मरुस्थलीय क्षेत्र है, यह क्युनलुनशान एवं तिएनशान के मध्य स्थित है।

26 एशिया महाद्वीप के मरुस्थलों पर विचार कीजिए *(Chap 1, Class-VIII, Old NCERT)*

1. अरब का मरुस्थल
2. तिब्बत का मरुस्थल
3. गोबी का मरुस्थल
4. थार का मरुस्थल

उपर्युक्त में से कौन-से उष्ण मरुस्थल हैं?

(a) 1 और 4 (b) 1, 2 और 4
(c) 2, 3 और 4 (d) 1, 2, 3 और 4

उत्तर *(a)*

व्याख्या अरब का मरुस्थल एवं थार का मरुस्थल उष्ण मरुस्थल हैं। **अरब एवं थार का मरुस्थल** दक्षिण-पश्चिम एशिया में हैं। इस प्रदेश में मरुस्थलीय वनस्पतियाँ पाई जाती हैं, जिसमें छोटी-छोटी कँटीली झाड़ियाँ एवं निम्न कोटि की घास पाई जाती हैं।

ऊँट, गधा एवं छोटा हिरण यहाँ के प्रमुख पशु हैं। जबकि तिब्बत और गोबी के मरुस्थल उष्ण मरुस्थल नहीं, बल्कि शीत मरुस्थल हैं। गोबी एवं तिब्बत के मरुस्थल मध्य एशिया में स्थित हैं।

27 **निम्नलिखित में से कौन-सी नदियाँ तिब्बत पठार के पूर्वी भाग से निकलती हैं?**

(Chap 11, Class-VIII, Old NCERT)

1. सांगपो
2. सिंधु
3. सालविन
4. मीकांग

कूट

(a) 1 और 2 (b) 3 और 4 (c) 1, 3 और 4 (d) ये सभी

उत्तर *(b)*

व्याख्या सालविन एवं मीकांग तिब्बत पठार के पूर्वी भाग से निकलती हैं। **सालविन** पूर्वी म्यांमार में प्रवाहित होने वाली मुख्य नदी है। **मीकांग दक्षिण** पूर्व एशिया की सबसे लंबी एवं प्रमुख नदी है। यह दक्षिणी वियतनाम में डेल्टा का निर्माण करती है।

सांगपो (ब्रह्मपुत्र) एवं सिंधु नदी तिब्बत के पश्चिमी भाग से निकलती है।

सिंधु जम्मू-कश्मीर के उत्तरी भाग में प्रवाहित होती हुई अटक के समीप पाकिस्तान में प्रवेश कर जाती है।

ब्रह्मपुत्र अरुणाचल प्रदेश राज्य से भारत में प्रवेश करती है।

28 **निम्न में से किन फसलों के उत्पादन में चीन विश्व का अग्रणी देश है?**

(Chap 11, Class-VIII, Old NCERT)

1. चावल 2. गेहूँ 3. मक्का 4. कपास

कूट

(a) 1 और 2
(b) 3 और 4
(c) 1, 2 और 3
(d) 1, 2 और 4

उत्तर *(d)*

व्याख्या चावल, गेहूँ एवं कपास उत्पादन में चीन विश्व का अग्रणी देश है। पूर्वी व दक्षिण-पूर्वी भाग में चावल तथा मंचूरिया प्रदेश में गेहूँ का उत्पादन अधिक किया जाता है। चावल व गेहूँ के उत्पादन में दूसरा स्थान भारत का है। मक्का उत्पादन में पहला स्थान अमेरिका का है तथा दूसरा स्थान चीन का है।

29 **जापान के संबंध में दिए गए कथन में कौन-सा कथन सही है?**

(Chap 11, Class VIII, Old NCERT)

(a) जापान को सूर्योदय का देश कहा जाता है।
(b) फ्यूजीयामा, ज्वालामुखी पर्वत टोकियो के निकट स्थित है।
(c) यहाँ सक्रिय ज्वालामुखी विद्यमान है, जिससे जन तथा धन को अपार क्षति होती है।
(d) उपर्युक्त सभी

उत्तर *(d)*

व्याख्या जापान के संबंध में सभी कथन सही हैं।

पूर्वी देशांतर के पूर्वी भाग में होने के कारण इसे सूर्योदय का देश कहा जाता है। फ्यूजीयामा एक सक्रिय ज्वालामुखी पर्वत है, जो होंशू द्वीप पर टोक्यो के समीप स्थित है। जापान में सक्रिय ज्वालामुखी की सक्रियता आज भी बरकरार है। इससे जन तथा धन दोनों की अपार क्षति होती है। ज्वालामुखी की सक्रियता के कारण यहाँ प्रायः भूकंप आते रहते हैं।

30 **जापान के संबंध में निम्न कथनों पर विचार कीजिए**

(Chap 11, Class-VIII, Old NCERT) (IAS Pre 2022)

1. भौगोलिक क्षेत्र की दृष्टि से होकैडो जापान का सबसे बड़ा द्वीप हैं।
2. होंशू क्षेत्रफल की दृष्टि से विश्व का पाँचवाँ सबसे बड़ा द्वीप हैं।
3. होंशू जापान का दूसरा सबसे बड़ा द्वीप है।

उपर्युक्त में से कौन-सा/से कथन सही नहीं है/हैं?

(a) केवल 1 (b) 1 और 2 (c) 2 और 3 (d) ये सभी

उत्तर *(d)*

व्याख्या दिए गए सभी कथन सही नहीं हैं, क्योकि भौगोलिक क्षेत्रफल की दृष्टि से जापान का सबसे बड़ा द्वीप होंशू है, न कि होकैडो।

होंशू क्षेत्रफल की दृष्टि से विश्व का सातवाँ सबसे बड़ा तथा जनसंख्या की दृष्टि से दूसरा सबसे बड़ा द्वीप है। आकार के अनुसार जापान के द्वीपों की स्थिति क्रमशः निम्न है—होंशू, होकैडो, क्यूशू, शिकोकू।

इस प्रकार होंशू नहीं, अपितु होकैडो जापान का दूसरा सबसे बड़ा द्वीप हैं।

31 **निम्नलिखित में से कौन-सा कथन जापान के संबंध में सही है?**

(Chap 11, Class-VIII, Old NCERT)

1. जापान का मुख्य खनिज निम्न श्रेणी का कोयला है।
2. यह विश्व की सबसे अधिक नगरीय जनसंख्या वाला देश है।
3. योकोहामा, ओसाका, नागोया एवं किताक्यूशू जापान के प्रमुख महानगर हैं।

कूट

(a) केवल 1
(b) 1 और 2
(c) 2 और 3
(d) 1, 2 और 3

उत्तर *(d)*

व्याख्या जापान के संबंध में दिए गए सभी कथन सही हैं। जापान में निम्न किस्म का कोयला उपलब्ध है।

जापान को अधिकतर खनिज आयात करने पड़ते हैं। जापान की नगरीय जनसंख्या 60% से भी अधिक है। और जापान की अधिकतर जनसंख्या टोक्यो, योकोहामा, ओसाका, नागोया एवं किताक्यूशू जैसे-महानगरों में केंद्रित है। टोक्यो, योकोहामा विश्व के सबसे बड़े सन्नगर हैं।

अफ्रीका

32 **निम्नलिखित कथनों में कौन-सा कथन सही नहीं है?**

(Chap 6, Class-VI, Old NCERT)

(a) पृथ्वी के संपूर्ण स्थल क्षेत्र का लगभग 20% भाग अफ्रीका में है।
(b) अफ्रीका महाद्वीप विश्व के सभी महाद्वीपों में सबसे अधिक उष्ण महाद्वीप है।
(c) यह महाद्वीप यूरोप से भूमध्य सागर द्वारा तथा एशिया से अरब सागर द्वारा अलग होता है।
(d) जिब्राल्टर जलसंधि से अफ्रीका एशिया महाद्वीप से अलग होता है।

उत्तर *(d)*

व्याख्या महाद्वीप के संबंध में कथन (d) सही नहीं है, क्योकि जिब्राल्टर जलसंधि से अफ्रीका, यूरोप महाद्वीप से पृथक् होता है। इसे भूमध्य सागर की कुँजी भी कहा जाता है।

अफ्रीका महाद्वीप एशिया के बाद, क्षेत्रफल के आधार पर दूसरा बड़ा महाद्वीप है, अतः पृथ्वी के संपूर्ण स्थल क्षेत्र का लगभग 20% भाग अफ्रीका में स्थित है। इसके मध्यवर्ती भाग में विषुवतीय उत्तरी भाग से कर्क तथा दक्षिणी भाग से मकर रेखा होकर गुजरती है, इसलिए इसे उष्ण महाद्वीप कहा जाता है। यह यूरोप से भूमध्यसागर द्वारा तथा एशिया से अरब सागर द्वारा अलग होता है।

33 **हॉर्न ऑफ अफ्रीका (अफ्रीका का सींग) में कौन-कौन से देश शामिल हैं?**

(Chap 1, Class-VI, Old NCERT)

1. सोमालिया
2. अल्जीरिया
3. जिबूती
4. इथियोपिया

कूट

(a) 1, 2 और 3
(b) 2, 3 और 4
(c) 1, 3 और 4
(d) ये सभी

उत्तर *(c)*

व्याख्या हॉर्न ऑफ अफ्रीका में सोमालिया, जिबूती, इथियोपिया और इरीट्रिया जैसे देश शामिल हैं। हॉर्न ऑफ अफ्रीका या अफ्रीका का सींग, पूर्वी अफ्रीका का एक प्रायद्वीप है, जो अरब सागर और अदन की खाड़ी के दक्षिणी किनारें पर स्थित है। यह देखने में सींग के समान लगता है।

हॉर्न ऑफ अफ्रीका की आबादी लगभग 115 मिलियन है और यह लगभग 2 मिलियन वर्ग किमी के क्षेत्र में विस्तृत है। इथियोपिया में 6 मिलियन, इरीट्रिया में 6.4 मिलियन, सोमालिया में 10.4 मिलियन तथा जिबूती में 0.81 मिलियन लोग रहतें हैं। जबकि अल्जीरिया हॉर्न ऑफ अफ्रीका में शामिल नहीं है।

34 निम्न कथनों पर विचार कीजिए *(Chap 6, Class-VI, Old NCERT)*

1. स्वेज नहर उत्तर-पूर्व में एशिया को अफ्रीका महाद्वीप से अलग करती है।
2. बाब-अल-मंदेव जलसंधि लाल सागर को अरब सागर की अदन की खाड़ी से जोड़ती है।

उपर्युक्त में से कौन-सा/से कथन सही है/हैं?

(a) केवल 1
(b) केवल 2
(c) 1 और 2
(d) न तो 1 और न ही 2

उत्तर (c)

व्याख्या दिए गए दोनों कथन सही हैं। स्वेज नहर उत्तर-पूर्व में एशिया को अफ्रीका महाद्वीप से अलग करती है। स्वेज नहर भूमध्यसागर व लाल सागर को आपस में जोड़ती है।

व्यापारिक दृष्टिकोण से इस नहर का विशेष महत्त्व है। इस नहर का निर्माण फ्रांसीसी अधिकारियों ने करवाया था। बाब-अल-मंदेव जलसंधि लाल सागर को अरब सागर की अदन की खाड़ी से जोड़ती है, इसी कारण इसे 'आँसुओं का द्वार' भी कहा जाता है।

35 निम्न कथनों पर विचार कीजिए *(Chap 6, Class-VI, Old NCERT)*

1. अफ्रीका महाद्वीप का सबसे ऊँचा शिखर किलिमंजारो पर्वत है।
2. अफ्रीका महाद्वीप के उत्तर-पश्चिमी भाग में एटलस पर्वत का विस्तार पाया जाता है।
3. अफ्रीका का एक विशेष भौतिक लक्षण महान भूभ्रंश घाटियाँ हैं।

उपर्युक्त में से कितने कथन सही हैं?

(a) केवल एक (b) केवल दो (c) सभी तीन (d) इनमें से कोई नहीं

उत्तर (c)

व्याख्या दिए गए सभी कथन सही हैं।

अफ्रीका महाद्वीप का सबसे ऊँचा शिखर किलिमंजारो पर्वत (5895 मी) है। यह वर्षभर हिम से ढका रहता है, यह पर्वत तंजानिया में स्थित है।

अफ्रीका महाद्वीप के उत्तर-पश्चिम में एटलस पर्वत है, और यह एक पुरातन वलित पर्वत है। इस महाद्वीप की दूसरी पर्वत श्रेणी महाद्वीप के दक्षिणी-पूर्वी तट के साथ-साथ ही है, इसे ड्रेकेंसबर्ग पर्वत कहते हैं।

अफ्रीका महाद्वीप के पूर्वी हिस्से में भूभ्रंश घाटियाँ मिलती हैं, भ्रंश पड़ने से बनी लंबी और गहरी घाटियाँ इस क्षेत्र में मिलती हैं। यह भ्रंश घाटी उत्तर से दक्षिणी भाग तक एक शृंखला में विस्तृत है।

36 अफ्रीका महाद्वीप की नदियों पर निर्मित बाँधों से संबंधित दिए गए युग्मों पर विचार कीजिए तथा इनमें सही युग्म की पहचान कीजिए। *(Chap 9, Class-VI, Old NCERT)*

1. नील नदी — आस्वान बाँध
2. नाइजर नदी — कैंजी बाँध
3. जायरे नदी — इंगा बाँध

कूट

(a) केवल 1 (b) 1 और 2 (c) 2 और 3 (d) 1, 2 और 3

उत्तर (d)

व्याख्या अफ्रीका महाद्वीप की नदियों पर निर्मित बाँधों से संबंधित दिए गए सभी युग्म सही सुमेलित हैं।

आस्वान बाँध का निर्माण नील नदी पर किया गया है। यह अफ्रीकी महाद्वीप के सबसे बड़े बाँधों में से एक है। आस्वान बाँध का निर्माण 1960-70 के दशक में हुआ था। यह मिस्र में नील नदी पर बनाया गया बाँध है। इसकी ऊँचाई 111 मी तथा लंबाई 3830 मी है।

कैंजी बाँध (Kainji Dam) नाइजीरिया में स्थित है। यह नाइजीरिया के मध्यवर्ती भाग में नाइजर नदी पर बनाया गया बाँध है। इसकी ऊँचाई 65 मी तथा लंबाई 550 मी है।

इंगा बाँध (Inga Dam) डेमोक्रेटिक रिपब्लिक ऑफ कांगो में इन्गा जलप्रपात पर बना है। यह झील जायरे नदी (अब कांगो नदी के नाम से जानी जाती है) पर स्थित है। इन्गा जलप्रपात की ऊँचाई 96 मी है।

37 निम्न में से कौन-से जलवायु क्षेत्र अफ्रीका महाद्वीप में पाए जाते हैं? *(Chap 6, Class-VI, Old NCERT)*

1. विषुवतीय जलवायु
2. सुडान तुल्य जलवायु
3. मरुस्थलीय जलवायु
4. भूमध्य सागरीय जलवायु

कूट

(a) 1 और 2
(b) 2 और 3
(c) 1, 3 और 4
(d) ये सभी

उत्तर (d)

व्याख्या **विषुवतीय,** सुडान, मरुस्थलीय तथा भूमध्यसागरीय जलवायु क्षेत्र अफ्रीका महाद्वीप में पाए जाते हैं। अफ्रीका के मध्यवर्ती भाग में 0° से 10° उत्तरी एवं दक्षिणी अक्षांश के मध्य विषुवतीय जलवायु मिलती है।

उष्ण मरुस्थलीय जलवायु उत्तरी मध्य (सहारा) एवं दक्षिण मध्य (कालाहारी) भाग में पाई जाती है। विषुवतीय एवं उष्ण मरुस्थलीय जलवायु प्रदेश के मध्य सवाना युक्त जलवायु प्रदेश मिलता है, जिसे **सुडान युक्त जलवायु** कहते हैं। अफ्रीकी महाद्वीप के उत्तर तटीय भाग व दक्षिण अफ्रीका के दक्षिण-पश्चिम भाग में **भूमध्यसागरीय युक्त जलवायु** पाई जाती है।

38 जंजीबार और पेंबा द्वीप के संदर्भ में कौन-सा/से कथन असत्य है/हैं? *(Chap 1, Class-VI, Old NCERT)*

1. जंजीबार और पेंबा द्वीप दक्षिणी अटलांटिक महासागर में अवस्थित हैं।
2. इन द्वीपों में बड़े पैमाने पर लौंग का उत्पादन होता है।

कूट

(a) केवल 1
(b) केवल 2
(c) 1 और 2 दोनों
(d) न तो 1 और न ही 2

उत्तर (a)

व्याख्या जंजीबार और पेंबा द्वीप के संदर्भ में कथन (1) असत्य है, क्योंकि यह द्वीप अटलांटिक महासागर में नहीं, बल्कि हिंद महासागर में अवस्थित है। कथन (2) सत्य है। इन द्वीपों में बड़े पैमाने पर लौंग का उत्पादन किया जाता है।

39 अफ्रीका महाद्वीप के संदर्भ में दिए गए कौन-से कथन सही हैं? *(Chap 6, Class-VI, Old NCERT)*

(a) विषुवतीय वर्षा वन के उत्तर तथा दक्षिण में सवाना घास क्षेत्र का विस्तार पाया जाता है।
(b) सवाना घास के मैदान के ऊपर और नीचे दोनों ओर विस्तृत मरुस्थल का विस्तार है।
(c) 'a' और 'b' दोनों
(d) उपर्युक्त में से कोई नहीं

उत्तर (c)

व्याख्या अफ्रीका महाद्वीप के संदर्भ में दिए गए दोनों कथन सही हैं।
विषुवतीय वर्षा वन के उत्तर एवं दक्षिण भाग में **सवाना घास** क्षेत्र का विस्तार पाया जाता है। सवाना घास के मैदान के ऊपर (उत्तर) और नीचे (दक्षिण) दोनों ओर विस्तृत मरुस्थल का विस्तार पाया जाता है। उत्तरी मरुस्थल का नाम सहारा है और दक्षिणी मरुस्थल का नाम कालाहारी है। सवाना प्रदेश में अधिक शुष्कता मिलती है, क्योंकि यहाँ पर वर्षा कम मात्रा में होती है।

40 पश्चिम अफ्रीका की निम्नलिखित झीलों में कौन-सी एक, सूखकर मरुस्थल में बदल गई है? *(Chap 1, Class-VI, Old NCERT)*
(IAS Pre 2022)

(a) लेक विक्टोरिया
(b) लेक फागुबिन
(c) लेक ओगुटा
(d) लेक वोल्टा

उत्तर (b)

व्याख्या लेक फागुबिन, पश्चिम अफ्रीका की एक झील है, जो अब सूखकर मरुस्थल में परिवर्तित हो गई है।
यह झील माली देश में है। 1970 के दशक में आए भीषण सूखे के समय इसमें उपस्थित जल वाष्पीकृत हो गया और झील पूर्णतः सूख गई। इस सूखी झील से निकलने वाली गैसों के कारण आस-पास के वातावरण में पादपों के समाप्त हो जाने के कारण भूमि बंजर हो गई है। लेक फागुबिन 590 वर्ग किमी में विस्तृत है। इस क्षेत्र में वार्षिक वर्षा 200 मिमी से भी कम होती है।

41 निम्न में से किन खनिजों का अफ्रीका में सर्वाधिक उत्पादन होता है? *(Chap 6, Class-VI, Old NCERT)*

1. सोना 2. हीरा 3. क्रोमियम 4. प्लेटिनम

कूट
(a) केवल 1 (b) 3 और 4
(c) 1, 2 और 4 (d) ये सभी

उत्तर (d)

व्याख्या सोना, हीरा, क्रोमियम एवं प्लेटिनम इन सभी खनिजों का उत्पादन अफ्रीका महाद्वीप में सर्वाधिक होता है। विश्व के लगभग 95% सोने का उत्पादन अकेले दक्षिण अफ्रीका करता है। दक्षिण अफ्रीका के किम्बरले में हीरे का सर्वाधिक उत्पादन होता है। विश्व में क्रोमियम का सर्वाधिक उत्पादन दक्षिण अफ्रीका में किया जाता है। प्लेटिनम के उत्पादन में भी दक्षिण अफ्रीका का प्रथम स्थान है।

42 निम्न कथनों पर विचार कीजिए तथा इनमें से असत्य कथनों की पहचान कीजिए *(Chap 6, Class-VI, Old NCERT)*

(a) यूरोप के प्रवासियों ने अपनी सबसे पहली बस्ती दक्षिण अफ्रीका में वर्ष 1652 में बसाई थी।
(b) अफ्रीका में अधिकतर लोगों के द्वारा इतालवी भाषा बोली एवं समझी जाती है।
(c) प्रकृति प्रेम और आदर पर आधारित सर्वात्मवाद धर्म को मानने वाले लोग अफ्रीका में निवास करते हैं।
(d) केपटाउन बंदरगाह समुद्री मार्ग से न्यूयॉर्क को जोड़ता है।

उत्तर (b)

व्याख्या दिए गए कथनों में से कथन (b) असत्य है, क्योंकि अफ्रीका में अधिकतर लोगों के द्वारा स्वाहिली भाषा बोली या समझी जाती है। इसके अतिरिक्त फ्रेंच, इतालवी, अरबी भाषा का उपयोग भी किया जाता है।
यूरोप के प्रवासियों ने सबसे पहले वर्ष 1652 में अपनी पहली बस्ती स्थापित की थी। सर्वात्मवाद धर्म को मानने वाले अधिकतर लोग अफ्रीका में निवास करते हैं। दक्षिण अफ्रीका के दक्षिण पश्चिम तट पर स्थित केपटाउन बंदरगाह न्यूयॉर्क से जुड़ा हुआ है।

43 जायरे नदी द्रोणी में अवस्थित देश जायरे के संबंध में कौन-सा कथन सही है? *(Chap 7, Class-VI, Old NCERT)*

1. यहाँ उद्योग मुख्य रूप से लुकासी (जैडोटबिले) और लुंबुवाशी (एलिजाबेथविले) में स्थित हैं।
2. यहाँ के लगभग दो-तिहाई लोग बंतू भाषा बोलने वाले अश्वेत हैं।

कूट
(a) केवल 1 (b) केवल 2
(c) 1 और 2 दोनों (d) न तो 1 और न ही 2

उत्तर (c)

व्याख्या जायरे नदी द्रोणी में अवस्थित देश जायरे (वर्तमान में लोकतांत्रिक गणराज्य कांगो) के संबंध में दोनों कथन सही हैं। नदी बेसिन क्षेत्र में उद्योग मुख्य रूप से लुकासी (जैडोटबिले) और लुंबुबाशी (एलिजाबेथबिले) में स्थित हैं। यहाँ के दो-तिहाई लोग बंतू भाषा का उपयोग करते हैं। यहाँ के निवासी मुख्य रूप से अश्वेत हैं, जो कई जन-जातियों के हैं।

44 अफ्रीका महाद्वीप के नाइजीरिया देश के संदर्भ में नीचे दिए गए कथनों पर विचार कीजिए *(Chap 1, Class-VI, Old NCERT)*

1. नाइजर यहाँ की मुख्य नदी हैं।
2. नाइजीरिया के आंतरिक भाग में शीत ऋतु में प्रायः गर्म और धूलभरी हवाएँ उत्तर-पूर्व की ओर से चलती हैं, जिन्हें 'हरमट्टन' कहते हैं।
3. नाइजीरिया में मुख्य रूप से पाया जाने वाला तेल-ताड़ का वृक्ष विषुवतीय जलवायु में अच्छी तरह पैदा होता है।

उपर्युक्त में से कौन-से कथन सत्य हैं?
(a) 1 और 2 (b) 2 और 3
(c) 1 और 3 (d) ये सभी

उत्तर (c)

व्याख्या अफ्रीका महाद्वीप के नाइजीरिया देश के संदर्भ में कथन (1) और (3) सत्य हैं। नाइजर यहाँ की प्रमुख नदी है। इसी नदी के नाम पर इस देश का नाम नाइजीरिया रखा गया। गिनी की खाड़ी में गिरने से पहले यह नदी नाइजीरिया के बड़े भाग से होकर बहती है।
नाइजीरिया को तेल-ताड का देश भी कहा जाता है। इसके वृक्ष विषुवतीय जलवायु में अच्छी तरह पैदा होते हैं। इसके फलों के बीज तथा गूदे से तेल निकाला जाता है।
कथन (2) असत्य है, क्योंकि नाइजीरिया के आंतरिक भाग में शीत ऋतु में नहीं, बल्कि ग्रीष्म ऋतु में प्रायः गर्म और धूलभरी हवाएँ उत्तर-पूर्व की ओर से चलती हैं, जिन्हें हरमट्टन कहते हैं।

45 निम्नलिखित कथनों में से कौन-सा कथन सही है? *(Chap 9, Class-VI, Old NCERT)*

1. विश्व प्रसिद्ध पिरामिड तथा स्फिंक्स मिस्र की राजधानी काहिरा के निकट अवस्थित हैं।
2. अलेक्जेंड्रिया (सिकंदरिया) मिस्र का प्रमुख खनन क्षेत्र है तथा बर-सईद (पोर्ट सईद) स्वेज नहर पर अवस्थित एक औद्योगिक केंद्र है।

कूट
(a) केवल 1 (b) केवल 2
(c) 1 और 2 दोनों (d) न तो 1 और न ही 2

उत्तर (a)

व्याख्या दिए गए कथनों में से कथन (1) सही है। विश्व प्रसिद्ध पिरामिड तथा स्फिंक्स मिस्र की राजधानी काहिरा के निकट अवस्थित हैं।
कथन (2) सही नही है, क्योंकि अलेक्जेंड्रिया (सिकंदरिया) मिस्र का दूसरा बड़ा नगर एवं प्रमुख बंदरगाह है। स्वेज नहर पर स्थित बर-सईद (पोर्ट सईद) एक प्रमुख व्यापारिक केंद्र है।

46 **सूची I को सूची II से सुमेलित कीजिए और सूचियों के नीचे दिए गए कूट से सही उत्तर चुनिए** *(Chap 1, Class-VI, Old NCERT)*

सूची I (नदी)	सूची II (बाँध)
A. नील नदी	1. कैंजी बाँध
B. जांबेजी नदी	2. अस्वान बाँध
C. नाइजर नदी	3. करीबा बाँध
D. नीली नील नदी	4. सोन्नार बाँध

कूट

	A	B	C	D
(a)	2	1	3	4
(b)	4	2	3	1
(c)	2	3	1	4
(d)	3	2	1	4

उत्तर (c)

व्याख्या सही सुमेलन A-2, B-3, C-1, D-4 है।

नील नदी पर अस्वान बाँध बनाया गया है। यह विश्व की सबसे लंबी नदी है।

जांबेजी नदी पर करीबा बाँध बनाया गया है। जिंबाब्वे और जांबिया की सीमा पर अवस्थित करीबा झील इस बाँध का जलाशय है।

नाइजर नदी पर कैंजी बाँध बनाया गया है। यह नदी नाइजीरिया में बहती है।

नीली नील नदी पर सोन्नार बाँध बनाया गया है। यह नील की सहायक नदी है, जो ताना झील, इथियोपिया से निकलती हैं।

47 **दक्षिण अफ्रीका की जलवायु के मृदुल होने के क्या कारण पाए जाते हैं?** *(Chap 10, Class-VI, Old NCERT)*

(a) तीनों ओर से महासागरों से घिरा होना
(b) पठारों की अधिक ऊँचाई
(c) समुद्री ठंडी जलधारा का बहना
(d) उपर्युक्त सभी

उत्तर (d)

व्याख्या दक्षिण अफ्रीका की जलवायु के मृदुल होने के प्रमुख कारण तीनों ओर से महासागरों से घिरा होना, पठारों की अधिक ऊँचाई का होना, पश्चिमी भाग में समुद्री ठंडी जलधारा का बहना आदि हैं। यहाँ अधिकांश भाग में वर्षा ग्रीष्मकाल में होती है, परंतु दक्षिण-पश्चिम भाग में वर्षा सर्दी में होती है।

यूरोप

48 **यूरोप महाद्वीप को निम्न में से कौन-सा/सी भू-आकृति संरचना एशिया से अलग करती है/हैं?** *(Chap 10, Class-VII, Old NCERT)*

1. यूराल पर्वत
2. काकेशस पर्वत
3. कैस्पियन सागर
4. भूमध्यसागर

कूट

(a) 1 और 2
(b) 2 और 3
(c) 1, 2 और 3
(d) 2, 3 और 4

उत्तर (c)

व्याख्या यूरोप महाद्वीप को यूराल पर्वत, काकेशस पर्वत एवं कैस्पियन सागर आदि भू-आकृतियाँ एशिया महाद्वीप से अलग करती है। इसमें भूमध्यसागरीय भू-आकृति को शामिल नहीं किया जाता है। भूमध्यसागर यूरोप एवं अफ्रीका महाद्वीप को अलग करता है।

49 **यूरोप महाद्वीप के संदर्भ में निम्नलिखित कथनों पर विचार कीजिए** *(Chap 2, Class-VIII, Old NCERT)*

1. क्षेत्रफल के आधार पर यह विश्व का पाँचवाँ बड़ा महाद्वीप है।
2. यूरोप को एशिया से यूराल पर्वतमाला, यूराल नदी, काकेशस पर्वत श्रेणी तथा कैस्पियन सागर अलग करते हैं।
3. इस महाद्वीप के 15 स्वतंत्र राज्य पहले सोवियत संघ के अंग थे।

उपर्युक्त में से कौन-सा/से कथन सही नहीं है/हैं?

(a) 1 और 2
(b) 1 और 3
(c) केवल 3
(d) 2 और 3

उत्तर (b)

व्याख्या यूरोप महाद्वीप के संदर्भ में कथन (1) और (3) सही नहीं हैं, क्योंकि क्षेत्रफल के आधार पर यह विश्व का पाँचवाँ नहीं, बल्कि छठा बड़ा महाद्वीप है। सबसे बड़े महाद्वीप से लेकर सबसे छोटे महाद्वीप तक का क्रम इस प्रकार है-एशिया, अफ्रीका, उत्तरी अमेरिका, दक्षिणी अमेरिका, अंटार्कटिका यूरोप तथा ऑस्ट्रेलिया। इस महाद्वीप के 15 नहीं, बल्कि 9 स्वतंत्र राज्य पहले सोवियत संघ के अंग थे।

कथन (2) सही है। यूरोप को एशिया से यूराल पर्वतमाला, यूराल नदी, काकेशस पर्वत श्रेणी तथा कैस्पियन सागर अलग करते हैं।

50 **निम्नलिखित में से कौन स्कैंडिनेवियन देशों के समूह में सम्मिलित नहीं हैं?** *(Chap 10, Class-VII, Old NCERT) (UPPSC Pre 2001)*

(a) डेनमार्क
(b) फिनलैंड
(c) नॉर्वे
(d) स्वीडन

उत्तर (b)

व्याख्या फिनलैंड, स्कैंडिनेवियन देशों के समूह में सम्मिलित नहीं है। यूरोप के उत्तरी सागर के निकट स्थित देशों—आइसलैंड, नॉर्वे, स्वीडन तथा डेनमार्क को सम्मिलित रूप से 'स्कैंडिनेविया' कहा जाता है।

51 **निम्नलिखित में से कौन-सा बाल्कन देश नहीं है?** *(Chap 10, Class-VII, Old NCERT) (MPPSC Pre 2004)*

(a) स्लोवेनिया
(b) बुल्गारिया
(c) रोमानिया
(d) ऑस्ट्रिया

उत्तर (d)

व्याख्या ऑस्ट्रिया, बाल्कन देश की श्रेणी में नहीं आता है, क्योंकि यूरोप में सर्बिया, मांटेनीग्रो, स्लोवेनिया, क्रोएशिया, बोस्निया, हर्जेगोविना, मैसेडोनिया, बुल्गारिया, ग्रीस, रूमानिया तथा अल्बानिया को 'बाल्कन' देशों की संज्ञा दी जाती है। ये देश दक्षिणी यूरोप की प्रायद्वीपीय भूमि में स्थित हैं। इन्हें 'बाल्कन प्रायद्वीप' भी कहा जाता है।

52 **निम्नलिखित कथनों में कौन-सा कथन सही है?** *(Chap 10, Class-VII, Old NCERT)*

(a) यूरोप महाद्वीप क्षेत्रफल की दृष्टि से छठा महाद्वीप है।
(b) वेटिकन सिटी, विश्व का सबसे छोटा स्वतंत्र राज्य है।
(c) ग्रेट ब्रिटेन, स्कॉटलैंड, वेल्स और इंग्लैंड से मिलकर बना है।
(d) उपर्युक्त सभी

उत्तर (d)

व्याख्या दिए गए सभी कथन सही हैं। यूरोप महाद्वीप क्षेत्रफल की दृष्टि से छठा महाद्वीप है। यूरोप के इटली के दक्षिण-पश्चिमी भाग में स्थित वेटिकन सिटी विश्व का सबसे छोटा स्वतंत्र देश है।

इसका क्षेत्रफल 44 वर्ग किमी है। ग्रेट ब्रिटेन, स्कॉटलैंड, वेल्स और इंग्लैंड से मिलकर बना है, यह उत्तरी आयरलैंड के शामिल होने से यूनाइटेड किंगडम हो जाता है।

53 **यूरोप के उत्तरी मैदान के संबंध में दिए गए कथनों में से कौन-सा कथन सही है?** *(Chap 10, Class-VII, Old NCERT)*

1. यह मैदान पश्चिम में चौड़ा तथा पूर्व में संकरा पाया जाता है।
2. इस मैदान में बड़ी-बड़ी नौ संचालन के योग्य नदियाँ बहती हैं।
3. इस क्षेत्र में जीवाश्म ईंधन का अभाव पाया जाता है।
4. इस भाग में अवस्थित राइन नदी अपनी दरार घाटी के लिए प्रसिद्ध है।

कूट

(a) 1 और 2 (b) 2 और 4 (c) 2, 3 और 4 (d) ये सभी

उत्तर (b)

व्याख्या यूरोप के उत्तरी मैदानी भाग के संबंध में दिए गए कथनों में कथन (2) और (4) सही हैं। उत्तरी यूरोप में प्रवाहित होने वाली अधिकतर नदियाँ नौ संचालन के योग्य हैं। सीन, एल्ब, राइन, ओडर, विश्चुला ऐसी ही प्रमुख नदियाँ हैं। इस भाग में प्रवाहित होने वाली प्रमुख नदी राइन भ्रंश घाटी से होकर प्रवाहित होती है। यह मैदान पश्चिम में संकरा एवं पूर्व में चौड़ा है। इसके साथ ही इस क्षेत्र में जीवाश्म ईंधन के पर्याप्त भंडार मिलते हैं।

कथन (1) और (3) सही नहीं है, क्योंकि यूरोप का उत्तरी मैदान पूर्वी भाग में सबसे अधिक चौड़ा है तथा पश्चिम की ओर धीरे-धीरे संकरा होता है। इसके अतिरिक्त इस मैदान में कई स्थानों पर उत्तम किस्म के जीवाश्म ईंधन; जैसे-कोयला, पेट्रोलियम और प्राकृतिक गैस के निक्षेप पाए जाते हैं।

54 **निम्न कथनों पर विचार कीजिए** *(Chap 10, Class-VII, Old NCERT)*

1. माउंट ब्लॉक आल्पस पर्वत की सबसे ऊँची चोटी है।
2. यूरोप का सबसे ऊँचा पर्वत शिखर एल्ब्रुस है, जो काकेशस श्रेणी में अवस्थित है।
3. आल्पस पर्वत श्रृंखला का विस्तार एशिया में भी पाया जाता है।

उपर्युक्त में से कौन-सा/से कथन सही है/हैं?

(a) केवल 2 (b) 1 और 3
(c) 2 और 3 (d) 1, 2 और 3

उत्तर (d)

व्याख्या दिए गए सभी कथन (1), (2) एवं (3) सही हैं।

माउंट ब्लॉक (4807 मी), **आल्पस पर्वत** की सबसे ऊँची चोटी है। आल्पस पर्वत श्रृंखला का विस्तार पश्चिम में अटलांटिक महासागर से, पूर्व में कैस्पियन सागर तक है, यहाँ से इसका विस्तार एशिया महाद्वीप के मध्यवर्ती भाग तक फैला हुआ है। इसका निर्माण भी हिमालय के निर्माण के समय ही हुआ था। यूरोप का सबसे ऊँचा पर्वत शिखर एल्ब्रुस (5633 मी) है, जो काकेशस श्रेणी में अवस्थित है।

55 **यूरोप की जलवायु के संबंध में दिए गए कथनों पर विचार कीजिए तथा इनमें से असत्य कथनों की पहचान कीजिए** *(Chap 10, Class-VII, Old NCERT)*

(a) यूरोप महाद्वीप का अधिकतर भाग शीतोष्ण कटिबंध में फैला है।
(b) यूरोप की जलवायु उच्चावच, सागरों से निकटता, पछुआ पवनें तथा उत्तर अटलांटिक प्रवाह से प्रभावित होती है।
(c) पर्वतों का विस्तार उत्तर से दक्षिण होने के कारण पछुआ पवनें देश के आंतरिक भागों तक पहुँच जाती हैं।
(d) वर्षा सामान्यत: पश्चिमी भागों में अच्छी किंतु पूर्व की ओर घटती है।

उत्तर (c)

व्याख्या यूरोप की जलवायु के संबंध में दिए गए कथनों में कथन (c) असत्य है, क्योंकि यूरोप में किसी भी पर्वत का विस्तार उत्तर से दक्षिण की ओर नहीं है, क्योंकि मध्य एवं उच्च अक्षांशीय क्षेत्रों में विस्तृत होने के कारण यूरोप महाद्वीप का अधिकतर विस्तार शीतोष्ण कटिबंध में हुआ है। यूरोप का विस्तार पछुआ हवाओं की पेटियों में है। पछुआ पवनें दक्षिण-पश्चिम से ही चलती हैं और देश के आंतरिक भागों तक पहुँचती हैं।

56 **निम्न कथन (A) व कारण (R) को पढ़िए और नीचे दिए गए कूट की सहायता से सही उत्तर का चयन कीजिए** *(Chap 10, Class-VII, Old NCERT) (UPPSC Mains 2004)*

कथन (A) **भूमध्यसागरीय प्रदेशों में जाड़े में वर्षा होती है।**

कारण (R) **जाड़े में यहाँ पछुआ पवनें चलती हैं।**

कूट

(a) A और R दोनों सही हैं तथा R, A की सही व्याख्या है
(b) A और R दोनों सही हैं, परंतु R, A की सही व्याख्या नहीं है
(c) A सही है, किंतु R गलत है
(d) A गलत है, किंतु R सही है

उत्तर (a)

व्याख्या A और R दोनों सही हैं तथा R, A की सही व्याख्या है।

दक्षिणी यूरोप ग्रीष्म ऋतु में अपतटीय पवनों के प्रभाव में होता है। अत: यहाँ वर्षा केवल जाड़े में होती है और जाड़े में ही यहाँ पछुआ पवनें चलती है। इसके अतिरिक्त शीत ऋतु कोष्ण तथा आर्द्र होती है तथा इस प्रकार की जलवायु को 'भूमध्य सागरीय जलवायु' कहते हैं, यह नाम भूमध्यसागर के नाम पर रखा गया है।

57 **यूरोप के किस क्षेत्र में कुछ समय के लिए मध्यरात्रि में सूर्य चमकता है?** *(Chap 10, Class-VII, Old NCERT)*

(a) आर्कटिक वृत्त के उत्तर (b) आर्कटिक के दक्षिण
(c) आल्पस पर्वत क्षेत्र (d) यूरोप के दक्षिण भाग

उत्तर (a)

व्याख्या यूरोप के आर्कटिक वृत्त के उत्तरी भाग में कुछ समय के लिए मध्यरात्रि में सूर्य चमकता है। यह क्षेत्र यूरोप महाद्वीप के उत्तरी नॉर्वे क्षेत्र में स्थित है, इसलिए नॉर्वे को मध्यरात्रि में सूर्य का देश भी कहते हैं। आर्कटिक वृत्त के उत्तरी भाग में टुंड्रा वनस्पति का विस्तार पाया जाता है।

58 **यूरोप महाद्वीप में पाए जाने वाली वनस्पतियों का कौन-सा अनुक्रम उत्तर से दक्षिण की दिशा में सही है?** *(Chap 10, Class-VII, Old NCERT)*

1. टुंड्रा वनस्पति 2. टैगा वन 3. मिश्रित वन

कूट

(a) 1, 2 और 3 (b) 2, 1 और 3
(c) 3, 1 और 2 (d) 1, 3 और 2

उत्तर (a)

व्याख्या यूरोप महाद्वीप में पाए जाने वाली वनस्पतियों का उत्तर से दक्षिण दिशा में सही अनुक्रम टुंड्रा वनस्पति, टैगा वन, मिश्रित वन है।

उत्तर में टुंड्रा वनस्पति, टुंड्रा के दक्षिणी भाग में टैगा वन एवं उसके दक्षिणी भाग में मिश्रित वनस्पति स्थित है।

उत्तरी भाग में आर्कटिक वृत्त के समीप टुंड्रा वनस्पति का विस्तार पाया जाता है। यहाँ केवल लाइकेन व काई वनस्पतियों के नाम पर उगते हैं। टुंड्रा वनस्पति क्षेत्र के दक्षिणी भाग में टैगा वन क्षेत्र मिलते हैं। यहाँ चीड़, स्प्रूस एवं देवदार के वृक्ष सामान्य रूप से मिलते हैं।

इस वनस्पति पेटी के दक्षिणी भाग में मिश्रित वन मिलते हैं। यहाँ शंकुधारी वन के अतिरिक्त चौड़ी पत्ती वाले पर्णपाती वन भी मिलते हैं।

59 **निम्न कथनों पर विचार कीजिए** *(Chap 11, Class-VII, Old NCERT)*

1. समुद्र तट के साथ बने बड़े तटबंध को 'डाइक' कहा जाता है।
2. तटबंध बनाकर समुद्र से प्राप्त की गई भूमि 'पोल्डर' कहलाती है।
3. यूरोप के केवल पूर्वी मैदान में चुकंदर की खेती की जाती है।
4. 'फ्लैक्स' यूरोप की एक महत्त्वपूर्ण फसल है, जिसका उपयोग चीनी बनाने में किया जाता है।

उपर्युक्त में से कौन-सा/से कथन सही है/हैं?

(a) केवल 2 (b) 1 और 2 (c) 3 और 4 (d) 1, 3 और 4

उत्तर (b)

व्याख्या दिए गए कथनों में से कथन (1) और (2) सही हैं।

नीदरलैंड के तटीय क्षेत्र के समीप बनाए गए मानव निर्मित तटबंधों को 'डाइक' के नाम से जाना जाता है। तटबंध बनाकर समुद्र से प्राप्त की गई भूमि को 'पोल्डर' कहा जाता है। इस क्षेत्र में प्रति हेक्टेयर गेहूँ की उत्पादकता सबसे अधिक है।

कथन (3) और (4) सही नहीं है, क्योंकि यूरोप के केवल मध्यवर्ती एवं पूर्वी भागों में चुकंदर की खेती होती है। इसका उपयोग चीनी बनाने के काम में किया जाता है। 'फ्लैक्स' यूरोप की एक महत्त्वपूर्ण फसल है, जिसका उपयोग लिनेन के रेशेदार कपड़े बनाने में किया जाता है। यह फसल शीतल और नम भूमियों में उगाई जाती है।

60 निम्न कथनों पर विचार कीजिए *(Chap 10, Class-VIII, Old NCERT)*

1. यूरोप में लौह-इस्पात उद्योग के प्रमुख केंद्र मुख्य रूप से फ्रांस में ही पाए जाते हैं।
2. डेनमार्क का औद्योगिक विकास कृषि उत्पादों के आधार पर हुआ है।
3. बेल्जियम, नीदरलैंड देशों में औद्योगिक विकास छोटी-छोटी बहुमूल्य वस्तुओं के निर्माण द्वारा हुआ है।

उपर्युक्त में से कौन-सा/से कथन सही नहीं है/हैं?

(a) केवल 1 (b) केवल 2 (c) 1 और 3 (d) 1, 2 और 3

उत्तर (a)

व्याख्या दिए गए कथनों में से कथन (1) सही नहीं है, क्योंकि यूरोप में लौह-इस्पात उद्योग का मुख्य विकास केवल फ्रांस में ही नहीं, बल्कि यूक्रेन, जर्मनी, रूस, यूनाइटेड किंगडम में भी हुआ है।

कथन (2) और (3) सही हैं। डेनमार्क पश्चिमी यूरोप में स्थित एक छोटा-सा देश है, जिसका औद्योगिक विकास कृषि उत्पादों पर आधारित है।

बेल्जियम एवं नीदरलैंड जैसे देशों में औद्योगिक विकास छोटी-छोटी बहुमूल्य वस्तुओं के निर्माण द्वारा हुआ है; जैसे-हीरा उद्योग बेल्जियम का प्रमुख उद्योग माना जाता है।

61 निम्न कथनों पर विचार कीजिए *(Chap 11, Class-VII, Old NCERT)*

1. यूरोप में नदियों एवं नहरों को परिवहन के माध्यम के रूप में महत्त्व दिया गया है।
2. राइन, यूरोप का सबसे अधिक व्यस्त अंत:स्थलीय जलमार्ग है।

उपर्युक्त में से कौन-सा/से कथन सही है/हैं?

(a) केवल 1 (b) केवल 2
(c) 1 और 2 दोनों (d) न तो 1 और न ही 2

उत्तर (c)

व्याख्या दिए गए दोनों कथन सही हैं।

यूरोप में परिवहन के माध्यम के रूप में नदियों तथा नहरों का विस्तार हुआ है। इन्हें सस्ता तथा सुलभ माध्यम माना जाता है।

राइन, यूरोप महाद्वीप का सबसे अधिक व्यस्ततम अंत: स्थलीय जलमार्ग माना जाता है। यह नदी आल्पस पर्वत पर स्थित कांस्टेंटाइन झील से निकलती है। इसे यूरोप में कोयला ढोने वाली नदी भी कहा जाता है।

62 यूरोप ने बहुत प्रगति की है, क्योंकि

(a) यहाँ विस्तृत कृषि योग्य भूमि है। *(Chap 11, Class-VII, Old NCERT)*
(b) संसार के अन्य भागों के संदर्भ में इसकी स्थिति लाभदायक है।
(c) यह पश्चिमी सभ्यता का पालन कर रहा है।
(d) इसके निवासियों ने अपने उपलब्ध संसाधनों का सर्वोत्तम उपयोग किया है।

उत्तर (d)

व्याख्या यूरोप ने बहुत प्रगति की है, क्योंकि इसके निवासियों ने अपने उपलब्ध संसाधनों का सर्वोत्तम उपयोग किया है। किसी देश की प्रगति देश के निवासियों और उसकी संपदा पर निर्भर करती है। देश का विकास इस बात पर निर्भर करता है कि वहाँ के लोग संसाधनों के विकास के लिए अपनी क्षमताओं का किस प्रकार उपयोग करते हैं।

उदाहरण के लिए, स्कैंडिनेविया के देशों ने अपने समुद्री संसाधनों, जल शक्ति और वन संपदा का यथासंभव सर्वोत्तम उपयोग किया है।

63 निम्नलिखित कथनों पर विचार कीजिए

(Chap 12, Class-VII, Old NCERT) (IAS Pre 2005)

1. ग्रेट ब्रिटेन में इंग्लैंड, वेल्स, स्कॉटलैंड तथा उत्तरी आयरलैंड अंतर्विष्ट हैं।
2. इंग्लैंड, यूनाइटेड किंगडम के कुल क्षेत्रफल के 60% से कम भाग में फैला है।

उपर्युक्त में से कौन-सा/से कथन सही है/हैं?

(a) केवल 1 (b) केवल 2
(c) 1 और 2 (d) न तो 1 और न ही 2

उत्तर (b)

व्याख्या दिए गए कथनों में से कथन (2) सही है। इंग्लैंड, ब्रिटिश द्वीप समूह का सबसे बड़ा भाग है। यह यूनाइटेड किंगडम के 55% से अधिक हिस्से पर बसा है और यह भाग चारों ओर से समुद्र से घिरा है।

कथन (1) सही नहीं है, क्योंकि ग्रेट ब्रिटेन में इंग्लैंड, वेल्स और स्कॉटलैंड शामिल हैं, जबकि उत्तरी आयरलैंड तथा ग्रेट ब्रिटेन के सम्मिलित होने से 'यूनाइटेड किंगडम' का निर्माण होता है।

64 दिए गए कथनों पर विचार कीजिए

(Chap 12, Class-VII, Old NCERT)

1. यूनाइटेड किंगडम की जलवायु शीतोष्ण तथा सम है।
2. यहाँ वर्षा वर्षभर होती है, जिसमें शीतकाल में सर्वाधिक वर्षा होती है।

उपर्युक्त में से कौन-सा/से कथन सही है/हैं?

(a) केवल 1
(b) केवल 2
(c) 1 और 2 दोनों
(d) न तो 1 और न ही 2

उत्तर (c)

व्याख्या यूनाइटेड किंगडम के संबंध में दोनों कथन सही हैं। यूनाइटेड किंगडम की जलवायु पर महासागरों का प्रभाव है अत: यहाँ की जलवायु शीतोष्ण तथा सम है। यहाँ तापांतर काफी कम पाया जाता है, जिस कारण यहाँ वर्षा वर्षभर होता है, परंतु शीतकाल में पछुआ हवा के प्रभाव से वर्षा अधिक होती है।

65 निम्न कथनों पर विचार कीजिए तथा इनमें सत्य कथनों की पहचान कीजिए *(Chap 12, Class-VII, Old NCERT)*

(a) लिवरपूल, ग्लासगो, न्यू कैसिल तथा साउथेम्पटन यूनाइटेड किंगडम के प्रमुख औद्योगिक नगर हैं।
(b) लंदन में संसार का व्यस्त हवाई अड्डा स्थित है और यह नगर टेम्स नदी पर अवस्थित है।
(c) 'a' और 'b' दोनों
(d) उपर्युक्त में से कोई नहीं

उत्तर (c)

व्याख्या दिए गए कथनों में से कथन (a) और (b) सत्य हैं। लिवरपूल, ग्लासगो, न्यू कैसिल, तथा साउथेम्पटन यूनाइटेड किंगडम के प्रमुख औद्योगिक नगर हैं।

बरमिंघम शेफील्ड एवं मैनचेस्टर के मैदानी भागों में औद्योगिक क्षेत्र की स्थापना व्यापक पैमाने पर की गई है।

लंदन, यूनाइटेड किंगडम का सबसे बड़ा नगर एवं राजधानी भी है, जो सागरीय तट से दूर टेम्स नदी के किनारे स्थित है। यहाँ विश्व का सबसे व्यस्ततम हवाई अड्डा (हिथ्रो एयरपोर्ट) भी स्थित है।

66 फ्रांस की भू-आकृति के संबंध में असत्य कथनों को पहचानिए *(Chap 12, Class-VIII, Old NCERT)*

(a) पिरेनीज पर्वत फ्रांस की दक्षिणी सीमा के साथ फैला है और इसे स्पेन से अलग करता है।
(b) आल्पस पर्वत फ्रांस और बेल्जियम के मध्य है, जिस पर माउंट ब्लॉक पर्वत अवस्थित है।
(c) फ्रांस को जूरा पर्वत स्विट्जरलैंड से तथा वास्जे जर्मनी से अलग करते हैं।
(d) उपर्युक्त सभी

उत्तर (b)

व्याख्या फ्रांस की भू-आकृति के संबंध में कथन (b) असत्य है, क्योंकि आल्पस पर्वत, फ्रांस-स्विट्जरलैंड एवं इटली के मध्य स्थित है और माउंट ब्लॉक (4807 मी) इस श्रेणी की सबसे ऊँची चोटी है।

67 निम्न कथनों पर विचार कीजिए *(Chap 12, Class-VII, Old NCERT)*

1. फ्रांस के उत्तर-पूर्वी तथा पूर्वी भागों और मध्यवर्ती पठारों पर महाद्वीपीय जलवायु पाई जाती है।
2. फ्रांस के दक्षिणी भागों में भूमध्यसागरीय जलवायु पाई जाती है।

उपर्युक्त में से कौन-सा/से कथन सही है/हैं?

(a) केवल 1
(b) केवल 2
(c) 1 और 2 दोनों
(d) न तो 1 और न ही 2

उत्तर (c)

व्याख्या फ्रांस की जलवायु के संबंध में दिए गए दोनों कथन सही हैं। फ्रांस के उत्तर-पूर्वी तथा पूर्वी भागों एवं मध्यवर्ती पठारों पर महाद्वीपीय जलवायु पाई जाती है, क्योंकि ये क्षेत्र महासागरीय प्रभाव से काफी दूर हैं। फ्रांस के दक्षिणी भाग में भूमध्यसागरीय जलवायु पाई जाती है, इस भाग में वर्षा जाड़े में होती है।

68 निम्नलिखित नदियों में से कौन-सी नदी उत्तर की दिशा की ओर प्रवाहित नहीं होती है? *(Chap 12, Class-VII, Old NCERT)*

(a) राइन (b) एल्ब
(c) डेन्यूब (d) ओडर

उत्तर (c)

व्याख्या जर्मनी में प्रवाहित होने वाली नदियों में डेन्यूब एक ऐसी नदी है, जो उत्तर दिशा की ओर प्रवाहित नहीं होती। यह पश्चिम से पूर्व की ओर प्रवाहित होती है। डेन्यूब ब्लॉक फॉरेस्ट पर्वत से निकलती है एवं कालासागर में जाकर गिरती है जबकि राइन, एल्ब, ओडर आदि सभी नदियाँ उत्तर की ओर प्रवाहित होती हैं।

69 निम्न कथनों पर विचार कीजिए *(Chap 12, Class-VII, Old NCERT)*

1. जर्मनी में कोयला उत्पादन के प्रमुख क्षेत्र क्रमश: रूर, सार और सैक्सोनी हैं।
2. रूर, राइन की सहायक नदी है, जो इसमें दाहिनी ओर से आकर मिलती है।
3. लिग्नाइट कोयला जर्मनी के पश्चिमी भाग में मिलता है।
4. लौह अयस्क केवल बवेरिया में मिलता है।

उपर्युक्त में से कौन-सा/से कथन सही नहीं है/हैं?

(a) 1 और 2 (b) 3 और 4
(c) 1, 2 और 4 (d) ये सभी

उत्तर (b)

व्याख्या दिए गए कथनों में से कथन (3) और (4) सही नहीं हैं, क्योंकि जर्मनी में लिग्नाइट कोयले का उत्पादन मुख्य रूप से पूर्वी भाग में किया जाता है। जर्मनी में लौह अयस्क का उत्पादन बवेरिया के अतिरिक्त नूरेनबर्ग, हनोवर (दक्षिण-पूर्व भाग में) और रूर प्रदेश दक्षिण में भी किया जाता है।

70 निम्न में से कौन-सा कथन सही है? *(Chap 12, Class-VII, Old NCERT)*

1. जर्मनी का बॉन नगर, राइन नदी पर अवस्थित है।
2. ड्रेसडन, जो प्राचीन एवं महत्त्वपूर्ण नगर है, वह डेन्यूब नदी पर अवस्थित है।
3. जर्मनी का म्युनिख कला और संस्कृति का केंद्र है।

कूट

(a) केवल 2 (b) 2 और 3 (c) 1 और 3 (d) 1, 2 और 3

उत्तर (c)

व्याख्या दिए गए कथनों में से कथन (1) और (3) सही हैं।
राइन नदी के तट पर स्थित बॉन शहर एक समय, जर्मनी (संघीय गणराज्य) की राजधानी था। जर्मन का म्युनिख शहर बवेरिया के उच्चवर्ती क्षेत्र में स्थित है, यह कला व संस्कृति का प्रमुख केंद्र है।
कथन (2) सही नहीं है, क्योंकि ड्रेसडेन जो प्राचीन एवं महत्त्वपूर्ण नगर है, वह डेन्यूब नदी पर नहीं, बल्कि एल्ब नदी के किनारे अवस्थित है।

71 निम्नलिखित में से कौन-सा युग्म सुमेलित है? *(Chap 13, Class-VII, Old NCERT)*

1. पूर्वी रूस का मैदान — वोल्गा नदी
2. पश्चिमी साइबेरिया का मैदान — ओब एवं येनीसी नदी
3. मध्य साइबेरिया का पठार — इर्टिश नदी

कूट

(a) केवल 1 (b) 1 और 2
(c) 2 और 3 (d) 1, 2 और 3

उत्तर (b)

व्याख्या दिए गए युग्मों में से युग्म (1) और (2) सही सुमेलित हैं। पूर्वी रूस के मैदानी भागों में वोल्गा नदी प्रवाहित होती है।
बल्दाई पहाड़ी से निकलने वाली यह नदी कैस्पियन सागर में आकर मिलती है। ओब, येनीसी एवं इर्टिश पश्चिमी साइबेरियन मैदानी भाग में प्रवाहित होने वाली नदियाँ हैं।
युग्म (3) सही सुमेलित नहीं है, क्योंकि मध्य साइबेरिया पठार येनीसी एवं लीना नदियों के मध्य भाग में स्थित है। यह एक ऊबड़-खाबड़ पठारी क्षेत्र है। इसकी औसत ऊँचाई 500 मी तक है।

72 निम्न में से कौन-सा कथन सही है? *(Chap 13, Class-VII, Old NCERT)*

1. रूस का सबसे ऊँचा पर्वत शिखर एल्ब्रूस है।
2. कमचटका प्रायद्वीप भूकंप और ज्वालामुखी विस्फोट का क्षेत्र है।

कूट

(a) केवल 1
(b) केवल 2
(c) 1 और 2 दोनों
(d) न तो 1 और न ही 2

उत्तर (c)

व्याख्या दिए गए दोनों कथन सही हैं।

रूस का सबसे ऊँचा पर्वत शिखर माउंट एल्ब्रूस (5633 मी) है। यह काकेशस पर्वत श्रेणी में स्थित है। यह पर्वत शिखर रूस और जॉर्जिया की सीमा के निकट है। रूस के पूर्वी भाग में स्थित कमचटका प्रायद्वीपीय क्षेत्र भूकंप एवं ज्वालामुखी विस्फोट से निरंतर प्रभावित रहता है।

73 रूस की जलवायु के संबंध में दिए गए कथनों पर विचार कीजिए *(Chap 13, Class-VII, Old NCERT)*

1. रूस का पश्चिमी भाग पूर्वी भाग की अपेक्षा अधिक लंबे समय तक हिम से ढका रहता है।
2. यहाँ सर्वाधिक वर्षा काकेशस पर्वत श्रेणी पर होती है।
3. इसके आंतरिक भागों में महाद्वीपीय जलवायु पाई जाती है।

उपर्युक्त में से कौन-सा/से कथन सही है/हैं?

(a) केवल 2
(b) 2 और 3
(c) 1 और 3
(d) 1, 2 और 3

उत्तर *(b)*

व्याख्या रूस की जलवायु के संबंध में कथन (2) और (3) सही हैं। रूस में सर्वाधिक वर्षा काकेशस पर्वत श्रेणी में शीत ऋतु में होती है। साइबेरिया के उत्तर-पूर्वी भाग में वर्षा सबसे कम होती है, सागरीय प्रभाव से दूर होने के कारण यहाँ महाद्वीपीय जलवायु मिलती है।

कथन (1) सही नहीं है, क्योंकि रूस का पश्चिमी भाग पूर्वी भाग की अपेक्षा कम समय तक हिम (बर्फ) से ढका रहता है। जबकि पूर्वी भाग 240 दिनों तक तथा पश्चिमी भाग 80 दिनों तक हिम से ढका रहता है।

74 रूस में पाई जाने वाली वनस्पतियों का कौन-सा क्रम उत्तर से दक्षिण दिशा में सही है? *(Chap 13, Class-VII, Old NCERT)*

1. टुंड्रा वनस्पति
2. टैगा वनस्पति
3. स्टेपी घास
4. मिश्रित वनस्पति

कूट

(a) 1, 2, 4, 3 (b) 2, 1, 4, 3 (c) 3, 1, 4, 2 (d) 3, 2, 1, 4

उत्तर *(a)*

व्याख्या रूस में पाई जाने वाली वनस्पतियों का उत्तर से दक्षिण का क्रम टुंड्रा वनस्पति, टैगा वनस्पति, मिश्रित वनस्पति और स्टेपी घास है।

रूस के सबसे उत्तरी भाग में **टुंड्रा वनस्पति** की पेटी है। इसके बाद टैगा **वनस्पति, मिश्रित वन, स्टेपी घास भूमि** तथा **पर्वतीय वनस्पति** पाई जाती है। टुंड्रा क्षेत्र में वनस्पतियों का पूर्णत: अभाव मिलता है। टैगा क्षेत्र में शंकुधारी वन पाए जाते हैं, इनकी मुलायम लकड़ियाँ आर्थिक रूप से महत्त्वपूर्ण मानी जाती हैं।

75 निम्न कथन (A) व कारण (R) को पढ़िए और नीचे दिए गए कूट की सहायता से सही उत्तर का चयन कीजिए *(Chap 13, Class-VII, Old NCERT)*

कथन (A) रूस में कृषि भूमि का आधा हिस्सा सामूहिक फार्मों (कोलखोज) को दिया गया था।

कारण (R) सामूहिक फार्मों पर कृषि सहकारी समितियों द्वारा की जाती थी।

कूट

(a) A और R दोनों सही हैं तथा R, A की सही व्याख्या है
(b) A और R दोनों सही हैं, परंतु R, A की सही व्याख्या नहीं है
(c) A सही है, किंतु R गलत है
(d) A गलत है, किंतु R सही है

उत्तर *(b)*

व्याख्या A और R दोनों सही हैं, परंतु R, A की सही व्याख्या नहीं है।

रूस में साम्यवादी शासन के दौरान कृषि भूमि के आधे हिस्से को सामूहिक फार्मों के अंतर्गत सहकारी समितियों को कृषि कार्य के लिए सौंपा गया था। किसानों को नकद राशि या उत्पादन में हिस्सा उनके श्रम की मात्रा के अनुसार मिलता था।

76 रूस के खनिज एवं शक्ति के संसाधन के संदर्भ में दिए गए युग्मों में कौन-सा युग्म सही सुमेलित है? *(Chap 13, Class-VII, Old NCERT)*

	खनिज/शक्ति संसाधन		क्षेत्र
1.	लौह अयस्क	—	साइबेरिया क्षेत्र
2.	कोयला	—	कुजनेटस्क बेसिन
3.	पेट्रोलियम	—	एजोब काला सागर क्षेत्र

कूट

(a) केवल 1
(b) 1 और 2
(c) 2 और 3
(d) 1, 2 और 3

उत्तर *(d)*

व्याख्या रूस के खनिज एवं शक्ति संसाधन के संदर्भ में दिए गए सभी युग्म सही सुमेलित हैं।

साइबेरिया का कर्च प्रायद्वीपीय क्षेत्र लौह अयस्क उत्पादन के लिए प्रसिद्ध है। **कुजनेटस्क बेसिन,** पूर्वी साइबेरिया, यूराल व मॉस्को उपबेसिन में भी कोयले के भंडार पाए जाते हैं।

काला सागर के उत्तरी भाग में स्थित एजोब सागर के समीप खनिज तेल के पर्याप्त भंडार विद्यमान हैं।

77 निम्न कथनों पर विचार कीजिए। *(Chap 13, Class-VII, Old NCERT)*

1. रूस का लौह एवं इस्पात उद्योग यूराल क्षेत्र और साइबेरिया में केंद्रित है।
2. रूस का औद्योगिक प्रदेश मुख्य रूप से मॉस्को तथा सेंट पीटर्सबर्ग (लेनिनग्राद) के आस-पास केंद्रित है।

उपर्युक्त में से कौन-सा/से कथन सही है/हैं?

(a) केवल 1
(b) केवल 2
(c) 1 और 2
(d) न तो 1 और न ही 2

उत्तर *(c)*

व्याख्या दिए गए दोनों कथन सही हैं।

रूस का लौह एवं इस्पात उद्योग यूराल क्षेत्र और साइबेरिया क्षेत्र में केंद्रित है, क्योंकि यहाँ स्थानीय क्षेत्रों में खनिज संसाधन पर्याप्त मात्रा में उपलब्ध हैं।

रूस के औद्योगिक प्रदेश मुख्य रूप से मॉस्को तथा सेंट पीटर्सबर्ग (लेनिनग्राद) के आस-पास ही दक्षिणी यूराल, पश्चिमी साइबेरिया और सुदूर पूर्ववर्ती क्षेत्रों में फैले हुए हैं।

78 रूस की परिवहन व्यवस्था के संदर्भ में दिए गए कथनों पर विचार कीजिए *(Chap 13, Class-VII, Old NCERT)*

1. ट्रांस साइबेरिया रेलमार्ग मॉस्को को साइबेरिया के औद्योगिक क्षेत्रों से जोड़ता है।
2. मॉस्को पाँच सागरों का पत्तन नगर है।
3. मुरमांस्क, रूस के आर्कटिक महासागर का ऐसा पत्तन है, जो वर्षभर हिम से मुक्त रहता है।

उपर्युक्त में से कौन-सा/से कथन सही है/हैं?

(a) केवल 2
(b) 2 और 3
(c) 1 और 3
(d) 1, 2 और 3

उत्तर *(d)*

व्याख्या रूस की परिवहन व्यवस्था के संदर्भ में सभी कथन सही हैं। ट्रांस साइबेरिया रेलमार्ग मॉस्को को साइबेरिया के औद्योगिक क्षेत्रों से जोड़ता है। मॉस्को जो रूस की राजधानी है, को पाँच सागरों का पत्तन (काला सागर, कैस्पियन सागर, बाल्टिक सागर, लाडोगा झील, श्वेत सागर) कहा जाता है, मुरमांस्क रूस के आर्कटिक महासागर (कोला प्रायद्वीप) का ऐसा पत्तन है, जो उच्च अक्षांशीय क्षेत्र में होने के अतिरिक्त हिम से मुक्त रहता है। यह आर्कटिक महासागर से ब्लाडीवोस्तक को जाने वाले समुद्री मार्ग पर स्थित है।

79 निम्न कथनों पर विचार कीजिए *(Chap 13, Class-VII, Old NCERT)*

1. रूस के मॉस्को और सेंट पीटर्सबर्ग में राष्ट्रीय तथा अंतर्राष्ट्रीय हवाई अड्डे हैं।
2. रूस की अधिकतर जनसंख्या यूराल पर्वत के पूर्वी भाग में निवास करती है।

उपर्युक्त में से कौन-सा/से कथन असत्य है/हैं?

(a) केवल 1
(b) केवल 2
(c) 1 और 2 दोनों
(d) न तो 1 और न ही 2

उत्तर (b)

व्याख्या दिए गए कथनों में से कथन (2) असत्य है, क्योंकि रूस की अधिकतर जनसंख्या यूराल पर्वत के पूर्वी भाग में नहीं, बल्कि पश्चिमी भाग में निवास करती है। यूराल क्षेत्र का पश्चिमी भाग अधिक विकसित है। रूस की राजधानी भी पश्चिमी भाग में ही स्थित है। मॉस्को व सेंट पीटर्सबर्ग में अंतर्राष्ट्रीय एयरपोर्ट स्थापित किए गए हैं।

उत्तर अमेरिका

80 'ग्रीनलैंड' निम्नलिखित देशों में से किस देश का भाग है?
(Chap 6, Class-VII, Old NCERT) (BPSC Pre 2020)

(a) डेनमार्क
(b) फिनलैंड
(c) कनाडा
(d) यूनाइटेड किंगडम

उत्तर (a)

व्याख्या उत्तर अमेरिका महाद्वीप के उत्तर-पूर्वी भाग में स्थित सबसे बड़े द्वीप 'ग्रीनलैंड' पर डेनमार्क का अधिकार है।
उत्तर अमेरिका के उच्च अक्षांशीय क्षेत्र में स्थित होने के कारण ग्रीनलैंड का अधिकतर भू-भाग बर्फ से ढका रहता है। यह आर्कटिक तथा अटलांटिक महासागर के बीच अवस्थित है।

81 'कनाडियन शील्ड' के संबंध में निम्नलिखित में से कौन-सा कथन सही है? *(Chap 6, Class-VII, Old NCERT)*

1. यह शील्ड बहुमूल्य खनिज संसाधनों का भंडार है।
2. यह संयुक्त राज्य अमेरिका के लगभग आधे भाग में फैला है।
3. विश्व प्रसिद्ध नियाग्रा जलप्रपात इस भाग में इरी तथा ओंटोरियो झील के बीच स्थित है।
4. सेंट लॉरेंस इस प्रदेश की प्रमुख नदी है, जो प्रशांत महासागर में गिरती है।

कूट

(a) 1 और 3 (b) 2 और 4 (c) 1, 2 और 3 (d) 1, 3 और 4

उत्तर (a)

व्याख्या 'कनाडियन शील्ड' के संबंध में कथन (1) और (3) सही हैं। कनाडियन शील्ड में बहुमूल्य खनिज संसाधनों का भंडार पाया जाता है। यहाँ सोना, चाँदी, निकेल, लोहा, ताँबा, प्लेटिनम, रेडियम, कोबाल्ट और यूरेनियम पाए जाते हैं। विश्व प्रसिद्ध नियाग्रा जलप्रपात इसी भाग में इरी एवं ओंटोरियो झील के मध्य स्थित है।
कथन (2) और (4) सही नहीं हैं, क्योंकि सेंट लॉरेंस नदी इस प्रदेश की प्रमुख नदी है, जो अटलांटिक महासागर में गिरती है। कनाडियन शील्ड का विस्तार सबसे अधिक कनाडा (लगभग आधा) में पाया जाता है।

82 निम्न में से कौन-सी झील/झीलें ग्रेट लेक्स के अंतर्गत शामिल न है/हैं? *(Chap 6, Class-VII, Old NCERT) (UKPSC Pre 20*

1. सुपीरियर
2. ह्यूरोन
3. ग्रेट बियर
4. मिशिगन

कूट

(a) 2 और 4
(b) केवल 3
(c) 1, 2 और 3
(d) 2, 3 और 4

उत्तर (b)

व्याख्या ग्रेट बियर झील, ग्रेट लेक्स के अंतर्गत शामिल नहीं है, क्योंकि ग्रे लेक्स के अंतर्गत सुपीरियर, मिशिगन, ह्यूरोन, इरी एवं ओंटोरियो झीलों शामिल किया जाता है। इन सभी झीलों का निर्माण हिमनद द्वारा हुआ। ग्रेट बि झील कनाडा में स्थित है।

83 अमेरिका महाद्वीप के उत्तर-पूर्व में स्थित अप्लेशियन पर्वतों (पूर्वी उच्च भूमि) से होकर निम्न में से कौन-सी नदियाँ प्रवाहित होती हैं *(Chap 6, Class-VII, Old NCER*

(a) ह्यूरोन नदी (b) इरी नदी (c) हडसन नदी (d) ग्रेट बियर

उत्तर (c)

व्याख्या अमेरिकी महाद्वीप के उत्तर-पूर्व में स्थित अप्लेशियन पर्वतों (पू उच्च भूमि) से होकर हडसन नदी निकलती है। न्यूयॉर्क इसी नदी के किन स्थित है। जबकि ह्यूरोन, इरी एवं ग्रेट बियर हिमनदीय झीलें हैं।

84 निम्न कथनों पर विचार कीजिए *(Chap 6, Class-VII, Old NCERT*

1. उत्तर अमेरिका महाद्वीप के मध्यवर्ती भाग में विशाल मैदान तथा दक्षिण भाग में मिसीसिपी-मिसौरी की नदी द्रोणियाँ हैं।
2. पश्चिमी कॉर्डिलेरा का सबसे ऊँचा पर्वत शिखर माउंट मैकिन्ले है।

उपर्युक्त में से कौन-सा/से कथन सही है/हैं?

(a) केवल 1
(b) केवल 2
(c) 1 और 2
(d) न तो 1 और न ही 2

उत्तर (c)

व्याख्या दिए गए दोनों कथन सही हैं।
उत्तर अमेरिका महाद्वीप के मध्यवर्ती भाग में विशाल मैदानी भाग का विस्तार पाया जाता है तथा इसके दक्षिणी भाग में मिसीसिपी-मिसौरी नदी की द्रोणियाँ हैं। यह क्षेत्र कृत्रिम उत्पादों के दृष्टिकोण से अधिक महत्त्वपूर्ण माना जाता है। पश्चिमी कॉर्डिलेरा का सबसे ऊँचा पर्वत शिखर माउंट मैकिन्ले (6187 मी) है, जो अलास्का प्रांत में स्थित है। उत्तरी अमेरिका की अधिकतर नदियाँ पश्चिमी कार्डिलेरा से निकलती हैं।

85 निम्नलिखित में से कौन-सी पर्वत श्रेणियाँ अथवा पर्वत उत्तर अमेरिका में अवस्थित है/हैं? *(Chap 6, Class-VII, Old NCERT)*

1. रॉकी पर्वत
2. सियरा नेवादा
3. तटीय श्रेणी
4. अप्लेशियन पर्वत

कूट

(a) 1 और 2 (b) 2 और 4 (c) 1, 3 और 4 (d) ये सभी

उत्तर (d)

व्याख्या उपर्युक्त दी गई सभी पर्वत श्रेणियाँ उत्तरी अमेरिकी महाद्वीप में अवस्थित हैं। रॉकी पर्वत, सियरा नेवेदा व तटीय श्रेणी महाद्वीप के पश्चिमी भाग में स्थित हैं, जबकि अप्लेशियन पर्वत उत्तरी-पूर्वी भाग में स्थित है।
अप्लेशियन को पुरातन वलित या अवशिष्ट पर्वत माना जाता है। पश्चिमी भाग में स्थित सभी पर्वत श्रेणियाँ नवीनतम पर्वत श्रेणियाँ हैं।

निम्नलिखित कथनों पर विचार कीजिए *(Chap 6, Class-VII, Old NCERT)*

1. विश्व की सबसे बड़ी कैनियन, ग्रांड कैनियन संयुक्त राज्य अमेरिका में है।
2. पश्चिमी कॉर्डिलेरा में सबसे प्रसिद्ध उष्णोत्स ओल्ड फेथफुल गीजर, येलोस्टोन नेशनल पार्क में स्थित हैं।

उपर्युक्त में से कौन-सा/से कथन सही है/हैं?

(a) केवल 1
(b) केवल 2
(c) 1 और 2 दोनों
(d) न तो 1 और न ही 2

उत्तर (c)

व्याख्या दिए गए दोनों कथन सही हैं।
विश्व की सबसे बड़ी कैनियन, ग्रांड कैनियन (कोलोरैडो नदी पर) संयुक्त राज्य अमेरिका में स्थित है। यह अपनी प्राकृतिक सुंदरता के लिए विश्व प्रसिद्ध है। नदियों द्वारा बनाए गए बहुत लंबे, गहरे तथा दीवार के समान खड़े किनारे वाले महाखड्डों को कैनियन कहते हैं।
पश्चिमी कॉर्डिलेरा में सबसे प्रसिद्ध उष्णोत्स (गीजर) ओल्ड फेथफुल गीजर येलोस्टोन नेशनल पार्क में स्थित है।

87 **निम्नलिखित कथनों पर विचार कीजिए तथा इनमें से असत्य कथनों की पहचान कीजिए** *(Chap 6, Class-VII, Old NCERT)*

1. सेंट लॉरेंस तथा ग्रेट लेक्स विश्व का सबसे बड़ा अंतर्देशीय जलमार्ग है।
2. मैकेंजी नदी अटलांटिक महासागर में गिरती है।
3. मिसीसिपी नदी पूर्व की दिशा में प्रवाहित है, जो परिवहन में महत्त्वपूर्ण भूमिका निभाती है।

कूट

(a) केवल 2 (b) केवल 1 (c) 2 और 3 (d) 1, 2 और 3

उत्तर (c)

व्याख्या दिए गए कथनों में से कथन (2) और (3) असत्य हैं, क्योंकि अलास्का प्रांत में प्रवाहित होने वाली मैकेंजी नदी आर्कटिक महासागर में गिरती है। मिसीसिपी नदी दक्षिण दिशा में प्रवाहित होती है, इसका उपयोग कपास, लकड़ी और पेट्रोलियम के परिवहन के लिए किया जाता है।
कथन (1) सत्य है। सेंट लॉरेंस व ग्रेट लेक्स विश्व का सबसे बड़ा अंतर्देशीय जलमार्ग है, जो संयुक्त राज्य अमेरिका तथा कनाडा के प्रसिद्ध औद्योगिक क्षेत्रों से होकर गुजरता है।

88 **नीचे दी गई उत्तर अमेरिका महाद्वीप की प्राकृतिक वनस्पतियों के संबंध में कौन-सा क्रम उत्तर से दक्षिण के क्रम में सही है?** *(Chap 7, Class-VII, Old NCERT)*

1. काई एवं लाइकेन
2. शंकुधारी वन
3. मिश्रित वन
4. उष्णकटिबंधीय वन

कूट

(a) 1, 2, 3, 4 (b) 2, 1, 3, 4
(c) 3, 1, 2, 4 (d) 2, 4, 1, 3

उत्तर (a)

व्याख्या उत्तर अमेरिका महाद्वीप की प्राकृतिक वनस्पति के संबंध में उत्तर से दक्षिण के क्रम में सही क्रम लाइकेन, शंकुधारी वन, मिश्रित वन, उष्णकटिबंधीय वन है। **लाइकेन मुख्यतः** टुंड्रा प्रदेश की वनस्पति है। टुंड्रा प्रदेश के दक्षिण में शंकुधारी वन पाए जाते हैं, इन वनों को टैगा वन प्रदेश भी कहते हैं।
टैगा प्रदेश या शंकुधारी वनों के दक्षिण में मिश्रित वनों का क्षेत्र पाया जाता है। **उष्णकटिबंधीय वन** मध्य अमेरिका, मैक्सिको के पूर्वी भागों व पश्चिमी द्वीप समूहों में पाए जाते हैं।

89 **निम्न कथनों पर विचार कीजिए** *(Chap 6, Class-VII, Old NCERT)*

1. उत्तर अमेरिका के आंतरिक भागों में 'प्रेयरीज' नामक घास की भूमियाँ पाई जाती हैं।
2. कैलिफोर्निया के पश्चिमी तट पर भूमध्यसागरीय जलवायु पाई जाती है।

उपर्युक्त में से कौन-सा/से कथन सही है/हैं?

(a) केवल 1 (b) केवल 2
(c) 1 और 2 दोनों (d) न तो 1 और न ही 2

उत्तर (c)

व्याख्या दिए गए दोनों कथन सही हैं।
उत्तर अमेरिका के आंतरिक भागों में शीतोष्ण कटिबंधीय घास के मैदान 'प्रेयरीज' का विस्तार पाया जाता है। गेहूँ उत्पादन के लिए यह क्षेत्र महत्त्वपूर्ण माना जाता है। कैलिफोर्निया के पश्चिमी तट पर भूमध्यसागरीय जलवायु पाई जाती है, जहाँ वर्षा जाड़े में होती है।

90 **निम्नलिखित कथनों में से कौन-सा कथन सही है?** *(Chap 7, Class-VII, Old NCERT)*

(a) कपास की खेती उत्तरी अमेरिका के मिसीसिपी द्रोणी के दक्षिणी भाग में की जाती है।
(b) गन्ने की खेती के लिए वेस्टइंडीज यहाँ का प्रसिद्ध क्षेत्र है।
(c) मक्का (कॉर्न) की खेती यूएसए में मुख्य रूप से पशुओं को खिलाने के लिए की जाती है।
(d) उपर्युक्त सभी

उत्तर (d)

व्याख्या दिए गए सभी कथन सही हैं।
उत्तरी अमेरिकी महाद्वीप के मिसीसिपी द्रोणी के दक्षिणी भाग में कपास उत्पादन हेतु सभी भौगोलिक परिस्थितियाँ विद्यमान हैं।
उष्णकटिबंधीय जलवायु के कारण वेस्टइंडीज द्वीप समूहों में गन्ने का उत्पादन अधिक किया जाता है। संयुक्त राज्य अमेरिका में मक्का (कॉर्न) की खेती मुख्य रूप से पशुओं को खिलाने के लिए व वर्तमान समय में ईंधन बनाने हेतु की जाती है।

91 **उत्तर अमेरिका के खनिज के संदर्भ में दिए गए कथनों पर विचार कीजिए** *(Chap 7, Class-VII, Old NCERT)*

1. सुपीरियर झील के क्षेत्र में उत्तम कोटि के लौह अयस्क पाए जाते हैं।
2. सोना मुख्यतः ओंटोरियो (यूएसए) से निकाला जाता है।
3. संसार के सीसे और जस्ते के बड़े निक्षेप ब्रिटिश कोलंबिया (कनाडा) में पाए जाते हैं।

उपर्युक्त में से कौन-सा/से कथन सही है/हैं?

(a) केवल 1 (b) 1 और 2 (c) 2 और 3 (d) 1, 2 और 3

उत्तर (d)

व्याख्या उत्तर अमेरिका के खनिज के संदर्भ में सभी कथन सही हैं।
सुपीरियर झील के क्षेत्र में उत्तम कोटि के लौह अयस्क पाए जाते हैं। मेसाबी एवं वरनिलियम प्रमुख रेंज हैं, जहाँ लौह अयस्क का उत्पादन होता है।
अमेरिका में सोना का सर्वाधिक उत्पादन ओंटोरियो प्रांत में किया जाता है, कनाडा के ब्रिटिश कोलंबिया प्रांत में सीसे व जस्ते का विशाल भंडार पाया जाता है, इसके अतिरिक्त इस क्षेत्र में चाँदी का भी निक्षेप पाया जाता है।

92 **निम्न कथनों पर विचार कीजिए** *(Chap 7, Class-VII, Old NCERT)*

1. उत्तर अमेरिका महाद्वीप में आने वाले प्रवासी लोगों में सबसे पहले पश्चिमी यूरोप के स्पेन, पुर्तगाल, फ्रांस, नीदरलैंड और ब्रिटिश द्वीप समूह से आए थे।
2. उत्तर अमेरिका महाद्वीप के उत्तरी भाग में जनसंख्या विरल, किंतु दक्षिण-पश्चिमी भाग में सघन पाई जाती है।

उपर्युक्त में से कौन-सा/से कथन सही नहीं है/हैं?

(a) केवल 1
(b) केवल 2
(c) 1 और 2 दोनों
(d) न तो 1 और न ही 2

उत्तर (b)

व्याख्या दिए गए कथनों में से कथन (2) सही नहीं है, क्योंकि उत्तर अमेरिका महाद्वीप के उत्तरी भाग के साथ-साथ दक्षिण-पश्चिम भाग में भी जनघनत्व विरल पाया जाता है। इसका कारण मानव निवास के लिए जलवायु का प्रतिकूल होना तथा पर्वतीय भागों की ऊबड़-खाबड़ भूमि है।

93 संयुक्त राज्य अमेरिका (यूएसए) के भू-भाग में विविधता पाई जाती है, जिसमें पूर्वी उच्च भूमि को किस नाम से जाना जाता है?

(Chap 8, Class-VII, Old NCERT)

(a) रॉकी पर्वत
(b) अप्लेशियन पर्वत
(c) सियरा नेवादा श्रेणी
(d) कैसकेड श्रेणी

उत्तर (b)

व्याख्या संयुक्त राज्य अमेरिका (यूएसए) के भू-भाग में विविधता पाई जाती है, जिसमें पूर्वी उच्च भूमि को अप्लेशियन पर्वत कहा जाता है। इन पर्वतों के दोनों ओर संकरे और कम ऊँचाई के पठार हैं, इन्हें पीडमांट या गिरिपद कहते हैं। यह एक अवशिष्ट पर्वत है।

जबकि रॉकी पर्वत, सियरा नेवादा व कैसकेड पर्वत श्रेणियाँ पश्चिमी भाग में पाई जाती हैं और ये सभी नवीन वलित पर्वत हैं।

94 सूची-I तथा सूची-II का सही सुमेलन कीजिए तथा कूट की सहायता से सही उत्तर की पहचान कीजिए

(Chap 8, Class-VII, Old NCERT)

सूची-I (परिचय)	सूची-II (स्थान)
A. संयुक्त राज्य अमेरिका का सबसे बड़ा रेल जंक्शन	1. न्यूयॉर्क
B. मोटर गाड़ी उद्योग का केंद्र	2. शिकागो
C. संयुक्त राष्ट्र का प्रधान कार्यालय	3. डेट्रायट
D. पश्चिमी अमेरिकी तट का प्रमुख औद्योगिक केंद्र	4. लॉस एंजिल्स

कूट

	A	B	C	D		A	B	C	D
(a)	2	3	1	4	(b)	2	3	4	1
(c)	4	1	2	3	(d)	4	1	3	2

उत्तर (a)

व्याख्या सही सुमेलन A-2, B-3, C-1, D-4 है।

संयुक्त राज्य अमेरिका का सबसे बड़ा रेल जंक्शन, **शिकागो** है।

मोटर गाड़ियों के उद्योग के लिए प्रमुख केंद्र **डेट्रायट** है।

संयुक्त राष्ट्र (UN) का कार्यालय अमेरिकी शहर **न्यूयॉर्क** में स्थित है।

यूएसए के पश्चिमी तट पर स्थित लॉस **एंजिल्स** एक प्रसिद्ध औद्योगिक केंद्र है।

95 निम्नलिखित कथनों में कौन-सा कथन सही है?

(Chap 7, Class-VII, Old NCERT)

(a) संयुक्त राज्य अमेरिका में तेल का पहला कुआँ पश्चिमी पेंसिल्वेनिया में 1859 ई. में खोदा गया था।
(b) संयुक्त राज्य अमेरिका विश्व में सर्वाधिक प्राकृतिक गैस का उत्पादन करता है।
(c) मैक्सिको चाँदी का विश्व में अग्रणी उत्पादक देश है।
(d) उपर्युक्त सभी

उत्तर (d)

व्याख्या दिए गए सभी कथन सही हैं

संयुक्त राज्य अमेरिका में तेल का पहला कुआँ पश्चिमी पेंसिल्वेनिया 1859 ई. में खोदा गया था। संयुक्त राज्य अमेरिका विश्व में सर्वाधिक प्राकृति गैस का उत्पादन करता है, दक्षिण प्रांतों में इसका उत्पादन अधिक होता है। मैक्सिको की खाड़ी तथा अटलांटिक महासागर के तटीय मैदानों में विश्व अधिकतम पेट्रोलियम और प्राकृतिक गैस निकाला जाता है। मैक्सिको चाँदी विश्व में अग्रणी उत्पादक देश है, चिहुआहुआ क्षेत्र प्रमुख चाँदी उत्पाद क्षेत्र है।

96 निम्न कथन (A) तथा कारण (R) को पढ़िए और नीचे दिए गए कू की सहायता से सही उत्तर का चयन कीजिए

(Chap 1, Class-VII, Old NCER

कथन (A) उत्तरी अमेरिका में न्यूफाउंडलैंड के तट के निकट ग्रैंड बैं मत्स्य उत्पादन के लिए प्रसिद्ध है।

कारण (R) छिछला क्षेत्र एवं ठंडी एवं गर्म जलधाराओं के कारण यह मत्स्य का उत्पादन व्यापक पैमाने पर किया जाता है।

कूट

(a) A और R दोनों सही हैं तथा R, A की व्याख्या है।
(b) A और R दोनों सही हैं, परंतु R, A की सही व्याख्या नहीं है।
(c) A सही है, किंतु R गलत है।
(d) A गलत है, किंतु R सही है।

उत्तर (a)

व्याख्या A और R दोनों सही हैं तथा R, A की सही व्याख्या करता है।

उत्तरी अमेरिका में न्यूफाउंडलैंड के तट के निकट ग्रैंडबैंक मत्स्य उत्पादन के लिए विश्व प्रसिद्ध है। छिछला क्षेत्र एवं ठंडी एवं गर्म जलधाराओं के आपस मे मिलने के कारण यहाँ मत्स्य का उत्पादन व्यापक पैमाने पर किया जाता है प्रशांत महासागर के तट पर टूना और सालमन नामक मछलियाँ पाई जाती हैं ग्रैंड बैंक के अतिरिक्त जार्जेज बैंक भी प्रमुख मत्स्य उत्पादन केंद्र है।

97 निम्नलिखित कथनों पर विचार कीजिए

(Chap 8, Class-VII, Old NCERT)

1. संयुक्त राज्य अमेरिका का न्यूयॉर्क अपने गगनचुंबी भवनों या स्काई इस्क्रेपर्स के लिए प्रसिद्ध है।
2. शिकागो संयुक्त राज्य अमेरिका का सबसे बड़ा रेल जंक्शन है।

उपर्युक्त में से कौन-सा/से कथन सही है/हैं?

(a) केवल 1
(b) केवल 2
(c) 1 और 2 दोनों
(d) न तो 1 और न ही 2

उत्तर (c)

व्याख्या दिए गए दोनों कथन सही हैं।

संयुक्त राज्य अमेरिका का न्यूयॉर्क अपने गगनचुंबी भवनों व इमारतों या स्काई इस्क्रेपर्स के लिए प्रसिद्ध है। यह संयुक्त राज्य अमेरिका का सबसे बड़ा नगर है। शिकागो संयुक्त राज्य अमेरिका का सबसे बड़ा रेलवे जंक्शन है और यह प्रमुख रेलवे केंद्र है। लॉस एंजिल्स संयुक्त राज्य अमेरिका का दूसरा सबसे बड़ा नगर है, जबकि वाशिंगटन डी सी यहाँ की राष्ट्रीय राजधानी है।

98 कनाडा के भौतिक लक्षण से संबंधित दिए गए युग्मों में कौन-सा युग्म सही है?

(Chap 9, Class-VII, Old NCERT)

1. कनाडियन शील्ड — प्राचीन पठारी क्षेत्र
2. आंतरिक मैदान — उपजाऊ क्षेत्र (गेहूँ)
3. कॉर्डिलेरा प्रदेश — वन संसाधन

कूट

(a) केवल 1 (b) 1 और 2 (c) 2 और 3 (d) 1, 2 और 3

उत्तर (d)

व्याख्या कनाडा के भौतिक लक्षण के संदर्भ में दिए गए सभी युग्म सही हैं। कनाडा के प्राचीन पठारी क्षेत्र को **कनाडियन शील्ड** के नाम से जाना जाता है। यह शील्ड खनिज संसाधनों के लिए प्रसिद्ध है।

कनाडा के **आंतरिक मैदानी** प्रदेश को प्रेयरीज के नाम से जाना जाता है। शीतोष्ण कटिबंधीय के इस उपजाऊ क्षेत्र में गेहूँ का उत्पादन किया जाता है।

कनाडा का **कॉर्डिलेरा क्षेत्र** पश्चिमी भाग में स्थित है, जो वन संसाधनों, खनिज एवं जल विद्युत से संपन्न है।

9 निम्न कथन (A) व कारण (R) को पढ़िए और नीचे दिए गए कूट की सहायता से सही उत्तर का चयन कीजिए

(Chap 9, Class-VII, Old NCERT)

कथन (A) कनाडा के पश्चिमी भाग की जलवायु पूर्वी भाग की तुलना में अधिक मृदुल पाई जाती है।

कारण (R) यहाँ सूर्यातप का पूर्णतः अभाव पाया जाता है, जिसके कारण मौसम हमेशा शुष्क रहता है।

कूट

(a) A और R दोनों सही हैं तथा R, A की सही व्याख्या है।
(b) A और R दोनों सही हैं, परंतु R, A की सही व्याख्या नहीं है।
(c) A सही है, किंतु R गलत है।
(d) A गलत है, किंतु R सही है।

उत्तर (c)

व्याख्या कथन A सही है, किंतु R गलत है।

कनाडा के पश्चिमी भाग की जलवायु पूर्वी भाग की तुलना में अधिक मृदु होती है। इसका कारण उत्तरी प्रशांत प्रवाह है, जो यहाँ के तटीय भागों को कोष्ण बनाए रखता है। पछुआ पवन इस क्षेत्र में अधिक वर्षा करती है। सूर्यातप की मात्रा का इस क्षेत्र पर कोई प्रभाव नहीं पड़ता है।

00 किसकी सस्ती उपलब्धता के कारण कनाडा एल्युमीनियम का उत्पादन निर्यात के लिए करता है?

(Chap 9, Class-VII, Old NCERT)

(a) खनिज संसाधन
(b) मानव शक्ति
(c) जल विद्युत
(d) उपर्युक्त में से कोई नहीं

उत्तर (c)

व्याख्या कनाडा जल विद्युत की सस्ती उपलब्धता के कारण एल्युमीनियम का उत्पादन निर्यात के लिए करता है। बॉक्साइट एल्युमीनियम का प्रमुख अयस्क है, लेकिन कनाडा में बॉक्साइट नहीं मिलता है। इसलिए यह अपने एल्युमीनियम कारखानों के लिए बॉक्साइट जमायका और गुयाना से आयात करता है। एल्युमीनियम उद्योग की स्थापना उन्हीं क्षेत्रों में की जाती है, जहाँ जल विद्युत की सुविधा उपलब्ध होती है।

101 निम्न कथनों में कौन-सा कथन सही नहीं है?

(Chap 9, Class-VII, Old NCERT)

(a) ट्रांस कनाडा हाइवे, कनाडा के दोनों महासागरों के तट को जोड़ता है।
(b) अंत:स्थलीय जलमार्ग मुख्य रूप से ग्रेट लेक्स, सेंट लॉरेंस तथा उत्तर में मैकेंजी तक सीमित हैं।
(c) कनाडा के दक्षिणी भागों में स्की वायुयान का प्रचलन पाया जाता है।
(d) उपर्युक्त सभी

उत्तर (c)

व्याख्या दिए गए कथनों में से कथन (c) सही नहीं है, क्योंकि कनाडा के उत्तरी भागों में स्की वायुयान का प्रचलन पाया जाता है, न कि दक्षिणी भागों में। कनाडा के उत्तरी भागों में वायुयान भूमि पर उतारने के लिए प्राय: झीलों एवं नदियों का उपयोग किया जाता है।

कथन (a) और (b) सही हैं। ट्रांस कनाडा हाइवे, कनाडा के दोनों महासागरों को जोड़ता है, इसकी कुल लंबाई 9600 किमी है। अंत:स्थलीय जलमार्ग मुख्य रूप से ग्रेट लेक्स, सेंट लॉरेंस तथा उत्तर में मैकेंजी नदी तक सीमित हैं, शीत ऋतु में ये सभी जम जाते हैं।

दक्षिण अमेरिका

102 निम्नलिखित में से कौन-कौन से क्षेत्र लैटिन अमेरिका में शामिल होते हैं?

(Chap 11, Class-VI, Old NCERT)

1. दक्षिण अमेरिका 2. मध्य अमेरिका 3. मैक्सिको 4. वेस्टइंडीज

कूट

(a) 1 और 2 (b) 3 और 4 (c) 1, 3 और 4 (d) ये सभी

उत्तर (d)

व्याख्या लैटिन अमेरिका के अंतर्गत दक्षिण अमेरिका, मध्य अमेरिका, मैक्सिको, वेस्टइंडीज आदि को शामिल किया जाता है।

इन देशों में लैटिन भाषा का उपयोग अधिक किया जाता है, जिसमें स्पेनिश, फ्रेंच, पुर्तगाली इत्यादि प्रमुख हैं, इसलिए इसे लैटिन अमेरिका कहा जाता है।

103 एंडीज पर्वतमाला के संबंध में निम्नलिखित में से कौन-सा कथन सही नहीं है?

(Chap 11, Class-VI, Old NCERT)

(a) एंडीज श्रृंखला विश्व की दूसरी सबसे ऊँची पर्वतमाला है।
(b) यह एक नवीन वलित पर्वतमाला है, जिसका निर्माण वलन की क्रिया से हुआ है।
(c) इसका सर्वोच्च शिखर सबसे उत्तरी भाग में अवस्थित है।
(d) इक्वेडोर में स्थित कोटोपैक्सी विश्व का सबसे ऊँचा सक्रिय ज्वालामुखी है, जो इसी पर्वतमाला पर अवस्थित है।

उत्तर (c)

व्याख्या एंडीज पर्वतमाला के संबंध में कथन (c) सही नहीं है, क्योंकि एंडीज पर्वतमाला के अधिकतर सर्वोच्चतम शिखर दक्षिण भाग में स्थित हैं। इस श्रेणी का सर्वोच्चतम शिखर एकांकागुआ (7021 मी) दक्षिणी चिली में स्थित है। हिमालय के बाद एंडीज श्रृंखला विश्व की सबसे ऊँची पर्वतमाला है।

यह नवीन वलित पर्वतमाला है, जिसका निर्माण वलन क्रिया द्वारा हुआ है। इक्वेडोर में स्थित कोटोपैक्सी विश्व का सबसे ऊँचा सक्रिय ज्वालामुखी है, जो इसी पर्वतमाला पर अवस्थित है।

104 निम्नलिखित में से कौन-सा/से कथन सत्य है/हैं?

(Chap 11, Class-VI, Old NCERT)

1. दक्षिण अमेरिका महाद्वीप के मध्यवर्ती मैदान एंडीज पर्वत और पूर्वी उच्च भूमि के बीच फैले हैं।
2. मध्यवर्ती मैदानों का अधिकतर भाग ओरिनीको, अमेजन और प्लाटा नदियों की द्रोणियों से बने हैं।

कूट

(a) केवल 1 (b) केवल 2
(c) 1 और 2 दोनों (d) न तो 1 और न ही 2

उत्तर (c)

व्याख्या दिए गए दोनों कथन सत्य हैं। दक्षिण अमेरिका महाद्वीप के मध्यवर्ती मैदान एंडीज पर्वत और पूर्वी उच्च भूमि के बीच फैले हैं।

इन मध्यवर्ती मैदानों का अधिकतर भाग ओरिनीको, अमेजन और प्लाटा नदियों की द्रोणियों से बना है। पराना, पराग्वे, उरुग्वे तथा इनकी सहायक नदियों के सम्मिलित तंत्र को 'प्लाटा' कहा जाता है। दक्षिण अमेरिका के घास के मैदान को पंपास कहा जाता है, यह दक्षिण अमेरिका की उपजाऊ निचली भूमि है, जिसका विस्तार अर्जेंटीना के प्रांत ब्यूनस आयर्स, लापंपा, सांताफे और कोरडोबा, उरुग्वे के अधिकांश भाग तथा ब्राजील के दक्षिणी भाग रिओग्रान्डे दो सुल तक है।

105 निम्न कथनों पर विचार कीजिए *(Chap 11, Class-VI, Old NCERT)*

1. दक्षिण अमेरिका महाद्वीप के मध्यवर्ती मैदान का विस्तार एंडीज पर्वत तथा पूर्वी उच्च भूमि के मध्य है।
2. पूर्वी उच्च भूमि में संसार का सबसे ऊँचा जलप्रपात अवस्थित है।

उपर्युक्त में से कौन-सा/से कथन सही है/हैं?

(a) केवल 1
(b) केवल 2
(c) 1 और 2
(d) न तो 1 और न ही 2

उत्तर *(c)*

व्याख्या दिए गए दोनों कथन सही हैं। दक्षिण अमेरिका महाद्वीप के मध्यवर्ती मैदान का विस्तार एंडीज पर्वत तथा पूर्वी उच्च भूमि के मध्य है। इसके मैदानी भाग का अधिकतर भाग ओरिनीको, अमेजन, प्लाटा नदी द्रोणियों से बना है। पूर्वी उच्च भूमि में विश्व का सबसे ऊँचा जलप्रपात, एंजेल जलप्रपात, वेनेजुएला के दक्षिण-पूर्वी भाग में स्थित है।

106 निम्नलिखित कथनों पर विचार कीजिए तथा इनमें से असत्य कथनों की पहचान कीजिए *(Chap 11, Class-VI, Old NCERT)*

(a) टिटिकाका झील, बोलिविया के पठार पर अवस्थित है।
(b) अमेजन नदी विश्व की सर्वाधिक चौड़े प्रवाह वाली नदी है, जिसका मुहाना प्रशांत महासागर में है।
(c) 'a' और 'b' दोनों
(d) उपर्युक्त में से कोई नहीं

उत्तर *(b)*

व्याख्या दिए गए कथनों में से कथन (b) असत्य है, क्योंकि अमेजन नदी एंडीज पर्वत से निकलती है और अटलांटिक महासागर में जाकर गिरती है। यह ब्राजील के मध्य भाग से प्रवाहित होती है।

इसकी कुल लंबाई 6280 किमी तक है और यह विश्व की दूसरी सर्वाधिक लंबी नदी है। टिटिकाका झील बोलिविया पठार पर स्थित मीठे पानी की झील है और यह विश्व की सबसे ऊँची झील है।

107 सूची I तथा सूची II को सुमेलित कीजिए तथा कूट की सहायता से सही उत्तर का चयन कीजिए *(Chap 11, Class-VI, Old NCERT)*

सूची-I (वनस्पति/घास भूमि)	सूची-II (स्थानीय नाम)
A. विषुवतीय वर्षा वन	1. कैम्पास
B. ओरिनीको नदी द्रोणी की घास भूमि	2. ग्रान चाको
C. ब्राजील के मध्यवर्ती भाग	3. लानोस
D. उत्तरी अर्जेंटीना और पश्चिमी पराग्वे की वन एवं घास भूमि	4. सेल्वास

कूट

	A	B	C	D
(a)	1	2	3	4
(b)	2	1	4	3
(c)	4	3	1	2
(d)	3	2	1	4

उत्तर *(c)*

व्याख्या सही सुमेलन A-4, B-3, C-1, D-2 है।

लैटिन अमेरिका में विषुवतीय वर्षा सदाबहार वन को **सेल्वास वन** के नाम से जाना जाता है।

ओरिनीको नदी द्रोणी की घास भूमि **लानोस** कहलाती है, जबकि ब्राजील के मध्यवर्ती भाग की घास भूमि को **कैम्पास** के नाम से जाना जाता है।

उत्तरी अर्जेंटीना और पश्चिमी पराग्वे की वन एवं घास भूमि को **ग्रान चाको** कहते हैं।

108 निम्नलिखित में से कौन-सा कथन सही नहीं है?

1. दक्षिणी पेरू तथा उत्तरी चिली के गर्म प्रदेशों को अटाकामा मरुस्थल नाम से जाना जाता है।
2. अर्जेंटीना के मध्य भाग में अवस्थित घास भूमियों को पंपास कहते हैं।
3. एंडीज पर्वतमाला के पश्चिम भाग में पेटागोनिया के मरुस्थल का विस्तार है।

(Chap 11, Class-VI, Old NCERT)

कूट

(a) केवल 2
(b) केवल 3
(c) 1 और 2
(d) न तो 1 और न ही 2

उत्तर *(b)*

व्याख्या दिए गए कथनों में से कथन (3) सही नहीं है, क्योंकि एंडीज पर्वतमाला के पश्चिमी भाग में नहीं, बल्कि पूर्वी भाग में पेटागोनिया का मरुस्थल स्थित है, न कि पश्चिम भाग में। यह एक शीतोष्ण मरुस्थलीय क्षेत्र है।

कथन (1) और (2) सही हैं। दक्षिणी पेरू एवं उत्तरी चिली में गर्म मरुस्थली प्रदेश अटाकामा है, जहाँ विश्व की सबसे कम वर्षा होती है। अर्जेंटीना के दक्षिण-पूर्वी एवं मध्यवर्ती भाग में पंपास घास का मैदान स्थित है।

109 दक्षिण अमेरिका के वन एवं वन्य प्राणियों के संबंध में दिए गए कथनों पर विचार कीजिए तथा इनमें से सत्य कथनों की पहचान कीजिए *(Chap 11, Class-VI, Old NCERT)*

(a) विश्व की सबसे हल्की लकड़ी वाल्सा अमेजन के वनों में मिलती है।
(b) एंडीज पर्वतों के पूर्वी ढलानों के वनों को मोंटाना कहा जाता है।
(c) ग्वानाको, जंगली लामा, पेटागोनिया के मरुस्थल में पाए जाते हैं।
(d) उपर्युक्त सभी

उत्तर *(d)*

व्याख्या दक्षिण अमेरिका के वन एवं वन्य प्राणियों के संबंध में दिए गए सभी कथन सत्य हैं।

विश्व की सबसे हल्की लकड़ी वाल्सा अमेजन बेसिन के घने वनों में मिलती है। एंडीज पर्वतों के पूर्वी ढलानों के वनों को मोंटाना कहा जाता है।

ग्वानाको, जंगली लामा, पेटागोनिया के मरुस्थलीय क्षेत्रों में पाए जाते हैं। एंडीज पर्वत के ऊँचे भागों में पाया जाने वाला लामा का उपयोग बोझा ढोने हेतु किया जाता है। लामा भी ऊँट के समान कई दिनों तक बिना पानी के रह सकता है।

110 सूची I तथा सूची II का सही सुमेलन कीजिए तथा कूट की सहायता से सही उत्तर की पहचान कीजिए *(Chap 11, Class-VI, Old NCERT)*

सूची I (वृक्ष)	सूची II (उत्पाद)
A. कार्नोबा	1. मोम
B. सिनकोना	2. कुनैन औषधि
C. चिकिल	3. चुइंगम
D. क्वेब्रेको	4. टैनिक अम्ल

कूट

	A	B	C	D
(a)	1	2	3	4
(b)	3	2	4	1
(c)	4	3	2	1
(d)	1	3	2	4

उत्तर *(a)*

व्याख्या सही सुमेलन A-1, B-2, C-3, D-4 है।

कार्नोबा वृक्ष से मोम का उत्पादन किया जाता है, यह ताड़ जाति का वृक्ष है।

सिनकोना के छाल से कुनैन औषधि की प्राप्ति की जाती है।

चिकिल नामक वृक्ष से चुइंगम का उत्पादन किया जाता है।

क्वेब्रेको नामक वृक्ष से टैनिक अम्ल प्राप्त किया जाता है।

111 निम्न कथनों पर विचार कीजिए *(Chap 11, Class-VI, Old NCERT)*

1. दक्षिण अमेरिका के अटाकामा मरुस्थल में नाइट्रेट के विशाल भंडार पाए जाते हैं।
2. वेनेजुएला और त्रिनिदाद तथा टोबैगो द्वीपों में खनिज तेल के विशाल भंडार पाए जाते हैं।

उपर्युक्त में से कौन-सा/से कथन सही है/हैं?

(a) केवल 1 (b) केवल 2
(c) 1 और 2 (d) न तो 1 और न ही 2

उत्तर *(c)*

व्याख्या दिए गए दोनों कथन सही हैं।
दक्षिण अमेरिका के अटाकामा मरुस्थल में नाइट्रेट के विशाल भंडार पाए जाते हैं। खाद तथा उर्वरक बनाने के लिए नाइट्रेट का उपयोग किया जाता है। वेनेजुएला और त्रिनिदाद तथा टोबैगो द्वीपों में खनिज तेल के विशाल भंडार पाए जाते हैं, यहाँ स्थित मारकाइबो झील के नीचे पर्याप्त मात्रा में खनिज तेल के भंडार मिले हैं। इसके अतिरिक्त त्रिनिदाद में तारकोल भी पाया जाता है।

112 दक्षिण अमेरिका में पाई जाने वाली मिश्रित प्रजातियों के संबंध में कितने युग्म सही सुमेलित है? *(Chap 11, Class-VI, Old NCERT)*

1. मेस्टीजो — इंडियन तथा यूरोपीय प्रजाति का मिश्रण
2. मुलाटो — अश्वेत तथा यूरोपीय प्रजाति का मिश्रण
3. जैम्बो — अश्वेत तथा इंडियन प्रजातियों का मिश्रण

कूट

(a) केवल एक (b) केवल दो
(c) सभी तीन (d) इनमें से कोई नहीं

उत्तर *(c)*

व्याख्या दक्षिण अमेरिका में पाई जाने वाली मिश्रित प्रजातियों के संदर्भ में सभी युग्म सही सुमेलित हैं।
दक्षिण अमेरिका में मुख्यत: तीन प्रजातियाँ अमेरिकन इंडियन, अश्वेत और यूरोपीय प्रजाति के लोग रहते हैं।
इसके अतिरिक्त यहाँ मिश्रित प्रजातियों के लोग भी बड़ी संख्या में रहते हैं। इनमें इंडियन तथा यूरोपीय प्रजाति के मिश्रण को **मेस्टीजो,** अश्वेत तथा यूरोपीय प्रजाति के मिश्रण को **मुलाटो** व **अश्वेत** तथा इंडियन प्रजातियों के मिश्रण को **जैम्बो** कहा जाता है।

113 निम्नलिखित में से कौन दक्षिण अमेरिका महाद्वीपों के तटों पर अवस्थित प्रमुख पत्तन (बंदरगाह) है? *(Chap 11, Class-VI, Old NCERT)*

1. पुंटा अरेनस 2. बाहिया ब्लांका 3. मांट विडियो 4. वालपेरेजो

कूट

(a) केवल 2 (b) 1 और 3 (c) 1, 2 और 4 (d) ये सभी

उत्तर *(d)*

व्याख्या पुंटा अरेनस (चिली) व बाहिया ब्लांका (अर्जेंटीना), मांटविडियो (ऊरूग्वे), व वालपेरेजो (चिली) आदि दक्षिण अमेरिका महाद्वीप के तटों पर अवस्थित प्रमुख पत्तन (बंदरगाह) हैं।

114 निम्न कथनों पर विचार कीजिए *(Chap 13, Class-VI, Old NCERT)*

1. अर्जेंटीना के पशु फार्मों में पशुओं की देखभाल करने वाले लोग 'ग्वाचो' कहलाते हैं।
2. अर्जेंटीना में पशुपालन मुख्य रूप से दूध की प्राप्ति के उद्देश्य से किया जाता है।
3. ब्यूनस आयर्स नगर के निकट अर्जेंटीना के उद्योगों का संकेंद्रण पाया जाता है।

उपर्युक्त में से कितने कथन सही है/हैं?

(a) केवल एक
(b) केवल दो
(c) सभी तीनों
(d) उपर्युक्त में से कोई नहीं

उत्तर *(b)*

व्याख्या दिए गए कथनों में से केवल दो कथन (1 और 3) सही हैं।
अर्जेंटीना के पशु फार्मों में पशुओं की देखभाल करने वाले लोग 'ग्वाचो' कहलाते हैं। ब्यूनस आयर्स नगर के निकट अर्जेंटीना के उद्योगों का संकेंद्रण पाया जाता है। यह अर्जेंटीना की राजधानी भी है। अर्जेंटीना में पशुपालन मुख्य रूप से मांस उत्पादन के लिए किया जाता है।

115 निम्नलिखित में से कौन-से कथन सत्य हैं? *(Chap 11, Class-VI, Old NCERT)*

1. दक्षिण अमेरिका में अधिकतर पशुपालन अर्जेंटीना, उरुग्वे और ब्राजील के अर्द्ध-नम भागों में होता है।
2. अर्जेंटीना, उरुग्वे और ब्राजील देश की घास भूमियों की मूल घास में पर्याप्त पोषक तत्त्व पाए जाते हैं।
3. भेड़ पालन के प्रमुख क्षेत्र अर्जेंटीना एवं चिली में हैं।

कूट

(a) 1 और 2 (b) 2 और 3
(c) 1 और 3 (d) ये सभी

उत्तर *(c)*

व्याख्या दिए गए कथनों में से कथन (1) और (3) सत्य हैं।
दक्षिण अमेरिका में अधिकतर पशुपालन अर्जेंटीना, उरुग्वे और ब्राजील के अर्द्ध-नम भागों में किया जाता है। दक्षिण अमेरिका के विशाल घास की भूमि को पंपास कहा जाता है, जिस पर बड़ी संख्या में भेड़, बकरियाँ एवं अन्य पशुओं को मुख्यत: ऊन और मांस प्राप्त करने के लिए पाला जाता है। भेड़ पालन के प्रमुख क्षेत्र अर्जेंटीना तथा चिली में हैं।
कथन (2) सत्य नहीं है, क्योंकि अर्जेंटीना, उरुग्वे और ब्राजील देश की घास भूमियों की मूल घास में पोषक तत्त्व कम पाए जाते हैं, इसलिए यहाँ 'अल्फाल्फा' घास लगाई जाती है, जिसमें पोषक तत्त्व भरपूर मात्रा में पाए जाते हैं।

ऑस्ट्रेलिया

116 निम्न में से कौन-सा कथन ऑस्ट्रेलिया महाद्वीप के संबंध में सही है? *(Chap 14, Class-VI, Old NCERT)*

(a) ऑस्ट्रेलिया, न्यूजीलैंड और आस-पास के द्वीपों को मिलाकर ऑस्ट्रेलेशिया कहा जाता है।
(b) इसे प्यासी भूमि के देश के नाम से जाना जाता है।
(c) इसे द्वीपीय महाद्वीप के नाम से भी जाना जाता है।
(d) उपर्युक्त सभी

उत्तर *(d)*

व्याख्या ऑस्ट्रेलिया महाद्वीप के संबंध में सभी कथन सही हैं। ऑस्ट्रेलिया महाद्वीप को प्यासी भूमि के देश के नाम से जाना जाता है। ऑस्ट्रेलिया का पश्चिमी भाग पूर्ण रूप से मरुस्थलीय है, जहाँ वर्षा कम मात्रा में होती है। इसके 90% भू-भाग पर 10% लोग एवं 10% भाग पर 90% लोग निवास करते हैं, इसलिए ऑस्ट्रेलिया को प्यासी भूमि का देश कहा जाता है।
ऑस्ट्रेलिया सबसे छोटा महाद्वीप है, यह महाद्वीप पूर्ण रूप से दक्षिणी गोलार्द्ध में है। विश्व में ऑस्ट्रेलिया ही एकमात्र देश है, जो पूरे महाद्वीप पर फैला है, इसे महाद्वीपों का देश कहा जाता है। ऑस्ट्रेलिया, न्यूजीलैंड और आस-पास के द्वीपों को मिलाकर आस्ट्रेलेशिया कहा जाता है।

117 ऑस्ट्रेलिया के संदर्भ में दिए गए कथनों पर विचार कीजिए तथा इसमें सही कथनों की पहचान कीजिए *(Chap 14, Class-VI, Old NCERT)*

1. ऑस्ट्रेलिया के पूर्वी तट के समानांतर ग्रेट डिवाइडिंग रेंज का विस्तार है।
2. कोशियुस्को ऑस्ट्रेलिया का सबसे ऊँचा शिखर है।
3. ऑस्ट्रेलिया के पश्चिम में विश्व प्रसिद्ध ग्रेट बैरियर रीफ अवस्थित है।

उपर्युक्त में से कौन-सा/से कथन सही है/हैं?

(a) केवल 2 (b) 1 और 2 (c) 2 और 3 (d) 1, 2 और 3

उत्तर *(b)*

व्याख्या ऑस्ट्रेलिया के संदर्भ में कथन (1) और (2) सही हैं। ऑस्ट्रेलिया के पूर्वी एवं दक्षिण-पूर्वी तट के समानांतर ग्रेट डिवाइडिंग रेंज का विस्तार पाया जाता है। उत्तर में इसकी चौड़ाई अधिक लेकिन ऊँचाई कम, परंतु दक्षिण में यह संकरी और ऊँचाई अधिक मिलती है। माउंट कोशियुस्को (2234 मी) ऑस्ट्रेलिया का सबसे ऊँचा शिखर है।

कथन (3) सही नहीं है, क्योंकि ऑस्ट्रेलिया के पूर्वी तट के सहारे विश्व का प्रसिद्ध ग्रेट बैरियर रीफ अवस्थित है। ऑस्ट्रेलिया के उत्तर-पूर्वी तट के साथ-साथ समुद्र में एक प्रवालभित्ति (मूंगे की चट्टानों की बहुत चौड़ी दीवार जैसी) है, जिसे ग्रेट बैरियर रीफ कहते हैं।

118 ऑस्ट्रेलिया के पूर्वी, उत्तर-पूर्वी तथा दक्षिण-पश्चिम भागों में भारी वर्षा होती है। इसका मुख्य कारण क्या पाया जाता है? *(Chap 14, Class-VI, Old NCERT)*

(a) पवनों का स्थल से समुद्र की ओर चलना।
(b) पछुआ पवनों का प्रभाव होना।
(c) पवनों का समुद्र से स्थल की ओर चलना।
(d) गर्म मरुस्थलों का अभाव होना।

उत्तर *(c)*

व्याख्या ऑस्ट्रेलिया के पूर्वी तट, उत्तरी-पूर्वी तथा दक्षिण-पश्चिम भागों में भारी वर्षा होती है, इसका मुख्य कारण है पवनों का समुद्र से स्थल की ओर चलना। ऑस्ट्रेलिया के पूर्वी एवं उत्तरी-पूर्वी भाग में वर्षा उत्तर-पूर्वी मानसूनी पवनों से तथा दक्षिण-पश्चिम भाग में पछुआ हवा के प्रभाव से होती है, ये दोनों पवनें समुद्र से स्थल की ओर प्रवाहित होती हैं।

119 निम्न कथन (A) तथा कारण (R) को पढ़िए और नीचे दिए गए कूट की सहायता से सही उत्तर का चयन कीजिए *(Chap 3, Class-VI, Old NCERT)*

कथन (A) ऑस्ट्रेलिया के भीतरी भागों में गर्म मरुस्थलों की तरह जलवायु पाई जाती है।

कारण (R) ऑस्ट्रेलिया की पूर्वी उच्च भूमि वर्षा कराने वाली पवनों के लिए रुकावट उत्पन्न करती है।

कूट

(a) A और R दोनों सही हैं तथा R, A की सही व्याख्या करता है
(b) A और R दोनों सही हैं, परंतु R, A की सही व्याख्या नहीं करता है
(c) A सही है, किंतु R गलत है
(d) A गलत है, किंतु R सही है।

उत्तर *(a)*

व्याख्या A और R दोनों सही हैं तथा R, A की सही व्याख्या करता है। ऑस्ट्रेलिया के भीतरी भागों में गर्म मरुस्थलों की तरह जलवायु पाई जाती है, इसका कारण ऑस्ट्रेलिया के मध्यवर्ती तथा पश्चिमी भाग में वर्षा कम होना है। ऑस्ट्रेलिया की पूर्वी उच्च भूमि वर्षा कराने वाली पवनों के लिए रुकावट उत्पन्न करती है, जिससे टकराकर पवनें पूर्वी भाग में वर्षा करती हैं, जबकि पश्चिमी भाग मरुस्थलीय है, इसलिए यहाँ आने वाली समुद्री हवाओं के मार्ग में कोई अवरोध नहीं आता है, फलत: वे उस क्षेत्र में बिना वर्षा किए निकल जाती हैं।

120 ऑस्ट्रेलिया में पाए जाने वाले जानवरों में निम्न में से धानी प्राणी वर्ग के प्रमुख जानवर हैं? *(Chap 15, Class-VI, Old NCE*

1. कंगारू
2. वेल्लावी
3. कोला
4. प्लेटिपस

कूट

(a) केवल 1 (b) 2 और 3 (c) 1, 3 और 4 (d) 1, 2 और 3

उत्तर *(d)*

व्याख्या ऑस्ट्रेलिया में पाए जाने वाले जानवरों में कंगारू, वेल्लावी व कोला धानी प्राणी (मार्सूपियल) वर्ग के प्रमुख जानवर हैं। कंगारू ऑस्ट्रेलिया का प्रतीक माना जाता है। यह घास और पेड़ों की पत्तियाँ खाकर जीवित रहता है। कोला पेड़ों पर निवास करता है, जो दिन में सोता है और रात में जागता है। अपनी चपटी, चौड़ी और काली नाक के कारण यह खिलौने वाले भालू जैसा दिखता है।

प्लेटिपस संसार का सबसे विचित्र जंतु है, पशु और पक्षियों के मिश्रित लक्षण वाला यह जीव पानी के अंदर जीवित रह सकता है, भूमि पर चलता है और जमीन के अंदर लंबी सुरंगें खोद लेता है।

121 ऑस्ट्रेलिया में पाए जाने वाले विचित्र पक्षी के युग्म समूहों में कितने युग्म सही है? *(Chap 15, Class-VI, Old NCER*

1. बड़े आकार का पक्षी — ऐमू
2. लाफिंग जैकास — कोकाबर्रा
3. विश्व का सुंदर पक्षी — लायर बर्ड

कूट

(a) केवल एक (b) केवल दो
(c) सभी तीन (d) इनमें से कोई नहीं

उत्तर *(c)*

व्याख्या ऑस्ट्रेलिया में पाए जाने वाले विचित्र पक्षी के सम्बन्ध में सभी युग्म सही हैं।

ऐमू, ऑस्ट्रेलिया का बड़े आकार का पक्षी है, जो उड़ नहीं सकता, परंतु तीव्र गति से भाग सकता है।

कोकाबर्रा को लाफिंग जैकास कहा जाता है, क्योंकि इसकी बोली विचित्र हँसी जैसी लगती है।

लायर बर्ड को विश्व का सुंदर पक्षी माना जाता है, जो नकल करने में कुशल होता है।

122 निम्न कथनों पर विचार कीजिए *(Chap 15, Class-VI, Old NCERT), (MPPSC Pre 2015)*

1. ऑस्ट्रेलिया अपने कुल ऊन उत्पादन का 90% भाग निर्यात करता है।
2. यहाँ भेड़पालन केंद्रों पर काम करने वाले मजदूरों को 'जेकारू' कहा जाता है।
3. ऑस्ट्रेलिया में पशुओं को केवल ऊन एवं मांस के लिए पाला जाता है।

उपर्युक्त में से कौन-सा/से कथन सही है/हैं?

(a) केवल 2 (b) 1 और 2 (c) 2 और 3 (d) 1, 2 और 3

उत्तर *(b)*

व्याख्या दिए गए कथनों में से कथन (1) और (2) सही हैं।

ऑस्ट्रेलिया अपने कुल ऊन उत्पादन का 90% भाग निर्यात (सिडनी बंदरगाह से) करता है। ऑस्ट्रेलिया में भेड़ पालन केंद्रों पर काम करने वाले मजदूरों को 'जेकारू' कहा जाता है, जो भेड़ों को चराते हैं और उनकी देखभाल करते हैं।

कथन (3) सही नहीं है, क्योंकि ऑस्ट्रेलिया में पशुओं को केवल ऊन व मांस के लिए ही नहीं, बल्कि दुग्ध उत्पादन व उनसे बने उत्पादों के लिए भी पाला जाता है।

3 ऑस्ट्रेलिया के पश्चिमी पठार से संबंधित नीचे दिए गए कथनों को ध्यानपूर्वक पढ़िए *(Chap 14, Class-VI, Old NCERT)*

1. पश्चिमी पठार का अधिकतम भाग मरुस्थल या अर्द्ध-मरुस्थल है।
2. पश्चिमी पठार का अधिकांश भाग सपाट है और छोटी-छोटी झाड़ियों से ढका है।
3. यह एक नवीनतम पठार है, जिस कारण यहाँ पर खनिज संसाधनो का अभाव है।

उपर्युक्त में से कौन-सा/से कथन असत्य है/हैं?

(a) 1 और 2 (b) केवल 2 (c) केवल 3 (d) 1 और 3

उत्तर *(c)*

व्याख्या दिए गए कथनों में से (3) असत्य है, क्योंकि ऑस्ट्रेलिया का पश्चिमी पठार भारत के दक्कन के पठार की तरह पुरानी चट्टानों से बना है। अत: यह एक पुराना पठार है, जिस पर खनिज संसाधन प्रचुर मात्रा में पाए जाते हैं। लौह अयस्क तथा सोना यहाँ के प्रमुख खनिज हैं।

कथन (1) और (2) सत्य हैं। पश्चिमी पठार का अधिकतम भाग मरुस्थल या अर्द्ध-मरुस्थल है और पश्चिमी पठार का अधिकांश भाग सपाट है और छोटी-छोटी झाड़ियों से ढका है।

24 ऑस्ट्रेलिया के परिवहन के संबंध में दिए गए कथनों पर विचार कीजिए तथा इसमें असत्य कथनों की पहचान कीजिए *(Chap 15, Class-VI, Old NCERT)*

(a) यहाँ की प्रमुख सड़कों को कॉमनवेल्थ महामार्ग कहा जाता है।
(b) सिडनी ऑस्ट्रेलिया का सबसे बड़ा नगर तथा प्रथम श्रेणी का बंदरगाह है।
(c) होबर्ट (Hobart) पोर्ट, ऑस्ट्रेलिया के पश्चिमी भाग में अवस्थित है।
(d) ब्रिस्बेन बंदरगाह ग्लैडस्टोन पोर्ट के दक्षिण में अवस्थित है।

उत्तर *(c)*

व्याख्या ऑस्ट्रेलिया के परिवहन के संबंध में दिए गए कथनों में से कथन (c) असत्य है, क्योंकि होबर्ट पोर्ट, ऑस्ट्रेलिया के दक्षिणी भाग में (तस्मानिया द्वीप पर) स्थित है, यहाँ की प्रमुख सड़कों को **कॉमनवेल्थ महामार्ग** कहा जाता है। **सिडनी** ऑस्ट्रेलिया का सबसे बड़ा नगर व प्रथम श्रेणी का बंदरगाह है। ब्रिस्बेन बंदरगाह ग्लैडस्टोन के दक्षिणी भाग में अवस्थित है।

अंटार्कटिक

125 श्वेत महाद्वीप को चारों ओर से घेरने वाले महासागर का नाम क्या है? *(Chap 16, Class-VI, Old NCERT)*

(a) दक्षिण महासागर
(b) हिंद महासागर
(c) प्रशांत महासागर
(d) अटलांटिक महासागर

उत्तर *(a)*

व्याख्या श्वेत महाद्वीप को चारों ओर से घेरने वाले महासागर को दक्षिण महासागर के नाम से जाना जाता है, यह एक ठंडा महासागर है। इस महासागर के ऊपरी जल का तापमान 4°C से ऊपर नहीं जाता है। उल्लेखनीय है कि यह विश्व का एकमात्र महाद्वीप है, जो हमेशा बर्फ से ढका रहता है, इसलिए इसे श्वेत महाद्वीप कहते हैं।

126 अंटार्कटिक महाद्वीप के संबंध में दिए गए कथनों पर विचार कीजिए तथा इनमें से असत्य कथनों की पहचान कीजिए। *(Chap 16, Class-VI, Old NCERT)*

(a) इसे विज्ञान के लिए समर्पित महाद्वीप कहा जाता है।
(b) शोध कार्य के लिए यहाँ दक्षिण गंगोत्री शोध केंद्र अवस्थित है।
(c) क्वीन मॉड पर्वत श्रेणी इस महाद्वीप को दो बराबर भागों में विभाजित करती है।
(d) अंटार्कटिक महाद्वीप पर अवस्थित एरेबुस शिखर मृत ज्वालामुखी पर्वत है।

उत्तर *(d)*

व्याख्या अंटार्कटिक महाद्वीप के संबंध में दिए गए कथनों में से कथन (d) असत्य है, क्योंकि अंटार्कटिक महाद्वीप पर अवस्थित एरेबुस शिखर एक सक्रिय ज्वालामुखी शिखर है।

अंटार्कटिक महाद्वीप वैज्ञानिकों को पृथ्वी के बारे में अधिक जानकारी देने के अनोखे अवसर प्रदान करता है, इसलिए इसे विज्ञान के प्रति समर्पित महाद्वीप कहा जाता है।

शोध कार्य के लिए यहाँ भारत द्वारा दक्षिण गंगोत्री शोध केंद्र स्थापित किया गया है। क्वीन मॉड पर्वत श्रेणी इस महाद्वीप को दो भागों में विभाजित करती है।

127 निम्न कथनों पर विचार कीजिए *(Chap 16, Class-VI, Old NCERT)*

1. अंटार्कटिक पर पाल्मर प्रायद्वीप एकमात्र ऐसा भू-भाग है, जो बर्फ से कुछ सीमा तक मुक्त है।
2. ग्रीष्म ऋतु में यहाँ सूर्य का कभी अंत नहीं होता है, वहीं शीत ऋतु में सूर्योदय नहीं होता है।
3. यहाँ लाइकेन, मांस वनस्पति, पेंग्विन समुद्री पक्षी तथा झील जीव बड़ी संख्या में पाए जाते हैं।

उपर्युक्त में से कितने कथन सही हैं?

(a) केवल एक (b) केवल दो
(c) सभी तीन (d) इनमें से कोई नहीं

उत्तर *(c)*

व्याख्या दिए गए सभी कथन सही हैं। अंटार्कटिक पर पाल्मर प्रायद्वीप एकमात्र ऐसा भू-भाग है, जो बर्फ से कुछ सीमा तक मुक्त है।

ग्रीष्म ऋतु में यहाँ सूर्य का कभी अंत नहीं होता है, वहीं शीत ऋतु में सूर्योदय नहीं होता है।

इस महाद्वीप में लाइकेन तथा मांस वनस्पति तथा पेंग्विन समुद्री पक्षी तथा झील जीव बड़ी संख्या में पाए जाते हैं।

अध्याय 15

मानचित्र अध्ययन

मानचित्र अध्ययन

परिचय, वर्गीकरण एवं अनिवार्यताएँ

परिचय

- कम पैमाने पर संपूर्ण पृथ्वी या उसके कुछ भाग का चयनात्मक, प्रतीकात्मक और सामान्यीकृत प्रतिनिधित्व
  - त्रि-आयामी पृथ्वी का द्वि-आयामी रूप
  - इनका उपयोग दूरियाँ, दिशाएँ और क्षेत्र मापने के लिए किया जा सकता है

मानचित्रों का वर्गीकरण

- राजनीतिक मानचित्र जो विश्व के राजनीतिक विभाजनों या मानव निर्मित सीमाओं का प्रतिनिधित्व करते हैं।
- भौतिक मानचित्र जो पृथ्वी की प्राकृतिक विशेषताओं जैसे पर्वत, पठार, मैदान, नदियाँ आदि का प्रतिनिधित्व करते हैं।
- विषयगत मानचित्र जो किसी विशेष विषय वस्तु के भौगोलिक पैटर्न को चित्रित करते हैं।

मानचित्र निर्माण की अनिवार्यताएँ

- **स्केल** मानचित्र का पैमाना सूचना सामग्री की सीमा और वास्तविकता की डिग्री निर्धारित करता है, जिसके साथ इसे मानचित्र पर चित्रित किया जा सकता है
- **प्रक्षेपण** यह गोलाकार सतह को समतल सतह में बदलने की एक प्रणाली है।
- **सामान्यीकरण** मानचित्र को कम पैमाने पर बनाते समय उसकी सामग्री का सामान्यीकरण करना महत्त्वपूर्ण कार्य है।
- **मानचित्र डिजाइन** इसमें मानचित्रों की ग्राफिक विशेषताओं की योजना बनाना शामिल है, जिसमें उपयुक्त प्रतीकों का चयन, अक्षरों की शैली आदि शामिल हैं।
- मानचित्र निर्माण एवं उत्पादन

मानचित्रों के प्रकार एवं घटक

मानचित्रों के प्रकार

पैमाने के आधार पर

- दो प्रकारों में वर्गीकृत किया जा सकता है
  (i) छोटे क्षेत्रों को अपेक्षाकृत बड़े पैमाने पर दिखाने के लिए बड़े पैमाने पर बनाए गए मानचित्र। वे दो प्रकार के हो सकते हैं, कैडस्ट्राल और स्थलाकृति (टोपोग्राफिकल)। मानचित्र
  (ii) बड़े क्षेत्रों को दिखाने के लिए छोटे पैमाने पर बनाए गए मानचित्र। वे दो प्रकार के हो सकते हैं, दीवार मानचित्र और एटलस मानचित्र।

- **कार्य के आधार पर**

दो प्रकारों में वर्गीकृत किया जा सकता है,
(i) भौतिक मानचित्र प्राकृतिक विशेषताओं जैसे उच्चावच, भूविज्ञान, मिट्टी की जल निकासी आदि को दर्शाते हैं
(ii) सांस्कृतिक मानचित्र मानव निर्मित विशेषताएँ दिखाते हैं। जनसंख्या के वितरण और विकास, बस्तियों के स्थान व्यावसायिक संरचना आदि को दर्शाने वाले विभिन्न प्रकार के मानचित्र है।

मानचित्र के घटक

- **दिशा** दो बिंदुओं प्रारंभिक और अंतिम के बीच का माप। यह किसी स्थान विशेष पर पहुँचने के संदर्भ में अप्रत्यक्ष रूप से समय के बारे में बताता है।
- **दूरी** मानचित्र सदैव उत्तर दिशा में बनाए जाते हैं। दिशा को सामान्यतः उत्तर-दक्षिण रेखा द्वारा दर्शाया जाता है और उत्तर दिशा को एक तीर के सिरे से दर्शाया जाता है।
- **प्रतीक** चूँकि इमारतों, सड़कों, पुलों, पेड़ों आदि जैसी विभिन्न विशेषताओं का सटीक आकार बनाना असंभव है, इसलिए उन्हें कुछ प्रतीकों का उपयोग करके दिखाया जाता है।

मानचित्रों का उपयोग

मानचित्रों का उपयोग

- मानचित्रों का उपयोग भूगोल के अध्ययन-अध्यापन
- नियोजन संबंधी कार्यों तथा संसाधनों की जानकारी के लिए किया जाता है।
- मानचित्र का अध्ययन करने के लिए विभिन्न प्रकार के मापन को महत्त्व दिया जाता है। इनका वर्णन निम्न है

दूरी का मापन

- मानचित्रों में दिखाए गए रैखिक लक्षणों को दो वर्गों में बाँटा जाता है-सीधी रेखाएँ तथा टेढ़ी मेढ़ी रेखाएँ।
- सीधी रेखा वाले लक्षणों; जैसे-सड़क, रेल की पटरियों तथा नहरों इत्यादि से मापन सरल होता है।

दिशा का मापन

- दिशा, मानचित्र पर काल्पनिक सीधी रेखा है, जो एक समान आधार से दिशाओं की कोणीय स्थिति को प्रदर्शित करती है।
- उत्तर दिशा की ओर संकेत करने वाले रेखा-बिंदु को शून्य दिशा या आधार दिशा कहते हैं।
- एक मानचित्र सदैव उत्तर दिशा को दर्शाता है। अन्य दिशाओं का निर्धारण उसके संबंध से किया जाता है।

क्षेत्र का मापन

- प्रशासनिक तथा भौगोलिक इकाइयों जैसी आकृतियों का मापन मानचित्र की सतह पर किया जाता है।
- मानचित्र उपयोगकर्ताओं द्वारा क्षेत्रों को विभिन्न तरीकों से मापा जाता है।

SOURCE New NCERT Class-VI मानचित्र, Old NCERT Class-VI ग्लोब और मानचित्र द्वारा ज्ञान, Old NCERT Class-VIII स्थानीय मानचित्र का अध्ययन, Old NCERT Class-IX मानचित्र-पर्यावरण बोध के साधन

1 **भौतिक या उच्चावच मानचित्र के अंतर्गत निम्नलिखित में किनको शामिल किया जाता है?** *(Chap 4, Class-VI, New NCERT)*

1. पर्वतों 2. पठारों 3. मैदानों
4. नदियों 5. महासागरों

कूट

(a) 1, 2 और 3 (b) 1, 4 और 5
(c) 1, 2, 4 और 5 (d) 1, 2, 3, 4 और 5

उत्तर (d)

व्याख्या भौतिक या उच्चावच मानचित्र के अंतर्गत पर्वतों, पठारों, मैदानों, नदियों एवं महासागरों आदि सभी को शामिल किया जाता है। मानचित्र में इन उच्चावचों को विभिन्न रंगों के माध्यम से दर्शाया जाता है। पर्वतों को गहरे भूरे रंग से, पठारों को हल्के भूरे रंग से, मैदानी भागों को हरे रंग से, नदियों को हल्के नीले रंग से तथा महासागर को गहरे नीले रंग से दर्शाया जाता है। इसे समतल मानचित्रों में भी आसानी से दर्शाया जा सकता है।

2 **पृथ्वी की प्राकृतिक विशेषताओं जैसे पर्वतों, पठारों, मैदानों और नदियों आदि को दर्शाने वाले मानचित्र कहलाते हैं** *(Chap 4, Class-VI, New NCERT)*

(a) भौतिक मानचित्र (b) थिमैटिक मानचित्र
(c) राजनीतिक मानचित्र (d) इनमें से कोई नहीं

उत्तर (a)

व्याख्या पृथ्वी की प्राकृतिक विशेषताओं जैसे—पर्वतों, पठारों, मैदानों, नदियों, महासागरों इत्यादि को दर्शाने वाले मानचित्र 'भौतिक मानचित्र' कहलाते हैं। इसे 'उच्चावच मानचित्र' भी कहा जाता है।

राजनीतिक मानचित्र में राज्यों, नगरों, गाँवों तथा देशों को उनकी वास्तविक सीमा के साथ दर्शाया जाता है। थिमैटिक मानचित्र में सड़कों, वनों तथा उद्योगों को चिह्नित किया जाता है।

3 **मानचित्र अध्ययन के अंतर्गत राज्यों, नगरों, शहरों तथा गाँवों और विश्व के विभिन्न देशों व राज्यों तथा उनकी सीमाओं को दर्शाने वाले मानचित्र को क्या कहा जाता है?** *(Chap 2, Class-VI, Old NCERT)*

(a) थिमैटिक मानचित्र (b) भौतिक मानचित्र
(c) राजनीतिक मानचित्र (d) इनमें से कोई नहीं

उत्तर (c)

व्याख्या मानचित्र अध्ययन के अंतर्गत राज्यों, नगरों, शहरों तथा गाँवों और विश्व के विभिन्न देशों एवं राज्यों तथा उनकी सीमाओं को दर्शाने वाले मानचित्र को राजनीतिक मानचित्र कहा जाता है।

राजनीतिक मानचित्र में राज्यों की सीमाओं के साथ-साथ राज्यों की राजधानियों एवं प्रमुख नगरों को दर्शाया जाता है। ऐसे मानचित्र का उपयोग राजनीतिक उद्देश्यों के लिए किया जाता है।

4 **थिमैटिक मानचित्र के अंतर्गत निम्नलिखित में से किसे शामिल किया जाता है?** *(Chap 1, Class-VI, Old NCERT)*

1. सड़क मानचित्र 2. वर्षा मानचित्र
3. वन एवं उद्योगों के स्थानों के मानचित्र

कूट

(a) केवल 1 (b) 2 और 3 (c) केवल 3 (d) 1, 2 और 3

उत्तर (d)

व्याख्या थिमैटिक मानचित्र के अंतर्गत सड़क मानचित्र, वर्षा मानचित्र, वन एवं उद्योगों के स्थानों के मानचित्र आदि को शामिल किया जाता है। इसे विशेष रूप से भौगोलिक परिदृश्यों; जैसे—नदियाँ, सड़क, भवन, वर्षा, वन एवं उद्योगों के स्थानों को दर्शाने के लिए बनाया जाता है। इस प्रकार के मानचित्र में सदृश्य संकेतों या प्रतीकों का उपयोग होता है।

थिमैटिक मानचित्र में सांख्यिकीय आँकड़ों का प्रयोग किया जाता है। मृदा, जलवायु, जनसंख्या व जनस्वास्थ्य संबंधित अवयवों को थिमैटिक मानचित्र में दर्शाया जाता है।

5 **निम्न कथनों पर विचार कीजिए** *(Chap 4, Class-VI, New NCERT)*

1. वृक्षों के वितरण को दिखाने वाले मानचित्र को 'थिमैटिक मानचित्र' कहा जाता है।
2. मुख्य दिशा खोजने के लिए दिक्सूचक का उपयोग किया जाता है।
3. दूरी, दिशा तथा प्रतीक मानचित्र के मुख्य घटक हैं।

उपर्युक्त में से कितने कथन सत्य हैं?

(a) केवल एक (b) केवल दो
(c) सभी तीन (d) इनमें से कोई नहीं

उत्तर (c)

व्याख्या दिए गए सभी कथन (1, 2 और 3) सत्य हैं।

मानचित्र अध्ययन में वृक्षों के वितरण को दिखाने वाली प्रक्रिया 'थिमैटिक मानचित्र' के अंतर्गत सम्मिलित है। मुख्य दिशा के लिए दिक्सूचक का उपयोग किया जाता है। मानचित्र में दूरी, दिशा तथा प्रतीक मुख्य घटक होते हैं।

6 **मानचित्रों के अध्ययन के संदर्भ में किन दिशाओं को प्रधान दिक्बिंदु कहते हैं?** *(Chap 1, Class-VIII, Old NCERT)*

1. उत्तर 2. पूर्व 3. पश्चिम
4. दक्षिण 5. उत्तर-पूर्व

कूट

(a) 1, 2 और 3 (b) 1, 4 और 5
(c) 2, 3 और 5 (d) 1, 2, 3 और 4

उत्तर (d)

व्याख्या मानचित्र के अध्ययन में उत्तर, पूर्व, पश्चिम एवं दक्षिण दिशाओं को प्रधान दिक्बिंदु कहते हैं। इन दिशाओं के माध्यम से भौगोलिक क्षेत्रों की स्थिति ज्ञात होती है।

7 **निम्नलिखित कथनों पर विचार करें** *(Chap 6, Class-IX, Old NCERT)*

1. प्रतीकों के उपयोग के द्वारा मानचित्र को सरलता से खींचा जा सकता है।
2. रेखाचित्र एक आरेखण है, जो पैमाने पर आधारित होता है और जिसमें स्थानीय प्रेक्षण का अंकन किया जाता है।
3. एक छोटे क्षेत्र का बड़े पैमाने पर खींचा गया मानचित्र, खाका मानचित्र कहलाता है।

उपर्युक्त में से कौन-सा/से कथन असत्य है/हैं?

(a) केवल 1 (b) केवल 2
(c) 1 और 3 (d) इनमें से कोई नहीं

उत्तर (b)

व्याख्या दिए गए कथनों में केवल कथन (2) असत्य है, क्योंकि रेखाचित्र एक आरेखण है, जो किसी पैमाने पर आधारित नहीं होता है, जिसमें स्थानीय प्रेक्षण का अंकन नहीं होता है।

8 **निम्नलिखित में से कौन-सा/से कथन सत्य है/हैं?** *(Chap 4, Class-VI, New NCERT)*

1. जो मानचित्र पैमाने पर आधारित न होकर याद्दाश्त और स्थानीय प्रेक्षण पर आधारित होते हैं, उन्हे 'रेखाचित्र मानचित्र' कहते हैं।
2. एक छोटे क्षेत्र का बड़े पैमाने पर खींचा गया रेखाचित्र 'खाका' कहलाता है।

कूट

(a) केवल 1

(b) केवल 2

(c) 1 और 2 दोनों

(d) न तो 1 और न ही 2

उत्तर *(c)*

व्याख्या दिए गए दोनों कथन सत्य हैं।

'रेखाचित्र मानचित्र' पैमाने पर आधारित न होकर याद्दाश्त और स्थानीय प्रेक्षण पर आधारित होते हैं।

एक छोटे क्षेत्र का वृहद् पैमाने पर खींचा गया रेखाचित्र 'खाका' कहलाता है। मानचित्र का आकार जितना बड़ा होगा, उसका पैमाना उतना ही छोटा होगा। ज्ञातव्य है कि रेखाचित्र मानचित्र के अंतर्गत कच्चे आरेख को बिना पैमाने की सहायता से खींचा जाता है।

9 मानचित्र के संदर्भ में 'रूढ़ प्रतीक' किसे कहा जाता है?

(Chap 4, Class-VI, New NCERT)

(a) जिन प्रतीकों के उपयोग के संबंध में अंतर्राष्ट्रीय सहमति हो।

(b) जिन प्रतीकों के उपयोग के संबंध में राष्ट्र स्तर पर सहमति हो।

(c) जिन प्रतीकों के द्वारा प्राकृतिक स्वरूपों को दर्शाया जाता हो।

(d) उपर्युक्त सभी

उत्तर *(a)*

व्याख्या मानचित्र के संदर्भ में 'रूढ़ प्रतीक' उसे कहा जाता है, जिन प्रतीकों के उपयोग के संबंध में अंतर्राष्ट्रीय सहमति हो। प्रतीकों के उपयोग द्वारा मानचित्र को सरलता से बनाया जा सकता है तथा इनका अध्ययन करना आसान होता है। किसी भी मानचित्र पर विभिन्न आकृतियों; जैसे—रेल, भवनों, पुलों, वृक्षों, इमारतों, सड़कों आदि को वास्तविक आकार-प्रकार में प्रदर्शित करना संभव नहीं होता है, इसलिए इन्हें रंगों, चित्रों, रेखाओं आदि का उपयोग करके दर्शाया जाता है। ये प्रतीक कम स्थान में अधिकाधिक जानकारी प्रदान करते हैं। ज्ञातव्य है कि प्रतीक मानचित्र का एक प्रमुख घटक होता है।

10 राज्यों के नक्शे में प्रयोग किए गए रंगों के बारे में बताए गए तथ्यों पर ध्यान दीजिए। निम्नलिखित में से कौन-सा/से कथन सत्य है/हैं?

(Chap 4, Class-VI, New NCERT)

1. जल निकायों को दिखाने के लिए नीला रंग
2. पहाड़ों के लिए भूरा रंग
3. पठार के लिए पीला रंग

कूट

(a) केवल 1 (b) 1 और 2

(c) 1, 2 और 3 (d) 2 और 3

उत्तर *(c)*

व्याख्या दिए गए तीनों कथन सत्य हैं। राज्यों के नक्शे में प्रयोग किए गए र से प्रायः जाने वाले जल निकायों को दिखाने के लिए नीला रंग, पहाड़ों के लि भूरा रंग तथा पठार के लिए पीला रंग प्रमुख है।

मानचित्र में प्रतीकों को रंगों से भरा जाता है, जिससे उनकी पहचान शीघ्रता की जा सके। किसी भी मानचित्र में वास्तविक आकार एवं प्रकार में स अवस्थितियों को दर्शाना आसान नहीं है।

प्रतीकों को रंगों के माध्यम से अधिक प्रासंगिक बनाया जाता है, जिससे उन अध्ययन आसान हो सके। नक्शे में रंगों का प्रयोग आकृतियों के स्वाभाविक र के अनुरूप ही रखा जाता है।

11 निम्नलिखित कथनों पर विचार कीजिए

(Chap 4, Class-VI, New NCERT) (IAS Pre 200

1. भौमिक मील की दूरी समुद्री मील से कम होती है।
2. हरमैटन पूर्वी अफ्रीकी तट की धूल भरी पवन है।
3. ग्रीस तथा अल्बानिया, आइबेरियन प्रायद्वीप के भाग हैं।

उपर्युक्त कथनों में कौन-सा/से कथन सही है/हैं?

(a) 1, 2 और 3 (b) 2 और 3 (c) केवल 3 (d) केवल 1

उत्तर *(d)*

व्याख्या दिए गए कथनों में से कथन (1) सही है।

भौमिक मील की दूरी समुद्री मील से कम होती है। समुद्र में जलीय भाग अस्थिर होते हैं। इसलिए समुद्री मील की दूरी अधिक होती है। 1 समुद्री मील की दूरी 1.852 किमी होती है, जबकि 1 भौमिक मील की दूरी 1.60934 किमी होती है।

कथन (2) और (3) सही नहीं हैं, क्योंकि हरमैटन पूर्वी अफ्रीकी तट की धू भरी पवन नहीं है, बल्कि यह पश्चिमी अफ्रीकी क्षेत्र में सहारा रेगिस्तान से उत्त पूर्व दिशा में चलने वाली गर्म एवं शुष्क हवा है। यह पवन सहारा से गिनी त की ओर बहती है। गिनी तट पर इसे 'डॉक्टर पवन' (Doctor Wind) कह जाता है।

आइबेरियन प्रायद्वीप (Iberian Peninsula) यूरोप के दक्षिण-पश्चिम भाग म स्थित है, इसका संबंध पुर्तगाल तथा स्पेन से है। ग्रीस तथा अल्बानिया मैनी य मीण प्रायद्वीप (The Mani Peninsula) से संबंधित हैं।

भारत की भौगोलिक अवस्थिति

भारत की भौगोलिक अवस्थिति

भौगोलिक स्थिति एवं महत्त्वपूर्ण तथ्य

भौगोलिक स्थिति

- भारत उत्तरी गोलार्द्ध में अक्षांशीय रूप से और दक्षिणी गोलार्द्ध में अनुदैर्ध्य रूप से स्थित है।
- विश्व के भूमि सतह क्षेत्र का 2.4% हिस्सा है।
- उत्तर-दक्षिण विस्तार 3214 किमी और पूर्व-पश्चिमी विस्तार 2933 किमी है।
- देश की मानक मध्याह्न रेखा 82°30° पूर्व है, जो मिर्जापुर से होकर गुजरती है।
- भौगोलिक प्रभागों में विभाजित अर्थात् उत्तरी और उत्तर-पूर्वी पर्वत, उत्तरी मैदान, प्रायद्वीपीय पठार, भारतीय रेगिस्तान तटीय मैदान और द्वीप
- कर्क रेखा भारत के 8 राज्यों से होकर गुजरती है।

भारत के बारे में महत्त्वपूर्ण तथ्य

- भारत में दो प्रमुख द्वीप समूह हैं, एक अरब सागर में और दूसरा बंगाल की खाड़ी में।
- सबसे बड़ा जिला कच्छ (गुजरात) और सबसे छोटा माहे (पॉण्डिचेरी) है।
- बैरेन द्वीप भारत का एकमात्र सक्रिय ज्वालामुखी है।
- नारकोंडम आइसलैंड उत्तरी अंडमान में स्थित एक ज्वालामुखी द्वीप है।

भौगोलिक बिंदु, पड़ोसी देश एवं प्रमुख चैनल

भारत के भौगोलिक बिंदु

- देश का सबसे दक्षिणी बिंदु-इंदिरा बिंदु (प्वॉइंट)
- मुख्य भूमि का सबसे दक्षिणी बिंदु-केप कोमोरिन (कन्याकुमारी)
- सबसे उत्तरी बिंदु-इंदिरा कोल (कश्मीर)
- सबसे पश्चिमी बिंदु-गुहार मोती (कच्छ का रण)
- सबसे पूर्वी बिंदु-किबिथू (अरुणाचल प्रदेश)

भारत के पड़ोसी देश

- एशियाई महाद्वीप का भाग
- इसके उत्तर-पश्चिम (NW) की ओर अफगानिस्तान और पाकिस्तान हैं।
- इसके उत्तर में चीन, भूटान, तिब्बत और नेपाल है।
- इसके पूर्व की ओर बांग्लादेश और म्यांमार है।
- इसके दक्षिण में मालदीव और श्रीलंका है।

महत्त्वपूर्ण जलडमरूमध्य और चैनल

- इंदिरा प्वॉइंट और इंडोनेशिया-ग्रेट चैनल
- छोटा अंडमान और निकोबार -10° चैनल
- मिनिकॉय और लक्षद्वीप- 9° चैनल
- मालदीव और मिनिकॉय -8° चैनल
- भारत और श्रीलंका - मन्नार की खाड़ी और पाक जलडमरूमध्य

भारत और विश्व

अंतर्राष्ट्रीय सीमाओं के साथ भारतीय राज्य

राज्य/केंद्रशासित प्रदेश	देश
गुजरात	पाकिस्तान
राजस्थान	पाकिस्तान
पंजाब	पाकिस्तान
जम्मू एवं कश्मीर	पाकिस्तान
लद्दाख	चीन, पाकिस्तान, अफगानिस्तान
हिमाचल प्रदेश	चीन
उत्तराखंड	चीन, नेपाल
उत्तर प्रदेश	नेपाल
बिहार	नेपाल
पश्चिम बंगाल	भूटान, नेपाल, बांग्लादेश
सिक्किम	भूटान, चीन, नेपाल
अरुणाचल प्रदेश	भूटान, चीन, म्यांमार
असम	भूटान, बांग्लादेश
नागालैंड	म्यांमार
मणिपुर	म्यांमार
मिजोरम	म्यांमार, बांग्लादेश
मेघालय	बांग्लादेश
त्रिपुरा	बांग्लादेश

SOURCE New NCERT Class-VI हमारा देश भारत, New NCERT Class-IX भारत : आकार और स्थिति, New NCERT Class-XI भारत : स्थिति, Old NCERT Class-XII भारत का परिचय, NIOS Module-6, Chap-16 भारत-भौतिक स्वरूप

स्थिति एवं विस्तार

1 भारत के संदर्भ में नीचे दिए गए कथनों पर विचार कीजिए

(Chap 1, Class-IX, New NCERT)

1. भारत देश उत्तरी गोलार्द्ध में स्थित है।
2. भारत का सबसे पूर्वी देशांतर 80°7' है।

उपर्युक्त में से कौन-सा/से कथन सत्य है/हैं?

(a) केवल 1
(b) केवल 2
(c) 1 और 2 दोनों
(d) न तो 1 और न ही 2

उत्तर *(a)*

व्याख्या भारत के संदर्भ में दिए गए कथनों में केवल कथन (1) सत्य है। भारत देश पृथ्वी के उत्तरी गोलार्द्ध में स्थित है, जिसका अक्षांशीय विस्तार 8°4' उत्तर से 37°6' उत्तरी अक्षांश तक है।

कथन (2) असत्य है, क्योंकि भारत का देशांतरीय विस्तार 68°7' पूर्व से 97°25' पूर्वी देशांतर के बीच है।

2 निम्नलिखित कथनों में से कौन-से कथन भारत के संदर्भ में सही हैं?

(Chap 1, Class-XI, New NCERT) (UPPSC Mains 2006)

1. भारत विश्व का पाँचवाँ बड़ा देश है।
2. यह स्थलमंडल के कुल क्षेत्रफल का लगभग 2.4% भाग अधिकृत किए हुए है।
3. संपूर्ण भारत उष्ण कटिबंध में स्थित है।
4. 82°30' पूर्वी देशांतर का उपयोग भारतीय मानक समय को निर्धारित करने के लिए किया जाता है।

कूट

(a) 1 और 2 (b) 2 और 3
(c) 1 और 3 (d) 2 और 4

उत्तर *(d)*

व्याख्या भारत के संदर्भ में कथन (2) और (4) सही हैं। भारत विश्व के स्थलीय धरातल के लगभग 2.4% भाग पर विस्तृत है। भारतीय मानक समय का निर्धारण 82° 30' पूर्वी देशांतर के द्वारा किया जाता है। यह मानक समय इलाहाबाद के पास नैनी से गुजरता है।

कथन (1) और (3) सही नहीं हैं, क्योंकि भारत क्षेत्रफल की दृष्टि से विश्व का सातवाँ बड़ा देश है। भारत का दक्षिणी हिस्सा उष्ण कटिबंध में आता है, जबकि उत्तर भारत उपोष्ण कटिबंध अथवा कोष्ण शीतोष्ण कटिबंध में स्थित है।

3 निम्नलिखित कथनों पर विचार करें *(Chap 7, Class-VI, New NCERT)*

1. भारत का क्षेत्रफल लगभग 32.8 लाख वर्ग किमी है।
2. उत्तर से दक्षिण तक भारत की वास्तविक दूरी लगभग 2900 किमी है।
3. भारत के पश्चिम में अरब सागर तथा पूर्व में बंगाल की खाड़ी है।

उपर्युक्त में से कौन-सा/से कथन सही है/हैं?

(a) केवल 1 (b) 2 और 3
(c) 1 और 3 (d) ये सभी

उत्तर *(c)*

व्याख्या दिए गए कथनों में से कथन (1) और (3) सही हैं। भारत का कुल भौगोलिक क्षेत्रफल लगभग 32.8 लाख वर्ग किमी है। भारत के पश्चिम में अरब सागर, जबकि पूर्व में बंगाल की खाड़ी अवस्थित है।

कथन (2) सही नहीं है, क्योंकि उत्तर से दक्षिण तक भारत की वास्तविक दूरी 3,214 किमी है। जबकि पूरब से पश्चिम में विस्तार 2933 किमी है।

4 भारत के संदर्भ में नीचे दिए गए कथनों पर विचार कीजिए

(Chap 1, Class-IX, NCE

1. भारत का क्षेत्रफल विश्व के कुल भौगोलिक क्षेत्रफल का 3% है।
2. भारत की उत्तर-पूर्वी सीमा पर भ्रंशोत्थ पर्वत अवस्थित है।

उपर्युक्त में से कौन-सा/से कथन सत्य है/हैं?

(a) केवल 1 (b) केवल 2
(c) 1 और 2 दोनों (d) न तो 1 और न ही 2

उत्तर *(d)*

व्याख्या भारत के संदर्भ में दिए गए दोनों कथन असत्य हैं। भारत क्षेत्रफल विश्व के कुल भौगोलिक क्षेत्रफल का 3% नहीं, बल्कि 2.4% भारत का कुल क्षेत्रफल लगभग 32.8 लाख वर्ग किमी है। भारत की के उत्तर-पूर्वी सीमा पर ही नहीं, बल्कि उत्तर-पश्चिम, उत्तरी सीमा पर न वलित पर्वत हिमालय (भ्रंशोत्थ पर्वत) अवस्थित है। भारत विश्व का सात सबसे बड़ा देश है।

5 निम्नलिखित कथनों में से कौन-सा कथन असत्य है?

(Chap 1, Class-XI, New NCER

1. भारत का देशांतरीय विस्तार 68°7' पूर्वी देशांतर से 87°25' पूर्वी देशां के बीच स्थित है।
2. कर्क रेखा भारत के लगभग दस राज्यों से गुजरती है।
3. भारत की प्रादेशिक जल सीमा 15 समुद्री मील तक है।

कूट

(a) 1 और 2 (b) 1 और 3
(c) 2 और 3 (d) 1, 2 और 3

उत्तर *(d)*

व्याख्या दिए गए तीनों कथन असत्य हैं, क्योंकि भारत का देशांतरीय विस्त 68°7' पूर्वी देशांतर से 97°25' पूर्वी देशांतर के बीच स्थित है। कर्क रेखा भार के आठ राज्यों गुजरात, राजस्थान, मध्य प्रदेश, छत्तीसगढ़, झारखंड, पश्चि बंगाल, त्रिपुरा तथा मिजोरम से गुजरती है। भारत की प्रादेशिक जल सीमा उसव तटीय रेखा से 12 समुद्री मील (21.9 किमी) अंदर समुद्र तक है, इस क्षेत्र प भारत का पूर्ण अधिकार है।

6 भारत के संदर्भ में निम्नलिखित कथनों पर विचार कीजिए

(Chap 1, Class-XI, New NCERT) (UPPSC Pre 202

1. भारत विश्व का छठा सबसे बड़ा देश है।
2. संसार का लगभग 2.4% क्षेत्र भारत के अंतर्गत आता है।
3. कर्क रेखा देश के बीच से गुजरती है, जो अक्षांशीय विस्तार को द बराबर भागों में बाँटती है।
4. भारत पूरी तरह से उष्णकटिबंधीय क्षेत्र में स्थित है।

उपर्युक्त में से कितने कथन सत्य हैं?

(a) केवल एक (b) केवल दो (c) केवल तीन (d) ये सभी

उत्तर *(b)*

व्याख्या भारत के संदर्भ में केवल दो कथन (2 और 3) सत्य हैं। भारत क कुल क्षेत्रफल लगभग 32.8 लाख वर्ग किमी है, जो संपूर्ण विश्व के क्षेत्रफल क लगभग 2.4% है। साथ ही $23\frac{1^\circ}{2}$ उत्तरी अक्षांश रेखा, जिसे कर्क रेखा के नाम से जानते हैं, भारत को लगभग दो बराबर भागों में विभाजित करती है। यह रेख भारत के 8 राज्यों से होकर गुजरती है।

कथन (1) और (4) असत्य हैं, क्योंकि भारत विश्व का सातवाँ सबसे बड़ा देश है। क्षेत्रफल के अनुसार विश्व का सबसे बड़ा देश रूस है। तत्पश्चात् कनाडा अमेरिका, चीन, ब्राजील तथा ऑस्ट्रेलिया का स्थान है। भारत उपोष्ण कटिबंधीय क्षेत्र में स्थित है।

7 निम्नलिखित कथनों पर विचार कीजिए

(Chap 1, Class-IX, New NCERT)

1. भारत की लंबाई उत्तर से दक्षिण की ओर पूर्व से पश्चिम की अपेक्षा अधिक है।
2. 82°30' पूर्वी देशांतर रेखा को भारत का मानक याम्योत्तर माना गया है।

उपर्युक्त में से कौन-सा/से कथन सत्य है/हैं?

(a) केवल 1
(b) केवल 2
(c) 1 और 2 दोनों
(d) न तो 1 और न ही 2

उत्तर (c)

व्याख्या दिए गए दोनों कथन सत्य हैं। भारत की लंबाई उत्तर से दक्षिण की ओर 3,214 किमी है जबकि पूर्व से पश्चिम की दूरी 2,933 किमी है। 82°30' पूर्वी देशांतर रेखा को भारत का मानक याम्योत्तर माना गया है, क्योंकि यह भारत के लगभग मध्य से गुजरती है। मानक याम्योत्तर रेखा से भारत के सबसे पश्चिमी राज्य गुजरात और सबसे पूर्वी राज्य अरुणाचल प्रदेश में लगभग 1-1 घण्टे का अंतर है। इसलिए देश के मध्य भाग से गुजरने के कारण 82°30' पूर्वी देशांतर को भारत का मानक याम्योत्तर माना गया है।

भारत की मानक मध्याह्न रेखा उत्तर प्रदेश के मिर्जापुर शहर से होकर गुजरती है। मानक मध्याह्न रेखा भारत के पाँच राज्यों से होकर गुजरती है, जो क्रमशः उत्तर प्रदेश, मध्य प्रदेश, छत्तीसगढ़, उड़ीसा और आंध्र प्रदेश हैं।

8 भारत के भौगोलिक विस्तार के संदर्भ में कौन-सा कथन सत्य है?

(Chap 1, Class-IX, New NCERT)

(a) भारत के मुख्य भू-भाग के दक्षिण-पूर्व में अंडमान और निकोबार द्वीपसमूह है
(b) भारत के उत्तर-पश्चिम में लक्षद्वीप समूह स्थित है
(c) मकर रेखा भारत को दो बराबर भागों में विभाजित करती है
(d) भारत का सबसे दक्षिण बिंदु इंदिरा कॉल है

उत्तर (a)

व्याख्या भारत के भौगोलिक विस्तार के संदर्भ में कथन (a) सत्य है। भारत के मुख्य भू-भाग के दक्षिण-पूर्वी भाग में अंडमान-निकोबार द्वीपसमूह स्थित है। यह बंगाल की खाड़ी में स्थित है।

कथन (b), (c) और (d) असत्य हैं, क्योंकि इसके अतिरिक्त भारत के दक्षिण-पश्चिम भाग में लक्षद्वीप समूह स्थित है। कर्क रेखा ($23\frac{1}{2}°$ उत्तरी अक्षांश) भारत को दो भागों में विभाजित करती है। भारत का सबसे दक्षिणी बिंदु इंदिरा प्वॉइंट है, जो ग्रेट निकोबार द्वीप के 6°4' उत्तरी अक्षांश पर स्थित है।

9 निम्नलिखित में से भारत के लिए मानक समय निर्धारित करने वाली (82°30') पूर्व देशांतर रेखा किस स्थान से गुजरती है?

(Chap 1, Class-IX, New NCERT) (UPPSC Pre 2013)

(a) मिर्जापुर (उत्तर प्रदेश) (b) लोहरदगा (झारखंड)
(c) नागपुर (महाराष्ट्र) (d) अमरावती (आंध्र प्रदेश)

उत्तर (a)

व्याख्या भारत के लिए मानक समय निर्धारित करने वाली (82° 30') पूर्व देशांतर रेखा उत्तर प्रदेश में मिर्जापुर से गुजरती है, जो ग्रीनविच समय से $5\frac{1}{2}$ घंटा आगे है। देश के भिन्न-भिन्न स्थानीय समयों को समायोजित करने के लिए मानक समय (मानक याम्योत्तर) का निर्धारण किया गया है।

गुजरात से अरुणाचल प्रदेश की दूरी 2,900 किमी से अधिक है। इन राज्यों के स्थानीय समय में दो घंटे से अधिक का अंतर है। अक्षांश का प्रभाव दक्षिण से उत्तर की ओर दिन और रात की अवधि पर होता है।

10 भारत के संदर्भ में नीचे दिए गए कथनों पर विचार करें

(Chap 1, Class-XI, New NCERT)

1. भारत की अवस्थिति उत्तरी गोलार्द्ध में है।
2. कश्मीर तथा कन्याकुमारी की दिन-रात की अवधि में कोई अंतर नहीं है।
3. भारत का दक्षिणी विस्तार 6°45' उत्तरी अक्षांश है।

उपर्युक्त में से कौन-सा/से कथन सत्य है/हैं?

(a) केवल 1 (b) केवल 2 (c) 1 और 3 (d) ये सभी

उत्तर (c)

व्याख्या भारत के संदर्भ में दिए गए कथनों में से कथन (1) और (3) सत्य हैं। भौगोलिक दृष्टिकोण से भारत उत्तरी गोलार्द्ध में अवस्थित है। भारत का दक्षिणी विस्तार 6°45' उत्तरी अक्षांश है। यह रेखा ग्रेट निकोबार द्वीप पर स्थित इंदिरा प्वॉइंट के समीप से गुजरती है।

कथन (2) असत्य है, क्योंकि अक्षांश का प्रभाव दक्षिण से उत्तर की ओर दिन और रात की अवधि पर पड़ता है, इस कारण कश्मीर तथा कन्याकुमारी में दिन-रात की अवधि में अंतर होता है।

11 भारत के संदर्भ में नीचे दिए गए कथनों में से कौन-सा/से कथन सही है/हैं?

(Chap 1, Class-IX, New NCERT)

1. भारत की स्थल सीमा रेखा की कुल लंबाई 15,200 किमी है।
2. भारत की समुद्री सीमा की लंबाई 7,516.6 किमी है।
3. भारत के उत्तर, उत्तर-पश्चिम से उत्तर-पूर्वी सीमा तक मरुस्थल है।

कूट

(a) 1 और 2 (b) केवल 2
(c) केवल 3 (d) ये सभी

उत्तर (a)

व्याख्या भारत के संदर्भ में दिए गए कथनों में से कथन (1) और (2) सही हैं। भारत की स्थलीय सीमा की लंबाई 15,200 किमी है, भारत की समुद्री सीमा 7516.6 किमी लंबी है।

कथन (3) सही नहीं है, क्योंकि भारत के उत्तरी भाग में नवीनतम वलित पर्वत हिमालय पर्वत श्रेणी स्थित है। यह भारत के उत्तर-पश्चिम भाग से उत्तर एवं उत्तर-पूर्वी भाग तक विस्तृत है।

12 निम्नलिखित में से कौन-सा कथन असत्य है?

(Chap 16, Module-6, NIOS)

1. द्वीप समूहों सहित भारत की तटरेखा की लंबाई 7,616.5 किमी है।
2. भारत का उत्तरी मध्य भाग चौड़ा है, जबकि दक्षिणी भाग हिंद महासागर की ओर संकीर्ण होता गया है।
3. हिंद महासागर प्रायद्वीपीय भारत के कारण दो भागों अरब सागर और बंगाल की खाड़ी में विभाजित हो गया है।

कूट

(a) केवल 1 (b) केवल 2 (c) 1 और 3 (d) 2 और 3

उत्तर (a)

व्याख्या दिए गए कथनों में कथन (1) असत्य है, क्योंकि द्वीप समूहों सहित भारत की तटरेखा की लंबाई 7,516.6 किमी है, न कि 7,616.5 किमी। भारत की मुख्य भूमि की तटीय रेखा की लंबाई 6,100 किमी तथा द्वीप समूहों की तटीय रेखा की लंबाई 1,475.6 किमी है।

13 नीचे दिए गए कथनों में से कौन-सा/से सही है/हैं?

(Chap 1, Class-XII, Old NCERT)

1. भारतीय भूखंड एशिया महाद्वीप के मध्य में स्थित है।
2. हिंद महासागर में पाकिस्तान की केंद्रीय स्थिति है।

कूट

(a) केवल 1 (b) केवल 2
(c) 1 और 2 (d) इनमें से कोई नहीं

उत्तर (a)

व्याख्या प्रश्न में दिए गए कथनों में से कथन (1) सही है। भारतीय भूखंड एशिया महाद्वीप के पूर्व और पश्चिम के मध्य भाग (महाद्वीप के दक्षिण में) में स्थित है।

कथन (2) सही नहीं है, क्योंकि हिंद महासागर में पाकिस्तान की नहीं, बल्कि भारत की केंद्रीय स्थिति है। हिंद महासागर जो पश्चिमी भाग में यूरोपीय देशों और पूर्वी एशियाई देशों को मिलाता है, भारत को केंद्रीय स्थिति प्रदान करता है।

14 भारत के राज्यों का निम्नलिखित में से कौन-सा युग्म सबसे पूर्वी तथा सबसे पश्चिमी राज्य को इंगित करता है?

(Chap 1, Class-IX, New NCERT) (IAS Pre 2015)

(a) असम और राजस्थान
(b) अरुणाचल प्रदेश और राजस्थान
(c) असम और गुजरात
(d) अरुणाचल प्रदेश और गुजरात

उत्तर (d)

व्याख्या भारत के राज्यों में सबसे पूर्वी तथा सबसे पश्चिमी राज्य क्रमशः अरुणाचल प्रदेश और गुजरात हैं। अरुणाचल प्रदेश और गुजरात के बीच 2,933 किमी की दूरी है तथा इन दोनों राज्यों के स्थानीय समय में दो घंटे का अंतर है।

15 भारतीय राज्यों का क्षेत्रफल के अनुसार सही अवरोही क्रम कौन-सा है?

(Chap 1, Class-IX, New NCERT)

(a) राजस्थान, मध्य प्रदेश, गुजरात, महाराष्ट्र
(b) राजस्थान, मध्य प्रदेश, महाराष्ट्र, गुजरात
(c) राजस्थान, महाराष्ट्र, गुजरात, मध्य प्रदेश
(d) राजस्थान, महाराष्ट्र, मध्य प्रदेश, गुजरात

उत्तर (b)

व्याख्या भारतीय राज्यों के क्षेत्रफल का अवरोही क्रम-राजस्थान, मध्य प्रदेश, महाराष्ट्र और गुजरात है। राजस्थान का कुल क्षेत्रफल 3,42,239 वर्ग किमी, मध्य प्रदेश का कुल क्षेत्रफल 3,08,252 वर्ग किमी, महाराष्ट्र का कुल क्षेत्रफल 3,07,713 वर्ग किमी तथा गुजरात का कुल क्षेत्रफल 1,96,244 वर्ग किमी है।

16 कर्क रेखा भारत के किन राज्यों से होकर गुजरती है?

(Chap 1, Class-IX, New NCERT) (UPPSC Pre 2017)

1. गुजरात 2. छत्तीसगढ़
3. उत्तर प्रदेश 4. झारखंड

कूट

(a) 1, 2 और 4 (b) 1, 2, 3 और 4
(c) 1, 3 और 4 (d) 2, 3 और 4

उत्तर (a)

व्याख्या कर्क रेखा (Tropic of Cancer) जिसे $23\frac{1}{2}°$ उत्तरी अक्षांश रेखा भी कहते हैं। भारत के 8 राज्यों से होकर गुजरती है, ये राज्य हैं—मिजोरम, त्रिपुरा, पश्चिम बंगाल, झारखंड, छत्तीसगढ़, मध्य प्रदेश, राजस्थान एवं गुजरात। कर्क रेखा ओडिशा एवं उत्तर प्रदेश राज्य से होकर नहीं गुजरती है।

कर्क रेखा ग्लोब पर भूमध्य रेखा के समानान्तर उत्तरी गोलार्द्ध में 23.5° पर पश्चिम में पूर्व की ओर खीचीं गई एक अक्षांश रेखा है। वर्ष के लगभग छः महीने सूर्य की सीधी किरणें कर्क रेखा पर पड़ती हे।

भारत एवं उसके पड़ोसी देश

17 निम्नलिखित कथनों पर विचार करें *(Chap 1, Class-IX, New NCE*

1. भारत एवं श्रीलंका पाक जलसंधि द्वारा अलग होते हैं।
2. भारत एवं बांग्लादेश के मध्य मन्नार की खाड़ी स्थित है।
3. मालदीव, लक्षद्वीप समूह के उत्तर में स्थित है।

उपर्युक्त में से कौन-सा/से कथन असत्य है/हैं?

(a) केवल 1 (b) केवल 2 (c) 2 और 3 (d) ये सभी

उत्तर (c)

व्याख्या दिए गए कथनों में से कथन (2) और (3) असत्य हैं, क्योंकि मन की खाड़ी (Gulf of Munnar) भारत व श्रीलंका के मध्य स्थित है। बांग्ला भारत की मुख्य भूमि से जुड़ा है, यह पूर्वी भाग में स्थित है। मालदीव, लक्ष समूह के उत्तर में नहीं, बल्कि दक्षिण-पश्चिम में स्थित है।

18 निम्नलिखित कथनों पर विचार करें

(Chap 1, Class-XI, New NCER

1. भारतीय उपमहाद्वीप में नेपाल, भूटान, पाकिस्तान, बांग्लादेश तथा भा आते हैं।
2. इस उपमहाद्वीप में अफगानिस्तान सम्मिलित नहीं है।
3. भारतीय उपमहाद्वीप के दक्षिण में हिंद महासागर स्थित है।

उपर्युक्त में से कौन-सा/से कथन सही है/हैं?

(a) केवल 1 (b) 1 और 2 (c) 1 और 3 (d) ये सभी

उत्तर (d)

व्याख्या भारतीय उपमहाद्वीप के संदर्भ में दिए गए सभी कथन सही भारतीय उपमहाद्वीप में पाकिस्तान, नेपाल, भूटान एवं बांग्लादेश को शामि किया जाता है। जबकि इस भाग में अफगानिस्तान को शामिल नहीं किया जा है। भारतीय उपमहाद्वीप के दक्षिणी भाग में हिंद महासागर स्थित है।

19 उत्तराखंड, उत्तर प्रदेश, बिहार, पश्चिम बंगाल तथा सिक्किम की सीमा किस देश को स्पर्श करती है?

(Chap 1, Class-IX, New NCER

(a) चीन (b) भूटान (c) नेपाल (d) म्यांमार

उत्तर (c)

व्याख्या उत्तराखंड, उत्तर प्रदेश, बिहार, पश्चिम बंगाल तथा सिक्किम व सीमा नेपाल की सीमा को स्पर्श करती है। नेपाल भारत का सांस्कृतिक पड़ोर देश है। उत्तराखंड नेपाल के पश्चिम में तथा सिक्किम नेपाल के पूर्व में अवस्थि है, जबकि अन्य राज्य नेपाल के दक्षिण में स्थित हैं।

20 भारत की सीमा किन देशों के साथ स्पर्श नहीं करती है?

(Chap 1, Class-VII, Old NCERT

1. चीन 2. मालदीव 3. ताजिकिस्तान
4. अफगानिस्तान 5. म्यांमार

कूट

(a) 1, 2 और 3 (b) 2 और 3
(c) 3, 4 और 5 (d) 2, 4 और 5

उत्तर (b)

व्याख्या भारत की सीमा मालदीव एवं ताजिकिस्तान के साथ स्पर्श नहीं करत है। मालदीव एक द्वीपीय देश है, जो हिंद महासागर में भारत की मुख्य भूमि र दक्षिण-पश्चिम भाग में स्थित है। ताजिकिस्तान मध्य एशियाई देश है, जिसक सीमा भारतीय भू-भाग से नहीं मिलती है। भारत की सीमा 7 देशों चीन, म्यांमार बांग्लादेश, पाकिस्तान, नेपाल, भूटान, अफगानिस्तान से मिलती है।

21 **नीचे दिए भारतीय राज्यों में से किसकी सीमा बांग्लादेश के साथ स्पर्श करती है?** *(Chap 1, Class-XII, Old NCERT)*

1. पश्चिम बंगाल
2. मिजोरम
3. त्रिपुरा
4. नागालैंड
5. सिक्किम

कूट

(a) 1, 2 और 3 (b) 2, 3 और 4
(c) 1, 4 और 5 (d) 1, 3, 4 और 5

उत्तर (a)

व्याख्या दिए गए भारतीय राज्यों में से पश्चिम बंगाल, मिजोरम, त्रिपुरा के अतिरिक्त मेघालय एवं असम ऐसे राज्य हैं, जिनकी सीमा बांग्लादेश के साथ स्पर्श करती है। इनमें से त्रिपुरा राज्य बांग्लादेश से तीनों ओर से घिरा हुआ है। भारत-बांग्लादेश के मध्य अंतर्राष्ट्रीय सीमा की कुल लंबाई 4,096 किमी है, जो अन्य देशों के साथ लगने वाली अंतर्राष्ट्रीय सीमा की लंबाई में सबसे अधिक है। नागालैंड की सीमा म्यांमार से तथा सिक्किम की सीमा चीन से स्पर्श करती है।

22 **निम्नलिखित भारतीय राज्यों में से कौन स्थलीय अंतर्राष्ट्रीय सीमा के साथ-साथ जलीय सीमा से भी लगा हुआ है?** *(Chap 1, Class-XI, New NCERT)*

1. महाराष्ट्र
2. पश्चिम बंगाल
3. ओडिशा
4. गुजरात

कूट

(a) 1 और 2 (b) 2 और 3 (c) 2 और 4 (d) 1 और 4

उत्तर (c)

व्याख्या दिए गए भारतीय राज्यों में से पश्चिम बंगाल एवं गुजरात दो ऐसे राज्य हैं, जो स्थलीय अंतर्राष्ट्रीय सीमा के साथ-साथ जलीय सीमा से भी लगे हुए हैं। पश्चिम बंगाल की स्थलीय अंतर्राष्ट्रीय सीमा बांग्लादेश से तथा जलीय सीमा बंगाल की खाड़ी से मिलती है।

गुजरात की स्थलीय अंतर्राष्ट्रीय सीमा पाकिस्तान से मिलती है, जबकि जलीय सीमा अरब सागर (कच्छ की खाड़ी, खंभात की खाड़ी) से मिलती है।

जबकि महाराष्ट्र व ओडिशा राज्य का स्थलीय भाग किसी भी अंतर्राष्ट्रीय सीमा से नहीं मिलता है। इन दोनों राज्यों की जलीय सीमा क्रमश: अरब सागर व बंगाल की खाड़ी को स्पर्श करती है।

23 **निम्नलिखित द्वीपों के युग्मों में कौन-सा 10 डिग्री चैनल (जलमार्ग) द्वारा आपस में पृथक् किया जाता है?** *(Chap 2, Class-XI, New NCERT) (IAS Pre 2014)*

(a) अंडमान एवं निकोबार
(b) निकोबार एवं सुमात्रा
(c) मालदीव एवं लक्षद्वीप
(d) सुमात्रा एवं जावा

उत्तर (a)

व्याख्या अंडमान और निकोबार द्वीप समूह को 10 डिग्री चैनल विभाजित करता है, यह अमीनी द्वीप तथा कनानौर द्वीप के बीच है। अंडमान एवं निकोबार द्वीप समूह, जलमग्न पर्वतों का हिस्सा है। कुछ द्वीपों की उत्पत्ति ज्वालामुखी निक्षेप पर आधारित है।

24 **अंडमान और निकोबार द्वीपसमूह का सर्वोच्च शिखर सैडल पीक (पल्याण शिखर) स्थित है** *(Chap 2, Class-XI, New NCERT) (IAS Pre 1996)*

(a) वृहद् निकोबार में (b) मध्य अंडमान में
(c) लघु अंडमान में (d) उत्तरी अंडमान में

उत्तर (d)

व्याख्या अंडमान और निकोबार द्वीपसमूह का सर्वोच्च शिखर सैडल पीक (पल्याण शिखर) उत्तरी अंडमान में स्थित है। सैडल पीक की ऊँचाई 738 मी है।

अंडमान और निकोबार द्वीप समूह भारत का एक केंद्रशासित प्रदेश है। यह बंगाल की खाड़ी के दक्षिण में हिन्द महासागर में स्थित है।

25 **पुदुचेरी केंद्रशासित प्रदेश तीन राज्यों में फैला हुआ है। इसके विभिन्न ज़िलों और उनकी अवस्थितियों के संबंध में नीचे दिए गए युग्मों में से सही युग्म/युग्मों का चयन कीजिए** *(Chap 1, Class-IX, New NCERT)*

1. यनम — आंध्र प्रदेश
2. कराईकल — तमिलनाडु
3. माहे — केरल

कूट

(a) केवल एक (b) केवल दो
(c) सभी तीन (d) इनमें से कोई नहीं

उत्तर (c)

व्याख्या उपर्युक्त सभी युग्म सुमेलित हैं। पुदुचेरी केंद्रशासित प्रदेश 4 जिलों से मिलकर बना हुआ है, जो तीन राज्यों में फैला है। यनम, आंध्र प्रदेश में बंगाल की खाड़ी के समीप स्थित है, कराईकल एवं पुदुचेरी जिला तमिलनाडु में स्थित है तथा माहे केरल में अरब सागर के निकट स्थित है। पुदुचेरी की राजधानी पुदुचेरी (तमिलनाडु) है।

26 **नीचे दिए गए युग्मों पर विचार कीजिए** *(Chap 2, Class-XI, New NCERT)*

	पर्वत शिखर		अवस्थिति
1.	माउंट डियोवोली	—	मध्य अंडमान
2.	माउंट कोयोब	—	दक्षिण अंडमान
3.	माउंट थुईल्लर	—	ग्रेट निकोबार

उपर्युक्त युग्मों में से कितने युग्म गलत हैं?

(a) केवल एक (b) केवल दो
(c) सभी तीन (d) इनमें से कोई नहीं

उत्तर (d)

व्याख्या दिए गए कोई भी युग्म गलत नहीं हैं।

माउंट डियोवोलो, मध्य अंडमान में स्थित पर्वत शिखर है। इसकी ऊँचाई 515 मी है।

माउंट कोयोब, दक्षिण अंडमान में स्थित पर्वत चोटी है। इसकी ऊँचाई 459 मी है। यह माउंट हैरियेट राष्ट्रीय उद्यान का एक हिस्सा है।

माउंट थुईल्लर, ग्रेट निकोबार में स्थित पर्वत शिखर है। इसकी ऊँचाई 642 मी है। यह पर्वत शिखर हिंद महासागर तथा अंडमान की सीमा निर्धारित करता है।

अध्याय 17

भारत की भू-गर्भिक संरचना एवं भौतिक प्रदेश

भारत की भू-गर्भिक संरचना एवं भौतिक प्रदेश

भारत का भू-गर्भिक इतिहास

परिचय

- पैलियोज़ोइक और मेसोज़ोइक युग के दौरान बड़े महाद्वीप पैंजिया का विभाजन आरंभ हुआ। पैंजिया पहले दो बड़े महाद्वीपीय पिंडों लॉरेशिया (Laurasia) और गोंडवानालैंड (Gondwanaland) क्रमशः उत्तरी व दक्षिणी भूखंडों के रूप में विभक्त हुआ
- गोंडवानालैंड में भारतीय उपमहाद्वीप भी शामिल था, जो पूर्णरूप से उत्तरी गोलार्द्ध में चला गया, जबकि हिमालयी पर्वत शृंखला का निर्माण लॉरेशिया से हुआ

भारतीय चट्टानों का वर्गीकरण

- भारत में प्री-कैम्ब्रियन युग से लेकर वर्तमान समय तक विभिन्न युगों से संबंधित चट्टानों का एक संग्रह है, भारत की भू-गर्भिक संरचना को चार भागों में विभाजित किया गया है

आर्कियन क्रम की चट्टानें

- कैंबियन से पहले की प्राचीनतम चट्टानें हैं। इन चट्टानों का निर्माण तप्त पृथ्वी के ठंडा होने के फलस्वरूप हुआ है।
- अत्यधिक रूपांतरण के कारण इनका मौलिक रूप परिवर्तित हो चुका है एवं इन चट्टानों में जीवाश्म का अभाव है।
- इसमें दो चट्टान समूह में शामिल हैं
  - नीस एवं शिष्ट प्रकार की चट्टानें
  - धारवाड़ क्रम की चट्टानें

पुराण शैल तंत्र

- दो भागों में विभाजित किया गया है।

कुड़प्पा शैल क्रम, यहाँ जीवाश्म रहित मिट्टी, स्लेट, बलुआ पत्थर और चूने पत्थर का निक्षेप पाया जाता है। सबसे पहले इसका अध्ययन आंध्र के कुडप्पा जिले में किया गया

विंध्यन शैल तंत्र प्राचीन अवसादी शैल तंत्र है, जो कुडप्पा शैल तंत्र पर निर्मित होता है, यह इसका नामकरण विंध्यन पर्वत के नाम पर किया गया है। इसमें जीवाश्म तत्त्वों का अभाव है। इसका विस्तार मध्य प्रदेश, बिहार, राजस्थान आदि के बड़े क्षेत्रों में है

द्रविड़ शैल तंत्र

- प्रायद्वीपीय पठार में नहीं पाया जाता है, लेकिन इस समूह की चट्टानें हिमालय में एक निरंतर क्रम में मिलती हैं। इन चट्टानों में प्रचुर मात्रा में जीवाश्म पाए जाते हैं।

आर्यन शैल तंत्र

- ये समुद्री अवसादी चट्टानें हैं, यह पूर्व पैलियोज़ोइक से लेकर टर्शियरी की प्राचीन अवधि की मानी जाती हैं।
- इस प्रकार की चट्टानें राजस्थान, गुजरात, तमिलनाडु आदि क्षेत्रों में पाई जाती हैं।

भारत के भौतिक प्रदेश

परिचय

- भौतिक विशेषताओं के आधार पर भारत को निम्न भागों में विभाजित किया गया है

उत्तरी पर्वत अथवा हिमालय

- हिमालय विश्व की सबसे ऊँची पर्वत शृंखला है तथा यह प्रायद्वीपीय भाग को उत्तर से आने वाली ठंडी ध्रुवीय पवनों से बचाता है
- हिमालय के दक्षिण और प्रायद्वीपीय के उत्तर के बीच स्थित प्राकृतिक अवरोध के रूप में कार्य करता है

उत्तरी भारत का मैदान

- यह हिमालय के दक्षिण और प्रायद्वीपीय पठार के उत्तर में स्थित है।
- यह सिंधु,गंगा और ब्रह्मपुत्र नदी तंत्रों द्वारा लाए गए ठोस कणों के जमाव से बनता है, जिससे यह बहुत उर्वरकीय है, यहाँ मुख्य फसलें उगाई जाती हैं; जैसे-गेहूँ, चावल, गन्ना, दालें आदि

प्रायद्वीपीय पठार

- गोंडवाना भूमि का हिस्सा, यह भू-भाग गुजरात, महाराष्ट्र, बिहार, कर्नाटक और आंध्र प्रदेश राज्यों में फैला हुआ है, इसे दो भागों में विभाजित किया गया है - • केंद्रीय उच्चतम भूमि • दक्षिणी पठार

तटीय मैदान

- ये अरब सागर और बंगाल की खाड़ी के साथ प्रायद्वीपीय पठार के समानांतर विस्तारित हैं, तटीय क्षेत्र कृषि, व्यापार, औद्योगिक केंद्र, पर्यटन केंद्र, मछली पकड़ने और नमक बनाने आदि के लिए प्रसिद्ध हैं

भारतीय मरुस्थल

- भारत में अरावली पहाड़ियों के उत्तर-पश्चिम तथा पश्चिमी किनारे पर बालू के टिब्बों से ढका एक तरंगित मरुस्थलीय मैदान है, जिसे 'थार का मरुस्थल' कहा जाता है, से भरपूर तटबंध बिखरे हैं

द्वीप

- बंगाल की खाड़ी द्वीप समूह में लगभग 572 द्वीप हैं, जो दो विशाल वर्गों में विभाजित हैं-अंडमान और निकोबार
- अरब सागर द्वीप समूह में लक्षद्वीप और मिनीकॉय शामिल हैं

SOURCE Old NCERT Class-VIII भूमि, New NCERT Class-IX भारत का भौतिक स्वरूप, Old NCERT Class-X भौतिक लक्षण, New NCERT Class-XI संरचना तथा भू-आकृति विज्ञान, Old NCERT Class-XII भारत के प्रदेश, भारत-भौतिक स्वरूप, Tamil Nadu Board Class-X भारत-भौतिक स्वरूप, NIOS Module-6 Chap 16

भारत : भू-आकृति

1 निम्नलिखित कथनों में कौन-सा सही नहीं है?
(Chap 2, Class-XI, New NCERT)

(a) करोड़ों वर्ष पूर्व इंडियन प्लेट भूमध्य रेखा के दक्षिण में स्थित थी
(b) इंडियन प्लेट का स्थानांतरण उत्तर दिशा में हुआ
(c) इंडियन प्लेट तथा ऑस्ट्रेलियन प्लेट आपस में जुड़े हुए थे
(d) इंडियन प्लेट और ऑस्ट्रेलियन प्लेट की टक्कर के फलस्वरूप हिमालय पर्वत का विकास हुआ

उत्तर (d)

व्याख्या दिए गए कथनों में से कथन (d) सही नहीं है, क्योंकि इंडियन प्लेट एवं अंगारालैंड के मध्य टक्कर के फलस्वरूप हिमालय पर्वत का निर्माण हुआ। इसे नवीनतम वलित (Fold) पर्वत कहा जाता है।

2 भारतीय उपमहाद्वीप की वर्तमान भू-वैज्ञानिक संरचना व इसके क्रियाशील भू-आकृतिक प्रक्रम, निम्नलिखित में से किस क्रिया के परिणामस्वरूप अस्तित्व में नहीं आए?
(Chap 2, Class-XI, New NCERT)

1. पृथ्वी का अंतर्जनित बल
2. ज्वालामुखीय निक्षेप
3. पृथ्वी का बहिर्जनित बल
4. प्लेट विवर्तनिकी क्रिया

कूट

(a) 1, 2 और 4 (b) 2, 3 और 4 (c) केवल 4 (d) केवल 2

उत्तर (d)

व्याख्या भारतीय उपमहाद्वीप की वर्तमान भू-वैज्ञानिक संरचना व इसके क्रियाशील भू-आकृतिक प्रक्रम ज्वालामुखीय निक्षेप के परिणामस्वरूप अस्तित्व में नहीं आए। ये मुख्यत: पृथ्वी के अंतर्जनित (Endogenic) व बहिर्जनित (Exogenic) बल, प्लेट विवर्तनिकी क्रिया (Plate tectonics) एवं भ्रंशन (Fault) गतिविधियों के परिणामस्वरूप अस्तित्व में आए। पर्वत, पठार मैदान एवं भ्रंश घाटियों के निर्माण में इनकी भूमिका प्रासंगिक मानी जाती है। भारत के उत्तरी भाग में हिमालय की उत्पत्ति में प्लेट विवर्तनिकी क्रिया महत्त्वपूर्ण मानी जाती है।

3 निम्नलिखित कथनों पर विचार कीजिए
(Chap 2, Class-IX, New NCERT)

1. भू-गर्भीय रूप से प्रायद्वीपीय पठार पृथ्वी की सतह का प्राचीनतम भाग है।
2. हिमालय एवं उत्तरी मैदान नवीनतम स्थलाकृतियाँ हैं।
3. उत्तरी मैदान का निर्माण लावा निक्षेपों से हुआ।

उपर्युक्त में से कौन-सा/से कथन सही नहीं है/हैं?

(a) केवल 1 (b) 2 और 3 (c) 1 और 3 (d) केवल 3

उत्तर (d)

व्याख्या दिए गए कथनों में से कथन (3) सही नहीं है, क्योंकि उत्तरी मैदान का निर्माण जलोढ़ निक्षेपों से हुआ है, न कि लावा निक्षेपों से। शेष कथन सही हैं। भू-गर्भीय रूप से प्रायद्वीपीय पठार पृथ्वी की सतह का प्राचीनतम भाग है तथा हिमाचल एवं उत्तरी मैदान नवीनतम स्थलाकृतियाँ हैं।

उत्तर तथा उत्तर-पूर्वी पर्वतमाला

4 हिमालय पर्वत में पाई जाने वाली निम्नलिखित श्रेणियों को दक्षिण से उत्तर के क्रम में सजाएँ। *(Chap 2, Class-XI, New NCERT)*

1. काराकोरम श्रेणी
2. जास्कर श्रेणी
3. पीरपंजाल श्रेणी
4. लद्दाख श्रेणी

कूट

(a) 1, 2, 3 और 4 (b) 1, 4, 2 और 3
(c) 3, 2, 4 और 1 (d) 3, 4, 2 और 1

उत्तर (c)

व्याख्या हिमालय में पाई जाने वाली पर्वत श्रेणियों का दक्षिण से उत्तर की ओर सही क्रम 3, 2, 4 और 1 है अर्थात् पीरपंजाल, जास्कर, लद्दाख एवं काराकोरम श्रेणी। जास्कर, लद्दाख एवं काराकोरम ट्रांस हिमालय का भाग है, इनका निर्माण हिमालय के निर्माण से काफी पहले हो गया था। पीरपंजाल को मध्य हिमालय का हिस्सा माना जाता है, जिसका निर्माण महान हिमालय के बाद हुआ था।

5 हिमालय पर्वत शृंखला में मुख्य रूप से कौन-सी श्रेणियाँ पाई जाती हैं?
(Chap 5, Class-XII, Old NCERT)

1. वृहत् हिमालय
2. पूर्वांचल पहाड़ियाँ
3. शिवालिक शृंखला
4. महादेव पहाड़ियाँ

कूट

(a) 1 और 2 (b) 2 और 3
(c) 1, 2 और 3 (d) ये सभी

उत्तर (c)

व्याख्या हिमालय पर्वत शृंखला में मुख्य रूप से वृहत् हिमालय, पूर्वांचल की पहाड़ियाँ एवं शिवालिक शृंखला की श्रेणियाँ पाई जाती हैं। महादेव पहाड़ी मध्य भारत में सतपुड़ा श्रेणी का भाग है। सतपुड़ा श्रेणी की सबसे ऊँची चोटी धूपगढ़ (1,350 मी) महादेव पहाड़ी पर ही स्थित है।

6 हिमालय पर्वत शृंखला के संदर्भ में कौन-सा कथन असत्य है?
(Chap 2, Class-XI, New NCERT)

(a) इसमें वर्तमान समय में बहिर्जनित और अंतर्जनित बलों की क्रियाएँ संचालित हैं
(b) इनमें गॉर्ज, V-आकार की घाटियाँ, क्षिप्रिकाएँ व जलप्रपात इसकी युवावस्था के द्योतक हैं
(c) इनकी उत्पत्ति ज्वालामुखी क्रिया के फलस्वरूप हुई है
(d) भू-वैज्ञानिक दृष्टि से ये तरुण, दुर्बल और लचीली हैं

उत्तर (c)

व्याख्या हिमालय पर्वत शृंखला के संदर्भ में दिए गए कथनों में से कथन (c) असत्य है, क्योंकि हिमालय की उत्पत्ति में ज्वालामुखीय उद्गार की कोई भूमिका नहीं है, बल्कि इसका निर्माण अवसादों पर पड़ने वाले वलन के कारण हुआ है।

7 नीचे दिए गए कथनों पर विचार कीजिए
(Chap 5, Class-XII, Old NCERT)

1. हिमालय पर्वत शृंखला का विस्तार पश्चिम में सिंधु से लेकर पूर्व में ब्रह्मपुत्र तक है।
2. हिमालय पर्वत शृंखला की चौड़ाई पश्चिम में अधिक और पूर्व में कम है।
3. हिमालय पर्वत शृंखला के सबसे उत्तरी भाग को हिमाचल कहा जाता है।

उपर्युक्त में से कौन-सा/से कथन सत्य है/हैं?

(a) केवल 1 (b) 1 और 2
(c) 1 और 3 (d) ये सभी

उत्तर (b)

व्याख्या दिए गए कथनों में से कथन (1) और (2) सत्य हैं। हिमालय पर्वत शृंखला का विस्तार पश्चिम में सिंधु से लेकर पूर्व में ब्रह्मपुत्र तक है। पश्चिम से पूर्व तक इसकी कुल लंबाई 2,400 किमी है। हिमालय पर्वत शृंखला की चौड़ाई पश्चिम में 400 किमी तक तथा पूर्व में 150 किमी (अरुणाचल प्रदेश में) तक है।
कथन (3) असत्य है, क्योंकि हिमालय पर्वत शृंखला के सबसे उत्तरी भाग को महान हिमालय कहा जाता है। ट्रांस-हिमालय के पश्चात् हिमालय पर्वत श्रेणी के इसी भाग का निर्माण हुआ था।

8 पश्चिमी भाग में हिमालय की श्रेणियों का दक्षिण से उत्तर की ओर निम्नांकित में से कौन-सा क्रम सही है?
(Chap 2, Class-XI, New NCERT) (CGPSC Pre 2005)

(a) महान हिमालय-लघु हिमालय-शिवालिक
(b) शिवालिक-लघु हिमालय-महान हिमालय
(c) लघु हिमालय-महान हिमालय-शिवालिक
(d) शिवालिक-महान हिमालय-लघु हिमालय

उत्तर *(b)*

व्याख्या पश्चिमी भाग में हिमालय की श्रेणियों का दक्षिण से उत्तर की ओर क्रम निम्न है- शिवालिक < लघु हिमालय < महान हिमालय
हिमालय की यह श्रेणियाँ उत्तर-पश्चिम से दक्षिण-पूर्व दिशा की ओर फैली हैं।

9 महान या वृहद् हिमालय पर्वत शृंखला के संबंध में कौन-सा कथन असत्य है? *(Chap 12, Class-VIII, Old NCERT)*

(a) इस हिमालय की औसत ऊँचाई 4000 मी है
(b) हिमालय के इस भाग का क्रोड ग्रेनाइट का बना है
(c) इस शृंखला में हिमानियों की संख्या अधिक है
(d) इस शृंखला की प्रकृति असंयमित है

उत्तर *(a)*

व्याख्या महान या वृहद् हिमालय पर्वत शृंखला के संबंध में दिए गए कथनों में कथन (a) असत्य है, क्योंकि महान हिमालय की औसत ऊँचाई 6000 मी है। महान हिमालय, हिमालय की सर्वोच्च श्रेणी है। विश्व का सबसे ऊँचा शिखर एवरेस्ट पर्वत, इसी पर्वमाला का भाग है।

10 सूची I का सूची II से मिलान करें और नीचे दिए गए कूट से सही उत्तर का चुनाव करें। *(Chap 2, Class-IX, New NCERT)*

सूची I (पर्वत चोटियाँ)	सूची II (ऊँचाई मी)
A. कंचनजंगा	1. 8,172
B. धौलागिरि	2. 8,598
C. नंगा पर्वत	3. 7,756
D. नामचा बरवा	4. 8,126

कूट

	A	B	C	D
(a)	1	2	3	4
(b)	2	1	4	3
(c)	3	2	1	4
(d)	4	3	2	1

उत्तर *(b)*

व्याख्या सही सुमेलन A-2, B-1, C-4, D-3 हैं।
कंचनजंगा की अधिकतम ऊँचाई 8,598 मी है, यह भारतीय भू-भाग की सबसे ऊँची चोटी है। यह सिक्किम के उत्तर पश्चिम में नेपाल की सीमा पर है।
धौलागिरि शिखर की अधिकतम ऊँचाई 8,172 मी है। यह नेपाल में स्थित है।
उत्तर-पश्चिम भाग में स्थित नंगा पर्वत की अधिकतम ऊँचाई 8,126 मी है। यह भारत ओर म्यांमार की सीमा पर लगने वाली पर्वत शृंखला है।
पूर्वोत्तर सीमांतर क्षेत्र में स्थित नामचा बरवा शिखर की अधिकतम ऊँचाई 7,756 मी है।

11 मध्य हिमालय शृंखला के संदर्भ में नीचे दिए गए कथनों पर विचार करें *(Chap 12, Class-VIII, Old NCERT)*

1. इनका निर्माण संपीडित तथा परिवर्तित शैलों से हुआ है।
2. इस शृंखला की औसत चौड़ाई 150 किमी है।
3. इसी शृंखला में विश्व प्रसिद्ध कांगड़ा एवं कुल्लू घाटियाँ स्थित हैं।

उपर्युक्त में से कौन-सा/से कथन असत्य है/हैं?

(a) केवल 1 (b) केवल 2 (c) 1 और 3 (d) ये सभी

उत्तर *(b)*

व्याख्या मध्य हिमालय शृंखला के संदर्भ में दिए गए कथनों में से कथन (2) असत्य है, क्योंकि मध्य हिमालय की औसत चौड़ाई 80 किमी तक है। य महान एवं शिवालिक हिमालय के बीच स्थित हैं इसकी प्रमुख पर्वत श्रेणि क्रमशः पीरपंजाल, धौलावीरा, महाभारत, मसूरी आदि प्रमुख हैं। इसकी औस ऊँचाई 3700-4500 किमी है।

12 नीचे दिए गए कथनों में से कौन-सा कथन असत्य है?
(Chap 12, Class-VIII, Old NCERT)

(a) हिमालय की सबसे बाहरी शृंखला को हिमाद्री कहा जाता है
(b) शिवालिक शृंखला की औसत ऊँचाई 1,000 से 1,200 मीटर के बीच
(c) शिवालिक शृंखला में स्थित घाटियाँ बजरी तथा जलोढ़ अवसाद से बनी हैं
(d) शिवालिक में दून घाटियाँ स्थित हैं

उत्तर *(a)*

व्याख्या दिए गए कथनों में से कथन (a) असत्य है, क्योंकि हिमालय क सबसे बाहरी शृंखला को शिवालिक हिमालय कहा जाता है। शिवालिक शृंखल की औसत ऊँचाई 1000-1200 मी के बीच है। इस शृंखला में स्थित घाटिय बजरी तथा जलोढ़ अवसादों से बनी हैं। ये घाटियाँ शिवालिक शृंखला में ह विस्तृत हैं।

13 सूची I का सूची II से मिलान करें और नीचे दिए गए कूट से सही उत्तर का चुनाव करें *(Chap 2, Class-IX, New NCERT)*

सूची I (हिमालय के भाग)	सूची II (अवस्थिति)
A. पंजाब हिमालय	1. सिंधु एवं सतलुज नदी के मध्य
B. कुमाऊँ हिमालय	2. सतलुज तथा काली नदी के मध्य
C. नेपाल हिमालय	3. काली तथा तीस्ता नदी के मध्य
D. असम हिमालय	4. तीस्ता एवं दिहांग नदी के मध्य

कूट

	A	B	C	D
(a)	1	2	3	4
(b)	2	3	4	1
(c)	3	2	4	1
(d)	4	3	2	1

उत्तर *(a)*

व्याख्या सही सुमेलन A-1, B-2, C-3, D-4 है।
पंजाब हिमालय सिंधु एवं सतलुज नदी के मध्य भाग को, कुमाऊँ हिमालय, सतलुज तथा काली नदी के मध्य भाग को नेपाल हिमालय काली एवं तीस्ता नदी के मध्य भाग को तथा असम हिमालय तीस्ता एवं दिहांग नदी के मध्य भाग को कहते हैं।

14 हिमालय की पर्वतीय शृंखला में ऊँचाई के साथ-साथ किन कारणों से वनस्पति में परिवर्तन आता है?
(Chap 5, Class-XII, Old NCERT) (CGPSC Pre 2013)

1. तापमान में गिरावट
2. वर्षा में बदलाव
3. मिट्टी का अनउपजाऊ होना
4. तेज हवा

कूट

(a) 1, 2 और 3 (b) 2, 3 और 4
(c) 1, 3 और 4 (d) 1, 2 और 4

उत्तर *(a)*

व्याख्या हिमालय की पर्वतीय शृंखला में ऊँचाई के साथ-साथ तापमान में गिरावट, वर्षा में बदलाव और मिट्टी के उपजाऊ न होने के कारण वनस्पति में परिवर्तन आता है।
इसका मुख्य कारण ऊँचाई में भिन्नता तथा सूर्य एवं वर्षा करने वाली हवाओं के संदर्भ में पर्वतीय ढालों की दिशा है। उत्तर की वृहद् हिमालय श्रेणियों में प्राकृतिक वनस्पतियाँ विरल हैं।

15 निम्नलिखित कथनों पर विचार करें *(Chap 5, Class-XII, Old NCERT)*

1. उत्तर-पश्चिमी हिमालय में हिम नदियाँ बालटोरो और सियाचिन स्थित हैं।
2. काराकोरम श्रेणी उत्तर-पश्चिमी हिमालय का भाग है।
3. संसार का दूसरा सबसे ऊँचा पर्वत शिखर K_2 इसी श्रेणी में स्थित है।

उपर्युक्त में से कितने कथन सही हैं?

(a) केवल एक (b) केवल दो
(c) सभी तीन (d) इनमें से कोई नहीं

उत्तर (c)

व्याख्या दिए गए सभी तीन अर्थात् कथन (1), (2) और (3) सही हैं। हिमालय की दो प्रमुख हिमनदियाँ बालटोरो एवं सियाचिन उत्तर-पश्चिम हिमालय शृंखला में स्थित हैं, सियाचिन इस क्षेत्र की सबसे बड़ी हिमनद है। कश्मीर घाटी जास्कर एवं पीरपंजाल श्रेणी के मध्य स्थित है। काराकोरम श्रेणी उत्तर-पश्चिमी हिमालय का हिस्सा है, संसार की दूसरी सबसे ऊँची पर्वत चोटी K_2 इसी श्रेणी में स्थित है।

16 सूची I को सूची II से सुमेलित कीजिए और नीचे दिए गए कूट की सहायता से उत्तर का चुनाव करें *(Chap 2, Class-XI, New NCERT)*

	सूची I (पर्वत श्रेणी)		सूची II (दर्रा)
A.	खारदुंग ला	1.	पीरपंजाल
B.	फोटुला	2.	वृहद् हिमालय
C.	बनिहाल	3.	लद्दाख श्रेणी
D.	जोजिला	4.	जास्कर श्रेणी

कूट

	A	B	C	D		A	B	C	D
(a)	1	2	3	4	(b)	2	4	1	3
(c)	3	4	1	2	(d)	4	3	2	1

उत्तर (c)

व्याख्या सही सुमेलन A-3, B-4, C-1, D-2 है।

खारदुंग ला दर्रा, लद्दाख पर्वतीय शृंखला में लेह जिले में स्थित है। यह श्योक तथा नुब्रा घाटियों का प्रवेश द्वार है।

फोटुला दर्रा, जास्कर पर्वतीय श्रेणी में स्थित है। यह दर्रा लेह (लद्दाख) को श्रीनगर (जम्मू एवं कश्मीर) से जोड़ता है।

बनिहाल दर्रा, पीरपंजाल पर्वतीय शृंखला में स्थित है। यह कश्मीर घाटी को बाहरी हिमालय से जोड़ता है। कश्मीरी भाषा में 'बनिहाल' का अर्थ 'समुद्री तूफान' है।

जोजिला दर्रा, वृहद् हिमालय में स्थित है। यह द्रास को सुरू जिले से जोड़ता है। इस दर्रे को लद्दाख का प्रवेश द्वारा कहा जाता है।

17 निम्नलिखित कथनों पर विचार करें *(Chap 2, Class-XI, New NCERT)*

1. हिमाचल हिमालय के सुदूर उत्तरी भाग में लद्दाख के ठंडे मरुस्थल का विस्तार है।
2. शिवालिक श्रेणी हिमाचल हिमालय के उत्तरी भाग में स्थित है।
3. इस क्षेत्र में पर्वतीय नगरों की बहुतायत है।

उपर्युक्त में से कौन-सा/से कथन सही नहीं है/हैं?

(a) केवल 1 (b) 2 और 3 (c) 1 और 3 (d) केवल 2

उत्तर (a)

व्याख्या दिए गए कथनों में से कथन (2) सही नहीं है, क्योंकि शिवालिक श्रेणी हिमाचल हिमालय के उत्तरी नहीं अपितु दक्षिणी भाग में स्थित है, जबकि कथन (1) और (3) सही हैं। हिमाचल हिमालय के सुदूर उत्तरी भाग में लद्दाख के ठंडे मरुस्थल का विस्तार है। इस क्षेत्र में पर्वतीय नगरों की बहुतयात है।

18 निम्नलिखित में से कौन-सा कथन असत्य है? *(Chap 2, Class-XI, New NCERT)*

(a) हिमाचल हिमालय की महत्त्वपूर्ण स्थलाकृतियाँ शिवालिक और दून हैं
(b) वृहत् हिमालय की घाटियों में भोटिया प्रजाति के लोग निवास करते हैं
(c) ऊँचाई पर स्थित घास के मैदान को दुआर कहा जाता है
(d) फूलों की घाटी हिमाचल हिमालय क्षेत्र में स्थित है

उत्तर (c)

व्याख्या दिए गए कथनों में से कथन (c) असत्य है, क्योंकि इस क्षेत्र में ऊँचाई पर स्थित घास के मैदानी भाग को बुग्याल कहा जाता है। इसके अतिरिक्त अन्य सभी कथन सत्य हैं। हिमाचल हिमालय की महत्त्वपूर्ण स्थलाकृति शिवालिक और दून है। वृहत हिमालय की घाटियों में भोटिया प्रजाति निवास करती है तथा फूलों की घाटी हिमाचल हिमालय में है।

19 दार्जिलिंग एवं सिक्किम हिमालय के संदर्भ में निम्नलिखित कथनों पर विचार करें *(Chap 2, Class-XI, New NCERT)*

1. इसके पश्चिम में भूटान हिमालय और पूर्व में नेपाल हिमालय है।
2. यहाँ पर तीस्ता नदी प्रवाहित होती है।
3. इस क्षेत्र के पर्वतों में भोटिया जनजाति का निवास है।

उपर्युक्त में से कौन-सा/से कथन असत्य है/हैं?

(a) केवल 1 (b) केवल 2 (c) 1 और 3 (d) ये सभी

उत्तर (c)

व्याख्या दार्जिलिंग एवं सिक्किम हिमालय के संदर्भ में दिए गए कथनों में से कथन (1) और (3) असत्य हैं। इसके पश्चिम में नेपाल हिमालय एवं पूर्व में भूटान हिमालय स्थित है। भौगोलिक दृष्टिकोण से यह छोटा हिमालय है, परंतु अधिक महत्त्वपूर्ण है। इस क्षेत्र में मिश्रित जनसंख्या जिसमें नेपाली, बंगाली और मध्य भारत की जनजातियाँ पाई जाती हैं।

20 अरुणाचल हिमालय के संदर्भ में निम्नलिखित कथनों पर विचार करें। *(Chap 2, Class-XI, New NCERT)*

1. यह पूर्व में डिफू दर्रे से लेकर पश्चिम में नेपाल हिमालय तक विस्तारित है।
2. इस क्षेत्र की प्रमुख चोटियाँ काँगलु और नामचा बरवा हैं।
3. ब्रह्मपुत्र नदी द्वारा इस क्षेत्र में गहरी गॉर्ज का निर्माण किया जाता है।

उपर्युक्त में से कौन-सा/से कथन सही है/हैं?

(a) केवल 1 (b) 1 और 2
(c) 2 और 3 (d) इनमें से कोई नहीं

उत्तर (c)

व्याख्या अरुणाचल हिमालय के संदर्भ में दिए गए कथनों में से कथन (2) और (3) सही हैं। काँगलु एवं नामचा बरवा इस क्षेत्र की दो प्रमुख चोटियाँ हैं। नामचा बरवा को पार करने के पश्चात् ब्रह्मपुत्र नदी एक गहरे गॉर्ज का निर्माण करती है।

कथन (1) सही नहीं है, क्योंकि अरुणाचल हिमालय पूर्व में दर्रे से होकर पश्चिम में भूटान हिमालय तक विस्तृत है।

21 अरुणाचल हिमालय में पाई जाने वाली पहाड़ियों का पूर्व से पश्चिम में सही क्रम कौन-सा है? *(Chap 2, Class-XI, New NCERT)*

(a) डाफला, मिरी, अबोर, मिश्मी (b) मिश्मी, अबोर, मिरी, डाफला
(c) अबोर, मिश्मी, मिरी, डाफला (d) डाफला, मिश्मी, मिरी, अबोर

उत्तर (b)

व्याख्या अरुणाचल प्रदेश में पाई जाने वाली पहाड़ियों के पूर्व से पश्चिम की ओर विस्तृत होने का सही क्रम-मिश्मी, अबोर, मिरी, डाफला है। इन्हें शिवालिक श्रेणी का हिस्सा माना जाता है। ये सभी पहाड़ियाँ नवीनतम मानी जाती हैं।

22 **पूर्वांचल हिमालय में पाई जाने वाली पहाड़ियों का उत्तर से दक्षिण में सही क्रम कौन-सा है?** *(Chap 12, Class-VIII, Old NCERT)*

(a) पटकाई बूम, मणिपुर पहाड़ियाँ, नागा पहाड़ियाँ, मिजो पहाड़ियाँ
(b) पटकाई बूम, नागा पहाड़ियाँ, मणिपुर पहाड़ियाँ, मिजो पहाड़ियाँ
(c) मिजो पहाड़ियाँ, मणिपुर पहाड़ियाँ, नागा पहाड़ियाँ पटकाई बूम
(d) मिजो पहाड़ियाँ, नागा पहाड़ियाँ, पटकाई बूम, मणिपुर पहाड़ियाँ

उत्तर *(b)*

व्याख्या पूर्वांचल हिमालय में पाई जाने वाली पहाड़ियों का उत्तर से दक्षिण में सही क्रम है-पटकाई बूम, नागा पहाड़ियाँ, मणिपुर पहाड़ियाँ, मिजो पहाड़ियाँ।

पटकाई बूम अरुणाचल प्रदेश में, नागापहाड़ी नागालैंड में, मणिपुर पहाड़ी मणिपुर में व मिजो पहाड़ियाँ मिजोरम में विस्तृत हैं।

23 **उत्तर-पूर्व में अवस्थित मोलेसिस बेसिन नाम से किस राज्य को जाना जाता है?** *(Chap 2, Class-XI, New NCERT)*

(a) अरुणाचल प्रदेश (b) मणिपुर
(c) मिजोरम (d) नागालैंड

उत्तर *(c)*

व्याख्या उत्तर-पूर्व में अवस्थित मोलेसिस बेसिन नाम से मिजोरम को जाना जाता है। यह मृदुल (मुलायम) और असंगठित चट्टानों से निर्मित है। बराक नदी, मिजोरम में प्रवाहित होने वाली प्रमुख नदी है।

24 **उत्तर-पूर्वी पहाड़ियों के संदर्भ में निम्नलिखित कथनों पर विचार करें** *(Chap 2, Class-XI, New NCERT)*

1. इस भाग में पहाड़ियों की दिशा उत्तर से पूर्व हो जाती है।
2. मीठे पानी की झील लोकटक मिजोरम में अवस्थित है।
3. मणिपुर और मिजोरम की महत्त्वपूर्ण नदी बराक नदी है

उपर्युक्त में से कौन-सा/से कथन असत्य है/हैं?

(a) 1 और 2 (b) 2 और 3
(c) 1, 2 और 3 (d) इनमें से कोई नहीं

उत्तर *(a)*

व्याख्या उत्तर-पूर्वी पहाड़ियों के संदर्भ में दिए गए कथनों में से कथन (1) और (2) असत्य हैं। इस भाग में पहाड़ियों की दिशा उत्तर से दक्षिण की ओर हो जाती है।

विभिन्न क्षेत्रों में पहाड़ियों को अलग-अलग नामों से जाना जाता है। मीठे पानी की झील लोकटक मिजोरम में नहीं, बल्कि मणिपुर में स्थित है। कथन (3) सत्य है अर्थात् बराक नदी मणिपुर एवं मिजोरम की प्रमुख नदी है।

25 **परिच्छेद में दिया गया विवरण किसका है?** *(Chap 2, Class-XI, New NCERT)*

यह पर्वत क्षेत्र भूटान हिमालय से लेकर पूर्व में डिफू दर्रे तक फैला है। इस पर्वत श्रेणी की सामान्य दिशा दक्षिण-पूर्व से उत्तर-पूर्व तक है। इस क्षेत्र की मुख्य चोटियाँ कांगतु तथा नामचा बरवा हैं। यह पर्वतीय क्षेत्र उत्तर से दक्षिण दिशा में तेज बहती हुई नदियों द्वारा विच्छेदित होते हैं। इस क्षेत्र में जनजातियाँ निवास करती हैं, जो स्थानांतरी कृषि पर आधारित हैं।

(a) सिक्किम हिमालय
(b) अरुणाचल हिमालय
(c) हिमालय हिमालय
(d) उत्तराखंड हिमालय

उत्तर *(b)*

व्याख्या परिच्छेद में दिया गया विवरण अरुणाचल हिमालय का है। सुदूर पूर्व में हिमालय पर्वत शृंखला का हिस्सा है। यह पर्वतीय क्षेत्र भूटान से लेकर डिफू दर्रे तक फैला है। ब्रह्मपुत्र नदी नामचा बरवा पर्वत के पास तिब्बत से भारत में प्रवेश करती है।

26 **निम्नलिखित युग्मों पर विचार कीजिए** *(Chap 2, Class-IX, NCERT) (IAS Pre 2022)*

शिखर		पर्वत
1. नामचा बरवा	—	गढ़वाल हिमालय
2. नंदा देवी	—	कुमाऊँ हिमालय
3. नोकरेक	—	सिक्किम हिमालय

उपर्युक्त युग्मों में से कौन-सा/से सही सुमेलित है/हैं?

(a) 1 और 2 (b) केवल 2
(c) 1 और 3 (d) केवल 3

उत्तर *(b)*

व्याख्या दिए गए युग्मों में से युग्म (2) सही सुमेलित है।

नंदा देवी चोटी कुमाऊँ हिमालय का एक भाग है। सतलुज और काली नदियों के बीच स्थित हिमालय के भाग को कुमाऊँ हिमालय के नाम से जाना जाता है। ग्रेट या वृहद् हिमालय पश्चिम में नंगा पर्वत से लेकर पूर्व में नामचा बरवा तक फैला हुआ है।

युग्म (1) और (3) सही सुमेलित नहीं हैं, क्योंकि नामचा बरवा तिब्बत हिमालय के अंतर्गत आता है। ब्रह्मपुत्र नदी इसी पर्वत शिखर के पास भारत में प्रवेश करती है।

नोकरेक गारो पहाड़ियों का भाग है, जो मेघालय राज्य में स्थित है।

उत्तरी भारत का मैदान

27 **निम्नलिखित कथनों में से कौन-सा कथन सत्य है?** *(Chap 12, Class-VIII, Old NCERT)*

1. उत्तरी मैदान का निर्माण जलोढ़ मृदा से हुआ है।
2. इसका विस्तार 10 लाख वर्ग किमी क्षेत्र में है।
3. इस मैदान का निर्माण गंगा, गोदावरी और ब्रह्मपुत्र नदियों के निक्षेप से हुआ है।

कूट

(a) केवल 1 (b) 1 और 2
(c) 1 और 3 (d) ये सभी

उत्तर *(a)*

व्याख्या प्रश्न में दिए गए कथनों में से कथन (1) सत्य है। उत्तरी भारत के मैदानी भाग का निर्माण नदियों द्वारा लाए गए अवसादों के जमाव से हुआ है, इसे जलोढ़ मृदा भी कहते हैं, इसका निर्माण हिमालय के निर्माण के पश्चात् हुआ, इसे नवीनतम स्थलाकृति माना जाता है।

कथन (2) और (3) असत्य हैं, क्योंकि इस मैदानी भाग का कुल क्षेत्रफल 7 लाख वर्ग किमी है, इस मैदान के निर्माण में गंगा एवं उसकी सहायक नदियों का विशेष योगदान है, इसमें गोदावरी नदी की कोई भूमिका नहीं है। यद्यपि गोदावरी प्रायद्वीपीय भारत की सबसे बड़ी नदी है।

28 **उत्तरी मैदान के संदर्भ में निम्नलिखित में से कौन-सा/से कथन सत्य है/हैं?** *(Chap 2, Class-IX, NCERT)*

1. उत्तरी मैदान का सबसे अधिक भाग पुरानी जलोढ़ मृदा से बना है।
2. उत्तरी मैदान के बांगर क्षेत्र की मृदा में चूनेदार निक्षेप पाए जाते हैं।
3. उत्तरी मैदान के बाढ़ वाले मैदानों के नए तथा युवा निक्षेप को 'खादर' कहा जाता है।

कूट

(a) केवल 1 (b) केवल 2
(c) 2 और 3 (d) 1, 2 और 3

उत्तर *(d)*

व्याख्या उत्तरी मैदानों के संदर्भ में तीनों कथन सही हैं। उत्तरी मैदान का सबसे बड़ा भाग पुरानी जलोढ़ मिट्टी से बना है, जिसे बांगर कहा जाता है। यह क्षेत्र नदियों के बाढ़ वाले मैदान के ऊपर स्थित है तथा इसकी आकृति वेदिका जैसी प्रतीत होती है। उत्तरी मैदान के बांगर क्षेत्र की मृदा में चूनेदार निक्षेप पाए जाते हैं, जिसे कंकड़ कहा जाता है। नए जलोढ़ के मैदान को 'खादर' कहा जाता है। यह क्षेत्र बाढ़ प्रभावित होता है, जिसका लगभग प्रत्येक वर्ष पुनर्निमाण होता है। इसलिए 'खादर' मैदान उपजाऊ हाते हैं तथा गहन खेती के लिए आदर्श माने जाते हैं।

29 नीचे दिए गए कथनों में कौन-सा/से कथन सही है/हैं?
(Chap 5, Class-XII, Old NCERT)

1. उत्तरी मैदान के पश्चिमी भाग के मैदान को पंजाब का मैदान कहते हैं।
2. गंगा के मैदान का विस्तार सतलुज और गंडक नदियों के मध्य है।
3. ब्रह्मपुत्र के मैदान का विस्तार मुख्यत: असम में है।

कूट

(a) केवल 1 (b) 1 और 2 (c) 1 और 3 (d) ये सभी

उत्तर (c)

व्याख्या प्रश्न में दिए गए कथनों में से कथन (1) और (3) सही हैं। उत्तरी मैदान के पश्चिमी भाग के मैदानी भाग को पंजाब का मैदान कहते हैं। पंजाब का तात्पर्य-पाँच नदियों का क्षेत्र होता है। यहाँ की मृदा अधिक उपजाऊ है। ब्रह्मपुत्र के मैदानी क्षेत्र का विस्तार मुख्यत: निचले असम में विस्तृत है।

कथन (2) सही नहीं है, क्योंकि गंगा के मैदानी भागों का विस्तार सतलुज से ब्रह्मपुत्र के मध्य है, इसलिए इसे सतलुज गंगा-ब्रह्मपुत्र का मैदान कहते हैं।

30 उत्तर भारत के मैदानों को उत्तर से दक्षिण के क्रम में सजाएँ
(Chap 2, Class-XI, New NCERT)

1. भाबर मैदान 2. जलोढ़ मैदान
3. तराई मैदान

कूट

(a) 1, 2 और 3 (b) 2, 3 और 1
(c) 1, 3 और 2 (d) 3, 2 और 1

उत्तर (c)

व्याख्या उत्तर भारत के मैदानों का उत्तर से दक्षिण की ओर सही क्रम 1, 3 और 2 है अर्थात् भाबर, मैदान, तराई मैदान व जलोढ़ मैदान। सबसे उत्तरी भाग में भाबर प्रदेश विस्तृत है। यह प्रदेश शिवालिक के गिरिपाद प्रदेश में सिंधु से तीस्ता तक विस्तृत है। इस क्षेत्र में नदियाँ अधिक मात्रा में पत्थर, कंकड़, बजरी आदि लाकर जमा कर देती हैं, जिससे पारगम्य चट्टानों का निर्माण होता है एवं नदियाँ विलुप्त हो जाती हैं।

भाबर प्रदेश के दक्षिण में उसके समानांतर तराई प्रदेश का विस्तार पाया जाता है। इसकी चौड़ाई 10-20 किमी तक है। तराई का स्वरूप दलदलीय होता है, इस क्षेत्र में नदियाँ पुन: प्रकट हो जाती हैं। तराई के दक्षिणी भाग में उपजाऊ जलोढ़ का मैदानी भाग विस्तृत है, इसका निर्माण नदियों के द्वारा लाए गए अवसादों के जमाव से हुआ है।

31 भाबर मैदान के संदर्भ में कौन-सा/से कथन सत्य है/हैं?
(Chap 2, Class-XI, New NCERT)

1. यह शिवालिक गिरिपाद में 8 से 10 किमी की चौड़ाई में फैला है।
2. यहाँ पर नदियों द्वारा भारी मात्रा में बड़े शैल व गोलाश्म जमा कर दिए जाते हैं।
3. यहाँ पर सभी नदियाँ विलुप्त हो जाती हैं।

कूट

(a) केवल 1 (b) 1 और 2
(c) 2 और 3 (d) ये सभी

उत्तर (d)

व्याख्या भाबर मैदान के संदर्भ में दिए गए सभी कथन सत्य हैं। भाबर मैदान शिवालिक गिरिपाद के दक्षिणी भाग में फैला हुआ है, यह क्षेत्र 8 से 10 किमी की चौड़ाई में फैला है।

यहाँ पर नदियों द्वारा भारी मात्रा में बड़े शैल व गोलाश्म जमा कर दिए जाते हैं। शैलों के बड़े आकार होने के कारण इस क्षेत्र में प्रवाहित होने वाली नदियाँ विलुप्त हो जाती हैं, जो तराई क्षेत्र में पुन: प्रकट होती हैं।

32 नीचे दिए गए कथनों में कौन-सा कथन असत्य है?
(Chap 2, Class-IX, XI, New NCERT)

1. तराई प्रदेश में प्राकृतिक वनस्पतियों का अभाव होता है।
2. पुराने निक्षेप के जमाव को खादर कहा जाता है।
3. पुराने निक्षेप की मृदा में चूने का जमाव पाया जाता है।

कूट

(a) केवल 1 (b) 1 और 2 (c) 1 और 3 (d) केवल 3

उत्तर (b)

व्याख्या प्रश्न में दिए गए कथनों में से कथन (1) और (2) असत्य हैं। तराई प्रदेश में प्राकृतिक वनस्पतियों का अभाव नहीं, बल्कि प्रचुरता पाई जाती है। पुराने निक्षेप के जमाव को खादर नहीं, बल्कि बांगर कहा जाता है। कथन (3) सत्य है, क्योंकि पुराने निक्षेप की मृदा में चूने का जमाव पाया जाता है।

प्रायद्वीपीय पठार

33 प्रायद्वीपीय पठार के संदर्भ में नीचे दिए गए कथनों पर विचार करें।
(Chap 12, Class-VIII, Old NCERT)

1. यह पुराने क्रिस्टलीय, आग्नेय तथा रूपांतरित शैलों से बना है।
2. यह एक प्राचीनतम भू-भाग का हिस्सा है।
3. इसकी औसत ऊँचाई 1,000 से 1,500 मी है।

उपर्युक्त में से कौन-सा/से कथन सत्य है/हैं?

(a) 1 और 2 (b) केवल 2 (c) 1 और 3 (d) केवल 3

उत्तर (a)

व्याख्या प्रायद्वीपीय पठार के संदर्भ में दिए गए कथनों में से कथन (1) और (2) सत्य हैं। प्रायद्वीपीय पठार क्रिस्टलीय आग्नेय तथा रूपांतरित शैलों से निर्मित है। यह प्राचीन दृढ़ भूखंड का एक हिस्सा है।

कथन (3) असत्य है, क्योंकि इस पठारी भाग में चौड़ी तथा छिछली घाटियाँ एवं गोलाकार पहाड़ियाँ पाई जाती हैं, इसकी औसत ऊँचाई 600-900 मी तक है।

34 प्रायद्वीपीय पठार के संदर्भ में नीचे दिए गए युग्मों में से कौन-सा युग्म सही सुमेलित है?
(Chap 2, Class-XI, New NCERT)

1. उत्तर-पश्चिम विस्तार — दिल्ली कटक
2. पूर्वी विस्तार — मेघालय पठार
3. दक्षिणी विस्तार — इलायची पहाड़ियाँ
4. पश्चिमी विस्तार — कार्डामम पहाड़ियाँ

कूट

(a) 1 और 2 (b) 2 और 4 (c) 1, 2 और 3 (d) ये सभी

उत्तर (c)

व्याख्या प्रायद्वीपीय पठार के संदर्भ में दिए गए युग्मों में युग्म (1), (2) और (3) सही सुमेलित हैं। प्रायद्वीपीय पठार का उत्तर-पश्चिम विस्तार दिल्ली कटक तक विस्तृत है। यह अरावली का हिस्सा है, जिसे रायसीना पहाड़ी के नाम से जाना जाता है। इसका पूर्वी विस्तार मेघालय पठार तक विस्तृत है। गारो, खासी, जयंतियाँ पहाड़ी, इसी पठार के भाग हैं। इस पठार का दक्षिणी विस्तार केरल की कार्डामम पहाड़ी तक सीमित है।

युग्म (4) सही सुमेलित नहीं है, क्योंकि पश्चिमी भाग में इसका विस्तार पश्चिमी घाट तक विस्तृत है, जहाँ इसकी ऊँचाई बढ़ जाती है।

35 मेघालय के पठार के संबंध में निम्नलिखित में से कौन-सा/से कथन सत्य है/हैं?

(Chap 2 Class-IV, New NCERT)

1. मेघालय का पठार, प्रायद्वीपीय पठार का ही विस्तार है।
2. मेघालय के पठार पर खनिज पदार्थों के निक्षेप नहीं मिलते।
3. मेघालय के पठार पर अवस्थित चेरापूंजी नग्न चट्टानों से ढका स्थल है और यहाँ वनस्पति लगभग नहीं के बराबर है।

कूट

(a) केवल 1 (b) 1 और 2 (c) 1 और 3 (d) ये सभी

उत्तर *(c)*

व्याख्या मेघालय के पठार के संबंध में कथन (1) और (3) सत्य हैं। मेघालय का पठार, प्रायद्वीपीय पठार का ही विस्तार है। इस पठार की सबसे ऊँची चोटी शिलांग चोटी है, जिसकी ऊँचाई 1,961 मी है। चेरापूँजी नग्न चट्टानों से ढका स्थल है और यहाँ वनस्पति लगभग नहीं के बराबर है।

कथन (3) असत्य हैं, क्योंकि मेघालय के पठार पर खनिज पदार्थों के निक्षेप पाए जाते हैं।

36 प्रायद्वीपीय पठार का निर्माण किन-किन पठारों के सम्मिलन से हुआ है?

(Chap 5, Class-XII, Old NCERT)

1. मालवा पठार 2. हजारीबाग पठार 3. पलामू पठार
4. कर्नाटक पठार 5. दक्कन पठार

कूट

(a) 1, 2, 3 और 4 (b) 1, 3, 4 और 5
(c) 2, 3, 4 और 5 (d) 1, 2, 3, 4 और 5

उत्तर *(d)*

व्याख्या प्रायद्वीपीय पठार का निर्माण मालवा पठार, हजारीबाग पठार, पलामू पठार, कर्नाटक पठार एवं दक्कन पठार के सम्मिलन से हुआ है।

मालवा का पठार मध्य प्रदेश के पश्चिमी भाग में, हजारीबाग एवं पलामू का पठार झारखंड के क्रमश: उत्तरी एवं पश्चिमी भाग में, कर्नाटक का पठार उत्तरी एवं मध्य भाग में तथा दक्कन का पठार (लावा निर्मित) पूर्वी एवं मध्य महाराष्ट्र में विस्तृत है। प्रायद्वीपीय पठार मुख्यत: ग्रेनाइट, बेसाल्ट, नीस जैसे आग्नेय शैलों से निर्मित है।

37 निम्नलिखित कथनों पर विचार कीजिए

(Chap 6, Module- 6, NIOS) (MPPSC Pre 2022)

1. मध्य प्रदेश के मालवा पठार में सूती वस्त्र मिलों की स्थापना की गई थी।
2. मालवा का पठार काली मिट्टी से आवृत्त है।

उपर्युक्त कथनों में से कौन-सा/से कथन सही हैं/हैं?

(a) केवल 1 (b) केवल 2
(c) 1 और 2 दोनों (d) न तो 1 और न ही 2

उत्तर *(b)*

व्याख्या दिए गए कथनों में से कथन (2) सही है। मध्य प्रदेश के मध्य पश्चिमी भाग को मालवा का पठार कहा जाता है। यह पठार राज्य के पश्चिमी भाग के सम्पूर्ण हिस्से में विस्तारित है। इसका निर्माण दक्कन ट्रैप की बेसाल्ट चट्टानों से हुआ है। यह काली, भूरी एवं भटोरी मिट्टी से आवृत्त है।

कथन (1) सही नहीं है, क्योंकि मध्य प्रदेश के मालवा पठार में सूती वस्त्र मिलों की स्थापना नहीं की गई है।

38 निम्नलिखित कथनों पर विचार करें

(Chap 2, Class-IX, New NCERT)

1. प्रायद्वीपीय पठार का निर्माण गोंडवानालैंड के टूटने से हुआ है।
2. प्रायद्वीपीय पठार की ऊँचाई पश्चिम से पूर्व की ओर कम होती है।
3. प्रायद्वीपीय पठार के उत्तर-पश्चिम भाग में काली मिट्टी पाई जाती है।

उपर्युक्त में से कौन-सा/से कथन सही है/हैं?

(a) केवल 1 (b) 1 और 2 (c) 2 और 3 (d) ये सभी

उत्तर *(d)*

व्याख्या प्रायद्वीपीय पठार के संदर्भ में दिए गए सभी कथन सही हैं। भारत के प्रायद्वीपीय पठार का निर्माण गोंडवानालैंड के टूटने से हुआ है। प्रायद्वीपीय पठार भारत के प्राचीनतम और स्थिर भू-भागों में से एक है। सामान्यत: इसकी ऊँचाई पश्चिम से पूर्व की ओर कम होती जाती है, जिसका प्रमाण यहाँ की नदियों के बहाव की दिशा से भी मिलता है। इस पठार के पश्चिमी एवं उत्तरी-पश्चिमी भाग में मुख्य रूप से काली मिट्टी पाई जाती है।

39 दक्कन के पठार के संबंध में नीचे दिए गए कथनों पर विचार करें

(Chap 12, Class-VIII, Old NCERT)

1. इसकी औसत ऊँचाई 1500 मी है, जो उत्तर से दक्षिण की ओर घटती जाती है।
2. दक्कन पठार के पूर्व में पश्चिमी घाट स्थित है।
3. इसके उत्तर में सतपुड़ा व मैकाल पहाड़ियाँ स्थित हैं।

उपर्युक्त में से कौन-सा/से कथन सही है/हैं?

(a) केवल 1 (b) 2 और 3 (c) 1, 2 और 3 (d) केवल 3

उत्तर *(d)*

व्याख्या दक्कन के पठार के संदर्भ में दिए गए कथनों में से कथन (3) सही है। दक्कन पठार के उत्तर एवं उत्तर-पूर्व में सतपुड़ा, मैकाल और महादेव पहाड़ियाँ स्थित हैं। मध्य भारत की सबसे ऊँची चोटी धूपगढ़ महादेव पहाड़ी में स्थित है।

कथन (1) और (2) सही नहीं हैं, क्योंकि दक्कन के पठार की औसत ऊँचाई 600 मीटर है। पश्चिमी घाट, दक्कन पठार के पश्चिमी भाग में स्थित है। इसे पश्चिमी कगार भी कहा जाता है। प्रायद्वीपीय पठार के पश्चिमी भाग में स्थित, पश्चिमी घाट की औसत ऊँचाई 1,500 मी है, जिसकी ऊँचाई उत्तर से दक्षिण की ओर बढ़ती जाती है।

40 निम्नलिखित कथनों में से कौन-सा एक सही नहीं है?

(Chap 2, Class-XI, New NCERT) (IAS Pre 2005)

(a) पश्चिमी घाट उत्तरी क्षेत्र में अपेक्षाकृत अधिक ऊँचाई पर है।
(b) पश्चिमी घाट में अनाइमुडी सबसे ऊँची चोटी है।
(c) ताप्ती नदी, सतपुड़ा के दक्षिण में है।
(d) नर्मदा नदी तथा ताप्ती नदी घाटियाँ पुरानी रिफ्ट घाटियाँ मानी जाती हैं।

उत्तर *(a)*

व्याख्या प्रश्न में दिए गए कथनों में से कथन (a) सही नहीं है, क्योंकि पश्चिमी घाट, पूर्वी घाट की तुलना में अधिक ऊँचे हैं। इनकी औसत ऊँचाई औसतन 1,500 मीटर है, जो उत्तर से दक्षिण की ओर बढ़ती जाती है अर्थात् उत्तरी क्षेत्र में अपेक्षाकृत कम ऊँची है। पश्चिमी घाट तथा पूर्वी घाट दक्कन के पठार में स्थित हैं।

41 सूची I को सूची II से मिलाएँ और नीचे दिए गए विकल्पों से सही उत्तर का चुनाव करें।

(Chap 5, Class-XII, Old NCERT)

सूची I (राज्य)	सूची II (पहाड़ियाँ)
A. महाराष्ट्र	1. नीलगिरी
B. तमिलनाडु	2. कार्डामम
C. केरल	3. सह्याद्रि

कूट

	A	B	C
(a)	1	2	3
(b)	2	3	1
(c)	3	1	2
(d)	1	3	2

उत्तर *(c)*

व्याख्या सही सुमेलन A-3, B-1, C-2 है।

सह्याद्रि की पहाड़ी महाराष्ट्र के पश्चिमी भाग में स्थित है। पश्चिमी घाट को सामान्यत: सह्याद्रि की पहाड़ी के नाम से जाना जाता है। नीलगिरी पहाड़ी तमिलनाडु में स्थित है। दोद्दाबेट्टा नीलगिरी पहाड़ी की सबसे ऊँची चोटी है। यह प्रायद्वीपीय पठार की दूसरी सबसे ऊँची चोटी है। पूर्वी एवं पश्चिमी घाट यहीं पर मिलते हैं। कार्डामम पहाड़ी केरल में स्थित है।

42 जहाँ पूर्वी घाट और पश्चिमी घाट मिलते हैं, वहाँ निम्नलिखित में से कौन-सी पहाड़ियाँ अवस्थित हैं?

(Chap 2, Class-XI, New NCERT) (IAS Pre 2008)

(a) अन्नामलाई पहाड़ियाँ (b) कार्डामम पहाड़ियाँ
(c) नीलगिरी पहाड़ियाँ (d) शेवराय पहाड़ियाँ

उत्तर (c)

व्याख्या जहाँ पूर्वी घाट और पश्चिमी घाट आपस में मिलते हैं, वहाँ नीलगिरि पहाड़ियाँ अवस्थित हैं। पश्चिमी घाट महाराष्ट्र, कर्नाटक तथा केरल में विस्तृत है। पूर्वी घाट तमिलनाडु में विस्तृत है। दक्षिणी प्रायद्वीपीय पठार में पूर्वी तथा पश्चिमी घाट उच्च पर्वतीय क्षेत्र है।

43 दिए गए कथनों में कितने कथन सत्य नहीं है?

(Chap 2, Class-IX, NCERT)

1. दक्षिण भारत की सबसे ऊँची चोटी अनाईमुडी है।
2. अनाईमुडी की ऊँचाई 2,633 मीटर है।
3. पूर्वी घाट की सबसे ऊँची चोटी महेन्द्रगिरी है।
4. पूर्वी घाट के दक्षिण-पश्चिम में शेवराय तथा जवादी की पहाड़ियाँ स्थित हैं।

कूट

(a) केवल एक (b) केवल दो
(c) केवल तीन (d) सभी चार

उत्तर (b)

व्याख्या दिए गए कथनों में से केवल दो अर्थात् कथन (2) और (3) सत्य नहीं हैं, क्योंकि अनाईमुडी की ऊँचाई 2,695 मी है, जो केरल के इडुक्की जिले में स्थित है।

पूर्वी घाट की सबसे ऊँची चोटी महेन्द्रगिरि नहीं, बल्कि जिंघगाड़ा (1,690 मी) है, जोकि आंध्र प्रदेश की अराकू घाटी में स्थित है। महेन्द्रगिरि पूर्वी घाट की दूसरी सबसे ऊँची चोटी है, जिसकी ऊँचाई 1,500 मी है।

44 मध्य उच्च भू-भाग के संदर्भ में निम्नलिखित कथनों पर विचार करें

(Chap 12, Class-VIII, Old NCERT)

1. इसकी पश्चिमी सीमा अरावली पर्वत शृंखला है।
2. इसकी ऊँचाई दक्षिण-पूर्व दिशा में कम होती जाती है।
3. इस क्षेत्र में अवशिष्ट पर्वतों की शृंखला स्थित है।

उपर्युक्त में से कौन-सा/से कथन सत्य है/हैं?

(a) 1, 2 और 3 (b) 1 और 3
(c) केवल 2 (d) केवल 3

उत्तर (b)

व्याख्या मध्य उच्च भू-भाग के संदर्भ में दिए गए कथनों में से कथन (1) और (3) सत्य हैं। मध्य उच्च भू-भाग की उत्तर-पश्चिमी एवं पश्चिमी सीमा अरावली पर्वतों की शृंखला है। इस क्षेत्र में अवशिष्ट पर्वतों की शृंखला पाई जाती है। इनका पूरी तरह से अपरदन हो चुका है। इन्हें पुरातन वलित पर्वत भी कहा जाता है। इनकी शृंखलाएँ विखंडित हैं।

कथन (2) असत्य है, क्योंकि समुद्र तल से मध्य उच्च भू-भाग की ऊँचाई 700 से 1,000 मी के मध्य है और उत्तर तथा उत्तर-पूर्व दिशा में इसकी ऊँचाई कम होती चली जाती है।

45 निम्नलिखित में से कौन-सा कथन मध्य उच्च भू-भाग के संदर्भ में सही है?

(Chap 2, Class-IX, New NCERT)

1. मध्य उच्च भू-भाग मालवा के पठार के अधिकतर भागों पर फैला है।
2. मध्य उच्च भूमि पश्चिम में संकीर्ण और पूर्व में चौड़ी है।
3. इस पठार के पूर्वी विस्तार को स्थानीय रूप से बघेलखंड एवं बुंदेलखंड के नाम से जाना जाता है।

कूट

(a) 1, 2 और 3 (b) केवल 1 (c) 1 और 3 (d) 1 और 2

उत्तर (c)

व्याख्या मध्य उच्च भू-भाग के संदर्भ में दिए गए कथनों में से कथन (1) और (3) सही है। मध्य उच्च भू-भाग मालवा के पठार के अधिकतर भागों पर विस्तृत है। मध्य प्रदेश के पश्चिमी भाग में विस्तृत इस पठार की औसत ऊँचाई 500-600 मी तक है। इस क्षेत्र में लावा का निक्षेप पाया जाता है। इस पठार के पूर्वी विस्तार को स्थानीय रूप से बघेलखंड एवं बुंदेलखंड (उत्तर-मध्य भाग में) के नाम से जाना जाता है। इन क्षेत्रों में ग्रेनाइट एवं नीस शैलों की विद्यमानता है।

कथन (2) सही नहीं है, क्योंकि मध्य उच्च भूमि पश्चिम में अधिक चौड़ी एवं पूर्वी भाग में संकीर्ण है।

46 निम्नलिखित युग्मों में से कौन-सा सुमेलित नहीं है?

(Chap 5, Class-XII, Old NCERT)

1. महाराष्ट्र — थाल घाट
2. मध्य प्रदेश — भोरघाट
3. केरल — पालघाट
4. कर्नाटक — सेनकोट्टा दर्रा

कूट

(a) 1, 2 और 3 (b) 2 और 3 (c) 2 और 4 (d) 1, 2, 3 और 4

उत्तर (c)

व्याख्या दिए गए युग्मों में से युग्म (2) और (4) सही सुमेलित नहीं हैं, क्योंकि भोरघाट महाराष्ट्र के पश्चिमी घाट में स्थित है, जबकि सेनकोट्टा दर्रा केरल में स्थित है। परिवहन के दृष्टिकोण से इन्हें अति महत्त्वपूर्ण माना जाता है।

किसी पर्वत या पहाड़ी या घाट में स्थित अनुप्रस्थ संकरी द्रोणी व निचला भाग, जिससे होकर स्थल मार्ग गुजरता है, दर्रा कहलाता है।

47 पूर्वी घाट के संदर्भ में कौन-सा कथन असत्य है?

(Chap 12, Class-VIII, Old NCERT)

(a) पूर्वी घाट की औसत ऊँचाई 600 मी है
(b) पूर्वी घाट की सबसे ऊँची चोटी दोद्दाबेट्टा है
(c) पूर्वी घाट का विस्तार असतत है और इसके उत्तरी तटीय भाग को उत्तरी सरकार कहा जाता है
(d) पूर्वी घाट के दक्षिणी तटीय भाग को कोरोमंडल तट कहा जाता है

उत्तर (b)

व्याख्या पूर्वी घाट के संदर्भ में दिए गए कथनों में से कथन (b) असत्य है, क्योंकि पूर्वी घाट की सबसे ऊँची चोटी महेंद्रगिरी (1,500 मी) है, जो ओडिशा राज्य के दक्षिण-पूर्वी भाग में स्थित है। इसके अतिरिक्त अन्य सभी विकल्प सत्य हैं। पूर्वी घाट की औसत ऊँचाई 600 मी है। पूर्वी घाट के उत्तरी तटीय भाग को उत्तरी सरकार कहा जाता है। पूर्वी घाट के दक्षिण तट को कोरोमण्डल तट कहा जाता है।

48 निम्नलिखित कथनों पर विचार कीजिए

(Chap 2, Class-IX, NCERT) (IAS Pre 2023)

1. अमरकंटक पहाड़ियाँ विंध्य और सह्याद्रि श्रेणियों के संगम पर हैं।
2. बिलिगिरिरंगन पहाड़ियाँ सतपुड़ा श्रेणी के सबसे पूर्वी भाग हैं।
3. शेषालचम पहाड़ियाँ पश्चिमी घाट के सबसे दक्षिणी भाग हैं।

उपर्युक्त में से कितने कथन सही हैं?

(a) केवल एक (b) केवल दो
(c) सभी तीन (d) इनमें से कोई नहीं

उत्तर *(d)*

व्याख्या दिए गए कथनों में से कोई भी कथन सही नहीं हैं, क्योंकि अमरकंटक पहाड़ियां विंध्य और सह्याद्रि श्रेणियों के संगम पर नहीं, बल्कि विंध्य एवं सतपुड़ा श्रेणी के मिलन बिंदु पर स्थित हैं। यहाँ से सोन, नर्मदा एवं जोहिला नदी का उद्‌गम होता है। अमरकंटक पहाड़ियाँ भारत के मध्य प्रदेश राज्य के अनूपपुर जिले में स्थित हैं।

बिलिगिरिरंगन पहाड़ियाँ सतपुड़ा श्रेणी का भाग न होकर, दक्षिणी-पश्चिमी कर्नाटक में स्थित एक पहाड़ी शृंखला है, जो तमिलनाडु (इरोड जिला) के साथ इसकी सीमा पर स्थित हैं।

शेषालचम पहाड़ियां पूर्वी घाट की पर्वत शृंखलाएँ है, जो दक्षिण भारत के आंध्र प्रदेश राज्य में विस्तारित हैं।

भारतीय मरुस्थल

49 भारतीय मरुस्थल के संबंध में कौन-सा कथन असत्य है?

(Chap 2, Class-IX, New NCERT)

(a) विशाल मरुस्थल अरावली पहाड़ियों के पश्चिमी भाग में स्थित है
(b) इस क्षेत्र में प्रतिवर्ष 150 मिमी से अधिक वर्षा होती है
(c) मेसोजोइक काल में यह समुद्र का हिस्सा था
(d) यहाँ पर अनुदैर्ध्य रेतीले टीले और बरखान पाए जाते हैं

उत्तर *(b)*

व्याख्या भारतीय मरुस्थल के संबंध में कथन (b) असत्य है, क्योंकि भारतीय मरुस्थलीय क्षेत्र में वर्षा 150 मिमी से कम होती है। आर्द्र हवाएँ इस क्षेत्र में पहुँचते-पहुँचते शुष्क हो जाती हैं। यही कारण है कि यहाँ वर्षा काफी कम होती है।

50 भारतीय मरुस्थल के संदर्भ में निम्नलिखित कथनों पर विचार करें।

(Chap 2, Class-IX, New NCERT)

1. इस क्षेत्र की भू-गर्भिक चट्टान संरचना को प्रायद्वीपीय पठार का विस्तार माना जाता है।
2. इस क्षेत्र की अधिकतर नदियाँ अल्पकालिक हैं।
3. इस क्षेत्र में प्लाया झील पाई जाती है।

उपर्युक्त में से कौन-सा/से कथन सही है/हैं?

(a) 1 और 2 (b) 2 और 3 (c) 1, 2 और 3 (d) इनमें से कोई नहीं

उत्तर *(c)*

व्याख्या भारतीय मरुस्थल के संदर्भ में दिए गए सभी कथन सही हैं। इस क्षेत्र की भू-गर्भिक चट्टान संरचना को प्रायद्वीपीय पठार का विस्तृत रूप माना जाता है। यहाँ की धरातलीय आकृतियाँ भौतिक अपक्षय और पवन क्रिया द्वारा निर्मित हैं। यहाँ आर्कियन एवं धारवाड़ क्रम की शैलें पाई जाती हैं। धरातलीय शुष्कता एवं कम वर्षा के कारण इस क्षेत्र की अत्यधिक नदियाँ अल्पकालिक हैं।

मरुस्थल के दक्षिणी भाग में प्रवाहित होने वाली एक महत्त्वपूर्ण नदी लूनी है। अधिकतर नदियाँ कुछ दूरी तक प्रवाहित होने के बाद शुष्क/विलुप्त हो जाती हैं (अत्यधिक वाष्पीकरण के कारण)। मरुस्थलीय क्षेत्र में छोटी-छोटी घाटियों के मध्य झीलें पाई जाती हैं, जिन्हें प्लाया कहते हैं, जिनका जल खारा होता है एवं इनसे नमक बनाया जाता है।

51 भारतीय मरुस्थल में कौन-सी स्थलाकृतियाँ पाई जाती हैं?

(Chap 2, Class-IX, New NCERT)

1. प्लाया झील 2. छत्रक चट्टानें
3. पर्वत स्कंध 4. स्थानांतरित रेतीले टीले
5. नग्न चट्टान संरचना

कूट

(a) 1, 2 और 3
(b) 1, 2 और 4
(c) 2, 3, 4 और 5
(d) 1, 2, 3, 4 और 5

उत्तर *(b)*

व्याख्या भारतीय मरुस्थलीय क्षेत्र में प्लाया झील, छत्रक चट्टानें एवं स्थानांतरित रेतीले टीले जैसी स्थलाकृतियाँ पाई जाती हैं। इस क्षेत्र में पर्वत स्कंध एवं नग्न चट्टान संरचना नहीं मिलती है। भारत का थार मरुस्थलीय क्षेत्र बालूयुक्त मरुस्थलीय क्षेत्र है। यहाँ कुछ क्षेत्रों में ही चट्टानें मिलती हैं। छत्रक चट्टानों का निर्माण अपरदन के कारण होता है। प्लाया झील का पानी खारा होता है, परंतु इसका जल शीघ्र ही सूख जाता है। इस प्रकार की झीलें अस्थायी होती हैं।

तटीय मैदान

52 तटीय मैदान के संदर्भ में निम्नलिखित कथनों पर विचार करें।

(Chap 1, Class-X, Old NCERT)

1. यह प्रायद्वीपीय पठार के किनारे एक संकीर्ण पट्टी के रूप में विस्तारित है।
2. पश्चिमी तटीय मैदान का विस्तार गुजरात से केरल तक है।
3. पूर्वी तटीय मैदान पश्चिमी तटीय मैदान की अपेक्षा कम चौड़े हैं।

उपर्युक्त में से कौन-सा/से कथन सही है/हैं?

(a) 1 और 2 (b) केवल 3 (c) 1 और 3 (d) केवल 1

उत्तर *(a)*

व्याख्या तटीय मैदान के संदर्भ में दिए गए कथनों में से कथन (1) और (2) सही हैं। भारतीय प्रायद्वीपीय क्षेत्र का तटीय मैदान एक संकीर्ण पट्टी के रूप में विस्तारित है। विशेषकर पश्चिमी तटीय क्षेत्र अधिक संकीर्ण है। पश्चिमी तटीय मैदान का विस्तार गुजरात से केरल तक है।

कथन (3) सही नहीं है, क्योंकि पश्चिमी तटीय मैदान उत्तर एवं दक्षिण में चौड़ा, जबकि मध्य-भाग में संकीर्ण है तथा पूर्वी तटीय मैदान पश्चिमी तटीय मैदान की अपेक्षा अधिक चौड़े हैं।

पूर्वी तटीय क्षेत्र के सहारे प्रायद्वीपीय भारत की अनेक नदियाँ डेल्टा का निर्माण करती हैं। साथ ही यहाँ महाद्वीपीय शेल्फ की चौड़ाई भी अधिक है। यही कारण है कि पूर्वी तट अधिक चौड़ा है।

53 पश्चिमी तटीय मैदान के संदर्भ में कौन-सा युग्म सुमेलित नहीं है?

(Chap 12, Class-VIII, Old NCERT)

1. मालाबार तट — कर्नाटक से केरल के मध्य
2. कोंकण तट — गोवा से गुजरात के मध्य
3. कन्नड़ मैदान — महाराष्ट्र से गोवा के मध्य

कूट

(a) 1 और 2 (b) 2 और 3
(c) 1, 2 और 3 (d) इनमें से कोई नहीं

उत्तर *(b)*

व्याख्या पश्चिम तटीय मैदान के संदर्भ में दिए गए युग्मों में से युग्म (2) और (3) सुमेलित नहीं हैं, क्योंकि कोंकण तट महाराष्ट्र के तटीय भाग के सहारे विस्तृत है तथा कन्नड़/कनारा तट कर्नाटक तट के सहारे विस्तृत है।

कर्नाटक एवं केरल के तटीय मैदानी भाग को मालाबार तट कहा जाता है। यह पश्चिमी तट का सर्वाधिक चौड़ा भाग है, इस भाग में लैगून झीलें अधिक मिलती हैं।

गुजरात तट के सहारे विस्तृत मैदानी भाग को कच्छ या काठियावाड़ तट कहा जाता है। पश्चिमी तट का कोंकण तट सर्वाधिक संकीर्ण है, जबकि काठियावाड़ व मालाबार तट सर्वाधिक चौड़ा है।

54 निम्न कथन (A) व कारण (R) को पढ़िए और नीचे दिए गए कूट की सहायता से सही उत्तर का चयन कीजिए।

(Chap 2, Class-XI, New NCERT)

कथन (A) पश्चिमी तटीय मैदान जलमग्न होने के कारण एक संकीर्ण पट्टी है।

कारण (R) यहाँ पर पत्तनों एवं बंदरगाहों के विकास के लिए प्राकृतिक परिस्थितियाँ मौजूद हैं।

कूट

(a) A और R दोनों सही हैं तथा R, A की सही व्याख्या है।
(b) A और R दोनों सही हैं, परंतु R, A की सही व्याख्या नहीं है।
(c) A सही है, किंतु R गलत है।
(d) A गलत है, किंतु R सही है।

उत्तर (a)

व्याख्या A और R दोनों सही हैं तथा R, A की सही व्याख्या है। पश्चिमी तटीय मैदान जलमग्न होने के कारण अधिक संकीर्ण पट्टी है, ऐसी प्राकृतिक परिस्थितियाँ पत्तनों व बंदरगाहों के लिए उपयुक्त मानी जाती हैं। कांडला (दीनदयाल उपाध्याय बंदरगाह), मझगाँव, मर्मागाओ, मुंबई, मैंगलोर (मंगलुरु), कोचीन जैसे प्राकृतिक बंदरगाह पश्चिमी तट पर ही स्थित हैं।

55 पश्चिमी तटीय मैदान के संदर्भ में कौन-सा कथन असत्य है?

(Chap 2, Class-XI, New NCERT)

1. पश्चिमी तटीय मैदान मध्य में चौड़ा और उत्तर एवं दक्षिण में पतला है।
2. यहाँ पर बहने वाली नदियाँ एश्चुअरी का निर्माण करती हैं।
3. मालाबार तट की विशेष स्थलाकृति कंथाल है।

कूट

(a) केवल 1
(b) 1 और 2
(c) 1 और 3
(d) 2 और 3

उत्तर (a)

व्याख्या पश्चिमी तटीय मैदान के संदर्भ में कथन (1) असत्य है, क्योंकि पश्चिमी तटीय मैदानी भाग मध्य भाग में अधिक संकीर्ण और उत्तर एवं दक्षिण में अधिक चौड़ा है। यहाँ प्रवाहित होने वाली नदियाँ डेल्टा नहीं, बल्कि एश्चुअरी का निर्माण करती हैं, क्योंकि ये नदियाँ उच्चवर्ती प्रदेशों से प्रवाहित होकर आती हैं। ये अपने साथ अवसादों को नहीं लाती हैं, जबकि डेल्टा निर्माण के लिए अवसादों का होना आवश्यक है। पश्चिमी तट के मालाबार तट के सहारे छोटे-छोटे लैगून मिलते हैं, जिन्हें कयाल (Backwaters) के नाम से जाना जाता है। वेंबनाद एक प्रमुख कयाल है।

56 नीचे दिए गए कथनों पर विचार करें

(Chap 12, Class-VIII, Old NCERT)

1. पूर्वी तटीय मैदान, पश्चिमी तटीय मैदान की तुलना में अधिक चौड़ा है।
2. यहाँ पर नदियों द्वारा डेल्टा का निर्माण किया जाता है।
3. पूर्वी तट के अधिक कटा-फटा होने के कारण यहाँ पर पोताश्रयों का विकास अधिक हुआ है।

उपर्युक्त में से कौन-सा/से कथन सही है/हैं?

(a) केवल 1
(b) 2 और 3
(c) 1 और 2
(d) ये सभी

उत्तर (c)

व्याख्या प्रश्न में दिए गए कथनों में से कथन (1) और (2) सही हैं। पूर्वी तटीय मैदान, पश्चिमी तटीय मैदान की तुलना में अधिक चौड़ा है, क्योंकि यहाँ महाद्वीपीय शैल्फ की चौड़ाई 500 किमी तक है। इसके अतिरिक्त इस तट के सहारे प्रायद्वीपीय प्रदेश की नदियाँ वृहद् डेल्टा का निर्माण करती हैं। गोदावरी, कृष्णा, कावेरी, महानदी आदि नदियाँ पूर्वी तट पर डेल्टा का निर्माण करती हैं।

कथन (3) सही नहीं है, क्योंकि पूर्वी तट अधिक कटा-फटा नहीं है, बल्कि उभरा हुआ एवं समान है। उभरा तट होने के कारण यहाँ प्राकृतिक पोताश्रयों का निर्माण संभव नहीं है। पूर्वी तट के अधिकतर बंदरगाह कृत्रिम प्रकार के हैं।

द्वीप समूह

57 लक्षद्वीप के संदर्भ में निम्नलिखित कथनों पर विचार करें

(Chap 2, Class-XI, New NCERT)

1. यह द्वीप केरल तट से 280 से 480 किमी दूर स्थित है।
2. पहले इनको लकादीव, मिनीकाय तथा अमीनदीव के नाम से जाना जाता था।
3. इस द्वीप का क्षेत्रफल 48 वर्ग किमी है।
4. वर्ष 1978 में इनका नाम लक्षद्वीप रखा गया।

उपर्युक्त में से कौन-सा/से कथन असत्य है/हैं?

(a) 1, 2, 3 और 4
(b) 1, 2 और 4
(c) 3 और 4
(d) 1 और 4

उत्तर (c)

व्याख्या लक्षद्वीप के संदर्भ में दिए गए कथनों में से कथन (3) और (4) असत्य हैं। लक्षद्वीप का कुल क्षेत्रफल 32 वर्ग किमी है। वर्ष 1973 में इसका नाम लक्षद्वीप रखा गया था। लक्षद्वीप की राजधानी कावारत्ती है।

58 निम्नलिखित में से कौन-सा कथन असत्य है?

(Chap 12, Class-VIII, Old NCERT)

(a) लक्षद्वीप समूह प्रवाल निक्षेप से बना है।
(b) प्रवाल का विकास गहरे तथा ठंडे जल में होता है।
(c) ऑस्ट्रेलिया का ग्रेट बैरियर रीफ एक प्रवाल रोधिका है।
(d) प्रवाल पॉलिप्स कम समय तक जीवित रहता है।

उत्तर (b)

व्याख्या दिए गए कथनों में से कथन (b) असत्य है, क्योंकि प्रवाल (Coral) का विकास छिछले तथा उष्ण जल में होता है। अधिक गहराई में प्रवाल मृत हो जाते हैं तथा अधिक शीत जल प्रदेश में भी वे स्थायी रूप से नहीं रह सकते हैं।

59 अरब सागर में स्थित द्वीपों के विषय में कौन-सा कथन सत्य है?

(Chap 2, Class-IX, New NCERT)

1. पिटली द्वीप पर एक पक्षी अभयारण्य है।
2. 9° चैनल द्वारा पूरे द्वीपसमूह को दो बराबर भागों में विभाजित किया जाता है।
3. मिनीकॉय द्वीप सबसे बड़ा द्वीप है।

कूट

(a) 1 और 2 (b) केवल 2 (c) 1, 2 और 3 (d) केवल 3

उत्तर (c)

व्याख्या अरब सागर में स्थित द्वीपों के विषय में सभी कथन सत्य हैं। लक्षद्वीप समूह के ही एक द्वीप पिटली द्वीप पर पक्षी अभयारण्य है, परंतु इस द्वीप पर मानव निवास नहीं करते हैं।

9° चैनल संपूर्ण द्वीप समूह को दो भागों में विभाजित करता है। मिनीकॉय लक्षद्वीप समूह का सबसे बड़ा द्वीप है, जिसका क्षेत्रफल 4.8 वर्ग किमी है। इस द्वीपसमूह के अंतर्गत कुल 36 द्वीप आते हैं, इनमें से केवल 11 द्वीपों पर मानवीय आवास है।

अध्याय 18

अपवाह तंत्र

अपवाह तंत्र

अपवाह प्रतिरूप

परिचय

- भारतीय अपवाह तंत्र में अनेक छोटी-बड़ी नदियाँ शामिल हैं, ये तीन बड़ी भू-आकृतिक इकाइयों की उद्विकास प्रक्रिया तथा वर्षण की प्रकृति एवं लक्षणों के परिणामस्वरूप उत्पन्न हुई हैं

अपवाह तंत्र का वर्गीकरण

- **जलग्रहण क्षेत्र के आकार के आधार पर** जो निकासी क्षेत्र को प्रमुख नदियों, मध्यम नदी और छोटी नदी के रूप में विभाजित किया गया है
- **समुद्र की ओर प्रवाहित होने के आधार पर** जल निकासी को बंगाल की खाड़ी और अरब सागर में

अपवाह तंत्र के स्वरूप का प्रकार

- **पूर्ववर्ती अपवाह** पर्वतीय क्षेत्र से निकलने वाली पूर्ववर्ती नदियाँ जो पर्वतों के उत्थान से पूर्व में भी उस स्थान पर प्रवाहित होती थीं। इन नदियों में सिंधु, सतलज, ब्रह्मपुत्र, गंडक तथा कोशी आदि नदियाँ शामिल हैं।
- **अध्यारोपित अपवाह** यह अपवाह प्रतिरूप है, जो असंगत चट्टानों पर अपरदन के बाद निर्मित होता है
- **असंगत अपवाह** यह अपवाह तंत्र प्रारंभिक नदी पथ का अनुसरण करता है और चट्टानों की संरचना परिवर्तन से स्वतंत्र है
- **वृक्षाकार अपवाह** इसका स्वरूप पेड़ों की जड़ों की शाखाओं जैसा दिखता है, वृक्ष के समान स्वरूप वहाँ विकसित होता है, जहाँ नदी क्षेत्र के ढलान का अनुसरण करती है
- **समानांतर अपवाह** यह अपवाह प्रतिरूप समानांतर, लंबी भू-आकृतियों के क्षेत्रों में विकसित होता है, जहाँ सतह पर एक स्पष्ट ढलान होता है, उपनदी की धाराएँ सतह के ढलान के बाद समानांतर रूप से फैलती हैं।

हिमालयी अपवाह तंत्र

परिचय

- हिमालयी अपवाह तंत्र भूगर्भिक इतिहास के एक लंबे दौर में विकसित हुआ है। इसमें भारत की सभी अंतर्राष्ट्रीय नदियाँ मुख्यतः सिंधु, गंगा व ब्रह्मपुत्र नदी शामिल हैं, यहां की नदियाँ और उनकी प्रमुख सहायक नदियाँ अधिकांश बारहमासी हैं, हिमालय से उत्पन्न नदियों में से अधिकांश नदियाँ पूर्ववर्ती प्रकृति की हैं।

सिंधु नदी तंत्र

- यह विश्व की सबसे बड़ी नदी घाटियों में से एक है
- यह कैलाश पर्वत शृंखला में तिब्बती क्षेत्र में बोखर चू के पास एक ग्लेशियर से निकलती है।
- तिब्बत में इसे 'सिंगी खंबन' या 'शेर का मुँह' के नाम से जाना जाता है।

गंगा नदी तंत्र

- यह भारत का सबसे बड़ा नदी तंत्र है
- यह उत्तराखंड में गौमुख (3,900 मी) के पास गंगोत्री ग्लेशियर से निकलती है, जहाँ इसे भागीरथी के नाम से जाना जाता है

ब्रह्मपुत्र नदी तंत्र

- इसका उद्गम मानसरोवर झील के पास चेमायुंगडुंग ग्लेशियर (कैलाश रेंज) से होता है।
- यह विश्व की सबसे बड़ी नदियों में से एक है। इसकी मुख्य सहायक नदियाँ लोहित, दिहांग,दिबांग या सिकांग, धनसारी, कामेंग, मानस आदि हैं।

प्रायद्वीपीय अपवाह तंत्र

परिचय

- निश्चित जलधारा, विसर्प की अनुपस्थिति और पानी का गैर-बारहमासी प्रवाह प्रायद्वीपीय नदियों की विशेषताएँ हैं।

नर्मदा नदी तंत्र

- इसका उद्गम अमरकंटक की पहाड़ियों से होता है। यह पूर्व से पश्चिम की ओर प्रवाहित होती है, इसकी प्रमुख सहायक नदियाँ बरना, कोलार आदि हैं।

तापी नदी तंत्र

- इस नदी का उद्गम मध्य प्रदेश के बैतूल जिले के सतपुड़ा पर्वतमाला से होता है।
- यह पूर्व से पश्चिम की ओर बहने वाली एक अन्य महत्त्वपूर्ण नदी है।
- इसकी सहायक नदियाँ अरुणावती, गोमई, गिरना आदि हैं

कृष्णा नदी तंत्र

- कृष्णा दूसरी सबसे बड़ी पूर्व की ओर बहने वाली प्रायद्वीपीय नदी है।

गोदावरी नदी तंत्र

- यह भारत में दूसरा सबसे लंबा नदी प्रवाह है और इसे 'दक्षिण गंगा' भी कहा जाता है।

कावेरी नदी तंत्र

- इसका उद्गम कर्नाटक में कोडागु ज़िले की ब्रह्मगिरि पहाड़ियों के पास तालकावेरी से होता है, यह सिंचाई गतिविधियों में सहायता प्रदान करती है।

महानदी नदी तंत्र

- इसका उद्गम छत्तीसगढ़ के रायपुर ज़िले में सतपुड़ा पर्वतमाला से होता है। यह पूर्व की ओर प्रवाहित होती हुई बंगाल की खाड़ी में गिरती है, हीराकुड बाँध इसी नदी पर बना हुआ है

SOURCE New NCERT Class-IX अपवाह, New NCERT Class-XI अपवाह तंत्र, Old NCERT Class-XII उच्चावच एवं अपवाह NIOS Module-6 Chap 16 भारत-भौतिक स्वरूप, Tamil, Nadu Board Class-XI

नदियाँ

1 निम्नलिखित में से कौन-सा युग्म अपवाह प्रतिरूप के संदर्भ में सही सुमेलित नहीं है? *(Chap 3, Class-XI, New NCERT)*

1. अभिकेंद्री अपवाह प्रतिरूप—पेड़ की शाखाओं के अनुरूप अपवाह प्रतिरूप।
2. अरीय अपवाह प्रतिरूप—पर्वतों से निकलकर सभी दिशाओं में प्रवाहित होने वाली नदियों का प्रतिरूप।
3. जालीनुमा अपवाह प्रतिरूप—जब नदियाँ एक-दूसरे से समकोण पर मिलती हैं।
4. वृक्षाकार अपवाह प्रतिरूप—सभी दिशाओं से बहने वाली नदियों का झील में विसर्जन।

कूट

(a) 1 और 2 (b) 2 और 3
(c) 1 और 4 (d) 2, 3 और 4

उत्तर (c)

व्याख्या अपवाह प्रतिरूप (Drainage pattern) के संदर्भ में युग्म (1) और (4) सही सुमेलित नहीं हैं। जब सभी दिशाओं से नदियाँ बहकर किसी झील या गर्त में विसर्जित होती हैं, तो ऐसे अपवाह प्रतिरूप को 'अभिकेंद्री (Centripetal) अपवाह प्रतिरूप' कहा जाता है तथा जो अपवाह प्रतिरूप पेड़ की शाखाओं के अनुरूप हो उसे 'वृक्षाकार अपवाह प्रतिरूप' कहते हैं।

2 निम्नलिखित कथनों पर विचार करें *(Chap 3, Class-IX, New NCERT)*

1. एक नदी द्वारा क्षेत्र विशेष में अपवाहित जल को अपवाह द्रोणी कहते हैं।
2. एक मुख्य नदी का निर्माण विभिन्न क्षेत्रों में बहने वाली नदियों के मिलने से होता है।
3. अपवाह द्रोणियों के मध्य उच्च भू-दृश्य को जल विभाजक कहते हैं।

उपर्युक्त में से कौन-सा/से कथन सही है/हैं?

(a) केवल 1 (b) 2 और 3
(c) 1 और 2 (d) ये सभी

उत्तर (d)

व्याख्या निम्नलिखित प्रश्न में दिए गए सभी कथन सही हैं।

एक नदी एवं उसकी सहायक नदियों द्वारा अपवाहित जल को अपवाह द्रोणी कहते हैं। भारत में सबसे बड़ी अपवाह द्रोणी गंगा नदी की है। इसकी अपवाह द्रोणी भारत में लगभग 8.6 लाख वर्ग किमी क्षेत्र में फैली है। एक नदी का निर्माण विभिन्न दिशाओं से छोटी-छोटी धाराओं के एक साथ मिलने से होता है; जैसे-गंगा नदी का निर्माण भागीरथी, अलकनंदा, पिंडर, धौलीगंगा आदि नदियों की धाराओं के मिलने से हुआ है।

अपवाह द्रोणियों के मध्य उच्च भू-दृश्य को जल विभाजक कहा जाता है; जैसे—अरावली पर्वतमाला को अरब सागर में मिलने वाली नदियों एवं बंगाल की खाड़ी में मिलने वाली नदियों के मध्य जल विभाजक माना जाता है।

3 निम्नलिखित कथनों पर विचार करें। *(Chap 3, Class-IX, New NCERT)*

1. हिमालय से निकलने वाली नदियों को हिम पिघलने से जल की प्राप्ति होती है।
2. हिमालयी नदियाँ हिमालय की उत्पत्ति से पूर्ववर्ती नहीं हैं।
3. हिमालयी नदियों में वर्षभर पानी रहता है।

उपर्युक्त में से कौन-सा/से कथन सही है/हैं?

(a) केवल 1 (b) 1 और 2 (c) 1 और 3 (d) 2 और 3

उत्तर (c)

व्याख्या प्रश्न में दिए गए कथनों में से कथन (1) और (3) सही हैं। हिमालय की अधिकतर नदियाँ बारहमासी नदियाँ होती हैं। इनमें वर्षभर पानी रहता है, क्योंकि इन्हें वर्षा के अतिरिक्त ऊँचे पर्वतों से पिघलने वाले हिम द्वारा भी जल प्राप्त होता है।

कथन (2) सही नहीं है, क्योंकि हिमालयी नदियाँ पूर्ववर्ती होती हैं और ये हिमालय की उत्पत्ति के पूर्व से ही प्रवाहित होती हैं; जैसे—सिंधु, सतलज और ब्रह्मपुत्र नदियाँ पूर्ववर्ती नदियाँ हैं। सिंधु तथा ब्रह्मपुत्र नदी हिमालय पर्वत शृंखला के उत्तरी भाग से निकलती हैं और पर्वतों को काटकर गहरे गार्ज का निर्माण करती हैं। सिंधु नदी द्वारा जम्मू-कश्मीर में सिंधु गॉर्ज, सतलज नदी द्वारा हिमाचल प्रदेश में शिपकीला गॉर्ज एवं ब्रह्मपुत्र नदी द्वारा अरुणाचल प्रदेश में कोरबा गॉर्ज का निर्माण किया जाता है।

4 हिमालयी नदियाँ अपने प्रवाह के क्रम में मध्य एवं निचले भागों में किस प्रकार की आकृति का निर्माण करती हैं? *(Chap 3, Class-XI, New NCERT)*

1. गोखुर झील 2. विसर्प नदियाँ 3. डेल्टा का निर्माण
4. बाढ़कृत मैदान 5. गुंफित वाहिकाएँ

कूट

(a) 1, 2, 3 और 4 (b) 2, 3, 4 और 5
(c) 1, 2, 3 और 5 (d) 1, 2, 3, 4 और 5

उत्तर (d)

व्याख्या हिमालयी नदियाँ अपने प्रवाह क्रम में मध्य एवं निचले भागों में विकल्प में दी गई सभी स्थलाकृतियों का निर्माण करती हैं। हिमालयी नदियाँ अपने प्रवाह के क्रम में जब मैदानों में प्रवेश करती हैं, तो इसके मध्य व निचले भागों में अपने साथ भारी मात्रा में सिल्ट एवं बालू के अवसादों का संवहन करती हैं और विभिन्न निक्षेपणात्मक स्थलाकृतियाँ; जैसे—समतल घाटियाँ, विसर्प नदियाँ, गोखुर झीलें, बाढ़कृत मैदान, गुंफित वाहिकाएँ और नदी के मुहाने पर डेल्टा का निर्माण करती हैं।

5 नर्मदा नदी के पश्चिम की ओर प्रवाहित होने का क्या कारण है, जबकि अधिकांश प्रायद्वीपीय बड़ी नदियाँ पूर्व की ओर बहती हैं? *(Chap 3, Class-XI, New NCERT) (IAS Pre 2013)*

1. यह एक रेखीय विभ्रंश घाटी में विस्तृत है।
2. यह विंध्य और सतपुड़ा के बीच बहती है।
3. भूमि का ढलान मध्य भारत के पश्चिम की ओर है।

कूट

(a) केवल 1 (b) 2 और 3 (c) 1 और 3 (d) इनमें से कोई नहीं

उत्तर (a)

व्याख्या नर्मदा नदी के पश्चिम की ओर प्रवाहित होने के संदर्भ में प्रश्न में दिए गए कथनों में से कथन (1) सही है। नर्मदा नदी पश्चिम की ओर बहती है, क्योंकि यह एक रेखीय विभ्रंश (Rift) घाटी में विस्तृत है। नर्मदा नदी अमरकंटक पठार के पश्चिमी पार्श्व से निकलती है। दक्षिण में सतपुड़ा तथा उत्तर में विंध्य के बीच प्रवाहित होती हुई यह एक रेखीय विभ्रंश घाटी से निकलती हुई अरब सागर में मिलती है।

6 प्रायद्वीपीय नदियों के संबंध में कौन-सा कथन सही है? *(Chap 3, Class-IX, New NCERT)*

(a) प्रायद्वीपीय नदियाँ मौसमी नदियाँ होती हैं और इनका प्रवाह वर्षा पर निर्भर करता है
(b) प्रायद्वीपीय नदियों की लंबाई हिमालयी नदियों की तुलना में अधिक होती है
(c) अधिकतर प्रायद्वीपीय नदियाँ पश्चिमी घाट से निकलती हैं और अरब सागर में गिरती हैं
(d) नर्मदा एवं ताप्ती नदियाँ बंगाल की खाड़ी में गिरती हैं

उत्तर (a)

व्याख्या प्रायद्वीपीय नदियों के संबंध में केवल कथन (a) सही है। प्रायद्वीपीय नदियाँ अधिकतर मौसमी होती हैं और इनका प्रवाह दक्षिण-पश्चिम मानसून से होने वाली वर्षा पर निर्भर करता है। यहाँ की नदियाँ शुष्क या गर्मियों के मौसम में सूख जाती हैं या इनका जल प्रवाह कम हो जाता है। वर्षा ऋतु में इन नदियों में पानी का बहाव अधिक हो जाता है।

कथन (b), (c) और (d) सही नहीं हैं, क्योंकि प्रायद्वीपीय नदियों की लंबाई कम और छिछली है, क्योंकि यहाँ की अधिकतर नदियाँ पश्चिमी घाट पर्वत श्रृंखला से निकलती हैं और अपने साथ अवसादों को बहाकर ले जाती हैं एवं उन्हें मैदानों में जमा करती हैं, जिससे नदियाँ छिछली हो जाती हैं। ये नदियाँ बंगाल की खाड़ी में प्रवाहित होती हैं। प्रायद्वीप की दो प्रमुख नदियाँ नर्मदा और ताप्ती अरब सागर में अपना जल प्रवाहित करती हैं और सागर में मिलने से पहले मुहाने पर एश्चुअरी का निर्माण करती हैं।

7 हिमालयी नदियों द्वारा अपरदनात्मक क्रिया के फलस्वरूप पर्वतीय भागों में किस आकृति का निर्माण किया जाता है?

(Chap 3, Class-XI, New NCERT)

1. गहरे महाखड्ड
2. V-आकार की घाटियाँ
3. जलप्रपात
4. अवतलित घाटियाँ

कूट

(a) 1, 2 और 3
(b) 2, 3 और 4
(c) 1, 2 और 4
(d) 1, 2, 3 और 4

उत्तर (a)

व्याख्या हिमालयी नदियों द्वारा पर्वतीय भागों में अपरदनात्मक क्रिया के फलस्वरूप गहरे महाखड्ड का निर्माण किया जाता है, जिसे V-आकार की घाटी भी कहा जाता है। हिमालयी नदियों में सिंधु, ब्रह्मपुत्र एवं सतलुज अपने प्रवाह मार्ग में पर्वतीय भागों से गुजरते हुए गॉर्ज, क्षिप्रिकाएँ व जलप्रपात का भी निर्माण करती हैं। इसके अतिरिक्त इन नदियों द्वारा दर्रों का निर्माण भी किया जाता है, जिससे होकर ये नदियाँ प्रवाहित होती हैं। गुंफित वाहिकाएँ एवं अवतलित घाटियाँ अपरदनात्मक क्रिया द्वारा निर्मित आकृति नहीं हैं।

8 निम्नलिखित कथनों पर विचार करें *(Chap 3, Class-XI, New NCERT)*

1. हिमालयी क्षेत्र की नदियों का मार्ग टेढ़ा-मेढ़ा है और ये अपना मार्ग बदलती रहती हैं।
2. कोसी नदी पर्वतों के ऊपरी भाग से भारी मात्रा में अवसाद लाकर अपना मार्ग अवरुद्ध करती है।
3. कोसी नदी मैदानी भाग में सर्पाकार रूप में प्रवाहित होती है।

उपर्युक्त में से कितने कथन सही हैं?

(a) केवल एक
(b) केवल दो
(c) सभी तीन
(d) इनमें से कोई नहीं

उत्तर (d)

व्याख्या प्रश्न में दिए गए सभी तीन अर्थात् कथन (1), (2) और (3) सही हैं। हिमालयी क्षेत्र की नदियों का मार्ग टेढ़ा-मेढ़ा है और ये अपना मार्ग बदलती रहती हैं, क्योंकि ये नदियाँ अपने उत्पत्ति स्थान से लेकर समुद्र तक के लंबे रास्ते को तय करती हैं। मध्य और निचले भागों में गोखुर झील व डेल्टा का निर्माण अवसादों के जमाव से होता है।

कोसी नदी का उद्गम नेपाल हिमालय के सप्तकौशिकी क्षेत्र से हुआ है। यह नदी अपने प्रवाह मार्ग में अपरदनात्मक कार्य करती है और साथ लाए गए अवसादों को नदी प्रवाह मार्ग में जमा करती है, जिससे नदी का प्रवाह अवरुद्ध हो जाता है। इस नदी को 'बिहार का शोक' कहा जाता है।

कोसी नदी मैदानी भाग में सर्पाकार मार्ग में बहती है, जिस कारण बिहार में इस नदी द्वारा अधिक बाढ़ आती है।

9 हिमालयी नदियों के विकास के संदर्भ में कौन-सा कथन सही है?

(Chap 3, Class-XI, New NCERT)

1. मायोसीन कल्प में 'इंडो ब्रह्मा' नदी असम से पंजाब के बीच प्रवाहित थी।
2. कालांतर में 'इंडो ब्रह्मा' नदी तीन मुख्य सिंधु, गंगा तथा ब्रह्मपुत्र में परिणत हो गई।
3. प्लीस्टोसीन काल में अपवाह तंत्रों के बीच जल विभाजक पोटवार पठार (दिल्ली रिज) का उत्थान हुआ।

कूट

(a) 1 और 2 (b) 2 और 3 (c) 1 और 3 (d) 1, 2 और 3

उत्तर (d)

व्याख्या हिमालयी नदियों के विकास के संदर्भ में दिए गए सभी कथन सही हैं। हिमालयी नदियों के अपवाह तंत्र का विकास भू-वैज्ञानिकों के अनुसार मायोसीन कल्प में आज से लगभग 2.4 करोड़ से 50 लाख वर्ष पहले हुआ था। इसके विकास की अवस्थाओं को शिवालिक पहाड़ियों के संस्तरों में जमा हुए बालू मृत्तिका क्ले व गोलाश्मी संगुटिकाश्म (Granulomatous Conglomerate) से संतुष्टी होती है।

'इंडो ब्रह्मा' नदी के तीन अपवाह तंत्र सृजित हुए तथा प्लीस्टोसीन काल में एक जल विभाजक के रूप में पोटवार के पठार (दिल्ली रिज) का उत्थान हुआ।

10 निम्नलिखित में से कौन सिंधु की सहायक नदी है?

(Chap 3, Class-IX, New NCERT)

1. जास्कर नदी
2. श्योक नदी
3. दिफू नदी
4. हुंजा नदी

कूट

(a) 1 और 2 (b) 2 और 3 (c) 1 और 4 (d) 1, 2 और 4

उत्तर (d)

व्याख्या सिंधु की सहायक नदियाँ जास्कर, श्योक तथा हुंजा हैं। सिंधु नदी का उद्गम तिब्बत की मानसरोवर झील के निकट बोखर चू हिमानी से होता है। इस नदी के प्रवाह मार्ग में बहुत-सी हिमालयी नदियाँ इसकी सहायक नदियाँ हैं, जो हिमालय पर्वत से निकलती हैं, जिसमें जास्कर और हुंजा नदी बाईं ओर से मिलती हैं और श्योक नदी इसके दाईं ओर से मिलती है।

दिफू नदी सिंधु की सहायक नदी नहीं है। यह अरुणाचल प्रदेश में प्रवाहित होने वाली नदी है, जो ब्रह्मपुत्र नदी की सहायक नदी है।

11 सुलेमान श्रेणियों से उद्गमित होने वाली सिंधु की सहायक नदी कौन-सी है?

(Chap 3, Class-XII, Old NCERT)

1. गास्टिंग
2. द्रास
3. खुर्रम
4. गोमल
5. विबोआ

कूट

(a) 1, 2 और 3
(b) 2, 3 और 4
(c) 3, 4 और 5
(d) 1, 2, 4 और 5

उत्तर (c)

व्याख्या सुलेमान श्रेणियों से उद्गमित होने वाली सिंधु की सहायक नदियों में खुर्रम, गोमल एवं विबोआ प्रमुख हैं। सिंधु नदी भारतीय केंद्रशासित प्रदेश लद्दाख के दो जिलों-लेह एवं कारगिल में प्रवाहित होती है। इस नदी के दाहिने तट पर मिलने वाली सहायक नदियों में खुर्रम, गोमल और विबोआ हैं, जो सुलेमान श्रेणी (पाकिस्तान) से निकलती हैं। इसके अतिरिक्त इसके दाहिने ओर से मिलने वाली अन्य नदियों में तोची, गिलगित, संगर और काबुल प्रमुख हैं।

गास्टिंग व द्रास नदियाँ हिमालय पर्वत से निकलती हैं, जो सिंधु की सहायक नदी हैं। ये सुलेमान श्रेणी से नहीं निकलती हैं।

12 निम्नलिखित कथनों पर विचार करें *(Chap 2, Class-XI, New NCERT)*

1. चरार-ए-शरीफ नामक तीर्थस्थान कश्मीर हिमालय में स्थित है।
2. कश्मीर हिमालय में झेलम, चिनाब, रामगंगा और काली नदियाँ प्रवाहित होती हैं।
3. श्रीनगर सतलुज नदी के किनारे अवस्थित है।

उपर्युक्त में से कौन-सा/से कथन सही है/हैं?

(a) केवल 1 (b) 2 और 3
(c) 1 और 2 (d) 1, 2 और 3

उत्तर (a)

व्याख्या दिए गए कथनों में से कथन (1) सही है। चरार-ए-शरीफ, कश्मीर हिमालय में स्थित है। यहाँ पर सूफी संत शेख नूरउद्दीन नूरानी की मजार है, जिन्हें नंद ऋषि भी कहा जाता है। कथन (2) और (3) सही नहीं हैं, क्योंकि कश्मीर हिमालय में झेलम नदी प्रवाहित होती है। चिनाब जम्मू क्षेत्र में तथा रामगंगा एवं काली नदी उत्तर प्रदेश में प्रवाहित होती हैं।

13 सूची-I को सूची-II से सुमेलित कीजिए और नीचे दिए गए कूट की सहायता से सही उत्तर का चुनाव करें

(Chap 3, Class-XI, New NCERT)

सूची-I (नदी)		**सूची-II** (उद्गम स्थान)	
A.	झेलम	1.	वेरीनाग झरना
B.	सतलुज	2.	राक्षसताल झील
C.	ब्यास	3.	ब्यास कुंड
D.	रावी	4.	रोहतांग दर्रे के पश्चिम से

कूट

	A	B	C	D		A	B	C	D
(a)	1	2	3	4	(b)	2	3	4	1
(c)	3	4	2	1	(d)	4	3	2	1

उत्तर (a)

व्याख्या सही सुमेलन A-1, B-2, C-3, D-4 है।

झेलम नदी का उद्गम कश्मीर घाटी के दक्षिण-पूर्वी भाग में पीरपंजाल गिरिपद में स्थित वेरीनाग झरने से होता है। यह नदी श्रीनगर की वूलर झील से बहते हुए गहरे महाखड्ड से गुजरती है।

सतलुज नदी की उत्पत्ति तिब्बत में 4555 मी की ऊँचाई पर मानसरोवर के निकट राक्षसताल झील से होती है। तिब्बत में इसे लॉगचेन खंबाब के नाम से जाना जाता है। स्पीति इसकी मुख्य सहायक नदी है।

ब्यास नदी की उत्पत्ति हिमाचल प्रदेश के रोहतांग दर्रे के समीप ब्यास कुंड से होती है। यह सतलुज नदी की सहायक नदी है।

रावी नदी का उद्गम हिमाचल प्रदेश में स्थित कुल्लू पहाड़ियों में रोहतांग दर्रे के पश्चिम से होता है।

14 सिंधु नदी के संदर्भ में निम्नलिखित में से कौन-सा कथन सही है?

(Chap 2, Class-XII, Old NCERT)

1. सिंधु नदी पाकिस्तान के अटक में पर्वतीय क्षेत्र से निकलकर मैदानी भाग में प्रवेश करती है।
2. यह नदी कैलाश पर्वत श्रेणी को कई स्थानों पर काटती है।
3. इसका जलग्रहण क्षेत्र भारत में 3,21,290 वर्ग किमी है।
4. सिंधु नदी की लंबाई 2800 किमी है।

कूट

(a) 1 और 2 (b) 2, 3 और 4
(c) 1, 2, 3 और 4 (d) 1, 2 और 3

उत्तर (d)

व्याख्या सिंधु नदी के संदर्भ में दिए गए कथनों में कथन (1), (2) और (3) सही हैं। सिंधु नदी पाकिस्तान के अटक के पास पर्वतीय क्षेत्र से बाहर निकलकर मैदान में प्रवेश करती है। यह नदी हिमालय पर्वत में स्थित कैलाश पर्वत श्रेणी को कई स्थानों पर काटती है और गहरे महाखड्डों या गॉर्ज का निर्माण करती है।

सिंधु नदी का जलग्रहण क्षेत्र लगभग 11,65,000 वर्ग किमी है, जिसमें से भारत में लगभग 3,21,290 वर्ग किमी है।

कथन (4) सही नहीं है, क्योंकि सिंधु नदी की कुल लंबाई लगभग 2,880 किमी है, जिसमें से भारत में इसकी लंबाई लगभग 1,114 किमी है।

15 सिंधु नदी तंत्र के संबंध में नीचे दिए गए कथनों पर विचार कीजिए

1. सिंधु की सहायक नदी व्यास कुल्लू घाटी से गुजरती है।
2. जम्मू-कश्मीर में अवस्थित डल झील झेलम नदी पर अवस्थित है।

उपर्युक्त में से कौन-सा/से कथन सही है/हैं?

(Chap 3, Class X, New NCERT)

(a) केवल 1 (b) केवल 2
(c) 1 और 2 दोनों (d) न तो 1 और न ही 2

उत्तर (a)

व्याख्या सिन्ध नदी तंत्र के संबंध में केवल कथन (1) सही है। सिंधु नदी की सहायक व्यास नदी कुल्लू घाटी से गुजरती है। यह नदी रोहतांग दर्रे के निकट व्यास कुंड से निकलती है यह हरिके के पास सतलुज नदी से मिल जाती है। कथन (2) सत्य नहीं है, क्योंकि झेलम नदी पर डल झील नहीं, बल्कि वुलर झील अवस्थित है। यह नदी श्रीनगर से प्रवाहित होती हुई पाकिस्तान में झंग के पास चिनाब नदी से मिल जाती है।

16 निम्नलिखित युग्मों में से कौन-सा सही सुमेलित नहीं है?

(Chap 5, Class-XII, Old NCERT) (UKPSC Pre 2016)

(a) बारी दोआब — ब्यास और रावी के मध्य
(b) बिस्त दोआब — ब्यास और चिनाब के मध्य
(c) रचना दोआब — रावी और चिनाब के मध्य
(d) चाज दोआब — चिनाब और झेलम के मध्य

उत्तर (b)

व्याख्या दिए गए युग्मों में से युग्म (b) सुमेलित नहीं है। बिस्त दोआब ब्यास एवं सतलुज के मध्य भाग को कहते हैं। दो नदियों के बीच के भूमि क्षेत्र को दोआब के नाम से जाना जाता है। ये दोआब क्षेत्र अधिक उपजाऊ होते हैं। इस क्षेत्र में बांगड़ जलोढ़ मृदा का विस्तार अधिक पाया जाता है।

17 निम्न विवरण किस नदी के संदर्भ में है?

(Chap 3, Class-XI, New NCERT)

यह नदी विश्व की सबसे बड़ी नदी द्रोणियों में से एक है और भारत में यह हिमालयी नदियों में सबसे पश्चिमी भाग में स्थित है। इसका उद्गम तिब्बती क्षेत्र में स्थित हिमनद बोखर चू के निकट से हुआ है।

(a) ब्रह्मपुत्र नदी (b) सिंधु घाटी (c) सतलुज नदी (d) चिनाब नदी

उत्तर (b)

व्याख्या प्रश्न में दिया गया विवरण सिंधु नदी के संदर्भ में है। सिंधु नदी तंत्र विश्व के विशालतम नदी तंत्रों में से एक है। इसका उद्गम तिब्बत में स्थित बोखर चू नामक हिमनद के निकट से हुआ है, जो कैलाश पर्वत शृंखला के 4,164 मी की ऊँचाई पर स्थित है। भारत में यह हिमालयी नदियों में सबसे पश्चिमी है। तिब्बत में इसे शेर मुख के नाम से जाना जाता है।

यह नदी लद्दाख व जास्कर श्रेणियों के मध्य से उत्तर-पश्चिमी दिशा में प्रवाहित होते हुए लद्दाख में एक दर्शनीय महाखड्ड का निर्माण करती है और पाकिस्तान में चिल्लस के निकट दरदिस्तान प्रदेश में प्रवेश करती है और अंत में कराची के निकट अरब सागर में गिर जाती है।

18 **निम्नलिखित कथनों पर विचार करें**

(Chap 3, Class-XI, New NCERT)

1. सतलुज नदी काराकोरम दर्रे से उद्गमित होती है।
2. तिब्बत में इसे लॉगचेन खंबाब के नाम से जाना जाता है।
3. यह शिपकीला दर्रे से गुजरती हुई पंजाब के मैदान में प्रवेश करती है।

उपर्युक्त में से कौन-सा/से कथन सही नहीं है/हैं?

(a) केवल 1 (b) 1 और 3
(c) 2 और 3 (d) 1 और 2

उत्तर *(a)*

व्याख्या प्रश्न में दिए गए कथनों में से कथन (1) सही नहीं है, क्योंकि सतलुज नदी तिब्बत में 4,555 मी की ऊँचाई पर मानसरोवर के निकट राक्षसताल से उद्गमित होती है।

19 **निम्नलिखित कथनों पर विचार कीजिए**

(Unit 1, Class-XI, Tamil Nadu Board)

1. गंगा नदी तंत्र भारत का सबसे बड़ा अपवाह तंत्र बनाती है।
2. यह अपवाह तंत्र लगभग 8,61,404 वर्ग किमी में फैला है।
3. गंगा नदी की लंबाई लगभग 2,525 किमी है।
4. सिंधु नदी विश्व का सबसे बड़ा डेल्टा बनाती है।

उपर्युक्त में से कौन-सा/से कथन सही है/हैं?

(a) 1 और 3
(b) केवल 3
(c) 1, 2 और 3
(d) 1, 2, 3 और 4

उत्तर *(c)*

व्याख्या उपर्युक्त कथनों में से कथन (1), (2) और (3) सही हैं। गंगा नदी तंत्र भारत का सबसे बड़ा अपवाह तंत्र बनाती है। यह अपवाह तंत्र लगभग 8,61,404 वर्ग किमी में फैला है। गंगा नदी की लंबाई लगभग 2,525 किमी है।

कथन (4) सही नहीं है, क्योंकि सिंधु नदी विश्व का सबसे बड़ा डेल्टा नहीं बनाती है। गंगा एवं ब्रह्मपुत्र नदियाँ मिलकर सुंदरवन का डेल्टा बनाती हैं, जो विश्व का सबसे बड़ा डेल्टा है।

20 **निम्नलिखित कथनों पर विचार कीजिए**

(Chap 3, Class-IX, New NCERT)

1. गंगा की मुख्य धारा को भागीरथी कहा जाता है।
2. इसका उद्गम यमुनोत्री हिमनद से होता है।
3. हरिद्वार के पास गंगा नदी मैदानों में प्रवेश करती है।

उपर्युक्त में से कौन-सा/से कथन सही है/हैं?

(a) केवल 1 (b) केवल 2
(c) 1 और 2 (d) 1 और 3

उत्तर *(d)*

व्याख्या गंगा नदी के संबंध में दिए गए कथनों में (1) और (3) कथन सही हैं। गंगा की मुख्य धारा को भागीरथी कहा जाता है, जो गंगोत्री हिमानी से निकलती है। अलकनंदा नदी उत्तराखंड में देवप्रयाग के पास इससे मिलती है, जहाँ से इसे गंगा कहा जाता है। गंगा नदी हरिद्वार के पास पर्वतीय भाग से निकलकर मैदानी भाग में प्रवेश करती है। हिमालय से निकलने वाली बहुत-सी नदियाँ; जैसे—यमुना, घाघरा, गंडक तथा कोसी आकर गंगा में मिलती हैं।

कथन (2) सही नहीं है, क्योंकि यमुनोत्री हिमनद से गंगा का नहीं, बल्कि, यमुना का उद्गम होता है।

21 **गंगा नदी तंत्र के संबंध में नीचे दिए गए कथनों पर विचार कीजिए**

(Chap 3, Class IX, NCERT)

1. गंगा नदी मध्य या लघु हिमालय को काटकर तंग महाखड्डों से होकर गुजरती है।
2. गंगा नदी हरिद्वार के पास पर्वतीय भाग को छोड़कर मैदानी भाग में प्रवेश करती है।
3. पिरम द्वीप के समीप यह नदी बंगाल की खाड़ी में जा मिलती है।

उपर्युक्त में से कौन-सा/से कथन सही नहीं है/हैं?

(a) 1 और 2 (b) 2 और 3 (c) केवल 1 (d) केवल 3

उत्तर *(d)*

व्याख्या गंगा नदी तंत्र के संबंध में कथन (3) सही नहीं है, क्योंकि गंगा नदी सागर द्वीप के समीप बंगाल की खाड़ी में जाकर मिलती है। पिरम द्वीप खंभात की खाड़ी के पास अरब सागर में स्थित है।

22 **सूची-I को सूची-II से सुमेलित करें और नीचे दिए गए कूटों की सहायता से सही उत्तर का चुनाव करें।**

(Chap 3, Class-XI, New NCERT) (UPPSC Pre 2013)

सूची-I (संगम स्थान)	**सूची-II** (नदियाँ)
A. देवप्रयाग	1. अलकनंदा-भागीरथी
B. विष्णुप्रयाग	2. धौलीगंगा-अलकनंदा
C. कर्णप्रयाग	3. अलकनंदा-पिंडार
D. रुद्रप्रयाग	4. मंदाकिनी-अलकनंदा

कूट

	A	B	C	D		A	B	C	D
(a)	1	2	3	4	(b)	2	4	1	3
(c)	3	4	2	1	(d)	4	3	2	1

उत्तर *(a)*

व्याख्या सही सुमेलन A-1, B-2, C-3, D-4 है।

देवप्रयाग में अलकनंदा एवं भागीरथी नदियाँ मिलती हैं।

विष्णुप्रयाग में धौलीगंगा और अलकनंदा की धाराएँ (विष्णुगंगा) मिलती हैं। अलकनंदा का उद्गम स्थल अलकापुरी स्थित सतोपंथ हिमानी से होता है।

कर्णप्रयाग में पिंडार नदी, अलकनंदा से बाएँ तट पर मिलती है। रुद्रप्रयाग के निकट मंदाकिनी नदी, अलकनंदा से मिलती है। केदारनाथ मंदाकिनी नदी के तट पर स्थित है।

23 **निम्नलिखित में से किस स्थान पर अलकनंदा और भागीरथी नदी मिलती हैं?** *(Chap 3, Class-XI, New NCERT) (UPPSC Pre 2023)*

(a) विष्णुप्रयाग में (b) देवप्रयाग में
(c) कर्णप्रयाग में (d) बद्रीनाथ में

उत्तर *(b)*

व्याख्या अलकनंदा और भागीरथी नदी देवप्रयाग में आकर मिलती हैं। देवप्रयाग, उत्तराखण्ड के टिहरी-गढ़वाल जिले में स्थित तीर्थस्थल है। यह अलकनंदा तथा भागीरथी नदियों का संगम स्थल है। यहाँ पर ये गंगा के नाम से जानी जाती हैं। देवप्रयाग, उत्तराखण्ड के पंचप्रयागों में से एक है। अलकनंदा का उद्गम स्थल सतोपंथ हिमानी है। गंगा नदी अपने उद्गम, उत्तरकाशी जिले के गोमुख के निकट भागीरथी के नशम से जानी जाती है। कुछ अन्य प्रमुख स्थान (प्रयाग) इस प्रकार हैं जहाँ दो नदियाँ आकर मिलती हैं। पिंडार और अलकनंदा का संगम कर्णप्रयाग, धौलीगंगा और विष्णु गंगा का संगम विष्णुप्रयाग तथा मंदाकिनी और अलकनंदा का संगम रुद्रप्रयाग है।

24 **निम्नलिखित कथनों पर विचार कीजिए**
(Chap 3, Class-XI, New NCERT)

1. शारदा (सरयू) नदी, मिलाम हिमनद से निकलती है, जिसे गौरी गंगा भी कहा जाता है।
2. महानंदा नदी का उद्गम दार्जिलिंग पहाड़ियों से हुआ है और यह गंगा नदी की सबसे पूर्ववर्ती सहायक नदी है।
3. गढ़वाल की पहाड़ियों से निकलने वाली रामगंगा नदी यमुना की एक सहायक नदी है।

उपर्युक्त में से कौन-सा/से कथन सही नहीं है/हैं?

(a) केवल 1 (b) केवल 3
(c) 2 और 3 (d) इनमें से कोई नहीं

उत्तर (b)

व्याख्या प्रश्न में दिए गए कथनों में से कथन (3) सही नहीं है, क्योंकि रामगंगा गढ़वाल की पहाड़ियों से निकलकर कन्नौज के पास गंगा में मिलती है।

25 **ब्रह्मपुत्र नदी के संदर्भ में निम्नलिखित में से कौन-सा कथन सही है?**
(Chap 3, Class-XI, New NCERT)

1. इसका उद्गम मानसरोवर झील के निकट चेमायुंगडुंग हिमनद से हुआ है।
2. तिब्बत में इसे सिंगी खंबाब के नाम से जाना जाता है।
3. यह मध्य हिमालय में नामचा बरवा पर्वत शिखर के निकट एक गहरे महाखड्ड का निर्माण करती है।

कूट

(a) 1 और 2 (b) 2 और 3
(c) 1 और 3 (d) इनमें से कोई नहीं

उत्तर (c)

व्याख्या ब्रह्मपुत्र नदी के संदर्भ में दिए गए कथनों में से कथन (1) और (3) सत्य हैं। ब्रह्मपुत्र नदी का उद्गम मानसरोवर झील के निकट चेमायुंगडुंग हिमनद से हुआ है, जो तिब्बत में स्थित है। यह नदी अपने उत्पत्ति स्थान से पश्चिम से पूर्व की ओर 1,100 किमी तक मुख्य हिमालय के समानांतर बहती है और मध्य हिमालय में नामचा बरवा (7,755 मी) के निकट एक गहरे महाखड्ड का निर्माण करती है। भारत में यह नदी अरुणाचल प्रदेश के सदिया कस्बे में प्रवेश करती है।

कथन (2) सही नहीं है, क्योंकि ब्रह्मपुत्र को तिब्बत में सांगपो या 'यारलूंग जांग्बो' के नाम से तथा अरुणाचल प्रदेश में दिहांग, असम में ब्रह्मपुत्र और बांग्लादेश में इसके नाम से जाना जाता है।

26 **कथन (A) व कारण (R) को पढ़िए और नीचे दिए गए कूट की सहायता से सही उत्तर का चयन कीजिए।**
(Chap 3, Class-XI, New NCERT)

कथन (A) ब्रह्मपुत्र नदी बाढ़, मार्ग परिवर्तन एवं तटीय अपरदन के लिए विख्यात है।

कारण (R) इस नदी के जलग्रहण क्षेत्र में भारी वर्षा होती है और इसकी अधिकतर सहायक नदियाँ बड़ी हैं।

कूट

(a) A और R दोनों सही हैं तथा R, A की सही व्याख्या है
(b) A और R दोनों सही हैं, परंतु R, A की सही व्याख्या नहीं है
(c) A सही है, किंतु R गलत है
(d) A गलत है, किंतु R सही है

उत्तर (a)

व्याख्या कथन (A) और कारण (R) दोनों सही हैं तथा (R), (A) की सही व्याख्या है। ब्रह्मपुत्र नदी बाढ़, मार्ग परिवर्तन एवं तटीय अपरदन के लिए विख्यात है, क्योंकि यह नदी अपने बहाव क्षेत्र में बहुत भारी मात्रा में सिल्ट (अवसाद) बहाकर लाती है, जिससे नदी का मार्ग अवरुद्ध हो जाता है और बाढ़ आ जाती है।

ब्रह्मपुत्र नदी के जलग्रहण क्षेत्र में दक्षिण-पश्चिम मानसून से भारी वर्षा होती है और इसकी अधिकतर सहायक नदियाँ बड़ी और बारहमासी हैं, जिससे बाढ़ आती है।

27 **प्रायद्वीपीय अपवाह तंत्र के अंतर्गत बंगाल की खाड़ी और अरब सागर में गिरने वाली नदियों के मध्य जल विभाजक का कार्य कौन करता है?**
(Chap 3, Class-XI, New NCERT)

(a) पश्चिमी घाट (b) कैमूर पठार
(c) सतपुड़ा पर्वतमाला (d) नीलगिरी पर्वत

उत्तर (a)

व्याख्या प्रायद्वीपीय अपवाह तंत्र के अंतर्गत बंगाल की खाड़ी और अरब सागर में गिरने वाली नदियों के बीच जल विभाजक का कार्य पश्चिमी घाट करता है। नर्मदा एवं तापी को छोड़कर अधिकतर प्रायद्वीपीय नदियाँ पश्चिम से पूर्व की ओर बहती हैं।

प्रायद्वीपीय नदियों का उद्गम मुख्यत: विंध्य पर्वत, अमरकंटक पर्वत तथा पश्चिमी घाट में स्थित पर्वतों से हुआ है।

28 **प्रायद्वीपीय अपवाह तंत्र के संदर्भ में कौन-सा कथन सही है?**
(Chap 3, Class-XI, New NCERT)

1. यह अपवाह तंत्र हिमालयी अपवाह तंत्र से पुराना है।
2. इसके अंतर्गत नदियाँ प्रौढ़ावस्था में हैं और नदी घाटियाँ चौड़ी व उथली हैं।
3. ये नदियाँ विसर्प बनाती हैं और मार्ग परिवर्तन करती हैं।

कूट

(a) केवल 1 (b) केवल 2
(c) 1 और 2 (d) 1, 2 और 3

उत्तर (c)

व्याख्या प्रायद्वीपीय अपवाह तंत्र के संदर्भ में दिए गए कथन (1) और (2) सही हैं। प्रायद्वीपीय अपवाह तंत्र की नदियाँ हिमालय अपवाह तंत्र से अधिक पुरानी हैं। यह प्रौढ़ावस्था को प्राप्त कर चुकी हैं और इनकी ढाल-प्रवणता अत्यंत मंद है। नदियों ने कम ऊर्ध्वाधर अपरदन तथा अधिक क्षैतिज अपरदन के कारण उथली और चौड़ी घाटियों का निर्माण किया है। प्रायद्वीपीय नदियाँ पश्चिम से पूर्व की ओर प्रवाहित होती हैं, इन नदियों में प्रमुखत: गोदावरी, नर्मदा, कावेरी, महानदी हैं।

कथन (3) सही नहीं है, क्योंकि प्रायद्वीपीय नदियाँ सुनिश्चित मार्ग पर प्रवाहित होती हैं, विसर्प नहीं बनाती और ये बारहमासी नहीं हैं, यद्यपि भ्रंश घाटियों में बहने वाली नर्मदा एवं तापी इसका अपवाद हैं।

29 **निम्नलिखित कथनों में से कौन-सा सही है?**
Chap 3, Class - XI, New NCERT) (UPPSC Pre 2023)

1. रामगंगा नदी कन्नौज के पास गंगा नदी में मिली है।
2. बेतवा नदी प्रयागराज के पास यमुना नदी में मिली है।

कूट

(a) केवल 1 (b) केवल 2
(c) 1 और 2 (d) न तो 1 और न ही 2

उत्तर (a)

व्याख्या दिए गए कथनों में से कथन (1) सही है।
रामगंगा नदी कन्नौज के पास गंगा नदी में मिलती है। इसका उद्गम नैनीताल के उत्तर में कुमाऊँ हिमालय से होता है। यह कन्नौज के उत्तर में फर्रुखाबाद और हरदोई की सीमा पर गंगा के बाएँ तट से निकलती है।

कथन (2) सही नहीं है, क्योंकि बेतवा नदी प्रयागराज के पास नहीं, बल्कि हमीरपुर में यमुना से मिलती है। बेतवा नदी मध्य प्रदेश के रायसेन जिले की विंध्याचल पर्वतमाला से निकलती है। यह यमुना नदी की महत्त्वपूर्ण सहायक नदी है। बेतवा नदी की लम्बाई लगभग 480 किमी है तथा इसके तट पर महत्त्वपूर्ण शहर विदिशा और साँची हैं।

यमुना नदी यमुनोत्री ग्लेशियर से निकलती है तथा इसकी लंबाई 1376 किमी है। यह गंगा की सबसे बड़ी सहायक नदी है।

30 निम्नलिखित कथनों पर विचार कीजिए

(Chap 3, Class-XI, New NCERT) (UPPSC Pre 2023)

1. झेलम नदी, वूलर झील से होकर जाती है।
2. कृष्णा नदी सीधे कोलेरू झील का भरण करती है।
3. गंडक नदी के विपर्सण से काँवर झील निर्मित हुई है।

उपर्युक्त में से कौन-सा/से कथन सही है/हैं?

(a) केवल 1
(b) केवल 2
(c) ये सभी
(d) इनमें से कोई नहीं

उत्तर (a)

व्याख्या दिए गए कथनों में से केवल कथन (1) सही है।

झेलम नदी का उद्‌गम शेषनाग झील से होता है, जो कश्मीर घाटी के दक्षिण-पूर्वी भाग पीरपंजाल में स्थित है। इसके बाद यह श्रीनगर और वूलर झील से होकर बहती हुई पाकिस्तान में प्रवेश करती है। झेलम की सबसे बड़ी सहायक नदी किशनगंगा (नीलम) नदी है। झेलम नदी की कुल लंबाई 724 किमी है।

कथन (2) और (3) सही नहीं हैं, क्योंकि कोलेरू झील को प्रत्यक्ष रूप से मौसमी बुडमेरु और तमिलेरु धाराओं के पानी से पोषित किया जाता है। यह झील कृष्णा एवं गोदावरी डेल्टा के मध्य में आन्ध्र प्रदेश राज्य में स्थित है। यह भारत की सबसे बड़ी मीठे पानी की झीलों में से एक है। साथ ही काँवर झील बेगूसराय शहर से 22 किमी उत्तर-पश्चिम में स्थित है। यह भू-वैज्ञानिक अतीत में गंगा की एक सहायक बूढ़ी गंडक नदी के पुराने वितिरिका के द्वारा बनी एक अवशिष्ट गोखुर झील है।

31 दिए गए कथनों में से कौन-सा कथन सही नहीं है।

(Unit 1, Class-X, Tamil Nadu Board)

1. ताप्ती नदी का उद्‌गम मध्य प्रदेश के बैतूल जिले के मुल्तई तालुके से होता है।
2. कावेरी नदी को दक्षिण की गंगा कहा जाता है।
3. नर्मदा नदी को बूढ़ी गंगा के नाम से जाना जाता है।
4. कृष्णा नदी की लंबाई 1510 किमी है।

उपर्युक्त में से कौन-सा/से कथन सही नहीं है/हैं?

(a) 1 और 3
(b) 2 और 3
(c) 3 और 4
(d) 1 और 2

उत्तर (c)

व्याख्या दिए गए कथनों में से कथन (3) और (4) सही नहीं हैं, क्योंकि गोदावरी नदी को बूढ़ी गंगा नाम से जाना जाता है। कृष्णा नदी की लंबाई 1400 किमी है।

कथन (1) और (2) सही हैं। कावेरी नदी को दक्षिण की गंगा भी कहा जाता ह। ताप्ती नदी का उद्‌गम मध्य प्रदेश के बैतूल जिले के मुल्तई तालुके से होता है। कावेरी नदी को दक्षिण की गंगा भी कहा जाता है।

32 सूची-I को सूची-II से सुमेलित कीजिए तथा सूचियों के नीचे दि गए कूट से सही उत्तर चुनिए।

(Chap 3, Class-XI, New NCERT) (UPPSC Pre 202

सूची-I (नदियाँ)	सूची-II (उद्‌गम स्थल)
A. यमुना	1. सिहावा
B. कृष्णा	2. नासिक
C. गोदावरी	3. महाबलेश्वर
D. महानदी	4. यमुनोत्री

कूट

	A	B	C	D
(a)	4	3	2	1
(b)	1	2	3	4
(c)	4	2	1	3
(d)	4	2	3	1

उत्तर (a)

व्याख्या सही सुमेलन A-4, B-3, C-2, D-1 है।

यमुना नदी यमुनोत्री हिमानी (बंदरपूँछ) से निकलती है तथा इलाहाबाद (प्रयागराज) में गंगा से मिलती है।

कृष्णा नदी महाबलेश्वर के निकट (पश्चिमी घाट) से निकलती है। यह महाराष्ट्र, तेलंगाना, आंध्र प्रदेश तथा कर्नाटक राज्य में प्रवाहित होती है।

गोदावरी नदी नासिक जिले के त्रयम्बक गाँव की एक पहाड़ी से निकलती है। इसका अपवाह क्षेत्र महाराष्ट्र, तेलंगाना, आंध्र प्रदेश, पुदुचेरी, छत्तीसगढ़, ओडिशा तथा कर्नाटक में है।

महानदी छत्तीसगढ़ के रायपुर जिले के सिहावा के समीप से निकलती है। हीराकुंड, टिकरपारा आदि इस नदी पर स्थित प्रमुख बहुउद्देशीय परियोजनाएँ हैं।

33 लूनी नदी के संदर्भ में निम्नलिखित कथनों में से कौन-सा कथन सही है?

(Chap 3, Class-XI, New NCERT) (IAS Pre 2010)

(a) यह बहकर खंभात की खाड़ी में जा मिलती है
(b) यह बहकर कच्छ की खाड़ी में जा मिलती है
(c) यह पाकिस्तान में बहते हुए सिंधु की एक सहायक नदी में विलीन हो जाती है
(d) यह कच्छ के रन की दलदली भूमि में लुप्त हो जाती है

उत्तर (b)

व्याख्या लूनी नदी के संदर्भ में दिए गए कथनों में से कथन (b) सही है। अरावली के पश्चिम में बहने वाली लूनी नदी राजस्थान का सबसे बड़ा नदी तंत्र है। यह पुष्कर के समीप दो धाराओं (सरस्वती और सागरमती) के रूप में उत्पन्न होती है। तलवाड़ा तक यह पश्चिम दिशा में बहती है और तत्पश्चात् दक्षिण-पश्चिम दिशा में बहती हुई कच्छ के रन में जा मिलती है। यह संपूर्ण नदी तंत्र अल्पकालिक है।

34 निम्नलिखित में से कौन-सी नदी घाटी (बेसिन) क्षेत्रफल की दृष्टि से सबसे बड़ी है?

(Chap 3, Class-XI, New NCERT) (IAS Pre 2022)

(a) कावेरी
(b) नर्मदा
(c) महानदी
(d) ताप्ती

उत्तर (c)

व्याख्या महानदी घाटी (बेसिन) क्षेत्रफल की दृष्टि से सबसे बड़ी है। इस नदी बेसिन का कुल क्षेत्रफल 141600 वर्ग किमी है, जबकि इसकी कुल लंबाई 851 किमी है। इब, हसदो, जोंक, तेल तथा मांड आदि इसकी सहायक नदियाँ हैं, जबकि कावेरी नदी बेसिन का क्षेत्रफल 87900 वर्ग किमी, नर्मदा का 93,180 वर्ग किमी तथा ताप्ती का 65145 वर्ग किमी है और इनकी लंबाई क्रमशः 800 किमी, 1312 किमी, 730 किमी है।

35 कावेरी नदी के संदर्भ में निम्नलिखित में से कौन-सा कथन सही नहीं है? *(Chap 3, Class-XI, New NCERT)*

1. इसके ऊपरी क्षेत्र में उत्तर-पूर्वी मानसून से जल की प्राप्ति होती है।
2. इसके निम्न (दक्षिणी) जलग्रहण क्षेत्रों में जल की प्राप्ति दक्षिण-पश्चिम मानसून से होती है।

कूट

(a) केवल 1 (b) केवल 2
(c) 1 और 2 दोनों (d) न तो 1 और न ही 2

उत्तर (d)

व्याख्या कावेरी नदी के संदर्भ में दिए गए कथनों में से कोई भी कथन सही नहीं है, क्योंकि कावेरी नदी प्रायद्वीप की अन्य नदियों की अपेक्षा कम उतार-चढ़ाव के साथ लगभग पूरे वर्ष बहती है। इसके ऊपरी जलग्रहण क्षेत्र में दक्षिण-पश्चिम मानसून (गर्मी) से और निम्न क्षेत्रों में उत्तर-पूर्वी मानसून (जाड़े) से वर्षा होती है। यह नदी केरल, कर्नाटक और तमिलनाडु में प्रवाहित होती है। इसकी महत्त्वपूर्ण सहायक नदियाँ काबीनी, भवानी और अमरावती हैं। इसके प्रवाह क्षेत्र को 'राइस बाउल ऑफ साउथ इंडिया' कहा जाता है।

36 सूची-I को सूची-II से सुमेलित कीजिए और नीचे दिए गए विकल्पों की सहायता से सही उत्तर का चुनाव करें। *(Chap 2, Class-XII, Old NCERT) (JPSC Pre 2013)*

सूची-I (प्रमुख नदी)	सूची-II (सहायक नदी)
A. कृष्णा नदी	1. चंबल
B. ब्रह्मपुत्र नदी	2. इंद्रावती
C. गोदावरी नदी	3. तीस्ता
D. यमुना नदी	4. भीमा

कूट

	A	B	C	D		A	B	C	D
(a)	4	3	2	1	(b)	3	4	1	2
(c)	4	3	1	2	(d)	3	4	2	1

उत्तर (a)

व्याख्या सही सुमेलन A-4, B-3, C-2, D-1 है।

कृष्णा नदी की सहायक नदी भीमा है। यह नदी पश्चिमी घाट पर्वत के महाबालेश्वर से निकलती है और इसकी लंबाई 1400 किमी है एवं दक्षिण-पूर्व में बहती हुई बंगाल की खाड़ी में गिरती है। इसके अतिरिक्त वर्णा, पंचगंगा, दूधगंगा, घाटप्रभा, मालप्रभा एवं मूसी इसकी अन्य सहायक नदियाँ हैं।

ब्रह्मपुत्र नदी की सहायक नदी तीस्ता है। यह नदी हिमालय के उत्तर में तिब्बत की मानसरोवर झील से निकलती है और बंगाल की खाड़ी में गिरती है।

गोदावरी नदी की सहायक नदी इंद्रावती है। यह नदी पश्चिमी घाट की त्रयंबक पहाड़ी से निकलती है और 1465 किमी में प्रवाहित होने के बाद बंगाल की खाड़ी में मिलती है।

यमुना नदी की सहायक नदी चंबल है। यमुना नदी यमुनोत्री से निकलती है और प्रयागराज में गंगा नदी से मिल जाती है। यह गंगा की सबसे बड़ी सहायक नदी है।

37 गोदावरी द्रोणी के संदर्भ में कौन-सा कथन सही नहीं है? *(Chap 3, Class-IX, New NCERT)*

1. इसका अपवाह तंत्र प्रायद्वीपीय नदियों में सबसे कम है।
2. इसके आकार और विस्तार के कारण इसे दक्षिण की गंगा भी कहा जाता है।
3. इसका प्रवाह क्षेत्र महाराष्ट्र, तेलंगाना, कर्नाटक, आंध्र प्रदेश में है।

कूट

(a) केवल 1 (b) 1 और 3
(c) 2 और 3 (d) 1, 2 और 3

उत्तर (b)

व्याख्या गोदावरी द्रोणी के संदर्भ में दिए गए कथनों में से कथन (1) और (3) सही नहीं हैं, क्योंकि गोदावरी नदी का अपवाह तंत्र प्रायद्वीपीय नदियों में सबसे बड़ा है। इस नदी की लंबाई 1465 किमी है और यह महाराष्ट्र, तेलंगाना एवं आंध्र प्रदेश में प्रवाहित होती है। इसके जलग्रहण क्षेत्र का 49% भाग महाराष्ट्र में, 20% भाग मध्य प्रदेश व छत्तीसगढ़ में और शेष भाग आंध्र प्रदेश एवं तेलंगाना में पड़ता है।

38 निम्नलिखित में से कौन-सी कावेरी की सहायक नदियाँ हैं? *(Chap 3, Class-IX, New NCERT)*

1. मंजरा नदी
2. काबीनी नदी
3. हेमावती नदी
4. भवानी नदी
5. तुंगभद्रा नदी

कूट

(a) 1, 3 और 5 (b) 2, 3 और 4 (c) 3, 4 और 5 (d) ये सभी

उत्तर (b)

व्याख्या कावेरी की सहायक नदियाँ काबीनी, हेमावती और भवानी हैं। कावेरी नदी पश्चिमी घाट के ब्रह्मगिरि पर्वत से निकलती है और दक्षिण-पूर्व में प्रवाहित होकर बंगाल की खाड़ी में गिरती है।

मंजरा नदी गोदावरी की सहायक नदी है और तुंगभद्रा नदी कृष्णा की सहायक नदी है।

39 सूची-I को सूची-II से सुमेलित कीजिए और सूचियों के नीचे दिए गए कूट का उपयोग करके सही उत्तर का चयन करें *(Chap 3, Class-XI, New NCERT) (MPPSC Pre 2022)*

सूची-I (सहायक नदियाँ)	सूची-II (नदियाँ)
A. बेतवा	1. चंबल
B. क्षिप्रा	2. यमुना
C. वेनगंगा	3. नर्मदा
D. तवा	4. गोदावरी

कूट

	A	B	C	D		A	B	C	D
(a)	3	4	2	1	(b)	2	1	4	3
(c)	3	4	1	2	(d)	1	3	2	4

उत्तर (b)

व्याख्या सही सुमेलन A-2, B-1, C-4, D-3 है।

बेतवा नदी, यमुना की सहायक नदी है। यह विंध्याचल श्रेणी में रायसेन जिले के कुमरा गाँव में महादेव की पहाड़ियों से उद्गमित होती है तथा उत्तर प्रदेश के हमीरपुर में यमुना में मिलती है।

क्षिप्रा नदी, चंबल की सहायक नदी है। यह इंदौर जिले की काकरी बरड़ी पहाड़ी के समीप बाणेश्वर कुंड से उद्गमित होकर मध्य प्रदेश की उत्तर-पूर्वी दिशा की ओर उज्जैन से प्रवाहित होते हुए चम्बल नदी में मिलती है।

वेनगंगा नदी गोदावरी की सहायक नदी है। यह सिवनी में परसवाठा पठार से उद्गमित होकर गोदावरी नदी में मिलती है।

तवा नदी, नर्मदा की सहायक नदी है। यह पंचमढ़ी में महादेव की पहाड़ियों से उद्गमित होकर बांद्राभान (होंशगाबाद) में नर्मदा नदी से मिलती है।

40 **निम्नलिखित कथनों पर विचार करें** *(Chap 3, Class-IX, New NCERT)*

1. नदी जल की घरेलू, औद्योगिक तथा कृषि में माँग के कारण इसकी गुणवत्ता प्रभावित हुई है।
2. नदियों में प्रदूषण का मुख्य कारण उद्योगों का प्रदूषण व अपरिष्कृत कचरे के मिलने से होता है।
3. देश में नदी सफाई कार्यक्रम का शुभारंभ वर्ष 1970 में गंगा एक्शन प्लान के साथ प्रारंभ हुआ।

उपर्युक्त में से कितने कथन सही हैं?

(a) केवल एक (b) केवल दो
(c) सभी तीन (d) इनमें से कोई नहीं

उत्तर (b)

व्याख्या प्रश्न में दिए गए कथनों में से केवल दो अर्थात् कथन (1) और (2) सत्य हैं।

नदी जल की घरेलू, औद्योगिक तथा कृषि में बढ़ती माँग के कारण इसकी गुणवत्ता प्रभावित हुई है। इसके परिणामस्वरूप नदियों से अधिक जल की निकासी होती है तथा इनका आयतन घटता जाता है। दूसरी ओर उद्योगों का प्रदूषण तथा अपरिष्कृत कचरे नदी में मिलते रहते हैं, जिससे नदियों का जल प्रदूषित होता है।

कथन (3) सही नहीं है, क्योंकि देश में नदी सफाई कार्यक्रम का शुभारंभ वर्ष 1985 में 'गंगा एक्शन प्लान' (GAP) के साथ हुआ। वर्ष 1995 में राष्ट्रीय नदी संरक्षण योजना के अंतर्गत अन्य नदियों को जोड़ने के लिए गंगा कार्य योजना का विस्तार किया गया।

जलप्रपात एवं झीलें

41 **निम्नलिखित कथनों पर विचार करें** *(Chap 3, Class-IX, New NCERT)*

1. एक विसर्प नदी पहाड़ी क्षेत्रों को काटकर गोखुर झील का निर्माण करती है।
2. स्पिट तथा बार (रोधिका) बाढ़ वाले क्षेत्रों में लैगून का निर्माण करते हैं।

उपर्युक्त में से कौन-सा/से कथन सही है/हैं?

(a) केवल 1 (b) केवल 2
(c) 1 और 2 दोनों (d) न तो 1 और न ही 2

उत्तर (d)

व्याख्या प्रश्न में दिए गए दोनों कथन सही नहीं हैं, क्योंकि एक विसर्प नदी बाढ़ वाले क्षेत्रों को काटकर गोखुर झील का निर्माण करती है। गोखुर झील को छाड़न झील या चापाकार झील भी कहा जाता है। यह नदी की प्रौढ़ावस्था के बाद उसके विसर्पों के अर्द्धचंद्राकार हिस्सों के मूल धारा से कट जाने और उनमें जल इकट्ठा हो जाने से होता है।

स्पिट तथा बार (रोधिका) तटीय क्षेत्रों में लैगून का निर्माण करते हैं। लैगून झील किसी विस्तृत जल स्रोत; जैसे—समुद्र या महासागर के किनारे पर बनने वाला एक उथला जल क्षेत्र होता है, जो किसी पतली स्थलीय पेटी या अवरोध द्वारा सागर से अंशत: अथवा पूर्णत: अलग होता है।

42 **निम्नलिखित झीलों में से कौन-सी झील मीठे पानी की है?** *(Chap 3, Class-IX, New NCERT)*

1. चिल्का झील 2. वूलर झील 3. डीडवाना झील
4. डल झील 5. लोकटक झील

कूट

(a) 1, 2 और 3 (b) 2, 3 और 4
(c) 2, 4 और 5 (d) 1, 2, 4 और 5

उत्तर (c)

व्याख्या वूलर, डल और लोकटक झील मीठे पानी की झीलें हैं। वूलर झील भारत में मीठे पानी की सबसे बड़ी झील है। तुलबुल परियोजना इसी पर है। यह झील कश्मीर में स्थित है। झेलम नदी, वूलर झील के मध्य से होकर बहती है। डल झील श्रीनगर, कश्मीर की एक प्रसिद्ध झील है। यह जम्मू-कश्मीर की दूसरी सबसे बड़ी झील है। लोकटक झील मणिपुर में मीठे पानी की पूर्वोत्तर भारत की सबसे बड़ी झील है, इस झील में कीबुल लामजाओं नाम का तैरता हुआ राष्ट्रीय पार्क है। इस झील को 'मणिपुर की जीवन रेखा' कहा जाता है।

43 **सूची-I को सूची-II से सुमेलित कीजिए और नीचे दिए गए कूट से सही उत्तर का चुनाव करें।** *(Chap 3, Class-IX, New NCERT)*

सूची-I (राज्य)	सूची-II (झील)
A. राजस्थान	1. चिल्का
B. ओडिशा	2. सांभर
C. मणिपुर	3. कोलेरू
D. आंध्र प्रदेश	4. लोकटक

कूट

	A	B	C	D
(a)	1	2	3	4
(b)	2	1	4	3
(c)	3	2	4	1
(d)	4	1	2	3

उत्तर (b)

व्याख्या सही सुमेलन A-2, B-1, C-4, D-3 हैं।

सांभर झील राजस्थान के जयपुर जिले में स्थित है। यह भारत की खारे जल की सबसे बड़ी झील है। यह एक अंतर्देशीय झील है।

चिल्का झील ओडिशा में स्थित है और भारत की सबसे बड़ी लैगून झील है। वर्षा ऋतु में दाया और भार्गवी आदि नदियाँ इस झील में अपना जल विमोचित करती हैं।

लोकटक झील मणिपुर में स्थित है।

कोलेरू झील आंध्र प्रदेश में स्थित है और यह मीठे पानी की झील है। यह एक अंडाकार छिछली झील है। वर्षा ऋतु में इसका क्षेत्रफल अधिक हो जाता है।

44 **निम्नलिखित युग्मों पर विचार कीजिए** *(Chap 20, Module-7, NIOS) (IAS Pre 2022)*

आर्द्रभूमि/झील	अवस्थान
1. होकेरा आर्द्रभूमि	— पंजाब
2. रेणुका आर्द्रभूमि	— हिमाचल प्रदेश
3. रुद्रसागर झील	— त्रिपुरा
4. सस्थाम्कोट्टा झील	— तमिलनाडु

उपर्युक्त में से कितने युग्म सही सुमेलित हैं?

(a) केवल एक (b) केवल दो (c) केवल तीन (d) ये सभी

उत्तर (b)

व्याख्या दिए गए युग्मों में से केवल दो अर्थात् युग्म (2) और (3) सही सुमेलित हैं।

रेणुका आर्द्रभूमि (रेणुका झील) झील हिमाचल प्रदेश में है। यह समुद्र तल से 672 मी की ऊँचाई पर स्थित है। वर्ष 2005 में इसे रामसर साइट के रूप में सूचीबद्ध किया गया। रुद्रसागर झील त्रिपुरा में स्थित हैं। इसे रवीजिकमा के नाम से भी जाना जाता है। रामसर कन्वेंशन ने वर्ष 2007 में इसे रामसर आर्द्रभूमि साइट के रूप में सूचीबद्ध किया।

युग्म (1) और (4) सही सुमेलित नहीं हैं, क्योंकि होकेरा आर्द्रभूमि जम्मू-कश्मीर में श्रीनगर के निकट जैन कोट में स्थित है। यह आर्द्रभूमि 1375 हेक्टेयर क्षेत्र में विस्तृत है। इसे पक्षी अभयारण्य के रूप में मान्यता प्राप्त है।

सस्थाम्कोट्टा झील केरल के दक्षिणी भाग में अवस्थित है। केरल की अन्य झील क्रमश: वेंबनाद तथा अष्टमुडी हैं।

अध्याय 19

जलवायु

जलवायु

परिचय

- भारत के अधिकांश भागों में उष्णकटिबंधीय जलवायु पाई जाती है, भारत के दक्षिण में स्थित हिंद महासागर से आने वाली मानसूनी पवनों का भारत की जलवायु पर सर्वाधिक प्रभाव पड़ता है, इसलिए भारत की जलवायु को उष्णकटिबंधीय मानसूनी जलवायु कहा जाता है
- भारतीय जलवायु की मुख्य विशेषताएँ हैं
  - वर्षभर ऋतु परिवर्तन के साथ पवन प्रणाली का पूर्ण विपरीत होना है
  - भूमि पर उच्च एवं निम्न दबाव क्षेत्रों का विकास होना

भारत के जलवायु प्रदेश

- उत्तर भारत की जलवायु दक्षिण भारत से भिन्न है, इसी प्रकार पूर्वी और पश्चिमी भारत की जलवायु भी भिन्न है, इसलिए भारत को छोटे आकार के अनेक जलवायु क्षेत्रों में विभाजित किया गया है जो इस प्रकार से है
- **पश्चिमी तटीय क्षेत्र** गोवा के दक्षिण तटीय क्षेत्र में अल्प शुष्कता के साथ मानसूनी प्रकार का मौसम होता है।
- **तटीय क्षेत्र** के अतिरिक्त संपूर्ण प्रायद्वीपीय क्षेत्र में उष्णकटिबंधीय सवाना प्रकार की जलवायु पाई जाती है
- प्रायद्वीपीय पठार के आंतरिक भागों और गुजरात, राजस्थान, हरियाणा आदि के कुछ भागों में अर्द्ध-शुष्क स्टेपी जलवायु पाई जाती है
- केवल राजस्थान के पश्चिमी भाग में गर्म मरुस्थल प्रकार की जलवायु पाई जाती है
- भारत के उत्तरी मैदानी क्षेत्रों में बड़े पैमाने पर शुष्क सर्दियों के साथ मानसूनी प्रकार की जलवायु पाई जाती है; ठंडी आर्द्र शीत ऋतु जिसकी विशेषता पूर्वोत्तर भारत में लघु ग्रीष्म ऋतु है
- जम्मू और कश्मीर तथा पड़ोसी पर्वत शृंखलाओं में ध्रुवीय प्रकार की जलवायु पाई जाती है

मानसून

परिचय

- एक जटिल मौसमी प्रक्रिया जोकि सामान्यतः हिंद महासागर के किनारों पर हवाओं के मौसमी परिवर्तन के रूप में वर्णित की जाती है

भारतीय मानसून की प्रमुख विशेषताएँ

मानसून का आरंभ

- आईटीसीजेड पर निम्न दबाव तीव्र हो जाता है और यह व्यापारिक पवनों को दक्षिणी गोलार्द्ध से उत्तर की ओर खींच लेता है, इस प्रकार ये पवनें भूमध्य रेखा को पार कर और प्रचुर मात्रा में नमी के साथ बंगाल की खाड़ी में प्रवेश करती हैं, जिससे दक्षिणी-पश्चिमी मानसून भारत में प्रवेश करता है और तीव्र वर्षा होती है

वर्षा वहन प्रणाली और वर्षा का वितरण

- दक्षिणी-पश्चिमी मानसून दो शाखाओं में विभाजित हो जाता है अर्थात् अरब सागर शाखा और बंगाल की खाड़ी शाखा, जोकि भारत के विभिन्न भागों में अलग-अलग समय पर वर्षा का कारण बनती है

मानसून विराम (अंतराल)

- दक्षिणी-पश्चिमी मानसून अवधि के दौरान कुछ दिनों बाद यदि वर्षा एक या एक से अधिक सप्ताह तक नहीं होती है, तो इसे मानसून अंतराल कहा जाता है

मानसून की वापसी (पलायन)

- सितंबर में मानसून उत्तरी-पश्चिमी भारत से पलायन करना शुरू करता है,
- मानसून का प्रभाव क्षेत्र धीरे-धीरे छोटा होने लगता है

ऋतुएँ

शीत ऋतु (दिसंबर से फरवरी)

- भारत में अक्षांश बढ़ने के साथ तापमान कम होता है और लगभग शून्य के निकट हो जाता है।
- इस मौसम की विशेषता, उत्तर और उत्तर-पूर्व भारत में कोहरा और ठंड है
- पश्चिमी विक्षोभ के कारण इस क्षेत्र में हल्की वर्षा होती है

ग्रीष्म ऋतु (मार्च से मई)

- भारत में मार्च से मई तक ग्रीष्म ऋतु होती है भारत का केंद्रीय भाग अत्यधिक उष्ण मौसम और एक लंबा निम्न दबाव पेटी बनता है, जो मानसून निर्माण के लिए उत्तरदायी होता है। लू ग्रीष्मकाल का एक प्रभावी लक्षण है, ये धूलभरी गर्म एवं शुष्क पवनें होती हैं, जोकि दिन के समय भारत के उत्तर एवं उत्तरी-पश्चिमी क्षेत्रों में चलती हैं

वर्षा ऋतु (जून से सितंबर)

- जून से सितंबर तक दक्षिणी-पश्चिमी मानसून की यह अवधि देश के अधिकांश भागों में वर्षा ऋतु के रूप में जानी जाती है।
- मानसून तीव्र होता है और इन महीनों में बवंडर और आकाश में चमकीली बिजलियों के साथ तीव्र वर्षा होती है

मानसून ऋतु की वापसी (अक्टूबर और नवंबर)

- उत्तर भारत में तापमान कम होने लगता है, मानसून की तीव्रता कम हो जाती है और उच्च दबाव प्रणाली द्वारा उसका स्थानांतरण होता है
- दक्षिण-पश्चिम मानसून हवाएँ कमजोर हो जाती हैं और उत्तरी भारतीय मैदानों से वापसी करने लगती हैं

SOURCE New NCERT Class-VI भारत : जलवायु, वनस्पति तथा वन्य प्राणी, Old NCERT Class-VIII, X, XII जलवायु, New NCERT Class-IX, XI जलवायु

जलवायु के कारक

1 **भारत की जलवायु के संदर्भ में निम्नलिखित कथनों पर विचार करें**

(Chap 4, Class-IX, New NCERT)

1. यहाँ की जलवायु अवस्था में स्पष्ट प्रादेशिक भिन्नताएँ हैं।
2. प्रादेशिक भिन्नताएँ मुख्यत: तापमान एवं वर्षण के कारण हैं।
3. सर्दी के समय में द्रास एवं तिरुवनंतपुरम के तापमान में अधिक अंतर रहता है।

उपर्युक्त में से कौन-सा/से कथन सत्य है/हैं?

(a) केवल 1 (b) केवल 2
(c) 1 और 3 (d) ये सभी

उत्तर (d)

व्याख्या भारत की जलवायु के संदर्भ में दिए गए सभी कथन सत्य हैं। भारत की जलवायु अवस्था में स्पष्ट प्रादेशिक भिन्नताएँ दिखाई देती हैं। इन प्रादेशिक भिन्नताओं का मूल कारण एक विस्तृत भौगोलिक क्षेत्र में तापमान एवं वर्षण की मात्रा में अंतर होना है।

शीत ऋतु में द्रास एवं तिरुवनंतपुरम के तापमान में अधिक अंतर होने का मुख्य कारण अक्षांशीय अवस्थिति है। तिरुवनंतपुरम विषुवतीय रेखा के समीप स्थित है, अत: यहाँ शीत ऋतु में भी तापमान उच्च बना रहता है, जबकि द्रास विषुवतीय रेखा से दूर उच्च पर्वतीय क्षेत्र में स्थित है। परिणामस्वरूप शीत ऋतु में यहाँ का तापमान हिमांक से भी नीचे चला जाता है एवं भारी हिमपात होता है।

2 **भारत की जलवायु को प्रभावित करने वाले प्रमुख कारक हैं**

(Chap 2, Class-X, Old NCERT)

1. अक्षांश
2. भूमि का उच्चावच
3. समुद्र तल से ऊँचाई
4. जल और स्थल का वितरण
5. समुद्र तल से दूरी

कूट

(a) 1, 2, 3 और 4 (b) 2, 3, 4 और 5
(c) 1, 2, 3, 4 और 5 (d) 1, 2 और 3

उत्तर (c)

व्याख्या भारत की जलवायु को प्रभावित करने वाले कारकों में अक्षांश, भूमि का उच्चावच, समुद्र तल से ऊँचाई, जल एवं स्थल का वितरण तथा समुद्र तल से दूरी इत्यादि सभी को सम्मिलित किया जाता है।

अक्षांशीय अवस्थिति के कारण उत्तरी एवं दक्षिणी भारत की जलवायविक स्थिति में अंतर पाया जाता है। भूमि का उच्चावच एवं समुद्र तल से ऊँचाई के कारण भी जलवायु संबंधी गतिविधियों में अंतर पाया जाता है। ऐसे स्थानों पर गर्मियों के समय कम गर्मी पड़ती है एवं शीत ऋतु में हिमपात होता है। यहाँ का मौसम सहज एवं अनुकूल होता है। जल और स्थल का वितरण तथा समुद्र तट से दूरी के कारण भी जलवायविक अंतर को स्पष्ट रूप से देखा जा सकता है।

ये दोनों ऐसे कारक हैं, जो जलवायु को प्रभावित करते हैं। ऐसे क्षेत्र जो सागरीय प्रभावों से दूर होते हैं, वहाँ ठंड के दिनों में तापमान में अधिक गिरावट दर्ज की जाती है तथा जो क्षेत्र सागरीय तट के समीप होते हैं, वहाँ के दैनिक व वार्षिक तापांतर में अधिक अंतर नहीं पाया जाता है।

3 **निम्नलिखित कथनों पर विचार करें**

(Chap 3, Class-XII, Old NCERT)

1. गंगा डेल्टा एवं ओडिशा के तटीय मैदानों में जुलाई में प्रचंड तूफान आते हैं।
2. देश के अंत:स्थल भागों में मौसम की ऋतुवत् विषमता अधिक होती है।
3. जुलाई-अगस्त माह में कोरोमंडल तट पर वर्षा होती है।

उपर्युक्त में से कितने कथन सत्य हैं?

(a) केवल एक
(b) केवल दो
(c) सभी तीन
(d) उपर्युक्त में से कोई नहीं

उत्तर (b)

व्याख्या दिए गए कथनों में से केवल दो अर्थात् कथन (1) और (2) सत्य है। गंगा के डेल्टाई क्षेत्रों एवं ओडिशा के तटीय मैदानी भागों में जुलाई माह के दौरान प्रचंड तूफानी वर्षा होती है, परंतु यहाँ से लगभग 1 हजार किमी दूर कोरोमंडल तट इसी मौसम में शुष्क रहता है। देश के अंत:स्थल भागों में मौसम की ऋतुवत् विषमता अधिक होती है, इसका मुख्य कारण विस्तृत भौगोलिक क्षेत्रफल है।

कथन (3) असत्य है, क्योंकि जुलाई-अगस्त माह में कोरोमंडल तट पर वर्षा नहीं होती है। इसका कारण इस तट की बनावट है। इस दौरान बंगाल की खाड़ी की मानसून धारा तट के समानांतर चलती रहती है और अपेक्षाकृत शुष्क होती है, जिससे वर्षा नगण्य होती है। तमिलनाडु के तटीय प्रदेशों में वर्षा शरद् ऋतु अथवा ठंड के मौसम में आरंभ होती है।

4 **निम्नलिखित में से कौन-सा कथन असत्य है?**

(Chap 4, Class-XI, New NCERT)

(a) हिमालय पर्वत एक प्रभावी जलवायु विभाजक है
(b) हिमालय पर्वत ध्रुव रेखा के निकट पैदा होने वाली ठंडी पवनों को भारत में प्रवेश करने से रोकता है
(c) हिमालय पर्वत मानसूनी पवनों को रोककर वर्षा कराता है
(d) भारत की उष्ण कटिबंधीय जलवायु के लिए हिमालय उत्तरदायी नहीं है

उत्तर (d)

व्याख्या प्रश्न में दिए गए कथनों में से कथन (d) असत्य है, क्योंकि हिमालय पर्वत भारत में कर्क रेखा से उत्तरी भागों में उष्णकटिबंधीय जलवायु के लिए उत्तरदायी है। हिमालय द्वारा भौतिक अवरोध उत्पन्न करने के कारण ऐसी जलवायु पाई जाती है। भू-गर्भिक परीक्षणों से यह ज्ञात भी हो चुका है कि हिमालय की निर्माणकारी प्रक्रिया आज भी जारी है।

5 **जल और स्थल के स्थानिक वितरण के संदर्भ में नीचे दिए गए कथनों पर विचार करें**

(Chap 4, Class-XI, New NCERT)

1. स्थल की अपेक्षा जल जल्दी गर्म होता है और देर से ठंडा होता है।
2. वायुदाब में भिन्नता मानसून पवनों के उत्क्रमण के कारण बनती है।

उपर्युक्त में से कौन-सा/से कथन सत्य है/हैं?

(a) केवल 1 (b) केवल 2
(c) 1 और 2 (d) इनमें से कोई नहीं

उत्तर (b)

व्याख्या जल और स्थल के स्थानिक वितरण के संदर्भ में कथन (2) सत्य है। वायुदाब में भिन्नता मानसून पवनों के उत्क्रमण के कारण बनती है। ग्रीष्मकाल के आरंभ होने पर जब सूर्य उत्तरायण होता है, तो भारतीय उपमहाद्वीपीय क्षेत्र में निम्न तथा उच्च दोनों ही स्तरों पर वायु परिसंचरण में पूर्ण प्रत्यावर्तन हो जाता है। हिमालय के समानांतर धरातल के समीप निम्न वायुदाब पेटी अंत: उष्णकटिबंधीय अभिसरण क्षेत्र स्थापित हो जाता है। इस अभिसरण क्षेत्र के स्थापित होने से विषुवतीय अवदाब उत्तर की ओर स्थानांतरित होने लगता है। वायुदाब के इसी अंतर के परिणामस्वरूप दक्षिण-पश्चिम मानसून की उत्पत्ति होती है।

कथन (1) असत्य है, क्योंकि स्थल की अपेक्षा जल देर से गर्म और देर से ठंडा होता है। जल और स्थल के इस विभेदी तापन के कारण भारतीय उपमहाद्वीप में विभिन्न ऋतुओं में विभिन्न वायुदाब प्रदेश विकसित हो जाते हैं।

6 निम्नलिखित में से कौन-सा/से कथन सत्य है/हैं?

(Chap 3, Class-XII, Old NCERT)

1. तटीय प्रदेशों में विषमकारी जलवायु पाई जाती है।
2. भारत के अंत:स्थल भाग में समकारी जलवायु पाई जाती है।
3. विरल वायु के कारण पर्वतीय प्रदेश मैदानों की तुलना में अधिक ठंडे हैं।

कूट

(a) 1, 2 और 3 (b) 1 और 3 (c) केवल 3 (d) 2 और 3

उत्तर (c)

व्याख्या प्रश्न में दिए गए कथनों में से कथन (3) सत्य है। विरल वायु के कारण पर्वतीय प्रदेश मैदानों की तुलना में अधिक ठंडे होते हैं। विरल वायु के होने का मुख्य कारण तापमान में कमी होना है। ऐसे क्षेत्रों का वातावरण स्वास्थ्य के दृष्टिकोण से अधिक उत्तम माना जाता है।

कथन (1) और (2) असत्य हैं, क्योंकि तटीय प्रदेश सागरीय प्रभाव के अंतर्गत होते हैं, अत: यहाँ की जलवायु विषमकारी न होकर समकारी होती है। यही कारण है कि मुंबई तथा कोंकण तट के निवासी तापमान की विषमता और ऋतु परिवर्तन का अनुभव नहीं करते।

इसके अतिरिक्त भौगोलिक रूप से अधिक विस्तृत होने के कारण भारत के अंत:स्थल भाग में विषमकारी जलवायु पाई जाती है। इससे देश के आंतरिक भागों में स्थित दिल्ली, कानपुर और अमृतसर में मौसमी परिवर्तन संपूर्ण जीवन को प्रभावित करते हैं।

7 निम्नलिखित में से कौन-सा कथन भारत में वायुदाब एवं पवनों के संदर्भ में असत्य है? *(Chap 2, Class-X, Old NCERT)*

(a) शीत ऋतु में भारत का मौसम मध्य एवं पश्चिम एशिया के वायुदाब से प्रभावित होता है

(b) मध्य एशिया से चलने वाली महाद्वीपीय पवनें भारत में शुष्क रूप में पहुँचती हैं

(c) महाद्वीपीय पवनें भारत के उत्तर-पश्चिमी भाग में व्यापारिक पवनों के संपर्क में आती हैं

(d) शीत ऋतु में उच्च वायुदाब का केंद्र दक्षिण भारत में स्थापित हो जाता है

उत्तर (d)

व्याख्या भारत के वायुदाब एवं पवनों के संदर्भ में दिए गए कथनों में से कथन (d) असत्य है, क्योंकि शीत ऋतु में हिमालय के उत्तर में तिब्बत पर उच्च वायुदाब का केंद्र स्थापित हो जाता है। इस उच्च वायुदाब के दक्षिण में भारतीय उपमहाद्वीप की ओर निम्न स्तर पर धरातल के साथ-साथ पवनों का प्रवाह प्रारंभ हो जाता है।

8 जेट प्रवाह के संदर्भ में निम्न कथनों पर विचार करें

(Chap 4, Class-XI, New NCERT)

1. ये पवनें धरातल के निकट या वायुमंडल की निचली सतहों में चलती हैं।
2. ये पवनें तिब्बत पठार के समानांतर हिमालय के उत्तर में प्रवाहित होती हैं।
3. जेट प्रवाह की दक्षिणी शाखा से भारत में ग्रीष्मकाल पर महत्त्वपूर्ण प्रभाव पड़ता है।

उपर्युक्त में से कौन-सा/से कथन सत्य है/हैं?

(a) केवल 1 (b) 2 और 3 (c) 1 और 2 (d) ये सभी

उत्तर (c)

व्याख्या जेट प्रवाह के संदर्भ में दिए गए कथनों में से कथन (1) और (2) सत्य हैं। जेट प्रवाह धरातल के निकट या वायुमंडल की निचली सतहों में प्रवाहित होता है। 150 मिलीबार के स्तर पर उत्तर भारतीय क्षेत्र में एक पूर्वी जेट स्ट्रीम प्रवाहित होती है तथा ये उष्ण कटिबंधीय अवदाबों को भारत में लाती हैं। साथ ही मानसूनी वर्षा वितरण में महत्त्वपूर्ण भूमिका निभाती हैं। पूर्वी जेट स्ट्रीम की उत्पत्ति गर्मियों में तिब्बत के पठार के ऊपर निम्न वायुदाब क्षेत्र बनने के कारण होती है, ये हिमालय के उत्तरी भाग में प्रवाहित होती हैं।

कथन (3) असत्य है, क्योंकि जेट प्रवाह की दक्षिणी शाखा से भारत में शीत ऋतु पर महत्त्वपूर्ण प्रभाव पड़ता है। यह हिमालय के दक्षिण में पूर्व की ओर बहती है। पश्चिमी विक्षोभ को लाने में इसकी भूमिका महत्त्वपूर्ण मानी जाती है।

9 भारत के उत्तर-पश्चिमी मैदान में पश्चिमी विक्षोभ से शीत ऋतु में होने वाली वर्षा की मात्रा क्रमश: कम होती जाती है

(Chap 3, Class-XII, Old NCERT) (UPPSC Pre 2019)

(a) पूर्व से पश्चिम की ओर

(b) पश्चिम से पूर्व की ओर

(c) उत्तर से दक्षिण की ओर

(d) दक्षिण से उत्तर की ओर

उत्तर (b)

व्याख्या भारत में उत्तर-पश्चिमी मैदान में पश्चिमी विक्षोभ (Westerly distress) से शीत ऋतु में होने वाली वर्षा की मात्रा क्रमश: पश्चिम से पूर्व की ओर कम होती जाती है। उत्तर भारत के मैदान में शीत ऋतु की एक मुख्य विशेषता पश्चिमी तथा उत्तर-पश्चिम में आने वाले अवदाब हैं, जिसे 'पश्चिमी विक्षोभ' कहा जाता है। इन अवदाबों के कारण उत्तर-पश्चिमी भारत के मैदानों में वर्षा होती है। पश्चिमी विक्षोभों से हुई इस वर्षा की मात्रा उत्तर तथा उत्तर पश्चिम से पूर्व की ओर क्रमश: घटती है। पश्चिम से पूर्व की ओर वर्षा की मात्रा में कमी अवदाबों के कमजोर होने के कारण होती है।

10 इंटरट्रॉपिकल कनवरजेंस जोन (ITCZ) एक निम्न वायुदाब पेटी, स्थित है *(Chap 4, Class-IX, New NCERT) (MPPSC Pre 2018)*

(a) व्यापारिक एवं पछुआ हवाओं की पेटी के मध्य

(b) पछुआ एवं ध्रुवीय पवनों की पेटी के मध्य

(c) ध्रुवों के समीपवर्ती क्षेत्र में

(d) भूमध्य रेखा पर

उत्तर (d)

व्याख्या इंटरट्रॉपिकल कनवरजेंस जोन (Intertropical Convergence Zone, ITCZ), एक निम्न वायुदाब पेटी है, जो भूमध्य रेखा (विषुवतीय रेखा) के निकट स्थित होती है। ग्रीष्म ऋतु के दौरान यह क्षेत्र भारतीय उपमहाद्वीप की ओर 5° उत्तर में खिसक जाता है। इसे मानसून ऋतु में 'मानसूनी गर्त' कहते हैं। इंटरट्रॉपिकल कनवरजेंस जोन में निम्न वायुदाब होने के कारण यह सभी दिशाओं से पवनों के अंतर्वहन को आमंत्रित करता है।

11 पूर्वी जेट प्रवाह के संदर्भ में निम्नलिखित में से कौन-सा कथन असत्य है? *(Chap 2, Class-X, Old NCERT)*

(a) यह प्रवाह जून में प्रायद्वीप के दक्षिण भाग में 90 किमी प्रति घंटा की गति से प्रवाहित होता है

(b) यह जेट प्रवाह सामान्यत: 10° उत्तरी अक्षांश के पार नहीं जाता है

(c) इसके कारण भारत की ग्रीष्मकालीन मानसूनी वर्षा के प्रतिरूप का निर्धारण होता है

(d) इसके साथ उष्णकटिबंधीय चक्रवात भारत में आता है

उत्तर (b)

व्याख्या पूर्वी जेट प्रवाह के संदर्भ में कथन (b) असत्य है, क्योंकि पूर्वी जेट प्रवाह 30° उत्तरी अक्षांश को पार नहीं कर पाता है। पूर्वी जेट-प्रवाह उष्णकटिबंधीय चक्रवातों को भारत में लाता है। ये चक्रवात भारतीय उपमहाद्वीप में वर्षा के वितरण में महत्त्वपूर्ण भूमिका निभाते हैं। इन चक्रवातों की बारंबारता, दिशा, गहनता एवं प्रवाह एक लंबे दौर में भारत की ग्रीष्मकालीन मानसूनी वर्षा के प्रतिरूप निर्धारण पर पड़ता है।

12 **पृथ्वी के घूर्णन के फलस्वरूप उत्पन्न होने वाले आभासी बल के कारण पवनें उत्तरी गोलार्द्ध में दाहिनी ओर तथा दक्षिण गोलार्द्ध में बाईं ओर विक्षेपित हो जाती हैं। उपर्युक्त विवरण संबंधित है**

(Chap 4, Class-IX, New NCERT)

(a) पश्चिमी विक्षोभ (b) कोरिऑलिस बल
(c) दाब प्रवणता बल (d) वायुदाब

उत्तर (b)

व्याख्या पृथ्वी के घूर्णन के फलस्वरूप उत्पन्न होने वाले आभासी बल के कारण पवनें उत्तरी गोलार्द्ध में दाहिनी ओर तथा दक्षिणी गोलार्द्ध में बाईं ओर विक्षेपित हो जाती हैं। इस आभासी बल को कोरिऑलिस बल के नाम से जाना जाता है।

इस बल का नाम जर्मन वैज्ञानिक कोरिऑलिस के नाम पर दिया गया है। इसी बल के कारण विषुवतीय वृत्त को पार करते ही व्यापारिक पवनों की दिशा दक्षिण-पश्चिम से उत्तर-पूर्व की ओर हो जाती है।

13 **जेट धाराओं के संदर्भ में निम्नलिखित कथनों पर विचार करें**

(Chap 4, Class-IX, New NCERT)

1. इन्हें उपोष्ण कटिबंधीय पश्चिमी जेट धाराएँ कहा जाता है।
2. इनकी अवस्थिति लगभग 32° से 40° उत्तरी अक्षांश के मध्य होती है।

उपर्युक्त में से कौन-सा/से कथन सत्य है/हैं?

(a) केवल 1 (b) केवल 2
(c) 1 और 2 (d) इनमें से कोई नहीं

उत्तर (a)

व्याख्या जेट धाराओं के संदर्भ में कथन (1) सत्य है। हिमालय के उत्तरी भाग में तिब्बत का पठार अवस्थित है। तिब्बत के पठार के ऊपर पश्चिम से पूर्व की ओर प्रवाहित होने वाले प्रवाह को 'जेट स्ट्रीम धारा' कहते हैं, इसे उपोष्ण कटिबंधीय पश्चिमी जेट धारा भी कहा जाता है।

कथन (2) असत्य है, क्योंकि जेट धाराओं की अवस्थिति 32° से 40° उत्तरी अक्षांश के मध्य न होकर 20° से 25° उत्तरी अक्षांश के मध्य होती है। मानसूनी हवाओं के निर्माण में इसकी महत्त्वपूर्ण भूमिका है।

मानसून

14 **नीचे दिए गए कथनों में से कौन-सा कथन असत्य है?**

(Chap 8, Class-VI, New NCERT)

(a) मानसून शब्द अरबी भाषा के 'मौसिम' से लिया गया है
(b) भारतीय जलवायु को मानसूनी जलवायु कहा जाता है
(c) भारत में अधिकतर वर्षा उत्तर-पूर्वी मानसून से होती है
(d) भारत उष्णकटिबंधीय जोन में स्थित है

उत्तर (c)

व्याख्या प्रश्न में दिए गए कथनों में से कथन (c) असत्य है, क्योंकि भारत में अधिकतर वर्षा दक्षिण-पश्चिम मानसून से होती है।

दक्षिण-पूर्वी व्यावसायिक पवनें जब विषुवत् रेखा को पार कर भारत के तटीय क्षेत्र में पश्चिम की ओर से प्रवेश करती हैं, तो वह दक्षिणी-पश्चिमी मानसून कहलाती हैं। दक्षिण-पश्चिम मानसून मध्य जुलाई तक संपूर्ण भारतीय उपमहाद्वीप को प्रभावित करता है तथा तीव्र वर्षा के लिए उत्तरदायी है। शेष कथन सही हैं।

15 **निम्न कथन (A) व कारण (R) को पढ़िए और नीचे दिए गए कूट की सहायता से सही उत्तर का चयन कीजिए**

(Chap 4, Class-IX, New NCERT) (JPSC Pre 2013)

कथन (A) भारत की जलवायु उष्णकटिबंधीय मानसून की तरह है।
कारण (R) भारत उष्णकटिबंधीय अक्षांशों के बीचों-बीच अवस्थित है।

कूट

(a) A और R दोनों सही हैं तथा R, A की सही व्याख्या है
(b) A और R दोनों सही हैं, परंतु R, A की सही व्याख्या नहीं है
(c) A सही है, किंतु R गलत है
(d) A गलत है, किंतु R सही है

उत्तर (c)

व्याख्या A सही है, किंतु R गलत है। मानसून का प्रभाव उष्णकटिबंधीय क्षेत्र में लगभग 20° उत्तर तथा 20° दक्षिण अक्षांशों के बीच रहता है। भारत की जलवायु उष्णकटिबंधीय मानसून की तरह है। भारत का आधा भाग, जो कर्क रेखा के दक्षिण में है, वह उष्णकटिबंधीय क्षेत्र है, किंतु कर्क रेखा से उत्तर का भाग उपोष्ण कटिबंधीय क्षेत्र है अर्थात् भारत उष्ण तथा उपोष्ण दोनों ही कटिबंधीय क्षेत्र में स्थित है।

16 **निम्नलिखित कथनों पर विचार करें** *(Chap 3, Class-XII, Old NCERT)*

1. मानसून का प्रभाव उष्णकटिबंधीय प्रदेशों में 20° उत्तर से 20° दक्षिण तक रहता है।
2. भारतीय उपमहाद्वीप के उत्तर-पश्चिम भाग पर एक उच्च दाब का क्षेत्र विकसित होता है।
3. विषुवतीय गर्त विषुवत् वृत्त से 10° उत्तर में स्थित होता है।

उपर्युक्त में से कौन-सा/से कथन असत्य है/हैं?

(a) केवल 1 (b) 1 और 2
(c) 2 और 3 (d) ये सभी

उत्तर (c)

व्याख्या प्रश्न में दिए गए कथनों में से कथन (2) और (3) असत्य हैं, क्योंकि भारतीय उपमहाद्वीप के उत्तर-पश्चिम भाग में एक उच्चदाब के स्थान पर निम्नदाब का क्षेत्र स्थापित हो जाता है। इसके अतिरिक्त (Equatorial Trough) विषुवतीय गर्त विषुवतीय वृत्त से 20° से 25° उत्तरी अक्षांश के मध्य स्थित है। कथन (1) सत्य है।

17 **भारतीय मानसून के विषय में निम्न कथनों पर विचार करें**

(Chap 5, Class-XII, Old NCERT)

1. भारत के पश्चिमी तट पर होने वाली वर्षा पर अफ्रीका के पूर्वी तट के साथ विषुवतीय जेट स्ट्रीम का प्रभाव होता है।
2. सूर्य के उत्तरायण होने के कारण तिब्बत के पठार के ऊपर की वायु गर्म हो जाती है।
3. ग्रीष्म ऋतु में भारतीय प्रायद्वीप पर भूमध्यसागरीय जेट धाराओं का प्रभाव होता है।

उपर्युक्त में से कौन-सा/से कथन सही है/हैं?

(a) केवल 1
(b) 1 और 2
(c) 2 और 3
(d) उपर्युक्त में से कोई नहीं

उत्तर (a)

व्याख्या भारतीय मानसून के विषय में कथन (1) सही है। भारत के पश्चिमी तट पर होने वाली वर्षा की गहनता, समुद्र तट से दूर घटित होने वाली मौसमी दशाओं तथा अफ्रीका के पूर्वी तट के साथ विषुवतीय जेट स्ट्रीम की स्थिति से संबंधित है।

कथन (2) और (3) सही नहीं हैं, क्योंकि सूर्य के उत्तरायण होने के कारण तिब्बत के पठार के समीप की वायु गर्म हो जाती है, जबकि ऊपरी भाग में वायु ठंडी हो जाती है एवं ऐसी स्थिति में प्रतिचक्रवात की स्थिति उत्पन्न हो जाती है। ग्रीष्मकाल में भारतीय प्रायद्वीप पर भूमध्यसागरीय जेट धाराओं का कोई प्रभाव नहीं होता है।

18 **निम्नलिखित कथनों पर विचार कीजिए**

(Chap 3, Class-XII, Old NCERT) (IAS Pre 2012)

1. दक्षिणी भारत से उत्तरी भारत की ओर मानसून की अवधि घटती है।
2. उत्तरी भारत के मैदानों में वार्षिक वृष्टि की मात्रा पूर्व से पश्चिम की ओर घटती है।

उपर्युक्त में से कौन-सा/से कथन सत्य है/हैं?

(a) केवल 1 (b) केवल 2
(c) 1 और 2 दोनों (d) न तो 1 और न ही 2

उत्तर (c)

व्याख्या प्रश्न में दिए गए दोनों कथन (1) और (2) सत्य हैं। मानसून की वर्षा की गहनता एवं वितरण में पर्याप्त उतार-चढ़ाव देखने को मिलते हैं। भारत के दक्षिणी हिस्से के मुकाबले उत्तरी भारत की ओर मानसून की अवधि घटती जाती है। भारत के पश्चिमी तट पर पश्चिम से पूर्व तथा उत्तर-पूर्व की ओर तथा उत्तरी मैदान एवं प्रायद्वीप के उत्तरी भाग में पूर्व तथा दक्षिण-पूर्व से उत्तर-पश्चिम की ओर वर्षा की मात्रा कम होने की प्रवृत्ति पाई जाती है।

19 **कथन (A) और कारण (R) को पढ़िए तथा नीचे दिए गए कूट की सहायता से सही उत्तर का चयन कीजिए**

(Chap 3, Class-XII, Old NCERT)

कथन (A) अंतः उष्णकटिबंधीय अभिसरण क्षेत्र की स्थिति का संबंध मानसून से है।

कारण (R) उत्तर के मैदानी क्षेत्र से अंत: उष्णकटिबंधीय अभिसरण क्षेत्र के खिसकते ही भारत में मानसून का प्रस्फोट होता है।

कूट

(a) A और R दोनों सही हैं तथा R, A की सही व्याख्या है
(b) A और R दोनों सही हैं, परंतु R, A की सही व्याख्या नहीं है
(c) A सही है, किंतु R गलत है
(d) A गलत है, किंतु R सही है

उत्तर (a)

व्याख्या A और R दोनों सही हैं तथा R, A की सही व्याख्या है। अत: उष्णकटिबंधीय अभिसरण क्षेत्र (Inter Tropical Convergence Zone ITCZ) की स्थिति का संबंध मानसून से है, क्योंकि उत्तरी मैदानी क्षेत्र से अंत: उष्णकटिबंधीय अभिसरण क्षेत्र के खिसकते ही भारत में मानसून का प्रस्फोट होता है। सूर्य के उत्तरायण होने की स्थिति में वायुदाब के उत्तर की ओर खिसकने के कारण अंत: उष्णकटिबंधीय अभिसरण भी उत्तर की ओर खिसक जाता है, जिस कारण भारत में मानसून का प्रस्फोट होता है।

20 **निम्नलिखित कथनों पर विचार कीजिए**

(Chap 4, Class- IX, New NCERT)

1. उत्तरी मैदानों में जून के प्रारंभ में निम्न दाब की प्रावस्था दक्षिणी गोलार्द्ध की व्यापारिक पवनों को आकर्षित करती है।
2. ये व्यापारिक पवनें अपने साथ बड़ी मात्रा में नमी लाती हैं, जो 'मानसून' के रूप में भारत के स्थलीय भागों में वर्षा करती हैं।

उपर्युक्त में से कौन-सा/से कथन सत्य है/हैं?

(a) केवल 1 (b) केवल 2
(c) 1 और 2 दोनों (d) न तो 1 और न ही 2

उत्तर (a)

व्याख्या प्रश्न में दिए गए कथनों में से केवल कथन (1) सत्य है। भारत में मानसूनी वर्षा का सीधा संबंध दक्षिणी गोलार्द्ध की दक्षिण-पूर्व व्यापारिक पवनों से है। उत्तरी मैदानों में जून के प्रारंभ में व्याप्त निम्नदाब की अवस्था के कारण इनका कर्षण उत्तर की ओर होता है।

कथन (2) असत्य है, क्योंकि दक्षिण-पूर्व पवनें अपने साथ बड़ी मात्रा में नमी लाती हैं, जिसके कारण भारत के स्थलीय क्षेत्रों में वर्षा होती है।

21 **एल-निनो एक जटिल मौसम तंत्र है, जो प्रत्येक पाँच या दस वर्ष बाद प्रकट होता रहता है, जिसके कारण संसार के विभिन्न भागों में बाढ़-सूखा आदि के साथ-साथ कौन-से प्रमुख परिणाम होते हैं?**

(Chap 4, Class-XI, New NCERT)

1. भूमध्यरेखीय वायुमंडलीय परिसंचरण में विकृति
2. समुद्री जल के वाष्पन में अनियमितता
3. प्लवक की मात्रा में कमी

कूट

(a) केवल 2 (b) 2 और 3
(c) 1 और 2 (d) ये सभी

उत्तर (d)

व्याख्या एल-निनो के कारण भूमध्यरेखीय वायुमंडलीय परिसंचरण में विकृति आ जाती है, समुद्री जल के वाष्पन में अनियमितता की स्थिति उत्पन्न हो जाती है तथा प्लवक की मात्रा में भी कमी दर्ज की जाती है। भारत में मानसून के पूर्वानुमान के लिए एल-निनो का उपयोग होता है।

उष्ण कटिबंधीय प्रशांत क्षेत्र में भूमध्य क्षेत्र के समुद्र के तापमान और वायुमंडलीय परिस्थितियों में आए बदलाव के लिए उत्तरदायी समुद्री घटना को एल-निनो कहा जाता है।

22 **निम्नलिखित कथनों पर विचार कीजिए**

(Chap 3, Class-XII, Old NCERT)

1. अरब सागर से उठने वाली दक्षिण-पश्चिम मानसूनी धारा से भारत के पश्चिमी तट पर वर्षा होती है।
2. पश्चिमी घाट के साथ-साथ होने वाली अधिकतर वर्षा संवहनीय प्रकार की होती है।
3. उत्तरी भारत के मैदानी भागों में वर्षा बंगाल की खाड़ी में उत्पन्न होने वाले उष्णकटिबंधीय अवदाब से होती है।

उपर्युक्त में से कौन-सा/से कथन असत्य है/हैं?

(a) केवल 1 (b) 1 और 2
(c) केवल 2 (d) केवल 3

उत्तर (c)

व्याख्या प्रश्न में दिए गए कथनों में से कथन (2) असत्य है, क्योंकि पश्चिमी घाट के साथ-साथ होने वाली अधिकतर वर्षा पर्वतीय प्रकार की होती है। आर्द्र हवाओं को पश्चिमी घाट के पर्वतीय क्षेत्र द्वारा अवरुद्ध कर इस क्षेत्र में वर्षा कराई जाती है। शेष कथन सत्य हैं।

23 **मानसून के आगमन के संदर्भ में निम्न कथनों पर विचार करें**

(Chap 3, Class-XII, Old NCERT)

1. उत्तरी मैदान में निम्न दाब की अवस्था होती है।
2. दक्षिण-पूर्वी व्यापारिक पवनें भूमध्य रेखा को पार कर दक्षिण-पश्चिम मानसून में परिवर्तित होती हैं।
3. इससे भारतीय मौसम में परिवर्तन आता है।

उपर्युक्त में से कौन-सा/से कथन सत्य है/हैं?

(a) केवल 1 (b) 2 और 3
(c) 1 और 3 (d) ये सभी

उत्तर (d)

व्याख्या मानसून के आगमन के संदर्भ में सभी कथन सत्य हैं। इसके आगमन के समय उत्तरी मैदानी भाग में निम्न दाब की अवस्था होती है। दक्षिण-पूर्वी व्यापारिक पवनें भूमध्य रेखा को पार करते ही दक्षिण-पश्चिम मानसून में परिवर्तित हो जाती हैं। मानसूनी आगमन से भारतीय मौसम में व्यापक परिवर्तन आता है। तापमान में गिरावट दर्ज की जाती है, साथ ही आर्द्रता बढ़ने से मौसम उष्णार्द्र हो जाता है।

24 मानसून के विच्छेद के संबंध में कौन-सा/से कथन असत्य है/हैं?

(Chap 2, Class-XI, NCERT)

1. उत्तर भारत के मैदान में मानसून विच्छेद उष्णकटिबंधीय चक्रवातों की संख्या कम हो जाने से होता है।
2. पश्चिमी तट पर मानसून विच्छेद का प्रमुख कारण उष्ण चक्रवातों का आना है।

कूट

(a) केवल 1
(b) केवल 2
(c) 1 और 2 दोनों
(d) न तो 1 और न ही 2

उत्तर (b)

व्याख्या मानसून के विच्छेद के संबंध में कथन (2) असत्य है, क्योंकि पश्चिमी तट पर मानसून विच्छेद का प्रमुख कारण आर्द्र पवनें हैं, जो तट के समानांतर प्रवाहित होती हैं। दक्षिण-पश्चिम मानसून काल में एक बार कुछ दिनों तक वर्षा होने के बाद यदि एक, दो या कई सप्ताह तक वर्षा न हो, तो इसे मानसून विच्छेद कहा जाता है।

25 प्रचंड गर्जन और बिजली की कड़क के साथ इन आर्द्रता युक्त पवनों का अचानक चलना क्या कहलाता है?

(Chap 3, Class-XII, Old NCERT)

(a) पश्चिमी विक्षोभ
(b) उत्तर-पूर्वी मानसून
(c) मानसून प्रस्फोट
(d) मानसून विच्छेद

उत्तर (c)

व्याख्या प्रचंड गर्जन और बिजली की कड़क के साथ आर्द्रतायुक्त पवनों के अचानक चलने की प्रक्रिया को मानसून प्रस्फोट (Burst of monsoon) कहा जाता है। इससे संपूर्ण उत्तर-भारत के मैदानी एवं मध्यवर्ती क्षेत्रों में मूसलाधार वर्षा होती है। इसके अतिरिक्त पश्चिमी विक्षोभ व पूर्वी मानसून से शीतऋतु में वर्षा होती है। मानसून के दौरान, वर्षा का न होना मानसून विच्छेद कहलाता है।

26 अरब सागर की मानसूनी पवनों से पश्चिमी घाट के वृष्टिछाया प्रदेश में पड़ने वाले किन स्थानों पर वर्षा की मात्रा कम होती है?

(Chap 2, Class-X, Old NCERT)

(a) पुणे
(b) मंगलूरु
(c) लातूर
(d) ये सभी

उत्तर (d)

व्याख्या अरब सागर की मानसूनी पवनों से पश्चिमी घाट के वृष्टिछाया प्रदेश में पड़ने वाले पुणे, मंगलूरु एवं लातूर क्षेत्र में वर्षा की मात्रा कम होती है। पश्चिमी घाट के पूर्वी भाग को वृष्टिछाया प्रदेश कहते हैं। पश्चिमी घाट के पश्चिमी भाग में वर्षा सर्वाधिक होती है। ऐसा इसलिए होता है, क्योंकि पश्चिमी घाट को पार करने के पश्चात् मानसूनी पवनें नीचे उतरती हैं और गर्म होने लगती हैं। इससे उन पवनों की आर्द्रता में कमी आ जाती हैं। परिणामस्वरूप पश्चिमी घाट के पूर्व में इन पवनों से नाममात्र की वर्षा होती है।

27 बंगाल की खाड़ी की मानसूनी पवनों के संदर्भ में निम्न कथनों पर विचार करें

(Chap 4, Class-XI, New NCERT)

1. इससे उत्तरी मैदानों में वर्षा की मात्रा पश्चिम से पूर्व की ओर बढ़ती जाती है।
2. इसकी एक शाखा ब्रह्मपुत्र घाटी में वर्षा कराती है।
3. गारो पहाड़ी पर स्थित मॉसिनराम विश्व की सर्वाधिक औसत वर्षा प्राप्त करता है।

उपर्युक्त में से कौन-सा/से कथन सही नहीं है/हैं?

(a) 1 और 2
(b) 2 और 3
(c) केवल 3
(d) ये सभी

उत्तर (c)

व्याख्या बंगाल की खाड़ी की मानसूनी पवनों के संदर्भ में कथन (3) सही न है, क्योंकि बंगाल की खाड़ी की एक उपशाखा मेघालय में स्थित गारो अं खासी की पहाड़ियों से टकराती है। इससे खासी पहाड़ियों के शिखर पर स्थि मॉसिनराम विश्व की सर्वाधिक औसत वार्षिक वर्षा प्राप्त करता है।

28 वर्षा ऋतु में तमिलनाडु तट पर वर्षा क्यों नहीं होती है?

(Chap 3, Class-XII, Old NCERT)

(a) यह बंगाल की खाड़ी के मानसूनी पवनों के वृष्टिछाया में पड़ता है
(b) यह दक्षिण-पश्चिम मानसून की अरब सागर शाखा के वृष्टि प्रदेश में स्थित है
(c) यहाँ पर ऊँचाई में अधिक विभिन्नता है
(d) उपर्युक्त में से कोई नहीं

उत्तर (b)

व्याख्या वर्षा ऋतु में तमिलनाडु में वर्षा नहीं होने का मुख्य कारण यह है कि यह दक्षिण-पश्चिम मानसून की अरब सागर शाखा के वृष्टिछाया प्रदेश में स्थित है। इसका दूसरा कारण यह है कि तमिलनाडु तट बंगाल की खाड़ी की मानसू पवनों के समानांतर पड़ता है। तमिलनाडु में वर्षा शीतकाल के दौरान उत्तर-पूर्वी मानसून से होती है। तमिलनाडु का उत्तर-पश्चिम एवं पश्चिमी भाग वर्षा के अभाव में सूखे से प्रभावित रहता है।

29 निम्नलिखित में से कौन-सा/से कथन सत्य है/हैं?

(Chap 2, Class-XI, New NCERT)

1. मानसून के पीछे हटने या लौट जाने को मानसून का निवर्तन कहते हैं।
2. लौटती हुई मानसूनी पवनें अरब सागर से जलवाष्प ग्रहण करके तमिलनाडु के तट पर वर्षा करती हैं।

कूट

(a) केवल 1
(b) केवल 2
(c) 1 और 2 दोनों
(d) न तो 1 और न ही 2

उत्तर (a)

व्याख्या उपर्युक्त दिए गए कथनों में कथन (1) सत्य है। मानसून के पीछे हटने या लौट जाने को मानसून का निवर्तन कहा जाता है। सितंबर के आरंभ से उत्तर-पश्चिमी भारत से मानसून पीछे हटने लगता है और मध्य अक्टूबर तक यह दक्षिणी भारत को छोड़ शेष समस्त भारत से निवर्तित हो जाता है।

कथन (2) असत्य है, क्योंकि लौटती हुई मानसूनी पवनें अरब सागर से नहीं, बल्कि बंगाल की खाड़ी से जलवाष्प ग्रहण करके तमिलनाडु के तट पर वर्षा करती हैं।

30 मानसूनी वर्षा की विशेषताओं के संदर्भ में निम्न कथनों में कौन-सा कथन असत्य है?

(Chap 13, Class-VIII, Old NCERT)

(a) दक्षिण-पश्चिम मानसून से प्राप्त होने वाली वर्षा मौसमी है
(b) मानसूनी वर्षा में मानसून विच्छेद चक्रवातीय अवदाबों से उत्पन्न होता है
(c) भारत में मानसूनी वर्षा का स्थानिक वितरण प्रत्येक स्थान पर एकसमान रहता है
(d) मानसूनी वर्षा उच्चावच तथा भू-आकृति द्वारा नियंत्रित होती है

उत्तर (c)

व्याख्या मानसूनी वर्षा की विशेषताओं के संदर्भ में कथन (c) असत्य है, क्योंकि भारत में मानसूनी वर्षा का स्थानिक वितरण प्रत्येक स्थान पर एक समान नहीं, बल्कि असमान रहता है। भारत के किसी भाग में मानसूनी वर्षा बहुत अधिक तो किसी भाग में बहुत कम होती है।

भारत के पूर्वी हिस्सों में अधिक वर्षा होती है, तो पश्चिम तथा उत्तर-पश्चिम में वर्षा की मात्रा कम होती है। यह असमानता 12 सेमी से 250 सेमी तक होती है। उत्तर-पूर्वी राज्य मेघालय में सर्वाधिक वर्षा होती है।

31 **भारत के किस तट पर होने वाली अधिकांश वर्षा चक्रवातीय अवदाबों और तूफानों से प्राप्त होती है?** *(Chap 2, Class-X, New NCERT)*

(a) मालाबार तट (b) कोरोमंडल तट
(c) पश्चिमी तट (d) कोंकण तट

उत्तर (b)

व्याख्या भारत के कोरोमंडल तट पर होने वाली अधिकांश वर्षा चक्रवातीय अवदाबों और तूफानों से प्राप्त होती है। यहाँ वर्षा मुख्यत: उत्तर-पूर्वी मानसूनी पवनों से या लौटती हुई मानसूनी पवनों से होती है। उत्तर-पूर्वी मानसूनी हवाओं की उत्पत्ति पश्चिमी जेट स्ट्रीम द्वारा होती है।

32 **भारतीय उपमहाद्वीप में दक्षिण-पश्चिम मानसून के कमजोर होने का सबसे प्रमुख कारण क्या है?** *(Chap 4, Class-XI, New NCERT)*

(a) निम्न वायुदाब की द्रोणी का उत्तर की ओर स्थित होना
(b) सूर्य की दक्षिणायन स्थिति
(c) पछुआ पवनों का मैदान में प्रवेश
(d) पश्चिमी विक्षोभ

उत्तर (b)

व्याख्या भारतीय उपमहाद्वीप में दक्षिण-पश्चिम मानसून के कमजोर होने का सबसे प्रमुख कारण सूर्य की दक्षिणायन स्थिति है।

भारतीय उपमहाद्वीप में अक्टूबर और नवंबर के महीनों में मानसून के निवर्तन की परिस्थितियाँ उत्पन्न होती हैं। सितंबर के अंत में सूर्य के दक्षिणायन होने की स्थिति में गंगा के मैदान पर स्थित निम्न वायुदाब की द्रोणी भी दक्षिण की ओर खिसकती है। इस समय अंत: उष्णकटिबंधीय अभिसरण क्षेत्र भी विषुवतीय रेखा की ओर बढ़ता है। इससे उत्तर भारत में उच्च दाब तथा निम्न तापमान की स्थिति उत्पन्न होती है।

33 **मानसून में विच्छेद के संदर्भ में निम्नलिखित कथनों पर विचार करें** *(Chap 4, Class-XI, New NCERT)*

1. उष्णकटिबंधीय चक्रवातों की संख्या में कमी से उत्तर के विशाल मैदानों में वर्षा की मात्रा बढ़ जाती है।
2. पश्चिमी घाट पर 'मानसून विच्छेद' की स्थिति तब आती है, जब घाट के समानांतर शुष्क पवनें प्रवाहित होती हैं।
3. तापमान की विलोमता के कारण पंजाब में मानसून विच्छेद होता है।

उपर्युक्त में से कौन-सा/से कथन असत्य है/हैं?

(a) 1 और 2 (b) 1 और 3
(c) केवल 3 (d) 1, 2 व 3

उत्तर (b)

व्याख्या मानसून में विच्छेद के संदर्भ में कथन (1) और (3) असत्य हैं, क्योंकि उष्णकटिबंधीय चक्रवातों की संख्या में कमी उत्तर के विशाल मैदानों में वर्ष की मात्रा घटती जाती है। तथा पश्चिमी घाट पर मानूसन विच्छेद की स्थिति तब आती है, जब घाट की समानान्तर शुष्क पवनें प्रवाहित होती हैं। 'मानसून विच्छेद' के कारण उत्तरी भारत में अंत: उष्णकटिबंधीय अभिसरण क्षेत्र से भी संबंधित है। वायुमंडल में निम्न स्तरों पर तापक्रमीय दशाएँ भी मानसून विच्छेद के लिए भी उत्तरदायी हैं।

34 **मानसून के निवर्तन के संदर्भ में 'कार्तिक मास की ऊष्मा' का तात्पर्य है** *(Chap 2, Class-X, Old NCERT)*

(a) उच्च तापमान और आर्द्रता
(b) निम्न तापमान और शुष्कता
(c) उच्च तापमान और शुष्कता
(d) वर्षा की कमी और उच्च तापमान

उत्तर (a)

व्याख्या मानसून के निवर्तन के संदर्भ में 'कार्तिक मास की ऊष्मा' का तात्पर्य उच्च तापमान और आर्द्रता से है। मानसून के निवर्तन की ऋतु में आकाश स्वच्छ हो जाता है, इस समय तापमान में वृद्धि होती है।

जमीन में नमी के कारण आर्द्रता बनी रहती है। उच्च तापमान तथा आर्द्रता की दशाओं से मौसम कष्टकारी होता है, इसे सामान्यत: 'कार्तिक मास की ऊष्मा' कहा जाता है।

भारत में ऋतुएँ

35 **वार्षिक ऋतु चक्र के माध्यम से भारत की जलवायवीय परिस्थितियों को व्यक्त करने का सही क्रम कौन-सा है?** *(Chap 3, Class-XII, Old NCERT)*

1. ग्रीष्म ऋतु 2. शीत ऋतु
3. दक्षिण-पश्चिम मानसून की ऋतु 4. मानसून के निवर्तन की ऋतु

कूट

(a) 1, 2, 3, 4 (b) 1, 3, 4, 2
(c) 2, 4, 1, 3 (d) 4, 3, 2, 1

उत्तर (b)

व्याख्या वार्षिक ऋतु चक्र के माध्यम से भारत की जलवायवीय परिस्थितियों को अभिव्यक्त करने का सही क्रम 1, 3, 4, 2 है, जो निम्न प्रकार है

- ग्रीष्म ऋतु (मध्य मार्च से मध्य जून),
- दक्षिण-पश्चिम मानसून की ऋतु (मध्य जून-मध्य सितंबर),
- मानसून के निवर्तन की ऋतु (मध्य सितंबर-मध्य अक्टूबर),
- शीत ऋतु (नवंबर-मध्य मार्च तक)।

36 **शीत ऋतु में उत्तरी भारत में अधिक ठंड पड़ने का प्रमुख कारण क्या है?** *(Chap 4, Class-XI, New NCERT)*

1. समुद्र से दूर समकारी प्रभाव का होना
2. हिमालय श्रेणियों में हिमपात होना
3. मध्य एशिया के क्षेत्र में ठंडी पवनों का उत्पन्न होना

कूट

(a) केवल 1 (b) 1 और 2
(c) 2 और 3 (d) ये सभी

उत्तर (b)

व्याख्या शीत ऋतु में उत्तर भारत में अधिक ठंड पड़ने के प्रमुख कारणों में समुद्र से दूर समकारी प्रभाव का होना है तथा हिमालय श्रेणियों में हिमपात का होना शामिल हैं।

इन परिस्थितियों के कारण उत्तर भारत के मैदानी भागों में शीत लहर का प्रभाव छा जाता है। इससे इन भागों में उच्च वायुदाब का क्षेत्र स्थापित हो जाता है। जबकि मध्य एशिया में ठंडी हवाओं का प्रभाव उत्तर भारत के मैदानी भागों पर नहीं पड़ता है।

37 **शीत ऋतु की विशेषताओं के संदर्भ में नीचे दिए गए कथनों पर विचार करें** *(Chap 3, Class-XII, Old NCERT)*

1. शीत ऋतु में गंगा घाटी में प्रवाहित होने वाली पवनों की दिशा पश्चिमी और उत्तर-पश्चिमी होती है।
2. पूर्वी भूमध्यसागर पर पश्चिमी विक्षोभ उत्पन्न होता है।
3. इस ऋतु में देश में उत्तर-पूर्वी व्यापारिक पवनें प्रवाहित होती हैं।

उपर्युक्त में से कौन-सा/से कथन असत्य है/हैं?

(a) केवल 1 (b) 1 और 2
(c) 1 और 3 (d) इनमें से कोई नहीं

उत्तर (d)

व्याख्या शीत ऋतु की विशेषताओं के संदर्भ में सभी कथन सत्य हैं। शीत ऋतु में गंगा घाटी में प्रवाहित होने वाली पवनों की दिशा पश्चिमी और उत्तर-पश्चिमी होती है। पश्चिमी विक्षोभ पूर्वी भूमध्यसागर पर उत्पन्न होता है।

शीत ऋतु में देश में उत्तर-पूर्वी व्यापारिक पवनें प्रवाहित होती हैं। ये पवनें स्थल से समुद्र की ओर बहती हैं और इससे देश के अधिकतर भागों में शुष्क मौसम होता है।

38 दक्षिण भारत में ग्रीष्म ऋतु मृदु क्यों होती है?

(Chap 4, Class-IX, New NCERT)

1. दक्षिण भारत में समुद्र की समकारी प्रकार की जलवायु के कारण
2. प्रायद्वीपीय भारत की उच्चावच स्थिति
3. इस क्षेत्र में समताप रेखाएँ तट के समानांतर उत्तर-दक्षिण दिशा में फैली हैं।

कूट

(a) केवल 2 (b) 1 और 2
(c) 1 और 3 (d) ये सभी

उत्तर (d)

व्याख्या दक्षिण भारत में ग्रीष्म ऋतु मृदु होती है, क्योंकि दक्षिण भारत में समुद्र का समकारी प्रभाव रहता है, जिसके कारण यहाँ पर गर्म पवनों तथा आँधियों का अभाव पाया जाता है। प्रायद्वीपीय भारत की भू-आकृति पृथक् है। यहाँ उच्चावच पहाड़ियों के कारण अनेक हिल स्टेशन हैं। दैनिक तापांतर कम होने के कारण इस क्षेत्र में समताप रेखाएँ तट के समानांतर उत्तर-दक्षिण दिशा में विस्तृत हैं।

39 भारतीय उपमहाद्वीप पर ग्रीष्म ऋतु में उच्च ताप तथा निम्नदाब, हिंद महासागर से वायु का कर्षण करते हैं, जिसके कारण प्रवाहित होता है

(Chap 3, Class-XII, Old NCERT) (IAS Pre 1996)

(a) दक्षिण पूर्वी मानसून (b) दक्षिण-पश्चिमी मानसून
(c) व्यापारिक हवाएँ (d) पश्चिमी हवाएँ

उत्तर (b)

व्याख्या भारतीय उपमहाद्वीप पर ग्रीष्म ऋतु में उच्च ताप तथा निम्नदाब, हिंद महासागर से वायु का कर्षण (Traction) करते हैं, जिसके कारण दक्षिण-पश्चिमी मानसून प्रवाहित होता है। हिंद महासागर के उत्तर में भारतीय उपमहाद्वीप के ऊपर वायुदाब के निम्न होने की प्रवृत्ति ग्रीष्म ऋतु में होती है। इस दौरान हिंद महासागर में उच्च वायुदाब होता है।

स्थलीय भाग का उच्च ताप तथा निम्नदाब दक्षिण-पूर्वी व्यापारिक पवनों को आकर्षित करता है, जिससे प्रभावित होकर 'दक्षिण-पश्चिमी मानसून' का प्रवाह उत्तर भारत की दिशा में होता है।

40 सूची I को सूची II से सुमेलित कीजिए और नीचे दिए गए विकल्पों से सही उत्तर का चुनाव करें

(Chap 4, Class-XI, New NCERT)

सूची I (स्थानीय तूफान)	सूची II (क्षेत्र)
A. आम्र वर्षा	1. पश्चिम बंगाल
B. फूलों वाली बौछार	2. कर्नाटक
C. काल बैशाखी	3. केरल

कूट

	A	B	C		A	B	C
(a)	1	2	3	(b)	2	3	1
(c)	3	2	1	(d)	1	3	2

उत्तर (c)

व्याख्या सही सुमेलन A-3, B-2, C-1 हैं।

ग्रीष्म ऋतु के समाप्त होते-होते पूर्व मानसून की बौछारें पड़ती हैं। यह केर के तटीय प्रदेशों में सामान्यत: होता है। स्थानीय स्तर पर इसे 'आम्र व कहते हैं।

फूलों वाली बौछार नामक वर्षा से कर्नाटक के कहवा उत्पादक क्षेत्रों में वर्षा क शुरुआत होती है। इस समय कहवा में फूल उगते हैं।

बैशाख के महीने में पश्चिम बंगाल में शाम के समय विनाशकारी तूफा हवाएँ चलती हैं। अपने विनाशकारी स्वरूप के कारण इसे 'काल बैशाखी' क जाता है।

41 भारत के किन क्षेत्रों में वर्षा 50 सेंटीमीटर से कम होती है?

(Chap 2, Class-XI, NCERT

1. पूर्वी राजस्थान
2. लद्दाख
3. पश्चिमी राजस्थान
4. गुजरात

कूट

(a) 1 और 2 (b) 2, 3 और 4
(c) 2 और 3 (d) 3 और 4

उत्तर (c)

व्याख्या भारत के लद्दाख तथा पश्चिमी राजस्थान में वर्षा 50 सेमी से कम होती है।

इसके अतिरिक्त प्रायद्वीपीय भारत के कुछ भागों; जैसे—आंध्र प्रदेश, कर्नाटक और महाराष्ट्र में भी 50 सेंटीमीटर से कम वर्षा होती है। जबकि पूर्वी राजस्था और गुजरात में वर्षा 50 से 100 सेंटीमीटर के बीच होती है।

42 भारत में 200 सेमी से अधिक वर्षा वाले प्रमुख स्थान निम्नलिखित में से कौन-से हैं?

(Chap 4, Class-XI, New NCERT)

1. अंडमान निकोबार द्वीपसमूह
2. पश्चिमी घाट
3. उत्तरी सरकार तट
4. पूर्वोत्तर हिमालयी क्षेत्र
5. मेघालय की पहाड़ियाँ

कूट

(a) 1, 2 और 3 (b) 2, 3, 4 और 5
(c) 1, 2, 4 और 5 (d) ये सभी

उत्तर (c)

व्याख्या भारत में 200 सेमी से अधिक वर्षा वाले प्रमुख स्थानों में अंडमान निकोबार द्वीपसमूह, पश्चिमी घाट, पूर्वोत्तर हिमालयी क्षेत्र एवं मेघालय की पहाड़ियों को सम्मिलित किया जाता है।

उत्तरी सरकार तट आंध्र प्रदेश के पूर्वी भाग पर स्थित है, जहाँ वर्षा 100-150 सेमी के मध्य होती है।

43 वर्षा के वितरण के संबंध में निम्नलिखित में से कौन-सा युग्म सही सुमेलित नहीं है?

(Chap 2, Class-X, Old NCERT)

(a) मध्यम वर्षा के क्षेत्र — पूर्वी मध्य प्रदेश
(b) न्यून वर्षा के क्षेत्र — पूर्वी राजस्थान
(c) अपर्याप्त वर्षा के क्षेत्र — पश्चिमी तट
(d) अधिक वर्षा वाले क्षेत्र — मेघालय की पहाड़ियाँ

उत्तर (c)

व्याख्या वर्षा के वितरण के संबंध में युग्म (c) सही सुमेलित नहीं है, क्योंकि पश्चिमी तट पर्याप्त वर्षा वाला क्षेत्र है। इसके पश्चिम में 200 सेमी से अधिक वर्षा होती है।

अपर्याप्त वर्षा के क्षेत्र प्रायद्वीप के कुछ भागों में; जैसे—आंध्र प्रदेश, कर्नाटक, महाराष्ट्र, लद्दाख और पश्चिमी राजस्थान के अधिकतर क्षेत्र है, जहाँ वर्षा 50 सेमी से कम होती है।

44 **निम्नलिखित कथनों पर विचार कीजिए** *(Chap 2, Class-X, Old NCERT)*

1. भारत में दक्षिण-पश्चिम मानसून सक्रिय रहता है।
2. मानसून की क्षेत्रीय विविधता के आधार पर विभिन्न फसलों की खेती होती है।
3. वर्षा की परिवर्तनीयता से देश के कुछ भागों में सूखा पड़ता है।

उपर्युक्त में से कितने कथन सत्य हैं?

(a) केवल एक
(b) केवल दो
(c) सभी तीन
(d) उपर्युक्त में से कोई नहीं

उत्तर (c)

व्याख्या प्रश्न में दिए गए सभी तीनों अर्थात् कथन (1), (2) और (3) सत्य हैं। भारत में दक्षिण-पश्चिम मानसून वर्षा ऋतु के दौरान सक्रिय रहता है। भारत में मानसून की क्षेत्रीय विविधता के आधार पर विभिन्न फसलों की खेती की जाती है।

वर्षा परिवर्तनीयता से देश के कुछ भागों में सूखा पड़ता है। ओडिशा, तमिलनाडु एवं कर्नाटक के पश्चिमी भागों में व पूर्वी राजस्थान में वर्षा की परिवर्तनीयता के कारण सूखे जैसी गंभीर समस्या उत्पन्न हो जाती है।

भारत के जलवायु प्रदेश

45 **कोपेन के जलवायु प्रदेश के संदर्भ में निम्नलिखित कथनों पर विचार करें** *(Chap 4, Class-XI, New NCERT)*

1. उष्णकटिबंधीय जलवायु का औसत तापमान 18°C से अधिक रहता है।
2. इसके जलवायु वर्गीकरण का आधार तापमान एवं प्राकृतिक वनस्पति है।
3. ध्रुवीय प्रकार की जलवायु जम्मू एवं कश्मीर में पाई जाती है।

उपर्युक्त में से कौन-सा/से कथन सत्य है/हैं?

(a) केवल 1
(b) 1 और 2
(c) 1 और 3
(d) उपर्युक्त सभी

उत्तर (d)

व्याख्या कोपेन के जलवायु प्रदेश के संदर्भ में सभी कथन सत्य हैं। उष्णकटिबंधीय जलवायु का औसत तापमान 18°C से अधिक रहता है। इसके जलवायु वर्गीकरण का मुख्य आधार तापमान एवं प्राकृतिक वनस्पति है। इस आधार पर कोपेन ने भारतीय जलवायु प्रदेश को पाँच भागों में विभाजित किया। जम्मू व कश्मीर, हिमाचल प्रदेश और उत्तराखंड में ध्रुवीय प्रकार की जलवायु पाई जाती है।

46 **सूची I को सूची II से सुमेलित करें और नीचे दिए गए कूटों की सहायता से सही उत्तर का चुनाव करें** *(Chap 4, Class-XI, New NCERT)*

सूची I (जलवायु प्रकार)	सूची II (जलवायु संकेतक)
A. गर्म मरुस्थल	1. BWhw
B. ध्रुवीय प्रकार	2. E
C. उष्णकटिबंधीय सवाना प्रकार	3. Aw
D. अर्द्धशुष्क स्टेपी जलवायु	4. BShw

कूट

	A	B	C	D
(a)	1	2	3	4
(b)	2	3	4	1
(c)	3	4	2	1
(d)	4	3	2	1

उत्तर (a)

व्याख्या सही सुमेलन A-1, B-2, C-3, D-4 है।

कोपेन के जलवायु वर्गीकरण के आधार पर भारत के जलवायु प्रदेशों में गर्म मरुस्थलीय युक्त जलवायु के प्रकार को BWhw, द्वारा ध्रुवीय प्रकार की जलवायु को E द्वारा, उष्णकटिबंधीय सवाना प्रकार के जलवायु प्रदेश को Aw द्वारा एवं अर्द्धशुष्क स्टेपी जलवायु को BShw द्वारा सांकेतिक किया जाता है।

47 **नीचे दो कथन हैं, जिसमें से एक को अभिकथन (A) और दूसरे को कारण (R) कहा गया है** *(Chap 4, Class-XI, New NCERT)* *(UPPSC Pre 2023)*

अभिकथन (A) दक्षिण-पश्चिम मानसून मौसम के दौरान तमिलनाडु तट शुष्क रहता है।

कारण (R) तमिलनाडु तट बंगाल की खाड़ी मानसूनी के शाखा के समानांतर स्थित है और दक्षिण-पश्चिम मानसून की अरब सागर वृष्टिछाया क्षेत्र में स्थित है।

कूट

(a) A और R दोनों सत्य हैं और R, A की सही व्याख्या करता है
(b) A और R दोनों सत्य हैं, किन्तु R, A की सही व्याख्या नहीं करता है
(c) A असत्य है, किन्तु R सत्य है
(d) A सत्य है, किन्तु R असत्य है

उत्तर (a)

व्याख्या A और R दोनों सत्य हैं और R, A की सही व्याख्या करता है। दक्षिण-पश्चिम मानसून मौसम के दौरान तमिलनाडु तट शुष्क रहता है, क्योंकि तमिलनाडु तट बंगाल की खाड़ी के मानसूनी शाखा के समानांतर स्थित है और दक्षिण-पश्चिम मानसून की अरब सागर के वृष्टिछाया क्षेत्र में स्थित है। भारत में मानसून की सर्वप्रथम वर्षा केरल के तटीय मैदानी भाग में होती है।

अध्याय 20

प्राकृतिक वनस्पति एवं मृदा

प्राकृतिक वनस्पति एवं मृदा

प्राकृतिक वनस्पति

परिचय

- प्राकृतिक वनस्पति से अभिप्राय उस वनस्पति समुदाय से है, जो लंबे समय तक बिना किसी बाहरी हस्तक्षेप के उत्पन्न होते हैं।

प्राकृतिक वनस्पति को प्रभावित करने वाले कारक

- **भूमि** प्रत्यक्ष एवं अप्रत्यक्ष रूप से प्राकृतिक वनस्पति को प्रभावित करती है, उदाहरण के लिए, पहाड़ी क्षेत्र में जलधारी वनस्पति
- **मिट्टी** मिट्टी की प्रकृति और उसमें उपस्थित पोषक तत्त्व विभिन्न प्रकार की वनस्पति के लिए उपयुक्त होते हैं।
- **वर्षण** यदि किसी क्षेत्र में भारी वर्षा होती है, तो वह सघन वनस्पति के विकास के लिए उपयुक्त है।
- **तापमान** किसी क्षेत्र में प्राकृतिक वनस्पति की प्रकृति और विस्तार को निर्धारित करता है

प्राकृतिक वनस्पति का वर्गीकरण

- यह मुख्यतः पाँच प्रकार में विभाजित किया गया है
- **उष्णकटिबंधीय सदाबहार वन** उष्णकटिबंधीय आर्द्र सदाबहार वन, उष्णकटिबंधीय अर्द्ध-सदाबहार वन, उष्णकटिबंधीय आर्द्र पर्णपाती वन, तटीय दलदल।
- **पर्वतीय उपोष्णकटिबंधीय वन** उपोष्णकटिबंधीय चौड़ी पत्ती वाले पहाड़ी वन, उपोष्णकटिबंधीय आर्द्र देवदार वन, उपोष्णकटिबंधीय शुष्क सदाबहार वन
- **पर्वतीय शीतोष्ण वन** पर्वतीय आर्द्र शीतोष्ण वन, हिमालयी आर्द्र शीतोष्ण वन, हिमालयी शुष्क समशीतोष्ण वन
- **शुष्क उष्णकटिबंधीय वन** उष्णकटिबंधीय शुष्क सदाबहार वन, उष्णकटिबंधीय शुष्क पर्णपाती वन, उष्णकटिबंधीय कँटीले वन
- **अल्पाइन वन**
  - ऊँचाई 2900-3300 मी के बीच होती है
  - शंकुधारी और चौड़ी पत्ती वाले वृक्षों का मिश्रण

वन संरक्षण

परिचय

- वनों का जीवन और पर्यावरण के साथ जटिल संबंध है।
- वन प्रत्यक्ष और अप्रत्यक्ष रूप से हमें बहुत आर्थिक व सामाजिक लाभ पहुँचाते है
- देश में 33% भाग पर वन लगाना, जो वर्तमान राष्ट्रीय स्तर से 6% अधिक है। पर्यावरण संतुलन बनाए रखना तथा पारिस्थितिक असंतुलित क्षेत्रों में वन लगाना।
- देश की प्राकृतिक धरोहर के संरक्षण के साथ जैव विविधता तथा आनुवंशिक पूल का संरक्षण करना।

सामाजिक वानिकी

- सामाजिक वानिकी का अर्थ है- पर्यावरणीय सामाजिक व ग्रामीण विकास में सहायता के उद्देश्य से वनों का प्रबंध और सुरक्षा तथा ऊसर भूमि पर वनारोपण।
- राष्ट्रीय कृषि आयोग (1976-79) ने सामाजिक वानिकी को तीन वर्गों में बाँटा है
  - शहरी वानिकी
  - ग्रामीण वानिकी
  - फार्म वानिकी

समुदाय और वन संरक्षण

- सरिस्का बाघ रिजर्व में राजस्थान के गाँवों के लोग वन्य जीव रक्षण अधिनियम के अंतर्गत वहाँ से खनन कार्य बंद करवाने के लिए संघर्षरत् हैं।

वनों का सांस्कृतिक महत्त्व

- प्रकृति की पूजा सदियों पुराना जनजातीय विश्वास है, जिसका आधार प्रकृति के प्रत्येक रूप की रक्षा करना है।
- छोटानागपुर क्षेत्र में मुंडा और संथाल जनजातियाँ महुआ और कदंब के पेड़ों की पूजा करती हैं।

मृदा

जलोढ़ मृदा

- सिंधु-गंगा एवं ब्रह्मपुत्र नदियों द्वारा निक्षेपित गाद से निर्मित होती है, यह मृदा का सबसे बड़ा समूह है
- यह महानदी, गोदावरी, कृष्णा, नर्मदा, तापी आदि के डेल्टाओं में भी पाई जाती है

लवणीय मृदा

- इसमें NaCl की मात्रा अधिक होती है और यह अनुपजाऊ होती है
- इसमें नमी, ह्यूमस और जीवित जीवों का अभाव होता है

काली मृदा

- घाटियों में काली मृदा बहुत उपजाऊ होती है और इसमें नमी धारण की क्षमता अधिक होती है
- यह चूने और लौह तत्त्वों से भरपूर होती है, लेकिन ह्यूमस, नाइट्रोजन और फॉस्फोरस की मात्रा कम होती है

लाल मृदा

- लोहे और निकेल वाले ग्रेनाइट और कायांतरित चट्टानों के कटाव के कारण निर्मित होती है। इस मृदा का लाल रंग रवेदार तथा कायांतरित चट्टानों में लौह ऑक्साइड के व्यापक विसरण के कारण होता है

लैटेराइट मृदा

- इसका भूरा रंग मूलतः एल्युमीनियम के यौगिक और लोहे के ऑक्साइड मिश्रण के कारण होता है
- इसमें मूँगफली, काजू, कॉफी आदि फसलों की पैदावार होती है

मरुस्थलीय मृदा

- इसमें नमी एवं ह्यूमस की मात्रा कम होती है, लेकिन लौह तत्त्व की प्रचुरता होती है
- यह कार्बनिक पदार्थों से समृद्ध होती है

SOURCE Old NCERT Class-VIII प्राकृतिक संसाधन (मृदा), New NCERT Class-IX प्राकृतिक वनस्पति एवं वन्य प्राणी, New NCERT Class-X वन एवं वन्यजीव संसाधन, Old NCERT Class-X वनस्पति, जीव जंतु एवं मृदा, New NCERT Class-XI मृदा, New NCERT Class-XI प्राकृतिक वनस्पति, Old NCERT Class-XII मृदा एवं प्राकृतिक वनस्पति, NIOS Module-7 Chap 20 भारत में भूमि, मृदा तथा वनस्पति, Tamil Nadu Board NCERT Class-X Unit 2

ारत में प्राकृतिक वनस्पति

1 **शीतोष्ण कटिबंधीय प्राकृतिक वनस्पति भारत के किस क्षेत्र में पाई जाती है?** *(Chap 5, Class-XI, New NCERT)*

(a) पश्चिमी हिमालयी क्षेत्र
(b) पश्चिमी घाट
(c) अंडमान एवं निकोबार द्वीप समूह
(d) डेल्टा क्षेत्रों में

उत्तर (a)

व्याख्या शीतोष्ण कटिबंधीय प्राकृतिक वनस्पति भारत के पश्चिमी हिमालयी क्षेत्र में पाई जाती है।

देवदार, ओक, फर, स्प्रूस, सिडार, चेस्टनट तथा बर्च आदि इस वनस्पति पेटी के प्रमुख वृक्ष हैं। ये वृक्ष पर्वतों की ऊँचाई पर पाए जाते हैं। इनका उपयोग हल्की पेटियों, पैकिंग तथा अन्य निर्माण कार्यों में किया जाता है। पश्चिमी घाट तथा अंडमान एवं निकोबार द्वीप समूह में उष्णकटिबंधीय वर्षा वन तथा डेल्टाई क्षेत्र में मैंग्रोव वनस्पति पाई जाती है।

2 **वानस्पतिक विविधता के प्रमुख कारक कौन-कौन से हैं?** *(Chap 5, Class-IX, New NCERT)*

1. भूमियों की विविधता
2. तापमान का प्रभाव
3. वर्षा की मात्रा

कूट

(a) केवल 1
(b) 1 और 2
(c) 1 और 3
(d) ये सभी

उत्तर (d)

व्याख्या वानस्पतिक विविधता के प्रमुख कारक क्रमशः मृदा, जलवायु, भूमियों की विविधता, तापमान का प्रभाव, वर्षा की मात्रा आदि हैं।

अतः वानस्पतिक प्रकार तथा जलवायु परिस्थिति के आधार पर भारतीय वनों को उष्णकटिबंधीय पर्णपाती, उष्णकटिबंधीय काँटेदार, पर्वतीय वन तथा अनूप वन आदि में वर्गीकृत किया गया है।

3 **उष्णकटिबंधीय सदाबहार वन के संदर्भ में निम्नलिखित कथनों पर विचार करें** *(Chap 3, Class-X, Old NCERT)*

1. इन वनों में वार्षिक वर्षा 250 सेमी से अधिक होती है।
2. इन वनों में पाई जाने वाली वृक्ष प्रजातियाँ शीशम, आम, खैर आदि हैं।
3. ये वन उष्ण तथा आर्द्र प्रदेशों में पाए जाते हैं।

उपर्युक्त में से कौन-सा/से कथन सही नहीं है/हैं?

(a) केवल 1
(b) 1 और 2
(c) केवल 2
(d) ये सभी

उत्तर (c)

व्याख्या उष्णकटिबंधीय सदाबहार वनों के संदर्भ में केवल कथन (2) सही नहीं है, क्योंकि यहाँ पाए जाने वाले वृक्षों में सिनकोना, महोगनी, रोजवुड, आर्किड, फर्न, आबनूस, बाँस एवं ताड़ प्रमुख एवं बहुतायत हैं। इन वृक्षों का आर्थिक महत्त्व अत्यधिक है।

4 **सागौन और साल के वृक्ष किसके उत्पाद हैं?** *(Chap 5, Class-XI, New NCERT)*

(a) उष्णकटिबंधीय शुष्क पर्णपाती वन
(b) उष्णकटिबंधीय सदाबहार वन
(c) उष्णकटिबंधीय कँटीले वन
(d) पर्वतीय वन

उत्तर (a)

व्याख्या सागौन और साल के वृक्ष उष्णकटिबंधीय शुष्क पर्णपाती वन के उत्पाद हैं। उष्णकटिबंधीय शुष्क पर्णपाती वन देश के उन क्षेत्रों में पाए जाते हैं, जहाँ वर्षा की मात्रा 70 से 100 सेमी होती है। अधिक वर्षा वाले प्रायद्वीपीय पठार तथा उत्तर भारत के मैदानों में ये पार्कनुमा भू-दृश्य बनाते हैं, जहाँ सागौन तथा अन्य वृक्षों के साथ हरी-भरी घास होती है।

5 **उष्णकटिबंधीय पर्णपाती वन के संदर्भ में निम्नलिखित कथनों पर विचार करें** *(Chap 5, Class-XI, New NCERT)*

1. भारत में सर्वाधिक क्षेत्रों पर इन वनों का विस्तार है।
2. इन वनों में 70 सेमी से 200 सेमी के मध्य वर्षा होती है।
3. जल की उपलब्धता के आधार पर इन वनों को आर्द्र और शीतोष्ण पर्णपाती वन में बाँटा जाता है।

उपर्युक्त में से कितने कथन सत्य है/हैं?

(a) केवल एक
(b) केवल दो
(c) सभी तीन
(d) इनमें से कोई नहीं

उत्तर (b)

व्याख्या उष्णकटिबंधीय पर्णपाती वन के सदर्भ में केवल अर्थात् दो कथन (1 और 2) सही हैं।

इन वनों को मानसूनी वन भी कहा जाता है और ये भारत के सर्वाधिक भू-भाग पर पाए जाते हैं। ये उन क्षेत्रों में पाए जाते हैं, जहाँ 70 सेमी से 200 सेमी के बीच वर्षा होती है। इन वनों में साल, सागौन, शीशम, चंदन, आम, महुआ आदि के वृक्ष पाए जाते हैं। इन वनों की लकड़ी मुलायम एवं टिकाऊ होती है। कथन (3) असत्य है, क्योंकि जल की उपलब्धता के आधार पर इन वनों को आर्द्र पर्णपाती वन तथा शुष्क पर्णपाती वन में विभाजित किया जाता है।

6 **आर्द्र या नम पर्णपाती वन भारत के किन-किन क्षेत्र में पाए जाते हैं?** *(Chap 5, Class-XI, New NCERT)*

1. हिमालय के गिरिपाद प्रदेशों
2. पश्चिमी घाटों के पश्चिमी ढाल
3. पूर्वोत्तर राज्य
4. पश्चिमी महाराष्ट्र

कूट

(a) 1 और 3
(b) 2, 3 और 4
(c) 1, 3 और 4
(d) ये सभी

उत्तर (a)

व्याख्या आर्द्र या नम पर्णपाती वन, भारत के उत्तर-पूर्वी राज्यों (पूर्वोत्तर राज्य), हिमालय के गिरिपाद, पश्चिमी घाट के पूर्वी ढालों और ओडिशा में पाए जाते हैं।

ये वन उन क्षेत्रों में पाए जाते हैं, जहाँ वर्षा 100 से 200 सेमी तक होती है। इन वनों में सागवान, साल, शीशम, आँवला, सेमल, कुसुम आदि के वृक्ष पाए जाते हैं।

7 **भारत में किस प्रकार के वन सर्वाधिक क्षेत्र में पाए जाते हैं?** *(Chap 5, Class-XI, New NCERT)*

(a) पर्वतीय आर्द्र शीतोष्ण वन
(b) उपोष्ण शुष्क सदाबहार वन
(c) उष्णकटिबंधीय आर्द्र पर्णपाती वन
(d) उष्णकटिबंधीय आर्द्र सदाबहार वन

उत्तर (c)

व्याख्या भारत में सर्वाधिक क्षेत्र में उष्णकटिबंधीय आर्द्र पर्णपाती वन पाए जाते हैं, इन्हें 'मानसून वन' भी कहा जाता है। ऐसे वन उन क्षेत्रों में पाए जाते हैं, जहाँ वार्षिक वर्षा 70 से 200 सेमी होती है। ये वन भारत के उत्तर-पूर्वी राज्यों, हिमालय की तराई, पश्चिमी घाट के पूर्वी ढालों तथा ओडिशा में उगते हैं। उष्णकटिबंधीय आर्द्र पर्णपाती वनों में पाए जाने वाले वृक्ष शीशम, महुआ, आँवला इत्यादि हैं।

8 शुष्क पर्णपाती वनों के संदर्भ में कौन-सा कथन सही नहीं है?

(Chap 5, Class-IX, New NCERT)

(a) इस प्रकार के वन उत्तर प्रदेश तथा बिहार के मैदानी भागों में पाए जाते हैं
(b) ये वन प्रायद्वीप पठार में कम वर्षा वाले क्षेत्रों में पाए जाते हैं
(c) शुष्क ऋतु में इन वनों के पेड़ों द्वारा पत्ते गिरा दिए जाते हैं
(d) इन वनों के मुख्य वृक्ष खैर, अमलतास, तेंदु आदि हैं

उत्तर *(b)*

व्याख्या शुष्क पर्णपाती वनों के संदर्भ में कथन (b) सही नहीं है, क्योंकि ये वन प्रायद्वीप में अधिक वर्षा वाले भागों और उत्तर प्रदेश व बिहार के मैदानी भागों में पाए जाते हैं। आर्द्र क्षेत्रों की ओर ये वन आर्द्र पर्णपाती तथा शुष्क क्षेत्रों की ओर काँटेदार वनों में मिल जाते हैं। ये वन मैदानी भागों में पार्कनुमा भूदृश्य की संरचना भी बनाते हैं।

9 निम्नलिखित कथनों पर विचार करें

(Chap 5, Class-XI, New NCERT)

1. उष्णकटिबंधीय काँटेदार वन वर्षभर पर्णरहित रहते हैं।
2. इस प्रकार के वनों में कई प्रकार की घास तथा झाड़ियाँ शामिल हैं।

उपर्युक्त में से कौन-सा/से कथन सही है/हैं?

(a) केवल 1
(b) केवल 2
(c) 1 और 2 दोनों
(d) न तो 1 और न ही 2

उत्तर *(c)*

व्याख्या प्रश्न में दिए गए दोनों कथन सही हैं। उष्णकटिबंधीय काँटेदार वन उन क्षेत्रों में पाए जाते हैं, जहाँ वर्षा की मात्रा 50 सेमी से कम होती है। ऐसे वन वर्षभर पर्णरहित रहते हैं। इन वनों में कई प्रकार की घास तथा झाड़ियाँ उगती हैं, जिसमें बबूल, बेर, खजूर, खेजड़ी, नीम इत्यादि प्रमुख हैं।

10 सूची-I को सूची-II से सुमेलित करें और नीचे दिए गए कूटों की सहायता से सही उत्तर का चुनाव करें

(Chap 5, Class-IX, New NCERT)

सूची-I (वन)	सूची-II (क्षेत्र)
A. उष्णकटिबंधीय सदाबहार वन	1. पूर्वोत्तर पहाड़ियाँ
B. उष्णकटिबंधीय पर्णपाती वन	2. हिमालय के गिरिपाद क्षेत्र
C. उष्णकटिबंधीय काँटेदार वन	3. दक्षिण-पश्चिम पंजाब
D. शीतोष्ण कटिबंधीय घास	4. पश्चिमी हिमालय

कूट

	A	B	C	D
(a)	1	2	3	4
(b)	2	3	4	1
(c)	3	2	1	4
(d)	4	3	2	1

उत्तर *(a)*

व्याख्या सही सुमेलन A-1, B-2, C-3, D-4 है।

उष्णकटिबंधीय सदाबहार वन भारत में पूर्वोत्तर पहाड़ियों, पश्चिमी घाट के पश्चिमी ढाल और अंडमान एवं निकोबार द्वीप समूह में पाए जाते हैं। इन वनों में वार्षिक वर्षा 200 सेमी से अधिक होती है। इनमें रोजवुड, महोगनी, ऐनी और एबोनी वृक्षों की मुख्य प्रजातियाँ पाई जाती हैं।

उष्णकटिबंधीय पर्णपाती वन हिमालय के गिरिपाद क्षेत्र, झारखंड, पश्चिमी ओडिशा, छत्तीसगढ़ तथा पश्चिमी घाट के पूर्वी ढाल पर पाए जाते हैं।

उष्णकटिबंधीय काँटेदार वन दक्षिण-पश्चिमी पंजाब के अतिरिक्त हरियाणा, राजस्थान, गुजरात, छत्तीसगढ़ व मध्य प्रदेश के कुछ भागों में पाए जाते हैं।

शीतोष्ण कटिबंधीय घास के मैदान पश्चिमी हिमालय में 3000 मी से अधिक ऊँचाई पर पाए जाते हैं।

11 पर्वतीय वन के संदर्भ में कौन-सा कथन सही नहीं है?

(Chap 5, Class-XI, New NCER

(a) पर्वतीय क्षेत्रों में ऊँचाई बढ़ने के साथ प्राकृतिक वनस्पति में भी बदल आता है
(b) इसमें केवल आर्द्र शीतोष्ण वनस्पति ही पाई जाती है
(c) हिमालय के गिरिपाद में पर्णपाती वन पाए जाते हैं
(d) इनमें ओक और चेस्टनट आदि वृक्ष पाए जाते हैं

उत्तर *(b)*

व्याख्या पर्वतीय वन के संदर्भ में कथन (b) सही नहीं है, क्योंकि इसमें आ शीतोष्ण वनस्पति (Humid temperate vegetation) के साथ-साथ शुष्क पर्णपाती वन भी पाए जाते हैं। आर्द्र पर्णपाती वन (Dry deciduous) उन क्षेत्र में पाए जाते हैं, जहाँ वार्षिक वर्षा 100 से 200 सेमी होती है। प्राय: उत्तर-पू राज्यों और हिमालय के गिरिपाद, पश्चिमी घाट के पूर्वी ढालों और ओडिशा पाए जाते हैं।

12 हिमालय पर्वतीय क्षेत्रों में पाई जाने वाली वनस्पतियों को उत्तर से दक्षिण के क्रम में लगाएँ *(Chap 5, Class-XI, New NCERT*

1. पर्णपाती वन
2. आर्द्र शीतोष्ण कटिबंधीय वन
3. शीतोष्ण कटिबंधीय घास
4. लाइकेन

कूट

(a) 1, 2, 3, 4
(b) 2, 4, 1, 3
(c) 3, 4, 2, 1
(d) 4, 3, 2, 1

उत्तर *(d)*

व्याख्या हिमालय पर्वतीय क्षेत्र में पाई जाने वाली वनस्पतियों का उत्तर से दक्षिण का सही क्रम 4, 3, 2, 1 है।

हिमालय पर्वतीय प्रदेश में 4500 से 4800 मी की ऊँचाई पर टुंड्रा तुल्य वनस्पति पाई जाती है। इन भागों में घास, काई और लाइकेन उगती हैं। इससे नीचे 2500 से 4500 मी की ऊँचाई पर शीतोष्ण कटिबंधीय वन उगते हैं, जिसमें स्प्रूस, चीड़, सनोवर वृक्ष व ब्लूपाइन वृक्षों की प्रधानता रहती है। आर्द्र शीतोष्ण कटिबंधीय वन 1500 से 2500 मी की ऊँचाई पर पाए जाते हैं, जिनमें ओक, देवदार और मेपल मुख्य वृक्ष हैं। हिमालय में 1500 मी की ऊँचाई पर सदाबहार एवं पतझड़ वाले वन पाए जाते हैं।

13 निम्न किस प्रकार के वन के अधिक सटीक का विवरण है?

(Chap 5, Class-XI, New NCERT)

हिमालय के पश्चिमी भाग में बहुमूल्य वृक्ष प्रजाति देवदार के वन पाए जाते हैं। देवदार की लकड़ी अधिक मजबूत होती है और निर्माण कार्यों में प्रयुक्त होती है। इसी तरह चिनार और वॉलनट जिसकी लकड़ी कश्मीर हस्तशिल्प के लिए प्रयोग की जाती है, पश्चिमी हिमालय क्षेत्र में प्रचुर मात्रा में पाए जाते हैं। ब्लूपाइन तथा स्प्रूस भी यहाँ मिलते हैं।

(a) उष्णकटिबंधीय पर्णपाती वन
(b) उष्णकटिबंधीय सदाबहार वन
(c) पर्वतीय वन
(d) अनूप वन

उत्तर *(c)*

व्याख्या प्रश्न में दिया गया परिच्छेद पर्वतीय वन के अधिक सटीक का विवरण है।

हिमालय के पश्चिमी भाग में बहुमूल्य वृक्ष प्रजाति देवदार के वन पाए जाते हैं। देवदार की लकड़ी अधिक मजबूत होती है और इसका प्रयोग निर्माण कार्य में किया जाता है। यह वृक्ष 30 मी तक ऊँचा होता है।

चिनार और वॉलनट वृक्ष पश्चिमी हिमालय में पाए जाते हैं, जिनका उपयोग कश्मीर में हस्तशिल्प उद्योग में किया जाता है।

14 **निम्नलिखित कथनों में कौन-सा कथन सही नहीं है?** *(Chap 5, Class-XI, New NCERT)*

1. नीलगिरी, अन्नामलाई तथा पालनी पहाड़ियों पर पाए जाने वाले वनों को 'शोलास' कहते हैं।
2. 'शोलास' प्राय: शीतोष्ण कटिबंधीय वन हैं।
3. इन वनों में अधिकांशत: सिनकोना, वैटल, मगनोलिया इत्यादि वृक्ष पाए जाते हैं।

कूट

(a) 1 और 2 (b) 1, 2 और 3
(c) 2 और 3 (d) इनमें से कोई नहीं

उत्तर (d)

व्याख्या दिए गए कथनों में सभी कथन सही हैं। नीलगिरी, अन्नामलाई तथा पालनी पहाड़ियों पर पाए जाने वाले शीतोष्ण कटिबंधीय वनों को 'शोलास' के नाम से जाना जाता है। इन वनों में पाए जाने वाले वृक्षों मगनोलिया, लैरेल, सिनकोना और वैटल का आर्थिक महत्त्व है। ये वन सतपुड़ा और मैकाल श्रेणियों में भी पाए जाते हैं।

15 **प्रायद्वीपीय भारत में पर्वतीय वनों का संकेंद्रण मुख्यत: किस क्षेत्र में अधिक देखने को मिलता है?** *(Chap 5, Class-XI, New NCERT)*

1. पश्चिमी घाट 2. सतपुड़ा और मैकाल श्रेणी
3. नीलगिरी पर्वत समूह 4. पूर्वी घाट

कूट

(a) 1 और 2 (b) 2 और 3 (c) 1, 2 और 3 (d) ये सभी

उत्तर (c)

व्याख्या प्रायद्वीपीय भारत में पर्वतीय वनों का संकेंद्रण मुख्यत: पश्चिमी घाट, सतपुड़ा और मैकाल श्रेणी एवं नीलगिरी पर्वत समूह पर देखने को मिलता है। ये शृंखलाएँ उष्णकटिबंधीय क्षेत्र में पड़ती हैं और इनकी समुद्र तल से ऊँचाई लगभग 1500 मी है।

प्रायद्वीप में पर्वतीय वन केरल, तमिलनाडु और कर्नाटक प्रांत के पश्चिमी घाट में अधिक ऊँचाई पर शीतोष्ण कटिबंधीय और कम ऊँचाई पर उपोष्ण कटिबंधीय प्रकार की वनस्पति पाई जाती है। पूर्वी घाट में मुख्यत: तटीय मैदान की अवस्थिति है और यहाँ पर कृषि अधिक होती है।

16 **मैंग्रोव वनों के संबंध में कौन-सा कथन सही नहीं है?** *(Chap 3, Class-X, Old NCERT)*

(a) मैंग्रोव वन खारे एवं ताजे पानी में पनपते हैं
(b) मैंग्रोव वनों को अनूप वन कहा जाता है
(c) भारत में सबसे अधिक मैंग्रोव वन गुजरात में हैं
(d) सुंदरबन डेल्टा में सुंदरी नामक वृक्ष पाया जाता है

उत्तर (c)

व्याख्या मैंग्रोव वनों के संदर्भ में कथन (c) सही नहीं है, क्योंकि भारत में सबसे अधिक मैंग्रोव वन पश्चिम बंगाल में पाए जाते हैं। मैंगोव वनों को 'लवणीय अनूप' भी कहा जाता है। यहाँ पर गंगा-ब्रह्मपुत्र डेल्टा में सुंदरी नामक वृक्ष पाए जाते हैं, जिनसे मजबूत लकड़ी प्राप्त होती है।

17 **मैंग्रोव वनस्पतियों का विकास मुख्यत: कहाँ पर सर्वाधिक होने की संभावना रहती है?** *(Chap 5, Class-XI, New NCERT)*

1. पंक मैदान 2. ज्वारनदमुख के तटीय क्षेत्र
3. लवणीय कच्छ 4. ज्वारीय संकरी खाड़ी

कूट

(a) 1 और 2 (b) 3 और 4
(c) 1, 2 और 3 (d) 1, 2, 3 और 4

उत्तर (d)

व्याख्या मैंग्रोव वनस्पतियों का विकास होने की संभावना मुख्यत: पंक मैदान, ज्वारनदमुख के तटीय क्षेत्र, लवणीय कच्छ एवं ज्वारीय संकरी खाड़ी में होती है।

भारत में मैंग्रोव वन 6740 वर्ग किलोमीटर क्षेत्र में फैले हैं, जो विश्व के मैंग्रोव क्षेत्र का 7% है। ये अंडमान और निकोबार द्वीप समूह व पश्चिम बंगाल के सुंदरबन डेल्टा में अत्यधिक विकसित हैं। मैंग्रोव एक प्रकार की वनस्पति है, जिसमें पौधों की जड़ें पानी में डूबी रहती हैं।

18 **मैंग्रोव वनों का विकास निम्नलिखित में से किन डेल्टाई प्रदेशों में होता है?** *(Chap 5, Class-IX, New NCERT)*

1. महानदी 2. नर्मदा
3. गोदावरी 4. तापी

कूट

(a) 1 और 2 (b) 2 और 3 (c) 1 और 3 (d) 2 और 4

उत्तर (c)

व्याख्या भारत में मैंग्रोव वनों का विकास महानदी, गोदावरी और कृष्णा के डेल्टाई प्रदेशों में होता है। मैंग्रोव वन मुख्यत: ज्वारीय वन हैं, जो समुद्र के खारे जल के प्रवाह में उगते हैं। मैंग्रोव वृक्षों की लकड़ी कठोर तथा छाल क्षारीय होती है। इनकी लकड़ी का उपयोग नाव बनाने तथा छाल का उपयोग चमड़ा पकाने तथा रंगने में किया जाता है।

19 **सुन्दरबन निम्नलिखित में से किस प्रकार के वन हैं?** *(Chap 5, Class-IX, New NCERT) (MPPSC Pre 2023)*

(a) उष्णकटिबन्धीय शुष्क पतझड़ वन
(b) अल्पाइन वन
(c) उपोष्ण चीड़ वन
(d) तटीय या ज्वारीय वन

उत्तर (d)

व्याख्या सुन्दरबन तटीय या ज्वारीय वन हैं।

इसके अतिरिक्त ये दलदली या डेल्टाई क्षेत्र के वन भी हैं। गंगा-ब्रह्मपुत्र के डेल्टा में सुन्दरी नामक वृक्ष पाया जाता है इसलिए इसे सुन्दरबन का डेल्टा भी कहते हैं। इस प्रकार के वनों में मैंग्रोव गोरने, ताड़, नारियल, फोनिक्स, नीपा आदि अन्य वृक्ष उगते हैं।

भारत में वन आवरण

20 **भारत में वन आवरण के संबंध में निम्नलिखित कथनों पर विचार करें** *(Chap 5, Class-XI, New NCERT)*

1. वन क्षेत्रों को राजस्व विभाग द्वारा अधिसूचित किया जाता है।
2. अंडमान एवं निकोबार द्वीप समूह में वन क्षेत्र नहीं पाया जाता है।
3. किसी भी देश के कुल भूमि क्षेत्र के 50% भाग पर वन होना अनिवार्य है।

उपर्युक्त में से कौन-सा/से कथन सही है/हैं?

(a) केवल 1 (b) 1 और 2 (c) केवल 3 (d) ये सभी

उत्तर (a)

व्याख्या भारत में वन आवरण के संबंध में कथन (1) सही है। भारत वन स्थिति रिपोर्ट 2021 के अनुसार, देश में कुल वनाच्छादित क्षेत्र 80.9 मिलियन हेक्टेयर है अर्थात् भारत का वन क्षेत्र कुल भू-भाग का 24.62% है। वन क्षेत्र को राजस्व विभाग द्वारा अधिसूचित किया जाता है। राज्य सरकार को वन क्षेत्रों के आँकड़े राजस्व विभाग से ही प्राप्त होते हैं।

कथन (2) और (3) सही नहीं हैं, क्योंकि अंडमान और निकोबार में वन कुल भौगोलिक क्षेत्र के 7171 वर्ग किमी में विस्तारित हैं, जो कुल क्षेत्र का 86.93% है। पारिस्थितिक संतुलन बनाए रखने के लिए वन क्षेत्र के अंतर्गत किसी भी देश के कुल भौगोलिक क्षेत्र के 33% भाग पर वन होने चाहिए।

21 सामाजिक वानिकी के संबंध में कौन-सा कथन सही है? *(Chap 5, Class-XI, New NCERT)*

(a) कृषि योग्य एवं बंजर भूमि पर पेड़ और फसलें एक साथ लगाना
(b) कृषि और समुदाय कृषि वानिकी के क्षेत्र में सुधार करना
(c) पर्यावरणीय, सामाजिक व ग्रामीण विकास के लिए वनों का प्रबंध, सुरक्षा और बंजर भूमि पर वनारोपण करना
(d) दलदली क्षेत्रों को कृषि योग्य बनाना

उत्तर (c)

व्याख्या सामाजिक वानिकी के संबंध में कथन (c) सही है। सामाजिक वानिकी का अर्थ है-पर्यावरणीय, सामाजिक व ग्रामीण विकास में सहायता के उद्देश्य से वनों का प्रबंध और सुरक्षा तथा ऊसर (बंजर) भूमि पर वनारोपण।

राष्ट्रीय कृषि आयोग (1976-79) ने सामाजिक वानिकी को तीन वर्गों में बाँटा गया है-शहरी वानिकी, ग्रामीण वानिकी और फार्म वानिकी।

सामाजिक वानिकी में खाली पड़े स्थानों पर फलदार वृक्ष लगाकर ग्रामीण क्षेत्रों में रोजगार की वृद्धि के साथ-साथ पर्यावरण की सुरक्षा करना भी शामिल है।

22 सामाजिक वानिकी के अंतर्गत निम्न में से किसे शामिल किया जाता है? *(Chap 5, Class-XI, New NCERT)*

1. शहरी वानिकी
2. ज्वारीय वानिकी
3. ग्रामीण वानिकी
4. फार्म वानिकी
5. जलीय वानिकी

कूट

(a) 1, 2 और 3
(b) 2, 3 और 4
(c) 1, 3 और 4
(d) 1, 2, 4 और 5

उत्तर (c)

व्याख्या सामाजिक वानिकी के अंतर्गत शहरी वानिकी, ग्रामीण वानिकी और फार्म वानिकी को शामिल किया जाता है।

शहरी वानिकी के अंतर्गत निजी व सार्वजनिक भूमि; जैसे-हरित पट्टी, पार्क, सड़कों के साथ जगह, औद्योगिक व व्यापारिक स्थलों पर वृक्ष लगाना और उनका प्रबंध शहरी वानिकी के अंतर्गत आता है।

ग्रामीण वानिकी में कृषि वानिकी और समुदाय कृषि वानिकी को बढ़ावा दिया जाता है। इसके अंतर्गत भूमि पर पेड़ और फसलों को एक साथ लगाया जाता है। फार्म वानिकी के अंतर्गत किसान अपने खेतों में व्यापारिक महत्त्व वाले या दूसरे पेड़ लगाते हैं।

मृदा

23 भारत में अनेक कारकों में से सबसे प्रमुख कारक कौन-से हैं, जो मृदा निर्माण को प्रभावित करते हैं? *(Chap 6, Class-XI, New NCERT)*

1. भौतिक उच्चावच
2. मानवीय क्रियाएँ
3. जलवायु
4. वनस्पति
5. समय

कूट

(a) 1, 2 और 3
(b) 2, 3 और 4
(c) 3, 4 और 5
(d) 1, 3, 4 और 5

उत्तर (d)

व्याख्या भारत में मृदा निर्माण को प्रभावित करने वाले कारकों में भौतिक उच्चावच, जलवायु, वनस्पति और समय शामिल हैं।

इनके अतिरिक्त मानवीय क्रियाएँ पर्याप्त रूप से मृदा निर्माण की प्रक्रिया को प्रभावित करती हैं। मृदा शैल मलवा और जैव सामग्री का सम्मिश्रण होती है, जो पृथ्वी की सतह पर विकसित होते हैं।

24 मृदा के विभिन्न संस्तरों के संबंध में कौन-सा कथन सही नहीं है? *(Chap 6, Class-XI, New NCERT)*

(a) मृदा संस्तर की पहली परत की रचना ढीली जनक सामग्री से होती है
(b) मृदा की सबसे ऊपरी परत का निर्माण जैव पदार्थ, पोषक तत्त्व और जल के संयोजन से होता है
(c) मृदा की दूसरी परत को संक्रमण की परत कहा जाता है
(d) मृदा परतों की व्यवस्था को मृदा परिच्छेदिका कहा जाता है

उत्तर (a)

व्याख्या मृदा के विभिन्न संस्तरों के संबंध में कथन (a) सही नहीं है, क्योंकि मृदा संस्तर की पहली परत की रचना जैव पदार्थों, खनिज पदार्थ, पोषक तत्त्वे तथा जल के संयोजन से होती है। यह मृदा की सबसे ऊपरी परत है, जिसमें पौधे वृद्धि करते हैं।

मृदा के विभिन्न संस्तरों को मृदा परिच्छेदिका कहा जाता है। एक सामान्य मृदा-परिच्छेदिका में O, A, B एवं C नामक चार संस्तर होते हैं। O संस्तर की मृदा में जमीनी स्तर पर ह्यूमस एवं जैविक सामग्री की प्रचुरता रहती है। A संस्तर को ऊपरी मृदा कहते हैं, यह सबसे उपजाऊ होती है। B संस्तर को अधोमृदा कहते हैं। C संस्तर में कैल्सियम कार्बोनेट एवं सल्फेट का जमाव पाया जाता है। C संस्तर की रचना ढीली जनक सामग्री से होता है।

25 भारतीय कृषि अनुसंधान परिषद् (ICAR) ने भारत की मृदाओं का वर्गीकरण किस आधार पर किया है? *(Chap 6, Class-XI, New NCERT)*

(a) मृदाओं के गठन और रंग के आधार पर
(b) मृदाओं की प्रकृति और गुणों के आधार पर
(c) मृदा में नमी की मात्रा के आधार पर
(d) मृदा में पाए जाने वाले खनिजों की मात्रा के आधार पर

उत्तर (b)

व्याख्या भारतीय कृषि अनुसंधान परिषद् (Indian Council of Agricultural Research, ICAR) ने भारतीय मृदाओं का वर्गीकरण मृदा की प्रकृति और गुणों के आधार पर किया है।

ICAR द्वारा देश में 8 प्रमुख तथा 27 गौण प्रकार की मिट्टियों की पहचान की गई है। भारत में मिट्टियों का यह वर्गीकरण संयुक्त राज्य अमेरिका के कृषि विभाग द्वारा किए गए मृदा वर्गीकरण पर आधारित है।

उत्पत्ति, रंग संयोजन तथा अवस्थिति के आधार पर भारत की मिट्टियों के 8 प्रमुख विभाजन इस प्रकार हैं—जलोढ़, काली, लाल और पीली, लैटेराइट, शुष्क, लवणीय, पीटमय एवं वन मृदा आदि।

26 भारत के सिंचित क्षेत्रों में कृषि योग्य भूमि निम्नलिखित में से किस कारण से लवणीय हो रही है? *(Unit 2, Class-X, Tamil Nadu Board)*

(a) जिप्सम की बढ़ोतरी से
(b) अति सिंचाई से
(c) अति चारण से
(d) रासायनिक खादों के उपयोग से

उत्तर (b)

व्याख्या भारत में अत्यधिक सिंचाई वाले गहन कृषि के क्षेत्रों में जलोढ़ मृदाएँ भी लवणीय हो रही हैं। यह घटना मुख्यत: हरित क्रांति वाले क्षेत्रों में देखी गई है। शुष्क जलवायु वाली दशाओं में अत्यधिक सिंचाई केशिका क्रिया को बढ़ावा देती है। केशिका क्रिया के कारण (अत्यधिक सिंचाई) लवणता की मात्रा मृदा में ऊपरी सतह में जमा हो जाती है, जिसके फलस्वरूप मृदा अनुर्वर होने लगती है।

27 जलोढ़ मृदा के संबंध में कौन-सा कथन सही है?

(Chap 1, Class-X, New NCERT)

(a) संपूर्ण प्रायद्वीपीय पठार का निर्माण जलोढ़ मृदा से हुआ है
(b) पूर्वी तटीय मैदान एवं डेल्टाई क्षेत्र भी जलोढ़ मृदा से बने हैं
(c) खादर मृदा में कंकड़-पत्थरों की मात्रा अधिक होती है
(d) जलोढ़ मृदा वाले क्षेत्रों में जनसंख्या घनत्व न्यूनतम होता है

उत्तर (b)

व्याख्या जलोढ़ मृदा के संबंध में कथन (b) सही है, क्योंकि पूर्वी तटीय मैदान एवं डेल्टाई क्षेत्र भी जलोढ़ मृदा से बने हैं।

कथन (a), (c) और (d) सही नहीं हैं, क्योंकि जलोढ़ मृदा राजस्थान के एक संकीर्ण क्षेत्र से होते हुए गुजरात के मैदान तक फैली है। प्रायद्वीपीय प्रदेश में यह पूर्वी तट की नदियों के डेल्टाओं और नदियों की घाटियों में पाई जाती है। जलोढ़ मृदा गठन में बलुई दोमट से चिकनी मिट्टी की प्रकृति की पाई जाती है। इसके अतिरिक्त जलोढ़ मृदा वाले क्षेत्रों में जनसंख्या घनत्व अधिक होता है।

28 जलोढ़ मृदा के संदर्भ में नीचे दिए गए कथनों पर विचार करें

1. यह मृदा निक्षेपित है। *(Chap 6, Class-XI, New NCERT)*
2. इस मृदा में पोटाश की मात्रा कम और फॉस्फोरस की मात्रा अधिक पाई जाती है।
3. बांगर मृदा, नदियों द्वारा लाए गए पुराने जलोढ़ से बनी है।

उपर्युक्त में से कौन-सा/से कथन सही है/हैं?

(a) केवल 1 (b) 1 और 2 (c) 1 और 3 (d) 2 और 3

उत्तर (c)

व्याख्या जलोढ़ मृदा के संदर्भ में कथन (1) और (3) सही हैं।

जलोढ़ मृदा नदियों द्वारा निक्षेपित पदार्थों से निर्मित है, जो हल्की भूरे (राख जैसी) रंग की होती है तथा गठन में रेतीली से दोमट प्रकार की होती है। बाढ़ के मैदान की कॉप को स्थानीय रूप से खादर कहा जाता है तथा पुरानी कॉप जो अपरदन से अप्रभावित है, बांगर मृदा कहलाती है। बांगर भूमि में सूक्ष्म तथा अशुद्ध कैल्शियम कार्बोनेट के पदार्थ पाए जाते हैं, जिन्हें कंकड़ कहा जाता है।

कथन (2) असत्य है, क्योंकि इस मृदा में पोटाश व चूना प्रचुर मात्रा में मिलता है और फॉस्फोरस, नाइट्रोजन और जीवांश का अभाव होता है।

29 निम्न में से कौन-सी विशेषताएँ काली मृदा से संबंधित हैं?

(Unit 2, Class-X, Tamil Nadu Board)

1. काली मृदा लंबे समय तक नमी को बनाए रखती है।
2. काली मृदा में फॉस्फोरस, नाइट्रोजन और जैव तत्त्वों की अधिकता होती है।

कूट

(a) केवल 1 (b) केवल 2 (c) 1 और 2 दोनों (c) न तो 1 और न ही 2

उत्तर (a)

व्याख्या उपर्युक्त कथनों में कथन केवल (1) सही है। काली मृदा लंबे समय तक नमी को बनाए रखती है, क्योंकि काली मृदा में नमी के धीमे अवशोषण और नमी के धीमे क्षय की विशेषता होती है। काली मृदा के इस गुण के कारण शुष्क ऋतु में भी फसलों को नमी मिलती रहती है।

कथन (2) सही नहीं है, क्योंकि काली मृदा में फॉस्फोरस नाइट्रोजन और जैव तत्त्वों की कमी होती है जबकि चूना, लौह, मैग्नीशियम तथा ऐलुमिना के तत्त्व काफी मात्रा में पाए जाते हैं।

30 काली मृदा की विशेषताओं के संदर्भ में निम्नलिखित कथनों पर विचार करें *(Chap 6, Class-XI, New NCERT)*

1. इन मिट्टियों में नमी धारण करने की क्षमता अधिक होती है।
2. इनमें मैग्नीशियम, पोटाश आदि अधिक मात्रा में पाए जाते हैं।
3. ये मिट्टियाँ उत्तरी मैदानी भाग में पाई जाती हैं।

उपर्युक्त में से कौन-सा/से कथन सही नहीं है/हैं?

(a) केवल 2 (b) केवल 3
(c) 1 और 2 (d) इनमें से कोई नहीं

उत्तर (b)

व्याख्या काली मृदा की विशेषताओं के संदर्भ में केवल कथन (3) सही है, क्योंकि इस मिट्टी का अधिकतर विस्तार दक्कन पठार के क्षेत्र में है। इसमें महाराष्ट्र के कुछ भाग, गुजरात, आंध्र प्रदेश तथा तमिलनाडु के कुछ भाग शामिल हैं। गोदावरी और कृष्णा नदियों के ऊपरी भागों और दक्कन पठार के उत्तरी-पश्चिमी भाग में गहरी काली मृदा पाई जाती है।

31 निम्न कथन (A) व कारण (R) को पढ़िए और नीचे दिए गए कूट की सहायता से सही उत्तर का चयन कीजिए

(Chap 5, Class-XII, New NCERT) (UPPSC Pre 2013)

कथन (A) काली मिट्टी कपास के लिए उपयुक्त है।

कारण (R) उनमें जैव तत्त्व प्रचुर मात्रा में होता है।

कूट

(a) A और R दोनों सही हैं तथा R, A की सही व्याख्या है
(b) A और R दोनों सही है, परंतु R, A की सही व्याख्या नहीं करता है
(c) A सही है, किंतु R गलत है
(d) A गलत है, किंतु R सही है

उत्तर (c)

व्याख्या A सही है, किंतु R गलत है।

काली मिट्टी कपास की खेती के लिए उपयुक्त है, इसी कारण उसे 'कपास वाली काली मिट्टी' भी कहते हैं। इस मिट्टी में लंबे समय तक नमी बनी रहती है। रासायनिक दृष्टि से इस मिट्टी में कई तत्त्व पाए जाते हैं, किंतु जैव तत्त्वों की कमी होती है।

32 लाल मृदा के संबंध में नीचे दिए गए कथनों पर विचार कीजिए

(Unit 2, Class-X, Tamil Nadu Board)

1. लाल मृदा का विकास उन क्षेत्रों में हुआ, जहाँ रवेदार आग्नेय चट्टानें पाई जाती हैं।
2. लाल मृदा जलयोजित होने पर पीली दिखाई देने लगती है।

उपर्युक्त में से कौन-सा/से कथन सही है/हैं?

(a) केवल 1 (b) केवल 2
(c) 1 और 2 दोनों (d) न तो 1 और न ही 2

उत्तर (c)

व्याख्या लाल मृदा के संबंध में दोनों कथन सही हैं। लाल मृदा का निर्माण दक्कन के पठार के पूर्वी तथा दक्षिणी भाग में कम वर्षा वाले स्थानों में हुआ है। लाल मिट्टी का निर्माण उन्हीं स्थानों पर हुआ है, जहाँ रवेदार आग्नेय चट्टानें (ग्रेनाइट तथा नीस) पाई जाती हैं। लाल और पीली मृदाएँ छत्तीसगढ़ तथा उड़ीसा के कुछ भागों एवं गंगा के मध्य मैदानी क्षेत्रों के दक्षिण में पाई जाती हैं। लाल मृदा जलयोजित होने के कारण पीली दिखाई देने लगती है। महीन कण वाली लाल एवं पीली मृदाएँ सामान्यत: उर्वर होती है, जबकि बड़े कण वाली मृदा अनुर्वर होती है, जोकि उच्च भूमि पर पाई जाती है।

33 निम्नलिखित में से कौन-सा कथन सही है?

(Chap 6, Class-XI, New NCERT)

1. लाल मृदा का विकास रवेदार आग्नेय चट्टानों वाले क्षेत्रों में हुआ है।
2. महीन कण वाली लाल और पीली मृदाएँ उर्वर होती हैं।

कूट

(a) केवल 1 (b) केवल 2
(c) 1 और 2 दोनों (d) इनमें से कोई नहीं

उत्तर (c)

व्याख्या प्रश्न में दिए गए दोनों कथन सही हैं। लाल एवं पीली मृदा का विकास दक्कन के पठार के पूर्वी तथा दक्षिणी भाग में कम वर्षा वाले उन क्षेत्रों में हुआ है, जहाँ रवेदार आग्नेय चट्टानें पाई जाती हैं। पश्चिमी घाट के गिरिपाद क्षेत्र की एक लंबी पट्टी में लाल दोमट मृदा पाई जाती है। महीन कणों वाली लाल और पीली मृदाएँ सामान्यत: उर्वर होती हैं। इसके विपरीत मोटे कणों वाली उच्च भूमियों की मृदाएँ अनुर्वर होती हैं। इनमें सामान्यत: नाइट्रोजन, फॉस्फोरस और ह्यूमस की कमी होती है।

34 लैटेराइट मृदा का विकास भारत के किस क्षेत्र में हुआ है?

(Chap 1, Class-X, New NCERT)

1. कर्नाटक
2. केरल
3. बिहार
4. उत्तर प्रदेश
5. मध्य प्रदेश

कूट

(a) 1, 2 और 3
(b) 2, 3 और 4
(c) 1, 2 और 5
(d) ये सभी

उत्तर (c)

व्याख्या लैटेराइट मृदा का विकास भारत में कर्नाटक, केरल एवं मध्य प्रदेश क्षेत्र में हुआ है। इसके अतिरिक्त यह प्रायद्वीपीय पठार के ऊँचे क्षेत्रों में एवं तमिलनाडु, ओडिशा तथा असम के पहाड़ी क्षेत्रों में पाई जाती है। लैटेराइट मिट्टी उच्च तापमान और भारी वर्षा वाले क्षेत्रों में विकसित होती है। यह मिट्टी खेती के लिए उपलबध नहीं है।

35 भारत की लैटेराइट मिट्टी के संदर्भ में निम्नलिखित में कौन-सा कथन सही है?

(Chap 6, Class-XI, New NCERT)

1. ये सामान्यत: लाल रंग की होती है।
2. यह नाइट्रोजन एवं पोटाश से समृद्ध होती है।
3. इसका राजस्थान तथा उत्तर प्रदेश में अच्छा विकास हुआ है।
4. इस मृदा में टैपियोका तथा काजू की अच्छी उपज होती है।

कूट

(a) 1, 2 और 3
(b) 2, 3 और 4
(c) 1 और 4
(d) 2 और 3

उत्तर (c)

व्याख्या भारत की लैटेराइट मिट्टी के संदर्भ में कथन (1) और (4) सही हैं। लोहे के ऑक्साइड की उपस्थिति के कारण लैटेराइट मृदा का रंग लाल होता है। टैपियोका तथा काजू की फसलों के लिए लैटेराइट मृदा अधिक उपयुक्त है। कथन (2) और (3) सही नहीं हैं, क्योंकि इस मृदा में जैव पदार्थ, नाइट्रोजन, फॉस्फेट और कैल्शियम की कमी होती है और लौह ऑक्साइड और पोटाश की अधिकता होती है। इनका विकास तमिलनाडु, आंध्र प्रदेश एवं केरल में हुआ है।

36 शुष्क मृदा के संदर्भ में कौन-सा कथन सही नहीं है?

(Chap 14, Class-VIII, Old NCERT)

1. इस मृदा में नमी व ह्यूमस की मात्रा कम होती है।
2. इसकी संरचना मुख्यत: दोमटी और लवणीय होती है।
3. यह मृदा पूर्वोत्तर पहाड़ियों के क्षेत्र में अधिक पाई जाती है।

कूट

(a) केवल 2
(b) 2 और 3
(c) 1 और 3
(d) इनमें से कोई नहीं

उत्तर (b)

व्याख्या शुष्क मृदा के संदर्भ में कथन (2) और (3) सही नहीं हैं, क्योंकि इसकी संरचना बलुई और प्रकृति लवणीय होती है।

कुछ क्षेत्रों की मृदाओं में लवण की मात्रा इतनी अधिक होती है कि इनके पानी को वाष्पीकृत करके नमक बनाया जा सकता है। ये मृदाएँ विशिष्ट शुष्क स्थलाकृति वाले पश्चिमी राजस्थान में अभिलाक्षणिक रूप से विकसित हुई हैं। ये मृदाएँ अनुर्वर हैं, क्योंकि इनमें ह्यूमस और जैव पदार्थ कम मात्रा में पाए जाते हैं। इसमें नाइट्रोजन अपर्याप्त और फॉस्फेट सामान्य मात्रा में होता है। नीचे की ओर चूने की मात्रा बढ़ने के कारण निचले संस्तरों में कंकड़ पाए जाते हैं।

37 लवणीय मृदा के संबंध में निम्नलिखित कथनों पर विचार करें

(Chap 6, Class-XI, New NCERT)

1. इस मृदा में किसी भी प्रकार की वनस्पति नहीं उगती है।
2. इस मृदा में नाइट्रोजन और चूने की कमी होती है।
3. इस मृदा में लवणों की मात्रा में बढ़ोतरी आर्द्र जलवायु और अच्छे अपवाह के कारण होती है।

उपर्युक्त में से कौन-सा/से कथन सही है/हैं?

(a) केवल 1
(b) 1 और 2
(c) केवल 3
(d) ये सभी

उत्तर (b)

व्याख्या लवणीय मृदा के संबंध में कथन (1) और (2) सही हैं। लवणीय मृदा को ऊसर मृदा भी कहते है। लवणीय मृदा में नाइट्रोजन और चूने की कमी होती है। सोडियम, पोटैशियम और मैग्नीशियम की मात्रा अधिक होती है। अत: ये अनुर्वर होती हैं और इसमें किसी भी प्रकार की वनस्पति नहीं उगती है।

कथन (3) सही नहीं है, क्योंकि मुख्य रूप से शुष्क जलवायु और खराब अपवाह के कारण इनमें लवणों की मात्रा बढ़ती जाती है। यह मृदा शुष्क और अर्द्ध-शुष्क तथा जलाक्रांत क्षेत्रों और अनूपों में पाई जाती है। इसकी संरचना बलुई से लेकर दोमट तक होती है।

38 लवणीय मृदा निम्नलिखित में से किन क्षेत्रों में पाई जाती है?

(Chap 6, Class-XI, New NCERT)

1. पश्चिमी गुजरात
2. पूर्वी तटीय डेल्टाई क्षेत्र
3. सुंदरबन क्षेत्र
4. उत्तरी गंगा का मैदान

कूट

(a) 1, 2 और 3
(b) 1, 2, 3 और 4
(c) 1 और 2
(d) 2 और 4

उत्तर (a)

व्याख्या लवणीय मृदा पश्चिमी गुजरात, पूर्वी तटीय डेल्टाई क्षेत्र और सुंदरबन क्षेत्र में पाई जाती है।

कच्छ के रण में दक्षिणी-पश्चिमी मानसून के साथ नमक के कण आते हैं, जो एक पपड़ी के रूप में ऊपरी सतह पर जमा हो जाते हैं। डेल्टा प्रदेश में समुद्री जल के भर जाने से लवणीय मृदा के विकास को बढ़ावा मिलता है। अत्यधिक सिंचाई वाले गहन कृषि के क्षेत्रों में विशेष रूप से हरित क्रांति वाले क्षेत्रों में उपजाऊ जलोढ़ मृदा भी लवणीय होती जा रही है।

शुष्क जलवायु वाली दशाओं में अत्यधिक सिंचाई केशिकात्व क्रिया को बढ़ावा देती है, जिससे नमक के कण मृदा की सबसे ऊपरी परत में जमा हो जाते हैं।

उत्तरी गंगा का मैदान सिन्धु नदी से लेकर पूर्व में ब्रह्मपुत्र नदी तक फैला समतल मैदान है, जो कृषि के लिए उपजाऊ भूमि है। इसे गंगा-ब्रह्मपुत्र मैदान भी कहते हैं। यहाँ लवणीय मृदा नहीं पाई जाती है।

39 पीट मृदा के विकास से संबंधित निम्नलिखित कथनों में कौन-सा सही है?

(Chap 6, Class-XI, New NCERT)

1. इसका विकास भारी वर्षा और उच्च आर्द्रता वाले क्षेत्रों में होता है।
2. इस मृदा में मृत जैव पदार्थों की मात्रा अधिक होती है।
3. यह मृदा क्षारीय भी होती है।

कूट

(a) केवल 1
(b) 1 और 2
(c) 2 और 3
(d) ये सभी

उत्तर (d)

व्याख्या पीट मृदा के विकास से संबंधित सभी कथन सही हैं।

पीट मृदा भारी वर्षा और उच्च आर्द्रता से युक्त उन क्षेत्रों में पाई जाती है, जहाँ वनस्पति की वृद्धि अच्छी हो। अत: इन क्षेत्रों में मृत जैव पदार्थ बड़ी मात्रा में इकट्ठे हो जाते हैं, जो मृदा को ह्यूमस और पर्याप्त मात्रा में जैव तत्त्व प्रदान करते हैं।

इस मृदा में जैव पदार्थों की मात्रा 40 से 50% तक होती है। यह मृदा गाढ़े और काले रंग की होती है। यह मृदा बिहार के उत्तरी भाग, उत्तराखंड के दक्षिणी भाग, पश्चिम बंगाल के तटीय क्षेत्रों, ओडिशा और तमिलनाडु में पाई जाती है।

40 सूची-I को सूची-II से सुमेलित कीजिए और नीचे दिए गए कूटों की सहायता से सही उत्तर का चुनाव करें

(Chap 4, Class-XII, Old NCERT)

सूची-I (मृदा)	सूची-II (क्षेत्र)
A. जलोढ़ मृदा	1. गुजरात के मैदान
B. लैटेराइट मृदा	2. तमिलनाडु
C. पीट मृदा	3. बिहार के उत्तरी भाग
D. लाल-पीली मृदा	4. छत्तीसगढ़

कूट

	A	B	C	D		A	B	C	D
(a)	1	2	3	4	(b)	1	3	2	4
(c)	2	3	4	1	(d)	3	2	1	4

उत्तर (a)

व्याख्या सही सुमेलन A-1, B-2, C-3, D-4 है।

जलोढ़ मृदा का सर्वाधिक विस्तार गुजरात के मैदान, उत्तरी विशाल मैदान, नर्मदा, तापी, महानदी, गोदावरी, कृष्णा तथा कावेरी की घाटियों एवं केरल के तटवर्ती भागों में पाया जाता है। यह लगभग 15 लाख वर्ग किमी क्षेत्र में विस्तृत है।

लैटेराइट मृदा लगभग 1.26 लाख वर्ग किमी क्षेत्र में विस्तृत है। देश में इस प्रकार की मृदा का सर्वाधिक विस्तार-केरल, महाराष्ट्र एवं असम में पाया जाता है। इसके अतिरिक्त यह मृदा तमिलनाडु, पूर्वी, राजमहल पहाड़ियाँ व सतपुड़ा आदि क्षेत्रों में भी पाई जाती है।

पीट मृदा बिहार के उत्तरी भाग, तटीय ओडिशा, सुंदरबन तथा तटीय तमिलनाडु में पाई जाती है।

लाल-पीली मृदाएँ पश्चिमी घाट, ओडिशा, छत्तीसगढ़ एवं मध्य गंगा के मैदान के दक्षिणी भागों में पाई जाती हैं।

मृदा अवकर्षण एवं अपरदन

41 मृदा अवकर्षण की मात्रा निम्नलिखित में से किस पर निर्भर करती है?

1. भू-आकृति
2. पवनों की गति
3. वर्षा की मात्रा
4. तापमान

कूट *(Chap 6, Class-XI, New NCERT)*

(a) 1 और 2 (b) 2 और 3
(c) 1, 2 और 3 (d) ये सभी

उत्तर (c)

व्याख्या मृदा अवकर्षण (Soil degradation) की मात्रा भू-आकृति, पवनों की गति तथा वर्षा की मात्रा पर निर्भर करती है।

मृदा अवकर्षण को मृदा की उर्वरता के ह्रास के रूप में परिभाषित किया जाता है। इसमें मृदा का पोषण स्तर गिर जाता है तथा अपरदन और दुरुपयोग के कारण मृदा की गहराई कम हो जाती है। भारत में मृदा संसाधनों के क्षय का मुख्य कारण मृदा अवकर्षण है।

42 मृदा अपरदन से संबंधित निम्नलिखित कथनों पर विचार कीजिए

(Chap 6, Class-XI, New NCERT)

1. बहता जल एवं पवन मृदा अपरदन के दो कारक हैं।
2. परत अपरदन पर्वतीय क्षेत्रों में अधिक होता है।
3. पवन द्वारा अपरदन आर्द्र और वर्षायुक्त क्षेत्रों में किया जाता है।

उपर्युक्त में से कितने कथन सही है/हैं?

(a) केवल एक (b) केवल दो
(c) सभी तीन (d) इनमें से कोई नहीं

उत्तर (a)

व्याख्या मृदा अपरदन (Soil Erosion) के संबंध में केवल एक कथन कथन (1) सही है। मृदा के आवरण का विनाश, मृदा अपरदन कहलाता है। मृदा को अपनी जगह से हटाने और उसका परिवहन कर सकने के गुण के कारण पवन और जल मृदा अपरदन के दो महत्त्वपूर्ण कारक हैं।

कथन (2) और (3) सही नहीं हैं, क्योंकि परत अपरदन समतल भूमियों पर मूसलाधार वर्षा के बाद होता है और इसमें मृदा का हटना आसानी से दिखाई भी नहीं देता, किंतु यह अधिक हानिकारक है, क्योंकि इससे मिट्टी की सूक्ष्म और अधिक उर्वर ऊपरी परत हट जाती है। पवन द्वारा अपरदन शुष्क और अर्द्धशुष्क प्रदेशों में अधिक होता है। भारी वर्षा और खड़े ढाल वाले प्रदेशों में बहते जल द्वारा अपरदन किया जाता है।

43 भारत में मृदा अपक्षय की समस्या निम्न में से किससे संबंधित है/हैं?

1. वेदिका कृषि
2. वनोन्मूलन
3. उष्णकटिबंधीय जलवायु

कूट *(Chap 6, Class-XI, New NCERT) (IAS Pre 2014)*

(a) 1 और 2 (b) केवल 2
(c) 1 और 3 (d) 1, 2 और 3

उत्तर (b)

व्याख्या भारत में मृदा अपक्षय (Soil weathering) के लिए वनोन्मूलन, अति पशुचारण, निर्माण और खनन क्रियाएँ अधिक उत्तरदायी हैं। वनोन्मूलन मृदा अपरदन का प्रमुख कारण है। पौधों की जड़ें मृदा को बाँधे रखकर अपरदन को रोकती हैं। पत्तियाँ और टहनियाँ गिराकर वे मृदा में ह्यूमस की मात्रा में भी वृद्धि करते हैं। संपूर्ण भारत में वनों का विनाश हुआ है, परंतु मृदा अपरदन पर वनोन्मूलन का सर्वाधिक प्रभाव पहाड़ी भागों में पड़ा है। वेदिका कृषि तथा उष्णकटिबंधीय जलवायु का मृदा अपरदन से कोई संबंध नहीं है।

44 मृदा अपरदन से होने वाले दुष्प्रभावों में कौन-कौन-से प्रमुख हैं?

(Chap 1, Class-X, New NCERT)

1. नदियों की प्रवाहित क्षमता में कमी
2. मृदा में लवण की मात्रा की अधिकता
3. नदियों में बाढ़ की बारंबारता की अधिकता

कूट

(a) केवल 1 (b) केवल 3
(c) 1 और 2 (d) ये सभी

उत्तर (d)

व्याख्या प्रश्न में दिए गए सभी विकल्प मृदा अपरदन से होने वाले दुष्प्रभावों में प्रमुख हैं।

मृदा अपरदन से नदियों की प्रवाहित क्षमता में कमी होती है, क्योंकि नदियों में सिल्ट का जमाव होता है और इससे बाढ़ की समस्या बारंबार उत्पन्न होती है। मृदा अपरदन के कारण मृदा में लवण की मात्रा अधिक हो जाती है, क्योंकि मृदा की ऊपरी उपजाऊ परत हट जाती है और नीचे के संस्तर में जमा लवण ऊपर की ओर आ जाता है।

अध्याय 21

भारत के प्राकृतिक संसाधन

भारत के प्राकृतिक संसाधन

प्राकृतिक संसाधन

परिचय

- ये ऐसे संसाधन हैं, जिनका अस्तित्व मानव जाति की क्रियाओं के निरपेक्ष होता है, ये वाणिज्यिक या औद्योगिक उपयोग, सौंदर्य मूल्य, वैज्ञानिक हित आदि के हो सकते हैं

प्राकृतिक संसाधनों का वर्गीकरण

उत्पत्ति के आधार पर

- **जैव संसाधन** इन संसाधनों की प्राप्ति जीवमंडल से होती है और इनमें जीवन पाया जाता है
- **अजैव संसाधन** वे संसाधन जो निर्जीव वस्तुओं से बने हैं, अजैव संसाधन कहलाते हैं; जैसे— चट्टानें और धातुएँ

समाप्यता के आधार पर

- **नवीकरण योग्य संसाधन** ऐसे संसाधन जिन्हें भौतिक, रासायनिक या यांत्रिक प्रक्रियाओं द्वारा नवीकृत या पुनः उत्पन्न किया जा सकता है
- **अनवीकरण योग्य संसाधन** इन संसाधनों का विकास एक लंबे भू-वैज्ञानिक अंतराल में होता है

स्वामित्व के आधार पर

- **व्यक्तिगत संसाधन** ऐसे संसाधन निजी व्यक्तियों के स्वामित्व में होते हैं
- **सामुदायिक संसाधन** ये संसाधन समुदाय के सभी सदस्यों को उपलब्ध होते हैं
- **राष्ट्रीय संसाधन** तकनीकी तौर पर देश में पाए जाने वाले संपूर्ण संसाधन राष्ट्रीय हैं
- **अंतर्राष्ट्रीय संसाधन** अंतर्राष्ट्रीय संस्थाएँ इस प्रकार के संसाधनों को नियंत्रित करती हैं।

विकास स्तर के आधार पर

- **संभावी संसाधन** ये वे संसाधन हैं, जो किसी प्रदेश में विद्यमान होते हैं, परंतु इनका उपयोग नहीं किया जा सकता
- **विकसित संसाधन** जिनके संसाधनों का सर्वेक्षण किया जा चुका है और इनके उपयोग की गुणवत्ता और मात्रा का निर्धारण भी हो चुका है

भूमि संसाधन

परिचय

- यह एक महत्त्वपूर्ण संसाधन है, क्योंकि मनुष्य इसी पर निवास करते हैं और अपनी आवश्यकताओं की अधिकांश वस्तुएँ इसी से प्राप्त करते हैं, भूमि का उपयोग भौतिक कारकों; जैसे-स्थलाकृति, मृदा, जनसंख्या के घनत्व आदि पर निर्भर करता है।

भूमि उपयोग की श्रेणियाँ

- **वनों के अधीन क्षेत्र** इस श्रेणी में वन वृक्ष और वन आवरण शामिल हैं, इसके लिए व्यापक पैमाने पर वृक्षारोपण, वृक्षों की अंधाधुंध कटाई पर सख्त प्रतिबंध, वन क्षेत्र को पुनर्बहाल करने आदि की आवश्यकता है
- **गैर कृषि-कार्यों में प्रयुक्त भूमि** इस श्रेणी में बस्तियाँ (ग्रामीण व शहरी), अवसंरचना, उद्योगों, दुकानों आदि हेतु भू-उपयोग सम्मिलित हैं
- **बंजर व व्यर्थ भूमि** वह भूमि जो प्रचलित प्रौद्योगिकी की मदद से कृषि योग्य नहीं बनाई जा सकती; जैसे- बंजर पहाड़ी भूभाग, मरुस्थल, खड्ड आदि को कृषि अयोग्य व्यर्थ-भूमि में वर्गीकृत किया गया है
- **स्थायी चरागाह क्षेत्र** इस प्रकार की अधिकांश भूमि पर ग्राम पंचायत का स्वामित्व होता है, क्योंकि इस प्रकार की भूमि साझा संपत्ति संसाधन के अंतर्गत आती है।
- **विविध तरु-फसलों अंतर्गत क्षेत्र** इसमें वे सभी कृषि योग्य भूमि क्षेत्र शामिल होते हैं, जो शुद्ध बोए गए क्षेत्र के अंतर्गत शामिल नहीं होते हैं।
- **कृषि योग्य व्यर्थ भूमि** ऐसी भूमि जो खेती के लिए उपलब्ध है, लेकिन किसी-न-किसी कारण से खेती के लिए उपयोग नहीं की जाती है
- **वर्तमान परती भूमि** इसके अंतर्गत भूमि को एक वर्ष के लिए परती छोड़ दिया जाता है, भूमि की गुणवत्ता बनाए रखने हेतु भूमि का परती रखना एक सांस्कृतिक चलन है

जल संसाधन

परिचय

- जल एक चक्रीय संसाधन है, जो पृथ्वी पर प्रचुर मात्रा में पाया जाता है।
- पृथ्वी का लगभग 71% धरातल पानी से आच्छादित है, परंतु अलवणीय जल कुल जल का एक बहुत छोटा भाग ही मानव उपयोग के लिए उपलब्ध है।
- विश्व के कुल जल का 96.5% भाग लवण जल के रूप में महासागरों में मौजूद है और केवल 2.5% जल मीठे जल के रूप में मौजूद है।

धरातलीय जल संसाधन

- इसके चार प्रमुख स्रोत हैं- नदियाँ, झीलें, तालाब और तलैया
- नदियाँ सतही जल का सबसे महत्त्वपूर्ण स्रोत हैं
- भारत में बड़ी संख्या में बड़ी, मध्यम और छोटी आकार की नदियाँ पाई जाती हैं

भौम जल संसाधन

- भारत सिंचाई और घरेलू उपयोग दोनों के लिए भौमजल संसाधनों पर अत्यधिक निर्भर है
- पंजाब, हरियाणा, राजस्थान आदि राज्यों में इसका अत्यधिक उपयोग किया जाता है
- किसी क्षेत्र की भूगर्भिक संरचना, स्थलाकृति, ढलान, वर्षण, अपवाह, मृदा और जलीय परिस्थितियों का एक प्रकार्य भौमजल संसाधन है
- केंद्रीय भूमि जल प्राधिकरण (CGWA) का गठन पर्यावरण (संरक्षण) अधिनियम, 1986 के तहत किया गया है। इसका उद्देश्य देश में भौमजल संसाधनों के विकास और प्रबंधन को विनियमित एवं नियंत्रित करना है

लैगून और पश्च जल

- भारत के कुछ राज्यों में दंतुरित तट रेखा पाई जाती है, जिसके कारण केरल, ओडिशा आदि राज्यों में लैगून और झीलों का निर्माण होता है

SOURCE New NCERT Class-X संसाधन एवं विकास, जल संसाधन, Old NCERT Class-X भूमि उपयोग तथा जल संसाधन, New NCERT Class-XII भूमि संसाधन तथा कृषि, जल संसाधन, Old NCERT Class-XII भारत के प्राकृतिक संसाधन NIOS Module-7 Chap 21 भहमारे जल संसाधन, NIOS Module-8 Chap 22 भूमि उपयोग और कृषि

1 निम्नलिखित सूचियों में से कौन-सा सही सुमेलित है? *(Chap 1, Class-X, New NCERT)*

सूची-I (संसाधन)	सूची-II (वर्गीकरण का आधार)
A. जैव व अजैव संसाधन	1. उत्पत्ति के आधार पर
B. नवीकरण और अनवीकरण योग्य संसाधन	2. समाप्यता के आधार पर
C. व्यक्तिगत व सामुदायिक संसाधन	3. स्वामित्व के आधार पर
D. संभावी व विकसित संसाधन	4. विकास के स्तर के आधार पर

कूट

	A	B	C	D		A	B	C	D
(a)	1	2	3	4	(b)	2	3	4	1
(c)	3	1	2	4	(d)	4	1	2	3

उत्तर (a)

व्याख्या सही सुमेलन A-1, B-2, C-3, D-4 है। उत्पत्ति के आधार पर संसाधनों को दो भागों जैव व अजैव में विभाजित किया जाता है। समाप्यता के आधार पर संसाधन को नवीकरण और अनवीकरण योग्य संसाधन, स्वामित्व के आधार पर इसे व्यक्तिगत व सामुदायिक संसाधन एवं विकास के स्तर के आधार पर संभावी व विकसित संसाधन के रूप में विभाजित किया जाता है।

परिचय एवं भूमि संसाधन

2 भू-संसाधन के संबंध में निम्नलिखित कथनों पर विचार करें *(Chap 1, Class-X, New NCERT) (Chap 22, Module-8, NIOS)*

1. भारत में लगभग 43% भू-क्षेत्र मैदानी भाग के अंतर्गत आते हैं।
2. भारत के पूरे भू-क्षेत्र के 10% भाग पर पर्वतीय क्षेत्र का विस्तार है।
3. देश के कुल क्षेत्रफल का लगभग 30% भाग पठारी क्षेत्र है।

उपरोक्त में से कितने कथन सही है/हैं?

(a) केवल एक (b) केवल दो
(c) सभी तीन (d) इनमें से कोई नहीं

उत्तर (a)

व्याख्या भू-संसाधन के संबंध में केवल एक अर्थात् कथन (1) सही है। भारत में लगभग 43% भू-भाग मैदानी भाग के अंतर्गत आते हैं।
कथन (2) और (3) सही नहीं हैं, क्योंकि पर्वतीय क्षेत्र का विस्तार भारत के संपूर्ण भू-क्षेत्र के 30% भाग पर है। देश के कुल क्षेत्रफल का लगभग 27% भाग पठारी क्षेत्र पर विद्यमान है।

3 कथन (A) भू-राजस्व विभाग द्वारा अपनाए गए भू-उपयोग वर्गीकरण में वनों के अधीन क्षेत्र, स्थायी चरागाह क्षेत्र तथा गैर-कृषि कार्यों में प्रयुक्त भूमि शामिल होती हैं।

कारण (R) स्थायी चरागाह का उपयोग चरागाह के अतिरिक्त कृषि के लिए भी किया जाता है। *(Chap 22, Module-8, NIOS)*

कूट

(a) A और R दोनों सही हैं तथा R, A की सही व्याख्या करता है
(b) A और R दोनों सही हैं, परंतु R, A की सही व्याख्या नहीं करता है
(c) A सही है, किंतु R गलत है
(d) A गलत है, किंतु R सही है

उत्तर (c)

व्याख्या A सही है, किंतु R गलत है। भू-राजस्व द्वारा अपनाए गए भू-उपयोग वर्गीकरण में वनों के अधीन क्षेत्र, स्थायी चरागाह क्षेत्र एवं गैर-कृषि कार्यों में प्रयुक्त भूमि को शामिल किया जाता है।
स्थायी चरागाह का उपयोग केवल चरागाह के लिए किया जाता है। इससे कृषि कार्य नहीं किया जाता है। इस क्षेत्र को बंजर के अधिकार क्षेत्र के अंतर्गत माना जाता है। इस प्रकार की भूमि के उपयोग के बदले में भू-राजस्व की वसूली की जाती है।

4 भारत में भूमि उपयोग के प्रारूप को निर्धारित करने वाले प्रमुख तत्त्व कौन-से हैं? *(Chap 1, Class-XII, New NCERT)*

1. भू-आकृति 2. जलवायु
3. मृदा के प्रकार 4. जनसंख्या घनत्व

कूट

(a) 1, 2 और 3 (b) 2, 3 और 4 (c) 1, 2, 3 और 4 (d) केवल 2

उत्तर (c)

व्याख्या भारत में भूमि उपयोग के प्रारूप को निर्धारित करने वाले प्रमुख तत्त्वों में भू-आकृति, जलवायु, मृदा के प्रकार एवं जनसंख्या घनत्व को शामिल किया जाता है।
भूमि की उपयोगिता से भूमि की गुणवत्ता की जाँच होती है। इसकी गुणवत्ता भू-आकृति (मैदान, पठार, पर्वत), जलवायु (सम, विषम, अनुकूल, प्रतिकूल), मृदा प्रकार (उपजाऊ, बंजर, अनुर्वरक, जनसंख्या घनत्व (न्यूनतम, मध्यम, अधिकतम) द्वारा आसानी से जाँच की जा सकती है। इससे भूमि की उपयोगिता भी बढ़ती जाती है।

5 भूमि निम्नीकरण के लिए निम्नलिखित में से कौन-सी मानवीय क्रियाएँ उत्तरदायी हैं? *(Chap 1, Class-X, New NCERT)*

1. अति पशुचारण 2. वनोन्मूलन 3. अधिक सिंचाई
4. हिमनदियाँ 5. खनन क्रिया

कूट

(a) 1, 2, और 3 (b) 2, 3 और 5
(c) 1, 2, 4 और 5 (d) 1, 2, 3 और 5

उत्तर (d)

व्याख्या भूमि निम्नीकरण के लिए अति पशुचारण, वनोन्मूलन (Deforestation), अधिक सिंचाई एवं खनन क्रिया को मुख्य रूप से उत्तरदायी माना जाता है।
इन सभी मानवीय गतिविधियों के कारण भूमि का निम्नीकरण तीव्र गति से होता है। इसमें हिमनदियों की भूमिका नहीं के बराबर होती है। अतिपशुचारण, वनोन्मूलन व खनन क्रिया के कारण मृदा संगठनात्मक रूप से कमजोर हो जाती है, जिसका शीघ्र अपरदन हो जाता है।
अति सिंचाई के कारण मृदा का स्वरूप लवणीय हो जाता है, इससे उसकी उर्वर क्षमता प्रभावित होती है। हिमनदियाँ भूमि निम्नीकरण के लिए उत्तरदायी नहीं हैं।

जल संसाधन

6 जल संसाधन से संबंधित निम्नलिखित कथनों पर विचार करें *(Chap 6, Class-XII, New NCERT)*

1. जल एक चक्रीय संसाधन है, जो पृथ्वी के लगभग 60% भाग पर है।
2. पूरे जल में से केवल 1% भाग ही अलवणीय जल है।
3. पूरे विश्व का लगभग 4% जल संसाधन भारत में पाया जाता है।

उपर्युक्त में से कौन-सा/से कथन सही नहीं है/हैं?

(a) केवल 1 (b) 1 और 2
(c) केवल 3 (d) इनमें से कोई नहीं

उत्तर (b)

व्याख्या जल संसाधन से संबंधित कथन (1) और (2) सही नहीं हैं, क्योंकि जल एक चक्रीय संसाधन है, जो पृथ्वी के लगभग 74% भाग पर विस्तृत है। पूरे जल की मात्रा में से केवल 1.9% (लगभग 2%) भाग ही अलवणीय जल है।

7 भौम जल के उपयोग के आधार पर निम्नलिखित राज्यों में से किन राज्यों में भूमिगत जल सबसे अधिक उपयोग किया जाता है?

(Chap 6, Class-XII, New NCERT)

(a) छत्तीसगढ़, ओडिशा, केरल, आंध्र प्रदेश
(b) उत्तर प्रदेश, बिहार, त्रिपुरा, महाराष्ट्र
(c) पंजाब, हरियाणा, राजस्थान, तमिलनाडु
(d) महाराष्ट्र, कर्नाटक, केरल, तमिलनाडु

उत्तर (c)

व्याख्या भौम जल के उपयोग के आधार पर, भूमिगत जल का सर्वाधिक उपयोग पंजाब, हरियाणा, राजस्थान एवं तमिलनाडु में किया जाता है।

पंजाब एवं हरियाणा में भौम जल उपयोग की माँग हरित क्रांति के कारण बढ़ी है। राजस्थान के अर्द्धशुष्क क्षेत्रों में जलापूर्ति करने हेतु व्यापक पैमाने पर भूमिगत जल का उपयोग किया जा रहा है। तमिलनाडु के पश्चिमी, उत्तर पश्चिमी भाग में भी जलाभाव के कारण भौम जल का व्यापक पैमाने पर उपयोग किया जाता है।

8 निम्नलिखित में से किस दक्षिण भारतीय राज्य में भौम जल उपयोग (प्रतिशत में) इसके कुल भौम जल संभाव्य से अधिक है?

(Chap 6, Class-XII, New NCERT)

(a) तमिलनाडु (b) आंध्र प्रदेश (c) कर्नाटक (d) केरल

उत्तर (a)

व्याख्या तमिलनाडु एक ऐसा दक्षिण भारतीय राज्य है, जहाँ भौम जल उपयोग प्रतिशत में इसके कुल भौम जल संभाव्य से अधिक है।

वर्तमान प्रवृत्ति से जल के उपयोग से स्थिति खराब हो सकती है। इसे देखते हुए पुन: पूर्तियोग्य भौम जल हेतु कई कार्यक्रम चलाए जा रहे हैं।

9 निम्नलिखित कथनों पर विचार करें

(Chap 6, Class-XII, New NCERT)

1. केरल, ओडिशा और पश्चिम बंगाल में लैगून और प्लाया में धरातलीय जल संसाधन उपलब्ध हैं।
2. धरातलीय व भौम जल का सबसे अधिक उपयोग उद्योगों में होता है।
3. धरातलीय जल के मुख्य स्रोत-नदियाँ, झीलें व तालाब हैं।

उपर्युक्त में से कितने कथन सही है/हैं?

(a) केवल एक (b) केवल दो
(c) सभी तीन (d) इनमें से कोई नहीं

उत्तर (c)

व्याख्या प्रश्न में दिए गए कथनों में से दो कथन (1 और 3) सही हैं।

केरल, ओडिशा और पश्चिम बंगाल में लैगून और प्लाया में धरातलीय जल संसाधन उपलब्ध हैं। धरातलीय जल के मुख्य स्रोत नदियाँ, झीलें व तालाब हैं तथा इनका विशेष उपयोग घरेलू कार्यों में भी किया जाता है।

कथन (2) सही नहीं है, क्योंकि धरातलीय व भौम जल का सबसे अधिक उपयोग कृषि कार्यों में किया जाता है।

10 निम्नलिखित में से कौन-सा/से कथन असत्य हैं?

(Chap 1, Class-XII, Old NCERT)

1. उत्तर-पश्चिमी भारत और दक्कन का पठार सूखाग्रस्त क्षेत्र है।
2. पंजाब, हरियाणा और पश्चिमी उत्तर प्रदेश में निवल बोए गए क्षेत्र का 97% भाग सिंचाई के अंतर्गत आता है।
3. पश्चिम बंगाल और बिहार के कुछ भागों में भौम जल में फ्लुओराइड का संकेद्रण अधिक है।

कूट

(a) केवल 1 (b) केवल 2 (c) 2 और 3 (d) 1 और 3

उत्तर (c)

व्याख्या दिए गए कथनों में कथन (2) और (3) असत्य हैं, क्योंकि पंजाब हरियाणा एवं पश्चिमी उत्तर प्रदेश में हरित क्रांति अत्यधिक सफल हुई है। इन क्षेत्रों में निवल बोए गए क्षेत्र का 85% भाग सिंचाई के अंतर्गत आता है। इन राज्यों में गेहूँ एवं चावल मुख्य रूप से सिंचाई की सहायता से पैदा किए जाते हैं। राजस्थान एवं महाराष्ट्र में अधिक जल निकालने के कारण भूमिगत जल में फ्लुओराइड का संकेद्रण बढ़ गया है। पश्चिम बंगाल एवं बिहार के कुछ भागों में भूमिगत जल के दोहन से संखिया (Arsenic) के संकेद्रण में वृद्धि हो गई है।

भारत के उत्तर-पश्चिमी भाग और दक्कन का पठार सूखाग्रस्त क्षेत्र के अन्तर्गत आते हैं, क्योंकि यहाँ वर्षा की मात्रा 25 सेमी से कम होती है।

11 निम्नलिखित में से कौन-सा कथन बहुउद्देशीय नदी परियोजनाओं के संबंध में सत्य नहीं है?

(Chap 3, Class-X, New NCERT)
(Chap 21, Module-7, NIOS)

(a) बहुउद्देशीय परियोजनाओं द्वारा जल बहाव को नियंत्रित करके बाढ़ पर नियंत्रण किया जाता है
(b) इसके कारण बाँधों के क्षेत्रों में भूमि निम्नीकरण की समस्या में बढ़ोतरी होती है
(c) इसके अंतर्गत विद्युत उत्पादन, घरेलू और औद्योगिक उपयोग हेतु जल की आपूर्ति की जाती है
(d) सरदार वल्लभभाई पटेल बाँधों को 'आधुनिक भारत के मंदिर' कहते थे

उत्तर (d)

व्याख्या बहुउद्देशीय नदी परियोजना के संदर्भ में कथन (d) सत्य नहीं है, क्योंकि जवाहरलाल नेहरू ने वृहद् बाँधों को 'आधुनिक भारत के मंदिर' कहा है। उनका मानना था कि इन परियोजनाओं के द्वारा कृषि एवं ग्रामीण अर्थव्यवस्था औद्योगीकरण एवं नगरीय अर्थव्यवस्था समन्वित रूप से विकास करेगी। स्वतंत्रता के बाद शुरू की गई समन्वित जल संसाधन प्रबंधन उपागम पर आधारित बहुउद्देशीय परियोजनाओं को उपनिवेश काल में बनी बाधाओं को पार करते हुए देश को विकास एवं समृद्धि के रास्ते पर ले जाने वाले वाहन के रूप में देखा गया।

12 सूची I को सूची II से सुमेलित कीजिए और नीचे दिए गए कूटों की सहायता से सही उत्तर का चुनाव करें।

(Chap 4, Class-X, Old NCERT)

सूची-I (बहुउद्देशीय परियोजना)	सूची-II (राज्य)
A. भाखड़ा नांगल	1. हिमाचल प्रदेश
B. कोसी परियोजना	2. बिहार
C. तुंगभद्रा परियोजना	3. कर्नाटक
D. नागार्जुन सागर परियोजना	4. आंध्र प्रदेश

कूट

	A	B	C	D
(a)	1	2	3	4
(b)	3	2	1	4
(c)	3	4	1	2
(d)	4	3	2	1

उत्तर (a)

व्याख्या सही सुमेलन A-1, B-2, C-3, D-4 है।

भाखड़ा नांगल परियोजना के अंतर्गत हिमाचल प्रदेश राज्य के बिलासपुर जिले में सतलुज नदी पर एक बाँध बनाया गया है। इस बाँध की ऊँचाई लगभग 750 फीट है, जो 856 फीट ऊँचे टिहरी बाँध के बाद भारत का सबसे ऊँचा बाँध है। कोसी परियोजना का संबंध बिहार राज्य से है। यह भारत एवं नेपाल सरकार की संयुक्त परियोजना है। इस परियोजना के निर्माण के लिए वर्ष 1954 में नेपाल के साथ समझौता किया गया था। यह वर्ष 1963 में बनकर तैयार हुआ था। इस

परियोजना के मुख्य उद्देश्य बाढ़ नियंत्रण, सिंचाई, जल विद्युत उत्पादन, मलेरिया उन्मूलन, भूमि संरक्षण इत्यादि हैं।

तुंगभद्रा परियोजना के अंतर्गत कर्नाटक में हॉस्पेट नामक स्थान में तुंगभद्रा नदी पर एक बाँध बनाया गया है, इस बाँध का निर्माण वर्ष 1953 में पूरा हुआ।

नागार्जुन सागर परियोजना भारत की प्रमुख नदी घाटी परियोजना है, आंध्र प्रदेश के गुंटूर एवं तेलंगाना के नलगोंडा जिलों की सीमा पर नंदीकोड ग्राम के पास नागार्जुन बाँध बनाया गया है।

13 इंदिरा गाँधी नहर परियोजना से राजस्थान के किन जिलों में सिंचाई सुविधा प्रदान की जा रही है? *(Chap 4, Class-X, Old NCERT)*

1. श्रीगंगानगर 2. बीकानेर 3. बाँसवाड़ा 4. जैसलमेर

कूट

(a) 1 और 2 (b) 2 और 3 (c) 1, 2 और 4 (d) ये सभी

उत्तर (c)

व्याख्या इंदिरा गाँधी नहर परियोजना से राजस्थान के चुरु, श्रीगंगानगर, हनुमानगढ़, बीकानेर, जैसलमेर, बाड़मेर तथा नागौर जैसे रेगिस्तानी जिलों में सिंचाई एवं पेयजल की सुविधा प्रदान की जा रही है। यह भारत की महत्त्वपूर्ण सिंचाई परियोजना है, यह भारत की ही नहीं, अपितु विश्व की सबसे लंबी नहर परियोजना है, जिसने राजस्थान में हरित क्रांति ला दी है।

14 जल संभर प्रबंधन के संबंध में निम्नलिखित कथनों पर विचार करें *(Chap 6, Class-XII, New NCERT)*

1. इसके अनुसार धरातलीय और भौम जल संसाधनों का प्रबंधन किया जाता है।
2. हरियाली परियोजना का संचालन केंद्र सरकार द्वारा जल संभर प्रबंधन के अनुसार किया जाता है।

उपर्युक्त में से कौन-सा/से कथन सही है/हैं?

(a) केवल 1 (b) 1 और 2 दोनों
(c) केवल 2 (d) इनमें से कोई नहीं

उत्तर (b)

व्याख्या जल संभर प्रबंधन (Watershed management) के संबंध में दोनों कथन (1) और (2) सही हैं।

जल संभर प्रबंधन से तात्पर्य मुख्य रूप से धरातलीय एवं भौम जल संसाधनों के दक्ष प्रबंधन से है। इसके अंतर्गत बहते हुए जल को रोकना एवं विभिन्न विधियों; जैसे-अंत:स्रवण (Perfusion), तालाब पुनर्भरण, कुओं इत्यादि के द्वारा भौम जल का संचयन एवं पुनर्भरण शामिल है।

'हरियाली' केंद्र सरकार द्वारा प्रवर्तित जल संभर विकास परियोजना है, जिसका उद्देश्य ग्रामीण जनसंख्या को पीने, सिंचाई, मत्स्य पालन एवं वन रोपण के लिए जल संरक्षण योग्य बनाना है।

15 वर्षा जल संग्रहण के संदर्भ में निम्नलिखित में से कौन-सा/से कथन सही हैं/है? *(Chap 6, Class-XII, New NCERT)*

1. इसके अनुसार भूमिगत जलभृतों (Aquifer) का पुनर्भरण किया जाता है।
2. राजस्थान में वर्षा जल संग्रहण ढाँचे को 'टाँका' कहा जाता है।

कूट

(a) केवल 1 (b) केवल 2
(c) 1 और 2 दोनों (d) इनमें से कोई नहीं

उत्तर (c)

व्याख्या वर्षा जल संग्रहण के संदर्भ में दोनों कथन (1) और (2) सही हैं। वर्षा जल संग्रहण विभिन्न उपयोगों के लिए वर्षा के जल को रोकने एवं एकत्र करने की विधि है। इसका उपयोग भूमिगत जलभृतों (Aquifer) के पुनर्भरण के लिए भी किया जाता है।

यह एक कम मूल्य एवं पारिस्थितिकी के अनुकूल विधि है, जिसके द्वारा पानी की प्रत्येक बूँद संरक्षित करने के लिए वर्षा जल को नलकूपों, गड्ढों एवं कुओं में एकत्र किया जाता है। वर्षा जल संग्रहण पानी की उपलब्धता को बढ़ाता है, भूमिगत जल स्तर को नीचा होने से रोकता है।

फ्लुओराइड एवं नाइट्रेट्स से संदूषकों को कम करके अवमिश्रण भूमिगत जल की गुणवत्ता को बढ़ाता है। राजस्थान में वर्षा जल संग्रहण के ढाँचे को 'टाँका' कहा जाता है।

16 राष्ट्रीय जल नीति, 2002 की मुख्य विशेषताओं के संदर्भ में नीचे दिए कथनों पर विचार करें *(Chap 6, Class-XII, New NCERT)*

1. सिंचाई और बहुउद्देशीय परियोजनाओं में पीने के जल को घटक में सम्मिलित करना चाहिए।
2. भौम जल के दोहन को सीमित और नियमित करने के लिए उपाय करना चाहिए।
3. जल के विविध प्रयोगों की कार्यक्षमता में सुधार होना चाहिए।
4. दुर्लभ संसाधन के रूप में जल के लिए जागरूकता विकसित करनी चाहिए।

उपर्युक्त कथनों में से कौन-से कथन सही हैं?

(a) 1 और 4 (b) 2 और 3
(c) 1, 2 और 4 (d) ये सभी

उत्तर (d)

व्याख्या राष्ट्रीय जल नीति, 2002 की मुख्य विशेषताओं के संदर्भ में सभी कथन सही हैं।

राष्ट्रीय जल नीति, 2002 जल आवंटन प्राथमिकताओं में विस्तृत रूप में पेयजल, सिंचाई, जलशक्ति, नौकायन, औद्योगिक एवं अन्य उपयोग को निर्दिष्ट किया गया है। इस नीति में जल व्यवस्था के लिए प्रगतिशील नए दृष्टिकोण निर्धारित किए गए हैं, जिसके मुख्य लक्षण निम्न प्रकार हैं

- सिंचाई एवं बहुउद्देशीय परियोजनाओं में पीने के जल को घटक में शामिल करना
- संपूर्ण मानव जाति को पेयजल उपलब्ध कराने की प्राथमिकता
- भौम जल के अत्यधिक दोहन को सीमित एवं नियमित करने के उपाय सुनिश्चित करना
- सभी विविध प्रयोगों में जल की सभी कार्यक्षमताओं में सुधार
- दुर्लभ संसाधन के रूप में जल के लिए जागरूकता फैलाना
- शिक्षा विनिमय, उपक्रमणों, प्रेरकों एवं अनुक्रमणों द्वारा संरक्षण को बढ़ावा देना।

17 जल क्रांति अभियान के अंतर्गत प्रदूषण को कम करने के लिए कौन-से प्रमुख कार्य किए गए हैं? *(Chap 6, Class-XII, New NCERT)*

1. जल संरक्षण और कृत्रिम पुनर्भरण
2. भूमिगत जल प्रदूषण को कम करना
3. देश के चयनित क्षेत्रों में आर्सेनिक मुक्त कुओं का निर्माण।

कूट

(a) केवल 1 (b) केवल 3 (c) 2 और 3 (d) 1, 2 और 3

उत्तर (d)

व्याख्या प्रश्न में दिए गए सभी कार्य जल क्रांति अभियान के अंतर्गत प्रदूषण को कम करने के लिए प्रारंभ किए गए हैं।

जल क्रांति अभियान भारत सरकार द्वारा वर्ष 2015-16 में आरंभ किया गया है, जिसका मुख्य उद्देश्य देश में प्रतिव्यक्ति जल की उपलब्धता को सुनिश्चित करना है। भारत के विभिन्न क्षेत्रों में लोग पारंपरिक तरीकों से जल का संरक्षण एवं प्रबंधन सुनिश्चित करते हैं।

जल क्रांति अभियान का लक्ष्य स्थानीय निकायों एवं सरकारी संगठन एवं नागरिकों को सम्मिलित करके इस अभियान के उद्देश्य के बारे में जागरूकता फैलाना है। इस अभियान के अंतर्गत भूमिगत जल प्रदूषण को कम करने के लिए जल संरक्षण, कृत्रिम पुनर्भरण, भूमिगत जल प्रदूषणों को कम करना, आर्सेनिक मुक्त कुओं का निर्माण इत्यादि किया गया है।

18 निम्नलिखित कथनों पर विचार कीजिए

(Chap 6, Class-XII, New NCERT)

1. जल एक जैविक संसाधन है।
2. पृथ्वी पर मानव तथा अन्य जीवों के उपयोग के लिए अलवणीय जल की मात्रा लगभग 3% है।
3. गोदावरी, कृष्णा और कावेरी में वार्षिक जल प्रवाह का उपयोग, गंगा और ब्रह्मपुत्र नदियों की अपेक्षा अधिक होता है।

उपर्युक्त में से कितने कथन सही नहीं है/हैं?

(a) केवल एक
(b) केवल दो
(c) सभी तीन
(d) उपर्युक्त में से कोई नहीं

उत्तर *(a)*

व्याख्या उपर्युक्त दिए गए कथनों में केवल एक अर्थात् कथन (1) सही नहीं है, क्योंकि जल एक अजैविक संसाधन है। संसाधन के रूप में जल का उपयोग विद्युत उत्पादन, परिवहन आदि के रूप में किया जाता है। वैश्विक बिजली उत्पादन में लगभग 7% का योगदान जल विद्युत द्वारा किया जाता है।

19 निम्नलिखित कथनों में असत्य कथन का चयन कीजिए

(Chap 5, Class-X, New NCERT),
(Chap 6, Class-XII, New NCERT)

(a) चंबल घाटी परियोजना से सर्वाधिक लाभांवित राज्य गुजरात, राजस्थान और मध्य प्रदेश हैं
(b) भारत का पहला जल विद्युत स्टेशन 1897 ई. में दार्जिलिंग में स्थापित किया गया था
(c) जल की मात्रा मापने की इकाई 'घन मीटर' है
(d) भारत के पास 4% जल है, जबकि जनसंख्या 16% है

उत्तर *(a)*

व्याख्या उपर्युक्त दिए गए कथनों में कथन (a) सही नहीं है क्योंकि चंबल घाटी की परियोजना से लाभांवित राज्य मध्य प्रदेश एवं राजस्थान हैं।
चंबल नदी का उद्गम, जानापाव पहाड़ी, महू, इंदौर (मध्य प्रदेश) से होता है इस पर गाँधी सागर, जवाहर सागर, राणा प्रताप सागर एवं कोटा बैराज बाँध बनाए गए हैं, जिसके माध्यम से सिंचाई परियोजना एवं विद्युत परियोजनाओं को संचालित मध्य प्रदेश किया जाता है।

20 निम्नलिखित कथनों पर विचार कीजिए *IAS (Pre) 2021*

1. मोरिंगा (सहजन वृक्ष) एक फलीदार सदापर्णी वृक्ष है।
2. इमली का पेड़ दक्षिणी एशिया का स्थानिक वृक्ष है।
3. भारत में अधिकांश इमली लघु वनोत्पाद के रूप में संगृहीत की जाती है।
4. भारत इमली और मोरिंगा के बीजों का निर्यात करता है।
5. मोरिंगा और इमली के बीजों का उपयोग जैव ईंधन के उत्पादन में किया जा सकता है।

कूट

(a) 1, 2, 4 और 5
(b) 3, 4 और 5
(c) 1, 3 और 4
(d) 1, 2, 3 और 5

उत्तर *(b)*

व्याख्या दिए गए कथनों में से कथन (3), (4) और (5) सही हैं।
मोरिंगा (सहजन), इमली पादप कुल-फैबेसी का एक वृक्ष है। इसके फल लाल से भूरे रंग के होते हैं। भारत में अधिकांश इमली लघु वनोत्पाद के रूप में संगृहीत की जाती है। भारत इमली और मोरिंगा (सहजन वृक्ष) के बीजों का निर्यात करता है। इसका प्रमुख कारण यहाँ इन वनोत्पादों की अधिकता का होना है। मोरिंगा और इमली के बीजों का उपयोग जैव ईंधन के उत्पादन में किया जा सकता है।

कथन (1) और (2) सही नहीं हैं, क्योंकि मोरिंगा (सहजन) का वृक्ष अर्द्ध पर्णपाती वृक्ष है, जिसके कारण यह अर्द्धशुष्क प्रदेशों में उगाया जाता है। मोरिंगा (सहजन) एक फलीदार पौधा है, जो उष्णकटिबन्धीय एवं उपोष्ण कटिबन्धीय क्षेत्रों में तेजी से बढ़ता है। इमली का पेड़ दक्षिण एशिया का स्थानिक वृक्ष नहीं है। यह अफ्रीका के लिए स्वदेशी वृक्ष है। यह वृक्ष सम्पूर्ण भारत के साथ-साथ अमेरिका, अफ्रीका और कई एशियाई देशों में भी पाया जाता है।

अध्याय 22

भारतीय कृषि एवं सिंचाई

भारतीय कृषि एवं सिंचाई

कृषि, कृषि प्रणाली एवं फसलों के प्रकार

कृषि
- इसे आर्थिक उद्देश्यों के लिए फसल और पशुधन के उत्पादन की कला, विज्ञान और व्यवसाय के रूप में परिभाषित किया गया है, भारतीय श्रमबल का 70% भाग प्रत्यक्ष या अप्रत्यक्ष रूप से कृषि क्षेत्रक से संलग्न है।

भारतीय कृषि प्रणाली के प्रकार
- **जीविका निर्वाह कृषि** इसके अंतर्गत किसान छोटे टुकड़ों पर अपनी और अपने परिवार की आवश्यकताओं की पूर्ति हेतु खाद्य फसलें उगाते हैं और वे आदिम कृषि उपकरणों का प्रयोग करते हैं।
- **वाणिज्यिक कृषि** यह कृषि उन क्षेत्रों में की जाती है, जहाँ सिंचाई संभव है तथा उर्वरकों एवं कीटनाशकों का उपयोग बड़े पैमाने पर किया जाता है। कृषि मशीनीकरण के लिए मशीनों का भी उपयोग किया जाता है।
- **सतत कृषि** यह इस प्रणाली के अंतर्गत खाद, फसल चक्र और न्यूनतम जुताई के उपयोग से कृषि की जाती है।
- **शुष्क भूमि कृषि** यह कृषि उन क्षेत्रों में की जाती है, जहाँ वर्षा 75 सेमी से कम होती है। उदाहरण के लिए, राजस्थान, गुजरात और महाराष्ट्र के कुछ हिस्सों में यह पद्धति प्रचलित है,

फसलों के प्रकार
- **भारत में उगाई जाने वाली पेय पदार्थ की फसलें**
  - चाय और कॉफी
- **भारत में उगाई जाने वाली खाद्य पदार्थ की फसलें**
  - चावल, गेहूँ, दालें, बाजरा
- **भारत में उगाई जाने वाली वाणिज्यिक फसलें**
  - गन्ना, कपास, जूट, तिलहन

फसल ऋतुएँ एवं सिंचाई

भारत की फसल ऋतुएँ
- **खरीफ ऋतु** में उगाई जाने वाली फसलों के लिए पर्याप्त मात्रा में जल की आवश्यकता होती है। खरीफ फसल को जून-जुलाई में बोते हैं और अक्टूबर के आस-पास काटते हैं।
- **रबी ऋतु** की फसलों की बुआई अक्टूबर की शुरुआत से शुरू होती है और कटाई अप्रैल तक हो जाती है
- **जायद ऋतु** यह एक छोटी अवधि की ग्रीष्मकालीन फसल ऋतु है,जो रबी ऋतु के बाद प्रारंभ होती है

सिंचाई
- मृदा या कृषि क्षेत्र में जल का कृत्रिम अनुप्रयोग सिंचाई कहलाता है।
- इसके अंतर्गत वर्षा जल को जल के अन्य स्रोत से प्रतिस्थापित या अनुपूरित किया जाता है।
- **सिंचाई प्रणाली के प्रकार** कुआँ और ट्यूबवेल, नहर, टैंक, ड्रिप, स्प्रिंकलर, फरो आदि हैं।

बहुउद्देशीय परियोजनाएँ

ये परियोजनाएँ कई उद्देश्यों; जैसे-
- बाढ़ नियंत्रण, सिंचाई, जलविद्युत ऊर्जा उत्पादन, नेविगेशन इत्यादि को पूरा करती हैं,
- उनमें से कुछ परियोजनाएँ हैं
- भाखड़ा नांगल परियोजना, दामोदर घाटी परियोजना, हीराकुड बाँध परियोजना, नर्मदा घाटी परियोजना, नागार्जुन सागर परियोजना, टिहरी बाँध परियोजना, चम्बल घाटी परियोजना

पशुपालन

परिचय
- यह पशुधन पालन और पशुओं के चयनात्मक प्रजनन को संदर्भित करता है, यह लगभग आधी ग्रामीण आबादी की आजीविका का समर्थन करता है।
- भारत में भैंस दूध आपूर्ति का महत्त्वपूर्ण स्रोत है, जो देश के लगभग आधे दूध उत्पादन में योगदान देती है।
- **बकरी पालन** यह देश में मांस का मुख्य स्रोत है।
- **भेड़ पालन** यह देश में मांस और ऊन का महत्त्वपूर्ण स्रोत है
- **कुक्कुट पालन** इसमें घरेलू मुर्गियाँ
- जैसे-मुर्गी, बत्तख, हंस आदि शामिल हैं तथा इनका पालन मांस, अंडे और पंख प्राप्त करने के लिए किया जाता है
- **रेशम उत्पादन** इसके लिए रेशम के कीड़ों का पालन 'रेशम उत्पादन' कहलाता है, भारत रेशम की सभी पाँच किस्मों का उत्पादन करता है।
- **भारत में मत्स्य पालन** यह खाद्य पदार्थ उत्पादन, पोषण सुरक्षा, रोजगार और आय का महात्त्वपूर्ण स्रोत है।
- मत्स्य पालन के दो प्रकार हैं
- **समुद्री मत्स्यकी** इसके अंतर्गत तटीय, अपतटीय और गहरे समुद्र में, मुख्य रूप से 200 मी की गहराई तक महाद्वीपीय शेल्फ पर मत्स्यकी करना शामिल है।

SOURCE Old NCERT Class-VIII कृषि, New NCERT Class-XII भू-संसाधन तथा कृषि, Old NCERT Class-XII भारतीय कृषि के प्रमुख लक्षण, प्रादेशिक विकास, NIOS Module-8, Chap-22 भूमि उपयोग और कृषि

कृषि

1 भारतीय कृषि के संदर्भ में कौन-सा कथन सत्य नहीं है?

(Chap 4, Class-X, New NCERT)

1. यहाँ पर कृषि प्राय: मानसून पर निर्भर है।
2. यहाँ की एक-तिहाई जनसंख्या कृषि पर निर्भर है।
3. यह उद्योगों के लिए कच्चा माल पैदा करती है।
4. भारत में रोपण कृषि को नहीं अपनाया जाता है।

कूट

(a) 1 और 2 (b) 2 और 3 (c) 2 और 4 (d) 3 और 4

उत्तर (c)

व्याख्या भारतीय कृषि के संदर्भ में कथन (2) और (4) सत्य नहीं हैं, क्योंकि भारत की एक-तिहाई नहीं वरन् लगभग दो-तिहाई जनसंख्या कृषि पर निर्भर है। भारत एक कृषि प्रधान देश है, जहाँ अधिकांश लोग कृषि कार्यों में संलग्न हैं।

भारत में रोपण कृषि को अपनाया गया है। रोपण कृषि एक प्रकार की वाणिज्यिक कृषि है। भारत में चाय, कॉफी, रबड़, गन्ना, केला आदि महत्त्वपूर्ण रोपण फसलें हैं। रोपण कृषि में उत्पादन बिक्री हेतु होता है। इसके लिए बाजारों की उपलब्धता महत्त्वपूर्ण होती है।

2 प्रारंभिक जीविका निर्वाह कृषि के संबंध में निम्नलिखित कथनों पर विचार करें

(Chap 5, Class-XII, New NCERT)

1. यह कृषि भूमि के बड़े टुकड़ों और आधुनिक तरीके से की जाती है।
2. इस प्रकार की कृषि को कर्तन दहन प्रणाली की कृषि कहा जाता है।
3. इसमें मानसून, मृदा की प्राकृतिक उर्वरता और अन्य पर्यावरणीय परिस्थितियाँ भी लाभदायक भूमिका निभाती हैं।

उपर्युक्त में से कितने कथन सही है/हैं?

(a) केवल एक (b) केवल दो
(c) सभी तीन (d) इनमें से कोई नहीं

उत्तर (b)

व्याख्या प्रारंभिक जीविका निर्वाह कृषि के संबंध में केवल दो अर्थात् कथन (2) और (3) सही हैं। कर्तन दहन (Shearing Combustion) कृषि प्रणाली में किसान भूमि के टुकड़े को साफ करके उस पर अपने परिवार के भरण-पोषण के लिए अनाज व अन्य खाद्य फसलें उगाते हैं। इसमें मानसून, मृदा की प्राकृतिक उर्वरता और अन्य पर्यावरणीय परिस्थितियाँ भी लाभदायक भूमिका निभाती हैं। जब मृदा की उर्वरता कम हो जाती है, तो किसान उस भूमि के टुकड़े से स्थानांतरित हो जाते हैं और कृषि के लिए भूमि का दूसरा टुकड़ा साफ करते हैं। कृषि के इस प्रकार के स्थानांतरण से प्राकृतिक प्रक्रियाओं द्वारा मिट्टी की उर्वरता शक्ति बढ़ जाती है।

कथन (1) सही नहीं है, क्योंकि प्रारंभिक जीविका निर्वाह कृषि भूमि के छोटे टुकड़ों पर आदिम कृषि औजारों; जैसे-लकड़ी के हल, डाओ और खुदाई करने वाली छड़ी एवं परिवार अथवा समुदाय की सहायता से की जाती है।

3 सूची-I को सूची-II से मिलाएँ और नीचे दिए गए कूट की सहायता से सही उत्तर का चुनाव करें।

(Chap 4, Class-X, New NCERT) (UPPSC Pre 2017)

सूची-I (संबंधित क्षेत्र)		सूची-II (स्थानांतरित कृषि)	
A.	पश्चिमी घाट	1.	दहिया
B.	दक्षिण-पूर्वी राजस्थान	2.	वाल्टरे
C.	उत्तर-पूर्वी भारत	3.	झूम
D.	मध्य प्रदेश एवं छत्तीसगढ़	4.	कुमारी

कूट

	A	B	C	D
(a)	4	2	3	1
(b)	4	3	2	1
(c)	3	4	1	2
(d)	3	2	1	4

उत्तर (a)

व्याख्या सही सुमेलन A-4, B-2, C-3, D-1 है।

पश्चिमी घाट में स्थानांतरित कृषि को 'कुमारी' कहा जाता है।

दक्षिण-पूर्वी राजस्थान में झूम खेती को 'वालरे' या 'वाल्टरे' कहा जाता है।

उत्तर-पूर्वी भारत में स्थानांतरित कृषि 'झूम' कहलाती है। इस प्रकार की कृषि को विभिन्न भारतीय राज्यों में भिन्न-भिन्न नामों से जाना जाता है।

मध्य प्रदेश तथा छत्तीसगढ़ राज्यों में स्थानांतरित कृषि को बेबर या दहिया कहा जाता है। इसके अतिरिक्त स्थानांतरित कृषि को हिमालय क्षेत्र में खिल, झारखंड में कुरुवा कहा जाता है।

4 निम्नलिखित में से कौन-सा युग्म सही सुमेलित नहीं है?

(Chap 4, Class-X, New NCERT) (RAS/RTS Pre 2018)

स्थानांतरित कृषि का नाम		राज्य
(a) पोडू	—	ओडिशा
(b) माशा	—	हिमाचल प्रदेश
(c) पोनम	—	केरल
(d) झूम	—	असम

उत्तर (b)

व्याख्या दिए गए युग्मों में से युग्म (b) सही सुमेलित नहीं है। 'माशा' नामक स्थानांतरित कृषि मध्य प्रदेश में की जाती है। हिमाचल प्रदेश की स्थानांतरित कृषि का नाम 'खिल' है। 'पोंडू' का प्रचलन ओडिशा में है। पोनम केरल की तथा झूम असम की स्थानांतरित कृषि है।

5 गहन जीविका कृषि के संदर्भ में निम्न में से कौन-सा कथन सही है?

(Chap 4, Class-X, New NCERT)

(a) इसके अनुसार अधिक भूमि के खंड से कम मात्रा में उत्पादन किया जाता है।
(b) सीमित भूमि से अधिकतम पैदावार की मात्रा
(c) जैव-रासायनिक उर्वरकों का न्यूनतम प्रयोग
(d) इस प्रकार की कृषि पर जनसंख्या का दबाव कम होता है

उत्तर (b)

व्याख्या गहन जीविका कृषि के संदर्भ में कथन (b) सही है। इसके अनुसार सीमित भूमि से अधिकतम मात्रा में पैदावार की जाती है, जिसके लिए जैविक व रासायनिक खाद, नवीन प्रौद्योगिकी यंत्र आदि का प्रयोग किया जाता है।

कथन (a), (c) और (d) सही नहीं हैं। गहन जीविका कृषि उन क्षेत्रों में की जाती है, जहाँ भूमि पर जनसंख्या का दबाव अधिक होता है। गहन जीविका कृषि में कम भूखंड पर अधिक उत्पादन को प्रेरित किया जाता है। यह एक श्रम गहन खेती है, जहाँ अधिक उत्पादन के लिए अधिक मात्रा में जैव-रासायनिक निवेशों और सिंचाई का प्रयोग किया जाता है।

भू-स्वामित्व में विरासत के अधिकार के कारण पीढ़ी-दर-पीढ़ी जोतों का आकार छोटा और अलाभप्रद होता जा रहा है, जिससे कृषि भूमि पर जनसंख्या का बहुत अधिक दबाव है।

6 नीचे दिए गए कथनों पर विचार कीजिए

(Chap 5, Class-XII, New NCERT)
(Chap 4, Class-X, New NCERT)

1. भारत के उत्तर-पूर्वी भागों में स्थानांतरित कृषि प्रचलित है।
2. आदिम निर्वाह कृषि में स्थानांतरित और मिश्रित दोनों कृषि शामिल हैं।

उपर्युक्त कथनों में से कौन-सा/से कथन सत्य है/हैं?

(a) केवल 1 (b) केवल 2
(c) 1 और 2 दोनों (d) न तो 1 और न ही 2

उत्तर (a)

व्याख्या दिए गए कथनों में केवल कथन (1) सही है।

स्थानांतरित कृषि भारत के उत्तर-पूर्वी भागों में प्रचलित है। यह कृषि अमेजन के सघन वन क्षेत्रों, उष्णकटिबंधीय अफ्रीका तथा दक्षिण-पूर्व एशिया में भी की जाती है। इस प्रकार की कृषि के अंतर्गत जंगलों को काटकर एवं जलाकर भूखंडों को साफ कर खेती की जाती है। भूमि की उर्वरता समाप्ति के बाद कृषक नए भूखंड पर चला जाता है।

कथन (2) सही नहीं है, क्योंकि आदिम निर्वाह कृषि में स्थानांतरित कृषि के साथ चलवासी पशुचारण शामिल हैं न कि मिश्रित कृषि। स्थानांतरित कृषि ऐसे स्थानों पर की जाती है, जहाँ भारी वर्षा एवं वनस्पतियों का तीव्र पुनर्जनन होता है।

फसल ऋतुएँ/प्रमुख फसलें

7 फसल ऋतुओं के संदर्भ में निम्नलिखित में से कौन-सा सही सुमेलित है? *(Chap 15, Class-VIII, Old NCERT)*

1. खरीफ फसल-शीत ऋतु में बोई जाती है।
2. जायद फसल-ग्रीष्म ऋतु में बोई जाती है।
3. रबी फसल-वर्षा ऋतु में बोई जाती है।

कूट

(a) केवल 1 (b) केवल 2 (c) 1 और 3 (d) ये सभी

उत्तर (b)

व्याख्या फसल ऋतु के संबंध में युग्म (2) सही सुमेलित है। जायद फसल की खेती ग्रीष्म ऋतु में की जाती है। जायद फसल में तरबूज, खरबूजे, खीरे, सब्जियाँ और चारे की खेती की जाती है।

युग्म (1) और (3) सही सुमेलित नहीं हैं, क्योंकि खरीफ फसलें देश में मानसून आगमन के साथ बोई जाती हैं और सितंबर-अक्टूबर में काट ली जाती हैं। इस ऋतु में बोई जाने वाली मुख्य फसलों में चावल, मक्का, ज्वार, बाजरा, तूर, मूँग, उड़द, कपास, जूट, मूँगफली व सोयाबीन हैं। रबी फसलों को शीत ऋतु में अक्टूबर से दिसंबर के मध्य बोया जाता है और अप्रैल से जून के मध्य काटा जाता है। रबी की प्रमुख फसलों में गेहूँ, जौ, चना, मटर और सरसों हैं।

8 कथन (A) और कारण (R) को पढ़िए तथा नीचे दिए गए कूट की सहायता से सही उत्तर का चयन कीजिए। *(Chap 4, Class-X, New NCERT) (MPPSC Pre 2021)*

कथन (A) पंजाब, हरियाणा, उत्तर प्रदेश भारत के प्रमुख गेहूँ उत्पादक राज्य हैं।

कारण (R) सुअपवाहित उर्वर भूमि शीतकाल में 10°C-15°C तापमान एवं लगभग 50 से 75 सेमी औसत वार्षिक वर्षा गेहूँ के उत्पादन के लिए आवश्यक है।

कूट

(a) A और R दोनों सही हैं तथा R, A की सही व्याख्या है
(b) A और R दोनों सही हैं, परंतु R, A की सही व्याख्या नहीं है
(c) A सही है, किंतु R गलत है
(d) A गलत है, किंतु R सही है

उत्तर (a)

व्याख्या A और R दोनों सही हैं तथा R, A की सही व्याख्या है।

भारत के प्रमुख गेहूँ उत्पादक राज्य पंजाब, हरियाणा, उत्तर प्रदेश हैं। इन राज्यों में गेहूँ उत्पादन के लिए उचित मौसमी प्रक्रम उपस्थित होता है।

दिए गए राज्यों में शीत ऋतु में औसत तापमान 10-15°C तथा औसत वार्षिक वर्षा का अनुपात 50 से 75 सेमी होता है।

9 चावल की फसलों के संदर्भ में नीचे दिए गए कथनों पर विचार करें

1. यह खरीफ की फसल है। *(Chap 6, Class-X, Old NCERT)*
2. इसको उगाने के लिए औसत वार्षिक वर्षा 150 सेमी से अधिक होनी चाहिए।
3. धान की फसलें ऑस, अमन और बोरो आंध्र प्रदेश में बोई जाती हैं।

उपर्युक्त में से कौन-सा/से कथन सही है/हैं?

(a) केवल 1 (b) केवल 2 (c) 1 और 2 (d) ये सभी

उत्तर (a)

व्याख्या चावल की खेती के संदर्भ में दिए गए कथनों में केवल कथन (1) सही है। चावल खरीफ की फसल है। चावल उत्पादन में भारत, चीन के बाद विश्व में दूसरे स्थान पर है। चावल एक उष्ण आर्द्र कटिबंधीय फसल है और इसकी 3000 से भी अधिक किस्में हैं। कथन (2) और (3) सही नहीं हैं, क्योंकि चावल की खेती के लिए औसत वार्षिक वर्षा 100 सेमी से अधिक और तापमान 25°C से अधिक होना चाहिए। कम वर्षा वाले क्षेत्रों में इसे अधिक सिंचाई करके उगाया जा सकता है। चावल की किस्में/फसलें ऑस, अमन और बोरो असम, पश्चिम बंगाल और ओडिशा में उगाई जाती हैं।

10 चावल की खेती से संबंधित निम्नलिखित में से प्रमुख क्षेत्र कौन-से हैं? *(Chap 6, Class-X, Old NCERT)*

1. उत्तर-पूर्वी मैदान
2. मालवा पठार
3. डेल्टाई प्रदेश
4. तटीय क्षेत्र

कूट

(a) 1 और 2 (b) 1 और 4 (c) 1, 3 और 4 (d) ये सभी

उत्तर (c)

व्याख्या चावल की खेती से संबंधित क्षेत्रों में उत्तर और उत्तर-पूर्वी मैदान, तटीय क्षेत्र और डेल्टाई प्रदेश प्रमुख हैं। इसके अतिरिक्त असम, पश्चिमी बंगाल, ओडिशा, आंध्र प्रदेश, तेलंगाना, तमिलनाडु, केरल, उत्तर प्रदेश व बिहार में चावल की खेती की जाती है। पिछले कुछ वर्षों से चावल पंजाब और हरियाणा में बोई जाने वाली प्रमुख फसल बन गई है।

विकल्प (2) चावल की खेती से संबंधित नहीं हैं, क्योंकि मालवा पठार में मुख्यत: सोयाबीन की खेती की जाती है।

11 गेहूँ की फसल के संदर्भ में निम्नलिखित में से कौन-सा कथन सही नहीं है? *(Chap 5, Class-XII, New NCERT)*

(a) इसकी खेती के लिए वार्षिक वर्षा 50 से 75 सेमी के मध्य होनी चाहिए।
(b) गेहूँ मुख्यत: खरीफ की फसल है।
(c) भारत में गेहूँ का क्षेत्र उत्तर-पश्चिमी मैदान है।
(d) गेहूँ की खेती हिमालय पर्वतीय श्रेणी में 2700 मी की ऊँचाई तक की जाती है।

उत्तर (b)

व्याख्या गेहूँ की फसल के संदर्भ में कथन (b) सही नहीं है, क्योंकि गेहूँ मुख्यत: रबी की फसल है। यह भारत का दूसरा प्रमुख खाद्यान्न है। यह मुख्यत: शीतोष्ण कटिबंधीय फसल है। भारत में उत्तर प्रदेश, पंजाब, हरियाणा, राजस्थान, मध्य प्रदेश प्रमुख गेहूँ उत्पादक राज्य हैं।

12 मोटे अनाज के संदर्भ में निम्नलिखित कथनों पर विचार करें *(Chap 5, Class-XII, New NCERT)*

1. ज्वार, बाजरा और तोरिया प्रमुख मोटे अनाज हैं।
2. रागी में प्रचुर मात्रा में लोहा, कैल्शियम और सूक्ष्म पोषक तत्त्व पाए जाते हैं।
3. मोटे अनाजों को सिंचाई की कम आवश्यकता होती है।

उपर्युक्त में से कौन-सा/से कथन सही है/हैं?

(a) केवल 1 (b) 2 और 3 (c) 1 और 2 (d) केवल 3

उत्तर (b)

व्याख्या मोटे अनाज के संदर्भ में कथन (2) और (3) सही हैं। रागी एक प्रमुख मोटे अनाज की फसल है, जिसमें प्रचुर मात्रा में लोहा, कैल्शियम, सूक्ष्म पोषक तत्त्व और भूसी मिलती है। इसकी खेती राजस्थान के दक्षिण-पूर्वी भाग में होती है। इसके अतिरिक्त महाराष्ट्र, कर्नाटक व आंध्र प्रदेश में भी इसकी खेती की जाती है। मोटे अनाज शुष्क क्षेत्र में उगाए जाते हैं, इसे अधिक सिंचाई की आवश्यकता नहीं होती है।

कथन (1) सही नहीं है, क्योंकि ज्वार, बाजरा और रागी भारत में उगाए जाने वाले मुख्य मोटे अनाज हैं, जबकि तोरिया एक दलहनी फसल है।

13 मक्का की फसल के संबंध में कौन-सा कथन सही नहीं है?

(Chap 2, Class-XII, Old NCERT)

(a) इसे खाद्यान्न व चारा दोनों रूप में प्रयोग किया जाता है
(b) इसकी खेती पुरानी जलोढ़ मिट्टी पर की जाती है
(c) इसके लिए तापमान 21°C से 27°C के मध्य होना चाहिए
(d) यह मुख्यत: रबी की फसल है

उत्तर (d)

व्याख्या मक्का की फसल के संबंध में कथन (d) सही नहीं है, क्योंकि मक्का मुख्यत: खरीफ की फसल है, जो खाद्यान्न व चारा दोनों रूपों में प्रयोग की जाती है। इसे 21°C से 27°C के मध्य तापमान और पुरानी जलोढ़ मिट्टी पर उगाया जाता है। इसके प्रमुख उत्पादक राज्यों में कर्नाटक, मध्य प्रदेश, उत्तर प्रदेश, बिहार, आंध्र प्रदेश और तेलंगाना शामिल हैं।

14 "यह फसल मुख्यत: उत्तर भारत में खरीफ की फसल है एवं दक्षिण व मध्य भारत के अर्द्ध-शुष्क क्षेत्रों की प्रमुख खाद्य फसल है। इसका प्रयोग मुख्यत: चारा फसल के रूप में किया जाता है।"

(Chap 5, Class-XII, New NCERT)

ऊपर दिया गया विवरण मुख्यत: किस फसल से संबंधित है?

(a) जौ (b) ज्वार (c) बाजरा (d) सोयाबीन

उत्तर (b)

व्याख्या प्रश्न में दिया गया विवरण ज्वार से संबंधित है। ज्वार की सबसे अधिक खेती महाराष्ट्र में की जाती है। इसके अतिरिक्त कर्नाटक, मध्य प्रदेश, आंध्र प्रदेश तथा तेलंगाना अन्य उत्पादक राज्य हैं। ज्वार मुख्यत: उत्तर भारत में खरीफ ऋतु में और दक्षिण भारत में खरीफ और रबी दोनों ऋतुओं में उगाया जाता है। इसकी खेती मुख्यत: चारे के लिए की जाती है।

15 निम्नलिखित कथनों पर विचार करें *(Chap 4, Class-X, New NCERT)*

1. मूँगफली मुख्यत: शुष्क प्रदेशों की वर्षा आधारित खरीफ फसल है।
2. राई, सरसों, तोरिया व तारामीरा मुख्यत: तिलहन की फसलें हैं।
3. तिलहन की फसलें प्रमुखत: रबी की फसलें हैं।
4. सोयाबीन का सर्वाधिक उत्पादन महाराष्ट्र में किया जाता है।

उपर्युक्त में से कौन-सा/से कथन सही है/हैं?

(a) 1 और 2 (b) 2 और 3
(c) 1, 2 और 3 (d) ये सभी

उत्तर (c)

व्याख्या प्रश्न में दिए गए कथनों में कथन (1), (2) और (3) सही हैं। मूँगफली मुख्यत: शुष्क प्रदेशों की फसल है। इसका सबसे अधिक उत्पादन गुजरात राज्य में होता है। इसके अतिरिक्त राजस्थान, तमिलनाडु, आंध्र प्रदेश में भी इसका उत्पादन होता है।

राई, सरसों, तोरिया और तारामीरा मुख्यत: तिलहन की फसलें हैं। ये उपोष्ण कटिबंधीय फसलें हैं तथा भारत के उत्तर-पश्चिमी भाग में रबी में बोई जाती हैं। इसके अंतर्गत सोयाबीन व सूरजमुखी की फसलें भी आती हैं। इसकी खेती राजस्थान, कर्नाटक, आंध्र प्रदेश, तेलंगाना आदि राज्यों में की जाती है।

कथन (4) सही नहीं है, क्योंकि सोयाबीन का सर्वाधिक उत्पादन मध्य प्रदेश में होता है।

16 निम्नलिखित कथनों पर विचार कीजिए

(Chap 4, Class-X, New NCERT)

1. फलीदार फसल होने के कारण दालें वायु से नाइट्रोजन ग्रहण कर भूमि की उर्वरता को बढ़ाती हैं।
2. दालें कार्बोहाइड्रेट का सबसे प्रमुख स्रोत हैं।
3. विश्व में दालों का सबसे बड़ा उपभोक्ता व उत्पादक देश भारत है।

उपर्युक्त में से कौन-सा/से कथन सही नहीं है/हैं?

(a) केवल 1 (b) केवल 2
(c) 1 और 3 (d) इनमें से कोई नहीं

उत्तर (c)

व्याख्या कथन (1) और (3) सही हैं। भारत विश्व में दालों का सबसे बड़ा उत्पादक तथा उपभोक्ता है। तूर (अरहर), उड़द, मूँग, मसूर, मटर और चना, भारत की मुख्य दलहनी फसलें हैं, दाल एक फलीदार फसल है।

केवल अरहर को छोड़कर अन्य सभी दालें वायु से नाइट्रोजन लेकर भूमि की उर्वरता को बनाए रखती हैं। अत: इन फसलों की खेती मध्य प्रदेश, राजस्थान, महाराष्ट्र, उत्तर प्रदेश और कर्नाटक राज्यों में की जाती है।

दिए गए कथनों में से कथन (2) सही नहीं है, क्योंकि दालें मुख्यत: प्रोटीन का सबसे अच्छा स्रोत मानी जाती हैं।

17 निम्नलिखित कथनों में से कौन-सा सही है?

(Chap 5, Class-XII, New NCERT)

1. गन्ना मुख्यत: सिंचित क्षेत्र की फसल है।
2. इससे चीनी, गुड़, खांडसारी और शीरा बनाया जाता है।
3. गन्ने के उत्पादन के लिए औसत वार्षिक वर्षा 100 सेमी से 150 सेमी के मध्य होनी चाहिए।

कूट

(a) 1 और 2 (b) केवल 3
(c) 1, 2 और 3 (d) 1 और 3

उत्तर (a)

व्याख्या कथन (1) और (2) सही हैं। गन्ना मुख्यत: सिंचित क्षेत्र की फसल है। गन्ना एक उष्ण और उपोष्ण कटिबंधीय फसल है और इसके लिए 21°C से 27°C तापमान होना चाहिए। कम वर्षा वाले क्षेत्रों में इसकी सिंचाई की आवश्यकता होती है। यह एक श्रम गहनता वाली फसल है। भारत गन्ने का दूसरा सबसे बड़ा उत्पादक देश है। इससे चीनी, गुड़, खांडसारी और शीरा बनाया जाता है। गन्ना उत्तर प्रदेश, महाराष्ट्र, कर्नाटक, तमिलनाडु, आंध्र प्रदेश, तेलंगाना और बिहार आदि राज्यों में उत्पादित होता है।

गन्ने की फसल के संबंध में कथन (3) सही नहीं है, क्योंकि गन्ने की खेती के लिए औसत वार्षिक वर्षा 75-100 सेमी के मध्य होनी चाहिए और इसको बोते समय उष्ण एवं आर्द्र जलवायु होनी चाहिए।

18 निम्नलिखित फसलों में से कौन-सी मुख्यत: जायद ऋतु की फसलें हैं?

(Chap 2, Class-XII, Old NCERT)

1. तरबूज 2. खीरा 3. ककड़ी
4. मटर 5. बाजरा 6. गेहूँ

कूट

(a) 1, 3, 4 और 5 (b) 2, 4 और 6
(c) 3, 4 और 6 (d) 1, 2 और 3

उत्तर (d)

व्याख्या तरबूज, खीरा और ककड़ी मुख्यत: जायद ऋतु की फसलें हैं। इन सभी की खेती रबी और खरीफ फसल ऋतुओं के बीच ग्रीष्म ऋतु में की जाती है। जायद ऋतु की खेती को व्यापारिक फसल के अंतर्गत शामिल किया जाता है।

19 **निम्नलिखित फसलों पर विचार कीजिए।** *(Chap 4, Class-X, New NCERT) (IAS Pre 2013)*

1. कपास
2. मूँगफली
3. धान (चावल)
4. गेहूँ

उपर्युक्त में से कौन-सी खरीफ की फसलें हैं?

(a) 1 और 4 (b) 2 और 3
(c) 1, 2 और 3 (d) 2, 3 और 4

उत्तर (c)

व्याख्या चावल (धान), मक्का, कपास, मूँगफली इत्यादि खरीफ की फसलें हैं। खरीफ की फसलें मानसून के आगमन के साथ बोई जाती हैं और सितंबर-अक्टूबर में काट ली जाती हैं। गेहूँ रबी की फसल है।

20 **निम्न कथनों पर विचार कीजिए** *(Chap 4, Class-X, New NCERT) (UPPSC Mains 2017)*

1. अलसी, जई, ढैंचा भारत में उगाए जाने वाली मुख्य रेशे वाली फसलें हैं।
2. कपास को 'सुनहरा रेशा' भी कहा जाता है। इसकी फसल बाढ़ के मैदानों में जल निकास वाली उर्वर मिट्टी में उगाई जाती है।
3. सनई या सन एक रेशेदार फसल है, जिसका उत्पादन उत्तर गंगा मैदान में होता है।

उपर्युक्त कथनों में से कौन-सा/से कथन सही है/हैं?

(a) 1 और 2 (b) 2 और 3 (c) केवल 3 (d) ये सभी

उत्तर (c)

व्याख्या दिए गए कथनों में कथन (3) सही हैं अर्थात् सनई या सन एक रेशेदार फसल है, जिसका उत्पादन उत्तर गंगा मैदान में होता है। इसके तने को पानी में सड़ाने के बाद इसके ऊपर लगे रेशे को निकालकर रस्सी बनाई जाती है। यह रस्सी बहुत टिकाऊ होती है।

कथन (1) और (2) सही नहीं है, क्योंकि अलसी, जई तथा ढैंचा आदि रेशे वाली फसलें नहीं है, बल्कि कपास, जूट, सनई आदि भारत में उगाई जाने वाली प्रमुख रेशे वाली फसलें हैं।

कपास को नहीं वरन जूट को 'सुनहरा रेशा' कहा जाता है, जो बाढ़ के मैदानों में जल निकास वाली उर्वर मिट्टी में उगाया जाता है।

21 **कथन (A) व कारण (R) को पढ़िए और नीचे दिए गए कूट की सहायता से सही उत्तर का चुनाव कीजिए।** *(Chap 5, Class-XII, New NCERT)*

कथन (A) **कपास पर फूल आने के समय आकाश बादल रहित होना चाहिए।**
कारण (R) **कपास एक उष्णकटिबंधीय फसल है, जो देश के अर्द्धशुष्क भागों में खरीफ ऋतु में बोई जाती है।**

कूट

(a) A और R दोनों सही हैं तथा R, A की सही व्याख्या है
(b) A और R दोनों सही हैं, परंतु R, A की सही व्याख्या नहीं है
(c) A सही है, किंतु R गलत है
(d) A गलत है, किंतु R सही है

उत्तर (a)

व्याख्या A और R दोनों सही हैं तथा R, A की सही व्याख्या है।

कपास पर फूल आने के समय आकाश बादल रहित होना चाहिए, क्योंकि कपास एक उष्णकटिबंधीय फसल है, जो देश के अर्द्धशुष्क भागों में खरीफ ऋतु में बोई जाती है।

कपास भारत का मूल पौधा है और इसका उपयोग कपड़ा उद्योग के लिए कच्चे माल के रूप में किया जाता है। दक्कन पठार के शुष्कतर भागों में काली मिट्टी कपास उत्पादन के लिए उपयुक्त मानी जाती है।

22 **भारत में फसलों के मुख्य मौसमों के संदर्भ में निम्नलिखित कथनों में से कौन-सा/से सही नहीं है/हैं?** *(Chap 4, Class-X, New NCERT) (HPSC Pre 2023)*

1. 'खरीफ' और 'रबी' शब्द अरबी भाषा से उत्पन्न हुए हैं, जहाँ खरीफ का अर्थ है- शरद ऋतु और रबी का अर्थ है-बसंत ऋतु।
2. खरीफ की फसलों को बढ़ने के लिए ठंडे मौसम और कम पानी की आवश्यकता होती है।
3. रबी की फसलों को आमतौर पर अधिक पानी की आवश्यकता होती है और इन्हें मानसून फसलें कहा जाता है।
4. जायद गर्मियों के महीनों के दौरान फसलों का एक छोटा मौसम होता है और इस मौसम में अधिकांश मौसमी फल और सब्जियाँ उगाई जाती हैं।

कूट

(a) 1 और 2 (b) 1 और 4
(c) 3 और 4 (d) 2 और 3

उत्तर (d)

व्याख्या भारत में फसलों के मुख्य मौसमों के संदर्भ में कथन (2) और (3) सही नहीं हैं, क्योंकि खरीफ की फसलों को बढ़ने के लिए गर्म मौसम और अधिक पानी की आवश्यकता होती है। खरीफ की फसलें जून-जुलाई में बोई और अक्टूबर-नवंबर में काटी जाती हैं। खरीफ की फसलों को मानसूनी फसलें कहा जाता है, क्योंकि इसके उत्पादन में मानसून की प्रमुख भूमिका होती है। धान, ज्वार, बाजरा, मक्का, मूँगफली, गन्ना आदि खरीफ की फसलें हैं।

रबी की फसलों को सामान्यतः कम पानी की आवश्यकता होती है। ये फसलें अक्टूबर-नवंबर में बोई तथा मार्च-अप्रैल में काटी जाती हैं। गेहूँ, जौ, चना, मटर, सरसों आदि रबी की फसलें हैं।

23 **निम्न विवरण कौन-सी फसल का है?** *(Chap 4, Class-X, New NCERT) (IAS Pre 2020)*

"यह फसल उपोष्ण प्रकृति की है, इसके लिए कठोर पाला हानिकारक है। विकास के लिए इसे कम-से-कम 210 पाला रहित दिवसों और 50-100 सेमी वर्षा की आवश्यकता पड़ती है। हल्की सुअपवाहित मृदा, जिसमें नमी धारण करने की क्षमता है, उसकी खेती के लिए आदर्श रूप से अनुकूल है।"

(a) कपास (b) जूट (c) गन्ना (d) चाय

उत्तर (a)

व्याख्या प्रश्न में कपास की फसल का विवरण दिया गया है। कपास की खेती के लिए कम-से-कम 210 पाला रहित दिवसों का होना अति आवश्यक है। इसके अतिरिक्त 50 से 100 सेमी वर्षा तथा 20°C-28°C के बीच तापमान कपास की खेती के लिए उपयुक्त है। हल्की सुअपवाहित मिट्टी, जिसमें नमी धारण करने की क्षमता है अर्थात् काली मिट्टी में कपास उगाने की अनुकूल दशाएँ विद्यमान हैं।

24 **निम्नलिखित में से कौन-सा कथन सही नहीं है?** *(Chap 4, Class-X, New NCERT)*

(a) प्राकृतिक रेशम, रेशम के कीड़े के कोकून से प्राप्त होता है।
(b) रेशम पालन को पीसीकल्चर कहा जाता है।
(c) रेशम के कीड़े मलबरी पेड़ की हरी पत्तियों पर पलते हैं।
(d) उपर्युक्त में से कोई नहीं

उत्तर (b)

व्याख्या प्रश्न में दिए गए कथनों में कथन (b) सही नहीं है, क्योंकि रेशम पालन को सेरीकल्चर कहा जाता है। प्राकृतिक रेशम, रेशम के कीड़े के कोकून से प्राप्त होता है, जो शहतूत (मलबरी) पेड़ की हरी पत्तियों पर पलता है।

25 **चाय की खेती के संदर्भ में नीचे दिए गए कथनों पर विचार करें।** *(Chap 5, Class-XII, New NCERT)*

1. चाय के लिए वर्ष भर या उष्ण, नम और पालारहित जलवायु की आवश्यकता होती है।
2. चाय की खेती रोपण कृषि के अंतर्गत की जाती है।
3. चाय, भारत के पहाड़ी क्षेत्रों की देशज फसल है।
4. चाय की पत्तियों में कैफीन व टैनिन पाया जाता है।

उपर्युक्त में से कौन-सा/से कथन सही नहीं है/हैं?

(a) 1 और 2 (b) 1, 2 और 3 (c) 2 और 4 (d) 1, 2 और 4

उत्तर *(d)*

व्याख्या चाय की खेती के संदर्भ मे कथन (1), (2) और (4) सही हैं। चाय उष्ण आर्द्र एवं उपोष्ण आर्द्र कटिबंधीय जलवायु वाले तरंगित भागों पर अच्छे अपवाह वाली मिट्टी में बोई जाती है। भारत में चाय की खेती 1840 ई. में असम की ब्रह्मपुत्र घाटी में प्रारंभ हुई, जो वर्तमान में भी देश का प्रमुख चाय उत्पादक क्षेत्र है। भारत चाय के अग्रणी उत्पादक देशों में शामिल है। चाय के मुख्य उत्पादक क्षेत्रों में असम, पश्चिम बंगाल में दार्जिलिंग और जलपाईगुड़ी जिलों की पहाड़ियाँ तमिलनाडु और केरल हैं तथा भारत विश्व का लगभग 21.1% चाय का उत्पादन करता है।

कथन (3) सही नहीं है, क्योंकि चाय उत्तरी चीन के पहाड़ी क्षेत्रों की देशज फसल है।

26 **निम्नलिखित में से कौन-सा कॉफी का प्रकार है?** *(Chap 4, Class-X, New NCERT)*

1. अरेबिका 2. रोबस्ता 3. लेप्चा 4. लिबेरिका

कूट

(a) 1 और 2 (b) 2 और 3 (c) 1, 2 और 4 (d) ये सभी

उत्तर *(c)*

व्याख्या कॉफी की तीन किस्में (प्रकार)-अरेबिका, रोबस्ता एवं लिबेरिका हैं, जबकि लेप्चा, सिक्किम की जनजाति है। कॉफी एक उष्णकटिबंधीय रोपण कृषि है। इसके बीजों को भूनकर पीसा जाता है तथा एक पेय के रूप में प्रयोग किया जाता है। भारत में अधिकतर उत्तम किस्म की अरेबिका कॉफी का उत्पादन किया जाता है, जिसकी अंतर्राष्ट्रीय बाजार में माँग अधिक होती है। देश के समस्त कॉफी उत्पादन का दो-तिहाई से अधिक भाग अकेले कर्नाटक राज्य से आता है। कर्नाटक, केरल एवं तमिलनाडु में पश्चिमी घाट की उच्च भूमि पर कॉफी की खेती की जाती है।

27 **रबड़ की फसल के संबंध में निम्नलिखित में से कौन-सा कथन सही है?** *(Chap 4, Class-X, New NCERT)*

1. इसे उष्ण और उपोष्ण क्षेत्रों में उगाया जाता है।
2. इसके लिए वार्षिक वर्षा 100 सेमी होनी चाहिए।

कूट

(a) केवल 1 (b) केवल 2
(c) 1 और 2 दोनों (d) इनमें से कोई नहीं

उत्तर *(a)*

व्याख्या रबड़ की फसल के संबंध में कथन (1) सही है। रबड़ भूमध्यरेखीय क्षेत्र की फसल है, परंतु विशेष परिस्थितियों में उष्ण और उपोष्ण क्षेत्रों में भी उगाई जाती है।

कथन (2) सही नहीं है, क्योंकि इसको 200 सेमी से अधिक वर्षा और 25°C से अधिक तापमान वाली नम और आर्द्र जलवायु की आवश्यकता होती है। रबड़ एक महत्त्वपूर्ण कच्चा माल है, जो उद्योगों में प्रयुक्त होता है। इसे मुख्य रूप से केरल, तमिलनाडु, कर्नाटक, अंडमान-निकोबार द्वीप समूह और मेघालय की गारो पहाड़ियों में उगाया जाता है।

28 **फसल एवं उसके उत्पादक क्षेत्रों के संदर्भ में निम्नलिखित में से कौन-सा सही सुमेलित है?** *(Chap 5, Class-XII, New NCERT)*

(a) चावल-झारखंड (b) संतरे-नागपुर
(c) लीची-हिमाचल प्रदेश (d) अखरोट-महाराष्ट्र

उत्तर *(b)*

व्याख्या फसल एवं इसके उत्पादक क्षेत्रों के संदर्भ में युग्म (b) सही सुमेलित है। संतरे का उत्पादन नागपुर में होता है।

युग्म (a), (c) और (d) सही सुमेलित नहीं हैं। चावल के प्रमुख उत्पादक राज्यों में पश्चिम बंगाल, उत्तर प्रदेश, पंजाब, बिहार है। चावल उत्पादन में भारत विश्व में चीन के बाद दूसरे स्थान पर है। लीची का मुख्य उत्पादक राज्य बिहार है एवं अखरोट का उत्पादन मुख्य रूप से जम्मू-कश्मीर में किया जाता है।

29 **सूची I को सूची II से सुमेलित करें और नीचे दिए गए कूट की सहायता से सही उत्तर का चुनाव करें।** *(Chap 2, Class-XII, Old NCERT)*

सूची-I (प्रमुख फसलें)	सूची-II (जलवायवीय अवस्था)
A. रागी	1. शुष्क जलवायु
B. गेहूँ	2. शीतोष्ण जलवायु
C. गन्ना	3. उष्ण एवं उपोष्ण जलवायु
D. चाय	4. उष्ण एवं अति आर्द्र जलवायु

कूट

	A	B	C	D
(a)	1	2	3	4
(b)	2	3	4	1
(c)	3	2	1	4
(d)	1	4	2	3

उत्तर *(a)*

व्याख्या सही सुमेलन A-1, B-2, C-3, D-4 है।

रागी की फसल मुख्यत: ऐसे प्रदेशों में बोई जाती है, जहाँ वर्षा बहुत कम (शुष्क जलवायु) होती है। 20 से 30 सेमी वर्षा वाले क्षेत्रों में रागी की फसल बोई जाती है, इसे वसा रहित फसल माना जाता है।

गेहूँ उष्ण, शीतोष्ण व शीत किसी भी जलवायु प्रदेश में उगाया जा सकता है, परंतु शीतोष्ण जलवायु इसके लिए सर्वाधिक उपयुक्त मानी जाती है।

गन्ने की खेती मुख्यत: उष्ण व उपोष्ण जलवायु प्रदेशों में की जाती है। गन्ने की खेती उन प्रदेशों में की जाती है, जहाँ वर्षा अधिक होती है या जहाँ सिंचाई के साधन उपलब्ध हों। इसके लिए उष्ण एवं उपोष्ण जलवायु अधिक उपयुक्त मानी जाती है।

चाय के उत्पादन के लिए उष्ण एवं अति आर्द्र जलवायु अंत्यधिक महत्त्वपूर्ण मानी जाती है। 200 सेमी से अधिक वर्षा वाले क्षेत्रों में चाय की खेती की जाती है।

30 **सूची I में दी गई फसलों को सूची II में दिए गए राज्यों के साथ सुमेलित करें, जहाँ उनकी पैदावार सबसे अधिक होती है।** *(Chap 4, Class-X, New NCERT) (CGPSC Pre 2023)*

सूची-I (फसल)	सूची-II (राज्य)
A. रागी	1. कर्नाटक
B. बाजरा	2. महाराष्ट्र
C. ज्वार	3. राजस्थान
D. उड़द	4. मध्य प्रदेश

कूट

	A	B	C	D
(a)	1	2	3	4
(b)	1	3	2	4
(c)	3	4	2	1
(d)	1	4	3	2

उत्तर *(b)*

व्याख्या सही सुमेलन A-1, B-3, C-2, D-4 है।

रागी का सर्वाधिक उत्पादन कर्नाटक में होता है। कर्नाटक मक्का का भी सर्वाधिक उत्पादक राज्य है।

बाजरा का सर्वाधिक उत्पादन राजस्थान में होता है। इसके अतिरिक्त बाजरे के अन्य उत्पादक राज्य उत्तर प्रदेश, हरियाणा, महाराष्ट्र व तमिलनाडु हैं। भारत में ज्वार का दूसरा शीर्ष उत्पादक राज्य महाराष्ट्र है। हालाँकि देश में शीर्ष उत्पादक राज्य कर्नाटक है। उड़द का सर्वाधिक उत्पादक राज्य मध्य प्रदेश है। मध्य प्रदेश कुल दालों के संदर्भ में शीर्ष उत्पादक राज्य है।

31 मसाले एवं फल के संदर्भ में निम्नलिखित कथनों में से कौन-सा असत्य है? *(Chap 6, Class-X, Old NCERT)*

(a) सब्जियों एवं फलों की गहन कृषि को उद्यान कृषि कहा जाता है
(b) शीतोष्ण कटिबंधीय फलों में सेब, आलू बुखारा, आड़ू, खुबानी प्रमुख हैं
(c) मसाले मुख्यतः केरल व कर्नाटक के कोरोमंडल तट पर उगाए जाते हैं
(d) उष्ण कटिबंधीय फलों में नारियल, कटहल, अनन्नास आदि प्रमुख हैं

उत्तर (c)

व्याख्या मसाले एवं फल के संदर्भ में कथन (c) सही नहीं है, क्योंकि भारत में मसाले मुख्यतः केरल व कर्नाटक के कनारी एवं मालाबार तट पर उगाए जाते हैं। इनमें भी मालाबार तट मसाले व फल उत्पादन हेतु प्रसिद्ध माना जाता है। कार्डामम की पहाड़ी भी इसी के समीप स्थित है। सब्जियों एवं फलों की गहन कृषि को उद्यान/बागानी कृषि कहते हैं। सेब, आलू बुखारा, आड़ू, खुबानी ये सभी शीतोष्ण कटिबंधीय फल हैं। नारियल, कटहल, अनन्नास ये सभी उष्ण कटिबंधीय फल हैं।

भारत में कृषि का विकास

32 गहन निर्वाह कृषि के संदर्भ में दिए गए कथनों पर विचार कीजिए *(Chap 4, Class-VIII, New NCERT)*

1. इस प्रकार की कृषि औद्योगिक आवश्यकताओं की पूर्ति हेतु की जाती है।
2. इस प्रकार की कृषि दक्षिण-पूर्व एशिया एवं पूर्वी एशिया में सघन जनसंख्या वाले मानसूनी प्रदेशों में प्रचलित है।
3. इस प्रकार की कृषि में ज्वार एवं बाजारा मुख्य फसलें होती हैं।

उपरोक्त में से कौन-सा/से कथन सही नहीं है/हैं?

(a) केवल 1 (b) केवल 2
(c) 1 और 3 (d) 2 और 3

उत्तर (c)

व्याख्या गहन निर्वाह कृषि के संदर्भ में कथन (1) और (3) सही नहीं है, कयोंकि गहन निर्वाह कृषि औद्योगिक आवश्यकताओं की पूर्ति के लिए नहीं वरन् पारिवारिक आवश्यकताओं की पूर्ति के लिए की जाती है। इस प्रकार की कृषि में कृषक एक छोटे भूखंड पर साधारण औजारों और अधिकश्रम से खेती करता है। गहन निर्वाह कृषि के अंतर्गत ज्वार एवं बाजरा नहीं, बल्कि चावल, गेहूँ, दलहन तथा तिलहन आदि फसलें शामिल हैं, जिसमें चावल सबसे मुख्य फसल है।

33 निम्नलिखित कथनों पर विचार करें *(Chap 4, Class-X, New NCERT)*

1. भारत में हरित क्रांति की शुरुआत 1980 के दशक में प्रारंभ हुई।
2. हरित क्रांति में मुख्यतः सिंचित क्षेत्रों में कृषि उत्पादकता में वृद्धि हुई।
3. हरित क्रांति में गेहूँ की उच्च पैदावार देने वाली किस्मों को बढ़ावा दिया गया।

उपर्युक्त में से कितने कथन सही हैं?

(a) केवल एक (b) केवल दो
(c) सभी तीन (d) इनमें से कोई नहीं

उत्तर (b)

व्याख्या हरित क्रांति के संदर्भ में केवल दो अर्थात् कथन (2) और (3) सही हैं। भारत में हरित क्रांति का विकास मुख्यतः सिंचित क्षेत्रों-पंजाब और हरियाणा में हुआ था, क्योंकि इन क्षेत्रों में सिंचाई की समुचित सुविधा का विकास हो गया था। अधिक सिंचित क्षेत्रों में गेहूँ की उच्च पैदावार वाली किस्मों का प्रयोग किया गया और यह सफल रहा तथा इन क्षेत्रों में इनकी उत्पादन मात्रा में वृद्धि देखी गई।

कथन (1) सही नहीं है, क्योंकि 1960 के दशक में भारत में हरित क्रांति की शुरुआत हुई। इस दशक के मध्य में गेहूँ (मेक्सिको) तथा चावल (फिलीपींस) की दो किस्में भारत में कृषि के लिए उपलब्ध कराई गईं। भारत में हरित क्रांति का जनक एम.एस. स्वामीनाथन को माना जाता है। हरित क्रांति 1960 के दशक में पारंपरिक कृषि को आधुनिक तकनीकी द्वारा प्रतिस्थापित किए जाने के रूप में सामने आई, जिसके कारण देश की उपज पैदावार में वृद्धि होने लगी।

मत्स्यन एवं पशुपालन

34 गाय की प्रमुख नस्ल साहीवाल और नागौरा किस राज्य में पाई जाती हैं? *(Chap 6, Class-X, Old NCERT)*

(a) हरियाणा, राजस्थान
(b) हरियाणा, पंजाब
(c) राजस्थान, मध्य प्रदेश
(d) गुजरात, हरियाणा

उत्तर (a)

व्याख्या गाय की प्रमुख नस्ल साहीवाल और नागौरा (हरियाणा) और राजस्थान राज्य में पाई जाती हैं। साहीवाल एक अच्छी किस्म की गाय की प्रजाति है, जो दूध देने में काफी अच्छी मानी जाती है। भारत दुग्ध उत्पादन में विश्व में प्रथम स्थान पर है। यहाँ के दुग्ध उत्पादन राज्यों में गुजरात, राजस्थान, मध्य प्रदेश, हरियाणा और पंजाब प्रमुख हैं।

35 पशुपालन के संबंध में निम्नलिखित कथनों पर विचार करें *(Chap 5, Class-XII, Old NCERT)*

1. पशुपालन और डेयरी विकास ग्रामीण विकास में मुख्य भूमिका निभाते हैं।
2. उत्तर भारत में हालीकर और खिल्लर गायों की प्रमुख नस्लें हैं।

उपर्युक्त में से कौन-सा/से कथन सही है/हैं?

(a) केवल 1 (b) 1 और 2
(c) केवल 2 (d) इनमें से कोई नहीं

उत्तर (a)

व्याख्या पशुपालन के संदर्भ में केवल कथन (1) सही है। पशुपालन और डेयरी विकास से ग्रामीण क्षेत्रों का विकास हुआ है तथा यहाँ पर लोगों के जीवन स्तर और रहन-सहन में सुधार आया है। आज भारत पशुपालन के साथ ही डेयरी विकास में भी आगे बढ़ रहा है।

कथन (2) सही नहीं है, क्योंकि हालीकर और खिल्लर प्रजाति की गायें दक्षिण भारत में पाई जाती हैं।

36 निम्नलिखित में से मछलियों की कौन-सी प्रजाति भारत में पाई जाती है? *(Chap 15, Class-VIII, Old NCERT)*

1. सारडाइन 2. टूना 3. हेरिंग 4. मेकरेल

कूट

(a) 1 और 2 (b) 2 और 3
(c) 1, 2 और 4 (d) ये सभी

उत्तर (d)

व्याख्या भारत में सारडाइन, टूना, हेरिंग एवं मेकरेल आदि सभी प्रकार की मछलियाँ पाई जाती हैं। भारत में मत्स्य पालन तटीय राज्यों का एक प्रमुख उद्योग है, जो लगभग 20 मिलियन से अधिक लोगों को रोजगार उपलब्ध कराता है।

अध्याय 23

खनिज तथा ऊर्जा संसाधन

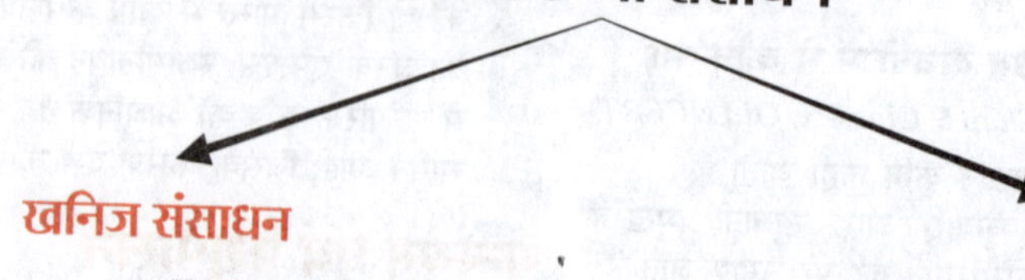

खनिज संसाधन

परिचय

- भारत विभिन्न प्रकार के खनिज संसाधनों से समृद्ध है। खनिज दो प्रकार के होते हैं
- **धात्विक खनिज** ये खनिज धातुओं के स्रोत हैं। इन खनिजों को लौह (लौह युक्त) और अलौह (लौह रहित) के रूप में वर्गीकृत किया जा सकता है
- **अधात्विक खनिज** इन खनिजों में लौह धातु नहीं पाए जाते हैं

भारत में खनिज का वितरण

- भारत में अधिकांश धात्विक खनिज प्रायद्वीपीय पठारी क्षेत्र की प्राचीन क्रिस्टलीय शैलों में पाए जाते हैं
- भारत में खनिज मुख्यत तीन विस्तृत पट्टियों में सांद्रित हैं
  - **उत्तर-पूर्वी पठारी प्रदेश** इस पट्टी के अंतर्गत छोटानागपुर क्षेत्र, ओडिशा के पठार,पश्चिम बंगाल तथा छत्तीसगढ़ के कुछ भाग आते हैं यहाँ उपलब्ध खनिजों में लौह अयस्क, कोयला, मैंगनीज, बॉक्साइट आदि पाए जाते हैं
  - **दक्षिण-पश्चिमी पठार प्रदेश** यह पट्टी कर्नाटक, गोवा तथा संस्पर्शी तमिलनाडु उच्च भूमि और केरल तक विस्तृत है। यहाँ उपलब्ध खनिजों में लौह अयस्क, बॉक्साइट, मैंगनीज आदि शामिल हैं
  - **उत्तर-पश्चिमी प्रदेश** यह पट्टी राजस्थान में अरावली और गुजरात के कुछ भाग पर विस्तृत है। यहाँ उपलब्ध खनिजों में ताँबा, जस्ता, इमारती पत्थर आदि शामिल हैं

लौह खनिज

- **लौह अयस्क**
  - भारत के पास एशिया में लौह अयस्क का सबसे बड़ा भंडार है
  - 95% निक्षेप ओडिशा, झारखंड, छत्तीसगढ़, कर्नाटक, गोवा आदि राज्यों में पाए जाते हैं
- **मैंगनीज**
  - इसके निक्षेप लगभग सभी भूगर्भिक संरचनाओं में पाए जाते हैं, लेकिन मुख्य रूप से धारवाड़ की अवसादी संरचनाओं में भी पाए जाते हैं
  - इसके प्रमुख उत्पादक राज्यों में ओडिशा, कर्नाटक, महाराष्ट्र आदि शामिल हैं

अलौह खनिज

बॉक्साइट इस अयस्क का उपयोग एल्युमीनियम के निर्माण के लिए किया जाता है, इसके अग्रणी उत्पादक राज्य ओडिशा, गुजरात, छत्तीसगढ़ आदि हैं

- **ताँबा** इसके भंडार झारखंड, मध्य प्रदेश राजस्थान आदि भागों में पाए जाते हैं।

गैर-धात्विक खनिज

- **जिप्सम** एक खनिज है, जो सामान्यतः भू-पर्पटी में पाया जाता है, इसका सबसे बड़ा उत्पादक राज्य राजस्थान है।
- **अभ्रक** यह मुख्य रूप से विद्युत और इलेक्ट्रॉनिक उद्योगों में उपयोग किया जाता है, इसके प्रमुख उत्पादक राज्य झारखंड, आंध्र प्रदेश, राजस्थान आदि हैं
- **हीरा** यह कार्बन का सबसे शुद्ध रूप है तथा यह प्रकृति में पाया जाने वाला सबसे कठोर तत्त्व है, यह मुख्यतः आंध्र प्रदेश की गोलकुंडा खदानों तथा मध्य प्रदेश के क्षेत्रों में पाया जाता है

ऊर्जा संसाधन

परिचय

- ऊर्जा संसाधन को निम्न प्रकार वर्गीकृत किया जा सकता है
- **पारंपरिक स्रोत** वे संसाधन जो समाप्त हो सकते हैं, जैसे- कोयला, पेट्रोलियम आदि
- **गैर-पारंपरिक स्रोत** वे संसाधन जो समाप्त नहीं होते हैं; जैसे- सौर ऊर्जा, पवन ऊर्जा आदि

पारंपरिक संसाधन

- **कोयला** यह देश में ऊर्जा उत्पादन का प्रमुख घटक, यह चार प्रकार का होता है-एन्थ्रेसाइट (सर्वोत्तम गुणवत्ता वाला कोयला), बिटुमिनस, लिग्नाइट, पीट, यह देश में गोंडवाना कोयला और टर्शियरी निक्षेप (युवा कोयला) के रूप में पाया जाता है
- **पेट्रोलियम** यह टर्शियरी काल की अवसादी शैलों में पाया जाता है, भारत में कुछ महत्त्वपूर्ण तेल क्षेत्र डिगबोई, अंकलेश्वर आदि में स्थित है
- **प्राकृतिक गैस** यह एक प्राकृतिक रूप से पाया जाने वाला हाइड्रोकार्बन गैस मिश्रण है, जिसका मुख्य घटक मीथेन गैस होती है। यह कच्छ की खाड़ी, खंभात की खाड़ी, बॉम्बे हाई आदि क्षेत्रों में पाया जाता है

गैर पारंपरिक संसाधन

- **सौर ऊर्जा** फोटोवोल्टिक सेल से सौर किरणों को ऊर्जा में परिवर्तित किया किया जाता है, जिसे सौर ऊर्जा कहा जाता है।
- **पवन ऊर्जा** यह ऊर्जा का पूर्णतः प्रदूषण मुक्त स्रोत है
- **ज्वारीय और तरंग ऊर्जा** महासागरीय धाराएँ ऊर्जा का अपरिमित भंडार-गृह है, जिनका उपयोग विद्युत उत्पन्न हेतु किया जाता है
- **भूतापीय ऊर्जा** इस ऊष्मा का उपयोग विद्युत ऊर्जा उत्पन्न करने के लिए किया जाता है।

SOURCE Old NCERT Class-VIII प्राकृतिक संसाधन (खनिज), Old NCERT Class-X खनिज तथा शक्ति के संसाधन, New NCERT Class-X & XII खनिज तथा ऊर्जा संसाधन, Old NCERT Class-XII भारत के प्राकृतिक संसाधन (खनिज) Tamil Nadu Board Class-X Unit 3 & 4

CERT MCQs खनिज तथा ऊर्जा संसाधन

खनिज संसाधन

1 खनिजों की विशेषताओं के संदर्भ में निम्नलिखित में से कौन-सा कथन सही नहीं है? *(Chap 14, Class-VIII, Old NCERT)*

(a) इनका निर्माण प्राकृतिक प्रक्रियाओं द्वारा होता है
(b) खनिजों का एक रासायनिक संघटन होता है
(c) केवल भौतिक परिस्थितियों का परिणाम होते हैं
(d) इनका वितरण असमान होता है

उत्तर (c)

व्याख्या खनिजों की विशेषताओं के संदर्भ में कथन (c) सही नहीं है, क्योंकि खनिज तत्त्वों का निर्माण उस समय की भौतिक तथा रासायनिक परिस्थितियों का परिणाम होता है। खनिज किसी क्षेत्र में असमान रूप से वितरित होते हैं।

खनिजों की गुणवत्ता और मात्रा के बीच प्रतिलोमी संबंध पाया जाता है अर्थात् अधिक गुणवत्ता वाले खनिज, कम गुणवत्ता वाले खनिजों की तुलना में कम मात्रा में पाए जाते हैं। इन खनिजों को भू-गर्भिक दृष्टि से बनने में लंबा समय लगता है और आवश्यकता के समय इनका तुरंत पुनर्भरण नहीं किया जा सकता है।

2 निम्नलिखित कथनों पर विचार करें *(Chap 5, Class-X, New NCERT)*

1. अवसादी चट्टानों में खनिज संस्तरों एवं परतों में पाए जाते हैं।
2. कोयले का जमाव आग्नेय चट्टानों में पाया जाता है।
3. अवसादी चट्टानों में जिप्सम, पोटाश, नमक व सोडियम आदि खनिजों का जमाव पाया जाता है।

उपर्युक्त में से कितने कथन सही नहीं हैं?

(a) केवल एक
(b) केवल दो
(c) सभी तीन
(d) इनमें से कोई नहीं

उत्तर (a)

व्याख्या दिए गए कथनों में से केवल एक अर्थात् कथन (2) सही नहीं है, क्योंकि कोयला तथा कुछ अन्य प्रकार के लौह खनिजों का जमाव अवसादी चट्टानों में होता है। इनका निर्माण लंबी अवधि तक अत्यधिक ऊष्मा व दबाव के परिणामस्वरूप होता है।

कथन (1) और (3) सही हैं। अवसादी चट्टानों में अनेक खनिज संस्तरों या परतों में पाए जाते हैं। इनका निर्माण क्षैतिज परतों में निक्षेपण, संचलन व जमाव का परिणाम है।

अवसादी चट्टानों में जिप्सम, पोटाश, नमक व सोडियम खनिज का जमाव पाया जाता है। इनका निर्माण विशेषकर शुष्क प्रदेशों में वाष्पीकरण के फलस्वरूप होता है।

3 निम्नलिखित में से किन खनिजों को महासागरीय जल से प्राप्त किया जाता है? *(Chap 5, Class-X, New NCERT)*

1. ब्रोमाइन
2. अभ्रक
3. साधारण नमक
4. मैग्नीशियम

कूट

(a) 1 और 2
(b) 2 और 3
(c) 2, 3 और 4
(d) 1, 3 और 4

उत्तर (d)

व्याख्या महासागरीय जल से प्राप्त होने वाले खनिज ब्रोमाइन, साधारण नमक व मैग्नीशियम हैं। महासागरीय जल में भी विशाल मात्रा में खनिज पाए जाते हैं, लेकिन इनमें से अधिकांश के व्यापक रूप से विसरित होने के कारण इनकी आर्थिक सार्थकता कम है। फिर भी सामान्य नमक, मैग्नीशियम तथा ब्रोमाइन अधिकतर समुद्री जल से ही प्राप्त किए जाते हैं। ये महासागरीय तली में मैंगनीज ग्रंथिकाओं में पाए जाते हैं।

4 निम्न कथन (A) व कारण (R) को पढ़िए और नीचे दिए गए कूट की सहायता से सही उत्तर का चयन कीजिए। *(Chap 5, Class-X, New NCERT)*

कथन (A) भारत में खनिज संसाधनों का वितरण असमान रूप में पाया जाता है।

कारण (R) ये विभिन्नताएँ खनिजों की रचना में अंतरग्रस्त भू-गर्भिक संरचना प्रक्रियाओं और समय के कारण हैं।

कूट

(a) A और R दोनों सही हैं तथा R, A की सही व्याख्या करता है
(b) A और R दोनों सही हैं, परंतु R, A की सही व्याख्या नहीं करता है
(c) A सही है, किंतु, R गलत है
(d) A गलत है, किंतु R सही है

उत्तर (a)

व्याख्या A और R दोनों सही हैं तथा R, A की सही व्याख्या करता है।

भारत में खनिज संसाधनों का वितरण असमान है। विशेष रूप से प्रायद्वीपीय चट्टानों में कोयले, धात्विक खनिज, अभ्रक व अन्य अनेक अधात्विक खनिजों के अधिकांश भंडार संचित हैं।

प्रायद्वीप के पश्चिमी और पूर्वी पार्श्वों पर गुजरात और असम की तलछटी चट्टानों में अधिकांश खनिज तेल निक्षेप पाए जाते हैं। प्रायद्वीप शैल क्रम के साथ राजस्थान में अनेक अलौह खनिज पाए जाते हैं। उत्तरी भारत के विस्तृत जलोढ़ मैदान आर्थिक महत्त्व के खनिजों से लगभग विहीन हैं। ये विभिन्नताएँ खनिजों की रचना में अंतरग्रस्त भू-गर्भिक संरचना प्रक्रियाओं और समय के कारण हैं।

5 निम्नलिखित कथनों पर विचार कीजिए *(Chap 7, Class-XII, New NCERT)*

1. भारत में मुख्यतः हेमेटाइट तथा मैग्नेटाइट प्रकार के लौह अयस्क पाए जाते हैं।
2. गुरुमहिसानी, सुलेपत, बादाम पहाड़ (मयूरभंज) तथा बोनाई खदानें, ओडिशा में स्थित महत्त्वपूर्ण लौह अयस्क की खदानें हैं।
3. झारखंड में अधिकतर लौह-इस्पात संयंत्र पहाड़ी शृंखलाओं के आस-पास ही स्थित हैं।

उपर्युक्त में से कौन-सा/से कथन सही है/हैं?

(a) केवल 1
(b) 2 और 3
(c) 1 और 2
(d) 1, 2 और 3

उत्तर (d)

व्याख्या दिए गए सभी कथन सही हैं। भारत में लौह के प्रचुर संसाधन उपलब्ध हैं, जिसमें से हेमेटाइट तथा मैग्नेटाइट प्रकार के लौह अयस्क भारत में पाए जाते हैं। इसकी गुणवत्ता के कारण विश्व में इनकी अत्यधिक माँग है।

गुरुमहिसानी, सुलेपत, बादाम पहाड़ (मयूरभंज) तथा बोनाई, (सुंदरगढ़) खदानें, ओडिशा में स्थित महत्त्वपूर्ण लौह अयस्क खदानें हैं। लौह अयस्क के कुल आरक्षित भण्डारों का लगभग 95% भाग ओडिशा, झारखंड, छत्तीसगढ़, कर्नाटक, गोवा, आंध्र प्रदेश तथा तमिलनाडु राज्यों में स्थित है।

झारखंड में अधिकतर लौह-इस्पात संयंत्र पहाड़ी शृंखलाओं के आस-पास ही स्थित हैं। नोआमुंडी और गुआ जैसी अधिकतर महत्त्वपूर्ण खदानें पूर्वी और पश्चिमी सिंहभूम जिलों की पहाड़ी शृंखलाओं के आस-पास ही स्थित हैं।

6 निम्नलिखित में से कौन-सी लौह अयस्क खदान ओडिशा में अवस्थित है? *(Chap 1, Class-XII, Old NCERT)*

1. गोवा
2. केंदूझार
3. मयूरभंज
4. गुरुमहिसानी
5. बोनाई

कूट

(a) 1 और 2 (b) 2, 3 और 4
(c) 2, 3, 4 और 5 (d) ये सभी

उत्तर (c)

व्याख्या लौह अयस्क की खदानें ओडिशा में केंदुझार, मयूरभंज, गुरुमहिसानी और बोनाई में अवस्थित हैं। यहाँ की महत्त्वपूर्ण खदानों में सुलाएपत एवं बादामपहाड़ भी महत्त्वपूर्ण हैं।

ओडिशा हेमेटाइट प्रकार के लौह अयस्क भंडार में भारत में प्रथम स्थान पर है। यहाँ पूरे भारत के लौह अयस्क भंडार का 34.0% भाग मौजूद है। ओडिशा (50.8%) के साथ भारत का शीर्ष लौह अयस्क उत्पादक राज्य है।

7 निम्नलिखित कथनों पर विचार कीजिए

(Chap 5, Class-X, New NCERT) (Chap 6, Class-XII, New NCERT)

1. उत्तर-पूर्वी पठारी प्रदेश में लौह-इस्पात उद्योग के अवस्थित होने का कारण यहाँ पर लौह अयस्क, कोयला, मैंगनीज, बॉक्साइट व अभ्रक प्रचुर मात्रा में पाए जाते हैं।
2. केरल में मोनोजाइट तथा थोरियम के निक्षेप पाए जाते हैं।

उपर्युक्त में से कौन-सा/से कथन सही है/हैं?

(a) केवल 1 (b) केवल 2
(c) 1 और 2 दोनों (d) न तो 1 और न ही 2

उत्तर (c)

व्याख्या दिए गए दोनों कथन सही हैं।

उत्तर-पूर्वी पठारी प्रदेश में लौह-इस्पात के उद्योग के अवस्थित होने के कारण यहाँ पर लौह अयस्क, कोयला, मैंगनीज, बॉक्साइट व अभ्रक प्रचुर मात्रा में पाए जाते हैं। लौह अयस्क एक आधारभूत खनिज है तथा यह औद्योगिक विकास की रीढ़ हैं। लौह अयस्क मैंगनीज तथा क्रोमाइट जैसे लौह खनिज धातु पर आधारित उद्योगों के विकास के लिए एक सुदृढ़ आधार प्रदान करते हैं।

केरल में मोनोजाइट एवं थोरियम के निक्षेप पाए जाते हैं। थोरियम मुख्यत: केरल के तटीय क्षेत्र की पुलिन बीच की बालू में मोनोजाइट एवं इल्मेनाइट से प्राप्त किया जाता है। विश्व के सबसे समृद्ध मोनोजाइट निक्षेप केरल के पालाक्काड़ तथा कोलाम जिलें में पाए जाते हैं।

8 लौह अयस्क के संदर्भ में निम्नलिखित कथनों पर विचार करें

(Chap 7, Class-XII, New NCERT)

1. बैलाडिला पहाड़ी से प्राप्त होने वाले लौह अयस्क को विशाखापत्तनम से जापान तथा दक्षिण कोरिया को निर्यात किया जाता है।
2. हेमेटाइट लौह अयस्क का उपभोग अधिक मात्रा में हुआ है।

उपर्युक्त में से कौन-सा/से कथन सही है/हैं?

(a) केवल 1
(b) केवल 2
(c) 1 और 2
(d) उपर्युक्त में से कोई नहीं

उत्तर (c)

व्याख्या लौह अयस्क के संदर्भ में दोनों कथन सही हैं। दुर्ग-बस्तर-चंद्रपुर लौह अयस्क पेटी महाराष्ट्र व छत्तीसगढ़ राज्यों में विस्तारित हैं। छत्तीसगढ़ के बस्तर जिले में बैलाडिला पहाड़ी शृंखलाओं में अति उत्तम कोटि का हेमेटाइट पाया जाता है। इसमें इस गुणवत्ता के लौह के 14 जमाव मिलते हैं। इसमें इस्पात बनाने में आवश्यक सर्वश्रेष्ठ भौतिक गुण विद्यमान होते हैं। इन खदानों का लौह अयस्क विशाखापत्तनम पत्तन से जापान तथा दक्षिण कोरिया को निर्यात किया जाता है। हेमेटाइट अयस्क में 60 से 70% तक धातु की मात्रा पाई जाती है। इस कारण इसका उपयोग अधिक मात्रा में हुआ है। भारत का अधिकांश लौह अयस्क इसी प्रकार का है।

9 सूची I को सूची II से सुमेलित कीजिए और नीचे दिए गए कूटों की सहायता से सही उत्तर का चुनाव करें

(Chap 7, Class-XII, New NCERT)

सूची-I (लौह अयस्क क्षेत्र)	सूची-II (राज्य अवस्थिति)
A. कुद्रेमुख	1. कर्नाटक
B. भंडारा	2. महाराष्ट्र
C. डल्ली राजहरा	3. छत्तीसगढ़
D. बादाम पहाड़	4. ओडिशा

कूट

	A	B	C	D
(a)	1	2	3	4
(b)	2	3	1	4
(c)	2	1	3	4
(d)	3	2	4	1

उत्तर (a)

व्याख्या सही सुमेलन A-1, B-2, C-3, D-4 है।

कुद्रेमुख, लौह अयस्क क्षेत्र कर्नाटक में पश्चिमी घाट में अवस्थित है। कुद्रेमुख निक्षेप विश्व के सबसे बड़े निक्षेपों में से एक माने जाते हैं। यहाँ से लौह अयस्क कर्दम रूप में पाइपलाइन द्वारा मंगलुरु के निकट पत्तन पर भेजा जाता है।

भंडारा लौह अयस्क क्षेत्र महाराष्ट्र में स्थित है। यहाँ से लौह अयस्क का उत्खनन किया जाता है। इसके अतिरिक्त चंद्रपुर और रत्नागिरि जिले से भी लौह अयस्क का खनन किया जाता है।

डल्ली राजहरा छत्तीसगढ़ में अवस्थित महत्त्वपूर्ण लौह खदान है। यहाँ पर स्थित बैलाडिला खान एशिया की वृहत्तम यन्त्रीकृत लौह अयस्क खान है। यहाँ पर हेमेटाइट प्रकार का लौह अयस्क पाया जाता है।

बादाम पहाड़ की खानें ओडिशा में अवस्थित हैं। यहाँ से हेमेटाइट प्रकार के लौह अयस्क पाए जाते हैं।

10 भारत में लौह अयस्क के संबंध में निम्नलिखित में से कौन-सा कथन सही नहीं है?

(Chap 5, Class-X, New NCERT)

(MPPSC Pre 2023)

(a) हमारे देश में मुख्यत: हेमेटाइट एवं मैगनेटाइट लौह अयस्क के भंडार हैं
(b) देश के लौह अयस्क के कुल संचित भंडार का लगभग 80% भाग झारखंड एवं ओडिशा में है
(c) कर्नाटक राज्य में बेल्लारी लौह अयस्क का प्रमुख खनन क्षेत्र है
(d) मयूरभंज जिले का लौह अयस्क हेतु ओडिशा में महत्त्वपूर्ण स्थान है

उत्तर (b)

व्याख्या भारत में लौह-अयस्क के संबंध में कथन (b) सही नहीं है, क्योंकि देश के लौह अयस्क के कुल संचित भंडार का लगभग 57% भाग झारखंड एवं ओडिशा में है, जिसमें से ओडिशा में 34% तथा झारखंड में 23% भण्डार पाए जाते हैं। लौह अयस्क के संचित संसाधन वाले शीर्ष राज्य (घटते क्रम) क्रमश: कर्नाटक, ओडिशा, झारखण्ड, छत्तीसगढ़ तथा आंध्र प्रदेश है। वहीं लौह-अयस्क के 4 शीर्ष उत्पादक राज्य (घटते क्रम) क्रमश: ओडिशा, छत्तीसगढ़, कर्नाटक व झारखंड हैं।

11 मैंगनीज के संदर्भ में नीचे दिए गए कथनों पर विचार करें

(Chap 7, Class-XII, New NCERT)

1. मैंगनीज एक कच्चा माल है, जिसका प्रयोग लौह अयस्क के प्रगलन के लिए किया जाता है।
2. मैंगनीज मुख्यत: गोंडवाना क्रम की चट्टानों में पाया जाता है।
3. मैंगनीज का प्रयोग ब्लीचिंग पाउडर कीटनाशक दवाएँ और पेंट बनाने में किया जाता है।

उपर्युक्त में से कौन-सा/से कथन सही नहीं है/हैं?

(a) केवल 1 (b) केवल 2
(c) 1 और 3 (d) ये सभी

उत्तर (b)

व्याख्या मैंगनीज के संदर्भ में कथन (2) सही नहीं है, क्योंकि मैंगनीज निक्षेप मुख्य रूप से धारवाड़ क्रम की चट्टानों से सम्बन्धित है। साइलोमिलेन तथा ब्रॉनाइट मैंगनीज अयस्क का अवयव है। भारत में मैंगनीज का सबसे बड़ा उत्पादक राज्य ओडिशा है।

कथन (1) और (3) सही हैं। लौह अयस्क के प्रगलन के लिए मैंगनीज एक महत्त्वपूर्ण कच्चा माल है और इसका उपयोग लौह मिश्र धातु विनिर्माण में भी किया जाता है। मैंगनीज का मुख्य प्रयोग इस्पात बनाने में किया जाता है। इसके अतिरिक्त इसका उपयोग ब्लीचिंग पाउडर, कीटनाशक दवाएँ व पेंट बनाने में किया जाता है।

12 मैंगनीज खदानों के संदर्भ में कौन-सा सही सुमेलित है?

(Chap 7, Class-XII, New NCERT)

स्थान		राज्य
(a) कालाहांडी	—	छत्तीसगढ़
(b) रत्नागिरि	—	मध्य प्रदेश
(c) तुमकुरू	—	कर्नाटक
(d) चिकमंगलुरु	—	तेलंगाना

उत्तर (c)

व्याख्या मैंगनीज खदानों के संदर्भ में युग्म (c) सही सुमेलित है। कर्नाटक के तुमकुरू में मैंगनीज की खदानें स्थित हैं। यहाँ अवस्थित मैंगनीज खदानें बेल्लारी, बेलगावी एवं उत्तरी कनारा में स्थित हैं।

युग्म (a), (b) और (d) सही सुमेलित नहीं हैं, क्योंकि कालाहांडी, ओडिशा में अवस्थित एक प्रमुख मैंगनीज खदान है, इसके अतिरिक्त केंदुझार, बोनाई आदि भी मैंगनीज खदानें हैं। रत्नागिरी, महाराष्ट्र में अवस्थित एक प्रमुख मैंगनीज उत्पादक जिला है। चिकमंगलुरु कर्नाटक में अवस्थित प्रमुख मैंगनीज खदान है। मैंगनीज भारत के धारवाड़ शैलों में प्राकृतिक ऑक्साइड के रूप में मिलता है।

13 सूची I को सूची II से सुमेलित कीजिए और नीचे दिए गए कूटों की सहायता से सही उत्तर का चयन करें

(Chap 1, Class-XII, Old NCERT) (UPPSC Mains 2011)

सूची-I (ताँबा के क्षेत्र)	सूची-II (राज्य)
A. चंद्रपुर	1. महाराष्ट्र
B. हासन	2. आंध्र प्रदेश
C. खम्मान	3. राजस्थान
D. खेत्री	4. कर्नाटक

कूट

	A	B	C	D
(a)	1	4	2	3
(b)	2	3	4	1
(c)	4	2	3	1
(d)	3	1	2	4

उत्तर (a)

व्याख्या सही सुमेलन A-1, B-4, C-2, D-3 है।

महाराष्ट्र के चंद्रपुर जिले में ताँबा अयस्क के निक्षेप पाए जाते हैं। कर्नाटक में चित्रदुर्ग तथा हासन जिले ताँबा उत्खनन के लिए जाने जाते हैं। आंध्र प्रदेश के खम्मान, गुंटूर तथा करनूल में ताँबा अयस्क प्राप्त होता है। राजस्थान में ताँबा खेत्री-सिंघाना मेखला में पाया जाता है।

14 भारत में बॉक्साइट के निक्षेप मुख्यत: निम्नलिखित में से किन क्षेत्रों में पाए जाते हैं?

1. अमरकंटक पठार
2. मालवा पठार
3. मैकाल पहाड़ियाँ
4. मेघालय पठार

(Chap 5, Class-X New NCERT) (Chap 7, Class-XII, New NCERT)

कूट

(a) 1 और 2 (b) 2, 3 और 4 (c) 1 और 3 (d) 2 और 4

उत्तर (c)

व्याख्या भारत में बॉक्साइट के निक्षेप मुख्य रूप से अमरकंटक पठार तथा मैकाल पहाड़ी वाले क्षेत्रों में पाए जाते हैं। यह विस्तृत रूप से प्रायद्वीपीय भारत के पठारी क्षेत्रों अथवा पर्वत श्रेणियों के साथ-साथ देश के तटीय भागों में भी पाया जाता है। बॉक्साइट एक अयस्क है, जिसका प्रयोग एल्युमीनियम के विनिर्माण में किया जाता है।

बॉक्साइट मुख्यत: टर्शियरी निक्षेपों में पाया जाता है और लैटराइट चट्टानों से संबद्ध है। भारत में ओडिशा बॉक्साइट का सबसे बड़ा उत्पादक है। गुजरात, छत्तीसगढ़, मध्य प्रदेश एवं महाराष्ट्र इसके अन्य प्रमुख उत्पादक राज्य हैं। कर्नाटक, तमिलनाडु तथा गोवा बॉक्साइट के गौण उत्पादक राज्य हैं।

15 निम्न कथन (A) व कारण (R) को पढ़िए और नीचे दिए गए कूट की सहायता से सही उत्तर का चुनाव कीजिए

कथन (A) बॉक्साइट टर्शियरी निक्षेपों में पाया जाता है।

कारण (R) बॉक्साइट एक अयस्क है और यह लैटराइट चट्टानों से संबद्ध है। *(Chap 5, Class-X, Old NCERT)*

कूट

(a) A और R दोनों सही हैं तथा R, A की सही व्याख्या करता है
(b) A और R दोनों सही है, परंतु R, A की सही व्याख्या नहीं करता है
(c) A सही है, किंतु, R गलत है
(d) A गलत है, किंतु R सही है

उत्तर (b)

व्याख्या A और R दोनों सही हैं, परंतु R, A की सही व्याख्या नहीं है।

बॉक्साइट एक अयस्क है, जिसका प्रयोग एल्युमीनियम के विनिर्माण में किया जाता है। यह मुख्यत: टर्शियरी निक्षेपों में पाया जाता है और लैटराइट चट्टानों से संबद्ध है। यह विस्तृत रूप से प्रायद्वीपीय भारत के पठारी क्षेत्रों अथवा पर्वत श्रेणियों के साथ-साथ देश के तटीय भागों में भी पाया जाता है। बॉक्साइट निक्षेपों की रचना एल्युमीनियम सिलिकेटो से समृद्ध व्यापक भिन्नता वाली चट्टानों के विघटन से होती है। एल्युमीनियम एक महत्त्वपूर्ण धातु है, क्योंकि यह लोहे जैसी शक्ति के साथ-साथ अत्यधिक हल्का एवं सुचालक भी होता है।

16 चूना पत्थर के संदर्भ में नीचे दिए गए कथनों पर विचार करें

(Chap 5, Class-X, New NCERT)

1. चूना पत्थर अधिकांशत: आग्नेय प्रकार की चट्टानों में पाया जाता है
2. यह सीमेंट उद्योग का आधारभूत कच्चा माल है।

उपर्युक्त में से कौन-सा/से सही है/हैं?

(a) केवल 1 (b) केवल 2
(c) 1 और 2 दोनों (d) इनमें से कोई नहीं

उत्तर (b)

व्याख्या चूना पत्थर के संदर्भ में कथन (2) सही है। चूना पत्थर सीमेंट उद्योग का एक आधारभूत कच्चा माल है और लौह प्रगलन की भट्टियों के लिए अनिवार्य है।

कथन (1) सही नहीं है, क्योंकि चूना पत्थर अधिकांशत: अवसादी चट्टानों में पाया जाता है, साथ ही यह कैल्शियम या कैल्शियम कार्बोनेट तथा मैग्नीशियम कार्बोनेट से बनी चट्टानों में भी पाया जाता है।

17 भारत में खनिजों के वितरण और उनमें पाए जाने वाले प्रमुख खनिजों के संदर्भ में नीचे दिए गए युग्मों में से कौन-सा सुमेलित है?

(Chap 7, Class-XII, New NCERT)

खनिज प्रदेश		प्रमुख खनिज
1. उत्तर-पश्चिम प्रदेश	—	जिप्सम
2. उत्तर-पूर्वी पठारी प्रदेश	—	कोयला
3. दक्षिण-पश्चिमी पठार प्रदेश	—	संगमरमर

कूट

(a) केवल 1 (b) 1 और 3 (c) 1 और 2 (d) ये सभी

उत्तर (c)

व्याख्या भारत में खनिजों के वितरण के संदर्भ में युग्म (1) और (2) सही सुमेलित हैं। उत्तर-पश्चिम प्रदेश में जिप्सम प्रमुख रूप से पाया जाता है। यह पट्टी राजस्थान में अरावली और गुजरात के कुछ भाग पर विस्तृत है और यहाँ के खनिज धारवाड़ क्रम की शैलों से संबद्ध हैं। इस क्षेत्र में प्राप्त होने वाले खनिजों में जिप्सम के अतिरिक्त ताँबा तथा जिंक अन्य प्रमुख खनिज हैं।

उत्तर-पूर्वी पठारी प्रदेश में छोटानागपुर पठार, ओडिशा पठार, पश्चिम बंगाल तथा छत्तीसगढ़ के कुछ भाग आते हैं। यहाँ पर विभिन्न प्रकार के खनिज उपलब्ध हैं; जैसे-लौह अयस्क, कोयला, मैंगनीज, बॉक्साइट व अभ्रक आदि।

युग्म (3) सुमेलित नहीं है, क्योंकि दक्षिण-पश्चिमी पठारी प्रदेश कर्नाटक, गोवा तथा तमिलनाडु उच्च भूमि और केरल पर विस्तृत है। यह पट्टी लौह धातुओं तथा बॉक्साइट से समृद्ध है।

ऊर्जा संसाधन

18 ऊर्जा के परंपरागत स्रोतों के संदर्भ में नीचे दिए गए विकल्पों में से कौन-सा सम्मिलित है?

(Chap 5, Class-X, New NCERT)

1. कोयला 2. सौर ऊर्जा 3. प्राकृतिक गैस 4. जल विद्युत

कूट

(a) 1 और 2 (b) 2 और 3 (c) 1, 3 और 4 (d) 1, 2 और 4

उत्तर (c)

व्याख्या ऊर्जा के परंपरागत स्रोतों में कोयला, पेट्रोलियम तथा प्राकृतिक गैस सम्मिलित है, जल विद्युत तथा ताप विद्युत दोनों परंपरागत ऊर्जा स्रोत हैं। परंपरागत स्रोत समाप्य संसाधन हैं।

ऊर्जा के परंपरागत स्रोतो में सौर ऊर्जा सम्मिलित नहीं है, क्योंकि यह गैर-परंपरागत ऊर्जा स्रोत है। ऊर्जा की आवश्यकता कृषि, उद्योग, परिवहन तथा अर्थव्यवस्था के अन्य खंडों में होती है।

18 भारत की निम्नलिखित कोलफील्ड्स को दक्षिण से उत्तर दिशा की ओर व्यवस्थित करें है?

(Chap 5, Class-X, New NCERT) (HPSC Pre 2023)

1. सिंगरेनी कोयला क्षेत्र 2. झिलिमिली कोयला क्षेत्र
3. गिरिडीह कोयला क्षेत्र 4. नैवेली कोयला क्षेत्र

नीचे दिए गए विकल्पों में से सही उत्तर चुनिए

(a) 1 4 2 3 (b) 4 2 1 3 (c) 4 1 2 3 (d) 2 1 3 4

उत्तर (c)

व्याख्या उपर्युक्त दी गई भारत की कोलफील्ड्स का दक्षिण से उत्तर दिशा की ओर व्यवस्थित क्रम 4, 1, 2, 3 है।

नैवेली कोयला क्षेत्र तमिलनाडु के नेवेली क्षेत्र में स्थित है। यहाँ लिग्नाइट किस्म का कोयला पाया जाता है। जबकि सिंगरेनी कोयला क्षेत्र, आन्ध्र प्रदेश के प्रणाहिता एवं गोदावरी बेसिन में, झिलिमिली कोयला क्षेत्र छत्तीसगढ़ में झारखण्ड के पूर्वी भाग में स्थित है। इस क्षेत्र में बिटुमिनस किस्म के कोयले के निक्षेप पाए जाते हैं।

20 निम्नलिखित में से कौन-सा/से कथन सत्य है/हैं?

1. पीट कोयले में कम कार्बन मात्रा, नमी की उच्च मात्रा व निम्न ताप क्षमता होती है।
2. गहराई में दबे तथा अधिक तापमान से प्रभावित कोयले को एंथ्रेसाइट कोयला कहा जाता है।

(Chap 5, Class-X, New NCERT) (Chap 7, Class-XII, New NCERT)

कूट

(a) केवल 1 (b) केवल 2
(c) 1 और 2 दोनों (d) न तो 1 और न ही 2

उत्तर (a)

व्याख्या दिए गए कथनों में से कथन (1) सही है। पीट कोयले में कार्बन की कम मात्रा, नमी की उच्च मात्रा व निम्न ताप क्षमता पाई जाती है। पीट कोयला दलदलों में क्षय होते पादपों से उत्पन्न होता है। लिग्नाइट एक निम्न कोटि का भूरा कोयला होता है। यह मुलायम होने के साथ ही अधिक नमीयुक्त होता है।

कथन (2) असत्य है, क्योंकि गहराई में दबे तथा अधिक तापमान से प्रभावित कोयले को एंथ्रेसाइट नहीं, बल्कि बिटुमिनस कोयला कहा जाता है। वाणिज्यिक प्रयोग में यह सर्वाधिक लोकप्रिय है। धातुशोधन में उच्च कोटि के बिटुमिनस कोयले का प्रयोग किया जाता है। जबकि एंथ्रेसाइट सर्वोत्तम गुण वाला कठोर कोयला होता है।

21 कोयले के संदर्भ में निम्नलिखित कथनों पर विचार कीजिए

(Chap 5, Class-X, New NCERT) (Chap 7, Class-XII, New NCERT)

1. कोयले का मुख्य प्रयोग ताप विद्युत उत्पादन तथा लौह अयस्क के प्रगलन के लिए किया जाता है।
2. बिटुमिनस कोयले में कार्बन की मात्रा 50% से कम होती है।
3. भारत में सर्वाधिक गोंडवाना कोयला क्षेत्र दामोदर घाटी में स्थित है।
4. भूरे कोयले को 'बिटुमिनस' के नाम से भी जाना जाता है।

उपर्युक्त में से कौन-सा/से कथन सही है/हैं?

(a) 1 और 2 (b) केवल 2 (c) 2 और 4 (d) 1, 3 और 4

उत्तर (c)

व्याख्या कोयले के संदर्भ में कथन (2) और (4) सही हैं, क्योंकि बिटुमिनस कोयले में कार्बन की मात्रा 55-80% तक होती है। धातुशोधन में उच्च श्रेणी के बिटुमिनस कोयले का प्रयोग किया जाता है, जिसका लोहे के प्रगलन में विशेष महत्त्व है।

भूरे कोयले को बिटुमिनस नहीं, बल्कि लिग्नाइट कोयले के नाम से जाना जाता है। यह मुलायम होने के साथ अधिक नमीयुक्त होता है। लिग्नाइट के प्रमुख भंडार तमिलनाडु के नेवेली में मिलते हैं।

कथन (1) और (3) सत्य हैं। कोयला भारत में बहुतायत में पाया जाने वाला एक जीवाश्म ईंधन है। इसका प्रयोग मुख्य रूप से ताप विद्युत उत्पादन तथा लौह अयस्क के प्रगलन के लिए किया जाता है। भारत अपनी वाणिज्यिक ऊर्जा आवश्यकताओं के लिए मुख्य रूप से कोयले पर निर्भर है।

भारत में सर्वाधिक गोंडवाना कोयला क्षेत्र दामोदर घाटी (पश्चिम बंगाल एवं झारखंड), झरिया, रानीगंज एवं बोकारो में स्थित है। गोदावरी, महानदी, सोन व वर्धा नदी घाटियों में भी कोयले के जमाव पाए जाते हैं।

22 भारत में कोयला आधारित तापीय शक्ति संयंत्रों के संदर्भ में निम्नलिखित कथनों पर विचार कीजिए

(Unit 4, Class X, Tamil Nadu Board)

(IAS Pre 2023)

1. उनमें से किसी में भी समुद्र जल का उपयोग नहीं होता।
2. उनमें से कोई भी जल संकट वाले जिले में स्थापित नहीं है।
3. उनमें से कोई भी निजी स्वामित्व में नहीं है।

उपर्युक्त में से कितने कथन सही हैं?

(a) केवल एक (b) केवल दो
(c) सभी तीनों (d) इनमें से कोई भी नहीं

उत्तर *(d)*

व्याख्या भारत में कोयला आधारित तापीय शक्ति संयंत्रों के संदर्भ में कोई भी कथन सही नहीं है।

भारत में कोयला आधारित तापीय शक्ति संयंत्रों में तटवर्ती क्षेत्रों में कंडेसनर सिस्टम को ठण्डा करने के लिए समुद्री जल का उपयोग किया जाता है। हालाँकि सभी विद्युत संयंत्र समुद्री जल का उपयोग नहीं करते हैं, बल्कि अधिकांश सयंत्र ही मीठे जल का उपयोग करते हैं। विद्युत संयंत्रों के लिए जल को बाधा के रूप में पहले से ही चिह्नित किया जाता रहा है।

हाल में एक रिपोर्ट में यह दावा किया गया है कि देश के 40% ताप विद्युत संयंत्र उच्च जल तनाव का सामना कर रहे हैं। भारत में निजी तथा सार्वजनिक दोनों प्रकार के कोयला आधारित थर्मल पॉवर स्टेशन हैं और दोनों के द्वारा बिजली (ऊर्जा) का उत्पादन किया जा रहा है। इसके अतिरिक्त निजी निवेशों को इस क्षेत्र में बढ़ावा भी दिया जा रहा है।

23 भारत में, कोयला नियंत्रण संगठन (Coal Controller's Organisation, CCO) की क्या भूमिका है?

(Unit 4, Class-X, Tamil Nadu Board) (IAS Pre 2022)

1. CCO भारत सरकार में कोयला सांख्यिकी का प्रमुख स्रोत है।
2. यह बद्ध कोयला/लिग्नाइट खंड के विकास की प्रगति का मॉनीटरन करता है।
3. यह कोयला युक्त क्षेत्र के अधिग्रहण के संबंध में सरकार की अधिसूचना के प्रति किसी आपत्ति का अनुश्रवण करता है।
4. यह सुनिश्चित करता है कि कोयला खनन कंपनियाँ विहित समय में अंतिम उपभोक्ताओं को कोयला वितरण करें।

कूट

(a) 1, 2 और 3 (b) 3 और 4 (c) 1 और 2 (d) 1, 2 और 4

उत्तर *(b)*

व्याख्या भारत में कोयला नियंत्रण संगठन (Coal Controller's Organisation, CCO) की भूमिका के संबंध में कथन (3) और (4) सही हैं। CCO कोयला युक्त क्षेत्रों के अधिग्रहण के संबंध में सरकार की अधिसूचना के प्रति किसी आपत्ति का अनुश्रवण करता है। यह सुनिश्चित करता है कि कोयला खनन कंपनियाँ विहित समय में अंतिम उपभोक्ताओं को कोयला वितरण सुनिश्चित करें।

कथन (1) और (2) सही नहीं हैं, क्योंकि कोयला नियंत्रक संगठन (CCO) भारत सरकार में कोयला सांख्यिकी का प्रमुख स्रोत नहीं है, बल्कि भारत में कोयला नियंत्रक संगठन कोयला एवं खान मंत्रालय, कोयला विभाग का एक अधीनस्थ कार्यालय है। इसका मुख्यालय कोलकाता में है तथा धनबाद, राँची, बिलासपुर और नागपुर में इसके क्षेत्रीय कार्यालय हैं। यह बद्ध कोयला/लिग्नाइट खंड के विकास की प्रगति का मॉनीटरन नहीं करता है, बल्कि कोयला वितरण को उपभोक्ताओं तक पहुँच को सुनिश्चित करता है।

24 भारत में कोयला उत्पादक क्षेत्र और उनकी अवस्थिति के संदर्भ में नीचे दी गई सूची I का सूची II से सही मिलान करें

(Chap 7, Class-XII, New NCERT) (UPPSC Pre 2019)

सूची-I (उत्पादक क्षेत्र)	**सूची-II** (संबंधित राज्य)
A. तालचेर	1. दामोदर घाटी
B. करनपुरा	2. सोन घाटी
C. सिंगरौली	3. गोदावरी घाटी
D. सिंगरेनी	4. महानदी घाटी

कूट

	A	B	C	D		A	B	C	D
(a)	4	1	2	3	(b)	3	2	1	4
(c)	2	4	3	1	(d)	1	3	2	4

उत्तर *(a)*

व्याख्या सही सुमेलन A-4, B-1, C-2, D-3 हैं।

तालचेर, ओडिशा की महानदी घाटी में प्रमुख कोयला उत्पादक क्षेत्र है।

करनपुरा, झारखंड राज्य की ऊपरी दामोदर घाटी में बोकारो क्षेत्र से 3 किमी पश्चिम में स्थित है।

सिंगरौली, मध्य प्रदेश तथा उत्तर प्रदेश की सोन घाटी में स्थित है। यहाँ से बिटुमिनस प्रकार का कोयला मिलता है।

सिंगरेनी, तेलंगाना में गोदावरी घाटी में स्थित है। यहाँ से कोयले की प्राप्ति टर्शियरी युग की चट्टानों से होती है।

25 निम्न कथन (A) व कारण (R) को पढ़िए और नीचे दिए गए कूट की सहायता से सही उत्तर का चयन कीजिए

(Chap 7, Class-XII, New NCERT)

कथन (A) कोयला का प्रयोग विद्युत उत्पादन एवं लौह अयस्क के प्रगलन के लिए किया जाता है।

कारण (R) भारी उद्योग तथा ताप विद्युत गृह कोयला क्षेत्रों अथवा उनके निकट ही स्थापित किए जाते हैं।

कूट

(a) A और R दोनों सही हैं तथा R, A की सही व्याख्या है
(b) A और R दोनों सही हैं, परंतु R, A की सही व्याख्या नहीं है
(c) A सही है, किंतु R गलत है
(d) A गलत है, किंतु R सही है

उत्तर *(b)*

व्याख्या A और R दोनों सही हैं, परंतु R, A की सही व्याख्या नहीं करता है। कोयला महत्त्वपूर्ण खनिजों में से एक है, जिसका मुख्य प्रयोग ताप विद्युत उत्पादन तथा लौह अयस्क के प्रगलन के लिए किया जाता है। कोयला एक स्थूल पदार्थ है, जिसका प्रयोग करने पर भार घटता है, क्योंकि यह राख में परिवर्तित हो जाता है। इसी कारण भारी उद्योग तथा ताप विद्युत गृह कोयला क्षेत्रों अथवा उनके निकट स्थापित किए जाते हैं।

26 पेट्रोलियम के संदर्भ में निम्नलिखित कथनों पर विचार कीजिए

(Chap 5, Class-X, New NCERT)
(Chap 7, Class-XII, New NCERT)

1. कच्चा पेट्रोलियम द्रव और गैसीय अवस्था के हाइड्रोकार्बन से मुक्त होता है।
2. अपरिष्कृत पेट्रोलियम कायांतरित शैलों में पाया जाता है।
3. वर्ष 1956 तक भारत के असम राज्य में डिग्बोई एकमात्रा खनिज तेल उत्पादक क्षेत्र था।
4. डिग्बोई तेल शोधन कारखाना क्षेत्र आधारित तथा बरौनी बाजार आधारित तेल शोधन कारखाना है।

उपर्युक्त में से कौन-सा/से कथन सही नहीं है/हैं?

(a) 1 और 2 (b) 2, 3 और 4
(c) 1 और 3 (d) 2 और 4

उत्तर *(a)*

व्याख्या पेट्रोलियम के संदर्भ में कथन (1) और (2) सही नहीं हैं, क्योंकि कच्चा पेट्रोलियम द्रव और गैसीय अवस्था के हाइड्रोकार्बंस से मुक्त नहीं, बल्कि युक्त होता है तथा इसकी रासायनिक संरचना, रंगों और विशिष्ट घनत्व में भिन्नता पाई जाती है।

अपरिष्कृत पेट्रोलियम कायांतरित शैलों में नहीं, बल्कि टर्शियरी युग की अवसादी शैलों में पाया जाता है। पेट्रोलियम भारत में कोयले के बाद दूसरा प्रमुख ऊर्जा संसाधन है।

कथन (3) और (4) सही हैं। वर्ष 1956 तक भारत के असम राज्य में डिग्बोई एकमात्र खनिज तेल उत्पादक क्षेत्र था। व्यवस्थित तरीके से तेल अंवेषण और उत्पादन वर्ष 1956 में तेल एवं प्राकृतिक गैस आयोग (ONGC) की स्थापना के बाद प्रारंभ हुआ था। भारत में दो प्रकार के तेल शोधन कारखानें हैं- 1. क्षेत्र आधारित तथा 2. बाजार आधारित। डिग्बोई तेलशोधन कारखाना क्षेत्र आधारित तथा बरौनी बाजार आधारित तेल शोधन कारखाने का उदाहरण है।

27 पेट्रोलियम पदार्थ के संदर्भ में नीचे दिए गए कथनों पर विचार करें

(Chap 5, Class-X, New NCERT)

1. पेट्रोलियम सरंध्र और असरंध्र चट्टानों के मध्य भ्रंश ट्रैप में पाया जाता है।
2. भारत का सबसे पुराना पेट्रोलियम उत्पादक क्षेत्र मुंबई हाई है।
3. प्राकृतिक गैस खनिज तेल के नीचे पाई जाती है।

उपर्युक्त में से कौन-सा/से कथन सही है/हैं?

(a) केवल 1 (b) केवल 2 (c) 1 और 3 (d) 1 और 2

उत्तर *(a)*

व्याख्या पेट्रोलियम पदार्थ के संदर्भ में कथन (1) सही है। पेट्रोलियम सरंध्र और असंरध्र चट्टानों के बीच भ्रंश ट्रैप में पाया जाता है। भारत में अधिकांश पेट्रोलियम की उपस्थिति टर्शियरी युग की शैल संरचनाओं के अपनति व भ्रंश ट्रैप में पाई जाती है।

कथन (2) और (3) सही नहीं हैं, क्योंकि भारत का सबसे पुराना पेट्रोलियम उत्पादक क्षेत्र असम में स्थित ब्रह्मपुत्र घाटी है। यहाँ डिग्बोई तथा नहरकटिया में तेल कुएँ की खुदाई की गई है। प्राकृतिक गैस हल्की होने के कारण खनिज तेल के ऊपर पाई जाती है।

28 सूची I को सूची II से सुमेलित कीजिए और नीचे दिए गए कूटों की सहायता से सही उत्तर का चयन करें

(Chap 5, Class-X, New NCERT)

सूची I (प्राकृतिक गैस क्षेत्र)	सूची II (संबंधित राज्य)
A. कृष्णा-गोदावरी बेसिन	1. आंध्र प्रदेश
B. मुंबई हाई	2. महाराष्ट्र
C. खंभात की खाड़ी	3. गुजरात
D. रामनाथपुरम	4. तमिलनाडु

कूट

	A	B	C	D
(a)	1	2	3	4
(b)	4	2	1	3
(c)	2	4	3	1
(d)	3	4	2	1

उत्तर *(a)*

व्याख्या सही सुमेलन A-1, B-2, C-3, D-4 हैं।

कृष्णा-गोदावरी नदी बेसिन आंध्र प्रदेश में स्थित है, यहाँ प्राकृतिक गैस के विशाल भंडार पाए गए हैं। यहाँ पर रवा (Rava) क्षेत्र से तेल प्राप्त हुआ है। अन्य तेल क्षेत्र अमलापुर, नरीयनम व कोइरकालापल्ली हैं।

मुंबई हाई क्षेत्र महाराष्ट्र में स्थित है, जो देश का विशालतम पेट्रोलियम उत्पादक क्षेत्र है। यह मुंबई से 176 किमी दक्षिण पश्चिम में लगभग 2500 वर्ग किमी क्षेत्र पर विस्तृत है।

खंभात की खाड़ी गुजरात में स्थित है। जहाँ अंकलेश्वर तथा खंभात प्रमुख तेल क्षेत्र हैं। खंभात-लुनेज क्षेत्र को गांधार क्षेत्र भी कहा जाता है।

रामानाथपुरम, तमिलनाडु में स्थित है, जहाँ तेल एवं प्राकृतिक गैस आयोग ने प्राकृतिक गैस भंडारों के संभावित क्षेत्र खोजे हैं।

29 प्राकृतिक गैस के संदर्भ में निम्नलिखित कथनों पर विचार करें

(Chap 7, Class-XII, New NCER

1. गैस अथॉरिटी ऑफ इंडिया लिमिटेड प्राकृतिक गैस के परिवहन व विपणन के लिए अधिकृत संस्था है।
2. प्राकृतिक गैस को पर्यावरण प्रतिकूल माना जाता है।

उपर्युक्त में से कौन-सा/से कथन सही है/हैं?

(a) केवल 1 (b) केवल 2
(c) 1 और 2 (d) इनमें से कोई नहीं

उत्तर *(a)*

व्याख्या प्राकृतिक गैस के संदर्भ में कथन (1) सही है। गैस अथॉरिटी ऑ इंडिया लिमिटेड (GAIL) की स्थापना वर्ष 1984 में सार्वजनिक क्षेत्र के उद्य के रूप में की गई, जो प्राकृतिक गैस के परिवहन और विपणन के लि उत्तरदायी है।

कथन (2) सही नहीं है, क्योंकि प्राकृतिक गैस को कार्बन डाइऑक्साइड के क उत्सर्जन के कारण पर्यावरण के अनुकूल माना जाता है, इसलिए इसे वर्तमा शताब्दी का ईंधन कहा जाता है। यह एक स्वच्छ ऊर्जा संसाधन है।

30 सूची I को सूची II से सुमेलित कीजिए और नीचे दिए गए कूटों की सहायता से सही उत्तर का चयन करें

(Chap 7, Class-XII, New NCERT) (UPPSC Pre 1999

सूची I (नाभिकीय शक्ति केंद्र)	सूची II (राज्य)
A. कोटा	1. उत्तर प्रदेश
B. तारापुर	2. गुजरात
C. काकरापारा	3. महाराष्ट्र
D. नरौरा	4. राजस्थान

कूट

	A	B	C	D
(a)	1	2	3	4
(b)	4	3	2	1
(c)	3	4	1	2
(d)	3	2	1	4

उत्तर *(b)*

व्याख्या सही सुमेलन A-4, B-3, C-2, D-1 हैं।

भारत में महत्त्वपूर्ण नाभिकीय ऊर्जा संयंत्र कोटा के निकट रावतभाटा राजस्थान में, तारापुर महाराष्ट्र में, काकरापारा गुजरात में तथा नरौरा उत्तर प्रदेश में, स्थित हैं।

31 नाभिकीय ऊर्जा के संबंध में निम्नलिखित कथनों पर विचार करें।

(Chap 7, Class-XII, New NCERT)

1. नाभिकीय ऊर्जा का उत्पादन मुख्यत: यूरेनियम और थोरियम से होता है।
2. यूरेनियम का निक्षेप मुख्यत: गोंडवाना क्रम की शैलों में पाया जाता है।

उपर्युक्त में से कौन-सा/से कथन सही नहीं है/हैं?

(a) केवल 1 (b) केवल 2
(c) 1 और 2 (d) न तो 1 और न ही 2

उत्तर *(b)*

व्याख्या नाभिकीय ऊर्जा के संबंध में कथन (2) सही नहीं है, क्योंकि यूरेनियम निक्षेप मुख्यत: धारवाड़ क्रम की शैलों में पाए जाते हैं।

कथन (1) सही है। नाभिकीय ऊर्जा के उत्पादन में प्रयुक्त होने वाले महत्त्वपूर्ण खनिज यूरेनियम और थोरियम हैं। यूरेनियम निक्षेप सिंहभूम ताँबा पट्टी के साथ अनेक स्थानों पर मिलते हैं। यह राजस्थान के उदयपुर, अलवर, झुंझुनू जिले, मध्य प्रदेश के दुर्ग जिले, महाराष्ट्र के भंडारा जिले तथा हिमाचल प्रदेश के कुल्लू जिले में पाया जाता है।

2 भारत के संदर्भ में, निम्नलिखित कथनों पर विचार कीजिए
(Chap 7, Class-XII Old NCERT)
(Chap 5, Class-X, New NCERT) (IAS Pre 2022)

1. मोनोजाइट दुर्लभ मृदाओं का स्रोत है।
2. मोनोजाइट में थोरियम होता है।
3. भारत की समस्त तटवर्ती बालुकाओं में मोनोजाइट प्राकृतिक रूप में होता है।
4. भारत में केवल सरकारी निकाय ही मोनोजाइट संसाधित या निर्यात कर सकते हैं।

उपर्युक्त कथनों में से कितने कथन सही हैं?

(a) केवल एक (b) केवल दो
(c) केवल तीन (d) ये सभी

उत्तर (c)

व्याख्या भारत के सन्दर्भ में दिए गए कथनों में से केवल तीन कथन (1), (2) और (4) सही हैं।

मोनोजाइट दुर्लभ मृदाओं का स्रोत है, जो पृथ्वी के प्रमुख तत्त्वों थोरियम, लैंथेनम और सेरियम का एक महत्त्वपूर्ण अयस्क है अर्थात् मोनोजाइट से थोरियम प्राप्त होता है। यह केरल के बालू व रेत में पाया जाता है।

वर्ष 2016 से पहले के एक संशोधन ने निजी कंपनियों को समुद्र तट की रेत के खनन से रोक दिया था, जिसमें 0.75% से अधिक मोनोजाइट थी। अत: निजी फर्मों को मोनोजाइट के प्रसंस्करण या निर्यात से प्रतिबंधित किया गया है। केवल सरकारी निकाय ही मोनोजाइट संसाधित या निर्यात कर सकते हैं।

कथन (3) सही नहीं है, क्योंकि मोनोजाइट पूरे भारतीय तट पर नहीं पाया जाता है, बल्कि यह प्रायद्वीपीय भारत के केरल जैसे कुछ राज्यों के तटवर्ती बालुकाओं में प्राकृतिक रूप में पाया जाता है।

33 निम्नलिखित कथनों पर विचार कीजिए
Chap 7, Class-XII, New NCERT)
(IAS Pre 2023)

कथन

I. भारत, अपने पास यूरेनियम निक्षेप (डिपाजिट) होने के बावजूद, अपने अधिकांश विद्युत उत्पादन के लिए कोयले पर निर्भर रहता है।
II. विद्युत उत्पादन के लिए कम-से-कम 60% तक समृद्ध (एनरिच्ड) यूरेनियम का होना आवश्यक है।

उपर्युक्त कथनों के बारे में निम्नलिखित में से कौन-सा एक सही है?

(a) कथन I और कथन II दोनों सही हैं तथा कथन II, कथन I की सही व्याख्या है
(b) कथन I और कथन II दोनों सही हैं, परन्तु कथन II, कथन I की सही व्याख्या नहीं है
(c) कथन I सही है, किंतु कथन II गलत है
(d) कथन I गलत है, किंतु कथन II सही है

उत्तर (c)

व्याख्या कथन 1 सही है, किंतु कथन II गलत है।

भारत अपने पास यूरेनियम निक्षेप (डिपॉजिट) होने के बावजूद, अपने अधिकांश विद्युत उत्पादन के लिए कोयले पर निर्भर रहता है। कोयला, भारत में एक महत्त्वपूर्ण जीवाश्म ईंधन है, जो देश की कुल विद्युत जरूरतों की लगभग 60% पूर्ति करता है। भारत में प्रमुख कोयला भंडार वाले राज्य झारखंड, ओडिशा, छत्तीसगढ़ तथा पश्चिम बंगाल हैं, जबकि उत्पादन में छत्तीसगढ़ राज्य शीर्ष पर है। कोयला भंडार की प्रचुरता के कारण इसका विद्युत उत्पादन में अधिक मात्रा में उपयोग किया जाता है।

इसके अतिरिक्त बिजली उत्पादन के लिए सामान्यत: 60% समृद्ध यूरेनियम की आवश्यकता नहीं होती है, बल्कि परमाणु ऊर्जा संयंत्रों में विद्युत उत्पादन के लिए आवश्यक संवर्द्धन स्तर बहुत कम है। अधिकांश वाणिज्यिक परमाणु रिएक्टर आइसोटोप यूरेनियम-235 (U-235) के लगभग 3-5% तक समृद्ध यूरेनियम का उपयोग करते हैं, जबकि शेष यूरेनियम में अधिकतर गैर-विखंडनीय आइसोटोप यूरेनियम-238 (U-238) होते हैं। संवर्द्धन का यह स्तर परमाणु विखंडन प्रतिक्रियाओं के लिए पर्याप्त है, जो ऊर्जा को गर्मी के रूप में जारी करता है, जिसका उपयोग बिजली उत्पन्न करने के लिए किया जाता है।

34 परमाणु ऊर्जा के संदर्भ में निम्नलिखित में से कौन-सा कथन सही नहीं है?
(Chap 7, Class-XII, New NCERT)

1. परमाणु ऊर्जा उद्योग की स्थापना वर्ष 1954 में की गई थी।
2. तारापुर (महाराष्ट्र) में भारत का पहला परमाणु ऊर्जा संयंत्र स्थापित किया गया।

कूट

(a) केवल 1 (b) केवल 2
(c) 1 और 2 दोनों (d) इनमें से कोई नहीं

उत्तर (a)

व्याख्या परमाणु ऊर्जा के संदर्भ में कथन (1) सही नहीं है, क्योंकि परमाणु ऊर्जा आयोग की स्थापना वर्ष 1954 में नहीं, बल्कि वर्ष 1948 में की गई थी। परमाणु ऊर्जा क्षेत्र में प्रगति वर्ष 1954 में ट्रांबे परमाणु ऊर्जा संयंत्र की स्थापना के बाद हुई। जिसे बाद में वर्ष 1967 में भाभा परमाणु अनुसंधान केंद्र के रूप में पुन: नामित किया गया।

कथन (2) सत्य है। तारापुर (महाराष्ट्र) भारत का पहला परमाणु ऊर्जा संयंत्र है। इसकी स्थापना वर्ष 1961 में हुई थी।

35 भारत के कतिपय तटीय क्षेत्रों में, प्रचुर मात्रा में उपलब्ध इल्मेनाइट और रूटाइल निम्नलिखित में से किसके समृद्ध स्रोत हैं?
(Chap 7, Class-XII, New NCERT) (IAS Pre 2009)

(a) एल्युमीनियम (b) ताम्र
(c) लौह (d) टाइटेनियम

उत्तर (d)

व्याख्या भारत के कतिपय तटीय क्षेत्रों में प्रचुर मात्रा में उपलब्ध इल्मेनाइट और रूटाइल, टाइटेनियम के समृद्ध स्रोत हैं।

वाणिज्यिक दृष्टि से, इल्मेनाइट टाइटेनियम का सबसे महत्त्वपूर्ण अयस्क है। दक्षिण भारत में तटीय बालू के लगभग 100 किमी लंबे भूखंड पर उत्तर में नंदीकारिया से कन्याकुमारी तक तथा पूर्वी तट पर तिरुनेलवेल्ली जिले में लिपरूम तक इल्मेनाइट तक खनिज अधिक मात्रा में पाया जाता है। इल्मेनाइट बालू के साहचर्य में रूटाइल, जिरकॉन, सिलीमेनाइट तथा मोनोजाइट आदि खनिज के रूप में पाए जाते हैं। इल्मेनाइट उत्पादन की दृष्टि से भारत का विश्व में दूसरा स्थान है।

36 सौर ऊर्जा के संदर्भ में निम्नलिखित कथनों पर विचार करें
(Chap 5, Class-X, New NCERT)

1. सौर-तापीय प्रौद्योगिकी और फोटोवोल्टेइक प्रक्रम द्वारा सौर ऊर्जा उत्पादित की जाती है।
2. भारत में सौर ऊर्जा के दोहन की असीम संभावना है।

उपर्युक्त में से कौन-सा/से कथन सही है/हैं?

(a) केवल 1 (b) केवल 2
(c) 1 और 2 दोनों (d) इनमें से कोई नहीं

उत्तर (c)

व्याख्या सौर ऊर्जा के संदर्भ में दोनों कथन (1) और (2) सही हैं। फोटोवोल्टाइक सेलों के माध्यम से सूर्य की किरणों को ऊर्जा में परिवर्तित किया जाता है, जिसे सौर ऊर्जा कहते हैं।

भारत एक उष्णकटिबंधीय देश है, यहाँ सौर ऊर्जा के दोहन की असीम संभावनाएँ हैं। फोटोवोल्टाइक प्रौद्योगिकी द्वारा धूप को सीधे विद्युत में परिवर्तित किया जाता है। अन्य अनवीकरणीय ऊर्जा स्रोतों की अपेक्षा सौर तापीय प्रौद्योगिकी अधिक लाभप्रद है। यह लागत प्रतिस्पर्द्धि, पर्यावरण अनुकूल तथा निर्माण में आसान है।

37 भारत में पवन ऊर्जा के लिए अनुकूल परिस्थितियाँ निम्नलिखित में से किन राज्यों में विद्यमान हैं? *(Chap 5, Class-X, New NCERT)*

1. गुजरात
2. हरियाणा
3. कर्नाटक
4. ओडिशा
5. तमिलनाडु

कूट

(a) 1 और 2 (b) 2 और 3
(c) 1, 2 और 5 (d) 1, 3 और 5

उत्तर *(d)*

व्याख्या भारत में पवन ऊर्जा के उत्पादन की अनुकूल परिस्थितियाँ गुजरात, कर्नाटक व तमिलनाडु राज्य में विद्यमान हैं। भारत में पवन ऊर्जा फार्म की विशालतम पेटी तमिलनाडु में नागरकोइल से मदुरई तक अवस्थित है। इसके अतिरिक्त आंध्र प्रदेश, कर्नाटक, गुजरात, केरल, महाराष्ट्र तथा लक्षद्वीप में भी महत्त्वपूर्ण पवन ऊर्जा फार्म हैं। नागरकोइल और जैसलमेर देश में पवन ऊर्जा के प्रभावी प्रयोग के लिए जाने जाते हैं।

38 भारत में पवन ऊर्जा क्षमता के संबंध में निम्नलिखित में से कौन-सा कथन सही नहीं है?

(Chap 5, Class-X & XII, New NCERT) (MPPSC Pre 2023)

(a) भारत में पवन ऊर्जा क्षमता में महत्त्वपूर्ण वृद्धि हुई है
(b) गुजरात में देश की कुल पवन ऊर्जा क्षमता का लगभग 22% है
(c) वर्ष 2021 में तमिलनाडु की पवन ऊर्जा क्षमता देश की कुल क्षमता का लगभग 24% थी
(d) पवन ऊर्जा क्षमता में मध्य प्रदेश का देश में तीसरा स्थान है

उत्तर *(d)*

व्याख्या भारत में पवन ऊर्जा क्षमता के संबंध में कथन (d) सही नहीं है, क्योकि पवन ऊर्जा क्षमता में मध्य प्रदेश का देश में पाँचवाँ स्थान है।

31 मार्च, 2023 तक स्थापित राज्यवार ग्रिड इंटरएक्टिव पवन ऊर्जा की कुल क्षमता 42633.13 मेगावाट पाई गई है। देश के शीर्ष 5 सर्वाधिक पवन ऊर्जा स्थापित क्षमता वाले राज्य क्रमशः (घटते क्रम) तमिलनाडु, गुजरात, कर्नाटक, केरल तथा मध्य प्रदेश हैं। तमिलनाडु की पवन ऊर्जा संस्थापित क्षमता सर्वाधिक (10017.17 मेगावाट) है, वहीं मध्य प्रदेश की संस्थापित क्षमता 2844.29 मेगावाट है।

39 भारत में ज्वारीय ऊर्जा उत्पन्न करने की अनुकूल दशाएँ निम्नलिखित में से किस स्थान पर विद्यमान हैं?

(Chap 5, Class-X, New NCERT)

1. खंभात की खाड़ी
2. मन्नार की खाड़ी
3. कच्छ की खाड़ी
4. सुंदरबन डेल्टा क्षेत्र

कूट

(a) 1 और 2 (b) 2 और 3
(c) 1 और 4 (d) 1, 3 और 4

उत्तर *(d)*

व्याख्या भारत में खंभात की खाड़ी, कच्छ की खाड़ी तथा पश्चिमी तट
गुजरात में और पश्चिम बंगाल के सुंदरबन क्षेत्र में गंगा के डेल्टा में ज्वार
तरंगों द्वारा ऊर्जा उत्पन्न करने की अनुकूल दशाएँ विद्यमान हैं। महासागर
तरंगों का प्रयोग विद्युत उत्पादन के लिए किया जा सकता है। सँकरी खाड़ी
आर-पार बाढ़ द्वार बना कर बाँध बनाए जाते हैं। भारत के पश्चिमी तट पर वृ
ज्वारीय तरंगें उत्पन्न होती हैं।

40 निम्नलिखित कथनों पर विचार करें

(Chap 7, Class-XII, New NCER

1. पृथ्वी के आंतरिक भागों से उत्पन्न ताप का प्रयोग कर विद्युत का उत्पादन किया जाता है।
2. भू-तापीय संयंत्र की स्थापना हिमाचल प्रदेश में मणिकर्ण के निक पार्वती घाटी में की गई है।
3. उत्तराखंड की पूगा घाटी में भी संयंत्र स्थापित किया गया है।

उपर्युक्त में से कौन-सा/से कथन सही है/हैं?

(a) केवल 1 (b) 1 और 2 (c) 2 और 3 (d) ये सभी

उत्तर *(b)*

व्याख्या दिए गए कथनों में से कथन (1) और (2) सही हैं।

पृथ्वी के आंतरिक भागों से ताप का प्रयोग कर उत्पन्न की जाने वाली विद्युत क
भू-तापीय ऊर्जा कहते हैं। भू-तापीय ऊर्जा इसलिए अस्तित्व में होती है, क्योंकि
बढ़ती गहराई के साथ पृथ्वी प्रगामी ढंग से तप्त होती जाती है, जहाँ भ
भू-तापीय प्रवणता अधिक होती है, वहाँ उथली गहराइयों पर भी अधिक
तापमान पाया जाता है।

भारत में सैकड़ों गर्म पानी के चश्में (Springs) हैं, जिनका विद्युत उत्पादन मे
प्रयोग किया जा सकता है। भारत में भू-तापीय ऊर्जा की दो परियोजनाएँ हैं, एक
हिमाचल प्रदेश की पार्वती घाटी में स्थित मणिकरण में एवं दूसरी लद्दाख की
पूगा घाटी में स्थित है।

41 निम्नलिखित कथनों पर विचार कीजिए

(Chap 5, Class-X, New NCERT)

1. पृथ्वी के गर्भ से निकले मैग्मा से निर्मुक्त ऊष्मा तथा गीजर कूपों से निकलते गर्म जल की ऊर्जा का तापीय ऊर्जा में रूपांतरण भूतापीय ऊर्जा कहलाती है।
2. भारत में भूतापीय ऊर्जा संयंत्र हिमाचल प्रदेश के मणिकरण में स्थापित किया गया है।
3. जैव ऊर्जा के उत्पादन में कृषि अवशेष, औद्योगिक तथा अन्य अपशिष्ट शामिल होते हैं।

उपर्युक्त में से कौन-सा/से कथन सही है/हैं?

(a) केवल 1 (b) 1 और 2 (c) 2 और 3 (d) 1, 2 और 3

उत्तर *(d)*

व्याख्या दिए गए सभी कथन सही हैं।

पृथ्वी के गर्भ से निकले मैग्मा से निर्मुक्त ऊष्मा तथा गीजर कूपों से निकलते गर्म जल की ऊर्जा का तापीय ऊर्जा में रूपांतरण भूतापीय ऊर्जा कहलाती है। इसे भूतापीय ऊर्जा इसलिए कहा जाता है, क्योंकि इसमें ऊर्जा का स्रोत 'भू' अर्थात पृथ्वी है।

भारत में भूतापीय ऊर्जा का संयंत्र हिमाचल प्रदेश के मणिकरण में स्थापित किया गया है। इस संयंत्र की कुल क्षमता 5 मेगावाट है। मणिकरण हिमाचल प्रदेश के कुल्लू जिले में पार्वती नदी पर पार्वती घाटी में स्थित है।

जैव ऊर्जा (Bio Energy) उस ऊर्जा को कहा जाता है, जिसे जैविक उत्पादों से प्राप्त किया जाता है। इसमें कृषि अवशेष, औद्योगिक तथा अन्य अपशिष्ट शामिल होते हैं।

42 **बायोगैस के संदर्भ में नीचे दिए गए कथनों पर विचार करें**
(Chap 7, Class-XII, New NCERT)

1. इसमें अपशिष्ट एवं कूड़ा-कचरा प्रक्रमित (Processed) होता है, जिससे ऊर्जा की प्राप्ति होती है।
2. बायोगैस को जैव ऊर्जा भी कहा जाता है।
3. दिल्ली के ओखला में कचरे को ऊर्जा में परिवर्तित करने वाले संयंत्र की स्थापना की गई है।

उपर्युक्त में से कौन-सा/से कथन सही है/हैं?

(a) केवल 1 (b) केवल 2 (c) 1 और 3 (d) ये सभी

उत्तर (d)

व्याख्या बायोगैस के संदर्भ में सभी कथन सही हैं। ग्रामीण क्षेत्रों में झाड़ियों, कृषि अपशिष्ट, पशुओं और मानव जनित अपशिष्ट के उपयोग से घरेलू उपभोग हेतु बायोगैस उत्पन्न की जाती है। जैविक पदार्थों के अपघटन से गैस उत्पन्न होती है, जिसकी तापीय सक्षमता मिट्टी के तेल, उपलों व चारकोल की अपेक्षा अधिक होती है।

बायोगैस किसानों को दो प्रकार से लाभान्वित करता है-एक ऊर्जा के रूप में और दूसरा उन्नत प्रकार के उर्वरक के रूप में। यह विकासशील देशों के ग्रामीण क्षेत्रों के आर्थिक जीवन को भी बेहतर बनाएगा तथा पर्यावरण प्रदूषण घटाएगा, उनकी आत्मनिर्भरता बढ़ाएगा तथा जलाऊ लकड़ी पर दबाव कम करेगा।

43 **ऊर्जा प्राप्ति के साधनों के संदर्भ में निम्नलिखित में से किसका उपयोग किया जा सकता है?** *(Chap 5, Class-X, Old NCERT)*

1. गन्ने की खोई
2. धान की भूसी
3. गोबर गैस प्लांट

कूट

(a) केवल 1 (b) केवल 2 (c) 1 और 3 (d) ये सभी

उत्तर (d)

व्याख्या दिए गए सभी विकल्प ऊर्जा प्राप्ति के साधनों के संदर्भ में उपयोग किए जा सकते हैं। ऊर्जा की प्राप्ति गन्ने की खोई से की जा सकती है, इसके लिए गन्ने से चीनी बनाने के कारखाने में बिजली उत्पादन संयंत्र की स्थापना की जा सकती है। गन्ने की खोई की भाँति खेती के दूसरे कूड़े-कचरों; जैसे धान की भूसी का उपयोग भी बिजली बनाने में हो सकता है। गोबर गैस प्लांट में जैव पदार्थ, गोबर, मुर्गियों के अवशेष तथा मानव मल-मूत्र के उपयोग से गोबर गैस संयंत्र लगाए गए हैं। इससे गाँवों की ऊर्जा की आवश्यकता पूरी हो सकती है।

44 **ऊर्जा संसाधन संरक्षण के संबंध में निम्नलिखित कथनों पर विचार करें**
(Chap 7, Class-XII, New NCERT)

1. खनन और अवस्थापित प्रौद्योगिकी में कुशलता बढ़ाना।
2. दुर्लभ खनिजों के स्थान पर उसी के समान अन्य खनिजों का प्रयोग।
3. ऊर्जा के सतत पोषणीय प्रयोग को बढ़ावा देना।
4. नवीकरणीय ऊर्जा संसाधनों का अधिक-से-अधिक उपयोग।

उपर्युक्त में से कौन-सा/से कथन सही है/हैं?

(a) 1 और 2
(b) 2 और 3
(c) 1, 2, 3 और 4
(d) 1, 2 और 4

उत्तर (c)

व्याख्या ऊर्जा संसाधन संरक्षण के संबंध में सभी कथन सही हैं। आर्थिक विकास के लिए ऊर्जा एक आधारभूत आवश्यकता है। राष्ट्रीय अर्थव्यवस्था के प्रत्येक सेक्टर; जैसे— कृषि, उद्योग, परिवहन, वाणिज्य व घरेलू आवश्यकताओं की पूर्ति के लिए ऊर्जा में निवेश की आवश्यकता है। ऊर्जा संरक्षण की प्रोन्नति और नवीकरणीय ऊर्जा संसाधनों का बढ़ता प्रयोग सतत् पोषणीय ऊर्जा के दो आधार हैं।

वर्तमान में भारत विश्व के अल्पतम ऊर्जा दक्ष देशों में गिना जाता है। हमें ऊर्जा के सीमित संसाधनों के न्यायसंगत उपयोग के लिए सावधानीपूर्वक उपागम अपनाना होगा। ऊर्जा की बचत ही ऊर्जा उत्पादन है।

अध्याय 24

भारत में परिवहन एवं संचार

भारत में परिवहन एवं संचार

सड़क और रेल परिवहन

भारत में सड़क परिवहन

- यह परिवहन का सर्वाधिक लोकप्रिय साधन है
- भारत का सड़क नेटवर्क विश्व के सबसे बड़े सड़क नेटवर्कों में से एक है
- सड़कों को राष्ट्रीय राजमार्ग, राज्य राजमार्ग, प्रमुख जिला सड़कें और ग्रामीण सड़कों के रूप में वर्गीकृत किया गया है
- सड़कों के निर्माण को प्रभावित करने वाले कारकों में इलाके की प्रकृति और आर्थिक विकास का स्तर, उद्योगों की उपस्थिति, पहाड़ी क्षेत्रों की तुलना में मैदानी इलाकों में अनुकूल जलवायु कारक आदि शामिल हैं

भारत में रेल परिवहन

- भारतीय रेलवे विश्व के सबसे बड़े रेल नेटवर्कों में से एक है
- यह यात्री और मालवाहन दोनों प्रकार के परिवहन प्रदान करता है
- कुछ महत्त्वपूर्ण रेलमार्ग कोंकण रेलवे, मेट्रो रेल हैं
- रेलवे को प्रभावित करने वाले कारकों में मैदान पठारी क्षेत्र, पहाड़ी इत्यादि जैसे भू-भाग शामिल हैं
- आर्थिक उन्नत क्षेत्र जहाँ रेलवे की अधिक आवश्यकता है
- वहाँ इसका प्रसार करना
- अंतः प्रदेशों को जोड़ना, सैन्य प्रभुता को बनाए रखना, माल के परिवहन आदि में रेलवे सहायक है

जल एवं वायु परिवहन

जलमार्ग

- जल परिवहन सबसे सस्ती और पुरानी परिवहन प्रणाली है।
- यह प्राकृतिक मार्ग पर काम करता है और मार्ग के निर्माण और रख-रखाव में बड़ी पूँजी निवेश की आवश्यकता नहीं होती
- एक ईंधन दक्ष और पर्यावरण सहायक परिवहन प्रणाली है। इसके द्वारा बड़ी मात्रा में भारी और बड़े आकार के सामान को ले जाया जा सकता है
- यह दो प्रकार का होता है
  - **अंतर्देशीय जलमार्ग परिवहन** नदियों, नहरों, झीलों द्वारा होता है
  - **महासागरीय परिवहन** विदेशी व्यापार के लिए महत्त्वपूर्ण होता है।
- **भारत में प्रमुख बंदरगाह** विशाखापत्तनम बंदरगाह, कोलकाता बंदरगाह, कंडला बंदरगाह, मुंबई

पाइपलाइनें

- यह पेट्रोलियम उत्पादों और गैस को बड़ी मात्रा में लंबी दूरी तक ले जाने के लिए सबसे सुविधाजनक और उपयुक्त परिवहन प्रणाली है
- अन्य परिवहन प्रणालियों की तुलना में बहुत कम ऊर्जा खपत होती है

वायुमार्ग

- यह व्यापार और वाणिज्य के विकास के लिए महत्त्वपूर्ण है, यह आधुनिक परिवहन का एक माध्यम है, तेज़ गति इसकी एक महत्त्वपूर्ण विशेषता है
- किसी भी स्थान पर पहुँचने की क्षमता, क्योंकि कोई भौतिक बाधा नहीं होती है

संचार

परिचय

- सूचनाओं के आदान-प्रदान को संचार कहते हैं निजी संचार और जन संचार देश में संचार के प्रमुख माध्यम हैं

निजी संचार

- किसी संदेश को दो व्यक्तियों के बीच स्थानांतरित करने और प्रसारित करने की प्रक्रिया को निजी संचार कहते हैं
- **भारतीय डाक** यह बाजारी सामग्री के साथ-साथ लिखित व्यक्तिगत संचारों का भी संचालन करती है
- **दूरसंचार नेटवर्क** इसका संचालन संचार प्रौद्योगिकी के विकास के अंतर्गत अंतरिक्ष प्रौद्योगिकी के विकास के साथ संभव हुआ है।
- **मेल प्रणाली** यह बड़े शहरों और नगरों में मेल की त्वरित वितरण को सुविधाजनक बनाने के लिए शुरू किया गया

जन संचार

- यह संदेश को बड़े समूह को संचारित या ट्रांसमिट करने की प्रक्रिया है, जो लोगों के बीच मनोरंजन प्रदान करती है और जागरुकता बढ़ाती है
- **रेडियो** यह सूचना, शिक्षा और मनोरंजन से संबंधित विविध कार्यक्रम प्रसारित करने के लिए उपयोग की जाती है
- **टेलीविज़न** यह जनता को सूचित और शिक्षित करने के लिए सबसे प्रभावी दृश्य-श्रव्य माध्यम है
- **चलचित्र** भारत दुनिया में सबसे बड़ा कथा चलचित्र उत्पादक देश है, यहाँ छोटी चलचित्र, दृश्य-श्रव्य कथा, चलचित्र आदि बनाईं जाती हैं
- **उपग्रह संचार** मौसम का पूर्वानुमान, प्राकृतिक आपदाओं की निगरानी, सीमा क्षेत्रों की निगरानी आदि के लिए प्रयोग किया जा सकता है

SOURCE Old NCERT Class-VIII, Old NCERT Class-X व्यापार, परिवहन एवं संचार, New NCERT Class-X राष्ट्रीय अर्थव्यवस्था की जीवन रेखाएँ, New NCERT Class-XII परिवहन एवं संचार, Old NCERT Class-XII परिवहन तंत्र, अंतर्राष्ट्रीय व्यापार, Tamil Nadu Board Class-X Unit 5, NIOS Module-8 Chap-25 भारत परिवहन, संचार एवं व्यापार

परिवहन

1 राष्ट्रीय राजमार्ग विकास परियोजनाओं के संदर्भ में कौन-सा/से कथन सही है/हैं? *(Chap 10, Class-XII, New NCERT)*

1. स्वर्णिम चतुर्भुज परियोजना की शुरुआत भारतीय राष्ट्रीय राजमार्ग प्राधिकरण के एक भाग के रूप में की गई थी।
2. उत्तर-दक्षिण तथा पूर्व-पश्चिम गलियारा परियोजना भारतीय राष्ट्रीय राजमार्ग प्राधिकरण के अधिकार क्षेत्र में नहीं है।
3. पूर्वी-पश्चिमी गलियारे का उद्देश्य असम से गुजरात को जोड़ना है।

कूट

(a) केवल 2 (b) 1 और 3
(c) 2 और 3 (d) 1, 2 और 3

उत्तर (b)

व्याख्या राष्ट्रीय राजमार्ग विकास परियोजनाओं के संदर्भ में कथन (1) और (3) सही है।

राष्ट्रीय राजमार्ग प्राधिकरण के एक भाग के रूप में वर्ष 1999 में स्वर्णिम चतुर्भुज परियोजना की शुरुआत की गई थी। यह भारत का सबसे बड़ा राजमार्ग प्रोजेक्ट है, जो चार प्रमुख शहरों, दिल्ली, मुंबई, चेन्नई और कोलकाता को आपस में जोड़ता है। इस चतुर्भुज राजमार्ग की कुल लंबाई, 5846 किमी है। पूर्वी-पश्चिमी गलियारा पूर्व में सिलचर (असम) को पश्चिम में पोरबंदर (गुजरात) से जोड़ता है, जिसकी लंबाई 3640 किमी है। उत्तर-दक्षिण गलियारा उत्तर में श्रीनगर (जम्मू और कश्मीर) को दक्षिण में कन्याकुमारी (तमिलनाडु) से जोड़ता है, जिसकी कुल लंबाई 4076 किमी है। ये दोनों गलियारे उत्तर प्रदेश के झाँसी में एक-दूसरे को काटते हैं।

कथन (2) सही नहीं है, क्योंकि भारत में संपूर्ण राष्ट्रीय राजमार्गों की जिम्मेदारी राष्ट्रीय राजमार्ग प्राधिकरण के पास है, इसलिए उत्तर-दक्षिण तथा पूर्व-पश्चिम गलियारा परियोजना भारतीय राष्ट्रीय राजमार्ग प्राधिकरण के क्षेत्र में ही आता है।

2 निम्नलिखित कथनों पर विचार कीजिए *(Chap 10, Class-XII New NCERT)*

1. राज्य महामार्ग राज्य की राजधानी से जिला मुख्यालयों तथा अन्य महत्त्वपूर्ण शहरों को जोड़ते हैं।
2. राज्य महामार्ग, राष्ट्रीय महामार्गों से नहीं जुड़े होते हैं।
3. राष्ट्रीय महामार्ग राज्यों की राजधानियों, प्रमुख नगरों, महत्त्वपूर्ण पत्तनों तथा रेलवे जंक्शनों को भी जोड़ते हैं।
4. प्रधानमंत्री ग्रामीण सड़क परियोजना, देश के गाँवों की बारहमासी सड़क से जोड़ने के लिए है।

उपर्युक्त में से कौन-सा/से कथन सही नहीं है/हैं?

(a) 1 और 3
(b) केवल 2
(c) केवल 4
(d) 3 और 4

उत्तर (b)

व्याख्या दिए गए कथनों में से कथन (2) सही नहीं है, क्योंकि राज्य महामार्ग, राष्ट्रीय महामार्गों से जुड़े होते हैं।

कथन (1), (3) और (4) सही हैं। राज्य महामार्ग राज्य की राजधानी से जिला मुख्यालयों तथा अन्य महत्त्वपूर्ण शहरों को जोड़ते हैं। राष्ट्रीय महामार्ग राज्यों की राजधानियों, प्रमुख नगरों, महत्त्वपूर्ण पत्तनों तथा रेलवे जंक्शनों को भी जोड़ते हैं। प्रधानमंत्री ग्रामीण सड़क परियोजना की शुरुआत 25 दिसंबर, 2000 को की गई थी, जिसका प्रमुख उद्देश्य देश के गाँवों को बारहमासी पक्की सड़कों से जोड़ना है।

3 भारत की कनेक्टिविटी परियोजनाओं के संदर्भ में, निम्नलिखित कथनों पर विचार कीजिए *(Chap 10, Class-XII, New NCERT)* *(IAS Pre 2023)*

1. स्वर्णिम चतुर्भुज परियोजना के अधीन पूर्व-पश्चिम गलियारा (कॉरिडोर), डिब्रूगढ़ और सूरत को जोड़ता है।
2. त्रिपक्षीय राजमार्ग मणिपुर में मोरेह को म्यांमार से होते हुए, थाइलैंड में चियांग माई से जोड़ता है।
3. बांग्लादेश-चीन-भारत-म्यांमार आर्थिक गलियारा (कॉरिडोर) उत्तर प्रदेश में वाराणसी को चीन में कुनमिंग से जोड़ता है।

उपर्युक्त में से कितने कथन सही हैं?

(a) केवल एक (b) केवल दो
(c) सभी तीन (d) इनमें से कोई भी नहीं

उत्तर (d)

व्याख्या भारत की कनेक्टिविटी परियोजनाओं के संदर्भ में कोई भी कथन सही नहीं है। स्वर्णिम चतुर्भुज परियोजना के अंतर्गत पूर्व-पश्चिम गलियारा डिब्रूगढ़ और सूरत को नहीं, बल्कि पोरबंदर को सिलचर से जोड़ता है। पूर्व-पश्चिम कॉरिडोर पोरबंदर, राजकोट, साख्यीली, राधनपुर (गुजरात) से होते हुए असम में बोगईगाँव, नलबाड़ी, विजली, गुवाहटी, नौगाँव, दिबाका तथा सिलचर को जोड़ता है।

भारत, म्यांमार, थाइलैंड त्रिपक्षीय राजमार्ग मणिपुर में मोरेह को म्यांमार से होते हुए गाई साट को थाइलैंड से जोड़ता है, न कि चियांग (थाईलैंड) से। बांग्लादेश-चीन-भारत-म्यांमार (BCIM) आर्थिक गलियारा कोलकाता (भारत) को कुनमिंग (चीन) से जोड़ता है, न कि वाराणसी को कुनमिंग से। यह गलियारा चीन के यून्नान प्रांत में कुनमिंग को म्यांमार में मांडले और बांग्लादेश में ढाका जैसे नोड्स से गुजरते हुए, कोलकाता से जोड़ने का प्रस्ताव रखता है।

4 सूची-I को सूची-II से सुमेलित कीजिए तथा सही उत्तर का चयन नीचे दिए गए कूट से कीजिए *(Chap 7, Class-X, New NCERT)* *(MPPSC Pre 2022)*

सूची I (राष्ट्रीय राजमार्ग)		सूची II (गुजरता है)	
A.	राष्ट्रीय राजमार्ग-30	1.	खजुराहो
B.	राष्ट्रीय राजमार्ग-39	2.	भोपाल
C.	राष्ट्रीय राजमार्ग-46	3.	सागर
D.	राष्ट्रीय राजमार्ग-44	4.	जबलपुर

कूट

	A	B	C	D		A	B	C	D
(a)	4	2	1	3	(b)	3	1	2	4
(c)	4	1	2	3	(d)	4	3	2	1

उत्तर (c)

व्याख्या सही सुमेलन A-4, B-1, C-2, D-3 है।

राष्ट्रीय राजमार्ग 30 उत्तर प्रदेश सीमा-मझगाँव, रीवा, कटनी, जबलपुर, मंडला से होकर गुजरता है।

राष्ट्रीय राजमार्ग 39 उत्तर प्रदेश सीमा, अलीपुरा, नौ गाँव, छत्तरपुर, पन्ना, सतना, रीवा, खजुराहो, सिगरौली से होकर गुजरती है।

राष्ट्रीय राजमार्ग 46 शिवपुरी, भोपाल, अब्दुलागंज, होशंगाबाद एवं बैतूल से होकर गुजरता है।

राष्ट्रीय राजमार्ग 44 उत्तर प्रदेश सीमा, मध्य प्रदेश के सागर, लखनदौत तथा सिओनी से होकर गुजरता है।

5 **भारतीय रेलवे के संदर्भ में निम्नलिखित कथनों पर विचार करें**

(Chap 10, Class-XII, New NCERT)

1. भारत में पहली रेल लाइन नैनी से प्रयागराज के मध्य निर्मित की गई।
2. भारतीय रेलवे के सुचारू संचालन के लिए इसे 16 जोन में विभाजित किया गया है।

उपर्युक्त में से कौन-सा/से कथन असत्य है/हैं?

(a) केवल 2
(b) 1 और 2 दोनों
(c) केवल 1
(d) इनमें से कोई नहीं

उत्तर *(b)*

व्याख्या भारतीय रेलवे के संदर्भ में दोनों कथन असत्य हैं।

प्रथम भारतीय रेलवे लाइन मुंबई से थाणे के बीच 34 किमी की लंबाई में निर्मित की गई थी। इसका निर्माण 1853 ई. में किया गया था। भारतीय रेल प्रशासन एवं प्रबंधन की जिम्मेदारी रेलवे बोर्ड पर है। भारतीय रेलवे को 18 जोन (मंडलों) में बाँटा गया है।

6 **निम्नलिखित में से कौन-सा युग्म सही सुमेलित नहीं है?**

(Chap 10, Class-XII, New NCERT)
(IAS Pre 2006)

	रेलवे जोन	मुख्यालय
(a)	उत्तर पूर्व रेलवे	गोरखपुर
(b)	दक्षिण पूर्व रेलवे	भुवनेश्वर
(c)	पूर्वी रेलवे	कोलकाता
(d)	दक्षिण पूर्व मध्य रेलवे	बिलासपुर

उत्तर *(b)*

व्याख्या दिए गए युग्मों में से युग्म (b) सही सुमेलित नहीं है, क्योंकि दक्षिण-पूर्व रेलवे का मुख्यालय भुवनेश्वर में नहीं, बल्कि कोलकाता में स्थित है, जबकि उत्तर-पूर्वी रेलवे-गोरखपुर में, पूर्वी रेलवे-कोलकाता में दक्षिण-पूर्व मध्य रेलवे-बिलासपुर में स्थित है।

7 **जल परिवहन के संदर्भ में निम्नलिखित में से कौन-सा कथन सही है?**

(Chap 9, Class-XII, Old NCERT)

1. यह परिवहन भारी एवं स्थूल सामग्री के परिवहन के लिए सर्वाधिक उपयुक्त है।
2. भारत में 10,500 किमी लंबा जलमार्ग नौकायन योग्य है।
3. केरल में स्थित बैक वाटर (पश्च जल) भी जलमार्ग के लिए प्रसिद्ध है।

कूट

(a) केवल 1
(b) केवल 3
(c) 2 और 3
(d) 1 और 3

उत्तर *(d)*

व्याख्या जल परिवहन के संदर्भ में कथन (1) और (3) सही हैं। भारत में जल परिवहन सबसे सस्ता साधन है तथा भारी एवं स्थूल सामग्री के लिए यह परिवहन सर्वाधिक उपयुक्त है। यह ईंधन दक्ष एवं पारिस्थितिकी अनुकूल परिवहन प्रणाली है।

बैक वाटर (पश्च जल) अंत:स्थलीय जलमार्गों का अपना महत्त्वपूर्ण स्थान है। यह परिवहन का सबसे सस्ता साधन है तथा यह केरल में भारी संख्या में पर्यटकों को आकर्षित करता है। यहाँ की प्रसिद्ध नेहरू ट्रॉफी नौकादौड़ (वल्लामकाली) भी इसी बैक वाटर में आयोजित की जाती है।

कथन (2) सही नहीं है, क्योंकि भारत में 14,500 किमी लंबा जलमार्ग नौकायन हेतु उपलब्ध है, जो देश के परिवहन में लगभग 1% का योगदान देता है।

8 **राष्ट्रीय जलमार्ग और उसके विस्तार के संदर्भ में सूची I को सूची II से सुमेलित कीजिए**

(Chap 4, Class-XII, Old NCER

	सूची I (प्रमुख जलमार्ग)		सूची II (विस्तार)
A.	राष्ट्रीय जलमार्ग-1	1.	इलाहाबाद-हल्दिया
B.	राष्ट्रीय जलमार्ग-2	2.	कोट्टापुरम्-कोल्लम
C.	राष्ट्रीय जलमार्ग-3	3.	सदिया-धुबरी
D.	राष्ट्रीय जलमार्ग-4	4.	काकीनाडा, पुदुचेरी नहर -गोदावरी/ कृष्णा नदी

कूट

	A	B	C	D
(a)	1	2	3	4
(b)	1	3	2	4
(c)	2	4	1	3
(d)	2	1	3	4

उत्तर *(b)*

व्याख्या सही सुमेलन A-1, B-3, C-2, D-4 है।

राष्ट्रीय जलमार्ग-1, प्रयागराज (इलाहाबाद) से हल्दिया तक विस्तारित है जिसकी लंबाई 1620 किमी है।

राष्ट्रीय जलमार्ग-2, सदिया से धुबरी तक 891 किमी लंबाई में विस्तारित है इसका विस्तार ब्रह्मपुत्र नदी घाटी में है।

राष्ट्रीय जलमार्ग-3, कोट्टापुरम् से कोल्लम तक 168 किमी में विस्तारित है।

राष्ट्रीय जलमार्ग-4, काकीनाडा तथा पुदुचेरी नहर स्ट्रेच के साथ-साथ गोदावरी और कृष्णा नदी पर स्थित है। इसका विस्तार 1078 किमी लंबाई में है।

9 **निम्नलिखित कथनों में कौन-सा कथन सत्य है?**

(Chap 10, Class XII, New NCERT)

1. राष्ट्रीय जलमार्ग संख्या-1 का संबंध गंगा-भागीरथी-हुगली नदी जलमार्ग से है।
2. राष्ट्रीय जलमार्ग-2 का विस्तार ब्रह्मपुत्र नदी तक है।
3. राष्ट्रीय जलमार्ग-3 कर्नाटक से केरल राज्य तक विस्तृत है।

कूट

(a) केवल 3 (b) 1 और 2 (c) केवल 2 (d) 2 और 3

उत्तर *(b)*

व्याख्या दिए गए कथनों में कथन (1) और (2) सत्य हैं।

राष्ट्रीय जलमार्ग संख्या-1 का संबंध गंगा-भागीरथी-हुगली नदी जलमार्ग से है, जिसकी लंबाई 1620 किमी है। यह जलमार्ग उत्तरप्रदेश, बिहार, झारखंड और पश्चिम बंगाल राज्य में फैला हुआ है। राष्ट्रीय जलमार्ग-2 का विस्तार ब्रह्मपुत्र नदी तक है, जो सादिया (असम) से धुबरी (असम) तक लगभग 891 किमी लंबा है।

कथन (3) असत्य है, क्योंकि राष्ट्रीय जलमार्ग-3 केरल राज्य तक ही विस्तृत है, जिसकी कुल लंबाई 205 किमी है, जो कोल्लम को कोट्टापुरम से जोड़ता है। यह देश का पहला राष्ट्रीय जलमार्ग है, जिसमें पूरे खंड पर 24 घंटे नेविगेशन सुविधाएँ उपलब्ध हैं।

10 **निम्नलिखित कथनों पर विचार करें**

(Chap 7, Class-X, New NCERT) (Chap 10, Class-XII, New NCERT)

1. कांडला पत्तन का निर्माण कराची पत्तन की कमी को पूरा करने के लिए किया गया था।
2. मुंबई पत्तन एक मानव निर्मित पत्तन है।
3. कोलकाता पत्तन एक खुला महासागरीय पत्तन है।

उपर्युक्त में से कौन-सा/से कथन असत्य है/हैं?

(a) 1 और 2 (b) 2 और 3 (c) 1 और 3 (d) ये सभी

उत्तर *(b)*

व्याख्या दिए गए कथन में से कथन (2) और (3) असत्य हैं, क्योंकि मुंबई एक वृहत्तम प्राकृतिक पत्तन है, जिससे खुले विस्तृत व सुचारू रूप से पोताश्रय के द्वारा जहाजों का संचालन होता है। मुंबई पत्तन के अधिक परिवहन को ध्यान में रखकर इसके सामनेन्हावा शेवा पत्तन का विकास किया गया है।

कोलकाता एक अंत:स्थलीय पत्तन है। कोलकाता पत्तन गंगा-ब्रह्मपुत्र बेसिन की वृहत व समृद्ध पृष्ठभूमि को सेवाएँ प्रदान करता है। ज्वारीय पत्तन तथा हुगली में तलछट जमाव होने के कारण इसे नियमित रूप से साफ करना पड़ता है। इसके परिवहन भार को कम करने के लिए हल्दिया को सहायक पत्तन के रूप में विकसित किया गया है।

कथन (1) सत्य है। कांडला पत्तन को देश के पहले पत्तन के रूप में विकसित किया गया। कांडला पत्तन को दीनदयाल पत्तन के नाम से भी जाना जाता है। यह एक ज्वारीय पत्तन है। कांडला के पत्तन का विकास देश विभाजन के बाद कराची पत्तन की कमी को पूरा करने के लिए किया गया था।

11 निम्नलिखित में से कौन भारत का प्राकृतिक बंदरगाह है?
(Chap 7, Class-X, New NCERT) (UPPSC Pre 2013)

1. चेन्नई 2. कोच्चि पत्तन 3. तूतीकोरिन पत्तन 4. विशाखापत्तनम

कूट

(a) 1 और 2 (b) 1 और 3 (c) 2 और 3 (d) 2 और 4

उत्तर (d)

व्याख्या कोच्चि तथा विशाखापत्तनम, प्राकृतिक बंदरगाह हैं। जबकि चेन्नई, भारत का सबसे प्राचीन कृत्रिम बंदरगाह है। पूर्वी तट के साथ तमिलनाडु के दक्षिण-पूर्वी छोर पर तूतीकोरन अवस्थित है।

12 वायु परिवहन के संदर्भ में निम्नलिखित कथनों पर विचार करें
(Chap 4, Class-XII, New NCERT)

1. भारत में वायु परिवहन की शुरुआत वर्ष 1921 में यात्री संचालन के रूप में की गई।
2. भारतीय वायु प्राधिकरण भारतीय वायु क्षेत्र में सुरक्षित और सक्षम वायुयान का संचालन करता है।
3. पवन हंस एक हवाई यात्री वायुयान सेवा है।

उपर्युक्त में से कौन-सा/से कथन असत्य है/हैं?

(a) केवल 1 (b) 1 और 3 (c) 2 और 3 (d) ये सभी

उत्तर (b)

व्याख्या वायु परिवहन के संदर्भ में कथन (1) और (3) असत्य हैं, क्योंकि भारत में वायु परिवहन की शुरुआत वर्ष 1911 में हुई, जब इलाहाबाद से नैनी तक की 10 किमी की दूरी हेतु वायु डाक प्रचालन संपन्न किया गया था। पवन हंस एक हेलीकॉप्टर सेवा है, जो पर्वतीय क्षेत्रों में सेवारत् है और उत्तर-पूर्व सेक्टर में व्यापक रूप से पर्यटकों द्वारा उपयोग में लाया जाता है।

कथन (2) सत्य है। भारतीय वायु प्राधिकरण (Airports Authority of India, AAI) भारतीय वायुक्षेत्र में सुरक्षित, सक्षम वायु यातायात एवं वैज्ञानिकी संचार सेवाएँ प्रदान करने के लिए उत्तरदायी है। भारत में वायु परिवहन का प्रबंधन एयर इंडिया द्वारा किया जाता है।

13 दीनदयाल उपाध्याय (कांडला) पत्तन के संदर्भ में निम्नलिखित कथनों पर विचार करें
(Chap 11, Class-XII, New NCERT)

1. यह पत्तन खंभात की खाड़ी के मुहाने पर स्थित है।
2. यह पत्तन मुख्यत: पेट्रोलियम एवं उर्वरक उद्योग के लिए प्रमुख है।
3. इस पत्तन के भार को कम करने के लिए राजकोट में नया अपतटीय टर्मिनल विकसित किया गया है।

उपर्युक्त में से कौन-सा/से कथन असत्य है/हैं?

(a) केवल 1 (b) 1 और 3 (c) केवल 2 (d) इनमें से कोई नहीं

उत्तर (b)

व्याख्या दीनदयाल उपाध्याय (कांडला) पत्तन के संदर्भ में कथन (1) और (3) असत्य हैं, क्योंकि कांडला पत्तन कच्छ की खाड़ी के मुहाने पर अवस्थित है और देश के पश्चिमी एवं उत्तर-पश्चिमी भाग की आवश्यकताओं को पूरा करने और मुंबई पत्तन पर दबाव को घटाने के लिए एक प्रमुख पत्तन के रूप में विकसित किया गया है।

वाडीनार में एक अपतटीय टर्मिनल विकसित किया गया है, ताकि दीनदयाल (कांडला) पत्तन के दबाव को घटाया जा सके।

कथन (2) सत्य है। कांडला पत्तन को विशेष रूप से भारी मात्रा में पेट्रोलियम उत्पादों एवं उर्वरकों को ग्रहण करने के लिए बनाया गया है।

14 निम्नलिखित कथनों पर विचार करें
(Chap 11, Class-XII, New NCERT)

1. मुंबई देश का सबसे बड़ा पत्तन है, जहाँ से विदेशी व्यापार का अधिकांश हिस्सा संचालित होता है।
2. मुंबई पत्तन के अनुषंगी पत्तन के रूप में दीनदयाल पत्तन को विकसित किया गया है।
3. मर्मागाओ पत्तन गोवा का कृत्रिम बंदरगाह है, जो मांडवी नदी के मुहाने पर स्थित है।

उपर्युक्त में से कौन-सा/से कथन असत्य है/हैं?

(a) केवल 1
(b) केवल 3
(c) 2 और 3
(d) उपर्युक्त सभी

उत्तर (c)

व्याख्या दिए गए कथनों में से कथन (2) और (3) असत्य हैं, क्योंकि जवाहरलाल नेहरू पत्तन (न्हावा शेवा) को मुंबई पत्तन के दबाव को कम करने के लिए एक अनुषंगी पत्तन (Ancillary Port) के रूप में विकसित किया गया था।

जुआरी नदी के मुहाने पर अवस्थित मर्मागाओ पत्तन गोवा का एक प्राकृतिक बंदरगाह है, इससे जापान को लौह अयस्क का निर्यात किया जाता है।

कथन (1) सत्य है। मुंबई एक प्राकृतिक और देश का सबसे बड़ा पत्तन है, यह पत्तन मध्यपूर्व, भूमध्यसागरीय देशों, उत्तरी अफ्रीका, उत्तर अमेरिका तथा यूरोप के देशों के सामान्य मार्ग के निकट स्थित है, जहाँ से देश के विदेशी व्यापार का अधिकांश भाग संचालित किया जाता है।

15 निम्नलिखित में से कौन-सा युग्म सही सुमेलित नहीं है?
(Chap 11, Class-XII, New NCERT)

(a) न्यू मंगलौर पत्तन — लौह अयस्क का निर्यात
(b) कोच्चि पत्तन — प्राकृतिक पत्तन
(c) तूतीकोरिन पत्तन — खाद्यान्न एवं खाद्य तेल
(d) चेन्नई पत्तन — प्राकृतिक पत्तन

उत्तर (d)

व्याख्या दिए गए युग्मों में युग्म (d) सही सुमेलित नहीं है, क्योंकि चेन्नई पत्तन पूर्वी तट पर स्थित सबसे पुराने पत्तनों में से एक है। यह एक कृत्रिम पत्तन है, जिसे 1859 ई. में बनाया गया था। तट के निकट उथले जल के कारण यह पत्तन विशाल पोतों के लिए अनुकूल नहीं है।

युग्म (a), (b) और (c) सुमेलित हैं। न्यू मैंगलोर पत्तन कर्नाटक में स्थित है और यह लौह अयस्क एवं लौह-सांद्र के निर्यात की आवश्यकताओं को पूरा करता है।

कोच्चि पत्तन बेंबनाद कयाल, जिसे अरब सागर की रानी के नाम से जाना जाता है, के मुहाने पर स्थित एक प्राकृतिक पत्तन है।

तूतीकोरिन पत्तन तमिलनाडु में स्थित है और इसका विकास चेन्नई पत्तन के दबाव को कम करने के लिए किया गया था।

16 **निम्नलिखित कथनों पर विचार करें**

(Chap 11, Class-XII, New NCERT)

1. कोलकाता पत्तन, हुगली नदी के मुहाने पर स्थित है।
2. हल्दिया पत्तन से जूट एवं जूट उत्पादों का निर्यात किया जाता है।
3. पारादीप पत्तन से पेट्रोलियम पदार्थ निर्यात किए जाते हैं।
4. विशाखापत्तनम पत्तन एक प्राकृतिक बंदरगाह है।

उपर्युक्त में से कौन-सा/से कथन असत्य है/हैं?

(a) 1 और 2 (b) 2 और 3
(c) 3 और 4 (d) 1, 2 और 4

उत्तर *(c)*

व्याख्या दिए गए कथनों में से कथन (3) और (4) असत्य हैं, क्योंकि पारादीप पत्तन ओडिशा में कटक से 100 किमी दूर महानदी डेल्टा पर स्थित है। इसका पोताश्रय सबसे गहरा है, जो भारी पोतों के निपटान के लिए सर्वाधिक अनुकूल है, इसे विशेषतया लौह-अयस्क के निर्यात के लिए विकसित किया गया है।

विशाखापत्तनम पत्तन आंध्र प्रदेश में एक भू-आबद्ध पत्तन है, जिसे ठोस चट्टान एवं बालू को काटकर एक नहर के द्वारा समुद्र से जोड़ा गया है। यह एक कृत्रिम पत्तन है, जिसे लौह-अयस्क, पेट्रोलियम तथा सामान्य नौभार के निपटान के लिए विकसित किया गया है।

कथन (1) और (2) सत्य हैं। कोलकाता पत्तन हुगली नदी पर अवस्थित है, जो बंगाल की खाड़ी से 128 किमी स्थल के अंदर स्थित है।

हल्दिया पत्तन कोलकाता से 105 किमी अंदर अनुप्रवाह पर स्थित है। इसका निर्माण कोलकाता पत्तन की संकुलता को हटाने के लिए किया गया है। यहाँ से जूट निर्मित पदार्थों का निर्यात होता है।

17 **निम्नलिखित युग्मों पर विचार कीजिए**

(Chap 10, Class-XII, New NCERT) (IAS Pre 2023)

	पत्तन (पोर्ट)	जिस रूप में सुविख्यात हैं
1.	कामराजर पोर्ट	भारत में एक कंपनी के रूप में पंजीकृत सबसे पहला प्रमुख पत्तन
2.	मुंद्रा पोर्ट	भारत में निजी स्वामित्व वाला सबसे बड़ा पत्तन
3.	विशाखापत्तनम पोर्ट	भारत में सबसे बड़ा आधान पत्तन (कंटेनर पोर्ट)

उपर्युक्त में से कितने युग्म सही सुमेलित हैं?

(a) केवल एक (b) केवल दो
(c) सभी तीनों (d) इनमें से कोई नहीं

उत्तर *(b)*

व्याख्या दिए गए युग्मों में से केवल दो युग्म (1 और 2) सही हैं।

चेन्नई से लगभग 24 किमी उत्तर में स्थित कामराजर बंदरगाह, भारत में एक कंपनी के रूप में पंजीकृत सबसे पहला प्रमुख बंदरगाह है। यह भारत का 12वाँ प्रमुख बंदरगाह है तथा यह भारत का पहला बंदरगाह भी है, जो एक सार्वजनिक कंपनी है।

मुंद्रा पोर्ट भारत में निजी स्वामित्व वाला सबसे बड़ा पत्तन है। यह भारत का पहला निजी पत्तन भी है, जो गुजरात के कच्छ जिले में मुंद्रा के पास कच्छ की खाड़ी के उत्तरी किनारे पर स्थित है।

युग्म (3) सही नहीं है, क्योंकि भारत का सबसे बड़ा आधार पत्तन (कंटेनर पोर्ट) जवाहरलाल नेहरू पोर्ट ट्रस्ट (JNPT) है। इसे न्हावाशेवा के नाम से भी जाना जाता है, जबकि विशाखापत्तनम देश का सर्वश्रेष्ठ प्राकृतिक और सबसे गहरा बंदरगाह है।

संचार

18 **वैयक्तिक संचार के साधन के अंतर्गत निम्नलिखित में से कौन-कौन शामिल किए जाते हैं?**

(Chap 10, Class-XII, New NCERT)

1. रेडियो 2. पत्रादि 3. दूरभाष 4. तार
5. उपग्रह

कूट

(a) 1 और 2 (b) 2, 3 और 4
(c) 1, 3 और 4 (d) 2, 3, 4 और 5

उत्तर *(b)*

व्याख्या वैयक्तिक संचार के साधन के अंतर्गत पत्रादि, दूरभाष एवं तार आदि शामिल किए जाते हैं। वैयक्तिक संचार तंत्रों में इंटरनेट सर्वाधिक प्रभावी एवं आधुनिक है। नगरीय क्षेत्रों में इसका व्यापक स्तर पर प्रयोग किया जाता है। यह उपयोगकर्ता को ई-मेल के माध्यम से ज्ञान एवं सूचना की जानकारी पहुँचाने में सहायक होता है। इंटरनेट विभिन्न मदों पर विस्तृत जानकारी सहित, आँकड़ों का विशाल केंद्रीय भंडारागार होता है।

19 **रेडियो संचार तंत्र के संबंध में निम्नलिखित कथनों पर विचार करें।**

(Chap 10, Class-XII, New NCERT)

1. भारत सरकार द्वारा वर्ष 1957 में ऑल इंडिया रेडियो को आकाशवाणी नाम दिया गया।
2. रेडियो ने लोगों के सामाजिक-सांस्कृतिक जीवन में परिवर्तन ला दिया है।

उपर्युक्त में से कौन-सा/से कथन असत्य है/हैं?

(a) केवल 1 (b) केवल 2
(c) 1 और 2 दोनों (d) इनमें से कोई नहीं

उत्तर *(d)*

व्याख्या रेडियो संचार तंत्र के संबंध में दोनों कथन सत्य हैं। भारत में रेडियो का प्रसारण वर्ष 1923 में (रेडियो क्लब ऑफ बॉम्बे) द्वारा प्रारंभ किया गया था। तब से इसने असीमित लोकप्रियता पाई है और लोगों के सामाजिक-सांस्कृतिक जीवन में परिवर्तन ला दिया है। सरकार ने वर्ष 1930 में इंडियन ब्रॉडकास्टिंग सिस्टम के अंतर्गत इस लोकप्रिय संचार माध्यम को अपने नियंत्रण में ले लिया।

वर्ष 1936 में इसे ऑल इंडिया रेडियो और वर्ष 1957 में आकाशवाणी में बदल दिया गया। ऑल इंडिया रेडियो सूचना, शिक्षा एवं मनोरंजन से जुड़े विभिन्न प्रकार के कार्यक्रमों को प्रसारित करता है।

20 **भारत में संचार के साधन के रूप में टेलीविजन के संदर्भ में निम्नलिखित कथनों पर विचार करें।**

(Chap 10, Class-XII, New NCERT)

1. संचार के साधन के रूप में टेलीविजन एक प्रभावी साधन है, श्रव्य एवं दृश्य माध्यम का।
2. वर्ष 1976 में टेलीविजन प्रसारण को दूरदर्शन के रूप में एक अलग पहचान मिली।
3. इनसैट 4B सेटेलाइट से दूरदर्शन प्रसारण अधिक प्रभावी हुआ है।

उपर्युक्त में से कौन-सा/से कथन सत्य है/हैं?

(a) केवल 1 (b) 1 और 2 (c) केवल 3 (d) ये सभी

उत्तर *(b)*

व्याख्या भारत में संचार के साधन के रूप में टेलीविजन के संदर्भ में कथन (1) और (2) सत्य हैं। सूचना के प्रसार और आम लोगों को शिक्षित करने में टेलीविजन प्रसारण एक अत्यधिक प्रभावी दृश्य-श्रव्य माध्यम के रूप में उभरा है।

शुरुआत में टेलीविजन सेवाएँ केवल राष्ट्रीय राजधानी तक सीमित थीं, जहाँ इसे वर्ष 1959 में प्रारंभ किया गया। वर्ष 1972 के बाद कई अन्य केंद्र चालू हुए। वर्ष 1976 में दूरदर्शन को ऑल इंडिया रेडियो (ए आई आर) से अलग कर दिया गया।

कथन (3) असत्य है, क्योंकि इनसैट 1A के चालू होने के बाद संपूर्ण नेटवर्क के लिए साझा राष्ट्रीय कार्यक्रमों की शुरुआत की गई।

21 निम्न कथन (A) व कारण (R) को पढ़िए और नीचे दिए गए कूट की सहायता से सही उत्तर का चयन कीजिए

(Chap 10, Class-XII, New NCERT)

कथन (A) उपग्रह संचार प्रणाली आर्थिक तथा सामरिक कारणों से महत्त्वपूर्ण हो गई है।

कारण (R) इसके माध्यम से मौसम पूर्वानुमान, आपदाओं की निगरानी, सीमाओं की चौकसी की जाती है।

कूट

(a) A और R दोनों सही हैं तथा R, A की सही व्याख्या है
(b) A और R दोनों सही है परंतु R, A की सही व्याख्या नहीं करता है
(c) A सही है, किंतु R गलत है
(d) A गलत है, किंतु R सही है

उत्तर (a)

व्याख्या A और R दोनों सही हैं तथा R, A की सही व्याख्या है। उपग्रह संचार प्रणाली आर्थिक तथा सामरिक कारणों के कारण महत्त्वपूर्ण है। इसके माध्यम से प्राप्त चित्रों के आधार पर मौसम का पूर्वानुमान, प्राकृतिक आपदाओं की निगरानी, सीमाओं की चौकसी की जाती है। प्राकृतिक संसाधनों के प्रबंधन में भी इसका उपयोग किया जाता है।

22 संचार जाल (Communication Networks) के संदर्भ में निम्नलिखित कथनों पर विचार कीजिए

(Chap 10, Class-XII, New NCERT)

1. सभी वैयक्तिक संचार तंत्रों में इंटरनेट सर्वाधिक प्रभावी एवं अधुनातन है।
2. भारत में रेडियो का प्रसारण रेडियो क्लब ऑफ बॉम्बे द्वारा प्रारंभ किया गया था।
3. ऑल इंडिया रेडियो केवल सूचना व शिक्षा कार्यक्रमों को ही प्रसारित करता है।
4. उपग्रह संचार आर्थिक एवं सामरिक दृष्टि से महत्त्व नहीं रखते हैं।

उपर्युक्त में से कितने कथन सही नहीं हैं?

(a) केवल एक (b) केवल दो (c) केवल तीन (d) सभी चार

उत्तर (b)

व्याख्या संचार जाल के संदर्भ में केवल दो कथन (3 और 4) सही नहीं है, क्योंकि ऑल इंडिया रेडियो द्वारा सूचना एवं शिक्षा कार्यक्रमों के अतिरिक्त मनोरंजन, खेल आदि कार्यक्रम भी प्रसारित किए जाते हैं। उपग्रह संचार, सभी साधनों के नियमन में महत्त्वपूर्ण भूमिका निभाता है। वर्तमान समय में उपग्रह आर्थिक एवं सामरिक दृष्टि से अधिक महत्त्वपूर्ण है। यह हमारी रक्षा निगरानी प्रणाली, जीपीएस प्रणाली, शिक्षा, स्वास्थ्य सभी क्षेत्रों में महत्त्वपूर्ण भूमिका निभाता है।

कथन (1) और (2) सत्य हैं, क्योंकि सभी वैयक्तिक संचार तंत्रों में इंटरनेट सर्वाधिक प्रभावी एवं आधुनिक है।

इसके अतिरिक्त दूरभाष (टेलीफोन), तार (टेलीग्राम), फैक्स, ई-मेल, पत्र भी वैयक्तिक संचार तंत्रों में महत्त्वपूर्ण भूमिका निभाते हैं। भारत में सर्वप्रथम वर्ष 1923 में 'रेडियो क्लब ऑफ बॉम्बे' ने रेडियो का प्रसारण प्रारंभ किया था। रेडियो को वर्ष 1936 में ऑल इंडिया रेडियो नाम दिया गया, जिसे वर्ष 1957 में 'आकाशवाणी' कर दिया गया। वर्तमान में रेडियो प्रसारण को आकाशवाणी के नाम से जाना जाता है।

23 दिए गए कथनों पर विचार करें *(Chap 10, Class-XII, New NCERT)*

1. भारतीय रेल तंत्र रूस, संयुक्त राज्य अमेरिका तथा कनाडा के बाद विश्व का चौथा बड़ा रेल तंत्र है।
2. ग्रामीण अर्थव्यवस्था सड़क परिवहन पर ही अधिक निर्भर है।
3. जल परिवहन एक सस्ता साधन है, जो विदेशी व्यापार के विकास में सहायक है।
4. वायु परिवहन सबसे तेज परंतु सबसे सस्ता साधन है।

उपर्युक्त कथन में कौन-सा कथन सत्य नहीं है?

(a) 1 और 2 (b) केवल 4
(c) 2 और 3 (d) 1, 2 और 3

उत्तर (b)

व्याख्या दिए गए कथनों में से कथन (4) सत्य नहीं है, क्योंकि वायु परिवहन महंगा, परंतु सबसे तेज गति वाला साधन है। वायु परिवहन उन क्षेत्रों के लिए अधिक उपयुक्त है, जहाँ उबड़-खाबड़ धरातलीय आकृतियों के कारण सड़क परिवहन विकसित करना कठिन होता है। वायु परिवहन सर्वाधिक गतिशील एवं सुविधायुक्त साधन है।

कथन (1), (2) और (3) सत्य हैं। भारतीय रेल विश्व का चौथा सबसे बड़ा रेलवे तंत्र है। पहले स्थान पर रूस, दूसरे पर संयुक्त राज्य अमेरिका, तीसरे पर कनाडा एवं चौथे पर भारत है। ग्रामीण अर्थव्यवस्था सड़क परिवहन पर ही मुख्य रूप से निर्भर है, जिसमें प्रधानमंत्री ग्रामीण सड़क योजना ने बहुत ही महत्त्वपूर्ण भूमिका निभाई है। जल परिवहन एक सस्ता साधन है। विदेशी व्यापार प्रमुख रूप से जल परिवहन पर ही निर्भर है।

अध्याय 25

भारत में उद्योग

भारत में उद्योग

लौह एवं इस्पात उद्योग

भारत में लौह उद्योग

- यह अन्य उद्योगों के लिए आधारभूत उद्योग है एवं अन्य उद्योगों के विकास के लिए कच्चा माल प्रदान करता है
- मुख्य रूप से कच्चे माल स्रोत के निकट स्थित भारतीय लौह और इस्पात उद्योग में बड़े एकीकृत इस्पात संयंत्र और अनेक छोटे इस्पात संयंत्र शामिल हैं, उनमें से कुछ इस प्रकार से हैं

टाटा आयरन एंड स्टील कंपनी (टिस्को)

- मुंबई-कोलकाता रेलवे लाइन के बहुत निकट स्थित है, जिसका निकटतम बंदरगाह कोलकाता है
- लोहे का अयस्क नोआमुंदी से और कोयला जोड़ा खानों से प्राप्त किया जाता है

भिलाई इस्पात संयंत्र

- छत्तीसगढ़ के दुर्ग जिले में स्थापित है
- लोहे का अयस्क डल्ली-राजहरा खदान से और कोयला कोरबा क्षेत्र से प्राप्त किया जाता है
- मुंबई-कोलकाता रेलवे जोड़ी लाइन पर स्थित है

राउरकेला इस्पात संयंत्र

- ओडिशा के सुंदरगढ़ जिले में स्थित है इस स्थान को कच्चे माल के निकट होने के कारण चुना गया है

भारत के औद्योगिक क्षेत्र

- मुंबई-पुणे औद्योगिक क्षेत्र
- हुगली औद्योगिक क्षेत्र
- बंगलुरु-चेन्नई औद्योगिक क्षेत्र
- छोटानागपुर औद्योगिक क्षेत्र
- गुरुग्राम-दिल्ली-मेरठ औद्योगिक क्षेत्र

वस्त्र एवं चीनी उद्योग

वस्त्र उद्योग

- सूती वस्त्र उद्योग भारत का एक परंपरागत उद्योग है, सूती एवं कपास के विकास के लिए अनुकूल जलवायु, स्थितियाँ और प्रचुर कुशल श्रमशक्ति भारत में विद्यमान हैं।
- **रेशम उद्योग** भारत विश्व में रेशम का दूसरा सबसे बड़ा उत्पादक है, यह विश्व में एकमात्र ऐसा देश है, जहाँ पाँच प्रमुख प्रकार के रेशम का उत्पादन किया जाता है
- **ऊनी वस्त्र उद्योग** यह उद्योग तेजी से विकसित हो रहा है ,यह मुख्य रूप से निर्यात उद्योग है इसे बड़े पैमाने पर ग्रामीण और कारखाना उद्योग में विभाजित किया गया है।
- **जूट वस्त्र उद्योग** भारत कच्चे जूट और जूट उत्पादों का सबसे बड़ा उत्पादक है, अधिकांश मिलें पश्चिम बंगाल में हुगली नदी के किनारे पर स्थित हैं

चीनी उद्योग

- यह भारत का दूसरा सबसे महत्त्वपूर्ण कृषि आधारित उद्योग है
- भारत गन्ने का सबसे बड़ा उत्पादक है
- कच्चे माल के मौसमिकता के कारण यह एक मौसमी उद्योग है
- यह वजन कम होने वाली फसल है, क्योंकि इसका शर्करा सामग्री समय के साथ कम हो जाता है, इसलिए उद्योग कच्चे माल के स्रोत के निकट स्थित हैं
- प्रमुख उत्पादक महाराष्ट्र है, जिसके बाद उत्तर प्रदेश आता है

पेट्रोकेमिकल एवं अन्य उद्योग

पेट्रोकेमिकल उद्योग

- यह भारत में तेजी से विकसित होने वाला उद्योग है
- अनेक वस्तुएँ अपरिष्कृत पेट्रोलियम से प्राप्त होती हैं, जो अनेक नए उद्योगों के लिए कच्चे माल प्रदान करती हैं।
- इस समूह के उद्योगों में पॉलिमर, कृत्रिम रेशे, रबरयुक्त पदार्थ और पृष्ठ संक्रियक शामिल हैं
- प्रमुख औद्योगिक केंद्रों में मुंबई, रत्नागिरी, जामनगर, हजीरा, हल्दिया, विशाखापत्तनम आदि शामिल हैं

अन्य उद्योग

- ऑटोमोबाइल उद्योग
  - माल, सेवाएँ और यात्रियों के त्वरित परिवहन के लिए वाहन प्रदान करता है
  - ट्रक, बस, कार, मोटरसाइकिल आदि शामिल हैं
- **सीमेंट उद्योग**
  - इमारतें, टावर, पुल, सड़कें आदि जैसे निर्माण गतिविधियों के लिए अनिवार्य है
  - लाइमस्टोन, जिप्सम आदि जैसे भारी और कच्चे माल की आवश्यकता होती है
- **उर्वरक उद्योग**
  - मुख्य रूप से नाइट्रोजनिक उर्वरकों मुख्यतः यूरिया, डीएपी और एनपीके के संयोजन के उत्पादन के चारों ओर केंद्रित है
  - गुजरात, तमिलनाडु, उत्तर प्रदेश, पंजाब आदि क्षेत्रों के आस-पास स्थित हैं
- **कागज उद्योग**
  - यह एक महत्त्वपूर्ण और आधारभूत उद्योग है कच्चे माल में सलाई और सवाई घास, बाँस, लकड़ी का कागज आदि शामिल हैं
  - महाराष्ट्र, पश्चिम बंगाल, आंध्र प्रदेश आदि क्षेत्रों के आस-पास स्थित हैं

SOURCE New NCERT Class-VIII उद्योग, Old NCERT Class-VIII निर्माण उद्योग, Old NCERT Class-X उद्योगों का विकास, New NCERT Class-X विनिर्माण उद्योग, New NCERT Class-XII निर्माण उद्योग, Old NCERT Class-XII विनिर्माण उद्योग NIOS Module-8 Chap-24 औद्योगिक विकास, Tamil Nadu Board Class-X, XII Unit 4

उद्योगों का वर्गीकरण

1 **निम्नलिखित कथनों पर विचार करें** *(Chap 8, Class-XII, New NCERT)*

1. सार्वजनिक सेक्टर के उद्योग सरकार द्वारा नियंत्रित कंपनियाँ व निगम हैं।
2. सार्वजनिक सेक्टर में मूलत: प्राइवेट और राष्ट्रीय महत्त्व के उद्योग धंधे सम्मिलित हैं।

उपर्युक्त में से कौन-सा/से कथन असत्य है/हैं?

(a) केवल 1 (b) केवल 2
(c) 1 और 2 (d) इनमें से कोई नहीं

उत्तर (b)

व्याख्या दिए गए कथनों में से कथन (2) असत्य है, क्योंकि सार्वजनिक सेक्टर में मुख्यत: भारत सरकार के अधीन कार्यरत् राष्ट्रीय महत्त्व के उद्योग धंधे शामिल हैं; जैसे-स्टील ऑथरिटी ऑफ इंडिया (सेल)।

कथन (1) सत्य है; सार्वजनिक सेक्टर के उद्योग सरकार द्वारा नियंत्रित कंपनियाँ या निगम होते हैं, जो सरकार द्वारा निधि प्राप्त करते हैं।

2 **विनिर्माण उद्योग के संदर्भ में निम्नलिखित में से कौन-सा कथन सत्य है?** *(Chap 6, Class-X, New NCERT)*

(a) विनिर्माण उद्योग द्वारा कृषि पर निर्भरता को बढ़ावा दिया जाता है
(b) जनजातीय तथा पिछड़े क्षेत्रों में उद्योगों की स्थापना का मूल उद्देश्य है, क्षेत्रीय असमानता को बढ़ावा देना
(c) निर्मित वस्तुओं के निर्यात से विदेशी मुद्रा की प्राप्ति होती है
(d) कृषि पर आधारित उद्योग द्वितीयक प्रकार के उद्योग हैं

उत्तर (c)

व्याख्या विनिर्माण उद्योग के संदर्भ में कथन (c) सत्य है। विनिर्माण उद्योग द्वारा निर्मित वस्तुओं के निर्यात से विदेशी मुद्रा की प्राप्ति होती है।

कथन (a), (b) और (d) असत्य हैं। विनिर्माण उद्योग विशेषत: आर्थिक विकास की रीढ़ समझे जाते हैं। विनिर्माण उद्योग न केवल कृषि के आधुनिकीकरण में सहायक हैं, बल्कि ये द्वितीयक व तृतीयक सेवाओं में रोजगार उपलब्ध कराकर कृषि पर हमारी निर्भरता को कम करते हैं। जनजातीय तथा पिछड़े क्षेत्रों में उद्योगों की स्थापना का उद्देश्य क्षेत्रीय असमानताओं को कम करना था। भारत में सार्वजनिक तथा संयुक्त क्षेत्र में लगे उद्योग, इसी विचार पर आधारित थे। कृषि पर आधारित उद्योग प्राथमिक प्रकार के उद्योग हैं। कृषि तथा उद्योग एक-दूसरे के पूरक हैं और कृषि पैदावार में बढ़ोतरी से उद्योगों को प्रोत्साहन मिलता है।

3 **उद्योगों के वर्गीकरण के अंतर्गत सूची I को सूची II से सुमेलित करें और नीचे दिए गए कूट की सहायता से सही उत्तर का चुनाव करें।** *(Chap 6, Class-X, New NCERT)*

सूची I (प्रमुख उद्योग)	सूची II (आधार)
A. लोहा एवं इस्पात	1. आधारभूत उद्योग
B. वस्त्र	2. कृषि आधारित उद्योग
C. चीनी	3. सहकारी उद्योग
D. एल्युमीनियम	4. खनिज आधारित उद्योग

कूट

	A	B	C	D
(a)	1	2	3	4
(b)	2	1	4	3
(c)	3	2	4	1
(d)	4	2	1	3

उत्तर (a)

व्याख्या सही सुमेलन A-1, B-2, C-3, D-4 है।

लोहा एवं इस्पात उद्योग मुख्यत: आधारभूत उद्योग कहलाते हैं, क्योंकि इनके उत्पादन या कच्चे माल पर दूसरे उद्योग निर्भर हैं।

वस्त्र उद्योग कृषि आधारित उद्योग हैं। कृषि आधारित उद्योग उन उद्योगों को कहा जाता है, जो कच्चे माल के लिए कृषि कार्य पर आधारित होते हैं।

चीनी उद्योग सहकारी उद्योग के अंतर्गत आते हैं। सहकारी उद्योग वे होते हैं, जिनका स्वामित्व कच्चे माल की पूर्ति करने वाले उत्पादकों, श्रमिकों या दोनों के हाथों में होता है। संसाधनों का कोष संयुक्त होता है तथा लाभ-हानि का विभाजन भी आनुपातिक होता है; जैसे-चीनी उद्योग, नारियल उद्योग (केरल) आदि।

एल्युमीनियम उद्योग खनिज आधारित उद्योग हैं। इन उद्योगों में सीमेंट, एल्युमीनियम और पेट्रो-रसायन उद्योग प्रमुख हैं।

4 **निम्न कथन (A) व कारण (R) को पढ़िए और नीचे दिए गए कूट की सहायता से सही उत्तर का चयन कीजिए** *(Chap 5, Class-XII, New NCERT)*

कथन (A) कृषि तथा उद्योग एक-दूसरे के पूरक हैं।

कारण (R) भारत में कृषि पर आधारित उद्योगों ने कृषि पैदावार बढ़ोतरी को प्रोत्साहित किया है।

कूट

(a) A और R दोनों सही हैं तथा R, A की सही व्याख्या है
(b) A और R दोनों सही हैं, परंतु R, A की सही व्याख्या नहीं है
(c) A सही है, किंतु R गलत है
(d) A गलत है, किंतु R सही है

उत्तर (a)

व्याख्या A और R दोनों सही हैं तथा R, A की सही व्याख्या है। कृषि तथा उद्योग एक-दूसरे से पृथक् नहीं हैं, बल्कि ये एक-दूसरे के पूरक हैं, उदाहरणार्थ—भारत में कृषि पर आधारित उद्योगों ने कृषि पैदावार बढ़ोतरी को प्रोत्साहित किया है। ये उद्योग कच्चे माल के लिए कृषि पर निर्भर हैं तथा इनके द्वारा निर्मित उत्पाद; जैसे—सिंचाई के लिए पंप, उर्वरक, कीटनाशक दवाएँ, प्लास्टिक पाइप, मशीनें व कृषि औजार आदि पर किसान निर्भर है। विनिर्माण उद्योग के विकास तथा प्रतिस्पर्द्धा से न केवल कृषि उत्पादन को बढ़ावा मिला है, अपितु उत्पादन प्रक्रिया भी सक्षम हुई है।

5 **उद्योगों की अवस्थिति को प्रभावित करने वाले कारकों में निम्नलिखित में से कौन-से शामिल हैं?** *(Chap 8, Class-XII, New NCERT)*

1. प्रौद्योगिकी 2. बाजार 3. परिवहन
4. ऊर्जा के साधन 5. श्रम

कूट

(a) 1, 2 और 3 (b) 2, 3 और 4
(c) 1, 2, 4 और 5 (d) 2, 3, 4 और 5

उत्तर (d)

व्याख्या उद्योगों की अवस्थिति को प्रभावित करने वाले कारक में बाजार, परिवहन, ऊर्जा के साधन व श्रम हैं। जबकि प्रौद्योगिकी, उद्योगों की अवस्थिति को प्रभावित करने वाले कारकों में शामिल नहीं है, इन कारकों का सापेक्षिक महत्त्व समय और स्थान के साथ बदल जाता है। कच्चे माल और उद्योग के प्रकार में घनिष्ठ संबंध होता है।

आर्थिक दृष्टि से निर्माण उद्योग को उस स्थान पर स्थापित करना चाहिए, जहाँ उत्पादन मूल्य और निर्मित वस्तुओं को उपभोक्ताओं तक वितरण करने का मूल्य न्यूनतम हो। परिवहन मूल्य एक बड़ी सीमा तक कच्चे माल और निर्मित उत्पादों की प्रकृति पर निर्भर करता है। भार-ह्रास वाले कच्चे माल का उपयोग करने वाले उद्योग उन प्रदेशों में स्थापित किए जाते हैं, जहाँ ये उपलब्ध होते हैं। इसी प्रकार उद्योगों को कुशल श्रमिकों की आवश्यकता होती है।

6 उद्योगों में प्रयोग होने वाले कच्चे माल के संदर्भ में निम्नलिखित में से कौन-सा कथन असत्य है? *(Chap 6, Class-X, New NCERT)*

(a) लोहा-इस्पात उद्योग में लोहा और कोयला दोनों ही भार ह्रास वाले कच्चे माल हैं
(b) भारत में अधिकांश लोहा-इस्पात उद्योग कोयला क्षेत्र के निकट स्थापित किए गए हैं
(c) जिन उद्योगों को कच्चा माल की प्राप्ति कृषि से होती है, उसे कृषि आधारित उद्योग कहते हैं
(d) वन आधारित उद्योग प्राथमिक उद्योग कहलाते हैं

उत्तर *(d)*

व्याख्या उद्योगों में प्रयोग होने वाले कच्चे माल के संदर्भ में कथन (d) असत्य है, क्योंकि वन आधारित उद्योग लघु व कुटीर उद्योग की श्रेणी में आते हैं, जिसमें वनों से प्राप्त होने वाले संसाधनों के आधार पर अन्य वस्तुओं का निर्माण घरों या छोटे कुटीर उद्योगों में किया जाता है; जैसे-लाख उद्योग, मधुमक्खी पालन, बाँस से निर्मित वस्तुएँ आदि।

प्रमुख उद्योग

7 लोहा-इस्पात उद्योग के लिए निम्नलिखित में से किसका प्रयोग कच्चे माल के रूप में किया जाता है? *(Chap 8, Class-XII, New NCERT)*

1. चूना पत्थर
2. जिप्सम
3. मैंगनीज
4. डोलोमाइट

कूट

(a) 1 और 2 (b) 3 और 4
(c) 1, 2 और 4 (d) 1, 2, 3 और 4

उत्तर *(c)*

व्याख्या लोहा-इस्पात उद्योग के लिए कच्चे माल के रूप में चूना पत्थर, जिप्सम और डोलोमाइट का प्रयोग किया जाता है। ये सभी कच्चे माल स्थूल (भार ह्रास वाले) होते हैं। इसलिए लोहा-इस्पात उद्योग की सबसे अच्छी स्थिति कच्चे माल स्रोतों के निकट होती है। भारत में छत्तीसगढ़, ओडिशा, झारखंड और पश्चिमी बंगाल के भागों को समाविष्ट करते हुए एक अर्द्धचंद्राकार प्रदेश है, जोकि उच्चकोटि के लौह अयस्क, अच्छी गुणवत्ता वाले कोककारी कोयला और अन्य संपूरकों से समृद्ध है, जिसके परिणामस्वरूप इस प्रदेश में लोह-इस्पात उद्योग प्रारंभ में ही स्थापित कर दिया गया था।

8 निम्नलिखित कथनों पर विचार कीजिए *(Chap 8, Class-XII, New NCERT)*

1. उत्तर-पूर्वी पठारी प्रदेश में लौह-इस्पात उद्योग के अवस्थित होने का कारण यहाँ पर लौह अयस्क, कोयला, मैंगनीज , बॉक्साइट व अभ्रक का प्रचुर मात्रा में पाया जाना है।
2. एकीकृत इस्पात संयंत्रों के प्रबंधन के लिए वर्ष 1970 में हिंदुस्तान स्टील लिमिटेड की स्थापना की गई।
3. भारत में पेट्रो केमिकल उद्योग का केंद्र बिहार है।

उपर्युक्त में से कौन-सा/से कथन सही है/हैं?

(a) 1 और 2 (b) 1 और 3
(c) केवल 1 (d) केवल 3

उत्तर *(c)*

व्याख्या (c) दिए गए कथनों में केवल कथन (1) सही है। उत्तर-पूर्वी पठारी प्रदेशों में लौह-इस्पात उद्योग के अवस्थित होने का कारण इस क्षेत्र में लौह-अयस्क, कोयला, मैंगनीज, बॉक्साइट व अभ्रक का प्रचुर मात्रा में पाए जाते हैं। उत्तर-पूर्वी पठारी प्रदेश के अंतर्गत छोटानागपुर, ओडिशा पठार, पश्चिम बंगाल तथा छत्तीसगढ़ के कुछ भाग आते हैं, जो खनिज संसाधनों की दृष्टि से अत्यंत संपन्न हैं।

कथन (2) और (3) असत्य है, क्योंकि एकीकृत इस्पात संयंत्रों के प्रबंधन के लिए हिंदुस्तान स्टील लिमिटेड की स्थापना वर्ष 1970 में नहीं, बल्कि वर्ष 1973 में की गई थी, जिसका उद्देश्य भिलाई, राउरकेला, दुर्गापुर, बोकारो संयंत्रों का प्रबंधन करना है। भारत में पेट्रो केमिकल उद्योगों का केंद्र बिहार नहीं, बल्कि मुंबई है।

9 भारत में छोटानागपुर के पठारी क्षेत्रों में अधिकांश लोहा-इस्पात उद्योग क्यों संकेंद्रित हैं? *(Chap 6, Class-X, New NCERT)*

1. उच्च कोटि के कच्चे माल की प्राप्ति
2. सस्ते श्रमिक
3. लौह अयस्क की कम लागत

कूट

(a) 1 और 2 (b) 2 और 3
(c) 1 और 3 (d) ये सभी

उत्तर *(d)*

व्याख्या भारत में छोटानागपुर के पठारी क्षेत्रों में अधिकांश लोहा-इस्पात उद्योग लौह-अयस्क की कम लागत, उच्च कोटि के कच्चे माल की निकटता, सस्ते श्रमिक के कारण संकेंद्रित है। इस प्रदेश में इस उद्योग के विकास के लिए अधिक अनुकूल सापेक्षिक परिस्थितियाँ उपलब्ध हैं। स्थानीय बाजार में इनकी माँग की विशाल संभाव्यता सम्मिलित है।

10 यद्यपि भारत विश्व का एक महत्त्वपूर्ण लोहा-इस्पात उत्पादक देश है, लेकिन इसका विकास अपनी पूर्ण क्षमता के साथ नहीं हुआ है। इसके प्रमुख कारण क्या हैं? *(Chap 8, Class-XII, New NCERT)*

1. विकसित अवसंरचना
2. कम लागत तथा कोकिंग कोयले की बहुतायत होना।
3. कम श्रमिक उत्पादकता
4. ऊर्जा की नियमित आपूर्ति

कूट

(a) 1 और 2 (b) 2 और 3
(c) 3 और 4 (d) 1 और 4

उत्तर *(c)*

व्याख्या यद्यपि भारत विश्व का एक महत्त्वपूर्ण लोहा-इस्पात उत्पादक देश है, तथापि हम इनके पूर्ण संभाव्य का विकास नहीं कर पाए हैं, क्योंकि भारत में उच्च लागत तथा कोकिंग कोयले की सीमित उपलब्धता है, क्योंकि यहाँ कोकिंग कोयले के भंडार सीमित हैं। भारत में लौह-इस्पात उद्योग की संरचना अविकसित है, क्योंकि प्रारंभ में केवल सार्वजनिक क्षेत्र के उद्योग ही इस क्षेत्र में संलग्न थे। भारत में ऊर्जा की अनियमित पूर्ति एवं श्रम की कम उत्पादकता के कारण भी इसका विकास नहीं हो पाया है।

भारत उच्च कोटि का इस्पात दूसरे देशों से आयात करता है। हालाँकि यहाँ कुल इस्पात उत्पादन घरेलू माँग पूर्ति हेतु पर्याप्त है।

निजी क्षेत्र में उद्यमियों के प्रयत्न से तथा उदारीकरण व प्रत्यक्ष विदेशी निवेश ने इस उद्योग को प्रोत्साहन दिया है।

11 निम्नलिखित युग्मों में से कौन-सा एक सही सुमेलित नहीं है? *(Chap 8, Class-XII, New NCERT) (UPPSC Pre 2022)*

	एल्युमीनियम संयंत्र		अवस्थिति
(a)	इंडियन एल्युमीनियम कंपनी लिमिटेड (INDAL)	–	हीराकुंड
(b)	भारत एल्युमीनियम कंपनी लिमिटेड (BALCO)	–	कोरबा
(c)	हिंदुस्तान एल्युमीनियम कॉर्पोरेशन लिमिटेड (HINDALCO)	–	रेणुकूट
(d)	मद्रास एल्युमीनियम कंपनी लिमिटेड (MALCO)	–	चेन्नई

उत्तर *(d)*

व्याख्या दिए गए युग्मों में से युग्म (d) सही सुमेलित नहीं है, क्योंकि मद्रास एल्युमीनियम कंपनी लिमिटेड चेन्नई में नहीं, बल्कि तमिलनाडु के मेंटूर नामक स्थान पर स्थित है। यह कारखाना इटली के सहयोग से लगाया गया है। यह शेवराय पहाड़ी से बॉक्साइट की प्राप्ति करता है। इसके साथ ही विद्युत की प्राप्ति मैटूर परियोजना से करता है।

युग्म (a), (b) और (c) सही सुमेलित हैं। इंडियन एल्युमीनियम कंपनी लिमिटेड (INDAL) हीराकुंड में स्थित है। वर्ष 1938 में एक निजी कंपनी के रूप में इसने उत्पादन शुरू किया और वर्ष 1944 में इसे सार्वजनिक कंपनी में परिवर्तित कर दिया गया। इसकी अन्य दो इकाइयाँ अलुपुरम (केरल) और बेलगाम (कर्नाटक) में स्थित हैं।

भारत एल्युमीनियम कंपनी लिमिटेड (BALCO) छत्तीसगढ़ के विकासपुर में कोरबा नामक स्थान पर स्थित है। इस संयंत्र को बॉक्साइट अमरकंटक से एवं विद्युत, कोरबा ताप विद्युत संयंत्र से प्राप्त होती है।

हिंदुस्तान एल्युमीनियम कार्पोरेशन लिमिटेड (HINDALCO) रेणुकूट, उत्तर प्रदेश में अवस्थित है। यह संयंत्र झारखंड के लोहरदगा और मध्य प्रदेश के अमरकंटक की खानों से बॉक्साइट एवं रिहंद परियोजना से विद्युत प्राप्त करता है।

12 **भारत में स्थित लोहा-इस्पात के संदर्भ में निम्नलिखित में से कौन-सा सुमेलन सत्य है?** *(Chap 8, Class-XII, New NCERT)*

संयंत्र	सहयोगी देश
(a) राउरकेला इस्पात संयंत्र	रूस
(b) भिलाई इस्पात संयंत्र	रूस
(c) दुर्गापुर इस्पात संयंत्र	अमेरिका
(d) बोकारो इस्पात संयंत्र	जर्मनी

उत्तर (b)

व्याख्या भारत में स्थित लोहा-इस्पात के संदर्भ में युग्म (b) सही सुमेलित है।

भिलाई इस्पात संयंत्र की स्थापना सोवियत संघ के सहयोग से छत्तीसगढ़ के दुर्ग जिले में की गई। यहाँ लौह-अयस्क डल्ली राजहरा खानों से, कोरवा और करगानी कोयला खदान से, जल तंदुला बाँध से तथा विद्युतशक्ति कोरबा तापगृह से प्राप्त होती है।

युग्म (a), (c) और (d) सही सुमेलित नहीं है, क्योंकि राउरकेला इस्पात संयंत्र जर्मनी के सहयोग से ओडिशा के सुंदरगढ़ जिले में स्थापित किया गया था। संयंत्र को कच्चे माल की निकटता के आधार पर स्थापित किया गया था, क्योंकि इसे झरिया (झारखंड) से कोयला, सुंदरगढ़ और केंदुझर से लौह-अयस्क, विद्युत शक्ति हीराकुड परियोजना से और जल कोइल और शंख नदियों से प्राप्त होता है।

दुर्गापुर इस्पात संयंत्र ब्रिटेन के सहयोग से पश्चिम बंगाल में स्थापित किया गया। यह संयंत्र रानीगंज और झरिया कोल पट्टी में स्थित है। इसे लौह-अयस्क नोआमंडी से तथा ताप विद्युत दामोदर घाटी कॉर्पोरेशन से प्राप्त होती है।

बोकारो इस्पात संयंत्र रूस के सहयोग से वर्ष 1969 में बोकारो में स्थापित किया गया। इस संयंत्र को लौह-अयस्क राउरकेला प्रदेश से और जल और जलविद्युत शक्ति दामोदर घाटी कॉर्पोरेशन से प्राप्त होती है।

13 **भारत में इस्पात कारखानों का कौन-सा समूह स्वतंत्रता के पश्चात् बनाया गया था?** *(Chap 8, Class-XII, New NCERT)*
(RAS/RTS Pre 2013)

(a) जमशेदपुर, दुर्गापुर, भिलाई
(b) भिलाई, दुर्गापुर, भद्रावती
(c) भिलाई, दुर्गापुर, राउरकेला
(d) कुल्टी-बर्नपुर, विशाखापत्तनम, सलेम

उत्तर (c)

व्याख्या भारत में इस्पात कारखानों के समूह में भिलाई, दुर्गापुर, राउरकेला की स्थापना स्वतंत्रता के पश्चात् की गई। भिलाई इस्पात संयंत्र की स्थापना वर्ष 1959 में की गई, यह छत्तीसगढ़ के दुर्ग जिले में स्थित है।

दुर्गापुर इस्पात संयंत्र की स्थापना वर्ष 1962 में की गई, यह पश्चिम बंगाल राज्य में स्थित है। राउरकेला इस्पात संयंत्र की स्थापना वर्ष 1959 में की गई, यह ओडिशा में स्थित है।

14 **सूची I को सूची II से सुमेलित कीजिए और नीचे दिए गए कूटों की सहायता से सही उत्तर का चुनाव करें।** *(Chap 8, Class-XII, New NCERT)*

सूची-I (इस्पात कंपनी)	सूची-II (संबंधित राज्य)
A. दुर्गापुर इस्पात संयंत्र	1. तमिलनाडु
B. विश्वेश्वरैया आयरन एंड स्टील वर्क्स	2. पश्चिम बंगाल
C. विजाग इस्पात संयंत्र	3. कर्नाटक
D. सलेम इस्पात संयंत्र	4. आंध्र प्रदेश

कूट

	A	B	C	D
(a)	1	2	3	4
(b)	2	1	3	4
(c)	2	3	4	1
(d)	1	3	4	2

उत्तर (c)

व्याख्या सही सुमेलन A-2, B-3, C-4, D-1 है।

दुर्गापुर इस्पात संयंत्र ब्रिटेन सरकार के सहयोग से पश्चिम बंगाल में वर्ष 1962 में स्थापित किया गया। रानीगंज और झरिया से इसे लौह-इस्पात प्राप्त होता है।

विश्वेश्वरैया आयरन एंड स्टील वर्क्स प्रारंभ में मैसूर लौह और इस्पात वर्क्स के नाम से जाना जाता था। यह बाबाबूदन की पहाड़ियों (कर्नाटक) के केमानगुंडी के लौह अयस्क के निकट स्थित है।

विजाग इस्पात संयंत्र विशाखापत्तनम (आंध्र प्रदेश) में स्थापित पहला पत्तन आधारित संयंत्र है। इसकी शुरुआत वर्ष 1992 में हुई।

सलेम इस्पात संयंत्र तमिलनाडु में वर्ष 1982 में प्रारंभ किया गया।

15 **निम्नलिखित कथनों पर विचार करें** *(Chap 5, Class-VIII, New NCERT)*

1. टाटा आयरन एंड स्टील कंपनी (TISCO) संयुक्त स्वामित्व की कंपनी है।
2. टिस्को को लौह अयस्क की प्राप्ति कुंद्रेमुख की खदान से होती है।
3. टिस्को को कोककारी कोयला की प्राप्ति बोकारो और झरिया कोयला क्षेत्र से होती है।

उपर्युक्त में से कौन-सा/से कथन सही है/हैं?

(a) केवल 1
(b) केवल 3
(c) 1 और 2
(d) ये सभी

उत्तर (b)

व्याख्या दिए गए कथनों में से कथन (3) सही है। टाटा आयरन एंड स्टील कंपनी (TISCO) निजी स्वामित्व की कंपनी है तथा इसकी स्थापना वर्ष 1907 में जमशेदपुर (झारखंड) में की गई थी। यहाँ के इस्पात के निर्यात के लिए सबसे नजदीक पत्तन कोलकाता है।

इस संयंत्र को पानी सुवर्णरेखा एवं खरकेई नदियों से लोहा नोआमंडी और बादाम पहाड़ से और कोयला जोड़ा खान (ओडिशा) से और कोककारी कोयला झरिया और पश्चिमी बोकारो कोयला क्षेत्रों से प्राप्त होता है।

16 वस्त्र उद्योग के संदर्भ में निम्नलिखित में से कौन-सा रेशा मानव निर्मित है? *(Chap 5, Class-VIII, New NCERT)*

1. नायलॉन 2. सिल्क 3. लिनन 4. ऐक्रिलिक 5. रेयॉन

कूट

(a) 1, 2 और 5 (b) 3 और 4
(c) 1, 4 और 5 (d) 1, 2, 4 और 5

उत्तर (c)

व्याख्या वस्त्र उद्योग के संदर्भ में मानव निर्मित रेशे नायलॉन, ऐक्रिलिक और रेयॉन हैं। रेशे वस्त्र उद्योग के कच्चे माल हैं। रेशे प्रकृति या मानव निर्मित हो सकते हैं। प्राकृतिक रेशे ऊन, सिल्क, कपास, लिनन और जूट से प्राप्त किए जाते हैं। मानव निर्मित रेशों में नायलॉन, पॉलिएस्टर, ऐक्रिलिक और रेयॉन हैं।

17 वस्त्र उद्योग के संबंध में निम्नलिखित में से कौन-सा कथन सत्य है? *(Chap 5, Class-VIII, New NCERT)*

(a) भारत की प्रथम वस्त्र मिल की स्थापना अहमदाबाद में की गई
(b) कानपुर को भारत का मैनचेस्टर कहा जाता है
(c) मसूलीपट्टनम में छींट वाले सूती वस्त्र का उत्पादन होता है
(d) जयपुर में बने सुनहरी जरी के काम वाले सूती वस्त्र प्रसिद्ध हैं

उत्तर (c)

व्याख्या वस्त्र उद्योग के संबंध में कथन (c) सत्य है। भारत में अच्छी गुणवत्ता के सूती वस्त्र उत्पादन करने की गौरवपूर्ण परंपरा रही है। ब्रिटिश शासन से पूर्व, हाथ से कटे और हाथ से बुने हुए वस्त्रों का एक विस्तृत भारतीय बाजार था। मसूलीपट्टनम की छींट, कालीकट के कैलिको तथा बुरहानपुर, सूरत व वडोदरा के सुनहरी जरी के काम वाले सूती वस्त्र गुणवत्ता और डिजाइनों के लिए विश्व विख्यात थे।

कथन (a), (b) और (d) असत्य हैं, क्योंकि भारत में पहली सफल यंत्रीकृत वस्त्र मिल मुंबई में 1854 ई. में स्थापित की गई। अहमदाबाद में पहली सूती मिल 1859 ई. में स्थापित की गई और यह शीघ्र ही मुंबई के बाद भारत का दूसरा सबसे बड़ा वस्त्र-निर्माता नगर बन गया। अहमदाबाद को 'भारत का मैनचेस्टर' कहते हैं।

18 भारत में सूत्री वस्त्र उद्योग के विकास के लिए निम्नलिखित में से किन कारणों को प्रमुख माना जाता है? *(Chap 6, Class-X, New NCERT)*

1. भारत का उष्णकटिबंधीय जलवायु में स्थित होना।
2. वस्त्र उद्योग के लिए कुशल श्रमिकों की उपलब्धता।
3. लोगों का परंपरागत रूप से इस उद्योग में संलग्न होना।
4. कपास उत्पादन की प्रतिकूल परिस्थितियाँ।

उपर्युक्त में से कितने कथन सही है/हैं?

(a) केवल एक (b) केवल दो (c) केवल तीन (d) ये सभी

उत्तर (c)

व्याख्या भारत में सूती वस्त्र उद्योग के विकास के लिए केवल तीन अर्थात् (1, 2 कथन 3) सही हैं। भारत में इस उद्योग का विकास कई कारणों से हुआ। पहला, भारत एक उष्णकटिबंधीय देश है एवं सूती कपड़ा, गर्म और आर्द्र जलवायु के लिए एक आरामदायक वस्त्र है।

दूसरा, भारत में कपास का बड़ी मात्रा में उत्पादन होता था। देश में इस उद्योग के लिए आवश्यक कुशल श्रमिक प्रचुर संख्या में उपलब्ध थे। तीसरा सूती वस्त्र उद्योग भारत के परंपरागत उद्योगों में से एक है। वस्तुत: कुछ क्षेत्रों में लोग सूती वस्त्रों का उत्पादन पीढ़ियों से कर रहे थे और अपनी कुशलता को एक पीढ़ी से दूसरी पीढ़ी में स्थानांतरित करते रहे और इस प्रक्रिया में उनकी कुशलताएँ पक्की हो गईं।

कथन (4) सही नहीं है, क्योंकि भारत में कपास उत्पादन के लिए अनुकूल परिस्थितियाँ विद्यमान है और महाराष्ट्र में सबसे अधिक कपास उत्पादन होता है।

19 सूती वस्त्र उद्योग के संदर्भ में निम्नलिखित में से कौन-सा/से कथन सही है/हैं? *(Chap 8, Class-XII, New NCERT)*

1. सूती वस्त्र उद्योग की अवस्थिति के निर्धारण में कच्चा माल अन्य कारकों की अपेक्षा कम महत्त्व रखता है।
2. भारत के तमिलनाडु राज्य में सूत उत्पादन की सर्वाधिक मिलें स्थित हैं।
3. भारत में पहली सफल आधुनिक सूती मिल की स्थापना मुंबई में की गई।

कूट

(a) 1 और 2 (b) केवल 3 (c) 1 और 3 (d) 1, 2 और 3

उत्तर (d)

व्याख्या सूती वस्त्र उद्योग के संदर्भ में सभी कथन सही हैं। सूती वस्त्र उद्योग की अवस्थिति के निर्धारण में कच्चा माल अन्य कारकों की अपेक्षा कम महत्त्व रखता है, क्योंकि सूती वस्त्रों में माल के रूप में प्रयुक्त होने वाला कपास एक शुद्ध कच्चा माल है, जिसका वजन निर्माण प्रक्रिया में नहीं घटता है। अन्य दूसरे कारक; जैसे- शक्ति, श्रम, पूँजी अथवा बाजार आदि उद्योग की स्थिति को निर्धारित करते हैं, न कि कच्चे माल को। तमिलनाडु राज्य में सर्वाधिक सूती मिलें हैं, जिनमें से अधिकांश कपड़ा न बनाकर सूत उत्पादन का कार्य करती हैं। भारत में पहली सफल आधुनिक सूती मिल की स्थापना मुंबई में की गई थी। यहाँ स्थापित होने वाली पहली सूती मिल बॉम्बे स्पिनिंग एंड वीविंग कंपनी थी, जिसकी स्थापना 1854 ई. को कावसजी नानाभाई डावर ने की थी। इस कंपनी ने अपना उत्पादन 1856 ई. में शुरू किया था।

20 निम्नलिखित में से कौन-सा कथन सत्य है? *(Chap 8, Class-XII, New NCERT)*

(a) तमिलनाडु राज्य में सबसे अधिक सूत उत्पादन वाली मिले हैं
(b) कर्नाटक में सूती वस्त्र उद्योग का विकास राज्य के दक्षिण-पश्चिम भागों में हुआ है
(c) भारत में सूती वस्त्र का उत्पादन हथकरघा सेक्टर में अधिक होता है
(d) भारत से सूत का निर्यात चीन को किया जाता है

उत्तर (a)

व्याख्या दिए गए कथनों में से कथन (a) सत्य है। तमिलनाडु राज्य में सबसे अधिक मिल हैं और उनमें से अधिकांश कपड़ा न बनाकर सूत का उत्पादन करती हैं। कोयबंटूर जहाँ तमिलनाडु की लगभग आधे से अधिक मिलों के अवस्थित होने के कारण सबसे महत्त्वपूर्ण केंद्र के रूप में उभरा है। चेन्नई, मदुरई, तिरुनेलवैली, तूतीकोरिन, तंजावुर, रामानाथपुरम और सलेम दूसरे महत्त्वपूर्ण केंद्र हैं।

कथन (b), (c) और (d) असत्य हैं, क्योंकि कर्नाटक में सूती वस्त्र उद्योग का विकास राज्य के उत्तरी-पूर्वी भागों के कपास उत्पादक क्षेत्रों में हुआ है, जहाँ देवनगरी, हुब्बलि, बल्लारि, मैसूर और बेंगलूरू महत्त्वपूर्ण केंद्र हैं। देश में उत्पादित सूती वस्त्र हथकरघा सेक्टर की तुलना में विकेंद्रित सेक्टर में विद्युत करघों द्वारा अधिक उत्पादित किया जाता है। भारत द्वारा सूत का निर्यात जापान को किया जाता है।

21 ऊनी वस्त्र उद्योग के संदर्भ में निम्नलिखित कथनों पर विचार करें। *(Chap 7, Class-X, Old NCERT)*

1. ऊनी वस्त्र तैयार करने वाला प्रथम कारखाना गुरदासपुर में स्थापित किया गया।
2. लुधियाना ऊनी वस्त्र का एक महत्त्वपूर्ण होजरी केंद्र है।
3. हथकरघों से ऊनी वस्त्र तैयार करने वाला सबसे बड़ा उत्पादक उत्तर प्रदेश है।

उपर्युक्त में से कौन-सा/से कथन सत्य है/हैं?

(a) केवल 1 (b) केवल 2 (c) 1 और 3 (d) ये सभी

उत्तर (b)

व्याख्या ऊनी वस्त्र उद्योग के संदर्भ में कथन (2) सत्य है। ऊनी वस्त्र तैयार करने वाले अधिकांश कारखाने उत्तरी पंजाब में उस पट्टी में अवस्थित हैं, जो अमृतसर-गुरदासपुर से लुधियाना तक फैली हुई है। लुधियाना वास्तव में, एक बहुत ही महत्त्वपूर्ण होजरी केंद्र है।

कथन (1) और (3) असत्य हैं, क्योंकि ऊनी वस्त्र तैयार करने वाला प्रथम कारखाना 1876 ई. में कानपुर में स्थापित किया गया था। हथकरघों से ऊनी वस्त्र तैयार करने वाला सबसे बड़ा उत्पादक जम्मू और कश्मीर है। जम्मू और कश्मीर के पशुचारक, जैसे बकरवाल और हिमाचल प्रदेश के गद्दी भेड़ों को पालते हैं और ऊन की आपूर्ति करते हैं। अन्य महत्त्वपूर्ण केंद्र उत्तर प्रदेश में कानपुर व आगरा, राजस्थान में जयपुर, मध्य प्रदेश में ग्वालियर, गुजरात में जामनगर, महाराष्ट्र में मुंबई आदि प्रमुख हैं।

22 रेशम वस्त्रोत्पादन के संदर्भ में निम्नलिखित में से कौन-सा कथन सत्य है? *(Chap 3, Class-XII, Old NCERT)*

1. भारत में कर्नाटक रेशम का सबसे बड़ा उत्पादक राज्य है।
2. भारत में रेशम के मलबरी, तसर, एरी एवं मुंगा आदि प्रकार का उत्पादन होता है।
3. भारतीय रेशम की माँग एशियाई और यूरोप के देशों में अधिक है।

कूट

(a) केवल 1 (b) केवल 3 (c) 2 और 3 (d) ये सभी

उत्तर (d)

व्याख्या रेशम वस्त्रोत्पादन के संदर्भ में सभी कथन सत्य हैं। भारत, रेशम वस्त्र के उत्पादन में प्रमुख स्थान रखता है। भारत में चार प्रकार के रेशम का उत्पादन होता है, जिनमें मलबरी, तसर, एरी और मुंगा प्रमुख हैं।

कर्नाटक, भारत का सबसे बड़ा रेशम उत्पादक राज्य है। यहाँ देश के कुल उत्पादन का लगभग 70% रेशम उत्पन्न होता है। रेशम उत्पन्न करने वाले अन्य महत्त्वपूर्ण राज्यों में असम, पश्चिम बंगाल तथा बिहार शामिल हैं।

भारतीय रेशम की माँग यूरोपीय तथा एशियाई बाजारों में बहुत अधिक है। संयुक्त राज्य अमेरिका, ब्रिटेन, पूर्व सोवियत रूस, सऊदी अरब, कुवैत तथा सिंगापुर रेशम कपड़े तथा स्कार्फ के प्रमुख आयातक हैं।

23 पटसन उद्योग के संबंध में नीचे दिए कथनों में कौन-सा सही है? *(Chap 6, Class-X, New NCERT)*

1. भारत पटसन व पटसन निर्मित सामान का सबसे बड़ा निर्यातक देश है।
2. भारत में पहला पटसन संयंत्र कोलकाता के चंद्रपुरा में स्थापित हुआ था।
3. ब्रह्मपुत्र बेसिन में जूट मिलों का संकेंद्रण अधिक है।

कूट

(a) केवल 1 (b) केवल 3 (c) 1 और 2 (d) इनमें से कोई नहीं

उत्तर (d)

व्याख्या पटसन उद्योग के संबंध में दिए गए कथनों में से कोई भी सही नहीं हैं। भारत पटसन व पटसन निर्मित सामान का सबसे बड़ा उत्पादक है। प्रथम पटसन उद्योग कोलकाता के निकट रिशरा में 1855 ई. में लगाया गया।

भारत में अधिकांश उद्योग पश्चिम बंगाल में हुगली नदी तट पर 98 किमी लंबी तथा 3 किमी चौड़ी एक संकरी मेखला में स्थित हैं।

हुगली नदी तट पर इनके स्थित होने के कारण हैं-पटसन उत्पादक क्षेत्रों की निकटता, सस्ता जल परिवहन, सड़क, रेल व जल परिवहन का जाल आदि।

24 चीनी उद्योग के संदर्भ में निम्नलिखित कथनों पर विचार करें। *(Chap 3, Class-XII, Old NCERT)*

1. भारत गुड़ और खांडसारी को मिलाकर चीनी उत्पादन में विश्व में प्रथम स्थान पर है।
2. चीनी उद्योग किसानों को अप्रत्यक्ष रूप से रोजगार प्रदान करता है।
3. गन्ना उत्पादन में महाराष्ट्र प्रथम स्थान पर है।

उपर्युक्त में से कौन-सा/से कथन सही है/हैं?

(a) केवल 1 (b) केवल 2
(c) 1 और 3 (d) ये सभी

उत्तर (b)

व्याख्या चीनी उद्योग के संदर्भ में कथन (2) सही है। चीनी उद्योग देश का दूसरा सबसे अधिक महत्त्वपूर्ण कृषि-आधारित उद्योग है। यह उद्योग 4 लाख से अधिक लोगों को प्रत्यक्ष रूप से और एक बड़ी संख्या में किसानों को अप्रत्यक्ष रूप से रोजगार प्रदान करता है। कच्चे माल के मौसमी होने के कारण, चीनी उद्योग एक मौसमी उद्योग है।

कथन (1) और (3) सही नहीं हैं, क्योंकि भारत विश्व में गन्ना और चीनी दोनों का दूसरा सबसे बड़ा उत्पादक है और विश्व के कुल चीनी उत्पादन का लगभग 8% उत्पादन करता है। भारत में सबसे अधिक गन्ना उत्पादक राज्य उत्तर प्रदेश है एवं यहाँ सबसे अधिक चीनी मिलें भी स्थित हैं। पिछले कुछ वर्षों से मिलों की संख्या देश के दक्षिणी और पश्चिमी राज्यों विशेषकर महाराष्ट्र में बढ़ी है। इसका मुख्य कारण यहाँ के गन्ने में सुक्रोस की अधिक मात्रा का होना है।

25 उर्वरक और उसमें पाए जाने वाले यौगिकों के संदर्भ में निम्नलिखित में से कौन-सा सही सुमेलित है? *(Chap 6, Class-X, New NCERT)*

1. नाइट्रोजनी उर्वरक — डी ए पी
2. फास्फेटिक उर्वरक — यूरिया
3. मिश्रित उर्वरक — नाइट्रोजन, फॉस्फेट व पोटाश

कूट

(a) केवल 1 (b) 1 और 3 (c) केवल 3 (d) 2 और 3

उत्तर (c)

व्याख्या उर्वरक और उसमें पाए जाने वाले यौगिकों के संदर्भ में युग्म (3) सही सुमेलित है। उर्वरक उद्योग नाइट्रोजनी उर्वरक (मुख्यतः यूरिया) फॉस्फेटिक उर्वरक (डी ए पी) तथा अमोनियम फॉस्फेट और मिश्रित उर्वरक, जिसमें तीन मुख्य पोषक उर्वरक नाइट्रोजन, फॉस्फेट व पोटाश शामिल हैं, के उत्पादन क्षेत्रों के चारों ओर केंद्रित है।

तीसरा अर्थात्-पोटाश पूर्णतः आयात किया जाता है, क्योंकि हमारे देश में वाणिज्यिक रूप से या किसी भी रूप में प्रयुक्त होने वाली पोटाश या पोटैशियम यौगिकों के भंडार नहीं हैं। गुजरात, तमिलनाडु, उत्तर-प्रदेश, पंजाब और केरल राज्य कुल उर्वरक उत्पादन का लगभग 50% उत्पादन करते हैं। अन्य महत्त्वपूर्ण उत्पादक राज्य—आंध्र प्रदेश, ओडिशा, राजस्थान, बिहार, महाराष्ट्र, असम, पश्चिम बंगाल आदि हैं।

26 सीमेंट उद्योग के संदर्भ में निम्नलिखित में से कौन-सा कथन असत्य है? *(Chap 6, Class-X, New NCERT)*

1. इसमें कच्चे माल के रूप में बॉक्साइट, जिप्सम और मैंगनीज का प्रयोग होता है।
2. भारत में पहले सीमेंट उद्योग की स्थापना मध्य प्रदेश में हुई थी।
3. भारत में सीमेंट उद्योग की मेखला बिहार से मध्य प्रदेश तक फैली है।

कूट

(a) केवल 1 (b) 1 और 2
(c) केवल 3 (d) 1 और 3

उत्तर (b)

व्याख्या सीमेंट उद्योग के संदर्भ में कथन (1) और (2) असत्य हैं, क्योंकि भारत में पहला सीमेंट उद्योग वर्ष 1904 में चेन्नई में लगाया गया था। स्वतंत्रता के बाद इस उद्योग का प्रसार हुआ। गुणवत्ता में सुधार के कारण, भारत की बड़ी घरेलू माँग के अतिरिक्त पूर्वी एशिया, मध्य एशिया, अफ्रीका तथा दक्षिण एशिया के बाजारों में इसकी माँग बढ़ी है। यह उद्योग उत्पादन और निर्यात दोनों ही रूपों में प्रगति पर है। इस उद्योग को भारी व स्थूल कच्चे माल; जैसे-चूना पत्थर, सिलिका और जिप्सम की आवश्यकता होती है।

27 **निम्नलिखित में से कौन-सा/से कथन सही है/हैं?**

(Chap 8, Class-XII, New NCERT)

1. गुजरात औद्योगिक प्रदेश अहमदाबाद से जयपुर तक फैला हुआ है।
2. गुजरात औद्योगिक क्षेत्र में पेट्रो-रासायनिक उद्योगों की अधिकता है।
3. छोटानागपुर प्रदेश भारी धातु उद्योगों के लिए प्रसिद्ध है।

कूट

(a) 1 और 2 (b) 2 और 3
(c) केवल 1 (d) 1, 2 और 3

उत्तर (b)

व्याख्या दिए गए कथनों में से कथन (2) और (3) सही हैं। गुजरात औद्योगिक क्षेत्र में पेट्रो-रासायनिक उद्योगों की अधिकता है। इस क्षेत्र में अंकलेश्वर, वड़ोदरा और जामनगर जैसे शहरों के चारों ओर पेट्रो केमिकल उद्योगों की स्थापना हुई।

छोटा नागपुर प्रदेश झारखंड, उत्तरी ओडिशा और पश्चिम बंगाल तक फैला है। यह क्षेत्र कोयला, लौह अयस्क और अन्य मूलभूत खनिजों के लिए जाना जाता है, जो भारी उद्योगों की स्थापना में महत्त्वपूर्ण भूमिका निभाते हैं।

कथन (1) सही नहीं है, क्योंकि गुजरात औद्योगिक प्रदेश दक्षिणी गुजरात के वलसाड़ और सूरत से लेकर पश्चिमी गुजरात के जामनगर तक फैला है। गुजरात औद्योगिक प्रदेश का केंद्र अहमदाबाद और वड़ोदरा के बीच स्थित है।

28 **पेट्रो-रसायन उद्योग के अंतर्गत निम्नलिखित में से किसको शामिल किया जाता है?**

(Chap 8, Class-XII, New NCERT)

1. पॉलीमर
2. कृत्रिम रेशे
3. इलैस्टोमर्स
4. इलेक्ट्रोड

कूट

(a) केवल 1 (b) 1 और 4
(c) 1, 2 और 3 (d) ये सभी

उत्तर (c)

व्याख्या पेट्रो-रसायन उद्योग के अंतर्गत पॉलीमर, कृत्रिम रेशे और इलैस्टोमर्स को शामिल किया जाता है। अपरिष्कृत पेट्रोल से कई प्रकार की वस्तुएँ तैयार की जाती हैं, जो अनेक नए उद्योगों के लिए कच्चा माल उपलब्ध कराती हैं, इन्हें सामूहिक रूप से पेट्रो-रसायन उद्योग के नाम से जाना जाता है। इस उद्योग का सबसे अधिक संकेंद्रण मुंबई में है।

29 **निम्नलिखित कथनों पर विचार करें** *(Chap 3, Class-XII, Old NCERT)*

1. रबड़ की वस्तुओं के विनिर्माण के लिए कच्चे पदार्थ का प्रमुख स्रोत संश्लिष्ट रबड़ है।
2. संश्लिष्ट रबड़ वास्तव में, प्राकृतिक रबड़ का एक बहुलक है।

उपर्युक्त में से कौन-सा/से कथन सही है/हैं?

(a) केवल 1 (b) केवल 2
(c) 1 और 2 दोनों (d) इनमें से कोई नहीं

उत्तर (a)

व्याख्या दिए गए कथनों में से कथन (1) सही है। संश्लिष्ट रबड़ (Synthetic rubber) का अपने मजबूती, टिकाऊपन, प्रक्षालनता, धोने पर न सिकुड़ने के गुणों के कारण इसका व्यापक रूप से प्रयोग रबड़ की वस्तुओं के निर्माण में किया जाता है। नायलॉन तथा पॉलिस्टर धागा बनाने के संयंत्र कोटा, पिंपरी, मुंबई, मोदीनगर, पुणे आदि में लगाए गए हैं। कोटा और वडोदरा में ऐक्रिलिक कपड़े बनाए जाते हैं।

कथन (2) सही नहीं है, क्योंकि संश्लिष्ट रबड़ वास्तव में, प्राकृतिक रबड़ का बहुलक नहीं, बल्कि उसका स्थानापन्न (Substitute) है।

30 **शीशा उद्योग के संदर्भ में निम्नलिखित में से कौन-सा कथन असत्य है?**

(Chap 3, Class-XII, Old NCERT)

(a) शीशा उद्योग में चूना पत्थर बालू व फेल्सपर कच्चे माल के रूप में प्रयोग होता है
(b) सोडा एश को विदेशों से आयात करना पड़ता है
(c) उत्तर प्रदेश में भदोही इसका मुख्य केंद्र है
(d) शीशे का उद्योग कुटीर उद्योग के अंतर्गत आता है

उत्तर (c)

व्याख्या शीशा उद्योग के संदर्भ में कथन (c) असत्य है, क्योंकि उत्तर प्रदेश में शीशा उद्योग का मुख्य संकेंद्रण बहजोई से शिकोहाबाद तक है। इसके अतिरिक्त हाथरस, सासनी, एतमादपुर तथा नैनी अन्य महत्त्वपूर्ण केंद्र हैं।

कथन (a), (b) और (d) सत्य हैं। शीशा उद्योग में प्रयुक्त होने वाले मूल कच्चे पदार्थ बालू, चूना पत्थर, फेल्सपर, सोडा एश, सिलिका आदि हैं। ये सब कच्चे पदार्थ भारत में उपलब्ध हैं। देश में प्रथम शीशा उद्योग वर्ष 1941 में स्थापित किया गया। शीशे का उद्योग कुटीर उद्योग के अन्तर्गत आता है।

31 **ज्ञान आधारित उद्योग के संदर्भ में निम्नलिखित कथनों पर विचार करें।**

(Chap 8, Class-XII, New NCERT)

1. सॉफ्टवेयर उद्योग के विकास के लिए भारत सरकार ने देश में अनेक सॉफ्टवेयर पार्क बनवाए हैं।
2. भारतीय सॉफ्टवेयर उद्योग यहाँ की अर्थव्यवस्था में अविकसित सेक्टर है।

उपर्युक्त में से कौन-सा/से कथन सही है/हैं?

(a) केवल 1 (b) केवल 2
(c) 1 और 2 दोनों (d) इनमें से कोई नहीं

उत्तर (a)

व्याख्या ज्ञान आधारित उद्योग के संदर्भ में कथन (1) सही है। सॉफ्टवेयर उद्योग के विकास के लिए भारत सरकार ने देश में अनेक सॉफ्टवेयर पार्क बनवाए हैं। सॉफ्टवेयर उद्योग इलेक्ट्रॉनिक हार्डवेयर उत्पादन से आगे बढ़ गया। बड़ी संख्या में भारतीय सॉफ्टवेयर कंपनियों ने अंतर्राष्ट्रीय गुणवत्ता प्रमाणन प्राप्त कर लिया है। सूचना प्रौद्योगिकी के क्षेत्र में कार्यरत् अधिकांश बहुराष्ट्रीय कंपनियों के सॉफ्टवेयर विकास केंद्र अथवा अनुसंधान विकास केंद्र भारत में हैं।

कथन (2) सही नहीं है, क्योंकि भारतीय सॉफ्टवेयर उद्योग यहाँ की अर्थव्यवस्था में तेजी से विकसित हुए सेक्टरों में से एक है।

भारत के औद्योगिक प्रदेश

32 **भारत में औद्योगिक प्रदेश के संदर्भ में निम्नलिखित में से कौन-सा कथन असत्य है?**

(Chap 8, Class-XII, New NCERT)

1. मुंबई-पुणे औद्योगिक प्रदेश का विकास सूती वस्त्र उद्योग की स्थापना के साथ प्रारम्भ हुआ।
2. मुंबई पत्तन से महाराष्ट्र में वस्त्र उद्योग एवं जलयान निर्माण का विकास हुआ है।
3. इस प्रदेश में पेट्रोलियम क्षेत्र और रासायनिक उद्योग भी विकसित हुए हैं।

कूट

(a) केवल 1 (b) केवल 2 (c) 1 और 3 (d) 2 और 3

उत्तर (b)

व्याख्या भारत में औद्योगिक प्रदेश के संदर्भ में कथन (2) असत्य है, क्योंकि मुंबई में कपास के पृष्ठ प्रदेश में स्थित होने और नम जलवायु के कारण सूती वस्त्र उद्योग का विकास हुआ।

कथन (1) और (3) सत्य हैं। मुंबई-पुणे औद्योगिक प्रदेश का विकास मुंबई में सूती वस्त्र उद्योग की स्थापना के साथ प्रारंभ हुआ। सूती वस्त्र उद्योग के विकास के साथ इस प्रदेश में रासायनिक उद्योग भी विकसित हुए। मुंबई हाई पेट्रोलियम क्षेत्र और नाभिकीय ऊर्जा संयंत्र की स्थापना ने इस प्रदेश में उद्योगों की स्थापना को प्रोत्साहित किया है।

33 **हुगली औद्योगिक प्रदेश के संदर्भ में निम्नलिखित कथनों पर विचार करें** *(Chap 8, Class-XII, New NCERT)*

1. यह औद्योगिक प्रदेश हुगली नदी के किनारे स्थित है।
2. कोलकाता एवं हावड़ा इस प्रदेश के प्रमुख केंद्र हैं।
3. इस प्रदेश में जूट उद्योग के साथ ही सूती वस्त्र उद्योग भी प्रमुख उद्योग है।

उपर्युक्त में से कितने कथन सही हैं?

(a) केवल एक
(b) केवल दो
(c) सभी तीन
(d) इनमें से कोई नहीं

उत्तर (d)

व्याख्या हुगली औद्योगिक प्रदेश के संदर्भ में सभी कथन सही हैं। हुगली औद्योगिक प्रदेश हुगली नदी के किनारे स्थित है। यह प्रदेश उत्तर के बाँसबेरिया से दक्षिण में बिड़लानगर तक लगभग 100 किमी में फैला हुआ है। कोलकाता-हावड़ा इस औद्योगिक प्रदेश के केंद्र हैं।

इस प्रदेश में जूट उद्योग, सूती वस्त्र उद्योग, कागज, इंजीनियरिंग टेक्सटाइल मशीनों, विद्युत, रासायनिक, औषधीय, उर्वरक और पेट्रो-रासायनिक उद्योगों का भी विस्तार हुआ।

कोननगर में हिंदुस्तान मोटर्स लिमिटेड का कारखाना और चितरंजन में डीजल इंजन का कारखाना इस प्रदेश के औद्योगिक स्तंभ हैं।

34 **निम्नलिखित कथनों पर विचार करें** *(Chap 8, Class-XII, New NCERT)*

1. बंगलुरु-चेन्नई औद्योगिक प्रदेश में सूती मिलों के साथ-साथ करघा उद्योग का भी विकास हुआ है।
2. कोलम-तिरुवनंतपुरम प्रदेश में बागान कृषि और जलविद्युत इस प्रदेश को औद्योगिक आधार प्रदान करते हैं।

उपर्युक्त में से कौन-सा/से कथन सही है/हैं?

(a) केवल 1
(b) केवल 2
(c) 1 और 2 दोनों
(d) इनमें से कोई नहीं

उत्तर (c)

व्याख्या दिए गए दोनों कथन सही हैं। बंगलुरु-चेन्नई औद्योगिक प्रदेश का विकास अत्यधिक तीव्रता से हुआ है। वर्ष 1960 तक उद्योग केवल बंगलुरु, सलेम और मदुरई जिलों तक सीमित थे, लेकिन अब ये तमिलनाडु के लगभग सभी जिलों में फैल चुके हैं। इस प्रदेश में पायकारा जलविद्युत का विकास वर्ष 1932 में किया गया। इस औद्योगिक प्रदेश में सूती वस्त्र उद्योग, वायुयान मशीन उपकरण, टेलीफोन और भारत इलेक्ट्रॉनिक्स आदि भी स्थापित हैं।

35 **निम्न युग्मों पर विचार कीजिए** *(Chap 8, Class-XII, New NCERT)*

	औद्योगिक प्रदेश	प्रमुख उद्योग
1.	गुजरात औद्योगिक प्रदेश	सूती वस्त्र उद्योग
2.	छोटानागपुर प्रदेश	पेट्रो-रसायन उद्योग
3.	विशाखापत्तनम-गुंटूर प्रदेश	लौह-इस्पात उद्योग
4.	गुरुग्राम-दिल्ली-मेरठ प्रदेश	इलेक्ट्रॉनिक उद्योग

उपर्युक्त युग्मों में से कितने युग्म सही है?

(a) केवल एक
(b) केवल दो
(c) केवल तीन
(d) सभी चार

उत्तर (b)

व्याख्या उपर्युक्त में से केवल दो युग्म (1) और (4) सही सुमेलित हैं। गुजरात औद्योगिक प्रदेश का केंद्र अहमदाबाद और वड़ोदरा के बीच स्थित है। यह प्रदेश दक्षिण में वलसाड और सूरत तक और पश्चिम में जामनगर तक फैला हुआ है। इस प्रदेश का विकास 1860 ई. में हुआ। यह सूती वस्त्र उद्योग की स्थापना से संबंधित है। तेल की खोज से पेट्रो-रसायन उद्योग की स्थापना अंकलेश्वर, वड़ोदरा और जामनगर के चारों ओर हुई। कांडला पत्तन ने इस प्रदेश के विकास में तीव्र योगदान दिया।

गुरुग्राम-दिल्ली-मेरठ प्रदेश में इलेक्ट्रॉनिक, हल्के इंजीनियरिंग और विद्युत उपकरण इस प्रदेश के प्रमुख उद्योग हैं। इसके अतिरिक्त यहाँ सूती-ऊनी और कृत्रिम रेशा वस्त्र-होजरी, शक्कर, सीमेंट, मशीन उपकरण, ट्रैक्टर और साइकिल उद्योग प्रमुख हैं। यहाँ पर सॉफ्टवेयर उद्योग का भी विकास हो रहा है।

इसके अतिरिक्त युग्म (2) और (3) गलत है, क्योंकि छोटानागपुर प्रदेश झारखंड, उत्तरी ओडिशा और पश्चिम बंगाल तक फैला है और भारी धातु उद्योगों के लिए जाना जाता है।

इस प्रदेश में छः बड़े एकीकृत लौह-इस्पात संयंत्र-जमशेदपुर बर्नपुर, कुल्टी, दुर्गापुर, बोकारो और राउरकेला में स्थापित हैं।

विशाखापत्तनम-गुंटूर प्रदेश विशाखापत्तनम जिले से लेकर दक्षिण में कुरुनूल और प्रकाशम जिलों तक फैला है। इस प्रदेश में औद्योगिक विकास विशाखापत्तनम और मछलीपट्टनम पत्तनों, इसके भीतरी भागों में विकसित कृषि तथा खनिजों के बड़े संचित भंडार पर निर्भर है। गोदावरी बेसिन के कोयला क्षेत्र इसे ऊर्जा प्रदान करते हैं। इस प्रदेश में पेट्रो-रसायन उद्योग के अतिरिक्त, शक्कर, जूट, कागज, सूती वस्त्र, उर्वरक और सीमेंट उद्योग स्थित हैं। गुंटूर जिले में एक शीशा जिंक प्रगालक कार्य कर रहा है।

अध्याय 26

मानव संसाधन, अधिवास तथा प्रवास

मानव संसाधन, अधिवास तथा प्रवास

मानव संसाधन

जनसंख्या

- यह किसी क्षेत्र की जनसांख्यिकी या संबंधित सांख्यिकीय आँकड़ों को संदर्भित करता है।
- किसी विशेष क्षेत्र में समय के दो बिंदुओं के मध्य जन्म और मृत्यु के बीच अंतर से जनसंख्या में हुई वृद्धि को जनसंख्या की प्राकृतिक वृद्धि कहते हैं।

जनसांख्यिकीय संरचना

- **जनसंख्या घनत्व** जनसंख्या घनत्व को प्रति वर्ग किमी क्षेत्र में व्यक्तियों की संख्या के रूप में परिभाषित किया गया है, जो किसी विशेष क्षेत्र में जनसंख्या की सघनता को दर्शाता है।
- **लिंग संरचना** यह एक निश्चित क्षेत्र में एक निश्चित समय पर जनसंख्या में पुरुष और महिलाओं का वितरण स्वरूप है।
- **शिक्षा** जीवन की गुणवत्ता में सुधार करने के लिए एक महत्त्वपूर्ण परिवर्तनकारी तत्त्व, जो सीधे जीवनकाल, शिशु मृत्यु दर, शिक्षा स्तर, पोषण स्तर आदि से संबंधित है।
- **जातीय संरचना** एक निश्चित क्षेत्र की जनसंख्या में जाति और नस्लीय समूह जो भाषा, संस्कृति, इतिहास या समुदाय के संबंध में एक-दूसरे के साथ समानता रखता है, को जातीय संरचना कहते हैं।
- **भारत की जनजातियाँ** भारत में बहुत से स्थानीय लोग निवास करते हैं, जो अब तक आधुनिक जीवनशैली से अपरिचित हैं। ऐसे लोगों के समूह को जनजातीय या आदिवासी कहा जाता है।

अधिवास

मानव बस्ती

- एक स्थान जो साधारणतया स्थायी रूप से बसा हुआ हो उसे मानव बस्ती कहते हैं।

ग्रामीण बस्ती

- भूमि से सर्वाधिक निकट और सीधे जुड़ा होने के साथ-साथ मानव समुदाय प्राथमिक गतिविधियों/क्रियाओं मुख्य रूप से कृषि, पशुपालन आदि जैसी प्राथमिक गतिविधियों द्वारा प्रमुख रूप से नियंत्रित होता है।

गुच्छित बस्ती

- गुच्छित ग्रामीण बस्ती घरों का एक संहत अथवा संकुलित रूप से निर्मित क्षेत्र होता है।

अर्द्ध-गुच्छित बस्ती

- अर्द्ध-गुच्छित अथवा विखंडित बस्तियाँ परिक्षिप्त बस्ती के किसी सीमित क्षेत्र में गुच्छित होने की प्रवृति का परिणाम है।

पल्लीकृत बस्ती

- कई बार बस्ती भौतिक रूप से एक-दूसरे के पृथक अनेक इकाइयों में बँट जाती है किंतु उन सबका नाम एक रहता है।

परिक्षिप्त बस्तियाँ

- भारत में परिक्षिप्त अथवा एकाकी बस्ती प्रारूप सुदूर जंगलों में एकाकी झोंपड़ियों अथवा कुछ झोंपड़ियों की पल्ली अथवा छोटी पहाड़ियों की ढालों पर खेतों अथवा चरागाहों के रूप में दिखाई पड़ता है।

शहरी (नगरीय बस्ती)

- ग्रामीण बस्तियों के विपरीत नगरीय बस्तियाँ सामान्यतः संहत और विशाल आकार की होती हैं। ये बस्तियाँ अनेक प्रकार के अकृषि, आर्थिक और प्रशासकीय प्रकार्यों में संलग्न होती हैं।

प्रवास

परिचय

- प्रवास का तात्पर्य एक स्थान से दूसरे स्थान पर बसने की प्रवृत्ति से है। मनुष्य जीवन के आरंभ से ही प्रवास करता रहा है।
- मूलभूत आवश्यकताओं को पूरा करने के लिए भोजन, विश्राम तथा सुरक्षा की दृष्टि से मनुष्य एक स्थान से दूसरे स्थान के लिए प्रवास करता है।

प्रवास के प्रकार

- **आंतरिक प्रवास** एक राष्ट्र के भीतर एक स्थान से दूसरे स्थानों के मध्य किया गया प्रवास आंतरिक प्रवास कहलाता है।
- **अंतर्राष्ट्रीय प्रवास** ऐसा प्रवास एक राष्ट्र की सीमाओं से बाहर दूसरे राष्ट्र की सीमाओं के लिए होता है।

प्रवास के कारण

- **प्रतिकर्ष कारक** प्रतिकर्ष कारक लोगों को निवास स्थान अथवा उद्गम स्थान को छोड़ने पर विवश कर देते हैं।
- **अपकर्ष कारक** अपकर्ष कारक लोगों को ग्रामीण क्षेत्रों से नगरीय क्षत्रों की ओर आकर्षित करते हैं।

प्रवास के परिणाम

- **सामाजिक परिणाम** प्रवासी, सामाजिक परिवर्तन के अभिकर्ताओं के रूप में कार्य करते हैं।
- **आर्थिक परिणाम** यह उद्गम प्रदेश के लिए मुख्य लाभ प्रवासियों द्वारा भेजी गई राशि है।
- **राजनीतिक परिणाम** प्रवास का राजनीतिक परिणाम महत्त्वपूर्ण है। प्रवासी भारतीय का कई देशों की राजनीति पर प्रभाव है।

SOURCE Old NCERT Class-VIII मानव संसाधन, New NCERT Class-IX जनसंख्या, Old NCERT Class-X मानव संसाधन आधार, New NCERT Class-XII जनसंख्या : वितरण, घनत्व, वृद्धि और संघटन, प्रवास : प्रकार, कारण और परिणाम, विविधता में एकता, मानव विकास, मानव बस्तियाँ, Old NCERT Class-XII भारत की जनसंख्या : क्षेत्रीय वितरण एवं वृद्धि के पहलू, जनसंख्या संयोजन : जनांकिकीय विशेषताएँ, जनसंख्या संघटन : नृजातीय एवं सांस्कृतिक विशेषताएँ, मानव बस्तियाँ एवं गृह प्रकार, भारत में मानव : बसाव प्रक्रिया, NIOS Module-9 Chap 26 भारत जनसंख्या घनत्व, वितरण तथा वृद्धि, Tamil Nadu Board Class-X भारत जनसंख्या परिवहन, संचार एवं व्यापार

मानव संसाधन

1 निम्नलिखित कथनों पर विचार कीजिए *(Chap 6, Class-IX, New NCERT)*

1. भारत में पहली बार जनगणना का प्रयास 1872 ई. में हुआ।
2. भारत की पहली नियमित जनगणना 1881 ई. में हुई।

उपर्युक्त में से कौन-सा/से कथन असत्य है/हैं?

(a) केवल 1 (b) केवल 2
(c) 1 और 2 (d) न तो 1 और न ही 2

उत्तर *(d)*

व्याख्या दिए गए दोनों कथन सत्य हैं। भारत में पहली बार जनगणना का प्रयास 1872 ई. में किया गया तथा 1881 ई. में पहली बार पूरे भारत की आधिकारिक जनगणना की गई थी। मार्च, 2011 तक भारत की जनसंख्या 12106 लाख (121 करोड़) थी, जोकि विश्व की कुल जनसंख्या का 17.5% थी।

2 भारत में जनसंख्या के वितरण को प्रभावित करने वाले कारकों के संदर्भ में कौन-सा कथन सही है? *(Chap 7, Class-XII, Old NCERT)*

1. जनसंख्या वितरण के प्रतिरूपों को स्थान की प्राकृतिक बनावट प्रभावित करती है।
2. सामाजिक, आर्थिक, राजनीतिक तथा ऐतिहासिक कारकों का प्रभाव जनसंख्या के वितरण पर होता है।
3. जनसंख्या के घनत्व पर पर्यावरणीय कारकों का असर प्रभावी रूप से होता है।

कूट

(a) 1 और 2 (b) 1, 2 और 3
(c) 2 और 3 (d) 1 और 3

उत्तर *(b)*

व्याख्या भारत में जनसंख्या के वितरण को प्रभावित करने वाले कारकों के संदर्भ में प्रश्न में दिए गए सभी कथन सही हैं।

जनसंख्या वितरण के प्रतिरूपों को स्थान की प्राकृतिक बनावट प्रभावित करती है। जनसंख्या के वितरण पर सामाजिक, आर्थिक, राजनीतिक तथा ऐतिहासिक कारकों का प्रभाव होता है। पर्यावरणीय कारक भी जनसंख्या के घनत्व को प्रभावित करते हैं।

3 जनसंख्या घनत्व के संदर्भ में निम्नलिखित कथनों पर विचार करें *(Chap 9, Class-X, Old NCERT)*

1. प्रति इकाई क्षेत्र में व्यक्तियों की संख्या को घनत्व कहते हैं।
2. भारत का जनसंख्या घनत्व 902 व्यक्ति प्रतिवर्ग किमी है।

उपर्युक्त में से कौन-सा/से कथन असत्य है/हैं?

(a) केवल 1 (b) केवल 2
(c) 1 और 2 दोनों (d) इनमें से कोई नहीं

उत्तर *(b)*

व्याख्या जनसंख्या घनत्व के संदर्भ में कथन (2) असत्य है, क्योंकि भारत का जनसंख्या घनत्व 2011 की जनगणना के अनुसार 382 व्यक्ति प्रतिवर्ग किमी है। वर्ष 1951 में जनसंख्या का घनत्व 117 व्यक्ति/वर्ग किमी से बढ़कर वर्ष 2011 में 382 व्यक्ति/वर्ग किमी होने से विगत 50 वर्षों में 200 व्यक्ति/वर्ग किमी से अधिक की उत्तरोत्तर वृद्धि हुई है।

कथन (1) सत्य है। जनसंख्या के घनत्व को प्रति इकाई क्षेत्र में व्यक्तियों की संख्या द्वारा अभिव्यक्त किया जाता है। इससे भूमि के संदर्भ में जनसंख्या के स्थानिक वितरण को बेहतर ढंग से समझने में सहायता मिलती है।

4 राज्य और उनके जनसंख्या घनत्व के आँकड़ों के संदर्भ में निम्नलिखित में से कौन-सा युग्म सही सुमेलित है? *(Chap 9, Class-IX, Old NCERT)*

राज्य		जनसंख्या घनत्व
(a) बिहार	–	1029
(b) पश्चिम बंगाल	–	1102
(c) उत्तर प्रदेश	–	829
(d) केरल	–	982

उत्तर *(c)*

व्याख्या राज्य और उनके जनसंख्या घनत्व के आँकड़ों के संदर्भ में युग्म (c) सही सुमेलित है। 2011 की जनगणना के अंतिम आँकड़ों के अनुसार भारत का जनसंख्या घनत्व 382 व्यक्ति प्रतिवर्ग किमी है।

वर्ष 2001-2011 के दशक में जनघनत्व में 57 व्यक्ति/वर्ग किमी की वृद्धि हुई। भारत में सबसे अधिक जनसंख्या घनत्व वाले प्रथम तीन राज्य बिहार (1102), पश्चिम बंगाल (1028) एवं केरल (860) हैं। भारत में सबसे कम जनसंख्या घनत्व अरुणाचल प्रदेश (17) का है।

5 निम्न कथन (A) व कारण (R) को पढ़िए और नीचे दिए गए कूट की सहायता से सही उत्तर का चुनाव कीजिए। *(Chap 6, Class-IX, New NCERT)*

कथन (A) भारत के पर्वतीय क्षेत्रों में जनसंख्या घनत्व कम पाया जाता है।

कारण (R) पर्वतीय क्षेत्र तथा प्रतिकूल जलवायवी अवस्थाएँ इन क्षेत्रों की विरल जनसंख्या के लिए उत्तरदायी हैं।

कूट

(a) A और R दोनों सही हैं तथा R, A की सही व्याख्या है।
(b) A और R दोनों सही हैं, परंतु R, A की सही व्याख्या नहीं है।
(c) A सही है, किंतु R गलत है।
(d) A गलत है, किंतु R सही है।

उत्तर *(a)*

व्याख्या A और R दोनों सही हैं तथा R, A की सही व्याख्या है। भारत के पर्वतीय क्षेत्रों में जनसंख्या घनत्व कम पाया जाता है, क्योंकि पर्वतीय क्षेत्र एवं प्रतिकूल जलवायवी दशाएँ इन क्षेत्रों में विरल जनसंख्या हेतु प्रमुख कारण हैं। असम एवं अधिकतर प्रायद्वीपीय राज्यों का जनसंख्या घनत्व मध्यम है। पहाड़ी कटे-छटे एवं पथरीले भू-भाग, मध्यम से कम वर्षा, छिछली एवं कम उपजाऊ मिट्टी इन राज्यों के जनसंख्या घनत्व को प्रभावित करती हैं। उत्तरी मैदानी भाग एवं दक्षिण के केरल का जनसंख्या घनत्व बहुत अधिक है, क्योंकि यहाँ समतल मैदान एवं उपजाऊ मिट्टी पाई जाती है तथा पर्याप्त मात्रा में वर्षा होती है।

6 जनसंख्या वृद्धि के संदर्भ में निम्नलिखित कथनों पर विचार करें *(Chap 7, Class-XII, Old NCERT)*

1. दो समान बिंदुओं के मध्य क्षेत्र विशेष में अधिवासित लोगों की संख्या में वृद्धि, जनसंख्या वृद्धि दर कहलाती है।
2. अशोधित जन्म और मृत्यु दरों को प्राकृतिक वृद्धि के अंतर्गत निर्धारित किया जाता है।

उपर्युक्त में से कौन-सा/से कथन सत्य है/हैं?

(a) केवल 1 (b) केवल 2
(c) 1 और 2 (d) इनमें से कोई नहीं

उत्तर *(c)*

व्याख्या जनसंख्या वृद्धि के संदर्भ में दोनों कथन (1) और (2) सत्य हैं।

जनसंख्या वृद्धि दर दो समान बिंदुओं के बीच किसी क्षेत्र विशेष में रहने वाले लोगों की संख्या में परिवर्तन को कहते हैं। जनसंख्या वृद्धि दर को प्रतिशत में अभिव्यक्त किया जाता है।

जनसंख्या वृद्धि के दो घटक हैं-प्राकृतिक और अभिप्रेरित। प्राकृतिक वृद्धि का विश्लेषण अघोषित जन्म और मृत्यु दरों से निर्धारित किया जाता है। भारत की जनसंख्या के दोनों दशकीय और वार्षिक वृद्धि दर बहुत ऊँची है और समय के साथ प्रतिदिन बढ़ रहे हैं। भारत की जनसंख्या की वार्षिक वृद्धि दर 1.64% है 2011 की जनगणना के अनुसार भारत की दशकीय वृद्धि दर 17.64% है।

7 जनसंख्या वृद्धि की प्रावस्थाओं के संदर्भ में नीचे दिए गए कथनों पर विचार करें *(Chap 7, Class-XI, Old NCERT)*

1. 1921-51 के दशकों को जनसंख्या की नकारात्मक वृद्धि की अवधि के रूप में जाना जाता है।
2. 1951-61 के दशकों को भारत में जनसंख्या की स्थिर वृद्धि दर के रूप में जाना जाता है।
3. वर्ष 1981 के पश्चात् से वर्तमान तक देश की जनसंख्या वृद्धि को विस्फोटक वृद्धि दर की अवधि माना जाता है।

उपर्युक्त में से कौन-सा/से कथन असत्य है/हैं?

(a) केवल 1 (b) 2 और 3 (c) 1 और 3 (d) 1, 2 और 3

उत्तर (d)

व्याख्या जनसंख्या वृद्धि की प्रावस्थाओं के संदर्भ में दिए गए सभी कथन असत्य हैं।

1921-1951 के दशकों को जनसंख्या की स्थिर वृद्धि की अवधि के रूप में जाना जाता है, क्योंकि देशभर में स्वास्थ्य और स्वच्छता में व्यापक सुधारों ने मृत्यु दर को नीचे ला दिया था।

1951-61 के दशकों को भारत में जनसंख्या विस्फोट की अवधि के रूप में जाना जाता है। यह देश में मृत्यु दर में तीव्र ह्रास और जनसंख्या की उच्च प्रजनन दर के कारण हुआ।

वर्ष 1981 के पश्चात् से वर्तमान तक देश की जनसंख्या की वृद्धि दर यद्यपि ऊँची बनी रही, परंतु धीरे-धीरे मंद गति से घटने लगी।

8 निम्नलिखित में से कौन-सा/से कथन सत्य है/हैं? *(Chap-1, Class-XII, New NCERT)*

1. दो समय बिंदुओं के बीच किसी क्षेत्र-विशेष में रहने वाले लोगों की संख्या में परिवर्तन जनसंख्या वृद्धि कहलाती है।
2. प्राकृतिक जनसंख्या वृद्धि का विश्लेषण अशोधित जन्म दर और मृत्यु दरों से निर्धारित किया जाता है।

कूट

(a) केवल 1 (b) केवल 2
(c) 1 और 2 दोनों (d) न तो 1 और न ही 2

उत्तर (c)

व्याख्या दिए गए दोनों कथन सत्य हैं। दो समय बिंदुओं के बीच किसी क्षेत्र विशेष में रहने वाले लोगों की संख्या में परिवर्तन जनसंख्या वृद्धि कहलाती है। जनसंख्या वृद्धि के प्राकृतिक और अभिप्रेरित दो घटक हैं। प्राकृतिक जनसंख्या वृद्धि का विश्लेषण अशोधित जन्म दर और मृत्यु दरों से निर्धारित किया जाता है।

9 वर्तमान में राजस्थान राज्य में उच्चावच एवं जलवायु की प्रतिकूल स्थिति के बावजूद जनसंख्या अनुपात के बढ़ने के लिए मुख्य रूप से निम्नलिखित में से कौन-सा/से कारण उत्तरदायी है/हैं?

1. सिंचाई साधनों का विकास *(Chap 1, Class-XII, New NCERT)*
2. खनिज एवं ऊर्जा संसाधनों की उपलब्धता
3. परिवहन जाल का विकास

कूट

(a) केवल 1 (b) केवल 3 (c) 1 और 2 (d) 1, 2 और 3

उत्तर (a)

व्याख्या प्रश्नानुसार, दिए गए कथनों में से कथन (1) सही है। हम जानते हैं कि राजस्थान भारत का सबसे गर्म तथा सबसे अधिक मरुस्थलीय एवं शुष्क राज्य है, जहाँ औसत वार्षिक वर्षा न्यूनतम होती है।

चूँकि जनसंख्या सघनता के लिए मैदानी क्षेत्र, कृषि प्रधानता, जल की उपलब्धता आदि प्रमुख कारक उत्तरदायी होते हैं। राजस्थान में सिंचाई व्यवस्था की उचित व्यवस्था होने के कारण कृषि में व्यापक सुधार हुआ है, जो राजस्थान में जनसंख्या घनत्व बढ़ने का प्रमुख कारण रहा।

कथन (2) और (3) प्रश्न के संदर्भ में उत्तरदायी कारण नहीं हैं, क्योंकि खनिज एवं ऊर्जा संसाधनों का जनसंख्या घनत्व में विशेष योगदान नहीं था और न ही परिवहन जाल का विकास राजस्थान राज्य की जनसंख्या घनत्व का कारण रहा है।

10 निम्नलिखित में से कौन-से दो युग्म सही सुमेलित हैं? *(Unit 5, Class-X, Tamil Nadu Board) (UPPSC Pre 2022)*

जनजाति		राज्य
1. केरिया	—	ओडिशा
2. कुकी	—	उत्तर प्रदेश
3. यानदी	—	राजस्थान
4. पालियान	—	तमिलनाडु

नीचे दिए गए कूट से सही उत्तर का चयन कीजिए

(a) 1 और 2 (b) 1 और 4
(c) 2 और 3 (d) 3 और 4

उत्तर (b)

व्याख्या दिए गए युग्मों में से युग्म (1) और (4) सही सुमेलित हैं।

केरिया/खेरिया झारखंड के छोटानागपुर पठार के क्षेत्रों तथा ओडिशा में निवास करने वाला जनजातीय समूह हैं। यह जनजाति पितृवंशीय परंपरा का अनुसरण करती है। यह जनजाति ऑस्ट्रो-एशियाई समूह का भाग है।

पालियान जनजाति तमिलनाडु के नीलगिरि जिले के गुडालुर और पंडालुर क्षेत्र तथा कर्नाटक के कोडागु जिले के दक्षिण भाग में पाई जाती है। इसका निवास केरल में भी है।

युग्म (2) और (3) सही सुमेलित नहीं हैं, क्योंकि कुकी जनजाति उत्तर प्रदेश में नहीं, बल्कि असम, मिजोरम, मणिपुर आदि राज्यों में पाई जाती है और यानदी जनजाति आंध्र प्रदेश राज्य में पाई जाती है, न कि राजस्थान में।

11 किसी देश के 'जनसांख्यिकीय लाभांश' की घटना किससे संबंधित है? *(Chap 1, Class-XII, New NCERT) (UPPSC Pre 2022)*

(a) कुल जनसंख्या में तीव्र पतन (गिरावट)
(b) श्रमजीवी काल (कार्यकारी आयु) वाली जनसंख्या में वृद्धि
(c) शिशु मृत्युदर में गिरावट
(d) स्त्री-पुरुष अनुपात में वृद्धि

उत्तर (b)

व्याख्या 'जनसांख्यिकीय लाभांश' की घटना श्रमजीवी काल (कार्यकारी आयु) वाली जनसंख्या में हुई वृद्धि से संबंधित है।

जनांकिकी लाभांश जनसंख्या की संरचना में मानव संसाधन के सकारात्मक और सतत् विकास को दर्शाता है। इसके अंतर्गत किसी देश के कार्यशील जनसंख्या वर्ग जो स्वस्थ, शिक्षित तथा सशक्त हों, को शामिल किया जाता है।

यहाँ 15-64 वर्ष के आयु वर्ग की जनसंख्या का प्रतिशत अधिक होता है। प्रौढ़ आयु वर्ग (15-64) के दो उपवर्ग हैं-15-39 वर्ष तथा 40-64 वर्ष। 15-39 आयु वर्ग को युवा वर्ग भी कहा जाता है, जो 40-64 आयु वर्ग से अधिक क्रियाशील तथा उत्पादक होता है।

12 **जनसंख्या में होने वाले परिवर्तन के लिए निम्नलिखित में से कौन-से कारक उत्तरदायी हैं?** *(Chap 6, Class-IX, New NCERT)*

1. जन्म दर
2. मृत्यु दर
3. प्रवासन

कूट

(a) केवल 1
(b) केवल 2
(c) 2 और 3
(d) ये सभी

उत्तर (d)

व्याख्या जनसंख्या में होने वाले परिवर्तन के लिए तीन मुख्य कारक उत्तरदायी हैं-जन्म दर, मृत्यु दर एवं प्रवास। जन्म दर एवं मृत्यु दर के बीच का अंतर जनसंख्या की प्राकृतिक वृद्धि को दर्शाती है।

एक वर्ष में प्रति हजार व्यक्तियों में जितने जीवित बच्चों का जन्म होता है, उसे 'जन्म दर' कहते हैं। एक वर्ष में प्रति हजार व्यक्तियों में मरने वालों की संख्या को 'मृत्यु दर' कहते हैं। लोगों का एक क्षेत्र से दूसरे क्षेत्र में चले जाने को प्रवास कहते हैं। प्रवास आंतरिक (देश के भीतर) या अंतर्राष्ट्रीय (देशों के बीच) हो सकता है।

13 **निम्नलिखित में से किस जनगणना दशक के लिंग अनुपात में भारत में सबसे अधिक गिरावट दर्ज की गई?** *(Chap 6, Class-IX, New NCERT) (MPPSC Pre 2020)*

(a) 1931-41
(b) 1961-71
(c) 1981-91
(d) 2001-11

उत्तर (b)

व्याख्या भारत में 1961-71 के दशक में लिंग अनुपात में सबसे तेज गिरावट दर्ज की गई थी। वर्ष 1961 में भारत में लिंग अनुपात 941 था, जो वर्ष 1971 में 930 हो गया। लिंगानुपात का अर्थ प्रति 1,000 पुरुषों पर महिलाओं की संख्या है। यह समाज में पुरुषों और महिलाओं के बीच समानता की सीमा के लिए महत्त्वपूर्ण सामाजिक सूचक है।

14 **लिंग अनुपात के संदर्भ में नीचे दिए गए विकल्पों का सही मिलान करें और कूटों के माध्यम से सही उत्तर का चुनाव करें** *(Chap 6, Class-IX, New NCERT)*

सूची-I (राज्य)	सूची II (लिंग अनुपात)
A. केरल	1. 1084
B. पुदुचेरी	2. 1038
C. हरियाणा	3. 879
D. पंजाब	4. 895

कूट

	A	B	C	D
(a)	1	2	3	4
(b)	2	3	4	1
(c)	3	1	4	2
(d)	4	2	1	3

उत्तर (a)

व्याख्या सही सुमेलन A-1, B-2, C-3, D-4 है।

प्रति 1000 पुरुषों पर महिलाओं की संख्या को लिंग अनुपात कहा जाता है। यह समाज में पुरुषों एवं महिलाओं के बीच समानता की सीमा मापने के लिए एक महत्त्वपूर्ण सामाजिक सूचक है।

जनगणना 2011 के अनुसार, भारत का लिंगानुपात 943 व्यक्ति प्रति 1000 महिलाओं पर है। जबकि वर्ष 2001 में लिंगानुपात 933 था। भारत में सर्वाधिक लिंगानुपात वाला राज्य केरल (1084) एवं सबसे कम लिंगानुपात वाला राज्य हरियाणा (879) है। पुदुचेरी का लिंगानुपात 1038 एवं पंजाब का लिंगानुपात 895 है।

15 **2011 की जनगणना के अनुसार एक 'साक्षर' व्यक्ति वह है** *(Chap 6, Class-IX, New NCERT)*

(a) जो अपने नाम को पढ़ एवं लिख सकता है
(b) जो किसी भी भाषा में पढ़ एवं लिख सकता है
(c) जिसकी आयु 7 वर्ष है और वह किसी भी भाषा को समझ कर, पढ़ एवं लिख सकता है
(d) जो पढ़ना, लिखना एवं अंकगणित तीनों जानता है

उत्तर (c)

व्याख्या 2011 की जनगणना के अनुसार 'साक्षर' व्यक्ति वह है, जिसकी आयु 7 वर्ष या उससे अधिक है, जो किसी भी भाषा को लिख या पढ़ सकता है। जनगणना 2011 के अनुसार, देश की कुल जनसंख्या में साक्षर लोगों का प्रतिशत 74.04% है।

16 **भारत की साक्षरता के संदर्भ में निम्नलिखित कथनों में कौन-सा सत्य है?** *(Chap 9, Class-XII, Old NCERT)*

(a) 2011 की जनगणना के अनुसार साक्षरता दर 83% है
(b) साक्षरता स्तर में कमी आर्थिक प्रगति की वृद्धि का महत्त्वपूर्ण सूचक है।
(c) भारत में महिलाओं की साक्षरता दर 66.46% है
(d) पुरुषों की साक्षरता दर 82.14% है

उत्तर (c)

व्याख्या भारत की साक्षरता के संदर्भ में कथन (c) सत्य है। जनगणना 2011 के अनुसार भारत की साक्षरता दर 74.04% है। साक्षर जनसंख्या में वर्ष 2001 की तुलना में वर्ष 2011 में 14% की वृद्धि हुई है।

भारत में पुरुषों की साक्षरता दर 82.14% एवं महिलाओं की साक्षरता दर 66.46% है। साक्षरता की गणना के लिए 7 वर्ष से अधिक आयु वर्ग को सम्मिलित किया जाता है। कोई भी व्यक्ति यदि वह पढ़-लिख सकता है, तो वह साक्षर है। भारत में सर्वाधिक साक्षर राज्य केरल (94.0%) एवं सबसे न्यूनतम साक्षरता वाला राज्य बिहार (61.8%) है।

17 **जनजातीय जनसंख्या के संदर्भ में निम्नलिखित कथनों पर विचार करें** *(Chap 9, Class-XII, Old NCERT)*

1. जनजातियों के लोगों का व्यवसाय एवं उनकी जीवन-पद्धति पर्यावरण के साथ घनिष्ठता से जुड़े हैं।
2. जनगणना 2011 के अनुसार, देश में अनुसूचित जनजातियों की कुल जनसंख्या 10.2% है।
3. भारत में सर्वाधिक अनुसूचित जनजाति राजस्थान में पाई जाती है।

उपर्युक्त में से कौन-सा/से कथन असत्य है/हैं?

(a) केवल 1
(b) 2 और 3
(c) 1 और 3
(d) ये सभी

उत्तर (b)

व्याख्या जनजातीय जनसंख्या के संदर्भ में कथन (2) और (3) असत्य हैं, क्योंकि 2011 की जनगणना के अनुसार, देश में अनुसूचित जनजाति की संख्या 104281034 है, जो देश की कुल जनसंख्या का 8.6% है। भारत में सर्वाधिक अनुसूचित जनजाति जनसंख्या मध्य प्रदेश (15316784) में पाई जाती है, जो राज्य की समस्त जनसंख्या का 21.1% है।

18 **2011 की जनगणना के अनुसार भारत के किस राज्य के आदिवासियों की आबादी का प्रतिशत उसकी कुल आबादी की तुलना में सबसे अधिक है?** *(Chap 9, Class-XII, Old NCERT) (BPSC Pre 2020)*

(a) अरुणाचल प्रदेश
(b) नागालैंड
(c) मिजोरम
(d) मेघालय

उत्तर (c)

व्याख्या 2011 की जनगणना के अनुसार भारत के मिजोरम राज्य के आदिवासियों की आबादी का प्रतिशत उसकी कुल आबादी की तुलना में सबसे अधिक है। 2011 की जनगणना के अनुसार मिजोरम में यह अनुपात 94.4% है। उत्तर पूर्व के राज्य तथा लक्षद्वीप में जनजातियों की निरपेक्ष संख्या तो कम है, किंतु कुल जनसंख्या में उनका अनुपात अधिक है।

19 निम्नलिखित कथनों पर विचार कीजिए

(Chap 2, Class-XII, New NCERT)

1. प्रवास, क्षेत्र पर अवसरों के असमान वितरण के कारण होता है।
2. दिल्ली, महाराष्ट्र जैसे औद्योगिक दृष्टि से विकसित राज्यों में गंदी बस्तियों का विकास अनियंत्रित प्रवास का नकारात्मक परिणाम है।
3. मिश्रित संस्कृति के उद्‌विकास में प्रवास का कोई योगदान नहीं है।
4. प्रवास स्त्रियों के जीवन स्तर को प्रत्यक्ष अथवा परोक्ष रूप से पुरुषों की अपेक्षा अधिक प्रभावित करता है।

उपर्युक्त में से कितने कथन सत्य है?

(a) केवल एक (b) केवल दो (c) केवल तीन (d) ये सभी

उत्तर (c)

व्याख्या दिए गए कथनों में से केवल तीन अर्थात् कथन (1), (2) और (4) सत्य हैं। प्रवास, क्षेत्र पर अवसरों के असमान वितरण के कारण होता है। लोग अवसरों एवं सुरक्षा की तलाश में अपने मूल स्थान को छोड़कर दूसरे स्थान पर प्रवासित हो जाते हैं। प्रवास से विविध संस्कृतियों के लोगों का अंतर्मिश्रण होता है। प्रवास क्षेत्रों में भिन्न संस्कृतियों वाले व्यक्तियों के आने से इन क्षेत्रों की संस्कृति अधिक समृद्ध हो जाती है। प्रवास स्त्रियों के जीवन स्तर को प्रत्यक्ष अथवा परोक्ष रूप से पुरुषों की अपेक्षा अधिक प्रभावित करता है। रोजगार की खोज में ग्रामीण पुरुष शहरों की ओर प्रवासित होते हैं, जबकि स्त्रियाँ गावों में ही रह जाती है, जिससे उन्हें अतिरिक्त मानसिक एवं शारीरिक दबाव झेलना पड़ता है। शिक्षा अथवा रोजगार के लिए स्त्रियों का प्रवास उनकी आत्मनिर्भरता, स्वायत्तता में उनकी भूमिका तो बढ़ाता है, परंतु स्त्रियों की सुभेद्यता भी बढ़ाता है।

कथन (3) असत्य है, क्योंकि मिश्रित संस्कृति के उद्‌विकास में प्रवास का महत्त्वपूर्ण योगदान होता है।

20 निम्नलिखित कथनों पर विचार करें *(Chap 6, Class-IX, New NCERT)*

1. आंतरिक प्रवास देश के अंदर जनसंख्या के वितरण को प्रभावित नहीं करता है।
2. ग्रामीण क्षेत्रों से जनसंख्या प्रवास के लिए अपकर्षण कारक जिम्मेदार होते हैं।
3. वर्ष 2011 में भारत का नगरीय जनसंख्या प्रतिशत 31.80% है।

उपर्युक्त में से कौन-सा/से कथन सत्य है/हैं?

(a) केवल 1 (b) 1 और 2
(c) 2 और 3 (d) ये सभी

उत्तर (c)

व्याख्या दिए गए कथनों में से (2) और (3) सत्य हैं। भारत में अधिकतर प्रवास गाँव से शहरों की ओर होता है, क्योंकि ग्रामीण क्षेत्रों में अपकर्षण कारक प्रभावी होते हैं। ये ग्रामीण क्षेत्रों में गरीबी एवं बेरोजगारी की प्रतिकूल अवस्थाएँ हैं तथा नगर का अभिकर्षण प्रभावी रोजगार में वृद्धि एवं उच्च जीवन स्तर को दर्शाता है।

2011 की जनगणना के अनुसार, भारत में कुल नगरीकरण 31.8% है। महाराष्ट्र राज्य में सर्वाधिक शहरी जनसंख्या निवास करती है, जो समस्त शहरी जनसंख्या की 13.48% है। उत्तर प्रदेश नगरीय जनसंख्या में देश में दूसरे स्थान पर है।

कथन (1) असत्य है, क्योंकि आंतरिक प्रवास देश के भीतर जनसंख्या के वितरण को प्रभावित करता है।

21 आयु संरचना के संदर्भ में किशोरों के समक्ष समाज की कौन-सी चुनौती प्रमुख है?

(Chap 8, Class-XI, Old NCERT)

1. पोषकों की निम्न ग्राहिता
2. संक्रमण की उच्च दरें
3. औषध दुरुपयोग और मदिरा सेवन
4. विद्यालय न जाने वाले छात्रों की संख्या का अधिक होना

कूट

(a) केवल 1 (b) 2 और 3 (c) 1 और 4 (d) ये सभी

उत्तर (d)

व्याख्या प्रश्न में दी गई समाज की सभी चुनौतियाँ आयु संरचना के संदर्भ में किशोरों के समक्ष प्रमुख हैं। 2011 की जनगणना के अनुसार, किशोरों अर्थात् 10-19 वर्ष की आयु-वर्ग का अंश 20.9% है, जिससे 52.7% किशोर एवं 47.3% किशोरियाँ सम्मिलित हैं। किशोरों के समक्ष समाज की कई चुनौतियाँ हैं, जिसमें विवाह की निम्न आयु, निरक्षरता विशेषत: स्त्री निरक्षरता, विद्यालय विरत छात्र, पोषकों की निम्न ग्राहिता, किशोरी माताओं में उच्च मातृ मृत्यु दर इत्यादि प्रमुख हैं।

22 जनसंख्या संघटन के अंतर्गत निम्नलिखित में से किसका अध्ययन किया जाता है? *(Chap 1, Class-XII, New NCERT)*

1. मानवजातीय लक्षण
2. साक्षरता और शिक्षा
3. औद्योगिक विकास
4. व्यावसायिक विशेषताएँ
5. जनजाति, भाषा और धर्म

कूट

(a) 1, 2 और 3 (b) 1, 4 और 5
(c) 1, 2, 4 और 5 (d) 1, 3 और 5

उत्तर (c)

व्याख्या जनसंख्या संघटन के अंतर्गत आयु व लिंग का विश्लेषण, निवास का स्थान, मानवजातीय लक्षण, जनजाति, भाषा, धर्म, वैवाहिक स्थिति, साक्षरता और शिक्षा, व्यवसायिक विशेषताएँ आदि का अध्ययन किया जाता है। ग्रामीण व नगरीय विशेषताओं, भाषा, धर्म और व्यवसाय के प्रतिरूपों के संदर्भ में भारत की जनसंख्या के संघटन की चर्चा की जाती है। जबकि औद्योगिक विकास इसमें शामिल नहीं है।

23 भारत के किन राज्यों के युग्म में जनगणना 2011 के अनुसार, ग्रामीण जनसंख्या का प्रतिशत सबसे अधिक है?

(Chap 1, Class-XII, New NCERT)

(a) अरुणाचल, गोवा (b) बिहार, सिक्किम
(c) मेघालय, महाराष्ट्र (d) गुजरात, सिक्किम

उत्तर (b)

व्याख्या 2011 की जनगणना के अनुसार, ग्रामीण जनसंख्या का सबसे अधिक प्रतिशत बिहार एवं सिक्किम में है। बिहार में ग्रामीण जनसंख्या का प्रतिशत 89.7% है एवं सिक्किम में 74.8% है।

24 भारत में नगरीकरण के संदर्भ में निम्नलिखित कथनों पर विचार करें

(Chap 4, Class-XII, New NCERT)

1. वर्ष 2011 में भारत में नगरीकरण की वृद्धि दर 41.26% है।
2. 5 लाख से अधिक नगरीय जनसंख्या वाले नगरीय केंद्र को नगर कहा जाता है।
3. 1 करोड़ से अधिक नगरीय जनसंख्या वाले नगरों को मेगा नगर कहा जाता है।

उपर्युक्त में से कितने कथन असत्य है/हैं?

(a) केवल एक (b) केवल दो
(c) सभी तीन (d) इनमें से कोई नहीं

उत्तर (d)

व्याख्या भारत में नगरीकरण के संदर्भ में दिए गए सभी कथन असत्य हैं। नगरीकरण के स्तर का मापन कुल जनसंख्या के अनुसार नगरीय जनसंख्या के प्रतिशत के रूप में किया जाता है। वर्ष 2011 में भारत में नगरीकरण का स्तर 31.16% था, जो विकसित देशों की तुलना में काफी कम है। 20वीं शताब्दी के दौरान नगरीय जनसंख्या 11 गुना बढ़ी है।

नगरीय केंद्रों के विवर्द्धन और नए नगरों के आविर्भाव ने देश में नगरीय जनसंख्या की वृद्धि और नगरीकरण में सार्थक भूमिका निभाई है, किंतु नगरीकरण की वृद्धि दर पिछले दो दशकों में धीमी हुई है। एक लाख से अधिक नगरीय जनसंख्या वाले नगरीय केंद्र को नगर अथवा प्रथम वर्ग का नगर कहा जाता है। 10 लाख से 50 लाख की जनसंख्या वाले नगरों को महानगर तथा 50 लाख से अधिक जनसंख्या वाले नगरों को मेगा नगर कहा जाता है।

25 2011 की जनगणना के अनुसार निम्नलिखित में से किस राज्य में नगरीय जनसंख्या का अनुपात सर्वाधिक है? *(Chap 1, Class-XII, New NCERT)*

(a) तमिलनाडु (b) केरल
(c) महाराष्ट्र (d) गोवा

उत्तर (d)

व्याख्या 2011 की जनगणना के अनुसार गोवा सर्वाधिक नगरीय जनसंख्या वाला राज्य है। यहाँ 62.71% जनसंख्या नगरीय है। राज्यों में मिजोरम नगरीय जनसंख्या अनुपात वाला दूसरा राज्य है। यहाँ की 52.11% जनसंख्या नगरों में रहती है।

2011 की जनगणना के अनुसार, तमिलनाडु तीसरा ऐसा राज्य है, जिसमें सर्वाधिक प्रतिशत जनसंख्या शहरों में रहती है। यहाँ 48.4% जनसंख्या नगरीय जनसंख्या का हिस्सा है। केरल का स्थान चौथा तथा महाराष्ट्र पाँचवें स्थान पर है।

26 निम्नलिखित में से भारत के किन भागों में नगरीकरण का स्तर सबसे निम्न है? *(Chap 1, Class-XII, New NCERT)*

1. मध्य और निम्न गंगा के मैदान
2. तेलंगाना
3. असिंचित पश्चिमी राजस्थान
4. प्रायद्वीपीय भारत के बाढ़ संभावित क्षेत्र

कूट

(a) 1 और 2 (b) 2 और 3
(c) 1, 2 और 3 (d) 1, 2, 3 और 4

उत्तर (d)

व्याख्या प्रश्नानुसार, भारत में नगरीकरण के स्तर (निम्न स्तर) के संबंध में सभी विकल्प सही हैं। कृषि की दृष्टि से संपन्न प्रदेश मध्य और निम्न गंगा के मैदान, तेलंगाना, असिंचित पश्चिमी राजस्थान, उत्तर-पूर्व के दूर-दराज के पहाड़ी और जनजातीय क्षेत्रों, प्रायद्वीपीय भारत के बाढ़ संभावित क्षेत्रों और मध्य प्रदेश के पूर्वी भाग में नगरीकरण का स्तर निम्न रहा है।

अधिवास

27 मानव बस्तियों के संदर्भ में निम्नलिखित में से कौन-सा कथन असत्य है? *(Chap 4, Class-XII, New NCERT)*

(a) बस्तियाँ छोटी और विरल रूप से लेकर बड़ी और संकुलित स्थित होती हैं
(b) बड़े अधिवास वाली बस्तियाँ द्वितीयक और तृतीयक क्रियाकलापों में विशेषीकृत होती हैं
(c) ग्रामीण बस्तियों में सामाजिक संबंध नगण्य होता है
(d) ग्रामीण बस्तियाँ मूलतः प्राथमिक क्षेत्र पर निर्भर रहती हैं

उत्तर (c)

व्याख्या मानव बस्तियों के संदर्भ में कथन (c) असत्य है, क्योंकि ग्रामीण लोग कम गतिशील होते हैं, जिसके कारण उनमें सामाजिक संबंध घनिष्ठ होते हैं।

इसके अतिरिक्त बस्तियाँ छोटी और विरल रूप से लेकर बड़ी और संकुलित स्थित होती है, बड़े अधिवास वाली बस्तियाँ द्वितीयक और तृतीयक क्रियाकलापों में विशेषीकृत होती है तथा ग्रामीण बस्तियाँ मूलतः प्राथमिक क्षेत्र पर निर्भर करती है, सही है।

28 ग्रामीण बस्तियों के विभिन्न प्रकारों के लिए निम्नलिखित में से कौन-से कारक और दशाएँ उत्तरदायी हैं? *(Chap 4, Class-XII, New NCERT)*

1. भू-भाग की प्रकृति
2. मानवजनित कारक
3. सुरक्षा संबंधी कारक
4. उन्नत प्रौद्योगिकी

कूट

(a) 1 और 2 (b) 2 और 3
(c) 1, 2 और 3 (d) 1, 2, 3 और 4

उत्तर (c)

व्याख्या ग्रामीण बस्तियों के विभिन्न प्रकारों के लिए भू-भाग की प्रकृति, मानवजनित कारक एवं सुरक्षा संबंधी कारक प्रमुख रूप से उत्तरदायी हैं।

बस्तियों के प्रकार निर्मित क्षेत्र के विस्तार और अंतर्वास की दूरी द्वारा निर्धारित होते हैं। भारत में कुछ सौ घरों से युक्त संहत अथवा गुच्छित गाँव विशेष रूप से उत्तरी मैदानों में एक सर्वाधिक सामान्य लक्षण है। ग्रामीण बस्तियों के विभिन्न प्रकारों के लिए अनेक कारक और दशाएँ उत्तरदायी हैं, जो निम्न हैं

भौतिक लक्षण भू-भाग की प्रकृति, ऊँचाई, जलवायु और जल की उपलब्धता।

सांस्कृतिक और मानवजनित कारक सामाजिक संरचना, जाति और धर्म।

सुरक्षा संबंधी कारक चोरियों और डकैतियों से सुरक्षा।

29 गुच्छित बस्तियों के संदर्भ में निम्नलिखित कथनों पर विचार करें *(Chap 4, Class-XII, New NCERT)*

1. ऐसी बस्तियाँ प्रायः उपजाऊ जलोढ़ मैदानों और उत्तर-पूर्वी राज्यों में पाई जाती हैं।
2. गुजरात में जल के अभाव में उपलब्ध जल संसाधनों के अधिकतम उपयोग ने गुच्छित बस्तियों को अनिवार्य बना दिया है।

उपर्युक्त में से कौन-सा/से कथन असत्य है/हैं?

(a) केवल 1 (b) केवल 2
(c) 1 और 2 (d) इनमें से कोई नहीं

उत्तर (b)

व्याख्या गुच्छित बस्तियों के संदर्भ में कथन (2) असत्य है, क्योंकि राजस्थान में जल के अभाव में उपलब्ध जल संसाधनों के अधिकतम उपयोग ने संहत बस्तियों को अनिवार्य बना दिया है।

30 अर्द्ध-गुच्छित बस्तियाँ निम्न में से किस क्षेत्र में व्यापक रूप से पाई जाती हैं? *(Chap 4, Class-XII, New NCERT)*

(a) मेघालय, हिमाचल प्रदेश में
(b) दक्षिण पठारी प्रदेश में
(c) गुजरात के मैदान व राजस्थान में
(d) हिमालय की निचली घाटियों में

उत्तर (c)

व्याख्या अर्द्ध-गुच्छित बस्तियाँ गुजरात के मैदान और राजस्थान के कुछ भागों में व्यापक रूप से पाई जाती हैं। अर्द्ध-गुच्छित अथवा विखंडित बस्तियाँ परिक्षिप्त बस्ती के किसी सीमित क्षेत्र में गुच्छित होने की प्रवृत्ति का परिणाम हैं। अधिकतर ऐसा प्रारूप किसी बड़े संहत गाँव के विखंडन के परिणामस्वरूप भी उत्पन्न हो सकता है।

31 **निम्नलिखित कथनों पर विचार करें** *(Chap 10, Class-XII, Old NCERT)*

1. पल्ली बस्तियों को स्थानीय स्तर पर पान्ना, पाड़ा, पाली, नगला व ढाँणी आदि नामों से जाना जाता है।
2. परिक्षिप्त बस्तियाँ मेघालय, उत्तराखंड व हिमाचल प्रदेश में पाई जाती हैं।

उपर्युक्त में से कौन-सा/से कथन सत्य है/हैं?

(a) केवल 1 (b) केवल 2
(c) 1 और 2 दोनों (d) इनमें से कोई नहीं

उत्तर (c)

व्याख्या प्रश्न में दिए गए दोनों कथन सत्य हैं। पल्ली बस्तियों को देश के विभिन्न भागों में स्थानीय स्तर पर पान्ना, पाड़ा, पाली, नगला, ढाँणी आदि नामों से जाना जाता है। किसी विशाल गाँव का ऐसा खंडीभवन प्राय: सामाजिक एवं मानवजनित कारकों द्वारा अभिप्रेरित होता है। ऐसे गाँव मध्य और निम्न गंगा के मैदान, छत्तीसगढ़ और हिमालय की निचली घाटियों में बहुतायत में पाए जाते हैं।

परिक्षिप्त बस्तियाँ अथवा एकाकी बस्ती प्रारूप सुदूर जंगलों में एकाकी झोपड़ियों अथवा कुछ झोपड़ियों की पल्ली अथवा छोटी पहाड़ियों की ढालों पर खेतों अथवा चरागाहों के रूप में दिखाई पड़ती हैं। इस प्रकार की बस्तियाँ मेघालय, उत्तराखंड हिमाचल प्रदेश और केरल के अनेक भागों में पाई जाती हैं।

32 **नगरीय बस्तियों के संदर्भ में निम्नलिखित कथनों पर विचार करें** *(Chap 4, Class-XII, New NCERT)*

1. नगरीय बस्तियाँ सामान्यत: विस्तीर्ण और परिक्षिप्त प्रकार की होती हैं।
2. नगरीय बस्तियों में कई प्रकार के विनिर्माण और सेवाओं वाले कार्य संपादित होते हैं।

उपर्युक्त में से कौन-सा/से कथन असत्य है/हैं?

(a) केवल 1 (b) केवल 2
(c) 1 और 2 दोनों (d) इनमें से कोई नहीं

उत्तर (a)

व्याख्या नगरीय बस्तियों के संदर्भ में कथन (1) असत्य है, क्योंकि नगरीय बस्तियाँ सामान्यत: संहत और विशाल आकार की होती हैं। ये बस्तियाँ अनेक प्रकार के प्रकार्यों (आर्थिक और प्रशासकीय) में संलग्न होती हैं। नगर अपने चारों ओर के क्षेत्रों से प्रकार्यात्मक रूप से जुड़ा हुआ होता है।

33 **नगरों का प्रकार्यात्मक वर्गीकरण के अनुसार निम्नलिखित में से कौन-सा युग्म सही सुमेलित है?** *(Chap 4, Class-XII, New NCERT)*

(a) प्रशासन नगर — मोदीनगर
(b) औद्योगिक नगर — कोझीकोड
(c) परिवहन नगर — भोपाल
(d) वाणिज्यिक नगर — कोलकाता

उत्तर (d)

व्याख्या नगरों का प्रकार्यात्मक वर्गीकरण के अनुसार युग्म (d) सही सुमेलित है।

वाणिज्यिक नगर के अंतर्गत व्यापार और वाणिज्य में विशिष्टता प्राप्त शहरों और नगरों को शामिल किया जाता है; जैसे—कोलकाता, सहारनपुर, सतना इत्यादि।

युग्म (a), (b) और (d) सही सुमेलित नहीं हैं, क्योंकि उच्चतर क्रम के प्रशासनिक मुख्यालयों वाले शहरों को प्रशासन नगर कहते हैं; जैसे—चंडीगढ़, नई दिल्ली, भोपाल, गाँधीनगर आदि।

औद्योगिक नगर के अंतर्गत मुंबई, सलेम, कोयंबटूर, मोदीनगर, जमशेदपुर, हुगली, भिलाई आदि आते हैं।

परिवहन नगर वे पत्तन नगर हैं, जो मुख्यत: आयात और निर्यात कार्यों में संलग्न रहते हैं; जैसे—कांडला, कोच्चि, विशाखापत्तनम इत्यादि।

34 **सूची I को सूची II से सुमेलित कीजिए और नीचे दिए गए कूटों के आधार पर सही उत्तर का चयन करें** *(Chap 10, Class-XII, Old NCERT)*

सूची I (नगरों का वर्गीकरण)	सूची II (प्रमुख नगर)
A. खनन नगर	1. उधमपुर
B. छावनी नगर	2. अंकलेश्वर
C. सांस्कृतिक नगर	3. पचमढ़ी
D. पर्यटन नगर	4. मदुरई

कूट

	A	B	C	D
(a)	1	2	3	4
(b)	2	1	4	3
(c)	3	2	1	4
(d)	1	4	2	3

उत्तर (b)

व्याख्या सही सुमेलन A-2, B-1, C-4, D-3 है।

खनन नगर खनिज संसाधनों से समृद्ध क्षेत्रों में विकसित हुए हैं; जैसे—रानीगंज, झरिया, डिग्बोई, अंकलेश्वर आदि।

छावनी नगर का उदय गैरिसन नगरों के रूप में हुआ है; जैसे—अंबाला, जालंधर, महू, बबीना, उधमपुर आदि।

सांस्कृतिक नगर धार्मिक और सांस्कृतिक महत्त्व के कारण प्रसिद्ध हुए हैं; जैसे—वाराणसी, मथुरा, अमृतसर, उज्जैन, मदुरई आदि।

पर्यटन नगर के अंतर्गत नैनीताल, मसूरी, शिमला, पचमढ़ी आदि आते हैं।

35 **वर्ष 2011 की जनगणना के अनुसार, निवास के स्थान के संदर्भ में प्रवासियों की संख्या कितनी है?** *(Chap 2, Class-XII, New NCERT)*

(a) 20.5 करोड़ (b) 25.6 करोड़
(c) 28.2 करोड़ (d) 31.5 करोड़

उत्तर (d)

व्याख्या वर्ष 2011 की जनगणना के अनुसार, निवास के स्थान के संदर्भ में प्रवासियों की संख्या 31.5 करोड़ (31%) थी। वर्ष 1961 की जनगणना में पहली बार, दो घटक अर्थात् जन्म स्थान अर्थात् गाँव या नगर और निवास की अवधि को सम्मिलित किया गया। इसके बाद वर्ष 1971 की जनगणना में पिछले निवास के स्थान और गणना के स्थान पर रुकने की अवधि के अतिरिक्त सूचना को समाविष्ट किया गया। प्रवास के कारणों पर सूचना का समावेश वर्ष 1981 की जनगणना में किया गया।

36 **भारत की जनगणना में प्रवास की गणना को किन आधारों पर निर्धारित किया जाता है?** *(Chap 2, Class-XII, New NCERT)*

(a) जन्म का स्थान, यदि जन्म का स्थान गणना के स्थान से भिन्न है।
(b) निवास का स्थान, यदि निवास का पिछला स्थान गणना के स्थान से भिन्न है।
(c) जनगणना बुक में नाम की आधिकारिक घोषणा हो।
(d) 'a' और 'b' दोनों

उत्तर (d)

व्याख्या भारत की जनगणना में प्रवास की गणना निम्न दो आधारों पर की जाती है

- जन्म का स्थान, यदि जन्म का स्थान गणना के स्थान से भिन्न है, तो इसे जीवनपर्यंत प्रवासी के नाम से जाना जाता है।
- निवास का स्थान, यदि निवास का पिछला स्थान गणना के स्थान से भिन्न है, तो इसे निवास के पिछले स्थान से प्रवासी के रूप में जाना जाता है।

वर्ष 2011 की जनगणना के अनुसार, देश के 121 करोड़ लोगों में से 45.6 करोड़ (37%) ऐसे प्रवासियों की संख्या थी, जो निवास के पिछले स्थान के संदर्भ में थे।

37 आंतरिक प्रवास की धारा में निम्नलिखित धाराओं में से कौन-सी धारा में स्त्री सबसे अधिक प्रवास करती है?

(Chap 2, Class-XII, New NCERT)

(a) ग्रामीण से ग्रामीण
(b) ग्रामीण से नगरीय
(c) नगरीय से ग्रामीण
(d) नगरीय से नगरीय

उत्तर (a)

व्याख्या आंतरिक प्रवास की धारा में ग्रामीण से ग्रामीण प्रवास में स्त्रियों की संख्या सर्वाधिक होती है। 2011 की जनगणना के अनुसार, पिछले निवास के आधार पर लगभग 45.6 करोड़ प्रवासियों में से 14.2 करोड़ ने पिछले 10 वर्षों में अपने निवास का स्थान बदल लिया है। इनमें से 11.9 करोड़ अंत:राज्य प्रवासी थे। इस धारा में स्त्री प्रवासी प्रमुख थीं, इनमें से अधिकांश विवाहोपरांत प्रवासी थीं।

38 प्रवास के लिए प्रोत्साहित करने वाले कारणों में क्या शामिल हैं, जिस कारण लोग अपना जन्म-स्थान छोड़ देते हैं?

(Chap 2, Class-XII, New NCERT)

1. कृषि भूमि पर जनसंख्या का अधिक दबाव
2. स्वास्थ्य सेवाओं का अभाव
3. बेहतर अवसर की खोज

कूट

(a) केवल 1 (b) 2 और 3 (c) 1 और 2 (d) ये सभी

उत्तर (d)

व्याख्या प्रवास के लिए प्रोत्साहित करने वाले कारणों में कृषि भूमि पर जनसंख्या का अधिक दबाव बेहतर अवसार की खोज तथा स्वास्थ्य सेवाओं का अभाव प्रमुख कारण है, जिस कारण लोग अपना जन्म-स्थान छोड़ देते हैं। प्रवास मुख्यत: ग्रामीण से नगरीय क्षेत्रों में सर्वाधिक होता है। यह मुख्यत: प्रतिकर्ष कारक कहलाता है, क्योंकि इसमें गाँवों में आधारभूत अवसंरचनात्मक सुविधाओं के अभाव इत्यादि के कारण प्रवास करते हैं। इन कारकों के अतिरिक्त बाढ़, सूखा, चक्रवातीय तूफान, भूकंप, सुनामी जैसी प्राकृतिक आपदाएँ, युद्ध तथा स्थानीय संघर्ष भी प्रवास के लिए अतिरिक्त प्रतिकर्ष उत्पन्न करते हैं।

बेहतर अवसर की खोज में लोग गाँवों से शहरों की ओर प्रवास करते हैं, क्योंकि शहरों में आधारभूत सुविधाएँ उपलब्ध होती हैं, जिनमें बेहतर स्वास्थ्य, शिक्षा, आवास और परिवहन प्रमुख हैं।

39 प्रवास के परिणाम के संदर्भ में निम्नलिखित कथनों पर विचार करें।

(Chap 2, Class-XII, New NCERT)

1. प्रवास क्षेत्रों पर अवसरों के असमान वितरण के कारण होता है।
2. उद्गम प्रदेश के लिए मुख्य लाभ प्रवासियों द्वारा भेजी गई हुंडी है।
3. छत्तीसगढ़, राजस्थान और हिमाचल प्रदेश अंतर्राष्ट्रीय प्रवासियों से महत्त्वपूर्ण राशि प्राप्त करते हैं।

उपर्युक्त में से कितने कथन असत्य है/हैं?

(a) केवल एक
(b) केवल दो
(c) सभी तीन
(d) इनमें से कोई नहीं

उत्तर (b)

व्याख्या प्रवास के परिणाम के संदर्भ में केवल एक अर्थात् कथन (3) असत्य है, क्योंकि पंजाब, केरल और तमिलनाडु अपने अंतर्राष्ट्रीय प्रवासियों से महत्त्वपूर्ण राशि प्राप्त करते हैं।

कथन (1) और (2) सत्य हैं। लोगों में कम अवसरों और कम सुरक्षा वाले स्थान से अधिक अवसरों और बेहतर सुरक्षा वाले स्थानों की ओर जाने की प्रवृत्ति होती है। बदले में यह प्रवास के उद्गम और गंतव्य क्षेत्रों के लिए लाभ और हानि दोनों उत्पन्न करता है। उद्गम प्रदेश के लिए मुख्य लाभ प्रवासियों द्वारा भेजी गई हुंडियाँ हैं, क्योंकि इन हुंडियों से उद्गामित क्षेत्र में विकासात्मक कार्य संपन्न होते हैं।

40 निम्न कथनों पर विचार करें

(Chap 2, Class-XII, New NCERT)

1. प्रवास से देश के भीतर जनसंख्या का पुनर्वितरण होता है।
2. ग्रामीण-नगरीय प्रवास नगरों में जनसंख्या वृद्धि का महत्त्वपूर्ण कारक है।
3. ग्रामीण क्षेत्रों से होने वाले युवा आयु, कुशल एवं दक्ष लोगों का बाह्य प्रवास ग्रामीण जनांकिकीय संघटन पर प्रतिकूल प्रभाव डालता है।
4. प्रवासी सामाजिक परिवर्तन के एजेंट के रूप में कार्य करते हैं।

उपर्युक्त में से कौन-सा/से कथन सत्य है/हैं?

(a) 1, 2 और 3 (b) 1, 2 और 4 (c) 2 और 4 (d) 1, 2, 3 और 4

उत्तर (d)

व्याख्या दिए गए सभी कथन सत्य हैं। प्रवासियों द्वारा नवीन प्रौद्योगिकियों; जैसे-परिवार नियोजन, बालिका शिक्षा इत्यादि से संबंधित नए विचारों का नगरीय क्षेत्रों से ग्रामीण क्षेत्रों की ओर विसरण इन्हीं के माध्यम से होता है। प्रवास देश के अंदर जनसंख्या का पुनर्वितरण होता है।

ग्रामीण प्रवास नगरों में जनसंख्या की वृद्धि में योगदान देने वाले महत्त्वपूर्ण कारकों में से एक है। यद्यपि उत्तराखंड, राजस्थान, मध्य प्रदेश और पूर्वी महाराष्ट्र से होने वाले बाह्य प्रवास ने इन राज्यों की आयु व लिंग संरचना में गंभीर असंतुलन उत्पन्न कर दिया है।

41 निम्नलिखित कथनों पर विचार कीजिए।

(Chap 3, Class-XII, New NCERT)

1. उन्नत शिक्षा, स्वास्थ्य सेवा और सक्षम परिवहन एवं संचार जाल को विकास का प्रतीक समझा जाता है।
2. भारत में मानव विकास के कारण सामाजिक भेदभाव और प्रादेशिक असमानता कम हुई है।

उपर्युक्त में से कौन-सा/से कथन असत्य है/हैं?

(a) केवल 1
(b) केवल 2
(c) 1 और 2 दोनों
(d) इनमें से कोई नहीं

उत्तर (b)

व्याख्या दिए गए कथनों में से कथन (2) असत्य है, क्योंकि भारत जैसे उत्तर उपनिवेशी देश के लिए उपनिवेशवाद, सीमांतीकरण, सामाजिक भेदभाव और प्रादेशिक असमानता इत्यादि में बढ़ोतरी हुई।

कथन (1) सत्य है। विकास स्वतंत्रता है, जिसका संबंध प्राय: आधुनिकीकरण, सुविधा और समृद्धि से जुड़ा हुआ है। वर्तमान संदर्भ में कंप्यूटरीकरण, औद्योगिकीकरण, सक्षम परिवहन, संचार जाल, शिक्षा प्रणाली, आधुनिक चिकित्सा सुविधाएँ, वैयक्तिक सुरक्षा इत्यादि को विकास का प्रतीक समझा जाता है।

42 निम्नलिखित में से कौन-सा/से कथन सत्य है/हैं?

(Chap 3, Class-XII, New NCERT)

1. मानव विकास सामाजिक अन्याय, प्रादेशिक असंतुलन और पर्यावरणीय निम्नीकरण के मुद्दे के साथ स्वयं को जोड़ नहीं पाया है।
2. विकास लोगों को केंद्र में रखकर होना चाहिए न कि विकास को लोगों के बीच रखकर।

कूट

(a) केवल 1
(b) केवल 2
(c) 1 और 2 दोनों
(d) इनमें से कोई नहीं

उत्तर (c)

व्याख्या दिए गए दोनों कथन सत्य हैं। मानव विकास स्वस्थ भौतिक पर्यावरण से लेकर आर्थिक, सामाजिक और राजनीतिक स्वतंत्रता तक सभी प्रकार के मानव विकल्पों को सम्मिलित करते हुए लोगों के विकल्पों में विस्तार एवं उनके शिक्षा स्वास्थ्य सेवाओं एवं सशक्तिकरण के अवसरों में वृद्धि की प्रक्रिया है। मानव विकास व्यापक रूप से सामाजिक वितरक अन्यायों जीवन की गुणवत्ता और मानव विकास में गिरावट पारिस्थितिक संकट और सामाजिक अशांति का कारण माना जाता है।

43 निम्नलिखित में से किन राज्यों में 30% से अधिक जनसंख्या गरीबी रेखा से नीचे जीवन-यापन कर रही है?

(Chap 3, Class-XII, New NCERT)

1. महाराष्ट्र 2. छत्तीसगढ़ 3. बिहार 4. कर्नाटक
5. मध्य प्रदेश

कूट

(a) 1, 2 और 3 (b) 2, 3 और 5
(c) 1, 2, 4 और 5 (d) 1, 2, 3, 4 और 5

उत्तर (b)

व्याख्या छत्तीसगढ़, बिहार और मध्य प्रदेश राज्यों की 30% से अधिक जनसंख्या गरीबी रेखा से नीचे जीवन यापन करती है। वर्ष 2011-12 में गरीबी रेखा से नीचे रहने वाले लोगों का प्रतिशत ग्रामीण क्षेत्रों में 25.7% एवं शहरी क्षेत्रों में 13.7% है। भारत में 21.9% लोग गरीबी रेखा से नीचे जीवन यापन करते हैं। गरीबी, व्यक्ति की सतत्, स्वास्थ्य और यथोचित उत्पादक जीवन जीने के लिए आवश्यक जरूरतों का संतुलन न कर पाने की असमर्थता को प्रतिबिंबित करती है।

44 भारत के प्रादेशिक एवं सामाजिक भूगोल के रूप में विविधता के तत्त्वों में निम्नलिखित में से कौन प्रमुख है?

(Chap 11, Class-XII, Old NCERT)

1. भारत का बसाव 2. जाति 3. भाषा
4. धर्म 5. संस्कृति

कूट

(a) 1, 2 और 3 (b) 1, 4 और 5
(c) 1, 2, 3 और 5 (d) 1, 2, 3, 4 और 5

उत्तर (d)

व्याख्या भारत के प्रादेशिक एवं सामाजिक भूगोल के रूप में विविधता के तत्त्वों के संबंध में भारत का बसाव, जाति, भाषा, धर्म, संस्कृति आदि सभी सम्मिलित हैं। प्राक् ऐतिहासिक, प्राचीन एवं मध्यकाल में हुए भारत के बसाव ने देश के विभिन्न प्रदेशों की नृजातीय विशेषताओं पर गहरी छाप छोड़ी है। इसका प्रतिबिंब दक्षिण में पूरा भूमध्यसागरीय लोगों, उत्तर एवं उत्तर-पश्चिम में भू-मध्यसागरीय एवं नॉर्डिक लोगों, हिमाचल एवं उत्तर-पूर्व घाटियों में तिब्बती मंगोलों तथा अन्य हिस्सों में ऑस्ट्रेलॉयड लोगों का बसाव है।

जाति सबसे प्रभावशाली संस्था है, जो भारत में परंपरागत रूप से व्याप्त है। भारत में हिंदू, सिख, ईसाई एवं मुस्लिम धर्म के लोग रहते हैं। भाषा अभिव्यक्ति का सबसे अच्छा माध्यम है। भारत की भाषाई विविधता एक ओर तो प्रादेशिक विभिन्नता को प्रतिबिंबित करती है, तो दूसरी ओर प्रदेश निर्माण का एक महत्त्वपूर्ण कारक है। भारत की सामाजिक संरचना में जनसंख्या का धार्मिक संघटन महत्त्वपूर्ण घटक है। भारत की विविधता एवं एकता के बीच के रोचक संतुलन को हमारी सांस्कृतिक अभिव्यक्तियों एवं कलारूपों में देखा जा सकता है।

प्रजातीय समूह

45 प्रजाति समूहों के वितरण के संदर्भ में निम्नलिखित कथनों पर विचार करें

(Chap 6, Class-XII, Old NCERT)

1. प्रजाति की भिन्नताएँ मानव जनसंख्या के शारीरिक गुण न्यास पर आधारित हैं।
2. निग्रटो प्रजाति के लोग भारत में संभवत: सबसे पहले आए थे।

उपर्युक्त में से कौन-सा/से कथन सत्य है/हैं?

(a) केवल 1 (b) केवल 2
(c) 1 और 2 (d) इनमें से कोई नहीं

उत्तर (c)

व्याख्या प्रजाति समूहों के वितरण के संदर्भ में दोनों कथन सत्य हैं। प्रजा की भिन्नताएँ मानव जनसंख्या के शारीरिक गुण न्यास पर आधारित हैं। इन मनुष्य के आंतरिक गुणों, मस्तिष्क और हृदय से कोई संबंध नहीं है। भारत उपमहाद्वीप की वर्तमान जनसंख्या को विशेष रूप से निग्रटो व प्रोटो-ऑस्ट्रेलॉयड, मंगोलॉयड, भूमध्यसागरीय और नार्डिक में विभाजित कि गया है। निग्रटो वस्तुत: निग्रॉयड प्रजाति की छोटे कद वाली किस्म है, जिन मुख्य विशेषताएँ उनके ऊन की भाँति बाल, कंदाकार माथा, चौड़ी समतल ना तथा बाहर निकला हुआ जबड़ा हैं।

46 सूची I को सूची II से सुमेलित कीजिए और नीचे दिए गए कूटों की सहायता से सही उत्तर का चुनाव करें

(Chap 6, Class-XII, Old NCER

सूची-I (प्रजाति समूह)	सूची-II (निवास स्थान)
A. प्रोटो-ऑस्ट्रेलॉयड	1. सिंधु सभ्यता क्षेत्र
B. मंगोलॉयड	2. हिमालय क्षेत्र
C. भूमध्यसागरीय	3. मध्य व दक्षिण भारत
D. पैलियो मंगोलॉयड	4. तिब्बत-सिक्किम क्षेत्र

कूट

	A	B	C	D
(a)	1	2	3	4
(b)	2	3	1	4
(c)	3	2	1	4
(d)	4	2	3	1

उत्तर (a)

व्याख्या सही सुमेलन A-1, B-2, C-3, D-4 है।

प्रोटो-ऑस्ट्रेलॉयड के संबंध में ऐसा माना जाता है कि इस प्रजाति ने भूमध्यसागरीय प्रजाति के साथ मिलकर सिंधु घाटी सभ्यता का निर्माण किया था, क्योंकि मोहनजोदड़ो तथा हड़प्पा की खुदाई से इनके शरीर के ढाँचे प्राप्त हुए हैं। मंगोलॉयड प्रजाति भारत में मुख्यत: हिमालय के सीमा क्षेत्रों में बसी हुई है। इनकी संख्या असम एवं इसकी सीमा से लगे राज्यों में विशेष रूप से अधिक है। भूमध्यसागरीय प्रजातियाँ भारत में दक्षिण-पश्चिम एशिया से आई हैं। भारत में पूर्वी भूमध्यसागरीय प्रजाति के लोग निवास करते थे। ये सभी लंबे सिर वाले लोग हैं तथा भारत में आने से पहले उच्च स्तर की सभ्यता का विकास कर चुके हैं।

पैलियो मंगोलॉयड प्रजाति का निवास स्थान मूलत: तिब्बत तथा सिक्किम क्षेत्र था। इनको मुख्यत: दो भागों में बाँटा गया—चौरस सिर वाले एवं लंबे सिर वाले।

47 धार्मिक संगठन के संदर्भ में निम्नलिखित कथनों पर विचार करें।

(Chap 1, Class-XII, New NCERT)

1. भारत में ईसाई जनसंख्या अधिकांशत: देश के ग्रामीण क्षेत्रों में संकेंद्रित है।
2. भारत का सबसे छोटा धार्मिक समूह ईसाई है।
3. भारत में बौद्ध धर्म का संकेंद्रण सिक्किम, अरुणाचल प्रदेश, लद्दाख आदि राज्यों में अधिक है।

उपर्युक्त में से कितने कथन असत्य है/हैं?

(a) केवल एक (b) केवल दो
(c) सभी तीन (d) इनमें से कोई नहीं

उत्तर (a)

व्याख्या धार्मिक संगठन के संदर्भ में केवल एक अर्थात् कथन (2) असत्य है, क्योंकि भारत के सबसे छोटे धार्मिक समूह जैन और बौद्ध देश के गिने-चुने क्षेत्रों में संकेंद्रित हैं। जैनियों का प्रमुख संकेंद्रण राजस्थान के नगरीय क्षेत्रों, गुजरात और महाराष्ट्र में है, जबकि बौद्ध अधिकांशत: महाराष्ट्र में संकेंद्रित हैं।

अध्याय 27 पर्यावरण एवं पारिस्थितिकी

पर्यावरण

पर्यावरण

अर्थ, प्रकार एवं घटक

परिचय

वह स्थान, व्यक्ति, वस्तुएँ और प्रकृति जो किसी भी जीवित जीव को घेरे हुए हैं, पर्यावरण कहलाते हैं। यह प्राकृतिक और मानव निर्मित दोनों का मिश्रण है।

पर्यावरण के प्रकार

- **प्राकृतिक पर्यावरण** गैर-मानव निर्मित परिवेश और परिस्थितियाँ जिसमें सभी सजीव और निर्जीव जीव मौजूद होते हैं, जैसे जल, वायु आदि।
- **मानव निर्मित पर्यावरण** मनुष्य द्वारा अपनी आवश्यकताओं की पूर्ति के लिए सुविधाएँ प्रदान करने के लिए बनाया गया परिवेश; जैसे-भवन, सड़के, पुल आदि।
- **सामाजिक-सांस्कृतिक वातावरण** मनुष्य अपने परिवेश के साथ अंतःक्रिया करते हैं और उन्हें अपनी आवश्यकताओं के अनुरूप ढालते हैं; जैसे-समुदाय, धर्म आदि।

पर्यावरण के घटक

- **अजैविक पर्यावरण** इसमें एक पारिस्थितिकी तंत्र के सभी भौतिक और रासायनिक पहलू शामिल होते हैं। अजैविक कारकों में वर्षा, तापमान, सूर्य का प्रकाश आदि शामिल हैं।
- **जैविक पर्यावरण** इसके अंतर्गत पृथ्वी पर पाए जाने वाले सजीव प्राणी; जैसे-पादप, जीव-जंतु, उत्पादक, उपभोक्ता और अपघटक (डीकंपोजर) शामिल होते हैं।

पर्यावरण की संरचना

पर्यावरण की संरचना

- **जैवमंडल**
  - एक संकीर्ण क्षेत्र जहाँ हम भूमि, जल और वायु को एकसाथ पाते हैं और इसमें जीवन के सभी रूप समाहित होते हैं।
  - जीवमंडल में जीवों को विशेष रूप से पौधे और पशु साम्राज्य में विभाजित किया गया है
  - मनुष्य सहित सभी जीवित जीव जीवित रहने के लिए एक-दूसरे से और जैवमंडल से जुड़े हुए हैं।
- **स्थलमंडल**
  - पृथ्वी का वह मृदा भाग जिस पर हम रहते हैं।
  - इसमें पृथ्वी की पर्पटी की चट्टानें और मिट्टी की पतली परतें शामिल होती हैं।
  - यह विभिन्न खनिजों (फॉस्फोरस, पोटेशियम, कॉपर, जिंक, लौह आदि) का स्रोत भी है।
  - स्थलमंडल, पहाड़, पठार, घाटी, मैदान आदि जैसी विभिन्न स्थलाकृतियों वाला विषम धरातल है और ये स्थलाकृतियाँ महाद्वीपों के अतिरिक्त महासागरीय सतहों पर भी पाई जाती हैं।
- **जलमंडल**
  - इसमें पानी अपने सभी रूपों में शामिल होता है अर्थात् बर्फ, पानी और जलवाष्प
  - महासागर जलमंडल का एक प्रमुख हिस्सा है, जो आपस में जुड़े हुए हैं और सदैव गतिशील रहते हैं।
- **वायुमंडल**
  - पृथ्वी गैस की परत से घिरी हुई है
  - वायुमंडल का घनत्व ऊँचाई के साथ बदलता रहता है, समुद्रतल पर अधिकतम होता है और जैसे-जैसे हम ऊपर जाते हैं, वैसे-वैसे यह घटता जाता है।
  - वायुमंडल की संरचना को पाँच परतों में विभाजित किया
    (i) क्षोभमंडल (ii) समतापमंडल
    (iii) मध्यमंडल (iv) आयनमंडल
    (v) बहिर्मंडल

मानव पर प्रभाव एवं महत्त्वपूर्ण शब्द

पर्यावरण पर मानव का प्रभाव

- **प्रत्यक्ष प्रभाव**
  - पूर्व नियोजित या पूर्व विचारित क्योंकि मनुष्य को इसके परिणामों के बारे में पहले से पता होता है
  - इसमें भूमि उपयोग परिवर्तन, निर्माण, परमाणु कार्यक्रम आदि शामिल होते हैं।
- **अप्रत्यक्ष प्रभाव**
  - पूर्व नियोजित या पूर्व विचारित नहीं और लम्बे समय के बाद अनुभव होते हैं।
  - इसमें वे गतिविधियाँ शामिल होती हैं, जिन्हें आर्थिक विकास की गति तेजी लाने का निर्देश दिया गया है; जैसे- औद्योगिक क्रांति।

पर्यावरण से संबंधित महत्त्वपूर्ण शब्द

स्व-पारिस्थितिकी	एकल जाति सहवास के पर्यावरणीय घटक
एन्थ्रोपोजेनिक पर्यावरण	लोगों द्वारा प्रकृति में परिवर्तन
सूक्ष्म कणिका	प्लास्टिक या फाइबर के टुकड़े, समुद्री परितन्त्र के लिए हानिकारक
पर्यावरणीय अपकर्ष	प्राकृतिक आवास का विनाश, जैव-विविधता की हानि, प्राकृतिक संसाधनों का क्षरण
निर्वनीकरण	जंगलों का तेजी से कटाव, जल स्रोतों का सूखना, मृदा अपरदन, जैव-विविधता का ह्रास
ग्रीन आर्मी	पर्यावरण और पेड़ों के संरक्षण हेतु ऑस्ट्रेलिया में शुरू किया गया कार्य
ग्रीनवाश	कम्पनियों द्वारा पर्यावरण संरक्षण का झूठा वादा करना

SOURCE New NCERT Class-VII पर्यावरण, Old NCERT Class-IX जैवमंडल, हमारा पर्यावरण : अंग और प्रक्रियाएँ (जैवमंडल) New NCERT Class-XII पर्यावरणीय मुद्दे, Tamil Nadu Board Class-XI जैवमंडल, NIOS Module-4 वैश्विक पर्यावरणीय मुद्दे

1 **पर्यावरण के संबंध में निम्न कथनों पर विचार कीजिए**

(Chap 1, Class-VII, New NCERT)

1. यह जीवीय, अजीवीय तथा भू-आकृतिक घटकों से मिलकर बना होता है।
2. पर्यावरण को परिचालन पर्यावरण, भौतिक पर्यावरण, सांस्कृतिक पर्यावरण तथा जैविकीय पर्यावरण में वर्गीकृत किया गया है।
3. हरे पौधे अपने मृत अवयवों को अपघटित कर सकते हैं।

उपर्युक्त में से कितने कथन असत्य है/हैं?

(a) केवल एक (b) केवल दो
(c) सभी तीन (d) इनमें से कोई नहीं

उत्तर (b)

व्याख्या पर्यावरण के संबंध में केवल दो अर्थात् कथन (2 और 3) असत्य हैं, क्योंकि पर्यावरण को परिचालन पर्यावरण में नहीं, बल्कि भौतिक, सांस्कृतिक एवं जैविकीय पर्यावरण में वर्गीकृत किया गया है। भौतिक पर्यावरण में भू-आकृति, जलवायु, मृदा, चट्टानें तथा खनिज आदि आते हैं, जबकि सांस्कृतिक पर्यावरण में मानवीय गतिविधियाँ शामिल होती हैं। जैविकीय पर्यावरण में वनस्पति, जंतु तथा सूक्ष्मजीव आते हैं।

हरे पौधे अपने मृत अवयवों को अपघटित नहीं कर सकते। पौधों का अपघटन पर्यावरण की विभिन्न परिस्थितियों द्वारा किया जाता है।

2 **निम्नलिखित में से कौन-सा/से घटक पर्यावरण के अंतर्गत शामिल है/हैं?**

(Chap 1, Class-VII, New NCERT)

1. मनुष्य 2. धरातलीय स्थलाकृति
3. मानव निर्मित वस्तुएँ 4. प्राकृतिक वस्तुएँ

कूट

(a) 1, 2 और 3 (b) 1, 3 और 4 (c) केवल 2 (d) ये सभी

उत्तर (d)

व्याख्या मनुष्य, धरातलीय स्थलाकृति, मानव निर्मित वस्तुएँ तथा प्राकृतिक वस्तुएँ आदि सभी घटक पर्यावरण के अंतर्गत शामिल हैं। हमारे आस-पास पाए जाने वाले व्यक्ति, वस्तु, स्थान तथा प्रकृति आदि सभी पर्यावरण के भाग हैं। पर्यावरण प्राकृतिक तथा मानव निर्मित परिघटनाओं का मिश्रण है। प्राकृतिक पर्यावरण में जैविक एवं अजैविक परिस्थितियाँ तथा मानवीय पर्यावरण में, मानवीय गतिविधियाँ एवं उनके मध्य परस्पर क्रियाएँ सम्मिलित होती हैं।

3 **निम्न में से कौन-सा/से कथन असत्य है/हैं?**

(Chap 1, Class-VII, New NCERT)

1. पृथ्वी के वायुमंडल का अस्तित्व, उसके गुरुत्वाकर्षण बल के कारण है।
2. मौसम एवं जलवायु में परिवर्तन होने से वायुमंडल में परिवर्तन होता है।
3. पादप एवं जीव-जंतु मिलकर जैवमंडल का निर्माण करते हैं।

कूट

(a) केवल 1 (b) केवल 2 (c) 1 और 3 (d) 2 और 3

उत्तर (b)

व्याख्या दिए गए कथनों में से कथन (2) असत्य है, क्योंकि मौसम एवं जलवायु में परिवर्तन होने से वायुमंडल में परिवर्तन नहीं, बल्कि वायुमंडल में परिवर्तन से मौसम एवं जलवायु में परिवर्तन होता है। पृथ्वी के चारों ओर फैली हुई वायु की परत को वायुमंडल कहते हैं।

4 **पर्यावरण के संदर्भ में निम्नलिखित कथनों पर विचार करें**

(Chap 1, Class-IX, Old NCERT)

1. किसी प्रदेश विशेष में पाए जाने वाले पेड़-पौधे और जीव-जंतु उस प्रदेश के भौतिक पर्यावरण पर आश्रित होते हैं।
2. जैव पर्यावरण में पेड़-पौधे और छोटे-बड़े सभी जीव-जंतु सम्मिलित हैं।

उपर्युक्त में से कौन-सा/से कथन सत्य है/हैं?

(a) केवल 1
(b) केवल 2
(c) 1 और 2
(d) उपर्युक्त में से कोई नहीं

उत्तर (c)

व्याख्या पर्यावरण के संदर्भ में दोनों कथन सत्य हैं।

किसी प्रदेश विशेष में पाए जाने वाले पेड़-पौधे और जीव-जंतु उस प्रदेश भौतिक पर्यावरण पर समग्र रूप से आश्रित होते हैं। जैव पर्यावरण में पेड़-पौ के साथ-साथ छोटे-बड़े सभी जीव-जंतुओं को शामिल किया जाता है। इ पर्यावरण का जैव घटक माना जाता है, जो पर्यावरण के निर्माण में वि भूमिका निभाते हैं।

5 **पर्यावरण के अजैव घटकों में निम्नलिखित में से कौन शामिल हैं?**

(Chap 5, Class-IX, Old NCER

1. मृदा
2. वायुमंडल में विद्यमान रासायनिक पदार्थ
3. जलवायु के तत्त्व
4. उपभोक्ता

कूट

(a) 1 और 2 (b) 1, 2 और 3
(c) 1, 2, 3 और 4 (d) 1, 3 और 4

उत्तर (b)

व्याख्या पर्यावरण के अजैव घटकों में मृदा, वायुमंडल में विद्यमा रासायनिक पदार्थ, तापमान, जल, प्रकाश (जलवायु संबंधित तत्त्व) को शामि किया जाता है।

इसमें उपभोक्ता को शामिल नहीं किया जाता है क्योंकि उपभोक्ता वर्ग को जै घटकों की श्रेणी में शामिल किया जाता है। उपभोक्ता पर्यावरण में उपलब्ध संसाधनों का उपभोग करता है, साथ ही पर्यावरण के जैव व अजैव दोनों घटकों को समग्र रूप से प्रभावित करता है।

6 **निम्न कथन (A) व कारण (R) को पढ़िए और नीचे दिए गए कूट की सहायता से सही उत्तर का चयन कीजिए।**

(Chap 1, Class-VII, New NCERT)

कथन (A) **पर्यावरण, प्राकृतिक एवं मानव निर्मित परिघटनाओं का मिश्रण है।**

कारण (R) **प्राकृतिक पर्यावरण में पृथ्वी पर पाई जाने वाली जीवीय एवं अजीवीय दोनों परिस्थितियाँ शामिल हैं।**

कूट

(a) A और R दोनों सही हैं तथा R, A की सही व्याख्या है
(b) A और R दोनों सही हैं, परंतु R, A की सही व्याख्या नहीं है
(c) A सही है, किंतु R गलत है
(d) A गलत है, किंतु R सही है

उत्तर (a)

व्याख्या A और R दोनों सही हैं तथा R, A की सही व्याख्या है।

पर्यावरण, प्राकृतिक एवं मानव-निर्मित परिघटनाओं का मिश्रण माना जाता है। इसमें जैव एवं अजैव सभी घटकों को शामिल किया जाता है। पर्यावरण में मानव संबंधित सभी गतिविधियों को शामिल किया जाता है।

प्राकृतिक पर्यावरण में पृथ्वी पर पाई जाने वाली जीवीय एवं अजीवीय दोनों परिस्थितियों को शामिल किया जाता है। प्राकृतिक पर्यावरण उन सभी भौतिक, रासायनिक एवं जैविक कारकों की समष्टिगत एक इकाई है, जो किसी जीवधारी अथवा पारितंत्रीय आबादी को प्रभावित करते हैं।

निम्नलिखित कथनों पर विचार कीजिए

(Chap 1, Class-IX, Old NCERT)

1. पर्यावरण बहुत से अंतर्संबंधित कारकों की जटिल एवं गतिशील प्रक्रिया है।
2. जंतुओं की जातियाँ अपनी संरचना, प्रक्रम, प्रजनन वृद्धि तथा विकास के संरक्षण के लिए हर संभव प्रयास करती हैं।
3. पर्यावरण ही जंतुओं को प्रभावित नहीं करता, बल्कि जंतु भी पर्यावरण को प्रभावित करते हैं।

कूट

(a) 1 और 2 (b) 1 और 3
(c) 2 और 3 (d) ये सभी

उत्तर *(d)*

व्याख्या दिए गए सभी कथन सही हैं। पर्यावरण, जटिल तथा गतिशील प्रक्रिया के अंतर्संबंध से बना है। पर्यावरण में जीवों की अपनी वृद्धि तथा विकास के लिए प्रतिस्पर्द्धा होती है तथा उनकी संरचना एवं प्रक्रम उनके विकास का प्रमुख तथ्य है। पर्यावरण जंतुओं द्वारा प्रभावित होता है।

पर्यावरण में जंतुओं की जातियाँ अपनी संरचना, प्रक्रम, प्रजनन वृद्धि तथा विकास संरक्षण के लिए प्रत्येक संभव प्रयास करती हैं, क्योंकि पर्यावरण में सभी जंतुओं की आपसी क्रियाएँ एक-दूसरे से अंतर्संबंधित हैं। पर्यावरण, जंतु के क्रियाकलाप से प्रभावित होता है।

8 निम्न कथन (A) व कारण (R) को पढ़िए और नीचे दिए गए कूट की सहायता से सही उत्तर का चयन कीजिए

(Chap 1, Class-VII, New NCERT) (IAS Pre 1999)

कथन (A) पर्यावरण अपार शक्ति का भंडार है।

कारण (R) पर्यावरणीय शक्तियों एवं प्रक्रियाओं के फलस्वरूप पर्यावरणीय तत्त्वों का निर्माण होता है।

कूट

(a) A और R दोनों सही हैं (b) A और R दोनों गलत हैं
(c) A गलत है, R सही है (d) A सही है, R गलत है

उत्तर *(a)*

व्याख्या A और R दोनों सही हैं। पर्यावरण अपार शक्ति का भंडार है। पर्यावरणीय शक्तियों एवं प्रक्रियाओं के प्रभाव में ही पर्यावरणीय तत्त्वों का निर्माण होता है। पृथ्वी का धरातल और उसकी संपूर्ण प्राकृतिक दशाएँ एवं प्राकृतिक संसाधन-भूमि, जल, पर्वत, खनिज पदार्थ इत्यादि द्वारा प्राकृतिक शक्तियों का निर्माण होता है। यह पृथ्वी पर विद्यमान जीवन को प्रभावित करते हैं, जो भौगोलिक पर्यावरण के अंतर्गत आते हैं।

9 निम्नलिखित कथनों पर विचार कीजिए

(Chap 6, Class-XII, New NCERT)

1. 'स्लैश एवं बर्न कृषि' वनोन्मूलन के लिए जिम्मेदार होती है।
2. 'रीफॉरेस्टेशन' वह प्रक्रिया है, जो वनोन्मूलन को बढ़ावा देती है।
3. वनोन्मूलन के कारण वायुमंडल में कार्बनडाई ऑक्साइड की आर्द्रता में कमी होती है।

उपर्युक्त में से कितने कथन सत्य हैं?

(a) केवल एक
(b) केवल दो
(c) सभी तीन
(d) उपर्युक्त में से कोई नहीं

उत्तर *(a)*

व्याख्या दिए गए कथनों में से केवल एक अर्थात् कथन (1) सत्य है। 'स्लैश एवं बर्न कृषि' (काटो और जलाओं कृषि), जिसे आमतौर पर भारत के उत्तर-पूर्वी राज्यों में 'झूम कृषि' कहा जाता है, के कारण वनोन्मूलन होता है। इस प्रकार की कृषि में वनों को काटकर खेती की जाती है।

कथन (2) और (3) सही नहीं है, क्योंकि रीफॉरेस्टेशन वह प्रक्रिया है, जिसमें वनों को पुनः लगाया जाता है। इस प्रकार यह वनारोपण में सहायक होती है, न कि वनोन्मूलन में।

वनोन्मूलन के कारण वायुमण्डल में CO_2 में वृद्धि होती है। वृक्ष अपने जैवभार की तुलना में काफी अधिक कार्बन धारण करते है। वनोन्मूलन में वायुमण्डल में CO_2 की आर्द्रता में वृद्धि हो जाती है।

10 राष्ट्रीय हरित न्यायाधिकरण अधिनियम, 2010 भारतीय संविधान के निम्नलिखित में से कौन-सा/से प्रावधान के आनुरूप्य अधिनियमित हुआ था/हुए थे?

(Chap 6, Class-XII, New NCERT) (IAS Pre 2012)

1. स्वस्थ पर्यावरण के अधिकार के आनुरूप्य, जो अनुच्छेद 21 के अंतर्गत जीवन के अधिकार का अंग माना जाता है।
2. अनुच्छेद 275(1) के अंतर्गत अनुसूचित जनजातियों के कल्याण हेतु अनुसूचित क्षेत्रों में प्रशासन का स्तर बढ़ाने के लिए प्रावधानित अनुदान के आनुरूप्य है।
3. अनुच्छेद 243(A) के अंतर्गत उल्लिखित ग्राम सभा की शक्तियों और कार्यों के आनुरूप्य है।

कूट

(a) केवल 1 (b) 2 और 3
(c) 1 और 3 (d) 1, 2 और 3

उत्तर *(a)*

व्याख्या राष्ट्रीय हरित न्यायाधिकरण अधिनियम, 2010 में भारतीय संविधान के अंतर्गत नागरिकों को स्वस्थ पर्यावरण में रहने के अधिकार,जो जीवन के अधिकार (अनुच्छेद 21) में अंतर्निहित है, के आनुरूप्य है।

इसके अंतर्गत शीर्ष न्यायालय ने निर्देश दिया है कि प्रत्येक व्यक्ति को स्वच्छ वायु, स्वच्छ जल, प्रदूषण मुक्त पर्यावरण प्राप्त करने तथा शांतिपूर्ण वातावरण में रहने का अधिकार प्राप्त है।

संविधान के अनुच्छेद 21 के अंतर्गत प्रत्येक व्यक्ति को गरिमापूर्ण जीवन जीने का अधिकार प्राप्त है। इसके अतिरिक्त अनुच्छेद 275 (1) और अनुच्छेद 243 (A), राष्ट्रीय वन नीति, 1988 के अनुरूप अनुसूचित जनजातियों के कल्याण हेतु अनुसूचित क्षेत्रों में प्रशासन का स्तर बढ़ाने एवं ग्राम सभा की शक्तियों और राज्यों का वर्णन करते हैं।

अध्याय 28

पारिस्थितिकी, पारितंत्र तथा बायोम

पारिस्थितिकी, पारितंत्र तथा बायोम

पारिस्थितिकी

पारिस्थितिकी

- पौधों, मनुष्यों, जानवरों और सूक्ष्मजीवों के घर के रूप में पृथ्वी का अध्ययन, जीवन रूपों और भौतिक पर्यावरण के बीच अंतर्क्रिया का अध्ययन भी कहा जाता है।

पारिस्थितिकी कारक

- **जलवायु कारक** प्रकाश, तापमान, वर्षा, हवा, आर्द्रता और पीएच (pH) शामिल होते हैं।
- **जैविक कारक** जीवित जीवों की विभिन्न प्रजातियों के बीच परस्पर क्रिया से प्राप्त होते हैं।
- **स्थलाकृतिक कारक** पहाड़ों, घाटियों आदि की ऊँचाई, ढलान और दिशा शामिल है।
- **एडैफिक कारक** इसमें विभिन्न प्रकार की मिट्टी की संरचना, गठन और विशेषताएँ शामिल हैं।

पारिस्थितिकी के नियम

- **पारिस्थितिकी का पहला नियम** हर चीज हर चीज से जुड़ी हुई है, हम सब इसमें एक साथ हैं।
- **पारिस्थितिकी का दूसरा नियम** हर चीज को कहीं न कहीं अवश्य जाना चाहिए, यानी प्रकृति में अपशिष्ट नाम की कोई भी चीज नहीं है।
- **पारिस्थितिकी का तीसरा नियम** मुफ्त दोपहर के भोजन जैसी कोई चीज नहीं है, यह बताते हुए कि पारिस्थितिकी तंत्र में हर चीज की कुछ कीमत होती है।
- **पारिस्थितिकी का चौथा नियम** प्रकृति सबसे अच्छी तरह जानती है, जिसका अर्थ है कि प्राकृतिक पारिस्थितिकी तंत्र में कोई भी बड़ा मानव निर्मित परिवर्तन उस प्रणाली के लिए हानिकारक हो सकता है।

पारितंत्र

पारिस्थितिकी तंत्र

- पर्यावरण के भौतिक और रासायनिक कारकों के साथ सभी जीवित जीवों की परस्पर क्रिया से बनी प्रणाली।
- पारिस्थितिकी तंत्र के 2 घटक हैं, जैविक (सजीव) और अजैविक (निर्जीव)
- पारिस्थितिकी तंत्र को प्रभावित करने वाले कारक तापमान, पानी, सूरज की रोशनी और मिट्टी हैं।

पारितंत्र के प्रकार

- **स्थलीय पारिस्थितिकी तंत्र** सामान्यतः तीन प्रकारों में वर्गीकृत किया गया है
  (i) वन पारिस्थितिकी तंत्र
  (ii) रेगिस्तानी पारिस्थितिकी तंत्र
  (iii) घासभूमि पारिस्थितिकी तंत्र
- **जलीय पारिस्थितिकीय तंत्र** मुख्य आवास के रूप में पानी से युक्त पारिस्थितिकी तंत्र को विशेष तौर पर विभाजित किया गया है।

पारिस्थितिकी तंत्र के कार्य

उत्पादकता

- सकल प्राथमिक उत्पादकता और शुद्ध प्राथमिक उत्पादकता के रूप में गणना की जाती है।

अपघटन

- विशेष तौर पर एक ऑक्सीजन की आवश्यकता वाली प्रक्रिया, जहाँ अपघटक (डीकंपोजर) जटिल कार्बनिक पदार्थों को अकार्बनिक पदार्थों में तोड़ देते हैं

ऊर्जा प्रवाह

- एक पोषी स्तर से दूसरे पोषी स्तर तक ऊर्जा का प्रवाह एक पारिस्थितिकी तंत्र में ऊर्जा प्रवाह है।

बायोम

बायोम

- विशिष्ट परिस्थितियों में परस्पर क्रिया करने वाले पौधों और जानवरों की प्रजातियों का कुल संयोजन।

बायोम के प्रकार

उष्णकटिबंधीय वन

- भूमध्यरेखीय, बहुस्तरीय छत्र वाले, ऊँचे और बड़े पेड़।
- पर्णपाती, कम घने, मध्यम ऊँचाई के पेड़
- शीतोष्ण, मध्यम घने चौड़ी पत्ती वाले पेड़
- बोरियल, जिसमें पाइन, फर, स्प्रूस आदि जैसे सदाबहार शंकुधारी होते हैं।

रेगिस्तान

- कालाहारी रेगिस्तान की तरह गर्म और शुष्क, अल्प वनस्पति वाले।
- गर्म रेगिस्तानों के अर्ध-शुष्क, सीमांत क्षेत्र
- तटीय, अटाकामा रेगिस्तान की तरह
- ठंडा, टुंड्रा जलवायु क्षेत्रों में पाया जाता है।

घास का मैदान

- उष्णकटिबंधीय, घास, पेड़ और बड़ी झाड़ियाँ अनुपस्थित होती है।
- शीतोष्ण, कपासवुड ओक, विलो आदि जैसे कभी-कभी पेड़ों वाली घास होती है।

जलीय

- मीठे पानी, शैवाल और अन्य जलीय और समुद्री पौधे समुदाय।
- समुद्री, महासागरों, प्रवालभित्तियों, लैगून, एश्च्यूरी (मुहाने) में पाया जाता है।

ऊँचाई

- इसमें ऊँचाई के अनुसार अलग-अलग पर्णपाती से टुंड्रा वनस्पति शामिल है।

SOURCE

New & Old NCERT Class-VI पृथ्वी के परिमंडल, Old NCERT Class-IX जैवमंडल, New NCERT Class-XI पृथ्वी पर जीवन, Old NCERT Class-XI जैवमंडल, New NCERT Bio Class-XII पारिस्थितिकी, Tamil Nadu Board Class-XI जैवमंडल, NIOS Module-5 जैवमंडल (भूगोल)

रिस्थितिकी तंत्र

1 **पारितंत्र प्रक्रिया के उत्पादों के अंतर्गत निम्नलिखित में से कौन-सी पारितंत्र सेवाओं को सम्मिलित नहीं किया जाता है?** *(Chap 14, Class-XII, New NCERT)*

1. पोषकों को चक्रित करना
2. जैव विविधता को बनाए रखना
3. जंगली जीवों के लिए आवास उपलब्ध करवाना
4. उर्वरकों का उपयोग

कूट

(a) 1 और 4 (b) केवल 3
(c) 1, 2 और 4 (d) केवल 4

उत्तर *(d)*

व्याख्या पारितंत्र प्रक्रिया (Ecosystem process) के उत्पादकों के अंतर्गत उर्वरकों के उपयोग को सम्मिलित नहीं किया जाता है।

पारितंत्र एक प्राकृतिक इकाई है, जिसमें एक क्षेत्र विशेष के सभी जीवधारी, अर्थात् पौधे, जानवर और अणुजीव सम्मिलित होते हैं, जोकि अपने अजैव पर्यावरण के साथ अंतर्क्रिया करके एक संपूर्ण जैविक इकाई बनाते है।

2 **पारिस्थितिकी तंत्र पर मानव के प्रभाव के संबंध में निम्न कथनों पर विचार करें** *(Chap 19, Class-XI, Old NCERT)*

1. शुष्क क्षेत्रों में सिंचाई परियोजना द्वारा मृदा के खारेपन में बढ़ोतरी।
2. मत्स्यपालन को बढ़ावा देकर
3. प्रकृति की स्वतः निर्माणकारी प्रक्रियाएँ और प्रकृति में बदलाव
4. पर्यावरण प्रदूषण में बढ़ोतरी

उपर्युक्त में से कितने कथन सही नहीं हैं?

(a) केवल एक (b) केवल दो
(c) केवल तीन (d) ये सभी

उत्तर *(a)*

व्याख्या पारिस्थितिकी तंत्र पर मानव के प्रभाव के संबंध में केवल एक अर्थात् कथन 2 सही नहीं है, क्योंकि मत्स्यपालन को बढ़ावा देकर मनुष्य पारिस्थितिकी तंत्र को प्रभावित नहीं करता है।

3 **निम्नलिखित कथनों पर विचार कीजिए** *(Chap 12, Class-XII, NCERT)*

1. पारिस्थितिकी तंत्र की संकल्पना डार्विन ने प्रतिपादित किया था।
2. वायु पारिस्थितिकी तंत्र का जीवीय संघटक नहीं हैं
3. हरे पौधे पारिस्थितिकी तंत्र के जैविक घटकों में उत्पादक घटक है।
4. धान के खेत कृत्रिम पारिस्थितिकी तंत्र हैं।

उपर्युक्त में से कौन-सा/से कथन सही नहीं है/हैं?

कूट

(a) केवल 1 (b) केवल 2
(c) 2, 3 और 4 (d) इनमें से कोई नहीं

उत्तर *(a)*

व्याख्या दिए गए कथनों में से कथन (1) सही नहीं है, क्योंकि पारिस्थितिकी तंत्र की संकल्पना डार्विन ने नहीं, बल्कि ए. जी. टांसले ने वर्ष 1935 में प्रतिपादित की थी। इनके अनुसार, 'पारिस्थितिकी तंत्र भौतिक तंत्रों का एक विशेष प्रकार होता है', जिसकी रचना जैविक तथा अजैविक संघटकों से होती है। यह अपेक्षाकृत स्थिर दशा में होता है और यह एक विकृत तंत्र होता है, जो विभिन्न आकारों एवं प्रकारों का होता है।

4 **निम्न कथनों पर विचार कीजिए** *(Unit 7, Class-XI, Tamil Nadu Board)*

1. पारितंत्र मुख्यतः तीन प्रकार के होते हैं।
2. संरचना की दृष्टि से सभी पारितंत्र में जैविक व अजैविक कारक होते हैं।
3. खाद्य श्रृंखला की प्रक्रिया में एक स्तर से दूसरे स्तर पर ऊर्जा के रूपांतरण को ऊर्जा प्रवाह (flow of Energy) कहते हैं।

उपर्युक्त में से कितने कथन सत्य हैं?

(a) केवल एक
(b) केवल दो
(c) सभी तीन
(d) उपर्युक्त में से कोई नहीं

उत्तर *(b)*

व्याख्या दिए गए कथनों में से केवल दो अर्थात् कथन (2) और (3) सत्य हैं। संरचना की दृष्टि से सभी पारितंत्र में जैविक व अजैविक कारक होते हैं। जैविक कारकों में उत्पादक, उपभोक्ता तथा अपघटक शामिल होते हैं, जबकि अजैविक या भौतिक कारकों में तापमान, वर्षा, प्रकाश, जल, आर्द्रता आदि शामिल होते हैं।

खाद्य श्रृंखला की प्रक्रिया में एक स्तर से दूसरे स्तर पर ऊर्जा का रूपांतरण ऊर्जा प्रवाह (Flow of Energy) कहलाता है। खाद्य श्रृंखलाएँ पृथक् अनुक्रम न होकर एक-दूसरे से जुड़ी होती हैं।

कथन (1) असत्य है, क्योंकि पारितंत्र मुख्यतः दो प्रकार के होते हैं-स्थलीय पारितंत्र व जलीय पारितंत्र। स्थलीय पारितंत्र को बायोम में विभक्त किया जा सकता है। बायोम पौधे व प्राणियों का एक समुदाय है। इसमें वर्षा, तापमान, आर्द्रता व मिट्टी संबंधी अवयव शामिल होते हैं। जलीय पारितंत्र को समुद्री पारितंत्र व ताजे जल के पारितंत्र में विभक्त किया जाता है। समुद्री पारितंत्र में महासागरीय, ज्वारनदमुख, प्रवालभित्ति पारितंत्र शामिल होते हैं, जबकि ताजे जल के पारितंत्र में झीलें, तालाब, सरिताएँ, कच्छ व दलदल आदि शामिल होते हैं।

5 **पारिस्थितिकी के संदर्भ में निम्नलिखित कथनों पर विचार करें** *(Chap 15, Class-XI, New NCERT)*

1. 'इकोलॉजी' शब्द जर्मन भाषा से लिया गया है।
2. 'इकोलॉजी' शब्द का सर्वप्रथम प्रयोग ए. जी. टांसले द्वारा किया गया।
3. जीवधारियों का आपस में व उनका भौतिक पर्यावरण से अंतर्संबंधों का अध्ययन पारिस्थितिकी कहलाता है।

उपर्युक्त में से कौन-सा/से कथन सत्य है/हैं?

(a) केवल 1
(b) केवल 3
(c) 2 और 3
(d) ये सभी

उत्तर *(b)*

व्याख्या पारिस्थितिकी के संदर्भ में कथन (3) सत्य है। जीवधारियों का आपस में एवं उनका भौतिक पर्यावरण से अंतर्संबंधों का अध्ययन पारिस्थितिकी कहलाता है।

कथन (1) और (2) असत्य हैं, क्योंकि 'इकोलॉजी' शब्द ग्रीक भाषा से लिया गया है। यह दो ग्रीक शब्दों 'ओइकोस' और 'लॉजी' अर्थात् घर के विज्ञान से संबंधित है। 1869 ई. में आइकोलॉजी/इकोलॉजी शब्द का प्रयोग अर्नस्ट हेकेल ने किया था।

6 निम्न विवरण किससे संबंधित है? *(Chap 15, Class-XI, New NCERT)*
पारिस्थितिकी केवल जीवधारियों के आपसी संबंध का ही अध्ययन नहीं है वरन् यह किसी विशेष क्षेत्र में किसी विशेष समूह के जीवधारियों का भूमि, जल अथवा वायु से ऐसा अंतर्संबंध है, जिसमें ऊर्जा, प्रवाह व पोषण शृंखलाएँ स्पष्ट रूप से समायोजित हों।

(a) पारिस्थितिक अनुकूलन (b) पारितंत्र
(c) पारिस्थितिक निकेत (d) ये सभी

उत्तर *(b)*

व्याख्या प्रश्नानुसार, विवरण पारितंत्र से संबंधित है। पारिस्थितिकी केवल जीवधारियों के आपसी संबंधों का अध्ययन नहीं है, वरन् यह किसी विशेष क्षेत्र में किसी विशेष समूह के जीवधारियों का भूमि, जल अथवा वायु से ऐसा अंतर्संबंध है, जिससे पारिस्थितिकी ऊर्जा का प्रवाह एवं पोषण शृंखला (Food chain) स्पष्ट रूप से समायोजित हो, पारितंत्र कहलाता है।

पारितंत्र शब्द की रचना वर्ष 1935 में ए. जी. टांसले द्वारा की गई थी। एक पारितंत्र प्रकृति क्रियात्मक (Functional) इकाई है, जिसमें इसके जैविक तथा अजैविक घटकों के बीच होने वाली जटिल अन्योन्य क्रिया सम्मिलित हैं।

7 पारिस्थितिक निकेत के संदर्भ में निम्नलिखित कथनों में से कौन-सा/से सही है/हैं?
(Chap 14, Module-5, NIOS) (UPPSC Pre 2022)

1. यह उन स्थितियों की श्रेणी का प्रतिनिधित्व करता है, जो संसाधनों के उपयोग और पारिस्थितिकी तंत्र में उसकी कार्यात्मक भूमिका को सहन कर सकती है।
2. प्रत्येक प्रजाति का एक अलग स्थान होता है।

कूट
(a) केवल 1 (b) 1 और 2 दोनों
(c) केवल 2 (d) न तो 1 और न ही 2

उत्तर *(b)*

व्याख्या पारिस्थितिकी निकेत के संदर्भ में दोनों कथन सही हैं। पर्यावरण में प्रत्येक जीव-जाति विशिष्ट कार्य एवं आवास ग्रहण करती है तथा किसी जीव के पारितंत्र में विशिष्ट कार्य, क्रियाशीलता एवं आवास को संयुक्त रूप से उस जीव का पारिस्थितिकी निकेत कहते हैं। पारिस्थितिकी निकेत के संदर्भ में यह माना जाता है कि यह उन स्थितियों की श्रेणी के विभाजन का प्रतिनिधित्व करता है, जो संसाधनों के उपयोग और पारिस्थितिकी तंत्र में उसकी कार्यात्मक भूमिका को सहन करती हैं। अत: पारिस्थितिकी तंत्र में प्रत्येक प्रजाति का एक अलग एवं विशिष्ट स्थान होता है।

8 निम्नलिखित विवरण किससे संबंधित है?
(Chap 15, Class-XI, New NCERT)
विभिन्न प्रकार के पर्यावरण व विभिन्न परिस्थितियों में भिन्न प्रकार के पारितंत्र पाए जाते हैं, जहाँ अलग-अलग प्रकार के पौधे व जीव-जंतु विकास क्रम द्वारा उस पर्यावरण के अभ्यस्त हो जाते हैं।

(a) पारिस्थितिकी संक्रमण
(b) पारिस्थितिकी अनुकूलन
(c) पर्यावरणीय निश्चयवाद
(d) पर्यावरण संक्रमण

उत्तर *(b)*

व्याख्या प्रश्नानुसार, दिए गए विवरण का संबंध पारिस्थितिकी अनुकूलन (Ecological adaptation) से है। विभिन्न प्रकार के पर्यावरण तथा परिस्थितियों में जीवों तथा पौधों का पर्यावरण के प्रति अभ्यस्त होने की प्रक्रिया 'पारिस्थितिकी अनुकूलन' कहलाती है।

यह जीव का गुण (आकारिकीय, कारिकीय एवं व्यावहारिक गुण) है, जो उसे अपने आवास में जीवित बने रहने और जनन करने के योग्य बनाता है।

9 निम्नलिखित में से कौन-सा कथन, पारितंत्र शब्द का सर्वोत्कृ वर्णन है? *(Chap 15, Class-XI, New NCERT) (IAS Pre 2*

(a) एक-दूसरे से अन्योन्यक्रिया करने वाले जीवों का एक समुदाय
(b) पृथ्वी का वह भाग जो सजीव जीवों द्वारा आवासित हो
(c) जीवों का समुदाय और साथ ही वह पर्यावरण जिसमें वे रहते हैं
(d) किसी भौगोलिक क्षेत्र के वनस्पतिजात और प्राणिजात

उत्तर *(c)*

व्याख्या जीवों का समुदाय और साथ ही वह पर्यावरण जिसमें वे रहते हैं कथन पारितंत्र शब्द का सर्वोत्कृष्ट वर्णन करता है। पौधे, जीव-जंतु तथा भौ पर्यावरण मिलकर पारितंत्र का निर्माण करते हैं। किसी विशेष क्षेत्र में वि विशेष समूह के जीवों का भूमि, जल अथवा वायु जैसे अजैव तत्त्वों से अंतर्संबंध जिसमें ऊर्जा प्रवाह तथा पोषण शृंखलाएँ समायोजित हों, 'पारितंत्र' कहा जाता है।

10 'इकोसिस्टम' के संबंध में निम्नलिखित में से क्या सत्य है?
(Chap 15, Class-XI, New NCERT) (UPPSC Pre 20

(a) प्राथमिक उपभोक्ता उत्पादक पर न्यूनतम रूप से आश्रित हैं।
(b) प्राथमिक उपभोक्ता उत्पादकों से संख्या में अधिक होते हैं।
(c) उत्पादक, प्राथमिक उपभोक्ता से अधिक हैं।
(d) द्वितीय उपभोक्ता अधिकतम होने के साथ-साथ बहुत ही शक्तिशाली

उत्तर *(c)*

व्याख्या 'इकोसिस्टम' के संबंध में कथन (c) सत्य है। उत्पादकों में सभी पौधे सम्मिलित होते हैं, जो प्रकाश संश्लेषण प्रक्रिया द्वारा अपना भोजन ब हैं। प्राथमिक उपभोक्ता शाकाहारी होते हैं, जो इन पर निर्भर होते हैं। सामान्य इकोसिस्टम में उत्पादक प्राथमिक उपभोक्ता से अधिक हैं। महासागरीय जल 'प्लवक' (Plankton) उत्पादक होते हैं, जो सौर ऊर्जा से अपना भो (पोषक तत्त्व) स्वयं तैयार करते हैं, इन्हें स्वपोषित (Autotrophs) भी क जाता है।

11 पारितंत्र के प्रकार के संदर्भ में निम्नलिखित में से कौन जलीय पारितंत्र में सम्मिलित है? *(Chap 15, Class-XI, New NCER*

1. टुंड्रा पारितंत्र
2. प्रवाल भित्ति पारितंत्र
3. मरुस्थल पारितंत्र
4. महासागरीय पारितंत्र

कूट
(a) 1 और 2 (b) 2 और 3 (c) 1 और 4 (d) 2 और 4

उत्तर *(d)*

व्याख्या प्रवाल भित्ति (Coral Reef) तथा महासागरीय पारितंत्र, जली पारितंत्र में सम्मिलित हैं। इसके अंतर्गत ज्वारनदमुख एवं ताजे जल के पारित में झीलें, तालाब, सरिताएँ, कच्छ व दलदलीय क्षेत्र को शामिल किया जाता है टुंड्रा एवं मरुस्थलीय पारितंत्र स्थलीय पारितंत्र के अंतर्गत आते हैं।

12 निम्नलिखित कथनों पर विचार कीजिए
(Unit 7, Class-XI, Tamil Nadu Boar

1. जैव भू-रासायनिक चक्र केवल घुलनशील अजैविक पदार्थों (पोषकों का संचलन और परिचालन है।
2. जल चक्र वायु, स्थल, समुद्र, जीवित पौधों और प्राणियों के मध आदान-प्रदान में मदद करता है। यह चक्र सौर ऊर्जा से चलता है।
3. जलीय पारितंत्र पृथ्वी के धरातल पर विभिन्न रूपों में उपस्थित 29% जल का उल्लेख करता है।

उपर्युक्त में से कौन-सा/से कथन असत्य है/हैं?

(a) 1 और 2 (b) केवल 3
(c) 2 और 3 (d) इनमें से कोई नहीं

उत्तर *(b)*

व्याख्या दिए गए कथनों में से कथन (3) असत्य हैं, क्योंकि जलीय पारितंत्र पृथ्वी के धरातल पर विभिन्न रूपों में उपस्थित 29% जल का नहीं, बल्कि 71% जल का उल्लेख करता है। स्थलीय पारितंत्र की तरह जलीय पारितंत्र को भी विभिन्न उप-विभागों में बाँटा जा सकता है। इस पारितंत्र के प्रमुख उप-विभाग जलीय, ज्वारनदमुखीय और समुद्री पारितंत्र है। इन पारितंत्रों को, आगे और भी छोटे-छोटे उप-विभागों में बाँटा जा सकता है। ये विस्तृत खुले मैदान से लेकर छोटे तालाब तक में फैले होते हैं।

निम्न कथनों पर विचार करें *(Chap 15, Class-XI, New NCERT)*

1. पारितंत्र का आकार एक छोटे से तालाब से लेकर विशाल जंगल या महासागर तक हो सकता है।
2. मानव निर्मित पारितंत्र में शस्यभूमि एवं जनजीवशाला शामिल हैं।

उपर्युक्त में से कौन-सा/से कथन सही है/हैं?

(a) केवल 1 (b) केवल 2
(c) 1 और 2 (d) इनमें से कोई नहीं

उत्तर (c)

व्याख्या दिए गए दोनों कथन (1) और (2) सही हैं। पारितंत्र का आकार एक छोटे तालाब से लेकर विशाल जंगल या महासागर (प्रवाल भित्ति, ज्वारनदमुख) तक हो सकता है। साथ ही मानव निर्मित पारितंत्र में शस्यभूमि (Cropland) एवं जनजीवशाला (Zoo) को भी शामिल किया जाता है। इसे कृत्रिम तरीके से भले ही विकसित किया जाता है, परंतु इन्हें पारितंत्र से पृथक् नहीं रखा जा सकता।

पघटक एवं उसकी प्रक्रिया

4 **पारितंत्र में खाद्य शृंखलाओं के संदर्भ में निम्नलिखित में से किस प्रकार का/के जीव अपघटक जीव कहलाता है/कहलाते हैं?** *(Chap 14, Class-XII, New NCERT)* *(IAS Pre 2013)*

1. विषाणु 2. कवक 3. जीवाणु

कूट

(a) केवल 1 (b) 2 और 3
(c) 1 और 3 (d) 1, 2 और 3

उत्तर (b)

व्याख्या पारितंत्र में खाद्य शृंखलाओं के संदर्भ में जीवाणु एवं कवक को अपघटक माना जाता है। ये मुख्यत: तालाब की तली में प्रचुर मात्रा में पाए जाते हैं। इसके अंतर्गत विषाणु को शामिल नहीं किया जाता है। कवक एवं जीवाणु परपोषित जीव होते हैं। ये मृत कार्बनिक सामग्री या अपरदनों के खंडन द्वारा अपेक्षित ऊर्जा व पोषण प्राप्त करते हैं, इसे मृतपोषी या पूर्तिजीवी के नाम से भी जाना जाता है।

15 **अपघटन की प्रक्रिया के संदर्भ में निम्नलिखित कथनों पर विचार करें** *(Chap 14, Class-XII, New NCERT)*

1. ह्यूमीफिकेशन व मिनरेलाइजेशन की प्रक्रिया मृदा में संपन्न होती है।
2. यदि अपरद (Detritus) काइटिन तथा लिग्निन से भरपूर होता है, तो अपघटन की दर तेज होती है।
3. गर्म एवं आर्द्र पर्यावरण में अपघटन की गति धीमी होती है।

उपर्युक्त में से कौन-सा/से कथन असत्य है/हैं?

(a) केवल 1 (b) केवल 3
(c) 2 और 3 (d) इनमें से कोई नहीं

उत्तर (c)

व्याख्या अपघटन की प्रक्रिया के संदर्भ में कथन (2) और (3) असत्य हैं, क्योंकि एक विशिष्ट जलवायु परिस्थिति में, यदि अपरद काइटिन तथा लिग्निन से भरपूर होता है, तो अपघटन की गति धीमी होती है और गर्म व आर्द्र पर्यावरण में अपघटन की गति अधिक तेज होती है।

अपघटन एक प्रकार की प्रक्रिया है, जिसमें जीवाणु तथा कवक किसी पदार्थ को अलग-अलग सूक्ष्म भागों में विभाजित करते हैं।

16 **निम्नलिखित कथनों पर विचार कीजिए** *(Chap 14, Class-XII, New NCERT)*

1. अपरदाहारी अपरदन को छोटे-छोटे कणों में खंडित कर देते हैं, इस प्रक्रिया को खंडन कहा जाता है।
2. निश्चालन प्रक्रिया के अंतर्गत जल-विलेय अकार्बनिक पोषक भूमि मृदासंस्तर में प्रविष्ट कर जाते हैं और अनुपलब्ध लवण के रूप में अवक्षेपित हो जाते हैं। जीवाणुवीय एवं कवकीय एंजाइम्स अपरदों को सरल अकार्बनिक तत्त्वों में तोड़ देते हैं, इस प्रक्रिया को अपचय कहा जाता है।
3. ह्यूमीफिकेशन के द्वारा एक गहरे रंग के क्रिस्टल रहित तत्त्व का निर्माण होता है, जिसे निश्चालन कहा जाता है।

उपर्युक्त में से कौन-सा/से कथन असत्य है/हैं?

(a) केवल 1 (b) 2 और 3
(c) केवल 3 (d) इनमें से कोई नहीं

उत्तर (c)

व्याख्या दिए गए कथनों में से कथन (3) असत्य है, क्योंकि ह्यूमीफिकेशन के द्वारा एक गहरे रंग के क्रिस्टल रहित तत्त्व का निर्माण होता है, जिसे ह्यूमस कहते हैं। यह सूक्ष्म जैविक क्रिया के लिए उच्च प्रतिरोधी होता है और इसका अपघटन बहुत धीमी गति से चलता है।

स्वभाव में कोलाइडल होने के कारण यह पोषक के भंडार का काम करता है। ह्यूमस पुन: कुछ सूक्ष्मजीवों द्वारा खंडित होता है और जो खनिजीकरण नामक प्रक्रिया द्वारा अकार्बनिक पोषक उत्पन्न होते हैं, उन्हें मुक्त करता है।

ऊर्जा प्रवाह एवं खाद्य शृंखला

17 **ऊर्जा प्रवाह के संबंध में निम्नलिखित कथनों पर विचार करें** *(Chap 14, Class-XII, New NCERT)*

1. पारिस्थितिक तंत्रों के लिए ऊर्जा का एकमात्र स्रोत सूर्य है।
2. पादप केवल 30-40 प्रतिशत ऊर्जा प्रकाश संश्लेषणात्मक प्रक्रिया द्वारा ग्रहण करते हैं।

उपर्युक्त में से कौन-सा/से कथन असत्य है/हैं?

(a) केवल 1 (b) केवल 2
(c) 1 और 2 (d) इनमें से कोई नहीं

उत्तर (b)

व्याख्या ऊर्जा प्रवाह के संबंध में कथन (2) असत्य है, क्योंकि पादप एवं प्रकाश संश्लेषण सूक्ष्म जीवाणु (स्वपोषी) सूर्य से विकरित ऊर्जा द्वारा सरल अकार्बनिक पदार्थों से आहार तैयार करने लगता है। इस दौरान पादप केवल 2%-10% ऊर्जा को प्रकाश संश्लेषण प्रक्रिया द्वारा ग्रहण करते हैं।

कथन (1) सत्य है। पारिस्थितिक तंत्रों के लिए ऊर्जा का एकमात्र स्रोत सूर्य ही है। पृथ्वी के सभी जीव आहार के लिए प्रत्यक्ष व अप्रत्यक्ष रूप से उत्पादकों पर निर्भर रहते हैं। सूर्य की उपस्थिति में ही सर्वप्रथम उत्पादकों की ओर तत्पश्चात् उपभोक्ता की ओर ऊर्जा का प्रवाह एकदिशीय (Unidirectional flow of energy) होता है।

18 निम्नलिखित में से कौन-सा कथन सत्य है?

(Chap 15, Class-XI, New NCERT)

(a) पारिस्थितिक तंत्र में हरे पादप को उपभोक्ता कहते हैं
(b) पादपप्लवक, काई और बड़े पादप स्थलीय पारिस्थितिक तंत्र के प्राथमिक उत्पादक हैं
(c) जीवों की परस्पर अंतरनिर्भरता के कारण शृंखला जाल का निर्माण होता है
(d) पादपों से आहार पूर्ति करने वाले जीव द्वितीयक उपभोक्ता कहलाते हैं

उत्तर *(c)*

व्याख्या दिए गए कथनों में से कथन (c) सत्य है। जीवों की परस्पर अंतरनिर्भरता के कारण शृंखला जाल का निर्माण होता है। इसमें प्रत्येक प्राणी एक पादप से आहार ग्रहण करता है या अन्य किसी पर निर्भर करता है और इसके बदले में वह किसी के लिए आहार बनता है।

कथन (a), (b) और (d) असत्य हैं, क्योंकि पारिस्थितिक तंत्र में हरे पादप को उत्पादक कहते हैं। पादपप्लवक (Phytoplankton), काई व बड़े पादप जलीय पारिस्थितिकी तंत्र के प्राथमिक उत्पादक हैं। पादपों से आहार पूर्ति करने वाले जीव प्राथमिक उपभोक्ता कहलाते हैं, न कि द्वितीयक उपभोक्ता।

19 उत्पादकता के संदर्भ में निम्नलिखित में से कौन-सा कथन सत्य है?

(Chap 14, Class-XII, New NCERT Bio)

(a) जैव मात्रा के उत्पादन की दर को उपभोक्ता कहते हैं
(b) एक पारिस्थितिक तंत्र में प्रकाश संश्लेषण की प्रक्रिया के दौरान कार्बनिक तत्त्व की उत्पादन दर सकल प्राथमिक उत्पादकता होती है
(c) द्वितीयक उत्पादकता एक सुनिश्चित क्षेत्र में पादप प्रजातियों के निवास पर निर्भर करती है
(d) संपूर्ण जीवमंडल की कुल वार्षिक प्राथमिक उत्पादकता का भार कार्बनिक तत्त्व के रूप में लगभग 500 बिलियन टन है

उत्तर *(b)*

व्याख्या उत्पादकता के संदर्भ में कथन (b) सत्य है। एक पारिस्थितिकी तंत्र में प्रकाश संश्लेषण की प्रक्रिया के दौरान कार्बनिक तत्त्व की उत्पादन दर-सकल प्राथमिक उत्पादकता होती है। पेड़-पौधे व वनस्पतियों को इसके अंतर्गत शामिल किया जाता है। उत्पादकता (Productivity) उत्पादन की दक्षता की औसत माप है। उत्पादन प्रक्रिया में आउटपुट और इनपुट के अनुपात को शामिल किया जाता है।

कथन (a), (c) और (d) असत्य हैं, क्योंकि एक विशिष्ट समय में प्रत्येक पोषण स्तर के जीवित पदार्थ की कुल संख्या जैव मात्रा (जैविकों की मात्रा) कहलाती है। प्राथमिक उत्पादकता एक सुनिश्चित क्षेत्र में पादप प्रजातियों के निवास पर निर्भर करती है।

वित्तीय उत्पादकता के अंतर्गत कुछ नए कार्बनिक तत्त्वों की संख्या निर्धारित की जाती है। संपूर्ण जीवमंडल की कुल वार्षिक प्राथमिक उत्पादकता का भार कार्बनिक तत्त्व के रूप में लगभग 170 बिलियन टन है।

20 निम्न युग्मों पर विचार कीजिए

(Chap 14, Class-XII, New Bio NCERT)

	पोषण स्तर		जीव
1.	उत्पादक	–	जंतुप्लवक
2.	प्राथमिक उपभोक्ता	–	पादपप्लवक
3.	द्वितीयक उपभोक्ता	–	भेड़िया
4.	चतुर्थ उपभोक्ता	–	मनुष्य

उपर्युक्त युग्मों में से कितने युग्म सही हैं?

(a) केवल एक (b) केवल दो (c) केवल तीन (b) सभी चार

उत्तर *(b)*

व्याख्या दिए गए युग्मों में केवल दो अर्थात् युग्म (3) व (4) सही हैं। द्वितीयक उपभोक्ता उसे कहते हैं, जो अपने भोजन के लिए प्राथमिक उत के साथ-साथ प्राथमिक उपभोक्ता पर भी निर्भर करता है। जीवों की श्रे दिए गए विकल्प भेड़िया को द्वितीयक उपभोक्ता कहते हैं।

चतुर्थ उपभोक्ता के अंतर्गत मनुष्य को शामिल किया जाता है, जो विष माना जाता है।

कथन (1) व (2) असत्य हैं, क्योंकि उत्पादक के अंतर्गत पादपप्लवव सम्मिलित किया जाता है। वे सभी पौधे जो प्रकाश संश्लेषण के द्वारा भोज निर्माण करते हैं, प्राथमिक पोषक या उत्पादक कहलाते हैं।

प्राथमिक उपभोक्ता की श्रेणी में जंतुप्लवक को रखा जाता है, क्योंकि यह अ भोजन प्राथमिक उत्पादक से प्राप्त करता है।

21 एक पारिस्थितिक तंत्र में निम्नलिखित में से कौन प्राथमिक उपभोक्ता वर्ग के अंतर्गत आते हैं?

(Chap 14, Class-XII, New NCERT Bio) (UPPSC Mains 2

1. चींटी 2. हिरण 3. लोमड़ी 4. बाघ

कूट

(a) 1 और 2 (b) 2 और 3
(c) 1, 2 और 3 (d) 2, 3 और 4

उत्तर *(a)*

व्याख्या एक पारिस्थितिकी तंत्र में चींटी एवं हिरण प्राथमिक उपभोक्ता व अंतर्गत आते हैं। ये अपना भोजन पहले पोषण स्तर (पादप) पादपप्लवक, एवं खाद्य पदार्थों से प्राप्त करते हैं। जबकि लोमड़ी एवं बाघ क्रमशः द्विती एवं चतुर्थ उपभोक्ता के अंतर्गत आते हैं, जो मुख्यतः मांसाहारी एवं उ मांसाहारी वर्ग से संबंधित हैं।

22 किसी घास के मैदान की पारिस्थितिकी तंत्र के पिरामिड में सर्वो संख्या निम्नलिखित में से किसकी होगी?

(Chap 14, Class-XII, New NCERT B

(a) तृतीयक उपभोक्ता
(b) प्राथमिक उपभोक्ता
(c) द्वितीयक उपभोक्ता
(d) प्राथमिक उत्पादक

उत्तर *(d)*

व्याख्या किसी घास के मैदान की पारिस्थितिकी तंत्र के पिरामिड में सर्वो संख्या प्राथमिक उत्पादक; जैसे—वनस्पति, घास, पादप समुदाय की होगी। घास के मैदान की पारिस्थितिकी तंत्र का पिरामिड 6 मिलियन पादपों के उत्प पर आधारित होता है, जिस पर पारिस्थितिकी तंत्र के प्राथमिक उपभोक द्वितीयक उपभोक्ता एवं तृतीयक उपभोक्ता के जीव आधारित होते हैं।

23 निम्न कथन (A) व कारण (R) को पढ़िए और नीचे दिए गए कूट की सहायता से सही उत्तर का चयन कीजिए

(Chap 14, Class-XII, New NCER

कथन (A) समुद्र में जैव मात्रा के पिरामिड प्रायः उल्टे होते हैं।

कारण (R) मछलियों की जैव मात्रा पादपप्लवकों की जैव मात्रा से बहु अधिक होती है।

कूट

(a) A और R दोनों सही हैं तथा R, A की सही व्याख्या है
(b) A और R दोनों सही हैं, परंतु R, A की सही व्याख्या नहीं है
(c) A सही है, किंतु R गलत है
(d) A गलत है, किंतु R सही है

उत्तर *(a)*

व्याख्या A और R दोनों सही हैं तथा R, A की सही व्याख्या है।

समुद्री भागों में जैव मात्रा के पिरामिड प्राय: उल्टे होते हैं, क्योंकि मछलियों की जैव मात्रा (प्राथमिक उपभोक्ता) पादपप्लवकों की जैव मात्रा से बहुत अधिक होती है।

ऊर्जा पिरामिड सदैव खड़ी अवस्था में होना चाहिए। यह कभी भी उल्टा नहीं हो सकता, क्योंकि जब ऊर्जा किसी विशेष पोषण स्तर से अग्र पोषण स्तर में पहुँचती है, तो प्रत्येक स्तर पर ऊष्मा के रूप में ऊर्जा का ह्रास होता है।

24 पारिस्थितिकी तंत्र में एक पोषी स्तर से दूसरे पोषी स्तर में स्थानांतरण से ऊर्जा की मात्रा

(Chap 14, Class-XII, New NCERT Bio) (UPPSC Pre 2019)

(a) बढ़ती है
(b) घटती है
(c) स्थिर रहती है
(d) बढ़ सकती है या घट सकती है

उत्तर (b)

व्याख्या पारिस्थितिकी तंत्र में एक पोषी स्तर से दूसरे पोषी स्तर में स्थानांतरण की प्रक्रिया में ऊर्जा की मात्रा में 10% की कमी होती है और प्रत्येक प्रवाह में पोषी स्तर का केवल 10% ही प्रवाहित होता है।

पारिस्थितिकी तंत्र में ऊर्जा का स्थानांतरण आहार श्रृंखला, आहार जाल तथा पोषण चक्र की सहायता से संपन्न होता है।

25 10 प्रतिशत नियम किससे संबंधित है?

(Chap 15, Class-XI, New NCERT) (CGPSC Pre 2016)

(a) ऊर्जा का खाद्य के रूप में एक पोषी स्तर से दूसरे पोषी स्तर तक पहुँचना
(b) ऊष्मा का एक पदार्थ से दूसरे पदार्थ में पहुँचना
(c) पक्षियों का एक क्षेत्र से दूसरे क्षेत्र में पहुँचना
(d) पानी का एक जोन से दूसरे जोन में पहुँचना

उत्तर (a)

व्याख्या 10 प्रतिशत नियम का संबंध, ऊर्जा का खाद्य के रूप में एक पोषी स्तर से दूसरे पोषी स्तर तक पहुँचने से है। ऊर्जा पिरामिड के प्रत्येक स्तर पर ऊष्मा के रूप में ऊर्जा का ह्रास 10% तक होता है अर्थात् औसतन ऊर्जा का स्थानांतरण केवल 10% ही एक पोषी स्तर से दूसरे पोषी स्तर में होता है।

26 निम्नलिखित कथनों पर विचार करें

(Chap 14, Class-XII, New NCERT)

1. अनुक्रमण एक प्रक्रिया है, जो वहाँ शुरू होती है, जहाँ कोई सजीव नहीं होता है।
2. एक सुनिश्चित क्षेत्र की प्रजाति संरचना में उचित रूप से आंकलित परिवर्तन को क्रमक कहा जाता है।
3. समुदाय का संपूर्ण क्रम जो दिए हुए क्षेत्र में सफलतापूर्वक परिवर्तित होता है, उसे पारिस्थितिक अनुक्रमण कहते हैं।

उपर्युक्त में से कौन-सा/से कथन असत्य है/हैं?

(a) केवल 1 (b) 2 और 3 (c) केवल 3 (d) इनमें से कोई नहीं

उत्तर (d)

व्याख्या दिए गए सभी कथन सत्य हैं। अनुक्रमण एक प्रक्रिया है, जिसकी शुरुआत वहाँ होती है, जहाँ किसी सजीव का सृजन नहीं होता है।

एक निर्जन द्वीपीय क्षेत्र पारिस्थितिकी अनुक्रमण (Ecological sequencing) के लिए उपयुक्त स्थान हो सकता है। एक सुनिश्चित क्षेत्र की प्रजाति संरचना में उचित रूप से आंकलित परिवर्तन को क्रमक कहा जाता है। समुदाय का संपूर्ण क्रम जो दिए हुए क्षेत्र में सफलतापूर्वक परिवर्तित होता है, उसे पारिस्थितिकी अनुक्रमण कहते हैं।

27 प्राथमिक अनुक्रमण निम्नलिखित में से कहाँ पर पाया जाता है?

(Chap 14, Class-XII, New NCERT)

1. नग्न पत्थर
2. नवविकसित जलाशय
3. तालाब
4. महासागर

कूट

(a) 1 और 2 (b) 2 और 3
(c) 1, 2 और 3 (d) ये सभी

उत्तर (c)

व्याख्या प्राथमिक अनुक्रमण नग्न पत्थर, नवविकसित जलाशय तथा तालाब में पाया जाता है।

नए जीवीय समुदाय की स्थापना सामान्यत: धीमी होती है। विविध जीवों के जीवीय समुदाय की संस्थापना से पूर्व, वहाँ उपजाऊ मिट्टी अवश्य होनी चाहिए। अधिकतर जलवायु की निर्भरता के आधार पर प्राकृतिक रूप से उपजाऊ मिट्टी के उत्पादन में कई सौ से कई हजार वर्ष लग सकते हैं। प्राथमिक अनुक्रमण संपन्न होने के पश्चात् द्वितीय अनुक्रमण प्रारंभ हो जाता है।

28 निम्नलिखित कथनों पर विचार करें

(Chap 14, Class-XII, New NCERT)

1. लाइकेन, चट्टानों पर प्राथमिक अनुक्रमण करते हैं।
2. पर्यावरण के बदलने पर वन समुदाय का निर्माण होता है।
3. समय के साथ मरुस्थलीय आवास समोद्भिदीय में परिवर्तित हो जाते हैं।

उपर्युक्त में से कितने कथन सही है/हैं?

(a) केवल एक (b) केवल दो
(c) सभी तीन (d) इनमें से कोई नहीं

उत्तर (c)

व्याख्या दिए गए सभी कथन सही हैं। लाइकेन, चट्टानों पर प्राथमिक अनुक्रमण करते हैं, जो चट्टानों को पिघलाने हेतु अम्ल का स्राव करते हैं। साथ ही मृदा अपक्षयण व मृदा अपरदन में प्रासंगिक भूमिका निभाते हैं।

पर्यावरण परिवर्तन के साथ वन समुदाय का निर्माण जारी रहता है। यह परिवर्तन तब तक जारी रहता है, जब तक यह चरमावस्था तक नहीं पहुँच जाता है। यह परिवर्तन कई चरणों में संपन्न होता है। समय के साथ मरुस्थलीय आवास समोद्भिदीय (Mesophytic habitat) में परिवर्तित हो जाते हैं।

29 पर्यावरण में जीवों के बीच होने वाली अंत:क्रिया के संबंध में कौन-सा युग्म सही सुमेलित है?

(Chap 13, Class-XII, New Bio NCERT)

1. परजीविता — एक जीव को लाभ तथा दूसरे को हानि।
2. सहयोजिता — एक जीव को लाभ तथा दूसरा अप्रभावित।
3. सहोपकारिता — दोनों जीवों को लाभ

कूट

(a) केवल 1 (b) 1 और 2
(c) 2 और 3 (d) 1, 2 और 3

उत्तर (d)

व्याख्या पर्यावरण में जीवों के मध्य होने वाली अंत:क्रिया के संबंध में सभी युग्म सही सुमेलित हैं। दो जीवों के मध्य ऐसा संबंध, जिसमें एक जीव को लाभ व दूसरे जीव को हानि होती है, तो ऐसे संबंधों को परजीविता (Parasitism) कहा जाता है।

ऐसे संबंध, जिसमें एक जीव को लाभ तथा दूसरा जीव अप्रभावित रहता है, सहयोजिता संबंध कहा जाता है।

दो जीवों के मध्य ऐसे संबंध, जिसमें दोनों एक-दूसरे को लाभ पहुँचाएँ, ऐसे संबंधों को सहोपकारिता संबंध कहा जाता है।

जैवमंडल

30 जैवमंडल के संदर्भ में निम्नलिखित कथनों पर विचार करें

(Chap 1, Class-IX, Old NCERT)

1. जैवमंडल का विकास पर्यावरण के तत्त्वों के बीच पदार्थों और ऊर्जा के स्थानांतरण के कारण संभव हुआ है।
2. जैवमंडल के सभी जीव एक-दूसरे पर आश्रित हैं।
3. केवल स्थलमंडल में ही जीवों का प्रजनन और संवर्द्धन होता है।

उपर्युक्त में से कौन-सा/से कथन सत्य है/हैं?

(a) केवल 1 (b) 1 और 2
(c) 2 और 3 (d) ये सभी

उत्तर (b)

व्याख्या जैवमंडल के संदर्भ में कथन (1) और (2) सत्य हैं। जैवमंडल का विकास पर्यावरण के तत्त्वों के मध्य पदार्थों और ऊर्जा के स्थानांतरण के कारण संभव हुआ है। जैवमंडल में सभी जीव एक-दूसरे पर आश्रित होते हैं। जैवमंडल से तात्पर्य पृथ्वी के उस भाग से है, जहाँ सभी प्रकार का जीवन पाया जाता है। कथन (3) असत्य है, क्योंकि जीवों का प्रजनन एवं संवर्द्धन स्थलमंडल में ही संभव नहीं है, बल्कि जलमंडलीय जीवों में भी यह क्रिया होती है।

भू-जैव रासायनिक चक्र

31 पारिस्थितिक तंत्र में तत्त्वों के चक्रण को क्या कहते हैं?

(Chap 15, Class-XI, New NCERT) (UPPSC Pre 2020)

(a) रासायनिक चक्र (b) जैव भू-रासायनिक चक्र
(c) भू-वैज्ञानिक चक्र (d) भू-रासायनिक चक्र

उत्तर (b)

व्याख्या पारिस्थितिक तंत्र में तत्त्वों के चक्रण को 'जैव भू-रासायनिक चक्र' कहते है। रासायनिक तत्त्वों के अवशोषण से यह चक्र पौधों तथा जीवों में आरंभ होता है। यह संतुलन के साथ जीवधारी तथा पर्यावरण के बीच अंत:संबंध स्थापित करता है। पारिस्थितिकी तंत्र में रासायनिक घटकों का संतुलन 100 करोड़ वर्षों में परिवर्तित नहीं हुआ है।

32 निम्नलिखित कथनों में से कौन-सा कथन सत्य है?

(Chap 15, Class-XI, New NCERT)

1. गैसीय प्रकार के पोषण चक्र खनिज में विद्यमान रहते हैं।
2. अवसादी प्रकार के पोषण चक्र के भंडार धरती के पटल में स्थित होते हैं।

कूट

(a) केवल 1 (b) केवल 2
(c) 1 और 2 (d) इनमें से कोई नहीं

उत्तर (b)

व्याख्या दिए गए कथनों में से कथन (2) सत्य है। जैव भू-रासायनिक चक्र में अवसादी प्रकार के पोषण चक्र के भंडार (सल्फर व फॉस्फोरस) धरती के पटल में स्थित होते हैं।

कथन (1) असत्य हैं, क्योंकि गैसीय प्रकार के पोषण चक्र (नाइट्रोजन एवं कार्बन चक्र) गैस के रूप में विद्यमान रहते हैं।

33 कार्बन चक्र के संदर्भ में निम्नलिखित कथनों पर विचार करें

(Chap 15, Class-XI, New NCERT)

1. जैवमंडल में असंख्य कार्बन यौगिक के रूप में विद्यमान हैं।
2. कार्बन चक्र में कार्बोहाइड्रेट्स का कुछ भाग सीधे पौधों की जैविक क्रियाओं में प्रयोग होता है।
3. कार्बन चक्र कार्बन मोनोऑक्साइड का परिवर्तित रूप है।

उपर्युक्त में से कौन-सा/से कथन असत्य है/हैं?

(a) केवल 1 (b) केवल 3 (c) 2 और 3 (d) केवल 2

उत्तर (b)

व्याख्या कार्बन चक्र के संदर्भ में कथन (3) असत्य हैं, क्योंकि क वायुमण्डल में कार्बन डाइऑक्साइड की मात्रा को निर्धारित करता है। जैवम में कार्बन यौगिक के असंख्य रूप विद्यमान हैं। कार्बन चक्र में कार्बोहाइड्रेट्स कुछ भाग सीधे पौधों की जैविक क्रियाओं में प्रयुक्त होता है।

34 निम्नलिखित पर विचार कीजिए *(Chap 15, Class-XI, New NCE*

1. प्रकाश संश्लेषण
2. श्वसन
3. जैव पदार्थों का अपक्षय

उपर्युक्त में से कौन-सी क्रियाएँ पृथ्वी के कार्बन चक्र में का डाइऑक्साइड को जोड़ती हैं?

(a) केवल 1 (b) 1 और 2
(c) 2 और 3 (d) 1, 2 और 3

उत्तर (c)

व्याख्या श्वसन क्रिया एवं जैव पदार्थों का अपक्षय, दो ऐसी क्रियाएँ हैं, पृथ्वी के कार्बन चक्र में कार्बन डाइऑक्साइड को जोड़ती हैं। प्रकाश संश्ले क्रिया में पेड़-पौधे वायुमंडल से कार्बन डाइऑक्साइड को ग्रहण करते हैं अ ऑक्सीजन का परित्याग करते हैं, जिसे मानव व अन्य वन्य जीव प्राणी श्वास रूप में ग्रहण करते हैं, अत: कार्बन चक्र को पूर्ण करने में श्वसन क्रिया भूमिका महत्त्वपूर्ण मानी जाती है।

35 निम्न कथनों पर विचार कीजिए *(Chap 15, Class-XI, New NCER*

1. प्रकाश संश्लेषण के दौरान कार्बन डाइऑक्साइड, ऑक्सीजन कार्बनिक यौगिकों में परिवर्तित हो जाती है।
2. पृथ्वी पर पहुँचने वाले सूर्यातप का केवल 1% भाग प्रकाश संश्लेषण क क्रिया के काम आता है।

उपर्युक्त में से कौन-सा/से कथन असत्य है/हैं?

(a) केवल 1 (b) केवल 2
(c) 1 और 2 दोनों (d) इनमें से कोई नहीं

उत्तर (b)

व्याख्या दिए गए कथनों में से कथन (2) असत्य हैं, क्योंकि पृथ्वी पर पहुँ वाले सूर्यातप का केवल 0.1% भाग प्रकाश संश्लेषण की क्रिया में काम आ है। इसका आधे से अधिक भाग पौधे की श्वसन-विसर्जन क्रिया में और शे भाग अस्थायी रूप से पौधे के अन्य भागों में संचित हो जाता है। प्रका संश्लेषण की क्रिया द्वारा ही हरे पौधे अपना भोजन बनाते हैं।

36 ऑक्सीजन चक्र से संबंधित निम्नलिखित कथनों में से कौन-सा सत्य है?

(Chap 15, Class-XI, New NCERT

1. प्रकाश संश्लेषण प्रक्रिया का मुख्य सह परिणाम ऑक्सीजन है।
2. पौधों में वाष्पोत्सर्जन प्रक्रिया के उपरांत नाइट्रोजन वायुमंडल में समाहि होती है।

कूट

(a) केवल 1 (b) केवल 2
(c) 1 और 2 (d) इनमें से कोई नहीं

उत्तर (a)

व्याख्या ऑक्सीजन चक्र से संबंधित कथन (1) सत्य है। प्रकाश संश्लेषण प्रक्रिया का मुख्य सह परिणाम ऑक्सीजन है। प्रकाश संश्लेषण के अंतर्ग वनस्पतियाँ ऑक्सीजन का उत्सर्जन करती हैं, जिसे प्राणवायु गैस कहा जाता है। कथन (2) असत्य है, क्योंकि पौधों में वाष्पोत्सर्जन (Transpiration) प्रक्रिय के उपरांत आर्द्रता की मात्रा वायुमंडल में समाहित हो जाती है, जो वर्षा की मात्र को निर्धारित करती है।

नाइट्रोजन चक्र के संदर्भ में निम्नलिखित कथनों पर विचार करें

(Chap 15, Class-XI, New NCERT)

1. नाइट्रोजन का लगभग 40% भाग जैविक है।
2. स्वतंत्र नाइट्रोजन का प्रमुख स्रोत सूक्ष्म जीवाणुओं की क्रिया व पौधों की जड़ें और रंध्र वाली मृदा है।
3. कुछ कवकों द्वारा नाइट्राइट को नाइट्रेट में परिवर्तित किया जाता है।

उपर्युक्त में से कितने कथन असत्य हैं?

(a) केवल एक
(b) केवल दो
(c) सभी तीन
(d) इनमें से कोई नहीं

उत्तर (b)

व्याख्या नाइट्रोजन चक्र के संदर्भ में केवल दो अर्थात् कथन (1) और (3) असत्य हैं, क्योंकि नाइट्रोजन का लगभग 90% भाग जैविक माना जाता है। कुछ बैक्टीरिया द्वारा नाइट्रोजन को नाइट्रेट में परिवर्तित किया जाता है।

निम्नलिखित में से कौन-से नाइट्रोजन यौगिकीकरण पादप हैं?

(Unit 7, Class-XI, Tamil Nadu Board) (IAS Pre 2022)

1. अल्फाल्फा
2. चौलाई (ऐमरंथ)
3. चना (चिक-पी)
4. तिपतिया घास (क्लोवर)
5. कुलफा (पर्सलेन)
6. पालक

कूट

(a) 1, 3 और 4
(b) 1, 3, 5 और 6
(c) 2, 4, 5 और 6
(d) 1, 2, 4, 5 और 6

उत्तर (a)

व्याख्या अल्फाल्फा, चनार (चिक-पी) और तिपतिया घास (क्लोवर) नाइट्रोजन यौगिकीकरण पादप हैं।

नाइट्रोजन यौगिकीकरण पादपों में अधिकांशतः लेग्यूमिनस परिवार के पादप होते हैं। इसमें अल्फाल्फा, चना, तिपतिया घास (क्लोवर) प्रमुख हैं। इसके अतिरिक्त दलहनी तथा फलीयुक्त पादपों की जड़ों में ऐसे सूक्ष्म जीवाणु होते हैं, जो नाइट्रोजन यौगिकीकरण के लिए उत्तरदायी होते हैं। एजोटोबैक्टर, क्लोस्ट्रीडियम, नाइट्रोसोमोनोस ऐसे सूक्ष्मजीव हैं, जो अपनी उपस्थिति से भूमि में नाइट्रोजन युक्त पोषक तत्त्वों की वृद्धि करते हैं।

नाइट्रोजन स्थिरीकरण आवश्यक जैविक प्रक्रिया और नाइट्रोजन चक्र का प्रारम्भिक चरण है। नाइट्रोजन यौगिकीकरण पादप वे होते हैं, जिनकी जड़ें विशिष्ट प्रकार के जीवाणुओं द्वारा संगठित होती हैं, जो वायु में नाइट्रोजन प्राप्त करने की क्षमता रखते हैं और इसे नाइट्रोजन के रूप में परिवर्तित करते हैं। इस प्रक्रिया में वायुमंडल में नाइट्रोजन कुछ जीवाणु प्रजातियों; जैसे—राइजोबियम, एजोटोबैक्टर आदि प्राकृतिक घटनाओं द्वारा अमोनिया में परिवर्तित हो जाते हैं।

39 **फॉस्फोरस चक्र के संदर्भ में निम्नलिखित कथनों पर विचार करें।**

(Chap 14, Class-XII, New NCERT)

1. जीवों और पर्यावरण के बीच फॉस्फोरस का गैसीय विनिमय बहुत अधिक होता है।
2. फॉस्फोरस का प्राकृतिक भंडारण चट्टानों में फॉस्फेट के रूप में होता है।

उपर्युक्त में से कौन-सा/से कथन असत्य है/हैं?

(a) केवल 1
(b) केवल 2
(c) 1 और 2
(d) इनमें से कोई नहीं

उत्तर (a)

व्याख्या फॉस्फोरस चक्र के संदर्भ में कथन (1) असत्य है, क्योंकि जीवों व पर्यावरण के बीच फॉस्फोरस का गैसीय विनिमय बिल्कुल नगण्य होता है, क्योंकि फॉस्फोरस का प्राकृतिक भंडार चट्टानों में है, जोकि फॉस्फेट के रूप में संचित किए हुए हैं।

40 **निम्न कथनों पर विचार कीजिए तथा इनमें असत्य कथनों की पहचान कीजिए**

(Chap 14, Class-XII, New NCERT Bio)

(a) शाकाहारी तथा अन्य जानवर फॉस्फोरस को पादपों से ग्रहण करते हैं
(b) कार्बन चक्र की भाँति फॉस्फोरस पर्यावरण में श्वसन द्वारा मुक्त होता है
(c) पर्यावरण में फॉस्फोरस का गैसीय विनिमय नगण्य पाया जाता है।
(d) उपर्युक्त सभी

उत्तर (b)

व्याख्या दिए गए कथनों में से कथन (b) असत्य है, क्योंकि कार्बन चक्र की भाँति फॉस्फोरस पर्यावरण में श्वसन द्वारा मुक्त नहीं होता है, बल्कि इसे पादपों द्वारा ग्रहण किया जाता है।

41 **निम्न कथनों पर विचार कीजिए** ***(Chap 15, Class-XI, New NCERT)***

1. पारितंत्र में विशेष परिस्थितियों में पादप व जंतुओं के अंतर्संबंधों के कुल योग को बायोम कहा जाता है।
2. बायोम की सीमा का निर्धारण जलवायु व अपक्षय संबंधी तत्त्व करते हैं।

उपर्युक्त में से कौन-सा/से कथन सही है/हैं?

(a) केवल 1
(b) केवल 2
(c) 1 और 2
(d) न तो 1 और न ही 2

उत्तर (c)

व्याख्या दिए गए दोनों कथन सही हैं। पारितंत्र में विशेष परिस्थितियों में पादप व जंतुओं के अंतर्संबंधों के कुल योग को बायोम कहा जाता है। किसी बायोम में एक ही प्रकार का पारितंत्र होता है; जैसे—पौधे एक ही प्रकार की परिस्थितियों में पनपने के लिए एक जैसे तरीके अपनाते हैं। बायोम की सीमा का निर्धारण जलवायु व अपक्षय संबंधी तत्त्व करते हैं। इसमें वर्षा, तापमान, आर्द्रता व मिट्टी संबंधी विभिन्न अवयवों को विशेष रूप से शामिल किया जाता है।

42 **पारितंत्र के किस प्रकार के बायोम में कम घने, मध्यम ऊँचाई के वृक्ष, अधिक प्रजातियों की एक जैसी वनस्पति होने की विशेषताएँ पाई जाती हैं?**

(Chap 15, Class-XI, New NCERT)

(a) भूमध्यरेखीय
(b) पर्णपाती
(c) शीतोष्ण कटिबंधीय
(d) बोरियल

उत्तर (b)

व्याख्या पारितंत्र के पर्णपाती प्रकार के बायोम में कम घने, मध्यम ऊँचाई के वृक्ष, अधिक प्रजातियों की एक जैसी वनस्पति होने की विशेषताएँ पाई जाती हैं। ऐसे वन क्षेत्रों का विस्तार 10°-25° N/S अक्षांशों के मध्य पाया जाता है। इस प्रकार के वनों में पाई जाने वाली वृक्षों की पत्तियाँ, ग्रीष्मकाल के प्रारंभ में झड़ जाती हैं।

अध्याय 29

जैव-विविधता

जैव-विविधता

प्रकार एवं मापन

परिचय

एक निर्दिष्ट भौगोलिक क्षेत्र में पाए जाने वाले विभिन्न जीवों की संख्या और विविधता। यह पौधों, जानवरों और सूक्ष्मजीवों की किस्मों, उनमें मौजूद जीन और उनके द्वारा बनाए गए पारिस्थितिकी तंत्र को संदर्भित करता है।

जैव-विविधता के प्रकार

- **आनुवंशिक जैव विविधता** प्रजातियों के भीतर जीन की भिन्नता।
  प्रजातियों की आबादी के स्वस्थ प्रजनन के लिए आनुवंशिक विविधता आवश्यक है।
- **प्रजाति जैव-विविधता** प्रजातियों की विविधता को संदर्भित करता है अर्थात् एक परिभाषित क्षेत्र में प्रजातियों की संख्या। प्रजातियों की विविधता को उसकी समृद्धि, प्रचुरता और प्रकार से मापा जा सकता है।
- **पारिस्थितिकी तंत्र जैव-विविधता** प्रकृति और संख्या दोनों के संदर्भ में पारिस्थितिकी तंत्र की विविधता को संदर्भित करती है, जहाँ जीवित जीव अपने पर्यावरण के साथ अंतर्क्रिया करते हैं।

जैव-विविधता का मापन

- **अल्फा विविधता** इसका अर्थ स्थानीय स्तर पर विभिन्न स्थलों या आवासों में प्रजातियों की विविधता है।
- **बीटा विविधता** पारिस्थितिकी तंत्र विविधता की तुलना में अर्थात् पारिस्थितिकी तंत्र में प्रजातियों की संख्या में परिवर्तन।
- **गामा विविधता** एक परिदृश्य में कुल प्रजातियों की विविधता का माप है।

गुण, ह्रास एवं हॉटस्पॉट

जैव-विविधता के गुण

- **संरचना** पारिस्थितिकी तंत्र की विविधता और विशिष्टता
- संरचना प्रणाली के जैविक और अजैविक घटकों के बीच परस्पर क्रिया का नेटवर्क।
- कार्य विभिन्न स्तरों पर जीवों की संगठनात्मक संरचना को दर्शाते हैं।

जैव-विविधता का ह्रास

जैव विविधता के ह्रास के विभिन्न कारणों को इस प्रकार वर्गीकृत किया जा सकता है।

- आवास विखंडन
- अत्यधिक दोहन और शिकार
- आपदा एवं प्रदूषण
- स्थानांतरित खेती
- विदेशी प्रजातियों का आक्रमण
- जलवायु परिवर्तन

जैव-विविधता हॉटस्पॉट

- जैव-विविधता के महत्त्वपूर्ण भंडार वाला एक जैव-भौगोलिक क्षेत्र जो मनुष्यों से खतरे में है। भारत में दो जैव-विविधता हॉटस्पॉट हैं
- **पूर्वी हिमालय जैव-विविधता हॉटस्पॉट** इसमें नेपाल, भूटान और पूर्वी तथा पूर्वोत्तर भारत के राज्य शामिल हैं, जिनमें अनुमानित 9000 पौधों की प्रजातियाँ हैं, जिनमें से 3500 स्थानिक हैं।
- **पश्चिमी घाट जैव-विविधता हॉटस्पॉट** भारत के छः राज्यों तक फैला हुआ स्थानिकवाद के सबसे समृद्ध केन्द्रों में से एक है। यह हॉटस्पॉट भारत की जैव-विविधता का लगभग 25% हिस्सा है।

इन-सीटू व एक्स-सीटू

जैव-विविधता संरक्षण

- **स्वस्थाने** (इन-सीटू) संरक्षण का अर्थ है-प्राकृतिक आवासों का संरक्षण और उनके प्राकृतिक परिवेश में आबादी का रख-रखाव और पुनर्प्राप्ति। जैसे राष्ट्रीय उद्यान, अभयारण्य आदि।
- **बाह्य स्थाने** (एक्स-सिटू) संरक्षण का अर्थ है कि संकटग्रस्त जानवरों और पौधों को उनके प्राकृतिक आवास से बाहर निकाला जाता है और एक विशेष स्थान में रखा जाता है, जहाँ उन्हें संरक्षित किया जा सकता है, जैसे प्राणी उद्यान, वनस्पति उद्यान आदि।

भूवैज्ञानिक जैव-विविधता

- **अत्यधिक जैव-विविधता वाले क्षेत्र** ऐसे क्षेत्र हैं, जहाँ अनुकूल जलवायु परिस्थितियों के कारण पौधों और जानवरों की वृद्धि विश्व के अन्य हिस्सों की तुलना में अधिक है।
- **उच्च जैव-विविधता वाले क्षेत्र** कुछ क्षेत्र भू-आकृति विज्ञान संरचना और उस क्षेत्र की जलवायु के कारण उच्च जैव विविधता का समर्थन करते हैं; जैसे-मानसून क्षेत्र, घास के मैदान आदि।
- **सामान्य जैव-विविधता वाले क्षेत्र** कुछ भागों में पौधों और जानवरों की वृद्धि के लिए अनुकूल परिस्थितियाँ न होने के कारण जैव-विविधता का अभाव होता है।
- **सबसे कम जैव-विविधता वाले क्षेत्र** जैसे ध्रुवीय बर्फ और आर्कटिक टुंड्रा

SOURCE New NCERT Class-VIII प्राकृतिक वनस्पति और वन्यजीव संसाधन, New NCERT Class-X वन एवं वन्यजीव संरक्षण, New NCERT Class-XI प्राकृतिक वनस्पति (वन्य प्राणी), जैव-विविधता एवं संरक्षण, New Bio NCERT Bio Class-XII जैव-विविधता एवं संरक्षण, NIOS Module-5 जैव-विविधता एवं संरक्षण, NIOS Module-2 पारिस्थितिकी के सिद्धांत Tamil Nadu Board Class-XI जैवमण्डल

1 जैव-विविधता के संबंध में दिए गए कथनों में कौन-सा कथन सही नहीं है? *(Chap 15, Class-XII, New NCERT)*

(a) किसी निश्चित भौगोलिक क्षेत्र में पाए जाने वाले जीवों की संख्या और उनकी विविधता ही जैव-विविधता होती है
(b) पृथ्वी पर सर्वाधिक जैव-विविधता उष्णकटिबंधीय प्रदेशों में पाई जाती है
(c) विषुवत् वृत्त से ध्रुवों की ओर जाने पर जैव-विविधता में वृद्धि होती जाती है
(d) सौर ऊर्जा एवं जल की उपलब्धता इसकी संपन्नता के आधार पर होती है।

उत्तर (c)

व्याख्या जैव-विविधता के संबंध में दिए गए कथनों में से कथन (c) सही नहीं है, क्योंकि विषुवत् वृत्त से ध्रुवों की ओर जाने पर जैव-विविधता (Biodiversity) में वृद्धि नहीं होती, बल्कि विविधता में ह्रास होता है। अधिक तापमान, आर्द्रता एवं वर्षा के कारण विषुवतीय वृत्त के समीपवर्ती क्षेत्रों के बीच जैव-विविधता अधिक पाई जाती है, जबकि ध्रुवीय क्षेत्रों की ओर बढ़ने पर इसमे कमी आने लगती है।

2 पृथ्वी पर विद्यमान जैव-विविधता को निम्नलिखित में से किस स्तर पर नहीं समझा जा सकता है? *(Chap 16, Class-XI, New NCERT)*

1. आनुवंशिक विविधता
2. प्रजातीय विविधता
3. पारितंत्रीय विविधता
4. सांस्कृतिक विविधता

कूट

(a) 1 और 2 (b) केवल 3 (c) 1 और 4 (d) केवल 4

उत्तर (d)

व्याख्या सांस्कृतिक विविधता के आधार पर पृथ्वी पर विद्यमान जैव-विविधता को नहीं समझा जा सकता है।

पृथ्वी पर विद्यमान जैव-विविधता को तीनों स्तरों-आनुवंशिक जैव-विविधता (Genetic biodiversity), प्रजातीय जैव-विविधता (Species biodiversity) एवं पारितंत्रीय जैव-विविधता (Ecosystem biodiversity) पर समझा जा सकता है। एक जाति आनुवंशिक स्तर पर अपने वितरण क्षेत्र में बहुत विविधता दर्शा सकती है। भारत में 50 हजार से अधिक आनुवंशिक रूप में भिन्न धान की तथा 1000 से अधिक आम की जातियाँ हैं। प्रजातीय विविधता जाति स्तर पर आधारित होती है। विभिन्न पारितंत्र के आधार पर जो जैव-विविधता निर्धारित की जाती है, उसे पारिस्थितिकीय विविधता या पारितंत्रीय जैव-विविधता कहा जाता है।

3 कथन (A) व कारण (R) को पढ़िए और नीचे दिए गए कूट की सहायता से सही उत्तर का चयन कीजिए।
(Unit 7, Class-XI, Tamil Nadu Board) (UPPSC Pre 2022)

कथन (A) लिम्नेटिक क्षेत्र में पादप प्लवक अधिकता में वृद्धि करते हैं।

कारण (R) लिम्नेटिक क्षेत्र पानी का खुला क्षेत्र होता है।

कूट

(a) A सही है, किंतु R गलत है
(b) A और R दोनों सही हैं तथा R, A की सही व्याख्या है
(c) A गलत है, किंतु R सही है
(d) A और R दोनों सही हैं, परंतु R, A की सही व्याख्या नहीं है

उत्तर (b)

व्याख्या A और R दोनों सही हैं तथा R, A की सही व्याख्या है।

लिम्नेटिक क्षेत्र में पादप प्लवक अधिकता में वृद्धि करते हैं, क्योंकि यह जल का खुला क्षेत्र होता है।

पादप प्लवक बहुत छोटे जलीय पौधे होते हैं, जो तालाब, झील, नदी या सागर में पानी की सतह पर स्वतंत्र रूप से तैरते रहते हैं। पादक प्लवक, जलीय खाद्य जल की नींव होते हैं।

4 जैव-विविधता में शामिल जीवों के वर्ग के संबंध में दिए गए युग्मों में कौन-सा युग्म सुमेलित है? *(Chap 15, Class-XII, New NCERT)*

1. अकशेरूकी जीव समूह — क्रस्टैशिया
2. कशेरूकी जीव समूह — सरीसृप
3. पादप वर्ग समूह — मॉसेस

कूट

(a) केवल 1 (b) 1 और 2
(c) 2 और 3 (d) 1, 2 और 3

उत्तर (d)

व्याख्या जैव-विविधता में शामिल जीवों के वर्ग के संबंध में दिए गए युग्मों में से सभी युग्म सही सुमेलित हैं। क्रस्टैशिया एवं मोलस्क अकशेरूकी (Invertebrate) जीव समूह के अंतर्गत आते हैं। ऐसे जीवों में रीढ़ की हड्डी का विकास नहीं होता है। सरीसृप, मत्स्य एवं सभी स्तनधारी कशेरूकी (Vertebrate) समूह के अंतर्गत आते हैं, क्योंकि इनमें रीढ़ की हड्डियों का विकास होता है। मॉसेस, लाइकेन एवं शैवाल पादप वर्ग समूह के अंतर्गत आते हैं, इनमें प्रकाश संश्लेषण की क्रियाएँ संपन्न होती हैं।

5 जैव-विविधता के संबंध में दिए गए कथनों पर विचार कीजिए तथा इनमें असत्य कथनों की पहचान कीजिए। *(Chap 15, Class-XII, New NCERT Bio)*

(a) जीवों में केवल जाति स्तर पर विविधता पाई जाती है।
(b) जैविक संगठन के संबंध में एडवर्ड विलसन ने जैव-विविधता शब्द का प्रयोग किया।
(c) 'a' और 'b'
(d) उपर्युक्त में से कोई नहीं

उत्तर (a)

व्याख्या जैव-विविधता के संबंध में दिए गए कथनों में कथन (a) असत्य है। जीवों में केवल जाति या प्रजातीय स्तर पर विविधता नहीं पाई जाती है, बल्कि आनुवंशिक एवं पारिस्थितिकीय स्तर पर भी विविधता पाई जाती है।

6 निम्न कथनों पर विचार कीजिए। *(Chap 15, Class-XII, New NCERT Bio)*

1. जैव-विविधता के प्रतिरूप के संबंध में जातीय क्षेत्र संबंध को जर्मनी के महान प्रकृतिविद् अलेक्जेंडर वॉन हम्बोल्ट ने प्रदर्शित किया।
2. किसी क्षेत्र की जातीय समृद्धि अन्वेषण क्षेत्र की सीमा बढ़ाने के साथ बढ़ती है।

उपर्युक्त में से कौन-सा कथन जातीय क्षेत्र के संबंध में सही है?

(a) केवल 1 (b) केवल 2
(c) 1 और 2 (d) न तो 1 और न ही 2

उत्तर (c)

व्याख्या जातीय क्षेत्र के संबंध में दोनों कथन सही हैं। जैव-विविधता के प्रतिरूप के संबंध में जातीय क्षेत्र संबंध को जर्मनी के महान प्रकृतिविद् अलेक्जेंडर वॉन हम्बोल्ट ने प्रदर्शित किया। इनका मानना था कि किसी क्षेत्र की जातीय समृद्धि अन्वेषण क्षेत्र की सीमा बढ़ाने के साथ बढ़ती है।

वास्तव में, जातीय समृद्धि और वर्गको [अनावृत्तबीजी पादप (Angiosperm), पक्षी, चमगादड़ एवं अलवण जलीय मछलियाँ] की व्यापक किस्मों के क्षेत्र के बीच संबंध में आयताकार अतिपरवलय (Rectangular hyperbole) होता है।

7 निम्न में से भारत की किस नदी बेसिन में 'सुसु' नामक डॉल्फिन पाई जाती है? *(Chap 8, Class-VII, New NCERT)*

1. गंगा
2. ब्रह्मपुत्र
3. महानदी
4. कृष्णा

कूट

(a) केवल 4 (b) 1, 2 और 3 (c) 1 और 2 (d) 1, 2 और 4

उत्तर (c)

व्याख्या गंगा एवं ब्रह्मपुत्र के अलवणयुक्त (Desalinated) जल में एक प्रकार की डॉल्फिन पाई जाती है, जिसे स्थानीय भाषा में सुसु अथवा अंधी डॉल्फिन कहा जाता है। इस मछली की उपस्थिति के माध्यम से जल की शुद्धता ज्ञात की जाती है। प्रदूषित जल में सुसु का रहना मुश्किल हो जाता है। रसायन की अत्यधिक मात्रा वाले गैर-उपचारित (Untreated) औद्योगिक व शहरी गंदगी इन प्रजातियों (Species) को नष्ट कर रही है।

8 जैव-विविधता के महत्त्व या भूमिका के संबंध में दिए गए युग्मों में कौन-सा युग्म सुमेलित है? *(Chap 16, Class-XI, New NCERT)*

1. पारिस्थितिकीय भूमिका — पोषक चक्र को बनाए रखना
2. आर्थिक भूमिका — पारितंत्र को बनाए रखना
3. वैज्ञानिक भूमिका — फसलों की विविधता

कूट

(a) केवल 1 (b) 1 और 2 (c) 2 और 3 (d) 1, 2 और 3

उत्तर (a)

व्याख्या जैव-विविधता के महत्त्व या भूमिका के संबंध में दिए गए युग्मों में से युग्म (1) सही सुमेलित है। जैव-विविधता को बनाए रखने हेतु पोषक चक्र (Nutrient Cycle) को नियमित रूप से बनाए रखना आवश्यक है। इससे विविधता में वृद्धि से उत्पादकता बढ़ती है।

पोषक चक्र को बनाए रखने का प्रत्यक्ष संबंध पारिस्थितिकीय भूमिका से जुड़ा हुआ है।

युग्म (2) और (3) सही सुमेलित नहीं हैं, क्योंकि पारितंत्र को बनाए रखना जैव विविधता की आर्थिक भूमिका तथा फसलों की विविधता वैज्ञानिक भूमिका से संबद्ध नहीं है।

9 निम्नलिखित कथनों पर विचार कीजिए

(Unit 7, Class-XI, Tamil Nadu Board) *(UPPSC Pre 2023)*

1. भारत में जैव-विविधता प्रबंधन समितियाँ नागोया प्रोटोकॉल के उद्देश्यों को हासिल करने के लिए प्रमुख कुंजी हैं।
2. जैव-विविधता प्रबंधन समितियों के अपने क्षेत्राधिकार के अंतर्गत जैविक संसाधनों तक पहुँच के लिए संग्रह शुल्क लगाने की शक्ति सहित, पहुँच और लाभ सहभागिता निर्धारित करने के लिए महत्त्वपूर्ण प्रकार्य हैं।

उपर्युक्त कथनों में से कौन-सा/से सही है/हैं?

(a) केवल 1 (b) केवल 2

(c) 1 और 2 दोनों (d) न तो 1 और न ही 2

उत्तर (c)

व्याख्या दिए गए दोनों कथन सही हैं।

जैव-विविधता प्रबंधन समितियाँ (बीएमसी), जैव-विविधता अधिनियम, 2002 के अंतर्गत जैव-विविधता के संरक्षण, टिकाऊ, उपयोग तथा प्रलेखन को बढ़ावा देने के लिए बनाई गई हैं। राष्ट्रीय जैविक विविधता अधिनियम, 2021 के अंतर्गत भारत की प्रतिबद्धताओं को प्रभावी बनाता है, जो भारत में जैव-विविधता प्रबंधन समितियाँ नागोया प्रोटोकाल, 2010 के उद्देश्यों को प्राप्त करने या पूर्ण करने के लिए प्रमुख कुंजी है।

जैव-विविधता प्रबंधन समितियों को अपने क्षेत्राधिकार के अंतर्गत जैविक संसाधनों तक पहुँच के लिए संग्रह शुल्क लगाने की शक्ति एवं पहुँच और लाभ सहभागिता निर्धारित करने की शक्ति तथा संसाधनों के उपयोग से होने वाले लाभों का उचित एवं न्याय संगत वितरण संबंधी प्रमुख प्रकार्य हैं।

10 निम्नलिखित में से कौन-से कारक जैव-विविधता के कम होने के लि उत्तरदायी हैं? *(Chap 16, Class-XI, New NCERT) (IAS Pre 20*

1. वैश्विक तापन
2. प्राकृतिक आवासों का विनाश
3. विदेशज प्रजातियों का संक्रमण
4. शाकाहार को प्रोत्साहन

कूट

(a) 1, 2 और 3 (b) 2 और 3

(c) 1 और 4 (d) 1, 2, 3 और 4

उत्तर (a)

व्याख्या (1), (2) और (3) में दिए गए कारक जैव-विविधता के कम होने लिए उत्तरदायी हैं। संसाधनों का अप्रत्याशित तरीके से दोहन, वैश्विक ताप प्राकृतिक आपदाएँ, प्राकृतिक आवासों का विनाश एवं विदेशज प्रजातियों संक्रमण के परिणामस्वरूप जैव-विविधता का नियमित रूप से ह्रास हो रहा है

11 ''यदि वर्षावन और उष्णकटिबंधीय वन पृथ्वी के फेफड़े हैं, तो निश्चित ही आर्द्रभूमियाँ इसके गुर्दों की तरह काम करती हैं।'' निम्नलिखित में से आर्द्र भूमियों का कौन-सा एक कार्य उपर्युक्त कथन को सर्वोत्तम रूप से प्रतिबिंबित करता है?

(Unit 4, Class-XI, Tamil Nadu Board) (IAS Pre 202

(a) आर्द्रभूमियों के जल चक्र में सतही अपवाह, अवमृदा अंत:स्रवण और वाष्पन शामिल होते हैं।

(b) शैवालों से वह पोषक आधार बनता है, जिस पर मत्स्य, परुषकवची (क्रस्टेशियाई) मृदुकवची (मोलस्क) पक्षी, सरीसृप और स्तनधारी फलते-फूलते हैं।

(c) आर्द्रभूमियाँ अवसाद संतुलन और मृदा स्थिरीकरण बनाए रखने में महत्त्वपूर्ण भूमिका निभाती हैं।

(d) जलीय पादप भारी धातुओं और पोषकों के आधिक्य को अवशोषित क लेते हैं।

उत्तर (d)

व्याख्या दिए गए कथनों में से कथन (d) उपर्युक्त प्रश्न को सर्वोत्तम रूप प्रतिबिंबित करता है, अर्थात् जलीय पादप भारी धातुओं और पोषकों के आधिक को अवशोषित कर लेते हैं। आर्द्र भूमियों को 'किडनीज ऑफ दा लैंडस्केप' कहा जाता है। ये जलचक्र के माध्यम से पानी को शुद्ध करता है।

आर्द्रभूमि एक फिल्टर के रूप में कार्य करती हुई तलछट (Sediment) जमाव उत्पन्न कर प्रदूषकों को पृथक् करती है, जिसके परिणामस्वरूप पान शुद्ध होता है। ये भूमियाँ कटाव को नियन्त्रित करने में सहायता करती है आर्द्रभूमियाँ विशाल स्पंज की भाँति कार्य करती हैं।

12 दावानल, प्राणिजात और वनस्पतिजात के संपूर्ण क्षेत्र के लिए खतरा है, जो किन कारणों से घटित होते हैं? *(Chap 2, Class-VIII, New NCERT)*

1. तड़ितझंझा के कारण
2. घास-फूस जनित ऊष्मा से
3. लोगों द्वारा लगाई आग के कारण

कूट

(a) केवल 1 (b) 1 और 2

(c) 2 और 3 (d) 1, 2 और 3

उत्तर (d)

व्याख्या दावानल (वनाग्नि), प्राणिजात व वनस्पतिजात दोनों के लिए खतरा है। इससे न केवल जीवन की क्षति होती है, बल्कि इस प्रकार के संकट से उभरने में भी कई वर्ष लग जाते हैं।

जंगलों में लगने वाली आग के लिए मुख्य रूप से तड़ितझंझा, घास-फूस जनित ऊष्मा एवं मानवीय क्रियाकलापों को मुख्य रूप से उत्तरदायी माना जाता है। दावानल या वनाग्नि मुख्यत: जंगलों में लगने वाली आग को कहते हैं।

गर्मियों के मौसम के समय तड़ितझंझा या घास-फूस जनित ऊष्मा से जंगलों में आग लग जाती है, जिससे व्यापक पैमाने पर हानि होती है और यह जलवायु परिवर्तन में भी वृद्धि करती है। भारत में झूम खेती करने से भी वनाग्नि जैसी समस्याएँ उत्पन्न हो जाती हैं।

13 कभी-कभी समाचारों में उल्लिखित 'गुच्छी' के संदर्भ में, निम्नलिखित कथनों पर विचार कीजिए *(Chap 4, Module-2, NIOS) (UPPSC Pre 2022)*

1. यह एक कवक है।
2. यह कुछ हिमालयी वन क्षेत्रों में उगती है।
3. उत्तर-पूर्वी भारत के हिमालय की तलहटी में इसकी वाणिज्यिक रूप से खेती की जाती है।

उपर्युक्त में से कितने कथन सही हैं?

(a) केवल एक (b) केवल दो
(c) सभी तीन (d) इनमें से कोई नहीं

उत्तर (b)

व्याख्या कभी-कभी समाचारों में उल्लिखित 'गुच्छी' के संदर्भ में केवल दो अर्थात् कथन (1) और (2) सही हैं।

गुच्छी एक कवक है, जिसका वानस्पतिक नाम मोरचेला इस्कुलेण्टा है। अपने स्वाद के कारण यह प्रसिद्ध भोज्य पदार्थ है, जिसका उपयोग सब्जी बनाने में किया जाता है। इसे विश्व के सबसे महँगे मशरूम के रूप में जाना जाता है। गुच्छी, हिमालय की घाटियों में उगती है। यह हिमाचल प्रदेश, उत्तराखण्ड तथा जम्मू-कश्मीर के बर्फ से ढके रहने वाले क्षेत्रों के जंगलों में पाई जाती है। कथन (3) सही नहीं है, क्योंकि उत्तर-पूर्वी भारत के हिमाचल की तलहटी में 'गुच्छी' की खेती संभव नहीं है। इसे प्राप्त करने के लिए जंगलों में इसकी खोज करनी होती है।

14 अंतर्राष्ट्रीय प्राकृतिक संरक्षण और प्राकृतिक संसाधन संरक्षण संघ (IUCN) द्वारा प्रकाशित 'रेड डाटा बुक' में निम्नलिखित सूची/सूचियाँ सम्मिलित की जाती है/हैं? *(Chap 16, Class-XI, New NCERT) (IAS Pre 2011)*

1. जैव-विविधता के प्रखर स्थलों (हॉट स्पॉट्स) में विद्यमान स्थानिक पौधों और पशु जातियों की सूची।
2. संकटग्रस्त पौधों और पशु जातियों की सूची।
3. विभिन्न देशों में प्रकृति एवं प्राकृतिक संसाधन संरक्षण हेतु संरक्षित स्थलों की सूची।

कूट

(a) 1 और 3 (b) केवल 2
(c) 2 और 3 (d) केवल 3

उत्तर (b)

व्याख्या अंतर्राष्ट्रीय प्राकृतिक संरक्षण और प्राकृतिक संसाधन संरक्षण संघ (IUCN) विश्व की सभी संकटापन्न पादप तथा जीवों की प्रजातियों के बारे में 'रेड डाटा बुक' प्रकाशित करती है।

इस 'रेड डाटा बुक' में संकटापन्न (Endangered), सुभेद्य (Vulnerable) तथा दुर्लभ (Rare) प्रजातियों के रूप में विलुप्त होते पादपों तथा जीव प्रजातियों की सूची जारी की जाती है।

15 अंतर्राष्ट्रीय प्राकृतिक संरक्षण और प्राकृतिक संसाधन संरक्षण संघ (IUCN) के अनुसार वर्गीकृत प्राणियों के युग्मों में कौन-सा युग्म सही सुमेलित है? *(Chap 2, Class-X, New NCERT)*

1. संकटग्रस्त जातियाँ — ऐसी जातियाँ, जिनके लुप्त होने का खतरा है।
2. दुर्लभ जातियाँ — ऐसी जातियाँ, जिनकी संख्या बहुत कम या सुभेद्य है।
3. सुभेद्य जातियाँ — ऐसी जातियाँ, जिनकी संख्या बढ़ रही है।

कूट

(a) केवल 1 (b) 1 और 2
(c) 2 और 3 (d) 1, 2 और 3

उत्तर (b)

व्याख्या अंतर्राष्ट्रीय प्राकृतिक संरक्षण और प्राकृतिक संसाधन संरक्षण संघ (IUCN) के अनुसार वर्गीकृत प्राणियों के संदर्भ में दिए गए युग्म (1) और (2) सही सुमेलित हैं। IUCN के अनुसार ऐसी जातियाँ जिनके लुप्त होने का खतरा है, संकटग्रस्त जातियाँ कहलाती हैं तथा ऐसी जातियाँ जिनकी संख्या बहुत कम या सुभेद्य है, दुर्लभ जातियाँ कहलाती हैं।

युग्म (3) सही सुमेलित नहीं है, क्योंकि ऐसी जातियाँ जिनकी संख्या पूरी तरह से समाप्त हो चुकी है या समाप्त होने के कगार पर है, उसे सुभेद्य (Vulnerable) जातियाँ कहते हैं।

16 अंतर्राष्ट्रीय प्राकृतिक संरक्षण और प्राकृतिक संसाधन संरक्षण संघ (IUCN) तथा संकटग्रस्त वन्य प्राणिजात और वनस्पतिजात में अंतर्राष्ट्रीय व्यापार परिपाटी (CITES) के संदर्भ में निम्नलिखित कथनों में से कौन-सा/से सही है/हैं? *(Chap 2, Class-VIII, New NCERT) (IAS Pre 2015)*

1. IUCN संयुक्त राष्ट्र का एक अंग है तथा CITES सरकारों के बीच अंतर्राष्ट्रीय करार है।
2. IUCN प्राकृतिक पर्यावरण के बेहतर प्रबंधन के लिए विश्व में हजारों क्षेत्र-परियोजनाएँ चलाता है।
3. CITES उन राज्यों पर वैध रूप से आबद्धकर है, जो इसमें शामिल हुए हैं, लेकिन यह कन्वेंशन राष्ट्रीय विधियों का स्थान नहीं लेता है।

कूट

(a) केवल 1 (b) 2 और 3 (c) 1 और 3 (d) 1, 2 और 3

उत्तर (b)

व्याख्या अंतर्राष्ट्रीय प्राकृतिक संरक्षण और प्राकृतिक संसाधन संरक्षण संघ (IUCN) और संकटग्रस्त वन्य प्राणिजात और वनस्पतिजात में अंतर्राष्ट्रीय व्यापार परिपाटी (Convention on International Trade in Endangered Species, CITES) के संदर्भ में कथन (2) और (3) सही हैं। IUCN एक अंतर्राष्ट्रीय संगठन है। यह संयुक्त राष्ट्र का एक अंग नहीं है। IUCN को संयुक्त राष्ट्र में सलाहकार तथा ऑब्जर्वर का दर्जा दिया गया है जो जैव-विविधता के क्षेत्र में 'संयुक्त राष्ट्र' के प्रयासों को प्रभावित करता है।

17 संकटग्रस्त वन्य प्राणिजात और वनस्पतिजात में अंतर्राष्ट्रीय व्यापार परिपाटी (CITES) के संबंध में कौन-सा कथन सही है?

1. यह विश्व के विभिन्न देशों की सरकारों के बीच एक अंतर्राष्ट्रीय समझौता है। *(Chap 2, Class-VIII, New NCERT)*
2. इसके द्वारा सभी पक्षियों और प्राणियों के व्यापार करने पर प्रतिबंध लगाया गया है।
3. यह केवल पक्षियों की ही सूची तैयार करता है, जिसे खतरा होता है।

कूट

(a) केवल 3 (b) 1 और 2 (c) 2 और 3 (d) 1, 2 और 3

उत्तर (b)

व्याख्या संकटग्रस्त वन्य प्राणिजात एवं वनस्पतिजात में अंतर्राष्ट्रीय व्यापार परिपाटी (CITES) के संबंध में कथन (1) और (2) सही हैं। CITES एक वैश्विक स्तर पर स्थापित विश्व के विभिन्न देशों की सरकारों के बीच एक अंतर्राष्ट्रीय समझौता है। इसके माध्यम से सभी पक्षियों एवं प्राणियों के वैध या अवैध व्यापार को प्रतिबंधित किया गया है।

CITES द्वारा तैयार की गई सूचियों में केवल पक्षियों को ही नहीं, बल्कि समस्त वन्य प्राणिजात व वनस्पतिजात को भी शामिल किया जाता है।

18 **निम्नलिखित युग्मों पर विचार कीजिए**

(Unit 7, Class-XI, Tamil Nadu Board) (IAS Pre 2022)

आर्द्रभूमि/झील		अवस्थान
1. होकेरा आर्द्रभूमि	—	पंजाब
2. रेणुका आर्द्रभूमि	—	हिमाचल प्रदेश
3. रुद्रसागर झील	—	त्रिपुरा
4. सस्थमकोट्टा	—	तमिलनाडु

उपर्युक्त युग्मों में से कितने युग्म सही सुमेलित हैं?

(a) केवल एक (b) केवल दो (c) केवल तीन (d) सभी चारों

उत्तर (d)

व्याख्या दिए गए युग्मों में से केवल दो अर्थात् युग्म (2) और (3) सही सुमेलित हैं।

रेणुका आर्द्रभूमि (रेणुका झील) हिमाचल प्रदेश में स्थित है। यह समुद्रतल से 672 मी की ऊँचाई पर स्थित है। वर्ष 2005 में इसे रामसर साइट के रूप में सूचीबद्ध किया गया था।

रुद्रसागर झील त्रिपुरा में स्थित है, जिसे 'त्वीजिकमा' के नाम से भी जाना जाता है। रामसर कन्वेंशन ने वर्ष 2007 में इसे रामसर आर्द्रभूमि में शामिल किया।

युग्म 1 और 4 सही सुमेलित नहीं हैं, क्योंकि होकेरा आर्द्रभूमि जम्मू-कश्मीर में श्रीनगर के निकट जैन कोट में स्थित है। वर्ष 2005 में इसे रामसर कन्वेंशन सूची में स्थान प्राप्त हुआ था।

सस्थमकोट्टा झील तमिलनाडु में नहीं, बल्कि केरल में स्थित है। इसका कुल क्षेत्रफल 373 हेक्टेयर है। यह केरल की सबसे बड़ी ताजे पानी की झील है। इसे 'झीलों की रानी' उपनाम से भी संबोधित किया जाता है।

19 **अंतर्राष्ट्रीय प्राकृतिक संरक्षण और प्राकृतिक संसाधन संरक्षण संघ (IUCN) के द्वारा पौधों व प्राणियों को विभिन्न वर्गों में वर्गीकृत किया गया है। इससे संबंधित युग्मों में कौन-सा सही सुमेलित है?**

(Chap 2, Class-X, New NCERT)

1. सामान्य जातियाँ	—	कृंतक (रोडेंट्स)
2. स्थानिक जातियाँ	—	निकोबारी कबूतर
3. लुप्त जातियाँ	—	एशियाई चीता

कूट

(a) केवल 2 (b) 1 और 2 (c) 2 और 3 (d) 1, 2 और 3

उत्तर (d)

व्याख्या अंतर्राष्ट्रीय प्राकृतिक संरक्षण और प्राकृतिक संसाधन संरक्षण संघ (IUCN) के द्वारा पौधों व प्राणियों को विभिन्न वर्गों में वर्गीकृत किया गया है। इससे संबंधित सभी युग्म सही सुमेलित हैं। कृंतक (Rodents) को सामान्य जातियों की श्रेणी में और निकोबारी कबूतर को स्थानिक जातियों की श्रेणी में शामिल किया जाता है। एशियाई चीते पूरी तरह विलुप्त हो चुके हैं और इनको लुप्त जातियों की श्रेणी में सम्मिलित किया जाता है।

20 **सूची I तथा सूची II को सुमेलित कीजिए तथा कूट की सहायता से सही उत्तर का चुनाव कीजिए** *(Chap 16, Class-XI, New NCERT)*

सूची-I (संकटापन्न प्रजातियाँ)	सूची-II (स्थान)
A. रेड पांडा	1. दक्षिण पश्चिमी घाट
B. ग्रेट इंडियन बस्टर्ड	2. पूर्वी हिमालय
C. हमबोशिया डेकरेंस बर्ड	3. अगस्त्यमलाई शिखर
D. जेंकेरिया सेबस्टिनी	4. मध्य भारत

कूट

	A	B	C	D		A	B	C	D
(a)	1	2	3	4	(b)	2	4	1	3
(c)	3	1	4	2	(d)	4	3	2	1

उत्तर (b)

व्याख्या सही सुमेलन A-2, B-4, C-1, D-3 है।

रेड पांडा पूर्वी हिमालय में मुख्य रूप से निवास करते हैं। चीन में ये अधि संख्या में मिलते हैं।

ग्रेट इंडियन बस्टर्ड (महान भारतीय सारंग) मुख्य रूप से मध्य भारत में निवा करते हैं। इसे घरेलू बर्ड भी कहा जाता है।

हमबोशिया डेकरेंस बर्ड प्रायद्वीपीय भारत के दक्षिण-पश्चिम घाट क्षेत्र में पा जाता है।

जेंकेरिया सेबेस्टिनी संकटापन्न प्रजाति अगस्त्यमलाई पर्वत शिखर के समीप प जाती है।

21 **जैव-विविधता क्षति के संबंध में निम्न कथनों पर विचार कीजिए**

(Chap 15, Class-XII, New NCERT Bi

1. विलुप्त जातियों में मॉरीशस की डोडो, अफ्रीका की क्वैगा, ऑस्ट्रेलि की थाइलेसिन आदि शामिल हैं।
2. किसी क्षेत्र की जैव-विविधता की हानि से पादप उत्पादकता बढ़ती है।

उपर्युक्त में से कौन-सा/से कथन सही है/हैं?

(a) केवल 1 (b) केवल 2
(c) 1 और 2 दोनों (d) इनमें से कोई नहीं

उत्तर (a)

व्याख्या जैव-विविधता क्षति के संबंध में कथन (1) सही है। विलुप्त जाति में मॉरीशस की डोडो, अफ्रीका की क्वैगा, ऑस्ट्रेलिया की थाइलेसिन शामिल है जिसका उपयोग किसानों द्वारा पशुओं के लिए दर्द निवारक के रूप में ए बुखार के इलाज में किया जाता है।

कथन (2) सही नहीं है, क्योंकि किसी भी क्षेत्र की जैव-विविधता की हानि पादप उत्पादकता में गिरावट दर्ज की जाती है।

22 **सह-विलुप्तता के संबंध में कौन-सा कथन सही है?**

(Chap 15, Class-XII, New NCERT Bio

(a) पारितंत्र की दो पादप जातियों का विलुप्त होना।
(b) एक जीव के विलुप्त होने पर दूसरे जीव की संख्या में वृद्धि होना।
(c) एक जंतु एवं पादप जातियों के विलोपन पर दूसरी आधारित जातियों क विलुप्त होना
(d) पारितंत्र में पौधों की प्रजातियों की संख्या में अचानक वृद्धि होना।

उत्तर (c)

व्याख्या सह-विलुप्तता के संबंध में कथन (c) सही है, क्योंकि जब एक जा विलुप्त होती है, तब उस जाति पर आधारित दूसरे जंतु या पादप जातियाँ भ विलुप्त होने लगती हैं, विलुप्तीकरण की यह प्रक्रिया सह-विलुप्तता कहला है। इसके अतिरिक्त जब एक परपोषी मत्स्य जाति विलुप्त होती है, तब उसव विशिष्ट परजीवी भी विलुप्त हो जाते हैं।

23 **जैव-विविधता के साथ-साथ मनुष्य के परंपरागत जीवन के संरक्षण के लिए सबसे महत्त्वपूर्ण रणनीति निम्नलिखित में से किस एक की स्थापना करने में निहित है?**

(Chap 15, Class-XII, New NCERT Bio) (IAS Pre 2014

(a) जैवमंडल निचय (रिजर्व) (b) वानस्पतिक उद्यान
(c) राष्ट्रीय उपवन (d) वन्यजीव अभयारण्य

उत्तर (a)

व्याख्या जैव-विविधता के साथ-साथ मनुष्य के परंपरागत जीवन के संरक्षण के लिए सबसे महत्त्वपूर्ण रणनीति जैवमण्डल निचय (रिजर्व) की स्थापना करने में निहित है। 'जैवमंडल निचय' (Biosphere Reserve) से अभिप्राय उन बहुउद्देश्य संरक्षित क्षेत्र से है, जहाँ प्रत्येक वनस्पति एवं पादप प्रजाति को प्राकृतिक वातावरण में संरक्षण प्रदान किया जाता है। यह विशेष प्रकार के भौमिक तथा तटीय पारिस्थितिकी-तंत्र है, जिन्हें यूनेस्को के मानव और जीवमंडल कार्यक्रम, 1971 (Man and the Biosphere, MAB) में शामिल किया गया है। जैवमंडल निचय के तीन मुख्य उद्देश्य हैं— संरक्षण, विकास तथा व्यवस्था।

24 निम्नलिखित कथनों पर विचार कीजिए *(Chap 15, Class-XII, New NCERT)*

1. जैव-विविधता हॉट-स्पॉट क्षेत्र में जातीय समृद्धि अधिक, किंतु स्थानिकता (Endemism) कम होती है।
2. विश्व में कुल 25 जैव-विविधता हॉट-स्पॉट की पहचान की गई है।
3. हॉट-स्पॉट त्वरित आवासीय क्षति के क्षेत्र होते हैं।

उपर्युक्त में से कौन-सा/से कथन सही नहीं है/हैं?

(a) केवल 1 (b) 1 और 2
(c) 2 और 3 (d) 1, 2 और 3

उत्तर *(b)*

व्याख्या दिए गए कथनों में से कथन (1) और (2) सही नहीं हैं, क्योंकि पर्यावरणीय संरक्षणकर्ताओं ने अधिकतम सुरक्षा के लिए जैव-विविधता 'हॉट-स्पॉट' चिह्नित किए हैं। जैव-विविधता 'हॉट-स्पॉट' क्षेत्र में जातीय समृद्धि अधिक तथा उच्च स्थानिकता होती है। विश्व में कुल 36 हॉट-स्पॉट चिह्नित किए गए हैं, भारत में इनकी संख्या 4 है।

25 विश्व हॉट-स्पॉट के अंतर्गत शामिल क्षेत्रों के संदर्भ में दिए गए कथनों में कौन-सा कथन सही नहीं है? *(Chap 16, Class-XI, New NCERT)*

(a) मेडागास्कर में पाए जाने वाले कुछ पौधों व जीवों में से 85% पौधे व जीव संसार में कहीं नहीं पाए जाते हैं
(b) हवाई द्वीप पर जनसंख्या वृद्धि के कारण विशेष प्रकार के पादप व जंतु प्रजातियाँ असुरक्षित पाई जाती हैं
(c) 'a' और 'b' दोनों
(d) उपर्युक्त में से कोई नहीं

उत्तर *(b)*

व्याख्या विश्व हॉट-स्पॉट के अंतर्गत शामिल क्षेत्रों के संदर्भ में दिए गए कथनों में से कथन (b) सही नहीं है, क्योंकि हवाई द्वीप पर सक्रिय ज्वालामुखी उद्गार के कारण विशेष प्रकार के पादप एवं जंतु प्रजातियाँ असुरक्षित पाई जाती हैं। इस क्षेत्र में मौनाकी एवं किलुइया जैसे जाग्रत ज्वालामुखी शिखर हैं, जिनकी ऊँचाई तो कम है, लेकिन यहाँ सदैव ज्वालामुखी विस्फोट होता रहता है।

26 निम्नलिखित में से कौन भारत के प्रमुख जैव-विविधता हॉट-स्पॉट हैं? *(Chap 15, Class-XII, New NCERT) (UPPSC Pre 2012)*

1. पूर्वी हिमालय
2. पूर्वी घाट
3. पश्चिमी घाट
4. पश्चिमी हिमालय

कूट

(a) 1 और 2 (b) 1 और 3
(c) 2 और 4 (d) 3 और 4

उत्तर *(b)*

व्याख्या भारत के चार जैव-विविधता 'हॉट-स्पॉट' निम्नलिखित हैं

- पूर्वी हिमालय क्षेत्र में मुख्य रूप से पूर्वोत्तर प्रदेश के राज्य और अराकान-योमा (म्यांमार) की पहाड़ी को सम्मिलित किया जाता है।
- पश्चिमी घाट क्षेत्र मुख्य रूप से उष्णकटिबंधीय सदाबहार क्षेत्र में आता है और यहाँ पर स्तनधारियों, वृक्षों, पक्षियों और सरीसृपों की अधिक प्रजातियाँ पाई जाती हैं।
- भारत-बर्मा
- अंडमान-निकोबार क्षेत्र में बहुत अधिक विविधता पाई जाती है और यहाँ पर मूँगे की चट्टानें भी बहुतायत में पाई जाती हैं।
- पश्चिमी हिमालय तथा पूर्वी घाट भारत के जैव-विविधता 'हॉट स्पॉट' के अंतर्गत नहीं आते हैं।

27 विश्व के प्रमुख हॉट-स्पॉट के संबंध में दिए गए युग्मों में कौन-सा युग्म सुमेलित है? *(Chap 16, Class-XI, New NCERT)*

1. पश्चिमी इक्वाडोर तथा कोलंबियन काको — उत्तर अमेरिका
2. ऊपरी गिनी वन — अफ्रीका
3. क्वींसलैंड क्षेत्र — ऑस्ट्रेलिया

कूट

(a) केवल 1 (b) 1 और 2
(c) 2 और 3 (d) 1, 2 और 3

उत्तर *(c)*

व्याख्या विश्व के प्रमुख हॉट-स्पॉट के संबंध में दिए गए युग्मों में युग्म (2) और (3) सही सुमेलित हैं। ऊपरी गिनी वन क्षेत्र अफ्रीका महाद्वीप के पश्चिमी भाग में स्थित है। क्वींसलैंड क्षेत्र ऑस्ट्रेलिया के उत्तर-पूर्वी भाग में केप मार्क प्रायद्वीपीय क्षेत्र में स्थित है। इस क्षेत्र में उष्णकटिबंधीय जलवायु पाई जाती है। युग्म (1) सही सुमेलित नहीं है, क्योंकि पश्चिमी इक्वाडोर तथा कोलंबियन काको दक्षिण अमेरिकी महाद्वीप के पश्चिमी भाग में, एंडीज पर्वत श्रेणी में स्थित है।

अध्याय 30

राष्ट्रीय पार्क, अभयारण्य एवं बायोस्फीयर रिजर्व

राष्ट्रीय पार्क, अभयारण्य एवं बायोस्फीयर रिजर्व

राष्ट्रीय उद्यान

राष्ट्रीय उद्यान

- प्राकृतिक पर्यावरण को संरक्षित करने के लिए राष्ट्रीय सरकार द्वारा निर्दिष्ट क्षेत्र और पर्याप्त पारिस्थितिक
- भू-आकृति विज्ञान और प्राकृतिक महत्त्व के क्षेत्रों में घोषित किए गए हैं

राज्य	नाम
असम	काजीरंगा राष्ट्रीय उद्यान
अरुणाचल प्रदेश	नामदाफा वन्यजीव अभयारण्य
बिहार	भीमबाँध अभयारण्य
छत्तीसगढ़	इंद्रावती नेशनल पार्क
गुजरात	बालाराम नेशनल पार्क
गोवा	भगवान महावीर नेशनल पार्क
हरियाणा	भिंडावास अभयारण्य
हिमाचल प्रदेश	शिकरी देवी वन्यजीव अभयारण्य
जम्मू-कश्मीर	दाचिग्राम अभयारण्य
झारखंड	तोपचांची अभयारण्य
कर्नाटक	बाँदीपुर नेशनल पार्क
केरल	पारंबिकुलम वन्यजीव अभयारण्य
महाराष्ट्र	बोरीवली नेशनल पार्क
मणिपुर	केबुल लामजाओ नेशनल पार्क
मेघालय	बालपाखरम नेशनल पार्क
पंजाब	अबोहर अभयारण्य
सिक्किम	कंचनजंगा नेशनल पार्क
त्रिपुरा	गुमटी अभयारण्य
उत्तर प्रदेश	चंद्रप्रभा अभयारण्य
उत्तराखंड	फूलों की घाटी नेशनल पार्क
पश्चिम बंगाल	सुंदरबन नेशनल पार्क

अभयारण्य

वन्यजीव अभयारण्य

- ऐसा स्थान जहाँ जानवरों और उनके आवासों की रक्षा की जाती है, यहाँ जानवरों को पकड़ना, वध करना और अवैध शिकार करना सख्त वर्जित है। भिंडवास वन्यजीव अभयारण्य, मानस वन्यजीव अभयारण्य, सत्यमंगलम वन्यजीव अभयारण्य सिमलीपाल वन्यजीव अभयारण्य।

वन्यजीव संरक्षण योजनाएँ

- **बाँध परियोजना**
  - वर्ष 1973 में लॉन्च किया गया, इसका मुख्य उद्देश्य वैज्ञानिक, सांस्कृतिक सौन्दर्य और पारिस्थितिक मूल्यों के लिए भारत में बाघों की व्यवहार्य आबादी के रख-रखाव को सुनिश्चित करना था।
- **प्रोजेक्ट हिम तेंदुआ** अपने प्राकृतिक आवास में अत्यधिक लुप्तप्राय जैसे-प्रजातियों के संरक्षण और सुरक्षा के लिए प्रोजेक्ट हाथी, प्रोजेक्ट राइनों और प्रोजेक्ट टाइगर की तर्ज पर वर्ष 2006 में शुरू किया गया।
- **प्रोजेक्ट हाथी** वर्ष 1992 में जंगली हाथियों की मुक्त आबादी वाले राज्यों की सहायता के लिए इसे शुरू किया गया था, इसका उद्देश्य प्राकृतिक आवास में हाथियों की पहचानी गई व्यवहार्य आबादी के दीर्घकालिक अस्तित्व को सुनिश्चित करना था।
- **प्रोजेक्ट राइनों** इसका उद्देश्य बड़े सींग वाले राइनों (गैंडा) की रक्षा करना है, भारतीय उपमहाद्वीप के मूल निवासी राइनों की आबादी को उनके सींगों के लिए अवैध शिकार से अत्यधिक खतरा है।
- **परियोजना मणिपुर थामिन** मणिपुर परियोजना की लोकटक झील में पाई जाने वाली इस प्रजाति का उद्देश्य संरक्षण और जनसंख्या में वृद्धि करना था।
- **प्रोजेक्ट हंगुल** कश्मीर सरकार द्वारा डब्ल्यू डब्ल्यू एफ (WWF) की सहायता से कश्मीर में लाल हिरण परिवार की एकमात्र जीवित प्रजाति हंगुल, जिसे कश्मीरी हिरण भी कहा जाता है, के संरक्षण के लिए परियोजना शुरू की गई है।

बायोस्फीयर रिजर्व

बायोस्फीयर रिजर्व

- एक अद्वितीय और प्रतिनिधि पारिस्थितिकी तंत्र स्थलीय और तटीय क्षेत्र जिसे अंतर्राष्ट्रीय स्तर पर मान्यता मिली यूनेस्को का एमएबी कार्यक्रम उद्देश्य संरक्षण विकास अनुसंधान हैं, नीलगर्ल बायोस्फीयर रिजर्व, नोवेक बायोस्फीयर रिजर्व, मन्नार की खाड़ी बायोस्फीयर रिजर्व।

भारत में जैव विविधता संरक्षण से जुड़े संस्थान

- **भारतीय वनस्पति सर्वेक्षण** देश के पादप संसाधनों का पता लगाने और आर्थिक गुणों वाले पादप प्रजातियों की पहचान करने के लिए एक शीर्ष अनुसंधान संगठन।
- **भारतीय प्राणीशास्त्रीय सर्वेक्षण** इसका उद्देश्य पशु वर्गीकरण के बारे में हमारे ज्ञान में उन्नति के लिए सर्वेक्षण अन्वेषण, अनुसंधान और दस्तावेजीकरण को बढ़ावा देना है।
- **भारत का वन सर्वेक्षण कोयला** भूमि और वन संसाधनों की बदलती स्थिति की निगरानी के लिए नियमित आधार पर वन सर्वेक्षण, अध्ययन और अनुसंधान करना है।

SOURCE

New NCERT Class-X वन एवं वन्य जीव संरक्षण, New NCERT Class-XI प्राकृतिक वनस्पति (वन्य प्राणी), जैव-विविधता एवं संरक्षण, New NCERT Bio Class-XII जैव-विविधता एवं संरक्षण, NIOS Module-5 जैव-विविधता संरक्षण, Tamil Nadu Board Class-XI जैवमण्डल

1 जैव विविधता संरक्षण के लिए निम्न में से किसे स्वस्थाने संरक्षण के अंतर्गत कानूनी सुरक्षा प्रदान की गई है? *(Chap 15, Class-XII, New NCERT)*

1. राष्ट्रीय उद्यान
2. वन्यजीव अभयारण्य
3. बायोस्फीयर रिजर्व
4. पवित्र उपवन

कूट

(a) 1 और 2 (b) 1, 3 और 4 (c) 1, 2 और 3 (d) ये सभी

उत्तर (d)

व्याख्या जैव विविधता संरक्षण हेतु स्वस्थाने (In-situ) संरक्षण के अंतर्गत राष्ट्रीय उद्यान, वन्यजीव अभयारण्य, बायोस्फीयर रिजर्व एवं पवित्र उपवन सभी को कानूनी सुरक्षा प्रदान की गई है। स्वस्थाने के अंतर्गत ऐसे क्षेत्रों की पहचान की जाती है, जो जैव विविधता के मामले में समृद्ध होते हैं तथा वैधानिक उपायों के माध्यम से ऐसे क्षेत्रों को संरक्षित करते हैं, ऐसे क्षेत्रों का विकास केवल संरक्षण देने के लिए किया जाता है।

2 संकटापन्न जीवों व पादपों की जातियों को परिबद्ध घेरे में रखने के बजाय बाह्य स्थाने पर संरक्षण दिया जाता है। निम्न में से किसकी स्थापना इसी उद्देश्य से की गई है? *(Chap 15, Class-XII, New NCERT)*

1. जंतु उद्यान
2. वनस्पति उद्यान
3. वन्य जीव सफारी पार्क
4. बीज बैंक

कूट

(a) 1 और 4 (b) 2 और 3 (c) 1, 2 और 4 (d) ये सभी

उत्तर (d)

व्याख्या प्रश्नानुसार, बाह्य स्थाने (Ex-situ) की स्थापना जंतु उद्यान, वनस्पति उद्यान, वन्यजीव सफारी पार्क एवं बीज बैंक को संरक्षण देने के उद्देश्य से की स्थापित की गई है। इनके स्वरूप भले ही छोटे होते है, परंतु संकटग्रस्त जीवों को संरक्षित करने में ऐसे संस्थागत संरक्षण केंद्रों की भूमिका भी महत्त्वपूर्ण होती है।

3 भारतीय सीमाओं के भीतर विभिन्न प्रकार की प्रजातियों को बचाने व संरक्षित करने के लिए किस अधिनियम के अंतर्गत राष्ट्रीय उद्यानों व अभयारण्यों की स्थापना की गई? *(Chap 16, Class-XI, New NCERT)*

(a) वन्यजीव सुरक्षा अधिनियम, 1972
(b) पर्यावरण संरक्षण अधिनियम, 1986
(c) राष्ट्रीय वन नीति, 1988
(d) वन्यजीव (संरक्षण) संशोधन अधिनियम, 2002

उत्तर (a)

व्याख्या भारतीय सीमाओं के भीतर विभिन्न प्रकार की प्रजातियों को बचाने एवं संरक्षित करने के लिए वन्यजीव सुरक्षा अधिनियम 1972 के अंतर्गत राष्ट्रीय उद्यानों एवं अभयारण्यों की स्थापना की गई। वर्ष 1972 में प्रथम विश्व पर्यावरण सम्मेलन (स्टॉकहोम) के पश्चात् सम्मेलन के दौरान लिए गए निर्णयों के अनुसार ही इस अधिनियम को अधिनियमित किया गया था, ताकि वन्यजीवों के साथ-साथ पर्यावरण को भी संरक्षित रखा जा सके।

4 वन्य प्राणी अधिनियम, 1972 के संबंध में दिए गए कथनों पर विचार कीजिए *(Chap 5, Class-XI, New NCERT)*

1. यह वन्य प्राणियों के संरक्षण और रक्षण की कानूनी रूपरेखा तैयार करता है।
2. यह नेशनल पार्क को मुख्य रूप से कानूनी सहायता प्रदान करता है।
3. इनमें पौधों की प्रजातियों को बचाने तथा संकटापन्न प्रजातियों के संरक्षण का प्रावधान है।

उपर्युक्त में से कितने कथन सही हैं?

(a) केवल एक (b) केवल दो
(c) सभी तीन (d) इनमें से कोई नहीं

उत्तर (b)

व्याख्या वन्य प्राणी अधिनियम, 1972 के संबंध में केवल दो अर्थात् कथन (1 और 3) सही हैं। यह अधिनियम वन्य प्राणियों के संरक्षण और रक्षण की कानूनी रूपरेखा तैयार करता है। साथ ही पौधों की प्रजातियों को बचाने तथा संकटापन्न प्रजातियों के संरक्षण का विशेष प्रावधान करता है। यह अधिनियम स्टॉकहोम सम्मेलन के बाद क्रियान्वित किया गया था, जिसमें पर्यावरण संरक्षण के साथ-साथ वन्यजीवों को भी संरक्षण प्रदान करने का प्रावधान है।

कथन (2) सही नहीं है, क्योंकि वन्य प्राणी अधिनियम के अंतर्गत राष्ट्रीय पार्कों को विशेष कानूनी सहायता प्रदान नहीं की जाती है।

5 भारत सरकार द्वारा वनस्पतिजात और प्राणिजात के संरक्षण के लिए निम्न में से कौन-सी परियोजनाएँ चलाई जा रही हैं? *(Chap 5, Class-XI, New NCERT)*

1. प्रोजेक्ट टाइगर
2. प्रोजेक्ट एलीफेंट
3. हंगुल परियोजना
4. हिमालय कस्तूरी मृग परियोजना

कूट

(a) 1 और 3 (b) 1, 2 और 4 (c) 1, 2 और 3 (d) ये सभी

उत्तर (d)

व्याख्या भारत सरकार द्वारा वनस्पतिजात एवं प्राणिजात के संरक्षण के लिए प्रोजेक्ट टाइगर, प्रोजेक्ट एलीफेंट, हंगुल परियोजना और हिमालय कस्तूरी मृग परियोजना चलाई जा रही है। प्रोजेक्ट टाइगर वर्ष 1973 में आरंभ किया गया। प्रोजेक्ट एलीफेंट की शुरुआत वर्ष 1992 में की गई थी। भारत में हंगुल परियोजना IUCN (International Union for Conservation Nature) एवं प्रकृति के लिए विश्वव्यापी निधि (World Wide Fund for Nature, WWF) द्वारा संयुक्त रूप से प्रारंभ की गई थी, हंगुल को कश्मीरी स्टैग भी कहा जाता है। 1970 के दशक में भारत में कस्तूरी मृग परियोजना प्रारंभ की गई थी, कस्तूरी केवल नर मृग में ही पाई जाती है।

6 सूची I को सूची II से सुमेलित कीजिए तथा सूचियों के नीचे दिए गए कूट से सही उत्तर चुनिए *(Chap 5, Class-XI, New NCERT)* *(UPPSC Pre 2022)*

सूची-I (जैव-आरक्षित क्षेत्र)	सूची-II (राज्य)
A. मानस	1. मध्य प्रदेश
B. सुंदरबन	2. उत्तर प्रदेश (उत्तराखण्ड)
C. नंदा देवी	3. असम
D. पंचमढ़ी	4. पश्चिम बंगाल

कूट

	A	B	C	D
(a)	3	4	2	1
(b)	4	3	2	1
(c)	1	2	3	4
(d)	2	1	3	4

उत्तर (a)

व्याख्या सही सुमेलन A-3, B-4, C-2, D-1 है।

मानस जैव आरक्षित क्षेत्र असम में स्थित है। इसकी स्थापना वर्ष 1989 में की गई थी। यह बाँध और बाघ संरक्षण के लिए प्रसिद्ध है। इसे युनेस्को द्वारा वर्ष 1985 में विश्व धरोहर स्थल घोषित किया गया। सुंदरबन जैव आरक्षित क्षेत्र रॉयल बंगाल टाइगर के लिए प्रसिद्ध है। सुंदरबन जैव आरक्षित क्षेत्र पश्चिम बंगाल में स्थित है। इसकी स्थापना वर्ष 1989 में हुई थी।

नंदा देवी जैव आरक्षित क्षेत्र (उत्तर प्रदेश) उत्तराखण्ड राज्य में स्थित है। इसकी स्थापना वर्ष 1988 में हुई थी। उस समय उत्तर प्रदेश राज्य का हिस्सा था। पंचमढ़ी जैव आरक्षित क्षेत्र मध्य प्रदेश में स्थित है। इसकी स्थापना वर्ष 1999 में की गई थी।

7 वह कौन-से विशेष प्रकार के भौमिक और तटीय पारिस्थितिक तंत्र हैं, जिन्हें यूनेस्को के मानव और जीवमंडल प्रोग्राम (MAB) के अंतर्गत मान्यता प्राप्त है? *(Chap 5, Class-XI, New NCERT)*

(a) बायोस्फीयर रिजर्व (b) नेशनल पार्क
(c) पक्षी अभयारण्य (d) वन्यजीव अभयारण्य

उत्तर (a)

व्याख्या बायोस्फीयर रिजर्व एक विशेष प्रकार के भौमिक और तटीय पारिस्थितिक तंत्र हैं, जिन्हें यूनेस्को के मानव और जीवमंडल प्रोग्राम (MAB) के अंतर्गत मान्यता प्राप्त है। मानव एवं जीवमंडल कार्यक्रम को वर्ष 1971 में यूनेस्को द्वारा प्रारंभ किया गया था। यह एक अंतर-सरकारी वैज्ञानिक अध्ययन है, जिसका उद्देश्य मानव एवं पर्यावरण के मध्य संबंधों में सुधार लाने हेतु वैज्ञानिक आधार स्थापित करना है। 'जैवमंडल निचय' (बायोस्फीयर रिजर्व) की अवधारणा का विकास वर्ष 1975 में यूनेस्को के मानव व जैवमंडल कार्यक्रम के अंतर्गत हुआ।

8 निम्न कथनों पर विचार कीजिए *(Chap 5, Class-XI, New NCERT)*

1. नीलगिरि जैवमंडल निचय भारत का पहला जीवमंडल निचय है।
2. यहाँ पर दो संकटापन्न प्राणी प्रजातियों, नीलगिरि ताहर और शेर जैसी दुम वाले बंदर की संख्या सबसे अधिक पाई जाती है।

उपर्युक्त में से कौन-सा कथन नीलगिरि जैवमंडल निचय के संबंध में सही है?

(a) केवल 1 (b) केवल 2
(c) 1 और 2 दोनों (d) न तो 1 और न ही 2

उत्तर (c)

व्याख्या नीलगिरि जैवमंडल निचय के संबंध में दोनों कथन सही हैं। नीलगिरि जैवमंडल निचय भारत का पहला जीवमंडल निचय है, जिसकी स्थापना वर्ष 1986 में की गई थी। यहाँ पर दो संकटापन्न प्राणी प्रजातियों, नीलगिरि ताहर और शेर जैसी दुम वाले बंदरों को विशेष रूप से संरक्षण प्रदान किया जाता है। नीलगिरि जैवमंडल निचय तमिलनाडु, कर्नाटक एवं केरल राज्यों में फैला हुआ है।

9 वन्यजीव संरक्षण के बारे में भारतीय विधियों के संदर्भ में, निम्नलिखित कथनों पर विचार कीजिए *(Chap 5, Class-XI, New NCERT) (UPPSC Pre 2022)*

1. वन्यजीव, एकमात्र सरकार की सम्पत्ति है।
2. जब किसी वन्यजीव को संरक्षित घोषित किया जाता है, तो यह जीव चाहे संरक्षित क्षेत्र में हो या उससे बाहर, समान संरक्षण का हकदार है।
3. किसी संरक्षित वन्यजीव के मानव जीवन के लिए खतरा बन जाने की आशंका उस जीव को पकड़ने या मार दिए जाने का पर्याप्त आधार है।

उपर्युक्त कथनों में से कौन-सा/से कथन सही है/हैं?

(a) 1 और 2 (b) केवल 2 (c) 1 और 3 (d) केवल 3

उत्तर (a)

व्याख्या वन्यजीव संरक्षण व भारतीय विधियों के संबंध में कथन (1) और (2) सही हैं।

वन्यजीव, वन तथा पक्षियों के संरक्षण को समवर्ती सूची में शामिल किया गया है। पौधों तथा जानवरों को संरक्षित करने कि लिए वन्यजीव संरक्षण अधिनियम, 1972 को अधिनियमित किया गया है। इसके अंतर्गत शिकार किए गए जंगली जानवर, जानवरों की खाल से बनी वस्तुएँ, भारत में आयात किए गए हाथी के दांत एवं ऐसे हाथी के दांत से बनी वस्तुओं को सरकार की सम्पत्ति माना गया है। वन्यजीव अधिनियम के अंतर्गत सरकार द्वारा राष्ट्रीय तथा राज्य वन्यजीव बोर्ड, केंद्रीय चिड़ियाघर प्राधिकरण तथा बाघ संरक्षण प्राधिकरण; जैसे—निकायों के गठन का प्रावधान है।

वन्यजीव संरक्षण अधिनियम के अंतर्गत संरक्षित क्षेत्रों तथा बाहर पाए जाने वाले जानवरों के बीच भेदभाव नहीं किया जाता है। अतः संरक्षित वन्यजीवों को समान रूप से संरक्षण प्रदान किया जाता है, चाहे वे संरक्षित क्षेत्र में हो या बाहर हों।

कथन (3) सही नहीं है, क्योंकि संरक्षित वन्यजीव का केवल मानव जीवन के लिए खतरा बन जाने की आशंका पर, भय या डर से जीवों को पकड़ने या मारने का पर्याप्त आधार नहीं है।

10 सूची I तथा सूची II को सुमेलित कीजिए तथा कूट की सहायता से सही उत्तर की पहचान कीजिए *(Chap 5, Class-XI, New NCERT)*

सूची-I (जैवमंडल निचय)	सूची-II (राज्य)
A. सिमलीपाल	1. मध्य प्रदेश
B. कंजनजंगा	2. केरल
C. अगस्त्यमलाई	3. ओडिशा
D. अचानकमार अमरकंटक	4. सिक्किम

कूट

	A	B	C	D
(a)	1	2	3	4
(b)	2	1	4	3
(c)	3	4	2	1
(d)	4	3	1	2

उत्तर (c)

व्याख्या सही सुमेलन A-3, B-4, C-2, D-1 है।
सिमलीपाल जैवमंडल निचय ओडिशा राज्य (मयूरभंज जिले) में, कंजनजंगा जैवमंडल निचय सिक्किम राज्य (उत्तर-पश्चिम) में, अगस्त्यमलाई जैवमंडल निचय केरल राज्य (तिरुवनंतपुरम और कोल्लम) में तथा अचानकमार अमरकंटक जैवमंडल निचय मध्य प्रदेश राज्य (अनूपपुर तथा डिंडोरी जिले में) में फैला हुआ है।

11 क्षेत्रफल की दृष्टि से निम्नलिखित जीवमंडल संरक्षण क्षेत्रों का घटता हुआ क्रम क्या होगा? *(Chap 5, Class-XI, New NCERT), (CGPSC Pre 2020)*

(a) सुंदरबन, मन्नार की खाड़ी, पंचमढ़ी, कंचनजंगा
(b) मन्नार की खाड़ी, सुंदरबन, पंचमढ़ी, कंचनजंगा
(c) मन्नार की खाड़ी, सुंदरबन, कंचनजंगा, पंचमढ़ी
(d) सुंदरबन, पंचमढ़ी, कंचनजंगा, मन्नार की खाड़ी,

उत्तर (b)

व्याख्या क्षेत्रफल की दृष्टि से जीवमंडल संरक्षण क्षेत्रों का घटता हुआ क्रम-मन्नार की खाड़ी (10,500 वर्ग किमी), सुंदरबन (9630 वर्ग किमी), पंचमढ़ी (4981.72 वर्ग किमी), कंचनजंगा (2619.92 वर्ग किमी) हैं।

12 निम्न कथनों पर विचार कीजिए *(Chap 5, Class-XI, New NCERT)*

1. नंदा देवी जैवमंडल निचय भारत के सिक्किम राज्य में अवस्थित है।
2. यहाँ प्रजातियों में सिल्वर वुड तथा लैटी फोली जैसे ओरचिड और रोडोडेंड्रॉन मुख्य रूप से पाए जाते हैं।

उपर्युक्त में से कौन-सा कथन नंदा देवी जैवमंडल निचय के संबंध में सही है?

(a) केवल 1 (b) केवल 2
(c) 1 और 2 दोनों (d) न तो 1 और न ही 2

उत्तर (b)

व्याख्या नंदा देवी जैवमंडल निचय के संबंध में कथन (2) सही है। नंदा देवी जैवमंडल निचय में पौधों की प्रजातियों में सिल्वर वुड तथा लैटी फोली जैसे ओरचिड और रोडोडेंड्रॉन मुख्य रूप से पाए जाते हैं।

कथन (1) सही नहीं है, क्योंकि नंदा देवी जैवमंडल निचय भारत के उत्तराखंड राज्य में चमोली, पिथौरागढ़ और अल्मोड़ा जिलों में विस्तृत है, जोकि वर्ष 1998 में स्थापित किया गया था।

13 निम्न में से कौन-सा/से कथन अथवा विशेषताएँ सुंदरबन जैवमंडल निचय के संबंध में सही हैं? *(Chap 5, Class-XI, New NCERT)*

1. यह एक दलदली डेल्टा क्षेत्र है।
2. यह रॉयल बंगाल टाइगर का निवास क्षेत्र है।
3. यहाँ मैंग्रोव वन, अनूप और वनाच्छादित द्वीप पाए जाते हैं।

कूट

(a) केवल 3 (b) 1 और 2 (c) 1 और 3 (d) 1, 2 और 3

उत्तर (d)

व्याख्या सुंदरबन जैवमंडल निचय के संबंध में, दी गई सभी विशेषताएँ सही हैं। सुंदरबन एक दलदलीय डेल्टाई क्षेत्र (गंगा व ब्रह्मपुत्र डेल्टा) में स्थित है। यह रॉयल बंगाल टाइगर का निवास स्थान माना जाता है। यहाँ मैंग्रोव वन, अनूप, और वनाच्छादित द्वीप पाए जाते हैं। यहाँ सुंदरी वृक्ष बहुतायत में पाए जाते हैं, इस कारण इसे सुंदरबन क्षेत्र कहा जाता है।

14 निम्नलिखित जैवमंडल निचय तथा संबंधित राज्यों के युग्मों में से कौन-सा युग्म सही सुमेलित है? *(Chap 5, Class-XI, New NCERT)*

1. कच्छ जैवमंडल निचय — गुजरात
2. शेषाचलम जैवमंडल निचय — आंध्र प्रदेश
3. पन्ना जैवमंडल निचय — मध्य प्रदेश

कूट

(a) केवल 1 (b) केवल 2
(c) 1 और 2 (d) 1, 2 और 3

उत्तर (d)

व्याख्या जैवमंडल निचय तथा संबंधित राज्यों के सम्बन्ध में सभी युग्म सही सुमेलित हैं। कच्छ जैवमंडल निचय गुजरात के राजकोट, सुरेंद्रनगर एवं पाटन जिले में, शेषाचलम जैवमंडल निचय आंध्र प्रदेश के चितूर व कड़प्पा जिले के समीप पूर्वी घाटी की शेषाचलम पहाड़ी श्रृंखला में स्थित है। यह भारत का सबसे बड़ा जैवमंडल निचय है। पन्ना जैवमंडल निचय मध्य प्रदेश के पन्ना एवं छतरपुर जिलों में स्थित है।

15 निम्नलिखित में से कौन-से राष्ट्रीय उद्यान बाघ संरक्षण परियोजना (प्रोजेक्ट टाइगर) के अंतर्गत शामिल हैं? *(Chap 2, Class-X, New NCERT)*

1. सुंदरबन राष्ट्रीय उद्यान 2. बाँधवगढ़ राष्ट्रीय उद्यान
3. कॉर्बेट राष्ट्रीय उद्यान 4. मानस राष्ट्रीय उद्यान

कूट

(a) 1 और 2 (b) 3 और 4
(c) 1, 2 और 3 (d) ये सभी

उत्तर (d)

व्याख्या सुंदरबन राष्ट्रीय उद्यान (पश्चिम बंगाल), बाँधवगढ़ राष्ट्रीय उद्यान (मध्य प्रदेश, उमरिया जिला), कॉर्बेट राष्ट्रीय उद्यान (उत्तराखंड) एवं मानस राष्ट्रीय उद्यान (असम) बाघ संरक्षण परियोजना के अंतर्गत आते हैं। भारत का पहला प्रोजेक्ट टाइगर वर्ष 1973 में उत्तराखंड के जिम कॉर्बेट राष्ट्रीय उद्यान से प्रारंभ किया गया था। वर्तमान समय में भारत में 55 प्रोजेक्ट टाइगर रिजर्व हैं।

16 निम्नलिखित कथनों पर विचार कीजिए *(Chap 2, Class-X, New NCERT)*

1. फूलों की घाटी नेशनल पार्क पूर्णतया शीतोष्ण अल्पाइन क्षेत्र में स्थित है।
2. इंद्रावती राष्ट्रीय उद्यान बस्तर क्षेत्र में स्थित है।
3. 'गोविंद राष्ट्रीय पार्क' मध्य प्रदेश के मंडला जिले में स्थित है।

उपर्युक्त में से कौन-सा/से कथन सही नहीं है/हैं?

(a) 1 और 2 (b) केवल 3
(c) 2 और 3 (d) केवल 2

उत्तर (b)

व्याख्या दिए गए कथनों में से कथन (3) सही नहीं है, क्योंकि 'गोविंद राष्ट्रीय पार्क' मध्य प्रदेश के मंडला जिले में नहीं, बल्कि उत्तराखंड राज्य के उत्तरकाशी जिले में स्थित है। इसे वर्ष 1955 में वन्यजीव अभयारण्य घोषित किया गया था। गोविंद राष्ट्रीय पार्क को वर्ष 1991 में उद्यान घोषित किया गया। इस राष्ट्रीय उद्यान का कुल क्षेत्रफल लगभग 958 वर्ग किमी है। यहाँ से टोंस नदी बहती है, जो उत्तराखंड और हिमाचल प्रदेश राज्यों में बहने वाली यमुना की सहायक नदी है।

कथन (1) और (2) सही हैं। फूलों की घाटी नेशनल पार्क पूर्णतया शीतोष्ण अल्पाइन क्षेत्र में स्थित है। यह उत्तराखंड के चमोली जिले में स्थित है। इसकी स्थापना वर्ष 1982 में की गई थी। इंद्रावती राष्ट्रीय उद्यान छत्तीसगढ़ के बस्तर जिले में स्थित है। इसे वर्ष 1981 में राष्ट्रीय उद्यान तथा वर्ष 1983 में टाइगर रिजर्व घोषित किया गया था।

17 सूची I तथा सूची II को सुमेलित कीजिए तथा कूट की सहायता से सही उत्तर का चुनाव कीजिए। *(Chap 16, Class-XI, New NCERT)*

सूची-I (राष्ट्रीय उद्यान)	सूची-II (राज्य)
A. नामदफा राष्ट्रीय उद्यान	1. अरुणाचल प्रदेश
B. काजीरंगा राष्ट्रीय उद्यान	2. असम
C. बाँदीपुर राष्ट्रीय उद्यान	3. कर्नाटक
D. राजाजी राष्ट्रीय उद्यान	4. उत्तराखंड

कूट

	A	B	C	D
(a)	2	1	3	4
(b)	2	4	1	3
(c)	1	2	3	4
(d)	3	1	4	2

उत्तर (c)

व्याख्या सही सुमेलन A-1, B-2, C-3, D-4 है।

नामदफा राष्ट्रीय उद्यान अरुणाचल प्रदेश में स्थित है। यह पूर्वी हिमालय का बायोडायवर्सिटी हॉट-स्पॉट है। वर्ष 1983 में इसे राष्ट्रीय उद्यान घोषित किया था।

काजीरंगा राष्ट्रीय उद्यान असम में स्थित है। यह राष्ट्रीय उद्यान एक सींग वाले गैंडों के लिए प्रसिद्ध है।

बाँदीपुर राष्ट्रीय उद्यान कर्नाटक राज्य में स्थित है। इसे वर्ष 1973 में 'टाइगर प्रोजेक्ट' में शामिल किया गया था। यह नीलगिरि बायोस्फीयर रिजर्व का भाग है।

राजाजी राष्ट्रीय उद्यान उत्तराखंड में स्थित है। यह शिवालिक पहाड़ियों में स्थित उत्तराखंड के तीन जिलों-हरिद्वार, पौड़ी तथा देहरादून में विस्तृत है।

18 निम्नलिखित में से कौन-सा समुद्री जैव-विविधता के दृष्टिकोण से दुनिया का सबसे समृद्ध क्षेत्र है, जिसमें ज्वारनदमुख, समुद्र तट, निकट-तटीय पर्यावरण के जंगल, समुद्री घास, प्रवाल भित्तियाँ, नमक दलदल और मैंग्रोव के साथ इक्कीस द्वीप शामिल हैं?

(Chap 2, Class-X, New NCERT) (BPSC Pre 2023)

(a) मन्नार की खाड़ी बायोस्फीयर रिजर्व
(b) नंदा देवी बायोस्फीयर रिजर्व
(c) सुंदरबन बायोस्फीयर रिजर्व
(d) नीलगिरि बायोस्फीयर रिजर्व

उत्तर *(a)*

व्याख्या समुद्री जैव-विविधता के दृष्टिकोण से मन्नार की खाड़ी बायोस्फीयर रिज़र्व दुनिया का सबसे समृद्ध क्षेत्र है, जिसमें ज्वारनदमुख, समुद्र तट, निकट-तटीय पर्यावरण के जंगल, समुद्री घास, प्रवाल भित्तियाँ, नमक दलदल और मैंग्रोव के साथ 21 द्वीप शामिल हैं। मन्नार की खाड़ी जीवमंडल आरक्षित क्षेत्र भारत के दक्षिण-पूर्वी सिरे और श्रीलंका के पश्चिमी तट के बीच स्थित है।

19 निम्नलिखित राष्ट्रीय उद्यान एवं संबंधित राज्यों के युग्म समूह में कौन-सा युग्म सही सुमेलित है? *(Chap 16, Class-XI, New NCERT)*

1. वाल्मीकि राष्ट्रीय उद्यान — बिहार
2. गिर राष्ट्रीय उद्यान — गुजरात
3. माधव राष्ट्रीय उद्यान — मध्य प्रदेश

कूट

(a) केवल 1
(b) 1 और 2
(c) 2 और 3
(d) 1, 2 और 3

उत्तर *(d)*

व्याख्या राष्ट्रीय उद्यान एवं संबंधित राज्यों के संदर्भ में सभी युग्म सही सुमेलित हैं। वाल्मीकि राष्ट्रीय उद्यान बिहार में स्थित है। यह बिहार का एकमात्र राष्ट्रीय उद्यान है। यह बिहार के पश्चिमी चंपारण जिले में स्थित है।

गिर राष्ट्रीय उद्यान गुजरात में स्थित है। यह एशियाई सिंहों का एकमात्र निवास स्थान है। इसका विस्तार गुजरात के जूनागढ़, अमरेली तथा गिर सोमनाथ जिलों में है। माधव राष्ट्रीय उद्यान मध्य प्रदेश के शिवपुरी जिले में स्थित है।

21 सूची I तथा सूची II को सुमेलित कीजिए तथा कूट की सहायता से सही उत्तर का चुनाव कीजिए। *(Chap 16, Class-XI, New NCERT)*

सूची-I (पक्षी विहार/पक्षी अभयारण्य)	सूची-II (राज्य)
A. रंगनाथिट्टू पक्षी विहार	1. हरियाणा
B. सलीम अली पक्षी विहार	2. राजस्थान
C. भरतपुर पक्षी अभयारण्य	3. कर्नाटक
D. सुल्तानपुर पक्षी अभयारण्य	4. गोवा

कूट

	A	B	C	D
(a)	1	2	3	4
(b)	3	4	2	1
(c)	4	3	2	1
(d)	2	4	3	1

उत्तर *(b)*

व्याख्या सही सुमेलन A-3, B-4, C-2, D-1 है।

रंगनाथिट्टू पक्षी विहार कर्नाटक के मैसूर जिले में स्थित है। यह राज्य के मांडया जिले में है।

सलीम अली पक्षी विहार गोवा के चिराओ द्वीप में मांडवी नदी के पास स्थित है।

भरतपुर पक्षी विहार, जिसे केवलादेव घाना भी कहते हैं, राजस्थान के भरतपुर जिले में स्थित है।

सुल्तानपुर पक्षी अभयारण्य/विहार हरियाणा के गुरुग्राम जिले में स्थित है। इसे वर्ष 2021 में रामसर आर्द्रभूमि का दर्जा प्रदान किया गया है।

20 निम्नलिखित में से कौन-सा एक नेशनल पार्क ऐसा पार्क है, जो समृद्ध जैव विविधता को बढ़ावा देता है?

(Chap 16, Class-XI, New NCERT)

(a) भीतरकणिका नेशनल पार्क
(b) केवलादेव घाना नेशनल पार्क
(c) सुल्तानपुर नेशनल पार्क
(d) केइबुल लामजाओ नेशनल पार्क

उत्तर *(d)*

व्याख्या पूर्वोत्तर राज्य मणिपुर में स्थित केइबुल लामजाओ नेशनल पार्क ऐसा पार्क है, जो समृद्ध विविधता को बढ़ावा देता है। यह राज्य का एकमात्र ऐसा नेशनल पार्क है, जो झील पर स्थित है। इसे विश्व का एकमात्र तैरता हुआ पार्क माना जाता है। जबकि भीतरकणिका नेशनल पार्क ओडिशा राज्य में, केवलादेव घाना नेशनल पार्क राजस्थान राज्य में, सुल्तानपुर नेशनल पार्क हरियाणा राज्य में स्थित है।

22 जैव-विविधता सम्मेलन वर्ष 1992 के अंतर्गत सुझाए गए जैव विविधता संरक्षण के तरीकों के संबंध में कौन-सा कथन सही है?

(Chap 16, Class-XI, New NCERT)

(a) वन्य प्रजातियों की किस्मों को संरक्षित करना
(b) वन्यजीवों के आवास को चिह्नित कर सुरक्षा सुनिश्चित करना
(c) जीवों व पौधों का अंतर्राष्ट्रीय व्यापार नियमों के अनुरूप करना
(d) उपर्युक्त सभी

उत्तर *(d)*

व्याख्या जैव-विविधता सम्मेलन वर्ष 1992 (पृथ्वी सम्मेलन) के अंतर्गत सुझाए गए जैव-विविधता संरक्षण तरीकों के संबंध में सभी कथन सही हैं। इस सम्मेलन में वन्य प्रजातियों की किस्मों को संरक्षित करने की बात दोहराई गई थी। वन्यजीवों के आवास को चिह्नित कर उनकी सुरक्षा सुनिश्चित करने के प्रति संकल्प पारित किया गया था। साथ ही जीवों व पौधों का अंतर्राष्ट्रीय व्यापार, नियमों के अनुरूप करने के लिए प्रयास पर बल दिया गया था।

23 'गैंगेटिक डॉल्फिन' के संबंध में निम्नलिखित कथनों पर विचार कीजिए *(Chap 15, Class-XII, New NCERT Bio) (BPSC Pre 2023)*

1. गंगा नदी की डॉल्फिन को आई.यू.सी.एन. की रेड लिस्ट के तहत 'लुप्तप्राय' जीव के रूप में वर्गीकृत किया गया है?
2. इसमें कोई क्रिस्टलीय नेत्र लेंस नहीं है, जो इसे प्रभावी रूप से अंधा बना देती है।
3. यह इकोलोकेशन का उपयोग कर आगे बढ़ती है और शिकार करती है।
4. इसे भारत के राष्ट्रीय जलीय जीव के रूप में मान्यता दी गई है।

उपर्युक्त में से कौन-सा/से कथन सही है/हैं?

(a) 1, 2 और 4
(b) 2, 3 और 4
(c) 1, 3 और 4
(d) ये सभी

उत्तर *(d)*

व्याख्या गैंगेटिक डॉल्फिन के संबंध में दिए गए सभी कथन यही हैं।

गंगा नदी की डॉल्फिन को आई.यू.सी.एन. की रेड लिस्ट के तहत लुप्तप्राय जीव के रूप में वर्गीकृत किया गया है।

इसमें कोई क्रिस्टलीय नेत्र लेंस नहीं है, जो इसे प्रभावी ढंग से अंधा बना देता है।

यह इकोलोकेशन का उपयोग कर आगे बढ़ती है और शिकार करती है।

इसे भारत के राष्ट्रीय जलीय जीव के रूप में मान्यता दी गई है।

यह भारत, नेपाल, बांग्लादेश तथा पाकिस्तान में पाई जाती है। यह मुख्यत: गंगा नदी तथा सिंधु नदी के जल में पाई जाती है।

अध्याय 31

जलवायु परिवर्तन, हरितगृह प्रभाव तथा ओजोन क्षरण

जलवायु परिवर्तन, हरितगृह प्रभाव तथा ओजोन क्षरण

जलवायु परिवर्तन

जलवायु परिवर्तन
- समय-समय पर जलवायु संबंधी विशेषताओं में बदलाव देखे गए।

जलवायु परिवर्तन के कारण
- **प्राकृतिक कारण** महाद्वीपीय विस्थापन सौर कलंक (सनस्पॉट) में कमी से वैश्विक तापमान में वृद्धि, ज्वालामुखी तापमान में वृद्धि, गतिविधि आदि।
- **मानवजनित कारण** वनों की कटाई, जीवाश्म ईंधन का जलाना, औद्योगीकरण और शहरीकरण, आधुनिक कृषि पद्धतियाँ आदि।

ग्लोबल वार्मिंग (वैश्विक तापन)
- हवा में कार्बन डाइऑक्साइड की बढ़ी हुई मात्रा ग्लोबल वार्मिंग का कारण बनती है। ग्लोबल वार्मिंग के प्रभाव हैं
  - बर्फ का पिघलना
  - समुद्र के स्तर में वृद्धि
  - महासागरीय धाराओं के परिवर्तन

जलवायु परिवर्तन के प्रभाव को कम करने के उपाय
- कार्बन डाइऑक्साइड का संग्रहण और पृथक्करण।
- कार्बन ऑफसेटिंग
- कार्बन टैक्स ईंधन की कार्बन सामग्री पर लगाया जाता है।

जलवायु परिवर्तन से संबंधित योजना
- राष्ट्रीय सौर योजना
- राष्ट्रीय ग्रीन इंडिया मिशन
- राष्ट्रीय वहनीय पर्यावास मिशन
- राष्ट्रीय जल मिशन
- राष्ट्रीय सतत् कृषि मिशन

हरितगृह प्रभाव

परिचय
- एक प्राकृतिक रूप से घटित होने वाली घटना जो पृथ्वी के निचले वायुमंडल को ढक देती है और उसे खराब कर देती है, जिससे रहने की स्थिति के लिए उपयुक्त तापमान बना रहता है।

ग्रीन हाउस गैसें
- **कार्बन डाइऑक्साइड** अवरक्त विकिरणों को अवशोषित करती है और समतापमंडलीय ओजोन को प्रभावित करती है।
- **मीथेन इन्फ्रारेड** विकिरणों को अवशोषित करती है। क्षोभमंडलीय ओजोन को प्रभावित करती है और कार्बन डाइऑक्साइड पैदा करती है।
- **नाइट्रस ऑक्साइड** अवरक्त विकिरणों को अवशोषित करती है और समतापमंडलीय ओजोन को प्रभावित करती है।
- **ओजोन** (जमीनी परत) पराबैंगनी कारणों और अवरक्त किरणों को अवशोषित करती है।
- **कार्बन मोनोऑक्साइड** समतापमंडलीय ओजोन और हाइड्रोजन चक्र को प्रभावित करती है; कार्बन डाइऑक्साइड का उत्पादन करती है।
- **क्लोरो-फ्लोरोकार्बन** पराबैंगनी और अवरक्त विकिरणों को अवशोषित करता है।
- **जलवाष्प** जल विज्ञान चक्र का एक भाग बनता है।
- **सल्फर डाइऑक्साइड** एरोसोल का निर्माण करती है, जो सौर विकिरण को बिखेरती है।

ओजोन क्षरण

ओजोन परत क्षरण
- ओजोन समतापमंडल में पाई जाने वाली एक महत्त्वपूर्ण गैस है, जो सौर्यिक विकिरण की पराबैंगनी किरणों से पृथ्वी का बचाव करती है।
- यह पृथ्वी पर जीवन को प्रभावित करती है। सी.एफ.सी. जैसे यौगिक ओजोन को नष्ट करते हैं और इसकी कमी का कारण बनते हैं।

ओजोन क्षरण के कारण
- रेफ्रिजरेटर में प्रयुक्त सी.एफ.सी.
- अग्निशामक यंत्रों आदि में प्रयुक्त हैलोजन

नतीजे/परिणाम
- क्षय के कारण पराबैंगनी किरणें क्षोभमंडल में प्रवेश करती हैं, जो डी.एन.ए .को नुकसान पहुँचाती हैं और उत्परिवर्तन का कारण बनती हैं।
- त्वचा की उम्र बढ़ने, त्वचा को नुकसान पहुँचाने का कारण बनती है।

अम्ल वर्षा
- वायुमंडल से अम्ल पृथ्वी की सतह पर जमा हो जाता है।
- **प्रमुख कारण**
  - जीवाश्म ईंधन का जलना
  - वाहन उत्सर्जन
  - प्राकृतिक स्रोत; जैसे- बिजली गिरना, ज्वालामुखी विस्फोट आदि

प्रभाव
- कृषि, पेड़-पौधों के लिए हानिकारक है, क्योंकि यह पोषक तत्त्वों को घोलकर बहा देती है।
- मनुष्य में श्वसन संबंधी रोग उत्पन्न करती है।
- पत्थर और धातु से बनी संरचनाओं और इमारतों को नुकसान।

SOURCE New Bio NCERT Class-XII पर्यावरण के मुद्दे, New NCERT Class-XII भौगोलिक परिप्रेक्ष्य में चयनित कुछ मुद्दे एवं समस्याएँ, Old NCERT Class-IX पृथ्वी का आवरण-वायुमंडल, पर्यावरण पर मनुष्य का प्रभाव, New NCERT Class-XI विश्व की जलवायु एवं जलवायु परिवर्तन, Tamil Nadu Board Biology-Botany Class-XII पर्यावरणीय मुद्दे, NIOS Module-4 वैश्विक पर्यावरणीय मुद्दे

1 निम्नलिखित कथनों पर विचार कीजिए।

(Chap 16 Class-XII, New NCERT)

1. ग्रीनहाउस गैसों की परिकल्पना/संकल्पना जोसेफ फोरियर ने दी थी।
2. ग्रीनहाउस गैसों में जलवाष्प, ग्रीनहाउस प्रभाव के लिए सर्वाधिक जिम्मेदार है।
3. जुगाली करने वाले पशुओं से ग्रीनहाउस गैस का निस्सरण होता है।

उपर्युक्त कथनों में कितने कथन सही है?

(a) केवल एक (b) केवल दो
(c) सभी तीन (d) इनमें से कोई नहीं

उत्तर *(c)*

व्याख्या उपर्युक्त दिए गए कथनों में से तीनों कथन सही हैं। ग्रीनहाउस गैसों की संकल्पना का प्रतिपादन 1824 में जोसेफ फोरियर ने किया था। इन्होंने अपनी प्रयोगशाला में पाया कि कुछ गैसें गर्मी के लिए अपारदर्शी होती हैं, जिसे इन्होंने 'ग्रीनहाउस' गैस नाम दिया। ग्रीनहाउस गैसों में प्राकृतिक रूप से सर्वाधिक जिम्मेदार गैस जलवाष्प है। जलवाष्प, वायुमंडल में सबसे अधिक परिवर्तनशील तथा असमान वितरण वाला घटक है। जलवाष्प पार्थिव विकिरण को अवशोषित कर CO_2 की भाँति हरित गृह प्रभाव उत्पन्न करती है। जुगाली करने वाले पशुओं से मीथेन गैस निस्सरित होती है, जोकि एक प्रभावी ग्रीनहाउस गैस है। प्रमुख ग्रीनहाउस गैसें कार्बन डाइ-ऑक्साइड, ओजोन, नाइट्रस ऑक्साइड, मीथेन, कार्बन मोनोक्साइड, क्लोरो फ्लोरो कार्बन, जलवाष्प, सल्फर डाई-ऑक्साइड आदि हैं।

2 निम्न कथनों में से कौन-सा/से कथन सही है/हैं?

(Chap 16, Class-XII, New NCERT)

1. वायुमंडल में कार्बन डाइ-ऑक्साइड की बढ़ी हुई सांद्रता के कारण बढ़ी हुई पादप वृद्धि 'कार्बन निषेचन' कहलाती है।
2. 'मीथेन हाइड्रेट' के विशाल निक्षेप उत्तरध्रुवीय टुंड्रा में तथा समुद्र अधस्तल के नीचे पाए जाते हैं।
3. जब नाइट्रोजन आधारित उर्वरक प्रयुक्त किए जाते हैं, तब कृष्ट मृदा से नाइट्रस ऑक्साइड का उत्सर्जन होता है।

कूट

(a) 1 और 2 (b) केवल 3 (c) 1, 2 और 3 (d) 1 और 3

उत्तर *(c)*

व्याख्या दिए गए सभी कथन सही हैं। वायुमंडल में कार्बन डाइ-ऑक्साइड की बढ़ी हुई सांद्रता के कारण बढ़ी हुई पादप वृद्धि कार्बन निषेचन कहलाती है।

'मीथेन हाइड्रेट' के विशाल निक्षेप उत्तरध्रुवीय टुंड्रा में तथा समुद्र अध:स्तल के नीचे पाए जाते हैं। मीथेन हाइड्रेट अतिज्वलनशील और उच्च दक्षता वाला ईंधन है, जिसके एक क्यूबिक मीटर यौगिक से 160 क्यूबिक मीटर गैस प्राप्त की जा सकती है। जब खेती में नाइट्रोजन आधारित उर्वरकों का प्रयोग किया जाता है, तो कृष्ट मृदा से नाइट्रस ऑक्साइड का उत्सर्जन होता है, जो ग्लोबल वार्मिंग के लिए जिम्मेदार है।

3 निम्नलिखित कथनों पर विचार कीजिए

(Chap 12, Class-XI, New NCERT)

1. वे गैसें, जो विकिरण की लघु तरंगों का अवशोषण करती हैं, ग्रीनहाउस गैसें कहलाती हैं।
2. ग्रीनहाउस प्रभाव मानव जनित एक घटना है।
3. पृथ्वी की सतह अंतरिक्ष में अवरक्त विकिरण के रूप में ऊष्मा उत्सर्जित करती है।

उपर्युक्त में से कौन-सा/से कथन सही नहीं है/हैं?

(a) केवल 1 (b) 1 और 2
(c) केवल 3 (d) इनमें से कोई नहीं

उत्तर *(b)*

व्याख्या दिए गए कथनों में से कथन (1) और (2) सही नहीं हैं। वे गैसें, जो वायुमंडल में उपस्थित हैं एवं उनमें दीर्घकालिक तरंगों के रूप में सौर्यिक ऊष्मा अवशोषित करने की क्षमता होती है, उसे ग्रीनहाउस गैस कहते हैं। ग्रीनहाउस प्रभाव प्रत्यक्ष रूप से मानव जनित नहीं है, यह प्राकृतिक घटनाओं का परिणाम माना जाता है।

4 ग्रीनहाउस गैस के संदर्भ में निम्नलिखित में से कौन-सा कथन सही है?

(Chap 12, Class-XI, New NCERT)

1. ग्रीनहाउस गैसों में सबसे प्रमुख कार्बन डाइऑक्साइड गैस है।
2. समताप मंडल में पराबैंगनी विकिरण को ओजोन परत अवशोषित करती है।
3. नाइट्रोजन सबसे अधिक प्रभावी ग्रीनहाउस गैस है।

कूट

(a) केवल 1 (b) 1 और 2
(c) 1, 2 और 3 (d) 1 और 3

उत्तर *(b)*

व्याख्या ग्रीनहाउस गैसों के संदर्भ में कथन (1) और (2) सही हैं। ग्रीन हाउस गैसों में सबसे प्रमुख कार्बन डाइऑक्साइड गैस है, जो एक अस्थायी गैस है। समताप मंडल में पराबैंगनी विकिरण को ओजोन परत अवशोषित करती है। कथन (3) सही नहीं है, क्योंकि कार्बन डाइऑक्साइड को सबसे अधिक प्रभावी ग्रीनहाउस गैस माना जाता है न कि नाइट्रोजन को।

5 'जलवायु कार्रवाई ट्रैक्टर (क्लाइमेट एक्शन ट्रैक्टर)' जो विभिन्न देशों के उत्सर्जन अपचयन के लिए दिए गए वचनों की निगरानी करता है, क्या है?

(Chap 15, Class-XI New NCERT)

(UPPSC Pre 2022)

(a) अनुसंधान संगठनों के गठबंधन द्वारा निर्मित डेटाबेस
(b) 'जलवायु परिवर्तन के अंतर्राष्ट्रीय पैनल' का स्कंध (विंग)
(c) 'जलवायु परिवर्तन पर संयुक्त राष्ट्र ढाँचा अभिसमय' के अधीन समिति
(d) संयुक्त राष्ट्र पर्यावरण कार्यक्रम और विश्व बैंक द्वारा संवर्धित और वित्तपोषित एजेंसी

उत्तर *(a)*

व्याख्या 'जलवायु कार्रवाई ट्रैक्टर (क्लाइमेट एक्शन ट्रैक्टर)' अन्तर्राष्ट्रीय समझौतों के संबंध में ग्रीनहाउस गैस उत्सर्जन में कमी लाने के लिए सरकारी कार्रवाई की निगरानी के उद्देश्य से एक शोध का समूह है। यह अनुसंधान संगठनों के गठबंधन द्वारा निर्मित डेटाबेस है।

इसका मुख्य उद्देश्य 2° C से नीचे वार्मिंग को अच्छी तरह से रोकना तथा वार्मिंग को 1.5° C तक सीमित करने के प्रयासों को आगे बढ़ाना है।

6 ग्रीनहाउस गैसों के कारण तापमान में होने वाली वृद्धि से पर्यावरण पर क्या प्रभाव पड़ता है?

(Chap 16, Class-XII, New NCERT)

1. विश्वव्यापी उष्णता में बढ़ोतरी
2. समुद्र के जल स्तर में कमी
3. ध्रुवीय हिमटोपियों का तेजी से पिघलना
4. फसल चक्रों में बढ़ोतरी

कूट

(a) 1 और 2 (b) 1 और 3
(c) 1, 2 और 4 (d) ये सभी

उत्तर *(b)*

व्याख्या ग्रीनहाउस गैसों के कारण तापमान में होने वाली वृद्धि से पर्यावरण पर पड़ने वाले प्रभाव के संदर्भ में कथन (1) और (3) सही है।

ग्रीनहाउस गैसों के कारण विश्वव्यापी उष्णता में व्यापक बढ़ोतरी दर्ज की जाती है तथा ध्रुवीय हिमटोपियाँ तेजी से पिघलने लगती हैं।

कथन (2) और (4) सही नहीं हैं, क्योंकि ध्रुवीय हिमटोपियों के पिघलने से समुद्र के जल स्तर में बढ़ोतरी होती है। जिस कारण मौसम में अनियमित परिवर्तन होने लगते हैं, इससे फसल चक्र पर नकारात्मक प्रभाव पड़ता है। फसल चक्रों में कमी दर्ज की जाती है।

7 जलवायु परिवर्तन के संदर्भ में निम्नलिखित में से कौन-सा कथन सही है? *(Chap 4, Class-IX, New NCERT)*

(a) जलवायु परिवर्तन एक मानव जनित और असतत प्रक्रिया है
(b) राजस्थान मरुस्थल की जलवायु ईसा से लगभग 20,000 वर्ष पूर्व आर्द्र एवं शीतल थी
(c) कैंब्रियन युग के दौरान हिमयुग एवं अंतर हिमयुग की अवधियाँ थीं
(d) वृक्षों के तनों में पाए जाने वाले वलय भी आर्द्र एवं शुष्क युगों की उपस्थिति का संकेत देते हैं

उत्तर (d)
व्याख्या जलवायु परिवर्तन के संदर्भ में कथन (d) सही है। वृक्षों के तनों में पाए जाने वाले वलय भी आर्द्र व शुष्क युगों की उपस्थिति को स्पष्ट कर देते हैं।
कथन (a), (b) और (c) सही नहीं हैं, क्योंकि जलवायु परिवर्तन मानव व प्रकृति जनित एक सतत प्रक्रिया है। राजस्थान की जलवायु ईसा से लगभग 8000 वर्ष पूर्व शीत एवं आर्द्र थी। प्लीस्टोसीन युगांतर के दौरान हिमयुग और अंतर हिमयुग की अवधियाँ रही हैं।

8 निम्नलिखित कथनों पर विचार कीजिए *(Chap 12, Class-XII, New NCERT)*

1. मोमेंटम फॉर चेंज का संबंध जलवायु परिवर्तन से है।
2. जलवायु परिवर्तन से निपटने के लिए UNDP (संयुक्त राष्ट्र विकास कार्यक्रम) के अंतर्गत GCF बोर्ड का गठन किया गया।

उपर्युक्त में से कौन-सा/से कथन सही नहीं है/हैं?

(a) केवल 1 (b) केवल 2
(c) 1 और 2 (d) इनमें से कोई नहीं

उत्तर (b)
व्याख्या दिए गए कथनों में से कथन (2) सही नहीं है, क्योंकि जलवायु परिवर्तन से निपटने के लिए संयुक्त राष्ट्र विकास कार्यक्रम (UNDP) नहीं, बल्कि यूनाइटेड नेशंस फ्रेमवर्क कंवेंशन ऑन क्लाइमेट चेंज (UNFCCC) के अंतर्गत हरित जलवायु निधि (GCF) की स्थापना की गई। यह निधि विकासशील देशों को अनुकूलन एवं न्यूनीकरण प्रक्रियाओं में सहायता प्रदान करने के उद्देश्य से गठित की गई थी।

9 जलवायु परिवर्तन के लिए निम्नलिखित में से कौन-से कारण उत्तरदायी माने जाते हैं? *(Chap 12, Class-XII, New NCERT)*

1. ज्वालामुखी क्रिया 2. सौर कलंकों की गतिविधि
3. ग्रीनहाउस गैसों में बढ़ोतरी

कूट

(a) केवल 1 (b) 2 और 3 (c) 1, 2 और 3 (d) 1 और 2

उत्तर (c)
व्याख्या जलवायु परिवर्तन के लिए निम्न कारण उत्तरदायी हैं, जैसे– ज्वालामुखी क्रिया, सौर कलंकों की गतिविधि एवं ग्रीनहाउस गैसों में बढ़ौतरी आदि। ज्वालामुखी उद्गार के परिणामस्वरूप तप्त लावा के प्रभाव से वायुमंडल का तापमान बढ़ जाता है, जो लंबे समय तक रहता है। सौर कलंक का असर भी जलवायु परिवर्तन पर पड़ता है।

10 ओजोन क्षरण से संबंधित निम्नलिखित कथनों पर विचार कीजिए *(Chap 16, Class-XII, New NCERT)*

1. यह सूर्य से निकलने वाले पराबैंगनी विकिरण को अवशोषित करती है।
2. क्लोरो-फ्लोरो कार्बन को ओजोन क्षरण के लिए प्रमुख हानिकारक गैस माना जाता है।
3. ओजोन क्षरण अंटार्कटिका क्षेत्र में सबसे अधिक है।

उपर्युक्त में से कौन-सा/से कथन सही है/हैं?

(a) 1 और 2
(b) 2 और 3
(c) 1, 2 और 3
(d) 1 और 2

उत्तर (c)
व्याख्या ओजोन क्षरण से संबंधित सभी कथन (1), (2) और (3) सही हैं। ओजोन परत सूर्य से निकलने वाले पराबैंगनी विकिरण को अवशोषित करती है। क्लोरो-फ्लोरो कार्बन को ओजोन क्षरण के लिए प्रमुख हानिकारक गैस माना जाता है। ओजोन क्षरण अंटार्कटिका क्षेत्र में सबसे अधिक विस्तृत है। ओजोन परत को जीवन रक्षक परत माना जाता है।

11 निम्नलिखित कथनों पर विचार कीजिए *(Chap 16, Class-XII, New NCERT)*

1. ओजोन की मोटाई को डॉब्सन यूनिट में मापा जाता है।
2. ओजोन की परत का पतला होना ओजोन छिद्र कहलाता है।

उपर्युक्त में से कौन-सा/से कथन सही है/हैं?

(a) केवल 1
(b) केवल 2
(c) 1 और 2
(d) न तो 1 और न ही 2

उत्तर (c)
व्याख्या दिए गए दोनों कथन (1) और (2) सही हैं।
ओजोन की मोटाई को डॉब्सन इकाई में मापा जाता है। ओजोन की परत का पतला होना ओजोन छिद्र कहलाता है। ओजोन छिद्र के बढ़ने का मुख्य कारण क्लोरोफ्लोरो कार्बन गैस को माना जाता है। ओजोन परत को संरक्षित करने के उद्देश्य से वर्ष 1987 में 'मॉन्ट्रियल प्रस्ताव' पारित किया गया था।

12 निम्नलिखित फसलों में कौन-सी एक, मिथेन और नाइट्रस ऑक्साइड दोनों का सर्वाधिक महत्त्वपूर्ण मानवोद्भवी स्रोत है? *(Chap 14, Module-4, NIOS) (UPSC 2022)*

(a) कपास (b) धान
(c) गन्ना (d) गेहूँ

उत्तर (b)
व्याख्या मेथेन और नाइट्रस ऑक्साइड दोनों का सर्वाधिक महत्वपूर्ण मानवोद्भवी स्रोत धान की फसल है।
मिथेन (CH_4) का मुख्य स्रोत धान की फसल, पशुओं की जुगाली (excreta of Cattle), दीमक, जीवाश्म ईंधनों का दहन, लकड़ी और भूमि भराव स्थल (लैंड फिल साइट) हैं।
नाइट्रस ऑक्साइड का मुख्य स्रोत जीवाश्म ईंधनों का दहन, उर्वरक, फसल अवशेष तथा लकड़ी का जलना है।

अध्याय 32

पर्यावरणीय प्रदूषण

पर्यावरणीय प्रदूषण

परिचय एवं वायु प्रदूषण

पर्यावरण प्रदूषण

- हमारे परिवेश में अवांछित परिवर्तनों का प्रभाव जिसका पौधों, जानवरों और मनुष्यों पर हानिकारक प्रभाव पड़ता है। वे पदार्थ जो प्रदूषण फैलाते हैं, प्रदूषक कहलाते हैं।

वायु प्रदूषण

- यह हवा में अवांछनीय ठोस या गैसीय कणों, कणीय पदार्थों की मात्रा के कारण होता है, जो मानव स्वास्थ्य के लिए हानिकारक होते हैं।
- **प्रभाव**
  - आँख, नाक, गले में जलन, श्वसन संबंधी बीमारियाँ; जैसे-अस्थमा, ब्रोंकाइटिस आदि।
  - वनस्पति, पशुओं, मवेशियों आदि के लिए हानिकारक।
  - अम्ल जमाव एवं अम्ल वर्षा
- **वायु प्रदूषण को नियंत्रित करने के उपाय**
  - ताप विद्युत संयंत्रों में उपयोग किया जाने वाला इलेक्ट्रोस्टैटिक प्रीसिपिटेटर
  - हानिकारक गैसों को हटाने के लिए स्क्रबर
  - हानिकारक गैसों को हटाने के लिए
  - ऑटोमोबाइल में कैटेलिटिक कन्वर्टर लगाए जाएँगे
  - सीसा रहित पेट्रोल या डीजल के उपयोग के साथ-साथ ऑटोमोबाइल का उचित रख-रखाव

मृदा एवं जल प्रदूषण

मृदा प्रदूषण

- मिट्टी में ऐसे पदार्थों का मिश्रण, जो मिट्टी के भौतिक, रासायनिक और जैविक गुणों पर प्रतिकूल प्रभाव डालता है और उसकी उत्पादकता को कम करता है।
- **मृदा प्रदूषण रोकने के उपाय**
  - रासायनिक उर्वरकों और कीटनाशकों का उपयोग कम करना
  - जैव उर्वरकों एवं जैव कीटनाशकों का प्रयोग जैविक खेती

जल प्रदूषण

- मानवीय गतिविधियों से उत्पन्न होकर, जब प्रदूषक विभिन्न तरीकों से सतह या भूजल तक पहुँचते हैं।
- बिंदु स्रोत नगरपालिका अपशिष्ट और औद्योगिक निर्वहन आदि है; गैर-बिंदु स्रोत कृषि अपवाह अम्लीय वर्षा आदि हैं।
- **कारण**
  - रोगजनक जैसे बैक्टीरिया या अन्य जीव जैविक अपशिष्ट और कृषि अपवाह
  - रासायनिक प्रदूषक और भारी धातुएँ; जैसे-निकेल, पारा आदि।
- **जल प्रदूषण को नियंत्रित करने के उपाय**
  - उद्योगों से निकलने वाले पानी के प्रसंस्करण को विनियमित करने के लिए स्वच्छ जल अधिनियम और ऐसे अन्य अधिनियम
  - जल निकायों में तलछट निर्माण की मात्रा को कम करने के लिए मिट्टी के कटाव को रोकना
  - दूषित पानी के उपचार के लिए बायोरेमेडिएशन
  - पानी की गुणवत्ता मापने के लिए जैविक ऑक्सीजन माँग और रासायनिक ऑक्सीजन माँग।

ध्वनि एवं रेडियोधर्मी प्रदूषण

ध्वनि प्रदूषण

- विभिन्न स्रोतों से आने वाले शोर के कारण मनुष्यों के लिए असहनीय और असुविधा की स्थिति।
- मुख्य स्रोत कारखाने, यंत्रीकृत निर्माण, विध्वंस कार्य आदि हैं।
- यह स्थान विशिष्ट है और बढ़ती दूरी के साथ इसकी तीव्रता कम हो जाती है।
- **ध्वनि प्रदूषण रोकने के उपाय**
  - घर और कार्यालय में उपकरणों को बंद करना।
  - शोर मचाने वाली मशीनों का उपयोग करते समय दरवाजा बंद कर दें।
  - शोर स्तर की सीमा का पालन करें।
  - लाउडस्पीकर, बाहरी पार्टियों आदि के उपयोग पर रोक लगाने के लिए सामुदायिक कानून।

रेडियोधर्मी प्रदूषण

- परमाणु रिएक्टरों के उपोत्पाद के रूप में उत्पन्न ईंधन प्रसंस्करण संयंत्र, अस्पताल और अनुसंधान इकाइयाँ।
- परमाणु कचरे के सुरक्षित निपटान, नियमित निगरानी और सुरक्षा उपाय करके इसे रोका जा सकता है।

ठोस अपशिष्ट प्रदूषण

- ठोस अपशिष्ट वह सब कुछ है, जो कूड़े में चला जाता है। यह बायोडिग्रेडेबल कचरा, गैर-बायोडिग्रेडेबल कचरा और पुनर्चक्रण योग्य कचरा हो सकता है।
- लैंफिल्स, खुले डंप, भस्मीकरण संयंत्र, पायरोलिसिस तकनीक आदि बनाकर इसे रोका जा सकता है।

SOURCE Old NCERT Class-IX पर्यावरण पर मनुष्य का प्रभाव, Biology New NCERT Class-XII पर्यावरण के मुद्दे, New NCERT Class-XII भौगोलिक परिप्रेक्ष्य में चयनित कुछ मुद्दे एवं समस्याएँ, Tamil Nadu Board Class-XII Biology-Botany, पर्यावरणीय मुद्दे, NIOS Module-4 पर्यावरणीय प्रदूषण

वायु प्रदूषण

1 **वायु प्रदूषण के लिए निम्न में से कितनी गैस जिम्मेदार हैं?** *(Chap 12, Class-XII, New NCERT)*

1. हाइड्रोकार्बन
2. कार्बन डाइऑक्साइड
3. सीसा
4. एस्बेस्टस

कूट

(a) केवल एक
(b) केवल दो
(c) केवल तीन
(d) ये सभी

उत्तर (d)

व्याख्या वायु प्रदूषण के प्रमुख स्रोत जीवाश्म ईंधन का दहन, खनन तथा उद्योगों से निकली गैस हैं। इनके कारण वायु में सल्फर एवं नाइट्रोजन के ऑक्साइड, हाइड्रोकार्बन, कार्बन डाइऑक्साइड, कार्बन मोनोऑक्साइड सीसा तथा एस्बेस्टस निर्मुक्त होते हैं। ये सभी गैसें वायु प्रदूषण के लिए जिम्मेदार होती हैं।

2 **वायु प्रदूषण के संबंध में निम्नलिखित कथनों पर विचार कीजिए** *(Chap 12, Class-XII, New NCERT)*

1. ऊर्जा के स्रोत के रूप में प्रयुक्त ईंधनों के प्रयोग में वृद्धि के साथ गैसों के उत्सर्जन से वायु प्रदूषित होती है।
2. वायु प्रदूषण के कारण श्वसन तंत्रीय, तंत्रिका तंत्रीय तथा रक्त संचार तंत्र संबंधी बीमारियाँ होती हैं।

उपर्युक्त में से कौन-सा/से कथन सही है/हैं?

(a) केवल 1
(b) केवल 2
(c) 1 और 2
(d) इनमें से कोई नहीं

उत्तर (c)

व्याख्या वायु प्रदूषण के संबंध में दोनों कथन सही हैं। वायु प्रदूषण का सबसे महत्त्वपूर्ण कारक जीवाश्म ईंधनों का दहन है, इस दहन के कारण निर्मुक्त गैसें पर्यावरण को प्रदूषित करती हैं। वायु प्रदूषण के कारण श्वसन तंत्र संबंधी बीमारियाँ उत्पन्न होती हैं। व्यक्ति ब्रोंकाइटिस से ग्रसित हो सकता है। इसके अतिरिक्त फेफड़ों, तंत्रिका तंत्र व रक्त परिसंचरण तंत्र को भी प्रभावित करती है।

3 **पर्यावरण प्रदूषण को नियंत्रित करने एवं इसके संरक्षण के लिए और पर्यावरण की गुणवत्ता सुधारने के लिए भारत सरकार द्वारा कौन-सा कानून लाया गया है?** *(Chap 12, Class-XII, New NCERT)*

(a) पर्यावरण (संरक्षण) अधिनियम, 1986
(b) पर्यावरण (संरक्षण) अधिनियम, 1980
(c) वन (संरक्षण) अधिनियम, 1990
(d) वन संरक्षण और जैव-विविधता अधिनियम, 1996

उत्तर (a)

व्याख्या पर्यावरण प्रदूषण को नियंत्रित करने एवं इसके संरक्षण के लिए और पर्यावरण की गुणवत्ता सुधारने के लिए भारत सरकार ने वर्ष 1986 में पर्यावरण (संरक्षण) अधिनियम बनाया। यह अधिनियम पर्यावरण में विभिन्न प्रदूषकों के अस्तित्व के संबंध में सुरक्षित मानक प्रदान करता है। यह खतरनाक सामग्री के उपयोग पर प्रतिबंध लगाता है।

4 **निम्न कथनों पर विचार कीजिए** *(Chap 16, Class-XII, New NCERT Bio)*

1. भारत में वायु प्रदूषण निरोध एवं नियंत्रण अधिनियम 1981 में लागू हुआ।
2. वर्ष 1987 में अधिनियम को संशोधित कर इसमें शोर को ध्वनि प्रदूषण का कारण माना गया।

उपर्युक्त में से कौन-सा/से कथन सही है/हैं?

(a) केवल 1
(b) केवल 2
(c) 1 और 2
(d) न तो 1 और न ही 2

उत्तर (a)

व्याख्या दिए गए कथनों में से कथन (1) सही है, क्योंकि भारत में वायु प्रदूषण निरोध एवं नियंत्रण अधिनियम 1981 में लागू हुआ, इसका मुख्य उद्देश्य वायु प्रदूषण का निवारण करना है।

कथन (2) सही नहीं है, क्योंकि वर्ष 1987 में संशोधन कर शोर को वायु प्रदूषण के रूप में सम्मिलित किया गया। शोर के कारण ही क्रियात्मक विकार उत्पन्न होते हैं। तनाव का सबसे बड़ा कारण शोर को ही माना जाता है।

5 **वाहन से होने वाले वायु प्रदूषण को नियंत्रित करने के लिए निम्नलिखित में से कौन-से उपाय सही हैं?** *(Chap 16, Class-XII, New NCERT Bio)*

(a) सीसा रहित पेट्रोल और डीजल का प्रयोग
(b) कम गंधक युक्त पेट्रोल और डीजल का प्रयोग
(c) वाहनों में उत्प्रेरक परिवर्तकों का प्रयोग
(d) उपर्युक्त सभी

उत्तर (d)

व्याख्या वाहन से होने वाले वायु प्रदूषण को नियंत्रित करने के लिए सीसा रहित ईंधन (पेट्रोल व डीजल) का उपयोग करना चाहिए, कम गंधक युक्त पेट्रोल और डीजल का उपयोग करना चाहिए। साथ ही वाहनों में उत्प्रेरक परिवर्तकों का प्रयोग करना चाहिए। अत: वायु प्रदूषण को नियंत्रित करने हेतु, ये सभी उपाय कारगर एवं प्रभावी होंगे।

6 **WHO के वायु गुणवत्ता दिशा-निर्देशों के संदर्भ में, निम्नलिखित कथनों पर विचार कीजिए** *(Chap 16, Class-XII, New NCERT Bio) (IAS Pre 2022)*

1. PM 2.5 का 24 घण्टा माध्य $15\mu g/m^3$ से अधिक नहीं बढ़ना चाहिए और PM 2.5 का वार्षिक माध्य $5\mu g/m^3$ से अधिक नहीं बढ़ना चाहिए।
2. किसी वर्ष में, ओजोन प्रदूषण के उच्चतम स्तर प्रतिकूलित मौसम के दौरान होते हैं।
3. PM 10 फेफड़े के अवरोधक का वेधन कर रक्त-प्रवाह में प्रवेश कर सकता है।
4. वायु में अत्यधिक ओजोन, दमा को उत्पन्न कर सकती है।

उपर्युक्त कथनों में से कितने कथन सही हैं?

(a) केवल एक
(b) केवल दो
(c) केवल तीन
(d) ये सभी

उत्तर (b)

व्याख्या दिए गए कथनों में से केवल दो अर्थात् कथन (1) और (4) सही हैं। WHO के वायु गुणवत्ता दिशा-निर्देशों के अनुसार, PM 2.5 का 24 घण्टे का औसत 15 माइक्रोग्राम प्रति घन मीटर से अधिक नहीं होना चाहिए। वायु में अत्यधिक ओजोन मानव स्वास्थ्य पर कुप्रभाव डाल सकती है। यह साँस लेने में समस्या उत्पन्न कर सकती है तथा अस्थमा को ट्रिगर कर सकती है।

कथन (2) और (3) सही नहीं हैं, क्योंकि जमीनी स्तर पर ओजोन फोटोकैमिकल स्मॉग के प्रमुख घटकों में से एक है। ओजोन प्रदूषण का उच्चतम स्तर धूप के मौसम में होता है।

PM 10 (निलंबित कणीय पदार्थ) फेफड़ों में प्रवेश करके गहराई तक जा सकता है, जबकि PM 2.5 (सूक्ष्म कणीय पदार्थ) फेफड़ों में प्रवेश करके रक्त प्रणाली में प्रवेश कर सकता है।

7 **ईंधन के रूप में कोयले का उपयोग करने वाले शक्ति संयंत्रों से प्राप्त 'फ्लाई ऐश' के संदर्भ में निम्नलिखित कथनों में से कौन-सा/से कथन सही है/हैं?**

(Chap 10, Module-4, NIOS) (IAS Pre 2010)

1. फ्लाई ऐश का उपयोग भवन निर्माण के लिए ईंटों के उत्पादन में किया जा सकता है।
2. फ्लाई ऐश का उपयोग कंक्रीट के कुछ पोर्टलैंड सीमेंट अंश के स्थानापन्न (रिप्लेसमेंट) के रूप में किया जा सकता है।
3. फ्लाई ऐश केवल सिलिकॉन डाइऑक्साइड तथा कैल्शियम ऑक्साइड से बनी होती है और इसमें कोई विषाक्त (टॉक्सिक) तत्त्व नहीं होते।

कूट

(a) 1 और 2 (b) केवल 2
(c) 1 और 3 (d) केवल 3

उत्तर (a)

व्याख्या ईंधन के रूप में कोयले का उपयोग करने वाले शक्ति संयंत्रों से प्राप्त 'फ्लाई ऐश' के संदर्भ में कथन (1) और (2) सही हैं।

'फ्लाई ऐश' का उपयोग ईंटों के उत्पादन में तथा कंक्रीट उत्पादन में पोर्टलैंड सीमेंट के स्थानापन्न के रूप में किया जाता है।

'फ्लाई ऐश' कोयले के दहन से उत्पन्न प्रदूषक है। इसमें सूक्ष्म कण उपस्थित होते हैं, जो धुएँ के साथ हवा में तैरते हैं। इसे कोयला आधारित ताप विद्युत घरों से उत्पन्न होने वाले उपोत्पाद से प्राप्त किया जाता है।

कथन (3) सही नहीं है, क्योंकि इसका निर्माण एल्युमीनियम सिलिकेट सिलिकॉन, डाइऑक्साइड (SiO_2) तथा कैल्शियम डाइ-ऑक्साइड (CaO) इत्यादि से होता है। इसमें सीसा, आर्सेनिक कोबाल्ट एवं कॉपर जैसी जहरीली धातुओं के कण पाए जाते हैं।

8 **निम्नलिखित फसलों में कौन-सी एक मीथेन और नाइट्रस ऑक्साइड दोनों का सर्वाधिक महत्त्वपूर्ण मानवोद्भवी स्रोत है?**

(Chap 14, Module-4, NIOS) (IAS Pre 2022)

(a) कपास (b) धान (c) गन्ना (d) गेहूँ

उत्तर (b)

व्याख्या धान, मीथेन और नाइट्रस ऑक्साइड दोनों का सबसे महत्त्वपूर्ण मानवोद्भवी (मानवजनित) स्रोत है।

वर्तमान में धान उत्पादन बड़ी चुनौतियों का सामना कर सहा है, जिसमें सिंचाई के पानी की कमी और चल रहे जलवायु परिवर्तन शामिल हैं। फसल तकनीकों में संशोधन से पैदारवा बढ़ सकती है। पानी की बचत हो सकती है और ग्रीन हाउस उत्सर्जन में कमी आ सकती है।

9 **अम्ल वर्षा किनके द्वारा होने वाले पर्यावरण प्रदूषण के कारण होती है?**

(Chap 11, Class-IX, Old NCERT)
(IAS Pre 2003)

(a) कार्बन डाइऑक्साइड और नाइट्रोजन
(b) कार्बन मोनोऑक्साइड और कार्बन डाइऑक्साइड
(c) ओजोन और कार्बन डाइऑक्साइड
(d) नाइट्रस ऑक्साइड और सल्फर डाइऑक्साइड

उत्तर (d)

व्याख्या अम्ल वर्षा के लिए नाइट्रस ऑक्साइड तथा सल्फर डाइऑक्साइड उत्तरदायी हैं। कोयले और खनिज तेल के जलने से सल्फर डाइऑक्साइड वायुमंडल में उत्सर्जित होती है। मोटरों तथा कारों के धुएँ के साथ नाइट्रोजन ऑक्साइड के अंश वायुमंडल में प्रवेश करते हैं। इन दोनों गैसों के मिश्रण से 'अम्ल वर्षा' होती है, जो वनस्पतियों एवं इमारतों के लिए बेहद हानिकारक है।

जल प्रदूषण

10 **जल प्रदूषण के प्राकृतिक स्रोत निम्नलिखित में से कौन-से हैं?**

(Chap 12, Class-XII, New NCERT)

1. निलंबित कण
2. भूस्खलन
3. अपरदन
4. पेड़-पौधे तथा मृत जीवों के सड़न-गलन

कूट

(a) 1 और 4 (b) 2 और 3
(c) 2, 3 और 4 (d) 1, 2 और 4

उत्तर (c)

व्याख्या जल प्रदूषण के प्राकृतिक स्रोतों के रूप में भूस्खलन, अपरदन तथा पेड़-पौधे तथा मृत जीवों के अपघटित होने को शामिल किया जाता है जबकि इसमें निलंबित कणों को शामिल नहीं किया गया है। निलंबित कणों को छनन क्रिया द्वारा आसानी से अलग किया जा सकता है। जिस कारण जल में अपशिष्टों के जमाव से जल प्रदूषण की समस्या बढ़ जाती है। प्राकृतिक कारणों के अतिरिक्त मानवीय गतिविधियों से भी जल प्रदूषण की समस्या बढ़ जाती है।

11 **निम्नलिखित में से कौन-से भारत के कुछ क्षेत्रों में पीने के जल में प्रदूषक के रूप में पाए जाते हैं?**

(Chap 12, Class-XII, New NCERT) (IAS Pre 2003)

1. आर्सेनिक 2. सारबिटॉल 3. फ्लुओराइड्स
4. फार्मेल्डिहाइड 5. यूरेनियम

कूट

(a) 1 और 3 (b) 2, 4 और 5
(c) 1, 3 और 5 (d) 1, 2, 3, 4 और 5

उत्तर (c)

व्याख्या भारत के कुछ क्षेत्रों में पीने के जल में प्रदूषक के रूप में आर्सेनिक, फ्लुओराइड्स तथा रेडियोधर्मी तत्त्व यूरेनियम के घुले होने के कारण भारी जल प्रदूषण देखने को मिला है।

इन प्रदूषकों के पेयजल में मिलने का कारण नगरीय वाही जल, उद्योगों का विषाक्त कृषि भूमि में बहता जल तथा नाभिकीय संयंत्रों से निकलने वाले उत्सर्जन का जलीय स्रोतों में मिलना है, जो मानव जीवन के लिए संकटपूर्ण है।

12 **जल प्रदूषण के संदर्भ में निम्नलिखित कथनों पर विचार कीजिए।**

(Chap 12, Class-XII, New NCERT)

1. सर्वाधिक जल प्रदूषण लौह इस्पात उद्योग व एल्युमीनियम तथा मोटर यान उद्योग से होता है।
2. कृषि में उपयोग होने वाले जैविक खादों से भी जल प्रदूषण होता है।
3. जल प्रदूषण से डायरिया, हेपेटाइटिस, टाइफाइड (आँतों के कृमि) जैसी बीमारियाँ होती हैं।

उपर्युक्त में से कौन-सा/से कथन सही है/हैं?

(a) केवल 1 (b) केवल 3
(c) 1, 2 और 3 (d) इनमें से कोई नहीं

उत्तर (b)

व्याख्या जल प्रदूषण के संदर्भ में कथन (3) सही है, क्योंकि जल प्रदूषण से डायरिया, हेपेटाइटिस, टाइफाइड (आँतों की कृमि) जैसी बीमारियाँ होती हैं। कथन (1) और (2) सही नहीं हैं, क्योंकि सर्वाधिक जल प्रदूषण चमड़ा, लुग्दी (कागज) एवं वस्त्र उद्योग से होता है, न कि लौह इस्पात व मोटर यान उद्योग से साथ ही कृषि में उपयोग होने वाले जैविक खादों से नहीं, बल्कि रासायनिक उर्वरकों से जल एवं मृदा दोनों प्रदूषित होते हैं।

13 महासागरों में होने वाले जल प्रदूषण के संबंध में निम्नलिखित कथनों पर विचार कीजिए। *(Chap 11, Class-IX, Old NCERT)*

1. तेल वाहक जहाजों से होने वाले तेल रिसाव से
2. तटीय दलदलों व अनूपों में सुपोषण वृद्धि से
3. कारखानों का कूड़ा-कचरा समुद्र में अपवाहित होने से।

उपर्युक्त में से कौन-सा/से कथन असत्य है/हैं?

(a) केवल 1 (b) 2 और 3
(c) केवल 3 (d) इनमें से कोई नहीं

उत्तर (d)

व्याख्या महासागरों में होने वाले जल प्रदूषण के संबंध में कोई भी कथन असत्य है, क्योंकि महासागरों में होने वाले जल प्रदूषण के लिए तेल वाहक जहाजों से होने वाले तेल रिसाव, तटीय दलदलों व अनूपों (Lagoon) में सुपोषण वृद्धि तथा कारखानों का कूड़ा-कचरा समुद्र में अपवाहित करना मुख्य रूप से जिम्मेदार है।

महासागरों में प्रदूषण बढ़ने के लिए अन्य जिम्मेदार कारण है—नदियों एवं वर्षा द्वारा लाया गया सीवेज, कृषि अपशिष्ट कीटनाशक एवं उर्वरक, भारी धातुएँ, प्लास्टिक आदि।

14 गंगा एवं यमुना नदियों में प्रदूषण के स्रोत के संदर्भ में निम्नलिखित में से कौन-सा कथन सही है? *(Chap 12, Class-XII, New NCERT)*

(a) कानपुर नगर में औद्योगिक प्रदूषण के कारण यमुना नदी प्रदूषित होती है
(b) वाराणसी में नगरीय केंद्रों का घरेलू अपशिष्ट गंगा में प्रवाहित होता है
(c) कृषि गतिविधियों के कारण यमुना के जल में उच्च स्तर पर सुपोषणों का प्रवाह होता है
(d) उपर्युक्त में से कोई नहीं

उत्तर (b)

व्याख्या गंगा एवं यमुना नदियों में प्रदूषण के स्रोत के संदर्भ में कथन (b) सही है। वाराणसी में नगरीय केंद्र का घरेलू अपशिष्ट गंगा में प्रवाहित होने के कारण गंगा एक प्रदूषित नदी बनती जा रही है। कानपुर एवं इलाहाबाद के मध्य गंगा नदी में प्रदूषण की मात्रा सबसे अधिक होती है।

कथन (a) और (c) सही नहीं हैं, क्योंकि कानपुर नगर में औद्योगिक प्रदूषण के कारण यमुना नदी प्रदूषित नहीं होती, बल्कि गंगा नदी प्रदूषित होती है।

कृषि गतिविधियों के कारण यमुना नदी में उच्च स्तर पर सुपोषणों (Eutrophication) का प्रवाह होता है।

15 घरेलू वाहित मल और औद्योगिक बहि:स्राव में मुख्यतः कौन-कौन से पदार्थ सम्मिलित होते हैं? *(Chap 16, Class-XII, New NCERT Bio)*

1. निलंबित ठोस पदार्थ
2. कोलाइडी पदार्थ, जीवाणु, वस्त्र और कागज रेशे
3. नाइट्रेट, अमोनिया, फॉस्फेट आदि का विलयन

कूट

(a) 1 और 2 (b) 2 और 3 (c) 1, 2 और 3 (d) 1 और 3

उत्तर (c)

व्याख्या घरेलू वाहित मल और औद्योगिक बहि:स्राव में मुख्यत: निलंबित ठोस पदार्थ, कोलाइडी पदार्थ, जीवाणु, वस्त्र और कागज रेशे के अतिरिक्त नाइट्रेट, अमोनिया, फॉस्फेट आदि के विलयन को शामिल किया जाता है। इन सभी प्रदूषित तत्त्वों के जल में मिल जाने के कारण जल की गुणवत्ता घट जाती है। इसमें घुली हुई ऑक्सीजन की मात्रा भी घट जाती है। औद्योगिक अपशिष्ट के अपवाहित करने से जल का तापमान बढ़ जाता है, जिससे जल में ऑक्सीजन का विलयन कम हो जाता है।

16 'शैवाल प्रस्फुटन' के संबंध में दिए गए कथनों में कौन-सा कथन सही है? *(Chap 16, Class-XII, New NCERT Bio)*

1. जलाशयों में काफी मात्रा में पोषकों की उपस्थिति के कारण प्लवकीय शैवालों की अतिशय वृद्धि शैवाल प्रस्फुटन कहलाती है।
2. इसके कारण जलाशयों की गुणवत्ता में वृद्धि हो जाती है।

कूट

(a) केवल 1
(b) केवल 2
(c) 1 और 2
(d) न तो 1 और न ही 2

उत्तर (a)

व्याख्या 'शैवाल प्रस्फुटन' (Algal bloom) के संबंध में कथन (1) सही है। जलाशयों में जब काफी मात्रा में पोषकों की उपस्थिति के कारण प्लवकीय शैवालों की अतिशय वृद्धि होती है, तो इसे शैवाल प्रस्फुटन कहते हैं।

कथन (2) सही नहीं है, क्योंकि शैवाल प्रस्फुटन के कारण जल में ऑक्सीजन का स्तर घट जाता है, जिसे कारण जलाशयों की गुणवत्ता कम हो जाती है और मछलियाँ मरने लगती हैं।

17 जल प्रदूषण के संदर्भ में निम्नलिखित कथनों पर विचार कीजिए *(Chap 16, Class-XII, New NCERT Bio)*

1. जलकुंभी पादप सबसे अधिक जलीय समस्या उत्पन्न करने वाले जलीय खरपतवार हैं।
2. जलकुंभी को गुजरात का आतंक कहा जाता है।

उपर्युक्त में से कौन-सा/से कथन सही है/हैं?

(a) केवल 1 (b) केवल 2
(c) 1 और 2 (d) इनमें से कोई नहीं

उत्तर (a)

व्याख्या जल प्रदूषण के संबंध में कथन (1) सही है। जलकुंभी (*Eichhornia Crassipes*) पादप सबसे अधिक जलीय समस्या उत्पन्न करने वाले जलीय खरपतवार हैं।

कथन (2) सही नहीं है, क्योंकि इसे 'बंगाल का आतंक' कहा जाता है न कि गुजरात का। ये पादप सुपोषी जलाशयों में काफी वृद्धि करते हैं, इससे जलाशयों में ऑक्सीजन की मात्रा कम हो जाती है।

18 निम्नलिखित कथनों में से कौन-सा/से कथन सही नहीं है/हैं? *(Chap 16, Class XII, New NCERT)*

1. अम्लीय वर्षा चूना-पत्थर से बनी इमारतों से अभिक्रिया करती है।
2. प्रदूषण के नियंत्रण के लिए सुपोषण एक प्रभावी युक्ति है।
3. बादल के जल एवं सल्फर डाइऑक्साइड प्रदूषकों के मध्य प्रतिक्रिया के फलस्वरूप अम्ल वर्षा होती है।
4. सल्फर युक्त कोयले का दहन अम्लीय वर्षा में भागी हो सकता है।

कूट

(a) 1 और 2 (b) 1, 3 और 4
(c) केवल 2 (d) 2 और 3

उत्तर (c)

व्याख्या दिए गए कथनों में से कथन (2) सही नहीं है, क्योंकि प्रदूषण के नियंत्रण के लिए सुपोषण प्रभावी युक्ति नहीं है। सुपोषण से तात्पर्य किसी जलाशय को पोषक तत्त्वों से समृद्ध करना है। सुपोषण प्राय: जलीय तन्त्र में फॉस्फेट युक्त डिटर्जेंटों, उर्वरकों और मलजल के मिलने के कारण उत्पन्न होता है। सुपोषण से जलीय जंतुओं एवं पौधों को ऑक्सीजन की कमी होने लगती है।

19 **सुपोषण के संदर्भ में निम्नलिखित में से कौन-सा/से कथन सही है/हैं?**

(Chap 16, Class-XII, New NCERT Bio)

(UPPSC Pre 2019)

1. यह जल निकाय के पोषक तत्त्व संवर्धन की घटना है।
2. यह जल में घुलित ऑक्सीजन को कम करता है।

कूट

(a) केवल 1
(b) केवल 2
(c) 1 और 2
(d) न तो 1 और न ही 2

उत्तर *(a)*

व्याख्या सुपोषण के संदर्भ में कथन (1) सही है अर्थात् यह जल निकाय के पोषक तत्त्व संवर्धन की घटना है।

सुपोषण किसी झील का प्राकृतिक काल-प्रभावन (Ageing) दर्शाता है। झील जब अधिक उम्र की हो जाती है, तो उसके जल में जैव समृद्धि की प्रक्रिया सामने आती है। पोषक तत्त्वों के बढ़ने से जलीय जीवों की संख्या में वृद्धि होती है। लंबे समय में पोषक तत्त्व नाइट्रेट तथा फॉस्फोरस ही संदूषक बन जाते हैं, जिससे घुलित ऑक्सीजन की मात्रा जल में कम हो जाती है और झील के मरने की प्रक्रिया आरंभ हो जाती है।

20 **जैव रासायनिक ऑक्सीजन माँग किसके लिए एक मानक मापदंड है?** *(Chap 16, Class-XII, New NCERT), (IAS Pre 2017)*

(a) रक्त में ऑक्सीजन का स्तर मापने के लिए
(b) वन पारिस्थितिकी तंत्र में ऑक्सीजन के स्तरों के अभिकलन के लिए
(c) यह जलीय पारिस्थितिकी तंत्रों में प्रदूषण के मापन के लिए एक मानक मापदंड है
(d) उच्च तुंगता क्षेत्रों में ऑक्सीजन स्तरों के आकलन के लिए

उत्तर *(c)*

व्याख्या जैव रासायनिक ऑक्सीजन माँग (Biochemical Oxygen Demand, BOD) कथन (c) के लिए एक मानक मापदंड है। यह जलीय पारिस्थितिकी तंत्रों में प्रदूषण के मापन हेतु एक मानक मापदंड माना जाता है, इससे जल प्रदूषण की मानकता निर्धारित होती है।

BOD, जल प्रदूषण मापने की मुख्य इकाई है। इसका जल में अधिक होना जल के संक्रमित होने को दर्शाता है।

21 **जैव आवर्द्धन (Biomagnification) के संबंध में क्या सही है?**

(Chap 16, Class-XII, New NCERT Bio)

1. यह जलीय तंत्र में क्रमिक पोषण स्तर पर अविषाक्त की सांद्रता में वृद्धि का होना है।
2. इसमें पोषण स्तरों पर अमोनिया की सांद्रता बढ़ जाती है।

कूट

(a) केवल 1
(b) केवल 2
(c) 1 और 2
(d) न तो 1 और न ही 2

उत्तर *(a)*

व्याख्या जैव आवर्द्धन के संबंध में कथन (1) सही है। जैव आवर्द्धन जलीय तंत्र में क्रमिक पोषण स्तर पर अविषाक्त की सांद्रता में वृद्धि होने की प्रक्रिया है। जैव आवर्द्धन की परिघटना का संबंध पारा तथा डीडीटी की सांद्रता का जल में बढ़ने से है।

जीव द्वारा संगृहीत अविषालु पदार्थ उपापचयित या उत्सर्जित नहीं हो सकता है और इस प्रकार यह अगले उच्चतर पोषण स्तर पर पहुँच जाता है।

ध्वनि प्रदूषण

22 **ध्वनि प्रदूषण के संदर्भ में निम्नलिखित में से कौन-सा कथन सही है?**

(Chap 16, Class-XII, New Bio NCERT)

1. किसी स्रोत से उत्पन्न ध्वनि का मानव की सहनीय सीमा से कम और सहज होना ही ध्वनि प्रदूषण है।
2. ध्वनि का स्तर 150 डेसिबल से अधिक हो, तो यह मानव के लिए सहज ध्वनि स्तर है।

कूट

(a) केवल 1 (b) केवल 2
(c) 1 और 2 (d) इनमें से कोई नहीं

उत्तर *(d)*

व्याख्या ध्वनि प्रदूषण के संदर्भ में कोई भी कथन सही नहीं हैं, क्योंकि किसी स्रोत से उत्पन्न ध्वनि का मानव की सहनीय सीमा से कम और असहज होना ही ध्वनि प्रदूषण है। ध्वनि प्रदूषण के कारण मानसिक विकार जैसी गंभीर समस्या उत्पन्न हो जाती है। इसके स्रोतों को दो भागों—मानवीय व प्राकृतिक स्रोतों में विभाजित किया जाता है। ध्वनि का स्तर 150 डेसिबल से अधिक हो, तो यह मानव स्वास्थ्य के लिए असहज ध्वनि स्तर है।

23 **उच्च ध्वनि के प्रमुख स्रोत निम्नलिखित में से कौन-से हैं?**

(Chap 12, Class-XII, New NCERT)

1. औद्योगिक संगठन 2. तीव्रचालित मोटर वाहन
3. कृषि कार्य 4. लाउडस्पीकर

कूट

(a) 1 और 2 (b) 2 और 3 (c) 1, 2 और 4 (d) ये सभी

उत्तर *(c)*

व्याख्या उच्च ध्वनि के प्रमुख स्रोतों में विकल्प (1), (2) और (4) सही हैं। औद्योगिक क्रियाकलापों, तीव्रचालित मोटर वाहन एवं लाउडस्पीकर की तेज आवाज से तीव्र ध्वनि प्रदूषण होता है। एक स्वस्थ मानव के लिए 45 dB तक की आवाजों को सुनना सहज माना जाता है, इससे ऊपर ध्वनि असहज होने लगती है। तीव्र ध्वनि प्रदूषण से व्यक्ति बहरेपन का भी शिकार हो सकता है।

भूमि प्रदूषण एवं नगरीय अपशिष्ट/ठोस अपशिष्ट/ई-अपशिष्ट

24 **भूमि अपरदन के संदर्भ में निम्नलिखित कथनों पर विचार कीजिए।**

(Chap 11, Class-IX, Old NCERT)

1. नगरों द्वारा ठोस कूड़ा-कर्कट के ढेर से भूमि प्रदूषण की समस्या उत्पन्न होती है।
2. अधिक सिंचित प्रदेशों में भूमि निम्नीकरण होता है।
3. अर्द्ध मरुस्थलीय प्रदेशों में पवनों द्वारा उड़ाकर लाए गए बालू से भूमि निम्नीकृत हो जाता है।

उपर्युक्त में से कौन-सा/से कथन सही है/हैं?

(a) केवल 1 (b) 1 और 3 (c) 1, 2 और 3 (d) 2 और 3

उत्तर *(c)*

व्याख्या भूमि अपरदन के संदर्भ में सभी कथन सही हैं। नगरों में अकसर ठोस कूड़े-कर्कट के ढेर, खुले मैदानी भागों में देखने को मिलते हैं, इससे पदार्थों के अघटित होने पर भूमि प्रदूषण की समस्या उत्पन्न होती है।

अधिक सिंचित क्षेत्रों में लवणीकरण जैसी गंभीर समस्या उत्पन्न हो जाती है। इससे जल व मृदा (भूमि) दोनों प्रदूषित हो जाते हैं। अर्द्ध मरुस्थलीय प्रदेशों में पवनों द्वारा उड़ाकर लाए गए बालू से भी भूमि का निम्नीकरण व्यापक पैमाने पर होता है।

5 नगरीय अपशिष्ट के संदर्भ में निम्नलिखित में से कौन-सा कथन सही है? *(Chap 12, Class-XII, New NCERT)*

1. ठोस अपशिष्टों से पर्यावरण प्रदूषण की समस्या नहीं होती है।
2. ठोस अपशिष्ट घरेलू प्रतिष्ठान और व्यावसायिक प्रतिष्ठान से निकलता है।

कूट

(a) केवल 1
(b) केवल 2
(c) 1 और 2 दोनों
(d) उपर्युक्त में से कोई नहीं

उत्तर (b)

व्याख्या नगरीय अपशिष्ट के संदर्भ में कथन (2) सही है, क्योंकि ठोस अपशिष्ट पदार्थ घरेलू प्रतिष्ठानों व व्यावसायिक औद्योगिक प्रतिष्ठानों से निकलते हैं, जो पर्यावरण पर नकारात्मक प्रभाव डालते हैं।

कथन (1) सही नहीं है, क्योंकि ठोस अपशिष्टों से पर्यावरण प्रदूषण की समस्या अवश्य उत्पन्न होती है, जिस कारण मृदा, जल, वायु एवं भूमि प्रदूषित होती है।

26 ठोस अपशिष्ट के निपटान से संबंधित दिए गए कथनों में कौन-सा कथन सही है? *(Chap 16, Class-XII, New NCERT Bio)*

1. सैनिटरी लैंडफिल्स में अपशिष्ट को संहनन (Compaction) के बाद गड्ढे में डाला जाता है।
2. यह अपशिष्ट निपटान का सबसे बेहतर उपाय है।
3. प्लास्टिक एक जैव निम्नीकरण योग्य पदार्थ है।

कूट

(a) केवल 1
(b) 1 और 2
(c) 2 और 3
(d) 1, 2 और 3

उत्तर (a)

व्याख्या ठोस अपशिष्ट निपटान से संबंधित दिए गए कथनों में से कथन (1) सही है। ठोस अपशिष्टों को संहनन के पश्चात् सैनिटरी लैंडफिल्स में दबा देना ठोस अपशिष्टों के निपटान का सबसे सुव्यवस्थित तरीका माना जाता है।

कथन (2) और (3) सही नहीं हैं, क्योंकि इसे ठोस अपशिष्ट निपटान को एक उचित उपाय नहीं माना जाता, बल्कि इससे भौम जल संसाधन के प्रदूषित होने की संभावना बढ़ जाती है। प्लास्टिक एक जैव निम्नीकरण योग्य पदार्थ नहीं है, क्योंकि यह लंबे समय तक अपघटित नहीं होता है।

27 प्लास्टिक के पुनर्चक्रित परिवर्तित पॉलिब्लेड नामक पाउडर एवं उसका मिश्रण बिटुमेन, निम्न में से किस कार्य के लिए उपयोग होता है? *(Chap 16, Class-XII, New NCERT Bio)*

(a) जल प्रदूषण को नियंत्रित करने में
(b) वायु की गुणवत्ता के सुधार में
(c) सड़क निर्माण में
(d) भू निम्नीकरण में

उत्तर (c)

व्याख्या प्लास्टिक के पुनर्चक्रित परिवर्तित पॉलिब्लेड नामक पाउडर एवं उसका मिश्रण बिटुमेन का उपयोग सड़क का निर्माण करने में किया जाता है। भारत में इस तकनीक के माध्यम से सर्वप्रथम जमशेदपुर (झारखंड) में प्लास्टिक युक्त सड़क का निर्माण किया गया है, ऐसे में प्लास्टिक का भी सुनियोजित उपयोग हो सकता है और आधारभूत संरचना का निर्माण भी हो सकता है।

28 निम्नलिखित में से कौन-सा कथन सही है? *(Chap 16, Class-XII, New Biology NCERT)*

(a) ई-अपशिष्ट का एकमात्र उपाय पुनर्चक्रण है
(b) विकसित देशों में ई-अपशिष्ट का केवल निर्यात कर दिया जाता है, उसका पुनर्चक्रण नहीं किया जाता है
(c) न्यूक्लीय अपशिष्ट का विकिरण अति उच्च दर से उत्परिवर्तन होता है
(d) 'a' और 'c' दोनों

उत्तर (d)

व्याख्या दिए गए कथनों में से कथन (a) और (c) दोनों सही हैं। ई-अपशिष्ट का एक मात्र उपाय पुनर्चक्रण है यदि इसे पर्यावरण के अनुकूल या हितैषी तरीके से किया जाए। तो तभी न्यूक्लीय अपशिष्ट का विकिरण अति उच्च दर से उत्परिवर्तन होता है एवं इसका दुष्प्रभाव लंबे समय तक रहता है।

कथन (b) सही नहीं है, क्योंकि विकसित देशों में ई-अपशिष्ट का केवल पुनर्चक्रण के पश्चात् ही निर्यात किया जाता है।

29 निम्न कथनों पर विचार कीजिए *(Chap 16, Class-XII, New NCERT Bio)*

1. एकीकृत जैव खेती चक्रीय एवं शून्य अपशिष्ट (Zero Waste) वाली होती है।
2. इसमें फसल अपशिष्ट का प्रयोग कंपोस्ट बनाने में किया जाता है।

उपर्युक्त में से कौन-सा/से कथन सही है/हैं?

(a) केवल 1
(b) केवल 2
(c) 1 और 2
(d) न तो 1 और न ही 2

उत्तर (c)

व्याख्या दिए गए दोनों कथन दोनों सही हैं। एकीकृत जैव खेती चक्रीय एवं शून्य अपशिष्ट (Zero-waste) वाली होती है अर्थात् पर्यावरणीय क्षति होने की संभावना नहीं के बराबर होती है।

इसमें फसल अपशिष्टों का उपयोग कंपोस्ट बनाने में किया जाता है। इससे मृदा की उर्वर क्षमता बनी रहती है एवं मृदा प्रदूषित नहीं होती है।

30 निम्नलिखित कथनों पर विचार कीजिए *(Chap 16 , Class-XII, New NCERT)*

1. किसी जल क्षेत्र में BOD अधिकता संकेत देती है कि उसका जल सीवेज से प्रदूषित हो रहा है।
2. अपने प्रदूषकों के कारण यमुना नदी 'जैविक मरुस्थल' कहलाती है।
3. जैव ऑक्सीजन माँग (BOD) रक्त में ऑक्सीजन का स्तर मापने के लिए एक मापक इकाई है।

उपर्युक्त में से कितने कथन सही हैं?

(a) केवल एक
(b) केवल दो
(c) केवल तीन
(d) इनमें से कोई नहीं

उत्तर (a)

व्याख्या दिए गए कथनों में से केवल एक अर्थात् कथन (1) सही है। किसी जल क्षेत्र में BOD की अधिकता संकेत देती है कि उसका जल सीवेज से प्रदूषित हो रहा है। BOD जल निकायों में कार्बनिक पदार्थों के अपघटन की प्रक्रिया के लिए सूक्ष्म जीवों द्वारा खपत की गई ऑक्सीजन की मात्रा को मापता है।

कथन (2) और (3) सही नहीं हैं, क्योंकि दामोदर नदी में प्रदूषकों की अधिक मात्रा होने के कारण इसे 'जैविक मरुस्थल' कहा जाता है। यह नदी झारखण्ड की कोयला खदानों और औद्योगिक क्षेत्र में प्रवाहित होती है, जिसके कारण यह देश की सबसे अधिक प्रदूषित नदी है। जैव ऑक्सीजन माँग (BOD) जलीय पारिस्थितिक तंत्रों में प्रदूषण के आमापन के लिए एक मापक इकाई है। कार्बनिक एवं अकार्बनिक अपशिष्टों को जल में घुलनशील होने के लिए जल में उपलब्ध घुलनशील ऑक्सीजन का प्रयोग करते हैं।

31 **निम्नलिखित युग्मों पर विचार कीजिए**

(Chap 16, Class-XII, New NCERT)

प्रवृत्तियाँ		कारण
1. उत्प्रेरक परिवर्तक	–	कणकीय पदार्थ
2. स्थिर वैद्युत अवक्षेपित्र	–	कार्बन मोनोऑक्साइड तथा नाइट्रोजन ऑक्साइड
3. कर्ण मफ (इयर मफ्स)	–	उच्च शोर स्तर
4. लैंड फिल	–	ठोस अवशिष्ट

उपर्युक्त युग्मों में से कितने युग्म सही हैं?

(a) केवल एक (b) केवल दो
(c) केवल तीन (d) सभी चार

उत्तर *(b)*

व्याख्या दिए गए युग्मों में से केवल दो युग्म (3) और (4) सही सुमेलित हैं। कर्ण मफ (इयर मफ्स) उच्च ध्वनि प्रदूषण को रोकने के लिए शहरी क्षेत्रों में 'कर्ण मफ' का प्रयोग किया जाता है।

लैंड फिल का प्रयोग ठोस अपशिष्ट के संघनन (Compaction) के लिए किया जाता है।

युग्म (1) और (2) सही नहीं है, क्योंकि उत्प्रेरक परिवर्तक (Catalytic Convertor) वाहनों के साइलेंसर में लगाए जाते हैं, जिसमें कार्बन मोनोऑक्साइड तथा नाइट्रिक ऑक्साइड को क्रमश: कार्बन डाइ-ऑक्साइड तथा नाइट्रोजन में बदला जाता है।

स्थिर वैद्युत अवक्षेपित्र (Electrostatic Precipitator) ताप विद्युत संयंत्रों के निर्वातक (Exhaust) में से 99% कणिकीय पदार्थों को हटा देता है।

भू-निम्नीकरण

32 **भू-निम्नीकरण के संदर्भ में निम्नलिखित में से कौन-सा कथन सही है?**

(Chap 12, Class-XII, New NCERT)

1. मृदा अपरदन लवणता व भू-क्षारता इसका प्रमुख कारण है।
2. मरुस्थलीय, बंजर, चट्टानी क्षेत्र व तीव्र ढाल वाली भूमि मुख्यत: प्राकृतिक कारकों द्वारा घटित होती हैं।

कूट

(a) केवल 1 (b) केवल 2
(c) 1 और 2 (d) इनमें से कोई नहीं

उत्तर *(c)*

व्याख्या भू-निम्नीकरण के संदर्भ में दोनों कथन सही हैं। भू-निम्नीकरण का मुख्य कारण मृदा अपरदन, मृदा लवणता एवं मृदा क्षारीयता का बढ़ना है। इससे मृदा की संरचना और स्वरूप (रासायनिक एवं भौतिक) में अंतर आ जाता है। मृदा अनुर्वर होने लगती है। पंजाब व हरियाणा के अधिकांश क्षेत्र इस समस्या से ग्रसित हैं। भू-निम्नीकरण के संदर्भ में मरुस्थलीय बंजर चट्टानी क्षेत्र व तीव्र ढाल वाली भूमि मुख्यत: प्राकृतिक कारकों द्वारा घटित होती हैं।

33 **'संक्रामक (इंवेसिव) जीव-जाति (स्पीशीज) विशेषज्ञ समूह' (जो वैश्विक संक्रामक जीव-जाति डेटाबेस विकसित करता है) निम्नलिखित में से किस एक संगठन से सम्बन्धित है?**

(Unit 8, Class-XII, Bio-Botany Tamil Nadu Board) (IAS Pre 2023)

(a) अंतर्राष्ट्रीय प्रकृति संरक्षण संघ (इंटरनेशनल यूनियन फॉर कंज़र्वेशन ऑफ नेचर)
(b) संयुक्त राष्ट्र पर्यावरण कार्यक्रम (यूनाइटेड नेशंस एनवाइरमेंट प्रोग्राम)
(c) संयुक्त राष्ट्र का पर्यावरण एवं विकास पर विश्व आयोग (यूनाइटेड नेशंस वर्ल्ड कमीशन फॉर एंवाइरमेंट एंड डेवेलमेंट)
(d) प्रकृति के लिए विश्वव्यापी निधि (वर्ल्डवाइड फंड फॉर नेचर)

उत्तर *(a)*

व्याख्या 'संक्रामक (इंवेसिव) जीव-जाति (स्पीशीज) विशेषज्ञ समूह' (जो वैश्विक संक्रामक जीव-जाति डेटाबेस विकसित करता है) अंतर्राष्ट्रीय प्रकृति संरक्षण संघ (इंटरनेशनल यूनियन फॉर कंजर्वेशन ऑफ नेचर) से संबंधित है। अंतर्राष्ट्रीय प्रकृति संरक्षण संघ (IUCN) सचिवालय और जातीय उत्तरजीविता (सरवाइवल) आयोग 'संक्रामक' जीव-जाति विशेषज्ञ समूह' सभी चरणों में संक्रामक विदेशी प्रजातियों और उनके प्रभावों से निपटने के लिए मिलकर काम करते हैं, जिसमें आवश्यक डाटा और विशेषज्ञता प्रदान करने से लेकर जमीनी स्तर पर कार्रवाई तक शामिल है।

संक्रामक जाति विशेषज्ञ समूह विश्व भर में आक्रामक प्रजातियों की जानकारी और ज्ञान के आदान-प्रदान को बढ़ावा देता है और सुविधा प्रदान करता है।

अध्याय 33

सतत विकास

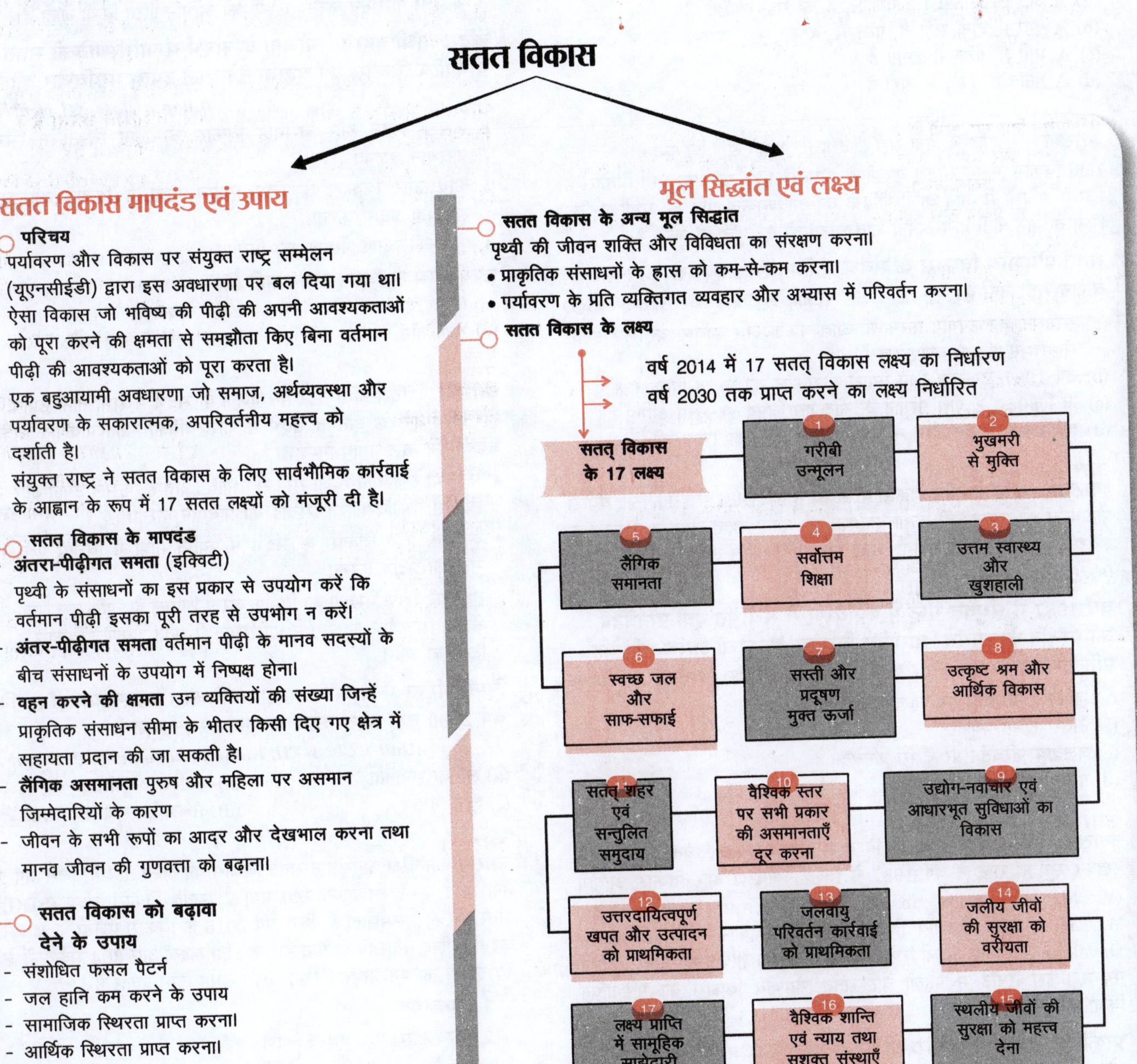

SOURCE New NCERT Class-VIII संसाधन, New NCERT Class-XII भारत के संदर्भ में नियोजन और सतत पोषणीय विकास, New NCERT Class-X संसाधन एवं विकास, Tamil Nadu Board Class-XII सतत विकास, NIOS Module-6 सतत विकास की अवधारणा

1 **निम्न कथन (A) व कारण (R) को पढ़िए और नीचे दिए गए कूट की सहायता से सही उत्तर का चयन कीजिए।** *(Chap 9, Class-XII, New NCERT) (UPPSC Pre 2019)*

कथन (A) सतत विकास मानव समाज के कल्याण हेतु महत्त्वपूर्ण है।

कारण (R) सतत विकास से अभिप्राय ऐसे विकास से है, जो भावी पीढ़ियों की आवश्यकताएँ पूरी करने की योग्यता को प्रभावित किए बिना वर्तमान समय की आवश्यकता पूरी करें।

कूट

(a) A और R दोनों सही हैं तथा R, A की सही व्याख्या है

(b) A और R दोनों सही हैं, परंतु R, A की सही व्याख्या नहीं है

(c) A सही है, किंतु R गलत है

(d) A गलत है, किंतु R सही है

उत्तर (a)

व्याख्या A और R दोनों सही हैं तथा R, A की सही व्याख्या है। सतत विकास मानव समाज कल्याण से संबंधित है। यह एक ऐसा विकास है, जिसमें भविष्य में आने वाली पीढ़ियों की आवश्यकता पूर्ति को प्रभावित किए बिना वर्तमान पीढ़ी द्वारा अपनी आवश्यकताओं की पूर्ति की जाती है।

2 **सतत पोषणीय विकास के संबंध में निम्नलिखित में से कौन-सा कथन सही नहीं है?** *(Chap 9, Class-XII, New NCERT)*

(a) संसाधनों का उपयोग करने की आवश्यकता और भविष्य के लिए उनके संरक्षण में संतुलन बनाए रखना

(b) वर्ष 1987 में इसके लिए क्योटो प्रोटोकॉल को प्रस्तुत किया गया

(c) 'द लिमिट्स टू ग्रोथ' रिपोर्ट के बाद इस विषय पर चर्चा आरंभ हुई

(d) वर्ष 1968 में एहरलिच ने 'द पॉपुलेशन बम' की रचना की

उत्तर (b)

व्याख्या सतत पोषणीय विकास के संबंध में वर्ष 1987 में इसके लिए क्योटो प्रोटोकॉल को प्रस्तुत नहीं किया गया था। इस प्रकार सतत पोषणीय विकास के संबंध में कथन (b) सही नहीं है। सतत पोषणीय विकास के संबंध में शेष कथन (a), (c) तथा (d) सही हैं।

3 **वर्ष 1987 में संयुक्त राष्ट्र में पर्यावरण से संबंधित एक प्रतिवेदन की प्रस्तुति के उपरांत 'धारणीय विकास' पर चर्चा आरंभ हुई। यह प्रतिवेदन था** *(Chap 9, Class-XII, New NCERT) (UPPSC Pre 2020)*

(a) जलवायु परिवर्तन पर पहला प्रतिवेदन

(b) अवर कॉमन फ्यूचर

(c) जलवायु परिवर्तन पर दूसरा प्रतिवेदन

(d) पाँचवाँ मूल्यांकन प्रतिवेदन

उत्तर (b)

व्याख्या पर्यावरणीय मुद्दों पर विश्व समुदाय की बढ़ती चिंता को ध्यान में रखकर संयुक्त राष्ट्र ने वर्ष 1987 में विश्व पर्यावरण और विकास आयोग (World Commission on Environment and Development, WCED) ने सतत पोषणीय विकास (धारणीय विकास) (Sustainable Development) पर अपनी रिपोर्ट पेश की, जिसका शीर्षक था-'अवर कॉमन फ्यूचर'। इस रिपोर्ट में पहली बार सतत पोषणीय विकास को परिभाषित किया गया।

4 **प्राकृतिक संसाधनों के संरक्षण के अंतर्गत किए जा रहे सतत पोषणीय विकास के सिद्धांतों के संबंध में कौन-सा कथन सही है?** *(Chap 1, Class-VIII, New NCERT)*

1. मानव जीवन की गुणवत्ता को बढ़ाना।
2. पृथ्वी की जीवन शक्ति और विविधता का संरक्षण करना।
3. पर्यावरण के प्रति व्यक्तिगत व्यवहार और अभ्यास में परिवर्तन।

कूट

(a) केवल 1 (b) 1 और 2

(c) 2 और 3 (d) 1, 2 और 3

उत्तर (d)

व्याख्या प्राकृतिक संसाधनों के संरक्षण के अन्तर्गत किए जा रहे सतत पोषणीय विकास के सिद्धांतों के संबंध में सभी कथन सही हैं। सतत पोषणीय विकास के अंतर्गत मानव जीवन की गुणवत्ता को बढ़ाना, पृथ्वी की जीवन शक्ति और विविधता का संरक्षण करना तथा पर्यावरण के प्रति व्यक्तिगत व्यवहार और अभ्यास में परिवर्तन करना, लक्ष्यों को अभिनिर्धारित किया जाता है।

5 **इंदिरा गाँधी नहर परियोजना के संदर्भ में पारिस्थितिकी सतत पोषणीय विकास को बढ़ावा देने वाले उपाय पर विचार कीजिए** *(Chap 9, Class-XII, New NCERT)*

1. फसल उगाने और चरागाह विकास के लिए विस्तारित सिंचाई का प्रावधान करना।
2. कृषि और विकास के लिए पर्याप्त मात्रा में वित्तीय और संस्थागत सहायता प्रदान करना।
3. वृक्षों की रक्षण मेखला का निर्माण

उपर्युक्त में से कितने कथन सही हैं?

(a) केवल एक (b) केवल दो

(c) सभी तीन (d) इनमें से कोई नहीं

उत्तर (c)

व्याख्या इंदिरा गाँधी नहर परियोजना के संदर्भ में सभी तीनों उपाय सही हैं। इस परियोजना के अंतर्गत संदर्भ में पारिस्थितिकी सतत पोषणीय विकास को बढ़ावा देने वाले उपाय निम्न हैं

- पश्चिमी राजस्थान में जो सूखे से प्रभावित क्षेत्र हैं, फसल उगाने और चरागाह विकास हेतु विस्तारित सिंचाई का प्रावधान करना।
- कृषि के लिए विकास के संदर्भ में पर्याप्त मात्रा में वित्तीय एवं संस्थागत सहायता प्रदान करना।
- वृक्षों की रक्षण मेखला का निर्माण करना शामिल है, ताकि इस सूखा प्रभावित क्षेत्र में सिंचाई के माध्यम से पारिस्थितिकी सतत पोषणीय विकास को बढ़ावा दिया जा सके।

6 **निम्नलिखित में से कौन-सा सतत विकास का लक्ष्य नहीं है, जिसे वर्ष 2030 तक प्राप्त करने का लक्ष्य रखा गया है?** *(Unit 7, Class-XII, Tamil Nadu Board) (UPPSC Pre 2023)*

(a) लैंगिक समानता (b) अंतरिक्ष अनुसंधान

(c) शून्य भूख (d) अच्छा स्वास्थ्य एवं भलाई

उत्तर (b)

व्याख्या अंतरिक्ष अनुसंधान सतत विकास का लक्ष्य नहीं है, जिसे वर्ष 2030 तक प्राप्त करने का लक्ष्य रखा गया है। सतत विकास लक्ष्य (SDG) एक अंतर-सरकारी समझौता है, जिसे वर्ष 2015 के विकास एजेंडा के रूप में कार्य करने के लिए तैयार किया गया है। यह 169 लक्ष्यों और 304 संकेतकों के साथ 17 लक्ष्यों का एक समूह है। 17 लक्ष्य समूह निम्न प्रकार हैं

1. शून्य भूख
2. अच्छा स्वास्थ्य एवं कल्याण
3. गुणवत्तापूर्ण शिक्षा
4. लैंगिक समानता
5. स्वच्छ जल एवं स्वच्छता
6. सस्ती एवं स्वच्छ ऊर्जा
7. सभ्य कार्य एवं आर्थिक विकास

8. उद्योग
9. नवाचार व बुनियादी ढाँचा
10. असमानताओं को कम करना
11. टिकाऊ शहर एवं समुदाय
12. जिम्मेदार खपत एवं उत्पादन
13. जलवाय कार्यवाही
14. भूमि पर जीवन
15. शान्ति
16. न्याय एवं मजबूत संस्थाएँ
17. लक्ष्यों के लिए साझेदारी।

7 सूची I को सूची II से सुमेलित कीजिए और सूचियों के नीचे दिए गए कूट से सही उत्तर चुनिए

(Unit 12, Class-XII, Tamil Nadu Board) (UPPSC Pre 2022)

सूची I (सतत् विकास लक्ष्य) (SDG)		सूची II (संबंधित है)	
A.	SDG 10	1.	जलवायु परिवर्तन
B.	SDG 13	2.	भूमि पर जीवन
C.	SDG 14	3.	असमानताओं में कमी
D.	SDG 15	4.	जल के नीचे जीवन

कूट

	A	B	C	D		A	B	C	D
(a)	3	1	4	2	(b)	2	3	1	4
(c)	3	2	4	1	(d)	1	2	3	4

उत्तर (a)

व्याख्या सही सुमेलन A-3, B-1, C-4, D-2 है।

सतत् विकास लक्ष्य (SDG 10) वैश्विक स्तर पर सभी असमानता, देशों के बीच और भीतर असमानता को कम करने से संबंधित है।

सतत् विकास लक्ष्य (SDG 13) जलवायु परिवर्तन और उसके प्रभावों से निपटने के लिए तत्काल कार्रवाई करने से संबंधित है।

सतत् विकास लक्ष्य (SDG 14) जल के नीचे जीवन से संबंधित है। इसमें महासागरों, समुद्रों, समुद्री जीवों एवं संसाधनो के संरक्षण और उपयोग पर ध्यान केन्द्रित किया गया है।

सतत् विकास लक्ष्य (SDG 15) भूमि पर जीवन अर्थात् सतत् उपयोग को बढ़ावा देने वाले स्थलीय प्राकृतिक प्रणालियों, सुरक्षित जगंलों, भूमि क्षरण और जैव-विविधता के बढ़ते नुकसान को रोकने से संबंधित है।

8 निम्न में से कौन-सा कथन सतत विकास लक्ष्य (एजेंडा-21) उद्देश्यों के संबंध में सही है? *(Chap 1, Class-X, New NCERT)*

1. सबको खाद्य, स्वच्छ जल व सामाजिक सुरक्षा प्रदान करना।
2. विकासशील देशों में गरीबी, राजनीतिक सुरक्षा एवं आर्थिक सुरक्षा निवारण, व जनसंख्या सरकारी रोजगार नियंत्रण को बढ़ावा देना।

कूट

(a) केवल 1 (b) केवल 2
(c) 1 और 2 (d) न तो 1 और न ही 2

उत्तर (d)

व्याख्या सतत विकास लक्ष्य (एजेंडा-21) उद्देश्यों के संबंध में कोई भी सही नहीं है। एजेंडा-21 का उद्देश्य वैश्विक सतत विकास को प्राप्त करना है न कि केवल विकासशील देशों में। समान हितों, पारस्परिक आवश्यकताओं तथा सम्मिलित जिम्मेदारी के अनुसार, विश्व सहयोग के द्वारा पर्यावरणीय क्षति, गरीबी और रोगों से निपटना है। इसके लिए स्थानीय निकायों को स्थानीय एजेंडा-21 के निर्माण का दायित्व दिया गया है।

9 समाचारों में कभी-कभी दिखने वाले एजेंडा-21 के सन्दर्भ में निम्नलिखित कथनों पर विचार कीजए

(Chap 1, Class-X, New NCERT) (IAS Pre 2016)

1. यह धारणीय विकास के लिए एक वैश्विक कार्य योजना है।
2. वर्ष 2002 में जोहान्सबर्ग में हुए धारणीय विकास पर विश्व शिखर सम्मेलन में इसकी उत्पत्ति हुई।

उपर्युक्त कथनों में से कौन-सा/से कथन सही है/हैं?

(a) केवल 1 (b) केवल 2
(c) 1 और 2 (d) न तो 1 और न ही 2

उत्तर (a)

व्याख्या समाचारों में कभी-कभी दिखने वाले एजेंडा-21 के संदर्भ में कथन (1) सही है।

एजेंडा-21 धारणीय विकास के लिए एक वैश्विक कार्य योजना बनाती है। एजेंडा-21 गरीबी स्वास्थ्य वित्तीय संसाधन मानवीय व्यवस्थापन प्रौद्योगिकी अंतरण आदि विषयों से संबंधित है। इसके माध्यम से पर्यावरणीय क्षति को रोकने, गरीबी, आर्थिक असमानता, प्रदूषण, नियंत्रण तथा वैश्विक सतत विकास के लक्ष्यों की प्राप्ति पर बल दिया गया है, जिसमें नीतियों के क्रियान्वयन पर विशेष बल दिया गया है।

कथन (2) सही नहीं है, क्योंकि वर्ष 2002 में जोहान्सबर्ग में हुए धारणीय विकास पर विश्व शिखर सम्मेलन में इसकी उत्पत्ति नहीं हुई थी, बल्कि वर्ष 1992 में आयोजित रियो सम्मेलन के दौरान एजेंडा-21 को अपनाया गया था।

एजेण्डा 21 वैश्विक, राष्ट्रीय तथा स्थानीय स्तर पर संयुक्त राष्ट्र (UN) के संगठनों देशों की सरकारों तथा प्रमुख पर्यावरणीय समूहों द्वारा पर्यावरण पर मानव प्रभाव की समझने की एक व्यापक योजना है। एजेंडा 21 को चार खण्डों और 40 अध्यायों में विभाजित किया गया है।

10 निम्नलिखित में से कौन-सा सतत् विकास का लक्ष्य नहीं है, जिसे वर्ष 2030 तक प्राप्त करने का लक्ष्य रखा गया है?

(Chap 1, Class-X, New NCERT) (UPPSC Pre 2023)

(a) लैंगिक समानता (b) अन्तरिक्ष अनुसंधान
(c) शून्य भूख (d) अच्छा स्वास्थ्य एवं भलाई

उत्तर (b)

व्याख्या अन्तरिक्ष अनुसंधान सतत् विकास का लक्ष्य नहीं है, जिसे वर्ष 2030 तक प्राप्त करने का लक्ष्य रखा गया है। सतत् विकास लक्ष्य (SDG) एक अंतर-सरकारी समझौता है, जिसे वर्ष 2015 के विकास एजेंडा के रूप में कार्य करने के लिए तैयार किया गया है। यह 169 लक्ष्यों और 304 संकेतकों के साथ 17 लक्ष्यों का एक समूह है। 17 लक्ष्य समूह निम्न प्रकार है

1. शून्य भूख, 2. अच्छा स्वास्थ्य एवं कल्याण, 3. गुणवत्तापूर्ण शिक्षा 4. लैंगिक समानता, 5. स्वच्छ जल एवं स्वच्छता, 6. सस्ती एवं स्वच्छ ऊर्जा, 7. सभ्य कार्य एवं आर्थिक विकास, 8. उद्योग, 9. नवाचार व बुनियादी ढाँचा, 10. असमानताओं को कम करना, 11. टिकाऊ शहर एवं समुदाय, 12. जिम्मेदार खपत एवं उत्पादन, 13. जलवायु कार्यवाही 14. भूमि पर जीवन, 15. शांति, 16. न्याय एवं मजबूत संस्थाएँ, 17. लक्ष्यों के लिए साझेदारी।

अध्याय 34

आपदा एवं आपदा प्रबंधन

आपदा एवं आपदा प्रबंधन

प्राकृतिक आपदाएँ

परिचय

- प्राकृतिक आपदा किसी प्राकृतिक खतरे की घटना के पश्चात् समाज या समुदाय पर पड़ने वाला अत्यधिक हानिकारक प्रभाव है। प्राकृतिक आपदाएँ निम्न हैं :-

भूकंप

- सबसे अप्रत्याशित और अत्यधिक विनाशकारी; टेक्टोनिक भूकंप (पृथ्वी की गति के कारण) और ज्वालामुखी भूकंप (ज्वालामुखीय गतिविधियों के कारण) भी हो सकते हैं।

- **भूकंप क्षेत्र**
  - जोन-I अति उच्च क्षति जोखिम क्षेत्र
  - जोन-II उच्च क्षति जोखिम क्षेत्र
  - जोन-III मध्यम क्षति जोखिम क्षेत्र
  - जोन-इन-कम क्षति जोखिम क्षेत्र
  - जोन-V-बहुत कम क्षति जोखिम वाला क्षेत्र

भूस्खलन

- बड़े पैमाने पर चट्टानों का तेजी से खिसकना, मुख्य रूप से मैक्रो, क्षेत्रीय या अत्यधिक स्थानीय कारकों द्वारा नियंत्रित होता है।

सुनामी

- समुद्री भूकंपीय तरंगों के रूप में जाना जाता है, भूकंप या ज्वालामुखी विस्फोट के कारण समुद्र के पानी का अचानक विस्थापन

बाढ़

- चैनलों में पानी बढ़ने और उसके फैलने से भूमि और मानव बस्तियों में बाढ़ आना, ऐसा तब होता है, जब सतही बहाव के रूप में पानी, नदियों और नालों की वहन क्षमता से अधिक हो जाता है।

सूखा

- अपर्याप्त वर्षा, वाष्पीकरण की अत्यधिक दर और जलाशयों या अन्य भंडारणों से पानी के अत्यधिक उपयोग के कारण लंबे समय तक पानी की कमी।

मानव-निर्मित आपदाएँ

परिचय

- इन आपदाओं की उत्पत्ति मानवीय क्रियाकलापों से संबंधित होती है।
- कुछ मानवीय गतिविधियाँ प्रत्यक्ष रूप से इन आपदाओं के लिए उत्तरदायी हैं, जिनमें शामिल हैं

भोपाल गैस त्रासदी

- 3 दिसंबर, 1984 को भोपाल में स्थित यूनियन कार्बाइड नामक कंपनी के कारखाने से मिथाइल आइसोसाइनेट नामक जहरीली गैस के रिसाव ने व्यापक प्रभाव डाला।
- इसके फलस्वरूप मानवीय गतिविधियाँ प्रभावित हुईं और लोग अपंगता एवं अंधेपन का शिकार हुए, यह घटना भोपाल गैस त्रासदी के नाम से जानी जाती है।

चेर्नोबिल नाभिकीय घटना

26 अप्रैल, 1986 में यूक्रेन में हुए परमाणु रिएक्टर विस्फोट से फैले विकिरण से लगभग आधा यूक्रेन प्रभावित हुआ।

- इसे मानव इतिहास की सबसे बड़ी औद्योगिक दुर्घटना माना जाता है।

फुकूशिमा दुर्घटना

- जापान के फुकूशिमा शहर में 11 मार्च, 2011 को हुई परमाणु रिएक्टर दुर्घटना के पश्चात् विषैले रासायनिक पदार्थों के रिसाव ने सामान्य लोगों के जीवन को वृहत पैमाने पर प्रभावित किया।

भारत में आपदा प्रबंधन

भारत में आपदा प्रबंधन

- प्राकृतिक आपदाओं के लिए योजना बनाने और प्रतिक्रिया देने की प्रक्रिया इसमें आपदाओं से होने वाले नुकसान को कम करने के लिए संसाधनों का समन्वय शामिल है।

आपदा प्रबंधन के चरण

- आपदा-पूर्व प्रबंधन में डेटा तैयार करना शामिल है। आपदाओं के बारे में जानकारी, संवेदनशील क्षेत्र की तैयारी मानचित्रण और जागरूकता फैलाना।
- आपदा के दौरान, बचाव और राहत कार्य जैसे निकासी, आश्रयों का निर्माण और राहत शिविर आदि शामिल हैं।
- आपदा के बाद के प्रबंधन में क्षमता निर्माण के साथ-साथ पीड़ितों का पुनर्वास और पुनर्प्राप्ति शामिल है।

आपदा प्रबंधन के लिए सरकार की महत्त्वपूर्ण पहल

राष्ट्रीय आपदा प्रबंधन नीति, 2009

- सुरक्षित और आपदा प्रतिरोधी भारत के निर्माण की दृष्टि से प्राकृतिक और मानव निर्मित आपदाओं के कारण जीवन, आजीविका और संपत्ति को होने वाले नुकसान को कम करना है।

राष्ट्रीय आपदा प्रबंधन योजना, 2016

- आपदा प्रबंधन के सभी चरणों; जैसे- रोकथाम, शमन, प्रतिक्रिया और रिकवरी को शामिल किया गया है।
- सरकार की सभी एजेंसियों और विभागों के बीच क्षैतिज और ऊर्ध्वाधर एकीकरण प्रदान करता है।

SOURCE New NCERT Class-XI प्राकृतिक संकट तथा आपदाएँ, NIOS Module-4 आपदाएँ और उनका प्रबंधन, Tamil Nadu Board Class-XII मानव निर्मित आपदाएँ-आपदा जोखिम न्यूनीकरण के लिए जन जागरूकता

1 'आपदा' के संबंध में निम्न में से कौन-सा कथन सही नहीं है?
(Chap 7, Class-XI, New NCERT)

(a) आपदा एक अनपेक्षित घटना होती है, जो ऐसी ताकतों से होती है, जो मानव नियंत्रण में नहीं होती है
(b) आपदाएँ प्राकृतिक प्रभाव से उत्पन्न होती हैं और मानव इसमें अप्रत्यक्ष रूप से सहायक होते हैं
(c) प्राकृतिक आपदाएँ, प्राकृतिक संकट की तुलना में तीव्रता से घटित होती हैं
(d) वर्तमान में प्राकृतिक आपदाओं एवं प्राकृतिक संकटों के अवगमन में परिवर्तन आया है।

उत्तर (b)

व्याख्या 'आपदा' के संबंध में कथन (b) सही नहीं है। आपदाएँ प्राकृतिक प्रभाव से उत्पन्न होती हैं, परंतु मानव इसमें अप्रत्यक्ष रूप से नहीं, बल्कि प्रत्यक्ष रूप से सहायक होते हैं। मानव ने अपनी गतिविधियों के माध्यम से ऐसी परिस्थितियाँ उत्पन्न कर दी हैं, जिस कारण प्राकृतिक आपदा एक गंभीर चुनौती बन गई है।

आपदा एक अनपेक्षित घटना होती है, जो ऐसी ताकतों से होती है, जो मानव नियंत्रण में नहीं होती हैं। यह तीव्रता से घटित होने वाली घटनाएँ हैं। वर्तमान परिदृश्य में प्राकृतिक आपदाओं एवं प्राकृतिक संकट के अवगमन में व्यापक परिवर्तन आया है।

2 निम्नलिखित कथनों में कौन-सा कथन सही है?
(Chap-6, Class-XI, New NCERT)

1. आकाशीय बिजली 10-20 एम्पीयर धारा उत्पन्न करती है।
2. आकाशीय बिजली का तापमान 9982.2°C होता है।
3. औसतन एक लाख लोग दुनिया में बिजली गिरने से मरते हैं।

कूट

(a) केवल 1 (b) 1 और 2 (c) केवल 3 (d) 2 और 3

उत्तर (b)

व्याख्या उपर्युक्त दिए गए कथनों में से कथन (1) और (2) सही हैं। आकाशीय बिजली 10-20 एम्पीयर धारा उत्पन्न करती है, इसलिए यह घातक है। यह विशेष रूप से खुले क्षेत्र में लोगों के लिए खतरनाक है। बिजली गिरना अक्सर जानलेवा होता है। जब बिजली गिरती है, तो उसका तापमान लगभग 99822°C होता है, जिससे आग लगने का खतरा भी बना रहता है। एक आवेशित अतितापित बिजली का वोल्ट एक 'प्रतिध्वनि ट्यूब' बनाता है।

कथन (3) सही नहीं है, क्योंकि दुनिया भर में औसतन 2000 लोग प्रतिवर्ष बिजली गिरने से अपनी जान गवाँ देते हैं।

3 निम्नलिखित में से कौन प्राकृतिक आपदाओं के वर्गीकरण से संबंधित सही युग्म है?
(Chap 7, Class-XI, New NCERT)

1. वायुमंडलीय — हिमघाव
2. जलीय — ज्वार
3. भौमिक — ज्वालामुखी

कूट

(a) केवल 1 (b) 1 और 2
(c) 2 और 3 (d) 1, 2 और 3

उत्तर (c)

व्याख्या प्राकृतिक आपदाओं के वर्गीकरण से संबंधित युग्म (2) और (3) सही हैं। ज्वार का संबंध जलीय आपदा एवं ज्वालामुखी उद्गार का संबंध भौमिक आपदा से माना जाता है। ज्वार से सबसे अधिक तटीय क्षेत्र प्रभावित होते हैं, जहाँ ज्वार आने की संभावना नियमित रूप से अधिक होती है, वहाँ हानि कम होती है, क्योंकि तटीय क्षेत्र के लोग इसके प्रति सतर्क रहते हैं। ज्वालामुखी उद्गार वाले स्थानों पर भी लोग सतर्क रहते हैं, इसलिए इस प्राकृतिक आपदा के समय भी जान-माल की हानि कम होती है।

युग्म (1) सही सुमेलित नहीं है, क्योंकि हिमघाव हिमनद क्षेत्रों में घटने वाली प्राकृतिक घटना है, इसका वायुमंडल से कोई संबंध नहीं होता है।

4 निम्नलिखित कथनों पर विचार करिए
(Chap 6, Class-XI, New NCERT)

1. भारत सरकार ने प्रधानमंत्री की अध्यक्षता में आपदा प्रबंधन के लिए राष्ट्रीय कमेटी की स्थापना की है।
2. डेंगू को ब्रेक बोन फीवर के नाम से भी जाना जाता है।
3. आपदाएँ हमेशा प्राकृतिक होती हैं, जिनसे भारत सर्वाधिक प्रभावित है।

उपर्युक्त कथनों में से कितने कथन सही हैं?

(a) केवल एक
(b) केवल दो
(c) सभी तीनों
(d) उपर्युक्त में से कोई नहीं

उत्तर (b)

व्याख्या उपर्युक्त दिए गए कथनों में से केवल दो अर्थात् कथन (1) और (2) सही हैं। आपदा प्रबंधन के लिए राष्ट्रीय कमेटी की अध्यक्षता प्रधानमंत्री करते हैं। इस कमेटी के प्रस्ताव ही आपदा प्रबंधन कार्यक्रम का आधार तय करते हैं। डेंगू को ब्रेकबोन फीवर या डाडीफीवर के नाम से भी जाना जाता है। यह बहुत तेज, संक्रमित, मच्छरों द्वारा उत्पन्न, रक्तस्त्राव होने वाला बुखार है। बुखार के साथ ही इसमें जोड़ों में असहनीय दर्द और अकड़न होती है, इसलिए इसका नाम ब्रेकबोन फीवर भी है।

कथन (3) सही नहीं है, क्योंकि आपदाएँ हमेशा प्राकृतिक हो, यह जरूरी नहीं है, क्योंकि आपदाएँ प्राकृतिक एवं जानवजनित दोनों हो सकती हैं, मानवजनित आपदाओं में आग लगना सड़क दुर्घटनाएँ, रेल दुर्घटना, वायु दुर्घटना, औद्योगिक दुर्घटनाएँ आदि शामिल हैं।

5 निम्नलिखित कथनों पर विचार कीजिए
(Chap 6, Class-XI, New NCERT)

1. बंगाल की खाड़ी के तटवर्ती क्षेत्रों में चक्रवात अधिक आने का कारण दक्षिण-पश्चिमी मानसूनी पवनें हैं।
2. बादल फटने को अचानक आई बहुत भारी मूसलाधार वर्षा के रूप में परिभाषित किया जाता है।
3. भू-स्खलन आकस्मिक एवं कदाचित् होते हैं।

उपर्युक्त कथनों में कितने कथन सही हैं?

(a) केवल एक (b) केवल दो
(c) सभी तीन (d) इनमें से कोई नहीं

उत्तर (b)

व्याख्या दिए गए कथनों में से केवल दो अर्थात् कथन (2) और (3) सही हैं। बादल गरजने और बिजली चमकने के साथ स्थानीय रूप से अचानक आई बहुत भारी मूसलाधार वर्षा को बादल फटना कहा जाता है। यह घटना अक्सर पहाड़ी क्षेत्रों में देखी जा सकती है; जैसे—उत्तराखंड और हिमांचल प्रदेश में होने वाले भू-स्खलन। भू-स्खलन आकस्मिक एवं कदाचित् होते हैं। भू-स्खलन सामूहिक स्थानांतरण का एक प्रमुख प्रक्रम है, जिसमें शैल तथा शैल चूर्ण गुरुत्व के प्रभाव के कारण ढलानों पर नीचे की ओर खिसकते हैं।

कथन (1) सही नहीं है, क्योंकि बंगाल की खाड़ी के तटवर्ती क्षेत्रों में चक्रवात आने का मुख्य कारण बंगाल की खाड़ी में अधिक गर्मी का होना है। अधिक तापमान के कारण यहाँ निम्न दाब का क्षेत्र उत्पन्न हो जाता है, जो चक्रवात के निर्माण में सहायता करता है।

प्रमुख प्राकृतिक आपदाएँ

6 भूकंप के संदर्भ में कौन-सा कथन सही नहीं है?

(Chap 7, Class-XI, New NCERT)

(a) भूकंप पृथ्वी की ऊपरी सतह में विवर्तनिक गतिविधियों से निकली ऊर्जा से पैदा होता है

(b) हिमालय के चाप क्षेत्र में भूकंप, यूरेशियन प्लेट के दक्षिण दिशा में खिसकने के कारण उत्पन्न होता है

(c) भारत के प्रायद्वीपीय पठार को भूकंप की दृष्टि से शांत क्षेत्र माना गया है

(d) नवीनतम भू-वैज्ञानिक सिद्धांत के अनुसार, लातूर और ओसमानाबाद (महाराष्ट्र) के निकट भीमा नदी के साथ एक भ्रंश रेखा विकसित हुई है

उत्तर *(b)*

व्याख्या भूकंप के संदर्भ में कथन (b) सही नहीं है, क्योंकि हिमालय के चाप क्षेत्र में भूकंप यूरेशियन प्लेट के दक्षिण दिशा में खिसकने के कारण नहीं, बल्कि भारतीय प्लेट के उत्तर दिशा में खिसकने के कारण उत्पन्न होता है। यूरेशियन प्लेट स्थिर है।

7 निम्नलिखित कथनों पर विचार कीजिए

(Chap 7, Class-XI, New NCERT)

1. भारत को पाँच भूकंपीय क्षेत्रों में बाँटा गया है।
2. अत्यधिक क्षति जोखिम क्षेत्रों के अंतर्गत उत्तर-पूर्वी प्रांत तथा भारत-नेपाल सीमा के निकट के क्षेत्र आते हैं।
3. दक्कन पठार के स्थिर भू-भाग भूकंप से सुरक्षित क्षेत्र हैं।

उपर्युक्त में से कौन-सा/से कथन सही है/हैं?

(a) केवल 1 (b) 1 और 2
(c) 2 और 3 (d) 1, 2 और 3

उत्तर *(d)*

व्याख्या दिए गए सभी कथन सही हैं।

भारत को पूर्व में पाँच भूकंपीय क्षेत्रों में विभाजित किया गया है; जैसे—अत्यधिक क्षति जोखिम क्षेत्र, अधिक क्षति जोखिम क्षेत्र, मध्यम क्षति जोखिम क्षेत्र, निम्न क्षति जोखिम क्षेत्र, अति निम्न क्षति जोखिम क्षेत्र।

अत्यधिक क्षति जोखिम क्षेत्र के अंतर्गत उत्तर-पूर्वी प्रांत तथा भारत-नेपाल सीमा के क्षेत्र आदि आते हैं। दक्कन पठार के स्थिर भू-भाग भूकंप से सुरक्षित क्षेत्र हैं।

8 निम्न कथनों पर विचार कीजिए *(Chap 6, Class-XI, New NCERT)*

1. भारत को पाँच भूकंपीय क्षेत्रों में बाँटा गया है।
2. अत्यधिक क्षति जोखिम क्षेत्रों के अंतर्गत उत्तर-पूर्वी प्रान्त तथा भारत-नेपाल सीमा के निकट के क्षेत्र आते हैं।
3. दक्कन पठार के स्थिर भू-भाग भूकंप से सुरक्षित क्षेत्र हैं।
4. हिमालय के चाप क्षेत्र में भूकंप, यूरेशियन प्लेट के दक्षिण दिशा में खिसकने के कारण आते हैं।

उपर्युक्त कथनों में से कितने कथन सही हैं?

(a) केवल दो (b) केवल तीन
(c) केवल एक (d) उपर्युक्त में से कोई नहीं

उत्तर *(a)*

व्याख्या उपर्युक्त दिए गए कथनों में से केवल दो अर्थात् कथन (2) और (3) सही हैं। भारत में भूकंपीय क्षेत्र के अंतर्गत-कश्मीर घाटी, पूर्वोत्तर राज्य, अंडमान व निकोबार द्वीप समूह तथा भारत-नेपाल सीमावर्ती राज्य के क्षेत्र आते हैं, जबकि दक्कन का पठार, स्थिर एवं भूकंप सुरक्षित क्षेत्र हैं।

कथन (1) एवं (4) सही नहीं है, क्योकि भारत को पाँच नहीं, बल्कि चार भूकंपीय क्षेत्रों में बाँटा गया है। यद्यपि पूर्व में भारत को पाँच भूकंपीय क्षेत्रों में बाँटा गया था, किन्तु वर्ष 2002 से देश को चार भूकंपीय क्षेत्रों में विभाजित किया गया है। वर्तमान में भूकंपीय क्षेत्र 1 और 2 को मिलाकर भूकंपीय क्षेत्र कर दिया गया है। इस तरह से देश में चार भूकंपीय क्षेत्र 2, 3, 4, 5 हैं। हिमालय के चाप क्षेत्र में भूकंप यूरेशियन प्लेट के दक्षिण दिशा में खिसकने के कारण नहीं, अपितु भारतीय प्लेट के उत्तर दिशा में खिसकने के कारण आते हैं। यूरेशियन प्लेट स्थिर है।

9 भूकंप के प्रभाव के संदर्भ में दिए गए युग्मों में कौन-सा युग्म सुमेलित है?

(Chap 7, Class-XI, New NCERT)

1. भूतल पर प्रभाव — दरारें पड़ना
2. जल पर प्रभाव — द्रवीकरण
3. मानवकृत ढाँचे पर प्रभाव — आकुंचन

कूट

(a) केवल 1
(b) 1 और 3
(c) 2 और 3
(d) 1, 2 और 3

उत्तर *(b)*

व्याख्या भूकंप के प्रभाव के संदर्भ में युग्म (1) और (3) सही सुमेलित हैं। भूकंप के कारण भूतल पर दरारें पड़ जाती हैं। कभी-कभी ये दरारें इतनी लंबी होती हैं कि इसकी लंबाई हजारों किमी तक हो जाती है।

जब ये दरारें अधिक चौड़ी हो जाती हैं, तो भ्रंश घाटी का निर्माण हो जाता है जिससे मानवकृत ढाँचों पर दरार व भ्रंश का प्रभाव उत्पन्न होता है एवं मानव अधिवास को पुनर्वासित करना पड़ता है। भूकंपों से बचाव के लिए अधिवासों को मजबूत बनाना आवश्यक होता है।

10 निम्नलिखित में से किन उपायों को अपनाकर भूकंप न्यूनीकरण को बढ़ावा दिया जा सकता है? *(Chap 7, Class-XI, New NCERT)*

1. भूकंप नियंत्रण केंद्रों की स्थापना
2. भूकंप संभावित क्षेत्रों का मानचित्रण
3. भूकंप प्रतिरोधी इमारतें बनाना

कूट

(a) केवल 1 (b) केवल 2
(c) 1 और 2 (d) 1, 2 और 3

उत्तर *(d)*

व्याख्या भूकंप न्यूनीकरण को बढ़ावा देने के लिए कुछ प्रभावी उपायों को अपनाया जाता है, जैसे कि भूकंप नियंत्रण केंद्रों की स्थापना करना, भूकंप संभावित क्षेत्रों का मानचित्रण तथा भूकंप प्रतिरोधी इमारतों का निर्माण करना इत्यादि। ऐसा करके भूकंप न्यूनीकरण को प्रोत्साहित किया जा सकता है।

11 सुनामी के संबंध में कौन-सा कथन सही है?

(Chap 7, Class-XI, New NCERT)

(a) भूकंप और ज्वालामुखी भूकंपीय तरंगों की उत्पत्ति के लिए उत्तरदायी होते हैं

(b) महासागरों में जल तरंग की गति जल की गहराई पर निर्भर करती है

(c) तटीय क्षेत्रों में जल तरंगें अधिक प्रभावी होती हैं

(d) उपर्युक्त सभी

उत्तर *(d)*

व्याख्या सुनामी के संबंध में सभी कथन सही हैं। सुनामी के लिए भूकंप एवं भूकंपीय तरंगों के अतिरिक्त ज्वालामुखीय उद्गार मुख्य रूप से उत्तरदायी होते हैं। इसके प्रभाव से महासागरीय तल में कंपन्न उत्पन्न होती है, जिससे विशाल महासागरीय तरंगों की उत्पत्ति होती है, जिसे सुनामी कहा जाता है।

महासागरों में जल तरंग की गति, जल की गहराई पर निर्भर करती है। तटीय क्षेत्रों में जल तरंगें अधिक प्रभावी होती हैं। सुनामी के प्रभाव के कारण अधिक हानि तटीय क्षेत्रों में ही होती है।

2 समुद्र के आंतरिक गहरे भागों में सुनामी का अनुभव नहीं होता है, क्योंकि *(Chap 7, Class-XI, New NCERT)*

(a) यहाँ सुनामी का अभाव पाया जाता है
(b) सुनामी कमजोर होती है
(c) सुनामी की लहरों की लंबाई अधिक और ऊँचाई कम होती है
(d) सुनामी की लहरों की ऊँचाई अधिक होती है

उत्तर (c)

व्याख्या समुद्र के आंतरिक गहरे भागों में सुनामी का अनुभव नहीं होता है, क्योंकि इस भाग में सुनामी की लहरों की लंबाई अधिक और ऊँचाई कम होती है। जैसे-जैसे सुनामी तट की ओर अग्रसर होती है, लहरों की ऊँचाई बढ़ने लगती है। यह विशाल जलपुंज के साथ तटीय क्षेत्रों को प्रभावित करती है। यह तट से कई सौ किमी तक के क्षेत्रों को प्रभावित करती है। कई क्षेत्रों में बाढ़ की समस्या उत्पन्न हो जाती है एवं जान-माल की भारी क्षति होती है।

वर्ष 2004 में आई सुनामी के कारण भारत सहित कई देशों को भारी नुकसान का सामना करना पड़ा था। इंडोनेशिया, इससे सबसे अधिक प्रभावित होने वाला देश था।

13 निम्न कथनों पर विचार कीजिए *(Chap 7, Class-XI, New NCERT)*

1. सुनामी प्रायः जापान, फिलीपींस, म्यांमार, श्रीलंका और भारत के तटीय भागों में आती है।
2. उथले समुद्र में सुनामी की तरंगों की लंबाई कम तथा ऊँचाई अधिक होती है।

उपर्युक्त में से कौन-सा/से कथन सही है/हैं?

(a) केवल 1
(b) केवल 2
(c) 1 और 2
(d) न तो 1 और न ही 2

उत्तर (c)

व्याख्या दिए गए दोनों कथन सही हैं। भू-गर्भिक रूप से अस्थिर क्षेत्र होने के कारण सुनामी से प्रायः जापान, फिलीपींस, म्यांमार, श्रीलंका और भारत के तटीय क्षेत्र सबसे अधिक प्रभावित होते हैं। भू-गर्भिक रूप से प्रशांत महासागर का पश्चिमी भाग अस्थिर है। उथले समुद्री भाग में सुनामी की तरंगों की लंबाई कम तथा ऊँचाई अधिक होती है, यही कारण है कि सुनामी की तरंगें, तटीय भाग पर सबसे अधिक तबाही मचाती हैं।

14 चक्रवातों के परिणामों व प्रभावों के संबंध में कौन-सा कथन सही है? *(Chap 7, Class-XI, New NCERT)*

(a) समुद्र तल में महोर्मि वायु समुद्र और जमीन की अंतःक्रिया से उत्पन्न होता है
(b) चक्रवात से तटीय क्षेत्र में बस्तियाँ, अवसंरचना तथा फसलों आदि की क्षति होती है
(c) 'a' और 'b' दोनों
(d) उपर्युक्त में से कोई नहीं

उत्तर (c)

व्याख्या चक्रवातों के परिणामों व प्रभावों के संबंध में कथन (a) और (b) दोनों सही हैं। समुद्र तल में महोर्मि (Surge) वायु समुद्र और जमीन की अंतःक्रिया से उत्पन्न होती है। महोर्मि में किसी वस्तु को तेजी से नीचे खींचने की क्षमता अधिक प्रबल होती है, यह अक्सर अधिक गहराई वाले क्षेत्रों में बनती है। चक्रवात से तटीय क्षेत्रों में मानव अधिवास, बस्तियाँ, अवसंरचना तथा फसलों आदि की व्यापक क्षति होती है।

15 निम्नलिखित में से कौन-से कारक बाढ़ की उत्पत्ति के लिए उत्तरदायी होते हैं? *(Chap 7, Class-XI, New NCERT)*

1. तटीय क्षेत्रों में तूफानी महोर्मि
2. हिम का पिघलना
3. जल में जलोढ़ की मात्रा में वृद्धि
4. लंबे समय तक वर्षा का होना

कूट

(a) 1 और 2
(b) 1, 2 और 3
(c) 2, 3 और 4
(d) ये सभी

उत्तर (d)

व्याख्या बाढ़ की उत्पत्ति के संबंध में सभी कथन उत्तरदायी हैं। विकल्प में दिए गए सभी कारक जिम्मेदार हैं। तटीय क्षेत्रों में तूफानी महोर्मि या सुनामी तरंगों को बाढ़ के लिए मुख्य रूप से जिम्मेदार माना जाता है। इसके प्रभाव में तटीय क्षेत्र के अतिरिक्त आंतरिक भागों में भी जलभराव की स्थिति उत्पन्न हो जाती है।

हिम के पिघलने से नदियों के जलस्तर में वृद्धि होती है, जिससे नदियों के अपवाह क्षेत्र में बाढ़ आने की संभावना बढ़ जाती है।

नदी के तलीय भागों में अवसादों (जलोढ़) का जमाव होने से नदी का तलीय भाग ऊपर की ओर उठने लगता है। नदी पेटी के ऊपर उठने से नदीय जल का फैलाव इधर-उधर (नदी के दोनों किनारे पर) होने लगता है, जिससे बाढ़ की समस्या उत्पन्न हो जाती है। लंबे समय तक वर्षा होने से भी बाढ़ का खतरा बढ़ जाता है।

16 भारत में आने वाली बाढ़ के संबंध में कौन-सा कथन सही है? *(Chap 7, Class-XI, New NCERT)*

1. अवैज्ञानिक कृषि पद्धतियाँ, बाढ़कृत मैदानों पर मानव आवास आदि ने बाढ़ की तीव्रता, परिणाम एवं विध्वंसता को बढ़ाया है।
2. असम, पश्चिम बंगाल तथा बिहार जैसे राज्य बाढ़ से प्रभावित राज्य हैं।
3. तमिलनाडु राज्य में बाढ़ के लिए दक्षिण-पश्चिम मानसून जिम्मेदार पाए जाते हैं।

कूट

(a) केवल 2
(b) 1 और 2
(c) 2 और 3
(d) 1, 2 और 3

उत्तर (b)

व्याख्या भारत में आने वाली बाढ़ के संबंध में कथन (1) और (2) सही हैं। अवैज्ञानिक कृषि पद्धतियाँ बाढ़कृत मैदानों पर मानव आवासीय क्षेत्र का निर्माण, नदी बेसिन क्षेत्र में अवसाद भराव के पश्चात् भूमि अधिग्रहण करने के कारणों ने बाढ़ की तीव्रता, परिणाम एवं विध्वंसता को बढ़ाया है। असम, पश्चिम बंगाल तथा बिहार जैसे राज्य बाढ़ से सबसे अधिक प्रभावित हैं। अधिक वर्षा, समतल मैदानी भाग व बड़ी नदियों का प्रवाह इसका मुख्य कारण है।

कथन (3) सही नही हैं, क्योंकि तमिलनाडु राज्य में बाढ़ के लिए उत्तर-पूर्वी मानसून उत्तरदायी होता है। न कि दक्षिण पश्चिम।

17 निम्न में से कितनी कार्यविधि को अपनाकर बाढ़ प्रभावित क्षेत्रों में बाढ़ पर नियंत्रण किया जा सकता है? *(Chap 7, Class-XI, New NCERT)*

1. तटबंध का निर्माण करना
2. वनीकरण को बढ़ावा देना।
3. तटीय क्षेत्रों से मानव को हटाना
4. जलग्रहण क्षेत्र में निर्माण कार्य को बढ़ावा देना।

कूट

(a) केवल एक
(b) केवल दो
(c) केवल तीन
(d) सभी चार

उत्तर (c)

व्याख्या बाढ़ प्रभावित क्षेत्रों में बाढ़ पर नियंत्रण स्थापित करने के लिए बाढ़ प्रभावित क्षेत्रों में तटबंधों का निर्माण करना चाहिए, वनीकरण को बढ़ावा देना चाहिए तथा बाढ़ प्रभावित या संभावित क्षेत्रों से मानव को अविलंब सुरक्षित स्थानों पर पुनर्वासित करना चाहिए। अपवाह बेसिन क्षेत्रों से स्थायी रूप से अवैध अधिग्रहण पर रोक लगाकर इस समस्या को समाप्त किया जा सकता है। साथ ही इसके अतिरिक्त जलग्रहण क्षेत्र में निर्माण कार्य को रोककर इस समस्या को कम किया जा सकता है।

18 सूखा के संबंध में कौन-सा कथन सही नहीं है?

(Chap 7, Class-XI, New NCERT)

1. सूखा एक ऐसी परिघटना है, जो लंबे समय तक कम वर्षा, अत्यधिक वाष्पीकरण तथा भूतल पर जल की कमी को व्यक्त करता है।
2. भारत का लगभग 20% भौगोलिक क्षेत्र प्रतिवर्ष सूखे से प्रभावित होता है।
3. मानसून की परिवर्तनशीलता सूखे के लिए उत्तरदायी कुछ क्षेत्रों तक ही मानी जाती है।

कूट

(a) केवल 1 (b) 1 और 2
(c) केवल 3 (d) 1, 2 और 3

उत्तर (c)

व्याख्या सूखा के संबंध में कथन (3) सही नहीं है, क्योंकि भारत में मानसून की परिवर्तनशीलता ही सूखे की समस्या के लिए मुख्य रूप से जिम्मेदार है।
सूखा एक ऐसी परिघटना है, जो लंबे समय तक कम वर्षा, अत्यधिक वाष्पीकरण तथा भूतल पर जल की कमी को अभिव्यक्त करता है। भारत का लगभग 20% भौगोलिक क्षेत्र प्रतिवर्ष सूखे से प्रभावित रहता है एवं लगभग 12.5% जनसंख्या इससे प्रभावित है। पश्चिमी राजस्थान, कच्छ क्षेत्र (गुजरात), भारत का सबसे अधिक सूखे से प्रभावित क्षेत्र है।

19 सूची I को सूची II से सुमेलित कीजिए

(Chap 7, Class-XI, New NCERT)

सूची I (सूखे के प्रकार)	सूची II (स्थिति)
A. मौसम विज्ञान संबंधी सूखा	1. भूमि आर्द्रता सूखा
B. कृषि सूखा	2. वर्षा का असंतुलित वितरण
C. जल विज्ञान संबंधी सूखा	3. उत्पादकता में कमी
D. पारिस्थितिक सूखा	4. वृष्टि के बावजूद जलाशयों का स्तर निम्न होना

कूट

	A	B	C	D		A	B	C	D
(a)	1	2	3	4	(b)	2	1	4	3
(c)	4	3	2	1	(d)	3	2	1	4

उत्तर (b)

व्याख्या सही सुमेलन A-2, B-1, C-4, D-3 है।
सूखा एक मौसमी प्रक्रिया है, जिसका संबंध कम वर्षा के साथ-साथ भौगोलिक परिस्थितियों पर भी निर्भर करता है।
मौसम विज्ञान संबंधित सूखे की स्थिति वर्षा के असंतुलित वितरण का परिणाम मानी जाती है।
कृषि सूखा की स्थिति तब उत्पन्न होती है, जब भूमि की आर्द्रता समाप्त हो जाती है।
जल विज्ञान संबंधी सूखे का संबंध वृष्टि के बावजूद जलाशयों के स्तर में सुधार नहीं होने से संबंधित माना जाता है।
पारिस्थितिक सूखे की स्थिति तब उत्पन्न होती है, जब उत्पादकता में कमी आ जाती है।

20 भारत के सूखा प्रभावित क्षेत्र के संबंध में कितने युग्म सही हैं?

(Chap 7, Class-XI, New NCE

1. अत्यधिक सूखा प्रभावित क्षेत्र — राजस्थान
2. अधिक सूखा प्रभावित क्षेत्र — महाराष्ट्र का पूर्वी भाग
3. मध्यम सूखा प्रभावित क्षेत्र — हरियाणा व उत्तर प्रदेश

कूट

(a) केवल एक (b) केवल दो
(c) सभी तीन (d) इनमें से कोई नहीं

उत्तर (c)

व्याख्या भारत में सूखा प्रवाहित क्षेत्र संबंधी युग्मों में सभी युग्म स सुमेलित हैं।
राजस्थान का पश्चिमी भाग (अरावली श्रेणी के पश्चिमी भाग में) अत्यधि सूखा प्रभावित क्षेत्र माना जाता है, यहाँ वार्षिक वर्षा 90 मिमी से कम होती है।
महाराष्ट्र का पूर्वी भाग (विदर्भ क्षेत्र) अधिक सूखा प्रभावित क्षेत्र के अंत आता है। भौगोलिक कारणों से इस क्षेत्र में वर्षा काफी कम (30-50 सेमी तक होती है। वर्षा के अभाव में यह क्षेत्र नियमित रूप से सूखे से प्रभावित रहता है।
हरियाणा एवं उत्तर प्रदेश का क्रमश: दक्षिण-पश्चिम एवं उत्तर पश्चिम भ मध्यम सूखे से प्रभावित क्षेत्र हैं।

21 सूखे के प्रभाव व नियंत्रण के संबंध में कौन-सा कथन सही है?

(Chap 7, Class-XI, New NCER

(a) सूखे से त्रि-अकाल जैसी विध्वंसक स्थिति उत्पन्न हो जाती है
(b) मानव प्रवास एवं पशु प्रवास का एक सामान्य परिवेश बन जाता है
(c) वर्षा जल संचयन सूखे का प्रभाव कम करने में महत्त्वपूर्ण भूमिका नि सकता है
(d) उपर्युक्त सभी

उत्तर (d)

व्याख्या सूखे के प्रभाव व नियंत्रण के संबंध में सभी कथन सही हैं। सूखे स त्रि-अकाल (चारा, अन्न, जल) जैसी विध्वंसक स्थिति उत्पन्न होती है। सूखे के कारण तीनों (चारा, अन्न, जल) की खोज में मानव अपने पशुओं के सा प्रवास करने के लिए विवश हो जाते हैं।
वर्षा जल संचयन सूखे के प्रभाव को कम करने में महत्त्वपूर्ण भूमिका नि सकता है। मृदा में विद्यमान नमी को बचाए रखने से भी सूखे जैसी समस्या प नियंत्रण पाया जाता है।

22 सूखे की समस्या से निपटने के लिए दीर्घकालिक योजनाओं के अंतर्गत निम्न में से कौन-से कदम उठाए जा सकते हैं?

(Chap 7, Class-XI, New NCERT

1. भूमिगत जल भंडारण का पता लगाना।
2. नदियों को जोड़ना।
3. जल आधिक्य क्षेत्र से अल्प जल क्षेत्रों में जल पहुँचाना।
4. जलाशयों का निर्माण करना

कूट

(a) 1 और 2 (b) 2 और 4
(c) 1, 2 और 4 (d) ये सभी

उत्तर (d)

व्याख्या सूखे की समस्या से निपटने के लिए दीर्घकालिक योजनाओं के अंतर्गत निम्न कदम उठाए जा सकते हैं, जैसे-

- भूमिगत जल भंडारण का अविलंब पता लगाना।
- महत्त्वपूर्ण नदियों को आपस में जोड़ना, ताकि जलाधिक्य एवं जलाभाव क्षेत्रों के मध्य संतुलन बनाया जा सके।

- कम वर्षा वाले क्षेत्रों में जलाशयों का निर्माण करना, ताकि वर्षा जल को संगृहीत कर भविष्य में इनका उपयोग विविध कार्यों के लिए किया जा सके।
- सूखे जैसी गंभीर समस्या से निपटने के लिए कुछ दीर्घकालीन योजनाओं पर विचार करना आवश्यक है, विशेष रूप से भारत जैसे कृषि प्रधान देश में, जहाँ कृषि पूरी तरह से वर्षा पर निर्भर है।

23 निम्नलिखित कथनों में से कौन-से कथन सही नहीं है? *(Chap-6, Class-XI, NCERT)*

1. भारत का लगभग 10% हिस्सा उष्णकटिबंधीय चक्रवात से प्रभावित है।
2. भारत का लगभग 71% बाढ़ प्रवण क्षेत्र दस राज्यों में है।
3. चक्रवाती तूफानों में हवा की गति लगभग 200-300 किमी/घंटे होती है।

कूट

(a) केवल 1 (b) केवल 3
(c) केवल 2 (d) 1 और 3

उत्तर (b)

व्याख्या दिए गए कथनों में से कथन (3) सही नहीं है, क्योंकि चक्रवाती तूफानों में हवा की गति लगभग 65 किमी प्रति घंटे से लेकर 117 किमी/घंटे तक होती है। भारत के तटीय क्षेत्र चक्रवातीय हैं और इसकी तटरेखा 7516 किमी लम्बी है।

भारत का लगभग 10% हिस्सा उष्णकटिबंधीय चक्रवात से प्रभावित है। भारत के कई राज्य; जैसे—ओडिशा, आंध्र प्रदेश, तमिलनाडु आदि राज्य निरंतर चक्रवातों से प्रभावित होते रहते हैं। भारत का लगभग 71% प्रतिशत बाढ़ प्रवण (प्रभावित) क्षेत्र दस राज्यों में है। ये 10 राज्य–गुजरात, महाराष्ट्र, गोवा, कर्नाटक, केरल, तमिलनाडु, पॉंडिचेरी, आंध्र प्रदेश, ओडिशा और पश्चिम बंगाल हैं।

24 सूची I को सूची II से सुमेलित कीजिए *(Chap 7, Class-XI, New NCERT)*

सूची I (भू-स्खलन सुभेद्यता क्षेत्र)	सूची II (राज्य/क्षेत्र)
A. अत्यधिक सुभेद्यता क्षेत्र	1. अंडमान एवं निकोबार
B. अधिक सुभेद्यता क्षेत्र	2. उत्तर पूर्वी भाग
C. मध्यम एवं कम सुभेद्यता क्षेत्र	3. मध्य प्रदेश व महाराष्ट्र
D. भू-स्खलन मुक्त क्षेत्र	4. राजस्थान व हरियाणा

कूट

	A	B	C	D		A	B	C	D
(a)	1	2	3	4	(b)	2	1	3	4
(c)	3	1	4	2	(d)	4	3	1	2

उत्तर (a)

व्याख्या सही सुमेलन A-1, B-2, C-3, D-4 है।

अंडमान निकोबार द्वीप समूह एवं पर्वतीय द्वीप में वर्षा भी अधिक होती है। अत: भू-स्खलन के मामले में यह क्षेत्र अत्यधिक सुभेद्यता वाला क्षेत्र है। उत्तरी पूर्वी राज्य (पूर्वोत्तर भारत) अधिक सुभेद्यता वाला क्षेत्र है। मध्य प्रदेश व महाराष्ट्र, मध्यम व कम सुभेद्यता वाले क्षेत्र हैं। हरियाणा (उत्तरी भाग) व राजस्थान (अरावली क्षेत्र) सबसे कम सुभेद्यता वाले (प्राय: भू-स्खलन मुक्त) क्षेत्रों के अंतर्गत आते हैं।

25 निम्न में से कौन-से उपाय भू-स्खलन के निवारण के संबंध में अपनाए जा सकते हैं? *(Chap 7, Class-XI, New NCERT)*

1. सीढ़ीनुमा कृषि को बढ़ावा देना।
2. बड़े बाँधों के निर्माण पर रोक।
3. संभावित क्षेत्रों में विकासात्मक कार्यों पर रोक।

कूट

(a) केवल 1 (b) केवल 2
(c) 1 और 2 (d) ये सभी

उत्तर (d)

व्याख्या प्रश्न में दिए गए सभी उपाय भू-स्खलन के निवारण के संबंध में अपनाए जा सकते हैं। पर्वतीय क्षेत्रों में भू-स्खलन की घटना सामान्य मानी जाती है। अत: इसके निवारण हेतु कुछ आवश्यक उपाय अपनाए जा रहे हैं, जिनमें प्रमुख निम्न हैं

- पर्वतीय क्षेत्रों में सीढ़ीनुमा कृषि को प्रोत्साहित करना।
- बड़े बाँधों के निर्माण के स्थान पर चक डैम के निर्माण पर बल देना।
- अति संवेदनशील स्थानों पर संरचनात्मक व विकासात्मक कार्यों को पूरी तरह से रोकना, निर्वनीकरण व चरागाह को पूर्ण प्रतिबंधित करना आदि शामिल हैं।

26 निम्न में से कौन-से कथन सही हैं? *(Chap 6, Class-XI, New NCERT)*

1. प्राकृतिक आपदाएँ सर्वाधिक क्षति विकासशील देशों में करती हैं।
2. मैंग्रोव चक्रवातों के प्रभाव को कम करते हैं
3. भोपाल गैस दुर्घटना का कारण मिथाइल सल्फाइड नामक जहरीली गैस थी।
4. भारत का सर्वाधिक आपदा प्रभावित राज्य आंध्र प्रदेश है।

कूट

(a) 1 और 2 (b) 1 और 2
(c) 3 और 4 (d) 1, 2 और 4

उत्तर (b)

व्याख्या दिए गए कथनों में कथन (1) और (2) सही हैं। प्राकृतिक आपदाएँ सर्वाधिक क्षति विकासशील देशों में करती हैं, क्योंकि यहाँ का इंफ्रास्ट्रक्चर (अधोसंरचना) अभी विकसित हो रही है, जो प्राकृतिक आपदाओं से प्रतिकूल रूप से प्रभावित होता है। मैंग्रोव अपनी मजबूत और विस्तृत जड़ों के कारण चक्रवातों का प्रभाव कम करते हैं।

कथन (3) और (4) सही नहीं हैं, क्योंकि भोपाल गैस दुर्घटना का कारण मिथाइल आइसोसायनेट नामक जहरीली गैस थी जिसको युनियन कार्बाइड कारखाने में उपयोग किया जाता था। यह घटना 3 दिसम्बर, 1984 को भोपाल शहर में घटित हुई थी। भारत का सर्वाधिक आपदा प्रभावित राज्य आंध्र प्रदेश नहीं, बल्कि ओडिशा है। यह भारत के पूर्वी तट पर स्थित है। ओडिशा चक्रवात, बाढ़ एवं सूखा तीनों प्राकृतिक आपदाओं से निरंतर प्रभावित होता रहता है।

मानव जनित आपदाएँ

27 निम्न कथनों पर विचार कीजिए *(Chap 7, Class-XI, New NCERT)*

1. युद्ध, क्लोरो-फ्लोरो-कार्बन का वायुमंडल में छोड़ना आदि मानवीय क्रियाकलाप से उत्पन्न आपदा हैं।
2. फुकुशिमा की आपदा परमाणु दुर्घटना से संबंधित थी।

उपर्युक्त में से कौन सा/से कथन सही है/हैं?

(a) केवल 1 (b) केवल 2
(c) 1 और 2 दोनों (d) न तो 1 और न ही 2

उत्तर (c)

व्याख्या दिए गए दोनों कथन सही हैं।

युद्ध (आक्रमण, आतंकवादी हमला), क्लोरो-फ्लोरो-कार्बन का वायुमंडल में उत्सर्जन दोनों मानवीय क्रियाकलापों से उत्पन्न मानवकृत आपदाएँ हैं। क्लोरो-फ्लोरो कार्बन का मुख्य स्रोत फ्रीज, एयर कंडीशनर आदि हैं। फुकुशिमा की आपदा सुनामी के प्रभाव के कारण उत्पन्न एक परमाणु दुर्घटना थी, यह घटना मार्च, 2011 में घटी हुई थी।

28 **आपदा प्रबंधन अधिनियम, 2005 के अंतर्गत किसी क्षेत्र की आपदा के अंतर्गत निम्न में से किसे शामिल किया जाता है?** *(Chap 7, Class-XI, New NCERT)*

(a) महाविपत्ति
(b) दुर्घटना
(c) संकट या गंभीर घटना
(d) उपर्युक्त सभी

उत्तर (d)

व्याख्या आपदा प्रबंधन अधिनियम, 2005 के अंतर्गत किसी क्षेत्र की आपदा के अंतर्गत महाविपत्ति, प्राकृतिक/मानवीय दुर्घटना, संकट या गंभीर घटना, सभी को शामिल किया गया है। वर्ष 2004 में तमिलनाडु की सुनामी घटना के बाद इस अधिनियम को पारित किया गया, ताकि आपदा आने की स्थिति में समय रहते सभी को सुरक्षा व सुविधाएँ उपलब्ध कराई जा सकें।

29 **आपदा निवारण एवं प्रबंधन की अवस्थाओं व उनके अंतर्गत किए जाने वाले कार्यों के युग्म समूह में से कौन-सा युग्म सुमेलित है?** *(Chap 7, Class-XI, New NCERT)*

1. आपदा से पहले — सूचना एकत्र करना
2. आपदा के समय — आश्रय स्थल का निर्माण
3. आपदा के पश्चात् — बचाव व पुनर्वास

कूट

(a) केवल 1 (b) 1 और 2
(c) 2 और 3 (d) 1, 2 और 3

उत्तर (d)

व्याख्या दिए गए सभी युग्म सही सुमेलित हैं। सूचना एकत्र करना आपदा से पहले की कार्य योजना है, ताकि चेतावनी दी जा सके। आपदा आने की स्थिति में लोगों को तत्काल एक स्थान पर पुनर्वासित करना आवश्यक है, जहाँ अस्थायी रूप से आश्रय स्थल का निर्माण किया गया है। आपदा के बाद बचाव व स्थायी पुनर्वास संबंधित कार्य योजनाओं पर विशेष ध्यान दिया जाता है।

30 **निम्न में से वे कौन-सी महत्त्वपूर्ण पहल हैं, जिनका उद्देश्य आपदा प्रबंधन करना रहा है?** *(Chap 7, Class-XI, New NCERT)*

1. भारतीय राष्ट्रीय आपदा प्रबंधन संस्थान की स्थापना।
2. रियो का पृथ्वी शिखर सम्मेलन, 1992
3. मई, 1994 को याकोहामा में विश्व संगोष्ठी का होना।

कूट

(a) 1 और 3
(b) 2 और 3
(c) 1 और 2
(d) 1, 2 और 3

उत्तर (d)

व्याख्या प्रश्नानुसार सभी पहलें महत्त्वपूर्ण हैं, जिनका मुख्य उद्देश्य आप प्रबंधन करना है। भारतीय राष्ट्रीय आपदा प्रबंधन संस्थान (Nation Institute of Disaster Management, NIDM) की स्थापना वर्ष 19 में की गई, जिसे वर्ष 2006 में 'नेशनल सेंटर फॉर डिजास्टर मैनेजमें (National Centre for Disaster Management, NCDM) नाम दि गया। वर्ष 1992 में रियो-डी-जेनेरियो में पृथ्वी शिखर सम्मेलन का आयोज किया गया। वर्ष 1994 में जापान के याकोहामा शहर में आपदा प्रबंधन व लेकर एक विश्व संगोष्ठी का आयोजन किया गया था।

31 **निम्न कथन (A) व कारण (R) को पढ़िए और नीचे दिए गए कूट की सहायता से सही उत्तर का चुनाव कीजिए।** *(Chap 5, Class-XI, New NCER)*

कथन (A) वर्ष 1990-2000 को संयुक्त राष्ट्र ने आपदा न्यूनीकरण व अंतर्राष्ट्रीय दशक घोषित किया था।

कारण (R) इसका उद्देश्य आपदाओं के प्रति लोगों को जागरूक करन तथा न्यूनीकरण की रणनीति तैयार करना था।

कूट

(a) A और R दोनों सही हैं तथा R, A की सही व्याख्या है
(b) A और R दोनों सही हैं, परंतु R, A की सही व्याख्या नहीं है
(c) A सही है, किंतु R गलत है
(d) A गलत है, किंतु R सही है

उत्तर (a)

व्याख्या A और R दोनों सही हैं तथा R, A की सही व्याख्या है। संयुक्त राष्ट् (UN) ने वर्ष 1990 से पूर्व प्राकृतिक आपदाओं की बारंबारता तथा उसके कारण मानव जीवन तथा आर्थिक क्षति को देखते हुए वर्ष 1990-2000 के दशक को आपदा न्यूनीकरण का अंतर्राष्ट्रीय दशक घोषित किया। इसका उद्देश्य आपदाओं के प्रति लोगों में जागरूकता पैदा करना तथा आपदाओं के न्यूनीकरण के लिए रणनीति तैयार करना था।

NCERT MCQ

प्रैक्टिस सेट्स (1-3)

भारत एवं विश्व का भूगोल

इस प्रैक्टिस सेट की PDF प्राप्त करने के लिए नीचे दिए गए QR Code को Scan करें